পশ্চিমবঙ্গ

ভূমি সংস্কার আইন

১৯৫৫

কলকাতা
ইস্টার্ন ল্ হাউস প্রাইভেট লিমিটেড
৫৪ গনেশ চন্দ্র এ্যাভিনিউ
কলকাতা ৭০০ ০১৩

নিউ দিল্লী
ইস্টার্ন ল্ হাউস প্রাইভেট লিমিটেড
৩৬ নেতাজী সুভাষ মার্গ, দরিয়াগঞ্জ
নিউ দিল্লী ১১০ ০০২

পশ্চিমবঙ্গ

ভূমি সংস্কার আইন

১৯৫৫

The West Bengal Land Reforms Act, 1955

আইনের সর্বশেষ সংশোধন
ও তার বিস্তারিত আলোচনাসহ

সুবীর কুমার পাল

চতুর্থ সংস্করণ

কলকাতা নিউ দিল্লী

ইস্টার্ন ল হাউস

Published and processed by
EASTERN LAW HOUSE PRIVATE LTD.
54 Ganesh Chunder Avenue
Kolkata 700 013
Tel: (033) 2215-1989
Email: mail@elh.co.in
www.elh.co.in

PASCHIMBANGO BHUMI SANSKAR AIEN, 1955
[The West Bengal Land Reforms Act, 1955]
by Subir Kumar Pal

First Edition	....	2007
Second Edition	....	2015
Third Edition	....	2018
Fourth Edition	....	2023

ISBN 978-81-7177-382-4

Printed at
Dey's Offset, Kolkata

উৎসর্গ

বিগত দুই বছরে যে প্রিয় বন্ধুদের হারিয়েছি

অলোক কুমার দাঁ

অরিজিৎ ঘোষ

তাপস দে

পার্থ ভট্টাচার্য্য

তপন অধিকারী

সৈয়দ আহমদ

চতুর্থ সংস্করণের মুখবন্ধ
(Preface to the Fourth Edition)

২০২০ সালের প্রথম থেকে মারণ ভাইরাস গোটা দেশে তান্ডব চালাতে থাকে, জনজীবন বিপর্যস্ত হয়, দীর্ঘদিন সমস্ত অফিস, স্কুল, কলেজ, আদালতের কাজ বন্ধ ছিল। তা না হলে সম্ভবত আরও আগে চতুর্থ সংস্করণের মুখবন্ধ লিখতে হত। তৃতীয় সংস্করণ প্রকাশিত হওয়ার প্রায় অব্যবহিত পর পঃ বঃ ভূমি সংস্কার আইনের একটি গুরুত্বপূর্ণ ধারার সংশোধন হয়, পঃ বঃ ভূমি সংস্কার আইনে ৩খ ধারাটি মূল আইনে প্রবেশ করে। তার আগে সংবিধানের ১০০তম সংশোধন দ্বারা বাংলাদেশের মধ্যে থাকা ভারতীয় ছিটমহলগুলি অন্তর্ভুক্ত করবার সিদ্ধান্ত গৃহীত হয়। ৫১টি ছিটমহলের নাম, জে.এল. নং, তাদের আয়তন, বাংলাদেশের কোন থানায় ছিল এবং ভারতে অন্তর্ভুক্তির পর সেগুলি কোন কোন থানার মধ্যে প্রবেশ করল তার পূর্ণাঙ্গ তালিকা এই সংস্করণে দেওয়া হল। অমিত রাহা, ব্লক ভূমি ও ভূমি সংস্কার আধিকারিকের পরিচালনায় ওই ৫১টি মৌজার জরিপ, স্বত্বলিপি প্রস্তুতির কাজ শেষ হয়, তিনি বেশ কিছু তথ্য সরবরাহের মাধ্যমে বিশেষ সহায়তা করেছেন, তাঁকে ধন্যবাদ জানাই।

১৯৭৫ সালের পশ্চিমবঙ্গ কৃষিশ্রমিক, কারিগর এবং মৎসজীবীদের জন্য বাস্তু জমি অধিগ্রহণ আইনটি এই সংস্করণে যুক্ত হওয়ায় নিঃসন্দেহে বইটির গুরুত্ব বৃদ্ধি পেল। অনেকের দাবি মেনে শুভঙ্করি পদ্ধতিতে গণনা বিষয়ে একটি সংক্ষিপ্ত তথ্য সংযোজন করা হল। সব মিলিয়ে এই সংস্করণটি অসাধারণরূপে পরিবেশিত হচ্ছে।

২০১৮-২০২১ সালের মধ্যে মহামান্য উচ্চ ন্যায়ালয়ের অনেকগুলি গুরুত্বপূর্ণ রায় এই সংস্করণে অন্তর্ভুক্ত হল, আশা করি এর দ্বারা পাঠক বিশেষভাবে উপকৃত ও সমৃদ্ধ হবেন। আবার, পুরনো অথচ গুরুত্বপূর্ণ এরকম

অনেকগুলি আদালতের রায় এই সংস্করণে যুক্ত করা হয়েছে, বিশেষ করে পঃ বঃ ভূমি সংস্কার আইনের ৮ ও ৯ ধারার উপর মহামান্য উচ্চ ন্যায়ালয়ের একগুচ্ছ নতুন মামলার আকর্ষনীয় ও গুরুত্বপূর্ণ আদেশ সংশ্লিষ্ট পাঠককে সমৃদ্ধ করবে।

জমির শ্রেণি পরিবর্তন অংশটি লিখতে বিশেষ সহায়তা করেছেন অনুজ সহকর্মী সুভদ্র রূপক ভাওয়াল (শিলিগুড়ি), ওকে ধন্যবাদ জানাচ্ছি।

পুরনো ‘‘ব্যবহৃত ইংরাজি শব্দের বাংলা পরিভাষা" উপ-অধ্যায়ে আরও অনেক শব্দ যুক্ত হওয়ায় সামগ্রিকভাবে বিষয়টি আরও সরল ও সহজবোধ্য হবে। কয়েকটি ক্ষেত্রে মূল আইনের সঙ্গে সংশ্লিষ্ট পঃ বঃ ভূমি সংস্কার আইন কার্যকর করবার বিধি (Rule) যুক্ত করায় বিভাগীয় আধিকারিকদের সুবিধা হবে বলে আমার বিশ্বাস।

আমার অসংখ্য অনুজ ও অগ্রজ সহকর্মী প্রতিনিয়ত এই বই লেখায় উৎসাহ দিয়েছেন, বিবিধ তথ্য সরবরাহ করেছেন, তাদের প্রত্যেককে আন্তরিক ধন্যবাদ জানাই। এছাড়া ইস্টার্ন ল হাউসের যে সমস্ত কর্মচারী এই গ্রন্থ প্রকাশের সঙ্গে জড়িত ছিলেন তাঁদেরও উষ্ণ অভিনন্দন ও ধন্যবাদ জানাই।

মধ্যমগ্রাম
২২শে অক্টোবর ২০২২ — সুবীর কুমার পাল

প্রথম সংস্করণের মুখবন্ধ
(Preface to the First Edition)

বাজারে প্রচলিত পশ্চিমবঙ্গ ভূমি সংস্কার আইনের ইংরাজী বইগুলিতে বিভিন্ন ধারার বিস্তারিত আলোচনা ও আদালতের আদেশ যুক্ত রয়েছে। অনেক দিন ধরেই ভাবছিলাম ওইরকমভাবে বাংলায় ভূমি সংস্কার আইন লেখা যায় কিনা। তিন সহকর্মী বন্ধু যৌথ উদ্যোগে বইটি লেখার পরিকল্পনা করলাম। শুরুও হল যথারীতি। নির্দ্ধারিত কয়েক মাস পরে যখন আমাদের কাজের অগ্রগতি নিয়ে আলোচনায় বসলাম আমি ভীষণ হতাশ হলাম। অন্য দুই বন্ধুর অগ্রগতি বলতে কিছুই ছিল না। ওই সময়ে আমি বেশ কিছু পরিচ্ছেদ শেষ করে ফেলেছি। এই সময়ে শুরু হল হতাশা ও সংকল্পের টানাটানি। পাশাপাশি অসংখ্য সহকর্মী বন্ধুদের উৎসাহ। কতজন যে আমাকে কতভাবে সাহায্য করেছেন তার হিসাব কষতে বসলে সংখ্যাটা হয়ে যাবে অনেক। তাঁদের প্রত্যেককে ধন্যবাদ মাত্র জানিয়ে ছোট করব না। আবার যৌথভাবে শেষ করার দায়িত্ব নিয়েও যাঁরা তা পারল না তাঁদের না পারাটাও আমাকে বাড়তি জেদ যুগিয়েছে। ওদেরও ধন্যবাদ জানাই।

বেশ কিছু ইংরাজী শব্দের পরিভাষা ব্যবহার করেছি বাংলায় পশ্চিমবঙ্গ বাংলা অ্যাকাদেমি প্রকাশিত পরিভাষা সংকলন থেকে। আবার কিছু কিছু ইংরাজী শব্দের ক্ষেত্রে প্রচলিত পরিভাষা বাদ দিয়েছি। যেমন ঃ Appeal শব্দের বাংলা পরিভাষা হল—উত্তরবিচার, আবেদন, আপীল। আমি "আপীল"-ই ব্যবহার করেছি। Police শব্দের পরিভাষা হল—পুলিশ, আরক্ষা, আমি "পুলিশ" ব্যবহার করেছি ইত্যাদি। কোন বই-এর অনুবাদ করতে আমি লেখা শুরু করিনি। তাই সহজ সরলভাবে আইনের জটিল বিষয়গুলি উপস্থাপনার জন্য অনেক ক্ষেত্রেই ইংরাজী শব্দগুলি বন্ধনীর মধ্যে রেখেছি।

ভূমি সংস্কার দপ্তরের আধিকারিক, কর্মচারী, আইনজীবী ও সাধারণ মানুষের প্রয়োজনের জন্য এই বই-এর উপস্থাপনা। তাঁদের কাজে লাগলে

আমার সার্থকতা। উপদেশ, পরামর্শ প্রত্যেকের কাছে আমি চাইছি যাতে পরবর্তী সময়ে এই বই-এর দুর্বল দিকগুলো শোধরাতে পারি।

কলকাতার ইস্টার্ন ল্ হাউস প্রাঃ লিমিটেড এই বইটি প্রকাশ করায় আমি কৃতজ্ঞ। ইস্টার্ন ল্ হাউসের কর্ণধার শ্রী অশোক দে মহাশয় এবং প্রত্যেক কর্মচারী বন্ধুকে আমার আন্তরিক শুভেচ্ছা জানাই। পাণ্ডুলিপি দেখা থেকে শেষ পর্যন্ত তাঁরা আমাকে সাহায্য করেছেন, যুগিয়েছেন উৎসাহ।

সবশেষে বলি, যাঁদের প্রয়োজনে এ বই লেখার পরিকল্পনা করেছি, তাঁদের কাজে লাগলেই আমার খুশি উপচে পড়বে।

কলকাতা
১০ই জুলাই ২০০৭ সুবীর কুমার পাল

সূচীপত্র
(Contents)

পরিচ্ছেদ ৪ ঃ রাজস্ব সম্বন্ধে বিধানগুলি

Chapter 4 : Provisions as to Revenue

ধারা পৃষ্ঠা

পরিচ্ছেদ ৬ ঃ জমিগুলির বিতরণের নীতিসমূহ

Chapter 6 : Principles of Distribution of Lands

পরিচ্ছেদ ৭ ঃ স্বত্বলিপি রক্ষণাবেক্ষণ

Chapter 7 : Maintenance of the Record-of-rights

পরিচ্ছেদ ৭ক ঃ স্বত্বলিপি প্রস্তুতকরণ বা সংশোধন

Chapter 7A : Preparation or Revision of Record-of-rights

টেবিল অফ কেসেস
(Table of Cases)

ব্যবহৃত বাংলা শব্দের ইংরাজি পরিভাষা

ধারা	Section	ধারা	Section
১৪ক	14A	১৪ঢ	14N
১৪খ	14B	১৪ণ	14O
১৪গ	14C	১৪ত	14P
১৪ঘ	14D	১৪থ	14Q
১৪ঙ	14E	১৪দ	14R
১৪চ	14F	১৪ধ	14S
১৪ছ	14G	১৪ন	14T
১৪জ	14H	১৪প	14U
১৪জজ	14HH	১৪ফ	14V
১৪ঝ	14I	১৪ব	14W
১৪ঞ	14J	১৪ভ	14X
১৪ট	14K	১৪ম	14Y
১৪ঠ	14L	১৪য	14Z
১৪ড	14M		

ব্যবহৃত ইংরাজি শব্দের বাংলা পরিভাষা

Acquisition—অর্জন, অধিগ্রহণ
Affidavit—শপথপত্র, হলফনামা
Appeal—উত্তর বিচার, আপিল
Area Adjust—ক্ষেত্রফল সমন্বয়
Article—অনুচ্ছেদ
Assessment—নির্ধারণ
Authorised—প্রাধিকৃত, অনুমোদিত
B.L. & L.R.O.—ব্লক বা সমষ্টি ভূমি ও ভূমি সংস্কার আধিকারিক
Bengal Public Demand Recovery Act—বঙ্গীয় সরকারি প্রাপ্য আদায় আইন
Bhagchas Conciliation Board—ভাগচাষ সালিশী পর্ষদ
Board of Revenue (BOR)—রাজস্ব পর্ষদ
Bona fide—প্রকৃত, বৈধ
Case Record—মামলার নথি
Cash Book—নগদান
Ceiling limit — সর্বোচ্চসীমা
Certificate—শংসাপত্র
Certificate Case—সার্টিফিকেট কেস
Certified Copy—শংসিত প্রতিলিপি, প্রত্যায়িত প্রতিলিপি, প্রত্যায়িত নকল
Cess—উপকর, সেস
Charitable Endowment Act 1890—১৮৯০ সালের দাতব্য উৎসর্গ আইন
Circle Inspector—মণ্ডল পরিদর্শক
Circular—প্রচার বিজ্ঞপ্তি, সার্কুলার
Civil Court—দেওয়ানি আদালত
Civil Procedure Code (CPC)—দেওয়ানি প্রক্রিয়া সংহিতা
Clause—দফা, প্রকরণ
Collector—সমাহর্তা
Consideration money — বিবেচনাধীন অর্থ

Co-sharer — শরিক
Corporation—নিগম
Court fee stamp—কোর্ট ফি স্ট্যাম্প
Cross objection—পাল্টা আপত্তি
D.L. & L.R.O.—জেলা ভূমি ও ভূমি সংস্কার আধিকারিক
D.L.R. &S.—ভূমি লেখ্য ও জরিপ অধিকর্তা
Dairy—দোহশালা
De novo—নতুন করে
Deed — দলিল, কোবলা
Default—খেলাপ
Deputy District Land & Land Reforms Officer (Dy. D.L. & L.R.O.)—উপ-জেলা ভূমি ও ভূমি সংস্কার আধিকারিক
Discretion — বিশেষ ক্ষমতা
Dismiss—পদচ্যুত করা, খারিজ করা
Dispose—নিষ্পত্তি করা
Divisional Commissioner—বিভাগীয় কমিশনার, ভুক্তিপতি
Drop—স্থগিত
Easement right—সুখাধিকার
Endowment — উৎসর্জনমূলক সংস্থা
Equity — ন্যায্যতা
Ex parte—একতরফা
Execution — নিষ্পাদন
Executive Authority—নির্বাহিক কর্তৃপক্ষ
File—নথি
Finding—নির্ণয়, সিদ্ধান্ত
Firm Line—টানা দাগ
Gift — দান, উপহার
Gift deed — দানপত্র, উপহারনামা
Good faith — সরল বিশ্বাস
Group Badal—দল বা গোষ্ঠী বদল
Group Line—দলবদ্ধ বা গোষ্ঠী রেখা
Hearing—শুনানি

High Court—উচ্চ আদালত
Hindu Adoptions and Maintenance Act 1956—১৯৫৬ সালের হিন্দু দত্তক ও ভরণপোষণ আইন
Impugned — নিন্দিত
Indian Evidence Act 1872—১৮৭২ সালের ভারতীয় সাক্ষ্য আইন
Information Slip—তথ্য চিরকুট
Injunction—নিষেধাজ্ঞা, স্থগিতাদেশ
Interim restraint—অন্তর্বর্তী রোধ
Irrigated — সেচসেবিত
J.L.R.O.—কনিষ্ঠ ভূমি সংস্কার আধিকারিক
Junch Form—পরীক্ষা নিদর্শ
Jurisdiction — ক্ষেত্রাধিকার
L.R. Advisory Committee—ভূমি সংস্কার উপদেষ্টা পরিচারণ সমিতি
L.R.O.—ভূমি সংস্কার আধিকারিক
Licence—অনুজ্ঞাপত্র, লাইসেন্স
Limitation Act 1963—১৯৬৩ সালের তামাদি আইন
Management Manual—পরিচালনা নির্দেশিকা
Manual—নির্দেশিকা
Mark Register—চিহ্ন খাতা
Merit—গুণাগুণ
Minor — নাবালক/নাবালিকা
Modified— সংপরিবর্তিত, সংশোধিত
Municipal Corporation—পৌরনিগম
Muslim Personal Law—মুসলিম ব্যক্তিগত আইন
Natural justice—স্বাভাবিক ন্যায়বিচার
Notice Board—বিজ্ঞপ্তি ফলক
Nullity — অন্তঃসারশূণ্য
Orchard — ফলের বাগান
Order Sheet—আদেশপত্র
Ordinance—অধ্যাদেশ
Partition — বণ্টন
Partition deed — বণ্টননামা

Planning area — প্রকল্পিত এলাকা
Plaint — অভিযোগ
Plead—ওকালতি
Police—পুলিশ, আরক্ষা
Poultry farming—হাঁস-মুরগির খামার
Presumption of law — আইনের পূর্বানুমান
Private nature — ব্যক্তিগত
Proceedings—কার্যাবলি, কার্যবাহসমূহ
Process fee—জারি খরচ
Proviso—অনুবিধি
Public nature — সার্বজনীন
Quasi-judicial—বিচারকল্প
Record manual—নথি নির্দেশিকা
Recording—লিপিবদ্ধ করা
Register—খাতা
Registered — নিবন্ধীকৃত
Registration—নিবন্ধীকরণ
Regulation—প্রণিয়ম
Reopen—পুনর্উন্মোচন
Representation — বক্তব্য
Requisition—অনুজ্ঞা, তলব, যাচন
Respondent—প্রতিবাদী, বিবাদী
Retrospective—অতীত বীক্ষণ
Return—বিবরণী
Revenue—রাজস্ব
Revenue Inspector—রাজস্ব পরিদর্শক
Revenue Officer—রাজস্ব আধিকারিক
Review—পুনর্বিলোকন, পর্যালোচনা
Revision—পুনরীক্ষণ, সংশোধন
Revisional Court — সংশোধিত আদালত
Rough—খাকা
Rule—নিয়ম, বিধি

S.D.L. & L.R.O.—মহকুমা ভূমি ও ভূমি সংস্কার আধিকারিক
Sale — বিক্রি
Sale deed — বিক্রি দলিল, বিক্রি কোবলা
Schedule—তফসিল
Section—ধারা
Set aside—বাতিল
Share — হিস্যা
Signature—স্বাক্ষর বা সই
Single Judge — একক বিচারক
Special Leave Petition (SLP)—বিশেষ অবকাশ আবেদনপত্র
Standard Hectare — প্রমাণিক হেক্টর
Sub-section—উপধারা
Sub-soil—অন্তর্ভূমি, নীচের মাটি
Suit — আরজি
Technical Advisor—প্রযুক্তি উপদেষ্টা
Tenant — প্রজা
Title—উপাধি, স্বত্ব, সম্পত্তির উপর ন্যায়সংগত অধিকার
Title page—নাম, উপাধি বা স্বত্ব পৃষ্ঠা
Treasury—কোষাগার
Trial—বিচার
Tribunal—ন্যায় পীঠ
Trust—ন্যাস বা অছি
Trustee—ন্যাসপাল বা অছি
Ultra vires — অধিকার বহির্ভূত
Urban Land (Ceiling and Regulation) Act 1976—১৯৭৬ সালের শহর জমি (সর্বোচ্চ সীমা ও প্রণিয়ম) আইন
Verification—সত্যাখ্যান, সত্যতা যাঁচাই
Vest—বর্তানো, ন্যস্ত হওয়া
W.B. Estate Manual—পশ্চিমবঙ্গ জমিদারি নির্দেশিকা
Will—ইচ্ছাপত্র, উইল
Working sheet—কার্য মানচিত্র
Writ—আজ্ঞালেখ

ক্রোড়পত্র

[Supplement]

প্রকাশকের বক্তব্য

এই বই প্রকাশনার পর পশ্চিমবঙ্গ ভূমি সংস্কার (সংশোধনী) আইন ২০২৩ পাশ হয়েছে। এই সংশোধনী আইনের ফলে মূল আইনে বেশ কিছু পরিবর্তন হয়েছে। এই বইটির গুরুত্ব অনুযায়ী লেখকের পরামর্শ অনুসারে এই সংশোধনী আইনটি ক্রোড়পত্র হিসাবে সংযোজিত হল। এর ফলে, আশা করা যায়, আইনটি সম্পূর্ণ হয়ে পাঠকগণের ব্যবহার উপযোগী হবে।

পশ্চিমবঙ্গ ভূমি সংস্কার (সংশোধনী) আইন ২০২৩*

[The West Bengal Land Reforms (Amendment) Act 2023]

পৃষ্ঠা ২৪৫ঃ প্রথম অনুচ্ছেদের পর যুক্ত হবে—

১৯৫৫ সালের প. ব. ভূমি সংস্কার আইনের ১৪ঠ ধারায় "১৪থ(৩), ১৪ম ও ১৪য (২) ধারার" স্থলে "১৪থ(৩), ১৪ম, ১৪য(২) এবং ৫২(২) ধারার দ্বিতীয় অনুবিধির পরিবর্তিত হবে"।

পৃষ্ঠা ২৪৫ঃ দ্বিতীয় অনুচ্ছেদের পর যুক্ত হবে—

In section 14L of the West Bengal Land Reforms Act, 1955 (hereinafter referred to as the principal Act), for the words, letters, figures and brackets "Subject to the provisions of sub-section (3) of section 14Q, section 14Y and sub-section (2) of section 14Z", the words, letters, figures and brackets "Subject to the provisions of sub-section (3) of section 14Q, section 14Y, sub-section (2) section 14Z and second proviso to sub-section (2) of section 52" shall be substituted.

পৃষ্ঠা ৩৯৬ঃ দ্বিতীয় অনুচ্ছেদের স্থলে নিম্নলিখিত অনুবিধি পরিবর্তিত হবে—

আরও উল্লেখ করা যায় যে ওই ব্যক্তি রাজ্য সরকারের অনুমতিক্রমে শিল্পতালুক বা শিল্প হাব বা শিল্প এস্টেট বা অর্থনৈতিক এস্টেট বা জৈব-প্রযুক্তি তালুক বা খাদ্য তালুক বা ছোটো শহর নির্মাণের জন্য ওই জমি ব্যবহার করতে পারবেন অথবা ভূমি ও ভূমি সংস্কার এবং উদ্বাস্তু ত্রাণ ও পুনর্বাসন দপ্তরকে নির্দিষ্ট অঙ্কের অর্থ প্রদান সাপেক্ষে ওই জমি সম্পূর্ণ অথবা কিছু অংশ সংশ্লিষ্ট দপ্তর ও ভূমি ও ভূমি সংস্কার এবং উদ্বাস্তু ত্রাণ ও পুনর্বাসন দপ্তরকে জানিয়ে হস্তান্তর অথবা খাস তালুক হিসাবে ইজারা দিতে পারবেন। যে উদ্দেশ্যে ওই ব্যক্তিকে ওই জমি ক্রয় ও দখল করবার অনুমতি দেওয়া হয়েছিল সংশ্লিষ্ট ব্যক্তি ওই উদ্দেশ্যে সরকার কর্তৃক অনুমোদিত প্রকল্প স্থাপন করবেন।

---

* পশ্চিমবঙ্গ ভূমি সংস্কার (সংশোধন) আইন ২০২৩ অনুযায়ী বিজ্ঞপ্তি নং ৩৫৫-এল-তাং ১০ এপ্রিল, ২০২৩ প্রকাশিত এবং ১৩ এপ্রিল, ২০২৩ থেকে কার্যকর হয়েছে।

পৃষ্ঠা ৩৯৯ঃ প্রথম অনুচ্ছেদের পর যুক্ত হবে—

For the second proviso in s. 14Y the following proviso shall be substituted:

> **"Provided further that such person having been permitted by the State Government to establish an industrial park or industrial hub or industrial estate or financial hub or logistic hub or a bio-tech park or a food park or township, shall utilize such land and lease out or transfer on freehold basis on payment of prescribed fees to the Land and Land Reforms and Refugee Relief and Rehabilitation Department the whole or any part of it with the previous permission of the appropriate Department of the State Government under intimation to the Land and Land Reforms and Refugee Relief and Rehabilitation Department, for the purpose for which he has been so permitted to acquire and hold such land to such a person who will set up an unit thereon as per objects of the respective projects as approved:"**

পৃষ্ঠা ৪০০ঃ আলোচনার সূচীর পর যুক্ত হবে—

সাম্প্রতিক পরিবর্তন সংশোধিত আইনে শিল্প স্থাপনের উদ্দেশ্যে অন্যান্য প্রকল্পের সঙ্গে ছোটো শহর (township) নির্মাণ কে অন্তর্ভুক্ত করা হয়েছে। দ্বিতীয় গুরত্বপূর্ণ বিষয় এই যে রাজ্য সরকারের কাছ থেকে আগাম অনুমতিক্রমে ১৪-ড ধারায় উল্লিখিত ঊর্ধসীমার চেয়ে অতিরিক্ত ক্রয় করা জমির সম্পূর্ণ, অথবা কিছু অংশ বিক্রি করতে পারবে, অথবা খাস তালুক (freehold) হিসাবে ওই জমির সম্পূর্ণ, অথবা কিছু অংশ ইজারা (lease) দিতে পারবে। তবে বিক্রি করা, অথবা ইজারা দেওয়ার আগে রাজ্য সরকারের ভূমি ও ভূমি সংস্কার এবং উদ্বাস্তু, ত্রাণ ও পুনর্বাসন দপ্তর থেকে আগাম অনুমতি নিতে হবে এবং ওই দপ্তরে সরকার নির্ধারিত নির্দিষ্ট অঙ্কের অর্থ জমা দিতে হবে। ইজারা গ্রহীতা/ক্রেতা ওই জমিতে সরকারি নিয়ম ও আইন মেনে নির্দিষ্ট প্রকল্প রূপায়ণ করবেন।

পৃষ্ঠা ৮৭৪ঃ শেষ অনুচ্ছেদের পর যুক্ত হবে—

"উপধারা (২) অনুসারে স্বত্বলিপির চূড়ান্ত প্রকাশনার এক বছরের মধ্যে কোনও আবেদনের ভিত্তিতে বা স্বেচ্ছায় (পঁয়ত্রিশ বছরের মধ্যে)" প্রভৃতি শব্দের পরিবর্তে "কোনও তথ্যের ভিত্তিতে অথবা স্বেচ্ছায়" শব্দগুলি পরিবর্তিত হবে।

পৃষ্ঠা ৮৭৬ঃ চতুর্থ অনুচ্ছেদের পর যুক্ত হবে—

In sub-section (4) of section 51A of the principal Act, for the words, figure and brackets "on application within one year, or on his own motion within thirty-five years from the date of publication of the record of rights under sub-section (2),", the words "on information or on his own motion," shall be substituted.

পৃষ্ঠা ৮৭৮ঃ আলোচনার সূচীর পর যুক্ত হবে—

সাম্প্রতিক পরিবর্তন ধারা ৫১ক(৪) সংশোধন করবার আগে বলা ছিল কোনও এল. আর. স্বত্বলিপি চূড়ান্তভাবে প্রকাশিত হওয়ার পঁয়ত্রিশ বছরের মধ্যে বিশেষভাবে ক্ষমতা প্রাপ্ত আধিকারিক কোনও আবেদন পত্রের ভিত্তিতে, অথবা নিজের ইচ্ছায় স্বত্বলিপি সংশোধন করতে পারবেন। স্বার্থ সংশ্লিষ্ট ব্যক্তিদের শুনানির সুযোগ দিয়ে তিনি প্রয়োজনে স্বত্বলিপি সংশোধন করতেন, পঁয়ত্রিশ বছর পার হলে ওই স্বত্বলিপি সংশোধন করা যেত না। বর্তমান সংশোধনের ফলে চূড়ান্ত প্রকাশের পর যে কোনও সময় বিশেষ ক্ষমতাপ্রাপ্ত আধিকারিক কোনও তথ্যের ভিত্তিতে অথবা নিজের ইচ্ছায় চূড়ান্ত প্রকাশিত স্বত্বলিপি সংশোধন করতে পারবেন। কোনও আবেদন পত্র জমা না পড়লেও স্বত্বলিপি সংশোধনের ক্ষমতা দেওয়া হয়েছে। পূর্বোক্ত “পঁয়ত্রিশ বছর”-এর সময়সীমা আগে “পঁচিশ বছর” ছিল এবং ২০১০ সালের প. ব. ২৭ নং আইনের মাধ্যমে “পঁয়ত্রিশ বছর” করা হয়। এই সংশোধনের মাধ্যমে ওই সময় সীমা সম্পূর্ণ উঠিয়ে দেওয়া হল।

পৃষ্ঠা ৯৩৯ঃ প্রথম অনুচ্ছেদের পর যুক্ত হবে—

৫২(২) ধারার শেষে নিম্নলিখিত অনুবিধিগুলি অন্তর্ভুক্ত হবেঃ-

উল্লেখ করা যায় যে অকৃষি জমির বিদ্যমান কোনও ইজারাদার অথবা কোনও ব্যক্তি বা একটি গোষ্ঠী, সমিতি, সংস্থা, কর্পোরেশন, কোম্পানি, ফার্ম, ট্রাষ্ট, সমবায় সমিতি অকৃষি কাজের লক্ষ্যে এ রকম জমি যদি ইজারা নিতে চায় রাজ্য সরকারের কাছে খাস তালুক হিসাবে রায়তরূপে ওই জমি পাওয়ার জন্য আবেদন করতে পারেন, নির্দিষ্ট অঙ্কের অর্থ জমা সাপেক্ষে ওই নির্দিষ্ট প্রকল্প রূপায়ণের জন্য রাজ্য সরকার ওই আবেদন মঞ্জুর করতে পারেন।

আরও উল্লেখ করা যায় যে সমস্ত দিক বিবেচনা করে রাজ্য সরকার অকৃষি জমির বিদ্যমান কোনও ইজারাদার, অথবা কোনও ব্যক্তি কর্পোরেশান, কোনও কোম্পানি, ফার্ম, ট্রাষ্ট অথবা সমবায় সমিতি যারা ইজারা নিতে ইচ্ছুক এরকম

খাস তালুক জমির রায়ত হিসাবে রাজ্য সরকার ওই জমি রাখবার অনুমতি দিতে পারেন, এমনকী, ওই খাস তালুক জমি সহ তাঁর মোট জমির পরিমাণ ১৪-ড (14M) ধারায় বর্ণিত সর্বোচ্চ সীমা অতিক্রম করলেও অনুমতি দেওয়া হবে। নির্দিষ্ট শর্ত পূরণ সাপেক্ষে নির্মিত অথবা নির্মাণে ইচ্ছা প্রকাশ করলে রাজ্য সরকার লিখিত অনুমোদন দেবেন।

পৃষ্ঠা ৯৩৯ঃ দ্বিতীয় অনুচ্ছেদের পর যুক্ত হবে—

৫২(৩) ধারায়

"রাজ্য সরকার যদি মনে করেন, আলাদা এলাকার জমি বা আলাদা শ্রেণি বা আলাদা রকম জমি পরিচালনার জন্য আলাদা আলাদা নিয়ম তৈরি করা দরকার"—

এর বদলে নিম্নলিখিত বিধান অন্তর্ভুক্ত হবে—

"রাজ্য সরকার যদি মনে করেন, আলাদা এলাকার জমি বা আলাদা শ্রেণি বা আলাদা রকম জমি ৫২(২) ধারার অনুবিধি উদ্দেশ্য পূরণে আলাদা আলাদা নিয়ম প্রয়োজন"।

পৃষ্ঠা ৯৪০ঃ প্রথম অনুচ্ছেদের পর যুক্ত হবে—

In sub-section (2) of s. 52 of the Principal Act following provisos shall be inserted.

"Provided that an existing lessee of such land of non-agricultural purposes or a person, a body of individuals, a society, an institution, a corporation, a company, a firm, a trust or a co-operative society intending to take lease of any such land for non-agricultural purposes, may apply before the State Government for holding such demised land on freehold basis as a *raiyat*, which may be permitted by the State Government on payment of such premium and for such specific classes of land as may be prescribed, if such permission in the opinion of the State Government is so required for that particular purposes only:

Provided further that State Government having regard to all the circumstances of the case of an existing lessee of such land of non-agricultural purposes or a person, a body of individuals, a society, an institution, a corporation, a company, a firm, a trust or a co-operative society intending to take lease, may allow to hold such freehold land as *raiyat* for the purpose for which it is settled or

intended to be settled, with permission in writing, on such terms and conditions as may be prescribed, even if the total quantum of land including such freehold land held by such *raiyat* exceeds the ceiling area as prescribed under section 14M of this Act."

পৃষ্ঠা ৯৪০ঃ দ্বিতীয় অনুচ্ছেদের পর নিম্নলিখিত অংশ যুক্ত হবে—

In sub-section (3), for the words "If the State Government is of the opinion that different sets of rules are necessary for the management of different classes or description of lands or lands of different areas,", the words, figure and brackets "If the State Government is of the opinion that different sets of rules are necessary for the management of different classes or description of lands or lands of different areas, as well as for the purposes mentioned under the provisos to sub-section (2)," shall be substituted.

পৃষ্ঠা ৯৪০ঃ আলোচনার সূচীর পর যুক্ত হবে—

সাম্প্রতিক পরিবর্তন ৫২(২) ধারায় শেষে নতুন দুটি অনুবিধি (provision) যুক্ত করা হয়েছে। পুরনো আইন অনুযায়ী রাজ্য সরকারের ভূমি ও ভূমি সংস্কার এবং উদ্বাস্তু, ত্রাণ ও পুনর্বাসন দপ্তরে নির্ধারিত অঙ্কের অর্থ জমা দিয়ে সরকারের ন্যস্ত হওয়া (vested) জমি দীর্ঘ মেয়াদী ইজারা নেওয়া যেত। কোনও ব্যক্তি, সংস্থা, কোম্পানি, সমবায় সমিতি প্রভৃতি ইজারা গ্রহণের সুবিধা পেত। তবে ইজারা গ্রহীতা ওই জমির সম্পূর্ণ মালিকানা বা রায়তি অধিকার পেত না, ওই জমি হস্তান্তর করতে পারত না। ২০২৩ সালের সংশোধিত প. ব. ভূ. স. আইনে বলা হয়েছে, যারা ইতিমধ্যে ইজারার মাধ্যমে রাজ্য সরকারের কাছ থেকে জমি পেয়েছেন, অথবা যারা সরকারের ন্যস্ত জমি ইজারা পেতে ইচ্ছুক উভয়কেই নির্দিষ্ট অঙ্কের অর্থ জমা দেওয়া সাপেক্ষে পূর্ণ মালিকানা বা রায়তি স্বত্ব/অধিকার দেওয়া হবে এবং তিনি ওই জমি অন্যকে হস্তান্তর করতে পারবেন, শুধু তাই নয়, সংশোধিত আইনে বলা হয়েছে খাসতালুক (freehold) হিসাবে লাভ করা ওই জমির সঙ্গে নিজস্ব জমি একত্রিত হয়ে ১৪-ড ধারায় উল্লিখিত ঊর্ধসীমা অতিক্রম করলেও রাজ্য সরকার ওই অনুমতি দিতে পারবে। সরকারে ন্যস্ত জমি (vested land) খাসতালুক (freehold) হিসাবে পাওয়ার অধিকারী হবেন কোনও বিদ্যমান (existing) ইজারাদার, ব্যক্তি, গোষ্ঠী (body of individuals), সমিতি, সংস্থা (institution), কর্পোরেশান, কোম্পানি, ফার্ম, ট্রাষ্ট অথবা সমবায় সমিতি।

[illegible] to be settled with permission in writing on such terms and conditions as may be provided, even if the total quantum of land including such orchard land held by such raiyat exceeds the ceiling area as prescribed under section 14M of this Act.

[illegible]

In sub-section (3), for the words "if the State Government is of the opinion that different sets of rules are necessary for the settlement of different classes or description of lands or lands of different areas", the words "if the State Government is of the opinion that different sets of rules are necessary for the settlement of different classes or description of lands or lands of different areas, as well as for the purposes mentioned under the previous sub-section" shall be substituted.

[illegible]

পশ্চিমবঙ্গ
ভূমি সংস্কার আইন, ১৯৫৫
(১৯৫৬ সালের ১০ নং আইন)
The West Bengal Land Reforms Act, 1955
(Act No. 10 of 1956)

[৩০শে মার্চ ১৯৫৬

সমস্ত জমি এবং তাতে প্রযুক্ত অধিকার রাজ্য সরকারে বর্তানোয় [1][এবং ভূমি সংস্কার সংক্রান্ত আইনগুলি একত্রীকরণ করার উদ্দেশ্যে] এই রাজ্যে একটি আইন।

ভারতীয় প্রজাতন্ত্রের ষষ্ঠ বছরে পশ্চিমবঙ্গ আইনসভা দ্বারা নিম্নরূপ আইন লিপিবদ্ধ হল—

পরিচ্ছেদ ১
প্রারম্ভিক

[2][১। **সংক্ষিপ্ত নামকরণ, পরিধি এবং সূচনা (Short title, extent and commencement)** ঃ (১) এই আইনকে ১৯৫৫ সালের পশ্চিমবঙ্গ ভূমি সংস্কার আইন বলা হবে।

১ পশ্চিমবঙ্গ ভূমি সংস্কার (সংশোধন) আইন, ১৯৮১ (পশ্চিমবঙ্গ আইন ৫০, ১৯৮১)-এর ২ ধারার মাধ্যমে যুক্ত এবং উক্ত আইনের ১(২) ধারার মাধ্যমে ৭.৮.১৯৬৯ তারিখ থেকে বলবৎ করা হয়েছে।

২ ১৯৫৬ খ্রীষ্টাব্দের ৩০শে মার্চ এই বিধিবদ্ধ আইন কলিকাতা গেজেট, অতিরিক্ত সংখ্যায় প্রকাশিত এবং উক্ত তারিখ থেকে বিহার হতে আগত অঞ্চল এবং ১(২) ধারায় উল্লিখিত অঞ্চল ব্যতীত সমগ্র পশ্চিমবঙ্গে এই ধারাটি বলবৎ হয়েছে।

২৪.৬.১৯৬৭ তারিখের ১০৭৩০-এল. রেফ্., সংখ্যক প্রজ্ঞাপনের মাধ্যমে বিহার হতে পশ্চিমবঙ্গে আগত অঞ্চলগুলিতে ৩০.৬.১৯৬৭ তারিখ থেকে বলবৎ করা হয়েছে।

(২) [৩]১৯৮০ সালের কলিকাতা পৌরনিগম আইনের [১৯৮০ সালের পশ্চিমবঙ্গের ৫৯ নং আইন] ১ নং তালিকায় উল্লিখিত এলাকা বাদে কিন্তু ওই তালিকার অন্তর্ভুক্ত এলাকা যা কলিকাতা পৌরনিগম (সংশোধন) আইন, ১৯৮৩ (১৯৮৩ সালের পশ্চিমবঙ্গের ৩২ নং আইন) বলবৎ হওয়ার আগে যাদবপুর, দক্ষিণ শহরতলি বা গার্ডেনরিচ পৌরসভার অন্তর্ভুক্ত ছিল তাছাড়া এই আইন পশ্চিমবঙ্গের সর্বত্র প্রযোজ্য হবে।

[৪][তবে রাজ্য সরকার সরকারি গেজেটে বিজ্ঞাপন প্রকাশের দ্বারা সময় সময় এই আইনের সমস্ত বিধানগুলি বা তার অংশ ১৯৮০ সালের কলকাতা পৌর আইনের (১৯৮০ সালের পশ্চিমবঙ্গের ৫৯ নং আইন) ১ নং তালিকায় উল্লিখিত এলাকার সেই অংশগুলিতে বিজ্ঞাপন প্রকাশ দ্বারা নির্দিষ্ট তারিখ বা তারিখগুলি থেকে প্রচার এবং কার্যকর করতে পারবেন।]

(৩) এই ধারাটি দ্রুত কার্যকর হবে এবং রাজ্য সরকার বিভিন্ন সময়ে সরকারি গেজেটে যে দিন বা যে দিনগুলি থেকে বিজ্ঞাপন প্রকাশ করবেন সেইভাবে আইনের অবশিষ্ট ধারাগুলির সমস্ত বা কিছু অংশে সেইসব তারিখ বা তারিখগুলি থেকে সেইসব জেলায় বা জেলার অংশবিশেষে বলবৎ হবে।]

[30th March 1956

An Act to reform the law relating to land tenure consequent on the vesting of all estates and of certain rights therein [1][and also to consolidate the law relating to land reforms] in the State

It is hereby enacted in the Sixth Year of the Republic of India, by the Legislature of West Bengal, as follows:

৩ পূর্বের "ইহা কলিকাতা পৌর আইন, ১৯৫১-এর প্রথম অনুসূচীতে বর্ণিত অঞ্চল যা উক্ত আইনের ৫৯৪ ধারা অনুসারে সংশোধিত বলে বিবেচিত হবে তা ছাড়া" শব্দ ও সংখ্যাগুলির স্থলে পশ্চিমবঙ্গ ভূমি সংস্কার (সংশোধন) আইন, ১৯৮৬ (পশ্চিমবঙ্গ আইন ৫, ১৯৮৬)-এর ২ ধারার মাধ্যমে অনুকল্পিত এবং উক্ত আইনের ১(২) ধারার মাধ্যমে ৪.১.১৯৮৪ তারিখ থেকে বলবৎ হয়েছে। মূল প্রকরণটি ৩১.৩.১৯৫৬ তারিখ থেকে বিহার থেকে আগত অঞ্চল এবং ১(২) ধারায় উল্লিখিত অঞ্চল ছাড়া সমগ্র পশ্চিমবঙ্গে বলবৎ করা হয়েছিল।

৪ পশ্চিমবঙ্গ ভূমি সংস্কার (সংশোধন) আইন, ১৯৮১ (পশ্চিমবঙ্গ আইন ৫০, ১৯৮১)-এর ৩(১) ধারার মাধ্যমে যুক্ত এবং উক্ত আইনের ১(২) ধারার মাধ্যমে ৭.৮.১৯৬৯ তারিখ থেকে বলবৎ করা হয়েছে।

1 *Inserted* by the West Bengal Land Reforms (Amendment) Act L of 1981, w.r.e.f. 7.8.1969.

CHAPTER 1
Preliminary

1. Short title, extent and commencement. (1) This Act may be called the West Bengal Land Reforms Act, 1955.

(2) It extends to the whole of West Bengal [1][except the area described in Schedule I of the Kolkata Municipal Corporation Act, 1980 (West Bengal Act LIX of 1980) but not excepting the area included in the said Schedule, which, immediately before the coming into force of the Kolkata Municipal Corporation (Amendment) Act, 1983 (West Bengal Act XXXII of 1983), was comprised in the Municipality of Jadavpur, South Suburban or Garden Reach]:

[2][Provided that the State Government may, from time to time by notification in the *Official Gazette*, extend and bring into force the provisions of the Act, in whole or in part, to such part or parts of [3][the area described in Schedule I of the Kolkata Municipal Corporation Act, 1980 (West Bengal Act LIX of 1980),] with effect from such date or dates as may be specified in the notification.]

(3) This section shall come into force at once and the remaining provisions of this Act, in whole or in part, shall come into force on such date or dates and in such district or part of a district as the State Government may from time to time by notification in the *Official Gazette* specify.

[১][১ক। রাজ্যের নীতি বিষয়ে ঘোষণা (Declaration as to the policy of the State) ঃ এই মর্মে ঘোষণা করা যাচ্ছে যে ভারতীয় সংবিধানের

1 *Substituted* by the West Bengal Land Reforms (Amendment) Act V of 1986, w.r.e.f. 4.1.1984.

2 *Inserted* by the West Bengal Land Reforms (Amendment) Act L of 1981, w.r.e.f. 7.8.1969 (Now see Kolkata Municipal Corporation Act, 1980).

3 *Substituted* by the West Bengal Land Reforms (Amendment) Act, 2005 (W.B. Act XXVIII of 2005) (w.r.e.f. 4.1.1984).

১ পশ্চিমবঙ্গ ভূমি সংস্কার (সংশোধন) আইন, ১৯৮১ (পশ্চিমবঙ্গ আইন ৫০, ১৯৮১)-এর ৪ ধারার মাধ্যমে যুক্ত এবং উক্ত আইনের ১(২) ধারার মাধ্যমে পশ্চিমবঙ্গে [মুল আইনের ১(২) ধারায় উল্লিখিত অঞ্চল ছাড়া] ৭.৮.১৯৬৯ তারিখ থেকে বলবৎ করা হয়েছে।

৩৯(খ) এবং ৩৯(গ) অনুচ্ছেদে উল্লিখিত নীতির নিশ্চিত প্রতিষ্ঠার লক্ষ্যে এই আইন প্রণয়ন করা হল।]

[1][**1A. Declaration as to the policy of the State. It is hereby declared that this Act is for giving effect to the policy of the State towards securing the principles specified in clauses (*b*) and (*c*) of Article 39 of the Constitution of India.]**

আলোচনা

পশ্চিমবঙ্গ ভূমি সংস্কার আইনে প্রথমে এই ধারাটি ছিল না। পরে ১৯৮১ সালের পঃ বঃ ভূমি সংস্কার (সংশোধন) আইন [১৯৮১ সালের পশ্চিমবঙ্গের ৫০নং আইন] দ্বারা মূল আইনে এই ধারাটি যুক্ত করা হয়েছে। ১ক ধারায় বলা আছে—সংবিধানের ৩৯(খ) এবং ৩৯(গ) অনুচ্ছেদে ভূমি সংস্কার বিষয়ে যে রাজ্যনীতি (State policy) উল্লিখিত রয়েছে তার যাতে সঠিক এবং নিশ্চিতরূপে রূপায়ণ হয় তার জন্য এই আইন প্রণয়ন করা হয়েছে। ৩৯(খ) অনুচ্ছেদে বলা আছে প্রকৃতির ধন সম্পত্তির মালিকানাগুলি এমনভাবে ভাগ করতে হবে যেন সাধারণ মানুষের তাতে কল্যাণ হয়। ৩৯(গ) অনুচ্ছেদে বলা আছে সম্পত্তি এবং সম্পদের উৎস যেন এক জায়গায় কেন্দ্রীভূত না হয়। ভারতবর্ষ মূলত কৃষিপ্রধান দেশ, জমি-ই হল বেশির ভাগ মানুষের বেঁচে থাকার অবলম্বন। সুতরাং, ভূমির বণ্টন যেন এমন না হয় যে 'অল্প লোকের হাতে বেশি জমি, আর বেশির ভাগ লোক ভূমিহীন।' সঠিক ভূমি সংস্কার হলে সাধারণ মধ্যবিত্ত, নিম্নবিত্ত, ভূমিহীন মানুষ বেঁচে থাকার রসদ পাবে। কৃষকের মুখে হাসি ফুটবে। ভূমি সংস্কার সঠিকভাবে রূপায়িত করতে সংবিধানের কাছে সরকার দায়বদ্ধ। ১ক ধারা সংবিধানের ওই ৩৯(খ) এবং ৩৯(গ) অনুচ্ছেদের নিশ্চিত রূপায়ণের লক্ষ্যে এই আইন প্রণয়নের বিষয় উল্লেখ করেছে।

২। সংজ্ঞা (Definitions) ঃ

এই আইনে, প্রসঙ্গ বা বিষয়ে ভিন্নতর কিছু না থাকলে তবে—

(১) "কৃষিবর্ষ" (agricultural year) বলতে বাংলা বছরের ১লা বৈশাখ থেকে আরম্ভ বোঝাবে।

(২) "বর্গাদার" বা ভাগচাষি বলতে এমন লোককে বোঝাবে, যিনি 'আধি', 'বর্গা' অথবা 'ভাগ' এই সমস্ত প্রচলিত পদ্ধতিতে অন্য লোকের জমি

1 The s. 1A has been added by the West Bengal Land Reforms (Amendment) Act, 1981.

এই শর্তে চাষ করেন যে উৎপন্ন ফসলের একটা অংশ মালিককে দেবেন [১][এবং যে ব্যক্তি কৃষানি প্রথায় বা [২](অন্য প্রথায়) অন্য লোকের জমি চাষ করেন এই শর্তে যে উৎপন্ন ফসলের একটা অংশ তিনি নেবেন।]

[৩][তবে মালিকের সঙ্গে ওই ব্যক্তির নিম্নলিখিত সম্পর্ক থাকবে না—

(ক) স্ত্রী, বা

(খ) স্বামী, বা

(গ) সন্তান, বা

(ঘ) নাতি/নাতনি, বা

(ঙ) বাবা-মা, বা

(চ) দাদু-দিদিমা/ঠাকুরদা-ঠাকুরমা, বা

(ছ) ভাই, বা

(জ) বোন, বা

(ঝ) ভাই-এর ছেলে বা মেয়ে, বা

(ঞ) বোনের ছেলে বা মেয়ে, বা

(ট) মেয়ের স্বামী, বা

(ঠ) ছেলের স্ত্রী, বা

(ড) স্ত্রীর ভাই বা বোন, বা

[৪](ডক) স্বামীর ভাই, বা

(ঢ) ভাই-এর স্ত্রী]

১ পশ্চিমবঙ্গ ভূমি সংস্কার (সংশোধন) আইন, ১৯৭২ (পশ্চিমবঙ্গ আইন ১২, ১৯৭২)-এর ২(i) ধারার মাধ্যমে সন্নিবেশিত এবং উক্ত আইনের ১(২) ধারার মাধ্যমে ১২.২.১৯৭১ তারিখ থেকে বলবৎ হয়েছে।

২ পশ্চিমবঙ্গ ভূমি সংস্কার (সংশোধন) আইন, ১৯৮১ (পশ্চিমবঙ্গ আইন ৫০, ১৯৮১)-এর ৫(ক)(i) ধারার মাধ্যমে অন্তর্ভুক্ত এবং উক্ত আইনের ১(২) ধারার মাধ্যমে ৭.৮.১৯৬৯ তারিখ থেকে বলবৎ হয়েছে।

৩ পশ্চিমবঙ্গ ভূমি সংস্কার (সংশোধন) আইন, ২০০০ (পশ্চিমবঙ্গ আইন ৩১, ২০০০)-এর মাধ্যমে সংযোজিত এবং ৭.৮.১৯৬৯ তারিখ থেকে বলবৎ করা হয়েছে।

৪ পশ্চিমবঙ্গ ভূমি সংস্কার (সংশোধন) আইন, ২০০৩ (পশ্চিমবঙ্গ আইন ১৮, ২০০৩)-এর মাধ্যমে সংযোজিত, এবং উক্ত আইনের মাধ্যমে ১৯.১০.২০০৩ তারিখ থেকে বলবৎ করা হয়েছে।

[৫][ব্যাখ্যা ঃ একজন ব্যক্তি বর্গাদার হিসাবে ততদিন থাকবেন, যতক্ষণ না এই আইন অনুযায়ী তিনি বেদখল হচ্ছেন।]

(৩) "শংসাপত্র" (Certificate) বলতে বঙ্গীয় সরকারি দাবি পুনরুদ্ধার আইন, ১৯১৩ [১৯১৩ সালের বাংলার ৩ নং আইন] অনুযায়ী স্বাক্ষরযুক্ত শংসাপত্র।

(৪) "সমাহর্তা" (Collector) বলতে কোনও জেলার সমাহর্তা অথবা কোনও আধিকারিক যাঁকে রাজ্য সরকার সমাহর্তার কাজ করার জন্য নিয়োগ করেছেন।

[৬][(৫) "একত্রীকরণ" (Consolidation) বলতে এক বা একাধিক দাগের অন্তর্ভুক্ত জমির খণ্ডগুলিকে অদল বদলের দ্বারা অনুরূপ দাগগুলিকে একত্র করা।]

[৭][(৬) 'কোনও দাগে রায়তের শরিক' (Co-sharer of a plot of land) বলতে বোঝায় রায়ত ছাড়া অন্য ব্যক্তি যাঁর কোনও জমিতে রায়ত সহ তারও স্বার্থ জড়িত আছে।]

৫ পশ্চিমবঙ্গ ভূমি সংস্কার (সংশোধন) আইন, ১৯৮১ (পশ্চিমবঙ্গ আইন ৫০, ১৯৮১)-এর ৫(ক) (*ii*) ধারার মাধ্যমে যুক্ত এবং উক্ত আইনের ১(২) ধারার মাধ্যমে ৭.৮.১৯৬৯ তারিখ থেকে বলবৎ হয়েছে।

৬ পশ্চিমবঙ্গ ভূমি সংস্কার (সংশোধন) আইন, ২০০৩ (পশ্চিমবঙ্গ আইন ১৮, ২০০৩)-এর মাধ্যমে অন্তর্ভুক্ত, যা ১৯.১০.২০০৩ থেকে বলবৎ করা হয়েছে। প্রকরণটি পূর্বে নিম্নরূপ ছিল ঃ

"(৫) একত্রীকরণ (Consolidation) এক বা বিভিন্ন জোতের অন্তর্ভুক্ত জমির অংশগুলিকে পুনর্বিন্যাসের মাধ্যমে অনুরূপ জোত বা জোতগুলিকে নিবিড় করা একত্রীকরণের অন্তর্ভুক্ত;"

উপরোক্ত অংশটি ৩১.১২.১৯৬৫ তারিখের ২২০৬৬-এল. রেফ্. সংখ্যায়িত প্রজ্ঞাপনের মাধ্যমে ৫.১.১৯৬৬ তারিখ থেকে বিহার থেকে আগত অঞ্চল এবং মূল আইনের ১(২) ধারায় উল্লিখিত অঞ্চল ছাড়া সমগ্র পশ্চিমবঙ্গে বলবৎ হয়েছিল।

৭ পশ্চিমবঙ্গ ভূমি সংস্কার (সংশোধন) আইন, ২০০০ (পশ্চিমবঙ্গ আইন ৩১, ২০০০) দ্বারা (৬) নং অংশটি ৭.৮.১৯৬৯ তারিখ থেকে প্রতিস্থাপিত। পূর্বে আইনটি নিম্নরূপ ছিল ঃ

"(৬) [ক]জোত (Holding) অর্থে রায়তের অধিকারভুক্ত জমি অথবা জমিগুলি [খ][এবং যাহা রাজস্ব নির্ধারণের জন্য একক হিসাবে গণ্য হয়]";

ক ৪.৬.১৯৬৫ তারিখের ৮১৪৪-এল. রেফ্. সংখ্যায়িত প্রজ্ঞাপনের মাধ্যমে ৭.৬.১৯৬৫ তারিখ থেকে মূল আইনের ১(২) ধারায় উল্লেখিত অঞ্চল এবং বিহার থেকে আগত অঞ্চল ছাড়া সমগ্র পশ্চিমবঙ্গে বলবৎ হয়েছে।

[৮](৬ক) 'দায়' (Encumbrance) বলতে রায়ত যদি তাঁর জমিতে সর্বসাধারণের ব্যবহার্য কোনও অধিকার বা স্বার্থ তৈরি করে অথবা নিজের অধিকার বা স্বার্থ নিজের জমিতে আবদ্ধ রাখে, তা বোঝায়। কিন্তু বর্গাদারের কৃষিকাজের অধিকার এর মধ্যে পড়বে না।

[৯][(৭) "জমি" (Land) বলতে জমি সহ পুকুর, মাছ চাষের পুকুর, মেছো-ভেরী, বাস্তু বা গৃহপালিত পশুপালন, হাঁস-মুরগির খামার, দোহশালা অথবা চা বাগান, মিল, কারখানা, বাগান, হাট, বাজার, ফেরী, মাশুল আদায়ের ঘর বা অন্য কোনও জায়গা সেখানে কোনও রকম স্বার্থ আছে এবং ভূ- পৃষ্ঠের সঙ্গে যুক্ত কোনও জিনিস যা স্থায়ীভাবে যুক্ত থাকে;]

(৮) "ব্যক্তিগত চাষ" (Personal Cultivation) বলতে কোনও ব্যক্তির দ্বারা তার নিজের জমিতে নিজের জন্য চাষ করা বোঝায়—

(ক) নিজের শ্রম দ্বারা; বা

খ পশ্চিমবঙ্গ *জোত-জমির রাজস্ব আইন, ১৯৭৯ (পশ্চিমবঙ্গ আইন ৪৪, ১৯৭৯)-এর ২৬(১)(ক) ধারার মাধ্যমে ১৪.৪.১৯৮১ তারিখ থেকে বাতিল ঘোষিত হয়েছে।

* পশ্চিমবঙ্গ ভূমি সংস্কার (সংশোধন) আইন, ২০০৩ (পশ্চিমবঙ্গ আইন ১৮, ২০০৩) দ্বারা উক্ত শব্দ দুটির পরিবর্তে "রায়তি জমির" শব্দ দুটি যুক্ত এবং ১৯.১০.২০০৩ থেকে বলবৎ হয়েছে।

৮ ৬(ক) অংশটি পশ্চিমবঙ্গ ভূমি (সংশোধন) আইন, ১৯৬৫ (পশ্চিমবঙ্গ আইন ১৮, ১৯৬৫)-এর ২(১) ধারার মাধ্যমে বলবৎ করে যুক্ত হয়েছে।

৯ ৩০.৩.১৯৫৬ তারিখের ৬৩৪৬-এল. রেফ্. সংখ্যক প্রজ্ঞাপনের মাধ্যমে চারটি অংশই ৩১.৩.১৯৫৬ তারিখ থেকে বিহার থেকে আগত অঞ্চল এবং ১(২) ধারায় উল্লিখিত অঞ্চল ছাড়া সমগ্র পশ্চিমবঙ্গে বলবৎ করা হয়েছে।

জমির বর্তমান সংজ্ঞা পশ্চিমবঙ্গ ভূমি সংস্কার (সংশোধন) আইন, ১৯৮১ (পশ্চিমবঙ্গ আইন ৫০, ১৯৮১)-এর ৫(খ) ধারার মাধ্যমে পূর্বের "জমি অর্থে [চা-বাগানের অন্তর্গত জমি যা পশ্চিমবঙ্গ জমিদারি গ্রহণ আইন, ১৯৫৩-এর ৬ ধারার (৩) উপধারানুযায়ী স্ব-অধিকারে রাখা হয়েছে তা ছাড়া] সকল কৃষি জমি এবং [বাস্তুভিটা এর অন্তর্গত] (কিন্তু পুষ্করিণী নহে)।" সংজ্ঞার স্থলে যুক্ত এবং উক্ত আইনের ১(২) ধারার মাধ্যমে ৭.৮.১৯৬৯ তারিখ থেকে বলবৎ করা হয়েছে।

(খ) তাঁর পরিবারের কোনও সদস্যের শ্রম দ্বারা; বা

(গ) কোনও চাকর বা শ্রমিক দিয়ে মজুরীর বিনিময়ে—ওই মজুরী অর্থ বা জিনিস হতে পারে [১০][কিন্তু উৎপন্ন ফসলের ভাগ নয়] অথবা উভয়-ই এক সঙ্গে।

[১১][বছরের অধিকাংশ সময় জমি যে এলাকায় অবস্থিত ওই ব্যক্তি বা তাঁর পরিবারের সদস্যরা ওই এলাকায় বসবাস করবেন এবং তাঁদের আয়ের মূল উৎস হবে ওই [১২][জমির ফসল]।

ব্যাখ্যা ঃ "পরিবার" শব্দটি ১৪ট ধারার (গ) উপধারায় উল্লিখিত পরিবারের সংজ্ঞার মতো বোঝাবে];

(৯) এই আইনে "নির্ধারিত" **[Prescribed]** বলতে রাজ্য সরকার দ্বারা স্থির করা নীতি বোঝাবে।

(৯ক) "নির্ধারিত কর্তৃপক্ষ" **(Prescribed authority)** অর্থে রাজ্য সরকার সরকারি গেজেটে বিজ্ঞাপন দ্বারা এই আইনের সমস্ত বিধান বা কোনও বিশেষ কাজের উদ্দেশ্যে যে আধিকারিককে নিয়োজিত করবেন।

পশ্চিমবঙ্গ ভূমি সংস্কার (সংশোধন) আইন, ১৯৬৫ (পশ্চিমবঙ্গ আইন ১৮, ১৯৬৫)-এর ২(২) ধারার মাধ্যমে "এবং বাস্তুভিটা অন্তর্গত" শব্দগুলির স্থলে যুক্ত হয়েছিল।

ব্যাখ্যা ঃ "বাস্তুভিটা" বলতে ১৯৫৩ সালের পঃ বঃ জমিদারি অধিগ্রহণ আইনে বাস্তুভিটার যে অর্থ আছে তা-ই বোঝাবে।

১০ পশ্চিমবঙ্গ ভূমি সংস্কার (সংশোধন) আইন, ১৯৭২ (পশ্চিমবঙ্গ আইন ১২, ১৯৭২)-এর ২(*ii*) ধারার মাধ্যমে যুক্ত করা হয়েছিল এবং উক্ত আইনের ১(২) ধারার মাধ্যমে ১২.২.১৯৭১ তারিখ থেকে বলবৎ হয়েছিল।

১১ পশ্চিমবঙ্গ ভূমি সংস্কার (সংশোধন) আইন, ১৯৭৭ (পশ্চিমবঙ্গ আইন ৩৪, ১৯৭৭)-এর ২ ধারার মাধ্যমে যুক্ত।

১২ "জমি থেকে উদ্ভূত" শব্দগুলির স্থলে "জমির ফসল" শব্দগুলি পশ্চিমবঙ্গ ভূমি সংস্কার (সংশোধন) আইন, ১৯৭৮ (পশ্চিমবঙ্গ আইন ৩৯, ১৯৭৮)-এর ২ ধারার মাধ্যমে ৩.২.১৯৭৮ তারিখ থেকে বলবৎ হয়েছে।

[১৩][(১০) "রায়ত" বলতে কোনও ব্যক্তি বা প্রতিষ্ঠানকে বোঝায় যে জমির দখলে আছে এবং সেই জমি যে কোনও কাজের জন্য ব্যবহৃত হয়;]

(১১) [১৪][বাতিল]

(১২) "রাজস্ব আধিকারিক" [Revenue Officer] অর্থে কোনও আধিকারিক যাঁকে রাজ্য সরকার কোনও এলাকায় তাঁর নাম অথবা তাঁর পদমর্যাদা উল্লেখ করে রাজস্ব আধিকারিক-এর কোনও কাজ সম্পাদনের জন্য নিয়োগ করবেন।

[১৫][(১৩) "তফসিলী উপজাতি" (Scheduled Tribe) বলতে ভারতীয় সংবিধানের ৩৬৬ ধারার ২৫ নং উপধারার বিধান অনুযায়ী বিবেচিত হবে।]

১৩ পশ্চিমবঙ্গ ভূমি সংস্কার (সংশোধন) আইন, ১৯৮১ (পশ্চিমবঙ্গ আইন ৫০, ১৯৮১)-এর ৫(গ) ধারার মাধ্যমে যুক্ত এবং উক্ত আইনের ১(২) ধারার মাধ্যমে ৭.৮.১৯৬৯ তারিখ থেকে বলবৎ করা হয়েছে। প্রকরণটি পূর্বে নিম্নরূপ ছিল ঃ

"রায়ত অর্থে কৃষিকার্যের জন্য জমি [ভোগ দখল করেন কোনও ব্যক্তি অথবা প্রতিষ্ঠান]।"

১৪ পশ্চিমবঙ্গ জোত-জমির রাজস্ব আইন, ১৯৭৯ (পশ্চিমবঙ্গ আইন ৪৪, ১৯৭৯)-এর ২৬(খ) ধারার মাধ্যমে ১৪.৪.১৯৮১ তারিখ হতে বাতিল ঘোষিত হয়েছে। এই ধারার অনুবিধিতে বলা হয়েছে যে নতুন আইনানুসারে যতদিন রাজস্ব নির্ধারিত না হবে পূর্বের রাজস্ব প্রদান করতে হবে এবং পরবর্তীকালে উক্ত অর্থ নতুন রাজস্বের সঙ্গে সমন্বয় করা হবে। পূর্বে অংশটি নিম্নরূপ ছিল ঃ

"(১১) রাজস্ব (Revenue) অর্থে এই আইনের বিধিগুলি অনুসারে জমি ভোগ-দখলের অন্য কোনও রায়তের যা কিছু আইন-সঙ্গতভাবে নগদ মুদ্রায় বা দ্রব্যে অথবা উভয়ত প্রদেয় বা অর্পণযোগ্য;"

১৫ পশ্চিমবঙ্গ ভূমি সংস্কার (দ্বিতীয় সংশোধন) আইন, ১৯৮৬ (পশ্চিমবঙ্গ আইন ১৯, ১৯৮৬)-এর ২ ধারার মাধ্যমে ৩১শে জুলাই, ১৯৬৫ থেকে বলবৎ করে যুক্ত করা হয়েছে। উক্ত সংশোধিত আইন কলিকাতা গেজেটের বিশেষ সংখ্যার তৃতীয় অংশে ১৯.৮.১৯৮৬ তারিখে প্রকাশিত হয়েছে।

2. Definitions. In this Act, unless there is anything repugnant in the subject or context,—

(1) *"agricultural year"* means the Bengali year commencing on the first day of *Baisakh*;

(2) *"bargadar"* means a person who under the system generally known as *adhi*, *barga* or *bhag* cultivates the land of another person on condition of delivering a share of the produce of such land to that person [1][and includes a person who under the system generally known as *kisani* [2][or by any other description] cultivates the land of another person on condition of receiving a share of the produce of such land from that person]

[3][but does not include a person who is related to the owner of the land as—

(*a*) wife, or

(*b*) husband, or

(*c*) child, or

(*d*) grandchild, or

(*e*) parent, or

(*f*) grandparent, or

(*g*) brother, or

(*h*) sister, or

(*i*) brother's son or brother's daughter, or

(*j*) sister's son or sister's daughter, or

(*k*) daughter's husband, or

(*l*) son's wife, or

(*m*) wife's brother or wife's sister, or

[4][(*ma*) husband's brother, or]

(*n*) brother's wife,] and

1 *Inserted* by Act XII of 1972, w.r.e.f. 12.2.1971.
2 *Inserted* by Act L of 1981, w.r.e.f. 7.8.1969.
3 *Inserted* by Act XXXI of 2000, w.r.e.f. 7.8.1969.
4 *Inserted* by the West Bengal Land Reforms (Amendment) Act, 2003 (18 of 2003) (w.e.f. 19.10.2003).

[5][*Explanation.* A *bargadar* shall continue to be a *bargadar* until cultivation by him is lawfully terminated under this Act;]

(3) "certificate" means a certificate signed under the Bengal Public Demands Recovery Act, 1913 (Ben. Act III of 1913);

(4) "Collector" means the Collector of a district or any other officer appointed by the State Government to discharge any of the functions of a Collector under this Act;

[6][(5) "consolidation" includes re-alignment of a plot of land or rearrangement of parcels of land comprised in different plots of land for the purpose of rendering such plots of land more compact;]

[7][(6) *"co-sharer of a raiyat in a plot of land"* means a person, other than the *raiyat*, who has an undemarcated interest in the plot of land along with the *raiyat*;]

(6A) *"encumbrance"* means any lien, easement or other right or interest created by a *raiyat* on his [8][plot of land] or in limitation of his own interest therein, but does not include the right of the *bargadar* to cultivate the land of the [8][plot of land];

[9][(7) *"land"* means land of every description and includes tank, tank-fishery, fishery, homestead, or land used for the purpose

5 *Added* by Act L of 1981, w.r.e.f. 7.8.1969.

6 *Substituted* by the West Bengal Land Reforms (Amendment) Act, 2003 (18 of 2003) (w.e.f. 19.10.2003) for the following:
'(5) "*consolidation*" includes rearrangement of parcels of land comprised in a holding or in different holdings for the purpose of rendering such holding or holdings more compact'.

7 *Substituted* by Act XXXI of 2000, w.r.e.f. 7.8.1969.

8 *Substituted* for "holding" by the West Bengal Land Reforms (Amendment) Act, 2003 (Act 18 of 2003) (w.e.f. 19.10.2003).

9 *Substituted* by W.B. Act L of 1981, w.r.e.f. 7.8.1969; the old sub-section read as follows:

"(7) "land" means agricultural land other than land comprised in a tea-garden which is retained under sub-section (3) of section 6 of the West Bengal Estates Acquisition Act, 1953 and includes homesteads but does not include tank."

Explanation. "Homestead" shall have the same meaning as in the West Bengal Estates Acquisition Act, 1953 (West Ben. Act I of 1954).

of livestock breeding, poultry farming, dairy or land comprised in tea garden, mill, factory, workshop, orchard, *hat, bazar, ferries,* tolls or land having any other *sairati* interest and any other land together with all interests, and benefits arising out of land and things attached to the earth or permanently fastened to anything attached to earth;]

(8) "Personal cultivation" means cultivation by a person of his own land on his own account—

(*a*) by his own labour, or

(*b*) by the labour of any member of his family, or

(*c*) by servants or labourers on wages payable in cash or in kind [10][not being as a share of the produce] or both:

[11][Provided that such person or member of his family resides for the greater part of the year in the locality where the land is situated and the principal source of his income is [12][produce of] such land.

Explanation. The term "family" shall have the same meaning as in clause (*c*) of section 14K.];

(9) "*prescribed*" means prescribed by rules made by the State Government under this Act;

(9A) "*prescribed authority*" means an authority appointed by the State Government, by notification in the *Official Gazette*, for all or any of the purposes of this Act;

[13][(10) "*raiyat*" means a person or an institution holding land for any purpose whatsoever;]

10 *Inserted* by Act XII of 1972 w.r.e.f. 12.2.1971.

11 *Inserted* by the W.B.L.R. (Amendment) Act, 1977, w.e.f. 3.2.1978.

12 *Substituted* by W.B.L.R. (Amendment) Act, 1978, w.e.f. 3.2.1978.

13 *Substituted* by W.B. Act L of 1981, w.r.e.f. 7.8.1969, the old sub-section read as follows:

"(10) "raiyat" means a person or an institution holding land for purpose of agriculture;"

(11) [14][* * *]

(12) *"Revenue Officer"* means any officer whom the State Government may appoint by name or by virtue of his office to discharge any of the functions of a Revenue Officer in any area;

[15][(13) *"Scheduled Tribe"* shall have the same meaning as in clause (25) of Article 366 of the Constitution of India.]

আলোচনার সূচী

14 *Omitted* by W.B. Land Holding Revenue Act, 1979, w.e.f. 14.4.1981, the old sub-section read as follows:

'(11) "*revenue*" means whatever is lawfully payable or deliverable in money or kind or both by a *raiyat* under the provisions of this Act in respect of the land held by him;'

15 *Inserted* by W.B. Act XIX of 1986, w.r.e.f. 31.7.1965.

আলোচনার সূচী—*চলিতেছে*

১। **সূচনা [Commencement].** পশ্চিমবঙ্গ ভূমি সংস্কার আইনের ২ নং ধারার (১), (৩), (৪) এবং (৬ক) উপধারাগুলি বিহার থেকে হস্তান্তরিত এলাকা বাদে অন্যান্য সমস্ত জেলায় ১.১.১৯৬৫ থেকে বলবৎ হয়েছে [বিহার ও পঃ বঃ (এলাকার হস্তান্তর) আইন, ১৯৫৬ দ্বারা বিহারের কিছু অংশ পশ্চিমবঙ্গে যুক্ত হয়েছে]। আবার (২), (৭), (৮) এবং (৯) উপধারাগুলি বলবৎ হয়েছে ৩১.৩.১৯৫৬ থেকে। আবার (৬) নং উপধারা পশ্চিমবঙ্গের সমস্ত জেলায় (বিহার থেকে হস্তান্তরিত হওয়া এলাকা বাদে) বলবৎ হয়েছে ৭.৬.১৯৬৫ থেকে। (১০) নং উপধারাটি পশ্চিমবঙ্গে সমস্ত জেলায় (বিহার থেকে হস্তান্তরিত এলাকা বাদে) বলবৎ হয়েছে ২২.১০.১৯৬৩ থেকে। (১২) নং উপধারা পশ্চিমবঙ্গের সমস্ত জেলায় (চোপড়া, করনদীঘি, গোয়ালপোখর, ইসলামপুর থানাগুলি যা উত্তর দিনাজপুর জেলার রায়গঞ্জ মহকুমার অন্তর্গত, এইগুলি বাদে) বলবৎ হয়েছে ১৫.১.১৯৫৮ থেকে (পুরুলিয়া বাদে)।

বিহার থেকে পশ্চিমবঙ্গে হস্তান্তরিত এলাকায় ২ ধারা সম্পূর্ণ বলবৎ হয়েছে ১.৭.১৯৬৭ তারিখ থেকে।

২। **ধারা ২(২) ঃ বর্গাদার [Sub-section (2) of s. 2: Bargadar].** বর্গাদার বলতে এমন একজন লোককে বোঝাবে যিনি অন্য লোকের জমিতে এই শর্তে চাষ করেন যে, উৎপন্ন ফসলের একটা নির্দিষ্ট অংশ মালিককে দেবেন। বর্গাদারকে কোনও কোনও ক্ষেত্রে "আধি" বা "বর্গা" বা "ভাগচাষি" ইত্যাদি শব্দে অভিহিত করা হয়। আবার কৃষানি পদ্ধতিতে যে ব্যক্তি এই শর্তে অন্য ব্যক্তির জমি চাষ করেন যে উৎপন্ন ফসলের একটা অংশ তিনি গ্রহণ করবেন, তাঁকেও বর্গাদার বলা হবে।

২০০০ সালের পঃ বঃ ভূমি সংস্কার (সংশোধন) আইন দ্বারা একটি গুরুত্বপূর্ণ সংশোধনী এই অংশে আনা হয়েছে। ওই সংশোধনী অনুসারে জমির মালিকের সাথে নিম্নলিখিত সম্পর্কযুক্ত আত্মীয়গণ মালিকের জমিতে বর্গাদার হবেন না। ওই সম্পর্কগুলি হল—স্ত্রী বা, স্বামী বা, সন্তান বা, নাতি/নাতনি বা, পিতা-মাতা বা, দাদু-ঠাকুরমা বা, ভাই বা, বোন বা, ভাই এর পুত্র/কন্যা বা, বোনের পুত্র/কন্যা বা, জামাতা বা, পুত্রবধূ বা, শ্যালক বা, শ্যালিকা বা, ভাই-এর স্ত্রী।

উপরোক্ত সংশোধনী দ্বারা বর্গাদারের সংজ্ঞার ব্যাপক পরিবর্তন ঘটেছে। অর্থাৎ নিকটাত্মীয়গণ বর্গাদার হিসাবে বিবেচিত হবেন না এবং ২০০৩ সালের সংশোধনী অনুযায়ী স্বামীর ভাইও বর্গাদার হিসাবে বিবেচিত হবেন না।

৩। **প্রাক্তন বর্গাদার [Ex-bargadar].** ১৯৫৫ সালের পঃ বঃ ভূমি সংস্কার আইন যে তারিখ থেকে কার্যকর হয়েছে তার আগে যদি কোনও ব্যক্তি বর্গাদার হিসাবে অন্য লোকের জমি চাষ করে থাকেন, কিন্তু পরে যদি তিনি দখলচ্যুত হন তবে পঃ বঃ ভূমি সংস্কার আইনের ২(৬ক) নং ধারার নির্দিষ্ট সংজ্ঞায় তিনি পড়বেন না। ১৯৫৫ সালের পঃ বঃ ভূমি সংস্কার আইন কার্যকর হওয়ার পরেও যদি কোনও ব্যক্তি বর্গাদার হিসাবে কারও জমি চাষ করে থাকেন। তবে বর্গাদারের অধিকার ২(৬ক) ধারায় সংরক্ষিত হবে। যে তারিখে পঃ বঃ ভূমি সংস্কার আইন বলবৎ হয়েছে, সেই তারিখে যদি কোনও বর্গাদার দখলচ্যুত হন, তবে তিনি ২(৬ক) ধারায় বর্ণিত সংজ্ঞায় আসবেন না।[১]

৪। **অপরের জমিতে চাষ [Cultivating the land of another].** পশ্চিমবঙ্গ ভূমি সংস্কার আইনে বর্গাদার হওয়ার প্রথম শর্ত হল একজন ব্যক্তি যিনি অপরের জমিতে চাষ করেন। যাঁর জমি তাঁকে বলা হয় মালিক (owner) এবং যিনি চাষ করেন তাঁকে বলা হয় 'বর্গাদার'। অর্থাৎ দুটি পৃথক সংজ্ঞা মালিক এবং বর্গাদার। কোনও ব্যক্তি মালিকের অধীনে বর্গাদার হতে পারেন। বর্গাদার যদি ওই চাষকৃত জমি কেনেন তবেই তিনি ওই সম্পত্তির মালিক (owner) হন, এবং বর্গাদার হিসাবে তিনি চ্যুত হন। ওই জমির একটি অংশ কিনলে, তিনি ওই কেনা অংশের মালিক হয়ে যান কিন্তু বাকী অংশে, যা তিনি কেনেননি, তিনি বর্গাদার হিসাবে থাকেন না।[২]

১ *শ্রীকান্ত বর* বনাম *পঃ বঃ সরকার* 1999(1) Cal LJ 538.

২ *দুলাল চন্দ্র ঘোষ* বনাম *কালিপদ ঘোষ* 1979(2) CHN 9.

৫। ২(২) ধারার শর্ত পূরণ করতে হবে [Condition mentioned in s. 2(2) to be established]. শুধুমাত্র কোনও ব্যক্তি অপরের জমি চাষ করলেই বর্গাদার হিসাবে দাবি করতে পারেন না, যদি না তিনি প্রমাণ করতে পারেন যে তিনি মালিককে ফসলের ভাগ দেন। যিনি নিজেকে বর্গাদার হিসাবে দাবি করবেন দুটি শর্ত তাঁকে প্রমাণ করতে হবে, প্রথমত তিনি মালিকের জমি চাষ করেন এবং দ্বিতীয়ত তিনি মালিককে ফসলের একটা নির্দিষ্ট ভাগ দেন।[৩] মামলার রায় দান প্রসঙ্গে মহামান্য হাইকোর্ট জানান, বর্গাদারের নাম নথিভুক্ত করার সময় সংশ্লিষ্ট B.L. & L.R.O. উপরোক্ত দুটি শর্ত যা ২(২) ধারায় রয়েছে তার দিকে নজর দেন নি। আপিল কর্তৃপক্ষ B.L. & L.R.O. দ্বারা দেওয়া আদেশের আপিল বিচার প্রসঙ্গে ওই বিষয়টি রিমান্ডে পাঠানোর যে সিদ্ধান্ত নেন তা সঠিক এবং যুক্তিযুক্ত।

৬। জমির মালিকের পরিবারের সদস্যরা বর্গাদার হিসাবে দাবি করবেন কিনা [A member of the family of the owner if can claim as bargadar]. বিমাতার (stepmother) জমিতে বর্গাদার হিসাবে নাম নথিভুক্ত করার জন্য রাজস্ব আধিকারিকের কাছে আবেদনপত্র দাখিল করা হয়। সংশ্লিষ্ট সমস্ত পক্ষকে শুনানীর সুযোগ দিয়ে রাজস্ব আধিকারিক আবেদনটি বাতিল করেন। আবেদনকারী মালিকের পরিবারের-ই সদস্য হওয়ায় রাজস্ব আধিকারিক বর্গাদার হিসাবে নাম নথিভুক্ত করার আবেদন বাতিল করেন।

রাজস্ব আধিকারিকের দেওয়া আদেশে সন্তুষ্ট না হয়ে আবেদনকারী এর পর আপিল কর্তৃপক্ষের নিকট আপিল করেন। আপিল কর্তৃপক্ষ উক্ত আপিলটি খারিজ (dismiss) করেন এবং রাজস্ব আধিকারিকের রায় বহাল রাখেন। এরপর সংশ্লিষ্ট ব্যক্তি সংবিধানের ২২৬ অনুচ্ছেদ অনুসারে মহামান্য হাইকোর্টের একক বেঞ্চে (Single Bench) রিট আবেদন দাখিল করেন। একক বেঞ্চ রিট আবেদনটি খারিজ করেন। এরপর ডিভিশন বেঞ্চে ওই রায়ের বিরুদ্ধে আপিল করা হয়। মহামান্য ডিভিশন বেঞ্চ জানান, রাজস্ব আধিকারিকের দেওয়া আদেশে আইন বিরুদ্ধ কিছু নেই। বর্গা রেকর্ডের আবেদন বাতিল করে রাজস্ব আধিকারিক ঠিক-ই করেছেন। ডিভিশন বেঞ্চ রায় দিয়েছেন—"কোনও ব্যক্তি অন্য কোনও মালিকের অধীন তার জমিতে চাষ করতে পারেন কিন্তু বর্গাদার হিসাবে প্রতিষ্ঠা করতে গেলে ওই মালিকের পরিবারের সদস্য হতে পারবেন না।" বিমাতার সম্পত্তি আবেদনকারী ওয়ারিশ সূত্রে সৎ-পুত্র হিসাবে

৩ *কার্তিক বাগদী* বনাম *বিদ্যুৎ কুমার রায়* 2000(2) CHN 386.

(stepson) পেতে পারেন না, তা সত্ত্বেও তিনি ওই পরিবারেরই সদস্য। ডিভিশন বেঞ্চ জানান—এই রকম কোনও ব্যক্তি যদিও বিমাতার জমি চাষ করছেন এবং তাকে ফসলের ভাগ দেন তা হলেও পঃ বঃ ভূমি সংস্কার আইনের অধীন বর্গাদার হবেন না, যেহেতু তিনি ওই পরিবারের সদস্য।[৪] অন্য একটি মামলায় কলিকাতা হাইকোর্টের ডিভিশন বেঞ্চ তাঁহাদের রায়ে জানিয়েছেন ২০০০ সালের পঃ বঃ ভূমি সংস্কার (সংশোধন) আইন দ্বারা ১৪ট (গ) ধারার পরিবর্তন হওয়ায় শ্যালক/জামাইবাবু (brother-in-law) বর্গাদার হিসাবে গণ্য হবেন না।[৫]

পশ্চিমবঙ্গ ভূমি সংস্কার আইনের ২(২) ধারায় এই নির্দেশ রয়েছে যে, যদি কোনও ব্যক্তি অন্য ব্যক্তির জমি আইনসম্মতভাবে চাষ করেন এবং ওই ব্যক্তি যদি ওই মালিকের পরিবারের সদস্য না হয়ে থাকেন, তা হলে যিনি চাষ করছেন তাকে বর্গাদার হিসাবে ধরা যেতে পারে।

আবার ২০০০ ও ২০০৩ সালের পঃ বঃ ভূমি সংস্কার (সংশোধন) আইন দ্বারা ২(২) ধারার বর্গাদারের সংজ্ঞায় কিছু সম্পর্ক যুক্ত করা হয়েছে যে সম্পর্কযুক্ত ব্যক্তিরা মালিকের জমিতে বর্গাদার হবেন না। ওই সম্পর্কগুলো হল—

> স্ত্রী বা, স্বামী বা, সন্তান বা নাতি/নাতনি বা, বাবা-মা বা, দাদু-দিদিমা/ঠাকুরমা-ঠাকুরদা বা, ভাই বা, বোন বা, ভাই এর ছেলে/মেয়ে বা, বোনের ছেলে/মেয়ে বা, মেয়ের স্বামী বা, ছেলের স্ত্রী বা, স্ত্রীর ভাই/বোন, স্বামীর ভাই বা ভাই-এর স্ত্রী।

৭। চাকর বর্গাদার নন [Servant is not a bargadar]. মহামান্য কলিকাতা হাইকোর্ট এক মামলায়[৬] জানিয়েছেন নায়েব বা গোমস্তা (steward) হলেন কোনও ব্যক্তির চাকর বা প্রতিনিধি (agent), তিনি ওই ব্যক্তির জমিদারি (estate) বা খামার (farm) তত্ত্বাবধান করেন। যখন তিনি ফসলের ভাগ পান না ওই জমি চাষ করে এবং তিনি তার মালিকের কাছ থেকে বেতন পান, তিনি পঃ বঃ ভূমি সংস্কার আইনের ২(২) ধারায় বর্ণিত বর্গাদার হিসাবে আসবেন না।

৪ *আনারুল হক মিদ্যা* বনাম *পঃ বঃ সরকার* 2000(1) CHN 14.

৫ *ভূতনাথ গঁড়াই* বনাম *পঃ বঃ সরকার* 2001(2) Cal LJ 154 (DB).

৬ *সনত কুমার* বনাম *পঃ বঃ সরকার* 1984 CHN 280.

কোনও ব্যক্তি বর্গাদার কিনা তার অন্যতম প্রমাণ হিসাবে আসে তিনি মালিকের কাছে উৎপন্ন ফসলের ভাগ দেন কিনা। মালিক এবং বর্গাদারের মধ্যে একটা চুক্তি থাকে ফসলের ভাগ দেওয়া-নেওয়া বিষয়ে। সে চুক্তি মৌখিক বা লিখিত হতে পারে। কোনও ব্যক্তি বর্গাদার কি, বর্গাদার নয় এ বিষয়ে কোনও সমস্যা দেখা দিলে বর্গাদারকে অবশ্যই ফসলের ভাগ প্রদান বিষয়ে যথেষ্ট প্রমাণ দেখাতে হবে এবং এ দায় সম্পূর্ণভাবে বর্গাদারের উপরে বর্তাবে।[৭]

৮। ধারা ২(৩)ঃ শংসাপত্র [Section 2(3): Certificate]. এই আইনে শংসাপত্র (certificate) বলতে ১৯১৩ সালের বেঙ্গল পাবলিক ডিমান্ড রিকভ্যারি আইনের বিধান মতে সই করা শংসাপত্র বোঝাবে। বেঙ্গল পাবলিক ডিমান্ড রিকভ্যারি আইনের ৪ নং ধারা অনুযায়ী নির্দিষ্ট নিদর্শে শংসাপত্র আধিকারিক (certificate officer) শংসাপত্রে স্বাক্ষর (sign) করবেন প্রাপ্য (demand) বকেয়া আছে জানিয়ে। উপরোক্ত "স্বাক্ষর" আসল (original signature) বা প্রতিরূপ (foesimile) হতে পারে।[৮] আবার ওই মামলায় মহামান্য আদালত জানান ছাপানো (Lithographic) স্বাক্ষরযুক্ত বিজ্ঞপ্তিও বৈধ হবে। আবার অন্য এক মামলায় ডিভিশন বেঞ্চ অন্য মত দিয়েছেন। ডিভিশন বেঞ্চ জানান, শংসাপত্র আধিকারিকের (stamp signature) সহ বিজ্ঞপ্তি বেঙ্গল পাবলিক ডিমান্ড রিকভ্যারি আইনের ৭ ধারায় অবৈধ (invalid)।[৯]

৯। ধারা ২(৪)ঃ সমাহর্তা [Section 2(4): Collector]. এই আইনে সমাহর্তা বলতে কোনও জেলার সমাহর্তা অথবা এই আইনের অধীন সমাহর্তার কোনও কাজ করার জন্য নিয়োজিত আধিকারিককে বোঝাবে। বেঙ্গল জেনারেল ক্লজ আইনের ৩(৮) ধারায় সমাহর্তার সংজ্ঞা দেওয়া আছে। ওই ধারা অনুযায়ী সমাহর্তা বলতে কলিকাতা এবং অন্য স্থানের সমাহর্তাকে বোঝাবে। এর অর্থ রাজস্ব প্রশাসনের (revenue administration) সর্বোচ্চ আধিকারিক। জেলাশাসক বর্তমানে সমাহর্তা হিসাবে নিয়োজিত হন। আবার কোনও কোনও সময় অন্যান্য আধিকারিকগণকেও সমাহর্তার কাজ করার জন্য রাজ্য সরকার "কালেক্টর" হিসাবে নিয়োগ করেন। যেমন, ১৯৭৫ সালের বাস্তুজমি অধিগ্রহণ আইনের কাজ করার জন্য রাজস্ব আধিকারিক, বিশেষ

৭ *সুশান্ত মণ্ডল* বনাম *প্রবোধ রঞ্জন মজুমদার* 1976(1) Cal LJ 84.

৮ *হরপ্রসাদ গাইন* বনাম *গোপাল চন্দ্র গাইন* 31 CWN 209.

৯ *অবনীন্দ্র কুমার মাইতি* বনাম *এ. কে. বিশ্বাস* 58 CWN 573.

রাজস্ব আধিকারিক—২ ইত্যাদি পদমর্যাদার আধিকারিকগণকে রাজ্য সরকার সমাহর্তা হিসাবে নিয়োজিত করেছেন।

১০। ধারা ২(৫)ঃ একত্রীকরণ [Section 2(5): Consolidation]. জমির একত্রীকরণ বলতে বোঝাবে অনেকগুলি জমি একসাথে মিলিয়ে বড় কোনও জোত তৈরি করা। ছোট ছোট দাগ হলে জমির সীমানা বা আল দিতে গিয়ে অনেক জমি নষ্ট হয়। কিন্তু অনেকগুলি দাগ এক সাথে যুক্ত করলে ওই সীমানার জন্য আলের জমি নষ্ট হয় না কিংবা আধুনিক পদ্ধতিতে উন্নত যন্ত্রপাতি দিয়ে চাষের সুবিধা হয়। ট্র্যাক্টর ইত্যাদি আধুনিক যন্ত্র দিয়ে ছোট জমি চাষ করা খুব অসুবিধাজনক।

১১। ধারা ২(৬)ঃ কোনও একটি জমিতে রায়তের শরিক [Section 2(6): Co-sharer of raiyat in a plot]. কোনও একটি দাগে রায়ত বাদে অন্য ব্যক্তির স্বার্থ যুক্ত থাকতে পারে ওই জমির সীমানা বিভাজন না করেই। ওই ব্যক্তি বা ব্যক্তিগণই হলেন ওই জমিতে ওই রায়তের শরিক। ২০০০ সালের পঃ বঃ ভূমি সংস্কার (সংশোধন) আইন [২০০০ সালের পশ্চিমবঙ্গের ৩১ নং আইন] দ্বারা এটি পরিবর্তিতরূপে মূল আইনে যুক্ত হয়েছে। ৭.৮.১৯৬৯ থেকে এটি বলবৎ হয়েছে।

কোনও জমিতে শরিক বা অংশীদার কে হবেন তার সংজ্ঞা পঃ বঃ ভূমি সংস্কার আইনের ২(৬) ধারায় উল্লেখ করা আছে। যদি কোনও রায়ত কোনও জমিতে সম্পূর্ণ হিস্যার (অংশের) মালিক হন এবং তিনি যদি ওই জমিটির বিভিন্ন অংশে জরিপ পদ্ধতিতে সুন্দর করে পরিমাপ দ্বারা বিভিন্ন ব্যক্তিকে আলাদা আলাদা কোবালার মাধ্যমে বিক্রি করেন, তাহলে প্রত্যেক ক্রেতাই পৃথকভাবে সীমানা নির্ধারিত ওই জমিখণ্ডের পূর্ণ মালিক হবেন এবং সীমানা নির্ধারিত ওই জমিতে অন্য কেউ তাঁর সঙ্গে শরিক হিসাবে পরিগণিত হবেন না।[১০]

১২। ধারা ২(৬ক)ঃ দায় [Section 2(6A): Encumbrance]. পশ্চিমবঙ্গ ভূমি সংরক্ষণ আইনে প্রথমে দায়-এর (encumbrance) কোনও সংজ্ঞা ছিল না। ১৯৬৫ সালের পঃ বঃ ভূমি সংস্কার (সংশোধন) আইন দ্বারা ২ ধারার (৬ক) অংশটিতে দায় (encumbrance)-এর সংজ্ঞা যুক্ত করা হল। ১৯৫৩ সালের পঃ বঃ জমিদারি অধিগ্রহণ আইনের ২(জ) ধারায় দায়ের সংজ্ঞা দেওয়া হয়েছে।

১০ *সুবল মণ্ডল* বনাম *গোপাল চন্দ্র মণ্ডল* 2014(1) CHN 706 (Cal).

রায়ত তাঁর জমিতে সর্বসাধারণের কোনও অধিকার বা স্বার্থ তৈরি করলে অথবা নিজের জন্য কোনও অধিকার তৈরি করে তা বোঝায়। কিন্তু বর্গাদারের স্বার্থকে এক্ষেত্রে বাদ দেওয়া হয়েছে। ২০০০ সালের পঃ বঃ ভূমি সংস্কার (সংশোধন) আইন দ্বারা "হোল্ডিং" শব্দের অবলুপ্তি ঘটিয়ে Plot of land শব্দগুলি যুক্ত করা হয়েছে। ৭.৮.১৯৬৯ থেকে এটি কার্যকর হয়েছে। যখন কোনও জমি এই আইনের ১৪ন(৩) ধারায় ন্যস্ত করা হয় (vest), তখন সমস্ত রকম (encumbrance) মুক্ত হয়ে তা আসে। ২(৬ক) ধারায় 'লিয়েন' (Lien) শব্দটি আছে। লিয়েন শব্দের অর্থ কোনও কিছু রেখে দেওয়ার অধিকার। কোনও জমিতে লিয়েন থাকার ফলে ইচ্ছামত মালিক ওই জমি ভোগ করতে পারেন না। কোনও পুকুরে সর্বসাধারণের স্নানের অধিকার থাকলে মালিক তার ইচ্ছামত ওই পুকুরে মাছ চাষ বা অন্য কোনও কাজ করতে পারেন না। সর্বসাধারণের ওই অধিকার কোনও রায়তের জমিতে থাকলে রায়তের ব্যবহার বাধাপ্রাপ্ত হয়। সেই জন্য ২য় পরিচ্ছেদের অধীনে কোনও জমি সরকারে ন্যস্ত হলে সমস্ত রকম দায় মুক্ত হয়ে তা সরকারে বর্তায়।

১৩। পশু চারণের অধিকার [Right of cattle grazing]. মহামান্য সুপ্রীম কোর্ট এক মামলায় জানিয়েছেন, কোনও জমিতে পশুচারণের অধিকার হল এক ধরনের দায় (encumbrance)।[১১] ওই জমি যখন ১৯৫৩ সালের পঃ বঃ জমিদারি অধিগ্রহণ আইন সরকারে ন্যস্ত হয়েছে এবং মধ্য স্বত্বাধিকারীর সমস্ত রকম স্বার্থ ও অধিকার সরকারে ন্যস্ত হয়েছে। এক্ষেত্রে গ্রামবাসীদের ওই জমির উপর দায়ও শেষ হয়েছে।

১৪। ধারা ২(৭)ঃ জমির সংজ্ঞা [Section 2(7): Definition of land]. বঙ্গীয় প্রজাসত্ব আইনের সাথে সামঞ্জস্য রেখে ১৯৫৫ সালের পঃ বঃ ভূমি সংস্কার আইনের ২(৭) ধারায় "জমির" সংজ্ঞা দেওয়া হয়। জমির সংজ্ঞা ছিল এইরকমঃ 'জমি বলতে বাস্তুভিটা সহ কৃষি জমি' (Land means agricultural land including homesteads)। ১৯৬৫ সালের পঃ বঃ ভূমি সংস্কার (সংশোধন) আইন দ্বারা চা বাগানকে জমির সংজ্ঞার বাইরে রাখা হয় যা ১৯৫৩ সালের পঃ বঃ জমিদারি অধিগ্রহণ আইনের ৬(৩) ধারায় রাখা হত। আবার ১৯৭২ সালের পঃ বঃ ভূমি সংস্কার (সংশোধন) আইন দ্বারা "জলাশয়" (tank)-কে জমির সংজ্ঞার বাইরে রাখা হয়, ১২.২.১৯৭১ থেকে এই বিধান বলবৎ হয়। ১৯৮১ সালের পঃ বঃ ভূমি সংস্কার (সংশোধন) আইন

১১ *পশ্চিমবঙ্গ সরকার* বনাম *সুধীর ঘোষ* AIR 1976 SC 2599; (1976)4 SCC 701.

[১৯৮১ সালের পশ্চিমবঙ্গের ৫০ নং আইন] দ্বারা জমির সংজ্ঞার বিরাট পরিবর্তন আনা হয়। বলা যেতে পারে ১৯৮১ সালের জমির সংজ্ঞার পরিবর্তন একটা বৈপ্লবিক পরিবর্তন ঘটায়। প্রথাগতভাবে দুই ধরনের জমির বিভাজন দেখা যায়—কৃষি জমি এবং অকৃষি জমি। কিন্তু পঃ বঃ ভূমি সংস্কার আইন প্রথমে কেবলমাত্র বাস্তু জমি এবং কৃষি জমির উপরে কার্যকর ছিল। এমনকী ২খ পরিচ্ছেদ যা ৭.৮.১৯৬৯ থেকে বলবৎ হয়েছে তা কেবলমাত্র কৃষি জমির ক্ষেত্রে প্রযোজ্য ছিল। কোনও অকৃষি জমি সরকারে ন্যস্ত হওয়ার বিধান সেই সময় পঃ বঃ ভূমি সংস্কার আইনে ছিল না। নোনা জলের জমি অকৃষি জমি হিসাবেই চিহ্নিত ছিল এবং ২খ পরিচ্ছেদের বিধান অনুযায়ী সরকারে ন্যস্ত হওয়ার উপায় ছিল না। আইনসভা সমস্ত প্রকার, সমস্ত প্রকৃতির ও বর্ণনার জমিকে একই সংজ্ঞায় নিয়ে আসার সিদ্ধান্ত নেয়। বর্তমানে "জমি" অর্থে নিম্নলিখিত প্রকৃতির জমিও বোঝাবে। ওই জমিগুলি হল—

(১) জলাশয় (tank) (২) মৎস্য চাষের জলাশয় (tank fishery) (৩) মৎস্য চাষের ক্ষেত্র (fishery) (৪) বাস্তুভিটা (homestead) (৫) গৃহপালিত পশু উৎপাদনে ব্যবহৃত জমি (land used for the purpose of livestock breeding) (৬) হাঁস-মুরগির খামার (Poultry farming) (৭) দুগ্ধ উৎপাদন ক্ষেত্র (dairy) (৮) চা বাগানের জমি (land comprised in tea garden) (৯) মিল (mill)(১০) কারখানা (factory) (১১) কর্মশালা (workshop) (১২) ফলের বাগান (orchard) (১৩) হাট (hat) (১৪) বাজার (bazar) (১৫) খেয়াঘাট (ferries) (১৬) টোল (tolls) (১৭) অন্য "শরিয়তি" স্বার্থ যুক্ত জমি (১৮) অন্য যে কোনও প্রকার জমি ভূমি-সংশ্লিষ্ট জায়গা থেকে যা ভূ-পৃষ্ঠের উপরে অবস্থিত।

১৯৮১ সালের পঃ বঃ ভূমি সংস্কার (সংশোধন) আইন দ্বারা উপরোক্ত সমস্ত শ্রেণি প্রকৃতি, চরিত্রের ভূমিকে "জমি"-র সংজ্ঞায় আনা হয়েছে।

১৯৮১ সালের পঃ বঃ ভূমি সংস্কার (সংশোধন) আইন দ্বারা ৩ক ধারা যুক্ত করে সমস্ত অকৃষি জমির রায়ত ও অধস্তন রায়তের স্বার্থ সরকারে ন্যস্ত করার বিধান বলবৎ করা হয়। ২খ পরিচ্ছেদে সমস্ত অকৃষি জমি ন্যস্ত করার বিধান ৩ক ধারা বলবৎ হওয়ায় চালু হল। অর্থাৎ ১৯৮১ সালের পঃ বঃ ভূমি সংস্কার (সংশোধন) আইনে ২(৭) ধারার পরিবর্তন, ৩ক ধারার সংযোজন দ্বারা ভূ-পৃষ্ঠে অবস্থিত যে কোনও রকমের, প্রকৃতির, চরিত্রের ভূমিকেই "জমি" (land) হিসাবে গণ্য হতে থাকল।

১৫। এক্তিয়ার চ্যালেঞ্জ করা হয়েছে [Vires challenged]. ১৯৮১ সালের পঃ বঃ ভূমি সংস্কার (সংশোধন) আইন এবং ১৯৮৬ সালের পঃ বঃ ভূমি সংস্কার (তৃতীয় সংশোধন) আইনের এক্তিয়ার (vires)-কে চ্যালেঞ্জ করে মহামান্য কলিকাতা হাইকোর্টে একাধিক রিট আবেদন দাখিল করা হয়েছিল এবং মহামান্য আদালত কয়েকটি ধারার এক্তিয়ারকে অবৈধ ঘোষণা করেছেন, বিষয়টি সুপ্রীম কোর্টে বিচারাধীন।[১২]

১৬। বলবতের তারিখ [Date of enforcement]. ১৯৭২ সালের পঃ বঃ ভূমি সংস্কার (সংশোধন) আইন দ্বারা ২খ পরিচ্ছেদ যুক্ত করা হয়েছে। ৭.৮.১৯৬৯ থেকে এটি বলবৎ হয়েছে। ১৯৮১ সালের পঃ বঃ ভূমি সংস্কার (সংশোধন) আইন দ্বারা জমির সংজ্ঞার পরিবর্তন করা হয়েছে। এই বিধান বলবৎ করা হয়েছে ওই একই তারিখ অর্থাৎ ৭.৮.১৯৬৯ থেকে, যাতে কোনও বিতর্ক বা দ্বন্দ্ব (conflict) না দেখা দেয়।

প্রথমে ২খ পরিচ্ছেদ সংবিধানের নবম তফসিলে অন্তর্ভুক্ত ছিল না। যে কারণে কলিকাতা হাইকোর্ট[১৩] পঃ বঃ ভূমি সংস্কার আইনের ১৪ঠ, ১৪ড, ১৪ত, ১৪প, ১৪ফ, ১৪ব এবং ১৪ম ধারাকে এক্তিয়ার বহির্ভূত ঘোষণা করেন এই কারণে যে ওই ধারাগুলি সংবিধানের ৩১ক অনুচ্ছেদের বিধানকে লঙ্ঘন করেছে। এর পরে ১৯৭২ সালের পঃ বঃ ভূমি সংস্কার (সংশোধন) আইন সংবিধানের নবম তফসিলের ৮১ নং তালিকায় যুক্ত হয় ১৯৭৪ সালের ৩৪তম সংবিধান সংশোধনের পরিপ্রেক্ষিতে।

অঞ্চল ভূষণ বনাম *পঃ বঃ সরকার*[১৪] মামলায় আগের দয়াময়ী দেবীর মামলার রায় বাতিল করেন মহামান্য কলিকাতা হাইকোর্ট। উপরোক্ত ধারাগুলি এক্তিয়ার বহির্ভূত নয় এই রায় দেন। মহামান্য সুপ্রীম কোর্ট *শশাঙ্ক শেখর মাইতি* বনাম *ভারত সরকার*[১৫] মামলায় ১৯৭২ সালের পঃ বঃ ভূমি সংস্কার (সংশোধন) আইন দ্বারা ২খ পরিচ্ছেদকে পঃ বঃ ভূমি সংস্কার আইনে অন্তর্ভুক্ত করাকে সমর্থন করেছেন। এবং ৭.৮.১৯৬৯ থেকে ২খ পরিচ্ছেদ যে বলবৎ হয়েছে সেটাতেও সম্মতি দিয়েছেন। ১৯৮১ সালের পঃ বঃ ভূমি সংস্কার (সংশোধন) আইনের বলবতের তারিখ ধরা হয়েছে ওই ৭.৮.১৯৬৯।

১২ *পশ্চিমবঙ্গ ভূমিজীবী সংঘ* বনাম *পঃ বঃ সরকার* 1992(1) CHN 496.

১৩ *দয়াময়ী দেবী* বনাম *পঃ বঃ সরকার* 78 CWN 639.

১৪ 80 CWN 643.

১৫ AIR 1981 SC 522; (1980)4 SCC 716.

পশ্চিমবঙ্গ ভূমিজীবী সংঘ বনাম *পঃ বঃ সরকার* মামলায়[১৬] মহামান্য আদালত জানান ৭.৮.১৯৬৯ থেকে ১৯৭২ সালের পঃ বঃ ভূমি সংস্কার (সংশোধন) আইন বলবৎ হওয়ার কারণে ওই সংশোধনকে চ্যালেঞ্জ করা যায় না। এই রায়ের বিরুদ্ধে মহামান্য হাইকোর্টের ডিভিশন বেঞ্চে আপিল করা হয়। ডিভিশন বেঞ্চ মহামান্য একক বেঞ্চের রায়কে সমর্থন করেন। ডিভিশন বেঞ্চ সুপ্রীম কোর্টের দেওয়া *শশাঙ্ক শেখর মাইতি* মামলার রায় উল্লেখ করে জানান, সুপ্রীম কোর্ট ৭.৮.১৯৬৯ তারিখকে সমর্থন করেছেন, মহামান্য ডিভিশন বেঞ্চ ৭.৮.১৯৬৯ তারিখ থেকে ২খ পরিচ্ছেদ বলবৎ হওয়াকে সমর্থন জানান।[১৭]

১৭। জলাশয় ও জলাশয়ের পাড় [Tank and bank of a tank]. জমির সংজ্ঞা থেকে জলাশয় (tank)-কে বাদ দেওয়া হয়েছিল এবং এটি ১২.২.১৯৭১ থেকে বলবৎ হয়েছে।[১৮]

জলাশয় (tank) হল অকৃষি জমি।[১৯]

এমনকী জলাশয় কৃষির উদ্দেশ্যে ব্যবহৃত হলেও এটি অকৃষি জমি।[২০]

জলাশয়ের পাড়, জলাশয়ের কাজেই ব্যবহৃত হয় এবং কৃষিজমি হিসাবে গণ্য করা যেতে পারে না।[২১]

১৮। কবরস্থান [Burial ground]. সেখানে বাঁশ জন্মালেও কবরস্থানকে কৃষিজমি হিসাবে গণ্য করা যায় না।[২২]

১৯। ফলের বাগান [Orchard]. পশ্চিমবঙ্গ ভূমি সংস্কার আইনের ১৪ট(ঙ) ধারায় [s. 14K(*e*)] ফলের বাগানের সংজ্ঞা দেওয়া আছে। আগে ১৪থ(২) ধারা

১৬ 1992(1) CHN 496.

১৭ *পশ্চিমবঙ্গ ভূমিজীবী সংঘ* বনাম *পঃ বঃ সরকার* 1996(2) CHN 212; Cal LT 1996(2) HC 183; 100 CWN 900; 1996 WBLR (Cal) 242; 1996(2) Cal LJ 285.

১৮ *কানাই লাল জানা* বনাম *মৃত্যুঞ্জয় পাত্র* 1977(1) Cal LJ 683.

১৯ *ফকির চন্দ্র চক্রবর্তী* বনাম *পণ্ডিত শ্রী লক্ষ্মীকান্ত ঝা* 74 CWN 946; *বিনয় কুমার সাহা* বনাম *রাজস্ব আধিকারিক*, মালদা AIR 1972 Cal 458.

২০ *দেবীদাস ঘোষ* বনাম *রমনীমোহন রায়* 75 CWN 399; *সুখময় বাজ* বনাম *নিমাই মণ্ডল* AIR 1986 Cal 100; 1985(2) CHN 90.

২১ *কানাই লাল জানা* বনাম *মৃত্যুঞ্জয় পাত্র* 1977(1) Cal LJ 683; *কালিপদ ঘোষ* বনাম *দুলাল চন্দ্র ঘোষ* 1978(2) Cal LJ 155; *প্রফুল্ল বালা দেবী* বনাম *পঃ বঃ সরকার* 80 CWN 544.

২২ *মজিদ আলি* বনাম *পঃ বঃ সরকার* 1989(1) Cal LJ 128.

অনুযায়ী একজন রায়ত ২ স্ট্যান্ডার্ড হেক্টর পর্যন্ত ফলের বাগান নিজ খাসে রাখতে পারতেন কিন্তু ১৯৮১ সালের পঃ বঃ ভূমি সংস্কার (সংশোধন) আইন দ্বারা ওই ছাড় রদ করা হয়েছে। Orchard কথার আভিধানিক অর্থ হল—চারিদিক ঘেরা ফলের বাগান। অতিরিক্ত তাৎপর্য হল সেই উদ্ভিদকে গাছ (tree) বলা যাবে অন্তত দুটি শর্ত পূর্ণ করলে—

প্রথমত গাছ হবে বহুবর্ষজীবী (perennial) কিন্তু মরশুমি (seasonal) নয়।

দ্বিতীয়ত এর কাণ্ড (stem) হবে শক্ত কাঠের (woody) এটি শাঁসালো (pulpy) নয়।

কলা গাছ ফলের গাছ কিনা এই প্রশ্নে আদালতের রায় হল এই রকম, প্রথমত কলা গাছ বহুবর্ষজীবী নয় বরং এটা প্রকৃতিগতভাবে মরশুমি উদ্ভিদ, এক বা শোয়া বছর মত বাঁচে। এর কাণ্ড শক্ত কাঠের নয়, বরং শাঁসালো। সুতরাং কলা গাছকে ফল গাছ বলা যাবে না।[২৩] কলা গাছের বাগান বা বাঁশ বাগান orchard নয়।[২৪]

২০। ধারা ২(৮)ঃ ব্যক্তিগত চাষ [Section 2(8): Personal cultivation]. ২(৮) ধারায় ব্যক্তিগত চাষের সংজ্ঞা দেওয়া আছে। ব্যক্তিগত চাষ বলতে কোনও ব্যক্তি নিজের জমিতে নিজের খরচে চাষ করলে তা বোঝায়। নিম্নলিখিত পদ্ধতিতে চাষ করাকেও ব্যক্তিগত চাষ বোঝাবে—

(ক) নিজের শ্রম দ্বারা, অথবা

(খ) পরিবারের কোনও সদস্যের শ্রম দ্বারা, অথবা

(গ) কোনও চাকর বা মজুর দিয়ে মজুরীর বিনিময়ে—ওই মজুরী অর্থ অথবা জিনিস হতে পারে, কিন্তু উৎপন্ন ফসলের ভাগে নয়, অথবা উভয়-ই এক সঙ্গে।

ওই সংজ্ঞায় আরও বলা আছে ওই ব্যক্তি বা তাঁর পরিবারের সদস্যরা তাঁদের জমি যে এলাকায় সেখানে বছরের বেশির ভাগ সময় বসবাস করবেন এবং তাঁদের আয়ের প্রধান উৎস ওই জমির উৎপন্ন ফসল হবে। এক্ষেত্রে "পরিবার" বলতে ১৪ট(গ) ধারায় দেওয়া সংজ্ঞায় উল্লিখিত পরিবার-ই বোঝাবে।

২৩ *মীর ফকির মহম্মদ* বনাম *পঃ বঃ সরকার* AIR 1978 SC 1072; (1978)2 SCC 86.

২৪ *পশ্চিমবঙ্গ সরকার* বনাম *মীর ফকির মহম্মদ* AIR 1977 Cal 29.

আগে এরকম প্রায়-ই দেখা যেত মালিক অনেক দূরে বসবাস করেন অন্য ব্যক্তি জমি চাষ করেন। এক্ষেত্রে একটি শর্ত আরোপ করা হয়েছে যে মালিক বা তার পরিবারের সদস্যরা জমি যেখানে তার কাছাকাছি বছরের বেশির ভাগ সময় কাটাবেন। অনুপস্থিত মালিকের ধারণাকে এই সংজ্ঞায় দূর করা হয়েছে।

২১। পশ্চিমবঙ্গ ভূমি সংস্কার বিধির ২ক নং বিধি—স্থানীয় এলাকা নির্ধারণ ধারা ২(৮)-এর জন্য [Rule 2A of W.B.L.R. Rule—Determination of the area of the locality for the purpose of s. 2(8)]. এই আইনের ২(৮) ধারার প্রয়োজনের উদ্দেশ্যে "স্থানীয় এলাকা" (locality) বলতে কোনও ব্যক্তির জমির উত্তর-পশ্চিম কোণা থেকে আট কিলোমিটার ব্যাসার্ধের মধ্যবর্তী এলাকা বোঝাবে।

মালিকের বা পরিবারের কারোর বাড়ি থেকে আট কিলোমিটার বাইরে ওই জমি হলে, বা যে মৌজায় ওই জমি অবস্থিত সেই মৌজা ওই ব্যক্তির বা ওই ব্যক্তির পরিবারের কোনও সদস্যের বাড়ি থেকে আট কিলোমিটারের মধ্যে হলে ধরে নিতে হবে তিনি ওই স্থানীয় এলাকায় অবস্থান করেন।

২২। পরিবার [Family]. ১৪ট(গ) ধারায় "পরিবার" বলতে যা বোঝায়, ২(৮) ধারা সেই পরিবারকেই বোঝাবে। অর্থাৎ ২(৮) ধারার "পরিবার" এবং ১৪ট(গ) ধারার "পরিবার" একই অর্থ (same meaning) প্রকাশ করে। "পরিবার" বলতে রায়তের সঙ্গে সম্পর্কযুক্ত নিম্নলিখিত ব্যক্তিকে বোঝাবে—

(১) রায়ত স্বয়ং এবং তাঁর স্ত্রী, নাবালক পুত্রগণ, অবিবাহিত কন্যাগণ;

(২) অবিবাহিত প্রাপ্তবয়স্ক পুত্র, যাঁর নিজের কোনও জমি নেই;

(৩) বিবাহিত কোনও সাবালক পুত্র যাঁর নিজের বা তাঁর স্ত্রীর অথবা তাঁর কোনও নাবালক পুত্রের বা অবিবাহিত কন্যার রায়ত হিসাবে নিজস্ব জমি না থাকলে;

(৪) পূর্বে-মৃত পুত্রের বিধবা স্ত্রী থাকলে, যাঁর নিজের বা কোনও নাবালক পুত্রের বা অবিবাহিত কন্যার রায়ত হিসাবে নিজস্ব জমি না থাকলে;

(৫) তাঁর মৃত-পুত্রের বিধবা স্ত্রী মৃত হলে, তার নাবালক পুত্র বা অবিবাহিত মেয়ে থাকলে এবং তাঁরা রায়ত হিসাবে কোনও জমির মালিক না হলে। এছাড়া অন্য কোনও ব্যক্তি পরিবারের সদস্য হবেন না।

বিবাহ বিচ্ছেদ প্রাপ্ত কোনও পুত্র বা কন্যা যিনি পুনরায় বিবাহ করেন নি, পরিবারে অবিবাহিত পুত্র বা কন্যা হিসাবে গণ্য হবেন। তবে যদি ওই বিবাহ বিচ্ছেদ প্রাপ্ত পুরুষ/মহিলা কোনও অপ্রাপ্ত বয়স্ক ছেলে/মেয়ের অভিভাবক হয়ে থাকেন তবে তিনি এবং ওই অপ্রাপ্ত বয়স্ক ছেলে/মেয়ে মিলিতভাবে আলাদা একটা পরিবার হিসাবে গণ্য হবেন।

২৩। ধারা ২(১০)ঃ রায়ত [Section 2(10): Raiyat]. পশ্চিমবঙ্গ ভূমি সংস্কার আইনের ২(১০) ধারায় রায়তের সংজ্ঞা দেওয়া আছে। ১৯৮১ সালের পঃ বঃ ভূমি সংস্কার (সংশোধন) আইন দ্বারা মূল সংজ্ঞার কিছু পরিবর্তন ঘটানো হয়েছে। মূল (original) সংজ্ঞাটি এইরকম ছিল—"রায়ত বলতে একজন ব্যক্তিকে বোঝায় যাঁর কৃষিকাজের জন্য জমি আছে"। ১৯৮১ সালের পঃ বঃ ভূমি সংস্কার আইন দ্বারা বর্তমান সংজ্ঞার রূপ দেওয়া হয়েছে। এই সংজ্ঞা অনুযায়ী—'রায়ত' বলতে কোনও ব্যক্তি বা প্রতিষ্ঠানকে বোঝায় যে জমির দখলে আছে এবং সেই জমি যে কোনও প্রয়োজনে ব্যবহৃত হয়। বর্তমান সংজ্ঞায় রায়ত কেবলমাত্র ব্যক্তি নয়, কোনও ধর্মীয় প্রতিষ্ঠান, দাতব্য উদ্দেশ্যে পরিচালিত কোনও সংস্থা ইত্যাদির কোনও জমি থাকলে সেগুলিকেও রায়ত হিসাবে গণ্য করা হবে। এছাড়া ওই সংজ্ঞায় আরও বলা রয়েছে ওই জমি ওই সংস্থা/প্রতিষ্ঠান কৃষিকাজ বা অন্য যে কোনও কাজে-ই ব্যবহার করুক না কেন। কি উদ্দেশ্যে জমি ব্যবহৃত হচ্ছে নতুন সংজ্ঞা অনুযায়ী একেবারে-ই অপ্রাসঙ্গিক।

১৯৬১ সালের আয়কর আইনের ২(৩১) ধারা অনুযায়ী "ব্যক্তি" (person) বলতে নিম্নলিখিত ব্যক্তি বা সংস্থাকে বোঝাবে।

(১) কোনও একক ব্যক্তি

(২) কোনও হিন্দু অবিভক্ত পরিবার (Hindu undivided family)

(৩) কোনও কোম্পানি

(৪) কোনও ফার্ম (a firm)

(৫) ব্যক্তি বর্গের সমিতি, আদৌ নিগমবদ্ধ কিনা (association of persons, whether incorporated or not)

(৬) স্থানীয় প্রশাসন (local authority)

(৭) প্রতিটি কৃত্রিম বিচার বিভাগীয় ব্যক্তি যা পূর্বোক্ত কোনও বিশেষ দফায় পড়েনি (every artificial juridical person, not falling within any of the preceding sub-classes)।

২৪। ২(৭) ধারার বর্ণনানুসারে 'দোকান' কি জমির সংজ্ঞায় অন্তর্ভুক্ত হবে [Whether 'shop' will come within the purview of land as defined in s. 2(7)] সাধারণভাবে কৃষি ও অকৃষি—এই দুই শ্রেণিতে জমি বিভক্ত, অকৃষি প্রজাসত্ত্ব আইন বাতিল হওয়ায় অকৃষি জমির ধারণা সম্পূর্ণ বদলে গিয়েছে, ১৯৮১ সালের পঃ বঃ ভূমি সংস্কার (সংশোধন) আইন অনুযায়ী জমি বলতে ভূ-পৃষ্ঠের উপর অবস্থিত যে কোনও প্রকার সংজ্ঞায়িত ভূমি যেমন, বাগান, ভেরি, জলাশয়, পুকুর, হাট, বাজার, ফেরী, মাশুল আদায়ের ঘর বা অন্য যে কোনও জায়গা যার সঙ্গে কোনও রকম স্বার্থ (interest) স্থায়ীভাবে যুক্ত আছে, তা-ই জমি (land) হিসাবে গৃহীত হবে।

এখন প্রশ্ন, পঃ বঃ ভূমি সংস্কার (সংশোধিত) আইনের ২(৭) ধারা অনুযায়ী 'দোকান' (shop) ঘরকে 'জমি' (land) হিসাবে গণ্য করা হবে কি না। *রবিন কুমার চন্দ* বনাম *শতদল কর্মকার*,[২৫] মামলায় মহামান্য উচ্চ ন্যায়ালয় জানায় যে Shops and Establishment Act অনুযায়ী 'দোকান' হিসাবে যে সংজ্ঞা দেওয়া আছে তা পঃ বঃ ভূমি সংস্কার আইনের ২(৭) ধারায় প্রযোজ্য হবে না। W.B. Shop and Establishment আইন অনুযায়ী 'দোকান' বিষয়ে কোনও বিতর্ক বা সমস্যা দেখা দিলে ওই আইনানুসারে সেই বিতর্কের সমাধান হবে এবং দোকানের সেই সংজ্ঞা পঃ বঃ ভূমি সংস্কার আইনে টেনে আনা যাবে না। পঃ বঃ ভূমি সংস্কার আইনের ২(৭) ধারা অনুযায়ী দোকানের সংজ্ঞা কিছুটা আলাদা। ওই ধারায় বলা হয়েছে, ভূ-পৃষ্ঠের সঙ্গে যুক্ত কোনও জিনিস যা স্থায়ীভাবে যুক্ত থাকে এরকম সমস্ত কিছুকে জমি (land) বলা হবে। সুতরাং, এই মামলার রায় অনুযায়ী 'দোকান' ঘরও জমি হিসাবে গণ্য হবে।

২৫। বিল মাছ চাষের ক্ষেত্র হিসাবে গণ্য হবে [Beel/Bil can be treated as tank-fishery]. বিল (Beel/Bil) একটি সাধারণ বৈশিষ্ট্য সূচক শব্দ (generic term), সাধারণভাবে এর অর্থ চাষের অযোগ্য জলাভূমি, যেখানে জলজ ঘাস জন্মায় এবং কিছু জায়গায় বোরোধান চাষ করা যায়।[২৬] বিলকে

২৫ 2018(2) ICC 687 (Cal).

২৬ *গোপেশ্বর* বনাম *অতিরিক্ত সমাহর্তা* 66 CWN 511.

মাছ চাষের জলাশয় (tank-fishery) হিসাবে গণ্য করা হবে কিনা সেই প্রসঙ্গে সরেজমিন তদন্তের প্রতিবেদনের মন্তব্য ঘরে লেখা আছে "বিল মাছ চাষ", অর্থাৎ স্পষ্টতঃ বিলের ক্ষেত্রেও মাছ চাষের অধিকার দেওয়া হয়েছে, সুতরাং, বিলের জলেও মাছ চাষ সম্ভব।[২৭]

৩। [১][অন্য আইনকে অগ্রাহ্য করার বিধান (Act to override other laws) ঃ এই আইনের বিধান বলবৎ থাকার সময় অন্য যে কোনও আইন, প্রথা বা রীতি-নীতি বা কোনও চুক্তি সে পরিষ্কার বা ইঙ্গিতপূর্ণ অথবা কোনও সম্মতি অথবা কোনও আদালত, ট্রাইব্যুনাল বা কর্তৃপক্ষের কোনও রায়, আদেশ, সিদ্ধান্ত ইত্যাদির সাথে এই আইনের বিরোধ হলে এই আইন-ই কার্যকর হবে।]

[1][3. Act to override other laws. The provisions of this Act shall have effect notwithstanding anything inconsistent therewith in any other law for the time being in force or in any custom or usage or contract, express or implied, or agreement or decree or order or decision or award of a court, tribunal or other authority.]

আলোচনা

১৯৮১ সালের পঃ বঃ ভূমি সংস্কার (সংশোধন) আইন দ্বারা ৩ নং ধারাটি সংশোধিতরূপে যুক্ত হয়েছে। এই ধারার মূল উদ্দেশ্য হল অন্য কোনও আইন বা রীতি-নীতি বা প্রথা বা কোনও আদালত/ট্রাইব্যুনাল/কর্তৃপক্ষের কোনও রায়

২৭ *শান্তিনিকেতন সোসাইটি* বনাম *পঃ বঃ সরকার* 2001(1) CHN 259; Cal LT 2001(1) HC 231; 2001(1) ICC 449.

১ এই ধারাটি মূল ধারার স্থলে পশ্চিমবঙ্গ ভূমি সংস্কার (সংশোধন) আইন, ১৯৮১ (পশ্চিমবঙ্গ আইন ৫০, ১৯৮১)-এর ৬ ধারার মাধ্যমে যুক্ত এবং উক্ত আইনের ১(২) ধারার মাধ্যমে ৭.৮.১৯৬৯ তারিখ থেকে বলবৎ হয়েছে। মূল ধারাটি নিম্নরূপ ছিল ঃ

"**৩। অন্যান্য আইনগুলি অগ্রাহ্য করার বিধি (Act to override other laws etc.) ঃ** এই আইনের বিধিগুলির সঙ্গে অসঙ্গতি পূর্ণ অপর কোনও আইনে বা কোনও প্রথা বা রীতিনীতি অথবা স্পষ্ট বা ইঙ্গিতবাহী কোনও চুক্তিতে যা কিছু থাকা সত্ত্বেও এই আইনের বিধিগুলির প্রভাব সকল ক্ষেত্রেই কার্যকর হবে।"

1 *Substituted* by W.B. Act L of 1981, w.r.e.f. 7.8.1969, the old section read as follows:

"**3. Act to override other laws etc.** The provisions of this Act shall have effect notwithstanding anything in any other law or any custom or usage, or in any contract expressed or implied inconsistent with the provisions of this Act."

বা সিদ্ধান্তের সাথে এই আইনের বিরোধ বা বিতর্ক দেখা দিলে পঃ বঃ ভূমি সংস্কার আইনের বিধান-ই বজায় থাকবে। যেমন মুসলিম ব্যক্তিগত আইনে মৌখিক দানের বিধান আছে কিন্তু পঃ বঃ ভূমি সংস্কার আইনের ৫ নং ধারা অনুযায়ী নিবন্ধীকরণ (Registration) করা নেই এমন নথি প্রামাণ্য হিসাবে ধরতে রাজস্ব আধিকারিক বাধ্য নন। এক্ষেত্রে পঃ বঃ ভূমি সংস্কার আইনের বিধান-ই বজায় থাকবে।

আবার কোনও চুক্তি/প্রথা/রীতি-নীতি/আদালতের রায়ের সাথে এই আইনের বিরোধ হলে, এই আইনের বিধান-ই বলবৎ থাকবে।

[২]৩ক। অকৃষি প্রজা এবং অধীনস্থ প্রজাদের অকৃষি জমির উপর অধিকার রাজ্যে ন্যস্ত হবে (Rights of non-agricultural tenants

২ পশ্চিমবঙ্গ ভূমি সংস্কার (তৃতীয় সংশোধন) আইন, ১৯৮৬ (পশ্চিমবঙ্গ আইন ৩৫, ১৯৮৬)-এর ২ ধারার মাধ্যমে ৯.৯.১৯৮০ তারিখ থেকে বলবৎ করে ৩ক ধারাটি যুক্ত। এই সংশোধন আইন ১২.৫.১৯৮৯ তারিখে কলিকাতা গেজেটের বিশেষ সংখ্যার তৃতীয় অংশে প্রকাশিত হয়েছে। মূল আইনটি পশ্চিমবঙ্গ ভূমি সংস্কার (সংশোধন) আইন, ১৯৮১ (পশ্চিমবঙ্গ আইন ৫০, ১৯৮১)-এর ৭ ধারার মাধ্যমে সন্নিবেশিত হয়েছিল এবং উক্ত আইনের ১(২) ধারার মাধ্যমে ৭.৮.১৯৬৯ তারিখ হতে বলবৎ করা হয়েছিল। সংশোধন আইনটি ২৪.৩.১৯৮৬ তারিখের কলিকাতা গেজেট, বিশেষ সংখ্যার তৃতীয় খণ্ডে প্রকাশিত হয়েছিল। পূর্বের ধারাটি নিম্নরূপ ছিল ঃ

"৩ক। অকৃষি জমির সকল অকৃষি প্রজা এবং উপ-প্রজাদের অধিকারগুলি রাজ্যে ন্যস্ত হবে (Rights of all non-agricultural tenants and under-tenants in non-agricultural land to vest in the State)ঃ

(১) পশ্চিমবঙ্গ অকৃষি প্রজাস্বত্ব আইন, ১৯৪৯ অনুযায়ী সকল অকৃষি প্রজা এবং উপ-প্রজার অধিকারগুলি দায়-দায়িত্ব মুক্ত অবস্থায় রাজ্যে ন্যস্ত হবে এবং পশ্চিমবঙ্গ জমিদারি গ্রহণ আইন, ১৯৫৩-এর দ্বিতীয় পরিচ্ছেদের ৪, ৫ এবং ৫ক ধারার বিধানগুলি, যেরূপ প্রয়োজন হবে সেরূপ পরিবর্তন সহ সংপরিবর্তন করে

পশ্চিমবঙ্গ অকৃষি প্রজাস্বত্ব আইন, ১৯৪৯-এর অর্থাধীন অকৃষি প্রজা এবং উপ-প্রজাদের প্রতি প্রযুক্ত হবে যেন অনুরূপ অকৃষি প্রজা ও উপ-প্রজাগণ মধ্যস্বত্বাধিকারী এবং তাঁহাদের অধিকারভুক্ত জমি জমিদারি এবং অকৃষি প্রজা বা উপ-প্রজা অনুযায়ী ভোগ-দখলকারী কোনও ব্যক্তি একজন রায়ত।

(২) উপধারা (১) অনুযায়ী যে কোনও অকৃষি জমির মধ্যস্বত্বাধিকারীর জমিদারি এবং স্বত্ব ন্যস্ত হওয়ায়, এই আইনের ২খ পরিচ্ছেদের বিধানগুলি প্রযুক্ত হবে।

(৩) প্রত্যেক মধ্যস্বত্বাধিকারী যাঁহার জমিদারি বা স্বত্ব (১) উপধারানুসারে রাজ্যে ন্যস্ত হইয়াছে, ১৪ফ (14V) ধারার বিধানগুলি অনুসারে নির্ধারিতব্য অর্থ পাওয়ার অধিকারী হইবেন।"

and under-tenants in non-agricultural land to vest in the State) ঃ (১) ১৯৪৯ সালের বঙ্গীয় প্রজাস্বত্ব আইন [১৯৪১ সালের পশ্চিমবঙ্গের ২০ নং আইন] অনুযায়ী সমস্ত অকৃষি প্রজা ও অধীনস্থ প্রজার অধিকার ও উপরিস্থ স্বত্ব দায় দায়িত্ব যুক্ত হয়ে রাজ্য সরকারে ন্যস্ত হবে এবং ১৯৫৩ সালের পঃ বঃ জমিদারি অধিগ্রহণ আইনের [১৯৫৪ সালের পশ্চিমবঙ্গের ১ নং আইন] ৫ এবং ৫ক ধারাগুলি প্রয়োজনমত পরিবর্তন সহ সমস্ত অকৃষি প্রজাদের ও অধীনস্থ প্রজাদের উপর প্রযোজ্য হবে এমনভাবে যেন, ওই অকৃষি প্রজা ও অধীনস্থ প্রজার মধ্য স্বত্বাধিকারী ছিলেন এবং তাদের মালিকানার অধীন জমিগুলো যেন তাদের জমিদারি এবং কোনও অকৃষি প্রজা বা অধীনস্থ প্রজার অধীনে কোনও ব্যক্তি পাট্টা নিলে সেই ব্যক্তি রায়ত হবেন।

ব্যাখ্যা ঃ ১৯৫৩ সালের পঃ বঃ জমিদারি অধিগ্রহণ আইনের ৫, ৫ক ধারা কোনও রকমেই ১৯৪৯ সালের পঃ বঃ অকৃষি প্রজাস্বত্ব আইন অনুযায়ী কোনও অকৃষি প্রজা বা অধীনস্থ প্রজার অধিকার ও স্বত্ব এই ধারার (১) উপধারা অনুসারে সরকারে বর্তানোর ক্ষেত্রে বাধা হয়ে দাঁড়াবে না।

(২) উপধারা (১)-এ যাই থাক না কেন, ১৯৪৯ সালের পঃ বঃ অকৃষি প্রজাস্বত্ব আইন অনুসারে কোনও অকৃষি প্রজা বা অধীনস্থ প্রজার ক্ষেত্রে (১) নং উপধারা এমনভাবে প্রযোজ্য হবে যেন পঃ বঃ ভূমি সংস্কার আইনের অন্যান্য ধারার সাথে এর সামঞ্জস্য থাকে এবং ১৪ড ধারা অনুসারে একজন রায়ত যে পরিমাণ জমি রাখতে পারেন যেন তার চেয়ে বেশি জমি তিনি না রাখতে পারেন।

(৩) প্রত্যেক মধ্যস্বত্বাধিকারী—

(ক) যার জমি উপধারা (১) অনুযায়ী সরকারে ন্যস্ত হয়েছে, অথবা

(খ) যার জমিদারি বা স্বত্বগুলি, নিজস্ব দখলকৃত জমি ছাড়া উপধারা (১) অনুযায়ী সরকারে ন্যস্ত হয়েছে,

তিনি ১৪ফ ধারায় বিধান অনুসারে মোট মূল্য পাওয়ার অধিকারী হবেন।

[৩](৪) যে জমিতে ২০০১ সালের পঃ বঃ ঠিকা প্রজাস্বত্ব (গ্রহণ ও প্রবিধান) আইনের বিধান প্রযোজ্য সেই জমিতে এই ধারার বিধান প্রযোজ্য হবে না।

(৫) এই ধারাটি ৯.৯.১৯৮০ তারিখ থেকে কার্যকর করা হবে।

৩ পশ্চিমবঙ্গ ভূমি সংস্কার (সংশোধন) আইন, ২০০৫ (পশ্চিমবঙ্গ আইন ২৮, ২০০৫)-এর ৩ ধারার মাধ্যমে প্রতিকল্পিত।

[1][**3A. Rights of non-agricultural tenants and under-tenants in non-agricultural land to vest in the State.** (1) The rights and interests of all non-agricultural tenants and under-tenants under the West Bengal Non-Agricultural Tenancy Act 1949 (West Bengal Act XX of 1949) shall vest in the State free from all encumbrances, and the provisions of sections 5 and 5A of the West Bengal Estates Acquisition Act, 1953 (West Bengal Act I of 1954) shall apply, with such modifications as may be necessary, *mutatis mutandis* to all such non-agricultural tenants and under-tenants as if such non-agricultural tenants and under-tenants were intermediaries and the land held by them were estates and a person holding under a non-agricultural tenant or under-tenant were a *raiyat*.

Explanation. Nothing in sections 5 and 5A of the West Bengal Estates Acquisition Act, 1953 shall be construed to affect in any way the vesting of the rights and interests of a non-agricultural tenant or under-tenant under the West Bengal Non-Agricultural Tenancy Act, 1949 in the State under sub-section (1) of this section.

(2) Notwithstanding anything contained in sub-section (1), a non-agricultural tenant or under-tenant under the West Bengal Non-Agricultural Tenancy Act, 1949, holding in his khas possession any land to which the provisions of sub-section (1) apply, shall, subject to the other provisions of this Act, be entitled to retain as a *raiyat* the said land which together with other lands, if any, held by him shall not exceed the ceiling area under section 14M.

(3) Every intermediary,—

(*a*) whose land held in his khas possession has vested in the State under sub-section (1), or

(*b*) whose estates or interests, other than land held in his khas possession, have vested in the State under sub-section (1),

shall be entitled to receive an amount to be determined in accordance with the provisions of section 14V.

1 *Substituted* by the W.B. Land Reforms (Third Amendment) Act, 1986 (West Bengal Act XXXV of 1986) w.r.e.f. 9.9.1980.

[2][(4) The provision of this section shall not apply to any land which the provisions of the West Bengal Thika Tenancy (Acquisition and Regulation) Act, 2001 (West Ben. Act XXXII of 2001), apply.]

(5) This section shall be deemed to have come into force on and from the 9th day of September, 1980.]

আলোচনার সূচী

১। সূচনা [Commencement]. ১৯৮১ সালের পঃ বঃ ভূমি সংস্কার (সংশোধন) আইন [১৯৮১ সালের পশ্চিমবঙ্গের ৫০ নং আইন] দ্বারা প্রথম ৩ক ধারা মূল আইনে অন্তর্ভুক্ত করা হয়েছিল। ৭.৮.১৯৬৯ থেকে এটি বলবৎ ধরা হয়েছিল। ১৯৮৬ সালের পঃ বঃ ভূমি সংস্কার (সংশোধন) আইন দ্বারা ৩ক ধারার কিছু পরিবর্তন করে মূল আইনে অন্তর্ভুক্ত করা হয়েছে। কলিকাতা গেজেটে এটি প্রকাশিত হয় ১২.৫.১৯৮৯ তারিখে এবং এটি বলবতের তারিখ হল ৯.৯.১৯৮০ এবং তার পর থেকে।[১] মামলায় মহামান্য আদালত জানান,

2 *Substituted* by the W.B. Land Reforms (Amendment) Act, 2005 (W.B. Act XXVIII of 2005) (w.r.e.f. 1.3.2003) for the following:

"(4) The provisions of this section shall not apply to any land to which the provisions of the Calcutta *Thika* Tenancy (Acquisition and Regulation) Act 1981 (West Bengal Act XXXVII of 1981) apply."

১ *শান্তিনিকেতন সোসাইটি* বনাম *পঃ বঃ সরকার* Cal LT 2001(1) HC 231.

পঃ বঃ ভূমি সংস্কার আইনের ৩ক ধারা ৯.৯.১৯৮০ থেকে বলবৎ ধরা হয়েছে পঃ বঃ জমিদারি অধিগ্রহণ আইনে এর আগে অকৃষি প্রজাদের স্বার্থ ন্যস্ত হওয়ার উপায় নেই।

পশ্চিমবঙ্গ ভূমি সংস্কার আইনের ৩ক ধারায় অকৃষি জমির প্রজার স্বার্থ ও অধিকার সরকারে ন্যস্ত হওয়ার জন্য আলাদা করে কোনও বিজ্ঞপ্তির প্রয়োজন নেই। অর্থাৎ অন্য কোনও বিজ্ঞপ্তির উপর ৩ক ধারার প্রয়োগ নির্ভর করবে না। পঃ বঃ জমিদারি অধিগ্রহণ আইনের ৪ নং ধারামতে নোটিশ জারি করার খুব একটা প্রয়োজন নেই।[২]

২। কর্মপরিধি [Scope]. পশ্চিমবঙ্গ ভূমি সংস্কার আইনের ৩ক(১) ধারা অনুযায়ী ১৯৪৯ সালের পঃ বঃ অকৃষি প্রজাস্বত্ব আইনের অধীন অকৃষি প্রজা ও অধীনস্থ প্রজার স্বার্থ ও অধিকার সমস্ত দায় যুক্ত হয়ে সরকারে ন্যস্ত হবে। এই ধারা বলবৎ হবে ৯.৯.১৯৮০ থেকে। অর্থাৎ ৯.৯.১৯৮০ থেকে সমস্ত অকৃষি প্রজা ও অধীনস্থ প্রজার স্বার্থ আলাদা করে আর রইল না, যা ১৯৫৩ সালের পঃ বঃ জমিদারি অধিগ্রহণ আইনে নষ্ট হয় নি কিংবা পঃ বঃ ভূমি সংস্কার আইনে ৯.৯.১৯৮০ তারিখের আগে সরকারে বর্তায়নি।

৩ক(২) ধারায় রায়তকে ১৪ড ধারার সাথে সামঞ্জস্য রেখে জমি নিজের খাসে রাখার অধিকার দিয়েছে। ১৯৪৯ সালের পঃ বঃ অকৃষি প্রজাস্বত্ব আইন অনুযায়ী রাখা জমি এবং কৃষিজমি মিলিতভাবে যা হবে তা ১৪ড ধারায় উল্লিখিত জমির সর্বোচ্চ সীমা (ceiling limit) অনুযায়ী-ই হবে। ধরা যাক একজন রায়ত ১৯৪৯ সালের পঃ বঃ অকৃষি প্রজাস্বত্ব আইন অনুযায়ী ৫ একর জমির মালিক, আবার পঃ বঃ ভূমি সংস্কার আইন অনুযায়ী ৫.৫০ একর জমির মালিক। যেহেতু রায়তের পরিবারের সদস্য সংখ্যা এক (রায়ত স্বয়ংমাত্র), সেই জন্য পরিবারের সর্বোচ্চ সীমা (ceiling limit) অনুযায়ী (ধারা ১৪ড) রায়ত ৫.৫০ একর কৃষিজমি ওই রায়ত রাখতেই পারেন। ৩ক ধারা বলবৎ হওয়ার পরে রায়তের মোট জমি হল ১০.৫০ একর। ১৪ড (s. 14M) ধারা অনুযায়ী রায়ত মাত্র ৬.১৮ একর (সেচ এলাকায়) অথবা ৮.৬৫ একর (অসেচ এলাকায়) জমি রাখার অধিকারী, বাকী জমি সরকারে ন্যস্ত হবে। এক্ষেত্রে কোন্ কোন্ জমি রায়ত নিজের দখলে রাখবেন সে ব্যাপারে রায়তকে স্বাধীনতা দেওয়া হয়েছে।

৩ক(৩) ধারায় এই নির্দেশ আছে যে, ৩ক(১) ধারা অনুযায়ী যে অকৃষি জমি সরকারে ন্যস্ত হবে, রায়ত সেই জমির জন্য পঃ বঃ ভূমি সংস্কার আইনের ১৪ফ ধারা (s. 14V) অনুযায়ী মূল্য পেতে পারেন।

২ *বীণাপাণি* বনাম *প্রশান্ত* 1991(2) CHN 96; *অনিল চন্দ্র নাগ* বনাম *শান্তিময় বোস* 1990(1) CHN 486; Cal LT 1990(2) HC 123.

সে জমিতে ১৯৮১ সালের কলিকাতা ঠিকা প্রজাস্বত্ব (অ্যাকুইজিশান এন্ড রেগুলেশান) আইন বলবৎ হবে, ৩ক(৪) ধারা অনুযায়ী এই ধারা সেই জমিতে বলবৎ হবে না। অর্থাৎ কলিকাতা ঠিকা প্রজাস্বত্ব আইন যে এলাকায় চালু আছে, এই ধারা অনুযায়ী সেই এলাকার অকৃষি জমি সরকারে ন্যস্ত হবে না।

৩ক(৫) ধারায় এই নির্দেশ আছে এই ধারা ৯.৯.১৯৮০ তারিখ এবং তার পরবর্তী দিন থেকে বলবৎ হবে।

৩। অকৃষি প্রজা ও অধীনস্থ প্রজার অকৃষি জমির উপর অধিকার ও স্বত্ব সরকারে ন্যস্ত হবে [The right and interest of non-agricultural tenant and under tenant in non-agricultural land shall vest in the State]. ১৯৪৯ সালের পঃ বঃ অকৃষি প্রজাস্বত্ব আইনের অধীন অকৃষি জমির উপর অকৃষি প্রজা ও অধীনস্থ প্রজার স্বত্ব ও অধিকার ৩ক ধারা অনুযায়ী সরকারে ন্যস্ত হবে যেন ওই অকৃষি প্রজা এবং অধীনস্থ প্রজারা মধ্য স্বত্বাধিকারী ছিলেন এবং যেন ওই জমিগুলি তাদের জমিদারি (estates) হিসাবে ছিল। ওই জমি সমস্ত দায় ও অধিকার থেকে সম্পূর্ণ মুক্ত হয়ে সরকারে ন্যস্ত হবে। এছাড়া ওই ন্যস্ত হওয়া জমির জন্য ১৪ফ ধারা অনুসারে মূল্য পাওয়ার অধিকারী হবেন ওই ব্যক্তি। ৩ক(৫) ধারা অনুযায়ী ৯.৯.১৯৮০ থেকে এই ধারা বলবৎ হবে। অকৃষি প্রজা বা অধীনস্থ প্রজার যে সমস্ত জমি ১৯৫৩ সালের পশ্চিমবঙ্গ জমিদারি অধিগ্রহণ আইন বা ৯.৯.১৯৮০ তারিখের আগে পঃ বঃ ভূমি সংস্কার আইন দ্বারা সরকারে ন্যস্ত করার উপায় ছিল না, ৩ক ধারা বলবৎ হওয়ায় সেই জমিগুলির উপর ওই অকৃষি প্রজা ও অধীনস্থ প্রজার স্বত্ব ও অধিকার সরকারে বর্তালো।

[আরও বিস্তারিত বিবরণ ও আলোচনার জন্য ৬৩(১) ধারা দেখুন।]

৪। অকৃষি প্রজা সেলামীর অর্থ জমা দিয়ে প্রজাসত্ব অধিকার পুনর্নবিকরন করবে [Non-agricultural tenant required to get tenancy renewed on payment of Salami]. ৯.৯.১৯৮০ তারিখে অকৃষি প্রজাসত্ব আইনটির বিলোপ ঘটেছে এবং এই আইনের অধীন সমস্ত রায়ত এখন পঃ বঃ ভূমি সংস্কার আইনের (১৯৫৫) ৩ক ধারা দ্বারা পরিচালিত হবেন। ১৯৪৯ সালের পঃ বঃ অকৃষি প্রজাসত্ব আইনটি বিলোপ হওয়ার পর অকৃষি প্রজা/এবং/অথবা তার গ্রহীতাগণ সরাসরি রাজ্য সরকারের অধীনে রায়ত হিসাবে পরিগণিত এবং পঃ বঃ ভূমি সংস্কার আইন (১৯৫৬) দ্বারা পরিচালিত হবেন। যদি নির্দিষ্ট অঙ্কের সেলামী জমার বিনিময়ে কোনও ব্যক্তি অকৃষি জমি

ইজারা নেন তবে তার পুনর্নাবিকরনের প্রয়োজন নেই, তবে পূর্বোক্ত আইনের (১৯৪৯) ১১ ধারা মতে বর্ধিত ভাড়া (rent) আদায় করতে পারবে।[৩]

৫। অকৃষি প্রজাসত্ব আইনের ২৪ ধারা অনুযায়ী প্রি-এমশান এবং পঃ বঃ ভূমি সংস্কার (তৃতীয় সংশোধন) আইন ১৯৮৬ [Pre-emption application under s. 24 of NAT Act and W.B.L.R. (Third Amendment) Act 1986]. ১৯৮৩ সালে মহামান্য উচ্চ ন্যায়ালয়ে পঃ বঃ অকৃষি প্রজাসত্ব আইনের ২৪ ধারা মতে দাখিল করা আবেদনপত্র গৃহীত হয়। উচ্চ ন্যায়ালয়ের ডিভিশান বেঞ্চে আপিল চলাকালীন ১৯৮৬ সালে পঃ বঃ ভূমি সংস্কার আইনের তৃতীয় সংশোধনী পাশ হয় এবং ৯.৯.১৯৮০ তারিখ থেকে তা বলবৎ হয়। আইনের এই পরিবর্তন সাপেক্ষে ১৯৪৯ সালের পঃ বঃ অকৃষি প্রজাসত্ব আইনের ২৪ ধারা অনুযায়ী দাখিল করা আবেদনপত্রটি অর্থহীন হয়ে পড়ে, সুতরাং, মহামান্য ডিভিশান বেঞ্চ ১৯৪৯ সালের পঃ বঃ অকৃষি প্রজাসত্ব আইনের ২৪ ধারা অনুযায়ী প্রি-এমশানের আদেশটি বাতিল (set aside) করে এবং পঃ বঃ ভূমি সংস্কার আইনের ৮ ধারা মতে প্রি-এমশানের আবেদনপত্রটি বিচারের জন্য নির্ধারিত দেওয়ানি আদালতে (Court of Civil Judge, Junior Division) পাঠায় এবং পঃ বঃ ভূমি সংস্কার আইনের ৮ ধারা অনুযায়ী আবেদনপত্রটি নিষ্পত্তির নির্দেশ দেয়।[৪]

৬। দুটি গুরুত্বপূর্ণ আদেশনামা [Two important Circulars].

(১)

GOVERNMENT OF WEST BENGAL

Office of the Director of Land Records & Surveys and Joint Land Reforms Commissioner, West Bengal.

35, Gopal Nagar Road, Alipore, Calcutta-27

No. 27/2712/C/89 Dated 23.7.1992

Circular

In terms of the provisions of section 3A of the W.B.L.R. Act the rights and interests of an non-agricultural tenants and under-

৩ *মানুরাণি চক্রবর্তী* বনাম WBLRTT 2015(1) CHN 677 (Cal); Cal LT 2014(4) HC 267.

৪ *শেখ আবদুল গফফর* বনাম *মীরা দাস রায়* 2006(2) CHN 5 (Cal) (DB).

tenants under the West Bengal Non-Agricultural Tenancy Act 1949 have vested in the State free from all encumbrances with effect from 9.9.1980.

It has been laid down in the first paragraph at page 25 of the "Guidelines of implementation of ceiling provisions under W.B.L.R. Act 1955" published by the Directorate that a schedule of all agricultural lands, orchard, tank-fishery and also all non-agricultural lands other than those held in *khas* by an erstwhile non-agricultural tenant or under-tenant under W.B.N.A.T. Act 1949 should be prepared for determination of ceiling of a *raiyat* with reference to 15.2.1971.

It has been laid down in the second paragraph that the land schedule to be prepared for application of ceiling with reference to 9.9.1980 will include, *inter alia*, all non-agricultural land held in *khas* by a non-agricultural tenant or under tenant the W.B.N.A.T. Act 1949 and the members of his family.

The above position has been changed with the issue of Board of Revenue, West Bengal's memo No. 1192(17) G.E. dated 11.2.1992.

In terms of the said memo non-agricultural lands, irrespective of the status of the khatians in which such lands feature, will vest in the State on and with effect from 9th September, 1980 after observance of due procedure of enquiry related for this purpose.

As a consequence of the issue of the memo all non-agricultural lands will now feature in the land schedule to be prepared for vesting of surplus land with reference to 9.9.1980. However orchards & tank-fisheries were never treated as non-agricultural land and as such the date of vesting of these two classes of land shall be 15.2.1971.

The guideline of implementation of ceiling provisions issued by the Directorate may be deemed to have been amended accordingly.

Sd/- P.K. Agarwal
Director of Land Records & Surveys and
Joint Land Reforms Commissioner, West Bengal.

(২)

GOVERNMENT OF WEST BENGAL

Office of the Director of Land Records & Surveys and Joint Land Reforms Commissioner, West Bengal.

Memo No. 6/4735/C/89 Dated 14.9.1992

CIRCULAR

Subject: *Effective date of accounting and vesting of ceiling surplus non-agricultural lands held by different classes of tenants and application of section 3A of W.B.L.R. Act* 1955.

In supersession of all previous circulars, instructions relating to accounting and vesting of non-agricultural lands, it is clarified that all non-agricultural lands belonging to erstwhile intermediaries and raiyats shall vest (if found excess) to the State, with effect from 15.2.1971 under section 14S of W.B.L.R. Act 1955. To remove all doubts and confusions the statutory provisions are explained below:

(1) Section 3A of the W.B.L.R. Act, applies only upon to those non-agricultural tenants, who were outside the jurisdiction and provisions of the W.B.E.A. Act 1953 and guided by W.B.N.A.T. Act 1949.

(2) Exclusively non-agricultural tenants, like "*Dakhalkar*", "*Dakhalkar Chandina*" or "*Dakhalkar Basat Proja*" etc. of all grades were outside the purview of W.B.L.R. Act and were exclusively guided by W.B.N.A.T. Act 1949. [Hereinafter all class of *Dakhalkar,* i.e. *Dakhalkar Chandina* and *Dakhalkar Basat Proja,* will be stated as *Dhakhalkar* only.]

(3) The system of intermediary was in existence upto 8.9.1980, *i.e.* the day, before section 3A of W.B.L.R. Act came into force. Hence there might be a "*Dakhalkar*" under-tenant under a "*Dakhalkar*" before 9.9.1980.

(4) All types of "*Dakhalkar*" tenants could hold any quantum of land in *khas* possession and in W.B.E.A. Act no land of a "*Dakhalkar*" of any type was vested.

(5) The very purpose of section 3A of W.B.L.R. Act 1955, was to abolish the intermediary system running in respect of some categories of exclusively non-agricultural tenants, who were known as occupier in Bengal Tenancy Act 1885 and subsequently termed

as "*Dakhalkar*" as well as to bring the *khas* land hold by such occupier as *Dakhalkar* under the purview of vesting provisions as laid down under Chapter IIB of W.B.L.R. Act.

(6) The erstwhile intermediaries like "*Maliki*" "*Madhyaswatwa-dhikari*" etc., who held agricultural land, orchard, tank fisheries, etc. along with other non-agricultural land were never a person like "*Dakhalkar*" and never were guided exclusively by W.B.N.A.T. Act. The non-agricultural land held by them was very much under the purview of ceiling provisions under W.B.E.A. Act and as laid down in section 6(1)(*c*) they could retain only 15 acres of land, maximum, as *raiyat.*

Similarly the *raiyats* and under-*raiyats* having non-agricultural lands also could retain only 15 acres of non-agricultural land at the maximum.

(7) The "*Akrishi*" *Khanda Khatian* opened as per 'B' Form submitted by the Chapter II intermediaries like "*Maliki*" and "*Madhyaswatwadhikari*" etc. under rule 4A of W.B.E.A. Rules, does not create any tenancy like *dakhalkar* and those lands when found in excess, of 15 acres were vested to the State as per provisions of W.B.E.A. Act. These "*Akrishi*" *Khanda Khatians* are not hit by the provisions of section 3A of W.B.L.R. Act. *Khanda khatians* are always part of the .... and had no separate identity. For preparation of C.A. Rolls and for detection of ceiling surplus land and to facilitate other ancillary works, *Khanda Khatians* are generally opened. Hence, after change of definition of "land" as per section 2(7) of W.B.L.R. Act, the non-agricultural land recorded in the R.S. *Khanda Khatians* as "*Akrishi Proja*" originated from "*Maliki*" or "*Madhyaswatwa-dhikari*" *khatians* now recorded as *raiyat* in W.B.L.R. Act shall be accounted for in calculation of the ceiling excess area of a family with effect from 15.2.1971 as the amended section 2(7) comes effective from 7.8.1969.

(8) It is reiterated that all "*Akrishi*" land belonging to a *raiyat* either of W.B.E.A. Act or of W.B.L.R. Act shall be taken into account while calculating the land of *raiyat's* family with effect from 15.2.1971 for determining the ceiling excess land of a *raiyat* for vesting. Only non-agricultural *khas* land of a "*Dakhalkar*" status, who has become a *raiyat* on 9.9.1980, for the purpose of

ceiling calculation, will be taken into account as land of the *raiyat* and his family with effect from 9.9.1980.

This should be strictly followed.

Sd/- P. Bandyopadhyay
Director of Land Records & Surveys and
Joint Land Reforms Commissioner, West Bengal.

[১]৩খ। **পশ্চিমবঙ্গে অধিকৃত ভূখণ্ডের কোনও জমির মালিকের সাপেক্ষে বিশেষ বিধান (Special provisions in respect of any holder of land in acquired territory in West Bengal).** (১) এই আইন (Act) অথবা বিভিন্ন সময়ে বলবৎ অন্য কোনও কানুন (law) অথবা প্রচলিত কোনও চুক্তি, প্রথা, বা রীতি-নীতি, অথবা কোনও আদালত, ন্যায়পীঠ অথবা কর্তৃপক্ষের জারি করা কোনও ডিক্রি, সিদ্ধান্ত, রায়, আদেশ যা-ই থাক না কেন, পশ্চিমবঙ্গে অধিকৃত ভূখণ্ডে বসবাসকারী কোনও রায়ত বা অধীনস্ত রায়তের অধিকার ও স্বার্থ যদি থাকে আইনের এই ধারাটি বলবৎ হওয়ার পর থেকেই তা সরকারের অনুকূলে বর্তাবে এবং ২০১৫ খ্রিষ্টাব্দের সংবিধান আইন (সংবিধানের ১০০ তম সংশোধন) বলবৎ হওয়ার মাধ্যমে অর্থাৎ ১ অগষ্ট ২০১৫ তারিখ অথবা তারপর থেকে পশ্চিমবঙ্গে অধিকৃত ভূখণ্ডে পরিবর্তন (transfer) দ্বারা কোনও জমি হাত বদল হলেও তা সমস্ত দায় মুক্তবস্থায় সরকারের অনুকূলে ন্যস্ত হবে।

(২) (১) উপধারার বিধানের প্রেক্ষিতে বিরুদ্ধমত যা-ই থাক না কোন, পশ্চিমবঙ্গে অধিকৃত ভূখণ্ডে কোনও ব্যক্তির খাস দখলে জমি থাকলে এই আইনের অন্যান্য বিধান সাপেক্ষে একজন রায়ত হিসাবে অন্য জমির সঙ্গে (যদি থাকে) তা রাখতে পারবেন, তবে যদি না অন্য কোনও প্রচলিত আইন দ্ধারা ওই জমির অধিকার বাতিল হয় কোনও ভাবেই তাঁর জমির পরিমাণ ১৪ড (14M) ধারার বিধানে উল্লিখিত জমির সর্বোচ্চ সীমাকে অতিক্রম করবে না।

ব্যাখ্যা ১. সংশয় দূর করবার জন্য "অধিকৃত ভূখণ্ড" বলতে ভারতের সংবিধানের তৃতীয় তপশীলে বর্ণিত পশ্চিমবঙ্গের সেই জমির কথা বলা হয়েছে।

ব্যাখ্যা ২. সংশয় দূর করবার জন্য "খাস দখল" বলতে পশ্চিমবঙ্গে অধিকৃত ভূখণ্ডের কোনও জমিতে ব্যক্তিগত চাষ, বন্ধক, বর্গাদার দ্বারা চাষ, ইজারা বা লাইসেন্স দ্বারা প্রাপ্ত জমি বোঝাবে।

১ ২০১৮ সালের পঃ বঃ ভূমি সংস্কার (সংশোধন) আইন দ্বারা এই ধারাটি অন্তর্ভুক্ত হয়েছে (২০১৮ সালের পশ্চিমবঙ্গের ২৫তম আইন), কলকাতা গেজেটিয়ারে ১৮ ডিসেম্বর, ২০১৮ (ক্রমাঙ্ক ২২৩৩-এল) প্রকাশিত হয়েছিল (১৮.১২.২০১৮ থেকে বলবৎ)।

[1][**3B. Special provisions in respect of any holder of land in acquired territory in West Bengal.** **(1) Notwithstanding anything contrary contained in this Act or in any other law for the time being in force or aim any agreement, custom or usage or in any decree, judgement, decision or award of any court, tribunal or authority, the right and interest of the tenants and under tenants, if any, of the acquired territory in West Bengal, shall, on and after coming into force of this section, vest in the State free from all encumbrances and any land acquired by way of transfer within the said acquired territory in West Bengal before coming into force of the Constitution (One Hundredth Amendment) Act, 2015, i.e. on or before the 1st day of August, 2015, shall stand vested in the State free from all encumbrances.**

(2) Notwithstanding anything contrary contained in sub-section (1), an individual of the acquired territory in West Bengal, holding land in Khas possession, shall, subject to other provisions of this Act, be entitled to retain as a raiyat of the said land which together with the other lands, if any, held by him shall not exceed the ceiling area as mentioned in section 14M, unless such holding is void under any other law for the time being in force.

Explanation I. **For the removal of doubts, the expression "acquired territory" means such territory in West Bengal as specified in Third Schedule to the Constitution of India.**

Explanation II. **For the removal of doubts, the expression "Khas possession" shall include personal cultivation, mortgage, cultivation by bargadar and lease or licence of the plot of land of the acquired territory in West Bengal.]**

আলোচনা

ভারত (পশ্চিমবঙ্গের কোচবিহার জেলা) ও বাংলাদেশের ছিটমহল ভূখণ্ডের সমস্যা দূর করতে তৎকালীন দুই দেশের প্রধানমন্ত্রী যথাক্রমে ইন্দিরা গান্ধী ও

1 *Inserted* by West Bengal Land Reforms (Amendment) Act 2018 (W.B. Act XXV of 2018) Published in the Kolkata Gazette, Extraordinary, Notification No. 2233-L, 18th December, 2018 (w.e.f. 18.12.2018).

মুজিবর রহমান ১৬ মে, ১৯৭৪ এক চুক্তিতে স্বাক্ষর করেন যা পরিচিত "১৯৭৪ সালের সীমান্ত চুক্তি" নামে। এরপর আর্ন্তজাতিক নিয়ম মেনে ২৬.১২.১৯৭৪, ৩০.১২.১৯৭৪, ৭.১০.১৯৮২, ২৬.৩.১৯৯২ এবং ৬.৯.২০১১ তারিখে পত্র বিনিময় হয় এবং উভয়দেশ ছিটমহল ভূখণ্ডগুলি হস্তান্তরে সম্মতি জানায়। সেই লক্ষ্য পূরণে ভারত সরকার সংবিধানের ১০০ তম সংশোধন করে এবং এই সংশোধন দ্বারা ভারতের মধ্যে থাকা বাংলাদেশের ৫১টি ছিটমহল ভূখণ্ড ভারতের আয়তনের সঙ্গে যুক্ত হয়, বিনিময়ে বাংলাদেশের মধ্যে থাকা ভারতের ১১১টি ছিটমহল ভূখণ্ড বাংলাদেশের অনুকূলে ছেড়ে দেয়। ৫১টি ছিটমহল ভূখণ্ডের মধ্যে ১৮টির আয়তন বড় হওয়ায় সেগুলিকে পৃথক নতুন মৌজা হিসাবে গণ্য করা হয়েছে এবং অবশিষ্ট ৩৩টি ছোট ভূখণ্ড পার্শ্ববর্তী কোনও না কোনও মৌজার সঙ্গে যোগ করা হয়েছে। ১১১টি ভারতীয় ছিটমহল ভূখণ্ডের আয়তন প্রায় ১৭,১৬০ একর এবং ৫১টি বাংলাদেশের ছিটমহল ভূখণ্ডের আয়তন প্রায় ৭,১১০ একর। ৫১টি ছিটমহল ভূখণ্ডের জমি জরিপ, সত্ত্বলিপি প্রস্তুতি প্রভৃতির উদ্দেশ্যে বিনা বাধায় পশ্চিমবঙ্গ বিধানসভায় ২০১৮ সালে পঃ বঃ ভূমি সংস্কার আইনের সংশোধন বিল পাশ হয় (১৯.১১.২০১৮) যা ২০১৮ সালের পঃ বঃ ভূমি সংস্কার (সংশোধন) আইন নামে পরিচিত।

উভয় দেশের পক্ষ থেকে ছিটমহল ভূখণ্ডের বাসিন্দাদের তাদের পছন্দ মতো দেশে চলে যাওয়া বা থাকবার অনুমতি দেওয়া হলে অনধিক এক হাজার অধিবাসী ভারতে চলে আসে (১১১টি ছিটমহলের মোট বাসিন্দা), অন্যদিকে সম্ভবত, ভারত থেকে একজনও বাংলাদেশে যায়নি। বলা যায় এই ব্যবস্থা বলবৎ হওয়ায় ৬৮ বছরের এক পুরনো সমস্যার সমাধান হল। এই সমস্যার মূলে ছিল র‍্যাডক্লিফ দ্বারা তৈরি সীমান্ত রেখা। ইংরেজ আইনজীবী সিরিল র‍্যাডক্লিফ ভারত-পাকিস্তান সীমান্ত রেখা স্থির করেন। তিনি অবিভক্ত ভারতে আসেন ৮ জুলাই ১৯৪৭, মাত্র ছয় সপ্তাহের মধ্যে ১৩ অগষ্ট সীমানা নির্ধারণের চূড়ান্ত প্রতিবেদন পেশ করেন এবং ১৬ অগষ্ট তা প্রকাশ পায়। কমিশনের সদস্যদের নিষ্ক্রিয়তা, উদাসীনতা, জমিদার, নবাব, স্থানীয় প্রভাবশালী রাজনীতিবিদ, চা বাগানের মালিক প্রভৃতি স্বার্থন্বেষী ব্যক্তিদের স্বার্থরক্ষার্থে অবিবেচকের মতো তড়িঘড়ি ওই মানচিত্র প্রকাশ করা হয়েছিল।

১৯৪৭ খ্রিষ্টাব্দে ভারত ভাগের পর রংপুর জেলা পাকিস্তান এবং কোচবিহার জেলা ১৯৪৯ খ্রিষ্টাব্দে ভারতে অন্তর্ভুক্ত হয়। উভয় জেলাতেই একাধিক ছিটমহল ভূখণ্ড ছিল এবং সেই অবস্থাতেই তাদের অবস্থানের বদল

ঘটে। ছিটমহল ভূখণ্ড বিনিময়ের ইচ্ছায় ১৯৫৮ খ্রিষ্টাব্দে জওহরলাল নেহরু এবং ফিরোজ খান নুনের মধ্যে চুক্তি সম্পাদিত হয় কিন্তু তার বাস্তবায়ন হল এত বছর পর।

যাই হোক, হস্তান্তরের পর সংযোজিত ৩৩টি ছোট ভূখণ্ড এবং নতুন ১৮টি মৌজার জমি জরিপ ও সমস্ত নিয়ম ও পদ্ধতি মেনে সত্ত্বলিপি প্রস্তুতির কাজ শেষ হয়েছে। বাংলাদেশে থাকা এবং সেখান থেকে ভারতে চলে আসা অধিবাসীদের বাসস্থান এবং পুনর্বাসনের ব্যবস্থা করেছে পশ্চিমবঙ্গ সরকার। স্বাধীনতার এত বছর পরেও তাদের ছিল না রেশন কার্ড, ভোটার কার্ড ও ভোটাধিকার, আধার কার্ড, তারা ভারতীয় নাগরিক হলেও কোনও সুযোগ সুবিধা পেতেন না, এবার সেই সমস্যার সমাধান হল।

ভারতে যুক্ত ৫১টি ছিটমহল ভূখণ্ডের নামঃ—

ক্রমাঙ্ক	ছিটের নাম	প.ব. থানা	বাংলাদেশ থানা	জে এল নং	আয়তন (একরে)
১	ছিট কুচলিবাড়ি	মেখলিগঞ্জ	পটগ্রাম	২২	৩৭০. ৬৪
২	কুচলিবাড়ির ছিটমহল	,,	,,	২৪	১.৮৩
৩	বালাপুখারি	,,	,,	২১	৩৩১.৬৪
৪	পানবাড়ি ২নং ছিটমহল	,,	,,	২০	১.১৩
৫	ছিট পানবাড়ি	,,	,,	১৮	১০৮.৫৯
৬	ধবলসতী মিরজিপুর	,,	,,	১৫	১৭৩.৮৮
৭	বামন্ডল	,,	,,	১১	২.২৪
৮	ছিট ধবলসতী	,,	,,	১৪	৬৬.৫৮
৯	ধবলসতী	,,	,,	১৩	৬০.৪৫
১০	শ্রীরামপুর	,,	,,	৮	১.০৫
১১	জোতে নিজ্জমা	,,	,,	৩	৮৭.৫৪
১২	জগতবেড় ৩নং ছিটমহল	মাথাভাঙা	,,	৩৭	৬৯.৮৪
১৩	জগতবেড় ১নং ছিটমহল	,,	,,	৩৫	৩০.৬৬
১৪	জগতবেড় ২নং ছিটমহল	,,	,,	৩৬	২৭.০৯
১৫	ছিট কোকোয়াবাড়ি	,,	,,	৪৭	২৯.৪৯
১৬	ছিট ভাণ্ডার দহ	,,	,,	৬৭	৩৯.৯৬
১৭	ধবলগুড়ি	,,	,,	৫২	১২.৫

ক্রমাঙ্ক	ছিটের নাম	প.ব. থানা	বাংলাদেশ থানা	জে এল নং	আয়তন (একরে)
১৮	ছিট ধবলগুড়ি	মাথাভাঙা	পটগ্রাম	৫৩	২২.৩১
১৯	ধবলগুড়ি ৩নং ছিটমহল	,,	,,	৭০	১.৩৩
২০	ধবলগুড়ি ৪নং ছিটমহল	,,	,,	৭১	৪.৫৫
২১	ধবলগুড়ি ৫নং ছিটমহল	,,	,,	৭২	৪.১২
২২	ধবলগুড়ি ১নং ছিটমহল	,,	,,	৬৮	২৬.৮৩
২৩	ধবলগুড়ি ২নং ছিটমহল	,,	,,	৬৯	১৩.৯৫
২৪	মহিষমারি	শীতলকুচি	,,	৫৪	১২২.৭৭
২৫	বুড়া সর দুবি	,,	হাতিবাঁধা	১৩	৩৪.৯৬
২৬	ফালনাপুর	,,	পটগ্রাম	৬৪	৫০৫.৫৬
২৭	আমঝোল	,,	হাতিবাঁধা	৫৭	১.২৫
২৮	কিসমত বাটরিগাছ	দিনহাটা	কালিগঞ্জ	৮২	২০৯.৯৫
২৯	দুর্গাপুর	,,	,,	৮৩	২০.৯৬
৩০	বাঁশুয়া খামার গিতলদহ	,,	লালমনির হাট	১	২৪.৫৪
৩১	পোয়াটুরকুঠি	,,	,,	৩৭	৫৮৯.৯৪
৩২	পশ্চিম বাকালির ছড়া	,,	ভুরুঙ্গমারি	৩৮	১৫১.৯৮
৩৩	মধ্য বাকালির ছড়া	,,	,,	৩৯	৩২.৭২
৩৪	পূর্ব বাকালির ছড়া	,,	,,	৪০	১২.২৩
৩৫	মধ্য মসলডাঙ্গা	,,	,,	৩	১৩৬.৬৬
৩৬	মধ্য ছিট মসলডাঙ্গা	,,	,,	৮	১১.৮৭
৩৭	পশ্চিম ছিট মসলডাঙ্গা	,,	,,	৭	৭.৬
৩৮	উত্তর মসল ডাঙ্গা	,,	,,	২	২৭.২৯
৩৯	কচুয়া	,,	,,	৫	১১৯.৭৪
৪০	উত্তর বাঁশজানি	তুফানগঞ্জ	,,	১	৪৭.১৭
৪১	ছাট তিলাই	,,	,,	১৭	৮১.৫৬
৪২(১)	নলগ্রাম	শীতলকুচি	পটগ্রাম	৬৫	১৩৯৭.৩৪
(২)	নলগ্রাম (খন্ডাংশ)	,,	,,	৬৫	
(৩)	নলগ্রাম (খন্ডাংশ)	,,	,,	৬৫	
৪৩(১)	ছিট নলগ্রাম	,,	,,	৬৬	৪৯.৫

ক্রমাঙ্ক	ছিটের নাম	প.ব. থানা	বাংলাদেশ থানা	জে এল নং	আয়তন (একরে)
৪৩(২)	ছিট নলগ্রাম (খন্ডাংশ)	শীতলকুচি	পটগ্রাম	৬৬	
৪৪(১)	বত্রিগাছ	দিনহাটা	কালিগঞ্জ	৮১	৫৭৭.৩৭
(২)	বত্রিগাছ (খন্ডাংশ)	,,	,,	৮১	
(৩)	বত্রিগাছ (খন্ডাংশ)	,,	ফুলবাড়ি	৯	
৪৫(১)	করলা	,,	,,	৯	২৬৯.৯১
(২)	করলা (খন্ডাংশ)	,,	,,	৯	
(৩)	করলা (খন্ডাংশ)	,,	,,	৮	
৪৬(১)	সিপ প্রসাদ মুস্তাতি	,,	,,	৮	৩৭৩.২
(২)	সিপ প্রসাদ মুস্তাতি (খন্ডাংশ)	,,	,,	৬	
৪৭(১)	দক্ষিণ মসলডাঙ্গা	,,	ভুরুঙ্গমারি	৬	৫৭১.৩৮
(২)	দক্ষিণ মসলডাঙ্গা (খন্ডাংশ)	,,	,,	৬	
(৩)	দক্ষিণ মসলডাঙ্গা (খন্ডাংশ)	,,	,,	৬	
(৪)	দক্ষিণ মসলডাঙ্গা (খন্ডাংশ)	,,	,,	৬	
(৫)	দক্ষিণ মসলডাঙ্গা (খন্ডাংশ)	,,	,,	৬	
(৬)	দক্ষিণ মসলডাঙ্গা (খন্ডাংশ)	,,	,,	৬	
৪৮(১)	পশ্চিম মসলডাঙ্গা	,,	,,	৪	২৯.৪৯
(২)	পশ্চিম মসলডাঙ্গা (খন্ডাংশ)	,,	,,	৪	
৪৯(১)	পূর্ব ছিট মসলডাঙ্গা	,,	,,	১০	৩৫.০১
(২)	পূর্ব ছিট মসলডাঙ্গা (খন্ডাংশ)	,,	,,	১০	
৫০(১)	পূর্ব মসলডাঙ্গা	,,	,,	১১	১৫৩.৮৯
(২)	পূর্ব মসলডাঙ্গা (খন্ডাংশ)	,,	,,	,,	
৫১(১)	উত্তর ধলডাঙ্গা (খন্ডাংশ)	তুফানগঞ্জ	,,	১৪	২৪.৯৮
(২)	উত্তর ধলডাঙ্গা (খন্ডাংশ)	,,	,,	১৪	
(৩)	উত্তর ধলডাঙ্গা (খন্ডাংশ)	,,	,,	১৪	
	মোট আয়তন				৭১১০.০২

পরিচ্ছেদ ২

রায়তগণ

৪। জমির উপর রায়তের অধিকার (Rights of raiyat in respect of land): [১][(১) এই আইন কার্যকর হওয়ার পর থেকে এই আইনের অন্যান্য ধারার সাথে মিল রেখে কোনও রায়ত তাঁর জমির মালিক হবেন এবং ওই [২][জমি] উত্তরাধিকার সূত্রে বংশ পরম্পরায় ভোগ করবেন ও হস্তান্তর করতে পারবেন।]

[৩][*ব্যাখ্যা* ঃ সন্দেহ দূর করার জন্য এই মর্মে ঘোষণা করা হচ্ছে যে, কোনও ব্যক্তি বা প্রতিষ্ঠান যাঁর কোনও জমি আছে—

(ক) এই ধারার অধীন কোনও অনুমতি, ইজারা বা অনুজ্ঞাপত্রের (licence) সূত্র ধরে; অথবা [৪][রাজ্য সরকার দ্বারা প্রদত্ত অনুমোদন ধরে নেওয়া হবে যেন ৭.৮.১৯৬৯ থেকে কার্যকর হবে।] এবং; অথবা

(খ) ২০০১ সালের পঃ বঃ ঠিকা প্রজাস্বত্ব (অধিগ্রহণ ও প্রবিধান) আইনের ২ নং ধারার (১৪) নং দফা অনুসারে ঠিকা প্রজার মতো করে; অথবা

(গ) ১৯৫৩ সালের পঃ বঃ জমিদারি অধিগ্রহণ আইনের ৬(৩) উপধারা ও ৬(১)(ছ) উপধারার অধীনে রাখা জমিতে বা "সইরতি"

১ ৪.৬.১৯৬৫ তারিখের ৮১৪৪-এল. রেফ্. সংখ্যায়িত সরকারি প্রজ্ঞাপনের মাধ্যমে মূল আইনের ১(২) ধারায় উল্লিখিত অঞ্চল এবং বিহার হতে আগত অঞ্চল ছাড়া সমগ্র পশ্চিমবঙ্গে ৭.৬.১৯৬৫ তারিখ হতে তিনটি উপধারাই বলবৎ হয়েছে।

২ পশ্চিমবঙ্গ ভূমি সংস্কার (সংশোধন) আইন, ২০০৩ (পশ্চিমবঙ্গ আইন ১৮, ২০০৩)-এর দ্বারা "জমি" শব্দটি পূর্বের 'জোত' শব্দটির পরিবর্তে ১৯.১০.২০০৩ তারিখ হতে বলবৎ হয়েছে।

৩ 'ব্যাখ্যা অনুবিধিসহ' পশ্চিমবঙ্গ ভূমি সংস্কার (সংশোধন) আইন, ২০০৫ (পশ্চিমবঙ্গ আইন ২৮, ২০০৫)-এর মাধ্যমে সন্নিবেশিত হয়েছে, যাহা ৭.৮.১৯৫৬ হতে কার্যকরী হয়েছে বলে গণ্য হবে।

৪ ২০১০ সালের পশ্চিমবঙ্গের ২৮নং আইন দ্বারা "এই ধারার অধীনে অনুমোদিত" (Granted under the provisions of this section) শব্দগুলি পরিবর্তিত হয়েছে। ৭.৮.১৯৬৯ থেকে কার্যকর করা হয়েছে।

স্বার্থের অধীনে, [৫][অথবা (চ) উপধারার অধীনে মনে করা হবে যেন ৭.৮.১৯৬৯ থেকে কার্যকর হবে।]

তিনি এই উপধারার উদ্দেশ্য সাধনে রায়ত হিসাবে গণ্য হবেন না।"]

[৬](২) উপধারা (১)-এ উল্লিখিত অধিকার হিসাবে অন্তর্ভূমির (মাটির মধ্যেকার) কোনও স্বত্ত্বের অধিকার পাবে না,

[৭](২ক) নিজের ব্যবহার ছাড়া, যে কোনও উদ্দেশ্যে রাজ্য সরকারের কাছ থেকে লিখিত আগাম অনুমতি, শর্ত ছাড়া কোনও রায়ত পারবেন না—

(ক) তাঁর [৮][জমি] থেকে বালি তুলতে বা অন্য ব্যক্তিকে বালি তোলার অনুমতি দিতে; অথবা

(খ) রাজ্য সরকারের লিখিত আগাম অনুমতি এবং সরকার দ্বারা স্থির করা শর্ত ও নির্ধারিত অর্থ জমা ছাড়া কোনও রায়ত নিজের ব্যবহার বাদে তাঁর [৮][জমির] দাগের কোনও অংশের

৫ পূর্বোক্ত আইন দ্বারা সংশোধন করা হয়েছে এবং ৭.৮.১৯৬৯ থেকে কার্যকর হয়েছে।

৬ ৪.৬.১৯৬৫ তারিখের ৮১৪৪-এল. রেফ্. সংখ্যায়িত সরকারি প্রজ্ঞাপনের মাধ্যমে মূল আইনের ১(২) ধারায় উল্লিখিত অঞ্চল এবং বিহার হতে আগত অঞ্চল ছাড়া সমগ্র পশ্চিমবঙ্গে ৭.৬.১৯৬৫ তারিখ হতে তিনটি উপধারাই বলবৎ হয়েছে।

৭ ২৫.৯.১৯৬৫ তারিখের ১৪৮১০-এল. রেফ্. সংখ্যায়িত সরকারি প্রজ্ঞাপনের মাধ্যমে তিনটি উপধারাই ক্রমিক ১-এ উল্লিখিত এলাকায় ০১.১১.১৯৬৫ তারিখ হতে বলবৎ হয়েছে।

(২ক), ২(খ) এবং ২(গ) উপধারাগুলি পশ্চিমবঙ্গ ভূমি সংস্কার (সংশোধন) আইন, ১৯৬৫ (পশ্চিমবঙ্গ আইন ১৮, ১৯৬৫)-এর ৩(১) ধারার মাধ্যমে যুক্ত। (২ক) উপধারাটি পশ্চিমবঙ্গ ভূমি সংস্কার (সংশোধন) আইন, ১৯৬৬ (পশ্চিমবঙ্গ আইন ১১, ১৯৬৬)-এর ৩ ধারার মাধ্যমে সংযুক্ত। মূল (২ক) উপধারাটি নিম্নরূপ ছিল ঃ

"(২ক) নিজস্ব ব্যবহার ছাড়া, পূর্বাহ্নে রাজ্য সরকারের লিখিত অনুমতি এবং অনুরূপ অনুমতির শর্ত ও কড়ার, যদি থাকে, তদনুসারে ব্যতীত, কোনও রায়ত যে কোনও উদ্দেশ্যে মাটি বা কাদা, ইট বা টালি তৈরির জন্য তাঁর জোত খনন বা ব্যবহার করবেন না অথবা কোনও ব্যক্তিকে খনন বা ব্যবহারের অনুমতি প্রদান করবেন না।"

২৫.৯.১৯৬৯ তারিখের ১৭৮৮৫-এল. রেফ্. সংখ্যায়িত সরকারি প্রজ্ঞাপনের মাধ্যমে ৪ ধারাটিকে বিহার হতে পশ্চিমবঙ্গে আগত সমগ্র অঞ্চলে ১.১০.১৯৬৯ তারিখ হতে বলবৎ করা হয়েছে।

৮ পশ্চিমবঙ্গ ভূমি সংস্কার (সংশোধন) আইন, ২০০৩ (পশ্চিমবঙ্গ আইন ১৮, ২০০৩)-এর দ্বারা "জমি" শব্দটি পূর্বের 'জোত' শব্দটির পরিবর্তে ১৯.১০.২০০৩ তারিখ হতে বলবৎ হয়েছে।

মাটি বা কাদা বা ব্যবহারের মাধ্যমে বা অন্য কোনও ব্যক্তিকে অনুমতি দিয়ে ইট বা টালি তৈরি করতে বা করাতে।

[৯](২খ) যদি কোনও রায়ত (২ক) উপধারার বিধান ভাঙেন তবে নির্দিষ্ট পদ্ধতিতে কর্তৃপক্ষ কেন নির্দিষ্ট ব্যবস্থা নেবেন না তার কারণ দর্শানোর জন্য রায়তকে সুযোগ দিয়ে অনধিক ২০০০.০০ [১০](দুই হাজার) টাকা অর্থদণ্ড এবং যে ক্ষেত্রে এই আইনভঙ্গ চলতেই থাকবে প্রতিদিনের জন্য অনধিক দুইশত টাকা হিসাবে অর্থদণ্ড ধার্য করতে পারবেন। ওই অর্থ ঠিকভাবে জমা না দিলে প্রয়োজনে 'সরকারি প্রাপ্য' (**public demand**) হিসাবে আদায় করা যাবে।

[৯](২গ) (২ক) উপধারার রায়ের বিরুদ্ধে আপিল করা যেতে পারে ৫৪ এবং ৫৫ ধারা অনুসারে।

৯ ২৫.৯.১৯৬৫ তারিখের ১৪৮১০-এল. রেফ্. সংখ্যায়িত সরকারি প্রজ্ঞাপনের মাধ্যমে তিনটি উপধারাই ক্রমিক ১-এ উল্লিখিত এলাকায় ১.১১.১৯৬৫ তারিখ হতে বলবৎ হয়েছে।

(২ক), ২(খ) এবং ২(গ) উপধারাত্রয় পশ্চিমবঙ্গ ভূমি সংস্কার (সংশোধন) আইন, ১৯৬৫ (পশ্চিমবঙ্গ আইন ১৮, ১৯৬৫)-এর ৩(১) ধারার মাধ্যমে যুক্ত। (২ক) উপধারাটি পশ্চিমবঙ্গ ভূমি সংস্কার (সংশোধন) আইন, ১৯৬৬ (পশ্চিমবঙ্গ আইন ১১, ১৯৬৬)-এর ৩ ধারার মাধ্যমে সংযুক্ত। মূল (২ক) উপধারাটি নিম্নরূপ ছিল ঃ

"(২ক) নিজস্ব ব্যবহার ছাড়া, পূর্বাহ্নে রাজ্য সরকারের লিখিত অনুমতি এবং অনুরূপ অনুমতির শর্ত ও কড়ার, যদি থাকে, তদনুসারে ব্যতীত, কোনও রায়ত যে কোনও উদ্দেশ্যে মাটি বা কাদা, ইট বা টালি তৈয়ারির জন্য তাঁর জোত খনন বা ব্যবহার করবেন না অথবা কোনও ব্যক্তিকে খনন বা ব্যবহারের অনুমতি প্রদান করবেন না।"

২৫.৯.১৯৬৯ তারিখের ১৭৮৮৫-এল. রেফ্. সংখ্যায়িত সরকারি প্রজ্ঞাপনের মাধ্যমে ৪ ধারাটিকে বিহার হতে পশ্চিমবঙ্গে আগত সমগ্র অঞ্চলে ১.১০.১৯৬৯ তারিখ হতে বলবৎ করা হয়েছে।

১০ "কোনও জরিমানা অনধিক তিন শত টাকা, এবং যে ক্ষেত্রে বিধিভঙ্গ ক্রমাগত চলছে, প্রতিদিনের জন্য অনধিক পঞ্চাশ টাকা অধিকন্তু জরিমানা" শব্দগুলির স্থলে পশ্চিমবঙ্গ ভূমি সংস্কার (দ্বিতীয় সংশোধন) আইন, ১৯৬৯ (পশ্চিমবঙ্গ আইন ২৩, ১৯৬৯)-এর ২ ধারার মাধ্যমে অনুকল্পিত হয়েছে। সংশোধিত উপধারাটি সংশোধনের তারিখ হতে বলবৎ হবে না।

[১১](৩) ১৯৭১ সালের পঃ বঃ ভূমি সংস্কার (সংশোধন) আইন [১৯৭১ সালের রাষ্ট্রপতির ৩ নং আইন] এবং তারপরে ১৯৭২ সালের ১২ নং আইন দ্বারা এই ধারাটি বাতিল হয়েছে।

[১২](৪) উপধারা (১)-এ যাই থাক না কেন, বাস্তভিটা বাদে [১৩][নির্ধারিত কর্তৃপক্ষ (prescribed authority) রায়তের জমি যে রকম উপযুক্ত মনে করবেন] অন্য [১৪][জমির দাগ] তদন্ত ও শুনানির সুযোগ দিয়ে রাজ্য সরকারে ন্যস্ত হবে যদি—

১১ পশ্চিমবঙ্গ ভূমি সংস্কার (সংশোধন) আইন, ১৯৭১ (রাষ্ট্রপতির আইন ৩, ১৯৭১) এবং অতঃপর পশ্চিমবঙ্গ ভূমি সংস্কার (সংশোধন) আইন, ১৯৭২ (পশ্চিমবঙ্গ আইন ১২, ১৯৭২)-এর ৩ ধারার মাধ্যমে ১২.২.১৯৭১ তারিখ হতে বাতিল করা হয়েছে। মূল উপধারাটি নিম্নরূপ ছিল ঃ

"(৩) বাস্তুভিটা বাদে, কোনও রায়ত পঁচিশ একরের উর্ধে জমি রাখার অধিকারী হবেন না ঃ

এই শর্ত যে—

(ক) কোনও কো-অপারেটিভ ফার্মিং সোসাইটি, সেরূপ সোসাইটি ৪৩ ধারায় যেরূপ ব্যবস্থা আছে মোট আয়তন রাখার অধিকারী হবেন;

(খ) সেই ব্যক্তিদের সম্বন্ধে যাঁরা পশ্চিমবঙ্গ জমিদারি অধিগ্রহণ আইন, ১৯৫৩-এর ৬ ধারার (১) উপধারার [(চ) প্রকরণ অনুযায়ী বাগানগুলিতে যতদূর সম্পর্কিত ততদূর অথবা] (জ), (ঝ) এবং (ঞ) প্রকরণ অনুযায়ী, এই আইনানুযায়ী জমিদারি রাজ্যে ন্যস্ত হওয়ায়, জমি রেখেছেন, কেবলমাত্র তাঁদের দ্বারা এরূপ রক্ষিত জমির বিষয়ে, তাঁহাদের প্রতি পঁচিশ একরের সীমা প্রযুক্ত হবে না;

(গ) দার্জিলিং জেলার সেই সব অংশগুলিতে যা রাজ্য সরকার কর্তৃক প্রজ্ঞাপনের মাধ্যমে পার্বত্য অংশ বলে ঘোষিত হবে, পঁচিশ একরের সীমা প্রযুক্ত হবে না।

প্রকরণ (খ)-এ তৃতীয় বন্ধনীর ভিতরের অংশ পশ্চিমবঙ্গ ভূমি সংস্কার (সংশোধন) আইন ১৯৬৫ (পশ্চিমবঙ্গ আইন ১৮, ১৯৬৫)-এর ৩(২) ধারার মাধ্যমে সন্নিবেশিত।

১২ ৪.৬.১৯৬৫ তারিখের ৮১৪৪-এল. রেফ্. সংখ্যায়িত সরকারি প্রজ্ঞাপনের মাধ্যমে মূল আইনের ১(২) ধারায় উল্লিখিত অঞ্চল এবং বিহার হতে আগত অঞ্চল ছাড়া সমগ্র পশ্চিমবঙ্গে ৭.৬.১৯৬৫ তারিখ হতে তিনটি উপধারাই বলবৎ হয়েছে।

১৩ "নির্ধারিত পদ্ধতিতে তাঁর দ্বারা বিক্রিত হবে" শব্দগুলির স্থলে পশ্চিমবঙ্গ ভূমি সংস্কার (সংশোধন) আইন, ১৯৮১ (পশ্চিমবঙ্গ আইন ৫০, ১৯৮১)-এর ৮(ক)(১) ধারার মাধ্যমে অনুকল্পিত এবং উক্ত আইনের ১(২) ধারার মাধ্যমে ৭.৮.১৯৬৯ তারিখ হতে বলবৎ হয়েছে।

১৪ পশ্চিমবঙ্গ ভূমি সংস্কার (সংশোধন) আইন, ২০০৩ (পশ্চিমবঙ্গ আইন ১৮, ২০০৩)-এর দ্বারা "জমি" শব্দটি পূর্বের 'জোত' শব্দটির পরিবর্তে ১৯.১০.২০০৩ তারিখ হতে বলবৎ হয়েছে।

(ক) যেভাবে ব্যবহারের জন্য ওই জমি রায়তকে দেওয়া হয়েছে বা যেভাবে ব্যবহার করা প্রয়োজন ছিল তা না করে ওই জমি বা তার অংশ কোনও উপযুক্ত কারণ ছাড়া অন্যভাবে ব্যবহার করেন;

(খ) ৭ নং ধারায় উল্লিখিত খাই-খালাসি বন্ধক ছাড়া তিন বছর বা তার বেশি সময় কোনও উপযুক্ত কারণ ছাড়াই ওই জমি বা তার কিছু অংশ চাষ না করে পতিত ফেলে রাখলে; [১৫][অথবা প্রজাস্বত্বের উদ্দেশ্যের সহিত সঙ্গতিপূর্ণভাবে ব্যবহার না করেন];

(গ) এই আইন যে তারিখ থেকে বলবৎ হয়েছে অথবা যে তারিখ থেকে তিনি জমির দখলে গিয়েছেন উভয়ের মধ্যে যে তারিখটি পরে, সেই তারিখ থেকে পরপর তিন বছর উপযুক্ত কারণ [অথবা অন্য বাস্তব কারণ] ছাড়া তিনি তাঁর জমি বা জমির কোনও অংশ নিজে চাষ না করেন; [১৬][অথবা প্রজাস্বত্বের উদ্দেশ্যের সহিত সঙ্গতিপূর্ণভাবে ব্যবহার না করেন];

(ঘ) জমির সমস্ত পরিমাণ বা কিছু অংশ ইজারা/ভাড়া দেন ঃ তবে বর্গাদার দ্বারা চাষের পদ্ধতি এই ধারার অধীনে প্রযোজ্য হবে না।

[১৭][তবে কোনও রায়ত তার জমির সম্পূর্ণ পরিমাণ বা সামান্য অংশ শিল্প তালুক বা শিল্প হাব বা শিল্প এস্টেট বা অর্থনৈতিক হাব বা জৈব-প্রযুক্তি তালুক বা খাদ্য তালুক রাজ্য সরকারের নির্দিষ্ট কর্তৃপক্ষের দ্বারা পরীক্ষিত, সমর্থিত ও অনুমোদিত পরিকল্পনা, প্রতিবেদন অনুসারে পূর্বোক্ত তালুক/হাব স্থাপনের লক্ষ্যে ইজারা দিলে এই উপধারার বিধান রায়তকে কোনওরূপ সমস্যার সম্মুখীন হতে হবে নাঃ

১৫ পশ্চিমবঙ্গ ভূমি সংস্কার (সংশোধন) আইন ২০০৩-এর ৮(ক)(৩) ধারার মাধ্যমে সন্নিবেশিত এবং উক্ত আইনের ১(২) ধারার মাধ্যমে ৭.৮.১৯৬৯ তারিখ হতে বলবৎ করা হয়েছে।

১৬ পশ্চিমবঙ্গ ভূমি সংস্কার (সংশোধন) আইন ২০০৩-এর ৮(ক)(৪) ধারার মাধ্যমে সন্নিবেশিত এবং উক্ত আইনের ১(২) ধারার মাধ্যমে ৭.৮.১৯৬৯ তারিখ হতে বলবৎ করা হয়েছে।

১৭ ২০১২ সালের পশ্চিমবঙ্গ ভূমি সংস্কার (সংশোধন) আইন (২০১২ সালের ৬নং আইন) দ্বারা অন্তর্ভুক্ত করা হয়েছে। (৭.৫.২০১২ থেকে কার্যকর করা হয়েছে)।

আরও উল্লেখ করা যায় যে, প্রচলিত বিধি ও আইন অনুযায়ী গঠিত স্থানীয় কর্তৃপক্ষ বা কোনও একটি সংস্থা অথবা ১৯৫৬ সালের কোম্পানি আইনের (১৯৫৬ সালের ১ নং আইন) ৬৪৭ নং ধারা অনুযায়ী সংজ্ঞায়িত সরকারি কোম্পানি, কোনও কোনও জমির সম্পূর্ণ পরিমাণ বা সামান্য অংশ ১৯৭৯ সালের পঃ বঃ শহর ও নগর (পরিকল্পনা ও উন্নয়ন) আইনের (১৯৭৯ সালের পশ্চিমবঙ্গের ১৩নং আইন) ২(২৫) নং ধারা অনুসারে সংজ্ঞায়িত "শহর" নির্মাণের জন্য ইজারা দিলে তা এই উপধারার বিধান কোনওরূপ সমস্যার সম্মুখীন করবে না।]

[১৮](৫) কোনও রায়তের জমি ৪(৪) উপধারার অধীন রাজ্য সরকারে বর্তালে তার ভিতর তাঁর মালিকানার অধিকার শেষ হবে এবং ভাড়াটেদের স্বত্ব থাকলে তা শেষ হবে এবং ১৪ফ ধারা অনুযায়ী নির্ধারিত হারে অর্থ পাবেন।

CHAPTER 2
Raiyats

4. Rights of raiyat in respect of land. (1) Subject to the other provisions of this Act, a *raiyat* shall on and after the commencement of this Act be the owner of his [1][plot of land] and the [1][plot of land] shall be heritable and transferable.

[2][*Explanation*. For the removal of doubts, it is hereby declared that any person or institution who holds any plot of land—

(*a*) under any permit, lease or licence [3][granted by the State Government shall be deemed to have been substituted with effect from the 7th day of August, 1969] and; or

১৮ "(৫) উল্লিখিতভাবে কোনও রায়তের জোত বিক্রি হলে ওই অংশে তাঁর স্বত্ব নষ্ট হবে, ইজারাপ্রাপ্ত ব্যক্তির যদি কোনও প্রকার অধিকার থাকে, তাও শেষ হবে এবং রায়ত বিক্রয়লব্ধ অর্থ হতে বিক্রয় পরিচালনার ব্যয় বাদে অর্থ পাওয়ার অধিকারী হবেন।" এই উপধারাটির স্থলে পূর্বোক্ত আইনের ৮(খ) ধারার মাধ্যমে অনুকল্পিত এবং উক্ত আইনের ১(২) ধারার মাধ্যমে ৭.৮.১৯৬৯ তারিখ হতে বলবৎ করা হয়েছে।

1 *Substituted* for the word "holding" by the West Bengal Land Reforms (Amendment) Act, 2003 (18 of 2003) (w.e.f. 19.10.2003).

2 *Inserted* by the W.B. Land Reforms (Amendment) Act, 2005 (W.B. Act XXVIII of 2005) (w.r.e.f. 7.8.1969).

3 *Substituted* for the words "granted under the provisions of this section" by W.B. Act XXVIII of 2010, w.r.e.f. 7.8.1969.

(*b*) as a *thika* tenant defined in clause (14) of section 2 of the West Bengal *Thika* Tenancy (Acquisition and Regulation) Act, 2001; or

(*c*) under *sairati* interests or by retaining such plot of land under clause (*g*) [4][or under clause (*f*) shall be deemed to have been inserted with effect from the 7th day of August, 1969] of sub-section (1), read with sub-section (3), of section 6 of the West Bengal Estates Acquisition Act, 1953 (West Ben. Act 1 of 1954),

shall not be a *raiyat* for the purpose of this sub-section].

(2) Nothing in sub-section (1) shall entitle a *raiyat* to sub-soil rights.

(2A) No *raiyat* shall—

(*a*) quarry sand, or permit any person to quarry sand, from his [5][plot of land], or

(*b*) dig or use, or permit any person to dig or use, earth or clay of his [5][plot of land] for the manufacture of bricks or tiles,

for any purpose, other than his own use, except with the previous permission in writing of the State Government and in accordance with such terms and conditions and on payment of such fees as may be prescribed.

(2B) If any *raiyat* commits a breach of the provisions of sub-section (2A), the prescribed authority may, after giving in the prescribed manner an opportunity to the *raiyat* to show cause against the action proposed to be taken, impose upon him a fine not exceeding two thousand rupees, and where the breach is a continuing one, a further fine not exceeding two hundred rupees for each day during which the breach continues. Such fine, if not duly paid, shall be recoverable as a public demand.

(2C) An appeal shall lie from any order made under sub-section (2A) in accordance with the provisions of sections 54 and 55.

(3) [*Omitted* by the West Bengal Land Reforms (Amendment) Act, 1971 (President's Act III of 1971) and thereafter by the West Bengal Land Reforms (Amendment) Act, 1972 (Act XII of 1972) with retrospective effect from February 12, 1971.]

4 *Inserted*, *ibid*, w.r.e.f. 7.8.1969.

5 *Substituted* for the word "holding" by the West Bengal Land Reforms (Amendment) Act, 2003 (18 of 2003) (w.e.f. 19.10.2003).

(4) Notwithstanding anything in sub-section (1), the [5][plot of land] of a *raiyat* excluding his homestead, [6][shall vest in the State free from all encumbrances under an order of the prescribed authority made in the prescribed manner] after such enquiry as it thinks fit and after giving the *raiyat* an opportunity to show cause against the action proposed to be taken if—

(*a*) he has without any reasonable cause used the land comprised in the [7][plot of land] or a substantial part thereof for any purpose other than [8][that for which it was held by him or settled by the State or directly incidental thereto];

(*b*) he has without any reasonable cause ceased to keep the land or any substantial part thereof under personal cultivation [9][or has failed to utilise the land consistently with the original purpose of the tenancy or for any purpose directly incidental thereto] for a period of three consecutive years or more except when such land is under a usufructuary mortgage mentioned in section 7;

(*c*) he has without any reasonable cause failed to bring the land comprised in the [7][plot of land] or any substantial part thereof under personal cultivation [9][or has failed to utilise the land consistently with the original purpose of the tenancy or for any purpose directly incidental thereto] within three consecutive years of the date on which this Act comes into force or of the date on which he came into possession of such land, whichever is later;

6 *Substituted* by W.B. Act L of 1981, w.r.e.f. 7.8.1969; the old portion read as "shall be sold by the prescribed authority in the prescribed manner".

7 *Substituted* for the word "holding" by the West Bengal Land Reforms (Amendment) Act, 2003 (18 of 2003) (w.e.f. 19.10.2003).

8 *Substituted* by W.B. Act L of 1981, w.r.e.f. 7.8.1969, for "Agriculture".

9 *Inserted* by W.B. Act L of 1981, w.r.e.f. 7.8.1969.

(*d*) he has let out the whole or any part of the [7][plot of land]:

Provided that nothing in this sub-section shall prevent the *raiyat* from cultivating any part of his [7][plot of land] by *a bargadar*.

[10][Provided further that nothing in this sub-section shall prevent the *raiyat* from leasing out the whole or any part of his plot of land for the purpose of establishing an industrial park or industrial hub or industrial estate or financial hub or a bio-tech park or a food park as per project report duly examined, vetted and approved by the appropriate Department of the State Government:

Provided also that nothing in this sub-section shall prevent any local authority or an authority constituted or established by or under any law for the time being in force or any wholly Government Company as defined in section 617 of the Companies Act, 1956 (1 of 1956), from leasing out the whole or any part of his plot of land in a township as defined in clause (25) of section 2 of the West Bengal Town and Country (Planning and Development) Act, 1979 (West Bengal Act XIII of 1979).]

[11][(5)] On the [12][plot of land] of a *raiyat* being vested in the State under sub-section (4), his ownership therein shall cease and the rights of the lessee, if any, shall terminate and the *raiyat* shall be entitled to receive an amount to be determined under section 14V.]

10 *Inserted* by the W.B. Land Reforms (Amendment) Act, 2012 (Act 6 of 2012) (w.e.f. 7.5.2012).

11 *Substituted* by W.B. Act L of 1981, w.r.e.f. 7.8.1969; the old sub-section read as follows:

"(5) On the holding of a *raiyat* being sold as aforesaid, his ownership therein shall cease and the rights of the lessee, if any, shall terminate and the *raiyat* shall be entitled to receive the surplus sale proceeds after deducting the expenses for conducting the sale."

12 *Substituted* for the word "holding" by the West Bengal Land Reforms (Amendment) Act, 2003 (18 of 2003) (w.e.f. 19.10.2003).

আলোচনার সূচী

১। সূচনা [Commencement]. যে সমস্ত এলাকা বিহার থেকে পশ্চিমবঙ্গে যুক্ত হয়েছে, সেইসব এলাকা বাদে পশ্চিমবঙ্গের সমস্ত জেলায় ৪(১), ৪(২), ৪(৪) এবং ৪(৫) ধারাগুলি ৭.৬.১৯৬৫ তারিখ থেকে বিজ্ঞপ্তি নং ৮১৪৪-এল./রেফ্., তাং ৪.৬.১৯৬৫ দ্বারা বলবৎ হয়েছে। ৪(৩) ধারাটি বাতিল হয়েছে ১৯৭১ সালের পঃ বঃ ভূমি সংস্কার (সংশোধন) আইন দ্বারা। আবার ৪(২ক), ৪(২খ), ৪(২গ) ধারাগুলি যুক্ত হয়েছে ১৯৬৫ সালের পঃ বঃ ভূমি সংস্কার (সংশোধন) আইন [১৯৬৫ সালের ১৮ নং আইন] দ্বারা। এগুলি বলবৎ হয়েছে ২৫.৯.১৯৬৫ তারিখ থেকে, বিজ্ঞপ্তি নং ১৪৮১-এল./রেফ্., তাং ২৫.৯.১৯৬৫ দ্বারা। আবার পরবর্তী ক্ষেত্রে ১৯৬৬ সালের পঃ বঃ ভূমি সংস্কার (সংশোধন) আইন [১৯৬৬ সালের ১১ নং আইন] দ্বারা (২ক) উপধারাটির সংশোধন করা হয়েছে। এই উপধারাটিসহ সমস্ত পরিচ্ছেদটি কার্যকর হয়েছে ১.১০.১৯৬৯ তারিখ থেকে, বিজ্ঞপ্তি নং ১৭৮৮৫-এল./রেফ্., তাং ২৫.৯.১৯৬৯ দ্বারা, কলিকাতা গেজেটে এটি প্রকাশিত হয়েছিল ২৬.৯.১৯৬৯ তারিখে।

২০০৫ সালের পঃ বঃ ভূমি সংস্কার (সংশোধন) আইন [২০০৫ সালের ২৮ নং আইন] দ্বারা ৪(১) ধারার শেষে একটি ব্যাখ্যা যুক্ত করা হয়েছে। এই ব্যাখ্যার তিনটি প্রকরণ (clause) আছে, (ক), (খ) এবং (গ)।

২। কর্মপরিধি [Scope]. রায়তের জমিতে রায়তের কি কি অধিকার আছে তার নির্দেশ আছে ৪ নং ধারায়। ৪(১) ধারা অনুযায়ী রায়ত তাঁর জমিতে পূর্ণ

মালিকানার অধিকারী এবং তিনি ওই জমি হস্তান্তর করতে পারবেন এবং বংশ পরম্পরায় তাঁর উত্তরাধিকারীগণ ভোগ করতে পারবেন। ৪(২), ৪(২ক) প্রভৃতি ধারায় এই অধিকার প্রতিষ্ঠিত করেছে।

২০০৫ সালের পঃ বঃ ভূমি সংস্কার (সংশোধন) আইনে ৪(১) ধারার শেষে একটি ব্যাখ্যা যুক্ত করা হয়েছে। এই ব্যাখ্যা অনুযায়ী কোনও ইজারাগ্রহীতা (lessee), অনুমতি প্রাপক বা অনুজ্ঞাপত্র (licence) প্রাপককে রায়ত হিসাবে গণ্য করা যাবে না। ওই ব্যাখ্যার (খ) প্রকরণে আরও উল্লেখ করা আছে যে, ২০০১ সালের পঃ বঃ ঠিকা প্রজাস্বত্ব (অধিগ্রহণ ও প্রবিধান) আইনের ২ নং ধারার ১৪ নং উপধারা অনুযায়ী কোনও ঠিকা প্রজাকে রায়ত হিসাবে গণ্য করা হবে না। ওই ব্যাখ্যার (গ) প্রকরণ অনুযায়ী ১৯৫৩ সালের পঃ বঃ জমিদারি অধিগ্রহণ আইনের ৬(৩) ও ৬(১)(ছ) ধারার অধীনে রাখা জমিতে বা "সইরতি" স্বার্থের অধীন কোনও ব্যক্তিকে রায়ত হিসাবে গণ্য করা হবে না।

৪(২) ধারা অনুযায়ী রায়ত তাঁর জমির অভ্যন্তরের কোনও অংশের স্বত্ব ও অধিকার পাবেন না। অর্থাৎ রায়ত জমিতে চাষ করবেন, অন্যান্য অধিকার ও স্বত্ব ভোগ করবেন কিন্তু মাটির নীচে কোনও ছোট/বড় খনিজ পদার্থের মালিকানা পাবেন না বা কোনও স্বার্থ, স্বত্বের অধিকারী হবেন না।

৪(২ক) ধারা অনুযায়ী রায়ত তাঁর নিজের ব্যবহারের জন্য তাঁর জমি থেকে বালি, মাটি বা কাদা তুলতে পারবেন কিন্তু অন্য কোনও ব্যক্তিকে তোলার অনুমতি দেবেন না। রাজ্য সরকারের কাছ থেকে পূর্ব লিখিত অনুমতি নিয়ে, নির্ধারিত (determined) অর্থ জমা দিলে অন্য ব্যক্তিকে বালি বা মাটি বা কাদা তুলতে দিতে পারেন। ১৯৬৫ সালের পঃ বঃ ভূমি সংস্কার নিয়মাবলির ৩ক বিধি ও ৩খ বিধিতে কীভাবে রায়ত অনুমতি পাবেন তার নির্দেশ আছে।

৪(২ক) ধারার বিধান কোনও রায়ত ভঙ্গ করলে ৪(২খ) ধারায় তাঁর শাস্তির বিধান রয়েছে। কর্তৃপক্ষ প্রথমে কারণ দর্শানোর বিজ্ঞপ্তি দেবেন, কেন তাঁর বিরুদ্ধে ব্যবস্থা নেওয়া হবে সেই মর্মে। রায়তকে শুনানির সুযোগ দিয়ে দোষ প্রমাণিত হলে দুই হাজার টাকা পর্যন্ত অর্থদণ্ড করতে পারেন। এ সত্ত্বেও যদি আইন ভঙ্গ চলতে থাকে তবে প্রতিদিন দুইশত টাকা করে অর্থ আদায় করা হবে। যদি রায়ত ওই অর্থদণ্ড দিতে না চান তবে ওই বকেয়া অর্থ "সরকারি প্রাপ্য" হিসাবে গণ্য করে আদায় করা হতে পারে।

৪(২ক) ধারায় কর্তৃপক্ষ যে আদেশ দেবেন, সেই আদেশের বিরুদ্ধে কোনও রায়ত অসন্তুষ্ট হলে পঃ বঃ ভূমি সংস্কার আইনের ৫৪ ও ৫৫ ধারায় আপিল দাখিল করতে পারেন।

৪(৪) ধারা অনুযায়ী রায়ত যদি সরকারের লিখিত পূর্ব অনুমতি ছাড়া যে উদ্দেশ্যে জমি ব্যবহারের জন্য নির্দিষ্ট করা ছিল তা না করেন অথবা জমির শ্রেণি পরিবর্তন করেন বা পরপর তিন বছর জমি চাষ না করে পতিত রাখেন বা ৭ নং ধারায় উল্লিখিত বন্ধক ছাড়া, জমি পতিত রাখেন বা ভাড়া/ইজারা (lease) দেন তবে ওই জমি সরকারে ন্যস্ত হবে।

৩। **অন্তর্ভূমির (Sub-soil)-এর অধিকার [Right to sub-soil].** পশ্চিমবঙ্গ ভূমি সংস্কার আইনের ৪(২) ধারায় পরিষ্কারভাবে জমিতে রায়তের sub-soil-এর অধিকার বিষয়ে শর্ত আরোপ করা হয়েছে। রায়ত কোনও জমির মালিক হতে পারেন কিন্তু তিনি অন্তর্ভূমির (sub-soil) অধিকারী নন। ১৯৬৫ সালের পঃ বঃ ভূমি সংস্কার (সংশোধন) আইন দ্বারা ৪(২ক) ধারা যুক্ত করা হয়েছিল এবং ১৯৬৬ সালের পঃ বঃ ভূমি সংস্কার (সংশোধন) আইন দ্বারা সংশোধিত আকারে ৪(২ক) ধারা যুক্ত হয়েছে। সংশোধিত ৪(২ক) ধারায় বালি তোলা, বালি/মাটি খনন, তার ব্যবহারের উপর বিধিনিষেধ আরোপ করা হয়েছে। ওই উপধারায় ইট বা টালি তৈরি করার উপরে ও শর্ত আরোপ করা হয়েছে। রায়ত নিজের প্রয়োজনে রাজ্য সরকারের কাছ থেকে লিখিত পূর্ব অনুমতি নিয়ে নিজের জমি থেকে মাটি তুলে ইট/টালি তৈরি করতে পারেন কিন্তু অন্য কারোর প্রয়োজনের জন্য অনুমতি দিতে পারেন না।[১]

১৯৬৫ সালের পঃ বঃ ভূমি সংস্কার নিয়মাবলির ৩ক নং বিধিতে কীভাবে আবেদন করতে হবে তার নির্দেশ রয়েছে। রায়ত নিজে বা অন্য কাউকে দিয়ে আবেদনপত্র জমা দিতে পারেন। ৩খ বিধিতে কীভাবে ওই আবেদনপত্রের পরীক্ষা (verification) হবে এবং অনুমতি দেওয়া হবে তার নির্দেশ রয়েছে।

৪। **২৪.১.১৯৯১ তারিখের বিজ্ঞপ্তি নং ৮৯-সি. আই./সি. আর. ডি./৪ এম-৩০/৮৮ [Notification No. 89-CI/CrD/4M-30/88 of 24.1.1991].** পশ্চিমবঙ্গ সরকারের বাণিজ্য ও শিল্প দপ্তরের জারি করা উপরোক্ত বিজ্ঞপ্তি অনুযায়ী সমস্ত B.L. & L.R.O.-কে Minor minerals আইনের ২২ ধারার ক্ষমতা দেওয়া হয়েছে। এই ধারায় ক্ষমতা পাওয়ায় সমস্ত B.L. & L.R.O. গণ Minor mineral আইনের কোনও ধারা কেউ লঙ্ঘন করলে তাঁর বিরুদ্ধে অভিযোগ দায়ের করার অধিকারী হলেন।

১ *রবীন্দ্রনাথ সিংহ রায় বনাম ডিভিশনাল কমিশনার, চুঁচড়া* 76 CWN 378; 1972 Cal 477.

৫। কলকাতা পৌরনিগম কর্তৃক মূল্য নির্ধারণ ও নামপত্তনের আবেদন সরাসরি খারিজ [Application for assessment and mutation rejected summarily by KMC]. বিবাদীয় অকৃষি জমির প্রকৃতি মালিক ছিল সেন পদবীধারী ব্যক্তিগণ (Sens), নিবন্ধীকৃত দলিলের মাধ্যমে আবেদনকারীর নামে তারা ওই জমি হস্তান্তর করে। গ্রহীতা কলকাতা পৌরনিগমে মূল নির্ধারণ ও নামপত্তনের জন্য আবেদন করলে কলকাতা পৌরনিগম এই যুক্তিতে আবেদনটি খারিজ করে যে ওই জমির মালিক কলকাতা পৌরনিগম। বলা হয় যে সরকারি নথি অনুযায়ী সেনগণ বিবাদীয় জমিতে অকৃষি প্রজারূপে ছিল এবং অকৃষি প্রজাসত্ব আইন বাতিল হওয়ার পর ওই জমি ভেষ্টরূপে হয় সরকার, অথবা কলকাতা পৌরনিগমে বর্তায়। আরও বলা হয় যে উত্তরাধিকারের অধিকার (right of heritability) এবং হস্তান্তর করবার অধিকার (right of transferability) অনুযায়ী বিবাদীগণ আবেদনকারীর পক্ষে দলিল সম্পাদন (execute) করেছে এবং নিবন্ধীকৃত ওই দলিল অনুযায়ী আবেদনকারী কলকাতা পৌরনিগমে নামপত্তনের জন্য আবেদনপত্র দাখিল করে কিন্তু কলকাতা পৌরনিগম তাদের মতো যুক্তি দিয়ে আবেদনটি বাতিল করেছে। এক্ষেত্রে পঃ বঃ ভূমি সংস্কার আইনের ৪ ও ৩ক ধারা বিশ্লেষণ করা হয়। *আনিস আহমদ* বনাম *কলকাতা পৌরনিগম* [২] মামলায় মহামান্য উচ্চ ন্যায়ালয় জানায় যে নিবন্ধীকৃত দলিলের মাধ্যমে আবেদনকারী (বাদী) বিবাদীয় জমি ক্রয় করবার পর কলকাতা পৌরনিগমে নামপত্তনের জন্য আবেদন জানায় এবং বাদীকে কোনও শুনানির সুযোগ না দিয়ে কলকাতা পৌরনিগম বাদী কর্তৃক নামপত্তনের জন্য দাখিল করা আবেদনপত্রটি খারিজ করে এবং পৌরনিগম আরও জানায় যে ওই বিবাদীয় সম্পত্তির মালিক তারা (কলকাতা পৌরনিগম)। মহামান্য আদালত সহকারী মূল্য নির্ধারক (Assistant Assessor)/সমাহর্তা (Collector, TTD) কে পুনরায় বিষয়টি দেখতে নির্দেশ দেয় এবং আবেদনকারী অথবা তার দ্বারা প্রত্যয়িত প্রতিনিধিকে যথোপযুক্ত বিজ্ঞপ্তি জারি করে ওই আদেশদানের ছয় সপ্তাহের মধ্যে নিষ্পত্তি করতে বলে, ওই শুনানিতে হাজির হতে সেনগণ অথবা তাদের প্রত্যয়িত প্রতিনিধিকে সুযোগ দিতে আদেশ দেয়। শুনানির এক সপ্তাহের মধ্যে সিদ্ধান্ত জানাতে বলা হয়েছে।

৬। ইজারার অনুমতি [Permission for leasing]. এটি একটি ঐতিহাসিক সিদ্ধান্ত। ততদিন পর্যন্ত পঃ বঃ ভূমি সংস্কার আইনের কোনও ধারায় কোনও

২ 2018(3) ICC 456 (Cal).

ভাবে ইজারা (lease) দেওয়া বা নেওয়াকে রায়তের ক্ষেত্রে অনুমোদন দেওয়া হত না। কোনও রায়ত যদি অন্য রায়তকে ইজারা দিত, তবে তা আইনানুগ বলে গণ্য করা হত না। কিন্তু এই গুরুত্বপূর্ণ সংশোধন দ্বারা ১৪ড (14Y) যেমন বলা আছে, উক্ত ক্ষেত্রগুলিতে কোনও রায়ত ইজারা দিতে পারবেন, এবং আইনের দৃষ্টিতে তা বৈধ হবে। তবে ১৪ড-তে উল্লিখিত ক্ষেত্রগুলি বাদে ইজারা দিলে তা গ্রাহ্য হবে না। এক্ষেত্রে বলা প্রয়োজন ১৪ড ধারায় উল্লিখিত ক্ষেত্রগুলিতে ইজারা দেওয়া/নেওয়ার পূর্বে সংশ্লিষ্ট শিল্পোদ্যোগীকে পশ্চিমবঙ্গ সরকারের নির্দিষ্ট দপ্তর থেকে পরিকল্পনা প্রতিবেদন (Project Report) জমা দিয়ে সরকারের কাছ থেকে ওই কাজের জন্য অনুমতি নিতে হবে।

৭। অধিগ্রহণের বিরুদ্ধে বলবার অধিকার বর্গাদারের নেই [Bargadar has **no *locus standi* to challenge acquisition**]. জমি অধিগ্রহণ আইনের ৪ ধারায় জারি করা বিজ্ঞপ্তি কে চ্যালেঞ্জ করবার অধিকার বর্গাদারের নেই।[৩]

৮। কাকে নোটিশ দিতে হবে [Service of notice upon whom]. জমি অধিগ্রহণ আইনের ৪ ধারায় নোটিশ কাকে দিতে হবে সেই প্রসঙ্গে মহামান্য আদালত জানায় যে জমির মালিকদের (land owners) দিতে হবে।[৪]

৯। জমির উপর উত্তরাধিকারের অধিকার [Right to heritability in regard to plot of land)]. কোনও জমির উপর উত্তরাধিকারের অধিকার স্থির হবে উত্তরাধিকার আইন (Succession Act) দ্বারা এবং পশ্চিমবঙ্গ ভূমি সংস্কার আইনের (১৯৫৬) সঙ্গে এর কোনও অসংগতি বা বিরোধ নেই।[৫]

[১]**[৪ক। দার্জিলিং জেলার সদর, কালিম্পং এবং কার্শিয়াং মহকুমার রায়তদের অধিকারে কিছু সীমাবদ্ধতা (Certain restrictions on rights of raiyats in Sadar, Kalimpong and Kurseong sub-divisions of Darjeeling district)** ঃ (১) দার্জিলিং জেলার সদর মহকুমা, কালিম্পং

৩ *জয়দীপ মুখার্জী* বনাম *পঃ বঃ রাজ্য সরকার* 2008(2) CHN 546 (Cal).

৪ *জয়দীপ মুখার্জী* বনাম *পঃ বঃ রাজ্য সরকার* 2008(2) CHN 546 (Cal).

৫ *পরিমল দে* বনাম *অনিতা আগরওয়াল* 2014(4) CHN 208 (Cal).

১ পশ্চিমবঙ্গ ভূমি সংস্কার (সংশোধন) আইন, ১৯৬৫ (পশ্চিমবঙ্গ আইন ১৮, ১৯৬৫) এর ৪ ধারার মাধ্যমে যুক্ত হয়েছে এবং ২৫.৯.১৯৬৫ তারিখের ১৪৮১০-এল. রেফ্. সংখ্যায়িত সরকারি প্রজ্ঞাপনের মাধ্যমে মুল আইনের ১(২) ধারায় উল্লিখিত অঞ্চল এবং বিহার হতে আগত অঞ্চল ছাড়া সমগ্র পশ্চিমবঙ্গে ১.১১.১৯৬৫ তারিখ হতে বলবৎ হয়েছে।

মহকুমা এবং কার্শিয়াং মহকুমায়, জেলার [২][সমাহর্তা] বিভিন্ন সময়ে কোনও রায়ত তাঁর [৩][জমির দাগে] কীভাবে চাষ করবেন সে বিষয়ে নির্দেশ দিতে পারেন অথবা [২][সমাহর্তা] বা এ বিষয়ে রাজ্য সরকার দ্বারা নিয়োজিত অন্য কোনও আধিকারিকের লিখিত পূর্ব অনুমতি ছাড়া একের বেশি গাছ কাটার ক্ষেত্রে নিষেধাজ্ঞা জারি করতে পারবেন।

[৪][তবে সমাহর্তা উপরোক্ত নির্দেশগুলি দেওয়ার সময় যেন নির্ধারিত নিয়মাবলি অনুসরণ করেন।]

(২) উপধারা (১) অনুযায়ী নির্দেশ অমান্যের জন্য [২][সমাহর্তা] দোষী রায়তকে কেন নির্দিষ্ট ব্যবস্থা তাঁর বিরুদ্ধে দেওয়া হবে না তার কারণ দেখানোর সুযোগ দিয়ে অনধিক [৫][এক হাজার টাকা] জরিমানা ধার্য করতে পারবেন, যা নির্দিষ্ট সময়ের মধ্যে না দিতে পারলে, সরকারি প্রাপ্য হিসাবে আদায়যোগ্য হবে।

(৩) উপধারা (২) অনুযায়ী [২][সমাহর্তা] কোনও আদেশ দিলে ওই আদেশের বিরুদ্ধে আদেশ দেওয়ার ত্রিশ দিনের মধ্যে কমিশনারের কাছে আপিল করা যাবে এবং কমিশনারের সিদ্ধান্তই হবে চূড়ান্ত।

[1][**4A. Certain restrictions on rights of raiyats in Sadar, Kalimpong and Kurseong sub-divisions of Darjeeling district.** (1) In the Sadar

---

২৫.৯.১৯৬৯ তারিখের ১৭৮৮৫-এল. রেফ্. সংখ্যায়িত সরকারি প্রজ্ঞাপনের মাধ্যমে বিহার হতে পশ্চিমবঙ্গে আগত সমগ্র অঞ্চলে ১.১০.১৯৬৯ তারিখ হতে বলবৎ হয়েছে।

২ পশ্চিমবঙ্গ ভূমি সংস্কার (সংশোধন) আইন, ২০০০ (পশ্চিমবঙ্গ আইন ৩১, ২০০০) দ্বারা "ডেপুটি কমিশনার"-এর স্থলে "সমাহর্তা" প্রতিকল্পিত, যাহা ৭.৮.১৯৬৯ তারিখ হতে বলবৎ হয়েছে।

৩ পশ্চিমবঙ্গ ভূমি সংস্কার (সংশোধন) আইন, ২০০৩ (পশ্চিমবঙ্গ আইন ১৮, ২০০৩) দ্বারা 'জোত' শব্দটির পরিবর্তে "জমি" শব্দটি ১৯.১০.২০০৩ তারিখ হতে যুক্ত হয়েছে।

৪ পশ্চিমবঙ্গ ভূমি সংস্কার (সংশোধন) আইন, ২০০০ (পশ্চিমবঙ্গ আইন ৩১, ২০০০) দ্বারা যুক্ত হয়েছে, যাহা ৭.৮.১৯৬৯ তারিখ হতে বলবৎ করা হয়েছে।

৫ "এক শত টাকা" এর স্থলে পঃ বঃ ভূমি সংস্কার আইন অনুযায়ী "এক হাজার টাকা" প্রতিস্থাপিত যাহা ৭.৮.১৯৬৯ তারিখ হতে বলবৎ করা হয়েছে।

1 *Inserted* by W.B. Land Reforms (Amendment) Act, 1965 (Act XVIII of 1965), w.e.f. 1.11.1965.

sub-division, Kalimpong sub-division and Kurseong sub-division of the district of Darjeeling, the [2][Collector] of the district may, from time to time, give directions regarding the form of cultivation to be adopted by a *raiyat* in respect of his [3][plot of land] or prohibiting a *raiyat* from cutting more than one tree from [3][plot of land] except with the previous permission in writing of the [4][Collector] or such other officer as may be authorised by the State Government in this behalf:

[5][Provided that in giving directions as aforesaid, the Collector shall follow such procedure as may be prescribed.]

(2) For contravention of any of the directions given under sub-section (1), the [4][Collector] may, after giving the defaulting *raiyat* an opportunity to show cause against the action proposed to be taken, impose upon him, by order, a fine not exceeding [6][one thousand rupees] which, if not duly paid, shall be recoverable as public demand.

(3) An appeal, if presented within thirty days from the date of the order appealed against, shall lie to the Commissioner against any order passed by the [4][Collector] under sub-section (2) and the decision of the Commissioner shall be final.

আলোচনা

এই ৪ক ধারাটি ১৯৬৫ সালের পঃ বঃ ভূমি সংস্কার (সংশোধন) আইন [১৯৬৫ সালের পশ্চিমবঙ্গের ২৮ নং আইন] দ্বারা মূল আইনে যুক্ত করা হয়েছে। এই ধারাটি কেবলমাত্র দার্জিলিং সদর, কালিম্পং এবং কার্শিয়াং মহকুমায় প্রযোজ্য। বিজ্ঞপ্তি নং ১৪৮১০ এল./রেফ্, তাং ২৫.৯.১৯৬৫ দ্বারা প্রকাশিত এবং ১.১১.১৯৬৫ তারিখ থেকে এটি কার্যকর হয়েছে।

৪ক(১) ধারায় বলা আছে সমাহর্তা মাঝে মাঝে কীভাবে অর্থাৎ কোন্ পদ্ধতিতে চাষ আবাদ করা হবে সে বিষয়ে রায়তদের নির্দেশ দিতে পারেন। এছাড়া কোনও ব্যক্তি সমাহর্তা বা রাজ্য সরকার দ্বারা নিয়োজিত কোনও

2 *Substituted* by Act XXXI of 2000, w.r.e.f. 7.8.1969, for "Deputy Commissioner."
3 *Substituted, ibid,* w.r.e.f. 7.8.1969 for "holding".
4 *Substituted* by Act XXXI of 2000, w.r.e.f. 7.8.1969, for "Deputy Commissioner."
5 *Inserted, ibid,* w.r.e.f. 7.8.1969.
6 *Substituted* by Act XXXI of 2000 for "one hundred rupees" w.r.e.f. 7.8.1969.

আধিকারিকের লিখিত আগাম অনুমতি ছাড়া একটার বেশি গাছ কাটতে পারবেন না। উপরোক্ত দুটি নির্দেশ অমান্য করলে তা শাস্তিযোগ্য অপরাধ হিসাবে গণ্য হবে। ৪ক(২) ধারা অনুযায়ী এই শাস্তির পরিমাণ এক হাজার টাকা পর্যন্ত হতে পারে। তবে এই শাস্তি দানের আগে ওই ব্যক্তিকে নোটিশ দিয়ে কারণ দেখাতে বলা হবে কেন তাঁর অপরাধের জন্য শাস্তি দেওয়া হবে না। ২০০০ সালের পঃ বঃ ভূমি সংস্কার (সংশোধন) আইন [২০০০ সালের পশ্চিমবঙ্গের ৩১ নং আইন] দ্বারা এই শাস্তির পরিমাণ ১০০০.০০ (এক হাজার) টাকা করা হয়েছে। যদি এই টাকা কোনও দোষী ব্যক্তি না দেন, তবে সরকারি প্রাপ্য (Public Demand) হিসাবে উপযুক্ত পদ্ধতিতে তা আদায় করা হবে।

সমাহর্তা দ্বারা উক্ত আদেশের বিরুদ্ধে আদেশ দানের ত্রিশ দিনের মধ্যে কমিশনারের কাছে আপিল করা যাবে। কমিশনার যে সিদ্ধান্ত নেবেন তা হবে চূড়ান্ত। তবে সমাহর্তা তাঁর আদেশ দেওয়ার সময় সমস্ত আইনানুগ পদ্ধতি অনুসরণ করবেন।

[১][**৪খ। জমির রক্ষণাবেক্ষণ ও সংরক্ষণ (Maintenance and preservation of land) :** (১) প্রত্যেক রায়ত এমনভাবে জমি পরিচালনা

১ পশ্চিমবঙ্গ ভূমি সংস্কার (সংশোধন) আইন, ১৯৮১ (পশ্চিমবঙ্গ আইন ৫০, ১৯৮১) এর ৯ ধারার মাধ্যমে পূর্বের ৪খ ধারাটির স্থলে অনুকল্পিত এবং উক্ত আইনের ১(২) ধারার মাধ্যমে মূল আইনের ১(২) ধারায় উল্লিখিত অঞ্চল ছাড়া সমগ্র পশ্চিমবঙ্গে ৭.৮.১৯৬৯ তারিখ হতে বলবৎ হয়েছে। পূর্বের ধারাটি নিম্নরূপ ছিল :

"**৪খ। ফলের বাগান পরিপালন ও সংরক্ষণ (Maintenance and preservation of orchard) :** (১) রাজস্ব বোর্ডের লিখিত প্রাক্-অনুমতি ছাড়া বাগানের অধিকারী প্রত্যেক রায়ত এমনভাবে বাগান পরিপালন ও সংরক্ষণ করবেন যাতে তার আয়তন হ্রাস বা চরিত্রের পরিবর্তন না হয়।

(২) উপধারা (১)-এর বিধানগুলি যদি কোনও রায়ত ভঙ্গ করেন, নির্ধারিত কর্তৃপক্ষ, প্রস্তাবিত ব্যবস্থা কেন গ্রহণ করা হবে না তাহার কারণ দর্শানোর জন্য নির্ধারিত প্রণালীতে রায়তকে একটি সুযোগ প্রদান করে, অনধিক দুই হাজার টাকা জরিমানা এবং যে ক্ষেত্রে অপরাধ ক্রমান্বয়ে চলবে সে ক্ষেত্রে বিধান ভঙ্গকালীন সময়ের প্রতিদিনের জন্য, উপরন্তু অনধিক দুই শত টাকা জরিমানা তাঁর উপর ধার্য করতে পারবেন এবং এই জরিমানা, যথাসময়ে প্রদান না করলে, তা সরকারি দাবি হিসাবে পুনরুদ্ধারযোগ্য হইবে।

(৩) উপধারা (২) অনুসারে প্রদত্ত যে কোনও আদেশ হইতে ৫৪ এবং ৫৫ ধারার বিধানগুলি অনুসারে কোনও আপিল চলবে।"

এই ধারাটি পশ্চিমবঙ্গ ভূমি সংস্কার (সংশোধন) আইন, ১৯৭৪ (পশ্চিমবঙ্গ আইন ৩৩, ১৯৭৪)-এর ২ ধারার মাধ্যমে যুক্ত হয়েছিল।

ও সংরক্ষণ করবেন যেন ওই জমির আয়তন কমানো বা ওই জমির প্রকৃতির পরিবর্তন না হয় অথবা ৪গ ধারা মোতাবেক সমাহর্তার আগাম লিখিত অনুমতি ছাড়া যে উদ্দেশ্যে জমির বন্দোবস্ত দেওয়া হয়েছিল বা আগে যেভাবে জমি ব্যবহৃত হত তাছাড়া অন্য কোনও উদ্দেশ্যে জমির শ্রেণি পরিবর্তন না করেনঃ

তবে কোনও রায়ত তাঁর বা তাঁর পরিবারের প্রতি প্রযোজ্য জমির সর্বোচ্চ সীমার মধ্যে অবস্থিত এরকম জমিতে যেখানে বর্গাদার দ্বারা চাষ হয় না সেখানে ৪গ ধারায় আগাম আদেশ ছাড়াই গাছ লাগাতে পারবেন।

[২]২০০৫ সালের পঃ বঃ ভূমি সংস্কার (সংশোধন) আইন [২০০৫ সালের পশ্চিমবঙ্গের ২৮ নং আইন] দ্বারা দ্বিতীয় অনুচ্ছেদটি বাতিল করা হয়েছে।

[৩][(২) এই আইন বা অন্য কোনও আইনে যাই থাক না কেন, অথবা কোনও চুক্তি, রীতি বা লোকাচার অথবা কোনও আদালত বা ট্রাইব্যুনাল বা কর্তৃপক্ষের কোনও রায় বা সিদ্ধান্ত বা অ্যাওয়ার্ডে যাই বলা হোক না কেন, কোনও মধ্যস্বত্বভোগীকে জমির আয়তন ও শ্রেণির নিরিখে যখন কোনও জমি রাখবার অনুমতি দেওয়া হয়েছিল, ১৯৫৩ সালের পঃ বঃ জমিদারি অধিগ্রহণ আইনের ৬(৩), ৬(১)(ছ) ধারা অনুযায়ী ওই ব্যক্তি কোনও আদেশ অনুযায়ী ওই ছাড় পেয়ে থাকতে পারেন অথবা আদেশ নাও পেতে পারেন। (এরপর থেকে তাকে 'অধিকারী' বলা হবে) অথবা এই জমির অধিকারী হয়তো ইতিমধ্যে ওই জমি অথবা ওই জমির কোনও অংশ কোনও ব্যক্তি বা সংস্থা বা কোম্পানিকে এই আইনের ৫(১) ধারায় উল্লিখিত নথি দ্বারা হস্তান্তর

২ বাতিলের পূর্বে অনুচ্ছেদটি নিম্নরূপ ছিল ঃ

"অধিকন্তু এই শর্ত যে এই আইনের পরিচ্ছেদ ২খ-এর বিধানগুলির হানি না করে আয়তনের হ্রাস বা কোনও জমির প্রকৃতি পরিবর্তন বা যে উদ্দেশ্যে বন্দোবস্ত দেওয়া হয়েছিল বা পূর্বে দখলে নেওয়া হয়েছিল, তা ছাড়া কোনও উদ্দেশ্যে কোনও জমির রূপান্তরে এই আইনের বিধানগুলি প্রযুক্ত হইত না, যদি অনুরূপ হ্রাস বা প্রকৃতির পরিবর্তন বা রূপান্তর তৎসময় বলবৎ কোনও আইনের বিধানগুলি অনুসারে করা হয়ে থাকে।"

এই অনুবিধিটি পশ্চিমবঙ্গ ভূমি সংস্কার (তৃতীয় সংশোধন) আইন, ১৯৮৬ (পশ্চিমবঙ্গ আইন ৩৫, ১৯৮৬) যাহা ১২.৫.১৯৮৯ তারিখে কলিকাতা বিশেষ গেজেটের তৃতীয় খণ্ডে প্রকাশিত উক্ত আইনের ৩ ধারার মাধ্যমে যুক্ত করা হয়েছিল।

৩ পশ্চিমবঙ্গ ভূমি সংস্কার (সংশোধন) আইন, ২০১৭ (২০১৭ সালের পশ্চিমবঙ্গের ১৯ ক্রমাঙ্কের আইন) দ্বারা মূল আইনে অন্তর্ভুক্ত হয়েছে এবং ১৭ই এপ্রিল, ২০১৭ কলকাতা গেজেটের বিশেষ সংখ্যায় প্রকাশিত হয়েছে। এই সংশোধিত আইন কার্যকর হবে ১৫.৫.২০১৭ থেকে গেজেটে বিজ্ঞপ্তি ক্রমাঙ্ক ১৪৪৯-এল. পি./১ক-৪/২০১৭ তাং ১৫.৫.২০১৭।

করেছেন এবং তিনি ওই হস্তান্তরিত জমি দখলে রেখেছেন, এরকম জমির 'অধিকারী' বা গ্রহীতা যাই হোক না কেন, হস্তান্তরিত ওই জমির দখলকারকে ধরে নেওয়া হবে তিনি ১৯৫৩ সালের পঃ বঃ জমিদারি অধিগ্রহণ আইনে ভেস্টিং তারিখ অথবা হস্তান্তরের তারিখ থেকে তিনি সরকারের অনুকূলে একজন ইজারাদার। ১৪ম (14Y) ধারায় উল্লিখিত চা বাগান বাদ দিয়ে যে কোনও উদ্দেশ্যে নির্দিষ্ট শর্ত ও বিধিনিষেধ অনুযায়ী ওই ব্যবস্থা গ্রাহ্য হবে।]

[1][**4B. Maintenance and preservation of land.** **(1) Every *raiyat* holding any land shall maintain and preserve such land in such manner that its area is not diminished or its character is not changed or the land is not converted for any purpose other than the purpose for which it was settled or previously held except with the previous order in writing of the Collector under section 4C:**

Provided that any *raiyat* may plant and grow trees on any land held by him within the ceiling area applicable to him and to his family without any previous order under section 4C, if such land is not cultivated by *bargadar*.]

[2][* * *].

1 *Substituted* by W.B. Act L of 1981, w.r.e.f. 7.8.1969, the old section read as follows :

"4B. *Maintenance and preservation of orchard.* (1) Every *raiyat* owning any orchard shall maintain and preserve the orchard in such manner that its area is not diminished or its character is not changed, except with the previous permission in writing of the Board of Revenue.

(2) If any raiyat commits a breach of the provisions of sub-section (1), the prescribed authority may, after giving in the prescribed manner an opportunity to the raiyat to show cause against the action proposed to be taken, impose upon him a fine not exceeding two thousand rupees and where the offence is a continuing one, a further fine not exceeding two hundred rupees for each day during which the breach continues and the fine, if not duly paid, shall be recoverable as a public demand.

(3) An appeal shall lie from any order made under sub-section (2) in accordance with the provisions of sections 54 and 55."

2 *Omitted* by the W.B. Land Reforms (Amendment) Act, 2005 (W.B. Act XXVIII of 2005, w.e.f. 1.12.2005). Earlier the proviso was inserted by Act XXXV of 1986, published in the *Calcutta Gazette.*

[3]["(2) **Notwithstanding anything contained in this Act or in any other law for the time being in force or in any agreement, custom or usage or in any decree, judgement, decision or award of any court, tribunal or authority, where an intermediary has been allowed to retain land irrespective of area and classification and with or without any order under clause (*g*) of sub-section (1), *read* with sub-section (3), of section 6 of the West Bengal Estate Acquisition Act, 1953 (hereinafter referred to as the retainer), or where such retainer has already transferred such land or any part thereof to any person or institution or company who is in possession of such land or part thereof, by an instrument mentioned in sub-section (1) of section 5 of this Act, such retainer or transferee, as the case may be, shall be deemed to hold such land or part thereof as lessee directly under the State Government with effect from the date of vesting under the West Bengal Estate Acquisition Act, 1953, or from the date of such transfer, as the case may be, for any of the purposes as referred to in the first proviso to section 14Y excluding tea garden, in accordance with such terms and conditions as may be prescribed."]**

আলোচনা

২০১৭ সালের পঃ বঃ ভূমি সংস্কার (সংশোধন) আইন দ্বারা এই ধারাটি অন্তর্ভুক্ত করা হয়েছে এবং কলিকাতা গেজেটে এটি ১৭.৪.২০১৭ তারিখে প্রকাশিত হয়েছিল। সংশ্লিষ্ট বিজ্ঞপ্তি ক্রমাঙ্ক ৪৩২-এল, ১৭ এপ্রিল, ২০১৭।

---

dated 12.5.1989 (w.e.f. 12.5.1989). The omitted proviso stood as under:

"Provided further that without prejudice to the provisions of Chapter IIB of the Act the provisions of this section shall not apply to the diminution in area or the change of character of any land or the conversion of any land for any purpose other than the purpose for which it was settled or previously held, if such diminution or change of character or conversion was made in accordance with the provisions of any law for the time being in force."

3 *Inserted* by the West Bengal Land Reforms (Amendment) Act 2017 (W.B. Act XIX of 2017), vide Notification No. 432-L, dated 17.4.2017 published in Kolkata Gazette, Extraordinary Part III, dated 17.4.2017.

মূল আইনে ৪খ ধারার তিনটি উপধারা ছিল। এই ধারাটি—"ফলের বাগান পরিচালন ও সংরক্ষণের" উদ্দেশ্যে অন্তর্ভুক্ত করা হয়েছিল। (১) নং উপধারায় বলা ছিল কোনও রায়ত তাঁর নিজস্ব ফলের বাগান এমনভাবে পরিচালন ও সংরক্ষণ করবেন যেন ওই ফলের বাগানের চৌহদ্দি বা চরিত্র আগাম অনুমতি ছাড়া পরিবর্তন না করেন।

(২) উপধারায় বলা ছিল—(১) উপধারায় বর্ণিত বিধি লঙ্ঘন করলে নির্ধারিত কর্তৃপক্ষ ওই রায়তকে কারণ দর্শানোর সুযোগ দিয়ে জানতে চাইবেন কেন তার বিরুদ্ধে ব্যবস্থা নেওয়া হবে না। দোষী প্রমাণিত হলে অনধিক দুই হাজার টাকা অর্থদণ্ড এবং ওই বেআইনি কাজ চলতে থাকলে প্রতিদিনের জন্য দুইশত টাকা করে জরিমানা ধার্য হতে থাকবে। ওই অর্থদণ্ড জমা না দিলে সরকারি প্রাপ্য হিসাবে আদায় করা হবে।

(৩) উপধারায় বলা ছিল—(২) উপধারায় দেওয়া আদেশের বিরুদ্ধে এই আইনের ৫৪ ও ৫৫ ধারায় আপিল করা যাবে।

১৯৮১ সালের পঃ বঃ ভূঃ সঃ (সংশোধন) আইন দ্বারা (২) এবং (৩) নং উপধারা দুটি বাতিল করা হয়েছে। (১) নং উপধারায় "ফলের বাগান" শব্দ দুটি পরিবর্তন করে "জমি" শব্দ অন্তর্ভুক্ত করা হয়েছে। ৪খ মূল ধারার দুটি অনুচ্ছেদ যুক্ত করা হয়েছিল। দ্বিতীয় অনুচ্ছেদটি ২০০৫ সালের পঃ বঃ ভূমি সংস্কার (সংশোধন) আইন দ্বারা বাতিল করা হয়েছে।

১৯৮১ সালের পঃ বঃ ভূমি সংস্কার (সংশোধন) আইন দ্বারা (২) এবং (৩) উপধারা বাতিলের দ্বারা আপিলের সুযোগ বন্ধ করা হয়েছে এবং শাস্তির বিধান লুপ্ত করা হয়েছে। কেবলমাত্র জমির ব্যবহার দ্বারা যাতে শ্রেণির পরিবর্তন না হয় তা দেখা হয়েছে।

[১][৪গ। জমির ক্ষেত্রফল, চরিত্র অথবা ব্যবহারের পরিবর্তনের জন্য অনুমতি (Permission for change of area, character or use of land)** : (১) রায়ত কোনও জমির ক্ষেত্রফল বা চরিত্র পরিবর্তনের জন্য বা যে উদ্দেশ্যে জমির বন্দোবস্ত দেওয়া হয়েছিল বা আগে ব্যবহৃত হত তা বাদে অন্য কোনও

১ পশ্চিমবঙ্গ ভূমি সংস্কার (সংশোধন) আইন, ১৯৮১ (পশ্চিমবঙ্গ আইন ৫০, ১৯৮১)-এর ১০ ধারার মাধ্যমে যুক্ত এবং উক্ত আইনের ১(২) ধারার মাধ্যমে মূল আইনের ১(২) ধারায় উল্লিখিত অঞ্চল ছাড়া সমগ্র পশ্চিমবঙ্গে ৭.৮.১৯৬৯ তারিখ হতে বলবৎ করা হয়েছে।

উদ্দেশ্যে ওই জমির অবস্থা পরিবর্তনের জন্য ওই জমির ব্যবহারের পদ্ধতি পরিবর্তনের জন্য সমাহর্তার কাছে ওই মর্মে আবেদন করবেন।

[২][*ব্যাখ্যা* ঃ এই উপধারার জন্য জমির ব্যবহারের পদ্ধতি হিসাবে বাস্তুভিটা, বাণিজ্যিক, শিল্পভিত্তিক, কৃষিজ বলা যায়, চা রোপন, মৎস্য চাষ, বনসম্পদ সৃষ্টি, রেশম চাষ, উদ্যান চাষ, জনগণের প্রয়োজনে এবং জমির অন্য ব্যবহার বাদে।]

(২) ওই ধরনের আবেদনপত্র পাওয়ার পর জেলা সমাহর্তা প্রয়োজনীয় তদন্তের পর এবং আবেদনকারী বা ওই জমির স্বার্থ সংশ্লিষ্ট কোনও ব্যক্তি বা ভুক্তভোগী সমস্ত ব্যক্তিদের শুনানির সুযোগ দিয়ে ওই আবেদনপত্র লিখিতভাবে বাতিল করতে পারেন বা আবেদন অনুসারে রূপান্তর, জমির শ্রেণি পরিবর্তন ইত্যাদি করতে পারেন কিছু নির্ধারিত শর্ত সাপেক্ষে।

[৩][তবে উল্লেখ করা যায় যে, যদি উপরোক্ত (১) নং উপধারা অনুযায়ী যে কোনও মাপের কোনও জলাশয়ের শ্রেণি পরিবর্তনের সম্মতিদানের জন্য কোনও আবেদনপত্র জমা পড়ে, তা হলে সমাহর্তা এ ব্যাপারে কোনও আদেশ দেবেন না, যদি না তিনি পূর্বেই রাজ্য সরকারের সংশ্লিষ্ট দপ্তরের কাছ থেকে লিখিত মতামত নিয়ে নেন এবং বিষয়ের পরিস্থিতির উপর নির্ভর করে সমাহর্তা এই মর্মেও আদেশ দিতে পারেন যে, যে জলাশয়ের শ্রেণি পরিবর্তনের জন্য আবেদন করা হয়েছে তার ক্ষতিপূরণ হিসাবে সমপরিমাণ অথবা তার চেয়ে বড় জলাশয় তৈরি করে দিতে হবে।]

(৩) উপধারা (২) অনুযায়ী দেওয়া আদেশে কোন্ তারিখ থেকে ওই পরিবর্তন, শ্রেণির রূপান্তর বা বিপরীত অবস্থা ঘটবে তার নির্দেশ দেওয়া থাকবে।

(৪) জমির শ্রেণি পরিবর্তন বা রূপান্তর বা বিপরীত অবস্থা ঘটানোর আদেশ (২) উপধারায় যদি সমাহর্তা বা কোনও আপিলে দেওয়া হয়, ওই আদেশের নমুনা রাজস্ব আধিকারিকের কাছে পাঠানো হবে এবং ৫০ বা ৫১ ধারায় রাজস্ব আধিকারিক ওই আদেশ অনুসারে স্বত্বলিপিতে প্রয়োজনীয় সংশোধন করবেন।

[৪][(৪ক) বলবৎ যোগ্য অন্য যে কোনও আইনে যাই থাক না কেন, এর বিরুদ্ধে, যেখানে রাজ্য সরকারের নিকট নির্দিষ্ট দপ্তরের অথবা

২ পশ্চিমবঙ্গ ভূমি সংস্কার (সংশোধন) আইন, ২০০০ (পশ্চিমবঙ্গ আইন ৩১, ২০০০) দ্বারা "ব্যাখ্যাটি" যুক্ত করা হয়েছে, যাহা ৭.৮.১৯৬৯ তারিখ হতে বলবৎ করা হয়েছে।

৩ ১১.১১.২০০৫ তারিখের ২৩৩১-এল. সংখ্যায়িত কলকাতা বিশেষ গেজেটের তৃতীয় খণ্ডে প্রকাশিত পশ্চিমবঙ্গ ভূমি সংস্কার (সংশোধন) আইন, ২০০৫ (পশ্চিমবঙ্গ আইন ২৮, ২০০৫) দ্বারা বিধানগুলি যুক্ত হয়েছে।

৪ (৪ক) উপধারার বিধানসমূহ পূর্বোক্ত গেজেটের মাধ্যমে যুক্ত করা হয়েছে।

স্থানীয় প্রশাসনের সম্মতি দরকার, কোনও প্রকল্প রূপায়ণের ব্যাপারে অথবা রাজ্য সরকারের কোনও নির্দিষ্ট বিভাগের বা স্থানীয় প্রশাসনের সম্মতি দরকার কোনও বাড়ি তৈরির ব্যাপারে বা যে কোনও ব্যবসা বা কাজের রূপায়ণের জন্য—

(ক) সেখানে এ ব্যাপারে যদি কোনও নির্দিষ্ট জমির চৌহদ্দি পরিবর্তন বা তার শ্রেণি পরিবর্তন যুক্ত থাকে যা (১) উপধারায় উল্লেখ করা আছে; অথবা

(খ) এই আবেদন যদি যে কোনও মাপের কোনও জলাশয়কে ব্যবহার করার ব্যাপারে করা হয় যা প্রত্যক্ষ বা পরোক্ষভাবে কোনও জলাশয়কে সঙ্কুচিত বা ধ্বংস করবে, তবে

রাজ্য সরকারের সংশ্লিষ্ট দপ্তর বা স্থানীয় প্রশাসন এমন কোনও আদেশ বা এ ব্যাপারে সম্মতি দেবেন না যদি না উপধারা (২) অনুযায়ী এই বিষয়ে সমাহর্তা সেই জমির বা জলাশয়ের রূপান্তর বা শ্রেণি পরিবর্তনের ব্যাপারে কোনও আদেশ দেন।]

[৫][(৫) (ক) এই ধারার অন্তর্গত যে সমস্ত উপধারা বা অনুচ্ছেদের কথা আগে বলা হয়েছে তা অনপেক্ষে যদি কোনও জমির দাগ পরিবর্তিত হয় বা তার শ্রেণির রূপান্তর ঘটে এই ধারার বিরুদ্ধে গিয়ে এবং যদি সমাহর্তা নিজে বা কারোর কাছ থেকে কোনও তথ্য পেয়ে এরকম মনে করে থাকেন যে জনস্বার্থে এই পরিবর্তন করা প্রয়োজন, তা হলে তিনি একজন রায়ত বা ইজারাগ্রহীতাকে আদেশ দিতে পারেন নির্দিষ্ট সময়ের মধ্যে সংশ্লিষ্ট জমিকে আগের শ্রেণিতে ফিরিয়ে দিতে।

(খ) এই আদেশ পেয়ে সেই রায়ত বা ইজারাগ্রহীতা নির্দিষ্ট সময়ের মধ্যে তাঁর নিজের খরচে সংশ্লিষ্ট জমিকে আগের শ্রেণিতে ফিরিয়ে দেবেন।

(গ) যদি সেই রায়ত বা ইজারাগ্রহীতা এই আদেশ অমান্য করেন তবে সমাহর্তা সেই জমিকে আগের শ্রেণিতে ফিরিয়ে দেওয়ার জন্য তাঁর পক্ষ থেকে ব্যবস্থা নেবেন এবং সেই কাজ বাবদ যে খরচ হবে তা সংশ্লিষ্ট রায়ত বা ইজারাগ্রহীতার কাছ থেকে আদায় করে নেবেন।

(ঘ) যদি সেই রায়ত বা ইজারাগ্রহীতা সেই খরচ দিতে অসমর্থ হন, তবে সমাহর্তা ১৯১৩ সালের পাবলিক ডিমান্ড রিকভ্যারি আইন অনুযায়ী সেই খরচ তাঁর কাছ থেকে আদায় করবেন।]

৫ (৫ক-ঘ) উপধারার বিধানসমূহ পূর্বোক্ত গেজেটের মাধ্যমে (৫) উপধারার জন্য অনুকল্পিত।

[৬][(৬) এই ধারার বিষয়বস্তু পূর্বে যাই বলা হোক না কেন, পৌর মহানিগম বা পৌরসভার মধ্যে অবস্থিত অনধিক ০·০৩ একর কোনও জমি অথবা পৌর মহানিগম বা পৌরসভার অন্তর্ভুক্ত নয় এরকম এলাকায় অনধিক ০·০৮ একর জমি, যা জলা জায়গা নয়, যদি তার শ্রেণি পরিবর্তিত হয় বা পরিবর্তন করা হয় বা চরিত্র বদল করা হয় বা ৪গ(২) ধারা অমান্য করে ওই জমির বর্তমান ব্যবহারিক চরিত্র বদলে ফেলা হয় এবং যদি রাজ্য সরকার জেলা সমাহর্তার পেশ করা প্রতিবেদনের উপর ভিত্তি করে এই মর্মে সিদ্ধান্ত নেন যে, সাধারণের স্বার্থে ওই শ্রেণি পরিবর্তন বা জমির চরিত্রের বদল প্রয়োজন, সেক্ষেত্রে রাজ্য সরকার নিজস্ব আদেশ বলে বা জেলা সমাহর্তাকে ওই শ্রেণি পরিবর্তন স্বাভাবিক করতে নির্দেশ দিতে পারেন। ওই জমি জলাভূমি বাদে অন্য প্রকার জমি হতে হবে, এই পরিবর্তন স্বাভাবিক করার জন্য সরকার নির্ধারিত নির্দিষ্ট অর্থ জমা দিতে হবে যা জমির চরিত্র, ব্যবহারের রীতির উপর নির্ভর করবে।

[৭]উপধারায় উল্লিখিত বিষয়ের বিরুদ্ধ মতামত যাই থাক না কেন যদি রাজ্য সরকার এই মতামত দেন যে জনস্বার্থে ওই পরিবর্তন জরুরি, রাজ্য সরকার এই আইনের সঙ্গে সঙ্গতি রেখে নির্দিষ্ট আদেশ দানের মাধ্যমে জমির ক্ষেত্রফল, জমির চরিত্র বা ওই জমির বর্তমান ব্যবহারিক ধরন সাপেক্ষে যে কোনও বদল, শ্রেণি পরিবর্তন বা পরিবর্তিত অবস্থা নিয়মিত করতে পারবেন, তবে ওই জমি যে কোনও বর্ণনা বা আকৃতির জলা জায়গা বাদে অন্য প্রকার হতে হবে, এছাড়া ওই জমির বিভিন্ন চরিত্র বা বর্তমান ব্যবহারিক ধরনের উপর নির্ভর করে এবং নির্ধারিত পদ্ধতিতে ফি আদায় সাপেক্ষে পরিবর্তন নিয়মিত করা হবে।

[1][4C. Permission for change of area, character or use of land. (1) A *raiyat* holding any land may apply to the Collector for change of area or character of such land or for conversion of the same for any purpose other than the purpose for which it was settled or was being previously used or for alteration in the mode of use of such land.

৬ উপধারা (৬) অন্তর্ভুক্ত হয়েছে ২০১০ সালের পঃ বঃ ভূমি সংস্কার (সংশোধন) আইন দ্বারা (২০১০ সালের পশ্চিমবঙ্গের ২৮ ক্রমাঙ্কের আইন), এটি কার্যকর হবে ৭.৮.১৯৬৯ তারিখ থেকে।

৭ ২০১৭ সালের পঃ বঃ ভূমি সংস্কার (তৃতীয় সংশোধন) আইন (২০১৭ সালের ৪৩ নং আইন) অনুযায়ী এই ধারাটি যুক্ত করা হয়েছে এবং ১৭.১০.২০১৭ তারিখ থেকে বলবৎ হবে।

1 *Inserted* by W.B. Act L of 1981, w.r.e.f. 7.8.1969.

[2][*Explanation*. For the purposes of this sub-section, mode of use of land may be residential, commercial, industrial, agriculture excluding plantation of tea, pisciculture, forestry, sericulture, horticulture, public utilities or other use of land.]

(2) On receipt of such application, the Collector may, after making such inquiry as may be prescribed and after giving the applicant or the persons interested in such land or affected in any way an opportunity of being heard, by order in writing either reject the application or direct such change, conversion or alteration, as the case may be, on such terms and conditions as may be prescribed.

[3][Provided that where the application as stated in sub-section (1) relates to permission for change, conversion or alteration of any plot of land having water body of any description or size, the Collector shall not make any order, unless he has made a prior consultation in writing with such appropriate Department of the State Government as may be prescribed and such order of the Collector may, depending on the circumstances of case, include an order for creation of compensatory water body of equal or larger size of such water body which is required to be changed, converted or altered.]

(3) Every order under sub-section (2) directing change, conversion or alteration shall specify the date from which such change, conversion or alteration shall take effect.

(4) A copy of the order passed by the Collector directing change, conversion or alteration, if any, under sub-section (2), or in an appeal therefrom shall be forwarded to the Revenue Officer referred to in section 50 or section 51, as the case may be, and such Revenue Officer shall incorporate in the record-of-rights changes effected by such order and revise the record-of-rights in accordance with such order.

2 *Inserted* by Act XXXI of 2000, w.r.e.f. 7.8.1969.

3 *Added* by the West Bengal Land Reforms (Amendment) Act, 2005 (W.B. Act XXVIII of 2005) *vide* Notification No. 2331-L, dated 11.11.2005, published in the *Kolkata Gazette,* Extraordinary, Part III, dated 11.11.2005 (w.e.f. 1.12.2005).

[4][(4A) Notwithstanding anything to the contrary contained in any other law for the time being in force, where the approval of the appropriate Department of the State Government or the local authority in respect of any scheme or project, or the permission of the appropriate Department of the State Government or the local authority in respect of construction of buildings or any other permission to conduct any business or carrying on any activity—

(*a*) involves change of area of any plot of land or character of such plot of land or conversion of the same as mentioned in sub-section (1); or

(*b*) amounts to using of any plot of land having any water body of any description or size in a manner that degrades or destroys, directly or indirectly, such water body,

no such approval or permission of the appropriate Department of the State Government or the local authority shall be made unless the order of the Collector directing change, conversion or alteration of such plot of land or plot of land having any water body of any description or size, as the case may be, under sub-section (2), is obtained.]

[5][(5) (*a*) Without prejudice to the foregoing provisions of this section, where any plot of land has been changed or converted or altered in violation of this section, if the Collector, on his own motion or on receiving information, is of the opinion that it is necessary so to do in public interest, he may make an order directing a *raiyat* or a lessee for restoration of the original character of the concerned land within a specified time.

(*b*) On receipt of the order, the *raiyat* or the lessee shall restore the original character of the plot of land at his own cost within such time, as may be ordered by the Collector.

4 *Inserted* by Act XXVIII of 2005 (w.e.f. 1.12.2005).

5 *Substituted* by Act XXVIII of 2005, (w.e.f. 1.12.2005). Before substitution sub-section (5) stood as under:

"(5) If the Collector is satisfied that any land is being converted for any purpose other than the purpose for which it was settled or was being previously held, or attempts are being made to effect alteration in the mode of use of such land or change of the area or character of such land, he may, by order, restrain the *raiyat* from such act."

(*c*) If the *raiyat* or lessee fails to comply with the order, the Collector may take action for restoring the original character of such plot of land and realise the cost for restoration from the *raiyat* or the lessee.

(*d*) If the *raiyat* or lessee fails to pay the cost of restoration, the Collector may realise the cost as a public demand in accordance with the provisions of the Bengal Public Demands Recovery Act, 1913 (Ben, Act III of 1913)].

[6][(6) Notwithstanding anything contained in the foregoing provisions of this section, where any plot of land not exceeding 0.03 acre situated in the areas falling within the local limits of any Municipal Corporation or Municipality, or any plot of land not exceeding 0.08 acre situated in the area not falling within the local limits of any Municipal Corporation or Municipality, other that any plot of land having water body of any description or size, has been changed, converted or altered in the area, character or mode of use of such plot of land in violation of the provision of sub-section (2) of section 4C and if the State Government, on the basis of any report of the Collector, is of the opinion that it is necessary to do so in the public interest, the State Government may, by order, authorise the Collector to regularise such change, conversion or alteration in the area, character or mode of use of the said plot of land, other than any plot of land having water body of any description or size, [7][on payment of such fee depending on the different character or mode of use or size of the plot of land,] and in such manner, as may be prescribed.]

[8][Provided that the provision of this sub-section shall not apply to any application for regularization of any plot of land where such plot of land is changed, converted or altered in the area, character or mode of use of such plot of land in violation of the provision

6 Sub-section (6) *inserted* by the West Bengal Land Reforms (Amendment) Act, 2010 (West Ben. Act XXVIII of 2010) (with retrospective effect from 7.8.1969).

7 *Substituted* by W.B. Land Reforms (Amendment) Act, 2012 (Act 6 of 2012) (w.e.f. 7.5.2012) for "on payment of such fee depending on the different character or mode of use of the plot of land."

8 *Inserted* by Act 6 of 2012 (w.e.f. 7.5.2012).

of sub-section (2) of section 4C, made after such time as may be prescribed:

Provided further that the provision of this sub-section shall not apply to any case where prosecution has been initiated under section 4D.]

[9][Provided that notwithstanding anything contrary contained in sub-section (6), if the State Government is of the opinion that it is necessary to do so in the public interest, the State Government may, by order, regularise any change, conversion or alteration in the area, character or mode of use of the plot of land, other than any plot of land having water body of any description or size, in accordance with the other provisions of this Act, on payment of such fee depending on the different character or mode of use of the plot of land, and in such manner, as may be prescribed.]

আলোচনার সূচী

9 *Inserted* by Act XLIII of 2017 (w.e.f. 17.10.2017).

আলোচনার সূচী—*চলিতেছে*

১। সূচনা [Commencement]. ১৯৮১ সালের পঃ বঃ ভূমি সংস্কার (সংশোধন) আইন [১৯৮১ সালের পশ্চিমবঙ্গের ৫০ নং আইন] দ্বারা ৪গ ধারাটি মূল আইনে যুক্ত করা হয়েছে। ৪গ (১) ধারার শেষে এটি ব্যাখ্যা যুক্ত হয়েছে ২০০০ সালের পঃ বঃ ভূমি সংস্কার (সংশোধন) আইন দ্বারা। ২০০৬ সালের পঃ বঃ ভূমি সংস্কার (সংশোধন) আইন [২০০৫ সালের পশ্চিমবঙ্গের ২৮ নং আইন] দ্বারা ৪গ(২) ধারার শেষে একটি অনুচ্ছেদ যুক্ত করা হয়েছে। ৭.৮.১৯৬৯ থেকে এটি বলবৎ হবে ধরা হয়েছে। ওই অনুচ্ছেদে বলা হয়েছে সংশ্লিষ্ট দপ্তরের কাছ থেকে লিখিত পূর্ব অনুমতি না নিয়ে সমাহর্তা কোনও জমির শ্রেণি, বৈশিষ্ট্য, আয়তন ইত্যাদি পরিবর্তনের অনুমতি দেবেন না।

৪গ(৪) ধারার পরে ২০০৫ সালের পঃ বঃ ভূমি সংস্কার (সংশোধন) আইন দ্বারা একটি নতুন ধারা ৪ক [s. 4A] যুক্ত করা হয়েছে। ওই নতুন ধারায় বলা আছে সমাহর্তা অনুমতি না দিলে সংশ্লিষ্ট দপ্তর বা স্থানীয় প্রশাসন কোনও জলাশয়কে সঙ্কুচিত বা ভর্তি করার কোনও সম্মতি দেবেন না কোনও শ্রেণি পরিবর্তন বা কোনও জমির ব্যবহারের পরিবর্তনের জন্য। ৪গ(৫) নং ধারাটি ২০০৫ সালের পঃ বঃ ভূমি সংস্কার (সংশোধন) আইন দ্বারা সম্পূর্ণ বদল করা হয়েছে। সমাহর্তা নিজে বা কোনও সূত্র ধরে যদি জানতে পারেন যে এই ধারার বিধান লঙ্ঘন করে কোনও জমির শ্রেণি পরিবর্তন করা হয়েছে এবং যার ফলে জনসাধারণের স্বার্থহানির সম্ভাবনা আছে, সেক্ষেত্রে সমাহর্তা ওই রায়ত বা ইজারাগ্রহীতাকে ওই জমি আগে যেমন ছিল সেই অবস্থায় নিয়ে যাওয়ার আদেশ দেবেন। (৫)(খ) উপধারা অনুযায়ী রায়ত বা ইজারাগ্রহীতা নিজের খরচে নির্দিষ্ট সময়ের মধ্যে ওই জমি আগের অবস্থায় নিয়ে আসতে বাধ্য হবেন। রায়ত বা ইজারাগ্রহীতা যদি ওই আদেশ মান্য না করেন তবে সমাহর্তা তাঁর পক্ষ থেকে ওই জমিকে আগের অবস্থায় ফিরিয়ে নেওয়ার ব্যবস্থা করবেন এবং ওই কাজের জন্য যে খরচ হবে (৫)(গ) উপধারা অনুযায়ী সমাহর্তা কার্যত বা ইজারাগ্রহীতার কাছ থেকে আদায় করবেন।

যদি ওই রায়ত বা ইজারাগ্রহীতা তা না দেন ৪গ(৫)(ঘ) ধারা অনুযায়ী ১৯১৩ সালের পাবলিক ডিমান্ড রিকভ্যারি আইন অনুযায়ী সমাহর্তা ওই অর্থ ওই রায়ত বা ইজারাগ্রহীতার কাছ থেকে আদায় করবেন।

২। জমির শ্রেণি পরিবর্তনের পদ্ধতি [Procedure to change/convert the classification of land]. জমির শ্রেণি পরিবর্তনের জন্য কোনও রায়ত সংশ্লিষ্ট B.L. & L.R.O.-এর আছে আবেদনপত্র (application) জমা দেবেন। আবেদনপত্রে জমির পরিমাণ, মৌজা, জে. এল. নং. থানা ইত্যাদি উল্লেখ করতে হবে। কেন তিনি জমির শ্রেণি পরিবর্তন করতে চান তা পরিষ্কার করে উল্লেখ করতে হবে। আবেদনপত্রের সাথে নিম্নলিখিত তথ্য ও প্রমাণপত্রগুলি দিতে হবে ঃ

(১) দলিলের ফটোকপি, (২) মিউটেশান বা স্বত্ত্বলিপির ফটোকপি, (৩) জমির একখণ্ড হাতে আঁকা মানচিত্র, (৪) "জমির শ্রেণি পরিবর্তন হলে আপত্তি নেই"—এই মর্মে (ক) প্রতিবেশীদের এবং (খ) পৌরসভা/গ্রাম পঞ্চায়েত থেকে শংসাপত্র, (৫) পৌরসভা/পঞ্চায়েতে দেওয়া করের রসিদের প্রতিলিপি, (৬) খাজনা দেওয়া রসিদের প্রতিলিপি, (৭) বড় রাস্তা থেকে ৫০০ মিটারের মধ্যে জমি হলে KMDA থেকে শংসাপত্র, (৮) শিল্পের জন্য শ্রেণি পরিবর্তন প্রয়োজন হলে দূষণ নিয়ন্ত্রণ পর্ষদ এবং জেলা শিল্পকেন্দ্রের শংসাপত্র, (৯) নির্দিষ্ট আধিকারিকের স্বাক্ষর সহ Project report, (১০) জমির পরিমাণ অনুযায়ী কোর্ট ফি।

১০ শতকের কম হলে ব্লক ভূমি ও ভূমি সংস্কার আধিকারিক এবং ১০ থেকে ১০০ শতকের মধ্যে হলে মহকুমা ভূমি ও ভূমি সংস্কার আধিকারিক শ্রেণি পরিবর্তনের আদেশ দেবেন। ১০০ শতকের বেশি হলে জেলা ভূমি ও ভূমি সংস্কার আধিকারিক শ্রেণি পরিবর্তন করবেন।

এই ধরনের আবেদনপত্র পাওয়ার সাথে সাথেই ১৯৬৫ সালের পঃ বঃ ভূমি সংস্কার নিয়মাবলির ৫ক বিধি অনুযায়ী কালেক্টর (সমাহর্তার পক্ষে B.L. & L.R.O.) স্বার্থ সংশ্লিষ্ট সমস্ত পক্ষকে শুনানির সুযোগ দিয়ে সরেজমিনে তদন্ত করবেন। তদন্তের পর তিনি লিখিত আদেশ দিয়ে হয় ওই আবেদন বাতিল করবেন বা শ্রেণি পরিবর্তন বা রূপান্তর বা জমির ব্যবহারের পরিবর্তন চেয়ে আবেদন শর্ত সাপেক্ষে অনুমোদন করবেন।

৪গ (৩) ধারায় বলা আছে কোনও তারিখ থেকে ওই জমির শ্রেণি পরিবর্তন/রূপান্তর হচ্ছে সমাহর্তা (Collector) তা পরিষ্কারভাবে উল্লেখ

করবেন। ৪গ(৪) ধারা অনুযায়ী, সমাহর্তা যখন জমির শ্রেণি পরিবর্তন বা রূপান্তরের অনুমতির আদেশ দেবেন তখন ওই আদেশের এক প্রস্থ ওই জমি যে এলাকায় অবস্থিত সেখানকার সংশ্লিষ্ট রাজস্ব আধিকারিকের কাছে পাঠাবেন এবং রাজস্ব আধিকারিক ৫০ বা ৫১ ধারায় স্বত্বলিপিতে প্রয়োজনীয় সংশোধন করবেন। আবার যদি এরকম হয় শ্রেণি পরিবর্তনের আবেদন সমাহর্তা খারিজ করেছেন কিন্তু আপিল কর্তৃপক্ষ অনুমোদন করেছেন সে ক্ষেত্রেও ওই আদেশের এক প্রস্থ সংশ্লিষ্ট রাজস্ব আধিকারিকের কাছে পাঠাতে হবে ৫০/৫১ ধারায় প্রয়োজনীয় সংশোধনের জন্য।

৩। এই ধারা অমান্যের শাস্তি [Punishment for violation of this section]. ২০০৫ সালের পঃ বঃ ভূমি সংস্কার (সংশোধন) আইন দ্বারা ৪গ(৫) ধারাটির আমূল পরিবর্তন করা হয়েছে। পুরাতন ৪গ(৫) ধারা সম্পূর্ণ বাদ দিয়ে নতুন ৪গ(৫) ধারা যুক্ত করা হয়েছে।

৪গ(৫)(ক) ধারার বিধান অনুযায়ী—এই ধারার অন্তর্গত সমস্ত উপধারার বিধান অমান্য করে যদি কোনও জমির শ্রেণি পরিবর্তন বা রূপান্তর হয় এবং সমাহর্তা যদি নিজে বা অন্য কারও কাছ থেকে সংবাদ পেয়ে দেখেন যে, ওই অবৈধ শ্রেণি পরিবর্তনের ফলে জনগণের স্বার্থহানী হওয়ার সম্ভাবনা আছে, তখন তিনি ওই রায়ত বা বন্দোবস্তকারী ইজারাগ্রহীতাকে এই মর্মে আদেশ দিতে পারেন যে—নির্দিষ্ট দিনের মধ্যে ওই জমির আগেকার শ্রেণিতে পরিণত করবেন ওই রায়ত বা ইজারাগ্রহীতা।

এই আদেশ পেয়ে ৪গ(৫)(খ) ধারা অনুযায়ী ওই রায়ত বা ইজারাগ্রহীতা যাঁরা অবৈধভাবে জমির শ্রেণি পরিবর্তন করেছেন নির্দিষ্ট সময়ের মধ্যে সংশ্লিষ্ট জমিকে আগেকার অবস্থায় ফিরিয়ে আনবেন।

৪গ(৫)(গ) ধারা অনুযায়ী ওই রায়ত/ইজারাগ্রহীতা যদি ওই আদেশ অমান্য করেন, তবে সমাহর্তা নিজে ওই জমির আগেকার শ্রেণিতে ফিরিয়ে আনার প্রয়োজনীয় ব্যবস্থা নেবেন। ওই প্রয়োজনীয় ব্যবস্থা নিতে যে ব্যয় হবে, তা সংশ্লিষ্ট রায়ত বা ইজারাগ্রহীতার (lessee) কাছ থেকে আদায় করা হবে।

'যদি ওই রায়ত বা ইজারাগ্রহীতা ওই খরচ দিতে অস্বীকার করেন তবে ১৯১৩ সালের পাবলিক ডিমান্ড রিকভ্যারি আইনের বিধান অনুযায়ী ওই অর্থ আদায় করা হবে'—৪গ(৫)(ঘ) ধারায় এই বিধান রয়েছে।

৪। অনুমতি ছাড়া-ই পুকুরের মধ্যে বাড়ি [Construction of building in the pond without having permission]. যৌথ মালিকানার ৬০ শতকের

এক পুকুরের কিছু অংশ ভর্তি করে একজন শরিক বাড়ি তৈরি আরম্ভ করে। পুকুরটি যে এলাকায় অবস্থিত সেখানকার বাসিন্দারা হাইকোর্টে রিট আবেদন করেন। আবেদনে ওই বাড়ির নকশা বাতিলের প্রার্থনা করা হয়, বাড়ি তৈরি বন্ধের আবেদন জানানো হয় এবং যে পর্যন্ত বাড়ি তৈরি হয়েছে তা ভেঙে ফেলার আবেদন ওই রিট দরখাস্তে করা হয়। ট্রায়াল বিচারক এক অন্তর্বর্তীকালীন স্থগিতাদেশ দেন এবং দূষণ ও পরিবেশ বিভাগের কাছে মতামতের জন্য পাঠানোর মত দেন। মালিকদের মধ্যে একজন ওই অন্তর্বর্তীকালীন স্থগিতাদেশের বিরুদ্ধে, চ্যালেঞ্জ করে আপিল করেন। উভয় বিষয়টিকে নিয়েই কলিকাতা হাইকোর্টের ডিভিশন বেঞ্চ শুনানি নেন।

মহামান্য ডিভিশন বেঞ্চ জানান, পঃ বঃ ভূমি সংস্কার আইনের ৪গ ধারা অনুযায়ী যে উদ্দেশ্যে কোনও জমি দেওয়া হয়েছে তা ছাড়া ওই জমির শ্রেণি পরিবর্তন, ব্যবহারের রূপান্তর ইত্যাদি করতে চাইলে সমাহর্তার লিখিত পূর্ব অনুমতি প্রয়োজন। কিন্তু এক্ষেত্রে সমাহর্তার কাছ থেকে ৪গ ধারায় কোনও অনুমতি না নিয়েই মালিকেরা জমির শ্রেণি পরিবর্তন করেছেন। অভিযুক্ত মালিকেরা ওই পুকুরকে বাড়িতে রূপান্তর করার অধিকারী হবেন না। ডিভিশন রিট আবেদন এবং আপিল উভয়-ই নিষ্পত্তি করেন এবং বিবাদীয় বিতর্কিত পুকুরে ৪গ ধারায় পূর্ব অনুমতি ছাড়া কোনওরকম নির্মাণ করতে নিষেধ করেন।[১]

[২]৫। ১৯৬৫ সালের পঃ বঃ ভূমি সংস্কার নিয়মাবলির ৫ক নং নিয়ম [Rule 5A of W.B.L.R. Rules 1965]. ৪গ(২) ধারার অধীন তদন্ত পদ্ধতিঃ

(১) নিম্নলিখিত বিষয়গুলির সব অথবা কোনও একটির নিশ্চয়তা নিসন্দেহ হওয়ার জন্য ৪গ (২) ধারার অধীন তদন্ত হবে—

(১) বাতিল;

(২) প্রস্তাবিত ওই জমির চরিত্র বা শ্রেণি পরিবর্তন হলে ওই এলাকার জমির সাধারণ অবস্থার পরিবর্তন হবে কিনা;

(৩) পরিবর্তন বা রূপান্তরের ফলে ওই জমি যে এলাকায় অবস্থিত সে এলাকার বসবাস করার পক্ষে কোনও সমস্যা হবে কিনা;

১ *কমল কুমার বাসু* বনাম *পঃ বঃ সরকার* 1997 Cal LJ 160.

২ বিজ্ঞপ্তি নং ৪১৬-এল./রেফ., তাং ১৩.৬.১৯৮৮ দ্বারা যুক্ত হয়েছে। কলিকাতা গেজেটে ১৫.৭.১৯৮৮-তে প্রকাশিত হয়েছিল।

(৪) যে জমির শ্রেণি পরিবর্তনের আবেদন করা হয়েছে ওই জমি কৃষিকাজে ব্যবহৃত জমি কিনা এবং ওই জমির শ্রেণির রূপান্তর ঘটলে আশেপাশে এলাকায় কৃষিকাজের কোনও সমস্যা হবে কিনা;

(৫) যে উদ্দেশ্যে জমির শ্রেণি পরিবর্তন চাওয়া হচ্ছে, সেক্ষেত্রে কোনও লাইসেন্স বা উপযুক্ত কর্তৃপক্ষের কাছ থেকে অনুমতির প্রয়োজন কিনা, যদি অনুমতি বা লাইসেন্সের দরকার হয় তবে তা পেয়েছে কিনা;

(৬) ওই অনুমতি ১৯৭৬ সালের শহর এলাকার জমি (সর্বোচ্চ সীমা ও প্রবিধান) আইন বা ১৯৭৯ সালের পঃ বঃ শহর ও নগর (পরিকল্পনা ও উন্নয়ন) আইনের পক্ষে বাধা কিনা।

(৭) ওই জমি বর্গাদার দ্বারা চাষ হচ্ছে কিনা;

(৮) এছাড়া অন্য কোনও বিষয় সমাহর্তা প্রয়োজন বোধ করলে।

(২) পরিবর্তন বা রূপান্তরের আদেশ ৪গ(২) ধারায় দেওয়ার সময় সমাহর্তা নিম্নলিখিত কোনও একটি বা সমস্ত শর্ত আরোপ করতে পারেন অথবা অন্য কোনও শর্তাদি যুক্ত করতে পারেন—

(১) ২খ পরিচ্ছেদের ফলাফল ছাড়াই রূপান্তরের আদেশ;

(২) যে ক্ষেত্রে জমি ১৯৭৬ সালের শহর এলাকা জমি (সর্বোচ্চ সীমা ও প্রবিধান) আইন প্রযুক্ত হবে এমন এলাকায় অবস্থিত সেক্ষেত্রে ওই আইনের বিধানের ফলাফল ছাড়াই;

(৩) যে ক্ষেত্রে জমি ১৯৭৯ সালের পঃ বঃ শহর ও নগর (পরিকল্পনা ও উন্নয়ন) আইন প্রযুক্ত হবে এমন এলাকায় অবস্থিত সেক্ষেত্রে ওই আইনের বিধানের ফলাফল ছাড়াই।

৬। পশ্চিমবঙ্গ ভূমি সংস্কার আইনের ৪গ ধারায় প্রসিডিংস করার এক্তিয়ার ব্লক ভূমি ও ভূমি সংস্কার আধিকারিকের আছে কিনা [Whether B.L. & L.R.O. has authority for initiating proceedings under s. 4C of W.B.L.R. Act]. হিন্দুস্থান আয়রন এন্ড স্টীল কোং ১৯৬০-৬১ সালে রেকর্ডভুক্ত মালিক জনৈক কালিপদ মুখার্জীর কাছ থেকে আরিয়াদহ মৌজার (জে. এল. নং ১), থানা টিটাগড় এলাকার কতগুলি দাগের কিছু জমি ইজারা নেয়। কারখানা তৈরির জন্য ওই ইজারা নেওয়া হয় এবং কারখানা আরম্ভও হয়। কিন্তু ১৯৭৫-৭৬ সালে ওই কারখানা বন্ধ হয়ে যায়। রেকর্ডভুক্ত মালিক তার জমি

থেকে হিন্দুস্থান আয়রন এন্ড স্টীল কোম্পানিকে উচ্ছেদ করার জন্য মামলা দায়ের করেন আলিপুর আদালতে [মোকদ্দমা নং ১৯/১৯৭৩, বিষয়টি এখনো অমীমাংসিত] এরপর সুমিত রায় এবং অন্যান্যরা কালিপদ মুখার্জীর কাছ থেকে কিছু জমি নিবন্ধীকৃত দলিল মূলে কেনেন। ওই দলিলে একটি অন্যতম শর্ত ছিল যে, নিবন্ধীকৃত ওই দলিলের দাগগুলি মৎস্য চাষের উদ্দেশ্যে ক্রেতারা ব্যবহার করবেন। উল্লেখযোগ্য তথ্য হল অধিকাংশ দাগের শ্রেণি হল "পুকুর" বা "পুকুর পাড়"।

এরপর অভিযোগ ওঠে সুমিত রায় ও অন্যান্যরা ও পুকুর অবৈধভাবে ভর্তি করে বেআইনি নির্মাণ করছেন। সংবাদপত্রে বিষয়টি প্রকাশিত হয়। উত্তর চব্বিশ পরগণার জেলা ভূমি ও ভূমি সংস্কার আধিকারিক এবং বারাকপুর-২ নং ব্লক ভূমি ও ভূমি সংস্কার আধিকারিকে বিষয়টি সরেজমিনে তদন্তের নির্দেশ দেন ২২.৪.২০০৪ তারিখে এবং অবৈধ নির্মাণের বিরুদ্ধে সংশ্লিষ্ট থানায় FIR করার। ওই জমিতে বেসরকারি স্কুলের নির্মাণ হচ্ছিল।

১৫.২.২০০৫ তারিখে ১২ জনের বিরুদ্ধে Notice জারি করেন কেন ওই অবৈধভাবে "পুকুর" শ্রেণির জায়গা ভর্তি করেছেন বা করছেন। কেন তাঁদের বিরুদ্ধে পঃ বঃ ভূমি সংস্কার আইনের ৪গ এবং ৪ঘ ধারায় ব্যবস্থা নেওয়া হবে না তার কারণ দর্শাতে বলেন সংশ্লিষ্ট B.L. & L.R.O. ওই নোটিশে।

প্রত্যেকের পক্ষে সুমিত রায় B.L. & L.R.O.-কে উত্তর দেন। কিন্তু B.L. & L.R.O. দ্বারা জারি করা চিঠির যে উত্তর সুমিত রায় দেন তাতে তিনি তাঁদের বিরুদ্ধে আনা সমস্ত অভিযোগ অস্বীকার করেন। B.L. & L.R.O. ওই উত্তরে আদৌ সন্তুষ্ট হন নি। B.L. & L.R.O. প্রত্যেককে আলাদা আলাদা করে ব্যক্তিগতভাবে (individually), অনুচ্ছেদ ধরে ধরে (para wise) উত্তর দেওয়ার আবার নির্দেশ দেন, B.L. & L.R.O. কেন তাঁদের বিরুদ্ধে পঃ বঃ ভূমি সংস্কার আইনের ৪গ বা ৪ঘ ধারায় ব্যবস্থা নেওয়া হবে না পুনরায় কারণ দর্শাতে বলেন। ৩১.৩.২০০৫-এ সুমিত রায় B.L. & L.R.O. দ্বারা জারি করা ১৫.২.২০০৫ এবং ১৬.৩.২০০৫ তারিখের চিঠির সূত্র ধরে জবাব দেন। তাতে তাঁর বিরুদ্ধে আনা সমস্ত অভিযোগ তিনি অস্বীকার করেন এবং তিনি জানান তিনি কোনও পুকুর ভরাট করেন নি। সুমিত রায় আরও জানান যে ওই পুকুর আগেই ভর্তি হয়েছিল। পাশাপাশি B.L. & L.R.O. দ্বারা জারি করা ১৫.২.২০০৫ এবং ১৬.৩.২০০৫ তারিখের notice-কে চ্যালেঞ্জ করে মহামান্য ভূমি সংস্কার ও প্রজাস্বত্ব ট্রাইব্যুনালে মামলা দাখিল করেন সুমিত রায় ও অন্যান্যরা, O-A নং ১৫৪০/২০০৫, সুমিত রায় ও অন্যান্য বনাম পঃ বঃ

সরকার। আবেদনে জানানো হয় B.L. & L.R.O.-এর কোনও এক্তিয়ার-ই নেই ৪গ ধারায় কোনও কার্যাবলি আরম্ভ করার। যেহেতু ২(৭) ধারাটি সংবিধানের এক্তিয়ার বহির্ভুত (*ultra vires*) সুতরাং ৪গ ধারায় প্রসিডিংস করা ক্ষেত্রাধিকার বহির্ভূত।

২০.৬.২০05 তারিখে মহামান্য W.B.L.R.T. and Tribunal তাঁর অন্তর্বর্তী- কালীন আদেশে জানান যে—

The appropriate authority will be at liberty to proceed with the matter in accordance with the law.

Parties to this proceedings shall maintain *status quo* as at day in respect of this subject plots regarding the possession, nature and character until further order of this tribunal.

Respondent are restrained from acting upon in the proceedings under challange until further order of this Tribunal.

Application are also restrained for making construction whatsoever on the subject plot without prior approval of this Tribunal.

[মামলাটি বিচারাধীন, মীমাংসা হয়নি, চূড়ান্ত রায়ের অপেক্ষায়।]

৭। জমির শ্রেণি পরিবর্তন [Change of classification of the plot of land]. পশ্চিমবঙ্গ ভূমি সংস্কার আইনের ৪খ (4B) ধারামতে প্রত্যেক রায়ত যে উদ্দেশ্যে জমি দখল/মালিকানা স্বত্ব ভোগ করেন সেই মোতাবেক ঐ জমির শ্রেণি তাঁকে অক্ষত রাখতে হবে। কেবলমাত্র উক্ত আইনের ৪গ (4C) ধারায় নির্দিষ্ট কর্তৃপক্ষের লিখিত অনুমোদন নিয়ে তিনি জমির শ্রেণি পরিবর্তন করতে পারেন। কেবলমাত্র কোনও রায়ত তার বা তার পরিবারের নির্ধারিত সীমার মধ্যে যে কোনও জমিতে গাছ লাগাতে পারেন। সেক্ষেত্রে উক্ত আইনের ৪গ ধারামতে অনুমোদন নেওয়ার কোনও প্রয়োজন নেই।

জমির শ্রেণি পরিবর্তনের অনুমোদনের ক্ষেত্রে প্রশাসনিক নির্দেশ অনুযায়ী ১০ (দশ) শতক পর্যন্ত সংশ্লিষ্ট সমষ্টি (Block) ভূমি ও ভূমি সংস্কার আধিকারিকরা ক্ষমতাপ্রাপ্ত এবং ১১ শতক থেকে ১·০০ একর পর্যন্ত জমির ক্ষেত্রে মহকুমা ভূমি ও ভূমি সংস্কার আধিকারিকরা ক্ষমতাপ্রাপ্ত, ১·০০ একরের বেশি হলে জেলা ভূমি ও ভূমি সংস্কার আধিকারিক শ্রেণি পরিবর্তন করবেন রেকর্ডভুক্ত রায়তরা সংশ্লিষ্ট কর্তৃপক্ষের কাছে প্রয়োজনীয় কাগজপত্র এবং

প্রসেস ফি সহ আবেদন করতে পারেন। শিল্পস্থাপন বা ব্যবসায়িক প্রয়োজনে শ্রেণি পরিবর্তনের আবেদনের বিষয়ে চূড়ান্ত সিদ্ধান্ত জেলা ভূমি ও ভূমি সংস্কার আধিকারিক নেবেন। প্রতিটি আবেদনপত্রের সাথে পাঁচ (৫) টাকার কোর্ট ফি লাগিয়ে দিতে হবে।

আবেদনপত্রের সঙ্গে নিম্নোক্ত প্রমাণাদি সংযুক্তি প্রয়োজন।

সাধারণ ক্ষেত্রে—(১) আবেদনপত্র (৫) পাঁচ টাকার কোর্ট ফি স্ট্যাম্প সমেত, (২) নির্ধারিত এফিডেভিট, (৩) নির্ধারিত ঘোষণাপত্র, (৪) সংশ্লিষ্ট জমির স্কেচ্ ম্যাপ, (৫) আবেদনকারী রায়তের পরচার নকল অথবা নামপত্তনের শংসাপত্রের নকল, (৬) সংশ্লিষ্ট দলিলের নকল, (৭) পার্শ্ববর্তী জমির অংশীদারদের না-আপত্তিপত্র, (৮) স্থানীয় মিউনিসিপ্যালিটি/পঞ্চায়েতে/উন্নয়ন কর্তৃপক্ষের শ্রেণি পরিবর্তনের পক্ষে না-আপত্তিপত্র, (৯) শহরাঞ্চল জমির ঊর্ধ্বতন কর্তৃপক্ষের অনুমোদন শিল্প বা ব্যবসায়িক প্রয়োজনে শ্রেণি পরিবর্তনের আবেদনের ক্ষেত্রে উপরোক্ত সংযুক্তি ছাড়াও—(ক) যে প্রয়োজনে শ্রেণি পরিবর্তনের আবেদন সে বিষয়ে যথাযথ কর্তৃপক্ষের অনুমোদিত প্রজেক্ট রিপোর্ট, (খ) ট্রেড লাইসেন্স, (গ) ফায়ার সার্ভিস দপ্তরের অনুমোদন—যেক্ষেত্রে প্রয়োজন, (ঘ) এক্সপ্লোসিভ দপ্তরের অনুমোদন —যেক্ষেত্রে প্রয়োজন, (ঙ) সংশ্লিষ্ট কর্তৃপক্ষের অনুমোদন বিশেষ করে পেট্রল পাম্প/গ্যাস গোডাউন-এর ক্ষেত্রে, (চ) পলিউশন কন্ট্রোল বোর্ডের অনুমোদন যেক্ষেত্রে প্রয়োজন এবং অন্যান্য কাগজপত্র যা কর্তৃপক্ষ প্রয়োজন বোধ করবেন।

এছাড়াও কর্তৃপক্ষের নির্দেশ মোতাবেক প্রসেস ফি দিতে হবে—কোর্ট ফি স্ট্যাম্প অথবা নগদে জমা দেওয়ার ক্ষেত্রে সংশ্লিষ্ট সমষ্টি ভূমি ও ভূমি সংস্কার আধিকারিক DCR-এর মাধ্যমে ফি আদায় করতে পারেন। DCR-এর মাধ্যমে জমা নেওয়া হলে আবেদনপত্রের সঙ্গে DCR-এর অনুলিপি জমা দিতে হবে এবং শুনানির সময় আসল রসিদটা জমা দিতে হবে। দরখাস্ত সকল ক্ষেত্রে দুই প্রস্থ হবে এবং সংশ্লিষ্ট সমষ্টি ভূমি ও ভূমি সংস্কার আধিকারিকের করণে জমা দিতে হবে। প্রসেস ফি আদায় করতে হবে ভূমি সংস্কার দপ্তরের ৪৪০৩-এন-আর-তাং ২৪.১২.০৫ নির্দেশ মতো।

দরখাস্ত জমা নেওয়ার পর সমষ্টি ভূমি ও ভূমি সংস্কার আধিকারিক তাঁর রাজস্ব পরিদর্শক বা আমিনবাবুর মাধ্যমে সরেজমিনে তদন্ত করাবেন এবং

নির্ধারিত ফর্মে তদন্ত প্রতিবেদন সহ যথাযথ মতামত দিয়ে মহকুমা ভূমি ও ভূমি সংস্কার আধিকারিকের নিকট পাঠিয়ে দেবেন। ১০ শতক পর্যন্ত জমির শ্রেণি পরিবর্তন B.L. & L.R.O. করবেন। আবেদনকৃত জমি যদি শহরাঞ্চল জমির সর্বোচ্চ সীমা আইনের এলাকাভুক্ত হয় তবে সংশ্লিষ্ট কর্তৃপক্ষের নিকট মতামত চেয়ে পত্র প্রেরণ করতে হবে। তা ছাড়া, জমি অধিগ্রহণের সম্ভাবনা আছে এমন ক্ষেত্রে (বিশেষ করে রাজারহাট, ব্যারাকপুর এবং বারাসাত মহকুমা এলাকা) সংশ্লিষ্ট কর্তৃপক্ষের মতামত চেয়ে চিঠি পাঠাতে হবে। এখানে উল্লেখযোগ্য, জাতীয় সড়কের পাশে পেট্রল পাম্প করতে হলে জাতীয় সড়ক কর্তৃপক্ষের ছাড়পত্রের প্রয়োজন হয়।

সরকারি নির্দেশ মোতাবেক জলাশয়ের শ্রেণি পরিবর্তনের আবেদন কোনও মতেই গ্রাহ্য করা যাবে না তবে বিশেষ ক্ষেত্রে যদি আবেদনকারী রায়ত আবেদনকৃত জলাশয়ের সমপরিমাণ জলাশয় অন্যত্র স্থাপনের প্রস্তাব দেন সেক্ষেত্রে উপযুক্ত কর্তৃপক্ষের মতামত সাপেক্ষে উক্ত আইন বিবেচনার জন্যে গ্রহণ করা যেতে পারে।

যদিও পঃ বঃ ভূমি সংস্কার আইনে কোথাও "পোষ্ট ফ্যাক্টো" কনভার্সান বা ঘটনা পরবর্তী শ্রেণি পরিবর্তনের আবেদন অনুমোদনের কোনও বিধান নেই তবুও পশ্চিমবঙ্গ ভূমি সংস্কার ম্যানুয়ালের ১৬৬ বিধি ও তৎবিষয়ে উপবিধিসমূহ মতে উক্ত অনুমোদনের বিষয়ে বিবেচনা করা যেতে পারে। এই বিধি মতে ২৪.৩.৮৬ তারিখের আগে বাগান/জলাশয় থেকে পরিবর্তিত জমির শ্রেণি পরিবর্তনের আবেদন বিবেচনার সুযোগ রয়েছে।

সবক্ষেত্রে যথাযথ রেজিস্টার রাখা প্রয়োজন এবং দরখাস্ত জমা নেওয়া থেকে শুরু করে ঊর্দ্ধতন কর্তৃপক্ষকে পাঠানো পর্যন্ত বিষয় বিস্তারিত নথিভুক্ত প্রয়োজন।

জমির শ্রেণি পরিবর্তনের জন্য দুটি প্রেক্ষাপট তৈরী হতে পারে, প্রথমত, কারণ যাইহোক না কেন কোনও রায়ত তাঁর জমির শ্রেণির বদল ঘটাতে চান, দ্বিতীয়ত, ইতিমধ্যে স্বাভাবিক প্রাকৃতিক নিয়মে যে জমির শ্রেণির পরিবর্তন ঘটে গিয়েছে তার অনুমতি দান। প্রথমটির বেলায় ১৯৮৮ সালে অর্ন্তভুক্ত পঃ বঃ ভূমি সংস্কার বিধির ৫ক নিয়ম অনুযায়ী ওই শ্রেণি পরিবর্তনের আবেদনটির নিষ্পত্তি করা হয়। এক্ষেত্রে সমস্ত দিক বিবেচনার পর সমার্হতা অনুমতি দিতে পারেন। এক্ষেত্রে ১ক নিদর্শে (Form 1A) আবেদনটি ব্লক ভূমি ও ভূমি সংস্কার

আধিকারিকদের দপ্তরে জমা হওয়ার পর (জলাভূমি বাদে) BL & LRO স্বয়ং অথবা তিনি রাজস্ব আধিকারিক দ্বারা একটি সরেজমিন তদন্তের ব্যবস্থা করবেন। যদিও Notification 1332-LR/1A-01/10GE(M) dt. 1.3.2011 অনুযায়ী বলা হয়েছে যে রাজস্ব পরিদর্শকও ওই তদন্ত করতে পারবেন। ওই বিজ্ঞপ্তিতে বলা হয়েছে যে সরেজমিন তদন্তের পর জমির মালিক ও ওই জমিতে বর্গাদার থাকলে তাদের শুনানির জন্য নোটিশ জারি করতে হবে। ৫কক(৪) বিধি অনুযায়ী জমিতে কোনও বর্গাদার থাকলে শ্রেণি পরিবর্তনের অনুমতি দেওয়া হবে না। নীচে ১ক নির্দেশের (Form 1A) প্রতিলিপি দেওয়া হলঃ

[1][Form No. 1A

Application for change of character, conversion or alteration in the mode of use of land

[*See* sub-rule (1) of rule 5A]

FORM : ....

....

....

[*State Name and Address of the applicant(s)*]

To: The District Land and Land Reforms Officer/
Sub-divisional Land and Land Reforms Officer/
Block Land and Land Reforms Officer.

Sub : Application for permission for change of character, conversion or alteration in the mode of use of land.

Sir,

I/We have the honour to apply for permission for change of character, conversion or alteration in the mode of use of the land/ land having water body for the purpose of ....

2. The particulars of the land/land having water body with respect to which such permission is required are furnished below—

(1) Name of the District

1 Form Nos. 1A and 1B *inserted* by Notification No. 4297-LR/1A-05/07 GE(M) dated 17.9.2008 (w.e.f. 24.9.2009).

(2) Name of the Block

(3) Name of the Police Station

(4) Name of the *Mauza*

(5) Jurisdiction List No.

(6) *Khatian* No. (R.S. & L.R.)

(7) Plot No. (R.S. & L.R.)

(8) Area of the Plot (R.S. & L.R.)
[If part plot, specify the area and portion]

(9) Existing Classification of the Plot

3. The following documents, in duplicate, are enclosed with this application—

(1) Copy of mutation certificate or copy of current record-of-rights.

(2) Copy of current rent receipt.

(3) Sketch map showing the plot in question with side measurement and its surroundings including approach road (may not be to the scale).

(4) Affidavit for creation of compensatory water body.

(Applicable in cases where the application relates to change or conversion of the land having water body of any description or size).

(5) Copy of no objection certificate of the West Bengal Pollution Control Board.

(Applicable only in such cases wherever such certificate is required).

(6) Copy of the Detailed Project Report (DPR) duly vetted by the Competent Authority.

(Applicable only in cases where the application relates to change, conversion or alteration of land for industrial, commercial or housing complex).

4. I/We also declare and undertake—

(1) That the land, in question shall be used strictly for the purpose for which such permission shall be granted;

(2) That there is no *bargadar*, in the land, in question;

(3) That no work shall be done on the land, in question that may lead to conversion of the same unless permission as sought for is granted;

(4) That necessary approval or permission or licence shall be obtained from the appropriate authority as required for execution of the work on the land, in question as soon as permission for conversion as sought for is granted;

5. I/We further declare—

(1) That the land, in question is under peaceful possession of myself/ourselves and it is free from all encumbrances;

(2) That the land, in question is not involved in any proceeding for vesting under the provisions of any law;

(3) That the land, in question is not involved in any court case which prohibits such conversion, change or alteration in the mode of use of the land.

6. I/We also declare and undertake that in case it is proved at any point of time that the documents furnished and the statements made hereinabove are not true and correct, I/We am/are liable for any legal action which will be taken by the competent authority in this regard including cancellation of order granting change of character, conversion or alteration in the mode of use of land as sought for.

Enclo : As stated above. Yours faithfully

Place : [*Full signature of the applicant* (s)

Date : *with seal, if any.*]

বিধি ৫ক (২) অনুযায়ী জলাভূমির শ্রেণি পরিবর্তনের জন্য সংশ্লিষ্ট রায়তকে ১খ (**1B**) নিদর্শে একটি ঘোষণা পত্র দাখিল করতে হবেঃ যে আয়তনের জলাভূমির শ্রেণি তিনি বদল করতে চান সমআয়তনের জলাভূমি তৈরি করবেন, নীচে ১খ নিদর্শের একটি প্রতিলিপি দেওয়া হলঃ

Form No. 1B

Affidavit

[*See* sub-rule (2) of rule 5A]

I/We do hereby solemnly affirm and declare as follows—

(1) That I/we undertake to create compensatory water body of equal or larger size of the water body which is sought to be changed, converted or altered.

(2) That I/We undertake to create such compensatory water body on the land details of which are furnished below—

(*a*) Name of the District :

(*b*) Name of the Police Station :

(*c*) Name of the Mouza :

(*d*) Jurisdiction List No. :

(*e*) Khatian No. (R.S. & L.R.) :

(*f*) Plot No. (R.S. & L.R.) :

(*g*) Area of the Plot (R.S. & L.R.) :
[If part plot, specify the area and portion]

(*h*) Existing Classification of the plot :

(3) That I/we undertake to create such compensatory water body on the land, in question within a period of 90 days from the date of issue of the order granting change, conversion or alteration of the water body as sought for.

(4) That I/we undertake to maintain the water body as so created in proper and appropriate manner.

(5) That I/we undertake to submit before the District Land and Land Reforms Officer the documents showing creation of compensatory water body within a period of 15 days after expiry of the stipulated period of 90 days for creation of such compensatory water body.

(6) That I/we undertake that in case of failure to create such compensatory water body within the stipulated period of 90 days I/we shall not raise any objection for cancellation of the order granting change, conversion or alteration of the water body for which permission is sought for.

(7) I/we also undertake to restore the said water body at my/our own cost if already changed, converted or altered

within a period of 90 days from the date of issue of direction by the District Land and Land Reforms Officer for such restoration.

(8) I/We further undertake to pay restoration cost as and when the same may be asked for to pay by the District Land and Land Reforms Officer.

(*Full signature of the applicant(s) with seal, if any*)]

Date:
Identified by me.
(Advocate).

লক্ষণীয়, জলাভূমি বুজিয়ে দিতে গেলে সংশ্লিষ্ট রায়তকে আগে সমপরিমাণ জলাভূমি খনন করতে হবে। তদন্তে যদি দেখা যায় যে সত্যিই ওই রায়ত সমআয়তনের জলাভূমি (পুকুর, ডোবা ইত্যাদি) খনন করেছেন, একমাত্র তখনই সংশ্লিষ্ট জেলার জলাভূমি ও ভূমি সংস্কার আধিকারিক রায়তের আবেদনকৃত জলাশয় বুজিয়ে দেওয়ার অনুমতি দান করবেন। আর একটি বিষয় মনে রাখা দরকার কোনও জলাশয়, তা সে যে আয়তনের হোকনা কেন, অনুমতি না নিয়ে বুজিয়ে ফেলা হলে তা কোনও অবস্থাতেই অনুমোদন দেওয়া হয় না।

এবার আলোচনা করব, শ্রেণি পরিবর্তনের দ্বিতীয় প্রেক্ষাপট বিষয়ে, অনেক সময় দেখা যায় স্বাভাবিক নিয়মে সময়ের নিরিখে অনেক জমির শ্রেণির বদল ঘটে। পুরনো বাগান, শালি, ডাঙ্গা ও অন্যন্য শ্রেণি জমির পরিবর্তিত হয়ে বাস্তু, কারখানা, ভিটা প্রভৃতিতে রূপান্তর হয়, এসব ক্ষেত্রে আগে নিয়ম ছিল ওই শ্রেণি পরিবর্তন ২৪.৩.১৯৮৬ তারিখের আগে ঘটলে সত্বলিপিতে পরিবর্তিত শ্রেণি নথিভুক্ত করা হবে। সে ক্ষেত্রে সংশ্লিষ্ট রায়তকে অবশ্যই প্রমাণ করতে হবে যে ওই শ্রেণি পরিবর্তন ২৪.৩.১৯৮৬ তারিখের পূর্বে ঘটেছিল। পরে ২৪.৩.১৯৮৬ তারিখটিকে বদলে করা হয়েছে ৭.১১.২০১৭, অর্থাৎ ওই তারিখের পূর্বে জমির শ্রেণি পরিবর্তন হয়েছে তা সংশ্লিষ্ট রায়তকে প্রমাণ করতে হবে। [Notification No. 2817-LP-the 8th day of August 2018] এবং ১ঘ (1D) নিদর্শে সংশ্লিষ্ট রায়তকে সমস্ত নথি সংযুক্ত করে, নিয়ম মেনে আবেদন করতে হবে। মনে রাখতে হবে জলাভূমির ক্ষেত্রে এই নিয়ম প্রযোজ্য নয়, অর্থাৎ জলাভূমি ভরাট হলে (যখনই ভরাট হোক না কেন) তার শ্রেণি বদলের অনুমতি কোনও অবস্থাতে দেওয়া হবে না, নীচে ১ঘ (1D) নিদর্শের প্রতিলিপি দেওয়া হলঃ

Form No. 1D

[*See* sub-rule (1) of rule 5AA]

Application for regularisation of change of character, conversion or alteration in the mode of use of a plot of land

FROM :..

....

....

[*State name and address of the applicant(s)*]

To: The Secretary to the Govt. of West Bengal,
L. & L.R. and R.R. & R. Deptt.

....

Sub : Application for regularisation of change of character, conversion or alteration in the mode of use of a plot of land made in violation of the provision of sub-section (2) of section 4C of the West Bengal Land Reforms Act, 1955.

Sir,

I/We have the honour to apply for regularisation of change of character, conversion or alteration in the mode of use of the plot of land for the purpose of ....

2. The particulars of the plot of land with respect to which such regularisation is required are furnished below:

(1) Name of the District :

(2) Name of the Block :

(3) Name of the Police Station :

(4) Name of the *Mouza* :

(5) Jurisdiction List (J.L.) No. :

(6) Khatian No. (R.S. & L.R.) :

(7) Plot No. (R.S. & L.R.) :

(8) Area of the plot (R.S. & L.R.) :
[If part plot, specify the area and portion]

(9) Existing Classification of the plot :

3. The following documents, in duplicate, are enclosed with this application—

(1) Copy of the application for conversion if submitted earlier.

(2) Identity of the applicant(s) and residential proof–Copy of EPIC/ADHAR Card, PAN Card/Driving license (As applicable).

(3) Copy of RoR of land/mutation certificate.

(4) Copy of current rent receipt.

(5) Sketch map showing the plot in question with site measurement and its surroundings including approach road (may not to be scale).

(6) Approved project/DPR vetted by the relevant Department (As applicable).

(7) Clearance of WBPCB.

(8) Approved Building Plan by the competent local authority—Panchayat, Municipality, Corporation, Development Authority (As applicable).

(9) Current colour picture of the site and the constructed area.

(10) Trade license by the competent authority (As applicable).

(11) Income Tax Return of three years (As applicable).

(12) VAT, Entry Tax and Profession Tax clearance of three years (As applicable).

(13) Recommendations of the relevant department—ICE Department, MSMET Department/IT Department/ Health & Family Welfare Department with Medical Council of India/Municipal Affairs & Urban Development Department & Panchayat & Rural Development Department (As applicable).

(14) No objection of any other relevant authority like PWD, Irrigation, Agriculture etc., if Applicable.

4. I/We also declare and undertake—

(1) That the plot of land, in question shall be used strictly for the purpose for which permission for such regularisation shall be granted;

(2) That there is no *bargadar*, in the plot of land, in question;

(3) That the fees payable for such regularisation shall be deposited within 15 days from the date of order for such regularisation;

(4) That no work shall be done on the plot of land, in question that may lead to further conversion of the same unless permission as sought for is granted;

(5) That necessary approval or permission or licence shall be obtained from the appropriate authority as required for execution of the work on the plot of land in question as soon as permission for such regularisation as sought for is granted;

(6) That there is no other plot of land except the plot of land which has been changed, converted or altered in violation of the provision of sub-section (2) of section 4C of the Act.

5. I/We further declare—

(1) That the plot of land in question is under peaceful possession of myself/ourselves and it is free from all encumbrances;

(2) That the plot of land in question is not involved in any proceeding for vesting under the provisions of any law;

(3) That the plot of land in question is not involved in any court case which prohibits regularisation of such change of character, conversion or alteration in the mode of use of the land.

6. I/We also declare and undertake that in case it is proved at any point of time that the documents furnished and the statements made hereinabove are not true and correct, I/We am/are liable for any legal action which will be taken by the competent authority in this regard including cancellation of order granting regularisation of such change of character, conversion or alteration in the mode of use of the plot of land as sought for.

Encl: As stated above:

Yours faithfully

Place: [*Full signature of the applicant*(s)
Date: *with seal, if any*.]
Advocate:

সাধারণভাবে ৭.১১.২০১৭ তারিখের আগে সাধারণ নিয়মে প্রাকৃতিকভাবে জমির শ্রেণি বদলে গেলে ১গ (1C) নিদর্শে আবেদন করতে হয়। Notification No. 660-LP/417/04-IS (pt. - v) dt. 19.12.21 অনুসারে ১৯৬৫ সালের পঃ বঃ ভূমি সংস্কার বিধি ৫কক (১ক) অধীনে

ইতিমধ্যে বদলে যাওয়া জমির শ্রেণির অনুমোদনের জন্য আবেদনপত্র জমা নেওয়ার তারিখ স্থির করা হয়েছে ৩১.৩.২০২২ পর্যন্ত। গ্রামীণ এলাকায় ৮ শতক এবং শহরঞ্চলে ৩ শতক পর্যন্ত বদলে যাওয়া জমির শ্রেণি পরিবর্তন সংক্রান্ত আবেদন নিষ্পত্তি করবেন সংশ্লিষ্ট ব্লক ভূমি ও ভূমি সংস্কার আধিকারিক। তবে কোনও ভাবে জলাভূমি এই নিয়মের মধ্যে আসবেনা, নীচে ১গ (1C) নিদর্শের প্রতিলিপি দেওয়া হলঃ

Form No. 1C

[*See* sub-rule (1) of rule 5AA]

Application for regularisation of change of character, conversion or alteration in the mode of use of a plot of land

FROM : ....

....

....

[*State name and address of the applicant*(*s*)]

To: The Block Land and Land Reforms Officer

....

Sub : Application for regularisation of change of character, conversion or alteration in the mode of use of a plot of land made in violation of the provision of sub-section (2) of section 4C of the West Bengal Land Reforms Act, 1955.

Sir,

I/We have the honour to apply for regularisation of change of character, conversion or alteration in the mode of use of the plot of land for the purpose of ....

2. The particulars of the plot of land with respect to which such regularisation is required are furnished below:

(1) Name of the District :

(2) Name of the Block :

(3) Name of the Police Station :

(4) Name of the *Mouza* :

(5) Jurisdiction List No. :

(6) Khatian No. (R.S. & L.R.) :

(7) Plot No. (R.S. & L.R.) :

(8) Area of the plot (R.S. & L.R.) :

[If part plot, specify the area and portion]

(9) Existing Classification of the plot :

3. The following documents, in duplicate, are enclosed with this application—

(1) Copy of mutation certificate or copy of current record-of-rights.

(2) Copy of current rent receipt.

(3) Sketch map showing the plot in question with side measurement and its surroundings including approach road (may not be to the scale).

4. I/We also declare and undertake—

(1) That the plot of land, in question shall be used strictly for the purpose for which permission for such regularisation shall be granted;

(2) That there is no *bargadar*, in the plot of land, in question;

(3) That the fees payable for such regularisation shall be deposited within 15 days from the date of order for such regularisation;

(4) That no work shall be done on the plot of land, in question that may lead to further conversion of the same unless permission as sought for is granted;

(5) That necessary approval or permission or licence shall be obtained from the appropriate authority as required for execution of the work on the plot of land, in question as soon as permission for such regularisation as sought for is granted;

(6) That there is no other plot of land except the plot of land which has been changed, converted or altered in violation of the provision of sub-section (2) of section 4C of the Act.

5. I/We further declare—

(1) That the plot of land in question is under peaceful possession of myself/ourselves and it is free from all encumbrances;

(2) That the plot of land in question is not involved in any proceeding for vesting under the provisions of any law;

(3) That the plot of land in question is not involved in any court case which prohibits regularisation of such change

of character, conversion or alteration in the mode of use of the land.

6. I/We also declare and undertake that in case it is proved at any point of time that the documents furnished and the statements made hereinabove are not true and correct, I/We am/are liable for any legal action which will be taken by the competent authority in this regard including cancellation of order granting regularization of such change of character, conversion or alteration in the mode of use of the plot of land as sought for.

Enclo : As stated above:
Place:
Date:

Yours faithfully
(*Full signature of the applicant*(s) *with seal, if any.*)

১গ নিদর্শ জমা নেবেন সমষ্টি ভূমি ও ভূমি সংস্কার আধিকারিক, তার ক্ষেত্রাধিকারের চেয়ে বেশি আয়তনের জমির বেলায় ইতিমধ্যে বদলে যাওয়া শ্রেণির অনুমোদনের জন্য আবেদনপত্র দাখিল করতে হবে জমির আয়তন অনুযায়ী মহকুমা ভূমি ও ভূমি সংস্কার আধিকারিক এবং জেলা ভূমি ও ভূমি সংস্কার আধিকারিকের দপ্তরে ১ঘ (**1D**) নিদর্শে।

শ্রেণি পরিবর্তনের জন্য দেয় ফি-এর তালিকা

ভূমি ও ভূমি সংস্কার দপ্তরের বিজ্ঞপ্তি নং 4403/LR/3M-135/05 GE(M) dt. 28.12.2005 অনুযায়ী শ্রেণি পরিবর্তনের ফি আদায় করা হয়, প্রতিটি আবেদনপত্রের সঙ্গে ১০.০০ (দশ) টাকার কোর্ট ফি দিতে হয়। নীচে তিনটি পৃথক সারণিতে বিভিন্ন এলাকার শ্রেণি পরিবর্তনের তালিকা দেওয়া হলঃ

তালিকা ১

গ্রামীণ এলাকার জন্য (প্রতি এক শতক)

এখন যে ভাবে জমি ব্যবহৃত হচ্ছে	*শিল্প ও বাণিজ্য উদ্দেশ্যে ব্যবহৃত জমির জন্য।*
বাস্তু, পতিত, ডাঙ্গা এছাড়া অন্য জমি যা এখন চাষ বা অন্য উন্নয়নমূলক কাজে ব্যবহৃত হয় না	₹ ৩০
চাষযোগ্য জমি	₹ ৫০
পুকুর বা অন্য জলা জায়গা	₹ ১০০

তালিকা ২

কোলকাতা পৌরনিগম বাদে অন্যান্য পৌর এলাকায়

এখন যেভাবে জমি ব্যবহৃত হচ্ছে	*শিল্প ও বাণিজ্যের উদ্দেশ্যে ব্যবহৃত জমির শ্রেণি বদলের জন্য।*
বাস্তু, পতিত, ডাঙ্গা, এছাড়া অন্য জমি যা এখন চাষ বা অন্য উন্নয়নমূলক কাজে ব্যবহৃত হয় না	₹ ৪৫
চাষযোগ্য জমি	₹ ৭৫
পুকুর বা অন্য জলাভূমি (যদি শ্রেণি পরিবর্তণ অনুমোদিত হয়)	₹ ১৫০

তালিকা ৩

কোলকাতা পৌরনিগম এলাকায় (প্রতি শতক জমি)

এখন যেভাবে জমি ব্যবহৃত হচ্ছে	*শিল্প ও বাণিজ্যের উদ্দেশ্যে ব্যবহৃত জমির শ্রেণি বদলের জন্য*
বাস্তু, পতিত, ডাঙ্গা, এছাড়া অন্য জমি যা এখন চাষ বা অন্য উন্নয়নমূলক কাজে ব্যবহৃত হয় না	₹ ৬০
চাষ যোগ্য জমি	₹ ১০০
পুকুর বা অন্য জলাভূমি (যদি শ্রেণি পরিবর্তন অনুমোদিত হয়)	₹ ২০০

ভূমি ও ভূমি সংস্কার বিভাগের Order No. 643/LR/1A-01/2039 dt. 6.2.2009 অনুযায়ী ৫০০ (পাঁচশত) টাকা পর্যন্ত মিউটেশান ও শ্রেণি পরিবর্তনের ফি ট্রেজারি চালান/ব্যাঙ্ক ড্রাফ্ট/ ডি. সি. আ. (Duplicate Carbon Receipt) এর দ্বারা সরাসরি "0029-LR-00-800-Other Receipts-006-Misc." Head-এ জমা দেওয়া যায়।

শ্রেণি পরিবর্তনের আবেদনপত্রের সঙ্গে ওই জমির পার্শ্ববর্তী জমির মালিকদের "আপত্তি নেই" শীর্ষক শংসাপত্র দাখিল করবার প্রয়োজন নেই।

পোষ্ট ফ্যাক্টো শ্রেণি পরিবর্তনের জন্য দেয় ফি-এর তালিকা

(Notification No. 2221/LP/417-IS (Pt-V) dt. 21.6.2018)

ক্রমাঙ্ক	শ্রেনি পরিবর্তনের কারণ	১০ শতক পর্যন্ত প্রতি শতকের ফি		১০ থেকে ১ একর পর্যন্ত প্রতি শতকের ফি		১ একরের বেশি জমির ক্ষেত্রে প্রতি শতকের জন্য ফি	
		গ্রামীণ এলাকা (পঞ্চায়েত)	শহর এলাকা (পৌরসভা)	গ্রামীণ (পঞ্চায়েত)	শহর (পৌরসভা)	গ্রামীণ (পঞ্চায়েত)	শহর (পৌরসভা)
১	বাস্তু জমি (ব্যক্তিগত ভাবে ব্যবহারের জন্য)	৩০০	৯০০	৬০০	১২০০	৯০০	৯০০
২	তথ্য প্রযুক্তি নির্ভর শিল্প/দোকান, সংস্থা (establishment)/Logistic hubs/ Service Centres সহ শিল্প ব্যবস্থাপনা	১০০০	২০০০	২০০০	৪০০০	৪০০০	৮০০০
৩	শিক্ষাকেন্দ্র ও অফিসের জন্য জায়গা/ চিকিৎসাকেন্দ্র/বিদ্যালয়/মহাবিদ্যালয়/ প্রশিক্ষণকেন্দ্র/প্রযুক্তি শিক্ষালয়/শিক্ষাশ্রয়ী সংস্থা	১২০০	২৫০০	২৫০০	৫০০০	৫০০০	৮০০০
৪	বানিজ্যিক/রিয়েল এস্টেট/হাউসিং/ বসবাসযোগ্য এলাকা/মার্কেট কমপ্লেক্স	১৫০০	৩০০০	৩০০০	৬০০০	৬০০০	১০০০০

এক নজরে শ্রেণি পরিবর্তনের খুঁটিনাটি

২৪.৩.১৯৮৬-এর আগে	*২৪.৩.১৯৮৬ থেকে ১.১১.২০১০ পর্যন্ত*	*২৪.৩.১৯৮৬ থেকে ৭.১১.২০১৭ পর্যন্ত*
পঃ বঃ ভূমি সংস্কার আইনের (১৯৫৫) ৪গ ধারার সূচনা, ১৬৬ নং বিধি অনুযায়ী ২৪.৩.৮৬ থেকে কার্যকর।	পঃ বঃ ভূমি সংস্কার আইনের (১৯৫৫) ৪গ (৬) ধারার সূচনা, ৫কক (১) বিধি অনুযায়ী ১.১১.২০১০ থেকে কার্যকর।	পঃ বঃ ভূমি সংস্কার আইনের (১৯৫৫) ৪গ (৬) ধারার সূচনা, ৫কক (১ক) বিধি অনুযায়ী ৭.১১.২০১৭ থেকে কার্যকর।
স্বাভাবিক নিয়মে জমির শ্রেণি পরিবর্তন ঘটলে আগাম অনুমতির প্রয়োজন নেই।	শ্রেণি পরিবর্তনের জন্য আগাম অনুমতি প্রয়োজন।	শ্রেণি পরিবর্তনের জন্য আগাম অনুমতি প্রয়োজন।
আইনি বৈধতা গ্রহণের প্রশ্ন ওঠে না।	BL&LRO আগাম অনুমতি ছাড়াই পৌর এলাকায় ৩ শতক এবং গ্রামীণ এলাকায় ৮ শতক পর্যন্ত জলাভূমি বাদে অন্য শ্রেণিভুক্ত জমির শ্রেণি পরিবর্তন করতে পারবেন।	জলাভূমি বাদে আগাম অনুমতি ছাড়া পৌর এলাকায় ৩ শতক এবং গ্রামীণ এলাকায় ৮ শতক জমির শ্রেণি পরিবর্তনের জন্য আবেদনপত্র জমা দেওয়া যেতে পারে।
আবেদনপত্র জমা দেওয়ার নির্দিষ্ট সময়সীমা নেই।	আবেদনপত্র জমা দেওয়ার নির্দিষ্ট সময়সীমা নেই।	৭.১১.২০১৭ থেকে ছয় মাসের মধ্যে আবেদনপত্র জমা করতে হয়।
আবেদনপত্রের জন্য নির্দিষ্ট নির্দশ (Form) নেই	১গ (1C) নির্দশে আবেদন করতে হয়।	১ঘ (1D) নির্দশে আবেদন করতে হয়।
আইনি বৈধতা বিষয়ে আগাম অনুমোদনের প্রশ্ন ওঠেনা।	উর্ধতন কতৃপক্ষে আগাম অনুমোদন প্রয়োজন	ভূমি ও ভূমি সংস্কার দপ্তরের আগাম অনুমতি প্রয়োজন
নিদির্ষ্ট ফি (Fee) নেই	ইতিমধ্যে পরিবর্তিত শ্রেণির জমির জন্য Notification No. 6993-LR dt. 28.1.2010-এর সাপেক্ষে ভূমি রাজস্বের ২৫ গুণ অর্থ জমা দিতে হয়।	Notification No. 2221-LP/417/04-*IS* (Pt.-V) dt. 21.6.2018-এর সাপেক্ষে নিদির্ষ্ট ফি জমা দিতে হয়।

৮। জমির বেআইনি শ্রেণি পরিবর্তন [Illegal change of classification of the plot of land]. পশ্চিমবঙ্গ ভূমি সংস্কার আইনের ৪গ ধারামতে অনুমোদন না দিয়ে জমির শ্রেণি পরিবর্তন করলে তা বেআইনি শ্রেণি পরিবর্তন বলে বিবেচিত হবে এবং সংশ্লিষ্ট রায়তের বিরুদ্ধে উক্ত আইনের ৪ঘ (s. 4D) ধারা মতে ব্যবস্থা নিতে হবে।

বেআইনি শ্রেণি পরিবর্তনের কোনও অভিযোগ বা খবর পেলে প্রথমেই তা সংশ্লিষ্ট রাজস্ব পরিদর্শক বা আমিনবাবুর মাধ্যমে সরেজমিনে তদন্ত করতে হবে। তদন্তকালে পার্শ্ববর্তী জমির মালিক বা স্থানীয় ব্যক্তিদের লিখিত প্রতিবেদন বা বক্তব্য অবশ্যই নেওয়া প্রয়োজন। তদন্তে অভিযোগ বা খবর সত্য প্রমাণিত হলে সংশ্লিষ্ট রায়তকে কারণ দর্শানোর নোটিশ দিতে হবে এবং বেআইনি শ্রেণি পরিবর্তনের (যদি চলতে থাকে) কাজ বন্ধ করে পূর্ববর্তী শ্রেণিতে ফিরিয়ে দিতে নির্দেশ দিতে হবে। নির্দিষ্ট সময়ের মধ্যে কারণ দর্শানোর নির্দেশের উত্তর সন্তোষজনক না পাওয়া যায় তবে সংশ্লিষ্ট থানায় ঐ রায়তের বিরুদ্ধে অভিযোগ (FIR) দায়ের করতে হবে। অভিযোগপত্রের সঙ্গে কারণ দর্শানোর নোটিশ, অভিযুক্তের উত্তর, অকুস্থলে সরেজমিনে তদন্তের নোটিশ ও সরেজমিনে তদন্তের প্রতিবেদন, একটি স্কেচ ম্যাপ এবং তাতে পার্শ্ববর্তী (উঃ-দঃ-পূঃ-পঃ) দাগের বর্তমান দখলদার ও বাস্তু, পুকুর, বড় গাছ প্রভৃতির চিহ্ন এবং সংশ্লিষ্ট দাগের রেকর্ডের অনুলিপি (সরকারি কাজের জন্য কথাটি লিখে) জমা দিতে হবে। থানা থেকে FIR-এর নম্বর অবশ্যই সংগ্রহ করতে হবে। ঐ FIR-এর এক প্রস্থ অনুলিপি মহকুমা ও জেলা ভূমি সংস্কার আধিকারিকের নিকট পাঠাতে হবে। FIR-এ সাক্ষী হিসাবে তদন্তকারী আমিন/রাজস্ব পরিদর্শক এক স্থানীয়/পার্শ্ববর্তী রায়ত (যাদের লিখিত প্রতিবেদন নেওয়া হয়েছে) উল্লেখ করা প্রয়োজন। সমস্ত কাগজপত্র ভালোভাবে সংরক্ষণ প্রয়োজন কেন না পরে যখন সংশ্লিষ্ট আদালত থেকে সমন জারি হয় শুনানির জন্য, তখন অধিকাংশ ক্ষেত্রেই ঐ কাগজপত্রের অভাবে সরকার পক্ষের যথাযথ বক্তব্য পেশ করা সম্ভব হয় না। সমষ্টি ভূমি ও ভূমি সংস্কার আধিকারিক আদালতে অত্যন্ত অনাকাঙ্ক্ষিত অবস্থার সম্মুখীন হন। একটি বিষয় মনে রাখতে হবে সমষ্টি ভূমি ও ভূমি সংস্কার আধিকারিকরা ভূঃ সঃ আইনের ৪ঘ (s. 4D) ধারামতে অভিযোগ দায়ের করার জন্য যথাযথ ক্ষমতাপ্রাপ্ত।

৯। জেলা সমাহর্তার দ্বারা শ্রেণি পরিবর্তনের অনুমোদন সংক্রান্ত আদেশ সহ-সচিব (Joint Secretary) খারিজ করতে পারবেন না [A Joint Secretary cannot dismiss an order passed by the District Collector

relating to the approval of the change of character of the land]. বাড়ি নির্মাণের জন্য জেলা সমাহর্তা জমির শ্রেণি পরিবর্তনের জন্য পঃ বঃ ভূমি সংস্কার আইনের ৪গ ধারায় অনুমোদন দেন এবং উক্ত জমিতে বাড়ি তৈরিও সম্পূর্ণ হয়, সেক্ষেত্রে এমনকী মহামান্য উচ্চ ন্যায়ালয়ের আদেশ অনুযায়ী সহ-সচিব ওই অনুমোদন বাতিল করতে পারেন না। যদি মাননীয় জেলা সমাহর্তা মনে করেন উক্ত অনুমোদন দেওয়ার ক্ষেত্রে কোনও ভুলভ্রান্তি (mistake) হয়েছে অথবা যদি দেখেন স্বার্থসংশ্লিষ্ট ব্যক্তি মিথ্যা তথ্য পরিবেশন করেছেন, একমাত্র সেক্ষেত্রে তিনি ১৮৯৯ সালের The W.B. General Clause Act-এর ২২ ধারামতে পূর্বোক্ত অনুমোদন বাতিল করতে পারেন। যেহেতু মাননীয় জেলা সমাহর্তা ৪গ ধারায় বিচারকল্প (*quasi judicial*) হিসাবে দায়িত্ব পালন করেন, সুতরাং তার দেওয়া অনুমোদন সংক্রান্ত আদেশের বিরুদ্ধে রাজ্য সরকার নির্ধারিত কর্তৃপক্ষের নিকট আবেদন করতে পারেন।[৩]

১০। শ্রেণি পরিবর্তনের জন্য আবেদন অনুমোদন করতে অস্বীকার [Refusal of the grant of application for the change of character of the land]. প্রতিবাদী ক্রমাঙ্ক ১ ও ক্রমাঙ্ক ২ মামলায় উল্লিখিত জমির শ্রেণি পরিবর্তনের জন্য আবেদনপত্র দাখিল করতে চান, তারা আবাসন প্রকল্প (Housing Complex) হিসাবে জমির শ্রেণি পরিবর্তন করতে চাইছিলেন। কিন্তু তাদের আবেদন খারিজ করা হয় এই কারণ দেখিয়ে যে, উক্ত জমিতে একটি বন্ধ কারখানা আছে এবং রাজ্য সরকার পঃ বঃ জমিদারি অধিগ্রহণ আইনের (১৯৫৩) ৬(৩) ধারা অনুযায়ী কার্যকর ব্যবস্থা নেওয়া উপযুক্ত বলে মনে করে এবং যেহেতু ১৯৫৩ সালের পঃ বঃ জমিদারি অধিগ্রহণ আইনের ৬(৩) ধারা অনুযায়ী কার্যাবলির সূচনা হয়েছে সুতরাং ওই জমিতে আবাসন প্রকল্পের অনুমোদন দেওয়া যায় না।

এর আগে একটি পূর্ববর্তী আদেশে মহামান্য উচ্চ ন্যায়ালয় W.B.L.R.T.T.-কে নির্দেশ দেন, উক্ত জমিতে পঃ বঃ জমিদারি অধিগ্রহণ আইনের ৬(৩) ধারা প্রযোজ্য কিনা এবং যেহেতু ধারা ৬(৩)-এর কার্যাবলি বকেয়া রয়েছে এই কারণে জমির শ্রেণি পরিবর্তনের আবেদনটি খারিজ করা হয়েছে কিনা এই দুটি বিষয় সম্বন্ধে সিদ্ধান্ত নিতে। মহামান্য W.B.L.R.T.T. দেখেন বন্ধ ওই কারখানার জমিতে পঃ বঃ জমিদারি অধিগ্রহণ আইনের ৬(৩)

৩ *মহঃ এমদাদুল হক* বনাম *পশ্চিমবঙ্গ রাজ্য সরকার* 2008(3) CHN 87 (Cal) (DB); 2008(4) CHN 677.

ধারা প্রযোজ্য নয় এবং ওই জমি অকৃষি জমি ছাড়া আর কিছুই নয় এবং মহামান্য উচ্চ ন্যায়ালয়ের একটি বণ্টন মামলার সূত্রে নির্দিষ্ট গ্রাহকের (receiver) কাছ থেকে প্রতিবাদী ক্রমাঙ্ক ১ ও ক্রমাঙ্ক ২ উক্ত জমি ক্রয় করে মালিক হয়েছেন। আরও লক্ষ্য করেন তাদের নাম স্বত্বলিপিতে নথিভুক্ত হয়েছে, বর্তমান মামলার প্রতিবাদীগণ জমির শ্রেণি পরিবর্তনের জন্য যে আবেদন জমা দিয়েছেন জেলা সমাহর্তা তা খারিজ করতে পারেন না। জেলা ভূমি ও ভূমি সংস্কার আধিকারিককে এই আদেশ প্রাপ্তির সাত মাসের মধ্যে প্রতিবাদীগণের দাখিল করা জমির শ্রেণি পরিবর্তন বিষয়ক আবেদনটি নিষ্পত্তি করতে নির্দেশ দেওয়া হল।

পশ্চিমবঙ্গ রাজ্য সরকার ওই রায়কে চ্যালেঞ্জ জানায়, W.B.L.R.T.T.-এর দেওয়া ওই রায়ের বিরুদ্ধে মহামান্য কলিকাতা উচ্চ ন্যায়ালয়ের ডিভিশন বেঞ্চে আপিল দাখিল করেন। বিষয়টি পুঙ্খানুপুঙ্খ বিশ্লেষণ করে মহামান্য উচ্চ ন্যায়ালয় দেখেন খাস হওয়ার তারিখে বন্ধ হওয়া কারখানার ওই জমি ১৯৫৩ সালের পঃ বঃ জমিদারি অধিগ্রহণ আইনের ৬(৩) ধারার অধীনে আসে না। মহামান্য আদালত জানান বন্ধ হওয়া কারখানার জমিতে ৬(৩) ধারা প্রয়োগ করার কোনও প্রশ্নই ওঠে না রাজ্য সরকারের পক্ষে। সুতরাং জেলা সমাহর্তার পক্ষে অকৃষি ওই জমিতে আবাসন প্রকল্প তৈরির লক্ষ্যে দাখিল হওয়া শ্রেণি পরিবর্তনের আবেদন গ্রহণ ও নিষ্পত্তি করতে কোনও বাধা নেই। এছাড়া জেলা ভূমি ও ভূমি সংস্কার আধিকারিককে কোনওরূপ আর বিলম্ব না করে W.B.L.R.T.T.-এর রায় দ্রুত কার্যকর করতে নির্দেশ দেন মহামান্য উচ্চ ন্যায়ালয়ের ডিভিশন বেঞ্চ এবং ডিভিশন বেঞ্চের রায় গ্রহণ করার অনধিক দুই মাসের মধ্যে ওই রায় কার্যকর করতে আদেশ দেওয়া হয়।[৪]

১১। অনুমতি ছাড়াই জমির শ্রেণি পরিবর্তন [Changing classification of land without permission]. *দীপক সরকার* বনাম *পশ্চিমবঙ্গ সরকার*[৫] মামলায় আবেদনকারীর বিরুদ্ধে অভিযোগ ছিল যে বিবাদীয় জমির আয়তন, চরিত্র, ব্যবহারের ধরন কালেক্টর বা জেলাশাসকের বিনা অনুমতিতে বদল করেছেন এবং ১৯৫৫ সালের পঃ বঃ ভূমি সংস্কার আইনের ৪গ ধারার বিধান অমান্য করেছেন। দায়ের করা FIR-এর ভিত্তিতে কোতুলপুর থানা (জেলা বাঁকুড়া) ৬ সেপ্টেম্বর, ২০০৫ তারিখে ৭৬/২০০৫ ক্রমাঙ্কে পঃ বঃ ভূমি সংস্কার

৪ *পশ্চিমবঙ্গ রাজ্য সরকার* বনাম *স্টার আয়রন ওয়ার্কস লিমিটেড* AIR 2012 Cal 148 (DB).

৫ 2016(1) CHN 486 (Cal).

আইনের ৪ঘ (s. 4D) ধারামতে একটি মামলা রুজু করে। নিয়মমাফিক তদন্ত ও অনুসন্ধানের পর বর্তমান আবেদনকারী/অভিযুক্তের বিরুদ্ধে charge sheet জমা দেওয়া হয়। ট্রায়ালের সময় মাননীয় ম্যাজিস্ট্রেট দেখেন যে অভিযুক্ত ব্যক্তি ওই বিবাদীয় জমির শ্রেণি পরিবর্তনের জন্য একটি আবেদনপত্র দাখিল করেছিলেন এবং ওই আবেদনপত্র নিষ্পত্তির আগেই তিনি বিবাদীয় জমিতে একটি পেট্রোল পাম্প তৈরি করেছেন। সবচেয়ে চিত্তাকর্ষক বিষয় এই যে শ্রেণি পরিবর্তনের মূল নথি (Case Record)টি বিচারকের সম্মুখে পেশ করা যায়নি এই কারণে যে সেটি খুঁজে পাওয়া যায়নি। যেহেতু প্রাথমিক নথিটি হারিয়ে ছিল সেই কারণে মূল নথির অনুলিপি (ফটোকপি) কে ১৮৭২ সালের Indian Evidence আইনের ৬৩(২) ধারা অনুযায়ী দ্বিতীয় প্রামাণ্য নথি হিসাবে গ্রহণ করেন, কারণ যান্ত্রিক পদ্ধতিতে ওই অনুলিপিটি প্রস্তুত করা হয়েছিল।

ফৌজদারি বিধির ৪৮২ ও ৪০১ ধারার মূল সুর অনুযায়ী আবেদনকারীর বিরুদ্ধে অভিযোগ ছিল যে নির্ধারিত কর্তৃপক্ষের বিনা অনুমতিতে তিনি জমির চরিত্র ও প্রকৃতি বদল করেছেন। একথা অনস্বীকার্য যে হিন্দুস্থান পেট্রোলিয়াম কর্পোরেশান লিমিটেড এবং বর্তমান আবেদনকারী/অভিযুক্ত উভয়ই বিবাদীয় জমি ক্রয় করবার পর জমির শ্রেণি পরিবর্তনের জন্য ১১ই নভেম্বর, ২০০৩ আবেদন করেছিল, আরও স্বীকার্য যে বাঁকুড়া জেলাশাসক ২১শে জানুয়ারি, ২০০৪ বাঁকুড়া জেলা পুলিশ আধিকারিক ও ডাইরেক্টর জেনারেল অব ওয়েস্ট বেঙ্গল ফায়ার সার্ভিসকে চিঠি দিয়ে প্রয়োজনীয় তদন্ত করতে অনুরোধ করেছিলেন, ওই জমিতে পেট্রোল পাম্প স্থাপন করা বিষয়ে তাঁদের অভিমত জানাতে বলেছিলেন। অভিযুক্ত ব্যক্তি জমির মানচিত্র (site plan) দাখিল করেছিলেন। প্রস্তাবিত নির্মাণের বিরুদ্ধে স্থানীয় পঞ্চায়েত এবং স্থানীয় জনসাধারণ কোনও আপত্তি দাখিল করেনি। এরপর ভূগর্ভে ৯ কিলোলিটার (= ৯০০০ লিটার) মোটর স্পিড (MS) এবং ৩৭.২ কিলোলিটার হাই স্পিড ডিজেল (HSD) সঞ্চয় করবার জন্য ইস্পাতের চৌবাচ্চা বসাতে অতিরিক্ত জেলা শাসক "আপত্তি নেই" মর্মে শংসাপত্র দেন। ওই মাপের ইস্পাতের আধার স্থাপন করা বিষয়ে পঃ বঃ ফায়ার সার্ভিসের ডাইরেক্টর জেনারেল শর্ত দিয়েছিলেন, সেই শর্ত পূরণের লক্ষ্যে ওই ইস্পাত নির্মিত আধার বসানো হয়। সুতরাং এসব থেকে এটা প্রমাণিত যে সব কিছু নিয়ম মেনে করা হয়েছিল এবং আইনগত সমস্ত দিকের প্রতি লক্ষ্য রাখা হয়েছিল। সমস্ত তথ্য প্রমাণ ও নথি পর্যালোচনা করে এই সিদ্ধান্তে আসা যায় যে অভিযুক্ত ব্যক্তিকে দোষী সাব্যস্ত করবার মতো জোরালো যুক্তি মেলেনি। সুতরাং আবেদনকারীকে অপরাধী ঘোষণার রায় সমর্থন যোগ্য নয়।

১২। মাদুরদহ মৌজার ক্ষেত্রে পঃ বঃ ভূমি সংস্কার আইনের ৪গ ধারা প্রযোজ্য হবে কিনা [Whether s. 4C of the W.B.L.R. Act will be applicable to Madurdaha Mouza]. এই মৌজাটি না ছিল দক্ষিণ ২৪ পরগণায় না ছিল কলকাতা পৌরনিগম অঞ্চলের মধ্যে, ১৯৮৩ সালের কলকাতা পৌরনিগম সংশোধন আইন অনুযায়ী মাদুরদহ মৌজাটি কলকাতা পৌরনিগম অঞ্চলের সীমানার মধ্যে অন্তর্ভুক্ত হয়। ১৯৮৪ সালের ৪ঠা জানুয়ারি কলকাতা পৌরনিগম সংশোধন আইন, ১৯৮৩ কার্যকর হয়, তার আগে মাদুরদহ যাদবপুর পৌরসভার মধ্যে অন্তর্ভুক্ত ছিল। পূর্বোক্ত তথ্যগুলি বিশ্লেষণ করে ১৯৫৫ সালের পঃ বঃ ভূমি সংস্কার আইনের ১(২) ধারা অনুযায়ী মহামান্য আদালত বিনা দ্বিধায় এই মতামত দেন যে ৪গ ধারা মাদুরদহ মৌজাতেও প্রযোজ্য হবে। যেহেতু কলকাতা পৌরনিগম আইন, ১৯৮০ অনুযায়ী প্রথম পরিশিষ্টের (First Schedule) মধ্যে অন্তর্ভুক্ত ছিল না সুতরাং মাদুরদহ মৌজায় পঃ বঃ ভূমি সংস্কার আইন প্রযোজ্য হবে। পরবর্তী সময়ে ১৯৮৩ সালের কলকাতা পৌরনিগম (সংশোধন) আইন অনুযায়ী কলকাতা পৌরনিগমের মধ্যে অন্তর্ভুক্ত হয়েছে এবং তার আগে এই মৌজাটি ছিল যাদবপুর পৌরসভার মধ্যে।[৬]

[১][**৪ঘ। অপরাধ ও শাস্তি (Offences and penalties)** ঃ (১) ৪গ ধারার বিধান ছাড়া কোনও জমির ক্ষেত্রফল, চরিত্র বা ব্যবহার পদ্ধতির কোনও পরিবর্তন, বিপরীত ব্যবস্থা গ্রহণ অথবা ৪গ(৫) ধারা অনুসারে সমাহর্তার কোনও আদেশ অমান্য করলে তা [২][জামিন অযোগ্য অপরাধ হিসাবে বিবেচিত হবে এবং শাস্তির পরিমাণ তিন বছর পর্যন্ত কারাদণ্ড বা পঞ্চাশ হাজার টাকা অর্থদণ্ড অথবা উভয় প্রকার হতে পারে]ঃ

৬ *পশ্চিমবঙ্গ সরকার* বনাম *কম্পানিয়ন ট্রেডার্স (প্রাঃ) লিমিটেড* 2016(4) CHN 17 (Cal).

১ পশ্চিমবঙ্গ ভূমি সংস্কার (সংশোধন) আইন, ১৯৮১ (পশ্চিমবঙ্গ আইন ৫০, ১৯৮১)-এর ১০ ধারার মাধ্যমে যুক্ত এবং উক্ত আইনের ১(২) ধারার মাধ্যমে মূল আইনের ১(২) ধারায় উল্লিখিত অঞ্চল ছাড়া সমগ্র পশ্চিমবঙ্গে ৭.৮.১৯৬৯ তারিখ হতে বলবৎ হয়েছে।

২ পশ্চিমবঙ্গ ভূমি সংস্কার (সংশোধন) আইন, ২০০০ (পশ্চিমবঙ্গ আইন ৩১, ২০০০) অনুসারে "এক হাজার টাকা"-র পরিবর্তে "পঞ্চাশ হাজার টাকা" যুক্ত হয়েছে।

তবে ৪(৪) ধারা অনুসারে নির্ধারিত কর্তৃপক্ষ ইতিমধ্যে কোনও ব্যবস্থা ওই বিষয়ে নিয়ে থাকলে এই উপধারা অনুযায়ী কোনও দোষের জন্য অভিযোগ করা চলবে না।

[৩][..................]

(২) ২০০০ সালের পশ্চিমবঙ্গ ভূমি সংস্কার (সংশোধন) আইন [২০০০ সালের পশ্চিমবঙ্গের ৩১ নং আইন] দ্বারা এই উপধারাটি বাতিল হয়েছে।

[1][4D. Offences and penalties. (1) Any change, conversion or alteration in the area, character or mode of use of any land, except in accordance with the provisions of section 4C, or any violation of the order of the Collector under sub-section (5) of section 4C, [2][shall be a cognizable and non-bailable offence and shall be punishable with imprisonment for a term which may extend to three years or with fine which may extend to fifty thousand rupees or with both]:

Provided that no prosecution shall lie for an offence under this sub-section in a case where an action has already been taken by the prescribed authority under sub-section (4) of section 4:

[3][* * *]

৩ মূল আইনে ৪ঘ ধারার (১) উপধারার দ্বিতীয় অনুবিধিটি পশ্চিমবঙ্গ ভূমি সংস্কার (সংশোধন) আইন, ২০০৫ (পশ্চিমবঙ্গ আইন ২৮, ২০০৫)-এর ৭নং ধারার দ্বারা বাতিল ঘোষিত। পূর্বে অনুবিধিটি নিম্নরূপ ছিল ঃ

"অধিকন্তু এই শর্ত যে আয়তনের কোনও হ্রাস বা কোনও জমির প্রকৃতির পরিবর্তন অথবা কোনও জমির ব্যবহারে রূপান্তরের জন্য কোনও অভিযোগ চলবে না যদি অনুরূপ হ্রাস বা প্রকৃতির পরিবর্তন বা রূপান্তর তৎসময় বলবৎ কোনও আইনের বিধানগুলি অনুসারে করা হয়ে থাকে।"

এই দ্বিতীয় অনুবিধিটি পশ্চিমবঙ্গ ভূমি সংস্কার (তৃতীয় সংশোধন) আইন, ১৯৮৬ (পশ্চিমবঙ্গ আইন ৩৫, ১৯৮৬) দ্বারা যুক্ত হয়েছিল যাহা ১২.৫.১৯৮৯ হতে বলবৎ করা হয়েছিল।

1 *Inserted* by Act 50 of 1981, w.r.e.f. 7.8.1969, *Calcutta Gazette*, dated 24.3.1986.

2 *Substituted* by Act XXXI of 2000 w.r.e.f. 7.8.1969.

3 *Omitted* by the W.B. Land Reforms (Amendment) Act, 2005 (W.B. Act XXVIII of 2005) w.e.f. 1.12.2005. Earlier the proviso was inserted by W.B. Act XXXV of 1986, published in the *Calcutta Gazette*, dated 12.5.1989 (w.e.f. 12.5.1989) which stood as follows:

[4](2) [* * *]

আলোচনার সূচী

১। সূচনা [Commencement]. ১৯৮১ সালের পঃ বঃ ভূমি সংস্কার (সংশোধন) আইন [১৯৮১ সালের পশ্চিমবঙ্গের ৫০ নং আইন] দ্বারা ৪ঘ ধারা মূল আইনে যুক্ত করা হয়। কলিকাতা গেজেটে এটি প্রকাশিত হয় ২৪.৩.১৯৮৬ -তে। এটি ৭.৮.১৯৬৯ থেকে বলবৎ হয়েছে ধরা হবে।

৪ঘ(১) ধারায় বলা আছে কোনও জমির শ্রেণি পরিবর্তন ব্যবহারের পদ্ধতির পরিবর্তন, আয়তনের হ্রাস/বৃদ্ধি সংশ্লিষ্ট সমাহর্তার অনুমতি ছাড়া করলে তা জামিন অযোগ্য অপরাধ হিসাবে গণ্য হবে। এই শাস্তির পরিমাণ আগের বিধানে ছিল তিন বছরের কারাবাস বা ১০০০.০০ (এক হাজার) টাকা জরিমানা অথবা উভয়-ই। ২০০০ সালের পঃ বঃ ভূমি সংস্কার (সংশোধন) আইন দ্বারা এই শাস্তির পরিমাণ বৃদ্ধি করা হয়েছে। অর্থদণ্ডের পরিমাণ স্থির হয়েছে ৫০,০০০.০০ (পঞ্চাশ হাজার) টাকা।

৪ঘ(১) ধারার শেষে দুটি অনুচ্ছেদ আছে। প্রথম অনুচ্ছেদটি মূল ধারা যুক্ত হওয়ার সময়েই ছিল। এই অনুচ্ছেদে রয়েছে যদি ৪(৪) ধারা অনুযায়ী যদি ইতিমধ্যেই কোনও ব্যবস্থা কর্তৃপক্ষ গ্রহণ করে থাকেন তবে ৪ঘ(১) ধারা অনুযায়ী আর শাস্তি দেওয়া যাবে না। অর্থাৎ ৪(৪) ধারা অনুযায়ী শাস্তি এবং ৪ঘ(১) ধারা অনুযায়ী শাস্তি দুটো একই সাথে প্রয়োগ করা যাবে না।

প্রথমে ৪ঘ ধারার (২) নং উপধারা ছিল। কিন্তু ২০০০ সালের পঃ বঃ ভূমি সংস্কার (সংশোধন) আইন দ্বারা ৪ঘ(২) ধারাটি বাতিল করা হয়েছে।

"Provided further that no prosecution shall lie for any diminution in area or change of character of any land or any conversion in the use of any land if such diminution or change of character or conversion was made in accordance with the provisions of any law for the time being in force."

4 *Omitted* by Act XXXI of 2000, w.r.e.f. 7.8.1969.

২। এক্তিয়ার অবগত হওয়া, ৪গ ধারা লঙ্ঘনের জন্য ফৌজদারি বিধি খারিজ [Realisation of authority, rejection of Penal Code in terms of violation s. 4C]. এই অভিযোগে আবেদনকারীর বিরুদ্ধে FIR করা হয়েছে যে তিনি জেলা সমাহর্তার কাছ থেকে কোনওরূপ অনুমোদন না নিয়ে মাটি কেটেছেন এবং ২০০০ সালের আগে থেকে ইট তৈরি করছেন, যার ফলে তিনি পঃ বঃ ভূমি সংস্কার আইনের ৪ঘ (s. 4D) ধারা এবং ৩০ ক্রমাঙ্কের বিধি এবং ভারতীয় দণ্ডবিধির (IPC) ২৯০/৩৭৯/৪৪৭ ধারায় অভিযুক্ত। উক্ত কার্যাবলি বাতিলের জন্য তিনি ফৌজদারি দণ্ডবিধির ৪৮২ ধারায় আবেদন করেছেন। দেখা গিয়েছে এই সমস্যাটি হুবহু *ছোটেলাল চৌধুরী* বনাম *পশ্চিমবঙ্গ সরকার*[১] মামলার অনুরূপ। ওই মামলায় একই অভিযোগ আনা হয় যা খারিজ করা হয়েছিল। রাজ্য সরকারের পক্ষে বলা হয়েছে, অনুমতি না নিয়ে আবেদনকারী মাটি কেটে ইট প্রস্তুত করেন সুতরাং অভিযোগ আইনসম্মত। মহামান্য ডিভিশন বেঞ্চ ২৯.৯.২০০০ তারিখের ২৭৩৯(১৮) এল. রেফ ক্রমাঙ্কের সার্কুলারটির সাপেক্ষে তার সিদ্ধান্ত জানান। আবেদনকারী একজন W.B. Brick Field Owner Association-এর সদস্য, যিনি ছোটেলাল চৌধুরীর মামলাটি দায়ের করেছেন। মহামান্য আদালত জানান আবেদনকারী ইটভাটা চালু রাখার অধিকারী কারণ পূর্বে একটি মামলা মহামান্য ডিভিশন বেঞ্চ জানিয়েছেন ইটভাটা চালু রাখার ক্ষেত্রে কোনও অনুমতির প্রয়োজন নেই এবং ইটভাটার মালিক রাজ্য সরকারকে কেবলমাত্র রয়েলটি (royalty) প্রদান করতে বাধ্য থাকবেন। সুতরাং মহামান্য উচ্চ ন্যায়ালয় আবেদনকারীর বিরুদ্ধে দায়ের করা ফৌজদারি অভিযোগ খারিজ করলেন।[২]

৩। ৪গ ধারা লঙ্ঘনের জন্য ৪ঘ ধারার অধীনে দায়ের করা ফৌজদারি অভিযোগ যেক্ষেত্রে খারিজযোগ্য নয় [In some cases lodged FIR under s. 4D in terms of violation s. 4C is not rejectionable]. আবেদনকারী অন্যান্যদের সাথে ৫০টি আমগাছ ও ২০টি নারকেল গাছ কাটা অভিযোগে অভিযুক্ত হন, স্থানীয় পুলিশ কর্তৃপক্ষ দ্বারা তাদের বিরুদ্ধে চার্জ শিট দাখিল করা হয় এই অভিযোগে যে, তারা ৪গ ধারা (পঃ বঃ ভূমি সংস্কার আইন) লঙ্ঘন করেছেন। FIR-এ অনেকগুলি দাগের উল্লেখ আছে, বলা হয়েছে ১৯৫৫ সালের পঃ বঃ ভূমি সংস্কার আইনের ৪গ ধারা লঙ্ঘন করে জমির চরিত্র বদলের চেষ্টা করেছেন।

১ 2008(3) CHN 1060 (Cal).

২ *নারায়ণ চন্দ্র সাহা* বনাম *পশ্চিমবঙ্গ রাজ্য সরকার* 2009(2) CHN 203 (Cal).

অন্যদিকে আবেদনকারীগণ জানিয়েছেন, অধিকাংশ জমি তারা বিক্রি করেছেন, যে জমিগুলির উল্লেখ রয়েছে FIR-এ। কিন্তু তারা একটি বিশেষ বক্তব্যের উপর জোর দিয়েছেন, জঙ্গল বহির্ভূত অঞ্চলের বাইরে কোনও ব্যক্তি মালিকানার জমি থেকে গাছ কাটার জন্য ৪গ ধারায় কোনও অনুমতি নেওয়ার প্রয়োজন নেই। তাদের বক্তব্যের সমর্থনে *রামচন্দ্র সাহা* বনাম *পশ্চিমবঙ্গ সরকার*[৩] মামলাটির উল্লেখ করেন। ওই মামলার রায়দান প্রসঙ্গে মহামান্য সর্বোচ্চ ন্যায়ালয় জানান জঙ্গল বহির্ভূত ব্যক্তিগত গাছ, বাগান, ফলের বাগিচা কাটার ক্ষেত্রে ৪গ ধারায় কোনও অনুমতি নেওয়ার প্রয়োজন নেই।

মহামান্য সর্বোচ্চ ন্যায়ালয়ের আদেশের নিরিখে একক আদালত জানান জঙ্গল বহির্ভূত এলাকায় ব্যক্তিগতভাবে লাগানো গাছ যদিও অনুমতি ছাড়াই রায়ত কাটতে পারেন এবং ৪গ ধারায় জেলা সমাহর্তার কাছ থেকে অনুমতি নেওয়ার প্রয়োজন নেই। আবেদনকারী এবং অন্যান্যদের বিরুদ্ধে ৪ঘ ধারায় দায়ের করা FIR শুধু মাত্র গাছ কাটা জনিত অপরাধের জন্য নয়, চরিত্র বদল করার বিরুদ্ধেও ওই FIR করা হয়েছে। সুতরাং মহামান্য আদালত আবেদনকারী ও অন্যান্যদের বিরুদ্ধে আনা ফৌজদারি অভিযোগগুলি খারিজ করতে চাননি এই কারণে যে, ফৌজদারি অভিযোগগুলি প্রমাণ সাপেক্ষে বিবেচনা করা প্রয়োজন, যদি নথি, প্রমাণ বিশ্লেষণ করা হয় তবেই বোঝা যাবে পঃ বঃ ভূমি সংস্কার আইনে ৪গ ধারা আবেদনকারী ও অন্যান্যরা লঙ্ঘন করেছেন কিনা?[৪]

৪. অপরাধ ও শাস্তি [Crime and penalty]. যেহেতু পঃ বঃ সরকারের কর্তৃপক্ষের আইনের ৪গ ধারা অনুযায়ী quarry permit দেওয়ার কোনও অধিকারই নেই, সুতরাং তারা ৪ঘ (s. 4D) ধারা অনুসারে শাস্তি দিতে পারে না এই অভিযোগে যে সংশ্লিষ্ট জমি ইট তৈরির জন্য জমির শ্রেণি পরিবর্তন হয়েছে এবং quarry permit ছাড়াই সংশ্লিষ্ট জমি থেকে মাটি কাটা হয়েছে। সুতরাং মহামান্য উচ্চ ন্যায়ালয় আবেদনকারীর বিরুদ্ধে দায়ের করা ৪ঘ ধারায় মামলাটি বাতিল ঘোষণা করলেন।[৫]

[১][**৪ঙ। নিবন্ধীকরণের ক্ষেত্রে বাধা (Bar to registration) ঃ** ১৯৭৬ সালের পৌর জমি (সর্বোচ্চ সীমা ও প্রবিধান) আইনে উল্লিখিত আরবান অ্যাগলোমারেশন

৩ 2005(1) Cal LJ 163 (SC).

৪ *তপন কুমার মিত্র* বনাম *পশ্চিমবঙ্গ সরকার* 2009(3) CHN 379.

৫ *ছোটেলাল চৌধুরী* বনাম *পঃ বঃ সরকার* 2008(3) CHN 1060 (Cal).

১ পশ্চিমবঙ্গ ভূমি সংস্কার (সংশোধন) আইন, ১৯৮১ (পশ্চিমবঙ্গ আইন ৫০, ১৯৮১)-এর ১০ ধারার মাধ্যমে যুক্ত এবং উক্ত আইনের ১(২) ধারার মাধ্যমে মূল আইনের ১(২) ধারায় উল্লিখিত অঞ্চল ছাড়া সমগ্র পশ্চিমবঙ্গে ৭.৮.১৯৬৯ তারিখ হতে বলবৎ হয়েছে।

অন্তর্ভুক্ত জমি অথবা রাজ্য সরকার দ্বারা সরকারি গেজেটে বিজ্ঞাপন দ্বারা প্রকাশিত ওই রকম আরবান অ্যাগলোমারেশান অন্তর্ভুক্ত অন্য জমি এবং মূলত চাষের জন্য বা ফলের বাগানের জন্য ব্যবহৃত কোনও জমি বা জমির ভিতরের স্বত্ব, সমাহর্তার লিখিত আদেশ ছাড়া হস্তান্তর (বিক্রি বা জমির বাকী রাজস্ব আদায়ের জন্য আদালতের আদেশ কার্যকর করার বেলায়) বৈধ বলে গণ্য হবে না এবং কোনও নিবন্ধন কর্তৃপক্ষ সমাহর্তার লিখিত আগাম অনুমতি ছাড়া ১৯০৮ সালের নিবন্ধন আইনের বিধান থাকা সত্ত্বেও ওই হস্তান্তরের দলিল নিবন্ধন করবেন না ঃ

তবে সমাহর্তার কাছে দাখিল করা আবেদন ৬০ (ষাট) দিনের মধ্যে সমাহর্তা যদি নিষ্পত্তি করতে অপারগ হন তবে নিবন্ধন কর্তৃপক্ষ নিজের ক্ষমতায় দেওয়ানি আদালতের ডিক্রি বলবৎ করার উদ্দেশ্যে বা স্বেচ্ছায় নিবন্ধনের জন্য নিজেই নিবন্ধন করবেন।]

[1][4E. Bar to registration. **No transfer (including sales in execution of a decree of a civil court or for recovery of arrears of land revenue) of any land or interest in such land within an urban agglomeration as defined in the Urban Land (Ceiling and Regulation) Act, 1976 (Act 33 of 1976), or within any part of such urban agglomeration, as may be specified by the State Government by notification in the *Official Gazette* and used mainly for agriculture or as an orchard, without any order in writing of the Collector shall be valid and no registering authority shall, notwithstanding the provisions of the Registration Act, 1908 (Act 16 of 1908), register a document of such transfer unless order of the Collector in writing permitting such transfer is produced:**

Provided that an application made to the Collector for permission for any such transfer made of one's own motion or for registration of a transfer in execution of a decree of a civil court shall be disposed of by the Collector within sixty days of the filing of the application failing which it shall be within the rights of the registering authority to register the document of the transfer.]

আলোচনার সূচী

1 *Inserted* by Act 50 of 1981, w.r.e.f. 7.8.1969, *Calcutta Gazette*, dated 24.3.1986.

১। সূচনা [Commencement]. ৪ঙ ধারাটি ১৯৮১ সালের পঃ বঃ ভূমি সংস্কার (সংশোধন) আইন [১৯৮১ সালের পশ্চিমবঙ্গের ৫০ নং আইন] দ্বারা যুক্ত করা হয়েছে। এটির কার্যকারীতা ধরা হয়েছে ৭.৮.১৯৬৯ তারিখ থেকে। এই ধারাটির দ্বারা প্রথম কোনও জমির নিবন্ধীকরণের উপর বিধিনিষেধ আরোপ করা হয়েছে। ১৯৭৬ সালের পৌর জমি (সর্বোচ্চ সীমা ও প্রবিধান) আইন অনুসারে নির্দিষ্ট জমি বা রাজ্য সরকার দ্বারা বিজ্ঞাপিত অন্য কোনও জমি বিশেষ করে কৃষি জমি বা বাগান জমির নিবন্ধীকরণ সমাহর্তার আগাম অনুমতি ছাড়া বৈধ হবে না। কোনও রায়ত সমাহর্তার নিকট অনুমতি চেয়ে আবেদন করার ৬০ (ষাট) দিনের মধ্যে যদি ওই আবেদনের মীমাংসা সমাহর্তা না করতে পারেন, তবে নিবন্ধীকরণ আধিকারিক (Registering Officer) নিজের ক্ষমতাবলে ওই সম্পত্তি হস্তান্তরের দলিল নিবন্ধীকরণ করতে পারেন।

২. এই ধারা যুক্ত করার উদ্দেশ্য [Object]. ১৯৯৬ সালের পৌর জমি (সর্বোচ্চ সীমা ও প্রবিধান) আইনের অধীন শহরের কৃষি জমিগুলি ছিল না। ফলে ওই কৃষি জমিগুলির শ্রেণি পরিবর্তন আটকানোর উপায় ছিল না। এই ধারাটি যুক্ত করার উদ্দেশ্য হল শহরের কৃষিজমির শ্রেণি পরিবর্তন যাতে বন্ধ করা যায়। ৪(৪) ধারা এবং ৪গ ধারায় শ্রেণি পরিবর্তনের বিরুদ্ধে শাস্তির বিধান থাকলেও ৪ঙ ধারায় এটি অতিরিক্ত ব্যবস্থা বলা যায়।

৩. শহরের বাড়ির জমির ক্ষেত্রে ৪ঙ ধারা প্রযোজ্য হবে না [Section 4E will not be applicable in the homestead land of a town]. মূলত পৌর এলাকার কৃষি জমির ক্ষেত্রে ৪ঙ ধারা প্রযোজ্য হয়। কিন্তু কোনও বাস্তু জমির ক্ষেত্রে ৪ঙ ধারা প্রযোজ্য হয় না। যে জমিতে বাড়ি আছে বা বাড়ি হওয়ার যোগ্য এরকম কোনও জমির ক্ষেত্রেও এই ধারা প্রযোজ্য হয় না।

কোন্ কোন্ জমি আরবান অ্যাগলোমারেশান হিসাবে গণ্য হবে তা ১৯৭৬ সালের পৌর জমি (সর্বোচ্চ সীমা ও প্রবিধান) আইনের ২(ঢ) ধারায় উল্লেখ করা আছে। পশ্চিমবঙ্গের সমস্ত পৌর এলাকাগুলি বিশ্লেষণ করে ১৯৭৬ সালের পৌর জমি (সর্বোচ্চ সীমা ও প্রবিধান) আইন অনুযায়ী আরবান অ্যাগলোমারেশান এলাকাগুলি ১ নং তফসিলের ১৫ নং তালিকায় পর পর উল্লেখ করা হয়েছে।

ওই তালিকাটি দেওয়া হল।

State/Union Territories	*Towns*	*Peripheral Area*	*Category*
(1)	(2)	(3)	(4)
15. West Bengal	**1. Calcutta U. A.** **(*i*) Calcutta-M Corp.** **2. Howrah-M Corp.** **3. South Suburban-M. Corp.** **4. Bhatpara-M** **5. South Dum Dum-M** **6. Kamarhatti-M** **7. Garden Reach-M** **8. Panihati-M** **9. Baranagar-M** **10. Hooghly Chinsurah-M** **11. Serampore-M** **12. Barackpore-M** **13. Titagarh-M** **14. Naihati-M** **15. Kanchrapara-M** **16. North Barackpore-M** **17. Chandannagore-M, Corp.** **18. Halisahar-M** **19. Ullaspara Kotrang-M** **20. North Dum Dum-M** **21. Rishra-M** **22. Bansberia-M** **23. Panchur-M** **24. Champdani-M** **25. Baidyabati-M** **26. Bhadreswar-M** **27. Garulia-M** **28. Bally-NM** **29. Konnagore-M** **30. Khardah-M** **31. Dum Dum-M** **32. Deulpara-NM** **33. Barackpore Cantonment-Cantt.** **34. Kasba-NM** **35. Garfa-NM** **36. Sultanpore-NM** **37. Kalyani-NM** **38. Bansdroni-NM** **39. Santoshpore-NM** **40. Rajapore-NM** **41. Jadavpur-NM** **42. Bedemasar-NM**	**8 K.M.**	**A**

State/Union Territories	Towns	Peripheral Area	Category
(1)	(2)	(3)	(4)
	43. Ichapur Defence Estate-NM 44. Jigannathgarh-NM 45. Sarenga-NM 46. Makhla-NM 47. Nabagram Colony-NM 48. Sankrail-NM 49. Kalora-NM 50. Benuka-NM 51. Niba-NM 52. Kambahari-NM 53. Manikpore-NM 54. Basupore-NM 55. Patulia-NM 56. Chakapara-NM 57. Mahiari-NM 58. Duhilya-NM 59. Garai-NM 60. Gardaha-NM 61. Krishnagar-NM 62. Jorhat-NM 63. Madrai Phingapara-NM 64. Chakdaha-NM 65. Masila-NM 66. Purba Putiari-NM 67. Bisarpara-NM 68. Panpore-NM 69. Bandra-NM 70. Kerulia-NM 71. Dum Dum Aerodrom Area-NM 72. Podara-NM 73. Andul-NM 74. Narayanpore-NM		
	2. Asansol U.A. (*a*) Asansol-M (*b*) Outer Burnpore-NM	1 K.M.	D
	3. Durgapur NA	1 K.M.	D

N.B. : 'M. Corp.' means Municipal Corporation
'M' means Municipality
'NM' means Non-Municipal
'Cantt.' means Cantonment
'NA' means Notified Area.

[১][৫। রায়তের [জমির] হস্তান্তরকরণ (Transferability of [plot of land] of a raiyat)** ঃ (১) রায়তের [২][জমির দাগের] বা তার প্রাপ্য অংশ নিবন্ধীকৃত দলিলের মাধ্যমে হস্তান্তরিত হবে এবং কোনও নিবন্ধীকরণ আধিকারিক ওই দলিল নিবন্ধীকরণের জন্য নেবেন না, যদি—

(ক) বিক্রয়মূল্য বা যেক্ষেত্রে বিক্রয়মূল্যে নেই সেক্ষেত্রে হস্তান্তরিত [২][জমির দাগের] বা তার প্রাপ্য অংশের মূল্য দলিলে উল্লেখ করা না থাকে, এবং

(খ) তার সাথে—

(১) [৩][নির্ধারিত কর্তৃপক্ষের] কাছে পাঠানোর জন্য নির্দিষ্ট নিদর্শে হস্তান্তরের বিবরণ সহ নোটিশ না থাকে;

(২) উপধারা (৪) অনুযায়ী প্রয়োজনীয় নোটিশ এবং প্রসেস ফি দেওয়া না থাকে;

১ এই ধারাটি ২২.২.১৯৬৫ তারিখের ২৭৯৮-এল. রেফ্. সংখ্যায়িত সরকারি প্রজ্ঞাপনের মাধ্যমে মূল আইনের ১(২) ধারায় উল্লিখিত অঞ্চল এবং বিহার হতে আগত অঞ্চলগুলি ছাড়া সমগ্র পশ্চিমবঙ্গে ১.৩.১৯৬৫ তারিখ হতে বলবৎ হয়েছে; এবং

২৫.৯.১৯৬৯ তারিখের ১৭৮৮৫-এল. রেফ্. সংখ্যায়িত সরকারি প্রজ্ঞাপনের মাধ্যমে বিহার হতে পশ্চিমবঙ্গে আগত সমগ্র অঞ্চলে ১.১০.১৯৬৯ তারিখ হতে বলবৎ হয়েছে।

২ 'জমি' শব্দটি পশ্চিমবঙ্গ ভূমি সংস্কার (সংশোধন) আইন, ২০০০ [পশ্চিমবঙ্গ আইন ৩১, ২০০০]-এর ১০ ধারার মাধ্যমে "জোত" ও "holding"-এর জন্য অনুকল্পিত, যাহা ৭.৮.১৯৬৯ তারিখ হতে বলবৎ হয়েছে।

৩ পশ্চিমবঙ্গ ভূমি সংস্কার (ভূমিখণ্ড হস্তান্তর) নিয়মাবলি, ১৯৬৫-এর ৫ নিয়মানুযায়ী জেলা সমাহর্তা এবং ১৪.৯.১৯৬৭ তারিখের ১৫০৮৮-এল. রেফ্. সংখ্যায়িত সরকারি প্রজ্ঞাপন অনুযায়ী নিজ নিজ এলাকায় মহকুমা শাসকগণ উপধারা ১(খ)(১) এবং উপধারা ২-এ উল্লিখিত 'নির্ধারিত কর্তৃপক্ষ'; এবং

১২.১০.১৯৭২ তারিখের ১৫৬৫০-এল. রেফ্. সংখ্যায়িত প্রজ্ঞাপনের মাধ্যমে সকল জেলার অধস্তন ভূমি সংস্কার আধিকারিকগণ নিজ নিজ এলাকায় ৫(১)(খ)(১) এবং ৫(২) ধারাতে উল্লিখিত 'নির্ধারিত কর্তৃপক্ষ' নিযুক্ত হয়েছেন।

[৪](গ) জমির হস্তান্তর গ্রহীতা কি উদ্দেশ্যে ওই জমি ব্যবহার করবেন দলিলে তার উল্লেখ না থাকে; এবং

(ঘ) যেভাবে ব্যবহারের জন্য জমিটি দেওয়া হয়েছে তার সাথে মিল রেখে ওই জমি ব্যবহৃত হবে অথবা আগে যেভাবে ব্যবহৃত হত সেইভাবেই ব্যবহৃত হবে এবং ৪খ, ৪গ, ৪ঙ এবং ৪৯ নং ধারাগুলির সাথে অসঙ্গতিপূর্ণ হবে না—এই মর্মে ঘোষণা না থাকে।

ব্যাখ্যা ঃ কৃষি কাজ, উদ্যান পালন, পশু পালন, ব্যাবসা, বাণিজ্যিক সংস্থা, আমোদপ্রমোদ, ক্রীড়া বা খেলাধূলা, বিনোদন বা অন্য কোনও উদ্দেশ্য উপধারা (গ) এবং (ঘ)-এর অন্তর্ভুক্ত হবে।]

(২) কোনও [৫][জমির দাগ] বা তার অংশ ইচ্ছাপত্র (will)-এর মাধ্যমে দান করার বেলায় কোনও আদালত [৬][নির্ধারিত কর্তৃপক্ষের] কাছে পাঠানোর জন্য নির্দিষ্ট নিদর্শে ইচ্ছাপত্রের মাধ্যমে দানের পূর্ণ বিবরণ জানিয়ে নোটিশ সহ প্রসেস ফি আবেদনকারী যতক্ষণ জমা না দিচ্ছেন উইলের মাধ্যমে দানের পরিচালনার আদেশ অনুমোদন করবেন না।

(৩) যতক্ষণ না পর্যন্ত কোনও ক্রেতা বা বন্ধকগ্রহীতা (১) নং উপধারায় উল্লিখিত নোটিশ এবং প্রয়োজনীয় প্রসেস ফি জমা না দিচ্ছেন কোনও আদালত বা রাজস্ব আধিকারিক এরকম কোনও জমি বা তার কোনও

৪ পশ্চিমবঙ্গ ভূমি সংস্কার (সংশোধন) আইন, ১৯৮১ (পশ্চিমবঙ্গ আইন ৫০, ১৯৮১)-এর ১১(১)(খ) ধারার মাধ্যমে যুক্ত এবং এই আইনের ১(২) ধারার মাধ্যমে ৭.৮.১৯৬৯ তারিখ হতে বলবৎ হয়েছে।

৫ পশ্চিমবঙ্গ ভূমি সংস্কার (সংশোধন) আইন, ২০০০ (পশ্চিমবঙ্গ আইন ৩১, ২০০০)-এর ১০ ধারার মাধ্যমে "জোত" ও "holding"-এর জন্য যুক্ত, যাহা ৭.৮.১৯৬৯ তারিখ হতে বলবৎ হয়েছে।

৬ পশ্চিমবঙ্গ ভূমি সংস্কার (ভূমিখণ্ড হস্তান্তর) নিয়মাবলি, ১৯৬৫-এর ৫ নিয়মানুযায়ী জেলা সমাহর্তা এবং ১৪.৯.১৯৬৭ তারিখের ১৫০৮৮-এল. রেফ্. সংখ্যায়িত সরকারি প্রজ্ঞাপন অনুযায়ী নিজ নিজ এলাকায় মহকুমা শাসকগণ উপধারা ১(খ)(১) এবং উপধারা ২-এ উল্লিখিত 'নির্ধারিত কর্তৃপক্ষ'; এবং

১২.১০.১৯৭২ তারিখের ১৫৬৫০-এল. রেফ্. সংখ্যায়িত প্রজ্ঞাপনের মাধ্যমে সকল জেলার অধস্তন ভূমি সংস্কার আধিকারিকগণ নিজ নিজ এলাকায় ৫(১)(খ)(১) এবং ৫(২) ধারাতে উল্লিখিত 'নির্ধারিত কর্তৃপক্ষ' নিযুক্ত হয়েছেন।

অংশ কোনও ডিক্রি বা শংসাপত্র অনুসারে বিক্রি হলে তা অনুমোদন করবেন না এবং কোনও কোনও সময় বন্ধক দেওয়া জমি বিক্রি হলেও আদালত সেই বন্ধক দেওয়া জমির চূড়ান্ত পরিসমাপ্তির ডিক্রি বা আদেশ দিতে পারবে না।

(৪) যদি কোনও [৭][জমির দাগ] বা তার অংশ এমনভাবে হস্তান্তর হয় যেখানে ৮ নং ধারা কার্যকর হবে তা হলে হস্তান্তরকারী বা হস্তান্তর গ্রহীতা নির্দিষ্ট নিদর্শে হস্তান্তরের বর্ণনাসহ নোটিশ ওই জমির সমস্ত শরিকদের অর্থাৎ যারা ওই হস্তান্তরের পক্ষে নন, ওই নোটিশ দেওয়ার জন্য প্রসেস ফি সহ জমা দেবেন নিবন্ধন আধিকারিকের কার্যালয়, আদালত ভবন ও রাজস্ব আধিকারিকের করণে এবং ওই জমিতে টাঙানোর জন্য জমা দেবেন।

(৫) কোনও কোনও ক্ষেত্রে আদালত, রাজস্ব আধিকারিক বা নিবন্ধন কর্তৃপক্ষ ৫(১)(খ) (১) ধারায় উল্লিখিত কর্তৃপক্ষের কাছে নোটিশ পাঠাবেন। তিনি (৪) নং উপধারায় উল্লিখিত শরিকদের নিবন্ধিত ডাকযোগে নোটিশ পাঠাবেন এবং নিবন্ধন আধিকারিকের কার্যালয়, আদালত ভবন বা রাজস্ব আধিকারিকের কার্যালয়ে টাঙানোর ব্যবস্থা করবেন।

ব্যাখ্যা ঃ এই ধারায়–

(ক) হস্তান্তরকারী, [৮][হস্তান্তরগ্রহণকারী] ক্রেতা এবং বন্ধকগ্রহীতা এদের মধ্যে তাদের উত্তরাধিকারীরাও অন্তর্ভুক্ত হবেন।

(খ) "হস্তান্তর" বলতে [৯][সাধারণ বা খাই-খালাসি বন্ধক বা জমির দলিল জমা রেখে যে বন্ধক বোঝায়] তা নয়।

৭ পশ্চিমবঙ্গ ভূমি সংস্কার (সংশোধন) আইন, ২০০০ (পশ্চিমবঙ্গ আইন ৩১, ২০০০)-এর ১০ ধারার মাধ্যমে "জোত" ও "holding"-এর জন্য অনুকল্পিত, যা ৭.৮.১৯৬৯ তারিখ হতে বলবৎ হয়েছে।

৮ পশ্চিমবঙ্গ ভূমি সংস্কার (সংশোধন) আইন, ১৯৮১ (পশ্চিমবঙ্গ আইন ৫০, ১৯৮১)-এর ১১(২) ধারার মাধ্যমে যুক্ত এবং এই আইনের ১(২) ধারার মাধ্যমে ৭.৮.১৯৬৯ তারিখ হতে বলবৎ হয়েছে।

৯ "বাটোয়ারা বা সাধারণ বা খাই-খালাসি বন্ধক" শব্দগুলির স্থলে পশ্চিমবঙ্গ ভূমি সংস্কার (সংশোধন) আইন, ১৯৭২ (পশ্চিমবঙ্গ আইন ১২, ১৯৭২)-এর ৪ ধারার মাধ্যমে যুক্ত এবং এই আইনের ১(২) ধারার মাধ্যমে ১২.২.১৯৭১ তারিখ হতে বলবৎ হয়েছে।

5. Transferability of [1][plot of land] of a raiyat. (1) A transfer of the [1][plot of land] of a *raiyat* or a share or portion thereof shall be made by an instrument which must be registered and the registering officer shall not accept for registration any such instrument unless—

(*a*) the sale price, or where there is no sale price, the value of the [1][plot of land] or portion or share thereof transferred, is stated therein [2][***];

(*b*) there is tendered along with it—

(*i*) a notice giving the particulars of the transfer in the prescribed form for transmission of the prescribed authority;

(*ii*) such notices and process fees as may be required by sub-section (4);

[3][(*c*) the purpose for which the land shall be used by the transferee is stated therein; and

[3][(*d*) such purpose for use of the land by the transferee is consistent with the purpose for which the land was settled or was being used and is not contrary to the provisions of section 4B, section 4C, section 4E or section 49.

Explanation. The purposes under clauses (*c*) and (*d*) shall include agriculture, horticulture, animal husbandry, trade, manufacture, entertainment, recreation, sport and such other purposes.]

(2) In case of bequest of such [1][plot of land] or portion or share thereof, no Court shall grant Probate or Letters of Administration until the applicant files in the prescribed form a notice giving particulars of the bequest together with the prescribed process fee for transmission to the prescribed authority.

(3) No Court or Revenue Officer shall confirm the sale of such a [1][plot of land] or portion or share thereof put to sale in execution of a decree or certificate and no Court shall make a decree or order absolute for foreclosure of a mortgage of such a [1][plot of land] or portion or share thereof, until the purchaser or

1 *Substituted* by Act XXXI of 2000 w.r.e.f. 7.8.1969 for "holding".

2 The word "and" omitted by the W.B. Act L of 1981, w.r.e.f. 7.8.1969, *Calcutta Gazette*, dated 24.3.1986.

3 Clauses (*c*) & (*d*) inserted, *ibid*, w.r.e.f. 7.8.1969.

the mortgagee, as the case may be, files a notice or notices similar to, and deposits process fees of the same amount as that referred to in sub-section (1).

(4) If the transfer of a portion or share of such a [4][plot of land] be one to which the provisions of section 8 apply, there shall be filed by the transferor or transferee notices giving particulars of the transfer in the prescribed form together with the process fees prescribed for the service thereof on all the co-sharers of the said [4][plot of land] who are not parties to the transfer and for affixing a copy thereof in the office of the registering officer or the Court house or the office of the Revenue Officer, as the case may be, as well as for affixing a copy on the [4][plot of land].

(5) The Court, the Revenue Officer or the registering officer, as the case may be, shall transmit the notice to the authority referred to in sub-clause (*i*) of clause (*b*) of sub-section (1) who shall serve the notices on the co-sharers referred to in sub-section (1) who shall serve the notices on the co-sharers referred to in sub-section (4) by registered post and shall cause copies of the notice to be affixed on the [4][plot of land] and in the Court house or in the office of the Revenue Officer, or of the registering officer, as the case may be.

***Explanation*.—In this section—**

(*a*) "transferor", [5]["transferee"], "purchaser" and "mortgagee" include their successors-in-interest, and

(*b*) "transfer" does not include simple or usufructuary mortgage or mortgage by deposit of title deeds.

আলোচনার সূচী

4 *Substituted* by Act XXXI of 2000 w.r.e.f. 7.8.1969 for "holding".

5 *Inserted* by W.B. Act L of 1981, w.r.e.f. 7.8.1969, *Calcutta Gazette*, dated 24.3.1986.

১। সূচনা [Commencement]. বিজ্ঞপ্তি নং ২৭৯৮-এল./রেফ., তাং ২২.২.১৯৬৫ দ্বারা এই ধারাটি পশ্চিমবঙ্গের সমস্ত জেলায় (বিহার থেকে হস্তান্তরিত হয়ে আসা এলাকাগুলি বাদে) ১.৩.১৯৬৫ থেকে বলবৎ হয়েছে। এছাড়া হস্তান্তরিত এলাকাগুলিতে এই ধারা সহ সমস্ত ২ নং পরিচ্ছেদটি বলবৎ হয়েছে ১.১০.১৯৬৯ থেকে বিজ্ঞপ্তি নং ১৭৮৫-এল./রেফ., তাং ২৫.৯.১৯৬৯ দ্বারা।

১৯৮১ সালের পঃ বঃ ভূমি সংস্কার (সংশোধন) আইন [১৯৮১ সালের পশ্চিমবঙ্গের ৫০ নং আইন] দ্বারা ৫(১) ধারার (গ) ও (ঘ) দফার ব্যাখ্যাটি ৫(১) ধারার শেষে যুক্ত হয়েছে।

২০০০ সালের পঃ বঃ ভূমি সংস্কার (সংশোধন) আইন দ্বারা "হোল্ডিং" শব্দ বাদ দিয়ে "জমির দাগ" শব্দগুলি যুক্ত হয়েছে।

২। উদ্দেশ্য [Object]. এই ধারার উদ্দেশ্য হল—প্রতিটি হস্তান্তর হতে হবে নিবন্ধীকৃত (registered) ১৮৮৫ সালের বঙ্গীয় প্রজাস্বত্ব আইনের ২৬গ ধারায় একই রকম বিধান ছিল। নিবন্ধীকৃত হয়নি এরকম কোনও হস্তান্তর স্বীকৃত হবে না। সুতরাং যতক্ষণ না কোনও জমি সম্পূর্ণভাবে বা তার আংশিকভাবে দলিলের মাধ্যমে নিবন্ধীকৃত (registered) হচ্ছে, সেই হস্তান্তরকে গ্রাহ্য করা হবে না।

৩। অর্পণনামা [Arpannama]. কোনও হিন্দু ঈশ্বরের উদ্দেশ্যে প্রদত্ত সম্পত্তি 'অর্পণনামা' দ্বারা হস্তান্তর করেন, এক্ষেত্রে এই সম্পত্তি দান সূত্রে হস্তান্তর ছাড়া আর কিছুই নয়। সুতরাং এরকম 'অর্পণনামা' দলিল, যা হিন্দু রায়ত দেবতার জন্য দান করেন, তা অবশ্যই নিবন্ধীকৃত হতে হবে।[১]

অর্পণনামার মাধ্যমে একজন হিন্দু দেবতাকে সম্পত্তি উৎসর্গ করেন, এটি এক প্রকার দানপত্র। তবে এধরনের অর্পণনামা অবশ্যই নিবন্ধীকৃত হতে হবে।[২]

৪। বণ্টন (Partition)-কে হস্তান্তর (Transfer) বলা হবে কিনা? [Whether partition can be called as transfer?] বণ্টন সূত্রে প্রাপ্ত জমিকে হস্তান্তর বলা যাবে না, কারণ এক্ষেত্রে এটি সম্পত্তির ভোগ দখলকারীগণ নিজেদের মধ্যে আদানপ্রদান করেন মাত্র। একজন জীবিত ব্যক্তির কাছ থেকে অপর একজন জীবিত ব্যক্তির কাছে সম্পত্তি হস্তান্তর বলে না।[৩]

১ *চম্পা বিবি* বনাম *পাঁচিরাম* AIR 1963 Cal 551.

২ *চাঁপা বিবি* বনাম *পাঁচিরাম* AIR 1963 Cal 551.

৩ *চন্দরবতী* বনাম *লক্ষ্মী* AIR 1988 Del 13; *পোখার* বনাম *দালালি* AIR 1930 All 687.

বণ্টননামার ক্ষেত্রে পঃ বঃ ভূমি সংস্কার আইনে ৫ ধারা প্রযোজ্য হয় না, বরং ১৪নং ধারা প্রযোজ্য হবে।

Deed of Release দ্বারা স্বত্ব (title) নির্দেশিত হয় না, সুতরাং এটি হস্তান্তর (transfer) নয়।[৪]

Deed of Release দ্বারা হস্তান্তর বোঝায় না।[৫]

আবার পাটনা হাইকোর্ট এই মত জানিয়েছেন, নিবন্ধীকৃত Deed of Release দ্বারাও বিক্রি হতে পারে যদি বিক্রি করার উদ্দেশ্য পরিষ্কার করা থাকে ওই দলিলে এবং এটিকে গুরুত্বপূর্ণ বিবেচনার মধ্যে আনতে হবে।[৬]

৫। অংশীদার মালিককে বিজ্ঞপ্তি প্রদান বাধ্যতামূলক [Serving notices to the co-sharers is mandatory]. কোনও রায়ত অন্য কোনও আগন্তুক রায়তকে জমি বিক্রি করার সময় যদি অংশীদার মালিক বা মালিকগণকে বিজ্ঞপ্তি না দেয় তবে পঃ বঃ ভূমি সংস্কার আইনের ৫(৪) ধারা উল্লঙ্ঘন করা হবে। এক্ষেত্রে এটি এক ধরনের শঠতা ছাড়া আর কিছুই নয় এবং অংশীদার মালিক বা মালিকগণ পঃ বঃ ভূমি সংস্কার আইনের ৮ ধারায় সহায়তা পাবেন। সুতরাং তামাদি আইনের (Limitation Act) ১৭ ধারায় দেরি হওয়া স্বত্বেও প্রি-এমশানের আবেদন করার অধিকারী হবেন।[৭]

হস্তান্তরের আগে অংশীদার বা শরিককে বিজ্ঞপ্তি দেওয়া বাধ্যতামূলক, অন্যথায় নিবন্ধীকরণ তারিখ থেকে তিন বছরের মধ্যে ১৯৫৫ সালের পঃ বঃ ভূমি সংস্কার আইনের ৮ ধারা অনুযায়ী প্রি-এমশানের আবেদন করবার যোগ্য হবেন।[৮]

৬। বিনিময় [Exchange]. দুই জন ব্যক্তি যখন পারস্পরিক সমঝোতায় পরস্পকে সম্পত্তি দেয় তাকে বলা হয় সম্পত্তির বিনিময় (exchange of property) এবং নিবন্ধীকৃত বিনিময় দলিল পঃ বঃ ভূমি সংস্কার আইনের ৫ ধারা অনুযায়ী গ্রহনযোগ্য, এই নিয়মানুযায়ী পঃ বঃ ভূমি সংস্কার আইনের ৮ ধারা মতে

৪ *পঙ্কজিনী* বনাম *সুধীর* AIR 1956 Cal 669.

৫ *কে হুটচি গৌদর* বনাম *এইচ ভীমা গৌদর* AIR 1960 Mad 33.

৬ *লক্ষ্মণ নায়েক* বনাম *সুশীলা স্বাইন* AIR 1968 Pat 274.

৭ *অপর্ণা ঘোষ* বনাম *স্বরূপ চাঁদ রায় চৌধুরী* 2005(1) CHN 140; 2005(1) Cal LJ 155.

৮ *শেখ খালেক* বনাম *রহুল আমেন মল্লিক* 2015(1) CHN 110 (Cal).

প্রি-এমশানের আবেদনপত্র দাখিলের তারিখে প্রতিবাদী পক্ষ (প্রি-এমটি = pre-emptee) ততদিনে বিনিময় দলিল (exchange deed) মূলে বিবাদীয় জমির শরিক হিসাবে প্রতিপন্ন হয়েছিল, তা হলে যেহেতু সে ওই জমির একজন শরিক (co-sharer) তার বিরুদ্ধে প্রি-এমশানের আবেদনপত্র দাখিল করলেও তা বৈধতা পাবে না।[৯]

[১][৬। ১৯৭১ সালের পঃ বঃ ভূমি সংস্কার (সংশোধন) আইন দ্বারা এই ধারাটি বাতিল হয়েছে। ১২.২.১৯৭১ তারিখ থেকে এটি বলবৎ হয়েছে।]

[1][**6.** Omitted.]

৭। রায়তি [১][জমির] বন্ধকের সীমাবদ্ধতা (Limitation on mortgage of raiyati [plots of land][1]) ঃ (১) কোনও রায়তের দ্বারা তাঁর [১][জমির দাগের] বা তাঁর কোনও অংশের বন্ধক–

(ক) সাধারণ বন্ধক; অথবা

(খ) সর্বাধিক পনের বছরের জন্য উপস্বত্ব ভোগ করার বন্ধক; অথবা

৯ *রানি মাইতি* বনাম *জগৎপতি সাশমল* 1995 WBLR 263 (Cal).

১ পশ্চিমবঙ্গ ভূমি সংস্কার (সংশোধন) আইন, ১৯৭১ (রাষ্ট্রপতির আইন ৩, ১৯৭১) এবং পরবর্তীতে ভূমি সংস্কার (সংশোধন) আইন, ১৯৭২ (পশ্চিমবঙ্গ আইন ১২, ১৯৭২)-এর ৫ ধারার মাধ্যমে বাতিল এবং এই আইনের ১(২) ধারার মাধ্যমে ১২.২.১৯৭১ তারিখ হতে বলবৎ হয়েছে। পূর্বে মূল ধারাটি নিম্নরূপ ছিল ঃ

"৬। **হস্তান্তরের উপর পরিসীমা** ঃ (১) হয় হস্তান্তরের ফলস্বরূপ নয় অন্য অবস্থায়, ৪ ধারার (৩) উপধারার দ্বারা নির্ধারিত সীমার উর্ধে, কোনও রায়ত কর্তৃক অধিকৃত জমি, ৮ ধারার বিধানগুলি বজায় রাখিয়া রাজ্য সরকার, এতদ্‌পক্ষে আদেশের মাধ্যমে, দখল লইবার অধিকারী হবেন ঃ

অবশ্য এই শর্ত যে অনুরূপ সীমার মধ্যে রায়তের তাঁহার দ্বারা পছন্দমত জমি রাখবার অধিকার থাকবে।

(২) সকল ক্ষেত্রে যেখানে রাজ্য সরকার (১) উপধারানুযায়ী কোনও জমির দখল নেবেন, সেখানে রায়তকে ক্ষতিপূরণ স্বরূপ হস্তান্তরের তারিখে হস্তান্তরকারীর অংশের বাজার দরের সমপরিমাণ কোনও অর্থ প্রদান করা হবে।"

1 *Omitted* by the West Bengal Land Reforms (Amendment) Act, 1971 (President's Act III of 1971) and then by the West Bengal Land Reforms (Amendment) Act, 1972 (W.B. Act XII of 1972) with retrospective effect from 12th February 1971.

১ "জোত" শব্দের পরিবর্তে পশ্চিমবঙ্গ ভূমি সংস্কার (সংশোধন) আইন, ২০০০ (পশ্চিমবঙ্গ আইন ৩১, ২০০০)-এর ১০ ধারার মাধ্যমে ৭.৮.১৯৬৯ তারিখ হতে যুক্ত।

[2][(গ) (১) ১৯৩৪ সালের রিজার্ভ ব্যাঙ্ক অব ইন্ডিয়া আইনে উল্লিখিত সংজ্ঞায় স্বীকৃত কোনও তালিকাভুক্ত ব্যাঙ্ক; অথবা

(২) নিবন্ধীকৃত বা নিবন্ধীকৃত হওয়ার যোগ্য কোনও সমবায় জমি বন্ধক ব্যাঙ্ক; অথবা

(৩) ১৯৫৬ সালের কোম্পানি আইনের (১৯৫৬-এর ১ নং আইন) ৪ক ধারায় উল্লেখ করা কোনও সরকারি আর্থিক সংস্থা; অথবা

(৪) কেন্দ্রীয় সরকার বা রাজ্য সরকার দ্বারা অথবা কেন্দ্রীয় সরকার এবং রাজ্য সরকার উভয়ের মালিকানাধীন অথবা নিয়ন্ত্রণাধীন কোনও নিগম; অথবা

(৫) ১৯৫৮ সালের আন্তর্জাতিক অর্থ নিগম (প্রতিষ্ঠা, দায়মুক্ততা এবং সুযোগ সুবিধা) আইনের ২ ধারা (ক) দফায় উল্লিখিত বিধান অনুযায়ী চুক্তি দ্বারা গঠিত কোনও আন্তর্জাতিক অর্থ নিগম; অথবা

(৬) রায়তের জমির উন্নতির জন্য বা কৃষিজ পণ্যের (বাগান ও মাছ চাষ সহ) উন্নতি বা ফসলের উন্নতির জন্য বা ওই রকম জমির উপরে কোনও শিল্প, গৃহপালিত পশুদের প্রতিপালন, গো-মহিষাদি, পোল্ট্রি, বাণিজ্যিক সংস্থা, শিক্ষাকেন্দ্র স্বাস্থ্যকেন্দ্র, জন সাধারণের আমোদপ্রমোদ কেন্দ্র বা গবেষণা কেন্দ্র তৈরি বা উন্নতির জন্য অথবা ওই জমিতে খেলাধূলার উন্নতি বা

২ ২৩.১০.১৯৯০ তারিখের কলিকাতা গেজেট, বিশেষ সংখ্যার তৃতীয় খণ্ডে প্রকাশিত পশ্চিমবঙ্গ ভূমি সংস্কার (সংশোধন) আইন, ১৯৯০ (পশ্চিমবঙ্গ আইন ২৪, ১৯৯০)-এর ২ ধারার মাধ্যমে বন্ধনীর ভিতরের অংশ ৭.৮.১৯৬৯ তারিখ হতে বলবৎ করে যুক্ত। পূর্বে এই প্রকরণটি নিম্নরূপ ছিল ঃ

"(গ) জমির উন্নয়ন বা কৃষিজাত দ্রব্যের উৎপাদন বৃদ্ধির জন্য ঋণ সংগ্রহের উদ্দেশ্যে কোনও তফসিলভুক্ত ব্যাঙ্ক, সমবায় জমি বন্ধক ব্যাঙ্ক অথবা কেন্দ্রীয় বা রাজ্য সরকার বা উভয়ের স্বত্বাধীন বা নিয়ন্ত্রিত কোনও নিগমের অনুকূলে জমি স্বত্বের দলিল রেখে কোনও বন্ধক।"

এই অংশটি পশ্চিমবঙ্গ ভূমি সংস্কার (সংশোধন) আইন, ১৯৭২ (পশ্চিমবঙ্গ আইন ১২, ১৯৭২)-এর ৬(২) ধারার মাধ্যমে ১২.২.১৯৭১ তারিখে বলবৎ করে যুক্ত হয়েছিল।

অনুষ্ঠান করা বা সাংস্কৃতিক বা সাধারণের মঙ্গলের জন্য বা ওই জমির উপর সত্যিই বাস করার জন্য প্রয়োজনে জনগণের কাজে আসবে এরকম কোনও সরকারি বা বেসরকারি দ্বারা গঠিত অনেক ঘর তৈরির জন্য বা কোনও কার্যালয়ের জায়গা যোগানের জন্য কোনও বাড়ি বা রাজ্য সরকার দ্বারা সরকারি গেজেটে বিজ্ঞাপন প্রকাশের মাধ্যমে কোনও ঋণ নেওয়া বা অর্থ সাহায্যের উদ্দেশ্যে [১৯৫৬ সালের কোম্পানি আইনের ১২(২) ধারায় উল্লিখিত ঋণপত্রসহ] রাজ্য সরকার বা কেন্দ্রীয় সরকার দ্বারা সরকারি গেজেটে বিজ্ঞাপন প্রকাশের মাধ্যমে এই সময় চালু যে কোনও আইন দ্বারা গঠিত বা নিবন্ধীকৃত যে কোনও নামে পরিচিত অন্যান্য সেই রকম আর্থিক সংস্থার কাছে রাখা বন্ধক বাতিল বলে বিবেচিত হবে।

(২) উপধারা (১)-এর (খ) দফায় উল্লেখ করা কোনও উপস্বত্ব ভোগ করার বন্ধক সময় পার হওয়ার আগে যে কোনও সময় দায়মুক্ত করা যাবে।]

7. Limitation on mortgage of raiyati [1][plot of land]. (1) A mortgage by a *raiyat* of his [1][plot of land] or any share thereof other than—

(*a*) a simple mortgage, or

(*b*) a usufructuary mortgage for a period not exceeding fifteen years, or

[2][(*c*) a mortgage by deposit of title deeds in favour of—

(*i*) a scheduled bank as defined in the Reserve Bank of India Act, 1934 (Act 2 of 1934), or

(*ii*) a co-operative land mortgage bank registered or deemed to be registered under any law for the time being in force, or

1 *Substituted* by Act XXXI of 2000, w.r.e.f. 7.8.1969.

2 *Substituted* by Act XXIV of 1990, w.r.e.f. 7.8.1969, published in the *Calcutta Gazette*, dated 23.10.1990. The old portion read as follows:

"(*c*) a mortgage by deposit of title deeds in favour of a scheduled bank, a co-operative land mortgage bank or a corporation, owned or controlled by the Central or State Government, or by both, for the purpose of obtaining loan for the development of land or improvement of agricultural production."

(*iii*) a public financial institution referred to in section 4A of the Companies Act, 1956 (Act 1 of 1956), or

(*iv*) a corporation owned or controlled by the Central Government or the State Government or by both the Central Government and the State Government, or

(*v*) the International Finance Corporation established under the Agreement as defined in clause (*a*) of section 2 of the International Finance Corporation (Status, Immunities and Privileges) Act, 1958 (Act 42 of 1958), or

(*vi*) such other financial institution, by whatever name called, established or registered under any law for the time being in force, as the State Government or the Central Government may, by notification in the *Official Gazette*, specify, for the purpose of obtaining loan or financial assistance (including debenture as defined in clause (12) of section 2 of the Companies Act, 1956) for the development of the land comprised in the [1][plot of land] of such *raiyat* or for the improvement of any agricultural production (including horticulture of fishery) or for the development or improvement of any plantation or for the establishment or development of any industry, livestock breeding, dairy, poultry farming, commercial unit, educational centre, health centre, public recreation centre or research centre upon such land or for the promotion and [3][plot of land] of sports or cultural or philanthropical activity upon such land or for the construction of any housing estate for *bona fide* residential purpose or any building for providing accommodation for any office upon such land or for such other activity as the State Government may, by notification in the *Official Gazette*, specify,

shall be void.

(2) A usufructuary mortgage referred to in clause (*b*) of sub-section (1) may be redeemed at any time before the expiry of the period.

3 *Substituted* by Act XXXI of 2000, w.r.e.f. 7.8.1969.

[১][৮। শরিক বা জমির কাছের রায়তের জমি কেনার অধিকার (**Right of purchase by co-sharer or contiguous tenant**) ঃ (১) [২][কোনও রায়তের জমির দাগের] কোনও অংশ বা ভাগ ঐ দাগে রায়তের শরিক বা বর্গাদার ছাড়া অন্য কোনও ব্যক্তির কাছে হস্তান্তরিত হয়, তবে [৩][ঐ দাগের বর্গাদার হস্তান্তরের তিন মাসের মধ্যে অথবা] জমির দাগের শরিক রায়ত ৫(৫) ধারায় বিজ্ঞপ্তি জারির তিন মাসের মধ্যে, অথবা [৪][ঐ জমির কাছাকাছি] যে কোনও রায়ত হস্তান্তরের চার মাসের মধ্যে [৫][সংশ্লিষ্ট এলাকার মুন্সেফের] কাছে [৬][১৪ড ধারার] সর্বোচ্চ সীমার মধ্যে [৭][ঐ জমির

১ ১২.১০.১৯৬৩ তারিখের ১৭৯৯৮-এল. রেফ. সংখ্যায়িত সরকারি প্রজ্ঞাপন অনুযায়ী মূল আইনের ১(২) ধারায় উল্লিখিত অঞ্চল এবং বিহার হতে আগত অঞ্চল ছাড়া সমগ্র পশ্চিমবঙ্গে ২২.১০.১৯৬৩ তারিখ হতে বলবৎ হয়েছে; এবং

২৫.৯.১৯৬৯ তারিখের ১৭৮৮৫-এল. রেফ্. সংখ্যায়িত সরকারি প্রজ্ঞাপন অনুযায়ী বিহার হতে পশ্চিমবঙ্গে আগত সমগ্র অঞ্চলে ১.১০.১৯৬৯ তারিখ হতে বলবৎ হয়েছে।

২ ''জোত'' শব্দের পরিবর্তে পশ্চিমবঙ্গ ভূমি সংস্কার (সংশোধন) আইন, ২০০০ (পশ্চিমবঙ্গ আইন ৩১, ২০০০)-এর দ্বারা ৭.৮.১৯৬৯ তারিখ হতে যুক্ত হয়েছে।

৩ পশ্চিমবঙ্গ ভূমি সংস্কার (সংশোধন) আইন, ১৯৮১ (পশ্চিমবঙ্গ আইন ৫০, ১৯৮১)-এর ১২(১)(ক) ধারার মাধ্যমে যুক্ত এবং এই আইনের ১(২) ধারার মাধ্যমে ৭.৮.১৯৬৯ তারিখ হতে বলবৎ হয়েছে।

৪ পশ্চিমবঙ্গ ভূমি সংস্কার (সংশোধন) আইন, ২০০০ (পশ্চিমবঙ্গ আইন ৩১, ২০০০)-এর মাধ্যমে ৭.৮.১৯৬৯ তারিখ হতে প্রতিকল্পিত।

৫ পশ্চিমবঙ্গ ভূমি সংস্কার (সংশোধন) আইন, ১৯৭২ (পশ্চিমবঙ্গ আইন ১২, ১৯৭২)-এর ৭(১)(ক) ধারার মাধ্যমে ''এতৎপক্ষে রাজ্য সরকার কর্তৃক বিশেষভাবে ক্ষমতাপন্ন রাজস্ব আধিকারিক'' শব্দ কয়টির স্থলে অনুকল্পিত এবং এই আইনের ১(২) ধারার মাধ্যমে ১৫.২.১৯৭১ তারিখ হতে বলবৎ হয়েছে।

৬ পশ্চিমবঙ্গ ভূমি সংস্কার (সংশোধন) আইন ১৯৭২-তে উল্লিখিত আইনের ৭(১)(ক) ধারার মাধ্যমে ৪ ধারার মাধ্যমে ''৪ ধারার (৩) উপধারা'' সংখ্যা ও শব্দ কয়টির স্থলে অনুকল্পিত এবং উক্ত আইনের ১(২) ধারার মাধ্যমে ১৫.২.১৯৭১ তারিখ হতে বলবৎ হয়েছে।

৭ ''জোত'' শব্দের পরিবর্তে পশ্চিমবঙ্গ ভূমি সংস্কার (সংশোধন) আইন, ২০০০ (পশ্চিমবঙ্গ আইন ৩১, ২০০০)-এর দ্বারা ৭.৮.১৯৬৯ তারিখ হতে অনুকল্পিত হয়েছে।

দাগের অংশ বা ভাগ] তাঁর কাছে হস্তান্তরের জন্য 'নির্দিষ্ট মূল্য' সেই সাথে দশ শতাংশ অতিরিক্ত অর্থ জমা দিয়ে দরখাস্ত করতে পারেন।

[৮][তবে যেক্ষেত্রে ওই হস্তান্তরিত দাগের বর্গাদার, ওই দাগে রায়তের শরিক অথবা দাগের কাছাকাছি রায়ত সবাই হস্তান্তরের জন্য আবেদন করেছেন, সেক্ষেত্রে বর্গাদারের দরখাস্তটির দাবি সবার আগে বিবেচিত হবে এবং অন্যান্য প্রত্যেকের জমা দেওয়া অর্থ ফেরৎ দেওয়া হবে।]

[৯][তবে যেক্ষেত্রে বর্গাদার ওই হস্তান্তরের জন্য দরখাস্ত দাখিল করেননি কিন্তু (জমির দাগের শরিক) এবং হস্তান্তরিত (দাগের কাছাকাছি রায়ত) উভয়ই ওই জমি পাওয়ার জন্য আবেদন করেছেন সেক্ষেত্রে ওই জমির দাগের শরিক এই হস্তান্তর পাওয়ার প্রথম অধিকারী হবেন এবং বাকী অন্য ব্যক্তির অর্থ ফেরৎ দেওয়া হবে।]

[১০][আরও উল্লেখ্য যে ওই দাগের কাছাকাছি একাধিক রায়ত আবেদন করলে যে রায়তের জমির সীমারেখা ওই হস্তান্তরিত জমির সাথে সবচেয়ে বেশি থাকবে, সেই রায়তকেই ওই জমি গ্রহণের অগ্রাধিকার দিতে হবে।]

(২) এই ধারার বিধান কোনও কিছুই প্রযোজ্য হবে না—

(ক) বিনিময় বা বণ্টনের মাধ্যমে হস্তান্তরের ক্ষেত্রে; অথবা

(খ) ইচ্ছাপত্র (will) বা দানপত্র [১১][বা হিবা-বিল-এওয়াজ] দ্বারা হস্তান্তরের ক্ষেত্রে; অথবা

(গ) ৭ ধারার অধীনে কোনও বন্ধকের ক্ষেত্রে; অথবা

৮ পশ্চিমবঙ্গ ভূমি সংস্কার (সংশোধন) আইন, ১৯৮১ (পশ্চিমবঙ্গ আইন ৫০, ১৯৮১)-এর ১২(১)(খ) ধারার মাধ্যমে সন্নিবেশিত এবং এই আইনের ১(২) ধারার মাধ্যমে ৭.৮.১৯৬৯ তারিখ হতে বলবৎ হয়েছে।

৯ পশ্চিমবঙ্গ ভূমি সংস্কার (সংশোধন) আইন ১৯৮১-তে উল্লিখিত আইনের ১২(১)(গ) ধারার মাধ্যমে "এই শর্ত যে যদি" শব্দ কয়টির স্থলে অনুকল্পিত এবং উক্ত আইনের ১(২) ধারার মাধ্যমে ৭.৮.১৯৬৯ তারিখ হতে বলবৎ হয়েছে।

১০ পশ্চিমবঙ্গ ভূমি সংস্কার (সংশোধন) আইন ১৯৮১ আইনের ১২(১)(ঘ) ধারার মাধ্যমে "অধিকন্তু এই শর্ত যে" শব্দ কয়টির স্থলে অনুকল্পিত এবং উক্ত আইনের ১(২) ধারার মাধ্যমে ৭.৮.১৯৬৯ তারিখ হতে বলবৎ হয়েছে।

১১ পশ্চিমবঙ্গ ভূমি সংস্কার (সংশোধন) আইন ১৯৭২-এর ৭(২)(ক) ধারার মধ্যেমে যুক্ত এবং উক্ত আইনের ১(২) ধারার মাধ্যমে ১২.২.১৯৭১ তারিখ হতে বলবৎ হয়েছে।

(ঘ) দাতব্য বা ধর্মীয় বা উভয় উদ্দেশ্যে কোনও ব্যক্তির আর্থিক লাভ না রেখে হস্তান্তরের ক্ষেত্রে; অথবা

[১২][(ঙ) কোনও বর্গাদারের পক্ষে হস্তান্তর হলে, হস্তান্তরের পর বর্গাদারের জমি এক একর বা ০.৪০৪৭ হেক্টরের বেশি না হলে সেই হস্তান্তরের ক্ষেত্রে।]

[১৩][*ব্যাখ্যা* ঃ ৮, ৯ এবং ১০ ধারায় দেওয়া আদেশগুলি ২খ পরিচ্ছেদের [Chapter 2B]-এর সাথে সামঞ্জস্য রেখে দিতে হবে।]

[১৪][(৩) ১৯৭২ সালের পশ্চিমবঙ্গ ভূমি সংস্কার (সংশোধন) আইনের ৭ নং ধারা বলবৎ হওয়ার আগে রাজস্ব আধিকারিকের কাছে স্থগিত প্রতিটি আবেদন, ওই জমি যে এলাকায় অবস্থিত সেখানকার সংশ্লিষ্ট মুন্সেফের কাছে হস্তান্তরিত হবে এবং ওই আবেদনগুলি তাঁর দ্বারাই নিষ্পত্তি হবে এবং হস্তান্তরের পর প্রতিটি আবেদনপত্র যেখান থেকে হস্তান্তরিত হয়েছে ১৯৭২ সালের পঃ বঃ ভূমি সংস্কার (সংশোধন) আইন যেভাবে সংশোধিত হয়েছে সেইভাবে সেইখান থেকে নিষ্পত্তি করতে হবে।]

8. Right of purchase by co-sharer or contiguous tenant. (1) If a portion or share of a [1][plot of land of a *raiyat*] is transferred to any person other than a [2][co-sharer of a *raiyat* in the plot of land], [3][the *bargadar* in the plot of land] may, within three months of the date of such transfer, or] any [4][co-sharer of a *raiyat* in the plot of land] may, within three months of the service of the notice given

১২ পশ্চিমবঙ্গ ভূমি সংস্কার (সংশোধন) আইন ১৯৮১ আইনের ১২(২)(ক) ধারার মাধ্যমে যুক্ত এবং উক্ত আইনের ১(২) ধারার মাধ্যমে ৭.৮.১৯৬৯ তারিখ হতে বলবৎ হয়েছে।

১৩ পশ্চিমবঙ্গ ভূমি সংস্কার (সংশোধন) আইন ১৯৮১ আইনের ১২(২)(খ) ধারার মাধ্যমে যুক্ত এবং উক্ত আইনের ১(২) ধারার মাধ্যমে ৭.৮.১৯৬৯ তারিখ হতে বলবৎ হয়েছে।

১৪ পশ্চিমবঙ্গ ভূমি সংস্কার (সংশোধন) আইন ১৯৭২ আইনের ৭(৩) ধারার মাধ্যমে যুক্ত এবং উক্ত আইনের ১(২) ধারার মাধ্যমে ১৫.২.১৯৭১ তারিখ হতে বলবৎ হয়েছে।

1 *Substituted* by Act XXXI of 2000, w.r.e.f. 7.8.1969.

2 *Substituted, ibid*, w.r.e.f. 7.8.1969.

3 *Substituted, ibid*, w.r.e.f. 7.8.1969.

4 *Substituted, ibid*, w.r.e.f. 7.8.1969.

under sub-section (5) of section 5, or any *raiyat* possessing land [5][adjoining such plot of land] may, within four months of the date of such transfer, apply to the [6][Munsif having territorial jurisdiction,] for transfer of the said portion or [7][share of the plot of land] to him, subject to the limit mentioned in [8][section 14M,] on deposit of the consideration money together with a further sum of ten per cent of that amount:

[9][Provided that if the *bargadar* in the plot of land, a [10][co-sharer of a *raiyat* in a plot of land] and a *raiyat* possessing land [11][adjoining such plot of land] apply for such transfer, the *bargadar* shall have the prior right to have such portion or [12][share of the plot of land] transferred to him, and in such a case, the deposit made by others shall be refunded to them:]

[13][Provided further that where the *bargadar* does not apply for such transfer and] a [14][co-sharer of a *raiyat* in the plot of land] and a *raiyat* possessing land [15][adjoining such plot of land] both apply for such transfer, the former shall have the prior right to have such portion or [16][share of the plot of land] transferred to him, and in such a case, the deposit made by the latter shall be refunded to him:

5 *Substituted* by Act XXXI of 2000, w.r.e.f. 7.8.1969.

6 *Substituted* by W.B.L.R. (Amend.) Act, 1972.

7 *Substituted* by Act 31 of 2000, w.r.e.f. 7.8.1969.

8 *Substituted* by W.B.L.R. (Amend.) Act, 1972.

9 *Inserted* by W.B.L.R. Act L of 1981, w.r.e.f. 7.8.1969.

10 *Substituted, ibid*, w.r.e.f. 7.8.1969.

11 *Substituted, ibid*, w.r.e.f. 7.8.1969.

12 *Substituted* by Act 31 of 2000, w.r.e.f. 7.8.1969.

13 *Substituted* by W.B.L.R. Act L of 1981, w.r.e.f. 7.8.1969, published in the *Calcutta Gazette*, dated 24.3.1986, the old portion read as—

"Provided that if".

14 *Substituted, ibid*, w.r.e.f. 7.8.1969.

15 *Substituted, ibid*, w.r.e.f. 7.8.1969.

16 *Substituted* by Act 31 of 2000, w.r.e.f. 7.8.1969.

[17][Provided also] that as amongst *raiyats* possessing lands [18][adjoining such plot of land] preference shall be given to the *raiyat* having the longest common boundary with land transferred.

(2) Nothing in this section shall apply to—

(*a*) a transfer by exchange or by partition, or

(*b*) a transfer by bequest or gift, or *hiba-bil-iwaz*, or

(*c*) a mortgage mentioned in section 7, or

(*d*) a transfer for charitable or religious purposes or both without reservation of any pecuniary benefit [19][for any individual, or]

[20][(*e*) a transfer of land in favour of a *bargadar* in respect of such land if after such transfer, the transferee holds as a *raiyat* land not exceeding one acre (or 0.4047 hectare) in area in the aggregate.

Explanation. All orders passed and the consequences thereof under sections 8, 9 and 10 shall be subject to the provisions of Chapter IIB.]

(3) Every application pending before a Revenue Officer at the commencement of section 7 of the West Bengal Land Reforms (Amendment) Act, 1972 (West Ben. Act XII of 1972) shall, on such commencement, stand transferred to, and disposed of by, the Munsif having jurisdiction in relation to the area in which the land is situated and on such transfer every such application shall be dealt with from the stage at which it was so transferred and shall be disposed of in accordance with the provisions of this Act, as amended by the West Bengal Land Reforms (Amendment) Act, 1972.

17 *Substituted* by W.B.L.R. Act L of 1981, w.r.e.f. 7.8.1969, the old portion read as—
"Provided further".

18 *Substituted, ibid*, w.r.e.f. 7.8.1969.

19 *Substituted* by *ibid*, the old portion read as—
"for any individual".

20 Clause (*e*) and Explanation *inserted* by W.B.L.R. Act L of 1981, w.r.e.f. 7.8.1969.

আলোচনার সূচী

আলোচনার সূচী—*চলিতেছে*

আলোচনার সূচী—*চলিতেছে*

১। সূচনা [Commencement]. এই ধারাটি বিহার থেকে স্থানান্তরিত হয়ে আসা এলাকাগুলি বাদে অন্যান্য সমস্ত জায়গায় বলবৎ হয়েছে বিজ্ঞাপন নং ১৭৯৯৮-এল./রেফ্., তাং ১২.১০.১৯৬৩ দ্বারা ২২.১০.১৯৬৩ থেকে এবং বিহার থেকে স্থানান্তরিত হওয়া অংশগুলিতে বলবৎ হয়েছে বিজ্ঞাপন নং ১৭৮৮৫-এল./রেফ্., তাং ২৫.৯.১৯৬৯ দ্বারা ১.১০.১৯৬৯ থেকে। ৮ নং ধারার বিভিন্ন সময়ে ১৩ বার সংশোধন হয়েছে বিভিন্ন বিষয়ে। "হোল্ডিং" শব্দের পরিবর্তে "জমির দাগ" শব্দগুলি আনা হয়েছে ২০০০ সালের পঃ বঃ ভূমি সংস্কার (সংশোধন) আইন দ্বারা। ৪(২) ধারার (খ) দফায় "হেবা-বিল-এওয়াজ" যুক্ত হয়েছে ১৯৭২ সালের পঃ বঃ ভূমি সংস্কার (সংশোধন) আইন দ্বারা, এটি ১২.২.১৯৭১ থেকে বলবৎ হয়েছে। ওই সংশোধন দ্বারা ৮(৩) ধারাটি যুক্ত করা হয়েছে। আবার ৮(২)(ঙ) ধারার শেষে একটি "ব্যাখ্যা" যুক্ত হয়েছে ১৯৮১ সালের পঃ বঃ ভূমি সংস্কার (সংশোধন) আইন দ্বারা, ২৪.৩.১৯৮৬ থেকে এটি কার্যকর করা হয়েছে।

২। কর্মপরিধি [Scope]. এই ধারায় অগ্রাধিকারের ভিত্তিতে জমি কেনার বিধান দিয়েছে বর্গাদার, ওই জমির শরিক-রায়ত এবং ওই জমির কাছাকাছি রায়তদের।

বর্গাদার, ওই জমির শরিক-রায়ত বা ওই জমির কাছাকাছি রায়ত বাদে যদি অন্য কাউকে জমির সম্পূর্ণ পরিমাণ বা তার অংশ মালিক বিক্রি করেন তবে উপরোক্ত জমির বর্গাদার বা ওই জমির শরিক-রায়ত বা ওই জমির কাছাকাছি জমির রায়তরা ওই জমি অগ্রাধিকারের ভিত্তিতে কেনার দাবি জানাতে পারেন। ৮(১) ধারা অনুযায়ী বর্গাদার বা ওই জমির শরিক-রায়ত বা ওই জমির কাছাকাছি অন্য জমির রায়ত প্রত্যেকে যদি ওই জমি কেনার দাবি জানান, তবে প্রথম সুযোগ পাবেন ওই জমির বর্গাদার। যখন বর্গাদার দাবি জানাবেন না তখন ওই জমির শরিক-রায়ত এবং ওই জমির কাছাকাছি অন্য জমির রায়ত দাবি জানালে শরিক-রায়ত আগে সুযোগ পাবেন। যদি একাধিক "কাছাকাছি জমির রায়তদের" মধ্যে হস্তান্তরের দাবি থাকে তবে যে রায়তের জমির সীমানা ওই বিবাদীয় জমির সীমানার সাথে সবচেয়ে বেশি আছে, তাঁর দাবি অগ্রাধিকার পাবে।

৮(২) ধারায় কতগুলি বিশেষ হস্তান্তরের উল্লেখ আছে যেগুলি হলে এই ধারায় বিধান প্রযোজ্য হবে না। সেই হস্তান্তরগুলি হল—

কোনও বিনিময় (exchange) বা বণ্টন (partition) দ্বারা হস্তান্তর; ইচ্ছাপত্র বা দামপত্র বা হেবা-বিল-এওয়াজ দ্বারা হস্তান্তর; অথবা ৭ নং ধারায় উল্লিখিত বন্ধক হলে অথবা বর্গাদারের কাছে হস্তান্তর হলে এবং হস্তান্তরের পরে বর্গাদারের মোট জমি এক একর বা ০·৪০৪৭ হেক্টরের বেশি না হলে।

ওই জমি হস্তান্তর হওয়ার তিন মাসের মধ্যে বর্গাদার আবেদন করবেন। ৫(৫) ধারায় নোটিশ জারির তিন মাসের মধ্যে ওই জমির শরিক-রায়ত আবেদন করবেন। ওই জমি হস্তান্তরের চার মাসের মধ্যে আবেদন করবেন, ওই জমির কাছাকাছি অন্য জমির রায়ত/রায়তগণ। 'তারা' ওই জমি পাওয়ার জন্য আবেদন করবেন ওই জমি যে এলাকায় সেই এলাকার মুন্সেফের কাছে।

৩। উদ্দেশ্য [Object]. মূলত দুটি উদ্দেশ্যে এই ধারাটি মূল আইনে যুক্ত করা হয়েছে। প্রথমত জমির আয়তন যেন ক্রমশ ছোট না হয়। দ্বিতীয়ত বাইরের কোনও লোক স্থানীয় জমি ক্রয় না করেন।[১] [The paramount object behind the right of pre-emption is to prevent the introduction of foreign discordent element in to property]. মূলত আমাদের দেশে

১ *খোদেজা* বনাম *মোহম্মদ আব্দুল* 44 CWN 981.

ইসলাম অনুপ্রবেশের পরে এই প্রি-এমশানের আইনটি ধীরে ধীরে চালু হতে থাকে। হিন্দুদের মধ্যে আগে এটি ছিল না। মুঘল শাসনকালে এটি সাধারণ আইনে পরিণত হয়।

৮(১) ধারা অনুযায়ী আবেদনকারীকে বিক্রয়মূল্য এবং অতিরিক্ত দশ শতাংশ অর্থ জমা দিতে হবে। যদি তাঁর আবেদন অগ্রাহ্য হয় তবে সেই অর্থ তাকে ফেরৎ দেওয়া হবে। সংশ্লিষ্ট মুন্সেফের কাছে আবেদনপত্র ও অর্থ জমা দিতে হবে।

৪। শহর এলাকার জমির সর্বোচ্চ সীমা এবং প্রণিয়ম আইন যে অঞ্চলে প্রযোজ্য সেখানে ৮ ও ৯ ধারার প্রয়োগ [Execution of ss. 8 and 9 in an area where Urban Land (Ceiling & Regulation) Act is applicable]. মহামান্য আদালত জানিয়েছেন বিবাদীয় জমি বন্দরনগর এলাকায়, এই জমির ক্ষেত্রে Urban Land (Ceiling & Regulation) Act প্রযোজ্য, কিন্তু তবুও পঃ বঃ ভূমি সংস্কার আইনের ৮ ও ৯ নং ধারা প্রয়োগ করতে কোনও বাধা নেই।[২]

আবেদনকারীর একজন অংশীদার "বাস্তু" জমির একটি অংশ হস্তান্তর করেছেন বালুরঘাট পৌরসভা এলাকায়, এরপর বর্তমান আবেদনকারী প্রি-এমশানের জন্য পঃ বঃ ভূমি সংস্কার আইনের ৮ ধারা অনুযায়ী আবেদন করেন মহামান্য ট্রায়াল আদালত আবেদনটি পর্যালোচনা করে সন্তুষ্ট হয়ে দেখেন ওই জমিতে "বাস্তু" দাগটিতে আবেদনকারী নিজে একজন অংশীদার, এবং মহামান্য আদালত প্রি-এমশানের আবেদনটির অনুমোদন দেন। এমনকী আপিল আদালতও পূর্বোক্ত রায় বহাল রাখেন। কিন্তু প্রতিবাদীগণ মহামান্য উচ্চন্যায়ালয়ে আবেদন করলে, আদালত জানান, '*পুনিত সিংহ* বনাম *শ্রী গণ* ওরফে *গোবিন্দ চন্দ্র দাস* (2007)3 WBLR (Cal) 931' মামলার নির্দেশ দেওয়া হয়েছিল '*পশ্চিমবঙ্গ ভূমিজীবী কৃষক সমিতি* বনাম *পশ্চিমবঙ্গ রাজ্য সরকার* 1996(2) Cal LJ 285' মামলার রায়ের ভিত্তিতে। যেহেতু সংশোধন আবেদনকারীর (revision petitioner) বাস্তু জমি রয়েছে ওই জায়গায় সুতরাং এক্ষেত্রে কোনও প্রি-এমশান আবেদন গ্রহণযোগ্য নয় এবং মূল ট্রায়াল কোর্ট এবং আপিল আদালতের রায় খারিজ করা হল।[৩]

২ *রমলা চৌধুরী* বনাম *সুমন ঘোষ* 2010(1) CHN 830 (Cal); *রজত কুমার নিয়োগী* বনাম *প্রদীপ কুমার সেন* 2010(1) CHN 149.

৩ *শ্রীমতী তরুলতা মহন্ত* বনাম *শ্রী হরিপদ সরকার* Cal LT 2012(1) HC 671; 2012(2) Cal LJ 354 (Cal).

৫। নির্দিষ্ট পরিমাণ অর্থ জমা দেওয়ার সময়সীমা [Limitation for depositing the consideration money]. ৮(১) ধারায় আবেদনপত্রের সঙ্গে নির্দিষ্ট অঙ্কের অর্থের সঙ্গে ওই পরিমাণের ১০% অতিরিক্ত অর্থ জমা দিতে হবে। যদি তা দিতে অপারগ হন তাহলে আবেদনপত্র বাতিল হবে *প্রদীপ্ত পধা* বনাম *লক্ষ্মীকান্ত মাইতি;*[৪] কিন্তু সম্পূর্ণ বিপরীত মতামত রয়েছে *আবদুর রহমান* বনাম *শেখ আবু বকর*[৫] মামলায়। এই মামলায় মহামান্য উচ্চ ন্যায়ালয় জানিয়েছেন যে কেবলমাত্র অল্প অর্থ জমা দেওয়ার কারণে সরাসরি আদালত pre-emption সংক্রান্ত আবেদনপত্র খারিজ করবেন না। *পরিমল কুমার দাস* বনাম *নীলিমা ঠাকুর*[৬] মহামান্য উচ্চ ন্যায়ালয় মনে করেন নির্দিষ্ট পরিমাণ যে অঙ্কের অর্থ জমা দেওয়া জরুরি তার অঙ্ক কম হলে তা আইনগতভাবে ক্ষতিকারক (fatal) কিনা তা দেখা প্রয়োজন। কিন্তু পঃ বঃ ভূমি সংস্কার আইনের ৮ এবং ৯ ধারায় কোনও শাস্তিমূলক বিধান নেই, যা Bengal Tenancy Act-এর ২৬ (এফ) ধারায় রয়েছে। উচ্চ ন্যায়ালয় সিদ্ধান্তে জানিয়েছেন অল্প অঙ্কের অর্থ জমা দিলে তা fatal হবে না।

প্রয়োজনীয় অর্থ আবেদনকারী কখন জমা দেবেন এ বিষয়ে পঃ বঃ ভূমি সংস্কার আইনের ৮ ও ৯ ধারায় নির্দিষ্টভাবে কিছু বলা নেই, *প্রদীপ্ত পধা* বনাম *লক্ষ্মীকান্ত মাইতি* মামলায় মহামান্য আদালত জানিয়েছেন আদালত নির্দিষ্ট অঙ্কের অর্থ ঘোষণার সঙ্গে সঙ্গে ওই পরিমাণ অর্থ জমা দিতে হবে। একইরকম সিদ্ধান্ত রয়েছে *হেলু পাল* বনাম *মাস্টার শৌভিক সরকার*[৭] মামলায়। "যদি আবেদনকারীর প্রার্থনা আদালত মঞ্জুর করেন এবং যখনই আদালত তাঁর সিদ্ধান্ত ঘোষণা করবেন, আদালতকৃত নির্দিষ্ট অঙ্কের অর্থ আবেদনকারীকে জমা দিতে হবে।"

৬। লিমিটেশান আইনের বাধা [Bar to Limitation Act]. *নাসির উদ্দিন শেখ* বনাম *মহসিন আলি খান*[৮] মামলায় মহামান্য উচ্চ ন্যায়ালয় জানিয়েছেন কোনও দাগের (plot) বিভাজন আটকানোর মূল লক্ষ্য ও প্রয়োজনে ৮নং ধারা যুক্ত হয়েছে। Limitation আইনে প্রতিবন্ধকতা তৈরি হয়েছে বলে প্রশ্ন ওঠে

৪ 2015(3) CHN 186 (Cal).
৫ 2016(1) CHN 319 (Cal).
৬ 2016(2) ICC 847 (Cal).
৭ 2015(3) CHN 186 (Cal).
৮ 2016(1) CHN 147 (Cal).

অজিত কুমার মুখার্জি বনাম *বেদান্ত ভট্টাচার্য,*[৯] মামলায় মহামান্য আদালত জানান কোনও ব্যক্তি ৮ নং ধারার সুযোগ পাবেন কিনা তা নির্ধারণের জন্য যে তারিখে কোনও জমি নিবন্ধীকরণ করা হয়েছে, সেইদিন থেকে গণনা করতে হবে সুতরাং ওই মামলা গ্রহণযোগ্য বলে বিবেচিত হয়।

৭। বাস্তুজমির ক্ষেত্রে প্রি-এমশান প্রযোজ্য হবে কিনা [Whether pre-emption is applicable upon 'bastu' land]. বাস্তুজমি pre-emption-এর যোগ্য কিনা এই বিষয়ে *সঞ্জয় হালদার* বনাম *বুধন রজক*[১০] মামলায় ট্রায়াল কোর্ট জানান বাস্তুজমি pre-emption-এর যোগ্য, কিন্তু প্রথম আপিল আদালত ভিন্নমত দেন। কিন্তু মহামান্য উচ্চ ন্যায়ালয় জানান—"পশ্চিমবঙ্গ ভূমি সংস্কার আইনের ২(১) ধারা অনুযায়ী যেহেতু জমির সংজ্ঞা বদলে গিয়েছে (ULC অঞ্চল বাদে), সুতরাং বাস্তুজমির ক্ষেত্রেও পঃ বঃ ভূমি সংস্কার আইনের ৮ ধারা প্রযোজ্য।"

৮। সীমানা নির্ধারণ করা হয়েছে এরকম জমির বেলায় এই ধারা বলবৎ হবে কিনা [Whether this section will be applicable where plot has already been demarcated]. আবেদনকারীর আইনজীবী এ বিষয়ে কোনও আপত্তি এই মর্মে দাখিল করেন নি যে যদি সীমানা নির্ধারণ করা আছে এমন জমি কোনও ব্যক্তি বিক্রি করেন তা হলে আবেদনকারীর প্রি-এমশানের সুবিধা নেওয়ার কোনও অধিকার নেই: *অরিন্দম জোয়ারদার* বনাম *তরুন রাহা*।[১১] কিন্তু ভিন্ন মতামত উল্লেখ রয়েছে *অজিত কুমার* বনাম *রূপা মণ্ডল*[১২] মামলায়, এক্ষেত্রে মহামান্য উচ্চ ন্যায়ালয় জানিয়ে দেন যে কোনও শরিক সীমানা নির্ধারিত জমি তৃতীয় পক্ষকে বিক্রি করলেন দ্বিতীয় শরিক ধারা ৮ ক্রমাঙ্কের সুবিধা পাবেন।

৯। পার্শ্ববর্তী জমির শরিক কর্তৃক pre-emption-এর দাবি [Claim of pre-emption by the co-sharer of adjoining holding]. কোনও ব্যক্তির একটু দূরবর্তী অঞ্চলে (vicinage) জমি থাকলেও তিনি এই ধারার সুবিধা দাবি করতে পারবেন এমনকী তার শরিক হলেও এই দাবি মান্যতা পাবে, *মুহঃ মির*

৯ 2016(2) CHN 499 (Cal).
১০ 2016(2) CHN 849 (Cal).
১১ 2016(3) CHN 61 (Cal).
১২ 2016(3) CHN 293 (Cal).

আলি বনাম *মুহঃ ইউসুফ আলি,*[১৩] *বুলা কুণ্ডু* বনাম *নির্মল কুমার কুণ্ডু,*[১৪] *সতীশচন্দ্র* বনাম *সৌরভ মণ্ডল।*[১৫]

১০। প্রি-এমশানের মূল নীতি [Basic principle of pre-emption]. *অম্রিতা মিশ্র* বনাম *গণেশ চন্দ্র*[১৬] মামলায় দেখা যায় প্রি-এমশান সংক্রান্ত একটি আবেদন পেশ করা হয় ৭ এপ্রিল, এবং ওই আবেদনপত্রটি আদালতে নিষ্পত্তি হওয়ার আগেই ৮ নং ধারাটির কিছু সংশোধন হয় এবং 'হোল্ডিং' শব্দটির পরিবর্তে 'দাগ' অন্তর্ভুক্ত হয়, এই সংশোধনের প্রেক্ষিতে এই সংশয়ের উদয় হয় যে আদৌ আবেদনকারীকে আর শরিক (co-sharer) বলা হবে কিনা। মহামান্য আদালত জানান যেহেতু সৎ উদ্দেশ্যে এই সংশোধনী করা হয়েছে সুতরাং আবেদনকারীকে শরিক হিসাবে গ্রাহ্য করতে কোনও বাধা নেই।

১১। কখন প্রি-এমশানের অধিকার বর্তায় [When right of pre-emption arises]. প্রি-এমশানের অধিকার তখনই আসে যখন কোনও রায়ত কোনও জমি থেকে তাঁর হিস্যার অংশ হস্তান্তর করেন, কিন্তু রায়ত যদি তাঁর হিস্যার সম্পূর্ণ অংশ (entire portion of his share) হস্তান্তর করেন প্রি-এমশানের আবেদনপত্র গ্রহণযোগ্য নয়, *সুধীর সিংহ* বনাম *জয়ন্ত কুমার সিংহ,*[১৭] *মিসরি সাও* বনাম *বেলুড় নিকুঞ্জ, গদর ইন্‌স্টিটিউশান,*[১৮] *গদাধর ঘোষ* বনাম ষষ্ঠীধর *ঘোষ*[১৯] প্রভৃতি মামলায় একই অভিমত দিয়েছেন মহামান্য উচ্চ ন্যায়ালয়।

মহামান্য উচ্চ ন্যায়ালয় তাঁর রায়ে জানিয়েছেন, "এই মামলায় প্রতিবাদীপক্ষ শরিকে সম্পূর্ণ হিস্যা ক্রয় করেছেন এবং এই কারণে বর্তমান মামলার আবেদনকারী প্রি-এমশান আদৌ পাওয়ার যোগ্য নন।" কোনও বর্গাদার, শরিক বা জমির পার্শ্ববর্তী রায়ত তখনই প্রি-এমশানের অধিকার দাবি করতে পারেন, যখন ওই রায়ত তাঁর অবিভাজিত জমির হিস্যা অন্য কোনও আগন্তুক ব্যক্তিকে বিক্রি করবেন। ৮ ধারায় কোথাও বলা নেই যে জমি পরিমাপ দ্বারা বিভাজন

১৩ 2016(1) ICC 129 (Cal).
১৪ 2000(1) CHN 505 (Cal).
১৫ 2015(2) CHN 616 (Cal).
১৬ 2015(4) CHN 530 (Cal).
১৭ (2016)2 WBLR 272 (Cal).
১৮ 1978(1) Cal LJ 532.
১৯ 2000(2) Cal LJ 420.

না করলে কোনও ব্যক্তি প্রি-এমশানের সুযোগ পাবেন *মুহঃ মির আলি* বনাম *মুহঃ ইউসুফ আলি*।[২০]

জমি নিবন্ধীকরণের তারিখের দিনেই এই অধিকার বর্তায়, নিবন্ধীকরণের প্রক্রিয়া সম্পূর্ণ না হলে ৮ ধারায় ব্যবস্থা নিতে পারে না। ১৯০৮ খ্রিষ্টাব্দের নিবন্ধীকরণ আইনের ৬১ ধারা মতে তখনই সম্পূর্ণ হবে, যখন নিবন্ধীকরণ দপ্তরের নির্দিষ্ট খাতায় (volume) লিপিবদ্ধ হয় এবং ওই দলিলের হস্তান্তর বিষয়ে শংসাপত্র জারি করা হয়। পঃ বঃ ভূমি সংস্কার আইনের ৫(৫) ধারা অনুযায়ী শরিকদের নোটীশ না দিলে এই অধিকার বর্তায়।[২১]

১২। পার্শ্ববর্তী শরিক প্রি-এমশানের দাবিদার [Co-sharer of adjoining holding claiming pre-emption]. জমির পার্শ্ববর্তী এলাকার শরিক প্রি-এমশানের দাবি করলে তা গ্রহণযোগ্য হবে। তাকে জমির পরিপূর্ণ মালিক হওয়ার প্রয়োজন নেই, *মুহঃ মির আলি* বনাম *মুহঃ ইউসুফ আলি*;[২২] *বুলা কুণ্ডু* বনাম *নির্মল কুমার কুণ্ডু*;[১] *সতীশ চন্দ্র বনাম সৌরভ মণ্ডল*।[২]

১৩। আলাদা খতিয়ান খোলা হলেই প্রি-এমশানের দাবি গ্রহণযোগ্য হবে না [Opening of separate khatian to partition defeating claim of pre-emption]. *মুহঃ সেলামুদ্দিন মিয়া* বনাম *দীনেশ চন্দ্র কর্মকার*[৩] মামলায় এই মূল প্রশ্ন দেখা দেয় যে ১৪ ধারার বিধান অনুসরণ না করে আলাদা খতিয়ান খোলা হলে তাকে বিভাজিত (partitioned) বলা হবে কিনা। কোনও ব্যক্তির নামে খতিয়ান খোলা অর্থ এই যে প্রতি রায়তের 'অধিকারের বন্দোবস্ত' (settlement of rights), তা ছাড়া আর কিছুই নয়। এর দ্বারা কোনও জমির বিভাজন করা বোঝায় না। কীভাবে কোনও জমির বিভাজন করা যাবে তার উল্লেখ আছে পঃ বঃ ভূমি সংস্কার আইনের ১৪ ধারায়।

২০ 2016(3) ICC 612 (Karn).

২১ *অমল কুমার বল্লভ* বনাম *জুড়ন কৃষ্ণ মজুমদার* Cal LT 2016(4) HC 290; 2016(5) CHN 566 (Cal); 2017(1) Cal LJ 238; (2017)1 WBLR (Cal) 146.

২২ 2016(1) ICC 129 (Cal).

১ 2000(1) CHN 505 (Cal).

২ 2015(2) CHN 616 (Cal).

৩ 2016(3) CHN 146 (Cal).

১৪। আবেদনকারীদের স্থান পরিবর্তন [Transposing of parties]. দেওয়ানি বিধির (CPC) ১৫১ ধারা ও নির্দেশ ১, বিধি ১০(২) [Order 1, Rule 10(2)] অনুযায়ী প্রি-এমশান মামলায় আবেদনকারী হিসাবে এক বা একাধিক ব্যক্তি স্থান পরিবর্তন (transposing) কোনও বাধা নেই। ওই আবেদন শুরুর প্রাথমিক সুযোগে বা বিলম্বে দাখিল হয়েছে কিনা তা বিচার্য নয়।[৪]

১৫। সংবিধানের ২২৭ ধারা অনুযায়ী প্রি-এমশানের আদেশ খারিজ [Quashing of pre-emption order under Art. 227]. *সইফুল শেখ* বনাম *মুহম্মদ মনসুর আলি*,[৫] মামলায় দেখা যায় আবেদনকারী বিবাদী জমির একজন শরিক (co-sharer), প্রতিবাদী ওই জমি তৃতীয় ব্যক্তিকে বিক্রি করায় বর্তমান মামলার আবেদনকারী প্রি-এমশানের অধিকার দাবি করেছেন। এই মামলায় ইতিপূর্বে নিম্ন আদালত ভারতীয় সংবিধানের ২২৭ ধারায় যে রায় দেন তা বাতিলের প্রশ্নে মহামান্য উচ্চ ন্যায়ালয় জানান—

"পশ্চিমবঙ্গ ভূমি সংস্কার আইনের ৮ ধারা অনুযায়ী আপিল আদালত আদৌ তথ্যের গভীরতায় (material on record) আলোচনা করেন নি। বিবাদীয় মামলায় আবেদনকারী বিবাদীয় জমির অংশীদার বা শরিক হিসাবে প্রি-এমশান দাবি করেছেন, প্রি-এম্পটর (pre-emptor) (বা আবেদনকারী) রায়তের সঙ্গে এই জমির একজন অংশীদার কিনা আদৌ সেই আলোচনাতেই প্রবেশ করেন নি। এই অবস্থায় বিস্তারিত বিবরণে না গিয়ে এবং limitation-এর প্রশ্নে আলোচনা না করে 'প্রথম আপিল আদালতে'র রায় খারিজ করা ছাড়া বিকল্প কিছু নেই। প্রথম আপিল আদালতকে এই নির্দেশ দেওয়া হয় যে, নূতন করে ওই আপিল মামলার শুনানি করতে হবে এবং ১৯৫৫ সালের পঃ বঃ ভূমি সংস্কার আইনের ৮ ধারা'র নিরিখে আদেশ দিতে হবে। 'প্রথম আপিল আদালত' সিদ্ধান্ত নেওয়ার সময় limitation-এর বিষয়টিও উন্মুক্ত রাখবেন।"

যদি এই প্রশ্ন ওঠে আবেদনকারী একজন অংশীদার কিনা এবং তা যদি বিতর্কিত বা অস্বীকার করা হয় তবে সেই বিষয়টিও বিবেচনা করতে হবে। কিন্তু যদি ওই দাবি অস্বীকার করা না হয় তবে ওই প্রশ্নে সিদ্ধান্ত নেওয়ার কোনও প্রশ্নই ওঠে না। আবেদনটির বিরুদ্ধে যদি আপত্তি দাখিল না হয় অথবা তা বিতর্কিত না হয় তবে তা গ্রহণযোগ্য।

৪ *মিহির লাল ঘোষ দস্তিদার* বনাম *ইলা রায়* 2014(3) CHN 29 (Cal).

৫ 2014(2) CHN 283 (Cal).

১৬। পশ্চিমবঙ্গ ভূমি সংস্কার আইনের ৮ ধারার শুনানি চলাকালীন ১৪ড (14M) ধারা প্রযোজ্য হবে কিনা [Whether s. 14M of W.B.L.R. Act 1955 will be applicable while hearing of pre-emption applicable under s. 8 of the said Act]. এই প্রশ্ন ওঠে যে পঃ বঃ ভূমি সংস্কার আইনে ৮ ধারার শুনানির সময় ওই আইনের ১৪ড (s. 14M) ধারা প্রযোজ্য হবে কি না, *আশারফ হুসেইন* বনাম *জাহাঙ্গির হুসেইন*[৬] মামলায় মহামান্য আদালত জানান—

"পশ্চিমবঙ্গ ভূমি সংস্কার আইনের ৮(১) ধারায় বলা হয়েছে 'subject to section 14M' অর্থাৎ কোনও অংশীদার বা নিকটস্থ কোনও রায়ত শর্ত সাপেক্ষে অধ্যায় ২খ-এর নিরিখে কোন্ কোন্ জমি রাখবেন তা বিচার করে প্রি-এমশানের সুবিধা পাবেন। প্রি-এমশানের আদেশমূলে কোনও রায়ত কোনও জমি লাভ করলে ওই জমি কি ১৪ড (s. 14M) ধারায় জমির ঊর্ধ্বসীমা নির্ধারণে ছাড় পাবেন? ৮(১) ধারায় উল্লিখিত 'subject to section 14M' সেই সংশয় দূর করেছে। ৯(১) ধারায় প্রি-এমশানের আবেদন নিষ্পত্তি করবার সময় মহামান্য মুন্সিফ ঊর্ধ্বসীমা নির্ধারণের বিষয়ে প্রবেশ করতে পারেন না, কারণ ২খ অধ্যায়ের অধীনে কোনও বিষয় বিচার্যের সময় ১৪ভ (s. 14X) ধারা নিম্ন দেওয়ানি আদালতের ক্ষমতা সীমিত করেছে। কোনও রায়তের জমির ঊর্ধ্বসীমা নির্ধারণ ও অন্যান্য বিষয়ে সিদ্ধান্ত নেওয়ার ক্ষেত্রে পঃ বঃ ভূমি সংস্কার আইনে ২খ অধ্যায়ে নির্ধারিত কর্তৃপক্ষকে সর্বোচ্চ ক্ষমতা দেওয়া হয়েছে।"

যদিও *মোনচোপ আলি মণ্ডল* বনাম *আয়ুব আলি মোল্লা*[৭] মামলায় মহামান্য আদালত পরস্পর বিরোধী মন্তব্য করেছেন। এক্ষেত্রে অনুসরণ করা হয়েছে *আসারফ হুসেইন বনাম জাহাঙ্গির হুসেইন*[৮] মামলার রায়ের উপর। এই মামলায় ১৪ড, ১৪ন এবং ১৪ম [ss. 14M, 14T এবং 14Y] ধারার তাৎপর্য ব্যাখ্যা করা হয়েছে। এখানে বলা হয়েছে এটি স্ফটিকের মতো পরিষ্কার যে পঃ বঃ ভূমি সংস্কার আইনের ৮ ধারা বিচারের সময় ২খ অধ্যায়ের কোনও বিষয়ে তদন্ত করবার জন্য ট্রায়াল কোর্টের কোনও সুযোগই নেই। যদি প্রি-এমশানের সুবিধাপ্রাপ্ত ব্যক্তির জমি ঊর্ধ্বসীমার বেশি আছে বলে রাজস্ব আধিকারিকের বিচারে প্রমাণিত হয় তবে কোন্ জমি তিনি নিজের দখলে রাখবেন এ দায়িত্বও ব্যক্তির।

৬ 1978(2) Cal LJ 143.
৭ 2014(1) CHN 261 (Cal).
৮ 1978(2) Cal LJ 143.

১৭। কোন্ তারিখ থেকে সংশোধিত প্রি-এমশান আবেদনপত্র কার্যকর হবে [From which date amendment in pre-emption application shall be applicable]. ইতিপূর্বে দাখিল করা প্রি-এমশানের জন্য আবেদনপত্রে কোনও সংশোধন করবার প্রয়োজন হলে এই প্রশ্ন এসেছিল যে কখন থেকে এই সংশোধন কার্যকর করা হবে? আদালতের নির্দেশ ছিল এই, যেদিন মূল আবেদনপত্র দাখিল করা হয়েছিল ওই সংশোধন সেইদিন থেকে কার্যকর করা হবে।[৯]

১৮। বিবাদীয় জমির সন্নিকটস্থ একের বেশি জমির মালিক প্রি-এমশানের জন্য আবেদন করলে [If more than one adjacent owner apply for pre-emption]. কোনও জমির সন্নিকটস্থ একাধিক ব্যক্তি প্রি-এমশানের জন্য আবেদন করতেই পারেন। এক্ষেত্রে পঃ বঃ ভূমি সংস্কার আইনের ৮ ও ৯ ধারার মূল উদ্দেশ্যটি মনে রাখতে হবে। আরও এক্ষেত্রে মনে রাখতে হবে ১৮৯৭ সালের General Clauses Act-এর ১৩(২) ধারাটি।

হস্তান্তরিত জমির সঙ্গে আবেদনকারীদের সাধারণ সীমানা (common boundary) না হলেও পঃ বঃ ভূমি সংস্কার আইনের ৮ ধারায় আবেদন করবার সুযোগ পাবেন।[১০]

১৯। প্রি-এমশানের আবেদনপত্রের সংশোধন [Amendment of pre-emption application]. প্রি-এমশানের আবেদনপত্র সংশোধন করা যাবে না এইরকম কোনও বাধা আইনে স্পষ্ট উল্লেখ নেই, বরং প্রয়োজন হলে কোনও মামলা নিষ্পত্তির স্বার্থে তা করা যেতে পারে।[১১]

২০। হস্তান্তরের বিজ্ঞপ্তি দেওয়া বাধ্যতামূলক [Servicing of notice of transfer is mandatory]. *পরিমল কুমার দাস* বনাম *নীলিমা তালুকদার*[১২] মামলায় দেখা যায় আবেদনকারী বিবাদীয় জমির একজন অংশীদার কিন্তু তাঁকে হস্তান্তরের বিজ্ঞপ্তি দেওয়া হয়নি। সুতরাং Limitation আইনের ১৩৭ ধারামতে হস্তান্তর হয়েছে এই তথ্য জানবার তিন বছরের মধ্যে প্রি-এমশানের

৯ *নরেন্দ্র কুমার সিংহ* বনাম *গুরশরন কাউর* 2016(2) CHN 613 (Cal).

১০ *নাসিরউদ্দিন শেখ* বনাম *মহসিন আলি খান* 2016(1) CHN 147 (Cal).

১১ *নির্মল চন্দ্র* বনাম *মুহঃ জিয়াযুল হক* 2016(2) ICC 156 (Cal); *রেবতী বালা ঘোষ* বনাম *অভয় পদ দে* 2014(4) ICC 189 (Cal).

১২ 2016(2) ICC 847 (Cal).

জন্য পঃ বঃ ভূমি সংস্কার আইনের ৮(১) ধারা অনুযায়ী আবেদন করতে পারবেন। তবে তাঁকে প্রমাণ করতে হবে তিনি ওই বিবাদীয় জমির একজন শরিক বা অংশীদার।

মহাপ্রসাদ জানা বনাম *ললিত মোহন বেরা*[১৩] মামলায় এই সিদ্ধান্ত নেওয়া হয়েছিল যে কোনও শরিককে যদি জমি হস্তান্তরের আগে বিজ্ঞপ্তি দেওয়া না হয়, ১৯৬৩ সালের Limitation আইনের ১৩৭ ধারামতে হস্তান্তর হয়েছে এই তথ্য জানবার তিন বছরের মধ্যে পঃ বঃ ভূমি সংস্কার আইনের ৮(১) ধারায় প্রি-এমশানের জন্য আবেদন করতে পারবেন। এ প্রসঙ্গে *রাম কুমার কাজারিয়া* বনাম *চন্দ্র ইঞ্জিনিয়ারিং (ইন্ডিয়া) লি.*;[১৪] *দ্বিজপদ হালদার* বনাম *প্রফুল্ল চন্দ্র হালদার*[১৫] উল্লেখযোগ্য।

আবার *শঙ্করি বালা সাঁতরা* বনাম *তপন কুমার ঘানা*[১৬] মামলায় আবেদনকারী *প্রসন্ন কুমার নাগ* বনাম *প্রকাশ চন্দ্র পোদ্দার* ওরফে *জয়প্রকাশ পোদ্দার*[১৭] মামলায় মহামান্য আদালতের সিদ্ধান্ত উত্থাপন করে। Limitation আইনের ৯৭ ধারামতে হস্তান্তরের সময় বিজ্ঞপ্তি দেওয়া হয়নি এমন শরিক রায়ত হস্তান্তরের তথ্য জানবার এক বছরের মধ্যে পঃ বঃ ভূমি সংস্কার আইনের ৮ ও ৯ ধারামতে প্রি-এমশানের আবেদন করতে পারবেন বলে জানানো হয়েছিল। এছাড়া *অপর্ণা ঘোষ* বনাম *স্বরূপ চাঁদ রায় চৌধুরি*[১৮] এবং *অজিত মণ্ডল* বনাম *তপন কুমার ঘানা*[১৯] মামলা দুটির রায় তুলে ধরা হয়, উভয় ক্ষেত্রেই Limitation আইনের ৯৭ ধারা অনুযায়ী হস্তান্তর হয়েছে এই তথ্য জানবার এক বছরের মধ্যে পঃ বঃ ভূমি সংস্কার আইনের ৮ ও ৯ ধারামতে প্রি-এমশানের আবেদন করবার কথা বলা হয়েছে।

২১। প্রি-এমশানের অধিকার [Right of pre-emption]. *রামকৃষ্ণ আপ্পা* বনাম *কে. এম. আনজিন আপ্পা*,[২০] মামলায় মহামান্য সুপ্রীম কোর্ট জানিয়েছেন

১৩ 2013(3) CHN 441 (Cal).
১৪ 76 CWN 426.
১৫ AIR 1972 Cal 409; 76 CWN 784.
১৬ 2014(2) ICC 151.
১৭ 2009(4) CHN 197.
১৮ 2005(1) CHN 140; 2005(2) ICC 531 (Cal).
১৯ 2013(2) CHN 671 (Cal); 2013(3) ICC 172 (Cal).
২০ 2016(3) ICC 612 (Karn).

যে, 'প্রি-এমশানের অধিকার দুর্বল অধিকার'। এরকম অধিকার বলবৎ করবার জন্য আবেদনকারীর অনুকূলে বিশেষ ন্যায্যতা (equity) নেই, সুতরাং আদালত প্রি-এম্পটরকে সাহায্যের জন্য বিশেষ ক্ষমতা (discretion) প্রয়োগের প্রয়োজন মনে করে না।

২২। অচিহ্নিত জমির প্রি-এমশান [Pre-emption for not identifiable land]. যখন পুনর্বিবেচনার সিদ্ধান্ত নেওয়া হল যে উল্লিখিত সম্পত্তি ঠিকমতো চিহ্নিত হয়নি, তখন সংশোধিত আদালত (rivisional court) সম্ভবত সাক্ষ্যকে ঠিকমতো যাঁচাই করেন নি যে সম্পত্তিটি ঠিকভাবে চিহ্নিত হয়েছে কিনা বা আইনের যাঁচাই করা হয়েছে কিনা।[১]

২৩। শরিকের অংশ সম্পূর্ণ হস্তান্তর করলে প্রি-এমশানের যোগ্য হবে কিনা [Application for pre-emption, if maintainable when the co-sharer transfers his total share]. যদি কোনও রায়ত তাঁর প্রাপ্য অংশ সম্পূর্ণ বিক্রি করেন তা হলে কি প্রি-এমশানের দাবি করা যাবে? এই প্রশ্ন ওঠে *সাইবার রহমান* বনাম *মুনশি মুহঃ হেদায়েতুল্লা*[২] মামলায়। বিষয়টি এরকম নয় যে আগে এরকম পরিস্থিতি হয়নি, *বিশ্বনাথ সরকার* বনাম *সুনীত কুমার সাহা*[৩] মামলায় প্রায় এই একই রকম বিষয়ের উত্থাপন হয়েছিল। পঃ বঃ ভূমি সংস্কার আইনে ৮নং ধারা অন্তর্ভুক্তির মূল উদ্দেশ্য ছিল জমি ছোট ছোট টুকরো হওয়া রোধ করা, এবং শরিক বা নিকটস্থ জমির মালিককে ওই জমি ক্রয় করার সুযোগ দেওয়া, সুতরাং এই ক্ষেত্রেও প্রি-এমশান মামলা গ্রহণযোগ্য। একই সিদ্ধান্ত নেওয়া হয়েছিল *অরিন্দম জোয়ারদার* বনাম *তরুন রাহা*;[৪] *অজিত কুমার সর্দার* বনাম *রূপা মণ্ডল*[৫] প্রভৃতি মামলায়। *শোভনা মহাপাত্র* বনাম *জগদীশ চন্দ্র*[৬] মামলায় বলা হয় যেহেতু হস্তান্তরকারী তাঁর "সমস্ত অংশ" বিক্রি করেছেন সুতরাং আবেদনকারী প্রি-এমশানের সুবিধা পাবেন না। কিন্তু আইনগত বিষয়গুলির নিষ্পত্তি হয়নি কারণ "প্রথম আপিল আদালত" মামলাটি ট্রায়াল কোর্টে রিমাণ্ডে পাঠিয়েছিলেন। ট্রায়াল কোর্টের প্রতি নির্দেশ ছিল আদৌ হস্তান্তরকারী তাঁর সম্পূর্ণ অংশ বিক্রি করেছেন কিনা তা দেখবার জন্য।

১ *রতন চন্দ্র* বনাম *কুশকান্ত সরকার* 2016(4) CHN 674 (Cal).
২ 2015(2) CHN 228 (Cal).
৩ 2013(3) WBLR 271 (Cal).
৪ 2016(3) CHN 61 (Cal).
৫ 2016(3) CHN 293 (Cal).
৬ 2016(3) CHN 400 (Cal).

কোনও রায়ত সম্পূর্ণ হিস্যা কোনও আগন্তুক ক্রেতাকে হস্তান্তর করলে বর্গাদার বা অন্য শরিক বা পার্শ্ববর্তী অন্য জমির রায়ত পঃ বঃ ভূমি সংস্কার আইনে প্রি-এমশানের সুযোগ পাবে কিনা প্রশ্নে *নাইমুল হক* বনাম *আলাউদ্দিন শেখ,*[৭] মামলায় মহামান্য আদালত ৮.৮.২০১৮ তারিখে পরস্পর বিরোধী (conflicting) রায় দেয়। *ভেলুপদ সাহা* বনাম *প্রহ্লাদ ঘোষ,*[৮] মামলায় ডিভিশান বেঞ্চ জানায় যে সম্পূর্ণ হিস্যা হস্তান্তর হলেও স্বার্থ সংশ্লিষ্ট ব্যক্তিরা ৮ ধারায় প্রি-এমশানের সুযোগ পাবে।

অমল কুমার বল্লভ বনাম *জুড়ন কৃষ্ণ মজুমদার*[৯] মামলায় মহামান্য উচ্চ ন্যায়ালয় জানায় যে একথা ঠিক প্রি-এমশানের অধিকার অত্যন্ত দুর্বল অধিকার হিসাবেই গণ্য, কিন্তু সমানভাবে এটি দ্বারা অনাকাঙ্ক্ষিত আগন্তুক ক্রেতাকে আটকানো একমাত্র উপায়। কোনও জমির শরিক অথবা ওই জমির পার্শ্ববর্তী অন্যান্য জমির রায়তগণ আগন্তুক ক্রেতাকে আইনের এই ধারা দ্বারা প্রতিরোধ করতে পারবে। এ প্রসঙ্গে C.O. No. 345 of 2015 with CAN 2170 of 2015 *শেখ শাজাহান আলি* বনাম *শেখ সাবের আলি,*[১০] এবং *অজিত মণ্ডল* বনাম *তপন কুমার ঘানা,*[১১] মামলাদ্বয়ে মহামান্য আদালত মনে করে জমির সম্পূর্ণ হিস্যা হস্তান্তর করার মাধ্যমে প্রি-এমশানের অধিকার খর্ব করা যায় না।

আবার *কিঙ্কর মাহাতো* বনাম *সজন মাহাতো,*[১২] মামলায় কলকাতা উচ্চ ন্যায়ালয়ের মহামান্য বিচারক জানান হস্তান্তরকারী রায়তের মাত্র এক-ষষ্ঠাংশ হিস্যা ছিল এবং হস্তান্তরের পর তার আর কোনও হিস্যা ওই জমিতে ছিল না, সুতরাং, এক্ষেত্রে প্রি-এমশানের আবেদনপত্রটি গ্রহণযোগ্য নয়। এই মতামত দিতে গিয়ে মহামান্য বিচারক *মিসরিশা* বনাম *বেলুড় নিকুঞ্জময়ী গদর ইন্সটিটিউশন,*[১৩] *গদাধর ঘোষ* বনাম *ষষ্ঠীধর ঘোষ,*[১৪] এবং *নিতাই চন্দ্র দাস* বনাম *সিরজিৎ কুমার দাস,*[১৫] প্রভৃতি মামলার রায় উল্লেখ করেন।

৭ CO No. 1164 of 2015.
৮ CO 1131/2016 (decided on 26.3.2019).
৯ (2017)1 WBLR 146 (Cal).
১০ 2015(3) CHN 100 (Cal).
১১ 2013(2) CHN 671 (Cal).
১২ 2005(3) ICC 5 (Cal).
১৩ 1978(1) Cal LJ 532.
১৪ 2002(2) Cal LJ 423.
১৫ 67 CWN 333.

২৪। একাধিক কারণে প্রি-এমশান [Pre-emption on many grounds]. আবেদনকারী একজন শরিক এবং পার্শ্ববর্তী জমির মালিক, সুতরাং এই দুই কারণে যদি তিনি প্রি-এমশানের আবেদন করেন তা হলে কিছু ভুল হয় না।[১৬]

২৫। মৃত ব্যক্তির বিরুদ্ধে আদেশ প্রদান [Order passed against dead person]. *শেখ কোরবান* বনাম *কাজি আবদুল গফফর*[১৭] মামলায় মৃত ব্যক্তির বিরুদ্ধে একটি নিন্দিত (impugned) আদেশ দান করা হয়, এমনকী বদল (substitution) আগেই ওই আদেশ দেওয়া হয়েছিল। সুতরাং ওই আদেশ অন্তঃসারশূন্য (nullity) এবং তা নাকচ করা হয়। উভয়পক্ষকে পুনরায় তথ্য পেশ করার সুযোগ দিতে নিম্ন আদালতের প্রতি নির্দেশ দেওয়া হয়।

২৬। লিমিটেশান গণনার নীতি [Principle to count limitation]. যে তারিখে জমি বা সম্পত্তি নিবন্ধীকরণ করা হল সেই তারিখ থেকে গণনা করা হবে না, যখন থেকে ওই হস্তান্তর সম্বন্ধে জানা গেল লিমিটেশানের সময় গণনা করা হবে তখন থেকে।[১৮]

২৭। জমির তফশীল ভুল লিখলে আবেদন বাতিল হবে না [Due to incorrect description of land pre-emption application could not be cancelled]. *গণেশ চন্দ্র পাল* বনাম *মায়া পাল*[১৯] মামলায় মহামান্য আদালত জানায় যে জমির বর্ণনা সঠিকভাবে উল্লেখ না থাকবার কারণে পঃ বঃ ভূমি সংস্কার আইনের ৮ নং ধারায় দাখিলকৃত আবেদনপত্র আপিল কর্তৃপক্ষ বাতিল (dismiss) করতে পারে না।

২৮। প্রি-এমশানের আদেশ ডিক্রিরূপে কার্যকর করা হবে কিনা [Pre-emption order, if executable as a decree]. ১৯৫৫ সালের পঃ বঃ ভূমি সংস্কার আইনের ৮ ধারা অনুযায়ী কোনও জমিতে চাষ করছে এরকম বর্গাদার, বা রায়তের শরিক বা ওই জমির ঠিক পাশের কোনও রায়ত প্রি-এমশানের অধিকার পায়। কীভাবে প্রি-এমশানের পদ্ধতি ৯ ধারায় এবং প্রি-এমশানের

১৬ *সতীশ চন্দ্র* বনাম *সৌরভ মণ্ডল* 2015(2) CHN 616 (Cal).
১৭ 2016(2) CHN 46 (Cal).
১৮ *শেখ শাহজহান আলি* বনাম *শেখ সাবের আলি* 2015(3) CHN 689 (Cal).
১৯ 2017(3) CHN 69 (Cal).

আদেশ কার্যকর করবার বিধান পূর্বোক্ত আইনের ১০ ধারায় বলা হয়েছে। এমনকি, পঃ বঃ ভূমি সংস্কার আইনের ৩ ধারায় উল্লেখ করা অন্য আইনকে অগ্রাহ্য করার বিধান ও প্রি-এমশানের ক্ষেত্রে দেওয়া হয়েছে।

মূল প্রশ্ন এই যে প্রি-এমশানের সমগ্র পদ্ধতিকে কোনও আরজি (suit) হিসাবে গণ্য করা হবে কি ? এই প্রশ্নের বিচারে সর্বোচ্চ ন্যায়ালয় (সুপ্রিম কোর্ট) *গোপাল সরদার* বনাম *করুণা সরদার*[২০] মামলায় জানায় যে প্রি-এমশানের জন্য গৃহীত কার্যাবলির (proceedings) প্রকৃতি মূলত আরজি (suit)। সুতরাং, পঃ বঃ ভূমি সংস্কার আইনের ৮ ধারা অনুযায়ী কার্যাবলির প্রকৃতি আরজি এবং প্রি-এমশানের আবেদনপত্র (application) কে অভিযোগ (plaint) হিসাবে গণ্য করতে হবে। একইভাবে পঃ বঃ ভূমি সংস্কার আইনের ৮ ধারায় দেওয়া আদেশও ডিক্রি হিসাবে গণ্য হবে। কোনও ব্যক্তি বর্গাদার বা শরিক বা পার্শ্ববর্তী জমির রায়ত কিনা এই প্রশ্নের মীমাংসাও ওই রায়ে নির্ধারিত হয় এবং তারা প্রি-এমশানের অধিকার পায়।

দেওয়ানি প্রক্রিয়া সংহিতা অনুযায়ী কোনও দেওয়ানি আদালতের রায় অনুসারে কোনও জমির দখল ফিরিয়ে দেওয়া, অথবা অন্য কোনও আদেশ তামিল করবার জন্য পঃ বঃ ভূমি সংস্কার আইনের ৫৭(চ) ধারায় একজন আধিকারিককে ক্ষমতা দেওয়া হয়েছে, এক্ষেত্রে ওই রায়কে দেওয়ানি আদালতের ডিক্রি হিসাবে গণ্য করা হয়। একই ভাবে দেওয়ানি প্রক্রিয়া সংহিতার (CPC) ২১ ক্রমাঙ্কের আদেশানুসারে Civil Judge (Junior Division) পঃ বঃ ভূমি সংস্কার আইনের ৮ ধারা অনুযায়ী দেওয়া রায় কার্যকর করতে ক্ষমতাপ্রাপ্ত।

শ্যামা প্রসাদ মণ্ডল বনাম *সুশান্ত কুমার সাহা,*[১] মামলায় মহামান্য উচ্চ ন্যায়ালয় জানায়ঃ

'ভেষ্ট' শব্দটি দ্বারা আইনসভা বোঝাতে চেয়েছে যে বিবাদীয় জমির মালিকানা ৯(১) ধারা অনুযায়ী প্রি-এমশানের রায় যার অনুকূলে গিয়েছে তার উপর বর্তাবে এবং ৫৭(চ) ও ৯(১) ধারা অনুযায়ী দেওয়ানি আদালত প্রি-এমশানের আদেশ কার্যকর করতে নির্দেশ দেওয়ার ক্ষমতা প্রাপ্ত এবং দেওয়ানি প্রক্রিয়া সংহিতার ২১ ক্রমাঙ্কের আদেশে ওই বিধান উল্লেখ আছে।

২০ (2004)4 SCC 252.

১ Cal LT 2019(2) HC 326.

২৯। যখন দেওয়ানি আদালতের রায় মানা বাধ্যতামূলক [When decision of civil court is binding]. রাজ্য সরকারের বিরুদ্ধে চলা মামলায় রাজ্য সরকার এই বিষয়টি প্রমাণে ব্যর্থ হয় যে বিবাদীয় জমি পঃ বঃ জমিদারি অধিগ্রহণ আইনে সরকারের অনুকূলে ন্যস্ত (vest) রাজ্য সরকার কোনও নথি বা প্রমাণ দেখাতে পারেনি এবং আবেদনকারীর পক্ষে বিবাদীয় জমি অধিকার, সত্ব ও স্বার্থ ঘোষিত হয় এবং বিবাদীয় জমির দখল নিতে এবং সত্ব বিষয়ে হস্তক্ষেপ করতে রাজ্য সরকারকে নিষেধ করা হয়, দেওয়ানি আদালতের এই ডিক্রি ও রায়ের বিরুদ্ধে রাজ্য সরকার কোনও আপিলও করেনি, সুতরাং, দেওয়ানি আদালতের, জারি করা ডিক্রি ও আদেশ চূড়ান্তরূপ পেয়েছে।[২]

৩০। ১০% সুদ সহ নির্ধারিত মূল্য জমা না দেওয়া ক্ষতিকর কিনা [Non-deposit of consideration amount along with 10% interest, if fatal]. প্রি-এমটর/বিবাদী নং ১ ও ২ এর প্রি-এমশানের আবেদনপত্র এই কারণে ট্রায়াল কোর্ট বাতিল করেছিল যে ১০% সুদসহ সমুদয় অর্থ প্রি-এমটর জমা দিতে পারেনি, যার উল্লেখ আছে পঃ বঃ ভূমি সংস্কার আইনের ৮ ও ৯ ধারায়। আপিল আদালত ট্রায়াল কোর্টের সম্পূর্ণ বিপরীত মত পোষণ করে এবং বিষয়টি ট্রায়াল কোর্টে রিমাণ্ডে পাঠায় এই নির্দেশ দিয়ে যে ট্রায়াল কোর্ট যেন আবেদনকারীকে নির্দিষ্ট সময়ের মধ্যে অবশিষ্ট অর্থ জমা দিতে আদেশ দেয় এবং শরিকি সম্পত্তির কারণে যেন প্রি-এমশানের আদেশ দান করে।[৩]

আবার *সুশান্ত যাদব* বনাম *রূপচাঁদ ধর*[৪] মামলায় আবেদনকারীকে মূল অর্থের বদলে তার অল্প পরিমাণ অর্থ সহ পঃ বঃ ভূমি সংস্কার আইনের ৮ ধারায় প্রি-এমশানের আবেদনপত্র জমা দেওয়ার অনুমতি দেওয়া হয়, কিন্তু আরও বলা হয় ওই অবশিষ্টাংশ অর্থের সম্পূর্ণ জমা না দিয়ে প্রি-এমশানের দাবি করতে পারবে না।

২ *সর্বেশ্বর গিরি* বনাম *পঃ বঃ রাজ্য সরকার* 2014(4) CHN 293 (Cal).
৩ *মলিনা রায়* বনাম *গোপাল সেনগুপ্ত* 2019(2) ICC 302 (Cal).
৪ 2013(3) CHN 140 (Cal); 2013(1) ICC 801 (Cal).

নমিতা বিশ্বাস বনাম *রাজ্য সরকার*[৫] মামলায় মহামান্য উচ্চ ন্যায়ালয় নির্দেশ দেয় যে সুদসহ নির্ধারিত অর্থ (consideration money) জমা না দিলে পঃ বঃ ভূমি সংস্কার আইনের ৮(১) ধারায় দাখিল করা আবেদনপত্রকে ত্রুটি যুক্ত (procedural defect) বলে ধরা হবে, যা সব সময় সংশোধন যোগ্য।

বিশ্বনাথ দোলুই বনাম *টিঙ্কারি দোলুই,*[৬] মামলায় মহামান্য আদালতের একক বিচারক দেখেন যে আবেদনকারী স্বয়ং মূল্য নির্ধারক কমিশনার নিয়োগের জন্য আবেদন করেছিলেন এবং নিম্ন আদালত সেই মর্মে কমিশনার নিয়োগের আদেশ দেন, উভয় পক্ষের কাছ থেকে নথি ও প্রমাণ পত্র নিয়ে কমিশনার তাঁর প্রতিবেদন জমা দেন এবং শুনানির (trial) আগে আবেদনকারী ওই নির্দিষ্ট অঙ্কের অর্থ জমা দেননি। মহামান্য একক বিচারক তাঁর রায়ে বলেন যে প্রি-এমটর যেন লক্ষ্য রাখছিলেন বাতাস কোন দিক থেকে প্রবাহিত হবে এবং সুযোগ বুঝে তিনি সেই দিকে যাত্রারম্ভ করবেন। তিনি আরও বলেন যে প্রি-এমশানের অধিকার অতি দুর্বল অধিকার (weak right) এবং পঃ বঃ ভূমি সংস্কার আইনের ৮ ও ৯ ধারায় উল্লেখ করা বিধান মানতে প্রি-এমটর বাধ্য। মহামান্য আদালত জানান প্রি-এমটর যে কারণে আবেদন করেছিলেন তাঁর কোনও সুরাহা পাওয়ার অধিকারী নন।

৩১। মুসলিম আইনের অধীন প্রি-এমশানের আবেদনপত্রে কোর্ট ফি জমা [Deposition of court fees on pre-emption application under Muslim Law]. মুসলিম আইন অথবা কোনও চুক্তির (agreement) ক্ষেত্রে প্রি-এমশানের অধিকার একমাত্র আরজি (suit) দাখিলের মধ্যে পাওয়া যেতে পারে। ১৯৭০ সালের The West Bengal Court Fees Act-এর ৭(৭) ধারা অনুযায় [under s. 7(*viii*)] বাজার মূল্যে বিবাদীয় সম্পত্তির নির্দিষ্ট অর্থ কোর্ট ফির মাধ্যমে জমা দিতে হবে।[৭]

৩২। পাওয়ার-অব-এটর্ণির মাধ্যমে প্রি-এমশানের আবেদনপত্র দাখিল [Submission of application for pre-emption by virtue of power-of-attorney]. এ বিষয়ে কোনও বিবাদ নেই যে পাওয়ার-অব-এটর্ণির

৫ 96 CWN 1121.
৬ 2015(5) CHN 664 (Cal); 2015(4) ICC 954 (Cal).
৭ *প্রশান্ত কুমার চট্টোপাধ্যায়* বনাম *গীতারানি পাল* 2019(1) ICC 827 (Cal).

মাধ্যমেও প্রি-এমশানের আবেদন দাখিল করা যাবে। এক্ষেত্রে বিচারক নির্দিষ্ট নথিপত্রের ভিত্তিতে রায় ঘোষনা করবেন, সওয়াল জবাবের উপর নয়।[৮]

৩৩। প্রি-এমশানের অধিকার থেকে রেহাই [Waiving up from the right of pre-emption]. *তুষার কে.বি. চৌধুরি* বনাম *নীল কে.বি. চৌধুরি*,[৯] মামলায় দেখা যায় আবেদনকারী একজন বিবাদীয় জমির পার্শ্ববর্তী রায়ত, তিনি প্রি-এমশানের আবেদন করেছিলেন। মজার কথা এই যে বিক্রি দলিলে তিনি সাক্ষী হিসাবে স্বাক্ষর করেন। তিনি ছিলেন প্রত্যয়তিকরণ সাক্ষী (attesting witness)। মহামান্য উচ্চ ন্যায়ালয় এই সিদ্ধান্তে পৌছয় যে যিনি বিবাদীয় জমি বিক্রির মধ্যস্থতাকারীর ভূমিকা পালন করেছিলেন, তিনিই প্রি-এমটর হিসাবে সুরাহা চান, তিনি দলিলে প্রত্যয়তিকরণ সাক্ষী ছিলেন, তিনি তা অস্বীকারও করেন নি। তিনি প্রি-এমশানের অধিকার হারিয়েছেন, ওই জমি বিক্রি বিষয়ে তিনি সম্পূর্ণ অবগত ছিলেন। মহমান্য আদালত প্রি-এমটরের সংশোধিত আবেদনটি খারিজ করেন। প্রি-এমশনের আবেদনপত্র মঞ্জুর অথবা না মঞ্জুর করবার বিষয়টি আদালতের বিশেষ ক্ষমতা (discretion), সেই নিরিখে পঃ বঃ ভূমি সংস্কার আইনের ৮ ধারায় সুবিধা লাভ চুক্তির বিশেষ ভূমিকার মতো আদালত বিশেষ ক্ষমতাবলে রায় দিতে পারে। আদালত যদি মনে করে যে আবেদনকারী প্রি-এমশানের অধিকার পরিত্যাগ করেছে, সেক্ষেত্রে ট্রায়াল কোর্ট ওই আবেদন খারিজ অথবা মঞ্জুর করতে পারে। একই রকম নির্দেশ দেখা যায় *জগদ্বন্ধু* বনাম *নীলিমা*[১০] মামলায়।

৩৪। বন্ধনমুক্তি দলিলের মোড়কে বিক্রি দলিল [Deed of sale in essence a deed of release]. পঃ বঃ ভূমি সংস্কারের আইনের ৮ ধারা অনুযায়ী Pre-emptee আদালতে জানায় যে বিবাদীয় নথি বিক্রি দলিল (sale deed) নয়, এটি বন্ধনমুক্তি দলিল (deed of release) এবং সিদ্ধান্ত হয় যে আদালতে বিষয়টি প্রি-এমপ্টি উত্থাপন করবার অধিকারী, এবং দেওয়ানি আদালতকে এই

৮ *সুরেশ চন্দ্র* বনাম *অলোক কুমার* 2019(1) ICC 120 (Cal).
৯ 2019(1) CHN 69 (Cal).
১০ AIR 1971 SC 1158.

সিদ্ধান্ত নিতে হবে যে সত্যিই বিক্রি দলিলের মাধ্যমে জমি হস্তান্তর হয়েছে না কি এটি বন্ধনমুক্তি দলিল (Deed of Release)।[১১]

৩৫। প্রি-এমটরকে বিবাদীয় জমির বাজার মূল্য জমা দিতে বলা হবে কিনা [Whether pre-emptor can be asked to deposit market price of pre-empted land]. *কবিতা দাস* বনাম *সুব্রত সরকার* মামলায়,[১২] এই প্রশ্ন উঠেছিল যে প্রি-এমটরকে বিবাদীয় জমির বাজার মূল্য জমা দিতে নির্দেশ দেওয়া যাবে কিনা। এই একই প্রশ্ন উত্থাপিত হয়েছিল *প্রদীপ্ত পধা* বনাম *লক্ষ্মীকান্ত মাইতি*[১৩] মামলায়। এই সিদ্ধান্ত গৃহীত হয় যে গত তিন দশকে একইরকম নিয়ম লক্ষ্য করা যায় যে পঃ বঃ ভূমি সংস্কার আইনের ৮ ধারা অনুযায়ী প্রি-এমশানের আবেদনপত্র জমা দেওয়ার ক্ষেত্রে বাজার মূল্য জমা দেওয়া বাধ্যতামূলক শর্ত বা *sine qua non* নয়। গত তিন দশক ধরে চালু নিয়মকে বিরক্ত করা উচিত হবে না, অর্থাৎ চালু নিয়মকে ব্যাঘাত না করে গৃহীত সিদ্ধান্তে অনড় থাকতে হবে। *গুজরাট রাজ সরকার* বনাম *মির্জাপুর মোতি কুরেশি কেশব জামাত*[১৪] মামলায় সুপ্রিম কোর্ট জানায়—those things which have been so often adjudged ought to rest in peace.

৩৬। কোনও জমিতে রায়তের শরিক এবং বন্টন [Co-sharer of a raiyat in a plot and partition]. কোনও রায়তের শরিক বলতে এমন একজনকে বোঝাবে রায়ত ছাড়া উক্ত সীমানা নির্ধারণ করা হয়নি এমন জমিতে ওই রায়তের সঙ্গে যার স্বার্থ (interest) যুক্ত আছে। *শেখ মনজুর* বনাম *শেখ জামাল,*[১৫] মামলায় দেখা যায় যে বাদী ও বিবাদীদের মধ্যে কোনও নিবন্ধীকৃত বন্টননামা নেই এবং আইনানুযায়ী নিবন্ধীকৃত বন্টননামা ছাড়া কোনও জমির বন্টন (partition) বৈধ নয় এবং এই বিষয়টি নিয়ে কোনও দ্বিমত নেই। এমনকী, মৌখিক সম্মতিক্রমে কোনও শরিক যদি আপোষে সীমানা নির্ধারণ

১১ *কুসুম রানি* বনাম *সন্ন্যাসী বিশ্বাস* 86 CWN 556.
১২ 2018(2) ICC 317 (Cal).
১৩ 2015(3) CHN 196 (Cal).
১৪ (2005)8 SCC 534.
১৫ 2016(4) CHN 243 (Cal).

না করেই কোনও অংশ ভোগদখল করে সেই অংশে তার স্বার্থ বিলোপ হয় না। আইনের চোখে, সীমানা নির্ধারণ না করে নিবন্ধীকৃত বন্টন দলিল ছাড়া শরিকরা ভোগ দখল করলে নির্দিষ্ট অংশে তারা চাষ করবে। আলোচ্য মামলায় পঃ বঃ ভূমি সংস্কার আইনের ১৪ ধারা অনুযায়ী বন্টন হয়নি।

ট্রায়াল কোর্ট এই মত পোষণ করেছিল যে পঃ বঃ ভূমি সংস্কার আইনের ১৪ ধারা অনুযায়ী আবেদনপত্র পেশ করা বাধ্যতামূলক, সেই রায়ের সঙ্গে সম্পূর্ণ একমত।

ট্রায়াল কোর্ট আরও জানায় যে সীমানা নির্ধারিত এবং কোনও সম্পত্তির সম্পূর্ণ হিস্যা (share) বিক্রি করলে সেক্ষেত্রে শরিকি দাবি মিথ্যা হয়ে যায় না, এই মতের সঙ্গেও আদালত সহমত পোষণ করে।

আর একটি বিষয়ে ট্রায়াল কোর্ট সন্দেহ প্রকাশ করেছে যে প্রতিবাদী সামান্য অঙ্কের অর্থ জমা দিয়েছে যা পঃ বঃ ভূমি সংস্কার আইনের ৮ ধারায় দাখিল করা আবেদনপত্রের সঙ্গে সম্পূর্ণ বেমানান ও বাধা সৃষ্টিকারী, মহামান্য উচ্চ ন্যায়ালয় 1980 CWN 738 এবং *প্রদীপ্ত পধা* বনাম *লক্ষ্মীকান্ত* 2015(3) CHN 186 (Cal) মামলা দুটির রায় উল্লেখ করে জানায় যে বিবেচনাধীন অর্থ জমা না দিলে তা বিশেষ ক্ষতি বা ধ্বংসাত্মক নয়, কারণ, বঙ্গীয় প্রজাসত্ব আইনের ২৬চ (26F) ধারা অনুযায়ী এটি শাস্তিযোগ্য দোষ নয়। ওই রায় থেকে আরও স্পষ্ট যে পঃ বঃ ভূমি সংস্কার আইনের ৯ ধারা অনুযায়ী মুন্সিফের দায়িত্ব ওই সম্পত্তির মূল্য নির্ধারণের জন্য আদেশ দেওয়া এবং তা শেষ হলে তিনি আবেদনকারীকে ওই অর্থ জমা দিতে নির্দেশ দেবেন। এই মামলায় মাত্র ৪০ টাকা জমা দেওয়া হয়েছিল এবং নিম্ন আদালত অবশিষ্ট অর্থ জমা দেওয়ার সুন্দর সুযোগ করে দেয়।

সমস্ত দিক বিবেচনা করে উচ্চ ন্যায়ালয় আবেদনকারীর প্রার্থনা নামঞ্জুর করে, তবে নিম্ন আদালতে জমাকৃত অর্থ নির্দিষ্ট আবেদনপত্র দাখিলের মাধ্যমে তুলে নেওয়ার অনুমতি দেয়। এ ছাড়া নিম্ন আদালতের জারি করা আদেশকে মহামান্য উচ্চ ন্যায়ালয় সমর্থন করে।

৩৭। ৮ ধারায় দাখিল করা কার্যাবলি মূল কার্যাবলি কিনা [Whether proceedings under s. 8 is original proceeding]. *অজিত মণ্ডল* বনাম

তপন কুমার ঘানা,[১৬] মামলায় মহামান্য উচ্চ আদালত *গোপাল সরদার* বনাম *করুণা সরদার,*[১৭] মামলায় মহামান্য সুপ্রিম কোর্টের রায় অনুযায়ী জানায় যে পঃ বঃ ভূমি সংস্কার আইনের ৮ ধারা মতে চলা কার্যাবলি (proceeding) একটি মূল কার্যাবলি (original proceeding)।

৩৮। প্রি-এমশানের জন্য কৃষি জমি হতেই হবে এরকম বাধ্যবাধকতা নেই [Plot of land need not be an agricultural land]. ১৯৮১ সালে পঃ বঃ ভূমি সংস্কার আইন সংশোধনের দ্বারা জমির সংজ্ঞার বদল হয়েছে যার প্রয়োগ ধরা হয়েছে ৭.৮.১৯৬৯ তারিখ থেকে। ওই সংজ্ঞা অনুযায়ী ভূ-পৃষ্ঠের উপরে যাবতীয় ভূমিকে জমি (land) বলা হয়েছে। ওই সংজ্ঞানুসারে জলাশয়, বিল, বাস্তুভিটা, পশুপালনে যুক্ত ভূখণ্ড, পোল্ট্রি (হাঁস-মুরগির খামার), দোহাশালা, চা বাগান, মিল, কারখানা, বাগান, হাট, বাজার, ফেরী, মাশুল আদায়ের ঘর, অথবা সইরতি স্বার্থ যুক্ত ভূমি এছাড়া স্বার্থ যুক্ত অন্যান্য ভূমিকে জমির সংজ্ঞার মধ্যে আনা হয়েছে এবং পূর্বোক্ত সংজ্ঞায়িত প্রতিটির ক্ষেত্রে পঃ বঃ ভূমি সংস্কার আইনের ৮ ধারা মতে প্রি-এমশানের দরখাস্ত দাখিল করা যাবে। জমির সংজ্ঞার এই পরিবর্তন দ্বারা পঃ বঃ ভূমি সংস্কার আইনে জমির ধারণা সম্পূর্ণ বদলে গিয়েছে। *রঙ্গলাল মণ্ডল* বনাম *সুদর্শন বর্মন,*[১৮] মামলায় মহামান্য আদালত জানায় কোনও জমি কৃষি অথবা অকৃষি উদ্দেশ্যে ব্যবহৃত হচ্ছে কি না তা অপ্রাসঙ্গিক, সুতরাং, কোনও রায়তের জমির কোনও অংশ (portion) অথবা হিস্যা (share) তা সে কৃষি, অথবা অকৃষি যা-ই হোক না কেন আগন্তুক ক্রেতা (stranger purchaser) কে বিক্রি করলে পঃ বঃ ভূমি সংস্কার আইনের ৮ ধারা প্রযোজ্য হবে।

৩৯। আংশিক প্রি-এমশান অনুমোদন যোগ্য কিনা [Whether partial pre-emption is permissible]. ৯ (নয়) শতক জমি নির্দিষ্ট সীমারেখা দ্বারা পৃথক করা অবস্থায় প্রি-এমটরের কাছে বিক্রি করা হয়েছিল, একইভাবে সুনির্দিষ্ট সীমারেখা দ্বারা বেষ্টিত ১.৬৫ (এক দশমিক ছয় পাঁচ) শতক জমি ওই একই বিবাদীয় জায়গা থেকে বিক্রি করা হয়েছিল আবেদনকারী/প্রি-এমটির (pre-emptee) কাছে। বিবাদীয় জমিসহ আরও অনেক দাগ ১০.০৮.২০১০

১৬ 2013(2) CHN 671 (Cal).
১৭ (2004)4 SCC 252.
১৮ 1989(1) CHN 36.

তারিখের বিক্রি দলিলের মাধ্যমে আবেদনকারী ক্রয় করে এবং ওই জমিগুলির জন্য প্রি-এমশানের আবেদন করা হয়েছিল।

তিনটি পৃথক দাগ হস্তান্তর হয় এবং ওই দাগগুলির একটির শরিকরূপে প্রি-এমটর প্রি-এমশানের দাবি করে। এক্ষেত্রে মহামান্য উচ্চ ন্যায়ালয় জানায় যে আইনের নির্ধারিত নীতি এই যে আংশিক প্রি-এমশান অনুমোদন যোগ্য নয়, মহামান্য উচ্চ ন্যায়ালয় *সুরেন্দ্র* বনাম *অভিমূন্য*[১৯] মামলায় উল্লেখ করে। ওই মামলায় বলা হয় যে বিক্রি দলিলের মাধ্যমে যখন একাধিক দাগের জমি কোনও আগন্তুক ক্রেতাকে হস্তান্তর করা হয়, তখন কোনও দাগের শরিক একটি মাত্র দাগ অথবা হস্তান্তরিত জমির কিছু অংশের জন্য প্রি-এমশান চাইতে পারবে না। আইনের নির্ধারিত মূলনীতি এই যে প্রি-এমশানের অধিকার অত্যন্ত দুর্বল অধিকার, কোনও বিক্রি দলিলের মাধ্যমে একাধিক দাগের জমি বিক্রি হলে শুধু মাত্র একটি বিশেষ দাগের জন্য প্রি-এমশানের অনুমতি দেওয়া যেতে পারে না। হয় সমগ্র, অথবা একটিও নয়—এই নীতিতেই প্রি-এমশানের আবেদন করতে হবে। সুতরাং, আংশিক প্রি-এমশানের জন্য আবেদন খারিজযোগ্য।[২০]

৪০। জমি ক্রয়ের মাধ্যমে শরিক হিসাবে পার্শ্ববর্তী রায়তের প্রি-এমশানের অধিকারকে খর্ব করা যায় না [Right of adjoining plot of land not to be defeated by the transferee becoming subsequent co-sharer]. কোনও আগন্তুক ক্রেতা একটি জমির কিয়দংশ ক্রয়ের মাধ্যমে ওই জমির শরিকরূপে গণ্য হলেও সেই কারণে পূর্বের পার্শ্ববর্তী জমির রায়তকে প্রি-এমশানের অধিকার থেকে বঞ্চিত করতে পারেন না। যেহেতু আগন্তুক ক্রেতা ওই জমি ক্রয় করে শরিক হয়েছেন এবং সেই জন্য পার্শ্ববর্তী রায়তের প্রি-এমশানের অধিকার খর্ব হয় না।[১]

৪১। প্রতিবেশী হিসাবে প্রি-এমশানের অধিকার [Right for pre-emption on the ground of vicinage]. কোনও জমি পাশ্ববর্তী অন্য জমির রায়ত, অথবা ওই জমির শরিকদের বাদ দিয়ে আগন্তুক ক্রেতাকে বিক্রি করলে পার্শ্ববর্তী অন্য জমির রায়ত, অথবা শরিকগণ অবশ্যই পঃ বঃ ভূমি সংস্কার আইনের ৮ ধারা মতে প্রি-এমশানের অধিকার পাবেন এবং আবেদনকারীকে

১৯ 1980(1) Cal LJ 135.
২০ *রবীন্দ্রনাথ কুণ্ডু* বনাম *সুধীর হীরা* 2018(3) ICC 398 (Cal).
১ *ভদ্রেশ্বর বেরা* বনাম *মথুর মোহন শা* 2004(4) CHN 349.

অবশ্যই প্রমাণ করতে হবে যে তিনি বিক্রিত জমির একজন শরিক, অথবা তার পার্শ্ববর্তী অন্য জমির রায়ত। *কালী শঙ্কর গাঙ্গুলি* বনাম *ললিত কুমার আগরওয়ালা*[২] মামলায় আবেদনকারী/প্রি-এমটর নিজেকে পার্শ্ববর্তী জমির মালিকরূপে প্রমাণ করতে ব্যর্থ হওয়ায় প্রি-এমশানের জন্য তার আবেদন খারিজ করা হয়।

এ কথা সত্যি যে পার্শ্ববর্তী জমির কোনও মালিক সম্পূর্ণ অংশের মালিক না হলেও প্রি-এমশান চাইতে পারেন।[৩] আবেদনকারী যদি এই তথ্য প্রমাণে অসমর্থ হয় যে বিবাদীয় জমির পার্শ্ববর্তী কোনও জমিতে তার কিছুটা হলেও হিস্যা আছে, অন্যথায় তার দাখিল করা প্রি-এমশানের আবেদন বাতিল করা হবে।

৪২। আবেদনপত্র সমর্থনীয় কিনা [Whether application for pre-emption is maintainable]. সাধারণভাবে একটি হস্তান্তরের জন্য প্রি-এমশানের ক্ষেত্রে একটি আবেদনপত্রই দাখিল করতে হয়, কিন্তু যদি এরকম দেখা যায় যে একই ব্যক্তির অনুকূলে দুই বা তার বেশি জমির বিভিন্ন অংশ বিক্রি করা হয়েছে, ওই সমস্ত বিক্রির (sales) জন্য একটি প্রি-এমশানের আবেদনপত্র পেশ করলে সমর্থনযোগ্য হবে।[৪]

৪৩। নাবালকের বিরুদ্ধে প্রি-এমশানের আবেদনপত্র [Application for pre-emption against a minor]. কোনও নাবালকের বিরুদ্ধে প্রি-এমশানের আবেদনপত্র দাখিল করলে এ ধরনের নাবালক (minor) প্রতিবাদীর উপযুক্ত অভিভাবক হিসাবে কোনও ব্যক্তিকে প্রতিনিধিত্ব করতেই হবে। যদি পূর্বোক্ত নাবালকের অভিভাবক ওই আবেদনপত্রের প্রেক্ষিতে প্রতিদ্বন্দ্বিতা করতে না উপস্থিত হয়, আদালত সেক্ষেত্রে একজন অভিভাবক (guardian-*ad-litem*) নিয়োগ করবে। বঙ্গীয় প্রজাসত্ত্ব আইনের (B.T. Act) ২৬চ ধারার একটি কার্যাবলিতে এই প্রশ্ন ওঠে যে guardian-*ad-litem* যদি নাবালকের পক্ষে নিয়োগ না হয় তা হলে কি নাবালকের বিরুদ্ধে প্রি-এমশানের আদেশ দেওয়া

২ (2018)4 WBLR 185 (Cal).

৩ *বুলা কুণ্ডু* বনাম *নির্মল কুমার কুণ্ডু* 2000 CWN 776; *নরেন্দ্র কুমার সিংহ* বনাম *গুরশরণ কাউর* (2016)2 WBLR 314 (Cal); *নাসিরুদ্দিন শেখ* বনাম *মহসীন আলি* (2016)2 WBLR 213 (Cal) মামলা দ্রষ্টব্য।

৪ *সমরেন্দ্র জানা* বনাম *বসন্ত কুমার শিট* 1978(1) Cal LJ 299; *জ্যোতিষ* বনাম *হীরালাল* ILR (1971)1 Cal 213.

যাবে? কারণ, ওই কার্যাবলিতে নাবালকের পক্ষে যথোপযুক্তভাবে কেউ প্রতিনিধিত্ব না করায় সঠিকভাবে ওই নাবালক তথ্য পেশ করতে পারেনি। মহামান্য আদালত প্রি-এমশানের আদেশ বাতিল করে এবং নতুনভাবে সিদ্ধান্ত নেওয়ার জন্য ট্রায়াল কোর্টে রিমাণ্ডে (remand) পাঠায়, মহামান্য আদালত আরও জানায় যে নাবালক প্রতিবাদীর পক্ষে উপযুক্ত অভিভাবক নিয়োগের পরই শুনানি ও সিদ্ধান্ত গৃহীত হবে।[৫]

৪৪। অকৃষি জমির ক্ষেত্রে প্রি-এমশান [Pre-emption in respect of non-agricultural land]. *শ্যামা প্রসাদ মণ্ডল* বনাম *সুশান্ত কুমার সাহা,*[৬] মামলায় এই প্রশ্ন ওঠে যে অকৃষি জমির ক্ষেত্রে প্রি-এমশানের আবেদনপত্র দাখিল করা যাবে কিনা। পঃ বঃ ভূমি সংস্কার আইনের ২(৭) ধারাটি ১৯৮১ সালে সংশোধনের আগে এই প্রশ্নের উত্তর হত, না, অকৃষি জমির প্রি-এমশান হবে না, সংশোধিত ২(৭) ধারাটির প্রয়োগ ৭.৮.১৯৬৯ তারিখ থেকে প্রযোজ্য। ২০০০ সালে পঃ বঃ ভূমি সংস্কার আইনের সংশোধন দ্বারা ২(৬) ধারায় 'হোল্ডিং'-এর সংজ্ঞা বিলোপ করা হয়েছে এবং বলা হয়েছে "কোনও দাগে রায়তের শরিক", এর অর্থ রায়ত ছাড়া অন্য এমন ব্যক্তি সীমানা নির্ধারিতহীন (undemarcated) কোনও জমিতে রায়তের সঙ্গে যার স্বার্থ জড়িত আছে।

প্রমোদ রঞ্জন ব্যানার্জী বনাম *নিরাপদ মণ্ডল,*[৭] মামলায় উচ্চ ন্যায়ালয় রায় দেয় যে হোল্ডিং-এর শরিক তার শরিক হিসাবে মর্যাদা হারায় এবং ওই হোল্ডিং-এর প্রত্যেক রায়তি সরকারের অধীনে সরাসরি প্রজা (tenant) রূপে পরিগণিত হয়, সুতরাং, শরিক হিসাবে পঃ বঃ ভূমি সংস্কার আইনের ৮ ধারা মতে প্রি-এমশানের সুযোগ নেই। নিশ্চয়ই এটি ভালো আইন (good law) নয়। তবে আস্থা রাখা যায় *শেখ সারাফত আলি* বনাম *হুসেইন আলি মোল্লা,*[৮] মামলায় বিশেষ বেঞ্চের (Special Bench) সিদ্ধান্তে।

Writ দাখিলকারীর পক্ষ থেকে জানানো হয় যে *পঃ বঃ রাজ্য ভূমিজীবী সংঘ* বনাম *পঃ বঃ রাজ্য সরকার,*[৯] মামলায় ২০০০ সালের পঃ বঃ ভূমি

৫ *মুক্তি* বনাম *মনোরমা* 1940 CWN 1211.
৬ Cal LT 2019(2) HC 326.
৭ 1980(1) Cal LJ 201.
৮ 2002(4) CHN 285.
৯ 1996 Cal LJ 285 (Cal).

সংস্কার আইনের ২(৬) ধারার সংশোধনকে ডিভিশান বেঞ্চ অধিকার বহির্ভূত (*ultra vires*) ঘোষণা করেছে। *শ্যামা প্রসাদ* বনাম *সুশান্ত কুমার,*[১০] মামলায় এই তথ্য জানা যায় যে এক আপিল মামলায় মহামান্য সুপ্রিম কোর্ট *পঃ বঃ রাজ্য ভূমিজীবী সংঘ* বনাম *পঃ বঃ রাজ্য সরকার,* [১১] মামলার রায় দানে স্থগিতাদেশ জারি করেছে এবং বিষয়টি বিচারাধীন রয়েছে, কিন্তু *শ্যামা প্রসাদ* বনাম *সুশান্ত কুমার,*[১২] মামলায় মহামান্য উচ্চ ন্যায়ালয়ের পর্যবেক্ষণ এই যে ভূমিজীবী ২(৭) ধারাকে সংবিধানের অধিকার বহির্ভূত ঘোষণা করেনি।

মূল প্রশ্ন এই যে অকৃষি বাস্তু জমির ক্ষেত্রে পঃ বঃ ভূমি সংস্কার আইনের ৮ ধারায় প্রি-এমশানের সুযোগ আছে কি না, *রণজিৎ কুমার* বনাম *পঙ্কজ মুখোপাধ্যায়*[১৩] এক্ষেত্রে মহামান্য আদালত নিম্নলিখিত মামলার রায়গুলি উল্লেখ করেছে, *রমলা চৌধুরি* বনাম *সুমন ঘোষ*[১৪] এবং *সাবরি প্রপার্টিজ প্রা. লি.* বনাম *সি.টি.এস. ইন্ড্রাসট্রিস লি,*[১৫] এই মামলাগুলিতে মহামান্য উচ্চ ন্যায়ালয় জানিয়েছে অকৃষি জমি হস্তান্তরের ক্ষেত্রেও প্রি-এমশানের সুযোগ পাওয়া যাবে।

শ্যামা প্রসাদ বনাম *সুশান্ত কুমার সাহা,*[১২] মামলায় মহামান্য উচ্চ ন্যায়ালয় জানায় যে অকৃষি জমির ক্ষেত্রেও পঃ বঃ ভূমি সংস্কার আইনের ৮ ধারায় প্রি-এমশানের আবেদন করা যাবে। ওই মামলায় রায় দিতে গিয়ে মহামান্য উচ্চ ন্যায়ালয় *প্রফুল্ল কুমার মাইতি* বনাম *অমল কৃষ্ণ মিশ্র* 1997(11) CHN 20 মামলার রায় উল্লেখ করে জানায় সংশোধিত ২(১০) ধারায় রায়ত বলতে 'কোনও ব্যক্তি বা প্রতিষ্ঠানকে বোঝায় যে জমির দখলে আছে এবং সেই জমি যে কোনও কাজের জন্য ব্যবহৃত হয়', সুতরাং, সেই জমি কৃষি/বাস্তু জমি হতে পারে।

৪৫। প্রি-এমশানের মামলায় অস্থায়ী স্থগিতাদেশ জারি করা যায় কিনা [Whether temporary injunction order can be passed in pre-emption proceeding]. ট্রায়াল কোর্ট কি প্রি-এমশানের মামলায় অস্থায়ীভাবে

১০ Cal LT 2019(2) HC 326.
১১ 1996(2) Cal LJ 285 (Cal).
১২ Cal LT 2019(2) HC 326.
১৩ 2016(2) ICC 218 (Cal).
১৪ 2010(4) ICC 368 (Cal).
১৫ 2015(2) CHN 410 (Cal).

স্থগিতাদেশ জারি করতে পারে? এই প্রশ্ন উঠেছিল *মঞ্জু ভট্টাচার্য* বনাম *উজ্জ্বল কান্তি ভট্টাচার্য*[১৬] মামলায়। আগেই উল্লেখ করা হয়েছে যে প্রি-এমশানের কার্যাবলি (মামলা) কে আরজি (suit) হিসাবে গণ্য করা হয়, সুতরাং, সেই মামলা নিষ্পত্তি করতে গিয়ে দেওয়ানি সংহিতার ৩৯ তম আদেশের ১ ও ২ নম্বর বিধি প্রয়োগ করবার ক্ষমতা বিষয়ে কোনও বিধিনিষেধ আরোপ করার কথা নয়। পূর্বোক্ত মামলায় অস্থায়ী স্থগিতাদেশ ও *status quo* বজায় রাখবার আদেশ জারি করে ট্রায়াল কোর্ট কোনও ভুল করেনি।

৪৬। অনিবন্ধীকৃত সংস্থা প্রি-এমশানের আবেদন করতে পারে না [Unregistered society cannot apply for pre-emption as an adjoining owner]. 'অগ্রদূত সংঘ' নামে একটি ক্লাব একটি জমি কিনতে ইচ্ছা প্রকাশ করলেও জমির মালিক জনৈক আগন্তুক ব্যক্তিকে তা বিক্রি করে এবং প্রি-এমশানের জন্য সংঘের সচিব আবেদন দাখিল করলে ট্রায়াল কোর্ট এই কারণে মামলাটি খারিজ করে যে সোসাইটি নিবন্ধীকরণ আইন অনুযায়ী পূর্বোক্ত 'অগ্রদূত সংঘ' নিবন্ধীকৃত নয়। এরপর অতিরিক্ত জেলা বিচারক এই আদেশ খারিজ করে এবং ট্রায়াল কোর্টে নতুনভাবে সিদ্ধান্ত গ্রহনের জন্য রিমাণ্ডে পাঠায়। এই রায়ে অসন্তুষ্ট প্রি-এমটর মহামান্য উচ্চ ন্যায়ালয়ে মামলা দাখিল করে, মহামান্য একক বিচারক বিষয়টি ডিভিশান বেঞ্চে পাঠালে মহামান্য উচ্চ ন্যায়ালয়ের ডিভিশান বেঞ্চ জানায় যে একটি অনিবন্ধীকৃত সংস্থার সচিব প্রি-এমশানের জন্য পঃ বঃ ভূমি সংস্কার আইনের ৮ ধারা অনুযায়ী পার্শ্ববর্তী জমির মালিক হিসাবে আবেদন দাখিল করতে পারবে না।[১৭]

৪৭। রায়তের শরিক বাদে অন্য কোনও ব্যক্তিকে জমি হস্তান্তর [Transfer to other than a co-sharer of a raiyat in the plot of land]. ৮(১) ধারায় স্পষ্ট বলা হয়েছে যে "শরিক বা বর্গাদার ছাড়া অন্য কোনও ব্যক্তির কাছে হস্তান্তর" করলে প্রি-এমশানের সুযোগ তৈরি হয়। এর অর্থ, প্রথমত, কোনও শরিকের কাছে হস্তান্তর করলে প্রি-এমশানের আবেদন করা যায় না, দ্বিতীয়ত, যদি আগন্তুক কোনও ব্যক্তির (যিনি পার্শ্ববর্তী জমির মালিক নন, ওই

১৬ 2017(3) ICC 189 (Cal).

১৭ *উষারানি কুণ্ডু* বনাম *অগ্রদূত সংঘ* 2006(1) Cal LJ 577 (DB); AIR 2006 NOC 911 (Cal) (DB).

বিবাদীয় জমির শরিক বা বর্গাদার নন) কাছে জমি হস্তান্তরিত হয় প্রি-এমশানের আবেদন করা যাবে।

পঞ্চানন গুকু বনাম *রেখা আদক,*[১৮] মামলায় এই প্রশ্ন ওঠে যে আইন বিরুদ্ধ হস্তান্তর দ্বারা কোনও ব্যক্তি জমির শরিক হলে পঃ বঃ ভূমি সংস্কার আইনের ৮ ধারায় তার বিরুদ্ধে প্রি-এমশানের দরখাস্ত পেশ করা যাবে কিনা এবং উক্ত ক্রেতাকে শরিক হিসাবে গ্রাহ্য করা হবে কিনা মহামান্য উচ্চ ন্যায়ালয় জানায় যে নিম্ন আদালত রেখা আদকের পক্ষে রায়টিকে সঠিক বিশ্লেষণ করেনি।

মহামান্য আদালতের বিশ্লেষণ নিম্নরূপ ঃ

"আইনের দৃষ্টিতে নিম্ন আদালতের বিশ্লেষণ ও পর্যবেক্ষণ ভুল, কারণ, ওই ধারার বিধানের অর্থ এই যে যদি কোনও সম্পত্তি কোনও শরিকের কাছে হস্তান্তরিত হয় অর্থাৎ হস্তান্তরের তারিখে গ্রহীতা ওই সম্পত্তির শরিক ছিল। একমাত্র সেক্ষেত্রে তার বিরুদ্ধে প্রি-এমশানের আবেদন করা যায় না।

এই মামলায় রেখার পিতার মৃত্যুর পর ওই জমির শরিক হওয়ার বহু পূর্বেই ওই হস্তান্তর ঘটে, সুতরাং, এখনকার আবেদনকারীর বিরুদ্ধে এই ধরনের হস্তান্তরের ক্ষেত্রে প্রি-এমশানের আবেদন করার জন্য কোনও নিষেধ ছিল না। অর্থাৎ প্রি-এমশানের এই আবেদন গ্রহণযোগ্য।"

৪৮. আগন্তুক ক্রেতাকে পুকুর বিক্রি করতে শরিকরা প্রি-এমশানের সুযোগ পাবে কিনা [If share of pond sold to stranger, whether co-sharer can pre-empt impartiable property like pond]. পুকুরের একটি হিস্যা এক আগন্তুককে জনৈক শরিক বিক্রি করে, এবং ওই পুকুরে একাধিক শরিক ছিল। এই প্রশ্ন উঠেছিল যে পুকুর এমন একটি সম্পত্তি যার সীমানা স্থির করে বিভাজন সম্ভব নয় এবং এরকম সম্পত্তির ক্ষেত্রে প্রি-এমশান গ্রাহ্য হতে পারে না, কিন্তু মহামান্য উচ্চ ন্যায়ালয় *শেখ সিরাজউদ্দিন মণ্ডল* বনাম *সামসুন্নেছা,*[১৯] মামলায় পূর্বোক্ত ওই যুক্তি খারিজ করে জানায় যে পুকুরের মতো যে সম্পত্তিতে সীমানা নির্ধারণ করে বন্টন সম্ভব নয়, সেক্ষেত্রেও প্রি-এমশান প্রযোজ্য হবে।

১৮ 2019(1) CHN 752 (Cal).
১৯ 2012(5) CHN 590 (Cal).

[১][৯। কোনও কোনও ক্ষেত্রে মুন্সেফ আবেদন মঞ্জুর করবেন এবং জমি ভাগ করবেন **(Munsif to allow the application and apportion lands in certain cases)** ঃ (১) ৮(১) ধারা অনুযায়ী আবেদন দাখিল করা হলে মুন্সেফ ওই আবেদনের নোটিশ হস্তান্তর গ্রহণকারীকে দেবেন এবং স্বার্থ সংশ্লিষ্ট ব্যক্তিদের জানানোর জন্য একটি নোটিশ ওই জমিতে টাঙানোর ব্যবস্থা করবেন। ওই নোটিশ জারি হলে হস্তান্তর গ্রহণকারী এবং স্বার্থ সংশ্লিষ্ট যে কোনও ব্যক্তি নোটিশে উল্লিখিত নির্দিষ্ট দিনের মধ্যে হাজির হতে পারেন। তিনি প্রমাণ করতে পারেন যে হস্তান্তরের জন্য নির্দিষ্ট অর্থ, অন্য কোনও প্রদেয় অর্থ থাকলে এবং সেই সাথে হস্তান্তরের আগে তৈরি কোনও দায় দূর করার জন্য কোনও অর্থ যদি থাকে এবং জমির উপর প্রদেয় রাজস্ব বা খাজনা, কর তিনি দিয়েছেন। প্রয়োজন অনুযায়ী অনুসন্ধানের পর মুন্সেফ আবেদনকারীকে নির্দিষ্ট সময়ের মধ্যে কোনও অতিরিক্ত জমা দেওয়ার থাকলে জমা দেওয়ার নির্দেশ দেবেন। এরকম অর্থ জমা দেওয়া হলে তিনি আদেশ দেবেন যে, হস্তান্তরের অর্থ, অন্যান্য কোনও অর্থ, যে অর্থ হস্তান্তর গ্রহণকারী বা স্বার্থ সংশ্লিষ্ট ব্যক্তি খরচ করেছেন এবং হস্তান্তর মূল্যের দশ শতাংশ অর্থ হস্তান্তর গ্রহণকারীকে ফেরৎ দেওয়া হোক। বাকী কিছু থাকলে আবেদনকারীকে দেওয়া হবে। মুন্সেফ এরপর এই মর্মে আদেশ দেবেন যে, ওই [২][জমির অংশ] বা ভাগ আবেদনকারীর কাছে হস্তান্তরিত হবে এবং ওই আদেশের ভিত্তিতে জমির ভাগ বা অংশ আবেদনকারীর উপর বর্তাবে।

(২) হস্তান্তর গ্রহণকারীর স্বত্ব, অধিকার এবং স্বার্থ যখন কোনও ব্যক্তি উত্তরাধিকার সূত্রে বা অন্য কোনওরকমভাবে এই ধরনের [৩][জমিতে] পাবেন, তাঁর পাওয়া স্বত্ব, অধিকার ও স্বার্থ ওই জমির দাগের রায়তের শরিকের বা কাছাকাছি জমির রায়তকে বা বর্গাদারকে ৮(১) নং ধারায় পাওয়া অধিকারের সমান অথবা একইরকম হবে।

১ ১২.১০.১৯৬৩ তারিখের ১৭৯৯৮-এল. রেফ্. সংখ্যায়িত সরকারি প্রজ্ঞাপনের মাধ্যমে মূল আইনের ১(২) ধারায় উল্লিখিত অঞ্চল এবং বিহার হতে আগত অঞ্চলগুলি ছাড়া সমগ্র পশ্চিমবঙ্গে ২২.১০.১৯৬৩ তারিখ হতে বলবৎ হয়েছে; এবং ২৫.৯.১৯৬৯ তারিখের ১৭৮৮৫-এল. রেফ্. সংখ্যায়িত সরকারি প্রজ্ঞাপনের মাধ্যমে বিহার হতে পশ্চিমবঙ্গে আগত সমগ্র অঞ্চলগুলিতে ১.১০.১৯৬৯ তারিখ হতে বলবৎ হয়েছে।

২ পশ্চিমবঙ্গ ভূমি সংস্কার (সংশোধন) আইন, ২০০০ (পশ্চিমবঙ্গ আইন ৩১,২০০০)-এর মাধ্যমে "জোত" শব্দটির পরিবর্তে ৭.৮.১৯৬৯ তারিখ হতে অনুকল্পিত।

৩ পশ্চিমবঙ্গ ভূমি সংস্কার (সংশোধন) আইন, ২০০০ (পশ্চিমবঙ্গ আইন ৩১,২০০০)-এর মাধ্যমে "জোত" শব্দটির পরিবর্তে ৭.৮.১৯৬৯ তারিখ হতে অনুকল্পিত।

(৩) একাধিক শরিক রায়ত বা একাধিক কাছাকাছি জমির রায়তদের পক্ষে ৯(১) ধারা অনুযায়ী আদেশ দেওয়ার সময় যা তাঁর কাছে সঠিক বলে মনে হবে সেই অনুযায়ীই ওই জমি মুন্সেফ তার অংশ বা ভাগ করবেন।

(৪) উপধারা (১) অনুসারে যখন কোনও জমির অংশ বা ভাগ আবেদনকারী কাছে হস্তান্তরিত হবে, ওই আবেদনকারী ওই (জমির দাগের) ওই অংশের বকেয়া সমস্ত রাজস্ব আদেশ দেওয়া তারিখে যা বাকী থাকতে পারে তা মিটিয়ে দিতে বাধ্য থাকবেন।

(৫) (৬) নং উপধারা অনুযায়ী মুন্সেফ আপিল বিচারে কোনও পরিবর্তনের আদেশ দিলে, ওই আদেশের নকল নির্ধারিত কর্তৃপক্ষের কাছে স্বত্বলিপি সংশোধনের জন্য পাঠাবেন।

(৬) এই ধারা অনুসারে মুন্সেফের দেওয়া কোনও আদেশের ফলে কোনও ব্যক্তি ক্ষুব্ধ হলে ওই জমি যে এলাকায় অবস্থিত সেই এলাকার [৪][জেলা বিচারকের] কাছে ওই আদেশ দেওয়ার ত্রিশ দিনের মধ্যে আপিল করতে পারেন এবং জেলা বিচারক তাঁর আদেশের নকল মুন্সেফের কাছে পাঠাবেন। যাবতীয় ব্যয়গুলি সংশ্লিষ্ট পক্ষদের কাছ থেকে আদায় করা হবে এবং [৪][জেলা বিচারক] যে রকম স্থির করবেন, সেইরকমভাবেই কাজ করা হবে।

[৫][(৭) ১৯৭২ সালের পঃ বঃ ভূমি সংস্কার (সংশোধন) আইনের ৮ নং ধারা আরম্ভের সময় যে আপিলগুলি অতিরিক্ত জেলাশাসকের কাছে বকেয়া ছিল তা ওই এলাকার জেলা বিচারকের কাছে স্থানান্তরিত হবে এবং তিনি ওই আপিলের নিষ্পত্তি করবেন। যে স্তর থেকে আপিল স্থানান্তরিত হয়েছিল সেই স্তরেই কার্যকর করা হবে এবং এই আইনের বিধানগুলি ১৯৭২ সালের পশ্চিমবঙ্গ ভূমি সংস্কার (সংশোধন) আইনের সংশোধন অনুসারে নিষ্পত্তি হবে।]]

9. Munsif to allow the application and apportion lands in certain cases. (1) On the deposit mentioned in sub-section (1) of section 8 being made, the Munsif shall give notice of the

৪ পশ্চিমবঙ্গ ভূমি সংস্কার (সংশোধন) আইন, ১৯৭২ আইনের ৮(২) ধারার মাধ্যমে "মুন্সেফ" শব্দটির স্থলে অনুকল্পিত এবং উক্ত আইনের ১(২) ধারার মাধ্যমে ১২.২.১৯৭১ তারিখ হতে বলবৎ হয়েছে।

৫ পশ্চিমবঙ্গ ভূমি সংস্কার (সংশোধন) আইন, ১৯৭২ আইনের ৮(৩) ধারার মাধ্যমে সন্নিবেশিত এবং উক্ত আইনের ১(২) ধারার মাধ্যমে ১২.২.১৯৭১ তারিখ হতে বলবৎ হয়েছে।

application to the transferee, and shall also cause a notice to be affixed on the land for the information of persons interested. On such notice being served, the transferee or any person interested may appear within the time specified in the notice and prove the consideration money paid for the transfer and other sums, if any, properly paid by him in respect of the lands including any sum paid for annulling encumbrances created prior to the day of transfer, and rent or revenue, ceses or taxes for any period. The Munsif may after such enquiry as he considers necessary direct the applicant to deposit such further sum, if any, within the time specified by him and on such sum being deposited, he shall make an order that the amount of the consideration money together with such other sums as are proved to have been paid by the transferee or the person interested plus ten per cent of the consideration money be paid to the transferee or the person interested out of the money in deposit, the remainder, if any, being refunded to the applicant. The Munsif shall then make a further order that the portion or [1][share of the plot of land] be transferred to the applicant and on such order being made, the portion or [1][share of the plot of land] shall vest in the applicant.

(2) When any person acquires the right, title and interest of the transferee in [1][such plot of land] by succession or otherwise, the right, title and interest acquired by him shall be subject to the right conferred by sub-section (1) of section 8 on a [1][co-sharer of a *raiyat* in a plot of land] or a *raiyat* possessing [1][land adjoining the plot of land or *bargadar*].

(3) In making an order under sub-section (1) in favour of more than one [2][co-sharer of a *raiyat* in a plot of land or *raiyat* holding adjoining land or *bargadar*] the Munsif may apportion the portion or [1][share of the plot of land] in such manner and on such terms as he deems equitable.

(4) Where any portion or share of a [2][plot of land] is transferred to the applicant under sub-section (1), such applicant shall be liable to pay all arrears of revenue in respect of such portion or share of the [2][plot of land] that may be outstanding on the date of the order.

1 *Substituted* by Act XXXI of 2000, w.r.e.f. 7.8.1969.

2 *Substituted* by Act XXXI of 2000, w.r.e.f. 7.8.1969.

(5) The Munsif shall send a copy of his order as modified on appeal, if any, under sub-section (6) to the prescribed authority for correction of the record-of-rights.

(6) Any person aggrieved by an order of the Munsif under this section may appeal to the District Judge having jurisdiction over the area in which the land is situated, within thirty days, from the date of such order and the District Judge shall send a copy of his order to the Munsif. The fees to be paid by the parties and the procedure to be followed by the District Judge shall be such as may be prescribed.

(7) Every appeal pending before an Additional District Magistrate at the commencement of section 8 of the West Bengal Land Reforms (Amendment) Act, 1972 (West Ben. Act 12 of 1972), shall, on such commencement, stand transferred to, and be disposed of by, the District Judge having jurisdiction in relation to the area in which the land is situated and on such transfer, every such appeal shall be dealt with from the stage at which it was so transferred and shall be disposed of in accordance with the provisions of this Act, as amended by the West Bengal Land Reforms (Amendment) Act, 1972 (West Ben. Act 12 of 1972).

আলোচনার সূচী

আলোচনার সূচী—*চলিতেছে*

১। সূচনা [Commencement]. বিহার থেকে আগত অংশগুলি বাদে পশ্চিমবঙ্গের সমস্ত জেলায় ৯ ক্রমাঙ্কের ধারা কার্যকর হয় ২২শে অক্টোবর ১৯৬৩, সংশ্লিষ্ট বিজ্ঞপ্তি ক্রমাঙ্ক ১৭৯৯৮-এল, তাং ১২.১০.১৯৬৩, এরপর বিজ্ঞপ্তি ক্রমাঙ্ক ১৭৮৮৫-এল, তাং ২৫.৯.১৯৬৯ দ্বারা ১লা অক্টোবর ১৯৬৯ থেকে বিহার থেকে আগত অংশেও কার্যকর হয়।

১৯৭২ সালের পঃ বঃ ভূমি সংস্কার (সংশোধন) আইন (পঃ বঃ ভূমি সংস্কার, ১২, ১৯৭২) দ্বারা মূল মামলা এবং আপিল দাখিল করবার রীতি- পদ্ধতিও বদলে যায় এবং এই ধারার উপধারা (১), (৩), (৫) এবং (৬)-এর প্রয়োজনীয় সংশোধন করা হয়, ''রাজস্ব আধিকারিক'' শব্দের বদলে ''মুন্সিফ'' এবং অতিরিক্ত জেলাশাসক শব্দস্থলে ''জেলা বিচারক'' অন্তর্ভুক্ত করা হয়েছে। একইভাবে ৯(৭) ধারাটিও যুক্ত হয়েছে। ওই ধারায় বলা হয়েছে ১৯৭২ সালে পঃ বঃ ভূমি সংস্কার আইন সংশোধন চালু হওয়ার সময় যে মামলা অতিরিক্ত জেলা শাসকের কাছে বকেয়া ছিল তা চলে যাবে জেলা বিচারকের আদালতে।

২। দেওয়ানি আদালতের সমঝোতা রায় অনুযায়ী বিক্রি দলিল বাতিল হওয়া অবস্থায় পার্শ্ববর্তী জমির মালিক কর্তৃক প্রি-এমশানের দাবি [Claim of pre-emption by adjacent land owner where the sale deed had already been cancelled by a compromise decree of civil court]. *চাঁদ মুহম্মদ* বনাম *আবদুল সাত্তার*[1] মামলায় এক বিভ্রান্তিকর প্রশ্ন উঠে আসে। এই মামলায় বিবাদীয় জমির সম্পূর্ণ রূপে মালিক ছিলেন ওই আবেদনকারী,

1 2016(4) CHN 275 (Cal).

৫.২.১৯৯৩ তারিখের একটি Partition deed দ্বারা তিনি ওই জমি নির্দিষ্ট অংশ অনুযায়ী মালিক হন। এই জমিটি ১,৮৬,৯১২.০০ (এক লক্ষ ছিয়াশি হাজার নয় শত বারো) টাকার বিনিময়ে তিনি নিবন্ধীকৃত দলিলের মাধ্যমে হস্তান্তর (execute) করেন। এরপরই পার্শ্ববর্তী জমির মালিক পঃ বঃ ভূমি সংস্কার আইনের ৮ ধারামতে প্রি-এমশানের মামলা করেন। এই মামলা নিষ্পত্তির আগে হস্তান্তরকারী জমিগ্রহীতার বিরুদ্ধে মালিকানা স্বত্বের মামলা করেন এই অভিযোগ তুলে যে ১৯শে অগস্ট ২০০৮ তারিখের দলিলটি প্রকৃতপক্ষে "বিক্রি দলিল" ছিল না, তা ছিল "ঋণ হস্তান্তর" (loan transaction)। ট্রায়াল কোর্ট মামলাটি খারিজ (dismiss) করেন। ট্রায়াল কোর্টের দেওয়া রায় ও ডিক্রির বিরুদ্ধে আপিল করা হয়। উভয়পক্ষের সম্মতির ভিত্তিতে আপিল মামলাটির নিষ্পত্তি হয়।

যেহেতু ডিক্রির মাধ্যমে "বিক্রি দলিল" টিকে বাতিল করা হয়েছিল সুতরাং প্রি-এমশান মামলাটিকে খারিজ করা হয়। এই রায়ের বিরুদ্ধে মামলা দায়ের করা হয় মহামান্য কলিকাতা উচ্চ ন্যায়ালয়ে। মহামান্য উচ্চ ন্যায়ালয় মহামান্য নিম্ন আপিল আদালতের রায় বাতিল করেন এবং মহামান্য ট্রায়াল কোর্টের রায় পুনর্বহাল রাখেন।

৩। দেওয়ানি বিধির ১১৫ ধারার সংশোধন [Revision of s. 115, CPC]. হাওড়ার ৭ম জেলা দেওয়ানি আদালত (জুনিয়র ডিভিশন) LR Misc. Case No. 13/1998 অনুযায়ী ২০০০ সালে একটি আদেশ জারি করেন (ক্রমাঙ্ক ২৯, তাং ২৮.৩.২০০০), এই রায়কে চ্যালেঞ্জ করা হয়। বিবাদীয় জমিটি হাওড়া পৌরনিগমের অন্তর্গত বাস্তু জমি হওয়ায় আদালতের দৃষ্টিতে পঃ বঃ ভূমি সংস্কার আইনে ৮ ধারা অনুযায়ী মামলাটি গ্রহণযোগ্য হয়নি। দেওয়ানি বিধির আদেশ ১৪, বিধি ২ উল্লেখ করে আবেদনকারী ওই রায়ের বিরুদ্ধে মামলা দায়ের করেন। মূলত দেওয়ানি বিধির ১১৫ ধারার সংশোধনকে কেন্দ্র করে বিভিন্ন আইনগত প্রশ্ন উঠে আসে। মহামান্য কলিকাতা উচ্চ ন্যায়ালয় তাঁর রায়ে জানান যে দেওয়ানি বিধির ১১৫ থেকে ভারতীয় সংবিধানের ২২৭ ধারায় আবেদনকারীকে মামলা হস্তান্তর করবার অনুমতি দেওয়া যেতে পারে না। আবেদনকারীকে নির্দিষ্ট নিয়ম মেনে জেলা আদালতেই আপিল করতে হবে এবং জেলা আদালতকে নির্দেশ দেওয়া হয় যেন *রজত নিয়োগি* বনাম *প্রদীপ কুমার সেন*;[২] *শবরী প্রোপার্টিস প্রাইভেট লিমিটেড* বনাম *সি.টি.এস.*

২ 2010(1) Cal LJ 81 (Cal).

ইন্ডাস্ট্রিজ লিমিটেড;[৩] প্রভৃতি মামলার সঙ্গে সাযুজ্য রেখে সিদ্ধান্ত নেওয়া হয়।[৪]

৪। কোনও দাগের নির্দিষ্ট অংশের হস্তান্তর [Transfer of a portion or share of a plot of land]. যখন কোনও রায়ত কোনও জমির "সম্পূর্ণ অংশ" তৃতীয় কোনও ব্যক্তিকে হস্তান্তর করেন, সেক্ষেত্রে আবেদনকারী পঃ বঃ ভূমি সংস্কার আইনের ৮ ধারার যে প্রি-এমশান মামলা দায়ের করেছেন তা বলবৎ হয় না।[৫]

শ্রীবাস চন্দ্র বিশ্বাস বনাম *জীবন কৃষ্ণ বিশ্বাস*[৬] মামলায় দেখা যায় Schedule 'B'-এর তিনটি দাগের কিছু অংশ ১৯৭০ সালে আবেদনকারী কিনেছিলেন এবং তিনটি দাগেরই পশ্চিমাংশে তিনি দখল পান। এই তথ্য প্রমাণিত যে ওই তিনটি দাগের জমির সীমানা নির্ধারণ করে অংশ ভাগ করা হয়নি, সুতরাং আবেদনকারী ওই তিনটি দাগেরও অংশীদার একথা স্বীকার্য এবং ওই তিনটি দাগের কিছু অংশ তৃতীয় পক্ষকে ১৯৯১ সালে বিক্রি করা হয়েছিল। সুতরাং ২০০০ সালে পঃ বঃ ভূমি সংস্কার আইনের সংশোধনীর নিরিখে ওই তিনটি দাগের যে অংশ তৃতীয় ব্যক্তিকে বিক্রি করা হয়েছিল তার উপর আবেদনকারী প্রি-এম্পট (pre-empt) অধিকার পাবেন। আবার *মদন মোহন বিশ্বাস* বনাম *কার্তিক চন্দ্র বিশ্বাস*[৭] মামলায় অন্য ঘটনা দেখা যায়। আবেদনকারীর ভাই এবং শম্ভুনাথ বিশ্বাস বিবাদীয় জমির অংশীদার। সমস্ত নিম্ন আদালত এই মর্মে সহমত ছিলেন যে আবেদনকারী এবং তাঁর ভাই এই দাগের সম্পূর্ণ ৬.৬ শতক আয়তনের জন্য অংশীদার ছিলেন। পিতার মৃত্যুর পর উত্তরাধিকার সূত্রে তাঁরা ওই জমি পেয়েছিলেন, এছাড়া তাঁদের অন্যান্য বৈধ উত্তরাধিকারীগণ অর্থাৎ প্রয়াত পিতার চার কন্যা দানপত্রমূলে যে অংশ দিয়েছিলেন সেই অংশও লাভ করেন, আরও উল্লেখ করা যায় আবেদনকারী এবং তাঁর ভাই-এর মধ্যে জমির কোনও অংশের সুনির্দিষ্ট বিভাজন করা

৩ (2016)1 WBLR 133 (Cal); 2016(3) ICC 140 (Cal).

৪ *জয়ন্তী মুখোপাধ্যায়* বনাম *মহেন্দ্রনাথ পাঁজা* 2016(4) ICC 146 (Cal); *সদাশিব প্রসাদ সিংহ* বনাম *হরেন্দ্র সিংহ* (2015)5 SCC 574.

৫ *রতিপতি বন্দ্যোপাধ্যায়* বনাম *মৃণালীনি দেবী* 2006(4) CHN 440; 2005(3) ICC 317 (Cal).

৬ (2012)2 WBLR 245 (Cal).

৭ 2014(2) CHN 722 (Cal).

হয়নি। উপরোক্ত তথ্যের ভিত্তিতে ট্রায়াল ও আপিল আদালত এই সিদ্ধান্ত করেন যে যখন আবেদনকারীর ভাই জমিটি তৃতীয় ব্যক্তিকে হস্তান্তর করেছিলেন, আবেদনকারী প্রি-এমশান দাবি করতে পারেন না।

আবার *বিশ্বনাথ সরকার* বনাম *সুনীত কুমার সাহা*[৮] মামলায় Single Bench দেখেন; যদি কোনও জমি তার শরিকদের মধ্যে সীমানা নির্ধারণ দ্বারা পরিমাপ করে অংশ ভাগ না হয়ে থাকে এবং এরকম কোনও জমির কোনও অংশ যদি তিনি শরিক বাদে অন্য কোনও ব্যক্তিকে বিক্রি করেন, তবে পঃ বঃ ভূমি সংস্কার আইনের ৮ ধারামতে ওই জমির শরিকগণ প্রি-এমশানের অধিকার লাভ করবেন। মহামান্য Single Bench সরাসরি আপিল আদালতের সিদ্ধান্ত বাতিল করেন; মূল প্রি-এমশান মামলাটিতে মহামান্য ট্রায়াল কোর্ট বিবাদীয় জমিতে শরিকদের প্রি-এমশানের অধিকার আছে বলে তাদের অনুকূলে রায় দিয়েছিলেন, যা আপিল আদালত খারিজ করেছিলেন। *শ্রীবাস চন্দ্র বিশ্বাস* বনাম *জীবন কৃষ্ণ বিশ্বাস*[৯] মামলায় মহামান্য Single Bench ট্রায়াল কোর্টের সিদ্ধান্তকে সমর্থন করেন। এই ক্ষেত্রে ট্রায়াল কোর্ট প্রতিপক্ষের অনুকূলে প্রি-এমশানের অধিকার আছে বলে মতামত জানান কিন্তু আপিল আদালত ট্রায়াল কোর্টের রায় বাতিল করেছিলেন।

উপরোক্ত সমস্ত সিদ্ধান্তের নিরিখে মদন মোহন বিশ্বাস যে সংশোধিত আবেদনপত্র দাখিল করেছেন মহামান্য উচ্চ ন্যায়ালয় তা গ্রহণ করেন এবং জানান—

> "ঘটনা ও পরিস্থিতি পর্যালোচনা করে উপরোক্ত দুটি সিদ্ধান্তই পরিপূর্ণরূপে বর্তমান মামলায় প্রয়োগযোগ্য। তৃতীয় পক্ষকে বিবাদীয় জমি হস্তান্তরের আগে থেকেই বর্তমান মামলার আবেদনকারী তাঁর ভাই শম্ভুনাথ বিশ্বাসের সঙ্গে বিবাদীয় জমির একজন শরিক, সুতরাং প্রি-এমশানের অধিকার আবেদনকারী পাবেন।"

৫। ৯(১) ধারা অনুযায়ী নোটিশ (১৯৬৫ সালের পঃ বঃ ভূমি সংস্কার নিয়মাবলির ৭ নং বিধি) [Notice under s. 9(1) (Rule 7 of W.B.L.R. Rules 1965)]. ৯(১) ধারা অনুসারে হস্তান্তরের জন্য আবেদনপত্র জমা দিতে হবে ৪ নং নির্দেশে।

৮ (2013)3 WBLR 271 (Cal).

৯ (2012)2 WBLR 245.

Form 4

Notice under sub-section (1) of section 9 for transfer by *co-sharer of a raiyat/contiguous tenant

To

....

Vill. .... P.O. .... District ....

Take notice that an application has been made by .... for transfer to him of the portion/share of the **[plot of land] specified in the schedule on the reverse and that he has deposited the consideration money together with a further sum of 10% of that amount.

You are hereby called upon to appear before me on or before .... and prove the consideration money paid for the transfer and other sums, if any, properly paid by you in respect of the land including any sum paid for annulling incumbrances created prior to the date of transfer and rent or revenue, cesses or taxes for any period.

Munsiff

(Reverse)

THE SCHEDULE

Col. 1. Name, father's/husband's name and residential address of the applicant/applicants.

Col. 2. Village, P.S. and district in which the land is situated.

* বিজ্ঞপ্তি নং ৩০৭১ এল./রেফ্., তাং ১০.৭.২০০১ দ্বারা Co-sharer of a *raiyat* শব্দগুলি যুক্ত করা হয়েছে। আগে ছিল Co-sharer. ১০.৭.১৯৭১ তারিখে কলিকাতা গেজেটে প্রকাশিত হয়েছিল।

** ২০০০ সালের পঃ বঃ ভূমি সংস্কার (সংশোধন) আইন দ্বারা Plot of land শব্দগুলি যুক্ত করা হয়েছে। আগে ছিল holding শব্দটি।

Col. 3. Khatian No. and Plot No. of the *[plot of land] of which a portion or share was transferred with area of the portion or share transferred.

Col. 4. Nature of transfer.

Col. 5. Annual revenue payable for the portion or share of the *[plot of land].

Col. 6. Consideration money or value as set forth in the document of transfer or sale price in the case of sale in execution of decree or certification or market value determined by Court in case of foreclosure of mortgage.

Col. 7. Remarks.

৬। ১৯৬৫ সালের পঃ বঃ ভূমি সংস্কার নিয়মাবলির ৮ নং বিধি [Rule 8 of W.B.L.R. Rules 1965]. পশ্চিমবঙ্গ ভূমি সংস্কার আইনের ৯(৬) ধারা অনুযায়ী আপিল দাখিলের পদ্ধতি ও প্রদেয় অর্থ জমা দেওয়ার রীতি।

(১) ৯(৬) ধারার অধীন প্রতিটি আপিল স্মারকলিপির মতো করে দাখিল করতে হবে এবং আবেদনকারীর দ্বারা প্রত্যায়িত এবং স্বাক্ষরিত হতে হবে ১৯০৮ সালের দেওয়ানি সংহিতার ১ নং তালিকার ৬ নং আদেশের ১৫ নং নিয়মের (২) ও (৩) নং উপবিধি অনুযায়ী। সঙ্গে যে আদেশের বিরুদ্ধে আপিল সেই আদেশের একটি প্রত্যায়িত নকল দিতে হবে এবং নিম্নলিখিত প্রমাণাদি যুক্ত করতে হবে—

(ক) আবেদনকারীর নাম ও ঠিকানা;

(খ) বিবাদীর নাম ও ঠিকানা;

(গ) মুন্সেফ যে বিবাদীয় জমির জন্য আদেশ দিয়েছেন তার নির্দিষ্ট অবস্থানগত চিত্র; এবং

(ঘ) আপিলের কারণ।

* ২০০০ সালের পঃ বঃ ভূমি সংস্কার (সংশোধন) আইন দ্বারা Plot of land শব্দগুলি যুক্ত করা হয়েছে। আগে ছিল holding শব্দটি।

(২) ১৮৭০ সালের কোর্ট-ফি আইনের ২ নং তালিকার ১১ নং অনুচ্ছেদের ক(২) দফায় বর্ণিত নিয়ম অনুসারে আপিলের আবেদনপত্রে কোর্ট-ফি দিতে হবে এবং ওই আইনের নির্দিষ্ট পদ্ধতিতে তা সংগৃহীত হবে।

(৩) আপিল দাখিল হলে, আপিল আধিকারিক যে আধিকারিক বা কর্তৃপক্ষের আদেশের বিরুদ্ধে আপিল সেই আদেশের নথি চেয়ে পাঠাবেন এবং আপিল দাখিলকারী ও বিবাদী উভয়পক্ষকে শুনানির উপযুক্ত সুযোগ দিয়ে আপিলের নিষ্পত্তি করবেন।

(৪) প্রসেস ফি হিসাবে তিন টাকা পঞ্চাশ পয়সা হারে প্রতিটি পক্ষের (party) নোটিশ জারির জন্য আপিলের আবেদনের সাথেই জমা দিতে হবে।

৭। রাজস্ব আধিকারিকের দ্বারা জারি করা ইনজাংশানের আদেশ [Order passed by Revenue Officer regarding injunction]. পঃ বঃ ভূমি সংস্কার আইনের ৮ ধারায় মামলা চলাকালীন ইনজাংশানের আদেশ দেওয়ার ক্ষমতা বা এক্তিয়ার রাজস্ব আধিকারিকের নেই। দেওয়ানি বিধিমতে সাক্ষীদের হাজিরা দিতে বলা, নথিপত্র জমা দেওয়ার নির্দেশ দেওয়া বাদে অন্য কোনও ক্ষমতা নেই। রাজস্ব আধিকারিককে দেওয়ানি বিধির অন্য এক্তিয়ার দেওয়া হয়নি, কারণ তিনি দেওয়ানি বিচারক নন।[১০] ইনজাংশান তিনিই জারি করবেন যাঁর ওই ক্ষমতা আছে। বিচার-কল্প (quisi-judicial) ব্যবস্থায় দেওয়ানি আদালতের সমস্ত ক্ষমতা দেওয়া হয়নি।[১১]

কর্ণাটক ভূমি সংস্কারের অধীন সেখানকার ভূমি সংস্কার ট্রাইবুনালের ইনজাংশানের আদেশ দেওয়া অথবা রিসিভারের ভূমিকা পালন করবার ক্ষমতা দেওয়া হয়নি।[১২] এমনকী এই ধরনের ট্রাইবুনালের নিজের আদেশ রিভিউ বা recall করবার ক্ষমতাও নেই, আইনগত ভাবে review অথবা recall করবার ক্ষমতা দেওয়া না থাকলে তা করা যায় না।[১৩]

১০ *হাজি মহবুব হুসেইন* বনাম *বিশ্বনাথ নন্দী* 75 CWN 597; AIR 1971 Cal 381.

১১ *ইন্দিরা দেবী* বনাম *পঃ বঃ রাজ্য সরকার* AIR 1967 Cal 469.

১২ *লিঙ্গাইয়া শেট্টি* বনাম *কুন্দাপুর তালুক ল্যাণ্ড ট্রাইবুনাল* AIR 1977 NOC 288 (Kant).

১৩ *এইচ. বি. সিঙ্গাপ্পা* বনাম *ল্যাণ্ড রিফর্মস ট্রাইবুনাল* AIR 1977 Kant 218.

৮। মুন্সিফের ইনজাংশানের আদেশ জারির ক্ষমতা [Power to grant injunction by Ld. Munsif]. ১৫.২.১৯৭১ থেকে প্রি-এমশানের ক্ষমতা মুন্সিফের কাছে দেওয়া হয়েছে, এক্ষেত্রে মুন্সিফ *persona designata* নয়, আদালতের ভূমিকা পালন করেন এবং পঃ বঃ ভূমি সংস্কার আইনের ৮ ধারায় দাখিল কৃত আবেদন তাঁর আদালতে নিষ্পত্তি হয় এবং ইনজাংশানের আদেশ জারি করবার ক্ষমতা তাঁকে আইনগতভাবে দেওয়া হয়েছে।[১৪]

৯। পারসোনা ডেসিগনটা [Persona designata]. পারসোনা ডেসিগনটা ব্যক্তিদের নিজস্ব উপলদ্ধি দ্বারা বিচার করবার জন্য বাছাই করা হয়, তাঁরা বিচারকের ভূমিকা পালন করেন না।[১৫]

মুন্সিফ *persona designata* নন।[১৬]

১০। একটি দরখাস্ত দ্বারা একাধিক হস্তান্তরের প্রি-এমশান [Pre-emption of several transfers by one application]. একই জমির বিভিন্ন অংশ একাধিক বার একই ব্যক্তির নামে হস্তান্তর হলেও একটিমাত্র দরখাস্তের দ্বারা প্রি-এমশানের আবেদন দাখিল করা বৈধ।[১৭]

১১। প্রি-এমশানের রায়ের বিরুদ্ধে আপিল [Appeal against the pre-emption order]. প্রি-এমশানের রায়ের বিরুদ্ধে আপিল করবার বিধান রয়েছে পঃ বঃ ভূমি সংস্কার আইনের ৯(৬) ধারায়, ১৯৬৫ সালের পঃ বঃ ভূমি সংস্কার বিধির ৮ ক্রমাঙ্কে আপিল দাখিলের পদ্বতি বলা আছে। তবে আপিল কর্তৃপক্ষের রায়ের বিরুদ্ধে দ্বিতীয় আপিলের অধিকার দেওয়া হয়নি।

রাজস্ব আধিকারিকের দেওয়া রায়ের বিরুদ্ধে আগে আপিল করতে হত মুন্সিফের কাছে, পরে ১৯৭১ সালে পঃ বঃ ভূমি সংস্কার আইনের সংশোধন

১৪ *বেহারি লাল* বনাম *বিষ্ণুপদ পট্টনায়ক* 79 CWN 103.

১৫ *পার্থসারথী নায়ডু* বনাম *কোটেশ্বর রাও* AIR 1924 Mad 561; ILR 47 Mad 369 (FB); *সেন্ট্রাল টকিজ* বনাম *দ্বারকা প্রসাদ* AIR 1961 SC 606.

১৬ *সমরেন্দ্র জানা* বনাম *বসন্ত শীট* 1978(1) Cal LJ 299.

১৭ *সর্দার* বনাম *হীরালাল* ILR (1971)1 Cal 213; *সমরেন্দ্র জানা* বনাম *বসন্ত শীট* 1978(1) Cal LJ 299.

(৩নং আইন) হয়, রাষ্ট্রপতির সেই আইনানুসারে আপিল করার ক্ষমতা বর্তায় মুন্সিফের বদলে অতিরিক্ত জেলাশাসকের উপর। মুন্সিফের আদালতে জমে থাকা সমস্ত বকেয়া আপিল মামলা অতিরিক্ত জেলাশাসকের কাছে হস্তান্তর করা হয়। এরপর ১৯৭২ সালে পঃ বঃ ভূমি সংস্কার আইন সংশোধন করবার পর (১২ নং আইন) আপিল করবার ক্ষমতা বর্তায় জেলা বিচারকের উপর এবং এটি কার্যকর হয় ১২.০২.১৯৭১ থেকে। ৯(৭) ধারায় বলা হয়েছে যে অতিরিক্ত জেলাশাসকের কাছে বকেয়া সমস্ত আপিল মামলা জেলা বিচারকের কাছে হস্তান্তর করা হবে এবং তিনি সেগুলির নিষ্পত্তি করবেন।

আপিল করতে হবে ৩০ (ত্রিশ) দিনের মধ্যে।

৯(৬) ধারায় আপিল মামলার নিষ্পত্তি করবার সময় জেলা বিচারক *persona designata* নয়, জেলা বিচারালয়ের বিচারক অথবা জেলার প্রধান দেওয়ানি বিচারক রূপে দায়িত্ব পালন করবেন। এক্ষেত্রে বাংলা, আগরা ও আসাম দেওয়ানি আদালত আইন এবং দেওয়ানি বিধি অনুসরণ করে জেলা বিচারক মামলার নিষ্পত্তি করবেন।

নীলকান্ত জানা বনাম *ঈশ্বর চন্দ্র,*[১৮] মামলায় দেখা যায় SLRO কর্তৃক প্রি-এমশান মামলাটি খারিজ হয়, সেই রায়ের বিরুদ্ধে আপিল করা হয় অতিরিক্ত জেলাশাসকের কাছে, এই সময় পঃ বঃ ভূমি সংস্কার (সংশোধন) আইন পাশ হয় (১৯৭২)। এরপর আপিল মামলাটি অতিরিক্ত জেলা বিচারক নিষ্পত্তি করেন জেলা বিচারকের নির্দেশানুসারে। এক্ষেত্রে অতিরিক্ত জেলা বিচারকের দেওয়া রায় সঠিক ও আইনানুগ।

১২। সত্বলিপি সংশোধন [Correction of Records of Rights]. পঃ বঃ ভূমি সংস্কার আইনের ৯(৫) ধারা এই বিধান দেয় যে মহামান্য মুন্সিফ প্রি-এমশানের আদেশনামার একটি প্রতিলিপি নির্ধারিত কর্তৃপক্ষের কাছে সত্বলিপি সংশোধনের জন্য পাঠাবেন। পঃ বঃ ভূমি সংস্কার আইনের ৫০ ধারা অনুযায়ী সত্বলিপি রক্ষণাবেক্ষণ, সংশোধন, পরিমার্জন করা হয়। রাজ্য সরকার দ্বারা বিশেষ ক্ষমতাপ্রাপ্ত রাজস্ব আধিকারিক মৌজার সত্বলিপিতে বিভিন্ন

১৮ 1975(1) Cal LJ 123; 79 CWN 591.

পরিবর্তন অন্তর্ভুক্ত করে সংরক্ষণ করেন। সমস্ত রাজস্ব আধিকারিক, বিশেষ রাজস্ব আধিকারিক গ্রেড ২ ও ১ গণ এবং সমাহর্তার কাছে এই ক্ষমতা দেওয়া হয়েছে (পরিশিষ্ট ১ দ্রষ্টব্য)।

১৩। অংশ বন্টন [ধারা ৯(৩)] [Apportionment under s. 9(3)]. যে ক্ষেত্রে একাধিক শরিক প্রি-এমশানের জন্য আবেদন জানায়, মুন্সিফ পঃ বঃ ভূমি সংস্কার আইনের ৯(৩) ধারা অনুযায়ী ওই শরিকদের মধ্যে তাদের হিস্যা অনুসারে অংশ বন্টন করেন।[১৯]

সমস্যা দেখা দেয় তখন, যে ক্ষেত্রে একত্রে শুনানি (analogous hearing) করা হয় না, বা একত্রে শুনানি করা সম্ভব থাকে না। যদি কোনও শরিক নোটীশ না পায়, হস্তান্তর হওয়ার তিন বছরের মধ্যে প্রি-এমশানের জন্য আবেদন করতে পারে।

১৪। বকেয়া রাজস্ব দেওয়ার দায় [Liability of the pre-emptor to pay land revenue]. পঃ বঃ ভূমি সংস্কার আইনের ৯(৪) ধারা অনুযায়ী যার অনুকূলে প্রি-এমশানের আদেশ জারি হবে তিনিই বকেয়া রাজস্ব পরিশোধ করবেন, তবে পঃ বঃ ভূমি সংস্কার আইনের ১০(ক) ধারার বিধান অনুযায়ী প্রি-এমশানের আদেশ দেওয়ার সময় জমিতে ফসল থাকলে তার অধিকার বর্তায় pre-emptee-এর উপর।

১৫। রিভিশনের আবেদন [Application for revision] পঃ বঃ ভূমি সংস্কার আইনের ৯(৬) ধারা অনুযায়ী জেলা বিচারক *persona designata* নয়, আদালত হিসাবে ভূমিকা পালন করেন। সুতরাং, মহামান্য উচ্চ ন্যায়ালয়ে রিভিশনাল আবেদন জমা দেওয়া যেতে পারে। মুন্সিফের জারি করা কোনও আদেশের বিরুদ্ধে উচ্চ ন্যায়ালয়ে রিভিশন আবেদন পেশ করা আইনানুগ বৈধ।[২০]

১৯ *জহিরুদ্দিন গাইন* বনাম *মহঃ শওকত আলি বিশ্বাস* 52 CWN 95 এবং *প্রিয়নাথ বিশ্বাস* বনাম *নটবর বিশ্বাস* 58 CWN 975.

২০ *শেখ সামসুল হুদা* বনাম *মোশারফ হুসেইন* 2002(2) CHN 227 (Cal); *পশুপতি* বনাম *প্রতাপ কুমার* 2003(4) CHN 347 (Cal); *পঃ বঃ সরকার* বনাম *অসীম কুমার রায়* (2005)10 SCC 116.

[1][১০। হস্তান্তরের আদেশের পরিণাম (Consequences of an order for transfer) ঃ ৯ নং ধারা অনুসারে দেওয়া আদেশের ফলে—

(ক) রায়ত এবং হস্তান্তর গ্রহণকারীর আইনানুগ অধিকার, স্বত্ব ও স্বার্থ অথবা ৯(২) ধারা অধীন উল্লিখিত ব্যক্তি যিনি ওই [2][জমির] আইনানুগ অধিকার, স্বত্ব ও স্বার্থ পেয়েছেন, সেই রায়তে ন্যস্ত হবে যাঁর হস্তান্তরের দাবি সম্বলিত আপিলের আবেদন রাজস্ব আধিকারিক বা মুন্সেফ [3][অথবা ১৯৭১ সালের পশ্চিমবঙ্গ ভূমি সংস্কার (সংশোধন) আইনের ৮ নং ধারা বলবৎ হওয়ার পর অতিরিক্ত জেলাশাসক দ্বারা অথবা ১৯৭২ সালের পঃ বঃ ভূমি সংস্কার আইন বলবৎ হওয়ার পর জেলা বিচারক দ্বারা] অনুমোদিত হয়েছে ঃ

তবে উল্লেখ করা যায় যে, ৯(২) ধারা অনুযায়ী উল্লিখিত ব্যক্তি বা হস্তান্তর গ্রহণকারী ব্যক্তি আদেশ দেওয়ার আগে ওই জমিতে ফসল উৎপাদন করলে ওই ফসল নেওয়ার অধিকারী তিনি হবেন।

(খ) যে রায়তের আবেদন উপরোক্ত পদ্ধতিতে অনুমোদন পেয়েছে তিনি ওই আদেশ দেওয়ার তারিখ থেকে ওই জমির জন্য যে কোনও রাজস্ব দিতে বাধ্য থাকবেন।]

১ ১২.১০.১৯৬৩ তারিখের ১৭৯৯৮-এল. রেফ্. সংখ্যায়িত সরকারি প্রজ্ঞাপনের মাধ্যমে মূল আইনের ১(২) ধারায় উল্লিখিত অঞ্চল এবং বিহার হতে আগত অঞ্চলগুলি ছাড়া সমগ্র পশ্চিমবঙ্গে ২২.১০.১৯৬৩ তারিখ হতে বলবৎ হয়েছে; এবং ২৫.৯.১৯৬৯ তারিখের ১৭৮৮৫-এল. রেফ্. সংখ্যায়িত সরকারি প্রজ্ঞাপনের মাধ্যমে বিহার হতে পশ্চিমবঙ্গে আগত সমগ্র অঞ্চলগুলিতে ১.১০.১৯৬৯ তারিখ হতে বলবৎ হয়েছে।

২ পশ্চিমবঙ্গ ভূমি সংস্কার (সংশোধন) আইন, ২০০০ (পশ্চিমবঙ্গ আইন ৩১,২০০০)-এর মাধ্যমে "জোত" শব্দটির পরিবর্তে ৭.৮.১৯৬৯ তারিখ হতে অনুকল্পিত।

৩ পশ্চিমবঙ্গ ভূমি সংস্কার (সংশোধন) আইন, ১৯৭২ (পশ্চিমবঙ্গ আইন ১২, ১৯৭২)-এর ৯ ধারার মাধ্যমে সন্নিবেশিত এবং এই আইনের ১(২) ধারার মাধ্যমে ১২.২.১৯৭১ তারিখ হতে বলবৎ হয়েছে।

"অথবা পশ্চিমবঙ্গ ভূমি সংস্কার (সংশোধন) আইন, ১৯৭১-এর ৮ ধারা আরম্ভের পর অতিরিক্ত জেলা শাসক কর্তৃক" এই অংশটি পূর্বে পশ্চিমবঙ্গ ভূমি সংস্কার (সংশোধন) আইন, ১৯৭১ (রাষ্ট্রপতির আইন ৩, ১৯৭১)-এর মাধ্যমে ১২.২.১৯৭১ তারিখ হতে বলবৎ করে সন্নিবেশিত হয়েছিল।

[1]10. Consequences of an order for transfer. On an order under section 9 being made—

(*a*) the right, title and interest of the *raiyat* and of the transferee or of the person mentioned in sub-section (2) of section 9 who acquires any right, title and interest in the [1][plot of land] shall vest in the *raiyat* whose application for transfer has been allowed by the Revenue Officer or by the Munsif or, after the commencement of section 8 of the West Bengal Land Reforms (Amendment) Act, 1971 (President's Act 3 of 1971), by the Additional District Magistrate, or, after the commencement of the West Bengal Land Reforms (Amendment) Act, 1972, by the District Judge on appeal:

Provided that the transferee or the person mentioned in sub-section (2) of section 9 shall have the right to take away the crops which he might have grown on the land before the date of the order;

(*b*) The *raiyat* whose application has been so allowed shall be liable for any revenue accruing from the date of the order.

আলোচনা

বিহার থেকে যে সমস্ত এলাকা হস্তান্তরিত হয়ে পশ্চিমবঙ্গে যুক্ত হয়েছে সেই এলাকা বাদে সমস্ত পশ্চিমবঙ্গে ১০ নং ধারাটি বিজ্ঞপ্তি নং ১৭৯৯৮ এল./রেফ্., তাং ১২.১০.১৯৬৩ দ্বারা ২২.১০.১৯৬৩ থেকে বলবৎ হয়েছে। আর বিহার থেকে হস্তান্তরিত হয়ে আসা এলাকায় বলবৎ হয়েছে বিজ্ঞপ্তি নং ১৭৮৮৫ এল./রেফ্. তাং ২৫.৯.১৯৬৯ দ্বারা ১.১০.১৯৬৯ থেকে।

১০(ক) ধারা অনুযায়ী কোনও রায়ত বা যাঁকে জমি হস্তান্তর করেছেন বা ৯(২) ধারা অনুযায়ী যে ব্যক্তি জমি পেয়েছেন এরা সকলে ওই বিবাদীয় জমির জন্য যে আইনসম্মত অধিকার স্বত্ব, স্বার্থ ভোগ করতেন, ৯(৬) ধারায় জেলা বিচারক বা অতিরিক্ত জেলাশাসক আপিল বিচারে যাঁর পক্ষে রায় দিয়েছেন, তিনি ওই জমির জন্য পূর্বোক্ত আইনসম্মত অধিকার, স্বত্ব ও স্বার্থ ভোগ করবেন।

১০(ক) ধারা অনুযায়ী আপিল বিচারক তাঁর আদেশ দেওয়ার আগে ৯(২) ধারায় উল্লিখিত ব্যক্তি যদি ওই জমিতে ফসল উৎপাদন করেন এবং আপিলের রায় যদি তাঁর পক্ষে না যায় তবুও তিনি ওই ফসল সংগ্রহ করার অধিকারী হবেন।

1 *Substituted* by Act XXXI of 2000, w.r.e.f. 7.8.1969 for the word "holding".

৯(৬) ধারা অনুযায়ী যাঁর পক্ষে আপিলের রায় সংশ্লিষ্ট আপিল বিচারক দিয়েছেন, তিনি ১০(খ) ধারার বিধান অনুসারে ওই জমির জন্য সমুদয় রাজস্ব দিতে বাধ্য থাকবেন।

৯(২) ধারায় যিনি মুন্সেফের আদেশ বলে জমি পেয়েছেন এবং দখল করছেন পরবর্তী ক্ষেত্রে আপিল বিচারে যদি তাঁর বিপক্ষে রায় যায় সেক্ষেত্রে ৫৭(ঢ) ধারার বিধান অনুযায়ী Pre-emptee-এর সমস্যার সমাধান হবে।

[১][১১। বাতিল (Omitted).]

[1][11. [* * * * * *]

[১][১২। নদী বা সমুদ্রের গতিপথ পরিবর্তনে উদ্ভূত জমি (Land gained by recess of river or sea) ঃ নদী বা সমুদ্র দূরে সরে যাওয়ায়

১ পশ্চিমবঙ্গ ভূমি সংস্কার (সংশোধন) আইন, ২০০০ (পশ্চিমবঙ্গ আইন ৩১, ২০০০) আইনানুযায়ী ১১ নং ধারাটি ৭.৮.১৯৬৯ তারিখ হতে বাতিল বলে ঘোষিত হয়েছে। পূর্বে ধারাটি নিম্নরূপ ছিল ঃ

"১১।[১] শিকস্তি জমি (Diluviated lands) ঃ" (১) কোনও রায়তের যদি জোতটি অথবা ইহার কোনও অংশ নদীগত হইয়া নষ্ট হয়, জোতটির রাজস্ব, রায়ত কর্তৃক নির্ধারিত ফরমে রাজস্ব আধিকারিকের নিকট কৃত দরখাস্তের উপর, মকুব বা যাহা রাজস্ব আধিকারিকের মতে ন্যায্য মোট কোনও পরিমাণে হ্রাস হইবে।

(২) শিকস্ত দ্বারা নষ্ট হওয়াকালীন অনধিক কুড়ি বৎসর পর্যন্ত রায়তের আইনসম্মত অধিকার, স্বত্ব ও স্বার্থ এরূপ জোতে বা তাহার অংশে বর্তমান থাকবে, এবং তৎকালীন সময়ের মধ্যে এটির পুনরাধিকার ঘটিলে রায়তের তা দখলের অধিকার থাকবে এবং তিনি সেই পরিমাণ রাজস্ব যা রাজস্ব আধিকারিকের মতে ন্যায়সঙ্গত তাহা প্রদানে আইনত বাধ্য থাকবেন।"

1 *Omitted* by Act XXXI of 2000, w.r.e.f. 7.8.1969.

১ ২৫.৯.১৯৬৫ তারিখের ১৪৮১০-এল. রেফ্. সংখ্যায়িত প্রজ্ঞাপনের মাধ্যমে মূল আইনের ১(২) ধারায় উল্লিখিত অঞ্চল এবং বিহার হতে আগত অঞ্চলগুলি ছাড়া সমগ্র পশ্চিমবঙ্গে ১.১১.১৯৬৫ তারিখ হতে বলবৎ হয়েছে; এবং

২৫.৯.১৯৬৯ তারিখের ১৭৮৮৫-এল. রেফ্. সংখ্যায়িত সরকারি প্রজ্ঞাপনের মাধ্যমে বিহার হতে পশ্চিমবঙ্গে আগত সমগ্র অঞ্চলে ১.১০.১৯৬৯ তারিখ হতে বলবৎ হয়েছে; এবং পশ্চিমবঙ্গ ভূমি সংস্কার (সংশোধন) আইন, ১৯৬৫ (পশ্চিমবঙ্গ আইন ১৮, ১৯৬৫)-এর ৫ ধারার মাধ্যমে মূল ধারাটির স্থলে অনুকল্পিত হয়েছে। মূল ধারাটি নিম্নরূপ ছিল ঃ

"১২। নদী বা সমুদ্র সরিয়া যাওয়ায় লব্ধ জমি (Land gained by recess of river or sea) ঃ কোনও নদী বা সমুদ্র নিকট হতে সরিয়া যাওয়ায় যেখানে কোনও জোতে

[২][জমির দাগে] এক নাগাড়ে যুক্ত হওয়ার দ্বারা কোনও জমি সৃষ্টি হলে ওই জমি রাজ্য সরকারে বর্তাবে এবং ওই রায়ত যিনি ওই [২][জমির দাগের] মালিক ছিলেন তিনি ওই পয়স্থি জমি নিজের অধিকারে রাখার অধিকার পাবেন না।]

[1][**12. Land gained by recess of river or sea.** **Any land gained by gradual accession to a** [2]**[plot of land,] whether from the recess of a river or of the sea, shall vest in the State Government and the** ***raiyat*** **who owns** [2]**[the plot of land] shall not be entitled to retain such land as an accretion thereto.]**

আলোচনার সূচী

১। ঐতিহাসিক পটভূমিকা [Historical background]. এই ধারাটি ১৯৬৫ সালের পঃ বঃ ভূমি সংস্কার (সংশোধন) আইন দ্বারা যুক্ত করা হয়েছিল। যে সমস্ত এলাকা বিহার থেকে স্থানান্তরিত হয়ে পশ্চিমবঙ্গে যুক্ত হয়েছে সেই এলাকাগুলিবাদে এই ধারাটি ১.১.১৯৬৫ থেকে বলবৎ হয়েছে এবং বিহার থেকে স্থানান্তরিত এলাকায় এই ধারাটি বলবৎ হয়েছে ১.১০.১৯৬৯ থেকে,

---

ক্রমাগত সংযোজনের মাধ্যমে জমি লাভ হয়েছে, এর ফলে নূতন জমি তৈরি হবে এবং রায়তটি যিনি ঐ জোতের অধিকারী রাজস্ব আধিকারিক কর্তৃক যেরূপ পুনর্নির্ধারণ হইবে তাহার ভিত্তিতে রাজস্ব প্রদানে আইনত বাধ্য থাকিবেন ঃ

এই শর্ত যে কোনও রায়ত লব্ধ জমি ঠিক ততটা রাখিবার অধিকারী হবেন যাহা তৎসহ বাস্তুভিটা ব্যতীত তাঁহার অন্যান্য জমি পঁচিশ একরের মাত্রা ছাড়াবে না, এবং সংযোজন লব্ধ জমির অবশিষ্টাংশ, থাকলে, সকল দায়িত্ব হতে মুক্ত অবস্থায় রাজ্য সরকারে ন্যস্ত হবে।"

২ পশ্চিমবঙ্গ ভূমি সংস্কার (সংশোধন) আইন, ২০০০ (পশ্চিমবঙ্গ আইন ৩১, ২০০০)-এর মাধ্যমে "জোত" শব্দটির পরিবর্তে ৭.৮.১৯৬৯ তারিখ হতে অনুকল্পিত।

1 *Substituted* by the W.B. Land Reforms (Amendment) Act, 1965 (XVIII of 1965).

2 *Substituted* by Act XXXI of 2000, w.r.e.f. 7.8.1969.

বিজ্ঞপ্তি নং ১৭৮৮৫-এল. রেফ্., তাং ২৫.৯.১৯৬৯ দ্বারা। আবার ২০০০ সালের পঃ বঃ ভূমি সংস্কার (সংশোধন) আইন দ্বারা ১২ নং ধারাটির সংশোধন করা হয়েছে। ৭.৮.১৯৬৯ থেকে এটি কার্যকর হবে ধরা হয়েছে। পুরাতন ধারার "হোল্ডিং" শব্দের পরিবর্তে ওই সংশোধনী দ্বারা "জমির দাগ" শব্দগুলি আনা হয়েছে।

১২ নং ধারাটি পঃ বঃ ভূমি সংস্কার আইনে যুক্ত হওয়ার আগে পয়স্তি জমির বিষয়গুলি পরিচালিত হত ১৮২৫ সালের বঙ্গীয় সিকস্থি ও পয়স্থি প্রবিধানের (regulation) ৪ নং ধারা অনুযায়ী। ১.১১.১৯৬৫ থেকে ১২ নং ধারা প্রযোজ্য হওয়ায় কোনও ব্যক্তি ওই তারিখের আগে কোনও পয়স্থি জমির অধিকারী হলে সেই জমি সরকারে বর্তাবে না।[১] অর্থাৎ যদি কোনও রায়ত ১৮২৫ সালের বঙ্গীয় সিকস্থি ও পয়স্থি প্রবিধানের ৪ নং বিধি দ্বারা কোনও জমির অধিকার ১.১১.১৯৬৫ সালের আগে পেয়ে থাকেন তবে পঃ বঃ ভূমি সংস্কার আইনের ১২ নং ধারা দ্বারা ওই অধিকার খর্ব করা যায় না।

২। ১২ নং ধারা অন্তর্ভুক্ত হওয়ার পূর্বের পয়স্থি জমির ক্ষেত্রে এই ধারা প্রযোজ্য নয় (This section is not applicable before inserted this s. 12). পশ্চিমবঙ্গ ভূমি সংস্কার আইনের ১২ নং ধারা অন্তর্ভুক্ত হওয়ার পূর্বে (১.১১.১৯৬৫) কোনও পয়স্থি জমির অধিকার কি রায়তের থাকবে, এই প্রশ্নের উত্তরে মহামান্য কলিকাতা উচ্চ ন্যায়ালয় জানায় যে ১৮২৫ সালের বঙ্গীয় সিকস্থি ও পয়স্থি প্রবিধানের ৪ ধারা অনুযায়ী কোনও রায়ত কোনও জমির অধিকার লাভ করলে পঃ বঃ ভূমি সংস্কার আইনের ১২ নং ধারা প্রয়োগের মাধ্যমে ওই অধিকার থেকে রায়তকে বঞ্চিত করা যাবে না।[২]

বি.সি. ঘোষ বনাম *পঃ বঃ রাজ্য সরকার* 1987 CWN 767 মামলায় দেখা যায় ক্যাডাসট্রাল জরিপে (C.S.) কোনও দাগের শ্রেণি 'বিল' এবং রিভিশনার

১ *বি. সি. ঘোষ* বনাম *পঃ বঃ সরকার* 1987 CWN 767; *তারাপদ হাজারী* বনাম *রাজস্ব আধিকারিক* AIR 1979 Cal 102; 1979(1) Cal LJ 1; 83 CWN 417; *কালিন্দী ধাড়া ইউ. এস. কো-অপারেটিভ সোসাইটি লি.* বনাম *পঃ বঃ সরকার* 1987(1) CHN 106.

২ *তারাপদ হাজারী* বনাম *রাজস্ব আধিকারিক* AIR 1979 Cal 102; 1979(1) Cal LJ 1; 83 CWN 417.

জরিপে (R.S.) 'ভেড়ি মাছ চাষ' নথিভুক্ত ছিল। দেখা যায় যে বাদী ১৮২৫ সালের বঙ্গীয় সিকস্থি ও পয়স্থি প্রবিধানের ৪ নং ধারা অনুযায়ী ওই জমি দখল করছিলেন। পঃ বঃ ভূমি সংস্কার আইনের ১২ নং ধারা অন্তর্ভূক্ত হওয়ার বহু পূর্ব থেকেই ওই জমির উপর রায়তের অধিকার ছিল, মাছ চাষ করবার ওই অধিকার ১২ নং ধারা অন্তর্ভুক্তির দ্বারা বাতিল হয় না অথবা কেড়ে নেওয়া যায় না।

প্রায় একই ঘটনা দেখা যায় *কালিন্দী ধাড়া ইউ. এস. সমবায় সমিতি লিমিটেড* বনাম *পঃ বঃ সরকার* 1987(1) CHN 106 মামলায় আবেদনকারী ১৯৬১ সাল থেকে কাঁথি (Contai) সমুদ্রোপকূলে বিবাদীয় জমি লবণ তৈরির উপযোগী এবং লবণ তৈরির উদ্দেশ্যে রাজ্য সরকারের কাছে ওই জমির বন্দোবস্ত চেয়ে (settlement) আবেদন করে। সরকারের কাছ থেকে বিভিন্ন সময় নিশ্চয়তা পেয়ে আবেদনকারী কারখানা স্থাপনের জন্য অনেক অর্থ নিয়োগ ও একাধিক যন্ত্রাংশ স্থাপন করে। সরকারও আবেদনকারীর কাছ থেকে প্রতি একরে ১০.০০ (দশ) টাকা হারে লাইসেন্স ফি নেয়। ৩১.১১.৭৮ থেকে ২৭.১১.৯০ (বাংলা সাল) পর্যন্ত ওই অর্থ আদায় করা হয়, বন্দোবস্ত দেওয়ার বিষয়টি দীর্ঘদিন বকেয়া থাকে, পরে জানা যায় কেন্দ্রীয় সরকার রাজ্য সরকারের কাছে এই মর্মে প্রস্তাব পাঠায় যে ওই বিবাদীয় জমিতে কেন্দ্রীয় সরকারের নিয়ন্ত্রণাধীন (Undertaking) হিন্দুস্তান সল্ট লিমিটেড লবণ উৎপাদন করবে। এরপরই আবেদনকারী উচ্চ ন্যায়ালয়ে রিট আবেদন পেশ করে জানায় যে সমুদ্র সরে যাওয়ার কারণে উদ্ভুত পয়স্থি জমি তারা ১৯৬১ সাল থেকে দখল করছিলেন এবং ১৮২৫ সালের বঙ্গীয় সিকস্থি ও পয়স্থি প্রবিধানের ৪ ধারা অনুযায়ী তারা ওই জমির রায়ত এবং ওই জমির উপর থেকে তাদের অধিকার সরকার কেড়ে নিতে পারে না, এবং ওই জমি তাদের বন্দোবস্ত দিতে বিবাদী বাধ্য। রাজ্য সরকার ও অন্যান্য বিবাদীগণের যুক্তি এই যে বাদী নিছক ইজারা গ্রহীতা (licensee) এবং ওই জমির উপর তাদের কোনও অধিকার নেই।

মহামান্য উচ্চ ন্যায়ালয় জানায় যে ১৯৬১ সাল থেকে বাদীর দখলে বিবাদীয় জমি আছে, এবং সমুদ্র সরে যাওয়ায় উদ্ভুত পয়স্থি জমির নিকটবর্তী তার জমি রয়েছে, বিবাদীগণও ওই বক্তব্য অস্বীকার করেনি। উচ্চ ন্যায়ালয়

জানায় পয়স্থি জমির রায়ত হিসাবে বাদীর দাবি অস্বীকার করা যায় না। পঃ বঃ ভূমি সংস্কার আইনের ১২ ধারা অন্তর্ভুক্ত হওয়ার অনেক আগে থেকেই ওই জমির দখল বাদীর ছিল, ১২ ধারা ১.১১.১৯৬৫ থেকে কার্যকর হয়েছে এবং এটির অতীত বীক্ষণ (retrospective) কার্যকারিতা প্রযোজ্য নয়। তারাপদ হাজারী মামলার সুত্র উল্লেখ করে মহামান্য উচ্চ ন্যায়ালয় জানায় যে বাদী ১৮২৫ সালের বঙ্গীয় সিকস্থি ও পয়স্থি প্রবিধানের ৪ ধারা মতে রায়তের অধিকার লাভ করেছে এবং এই অধিকার পঃ বঃ ভূমি সংস্কার আইনের ১২ ধারা অনুযায়ী কেড়ে নেওয়া যায় না, যে ধারা কার্যকর হয় ১.১১.১৯৬৫ থেকে। Principle of Promissory Estoppel অনুযায়ী ওই জমি বাদীকে বন্দোবস্ত দিতে রাজ্য সরকার বাধ্য।

| [১][**১৩। বাতিল (Omitted).**]

১ পশ্চিমবঙ্গ ভূমি সংস্কার (সংশোধন) আইন, ১৯৬৫ (পশ্চিমবঙ্গ আইন ১৮, ১৯৬৫)-এর ৬ ধারার মাধ্যমে বাতিল হয়েছে। মূল আইনটি নিম্নরূপ ছিল ঃ

"১৩। তফসিলী উপজাতিদের দ্বারা জমির মালিকানা হস্তান্তরের উপর বাধানিষেধ (Restriction on alienation of land by Scheduled Tribes) ঃ

(১) পশ্চাদুল্লিখিত ঘটনাগুলি ব্যতীত, তফসিলী উপজাতির অঙ্গীভূত কোনও রায়তের জোতটির অথবা জোতটির অংশের হস্তান্তর বাতিল হবে ঃ

(ক) কোনও তফসিলী উপজাতির অঙ্গীভূত কোনও ব্যক্তির নিকট হস্তান্তর;

(খ) কোনও তফসিলী উপজাতির অঙ্গীভূত নহে কোনও ব্যক্তির নিকট কোনও হস্তান্তর যখন রাজস্ব আধিকারিকের লিখিত প্রাক্ অনুমতিটি লইয়া এরূপ হস্তান্তর করা হবে ঃ

এই শর্ত যে রাজস্ব আধিকারিক অনুরূপ অনুমতি দেবেন না যদি না কোনও তফসিলী জাতির অঙ্গীভূত কোনও ক্রেতা যিনি ঐ জমির জন্য বাজার দর প্রদানে আগ্রহী পাওয়া না যায়।

(২) কোনও তফসিলী উপজাতির অঙ্গীভূত কোনও রায়তের জোতটি বা জোতটির অংশ যাহা (১) উপধারার (ক) ও (খ) প্রকরণদ্বয়ের বিধানগুলি লঙ্ঘন করে হস্তান্তরিত রাজ্য সরকারে বাজেয়াপ্ত হবে ঃ

এই শর্ত যে ৪৯ ধারায় যাহা কিছু অন্তর্ভুক্ত থাকা সত্ত্বেও, তফসিলী উপজাতিগুলির অঙ্গীভূত ব্যক্তিদের রাজ্য সরকারে বাজেয়াপ্ত এরূপ জমি বন্দোবস্তে অগ্রাধিকার থাকবে।"

[1][13. [* * * * * * *].

[১][১৪। রায়তের শরিকদের মধ্যে [২][জমির দাগের] বণ্টন (Partition of plot of land among co-sharers of a raiyat in a plot of land) ঃ

(১) রায়তের শরিকদের মধ্যে [৩][জমির দাগের] বণ্টন নিম্নলিখিতভাবে হতে পারে, হয়–

(ক) কোনও নিবন্ধীকৃত দলিল দ্বারা, অথবা

(খ) আদালতের ডিক্রি বা আদেশ দ্বারা।

(২) যখন কোনও বণ্টন দলিলের দ্বারা হবে, নিবন্ধন আধিকারিক এ ধরনের কোনও দলিল নিবন্ধনের জন্য নেবেন না যদি জমির বিশদ বিবরণ, জমির আয়তন, প্রসেস ফি ইত্যাদি সহ বিজ্ঞপ্তি নির্ধারিত কর্তৃপক্ষের কাছে পাঠানো না হয়।

এই ধারাটি কোনওদিনই প্রজ্ঞাপনের মাধ্যমে বলবৎ করা হয়নি। এই ধারাটি বাতিল করে ক্রমিক (১)-এ উল্লিখিত আইনের মাধ্যমে তফসিলী উপজাতিদের স্বার্থ রক্ষা করে একটি পৃথক পরিচ্ছেদ মূল আইনের মধ্যে সন্নিবেশিত হয়েছে।

1 *Omitted* with retrospective effect by s. 6 of W.B. Land Reforms Act XVIII of 1965.

১ পশ্চিমবঙ্গ ভূমি সংস্কার (সংশোধন) আইন, ২০০০ (পশ্চিমবঙ্গ আইন ৩১, ২০০০)-এর মাধ্যমে "জমিখণ্ডের অংশীদার রায়তদের মধ্যে জমিখণ্ডের বাটোয়ারা (Partition of plot of land among co-sharers of a *raiyat* in plot of land)" বাংলা ও ইংরাজি শব্দগুলি "অংশীদার রায়তদের মধ্যে জোতের বাটোয়ারা (Partition of holding among co-sharer *raiyat*) বাংলা ও ইংরাজি শব্দগুলির পরিবর্তে ৭.৮.১৯৬৯ তারিখ হতে অনুকল্পিত।

৪.৬.১৯৬৫ তারিখের ৮১৪৪-এল. রেফ্. সংখ্যায়িত সরকারি প্রজ্ঞাপনের মাধ্যমে মূল আইনের ১(২) ধারায় উল্লিখিত অঞ্চল এবং বিহার হতে আগত অঞ্চলগুলি ছাড়া সমগ্র পশ্চিমবঙ্গে ৭.৬.১৯৬৫ তারিখ হতে বলবৎ হয়েছে; এবং

২৫.৯.১৯৬৯ তারিখের ১৭৮৮৫-এল. রেফ্. সংখ্যায়িত সরকারি প্রজ্ঞাপনের মাধ্যমে বিহার হতে পশ্চিমবঙ্গে আগত সমগ্র অঞ্চলে ১.১০.১৯৬৯ তারিখ হতে বলবৎ হয়েছে।

২ পশ্চিমবঙ্গ ভূমি সংস্কার (সংশোধন) আইন, ২০০০ (পশ্চিমবঙ্গ আইন ৩১, ২০০০) দ্বারা 'জোত' শব্দের পরিবর্তে ৭.৮.১৯৬৯ তারিখ হতে অনুকল্পিত।

৩ পশ্চিমবঙ্গ ভূমি সংস্কার (সংশোধন) আইন, ২০০০ (পশ্চিমবঙ্গ আইন ৩১, ২০০০) দ্বারা 'জোত' 'holding' শব্দের পরিবর্তে ৭.৮.১৯৬৯ তারিখ হতে অনুকল্পিত।

(৩) বণ্টনের ফলে যদি এক বা একের বেশি অংশের আয়তন প্রমাণ আয়তনের চেয়ে কম হয়–

(ক) যেখানে নিবন্ধীকৃত দলিল দ্বারা বণ্টন হয়েছে সেক্ষেত্রে নির্ধারিত কর্তৃপক্ষ; অথবা

(খ) আদালত দ্বারা প্রদত্ত কোনও ডিক্রি বা আদেশের মাধ্যমে বণ্টন হলে যাতে প্রমাণ আয়তনের চেয়ে কম কোনও অংশ না হয় এবং ওই অংশ বিক্রি করবেন এবং জমির দাগের অন্তর্ভুক্ত কোনও আয়তন যা দুই বা তার বেশি প্রতিটি অংশে বণ্টন করা যায় না, তখন সম্পূর্ণ জমি শরিকদের ভিতর যিনি বা যাঁরা বেশি নীলামের ডাক দেবেন বা দিয়েছেন তাঁদের মধ্যে বিক্রি করবেন অথবা তাঁরা অপারগ হলে অন্য লোকেদের কাছে বিক্রি করবেন এবং প্রাপ্ত অর্থ নীলাম পরিচালনার খরচ বাদ দিয়ে, শরিকদের বাস্তু জমি ছাড়া বণ্টনকৃত জমিতে তাঁদের অংশ অনুযায়ী দিতে হবে, বাস্তু জমি বাদে উপরোক্ত পদ্ধতিতে জমির অংশ হিসাব করতে হবে।

(৪) যদি [৩][জমির দাগ] বা তার কোনও অংশ বা অংশগুলি পূর্বোক্ত পদ্ধতিতে বিক্রি করা না যায় তবে নির্ধারিত কর্তৃপক্ষ বা আদালত ওই ঘটনাটি রাজ্য সরকারকে জানাবেন এবং রাজ্য সরকার এই বিষয়ে আদেশ অনুযায়ী ওই [৩][জমির দাগ] বা তার কোনও অংশ বা অংশগুলি গ্রহণ করবেন এবং ১৪(৩) ধারা অনুযায়ী উল্লিখিত পদ্ধতিতে বিক্রয়মূল্য শরিকদের দেওয়ার জন্য নির্ধারিত কর্তৃপক্ষ বা আদালতের কাছে দায়িত্ব দিতে পারেন।

(৫) বণ্টনের জন্য [৪][জমির দাগ] খণ্ড হওয়া আটকানোর উদ্দেশ্যে রাজ্য সরকার আদেশ দিতে পারেন যে উৎপাদনের স্বার্থে বা [৫][জনসাধারণের স্বার্থে] সদ্ব্যবহারের জন্য সবচেয়ে কম "প্রমাণ আয়তন" কী পরিমাণ হবে এবং ওই একক জমিকেই প্রমাণ আয়তন হিসাবে নানা জায়গায় ধরা যেতে পারে।

৪ পশ্চিমবঙ্গ ভূমি সংস্কার (সংশোধন) আইন, ২০০০ (পশ্চিমবঙ্গ আইন ৩১, ২০০০) দ্বারা 'জোত' 'holding' শব্দের পরিবর্তে ৭.৮.১৯৬৯ তারিখ হতে অনুকল্পিত।

৫ পশ্চিমবঙ্গ ভূমি সংস্কার (সংশোধন) আইন, ১৯৮১-এর ১৩(১)(গ) ধারার মাধ্যমে সন্নিবেশিত এবং উক্ত আইনের ১(২) ধারার মাধ্যমে ৭.৮.১৯৬৯ তারিখ হতে বলবৎ হয়েছে।

[৬](৬) অন্য কোনও আইন বা যে কোনও চুক্তি বা কোনও প্রথা বা রীতিনীতি বা কোনও আদালতের ডিক্রি বা রায় বা আদেশে যাই থাক না কেন, [৪][রায়তের জমির দাগের শরিকদের] মধ্যে বা মিতক্ষরা হিন্দু আইন দ্বারা পরিচালিত বা ওই আইন দ্বারা পরিচালিত হচ্ছে বলে যে অবিভক্ত হিন্দু দাবি করছেন সেই রায়তদের শরিকদের মধ্যে ভাগ বণ্টন ততক্ষণ পর্যন্ত কার্যকর হবে না যতক্ষণ না ওই ভাগ বণ্টন নিবন্ধীকৃত হবে অথবা আদালতের ডিক্রি বা আদেশ অনুযায়ী হবে এবং সমস্ত শর্ত পূরণ হওয়ার পর ওই রকম কোনও ভাগ বণ্টন দলিল নিবন্ধীকরণের তারিখ থেকে বা আদালতের ডিক্রি বা রায় দেওয়ার তারিখ যাই হোক না কেন, অথবা বণ্টন যেভাবে যে দিনে বলবৎ হয়েছে এই দিন/তারিখগুলির ভিতর যে তারিখটি সবার শেষে হয়েছে সেই তারিখ থেকে বণ্টন বলবৎ হয়েছে মনে করা হবে।]

[1][14. Partition of plot of land among co-sharers of a raiyat in plot of land. (1) Partition of a [1][plot of land] among [1][co-sharers of a *raiyat* owning it] shall be made either by—

(*a*) a registered instrument; or

(*b*) a decree or order of a Court.

(2) When partition is effected by an instrument, the registering officer shall not accept for registration any such instrument unless

৬ পশ্চিমবঙ্গ ভূমি সংস্কার (সংশোধন) আইন, ১৯৮১-এর ১৩(২) ধারার মাধ্যমে সন্নিবেশিত এবং উক্ত আইনের ১(২) ধারার মাধ্যমে ৭.৮.১৯৬৯ তারিখ হতে বলবৎ হয়েছে।

১২.১০.১৯৭২ তারিখের ১৫৬৫০-এল. রেফ্. সংখ্যায়িত প্রজ্ঞাপনানুযায়ী সকল জেলার অধস্তন ভূমি সংস্কার আধিকারিকগণ নিজ নিজ ক্ষেত্রাধিকারে ১৪(২) ধারায় উল্লিখিত নির্ধারিত কর্তৃপক্ষ।

১৯.১.১৯৮০ তারিখের ৩৯৯ এস্-এন্ড-এস্ সংখ্যায়িত সরকারি প্রজ্ঞাপনানুযায়ী সকল চার্জ অফিসার, সকল স্পেশাল রেভিনিউ অফিসার গ্রেড-II, সকল কানুনগো গ্রেড-I এবং গ্রেড-II-কে ১৪(২) ধারার জন্য রাজ্য সরকারের ক্ষমতা প্রত্যাভিযোজন করা হয়েছে। ১৪(২) ধারায় রাজ্য সরকার বলে কোনও কিছুর উল্লেখ নেই, আছে নির্ধারিত কর্তৃপক্ষ। এমতাবস্থায় পূর্বোক্ত আধিকারিকগণ ১৪(২) ধারামতে কোনও কার্য সম্পাদন করলে আইনসিদ্ধ হবে না।

1 *Substituted* by Act XXXI of 2000, w.r.e.f. 7.8.1969.

there is tendered along with it a notice, giving the particulars of the [1][plot of land] and the area of each share, and such process fee as may be prescribed, for transmission to the prescribed authority.

(3) If as a result of partition one or more shares comprise an area less than the standard area—

(*a*) the prescribed authority in a case where partition is effected by a registered instrument, or

(*b*) the Court passing the decree or order for partition,

shall recast the shares, excluding the homesteads of the co-sharers, so that no share is less than the standard area, and sell such shares, or when the [2][plot of land] comprises an area which cannot be partitioned into two or more shares, each comprising not less than the standard area, sell the entire [2][plot of land] to the highest bidder or bidders among the co-sharers, or failing them to other persons, and the sale proceeds shall, after deducting the expenses for conducting the sale, be paid to the co-sharers in accordance with their shares in the [2][plot of land] partitioned, excluding the homesteads.

(4) If the [2][plot of land] or any share or shares thereof cannot be sold as aforesaid, the prescribed authority or the Court shall report the case to the State Government and the State Government shall, by order made in this behalf, take over such [2][plot of land] or share or shares and shall place at the disposal of the prescribed authority or the Court, as the case may be, the market value thereof for payment to the co-sharers in the manner indicated in sub-section (3).

(5) For the purpose of preventing fragmentation of [2][plots of land] as a result of partition the State Government may by order made in this behalf specify an area, which in its opinion is the minimum unit for effective [3][utilisation] in the interest of [4][......]

2 *Substituted* by Act, *ibid*, w.r.e.f. 7.8.1969.

3 *Substituted* by W.B.L.R. Act L of 1981, w.r.e.f. 7.8.1969, for "cultivation".

4 *Omitted* the word "agricultural" by *ibid.*

production [5][or in the public interest], as the standard area, and different standard areas may be specified for different localities or for different classes of land.

[5][(6) Notwithstanding anything contained in any other law for the time being in force or in any agreement or any custom or usage or any decree, judgment or award of any Court, no partition amongst [6][co-sharers of a *raiyat* in a plot of land] and coparceners of a Hindu undivided family governed or claiming to be governed by the *Mitakshara* School of Hindu Law shall have any force unless such partition is made by registered instrument or by a decree or order of a Court and is effected by metes and bounds; and both the conditions having been fulfilled, any such partition shall be deemed to have come into force from the date of registration of the deed of partition or the date of final decree or order of a Court, as the case may be, or from the date of effecting partition by metes and bounds, whichever is later.]

আলোচনার সূচী

১। যেক্ষেত্রে মৌখিক বণ্টন বৈধ [Cases where verbal partition is proper]. যেক্ষেত্রে পশ্চিমবঙ্গ ভূমি সংস্কার আইনের ১৪নং ধারা যুক্ত হওয়ার আগে শরিকগণ মৌখিকভাবে জমির দাগগুলি নিজেদের মধ্যে বণ্টন করেছেন, ওই মৌখিক বণ্টন অবশ্যই গ্রাহ্য হবে। আলোচ্য মামলায় আবেদনকারী উক্ত জমির স্বত্ব (title) এবং দখল প্রার্থনা করেছেন এই শর্তে যে তিনি মৌখিক আপোষ বণ্টন সূত্রে সম্পূর্ণভাবে ওই জমি লাভ করেছেন,

5 *Inserted* by *ibid.*
6 *Substituted* by Act XXXI of 2000, w.r.e.f. 7.8.1969.

দ্বিতীয় আপিলে মহামান্য উচ্চ ন্যায়ালয় এই বিষয়ে কোনও রূপ প্রমাণ না পেয়ে দেখেন উক্ত এলাকায় পঃ বঃ ভূমি সংস্কার আইন, ১৯৫৫ প্রযোজ্য হওয়ার পর ওই মৌখিক বণ্টন করা হয়েছে, যা বিধিসম্মত নয় এবং মামলাটি খারিজ করে নিষ্পত্তি করেন। বিশেষ আপিল মামলায় মহামান্য সর্বোচ্চ আদালত (সুপ্রীম কোর্ট) এমন কোনও সন্তোষজনক প্রমাণ পান নি যা দেখে বোঝা যাবে আবেদনকারী এবং মূল প্রতিবাদীর মধ্যে বণ্টনটি হয়েছিল ঠিক কোন্ সময়ে। সেই কারণে সর্বোচ্চ ন্যায়ালয় বিষয়টি পুনরায় বিচারের জন্য (remand) নতুন করে উপযুক্ত নথি, প্রমাণ গ্রহণ সাপেক্ষে স্বার্থ সংশ্লিষ্ট সমস্ত পক্ষকে শুনানির সুযোগ দিয়ে নিষ্পত্তির জন্য পাঠিয়েছেন।[১]

২। ১৯৬৫ সালের পঃ বঃ ভূমি সংস্কার নিয়মাবলির ১০ নং বিধি [Rule 10 of W.B.L.R. Rules 1965]. ১৪(২) ধারা অনুযায়ী বিজ্ঞপ্তি [Notice under sub-sec. (2) of s. 14 of W.B.L.R. Act 1955]—

৬ নং নির্দেশ নির্ধারিত কর্তৃপক্ষকে ১৪(২) ধারার অধীন বিজ্ঞপ্তি জারি করতে হবে।

Form 6

Notice of partition of plot of lands under sub-section (2) of section 14

To

....

Take notice that the plot of land specified in the schedule on the reverse has been partitioned among co-sharer raiyat as specified in the said schedule by an instrument registered on .... in the subregistry Office .... P.S. .... District ....

(Reverse) Sub-Registrar

THE SCHEDULE

Col. 1. Village, P.S. and district in which the plot of land is situated.

Col. 2. Khatian No., Plot No. and area of the plot.

১ *কার্তিক চন্দ্র মণ্ডল* বনাম *নিতাই মণ্ডল* (মৃত) (2009)2 SCC 105.

Col. 3. Annual revenue of the plot.
Col. 4. Names, father's/husband's names and address of co-sharer raiyat.
Col. 5. Area allotted to each co-sharer according to the partition died.
Col. 6. Revenue payable for each share.
Col. 7. Remarks.

৩। ১৯৬৫ সালের পঃ বঃ ভূমি সংস্কার নিয়মাবলির ১১নং বিধি [Rule 11 of W.B.L.R. Rules 1965]. নির্ধারিত কর্তৃপক্ষের কাছে নিবন্ধীকৃত বণ্টন দলিল পাঠানোর উদ্দেশ্যে ১৪(২) ধারার অধীনে প্রসেস ফি দিতে হবে তিন টাকা পঞ্চাশ পয়সা।

[পূর্বে এই অর্থের পরিমাণ ছিল তিন টাকা কিন্তু বিজ্ঞপ্তি নং ২৫০৭-এল. রেফ্./২০ আর—৩/৮১; তাং ১৮.৭.১৯৮১ দ্বারা এই অর্থের পরিমাণ ধার্য হয়েছে তিন টাকা পঞ্চাশ পয়সা।]

৪। যখন সহ-উত্তরাধিকারী যৌথ-রায়ত হওয়া থেকে বিরত হন [When a coparcener ceases to be joint tenant]. কোনও যৌথ সম্পত্তিতে একজনের স্বার্থ রক্ষার্থে সম্পত্তির অন্যান্য সহ-উত্তরাধিকারীগণ ওই সম্পত্তি বিভাজন করতে দায়বদ্ধ নয়। যৌথ সম্পত্তিতে কোনও সহ-উত্তরাধিকারীর অংশ (share) নির্ধারণ সমাপ্ত হওয়ার পর ওই সম্পত্তির উপর তাঁর সহ-উত্তরাধিকার (coparcenary) থাকে না। এক্ষেত্রে ওই সম্পত্তির উপর তাঁর অবস্থান joint tenant নয়, কিন্তু tenants-in-common হিসাবে তিনি থাকবেন।[২]

৫। বন্টনের মাধ্যম [Mode of partition]. ১৯৯৬ খ্রিষ্টাব্দের পঃ বঃ ভূমি সংস্কার (সংশোধন) আইনানুযায়ী একমাত্র নিবন্ধীকৃত দলিল অথবা দেওয়ানী আদালতের ডিক্রি অনুসারে পঃ বঃ ভূমি সংস্কার আইনের ১৪ ধারার অধীন বন্টন গ্রাহ্য হবে। ওই সংশোধিত আইনের কার্যকারিতা ৭ অগষ্ট, ১৯৬৯ থেকে বহাল হয়।[৩]

২ *পূর্ণ চন্দ্র দাস* বনাম *দুলাল চন্দ্র পারিয়া* 2015(5) CHN 30 (Cal).

৩ *মুহঃ নজরুল ইসলাম* বনাম *উদয় চক্রবর্তী* 2017(2) CHN 167 (Cal); *রবীন কুমার চন্দ* বনাম *শতদল কর্মকার* 2017(4) CHN 727 (Cal).

পরিচ্ছেদ ২ক

তফসিলী উপজাতিদের দ্বারা জমির মালিকানা হস্তান্তরের উপর বিধিনিষেধ

১৪ক। ২ক পরিচ্ছেদের বিধানগুলি এই আইনের অন্যান্য বিধানগুলিকে অগ্রাহ্য করবে : (**Provisions of Chapter 2A to override other provisions of this Act**). এই আইনের অন্য বিধানগুলিতে বিপরীত কিছু থাকলেও এই পরিচ্ছেদের বিধানগুলিই বলবৎ হবে।

Chapter 2A

Restrictions on Alienation of Land by Scheduled Tribes

14A. Provisions of Chapter 2A to override other provisions of this Act. The provisions of this Chapter shall have effect notwithstanding anything to the contrary contained elsewhere in this Act.

আলোচনার সূচী

১। সূচনা [Commencement]. এই পরিচ্ছেদে ১৪ক থেকে ১৪ঝ মোট এগারোটি ধারা রয়েছে। ১৯৬৫ সালের পঃ বঃ ভূমি সংস্কার (সংশোধন) আইন [১৯৬৫ সালের পশ্চিমবঙ্গের ১৮ নং আইন] দ্বারা এই ধারাগুলি মূল আইনে অন্তর্ভুক্ত করা হয়েছে। পুরাতন ১৩ নং ধারায় পঃ বঃ ভূমি সংস্কার আইনে তফসিল উপজাতিদের জমি হস্তান্তরের উপর বিধিনিষেধ ছিল কিন্তু ১৯৬৫ সালের পঃ বঃ ভূমি সংস্কার (সংশোধন) আইন দ্বারা পঃ বঃ ভূমি সংস্কার আইনের ১৩ নং ধারাটি বাতিল করা হয়েছে।

১৪ক থেকে ১৪ঝ ধারাগুলি তফসিল উপজাতিদের জমির স্বার্থ রক্ষার জন্য (14A-14I) রচিত হয়েছে। মূলত বঙ্গীয় প্রজাস্বত্ব আইনের (Bengal Tenancy Act) "সপ্তম ক" পরিচ্ছেদের সাথে সামঞ্জস্য রেখেই পঃ বঃ ভূমি সংস্কার আইনে এই ধারাগুলি যুক্ত করা হয়েছে তফসিলী জাতিভুক্তদের জমি যাতে অবৈধভাবে তাদের কাছ থেকে অন্যত্র হস্তান্তরিত হয়ে যেতে না পারে।

বিহার থেকে স্থানান্তরিত হয়ে যে অংশগুলি আসেনি, সেই সব অংশে এই ধারাগুলি বলবৎ হয়েছে ১.১১.১৯৬৫ থেকে এবং যে এলাকাগুলি বিহার থেকে স্থানান্তরিত হয়ে এসেছে সেই এলাকায় এই ধারাগুলি বলবৎ হয়েছে ১.১০.১৯৬৯ থেকে।

এই পরিচ্ছেদের ধারাগুলির সাথে যদি পঃ বঃ ভূমি সংস্কার আইনের অন্য কোনও পরিচ্ছেদের অন্য কোনও ধারার বিরোধ হয় তবে এই পরিচ্ছেদের বিধানগুলি বলবৎ হবে।

২। রাজ্য সরকার/বাদী/বিবাদী প্রত্যেকেই দেওয়ানি আদালতের রায় মানবেন [State Govt./all parties will obey the order of a civil court]. কোনও আদালত ডিক্রি জারি করলে মামলার সমস্ত পক্ষকে সেই রায় মানতে হবে। *তপন কুমার* বনাম *পঃ বঃ রাজ্য সরকার*[১] মামলায় বলা হয়েছে যে দেওয়ানি আদালত ডিক্রি জারি করলে কোনও বিরুদ্ধ সিদ্ধান্ত হওয়া স্বত্বেও রাজ্য সরকার বা অন্য কোনও ব্যক্তির উপর ওই রায় মান্য করবার দায় বর্তায়।

১৪খ। তফসিলী উপজাতিদের দ্বারা জমি হস্তান্তরের উপর বিধিনিষেধ (Restrictions on alienation of land by Scheduled Tribes) ঃ ১৪গ [s. 14C] ধারায় উল্লিখিত শর্ত ছাড়া কোনও তফসিলী উপজাতিভুক্ত রায়ত তার [১][জমির দাগগুলি] হস্তান্তর করলে ওই হস্তান্তর বাতিল বলে গণ্য হবে।

14B. Restrictions on alienation of land by Scheduled Tribes. Save as provided in section 14C, [1][any transfer, other than restoration

১ 2015(5) CHN 264.

১ পশ্চিমবঙ্গ ভূমি সংস্কার (সংশোধন) আইন, ২০০০ (পশ্চিমবঙ্গ আইন ৩১, ২০০০) দ্বারা 'জোত' শব্দের পরিবর্তে ৭.৮.১৯৬৯ তারিখ হতে অনুকল্পিত।

1 *Substituted* for the words "any transfer by a *raiyat*" by W.B. Act XXVIII of 2010, w.e.f. 1.11.2010 *vide* Notification No. 5779-LR/1A-01/10-GE(M) dated 28.10.2010.

made under section 14E, by a *raiyat*] belonging to a Scheduled Tribe of his [2][plot of land] or part thereof shall be void.

আলোচনার সূচী

১। সূচনা [Commencement]. ১৯৬৫ সালের পঃ বঃ ভূমি সংস্কার (সংশোধন) আইন [১৯৬৫ সালের পশ্চিমবঙ্গের ১৮ নং আইন] দ্বারা মূল পঃ বঃ ভূমি সংস্কার আইনে ১৪খ ধারাটি যুক্ত করা হয় পরবর্তী ক্ষেত্রে ২০০০ সালের পঃ বঃ ভূমি সংস্কার (সংশোধন) আইন [২০০০ সালের ৩১ নং আইন] দ্বারা ''হোল্ডিং'' শব্দটি বদলে দেওয়া হয়। হোল্ডিং শব্দের পরিবর্তে ''জমির দাগগুলি'' [plot of land] যুক্ত করা হয়েছে। এটি বলবৎ হয়েছে ৭.৮.১৯৬৯ থেকে। সুতরাং ''রায়তের হোল্ডিং'' শব্দগুলির পরিবর্তে ''রায়তের জমির দাগগুলি'' বলবৎ হবে।

২। তফসিলী উপজাতি [Scheduled Tribes]. পশ্চিমবঙ্গ ভূমি সংস্কার আইনের ২(১৩) ধারায় তফসিলী উপজাতি বলতে কাদের বোঝাবে তার নির্দেশ রয়েছে। ওই উপধারায় বলা হয়েছে—ভারতীয় সংবিধানের ২৫ নং অনুচ্ছেদে তফসিলী উপজাতি বলতে যাদের বোঝাবে এক্ষেত্রেও সেই অর্থ প্রকাশ করবে। ভারতীয় সংবিধানের ৩৬৬ অনুচ্ছেদের ২৫ নং ধারায় বলা আছে—

"Scheduled Tribes" means such tribes or tribal communities or parts of or groups within such tribes or tribal communities as are deemed under Article 342 to be Scheduled Tribes for the purposes of this Constitution.

2 *Substituted* by Act XXXI of 2000, w.r.e.f. 7.8.1969 for "holding".

Article 342 of the Constitution states—

"(1) The President may with respect to any State or Union territory and where it is a State, after consultation with the Governor thereof, by public notification, specify the tribes or tribal communities or parts of or groups within tribes or tribal communities which shall for the purposes of this Constitution be deemed to be Scheduled Tribes in relation to that State or Union territory as the case may be.

(2) Parliament may by law include in or exclude from the list of Scheduled Tribes specified in a notification issued under clause (1) any tribe or tribal community or part of or group within any tribe or tribal community, but save as aforesaid a notification issued under the said clause shall not be varied by any subsequent notification."

পঃ বঃ ভূমি সংস্কার আইনের ২(১৩) ধারায় বলা হয়েছে যে 'তফসিলী উপজাতি বলতে ভারতীয় সংবিধানের ৩৬৬ ধারা ২৫ উপধারার বিধান অনুযায়ী বিবেচিত হবে'। *দাদাজি* বনাম *সুখদেও,*[১] মামলায় মহামান্য সুপ্রিম কোর্ট বিষয়টি স্পষ্ট করেছে। *হিরো* বনাম *জাহানয়ারা,*[২] মামলায় সুপ্রিম কোর্ট আরও উল্লেখ করেছে যে শুধুমাত্র জন্মসূত্রে একজন উপজাতি গোষ্ঠীর সদস্য/সদস্যা হবে না, কোনও নারী একজন উপজাতিকে বিবাহ করলে ওই নারী উপজাতি হিসাবে গণ্য হবেন। আর একটি মামলায় মহামান্য সুপ্রিম কোর্ট জানায় SC অথবা ST সদস্যভুক্ত কোনও ব্যক্তি ধর্মান্তরিত হয়ে যদি অন্য কোনও ধর্মের অনুসারী হয় এবং পরে পুনরায় যেখানে তার জন্ম হয়েছিল সেই জাতি বা উপজাতি গোষ্ঠীতে পরিবারের অন্য সদস্যদের সম্মতিক্রমে প্রত্যবর্তন করে সে তার পুরনো জাতি বা উপজাতি হিসাবে বিবেচিত হবে।[৩]

৩। পশ্চিমবঙ্গের তফসিলী উপজাতিগণ [Scheduled Tribes of W.B.]. ১৯৭৬ সালের তফসিলী জাতি ও তফসিলী উপজাতি আদেশাবলি (সংশোধন) আইনের দ্বিতীয় তফসিলে পশ্চিমবঙ্গের তফসিলী উপজাতিদের নাম দেওয়া হয়েছে। ওই নামগুলি হল—

১ AIR 1980 SC 150.

২ AIR 1972 SC 1840.

৩ *অরুমুগম* বনাম *এস. রাজাগোপাল* AIR 1976 SC 739; (1976)1 SCC 863; (1976)2 Andh Pr LJ 1(SC); (1976)2 SCJ 391.

১ অসুর (Asur)
২ বাইগা (Baiga)
৩ বেদিয়া, বেদিয়্যা (Bedia, Bediya)
৪ ভূমজি (Bhumji)
৫ ভুটিয়া, শেরপা, টোটো, দোকপা, কাগাত্যা, টিবেটান, ইয়ল্‌মো (Bhutia, Sherpa, Toto, Dokpa, Kagatay, Tibetan, Yalmo)
৬ বীরহোর (Birhor)
৭ বীরজীয়া (Birjia)
৮ চাকমা (Chakma)
৯ চেরো (Chero)
১০ চিক বারায়িক (Chik Baraik)
১১ গারো (Garo)
১২ গোন্ড (Gond)
১৩ গোরাইত (Gorait)
১৪ হাজাঙ্গ (Hajang)
১৫ হো (Ho)
১৬ কারমালী (Karmali)
১৭ খারোয়ার (Kharwar)
১৮ খোন্ড (Khond)
১৯ কিষাণ (Kisan)
২০ কোরা (Kora)
২১ কোরওয়া (Korwa)
২২ লেপচা (Lepcha)
২৩ লোধা, খেরিয়া, খাইরা (Lodha, Kheria, Khaira)
২৪ লোহারা, লেহ্‌রা (Lohara, Lehra)
২৫ কাঘ (Kagh)
২৬ মাহালি (Mahali)
২৭ মাহ্‌লি (Mahli)
২৮ মালপাহারিয়া (Mal Paharia)
২৯ মেছ (Mech)
৩০ ম্রু (Mru)
৩১ মুন্ডা (Munda)
৩২ নাগেসিয়া (Nagesia)
৩৩ ওরাওঁ (Oraon)
৩৪ পারহাইয়া (Parhaiya)
৩৫ রাবহা (Rabha)
৩৬ সাঁওতাল (Santal)
৩৭ সাউরিয়া পাহারিয়া (Sauria Paharia)
৩৮ সাভার (Savar)

৪। তফসিলী উপজাতি তালিকাভুক্ত ব্যক্তিগণের ক্ষেত্রেই এই ধারা প্রযোজ্য [Applicability of this section for the persons enlisted as Scheduled Tribes]. তফসিলী উপজাতি (Scheduled Tribes) তালিকাভুক্ত ব্যক্তি যখন অ-তফসিলী উপজাতি (non-Scheduled Tribes) ব্যক্তির কাছে জমি হস্তান্তর করেন একমাত্র সেক্ষেত্রেই পঃ বঃ ভূমি সংস্কার আইনের ১৪গ ধারা প্রযোজ্য হয়। তফসিলী জাতি (Scheduled Caste) ভুক্ত কোনও ব্যক্তি যদি অ-তফসিলী জাতি (non-Scheduled Caste) ভুক্ত ব্যক্তির কাছে জমি হস্তান্তর করেন তা হলে পঃ বঃ ভূমি সংস্কার আইনের ১৪গ ধারা প্রযোজ্য হবে না। উত্তরপ্রদেশ জমিনদারি অবলুপ্ত ও ভূমি সংস্কার আইন, ১৯৫১ ধারায় তফসিলী জাতি তালিকাভুক্ত ব্যক্তির জমি হস্তান্তর সম্পর্কিত নিষেধ বিধিবদ্ধ আছে। তফসিলীজাতি ভুক্ত কোনও ব্যক্তির আগাম অনুমতি সাপেক্ষে হস্তান্তর করা যাবে।[৪]

৪ *মান সিংহ* বনাম *কমিশনার* AIR 2008 NOC 1847 (All).

৫। হস্তান্তরের সংজ্ঞা [Definition of transfer]. *Oxford Advanced Learner's Dictionary* (8th Ed.) উল্লেখ করেছে transfer = to move from one place to another, *কাশী* বনাম *শঙ্কর,*[৫] মামলায় মহামান্য উচ্চ ন্যায়ালয় জানিয়েছে এক ব্যক্তি থেকে অন্য ব্যক্তির কাছে হস্তান্তরের অধিকার। তিনটি পদ্ধতিতে এই হস্তান্তর হতে পারে, (ক) নিবন্ধীকৃত বিক্রি দলিল, দানপত্র, বন্টননামা, প্রভৃতির মাধ্যমে (খ) দেউলিয়া অথবা সম্পত্তি বাজেয়াপ্ত ঘোষাণার পর নীলামে ক্রয়, উইল বা উত্তরাধিকার সূত্রে লাভ এবং (গ) দেওয়ানি আদালতের ডিক্রির মাধ্যমে। তবে হস্তান্তর শর্তাধীন অথবা শর্তহীন অবস্থায় হতে পারে।

৬। ১৪খ ধারা শুধুমাত্র তফসিলী উপজাতিভুক্ত সদস্যদের জন্য প্রযোজ্য [Section 14B attracts only for a member of the Schedule Tribe]. পঃ বঃ ভূমি সংস্কার আইনের ১৪খ ধারা অনুযায়ী কোনও তফসিলী উপজাতিভুক্ত ব্যক্তি ১৪গ ধারার শর্ত অমান্য করে জমি হস্তান্তর করলে ওই হস্তান্তর অগ্রাহ্য হবে। তফসিলী জাতি (SC) ভুক্ত সদস্যদের ক্ষেত্রে পঃ বঃ ভূমি সংস্কার আইনের ১৪গ ধারা প্রযোজ্য নয়, কিন্তু ১৯৫১ সালের উত্তরপ্রদেশ জমিনদারি বিলোপ ও ভূমি সংস্কার আইনের ৫৭ক ধারা অনুযায়ী তফসিলী জাতিভুক্ত ব্যক্তিদের জমি হস্তান্তরের ক্ষেত্রেও বিধিনিষেধ আরোপ করা হয়েছে এবং তফসিলী উপজাতিভুক্ত ব্যক্তি জমি হস্তান্তর করতে চাইলে আগাম অনুমতি নিতে হবে।[৬]

[১][**১৪গ। তফসিলী উপজাতিদের দ্বারা জমি হস্তান্তরের পদ্ধতি (Modes of transfer of land by Scheduled Tribes)**] ঃ (১) তফসিলী উপজাতিভুক্ত কোনও রায়ত তাঁর [২][জমির দাগ] বা তার কোনও অংশ নিম্নলিখিত পদ্ধতিগুলির মধ্যে যে কোনটিতে হস্তান্তর করতে পারবেন, যেমন ঃ—

(ক) [৩][তফসিলী উপজাতিভুক্ত] কোনও ব্যক্তির কাছে সর্বাধিক সাত বছরের জন্য খাই-খালাসি বন্ধক দ্বারা;

৫ 1954 CWN 936.

৬ *মান সিংহ* বনাম *কমিশন* AIR 2008 NOC 1847 (All).

১ পশ্চিমবঙ্গ ভূমি সংস্কার (সংশোধন) আইন, ১৯৭২ (পশ্চিমবঙ্গ আইন ১২, ১৯৭২)-এর ১০ ধারার মাধ্যমে সংশোধিত।

২ পশ্চিমবঙ্গ ভূমি সংস্কার (সংশোধন) আইন, ২০০০ (পশ্চিমবঙ্গ আইন ৩১, ২০০০)-এর মাধ্যমে "জোত" শব্দটির পরিবর্তে ৭.৮.১৯৬৯ তারিখ হতে অনুকল্পিত।

৩ পশ্চিমবঙ্গ ভূমি সংস্কার (সংশোধন) আইন, ১৯৭২ (পশ্চিমবঙ্গ আইন ১২, ১৯৭২)-১০(*i*)(ক) ধারার মাধ্যমে অনুকল্পিত এবং উক্ত আইনের ১(২) ধারার মাধ্যমে ১২.২.১৯৭১ তারিখ হতে বলবৎ করা হয়েছে।

(খ) জনগণের মঙ্গলের জন্য বা দাতব্য উদ্দেশ্যে সরকারের কাছে বিক্রি বা দানের মাধ্যমে;

(গ) সরকার বা নিবন্ধীকৃত (registered) সমবায় সমিতির কাছে সাধারণ বন্ধকের মাধ্যমে;

[4][(গগ) জমির উন্নতি বা উৎপন্ন ফসলের উন্নতির উদ্দেশ্যে ঋণ পাওয়ার লক্ষ্যে কোনও তফসিলীভুক্ত ব্যাঙ্ক, সমবায় জমি বন্ধক ব্যাঙ্ক, কেন্দ্রীয় বা রাজ্য সরকারের বা উভয়ের নিজস্ব বা নিয়ন্ত্রণে আছে এরকম নিগম (corporation)-এর কাছে সাধারণ বন্ধক বা জমির দলিল বন্ধক রাখার মাধ্যমে];

[৫][(ঘ) তফসিলী উপজাতিভুক্ত কোনও ব্যক্তিকে দানপত্র বা "ইচ্ছাপত্র" (will) দ্বারা;]

[৬][(ঙ) তফসিলী উপজাতিভুক্ত কোনও ব্যক্তির কাছে বিক্রি বা বিনিময় দ্বারা; তবে তফসিলী উপজাতিভুক্ত কোনও রায়ত [৭][রাজস্ব আধিকারিকের] আগাম লিখিত অনুমতি নিয়ে তার [৮][জমির দাগ] বা তার অংশ তফসিলী উপজাতিভুক্ত নয় এরকম রায়তকে বিক্রির মাধ্যমে হস্তান্তর করতে পারবেন;

৪ এই অংশটি পশ্চিমবঙ্গ ভূমি সংস্কার (সংশোধন) আইন ১৯৭২-এর ১০(i)(খ) ধারার মাধ্যমে সন্নিবেশিত এবং উক্ত আইনের ১(২) ধারার মাধ্যমে ১২.২.১৯৭১ তারিখ হতে বলবৎ করা হয়েছে।

৫ পশ্চিমবঙ্গ ভূমি সংস্কার (দ্বিতীয় সংশোধন) আইন, ১৯৭২-এর ২ ধারার মাধ্যমে অনুকল্পিত।

৬ পশ্চিমবঙ্গ ভূমি সংস্কার (সংশোধন) আইন, ১৯৭২ (পশ্চিমবঙ্গ আইন ১, ১৯৭২)-এর ১০(i)(গ) ধারার মাধ্যমে অনুকল্পিত এবং উক্ত আইনের ১(২) ধারার মাধ্যমে ১২.২.১৯৭১ তারিখ হতে বলবৎ করা হয়েছে। পূর্বের অংশটি নিম্নরূপ ছিল ঃ

"ঙ প্রকরণ (ক)-এ উল্লিখিত কোনও ব্যক্তি ব্যতীত অনধিক সাত বৎসরের শর্তে কোনও ব্যক্তির নিকট কোনও খাই-খালাসি বন্ধকের মাধ্যমে অথবা যে কোনও ব্যক্তির পক্ষে বিক্রয় বা বিনিময়ের মাধ্যমে যখন অনুরূপ হস্তান্তর, হস্তান্তরের শর্তাদি সম্বলিত রাজস্ব আধিকারিকের, লিখিত, প্রাক্ অনুমতি নিয়ে, হবে।"

৭ ৩.২.১৯৬৬ তারিখের ১৫৫০-এল. রেফ্. সংখ্যায়িত সরকারি প্রজ্ঞাপনের মাধ্যমে স্পেশাল অফিসার, ট্রাইবাল ওয়েলফেয়ার/তফসিলী জাতি এবং উপজাতিদের হিতসাধন আধিকারিকগণ নিজ নিজ ক্ষেত্রাধিকারে এই ধারার জন্য 'রাজস্ব আধিকারিক' নিযুক্ত হয়েছেন।

৮ পশ্চিমবঙ্গ ভূমি সংস্কার (সংশোধন) আইন, ২০০০ (পশ্চিমবঙ্গ আইন ৩১, ২০০০)-এর মাধ্যমে "জোত" শব্দটির পরিবর্তে ৭.৮.১৯৬৯ তারিখ হতে অনুকল্পিত।

তবে [৯][রাজস্ব আধিকারিক] ওই রকম অনুমতি মঞ্জুর করবেন না যদি না তিনি নিশ্চিত হন যে ওই জমির দাগ বা তার অংশ তফসিলী উপজাতিভুক্ত কোনও ব্যক্তি বাজার দর দিতে রাজি নয় এবং জমি বিক্রির উদ্দেশ্যে নিম্নলিখিত এক বা একাধিক কারণে হচ্ছে, যেমন—

(ক) ওই [৮][জমির দাগের] অন্য অংশের উন্নতির জন্য; অথবা

(খ) বিনিয়োগের জন্য; অথবা

(গ) নির্দিষ্ট হতে পারে এরকম অন্য কোনও উদ্দেশ্যে।

[১০](২) বাতিল।

(৩) উপধারা ১(ক) অনুযায়ী খাই-খালাসির মেয়াদ পূর্ণ হওয়ার আগে যে কোনও সময় বন্ধক উদ্ধার করা যাবে।

(৪) কোনও সম্পূর্ণ খাই-খালাসি বন্ধক নির্দিষ্ট সময় পার হওয়ার আগে বন্ধক উদ্ধার করতে ইচ্ছুক বন্ধকদাতা অথবা তার পক্ষে কোনও ব্যক্তি নির্ধারিত [১১][নিদর্শে সম্পূর্ণ বর্ণনা দিয়ে] রাজস্ব আধিকারিকের কাছে ওই বন্ধক উদ্ধারের জন্য আবেদন করতে পারবেন। এই আবেদন পাওয়ার পর

৯ ৩.২.১৯৬৬ তারিখের ১৫৫০-এল. রেফ্. সংখ্যায়িত সরকারি প্রজ্ঞাপনের মাধ্যমে স্পেশাল অফিসার, ট্রাইবাল ওয়েলফেয়ার/তফসিলী জাতি এবং উপজাতিদের হিতসাধন আধিকারিকগণ নিজ নিজ ক্ষেত্রাধিকারে এই ধারার জন্য 'রাজস্ব আধিকারিক' নিযুক্ত হয়েছেন।

১০ এই উপধারাটি পশ্চিমবঙ্গ ভূমি সংস্কার (সংশোধন) আইন, ১৯৭২ (পশ্চিমবঙ্গ আইন ১২, ১৯৭২)-এর ১০(*ii*) ধারার মাধ্যমে বাতিল এবং উক্ত আইনের ১(২) ধারার মাধ্যমে ১২.২.১৯৭১ তারিখ হতে বলবৎ হয়েছে। মূল উপধারাটি নিম্নরূপ ছিল ঃ

"(২) তফসিলী উপজাতি নয় এমন কোনও ব্যক্তির হস্তান্তরকারী যাহার অঙ্গীভূত বিক্রয় সম্বন্ধে, (১) উপধারায় (ঙ) প্রকরণে উল্লিখিত অনুমতি রাজস্ব আধিকারিক প্রদান করবেন না যদি তিনি নিশ্চিন্ত হন যে অনুরূপ তফসিলী উপজাতির অঙ্গীভূত কোনও ক্রেতা, যিনি জমির ন্যায্য বাজার দর দিতে সম্মত, প্রাপ্তিসাধ্য নহে। প্রাপ্তিসাধ্য হইলে, অনুরূপ কোনও ক্রেতা সম্বন্ধে, রাজস্ব আধিকারিক, একটি লিখিত আদেশের মাধ্যমে, তাঁহার দ্বারা নির্দিষ্ট দাম, সেরূপ সময়ের মধ্যে, অনধিক ছয় মাস, যেরূপ আদেশের মধ্যে বিনির্দিষ্ট থাকিবে, প্রদানের পর অনুরূপ ব্যক্তির নিকট জোত বিক্রয়ের নির্দেশ দেবেন। প্রদত্ত সময়ের মধ্যে সেরূপ নির্দিষ্ট মূল্য প্রদানে অনুরূপ ব্যক্তি অক্ষম হলে, রাজস্ব আধিকারিক, এতৎপক্ষে আবেদনক্রমে, নির্ধারিত মূল্য অপেক্ষা কম নহে মূল্যে যে কোনও ব্যক্তির নিকট জোতটি বিক্রয়ের জন্য লিখিত অনুমতি প্রদান করিবেন।"

১১ এই আইনের অধীনে রচিত পশ্চিমবঙ্গ ভূমি সংস্কার নিয়মাবলি, ১৯৬৫-এর অনুসূচীতে প্রদত্ত ফরম ৭ ব্যবহার্য।

যিনি বন্ধক গ্রহণ করেছেন রাজস্ব আধিকারিক তাকে বিজ্ঞপ্তি (Notice) দেবেন এবং তদন্ত করবেন। তিনি একটি আদেশ দেবেন, আদেশের দিনে, যিনি বন্ধক গ্রহণ করেছেন, তিনি কত পরিমাণ অর্থ ওই বন্ধকের জন্য পাবেন তা ঘোষণা করবেন। বন্ধকদাতা ওই অর্থ কোন্ তারিখে পরিশোধ করবেন তা প্রাথমিকভাবে আদেশ দিয়ে ঘোষণা করবেন। বন্ধকদাতা নির্দিষ্ট তারিখের মধ্যে ওই অর্থ দিয়ে দিলে রাজস্ব আধিকারিক ওই বন্ধকী সম্পত্তিতে বন্ধকদাতাকে পুনরায় দখল দেবেন এবং যিনি বন্ধক নিয়েছিলেন তাকে বন্ধকী দলিল ফেরৎ দেওয়ার আদেশ দেবেন।

(৫) উপধারা (৪) অনুসারে দেওয়া চূড়ান্ত আদেশ রাজস্ব আধিকারিক দ্বারা নির্ধারিত পদ্ধতিতে কার্যকর করা হবে।

ব্যাখ্যা ঃ "সম্পূর্ণ খাই-খালাসি" কথার অর্থ ধার স্বরূপ দেওয়া অগ্রিম অর্থ বা ফসল পরিশোধের উদ্দেশ্যে রায়ত দ্বারা শর্ত আরোপ করে দেওয়া কোনও জমির দখলের হস্তান্তর দ্বারা বন্ধকের নির্দিষ্ট সময়ের মধ্যে জমি থেকে পাওয়া লাভের মাধ্যমে সমস্ত সুদ সমেত ধার শোধ হয়েছে বলে ধরা হবে।

14C. Modes of transfer of land by Scheduled Tribes. (1) A *raiyat* belonging to a Scheduled Tribe may transfer his [1][plot of land] or part thereof in any one of the following ways, namely,—

(*a*) by a complete usufructuary mortgage entered into with a person belonging [2][to a Scheduled Tribe] for a period not exceeding seven years;

(*b*) by sale or gift to the Government for a public or charitable purpose;

(*c*) by simple mortgage to the Government or to a registered co-operative society;

[3][(*cc*) by simple mortgage or mortgage by deposit of title deeds in favour of a scheduled bank, a co-operative land mortgage bank or a corporation, owned or controlled by the Central or State Government, or by both, for the development of land or improvement of agricultural production;]

1 *Substituted* by Act XXXI of 2000, w.r.e.f. 7.8.1969.

2 *Substituted* for the words "to the same Scheduled Tribe to which the transferor belongs" by the West Bengal Land Reforms (Amendment) Act, 1972 (W.B. Act XII of 1972).

3 *Inserted* by the West Bengal Land Reforms (Amendment) Act, 1972 (W.B. Act XII of 1972).

[4][(*d*) by gift or will to a person belonging to a Scheduled Tribe;]

[5][(e) by sale or exchange in favour of any person belonging to a Scheduled Tribe:

Provided that any such *raiyat* may, with the previous permission, in writing, of the Revenue Officer, transfer by sale his [6][plot of land] or any part thereof to a person not belonging to any Scheduled Tribe:

Provided further that no such permission shall be granted by the Revenue Officer unless he is satisfied that no purchaser belonging to a Scheduled Tribe is willing to pay the fair market price of the [6][plot of land] or any part thereof and that the proposed sale is intended to be made for one or more of the following purposes, namely,—

(*a*) for the improvement of any other part of the [6][plot of land], or

(*b*) for investment, or

(*c*) for such other purposes as may be prescribed.]

[7][(2) ....]

(3) A complete usufructuary mortgage referred to in sub-section (1) may be redeemed at any time before the expiry of the term.

(4) A mortgagor under a complete usufructuary mortgage intending to redeem such mortgage before the expiry of its term or any person acting on his behalf, may make an application for redemption in such form and containing such particulars as may be prescribed to the Revenue Officer. On receipt of such application the Revenue Officer shall after service of notice to the mortgagee make an enquiry in the prescribed manner and pass a preliminary order declaring the amount due under such mortgage to the

4 *Substituted* by the West Bengal Land Reforms (Second Amendment) Act, 1972 (W.B. Act XXVIII of 1972).

5 *Substituted* by the West Bengal Land Reforms (Amendment) Act, 1972 (W.B. Act XII of 1972).

6 *Substituted* by Act XXXI of 2000, w.r.e.f. 7.8.1969.

7 *Omitted* by the West Bengal Land Reforms (Amendment) Act, 1972 (W.B. Act XII of 1972).

mortgagee at the date of such order and fixing a date for payment of such amount by the mortgagor. If the mortgagor pays such amount by the date so fixed the Revenue Officer shall make a final order directing the mortgagee to restore possession of the mortgaged property and to deliver up the mortgage-deed, to the mortgagor.

(5) A final order made under sub-section (4) shall be executed by the Revenue Officer in such manner as may be prescribed.

***Explanation.* In this section "complete usufructuary mortgage" means a transfer by a *raiyat* of the right of possession in any land for the purpose of securing the payment of money or the return of grain advanced or to be advanced by way of loan upon the condition that the loan, with all interest thereon, shall be deemed to be extinguished by the profits arising from the land during the period of the mortgage.**

আলোচনার সূচী

১। সূচনা [Commencement]. মূলত ১৯৬৫ সালের পঃ বঃ ভূমি সংস্কার (সংশোধন) আইন [১৯৬৫ সালের পশ্চিমবঙ্গের ১৮ নং আইন] দ্বারা ১৪গ ধারাটি মূল আইনে যুক্ত করা হয়েছিল। ১৯৭২ সালের পঃ বঃ ভূমি

সংস্কার (সংশোধন) আইন [১৯৭২ সালের পশ্চিমবঙ্গের ১২ নং আইন] দ্বারা এই ধারার কিছু সংশোধন করা হয়েছিল। এখন ১৪গ(১)(ক) ধারায় "to a Schedule Tribe" শব্দটি রয়েছে। উপরোক্ত সংশোধনী দ্বারা শব্দটি আনা হয়েছে। আগে ছিল 'to the same Scheduled Tribe to which the transferor belongs'।

আবার মূল আইনে ১(গগ) উপধারা ছিল না। ১৯৭২ সালের ১২ নং আইন দ্বারা এটি যুক্ত করা হয়েছে। ওই সংশোধনী দ্বারা মূল আইনে (১)(ঘ) এবং (১)(ঙ) উপধারা দুটি যুক্ত করা হয়েছে। মূল আইনের "হোল্ডিং" শব্দের পরিবর্তন করা হয়েছে ২০০০ সালের পঃ বঃ ভূমি সংস্কার (সংশোধন) আইন [২০০০ সালের পশ্চিমবঙ্গের ৩১ নং আইন] দ্বারা। "হোল্ডিং" শব্দের পরিবর্তে "জমির দাগ" [plot of land] শব্দগুলি যুক্ত করা হয়েছে। সুতরাং আগে যেখানে "রায়তের হোল্ডিং" বলা হত, এখন বলা হচ্ছে "রায়তের জমির দাগগুলি"। ৭.৮.১৯৬৯ থেকে এই সংশোধনী কার্যকর হয়েছে।

২। তফসিলী উপজাতিভুক্ত রায়তের জমির অনুমোদনীয় হস্তান্তর [Permissible transfer of land by Scheduled Tribe raiyat]. পশ্চিমবঙ্গ ভূমি সংস্কার আইনের ১৪খ ধারা অনুযায়ী কোনও তফসিলী উপজাতিভুক্ত রায়ত তার জমির দাগ বা তার অংশ হস্তান্তর করলে তা অবৈধ বলে গণ্য হবে। ১৪গ ধারায় কতগুলি হস্তান্তরের বিষয় বলা আছে যেগুলি বৈধ। ওই হস্তান্তরগুলি হল—

(১) সাত বছরের বেশি নয় এই শর্তে একজন তফসিলী উপজাতি রায়ত সম্পূর্ণ খাই-খালাসি বন্ধক দিতে পারেন একজন তফসিলী উপজাতি রায়তকে।

(২) জনসাধারণের মঙ্গলের জন্য কোনও তফসিলী উপজাতিভুক্ত রায়ত সরকারের কাছে বিক্রি করতে পারেন বা দান করতে পারেন।

(৩) সরকারের কাছে বা কোনও নিবন্ধীকৃত সমবায় সমিতির কাছে একজন তফসিলী উপজাতিভুক্ত রায়ত সাধারণ বন্ধক রাখতে পারেন।

(৪) তফসিলী উপজাতিভুক্ত রায়ত তার জমির উন্নতির জন্য বা উৎপন্ন ফসলের উন্নয়নের জন্য স্বত্বদলিল সাধারণ বন্ধক বা বন্ধক দিতে পারেন নিম্নলিখিত ব্যাঙ্কে—

তফসিলীভুক্ত ব্যাঙ্ক,

সমবায় ভূমি বন্ধক ব্যাঙ্ক,

কেন্দ্রীয় সরকার বা রাজ্য সরকার বা উভয়ের নিজস্ব বা নিয়ন্ত্রণে রয়েছে এরকম নিগম।

(৫) তফসিলী উপজাতিভুক্ত কোনও ব্যক্তি তার জমি তফসিলী উপজাতিভুক্ত অন্য ব্যক্তিকে "দান" বা "ইচ্ছাপত্র" (will) করতে পারেন।

(৬) তফসিলী উপজাতি কোনও ব্যক্তি তফসিলী উপজাতি অন্য ব্যক্তিকে বিক্রি বা বিনিময় করতে পারেন।

৩। তফসিলী উপজাতিভুক্ত ব্যক্তি আগাম অনুমতি নিয়ে তফসিলী উপজাতিভুক্ত ব্যতীত ব্যক্তিকে জমি হস্তান্তর করতে পারেন [A Scheduled Tribe person can transfer his land to a non-Scheduled Tribe person obtaining previous permission]. তফসিলী উপজাতিভুক্ত কোনও রায়ত তার কোনও জমির দাগ বা তার কোনও অংশ বিক্রির মাধ্যমে তফসিলী উপজাতিভুক্ত নয় এমন কোনও ব্যক্তিকে হস্তান্তর করতে পারেন কিছু শর্তসাপেক্ষে। ১৪গ(১) ধারায় বলা আছে এই ধরনের হস্তান্তরের আগে তফসিলী উপজাতিভুক্ত ব্যক্তি রাজস্ব আধিকারিকের কাছে আগাম লিখিত অনুমতি দেবেন। যদি রাজস্ব আধিকারিক আগাম লিখিত অনুমতি দেন তবেই তফসিলী উপজাতিভুক্ত ব্যতীত ব্যক্তিকে জমি হস্তান্তর করতে পারবেন।

তবে রাজস্ব আধিকারিক যতক্ষণ না পর্যন্ত দুটি বিষয়ে নিশ্চিত হতে না পারছেন তিনি ওই আগাম বিষয়ে অনুমতি দেবেন না। ওই বিষয় দুটি হল—

(১) উপযুক্ত বাজার দর দিয়ে কোনও তফসিলী উপজাতিভুক্ত ব্যক্তি ওই জমি কিনতে রাজি নয়।

(২) নিম্নলিখিত এক বা একাধিক কারণের উদ্দেশ্যে ওই জমি বিক্রির প্রস্তাব করা হয়েছে—

(ক) ওই জমির অন্য অংশের উন্নতির জন্য;

(খ) বিনিয়োগের জন্য; অথবা

(গ) নির্ধারিত অন্য কোনও উদ্দেশ্য।

উপরোক্ত দুটি কারণে রাজস্ব আধিকারিক যদি সন্তুষ্ট হন তবেই তিনি আগাম অনুমতি দেবেন। কোনও তফসিলী উপজাতিভুক্ত কোনও রায়ত যদি ন্যায্য বাজার দরে ওই জমি বা তার অংশ কিনতে রাজি না থাকেন বা ইচ্ছুক না হন এবং নির্ধারিত কয়েকটি উদ্দেশ্যের জন্য যদি জমি বা তার অংশ বিক্রি করতে চান, উপরোক্ত দুটি শর্ত পূর্ণ হলে তবেই রাজস্ব আধিকারিক লিখিত অনুমতি দিতে পারেন।

৪। খাই-খালাসি বন্ধকের মেয়াদ পূর্ণ হওয়ার আগেই বিমোচন (উদ্ধার) [Redemption of usufructuary mortgage before expiry of its period]. ১৪গ(১)(গ) ধারা অনুযায়ী তফসিলী উপজাতিভুক্ত কোনও ব্যক্তি সর্বাধিক সাত বছরের জন্য তার কোনও জমি বা ওই জমির কোনও অংশ তফসিলী উপজাতিভুক্ত অপর ব্যক্তিকে সম্পূর্ণ খাই-খালাসি বন্ধক দিতে পারেন। আবার ১৪গ(৩) ধারায় বলা আছে নির্দিষ্ট সময়সীমা অতিক্রম হওয়ার আগে যিনি বন্ধক দিচ্ছেন তিনি ওই বন্ধকী জমি বিমোচন করতে পারবেন।

কীভাবে ওই বন্ধকী জমি বন্ধকগ্রহীতার কাছ থেকে বিমোচন (উদ্ধার) হবে তার পদ্ধতি ১৪গ(৪) [s. 14C(4)] ধারায় পরিষ্কার বলা রয়েছে। যিনি বন্ধক দিয়েছেন, তিনি স্বয়ং বা তাঁর হয়ে অন্য কেউ নির্দিষ্ট নিদর্শে রাজস্ব আধিকারিকের কাছে বন্ধকী সম্পত্তি বিমোচনের (redemption) জন্য লিখিত আবেদন করবেন [নিদর্শ-৭] ওই নিদর্শে যে যে তথ্য চাওয়া হয়েছে তার বিবরণ দেবেন। ১৯৬৫ সালের পঃ বঃ ভূমি সংস্কার নিয়মের ১২ নং বিধিতে এর উল্লেখ রয়েছে।

ওই ধরনের আবেদন পাওয়ার পর [৭নং নিদর্শে] সংশ্লিষ্ট রাজস্ব আধিকারিক প্রথমে বন্ধকগ্রহীতাকে নোটিশ করবেন। এরপর তিনি সরেজমিনে তদন্ত করবেন নির্ধারিত পদ্ধতিতে। তদন্তের পর তিনি একটি প্রাথমিক আদেশ দেবেন ওই আদেশে ওই তারিখে বন্ধকগ্রহীতা ওই বন্ধকের জন্য কি পরিমাণ অর্থ পাবেন তার উল্লেখ থাকবে। বন্ধকদাতা ওই অর্থ কোন্ তারিখে বন্ধকগ্রহীতাকে দেবেন তার নির্দেশ সংশ্লিষ্ট রাজস্ব আধিকারিক দেবেন। নির্ধারিত তারিখের মধ্যে বন্ধকদাতা ওই অর্থ বন্ধকগ্রহীতাকে দিয়ে দেন, তবে রাজস্ব আধিকারিক একটি দিন স্থির করবেন যে দিন বন্ধকগ্রহীতা ওই সম্পত্তি বন্ধকদাতাকে প্রত্যার্পণ করবেন। এবং ওই বন্ধকী দলিল বন্ধকদাতাকে দেবেন। রাজস্ব আধিকারিক চূড়ান্ত আদেশ হিসাবে ওই নির্দেশ দেবেন।

১৪গ(৪) ধারায় যেহেতু রাজস্ব আধিকারিক বিচারব্যবস্থার মত (*quasi judicial*) কাজ করেন সেই জন্য বন্ধকগ্রহীতাকে শুনানির সমস্ত সুযোগ দেবেন।

কীভাবে রাজস্ব আধিকারিক ১৪গ(৪) ধারায় তদন্ত করবেন ১৯৬৫ সালের পঃ বঃ ভূমি সংস্কার নিয়মের ১৩ নং নিয়মে বলা আছে।

৫। ৭ নং আকার [Form 7].

Form 7

Application for redemption of usufructuary mortgage under sub-section (4) of section 14C

To
The R.O. of .... The application of ...., son/wife of ...., resident of .... for redemption of usufructuary mortgage particulars in respect of which are given below—

1 Name and address of the mortgagee ....
Village : ...., P.O. ...., Date ....
2 Date of execution of the mortgage deed:
3 The period of mortgage:
4 The period which has expired since the transfer of the land to the mortgage:
5 The amount of loan taken under the mortgage:
6 Approximate money value of the annual produce from the land at the time of transfer:
7 Particulars of the plot of land under mortgage:
(*a*) Name of the village, police station and District ______
(*b*) Khatian No. and Plot No. of the plot of land ______, ______
(*c*) Area of the plot of land:

I declare that to the best of my knowledge and belief the information given by me in the above statement is correct and complete.

Signature of the Applicant/Agent

৬। ১৯৬৫ সালের পঃ বঃ ভূমি সংস্কার নিয়মের ১২ নং বিধি [Rule 12 of W.B.L.R. Rules 1965]. ১৪গ(৪) ধারা অনুযায়ী বন্ধক পুনরুদ্ধারের

আবেদনের নিদর্শ (Form of application for redemption of usufructuary mortgage under sub-section (4) of section 14C) ঃ

১৪গ(৪) ধারা অনুযায়ী কোনও খাই-খালাসি বন্ধক বিমোচনের জন্য আবেদন করতে হবে নিদর্শ ৭ [Form 7] অনুযায়ী।

৭। ১৯৬৫ সালের পঃ বঃ ভূমি সংস্কার নিয়মের ১৩ নং বিধি [Rule 13 of W.B.L.R. Rules 1965]. ১৪গ ধারা অনুযায়ী আবেদনের ভিত্তিতে তদন্ত করার পদ্ধতি (Manner of enquiry on application made under sub-sec. (4) of s. 14C) ঃ

কোনও বন্ধকী জমি উদ্ধারের জন্য ১৪গ(৪) ধারার আবেদনের ভিত্তিতে তদন্তের সময় রাজস্ব আধিকারিক প্রয়োজনীয় নিয়মগুলি অনুসরণ করবেন। ১৯০৮ সালের দেওয়ানি সংহিতা (CPC) অনুসারে তিনি তদন্ত করবেন।

৮। অ-তফসিলী উপজাতির কাছে হস্তান্তর কখন বৈধ [When transfer to a Non-Schedule Tribe is valid?] তফসিলী উপজাতিভুক্ত কোনও রায়ত উইলের মাধ্যমে তফসিলী উপজাতিভুক্ত ব্যক্তিকে তাঁর জমি হস্তান্তর করতে পারেন, অর্থাৎ, একজন তফসিলী উপজাতিভুক্ত ব্যক্তি উইলের মাধ্যমে তাঁর জমি একমাত্র তফসিলী উপজাতিভুক্ত কোনও ব্যক্তিকেই হস্তান্তর করতে পারবেন। তবে ১৪গ ধারার বিধান অনুযায়ী রাজস্ব আধিকারিকের আগাম লিখিত অনুমতি সাপেক্ষে তিনি তফসিলী উপজাতিভুক্ত নয় এমন ব্যক্তিকে তাঁর জমি অথবা কিছু অংশ বিক্রি করতে পারেন।[১]

৯। প্রবেট কার্যাবলিতে ১৪খ ও ১৪গ ধারা প্রযোজ্য নয় [Section 14B and 14C are not applicable in probate proceedings]. প্রবেট কার্যাবলিতে প্রবেট অনুমোদন করবার সময় পঃ বঃ ভূমি সংস্কার আইনের ১৪খ ও ১৪গ ধারা প্রযোজ্য হবে না, কারণ, উইলকারী যে সম্পত্তি উইলে উল্লেখ করেছেন সেই সম্পত্তির উপর উইলকারীর ন্যায় সংগত অধিকার বা স্বত্ব (title) আছে কিনা এই প্রশ্ন করবার প্রয়োজন প্রবেট আদালতের নেই।[১]

১ *শ্যামল কুমার ঘোষ* বনাম *অঞ্জলি দাস* 2000(2) CHN 241 (Cal).

[১][১৪ঘ। ২ক পরিচ্ছেদ লঙ্ঘন করে হস্তান্তর নিবন্ধীকৃত না হলে বৈধ হবে না (Transfer in contravention of Chapter 2A shall not be valid unless registered) :** (১) তফসিলী উপজাতিভুক্ত কোনও রায়ত কোনও জমি বা জমির স্বত্ব রেজিস্ট্রিকৃত দলিলের মাধ্যমে হস্তান্তর না করলে ওই হস্তান্তর বৈধ হবে না।

(২) ১৯০৮ সালের নিবন্ধীকৃত আইন [১৯০৮ সালের ১৬ নং আইন] বা বর্তমানে চালু অন্য কোনও আইনে যাই থাক না কেন তফসিলী উপজাতিভুক্ত কোনও রায়ত এই পরিচ্ছেদের বিধান অমান্য করে যদি কোনও জমি বা জমির স্বত্ব হস্তান্তরের দলিল করে থাকেন তবে ওই দলিলের স্বীকৃতি দেবেন না কোনও আদালত, কোনও আধিকারিক, দেওয়ানি বা ফৌজদারি বা রাজস্ব ক্ষেত্রাধিকার প্রয়োগকারী কোনও কর্তৃপক্ষ। নিবন্ধীকার আধিকারিক (Registering officer) যতক্ষণ না পর্যন্ত এই মর্মে সন্তুষ্ট হচ্ছেন যে ওই দলিল এই পরিচ্ছেদের কোনও বিধান অমান্য করছে না ততক্ষণ পর্যন্ত তিনি ওই দলিল নিবন্ধীকরণ করবেন না।

(৩) উপধারা (২) অনুযায়ী কোনও দলিল নিবন্ধীকরণের সময় বা ওই রকম দলিল নিবন্ধীকরণ বিষয়ে সম্পর্কযুক্ত কোনও কাজে বা কোনও দেওয়ানি বা ফৌজদারি বা রাজস্ব আদালতের সামনে এই প্রশ্ন ওঠে যে—ওই দলিল সম্পাদনকারী রায়ত তফসিলী উপজাতিভুক্ত কিনা অথবা এই পরিচ্ছেদের বিধান অমান্য করে দলিল তৈরি হয়েছে কিনা সেক্ষেত্রে নিবন্ধীকার আধিকারিক বা কোনও কর্তৃপক্ষ যার ১৯০৮ সালের নিবন্ধীকরণ আইন অনুযায়ী ক্ষমতা আছে বা কোনও দেওয়ানি বা ফৌজদারি বা রাজস্ব আদালতে যেখানে

১ মূল ১৪ঘ ধারাটির স্থলে পশ্চিমবঙ্গ ভূমি সংস্কার (সংশোধন) আইন, ১৯৮১ (পশ্চিমবঙ্গ আইন ৫০, ১৯৮১)-এর ১৪ ধারার মাধ্যমে অনুকল্পিত এবং উক্ত আইনের ১(২) ধারার মাধ্যমে ৭.৮.১৯৬৯ তারিখ হতে বলবৎ হয়েছে। মূল ধারাটি নিম্নরূপ ছিল :

"**১৪ঘ। ১৪গ ধারা লঙ্ঘনক্রমে হস্তান্তর কোনোক্রমে নিবন্ধন বা স্বীকৃত নহে (No registration or recognition of transfer in contravention of s. 14C) :** (১) কোনও তফসিলী উপজাতির অঙ্গীভূত কোনও রায়ত কর্তৃক হস্তান্তর কোনোক্রমে বৈধ নয় যদি না কোনও নিবন্ধিত দলিলের মাধ্যমে হয়।

(২) ১৪গ ধারা লঙ্ঘনক্রমে কৃত হস্তান্তরের দলিল কোনোক্রমে নিবন্ধিত হবে না বা দেওয়ানি, ফৌজদারি বা রাজস্ব ক্ষেত্রাধিকার প্রয়োগকারী বিচারালয়ে সমস্ত অবস্থাতেই তাহা বৈধ স্বীকৃত হবে না।"

উপরোক্ত প্রশ্ন উঠেছে তিনি ওই প্রশ্নের উত্তরের জন্য ১৪গ ধারার রাজস্ব আধিকারিকের কাছে পাঠাবেন।]

[1][**14D. Transfer in contravention of Chapter 2A shall not be valid unless registered.** **(1) No transfer of any land or any interest in such land by a *raiyat* belonging to a Scheduled Tribe shall be valid unless made by a registered instrument.**

(2) Notwithstanding anything contained in the Registration Act 1908 (Act 16 of 1908) or in any other law for the time being in force, no instrument of transfer or dealing with land or interest in such land by a *raiyat* belonging to the Scheduled Tribe made in contravention of the provisions of this Chapter shall be recognised as valid by any court, officer or authority exercising civil, criminal or revenue jurisdiction and no registering officer shall register any such instrument unless he is satisfied that the instrument does not contravene any of the provisions of this Chapter.

(3) If, in course of registration of any instrument referred to in sub-section (2) or in any proceeding relating to the registration of such instrument or in any proceeding before any civil, criminal or revenue court, any question arises as to whether the *raiyat* executing such instrument belongs to the Scheduled Tribe or as to whether such instrument has been made in contravention of the provisions of this Chapter, the registering officer or other officer or authority exercising powers under the Registration Act 1908 or the civil, criminal or revenue court before whom such question arises, shall refer such question to the Revenue Officer referred to in section 14C and shall give effect to the decision of the Revenue Officer.]

1 *Substituted* by the W.B.L.R. (Amendment) Act 1981 (Act L of 1981), w.r.e.f. 7.8.1969 for:

"14D. No registration or recognition of transfers in contravention of section 14C. (1) No transfer by a *raiyat* belonging to a Scheduled Tribe shall be valid unless made by a registered instrument.

(2) No instrument of transfer made in contravention of section 14C shall be registered or in any way recognised as valid in any court exercising civil, criminal or revenue jurisdiction."

সূচনা [Commencement]. ১৯৬৫ সালের পঃ বঃ ভূমি সংস্কার (সংশোধন) আইন দ্বারা ১৪ঘ ধারাটি মূল আইনে অন্তর্ভুক্ত করা হয়। ১৯৮১ সালের পঃ বঃ ভূমি সংস্কার (সংশোধন) আইন [১৯৮১ সালের পশ্চিমবঙ্গের ৫০ নং আইন] দ্বারা ১৪ঘ ধারার ব্যাপক সংশোধন করা হয়েছে। মূল আইনটি ছিল এইরকম ঃ

(১) ১৪গ ধারাকে লঙ্ঘন করলে কোনও হস্তান্তরের নিবন্ধীকরণ বা স্বীকৃতি হবে না (১) তফসিলী উপজাতিভুক্ত কোনও রায়তের জমির হস্তান্তর নিবন্ধীকৃত না হলে তা বৈধ বলে গণ্য হবে না।

(২) ১৪গ ধারা লঙ্ঘন করলে কোনও হস্তান্তর দলিল নিবন্ধীকরণ করা হবে না বা দেওয়ানি অথবা ফৌজদারি বা রাজস্ব আদালতে ওই দলিল স্বীকৃতি পাবে না।

সংশোধিত ১৪ঘ ধারার মূল উদ্দেশ্য হল তফসিলী উপজাতিভুক্ত কোনও রায়তের জমি যদি ১৪গ ধারা অমান্য করে হস্তান্তর করা হয় বা হস্তান্তরের চেষ্টা করা হয় তবে তা বন্ধ করা।

১৪ঘ(২) ধারা অনুযায়ী যদি দেখা যায় ১৪গ ধারার বিধান অমান্য করেই কোনও দলিল সম্পর্কিত হয়েছে তবে কোনও আদালত বা কোনও আধিকারিক বা দেওয়ানি বা ফৌজদারি বা রাজস্ব আদালত ওই দলিলকে স্বীকৃতি দেবেন না। ওই ধারায় নিবন্ধীকার আধিকারিক (Registering Officer)-কে এই নির্দেশও দেওয়া হয়েছে যে তিনি যদি মনে করেন এই পরিচ্ছেদের বিধান অমান্য করা হচ্ছে কোনও দলিল সম্পাদনের সময় তিনি ওই দলিল নিবন্ধীকরণ করবেন না। যখন তিনি এই মর্মে পুরোপুরি সন্তুষ্ট হচ্ছেন যে এই পরিচ্ছেদের কোনও বিধান এই দলিল সম্পাদনের ক্ষেত্রে অমান্য হচ্ছে না তখন কেবলমাত্র তিনি ওই দলিল নিবন্ধীকরণ করবেন।

কোনও দেওয়ানি আদালত বা ফৌজদারি আদালত বা রাজস্ব বিচারালয় বা অন্য কোনও আইন বিষয়ে এই প্রশ্ন ওঠে যে যিনি দলিলের মাধ্যমে কোনও জমি হস্তান্তর করছেন তিনি তফসিলী উপজাতিভুক্ত ব্যক্তি কিনা অথবা ১৪গ ধারার বিধান মেনে দলিল সম্পাদিত হয়েছে কিনা তবে ১৪ঘ(৩) ধারা [s. 14D(3)] অনুযায়ী সংশ্লিষ্ট রাজস্ব আধিকারিকের কাছে ওই প্রশ্নের উত্তরের জন্য বিষয়টি পাঠানো হবে। সংশ্লিষ্ট রাজস্ব আধিকারিক যে সিদ্ধান্ত নেবেন সেই অনুযায়ী ওই আদালত তাঁর কার্যক্রম সম্পাদন করবেন এবং সিদ্ধান্ত গ্রহণ করবেন।

১৪৬। রায়ত কর্তৃক অনুপযুক্ত হস্তান্তর বাতিল করার রাজস্ব আধিকারিকের ক্ষমতা (Power to Revenue Officer to set aside improper transfers by raiyat) ঃ (১) তফসিলী উপজাতিভুক্ত কোনও রায়ত [১][জমির দাগ] বা তার কোনও অংশ ১৪গ [14C] ধারার বিধান অমান্য করে হস্তান্তর করলে যদি দেখা যায় যে [২][নির্ধারিত পদ্ধতিতে তদন্তের পর মিথ্যা বর্ণনা বা প্রতারণার দ্বারা হস্তান্তরের অনুমতি পেয়েছে] অথবা ধারা ১৪গ(১)(ক) [section 14C(1)(*a*)] অনুযায়ী খাই-খালাসি বন্ধক বিষয়ে বন্ধকগ্রহীতা সম্পত্তি হস্তান্তরের তারিখ থেকে সাত বছরের বেশি সময় ওই জমি দখলে রয়েছেন বা দখল করেছেন, এক্ষেত্রে [৩][রাজস্ব আধিকারিক] নিজের ইচ্ছায় অথবা কোনও আবেদনপত্রের ভিত্তিতে বন্ধকগ্রহীতাকে শুনানির সুযোগ দেবেন। এরপর লিখিত আদেশের মাধ্যমে ওই হস্তান্তর [৪][প্রয়োজনে নাকচ করবেন এবং] হস্তান্তরগ্রহীতাকে ওই [১][জমির দাগ] বা তার অংশ থেকে উচ্ছেদ করতে পারবেন ঃ

তবে যে হস্তান্তরগ্রহীতাকে উচ্ছেদ করার প্রস্তাব করা হয়েছে দেখতে হবে তিনি যদি ১৪গ ধারা অমান্য করে হস্তান্তর করার পর [৫][ত্রিশ বছর] এক নাগাড়ে দখলে না থাকেন অথবা ধারা ১৪গ(১)(ক) [14C(1)(*a*)] অনুযায়ী খাই-খালাসি বন্ধকের ক্ষেত্রে [৫][৭ বছর] পার হওয়ার পরেও ৩০ বছর ধরে এক নাগাড়ে দখলে না থাকেন, সেক্ষেত্রে ১৯৬৩ সালের তামাদি আইনে [Limitation Act] যাই থাক না কেন তিনি উচ্ছেদ হওয়ার যোগ্য হবেন।

১ পশ্চিমবঙ্গ ভূমি সংস্কার (সংশোধন) আইন, ২০০০ (পশ্চিমবঙ্গ আইন ৩১, ২০০০)-এর মাধ্যমে "জোত" শব্দটির পরিবর্তে ৭.৮.১৯৬৯ তারিখ হতে অনুকল্পিত।

২ পশ্চিমবঙ্গ ভূমি সংস্কার (সংশোধন) আইন, ১৯৭২ (পশ্চিমবঙ্গ আইন ১২, ১৯৭২)-এর ১১(*i*) ধারার মাধ্যমে সন্নিবেশিত এবং উক্ত আইনের ১(২) ধারার মাধ্যমে ১২.২.১৯৭১ তারিখ হতে বলবৎ করা হয়েছে।

৩ ৩.২.১৯৬৬ তারিখের ১৫৫০-এল. রেফ্. সংখ্যায়িত সরকারি প্রজ্ঞাপনের মাধ্যমে স্পেশাল অফিসার ট্রাইবাল ওয়েলফেয়ার/তফসিলী জাতি ও উপজাতিদের হিতসাধন আধিকারিকগণ নিজ নিজ ক্ষেত্রাধিকারে এই ধারার প্রয়োজনে 'রাজস্ব আধিকারিক' নিযুক্ত হয়েছেন।

৪ পশ্চিমবঙ্গ ভূমি সংস্কার (সংশোধন) আইন ১৯৭২-এর ১১(*iii*) ধারার মাধ্যমে সন্নিবেশিত এবং উক্ত আইনের ১(২) ধারার মাধ্যমে ১২.২.১৯৭১ তারিখ হতে বলবৎ করা হয়েছে।

৫ "বারো বৎসর" শব্দ দুইটির স্থলে পশ্চিমবঙ্গ ভূমি সংস্কার (সংশোধন) আইন, ১৯৮১ (পশ্চিমবঙ্গ আইন ৫০, ১৯৮১)-এর ১৫(১)(ক) ধারার মাধ্যমে [অনুকল্পিত এবং উক্ত আইনের ১(২) ধারার মাধ্যমে] ৭.৮.১৯৬৯ তারিখ হতে বলবৎ করা হয়েছে।

(২) যেক্ষেত্রে ১৪ঙ(১) [14E(1)] উপধারা অনুসারে [৬][রাজস্ব আধিকারিক] কোনও আদেশ দিয়েছেন সেক্ষেত্রে তিনি হস্তান্তরিত [৭][জমির দাগ] বা তার কোনও অংশে হস্তান্তরকারী বা তাঁর উত্তরাধিকারীকে আবার প্রতিষ্ঠিত করবেন।

ব্যাখ্যা ঃ এই উপধারার প্রয়োজনে, "পুনঃস্থাপন" শব্দটি বলতে বোঝাবে রায়ত (তফসিলী সম্প্রদায়ভুক্ত) যিনি ভূমিখণ্ড (Plot of land) বা তার অংশ হস্তান্তর করেছিলেন সেই ভূমিখণ্ডের পুনঃস্থাপন এবং পার্শ্ববর্তী সমপরিমাণ জমিখণ্ড বা তার অংশ অন্তর্ভুক্ত হবে।

[৮](৩) উপধারা (২) অনুযায়ী প্রকৃত দখলকারকে বেদখল করে জমির প্রকৃত মালিককে আবার জমির দখলে প্রতিষ্ঠিত করতে রাজস্ব আধিকারিক পুলিশের সাহায্য প্রয়োজনে নিতে পারেন। নির্দিষ্ট পদ্ধতিতে, নির্দিষ্ট নিদর্শে সংশ্লিষ্ট এলাকার ভারপ্রাপ্ত থানার পুলিশ আধিকারিককে লিখিত চিঠি পাঠাবেন এবং ওই লিখিত চিঠি পাওয়ার পর ওই জমির দখল প্রয়োজন অনুযায়ী দেওয়ার জন্য সংশ্লিষ্ট থানার ভারপ্রাপ্ত পুলিশ আধিকারিক আইন অনুযায়ী সমস্ত সহায়তা করবেন ঃ

তবে তফসিলী উপজাতিভুক্ত ব্যক্তি যিনি ৪ (চার) হেক্টরের বেশি জমির মালিক এবং তফসিলী উপজাতিভুক্ত নয় এমন ব্যক্তি যিনি ০.৪০৪৭ হেক্টর জমি সর্বমোট মালিক সেক্ষেত্রে এই ধারা প্রযোজ্য হবে না।

14E. Power to Revenue Officer to set aside improper transfers by raiyat. (1) If a transfer of a [1][plot of land] or any portion thereof is made by a *raiyat* belonging to a Scheduled Tribe in contravention of the provisions of section 14C, or if the permission for the transfer is found, after an inquiry in the prescribed manner, to have been obtained by misrepresentation or fraud, or if in the case of a complete usufructuary mortgage referred to in clause (*a*)

৬ ৩.২.১৯৬৬ তারিখের ১৫৫০-এল. রেফ্. সংখ্যায়িত সরকারি প্রজ্ঞাপনের মাধ্যমে স্পেশাল অফিসার ট্রাইবাল ওয়েলফেয়ার/তফসিলী জাতি ও উপজাতিদের হিতসাধন আধিকারিকগণ নিজ নিজ ক্ষেত্রাধিকারে এই ধারার প্রয়োজনে 'রাজস্ব আধিকারিক' নিযুক্ত হয়েছেন।

৭ পশ্চিমবঙ্গ ভূমি সংস্কার (সংশোধন) আইন, ২০০০ (পশ্চিমবঙ্গ আইন ৩১, ২০০০)-এর মাধ্যমে "জোত" শব্দটির পরিবর্তে ৭.৮.১৯৬৯ তারিখ হতে অনুকল্পিত।

৮ এই উপধারাটি পূর্বোক্ত আইনের ১৫(২) ধারার মাধ্যমে সন্নিবেশিত এবং উক্ত আইনের ১(২) ধারার মাধ্যমে ৭.৮.১৯৬৯ তারিখ হতে বলবৎ করা হয়েছে।

1 *Substituted* by Act XXXI of 2000, w.r.e.f. 7.8.1969.

of sub-section (1) of section 14C, the transferee has continued or is in possession for more than seven years from the date of the transfer, the Revenue Officer may, of his own motion or on an application made in that behalf, and after giving the transferee an opportunity of being heard, by an order in writing annual the transfer, where necessary and eject the transferee from such [1][plot of land] or part thereof:

Provided that the transferee whom it is proposed to eject has not been in continuous possession for [2][thirty years] under the transfer made in contravention of section 14C, or in the case of a complete usufructuary mortgage referred to in clause (*a*) of sub-section (1) of section 14C, for [2][thirty years] from the expiry of the [3][period of seven years, notwithstanding anything contained in the Limitation Act 1963 (Act 36 of 1963)].

(2) When the Revenue Officer has passed any order under sub-section (1), he shall restore the transferred [1][plot of land] or part thereof to [4][the transferor or his successor-in-interest, in such manner as may be prescribed.]

[5][*Explanation*. For the purpose of this sub-section, the word 'restoration' shall mean restoration of the plot of land or part thereof which has been transferred by a *raiyat* belonging to a Scheduled Tribe and include an equivalent quantum of plot of land or part thereof of the same character within the near vicinity of the transferred plot of land or part thereof.]

[6][(3) For the purpose of restoration of possession of any land and evicting any person in actual occupation of such land under sub-section (2), any such Revenue Officer may use such force as may be required for evicting the person in actual occupation of such land and may send a written requisition in such form and in such manner as may be prescribed to the officer-in-charge of the local

2 *Substituted* by W.B. Act L of 1981, w.r.e.f. 7.8.1969, the old portion read as "twelve years".

3 *Substituted* by *ibid*, the old portion as "period of seven years".

4 *Substituted* by the words "the transferor of his successor-in-interest" by W.B. Act XXVIII of 2010, w.e.f. 1.11.2010.

5 *Inserted* by W.B. Act XXVIII of 2010, w.e.f. 1.11.2010.

6 *Inserted* by W.B. Act L of 1981, w.r.e.f. 7.8.1969.

police station having jurisdiction or to any police officer superior in rank to such officer-in-charge, and on receipt of such written requisition, the police officer concerned shall render all necessary lawful assistance for enforcing delivery of possesion of such land:

Provided that the provisions of this sub-section shall not be applicable to any person not belonging to the Scheduled Tribe, if he has been owning, possessing or cultivating land not exceeding 0.4047 hectare in area in the aggregate and the transfer was made by a member of the Scheduled Tribe owning, possessing or cultivating land measuring 4 hectares or more in area in the aggregate.]

আলোচনার সূচী

১ সূচনা [Commencement]

২ অবৈধ হস্তান্তর বাতিলের ক্ষমতা [Power to set aside improper transfer]

১। সূচনা [Commencement]. ১৪গ ধারার বিধান অমান্য করে তফসিলী উপজাতিভুক্ত রায়তের জমি তফসিলী উপজাতিভুক্ত নয় এমন ব্যক্তির কাছে হস্তান্তর করলে ওই হস্তান্তর অবৈধ বলে গণ্য হয় এবং রাজস্ব আধিকারিক ওই অবৈধ হস্তান্তরকে বাতিল করতে পারেন ১৪ঙ ধারার বিধান অনুযায়ী।

"জমির দাগ" শব্দগুলি ২০০০ সালের পঃ বঃ ভূমি সংস্কার (সংশোধন) আইন [২০০০ সালের পশ্চিমবঙ্গের ৩১ নং আইন] দ্বারা যুক্ত করা হয়েছে। আগে "জমির দাগ" শব্দগুলির পরিবর্তে "হোল্ডিং" শব্দ ছিল।

১৪ঙ(১) ধারায় "যদি দেখা যায় নির্ধারিত পদ্ধতিতে তদন্তের পর যে মিথ্যা বর্ণনা বা প্রতারণার দ্বারা হস্তান্তরের অনুমতি পেয়েছে" এই শব্দগুলি ১৯৭২ সালের পঃ বঃ ভূমি সংস্কার (সংশোধন) আইন দ্বারা মূল আইনে যুক্ত করা হয়েছে। আবার ওই উপধারায় শেষের অংশে রয়েছে "ওই হস্তান্তর প্রয়োজনে নাকচ করবেন" এই অংশটি যুক্ত হয়েছে ১৯৭২ সালের উপরোক্ত আইন দ্বারা। এছাড়া ১৯৮১ সালের পঃ বঃ ভূমি সংস্কার (সংশোধন) আইন দ্বারা অনেকগুলি সংশোধন করা হয়েছে বর্তমানে রয়েছে (১) উপধারায় "ত্রিশ বছর" শব্দগুলি। এর আগে ওই স্থানে ছিল "১২ বছর", এছাড়া "১৯৬৩ সালের তামাদি আইনের (Limitation Act) বিধানে যাই থাক না কেন"

শব্দগুলিও ১৯৮১ সালের পঃ বঃ ভূমি সংস্কার (সংশোধন) আইন [১৯৮১ সালের পশ্চিমবঙ্গের ৫০ নং আইন] দ্বারা যুক্ত করা হয়েছে।

(৩) নং উপধারাটি মূল আইনে ছিল না। ১৯৮১ সালের পশ্চিমবঙ্গ ভূমি সংস্কার (সংশোধন) আইন [১৯৮১ সালের ৫০ নং আইন] দ্বারা এই ধারাটি যুক্ত করা হয়েছে।

২। অবৈধ হস্তান্তর বাতিলের ক্ষমতা [Power to set aside improper transfer]. নিম্নলিখিত হস্তান্তরগুলি বাতিলের ক্ষমতা রাজস্ব আধিকারিকের রয়েছে—

(ক) তফসিলী উপজাতিভুক্ত কোনও রায়ত যদি ১৪গ ধারার বিধান অমান্য করে কোনও জমি বা তার অংশ হস্তান্তর করেন; অথবা

(খ) পরবর্তী ক্ষেত্রে তদন্তের পর যদি এরকম দেখা যায় যে "মিথ্যা বর্ণনা বা প্রতারণার দ্বারা হস্তান্তরের অনুমতি পেয়েছে"; অথবা

(গ) সম্পূর্ণ খাই-খালাসি বন্ধকের বেলায় যদি বন্ধকগ্রহীতা ১৪গ(১)(ক) [14C(1)(*a*)] ধারার বিধান অমান্য করে সাত বছরের বেশি সময় ধরে বন্ধকী জমি দখলে থাকেন বা দখল রাখেন।

রাজস্ব আধিকারিক যে কোনও আবেদনের ভিত্তিতে বা নিজে স্বয়ং এই ক্ষমতা প্রয়োগ করতে পারেন। কিন্তু বন্ধকগ্রহীতাকে শুনানির সুযোগ দেবেন এবং প্রয়োজনে তদন্ত করবেন।

মিথ্যা বর্ণনা বা প্রতারণামূলক তথ্য দিয়ে কোনও তফসিলী উপজাতিভুক্ত ব্যক্তি জমি বা তার অংশ হস্তান্তরের অনুমতি পেয়েছেন কিনা—এই ব্যাপারে নির্ধারিত তদন্তের পদ্ধতি বলা আছে ১৯৬৫ সালের পঃ বঃ ভূমি সংস্কার নিয়মের ১৪ক(১) নং বিধিতে। উভয়পক্ষকে শুনানির সুযোগ দিয়ে পুরো ঘটনা সংক্ষেপে লিপিবদ্ধ করবেন। তিনি যে যে কারণের জন্য সিদ্ধান্ত নিয়েছেন তা বলবেন।

১৪ক(২) বিধি অনুযায়ী রাজস্ব আধিকারিক ১৯০৮ সালের দেওয়ানি সংহিতা (CPC) অনুসরণ করে তদন্ত করবেন। অর্থাৎ Natural justice-এর যে সমস্ত নীতিগুলি আছে রাজস্ব আধিকারিক তার প্রতিটি অনুসরণ করবেন।

এই ধারার বিরুদ্ধে আপিল করা যাবে পঃ বঃ ভূমি সংস্কার আইনের ৫৪ ধারা অনুযায়ী।

[১৪চ। রায়তের [১][জমির দাগ] বা তার অংশগুলি বিক্রির উপর বিধিনিষেধ (শর্ত) (Restriction on the sale of raiyat's [1][plot of land] or any portion thereof) ঃ [২][(১) তফসিলী উপজাতিভুক্ত কোনও রায়তের [১][জমির দাগ] বা তার অংশ বিক্রির জন্য কোনও আদালত কোনও ডিক্রি বা আদেশ দেবেন না অথবা এরকম কোনও জমি আদালতের ডিক্রি বা আদেশ বলে বিক্রি হবে না।

(২) ১৯০৮ সালের দেওয়ানি সংহিতা (CPC) বা ১৮৭২ সালের চুক্তি (contract) আইনে [১৮৭২ সালের ৯ নং আইন] যাই থাক না কেন কোনও সম্মতি, চুক্তি বা আপোষনামার ভিত্তিতে কোনও জমি বা জমির কোনও স্বত্ব বিষয়ে কোনও তফসিলী উপজাতিভুক্ত ব্যক্তির জমি বা জমির স্বত্বের উপরে কোনও আদালত কোনও বিরুদ্ধ ডিক্রি বা আদেশ দেবেন না। এই নিষেধ অমান্য করে কোনও আদালত কোনও ডিক্রি বা আদেশ দিলে তা বাতিল হিসাবে বিবেচিত হবে।]

14F. Restriction on the sale of raiyat's [1][plot of land] or any portion thereof. [2][(1) No decree or order shall be passed by any court for the sale of the [1][plot of land] or any portion thereof, of a *raiyat* belonging to a Scheduled Tribe nor shall any such [1][plot of land] be sold in execution of any decree or order.

(2) Notwithstanding anything contained in the Code of Civil Procedure, 1908 (Act 5 of 1908), and the Indian Contract Act, 1872 (Act 9 of 1872), no decree or order relating to any land or interest in such land shall be passed by any court against a *raiyat* belonging to a Scheduled Tribe on the basis of any consent, agreement or

১ পশ্চিমবঙ্গ ভূমি সংস্কার (সংশোধন) আইন, ২০০০ (পশ্চিমবঙ্গ আইন ৩১, ২০০০)-এর মাধ্যমে "জোত" এবং "holding" শব্দের পরিবর্তে ৭.৮.১৯৬৯ তারিখ হতে অনুকল্পিত।

২ পশ্চিমবঙ্গ ভূমি সংস্কার (সংশোধন) আইন, ১৯৮১ (পশ্চিমবঙ্গ আইন ৫০, ১৯৮১)-এর ১৬ ধারার মাধ্যমে মূল ১৪চ ধারাটিকে ঐ ধারার (১) উপধারা করে (২) উপধারাটি সন্নিবেশিত হয়েছে এবং উক্ত আইনের ১(২) ধারার মাধ্যমে ৭.৮.১৯৬৯ তারিখ হতে বলবৎ করা হয়েছে।

1 *Substituted* by Act XXXI of 2000, w.r.e.f. 7.8.1969.

2 *Original* section was renumbered as sub-section (1) and sub-section (2) was *inserted* by W.B. Act L of 1981, w.r.e.f. 7.8.1969.

compromise. Any such decree or order passed in contravention of this sub-section shall be void.]

সূচনা [Commencement]. এই ধারার (১) উপধারা পরিষ্কার নির্দেশ দিচ্ছে যে তফসিলী উপজাতিভুক্ত রায়তের কোনও জমি বা তার অংশ বিক্রির জন্য কোনও আদালত কোনও ডিক্রি বা আদেশ দেবেন না। এমনকী কোনও ডিক্রি বা আদেশ অনুযায়ী তফসিলী উপজাতিভুক্ত রায়তের জমি বিক্রি হবে না।

১৪খ ধারায় বলা আছে যে তফসিলী উপজাতিভুক্ত কোনও রায়ত ১৪গ ধারার বিধান ছাড়া কোনও জমি বা তার অংশ হস্তান্তর করবেন না। ফলে কোনওরকম আইন বিরুদ্ধ হস্তান্তর থেকে তফসিলী উপজাতিভুক্ত রায়তকে রক্ষা করার জন্য এই ধারাগুলি বিশেষ সহায়ক।

(২) নং উপধারাটি ১৯৮১ সালের পঃ বঃ ভূমি সংস্কার (সংশোধন) আইন [১৯৮১ সালের পশ্চিমবঙ্গের ৫০ নং আইন] দ্বারা যুক্ত করা হয়। এই ধারায় বলা হয়েছে কোনও আদালত কোনও সম্মতি, চুক্তি বা আপোষনামার ভিত্তিতে কোনও ডিক্রি বা আদেশ দেবেন না যা কোনও তফসিলী উপজাতিভুক্ত রায়তের জমি বা তার স্বত্ত্বের বিরুদ্ধে যাবে। এমনকী ওই ধারায় আরও বলা আছে যে এই নিষেধ অমান্য করে কোনও আদালত কোনও আদেশ বা ডিক্রি দিলে তা বাতিল হিসাবেই গণ্য হবে।

তফসিলী উপজাতিভুক্ত ব্যক্তিদের স্বার্থ রক্ষার জন্য ১৪জজ ধারাটি যুক্ত করা হয়েছে ১৯৮৬ সালের পঃ বঃ ভূমি সংস্কার (সংশোধন) আইন দ্বারা। ৯.৮.১৯৮৬ থেকে এটি কার্যকর হয়েছে। তফসিলী উপজাতিভুক্ত রায়তদের স্বার্থরক্ষায় ১৪চ বা ১৪জ নিসন্দেহে গুরুত্বপূর্ণ দুটি ধারা।

[১]**[১৪চচ। বেনামী লেনদেন বা দলিল বাতিল হবে (Benami transaction or instrument to be void) ঃ** (১) ১৮৮২ সালের সম্পত্তি হস্তান্তর আইন অথবা বর্তমানে প্রচলিত অন্য যে কোনও আইনে যাই থাকুক না কেন, কোনও তফসিলী উপজাতিভুক্ত ব্যক্তির জমির দাগ বা তার স্বার্থযুক্ত কোনও

১ পশ্চিমবঙ্গ ভূমি সংস্কার (সংশোধন) আইন, ১৯৮১ (পশ্চিমবঙ্গ আইন ৫০, ১৯৮১)-এর ১৭ ধারার মাধ্যমে সন্নিবেশিত এবং উক্ত আইনের ১(২) ধারার মাধ্যমে ৭.৮.১৯৬৯ তারিখ হতে বলবৎ করা হয়েছে।

বেনামী হস্তান্তর ও বেনামী দলিল, যা আসল মালিকানাকে গোপন করার জন্য তৈরি হয়েছে, তা সমস্ত ক্ষেত্রেই বাতিল বলে গণ্য হবে।

(২) তফসিলী উপজাতিভুক্ত ব্যক্তির জমির দাগ বা তার স্বার্থ কোনও অপর ব্যক্তি যদি প্রকৃত মালিক বলে দাবি করে আদালতে কোনও মামলা দায়ের করতে চায়, তবে কোনও আদালত ওই জমির মালিকানা পরিবর্তনের ওই মামলা গ্রহণ করবেন না।]

[1][**14FF. Benami transaction or instrument to be void.** **(1) Notwithstanding anything contained in the Transfer of Property Act, 1882 (Act 4 of 1882) or in any other law for the time being in force, any *benami* transaction or instrument relating to any land or any interest therein showing the name of any person belonging to a Scheduled Tribe as the ostensible owner shall be void for all purposes.**

(2) No Court shall entertain any suit to enforce any right in respect of any such land or interest in such land against a person belonging to a Scheduled Tribe by or on behalf of a person claiming to be the real owner of such land or interest therein.]

সূচনা [Commencement]. ১৯৮১ সালের পঃ বঃ ভূমি সংস্কার (সংশোধন) আইন [১৯৮১ সালের পশ্চিমবঙ্গের ৫০ নং আইন] দ্বারা এই পরিচ্ছেদে ১৪চচ ধারাটি (s. 14FF) মূল আইনে যুক্ত হয়েছে।

(১) উপধারায় বলা আছে ১৮৮২ সালের সম্পত্তি হস্তান্তর আইনে বা প্রচলিত অন্য আইনে যাই থাক না কেন তফসিলী উপজাতিভুক্ত কোনও ব্যক্তির নামে কোনও বেনামী লেনদেন বা দলিল বাতিল বলে গণ্য হবে।

আবার উপধারা (২) অনুযায়ী কোনও ব্যক্তি যদি তফসিলী উপজাতিভুক্ত কোনও ব্যক্তির জমি বা তার স্বার্থ বিষয়ে নিজেকে প্রকৃত মালিক হিসাবে দাবি করে ওই তফসিলী উপজাতিভুক্ত ব্যক্তির বিরুদ্ধে আদালতে মামলা করতে চায় তবে কোনও আদালত ওই মামলা গ্রহণ করবেন না।

তফসিলী উপজাতিভুক্ত ব্যক্তিদের স্বার্থ, অধিকার রক্ষার জন্য এই ধারাটিও বিশেষ সহায়ক।

1 *Inserted* by W.B. Act L of 1981, w.r.e.f. 7.8.1969.

১৪ছ। বকেয়া অর্থ আদায় এবং ১[জমির দাগ]-এর জন্য রাজস্ব আধিকারিকের জমি বন্দোবস্ত দেওয়া বা বিক্রির ক্ষমতা (Power to the Revenue Officer to settle or sell [plot of land][1] for realization of certificate dues) ঃ (১) যখন কোনও তফসিলী উপজাতিভুক্ত রায়তের ২[জমির দাগ]-এর জন্য বকেয়া রাজস্ব অথবা ১৯১৩ সালের বেঙ্গল পাবলিক ডিমান্ড রিকভ্যারি আইন অনুযায়ী অন্য কোনও সরকারি আদায়যোগ্য দাবি পুনরুদ্ধারের জন্য কোনও শংসাপত্র [certificate] দাখিল হবে, তখন "শংসাপত্র আধিকারিক" বলবৎ করার উদ্দেশ্যে জমির বিক্রির বিজ্ঞপ্তি জারির আগে রাজস্ব আধিকারিকের কাছে মামলাটি পাঠাবেন, যিনি তার ইচ্ছা অনুসারে—

(ক) যে রায়ত ঠিক সময়ে রাজস্ব দিতে পারবেন না তাকে উচ্ছেদ করে অন্য তফসিলী উপজাতিভুক্ত ব্যক্তিকে ওই জমিতে সর্বাধিক সাত বছরের জন্য পুনঃপ্রতিষ্ঠা করতে পারবেন যদি ওই ব্যক্তি শংসাপত্র অনুযায়ী নির্দিষ্ট অর্থ মিটিয়ে দেন; অথবা

(খ) তফসিলী উপজাতিভুক্ত ব্যক্তি, পাওয়া গেলে, এবং, না পাওয়া গেলে, যে কোনও ব্যক্তির কাছে ৩[রাজস্ব আধিকারিক] দ্বারা নির্ধারিত বাজার মূল্যে, যা শংসাপত্রের অর্থের চেয়ে কম নয়, ওই জমি বিক্রি করতে পারবেন ঃ

তবে খেলাপকারী রায়তের বাস্তুভিটা যদি ওই ২[জমির দাগের] মধ্যে থাকে তবে (ক) দফা অনুসারে বাস্তুভিটা থেকে উচ্ছেদ হবেন না অথবা (খ) দফা অনুসারে ওই বাস্তুভিটা বিক্রি করা হবে না।

(২) (১) যদি রাজস্ব আধিকারিক ধারা (১)(ক) অনুসারে কোনও রায়তকে কোনও সময়ের জন্য ওই ২[জমির দাগে] দখল দেন, নির্দিষ্ট

১ পশ্চিমবঙ্গ ভূমি সংস্কার (সংশোধন) আইন, ২০০০ (পশ্চিমবঙ্গ আইন ৩১, ২০০০)-এর মাধ্যমে "জোত" "holding" শব্দ দুটির পরিবর্তে ৭.৮.১৯৬৯ তারিখ হতে অনুকল্পিত।

২ পশ্চিমবঙ্গ ভূমি সংস্কার (সংশোধন) আইন, ২০০০ (পশ্চিমবঙ্গ আইন ৩১, ২০০০)-এর মাধ্যমে "জোত" "holding" শব্দ দুটির পরিবর্তে ৭.৮.১৯৬৯ তারিখ হতে অনুকল্পিত।

৩ ৩.২.১৯৬৬ তারিখের ১৫৫০-এল. রেফ. সংখ্যায়িত সরকারি প্রজ্ঞাপনের মাধ্যমে স্পেশাল অফিসার ট্রাইবাল ওয়েলফেয়ার/তফসিলী জাতি ও উপজাতিদের হিতসাধন আধিকারিকগণ নিজ নিজ ক্ষেত্রাধিকারে এই ধারার উদ্দেশ্যগুলির জন্য 'রাজস্ব আধিকারিক' নিযুক্ত হয়েছেন।

সময়সীমা অতিক্রম হওয়ার পরে ওই ব্যক্তি সম্পূর্ণ অর্থ মিটিয়ে দিয়েছে বলে ধরা হবে এবং রাজস্ব আধিকারিক খেলাপকারী রায়তকে ওই জমির দাগে আবার বসাবেন।

(২) রাজস্ব আধিকারিক যদি (১)(খ) ধারা অনুযায়ী ওই [2][জমির দাগ] বিক্রি করেন, তবে বিক্রি হওয়া অর্থ থেকে শংসাপত্রের বকেয়া অর্থ নেওয়ার পর বাকী অর্থ খেলাপকারী রায়তকে দেবেন।

14G. Power to the Revenue Officer to settle or sell [1][plot of land] for realization of certificate dues. (1) When a certificate is filed for the recovery of an arrear of revenue or any other public demand recoverable under the Bengal Public Demands Recovery Act, 1913 (Ben. Act 3 of 1913), in respect of the [1][plot of land] of a *raiyat* belonging to a Scheduled Tribe, the Certificate Officer shall, before a proclamation for sale of the [1][plot of land] is issued in execution of the certificate, refer the case to the Revenue Officer having jurisdiction who may, in his discretion—

(*a*) eject the defaulting *raiyat* from his [1][plot of land] and put another person belonging to a Scheduled Tribe in possession of the [1][plot of land] for a period not exceeding seven years on payment of the amount due in respect of the certificate by him; or

(*b*) sell the [1][plot of land] to a member of a Scheduled Tribe, if available, and, if not available, to any other person at a fair market price to be fixed by the Revenue Officer, not being less than the amount due in respect of the certificate:

Provided that if the homestead of the defaulting *raiyat* is comprised in the [1][plot of land], he shall not be ejected from such homestead under clause (*a*), nor shall such homestead be sold under clause (*b*).

(2) (*i*) If the Revenue Officer puts any person in possession of the [1][plot of land] under clause (*a*) of sub-section (1) for any period the amount paid by such person shall, at the end of such period, be deemed to have been satisfied in full, and the Revenue Officer shall then restore the [1][plot of land] to the defaulting *raiyat*.

1 *Substituted* by Act XXXI of 2000, w.r.e.f. 7.8.1969.

(*ii*) **If the Revenue Officer sells the [1][plot of land] under clause (*b*) of sub-section (1), any amount that may remain out of the sale-proceeds after satisfaction of the amount due in respect of the certificate shall be paid to the defaulting *raiyat*.**

সূচনা [Commencement]. ১৪চ(১) ধারা অনুযায়ী যদিও কোনও তফসিলী উপজাতিভুক্ত রায়তের জমি কোনও আদালতের ডিক্রি বা আদেশ অনুসারে বিক্রির বিষয়ে নিষেধ করা রয়েছে, তা সত্ত্বেও এই ধারায় শংসাপত্র আধিকারিককে কিছু বিশেষ ক্ষমতা দেওয়া হয়েছে। ১৯১৩ সালের Bengal Public Demand Recovery আইন অনুসারে কোনও তফসিলী উপজাতিভুক্ত রায়ত যদি নির্দিষ্ট সময়ে রাজস্ব জমা না দেন অথবা অন্য কোনও সরকারি অর্থ অনাদায়ী থাকে তবে ওই আইন অনুসারে শংসাপত্র আধিকারিক তা নির্দিষ্ট পদ্ধতি ও বিধি অনুযায়ী আদায় করতে পারেন।

১৪ছ(১)(ক) ধারা অনুযায়ী যে তফসিলী উপজাতিভুক্ত ব্যক্তি বকেয়া রাজস্ব অথবা অন্য সরকারি অর্থ পরিশোধ করবেন না, তাকে নির্দিষ্ট পদ্ধতিতে বেদখল করতে পারবেন শংসাপত্র আধিকারিক। পরিবর্তে অন্য একজন তফসিলী উপজাতিভুক্ত ব্যক্তিকে ওই জমিতে বসাতে পারবেন যদি ওই ব্যক্তি নির্ধারিত অর্থপ্রদান করেন। তবে ওই জমি তাকে অনির্দিষ্ট সময়ের জন্য দেওয়া হবে না। অনধিক সাত বছরের জন্য তাকে দেওয়া হবে।

১৪ছ(১)(খ) ধারায় শংসাপত্র আধিকারিককে ওই খেলাপী রায়তের জমি বিক্রি করারও ক্ষমতা দিয়েছে। নির্ধারিত বাজার মূল্য দিলে কোনও তফসিলী উপজাতিভুক্ত রায়তকে ওই জমি বিক্রি করা যেতে পারে। যদি তফসিলী উপজাতিভুক্ত কোনও ব্যক্তিকে না পাওয়া যায়, যিনি বাজারদরে ওই জমি কিনতে ইচ্ছুক, তখন যে কোনও ব্যক্তিকেও বিক্রি করা যেতে পারে।

তবে এক্ষেত্রে একটি শর্ত আরোপ করা আছে। খেলাপী রায়তের ওই জমিতে যদি তার বসবাসের বাস্তুভিটা থাকে, তবে ওই বাস্তুভিটা থেকে তাকে উচ্ছেদ করা যাবে না অথবা ওই বাস্তুজমি বিক্রি করা যাবে না।

১৪ছ(২) ধারা অনুযায়ী অল্প সময়ের জন্য খেলাপী রায়তের জমি অন্য ব্যক্তিকে দিলে, ওই সময় পার হয়ে গেলে ধরে নেওয়া হবে খেলাপী রায়তের

কাছে আর কোনও অর্থ বকেয়া নেই। নির্দিষ্ট সময় শেষ হলে ওই জমি আবার প্রকৃত মালিক দখল করবেন।

১৪ছ(২) ধারার দ্বিতীয় অনুচ্ছেদ অনুযায়ী যদি তফসিলী উপজাতিভুক্ত রায়তের জমি বিক্রি করা হয় তবে, বিক্রি করা অর্থ থেকে সরকারি পাওনা অর্থ বাদ দিয়ে বাকী অর্থ ওই খেলাপী রায়তকে দিয়ে দেওয়া হবে।

[১৪জ। আপিল ও পুনর্মূল্যায়ন (Appeal and revision) ঃ ধারা ১৪গ(৪) [১][অথবা ধারা ১৪ঙ] অথবা ১৪ছ ধারা অনুযায়ী দেওয়া আদেশের ভিত্তিতে [২][ক্ষেত্রাধিকারী মুন্সেফের] নিকট ওই আদেশ দেওয়ার তারিখ থেকে ত্রিশ দিনের ভিতর আপিল করলে ওই আপিল গ্রহণযোগ্য হবে এবং তার আদেশ চূড়ান্ত হইবে ঃ

তবে [৩][জেলা বিচারকের কাছে আপিলে মুন্সেফের] দেওয়া আদেশের ৬০ দিনের মধ্যে সংশোধন বা পরিবর্তনের জন্য হলে প্রত্যেকটিতে আবেদন করা যাবে;

তবে এই ধারার প্রতিটি আপিল বিচার ১৯৬৩ সালের তামাদি আইনের (Limitation Act) ৫ নং ধারার বিধানের প্রয়োগ হবে।

14H. Appeal and revision. An appeal, if presented within thirty days from the date of the order appealed against, shall lie [1][to the Munsif having jurisdiction] from any order made under sub-section (4) of [2][section 14C or section 14E] or section 14G and his order shall be final:

১ পশ্চিমবঙ্গ ভূমি সংস্কার (সংশোধন) আইন, ১৯৭২ (পশ্চিমবঙ্গ আইন ১২, ১৯৭২)-এর ১২(*ii*) ধারার মাধ্যমে সন্নিবেশিত এবং উক্ত আইনের ১(২) ধারার মাধ্যমে ১২.২.১৯৭১ তারিখ হতে বলবৎ হয়েছে।

২ পশ্চিমবঙ্গ ভূমি সংস্কার (সংশোধন) আইন, ১৯৭২-এর ১২(*i*) ধারার মাধ্যমে পূর্বের "জেলা সমাহর্তার নিকটে" শব্দ কয়টির স্থলে অনুকল্পিত এবং উক্ত আইনের ১(২) ধারার মাধ্যমে ১২.২.১৯৭১ তারিখ হতে বলবৎ হয়েছে।

৩ "ভুক্তিপতির নিকট আপিলে সমাহর্তার" শব্দ কয়টির স্থলে (পশ্চিমবঙ্গ আইন ১২, ১৯৭২)-এর ১২(*iii*) ধারার মাধ্যমে অনুকল্পিত এবং উক্ত আইনের ১(২) ধারার মাধ্যমে ১২.২.১৯৭১ তারিখ হতে বলবৎ হয়েছে।

1 *Substituted* by Act XII of 1972, w.r.e.f. 12.2.1971.

2 *Substituted, ibid,* w.r.e.f. 12.2.1971.

Provided that an application for revision or modification of the order passed by [3][Munsif on appeal shall lie to the District Judge] if made within sixty days from the date of the order:

Provided further that the provisions of section 5 of the Limitation Act, 1963 (Act 36 of 1963), shall apply to an appeal under this section.

আলোচনার সূচী

১। সূচনা [Commencement]. রাজস্ব আধিকারিক পঃ বঃ ভূমি সংস্কার আইনের ১৪গ(৪), ১৪ঙ বা ১৪ছ ধারায় যে আদেশ দেন, কোনও ব্যক্তি ওই আদেশে অসন্তুষ্ট হলে তিনি আপিল করতে পারেন। ১৪জ ধারা এই নির্দেশ দেয় যে রাজস্ব আধিকারিকের দেওয়া আদেশের তারিখ থেকে ত্রিশ দিনের মধ্যে মহামান্য মুন্সিফের আদালতে নির্দিষ্ট পদ্ধতিতে আপিল করতে হবে।

এমনকী ১৪জ ধারার শেষ অনুচ্ছেদে এই নির্দেশও রয়েছে যে এক্ষেত্রে তামাদি আইনের ৫ নং ধারা প্রয়োগ হবে। সংগত কারণ দেখিয়ে নির্দিষ্ট সময় পার হওয়ার পরেও আপিল জমা হতে পারে। তবে যিনি আপিল জমা দেবেন তাকে দেরিতে আবেদন করার কারণ ব্যাখ্যা করতে হবে এবং মুন্সিফকে সন্তুষ্ট করতে হবে।

২। যে আদেশের বিরুদ্ধে আপিল [Appealable orders]. ১৪গ(৪) ধারা অনুযায়ী, সম্পূর্ণ খালাসি বন্ধকের সময়সীমা পার হওয়ার আগেই বন্ধকদাতা ওই জমি উদ্ধারের আবেদন করতে পারেন। তিনি সংশ্লিষ্ট রাজস্ব আধিকারিকের কাছে লিখিত আবেদনপত্র জমা দেবেন। ওই আবেদনপত্র পাওয়ার পর রাজস্ব আধিকারিক বন্ধকগ্রহীতাকে বিজ্ঞপ্তি দেবেন এবং নির্দিষ্ট পদ্ধতিতে তদন্ত করবেন। নির্দিষ্ট একটি তারিখের মধ্যে বন্ধকগ্রহীতার প্রাপ্য অর্থ মিটিয়ে দেওয়ার জন্য একটি প্রাথমিক নির্দেশ দেবেন বন্ধকদাতাকে। নির্দিষ্ট ওই

3 *Substituted, ibid,* w.r.e.f. 12.2.1971.

তারিখের মধ্যে বন্ধক দাতা সমস্ত প্রাপ্য অর্থ বন্ধকগ্রহীতাকে মিটিয়ে দিলে রাজস্ব আধিকারিক চূড়ান্ত আদেশ (final order) দিয়ে বন্ধকদাতাকে পুনরায় ওই জমির দখল দেবেন এবং বন্ধকী দলিল ফেরৎ দেওয়ার নির্দেশ দেবেন। উপরোক্ত আদেশে কোনও ব্যক্তি সন্তুষ্ট না হলে তিনি ওই আদেশ দেওয়ার ত্রিশ দিনের মধ্যে মুন্সেফের নিকট আপিল করতে পারেন ১৪জ ধারা [s. 14H] অনুযায়ী। ১৪ঙ ধারা অনুযায়ী কোনও অবৈধ (improper) হস্তান্তর রাজস্ব আধিকারিক বাতিল করতে পারেন এবং হস্তান্তরগ্রহীতাকে এই জমি বা তার অংশ থেকে অপসারণের আদেশ দিতে পারেন। সম্পূর্ণ খাই-খালাসি বন্ধকের নির্দিষ্ট সাত বছরের মেয়াদ অতিক্রম করার পরেও যদি দেখা যায় যে বন্ধকগ্রহীতা ওই জমি দখল করছেন বা দখলে রেখেছেন, সেক্ষেত্রে রাজস্ব আধিকারিক কোনও আবেদনের ভিত্তিতে বা নিজের ইচ্ছায় আদেশ দিয়ে বন্ধকগ্রহীতাকে উচ্ছেদ করে জমির প্রকৃত মালিককে জমিতে পুনরায় প্রতিষ্ঠিত করতে পারেন। এই আদেশে কোনও ব্যক্তি সন্তুষ্ট না হলে তিনি ১৪জ ধারা অনুযায়ী মুন্সেফের কাছে আপিল করতে পারেন ওই আদেশ দেওয়ার ত্রিশ দিনের মধ্যে।

সরকার কোনও তফসিলী উপজাতিভুক্ত রায়তের কাছ থেকে বকেয়া প্রাপ্য আদায়ের জন্য certificate case রুজু করে ওই অর্থ আদায়ের ব্যবস্থা করতে পারেন। ১৪ছ ধারা অনুযায়ী প্রয়োজনে ওই জমি বিক্রির বিজ্ঞপ্তি (proclamation for sale) জারি করতে পারেন। ১৪ছ ধারার এই আদেশের বিরুদ্ধে কোনও ব্যক্তি ওই আদেশ দেওয়ার ত্রিশ দিনের মধ্যে মুন্সেফের কাছে আপিল করতে পারেন।

৩। পুনর্মূল্যায়ন [Revision]. ১৪জ ধারায় আবার মুন্সেফের দেওয়া আদেশকে পরিবর্তন (revise) অথবা সংশোধন (modify) করার ক্ষমতা দেওয়া হয়েছে জেলা বিচারককে। মুন্সেফের দেওয়া আপিল মামলার আদেশের ষাট দিনের (sixty days) মধ্যে জেলা বিচারকের কাছে ওই আপিল মামলার আদেশকে পরিবর্তন অথবা সংশোধনের আর্জি জানানো যায়। নির্দিষ্ট ওই ষাট দিনের মধ্যে কোনও ব্যক্তি যদি জেলা বিচারকের কাছে আবেদন জানাতে না পারেন তবে কেন তিনি ওই সময়ে আবেদন করতে পারলেন না—তার সুনির্দিষ্ট কারণ যদি জেলা বিচারকের কাছে পেশ করতে পারেন, তবে তামাদি আইনের (Limitation Act 1963) ৫ নং ধারা প্রয়োগ করে জেলা বিচারক ওই আবেদন

গ্রহণ করতে পারেন। এক্ষেত্রে আবেদনকারীকে দেরি হওয়ার কারণ সঠিকভাবে ব্যাখ্যা করতে হবে।

[১][১৪জজ। তফসিলী উপজাতিভুক্ত রায়তের জমি বিক্রি বাতিল (Setting aside of sale of land of a raiyat belonging to a Scheduled Tribe) ঃ ১৯০৮ সালের দেওয়ানি সংহিতা (CPC) [১৯০৮ সালের ৫ নং আইন] বা বর্তমানে চালু অন্য কোনও আইনে যাই থাক না কেন, কোনও তফসিলী উপজাতিভুক্ত ব্যক্তির কোনও জমি, তফসিলী উপজাতিভুক্ত নয় এরকম ব্যক্তিকে বিক্রি করলে অথবা তফসিলী উপজাতিভুক্ত নয় ওই ব্যক্তির স্বপক্ষে কোনও ডিক্রি হলে, তফসিলী উপজাতিভুক্ত ব্যক্তি কোনও আপত্তি পেশ না করার জন্য ওই ডিক্রি বা আদেশ বলবৎ করার আদেশ হলেও যে সমস্ত আদালত ওই আদেশ বাতিল করার ক্ষমতা ভোগ করেন, তারা কোনও আবেদনের ভিত্তিতে বা নিজেরা স্বয়ং তফসিলী উপজাতিভুক্ত ব্যক্তির ওই জমি বিক্রি বাতিল করতে পারেন।]

[1][14HH. Setting aside of sale of land of a raiyat belonging to a Schedule Tribe. Notwithstanding anything to the contrary contained in the Code of Civil Procedure, 1908 (Act 5 of 1908), or in any other law for the time being in force, every court exercising appellate or revisional jurisdiction shall, either of its own motion or on an application made in this behalf, set aside the sale of land of a *raiyat* belonging to a Scheduled Tribe or any portion of such land in execution of a decree in favour of a person not belonging to a Scheduled Tribe, notwithstanding the failure of the party to file any objection before the court which passed the decree or passed any order for execution of the decree.]

সূচনা [Commencement]. ১৯৮৬ সালের পঃ বঃ ভূমি সংস্কার (সংশোধন) আইন [১৯৮৬ সালের পশ্চিমবঙ্গের ১৯ নং আইন] দ্বারা এই ধারাটি মূল

১ পশ্চিমবঙ্গ ভূমি সংস্কার (দ্বিতীয় সংশোধন) আইন, ১৯৮৬ (পশ্চিমবঙ্গ আইন ১৯, ১৯৮৬)-এর ৩ ধারার মাধ্যমে সন্নিবেশিত হয়েছে। (১৯.৮.১৯৮৬ তারিখের কলিকাতা গেজেট, বিশেষ সংখ্যায় প্রকাশিত হয়েছে।)

1 *Inserted* by W.B. Act XIX of 1986, published in *Calcutta Gazette*, dated 19.8.1986.

আইনে যুক্ত হয়েছে। অনেক ক্ষেত্রে তফসিলী উপজাতিভুক্ত রায়ত সঠিক সময়ে আবেদন করেন না, কিংবা আদৌ আবেদন করেন না এবং অপর ব্যক্তির পক্ষে কোনও ডিক্রি বা আদেশ হয়ে যায়। ফলে তফসিলী উপজাতিভুক্ত ওই রায়তের জমি বিক্রির আদেশ হয়।

১৪ঝ। দেওয়ানি মামলা করায় বাধা (Bar to suits) ঃ প্রতারণা অথবা বিচারালয়ের ক্ষেত্রাধিকারের কারণ ছাড়া এই পরিচ্ছেদ অনুযায়ী কোনও কার্যাবলিতে রাজস্ব আধিকারিকের দেওয়া আদেশ বাতিল বা পরিবর্তন করার জন্য কোনও মামলা কোনও দেওয়ানি আদালতে চলবে না।

14-I. Bar to suits. No suit shall lie in any Civil Court to vary or set aside any order passed by the Revenue Officer in any proceeding under this Chapter except on the ground of fraud or want of jurisdiction.

সূচনা [Commencement]. এই পরিচ্ছেদে রাজস্ব আধিকারিকের দেওয়া আদেশকে চ্যালেঞ্জ জানিয়ে সরাসরি কোনও দেওয়ানি আদালতে মামলা করা যাবে না। কেবলমাত্র দুটি ক্ষেত্রে মামলা করা যায়, প্রথমত কোনওরকম প্রতারণার কারণে, দ্বিতীয়ত বিচারালয়ের ক্ষেত্রাধিকারের কারণে (want of jurisdiction)।

এই পরিচ্ছেদের ১৪গ(৪) ধারা, ১৪ঙ ধারা অথবা ১৪ছ ধারায় রাজস্ব আধিকারিকের দেওয়া কোনও আদেশে কোনও ব্যক্তি সন্তুষ্ট না হলে তিনি মহামান্য মুন্সেফের কাছে আপিল করতে পারেন। রাজস্ব আধিকারিক যে তারিখে আদেশ দেবেন, সেই তারিখ থেকে ত্রিশ দিনের মধ্যে ওই আপিল মুন্সেফের কাছে করতে হবে। আবার মুন্সেফের আদেশে সন্তুষ্ট না হলে, ষাট দিনের মধ্যে জেলা বিচারকের কাছে আবেদন জানানো যায়।

সুতরাং মূল আইনেই কোনও ব্যক্তির অসন্তুষ্টি দূর করার ব্যবস্থা রয়েছে। সুতরাং সরাসরি দেওয়ানি আদালত কোনও আবেদন গ্রহণ করবেন না।

তবে কোনও প্রতারণামূলক তথ্যের ভিত্তিতে রাজস্ব আধিকারিক আদেশ দিলে অথবা বিচারালয়ের ক্ষেত্রাধিকারের প্রশ্নে (want of jurisdiction) সরাসরি দেওয়ানি আদালতে রাজস্ব আধিকারিকের দেওয়া রায়ের বিরুদ্ধে মামলা করা যাবে।

পরিচ্ছেদ ২খ

রায়ত কর্তৃক রক্ষিত [১](জমির) সর্বোচ্চ সীমা

[২][১৪ঞ। পরিচ্ছেদ ২খ-এর বিধানগুলি অন্য আইনকে অগ্রাহ্য করে বজায় থাকার বিধি (Provisions of Chapter 2B to have overriding effect) ঃ এই আইনের অন্য কোথাও বা অন্য কোনও আইনে বা অন্য প্রথা, রীতি-নীতি বা চুক্তিতে (ব্যক্ত বা ইঙ্গিতপূর্ণ) অথবা যে কোনও আদালত, ন্যায়পীঠ বা অন্য কোনও কর্তৃপক্ষের কোনও চুক্তি, বিজ্ঞপ্তি, আদেশ, সিদ্ধান্ত বা সিদ্ধান্তের বিপরীত কিছু থাকলেও এই পরিচ্ছেদের বিধানগুলিই প্রযোজ্য হবে।

১ পশ্চিমবঙ্গ ভূমি সংস্কার (সংশোধন) আইন, ২০০০ (পশ্চিমবঙ্গ আইন ৩১, ২০০০)-এর মাধ্যমে "জোত" "holding" শব্দগুলির পরিবর্তে ৭.৮.১৯৬৯ তারিখ হতে অনুকল্পিত।

২ ১২.৫.১৯৮৯ তারিখের বিশেষ কলিকাতা গেজেটের তৃতীয় খণ্ডে প্রকাশিত পশ্চিমবঙ্গ ভূমি সংস্কার (তৃতীয় সংশোধন) আইন, ১৯৮৬ (পশ্চিমবঙ্গ আইন ৩৫, ১৯৮৬)-এর ৫ ধারার মাধ্যমে ধারাটি অনুকল্পিত। মূল ধারাটি নিম্নরূপ ছিল ঃ

"১৪ঞ। ২খ পরিচ্ছেদের বিধানগুলি আইনের অন্যান্য বিধানগুলিকে বাতিল করবে (Provisions of Chapter 2B to override other provisions of law) ঃ এই আইনের অথবা তৎসময় বলবৎ অন্য কোনও আইনে বিপরীত যা কিছু অন্তর্ভুক্ত থাকিলেও এই পরিচ্ছেদের বিধানগুলির আরোপিত প্রভাব থাকবে।"

অতঃপর ২৪.৩.১৯৮৬ তারিখের বিশেষ কলিকাতা গেজেটের তৃতীয় খণ্ডে প্রকাশিত পশ্চিমবঙ্গ ভূমি সংস্কার (সংশোধন) আইন, ১৯৮১ (পশ্চিমবঙ্গ আইন ৫০, ১৯৮১)-এর ১৮ ধারার মাধ্যমে মূল ধারাটির স্থলে নিম্নোক্ত ধারাটি অনুকল্পিত হয়েছিল এবং ৭.৮.১৯৬৯ তারিখ হতে বলবৎ করা হয়—

"১৪ঞ। ২খ পরিচ্ছেদের বিধানগুলির বাতিলকারী প্রভাব থাকিবে (Provisions of Chapter 2B to have overriding effect) ঃ এই আইনের অন্যত্র অন্তর্ভুক্ত বিধানগুলির ক্ষতি না করে, তৎসময় বলবৎ অপর যে কোনও আইন বা অপর কোনও প্রথা, বা রীতি-নীতি বা চুক্তি (স্পষ্ট বা ইঙ্গিতবাহী) বা যে কোনও বিচারালয়, ন্যায়পীঠ বা অন্য কর্তৃপক্ষের কোনও চুক্তি, ডিক্রি, আদেশ বা বিনির্ণয়ের সহিত যা কিছু অসঙ্গতি হইলেও এই পরিচ্ছেদের বিধানগুলির আরোপিত প্রভাব থাকবে।"

তবে পৌর জমি (সর্বোচ্চ সীমা ও প্রনিয়ম) আইন, ১৯৭৬ [১৯৭৬ সালের ৩৩ নং আইন] অনুযায়ী পৌর এলাকার ফাঁকা জমিতে এই পরিচ্ছেদের কোনও ধারা বলবৎ হবে না।]

Chapter 2B

Ceiling on [1](land) held by a Raiyat

[2][**14J. Provisions of Chapter 2B to have overriding effect. The provisions of this Chapter shall have effect notwithstanding anything to the contrary contained elsewhere in this Act or in any other law for the time being in force or in any custom, usage or contract (express or implied) or in any agreement, decree, order, decision or award of any court, tribunal or other authority:**

Provided that nothing in this Chapter shall apply to any vacant land in an urban agglomeration as defined in the Urban Land (Ceiling and Regulation) Act, 1976 (Act 33 of 1976).]

আলোচনার সূচী

১। সূচনা [Commencement]. ১৯৭১ সালের পঃ বঃ ভূমি সংস্কার (সংশোধন) আইন [১৯৭১ সালের রাষ্ট্রপতির ৩ নং আইন] দ্বারা ১৪ঞ থেকে ১৪ম [ss. 14J to 14Y] পর্যন্ত ধারাগুলি ২খ পরিচ্ছেদে যুক্ত করে প্রবর্তন করা হয় সর্বপ্রথম। পরবর্তী ক্ষেত্রে এটি ১৯৭২ সালের পঃ বঃ ভূমি সংস্কার (সংশোধন) আইন [১৯৭২ সালের পশ্চিমবঙ্গের ১২ নং আইন] দ্বারা পুনস্থাপিত করা হয়, যা ১৫.২.১৯৭১ থেকে কার্যকর করা হয়েছে। ১৪ঞ [s. 14J] ধারাটি প্রথম ১৯৮১ সালের পঃ বঃ ভূমি সংস্কার (সংশোধন) আইন দ্বারা পরিবর্তিত করা হয়।

1 *Substituted* by W.B. Act XXXI of 2000, w.r.e.f. 7.8.1969.

2 *Substituted* by Act XXXV of 1986, published in *Calcutta Gazette*, dated 12.5.1989, w.e.f. 12.5.1989.

মূল ১৪ঞ ধারা ছিল এইরকম ঃ The provisions of this Chapter shall have effect notwithstanding anything to the contrary contained elsewhere in this Act or in any other law for the time being in force.

১৯৮১ সালের পঃ বঃ ভূমি সংস্কার (সংশোধন) আইন দ্বারা ১৪ঞ এইরকম পরিবর্তিত রূপে ছিল ঃ Without prejudice to the provisions contained elsewhere in this Act, the provisions of this Chapter shall have effect notwithstanding anything inconsistent therewith in any other law for the time being in force or in any custom, usage or contract (express or implied) or in any agreement, decree, order, decision or award of a court, tribunal or other authority.

১৯৮৬ সালের পঃ বঃ ভূমি সংস্কার (তৃতীয় সংশোধনী) আইন দ্বারা ১৪ঞ [s. 14J] ধারাটির আবার পরিবর্তন করা হয়েছে এটি ১২.৫.১৯৮৯ থেকে বলবৎ হয়েছে। ১৯৮১ সালে ২(৭) ধারায় জমির সংজ্ঞা বদলে যাওয়ায় ব্যাপক পরিবর্তন হয়েছে। এই ধারা অনুযায়ী ১৯৭৬ সালের পৌর জমি (সর্বোচ্চ সীমা ও প্রনিয়ম) আইনের এক্তিয়ারে যে সব জমি পড়বে এই পরিচ্ছেদের কোনও বিধান সেই জমির ক্ষেত্রে প্রযোজ্য হবে না।

২। ২খ পরিচ্ছেদের শিরোনামের সংশোধন [Amendment of the heading of Chapter 2B]. এই আইনে যখন ২খ পরিচ্ছেদ অন্তর্ভুক্ত হয়েছিল, শিরোনাম ছিল ঃ জমির সর্বোচ্চ সীমা (ceiling on holding)। কিন্তু ২০০০ সালের পঃ বঃ ভূমি সংস্কার (সংশোধন) আইন দ্বারা হোল্ডিং-এর সংজ্ঞার বিলোপ করা হয়েছে, যা ৭.৮.১৯৬৯ থেকে বলবৎ হয়েছে। অর্থাৎ এই পরিচ্ছেদ যে দিন থেকে কার্যকর হয়েছে সেই দিন থেকে হোল্ডিং শব্দটির বিলোপ ঘটল। আগে বলা হত—the holding of the *raiyat*, কিন্তু এখন বলা হচ্ছে—land held by the *raiyat*. ৭.৮.১৯৬৯ থেকেই এটি কার্যকর হচ্ছে। ২০০০ সালের পঃ বঃ ভূমি সংস্কার (সংশোধন) আইনের আগে এই পরিচ্ছেদের শিরোনাম ছিল—Ceiling on holding, এই সংশোধনীর পরে শিরোনাম হল—Ceiling on Land held by a *raiyat.*

৩। ২খ পরিচ্ছেদ বলবৎ হওয়ার আগে রায়তের জমির সর্বোচ্চ সীমা [Ceiling of land of a raiyat prior to introducing Chapter 2B]. এই পরিচ্ছেদ বলবৎ হওয়ার আগে একজন রায়ত ব্যক্তিগতভাবে ১৯৫৩ সালের পঃ বঃ জমিদারি অধিগ্রহণ আইনের বিধান অনুযায়ী একজন ব্যক্তি যে জমি রাখার অধিকারী ছিলেন, তিনি সেই পরিমাণ জমি রাখতে পারতেন। ১৯৫৩ সালের

পঃ বঃ জমিদারি অধিগ্রহণ আইন অনুযায়ী একজন মধ্যস্বত্বভোগী (intermediary) যে জমি রাখতে পারতেন তার পরিমাণ ছিল এইরকম—

(ক) কৃষিজমি ২৫ একর

(খ) বাস্তুভিটাসহ অকৃষি জমি ২০ একর

(গ) সম্পূর্ণ ধর্মীয় ও দাতব্য উদ্দেশ্যে ব্যবহৃত দেবোত্তর জমি—সীমাহীন

(ঘ) জলকর সীমাহীন

(ঙ) চা বাগান, ফলের বাগান, পশুপালনের উদ্দেশ্যে—ইচ্ছামত।

৪। ২খ পরিচ্ছেদের অধীন জমির সর্বোচ্চ সীমা [Ceiling under Chapter 2B]. ২খ পরিচ্ছেদ বলবৎ হওয়ার দিন থেকে জমির সর্বোচ্চ সীমা সম্পূর্ণ পরিবর্তিত হয়ে গিয়েছে। তবে ১৯৮১ সালের পঃ বঃ ভূমি সংস্কার (সংশোধন) আইন বলবৎ হওয়ার আগে কৃষিজমি বাদে অন্য জমি এই পরিচ্ছেদের অধীন ছিল না। ফলে কৃষিজমি বাদে অন্য জমি কোনও রায়তের বা তাঁর পরিবারের অন্য সদস্যদের থাকলে তা তার সর্বোচ্চ সীমা হিসাব করার জন্য ধরা হত না। ১৯৮১ সালের পঃ বঃ ভূমি সংস্কার (সংশোধন) আইন দ্বারা ২(৭) ধারা পরিবর্তন হওয়ায় যে কোনও শ্রেণি, যে কোনও বর্ণনার জমিকে এই পরিচ্ছেদের অধীন ধরা হয়েছে। ৩ক [s. 3A] ধারা বলবৎ হওয়ায় অকৃষি জমিও ৯.৯.১৯৮০ থেকে রায়তের জমির মধ্যে ধরা যাচ্ছে। ১৯৮৬ সালের পঃ বঃ ভূমি সংস্কার (তৃতীয় সংশোধন) আইন দ্বারা ৩ক [s. 3A] ধারাটি মূল আইনে অন্তর্ভুক্ত করা হয়েছে, যা ৯.৯.১৯৮০ থেকে কার্যকর করা হয়েছে। পরবর্তী ক্ষেত্রে ১৪ট, ১৪ত, ১৪দ, ১৪ধ, ১৪প, ১৪ম এবং ১৪য ধারার কিছু কিছু সংশোধনী আনা হয়েছে।

এই পরিচ্ছেদ বলবৎ হওয়ায় ব্যক্তি (person)-র সর্বোচ্চ সীমার বদলে এই প্রথম পরিবারের জমির সর্বোচ্চ সীমা হিসাবের বিধান আনা হল। যে কোনও শ্রেণি, যে কোনও বর্ণনার (description) জমি-ই এখন জমি হিসাবে গণ্য করা হচ্ছে এবং রায়তের পরিবারের সর্বোচ্চ সীমা নির্ণয় করার ক্ষেত্রে তা ধরা হচ্ছে। পঃ বঃ ভূমি সংস্কার আইনের ১৪ড [s. 14M] ধারা অনুযায়ী এই সর্বোচ্চ সীমা নির্ণয় করা হয় ১৪ট(গ) [s. 14K(C)] ধারার সাপেক্ষে। ২খ পরিচ্ছেদ বলবৎ হওয়ার আগে রায়ত এবং তাঁর পরিবারের অন্যান্য সদস্যরা যে বিপুল পরিমাণ জমি রাখার অধিকারী ছিলেন, এই পরিচ্ছেদ বলবৎ হওয়ায় এবং ৩ক ধারা বলবৎ হওয়ায় এক ধাক্কায় ওই জমির পরিমাণ কমে যায়। ২খ পরিচ্ছেদ বলবৎ হওয়ার পর রায়তের পরিবারের জমির সর্বোচ্চ সীমার হার নিম্নরূপঃ

পরিবারের সদস্য সংখ্যা	সেচ এলাকায় (একর)	অসেচ এলাকায় (একর)
(ক) একজন	৬.১৮	৮.৬৫
(খ) ২ থেকে ৬ জন	১২.৩৬	১৭.৩০
(গ) ৬ জন	১৩.৬০	১৯.০৩
(ঘ) ৭ জন	১৪.৮৪	২০.৭৬
(ঙ) ৮ জন	১৬.০৮	২২.৪৯
(চ) ৯ জন	১৭.৩০	২৪.২২

কোনও পরিবারে ৯ জনের বেশি লোক থাকলেও ২৪.২২ একর জমি অসেচ এলাকায় এবং ১৭.৩০ একর জমি সেচ এলাকায় রাখতে পারবেন। এছাড়া কৃষি, অকৃষি, বাস্তু, জলকর, ফলের বাগান, মিল, কারখানা, হাঁস-মুরগি, চা বাগান ইত্যাদি সমস্ত প্রকার জমিই ধরা হবে।

৫। অন্য আইনের সাথে বিরোধ হলে ১৪ঞ ধারা-ই বজায় থাকবে [Section 14J will prevail despite anything contrary in any other law]. কলিকাতা হাইকোর্টে এই প্রশ্ন উঠেছিল যে, ১৪ট(গ) ধারায় উল্লিখিত 'পরিবারের সংজ্ঞা হিন্দু দত্তক ও ভরণপোষণ আইন (Hindu Adoptions and Maintenance Act 1956) সাথে সামঞ্জস্য রেখে পড়া হবে কিনা এবং যে রায়ত তাঁর পিতা-মাতা (Parents)-কে ভরণপোষণ এবং দেখভাল করছেন সেই পিতা-মাতার জন্য আলাদা সর্বোচ্চ সীমা দেওয়া হবে কিনা। ওই মামলায় এই বিষয়টি উল্লেখ করা হয় যে যে পিতা-মাতার ভরণপোষণ বা দেখ-ভাল রায়ত বা তাঁর উত্তরাধিকারীদের দ্বারা পরিচালিত হয় সেই পিতা-মাতার জন্য ও আলাদা সর্বোচ্চ সীমা পাওয়া উচিত। মহামান্য আদালত উপরোক্ত যুক্তি নাকচ করে দিয়েছেন। মহামান্য আদালত জানিয়েছেন হিন্দু দত্তক ও ভরণপোষণ আইন (Hindu Adoptions and Maintenance Act 1956) দ্বারা রায়ত তাঁর পিতা-মাতার ভরণপোষণ করবেন। ওই আইনের বিধান দ্বারা পরিচালিত হবে, তার সাথে পঃ বঃ ভূমি সংস্কার আইনে আলাদা সর্বোচ্চ সীমা দেওয়ার কোনও সম্পর্ক নেই।[১]

পঃ বঃ ভূমি সংস্কার আইনের ৩ নং ধারায় বলা আছে অন্যান্য কোনও আইনের সাথে এই আইনের কোথাও কোনও বিরোধ থাকলে এই আইন-ই

১ *কে কে দেবেয়া* বনাম *কনিষ্ঠ ভূমি সংস্কার আধিকারিক* (J.L.R.O.) 85 CWN 825; 1981(1) Cal LJ 372.

বলবৎ হবে। শুধু তাই নয় ১৪ঞ ধারায় বলা আছে—এই আইনের অন্য কোথাও কিছু যাই থাক না কেন, কোনও প্রথা, রীতি-নীতি, কোনও চুক্তি আদালত বা ট্রাইব্যুনালের কোনও আদেশ বা রায় ইত্যাদির সাথে এই পরিচ্ছেদের কোনও ধারা বা বিধির সাথে বিরোধ হলে এই পরিচ্ছেদের বিধানই বলবৎ হবে। এবং যে বিষয়ের সাথে বিরোধ সেটি সরে যাবে।

৬। ১(৩) ধারার বিজ্ঞপ্তির প্রয়োজন নেই [Notification under s. 1(3) is not necessary]. *ভাস্বতী রায় পাণ্ডে* বনাম *পঃ বঃ সরকার*[২] মামলায় ২খ পরিচ্ছেদের বৈধতা নিয়েই প্রশ্ন উঠেছিল এই যুক্তি তুলে যে ১৯৫৫ সালের পঃ বঃ ভূমি সংস্কার আইনের ১(৩) ধারায় কোনও বিজ্ঞপ্তি জারি করা হয়নি ২খ পরিচ্ছেদ বলবৎ হওয়ার উদ্দেশ্যে। মহামান্য ডিভিশন বেঞ্চ এই যুক্তি নাকচ করে দেন। ১৯৭২ সালের ওই সংশোধিত আইনের ১(২) ধারায় পরিষ্কার নির্দেশ রয়েছে যে—২খ পরিচ্ছেদের বিভিন্ন ধারাকে ধরে নেওয়া হবে যে ১৫.২.১৯৭১ তারিখ থেকে বলবৎ হয়েছে। সুতরাং অন্য কোনও বিজ্ঞপ্তির প্রয়োজন নেই।

অর্থাৎ আইনেই বিধান রয়েছে যে, ২খ পরিচ্ছেদের বিভিন্ন ধারা কার্যকর হবে ১৫.২.১৯৭১ থেকে। সুতরাং, নূতন করে বিজ্ঞপ্তি জারির দরকার হয় না।

১৪ট। এই পরিচ্ছেদের সমস্ত সংজ্ঞা (Definitions in this chapter) ঃ

(ক) "জমির সর্বোচ্চ সীমা" বলতে এই পরিমাণ জমি বোঝাবে যা রায়ত নিজে রাখতে পারবে;

(খ) "দাতব্য উদ্দেশ্য" বলতে দরিদ্রকে সাহায্য করা, চিকিৎসার ব্যবস্থা বা শিক্ষা প্রসার বা জনহিতের উদ্দেশ্যে অন্য কোনও কাজ করা বোঝায়;

(গ) "পরিবার" বলতে রায়তের সঙ্গে সম্পর্কযুক্ত নিম্নলিখিত ব্যক্তিকে বোঝাবে—

(১) রায়ত স্বয়ং এবং তাঁর স্ত্রী, নাবালক ছেলেরা, অবিবাহিত মেয়েরা, যদি থাকে;

(২) তাঁর অবিবাহিত প্রাপ্ত বয়স্ক ছেলে [যদি থাকে] যার রায়ত হিসাবে নিজের কোনও জমি নেই;

(৩) তাঁর বিবাহিত কোনও সাবালক ছেলে, যদি থাকে, যাঁর নিজের, অথবা তাঁর স্ত্রীর অথবা তাঁর কোনও নাবালক ছেলের বা

২ 2004(2) Cal LJ 123 (DB); Cal LT 2004(3) HC 64.

অবিবাহিত মেয়ের কারোর রায়ত হিসাবে নিজস্ব কোনও জমি না থাকলে;

(৪) পূর্বে-মৃত ছেলের বিধবা স্ত্রী থাকলে, যদি থাকে, তাঁর নিজের বা কোনও নাবালক ছেলের বা অবিবাহিত মেয়ের রায়ত হিসাবে নিজস্ব কোনও জমি না থাকলে;

(৫) তার মৃত ছেলের বিধবা স্ত্রী মৃত হলে, তাঁর মৃত ছেলের নাবালক ছেলে বা অবিবাহিত মেয়ে থাকলে, এবং ওই মৃত ছেলের কোনও নাবালক ছেলে বা অবিবাহিত মেয়ে রায়ত হিসাবে কোনও জমির মালিক না হলে;

অন্য কোনও লোক এছাড়া পরিবারের মধ্যে যুক্ত হবেন না।

ব্যাখ্যা ঃ (১) বিবাহবিচ্ছেদ প্রাপ্ত কোনও ছেলে বা মেয়ে যিনি পুনরায় বিয়ে করেন নি, পরিবারে অবিবাহিত ছেলে বা মেয়ে হিসাবে গণ্য হবেন।

তবে যদি ওই বিবাহবিচ্ছেদ প্রাপ্ত পুরুষ/মহিলা কোনও নাবালক ছেলে/মেয়ের অভিভাবক হয়ে থাকেন তবে তিনি এবং ওই নাবালক ছেলে/মেয়ে মিলিতভাবে আলাদা একটা পরিবার হিসাবে বিবেচিত হবেন।

ব্যাখ্যা ঃ (২) রায়ত যদি মহিলা হয়ে থাকেন তবে এই আইন অনুসারে স্ত্রী, ছেলে (পুত্র) অথবা মেয়ে (কন্যা)-র জায়গায় স্বামী, ছেলে বা মেয়ে বোঝাবে।

(ঘ) "সেচ এলাকা" বলতে এরকম জায়গা বোঝাবে যা সরকারি বিজ্ঞপ্তি যা গেজেটে প্রকাশিত হবে সেই এলাকা ১৩৭৭ সালের ১লা বৈশাখ থেকে শুরু কৃষি বছরের যে কোনও সময় [১]([২][রাজ্য সরকারের মত অনুসারে বিদ্যুৎ চালিত গভীর নলকূপ,] সেচখাল দ্বারা সেচ প্রকল্প বা

১ পশ্চিমবঙ্গ ভূমি সংস্কার (সংশোধন) আইন, ১৯৮১ (পশ্চিমবঙ্গ আইন ৫০, ১৯৮১)-এর ১৯(ক) ধারার মাধ্যমে পূর্বের "রাজ্য (বিদ্যুৎ চালিত গভীর) বা রাজ্য (বিদ্যুৎ চালিত অ-গভীর নলকূপ)" শব্দগুলির স্থলে অনুকল্পিত এবং উক্ত আইনের ১(২) ধারার মাধ্যমে ৭.৮.১৯৬৯ তারিখ হতে বলবৎ হয়েছে।

২ পশ্চিমবঙ্গ ভূমি সংস্কার (সংশোধন) আইন, ১৯৭৪ (পশ্চিমবঙ্গ আইন ৩৩, ১৯৭৪)-এর ৩ ধারার মাধ্যমে পূর্বের "যে কোনও রাজ্য খাল সেচন প্রকল্প বা রাজ্য (বিদ্যুৎ চালিত গভীর নলকূপ) প্রকল্প হতে" শব্দগুলির স্থলে যুক্ত হয়েছে।

অগভীর নলকূপ বা অন্য সরকারি সেচ প্রকল্প বা রাজ্য নদী জলোত্তলন প্রকল্প দ্বারা সেচ পাওয়ার উপযুক্ত বলে মনে হবে।)

(ঙ) "ফলের বাগান" বলতে এরকম এলাকা বোঝাবে যেখানে ফল উৎপাদন করতে সক্ষম গাছ এরকম সংখ্যায় থাকবে যাতে ওই জমির প্রধান অংশ বা [৩][অন্য কোনও উদ্দেশ্যে] ব্যবহার করার সময় বাধা পাবে বা সম্পূর্ণ ফল ধরলে অন্য কাজে ব্যবহার করা যাবে না।

[৪](ঙঙ) "প্রকল্পিত এলাকা" (planning area) বলতে ১৯৭৯ সালের পশ্চিমবঙ্গ শহর ও নগর (পরিকল্পনা ও উন্নয়ন) আইন [১৯৭৯ সালের পশ্চিমবঙ্গের ১৩ নং আইন] অনুযায়ী 'প্রকল্পিত এলাকা' বোঝাবে।

(চ) "প্রামাণিক হেক্টর" (Standard Hectare) বলতে (১) কৃষিজমি পরিমাণ ভিত্তিক হিসাব করলে হবে—

(ক) সেচ এলাকায় হবে ১.০০ হেক্টর।

(খ) অন্য অসেচভুক্ত এলাকায় হবে ১.৪০ হেক্টর।

(২) ফলের বাগান (orchard) হিসাবে ব্যবহৃত জমি হলে ১.৪০ হেক্টরের সমান হবে।

[৫](৩) অন্য কোনও জমির ক্ষেত্রে হিসাব করার সময় ১.৪০ হেক্টরের সমান।

৩ পশ্চিমবঙ্গ ভূমি সংস্কার (সংশোধন) আইন, ১৯৮১ (পশ্চিমবঙ্গ আইন ৫০, ১৯৮১)-এর ১৯(খ) ধারার মাধ্যমে "কোনও কৃষিকার্য" শব্দ দুইটির স্থলে অনুকল্পিত এবং উক্ত আইনের ১(২) ধারার মাধ্যমে ৭.৮.১৯৬৯ তারিখ হতে বলবৎ হয়েছে।

(ক) বেঙ্গল জেনারেল ক্লজেস্ অ্যাক্ট, ১৮৯৯-এর ১৪ ধারানুযায়ী আইনে একবচন বা বহুবচন অথবা পুং বা স্ত্রী লিঙ্গ যাহাই ব্যবহৃত হউক না কেন তা উভয় বচন এবং উভয় লিঙ্গই বুঝায়।

(খ) হিন্দু বিবাহ আইন বলবৎ হওয়ার পর সাধারণত একাধিক স্ত্রীর আইনত স্বীকৃতি নাই। তৎপূর্বে কোনও রায়ত যদি একাধিক বিবাহ করে থাকেন এবং সেরূপ বিবাহিত সকল স্ত্রীরা একত্রে ১৪ড ধারার প্রয়োজনে পরিবারের মধ্যে একটি মাত্রা হবে।

(গ) ১.০০ হেক্টর সমান ২.৪৭ একর এবং ১.৪০ হেক্টর সমান ৩.৪৭ একর।

৪ ২০০০ সালের পঃ বঃ ভূমি সংস্কার (সংশোধন) আইন দ্বারা এই অংশ যুক্ত করা হয়েছে। ২৭.৮.১৯৯৬ থেকে এটি কার্যকর হবে।

৫ ১২.৫.১৯৮৯ তারিখের কলিকাতা গেজেটের বিশেষ সংখ্যার তৃতীয় খণ্ডে প্রকাশিত পশ্চিমবঙ্গ ভূমি সংস্কার (তৃতীয় সংশোধন) আইন, ১৯৮৬ (পশ্চিমবঙ্গ আইন ৩৫, ১৯৮৬)-এর ৬ ধারার মাধ্যমে সন্নিবেশিত।

14K. Definitions. In this Chapter,—

(*a*) "ceiling area" means the extent of land which a *raiyat* shall be entitled to own;

(*b*) "charitable purpose" includes relief of the poor, medical relief or the advancement of education or of any other object of general public utility;

(*c*) "family", in relation to a *raiyat* shall be deemed to consist of—

(*i*) himself and his wife, minor sons, unmarried daughters, if any,

(*ii*) his unmarried adult son, if any, who does not hold any land as a *raiyat*,

(*iii*) his married adult son, if any, where neither such adult son nor the wife nor any minor son or unmarried daughter of such adult son holds any land as a *raiyat*,

(*iv*) widow of his predeceased son, if any, where neither such widow nor any minor son or unmarried daughter of such widow holds any land as a *raiyat*,

(*v*) minor son or unmarried daughter, if any, of his predeceased son, where the widow of such predeceased son is dead and any minor son or unmarried daughter of such predeceased son does not hold any land as a *raiyat*,

but shall not include any other person.

Explanation I. For the purposes of his Chapter, an adult unmarried person shall include a man or woman who has been divorced and who has not remarried thereafter:

Provided that where such divorced man or woman is the guardian of any minor son, or unmarried daughter, or both, he or she, together with such minor son or unmarried daughter, or both, shall be deemed to be a separate family.

Explanation II. References in this clause to wife, son or daughter shall, in relation to a *raiyat* who is a woman, be construed as references to the husband, son or daughter, respectively, of such woman;

(*d*) "irrigated area" means an area specified as such by the State Government, by notification in the *Official Gazette*, being an area which is, or is in the opinion of the State Government capable of being irrigated, at any time during the agricultural year commencing on the 1st day of *Baisakh*, 1377 B.S., or thereafter, from any State canal irrigation project or [1][State power-driven deep tubewell or shallow tubewell or any other State irrigation project] or State riverlift irrigation project;

(*e*) "orchard" means a compact area of land having fruit bearing trees grown thereon in such number that they preclude; or when fully grown would preclude, a substantial part of such land from being used for [2][any other] purpose;

[3][(*ee*) "project report" means a project report relating to such purpose as mentioned in the first proviso to section 14Y, which has been examined, vetted and approved by the appropriate Department of the State Government;]

(*f*) "standard hectare" means,—

(*i*) in relation to an agricultural land, an extent of land equivalent to—

(*a*) 1.00 hectare in an irrigated area,

(*b*) 1.40 hectare in any other area,

(*ii*) in relation to any land comprised in an orchard, an extent of land equivalent to 1.40 hectare.

[4][(*iii*) in relation to any other land, an extent of land equivalent to 1.40 hectare.]

1 *Substituted* by W.B. Act 50 of 1981, w.r.e.f. 7.8.1969.

2 *Substituted* by W.B. Act L of 1981, w.r.e.f. 7.8.1969, the old portion read as "any agricultural".

3 *Substituted* by Act 6 of 2012 (w.e.f. 7.5.2012) for the following:

'(*ee*) "planning area" shall have the same meaning as in the West Bengal Town and Country (Planning and Development) Act, 1979 (West Bengal Act XIII of 1979).'

4 *Inserted* by Act XXXV of 1986, published in the *Calcutta Gazette*, dated 12.5.1989, w.e.f. 12.5.1989.

আলোচনার সূচী

১। সূচনা [Commencement]. পরিচ্ছেদ ২খ-এর ক্ষেত্রে প্রযোজ্য হবে এইরকম কিছু সংজ্ঞা দেওয়া আছে ১৪ট [s. 14K] ধারায়।

১৯৮৬ সালের পঃ বঃ ভূমি সংস্কার আইন সংশোধন দ্বারা জমির সংজ্ঞাই পরিবর্তিত হয়েছে। যার ফলে ১৪ট(চ)(৩) নং [s. 14K(*f*)(3)] অংশটির সংশোধন করা হয়েছে। এটি ১২.৫.১৯৮৯ থেকে কার্যকর। যে কোনও প্রকার জমির ক্ষেত্রে প্রামাণিক হেক্টর (Standard Hectare) কথাটি প্রযোজ্য হবে।

আগে কেবলমাত্র কৃষি জমি এবং ফলের বাগান জাতীয় জমির বেলায় এটি প্রযোজ্য ছিল।

আবার ১৪ট(ঘ) [s. 14K(*d*)] অংশটি "সেচ এলাকা" নির্ধারণের জন্য। এই অংশটিরও সংশোধন করা হয়েছে। বর্তমানে এই অংশে একটা কথা রয়েছে—"State power driven deep tubewell or shallow tubewell or any other State irrigation project" এই অংশটি যুক্ত করা হয়েছে ১৯৮১ সালের পঃ বঃ ভূমি সংস্কার আইন সংশোধন দ্বারা [১৯৮১ সালের ৫০ নং আইন] এটি ৭.৮.১৯৬৯ থেকে কার্যকর। কিন্তু এই জায়গায় আগে কথাটি ছিল এরকম "Or thereafter from any State (Canal Irrigation) project or State (Power Driven Deep Tubewell) or (Power Driven Shallow Tubewell) or State River Lift Irrigation Project."

১৯৭৪ সালের পঃ বঃ ভূমি সংস্কার আইন সংশোধন দ্বারা প্রথমে এর পরিবর্তন ঘটানো হয়েছিল। অন্যদিকে উপধারা (ঙঙ) [(*ee*)]-তে নামে নূতন একটি অংশ ২০০০ সালের পঃ বঃ ভূমি সংস্কার আইন সংশোধনের সময় অন্তর্ভুক্ত করা হয়েছে। এই অংশে (ঙঙ) বলা আছে ১৯৭৯ সালের পঃ বঃ শহর ও নগর (পরিকল্পনা ও উন্নয়ন) আইনে পরিকল্পনা (planning) কথার যে সংজ্ঞা দেওয়া আছে এই আইনেও তা কার্যকর হবে। এই অংশটি যুক্ত করার উদ্দেশ্য হল ১৪ম [s.14Y] ধারার কার্যক্রম সুবিধার জন্য।

২। জমির সর্বোচ্চ সীমা [Ceiling area of land]. পরিচ্ছেদ ২খ অনুসারে একজন রায়ত নিজের চাষে মালিকানায় সর্বোচ্চ কী পরিমাণ জমি রাখতে পারবেন তা "সর্বোচ্চ সীমা" বলতে বোঝায়। ১৪ড [s. 14M] ধারায় এ বিষয়ে বিস্তারিত আছে। একজন বয়স্ক অবিবাহিত রায়ত ২.৫০ হেক্টর জমি রাখতে পারেন তিনি তাঁর পরিবারের একমাত্র সদস্য হিসাবে। আবার কোনও রায়তের পরিবারে যদি ২ বা ৩ বা ৪ বা সর্বোচ্চ ৫ জন সদস্য থাকেন তবে তিনি সর্বোচ্চ ৫.০০ হেক্টর জমি রাখতে পারেন। এরপর প্রতি একজন সদস্য বৃদ্ধির জন্য ০.৫০ হেক্টর জমি অতিরিক্ত রাখতে পারেন। অর্থাৎ ৫ + ১ = ৬ জনের জন্য ৫.০০ + ০.৫০ হেক্টর জমি রাখতে পারেন। ৬ + ১ = ৭ জনের জন্য ৫.৫০ + ০.৫০ = ৬.০০ হেক্টর জমি রাখতে পারেন। এইভাবে সর্বাধিক ৭.০০ হেক্টরের বেশি কোনভাবেই কোনও রায়ত জমি রাখতে পারবেন না। অর্থাৎ যে রায়তের পরিবারে ৯ জন বা তার বেশি লোক রয়েছে তিনি সর্বোচ্চ ওই

৭.০০ হেক্টর জমি-ই রাখবেন। ১৪ড ধারা অনুযায়ী সব থেকে কম ২.৫০ হেক্টর এবং সবচেয়ে বেশি ৭.০০ হেক্টর জমি একজন রায়ত রাখতে পারবেন।

৩। দাতব্য উদ্দেশ্য [Charitable purpose]. পরিচ্ছেদ ২খ-এর কার্যক্রম করার জন্য "দাতব্য উদ্দেশ্য" কথার বিস্তারিত সংজ্ঞা ১৪ট(খ) [s. 14K(*b*)] ধারায় রয়েছে। এক্ষেত্রে গরিব জনগণের জন্য সাহায্য দান, চিকিৎসার জন্য দান, শিক্ষা বিস্তারের জন্য দান বা সাধারণের মঙ্গলের জন্য কোনও কাজ করাকে "দাতব্য" বলা যায়। ১৮৯০ সালের দাতব্য উৎসর্জন (charitable endowment) আইনের ২ নং ধারায় "দাতব্য উদ্দেশ্য" বলতে কী বোঝায় তা বলা আছে।

"Charitable purpose includes relief to the poor, education, medical relief and advancement of any other object of general public utility, but does not include a purpose which relates exclusively to religious teaching or worship."

সুতরাং এটা পরিষ্কার যে পঃ বঃ ভূমি সংস্কার আইনের ১৪ট(খ) [s. 14K(*b*)] ধারায় দেওয়া "দাতব্য উদ্দেশ্য" বিষয়ে সংজ্ঞা এবং ১৮৯০ সালের দাতব্য উৎসর্জন (charitable endowment) আইনের ২ নং ধারায় বর্ণিত "দাতব্য উদ্দেশ্য" বিষয়ে সংজ্ঞা মোটামুটি একইরকম। একটা বিষয় আরো উল্লেখযোগ্য যে দাতব্য উদ্দেশ্য বলতে "ধর্মীয় উদ্দেশ্য" (religious purpose) বোঝাবে না। ১৪থ [s. 14Q] ধারার ৩ নং উপধারায় বলা আছে "দাতব্য বা ধর্মীয় বা উভয় উদ্দেশ্য" (charitable or religious purpose or both)। সুতরাং এটা বোঝা যাচ্ছে যে পরিচ্ছেদ ২খ-এর যে কাজ করা হয় তাতে দাতব্য উদ্দেশ্য এবং ধর্মীয় উদ্দেশ্য আলাদা আলাদা উদ্দেশ্যে ব্যবহৃত হয় এবং এদের অর্থও আলাদা। পঃ বঃ ভূমি সংস্কার আইনে ১৪ট(খ) [s. 14K(*b*)] ধারায় "দাতব্য উদ্দেশ্যের" মধ্যে "ধর্মীয় উদ্দেশ্য" অন্তর্ভুক্ত করা নেই। এক মামলায় বলা হয়েছে দাতব্য উদ্দেশ্য বলতে কোনও লোক সমাজের (community) বা লোক সমাজের কোনও অংশের উপকারের উদ্দেশ্যে বোঝায়। কিন্তু ব্যক্তিগত উদ্দেশ্যে উপকারের জন্য হলে তাকে "দাতব্য" বলা যায় না।[১]

১ *কম্পটন পয়েল* বনাম *কম্পটন* 1945 CHN 123.

৪। **পরিবার [Family].** পরিচ্ছেদ ২খ-এর কাজ করার উদ্দেশ্যে "পরিবার"-এর আলাদা অর্থ রয়েছে। সাধারণ অর্থের সাথে এর মিল নেই। এই সংজ্ঞাটি বাস্তব, মানবীয় (humane) এবং ব্যাপক অর্থে ব্যবহৃত। বিধবা এবং বিবাহবিচ্ছেদ প্রাপ্ত মেয়েদেরকে গুরুত্ব দেওয়া হয়েছে। নিম্নলিখিত সদস্যদের পরিবারের অন্তর্ভুক্ত করা হয়েছে—

(১) রায়ত স্বয়ং, তাঁর স্ত্রী, নাবালক ছেলেরা বিয়ে হয়নি এরকম মেয়েরা;

(২) অবিবাহিত প্রাপ্ত বয়স্ক ছেলে যার নিজের কোনও জমি না থাকলে;

(৩) বিবাহিত কোনও সাবালক ছেলে যার নিজের, তাঁর স্ত্রীর অথবা তাঁর কোনও নাবালক ছেলের জমি না থাকলে, সেই বিবাহিত সাবালক ছেলে;

(৪) পূর্বে-মৃত ছেলের বিধবা স্ত্রী যাঁর নিজের বা তাঁর নাবালক ছেলের বা অবিবাহিত মেয়ের কোনও জমি না থাকলে;

(৫) তাঁর মৃত ছেলের বিধবা স্ত্রী মৃত হলে—তাঁর মৃত ছেলের নাবালক ছেলে/অবিবাহিত মেয়ে থাকলে ওই মৃত ছেলের নাবালক ছেলে/অবিবাহিত মেয়ের কোনও জমি না থাকলে

এছাড়া আরও বলা আছে ঃ

কোনও বিবাহবিচ্ছেদ প্রাপ্ত ছেলে/মেয়ে যিনি পুনরায় বিয়ে করেন নি, যদি তার কোনও জমি না থাকে, যদি তিনি কোনও নাবালক ছেলে/মেয়ের অভিভাবক না হয়ে থাকেন তবে তিনি রায়তের পরিবারের সদস্য হিসাবে গণ্য হবেন।

রায়ত যদি স্ত্রীলোক হয়ে থাকেন তবে এই আইন অনুসারে স্ত্রী, ছেলে এবং মেয়ের জায়গায়—স্বামী, ছেলে এবং মেয়ে বোঝাবে।

৫। **রায়তের বাবা-মা এবং তাঁর পরিবার [Parents of the raiyat and his family].** পশ্চিমবঙ্গ ভূমি সংস্কার আইনের ১৪ট(গ) ধারায় বর্ণিত পরিবারের সংজ্ঞাকে চ্যালেঞ্জ করে সুপ্রীম কোর্টে বিভিন্ন সময়ে বিভিন্ন কারণে অনেক মামলা দায়ের করা হয়েছে। এই সমস্ত মামলাগুলির অন্যতম কারণ হিসাবে পিতা- মাতাকে পরিবারযুক্ত না করাকে দেখানো হয়েছে। মহামান্য সুপ্রীম কোর্ট তাঁর রায়ে জানিয়েছেন রায়তের পরিবারে বাবা-মাকে যুক্ত না করাটা সঠিক, কারণ রায়তের বাবা আলাদা রায়ত হিসাবে নির্দিষ্ট জমি রাখার অধিকারী। ১৪ড ধারায় বর্ণিত হিসাব অনুসারে রায়তের পিতা নির্দিষ্ট জমি রাখতে পারবেন।

রায়তের "পরিবারে" রায়তের পিতা অন্তর্ভুক্ত না হওয়াটা কোনও ভুল নয়, বরং সঠিক। সুতরাং ১৪ট(গ) [14K(c)] ধারায় বর্ণিত সংজ্ঞা ত্রুটিযুক্ত নয়।[২]

৬। রায়তের অবিবাহিত বোন [Unmarried sister of raiyat]. পশ্চিমবঙ্গ ভূমি সংস্কার আইনের ১৪ট (গ) [s.14K(c)] ধারায় পরিবারের যে সংজ্ঞা আছে তাতে রায়তের অবিবাহিত বোনকে পরিবারের সদস্য হিসাবে গণ্য করা হয়নি।[২] মামলায় অবিবাহিত বোনকে রায়তের পরিবারে অন্তর্ভুক্ত না করার বিষয়টিকে মহামান্য সুপ্রীম কোর্টে চ্যালেঞ্জ জানানো হয়েছিল। কিন্তু সুপ্রীম কোর্ট তাঁর রায়ে পরিবারের সংজ্ঞায় অবিবাহিত বোনকে না রাখাটাকে কোনও ভুল দেখেন নি।

রায়তের পিতার পরিবারে রায়তের অবিবাহিত বোন পরিবারের একজন সদস্য হিসাবে থাকবেন। রায়তের অবিবাহিত বোন রায়তের পরিবারভুক্ত হবেন না।

৭। রায়তের নিজের সন্তান ও দত্তক সন্তান [Raiyat's natural and adopted son or daughter]. হিন্দু দত্তক এবং ভরণপোষণ আইন (Hindu Adoptions and Maintenance Act)-এর ১২ নং ধারা অনুসারে দত্তক নেওয়া কোনও ছেলে বা মেয়ে রায়তের ছেলে/মেয়ে হিসাবে সমস্ত আইনগত সুবিধার অধিকারী হবেন। সুতরাং পঃ বঃ ভূমি সংস্কার আইনের নির্দিষ্ট ধারায় রায়তের জমির সর্বোচ্চ সীমা ঠিক করার সময় পরিবারের সদস্য হিসাবে দত্তক নেওয়া ছেলে/মেয়েকে পরিবারের সদস্য হিসাবে ধরা হবে। যদিও ১৪ট (গ) [s. 14K(c)] ধারায় দেওয়া পরিবারের সংজ্ঞায় দত্তক নেওয়া ছেলে/মেয়ে সম্বন্ধে কিছু বলা নেই কিন্তু তবুও দত্তক নেওয়া ছেলে/মেয়ে রায়তের পরিবারের সদস্য হিসাবে গণ্য হবে। যেহেতু দত্তক নেওয়া ছেলে/মেয়েদের সদস্য হিসাবে মানা হবে না একথা বলাও নেই। পশ্চিমবঙ্গ ভূমি সংস্কার আইনে প্রদত্ত 14K(c) অনুযায়ী দত্তক প্রাপ্ত ছেলে/মেয়ে রায়তের পরিবারে সদস্য হিসাবে অন্তর্ভুক্ত হবে কি হবে না এব্যাপারে মহামান্য কলিকাতা হাইকোর্টে। এক মামলায় মহামান্য উচ্চ আদালত জানান—১৫.২.১৯৭১-এর আগে যদি কোনও রায়ত কাউকে নিয়ম মেনে দত্তক গ্রহণ করেন তবে তাঁকে পরিবারের সদস্য হিসাবে অন্তর্ভুক্ত করতে হবে। ১৯৬৬ সালের হিন্দু দত্তক ও ভরণপোষণ আইন এর ১২ নং ধারা অনুযায়ী যিনি দত্তক নিচ্ছেন দত্তক নেওয়া ওই ছেলে/মেয়ে তার পরিবারের একজন হবেন। রাজস্ব আধিকারিক কোনও একটি

২ *শশাঙ্ক শেখর মাইতি* বনাম *ভারত সরকার* AIR 1981 SC 522.

মামলায় পঃ বঃ ভূমি সংস্কার আইনের ১৪ন [s. 14T] ধারায় জমির সর্বোচ্চ সীমা নির্দ্ধারণের ক্ষেত্রে 14K(*c*) ধারা অনুসারে দত্তক প্রাপ্ত ছেলে/মেয়েকে পরিবারের সদস্য হিসাবে না মেনে রায়তের জমির সর্বোচ্চ সীমা ঠিক করেন। এই সিদ্ধান্তে সন্তুষ্ট না হয়ে সংশ্লিষ্ট রায়ত উপরোক্ত মামলাটি দায়ের করেন হাইকোর্টে।

ওই মামলায় মহামান্য কলিকাতা হাইকোর্ট রাজস্ব আধিকারিকের দেওয়া আদেশ বাতিল করেন। মহামান্য হাইকোর্ট রাজস্ব আধিকারিককে নির্দেশ দেন যে—আবেদনকারীকে এটা প্রমাণ করার সুযোগ দিতে হবে যে দত্তক নেওয়া হয়েছে জমি ন্যস্ত হওয়ার তারিখের আগে, নির্দিষ্ট আইন অনুযায়ী। রাজস্ব আধিকারিকও খতিয়ে দেখবেন যে নিয়ম আইন মেনে vesting-এর নির্দিষ্ট তারিখের আগে দত্তক নেওয়া হয়েছে কিনা। যদি এটা দেখা যায় যে নির্দিষ্ট আইন, নিয়ম অনুযায়ী ন্যস্ত হওয়ার এর আগে দত্তক নেওয়া হয়েছে তবে রাজস্ব আধিকারিক আবেদনকারীকে আরও ২.৫০ হেক্টর জমি রাখার অনুমতি দেবেন।[৩]

কেরালা ভূমি সংস্কার আইনে দত্তক ছেলে/মেয়ে সম্বন্ধে পরিষ্কারভাবে পরিবারের সংজ্ঞায় বলা নেই। মহামান্য কেরালা হাইকোর্ট এরকম রায় দেন যে—কেরালা ভূমি সংস্কার আইনে ২(১৪) নং ধারায় বর্ণিত পরিবারের সংজ্ঞায় দত্তক নেওয়া ছেলে/মেয়েকে ধরতে হবে। দত্তক নেওয়া সন্তানকে যিনি দত্তক নিচ্ছেন তার পরিবারের সন্তান হিসাবে ধরা হবে।[৪]

৮। নাবালক ছেলে [Minor son]. নাবালক ছেলে তার নিজস্ব জমি থাকুক বা না থাকুক রায়তের পরিবারের সদস্য হিসাবে সে ভুক্ত হবে। নাবালক (minor)বলতে বোঝায়—১৯৫৬ সালের হিন্দু নাবালক ও অভিভাবকত্ব আইন (Hindu Minority and Guardianship Act)-এর ৪(ক) [s. 4(*a*)] ধারামতে যার বয়স ১৮ বছর পূর্ণ হয়নি। যখন কোনও ব্যক্তির বয়স ১৮ বছর পূর্ণ হবে তখন তাঁকে সাবালক (adult) বলে ধরা হবে। ১৮৭৫ সালের ভারতীয় সাবালক আইন (Indian Majority Act)-এর ৪ নং ধারা অনুসারে যখন কোনও ব্যক্তি তার জন্মের পর ১৮ বছর সম্পূর্ণ করবেন তিনি সাবালক হিসাবে গণ্য হবেন।

৩ *শরৎচন্দ্র দাস* বনাম *রাজস্ব আধিকারিক* Cal LT 1994(1) HC 395.

৪ *মালান* বনাম *তালুক ল্যান্ড বোর্ড* 1977 Ker LT 429.

১৯৫৫ সালের পঃ বঃ ভূমি সংস্কার আইনের ১৪ট(গ) [s. 14K(*c*)] ধারায় নাবালক ছেলেকে পরিবারের অন্তর্ভুক্ত করা হয়েছে। ১৯৭৩ সালের অন্ধ্রপ্রদেশ ভূমি সংস্কার আইনে একইরকম সংজ্ঞা রয়েছে। মামলায় মহামান্য সুপ্রীম কোর্ট জানিয়েছেন যে Andhra Pradesh Land Reforms (Ceiling on Agricultural Holding) Act 1973-তে যে পরিবারের কথা বলা আছে তার সাথে হিন্দু অবিভক্ত পরিবারের সাথে কোনও অমিল নেই।[৫]

কোনও নাবালক ছেলে রায়তের সাথে না থাকলেও সে তার পিতার পরিবারভুক্ত সদস্য হিসাবেই বিবেচিত হবে। কারণ পরিবারের সংজ্ঞায় divided minor son এবং undivided minor son বিষয়ে কোনও পার্থক্য নির্দিষ্ট করা নেই।

যে সময় রাজস্ব আধিকারিক vesting-এর আদেশ দিচ্ছেন সে সময় কোনও ব্যক্তি সাবালক হলেও ১৫.২.১৯৭১-এর তারিখে ওই ব্যক্তি নাবালক থাকলে, নাবালক হিসাবেই তিনি রায়তের পরিবারভুক্ত হবেন। তিনি পঃ বঃ ভূমি সংস্কার আইনের ১৪ড অনুযায়ী নির্দিষ্ট জমি রাখতে সক্ষম হবেন।[৬]

৯। সাবালক ছেলে যার নিজের জমি আছে [Adult son having own land]. পশ্চিমবঙ্গ ভূমি সংস্কার আইনের ১৪ট(গ) [s. 14K(*c*)] ধারায় রায়তের সাবালক ছেলেকে রায়তের পরিবারের সদস্য হিসাবে গণ্য করার নির্দেশ দিয়েছে যদি ওই সাবালক ছেলের নামে কোনও জমি না থাকে। মহামান্য আদালত রায়দান প্রসঙ্গে জানিয়েছেন যে কোনও সাবালক ছেলের নামে কোনও জমি থাকলে সে রায়তের পরিবারে অন্তর্ভুক্ত হবে না। সে নিজে জমির সর্বোচ্চ সীমা অনুযায়ী নির্ধারিত জমি রায়ত হিসাবে রাখার অধিকারী। বর্তমানে 'জমির' সংজ্ঞা পরিবর্তিত হওয়ায় যে কোনও প্রকার জমি কোনও সাবালক ছেলের নামে থাকলেই সে তার বাবার পরিবারের বাইরে থাকবে। ওই জমি বাস্তু হলেও নয়।[৭]

১০। অবিবাহিত সাবালক ছেলে যার কোনও জমি আছে [Unmarried adult son having land]. যে অবিবাহিত সাবালক ছেলের কোনও জমি নেই,

৫ *বেগুলা বাপী রাজু* বনাম *অন্ধ্রপ্রদেশ রাজ্য* AIR 1983 SC 1073; (1984)1 SCC 66.

৬ *এম. কে. হরিহর আইয়ার* বনাম *অথোরাইজড অফিসার* AIR 1990 SC 907.

৭ *শম্ভুনাথ পাল* বনাম *পঃ বঃ রাজ্য সরকার* 1983(1) CHN 366; 87 CWN 695.

সে তার বাবার পরিবারের সদস্য হিসাবে 14K(*c*) ধারা অনুযায়ী গণ্য হবেন। অবিবাহিত ওই ছেলে নিজে সর্বাধিক রায়ত হিসাবে ২.৫০ হেক্টর জমি রাখতে পারবেন 14M ধারায় প্রদত্ত জমির সর্বোচ্চ সীমা অনুযায়ী।[৮]

১১। বিবাহিত সাবালক ছেলে যার নিজের কোনও জমি নেই [Married adult son without having any land]. রায়তের কোনও বিবাহিত সাবালক ছেলে যদি তাঁর নিজের কোনও জমি না থাকে তবে ওই সাবালক ছেলে রায়তের পরিবারে থাকবে। এক্ষেত্রে যদি ওই বিবাহিত সাবালক ছেলের নিজের নামে জমি না থাকলেও তার স্ত্রী বা তার নাবালক ছেলে বা অবিবাহিত মেয়ের নামে জমি থাকে তবে তিনি রায়তের পরিবারভুক্ত হবেন না। অর্থাৎ কোনও বিবাহিত সাবালক ছেলে তার নিজের নামে বা তার স্ত্রীর বা তার নাবালক ছেলে বা তার অবিবাহিত মেয়ের নামে কোনও জমি না থাকে তবেই ১৪ট(গ)(৩) [14K(*c*)(*iii*)] ধারা অনুযায়ী রায়তে পরিবারে সদস্য হিসাবে থাকবেন।

১২। বিবাহিত সাবালক ছেলের বাস্তুজমি আছে [Married adult son having only homestead land]. *রেনুকা সিংহ* বনাম *রাজস্ব আধিকারিক*[৯] মামলায় মহামান্য কলিকাতা হাইকোর্ট রায়দান প্রসঙ্গে জানিয়েছেন যে কোনও ব্যক্তি যার শুধুমাত্র বাস্তুজমি আছে এবং কোনও কৃষিজমি নেই তাকে রায়ত বলা যাবে না। কোনও বিবাহিত সাবালক ছেলে বা তার স্ত্রীর বা নাবালক ছেলের বা অবিবাহিত মেয়ের কোনও কৃষিজমি না থাকে তবে ওই বিবাহিত সাবালক ছেলে তার বাবার পরিবারভুক্ত হবেন জমির সর্বোচ্চ সীমা নির্ধারণের জন্য।

কিন্তু ১৯৮১ সালে পঃ বঃ ভূমি সংস্কার আইন সংশোধন করে "জমির" সংজ্ঞা পরিবর্তিত হওয়ায় [২ নং ধারার (৭) এবং (১০) নং অংশ] উপরোক্ত সিদ্ধান্ত এখন আর কার্যকর হবে না। যে কোনওরকম জমিকেই "জমি" হিসাবে ধরা হবে এখন।

১৩। এমন শিশু যে মাতৃজঠরে রয়েছে [Child in the womb]. ১৫.২.১৯৭১ তারিখের আগে গর্ভবতী (conceived) হয়েছে কিন্তু ১৫.২.১৯৭১ তারিখের পরে যে শিশু জন্মেছে সে রায়তের পরিবারভুক্ত হবে কিনা এই প্রশ্ন উঠলে মহামান্য কলিকাতা হাইকোর্ট জানান যে শিশু ১৫.২.১৯৭১ তারিখের পরে

৮ *শম্ভুনাথ পাল* বনাম *পঃ বঃ রাজ্য সরকার* 87 CWN 695.

৯ 1985(2) CHN 167.

জন্মগ্রহণ করেছে সে রায়তের পরিবারভুক্ত হবে না।[১০] একইরকম সিদ্ধান্ত জানা যায় বিভিন্ন মামলার রায় থেকে।[১১] পশ্চিমবঙ্গ ভূমি সংস্কার আইনের ১৪ট (গ) ধারায় গর্ভস্থ সন্তান রায়তের পরিবারভুক্ত হবে কিনা সে ব্যাপারে কোনও নির্দেশ নেই। এই পরিচ্ছেদের ১৪ড অনুযায়ী জমির সর্বোচ্চ সীমা ঠিক করার জন্য রায়তের পরিবারে ১৫.২.১৯৭১ তারিখে কতজন সদস্য আছে তা ঠিক করা হয়। যদি কোনও শিশু গর্ভে থাকে এবং ১৫.২.১৯৭১ তারিখে না জন্মায় তবে তাকে পঃ বঃ ভূমি সংস্কার আইনের ১৪ট(গ)(১) [14K(*c*)(*i*)] ধারা অনুযায়ী নাবালক ছেলে বা অবিবাহিত মেয়ে কোনোটাই বলা যায় না।

১৪। বিবাহবিচ্ছেদ হয়েছে এরকম মেয়ে বা বিধবা মেয়ে [Divorced daughter or widowed daughter]. ১৪ট (গ) ধারার ১ নং ব্যাখ্যা অনুযায়ী কোনও বিবাহবিচ্ছেদ প্রাপ্ত রায়তের মেয়ে বা রায়তের মেয়ে যিনি বিধবা যদি পুনরায় বিবাহ না করেন তবে তিনি রায়তের পরিবারভুক্ত হবেন। তবে ওই ১ নং ব্যাখ্যা অনুসারে বলা যায় যদি ওই বিধবা মেয়ে তার নাবালক ছেলে বা অবিবাহিত মেয়ের অভিভাবক হন তবে তিনি আলাদা পরিবারের হিসাবে গণ্য হবেন। বিবাহবিচ্ছেদ প্রাপ্ত মেয়ে সম্পর্কে একই যুক্তি প্রযোজ্য। ২ নং ব্যাখ্যা অনুযায়ী বলা যায় যদি রায়ত মহিলা হয়ে থাকেন তবে এই আইন অনুসারে স্ত্রী, ছেলে বা মেয়ের জায়গায় বোঝাবে স্বামী, ছেলে বা মেয়ে।[১২]

অবিবাহিত মেয়ে তার জমি থাক বা না থাক সে রায়তের পরিবারের সদস্য হিসাবে গণ্য হবে। তা হলে প্রশ্ন ওঠে বিবাহবিচ্ছেদ প্রাপ্ত রায়তের মেয়ে রায়তের পরিবারের সদস্য হবেন কিনা। ১৪ট (গ) ধারার ১ নং ব্যাখ্যা অনুযায়ী যে কোনও বয়স্ক অবিবাহিত ব্যক্তি ছেলে বা মেয়ে যাই হোক যিনি বিবাহবিচ্ছেদ পেয়েছেন এবং যিনি পুনর্বিবাহ করেন নি, তিনি রায়তের পরিবারের সদস্য হবেন। সুতরাং বিবাহবিচ্ছেদ প্রাপ্ত কোনও মেয়ে যদি পুনরায় বিবাহ না করেন তবে তিনি ওই রায়তের পরিবারের সদস্য হবেন।

১০ *এইচ. কে. পাত্র* বনাম *পঃ বঃ সরকার* 86 CWN 154 (Para 13).

১১ *বালকৃষ্ণ কুরুপ* বনাম *কেরল রাজ্য সরকার* AIR 1977 Ker 13; *উত্তরপ্রদেশ রাজ্য সরকার* বনাম *ধন সিং* AIR 1974 All 131; *সি. ভিতিল আমাদ* বনাম *তালুক ল্যান্ড বোর্ড* AIR 1979 SC 1573.

১২ *শশাঙ্ক শেখর মাইতি* বনাম *রাজস্ব আধিকারিক* 86 CWN 954.

১৫। অবিবাহিত মেয়ে [Unmarried daughter]. পশ্চিমবঙ্গ ভূমি সংস্কার আইনে ১৪ট(গ) ধারায় পরিবারের যে সংজ্ঞা দেওয়া হয়েছে সেখানে অবিবাহিত প্রাপ্তবয়স্ক ছেলে ও অবিবাহিত প্রাপ্তবয়স্ক মেয়ের মধ্যে কারণ ছাড়াই একটা পার্থক্য তৈরি করা আছে। অবিবাহিত প্রাপ্তবয়স্ক ছেলের যদি কোনও জমি না থাকে তবেই সে রায়তের পরিবারভুক্ত হবে অপরপক্ষে কোনও অবিবাহিত মেয়ে প্রাপ্তবয়স্ক বা নাবালিকা যাই হোক না কেন, তার নিজের জমি থাক বা না থাক তাকে রায়তের পরিবারভুক্ত ধরা হবে। সংবিধানের ৯ নং সিডিউলে পঃ বঃ ভূমি সংস্কার আইন অন্তর্ভুক্ত হওয়ায় ১৪ট(গ) বিষয়ে বিতর্ক দূর হয়েছে।[১৩]

যদি কোনও অবিবাহিত প্রাপ্তবয়স্ক মেয়ের নিজস্ব জমি থাকে তবে তাকে রায়তের পরিবারের একজন সদস্য হিসাবে ধরা হবে পঃ বঃ ভূমি সংস্কার আইনের ১৪ট(গ) ধারা অনুসারে। পরিবারের জমির সর্বোচ্চ সীমা নির্ধারণের ক্ষেত্রে ওই জমি ধরা হবে। *পঞ্চানন সিংহ* বনাম *রাজস্ব আধিকারিক*[১৪] মামলায় মহামান্য কলিকাতা হাইকোর্ট উপরোক্ত রায় দেন। উপরোক্ত মামলায় এই মর্মে মহামান্য আদালতের কাছে আবেদন জানানো হয় যে ১৯৫৫ সালের পঃ বঃ ভূমি সংস্কার আইনের ১৪ট(গ)(২) [14K(*c*)(*ii*)] ধারা সংবিধানের এক্তিয়ার বহির্ভূত (*ultra vires* the Constitution) কোনও যুক্তি ছাড়াই অবিবাহিত প্রাপ্তবয়স্ক ছেলে ও মেয়ের মধ্যে বিভাজন টেনে এনেছে পঃ বঃ ভূমি সংস্কার আইনের ১৪ট(গ)(২) নং ধারা। কোনও জমি থাকলে অবিবাহিত প্রাপ্তবয়স্ক ছেলে রায়তের পরিবারে থাকবে না কিন্তু কোনও জমি থাকলেও অবিবাহিত প্রাপ্তবয়স্ক মেয়ে রায়তের পরিবারে একজন সদস্য হিসাবে থাকবে। অবিবাহিত প্রাপ্তবয়স্ক ছেলে ও মেয়ের মধ্যে অকারণে এই বিভাজন, বৈষম্য আনা হয়েছে, এটা সংবিধান বিরোধী। মহামান্য কলিকাতা হাইকোর্ট জানিয়েছেন পঃ বঃ ভূমি সংস্কার আইনের সংশোধিত অনুচ্ছেদ সংবিধানের নবম অনুচ্ছেদে যুক্ত হওয়ায় উক্ত আইনের সংবিধানিক বৈধতা নিয়ে চ্যালেঞ্জ করা যায় না।

১৬। রায়তের পূর্বে-মৃত ছেলের বিধবা স্ত্রী [Widow of the predeceased son of raiyat]. ১৯৫৫ সালের পশ্চিমবঙ্গ ভূমি সংস্কার আইনের ১৪ট(গ)(৪) [s. 14K(*c*)(*iv*)] ধারা অনুযায়ী রায়তের পূর্বে-মৃত ছেলের

১৩ *রেনুকা সিংহ* বনাম *রাজস্ব আধিকারিক* 1985 CHN 167.

১৪ *পঞ্চানন সিংহ* বনাম *রাজস্ব আধিকারিক* 1986 CWN 954.

বিধবা স্ত্রী রায়তের পরিবারে সদস্য হিসাবে যুক্ত হতে পারেন যদি ওই বিধবা স্ত্রীর নিজের বা তার নাবালক ছেলের বা তার অবিবাহিত মেয়ের রায়ত হিসাবে কোনওপ্রকার জমি না থাকে।

কিন্তু পূর্বে-মৃত বিধবা স্ত্রীর নিজের বা তার নাবালক ছেলের বা তার অবিবাহিত মেয়ের জমি থাকে তবে ওই বিধবা আলাদা পরিবারের হিসাবে গণ্য হবেন।

১৭। পূর্বে-মৃত ছেলের নাবালক ছেলে বা অবিবাহিত মেয়ে (উভয়ের মা মৃত) [Minor son and unmarried daughter where the widow of predeceased son is dead]. পূর্বে-মৃত ছেলের বিধবা স্ত্রী মৃত হলে তাদের নাবালক ছেলে বা অবিবাহিত মেয়ে রায়তের পরিবারে সদস্য হিসাবে যুক্ত হবেন যদি তাদের নিজস্ব কোনও জমি না থাকে। পঃ বঃ ভূমি সংস্কার আইনের ১৪ট(গ)(৫) [s. 14K(*c*)(*v*)] ধারা অনুযায়ী তারা রায়তের পরিবারভুক্ত হবেন। যদি ওই নাবালক ছেলে বা অবিবাহিত মেয়ের নামে কোনও জমি থাকে তবে তারা রায়তের পরিবারভুক্ত হবেন না।

১৮। রায়তের স্ত্রী বা স্বামী [Wife or husband of the raiyat]. পশ্চিমবঙ্গ ভূমি সংস্কার আইনের ১৪ট(গ) ধারার ২ নং ব্যাখ্যায় বলা আছে কোনও রায়ত মহিলা হলে এই আইন অনুসারে স্ত্রী, ছেলে ও মেয়ের স্থলে স্বামী, ছেলে ও মেয়ে বোঝাবে। অর্থাৎ স্বামী যেখানে রায়ত সেখানে তার স্ত্রী, ছেলে/মেয়ে হল পরিবারের অন্য সদস্য আবার অন্যদিকে স্ত্রী যেখানে রায়ত সেখানে তার স্বামী, ছেলে/মেয়েরা হল তার পরিবারের অন্য সদস্যগণ।

আদালতের নির্দিষ্ট ডিক্রি ছাড়া কোনও স্ত্রী যদি স্বামী ছেড়ে আলাদা থাকেন অথবা আইন অনুযায়ী বিবাহবিচ্ছেদ (divorce) না হয় তবে আলাদা রায়ত হিসাবে গণ্য করা যাবে না এবং আলাদা জমির সর্বোচ্চ সীমা রাখার অধিকারী নন।[১৫]

১৯। সেচ সেবিত এলাকা [Irrigated area]. সেচ সেবিত এলাকার সংজ্ঞা দেওয়া আছে পঃ বঃ ভূমি সংস্কার আইনের ১৪ট(ঘ) ধারায়। প্রথমে যখন এই ধারাটি সংযুক্ত করা হয়, মূল আইনে "অথবা তার পরে" (or thereafter) কথাগুলি ছিল না। ১৯৭৪ সালের পঃ বঃ ভূমি সংস্কার (সংশোধন) আইনে

১৫ *দর্শন প্রসাদ* বনাম *সিভিল জজ* AIR 1992 SC 967.

এইগুলি যুক্ত করা হয়, [১৯৭৪ সালের পশ্চিমবঙ্গের ৩২ নং আইন]। আবার "সেচ সেবিত" এলাকার সংজ্ঞা পরিবর্তিত হয় ১৯৮১ সালের পঃ বঃ ভূমি সংস্কার আইন সংশোধনের সময় [১৯৮১ সালের পশ্চিমবঙ্গের ৫০ নং আইন]। বিভিন্ন প্রকার সেচ ব্যবস্থার (project) পরিকল্পনার ব্যাপারে পরিষ্কার বলা আছে বিজ্ঞপ্তি নং ৭৩৫২-এল. রেফ্., তাং ১.৭.১৯৭১-তে। যদিও কোনও কিছু এলাকা সেচ সেবিত বলে সরকারি নথিতে আছে, কিন্তু ওই এলাকায় সেচের জল যায় না। তখনকার রাজস্ব পর্ষদ (Board of Revenue) একটা সার্কুলার দিয়ে [সার্কুলার নং ৩৯৫ (১৫) জি. ই., তাং ১২.১.১৯৭৩ কলিকাতা] নির্দেশ দেয় যে নির্ধারিত কর্তৃপক্ষ হিসাবে (prescribed authority) S.L.R.O. তদন্ত করে দেখবেন কোন্ কোন্ এলাকা সেচ সেবিত হওয়া সত্ত্বেও জল পায় না। ওই এলাকাগুলি বিজ্ঞপ্তি থেকে বাদ যাবে অন্য কোনও বিজ্ঞপ্তি প্রকাশ না হওয়া পর্যন্ত। মূল বিজ্ঞপ্তিটি ছিল এইরকম ঃ

To
The Collector/Deputy Commissioner,
No. G.E. 395(15) Dated, Calcutta the 12th January, 1973

Subject : Determination of irrigated area in connection with fixation of ceiling area and re-assessment of revenue under the provisions of W.B.L.R. Act.

1. In order to determine the area of agricultural land that a raiyat can retain under section 14M of the W.B.L.R. Act and to re-assess the revenue payable by raiyat under section 23B *ibid* the important point for consideration is whether the land is situated within an irrigated area.

2. Clause (*b*) of the explanation to section 23B lays down that expression "irrigated area" shall have the same meaning as in clause (*d*) of section 14K. Irrigated area means an area which is or in the opinion of the State Government capable of being irrigated at any time during the agricultural year commencing on the 1st day of Baisakh, 1377 B.S. from any State Canal Irrigation Project or State (Power Driven Deep Tubewells) Irrigation Project.

3. In the Land and Land Revenue Department's Notification No. 7352-L. Ref. dated 1.7.1971 irrigated area under different project have been specified. It has, however, been represented to the

Government that some areas, within certain Police Stations which have been notified as irrigated area, do not get water from Government Canals or State Power Driven Tubewells.

4. In such cases or in any other case where a question has arisen or will arise whether any area which has been notified as an irrigated area is really an irrigated area or not, the S.L.R.O. concerned who is the 'prescribed authority' in such case, shall hold an enquiry under the provisions of Rule 14B(2) of the W.B.L.R. Rules in respect of all the affected mouzas and after hearing the raiyats concerned shall give his decision recording the reason therefore as to the notification referred to here in before until further orders.

5. Attention of all sub-divisional Land Reforms officers may be drawn to these provisions of the W.B.L.R. Act and W.B.L.R. Rules.

Sd/-
J.N. Mukherjee
Secretary, Board of Revenue, W.B.

উপরোক্ত ৩৯৫(১৫) জি. ই., তাং ১২.১.১৯৭৩ সার্কুলারকে চ্যালেঞ্জ করে মহামান্য কলিকাতা হাইকোর্টে মামলা করা হয়। *গোকুল পাল* বনাম *পঃ বঃ সরকার*[১৬] মামলায় মহামান্য আদালত জানান উপরোক্ত সার্কুলারে নির্ধারিত কর্তৃপক্ষকে পঃ বঃ ভূমি সংস্কার নিয়মের ১৪খ বিধি অনুযায়ী তদন্ত করার নির্দেশ আছে। কোনও এলাকার কোনও জমি সেচ সেবিত কিনা এটা জানার প্রাথমিক শর্ত হল এটা দেখা যে ওই এলাকাটি সরকারি বিজ্ঞপ্তি অনুযায়ী বিজ্ঞপিত (notified) এলাকায় পড়ে কিনা। কিন্তু ওই বিজ্ঞপ্তিই একমাত্র ভিত্তি (sole basis) নয়। কোনও এলাকা সেচ সেবিত কিনা, এই প্রশ্নে রাজস্ব আধিকারিক 14K(*d*) ধারা অনুযায়ী যেমন বলা আছে ওই অনুযায়ী সেচ সেবিত কিনা দেখতে তদন্ত করেন। উপরোক্ত কাজ করার আগে রাজস্ব আধিকারিক সংশ্লিষ্ট রায়তকে শুনানির সুযোগ দেবেন। কিন্তু রাজস্ব আধিকারিক তা করেননি ফলে চ্যালেঞ্জটি বৈধমাত্রা পেল।

সেচ সেবিত এলাকা বলতে যে এলাকা সরকারি বিজ্ঞপ্তি দ্বারা জলসেচের ব্যবস্থা বিষয়ে ঘোষিত হবে। ১৩৭৭ সালের ১ বৈশাখে কৃষিবর্ষ প্রারম্ভ থেকে

১৬ 1988(2) CHN 41.

বছরের যে কোনও সময় রাজ্য সরকারের মতামত অনুসারে বিদ্যুৎ চালিত গভীর নলকূপ, সেচখাল দ্বারা প্রকল্প, অগভীর নলকূপ বা অন্য সরকারি সেচপ্রকল্প বা রাজ্য নদী জলোত্তলন প্রকল্প দ্বারা সেচ পাওয়ার উপযুক্ত বলে মনে হবে। বিভিন্ন সময়ে "সেচ সেবিত এলাকা" বলতে কি বোঝায় সে বিষয়ে সংজ্ঞা সংশোধন হয়েছে। ১৯৮১ সালে পঃ বঃ ভূমি সংস্কার আইন সংশোধন দ্বারা উপরোক্ত সংজ্ঞাটি প্রস্তুত হয়েছে।

কোনও একটা এলাকা সেচ সেবিত কি না—এই প্রশ্নে পঃ বঃ ভূমি সংস্কার আইনের ১৪ঢ [s. 14N] ধারা অনুসারে রাজস্ব আধিকারিক তার নিষ্পত্তি করবেন। যদি এরকম কোনও প্রশ্ন ওঠে কোনও একটি এলাকা সেচ সেবিত কিনা, তখন নির্ধারিত কর্তৃপক্ষ, নির্দিষ্ট পদ্ধতিতে তদন্ত করে সিদ্ধান্ত নেবেন। পঃ বঃ ভূমি সংস্কার নিয়মের ১৪খ [r. 14B] বিধি অনুসারে নির্ধারিত কর্তৃপক্ষ রায়তকে যথোপযুক্ত শুনানির সুযোগ দিয়ে তদন্ত করবেন।

রিয়াজুদ্দিন আহম্মদ বনাম *পঃ বঃ সরকার*,[১৭] মামলায় এই অভিযোগ করা হয় যে, বেশ কিছু এলাকা যদিও রাজ্য সেচখাল প্রকল্প (State Canal Irrigation Project) বা রাজ্য বিদ্যুৎ চালিত গভীর নলকূপ (State Power Driven Deep Tube-well) বা রাজ্য নদী জলোত্তলন প্রকল্প (State River Life Irrigation Project) দ্বারা সেচের জল পায় না এবং ওই জমিগুলিকে "সেচ সেবিত এলাকা" হিসাবে গণ্য করা উচিত নয়। কিন্তু সংশ্লিষ্ট রাজস্ব আধিকারিক তাঁর সনির্বন্ধ অনুরোধ (Plea) বাতিল করেন এবং সরকারের জারি করা বিজ্ঞপ্তি নং ৭৩৫২-ই রেফ্ কলিকাতা, তাং ১.৭.১৯৭১-কে একমাত্র যুক্তি হিসাবে নিয়ে সরকারি বিজ্ঞপ্তিতে যে যে এলাকা সেচ সেবিত হিসাবে দেখানো আছে সেগুলিকে "সেচ সেবিত এলাকা" (irregated area) হিসাবে ঘোষণা করেন। ওই হিসাব অনুসারে জমি vest করেন। মহামান্য কলিকাতা হাইকোর্ট রাজস্ব আধিকারিকের আদেশ বাতিল করেন। পুনরায় শুনানির নির্দেশ দেন। মহামান্য হাইকোর্ট এটাও নির্দেশ দেন যে পঃ বঃ ভূমি সংস্কার আইনের ১৪ট(ঘ) ধারার দৃষ্টিভঙ্গি সঠিকভাবে আলোকপাত করার জন্য। উদ্দিষ্ট জমি সত্যি সত্যি সেচ সেবিত কিনা তা তদন্ত করে দেখতে বলেন। আবার অন্য একটি মামলায় কলিকাতা হাইকোর্টের মহামান্য একক বিচারক (single judge) রায় দান প্রসঙ্গে জানান পঃ বঃ ভূমি সংস্কার আইনের এই পরিচ্ছেদের জন্য কোনও

১৭ 1982(1) Cal LJ 434.

একটা এলাকা সেচ সেবিত কিনা তা বিবেচনা করার জন্য দেখতে হবে উক্ত এলাকা সরকারি বিজ্ঞপ্তি অনুযায়ী গেজেট বিজ্ঞপ্তি দ্বারা সেচ সেবিত এলাকা কিনা। কিন্তু পঃ বঃ ভূমি সংস্কার আইনের ১৪ঢ [s. 14N] ধারা অনুযায়ী কোনও এলাকা সেচ সেবিত কিনা এটা বিচার বিবেচনার জন্য সরকারি বিজ্ঞপ্তিই চূড়ান্ত প্রমাণ নয়। যদি কোনও এলাকা ওই ধরনের বিজ্ঞাপিত (notified) হিসাবে গেজেটে প্রকাশিত হয়েও থাকে তবুও কোনও বিবাদ (dispute) দেখা দিলে নির্ধারিত কর্তৃপক্ষ পঃ বঃ ভূমি সংস্কার নিয়মের ১৪খ নিয়ম অনুযায়ী নিষ্পত্তি করবেন। বর্তমান মামলায় রাজস্ব আধিকারিক আবেদনকারীকে ১৪ণ [s. 14O] ধারায় আপিল দায়ের করার সুযোগ থেকে বঞ্চিত করেছেন। কোনও মৌজা সেচ সেবিত কিনা তা বিচারের জন্য সরকারি বিজ্ঞপ্তিকেই একমাত্র চূড়ান্ত প্রমাণ হিসাবে ধরেছেন। মহামান্য কলিকাতা হাইকোর্টের একক বিচারক (single judge) রাজস্ব আধিকারিকের আদেশ বাতিল করেন। রাজস্ব আধিকারিককে পুনরায় বিচারের নির্দেশ দেন।[১৮]

যখন কোনও প্রশ্ন উঠবে যে কোনও জমি সেচ সেবিত কিনা তখন আগে সংশ্লিষ্ট রাজস্ব আধিকারিক ওই প্রশ্নের মীমাংসা করবেন তারপর তিনি জমির সর্বোচ্চ সীমা নির্ধারণের পরবর্তী পদক্ষেপ নেবেন। এক মামলায়[১৯] দেখা যায় সংশ্লিষ্ট রাজস্ব আধিকারিক রায়তের জমি "সেচ সেবিত এলাকায়" ধরে জমির সর্বোচ্চ সীমা নির্ধারণ করেছেন। যা আইন মোতাবেক ঠিক নয়। রায়ত রাজস্ব আধিকারিকের নিকট তাঁর বক্তব্য (representation) পেশ করেন যে উক্ত জমি সেচ সেবিত এলাকায় নয়, কিন্তু রায়তের বক্তব্যে গুরুত্ব না দিয়ে সংশ্লিষ্ট রাজস্ব আধিকারিক জমি ভেস্ট করেন। রাজস্ব আধিকারিকের উক্ত নিষ্ক্রিয়তার (inaction of R.O.) বিরুদ্ধে সংশ্লিষ্ট রায়ত মহামান্য আদালতে মামলা দায়ের করেন। মহামান্য আদালত এই রায় দেন যে আগে সিদ্ধান্ত নিতে হবে যে সংশ্লিষ্ট জমি সেচ সেবিত এলাকায় কিনা। তারপর রায়তের জমি সরকারে ন্যস্ত হবে কিনা সে ব্যাপারে পরবর্তী কার্যক্রম রাজস্ব আধিকারিক নেবেন।

২০। ফলের বাগান [Orchard]. পশ্চিমবঙ্গ ভূমি সংস্কার আইনের ১৪ট (ঙ) [s. 14K(*e*)] ধারায় ফলের বাগানের (orchard) সংজ্ঞা দেওয়া আছে। আগে

১৮ *রেবা খাতুন* বনাম *পশ্চিমবঙ্গ সরকার* 1986(2) CHN 126.

১৯ *রাধাবল্লভ রায়* বনাম *রাজস্ব আধিকারিক খণ্ডঘোষ সেটেলমেন্ট সার্কেল অফিস* 1988(2) Cal LJ 445.

১৪থ(২) ধারা অনুযায়ী একজন রায়ত ২ প্রামাণিক হেক্টর ফলের বাগান নিজস্ব খাসে রাখতে পারতেন (retain)। পরবর্তী ক্ষেত্রে ১৯৮১ সালের পঃ বঃ ভূমি সংস্কার আইন সংশোধন দ্বারা উক্ত ছাড় (relaxation) রদ করা হয়েছে। Orchard কথার আভিধানিক অর্থ হল—চারিদিকে ঘেরা ফলের বাগান। ওই শব্দটির অতিরিক্ত তাৎপর্য (connotation) হল সেই উদ্ভিদকে গাছ বলা যাবে (tree) অন্তত দুটি শর্ত পূর্ণ করলে।

প্রথমত Tree হবে বহুবর্ষজীবী (perennial) কিন্তু মরশুমি (seasonal) নয়।

দ্বিতীয়ত এর মূল কাণ্ড (stem) হবে শক্ত কাঠের (woody), এটি (herbacious) বা শাঁসালো (pulpy) হবে না।

কলা গাছ 'ফলের গাছ' (fruit tree) কিনা এই প্রশ্নে আদালতের রায় ছিল এইরকম—প্রথমত কলাগাছ বহুবর্ষজীবী (perennial) নয় বরং এটা প্রকৃতিগতভাবে মরশুমি উদ্ভিদ। এক বা শোয়া বছর মত বাঁচে (one or one and a quarter year)। এর কাণ্ড শক্ত কাঠের নয় বরং শাঁসালো। সুতরাং কলাগাছকে ফলগাছ হিসাবে গণ্য করা যায় না। সুতরাং কলা গাছের চাষকে ফলের বাগান হিসাবে ধরা যাবে না।[২০]

কলা গাছের বাগান বা বাঁশ বাগান ফলের বাগান (orchard) নয়।[২১]

২১। প্রামাণিক হেক্টর [Standard Hectare]. "প্রমাণ হেক্টরের" সংজ্ঞা দেওয়া রয়েছে পঃ বঃ ভূমি সংস্কার আইনে ১৪ট(চ) ধারায়। সেচ সেবিত এলাকায় সাধারণ এক হেক্টর জমিই স্ট্যান্ডার্ড হেক্টরের সমান ধরা হয়েছিল কিন্তু অসেচ এলাকায় এই পরিমাণ হল ১.৪০ হেক্টরের সমান। ফলের বাগানের ক্ষেত্রেও ১.৪০ হেক্টর ধরা আছে। অর্থাৎ সেচ এলাকার এক হেক্টর হল অসেচ ও বাগানের বেলায় ১.৪০ হেক্টর। একরের হিসাবে ১.০০ হেক্টর = ২.৪৭ একর সেচ এলাকায় এবং অসেচ ও ফলের বাগানের ক্ষেত্রে এই পরিমাণ হবে ৩.৪৬ একর।

পরিচ্ছেদ ২খ [Chapter 2B]-এর কার্যক্রম সম্পন্ন করতে এখন সমস্ত প্রকার জমি-ই একই রকম ধারা আছে ১৯৮১ সালের পঃ বঃ ভূমি সংস্কার আইন

২০ *মীর ফকির মহম্মদ* বনাম *পশ্চিমবঙ্গ রাজ্য সরকার* AIR 1978 SC 1072.

২১ *পশ্চিমবঙ্গ রাজ্য সরকার* বনাম *মীর ফকির মহম্মদ* AIR 1977 Cal 29.

সংশোধন দ্বারা। অসেচ/বাগান প্রভৃতি জমির ক্ষেত্রে ১.০০ প্রমাণ হেক্টর হল ১.৪০ হেক্টরের সমান।

২২। রায়তের একের বেশি স্ত্রী [More than one wife of raiyat]. একজন মুসলিম ধর্মের লোক একের বেশি বিবাহ করতে পারেন এবং তা আইন সিদ্ধ। আবার হিন্দু বিবাহ আইন চালু হওয়ার আগে (১৮.৫.১৯৫৫) যদি কোনও হিন্দুর একের বেশি স্ত্রী থাকে তবে তা বৈধ। সুতরাং একাধিক স্ত্রী থাকার সম্ভাবনা কিছু কিছু ক্ষেত্রে রয়েছে। যদি কোনও রায়তের একের বেশি স্ত্রী থাকে তবে তারা প্রত্যেকেই আইনসঙ্গতভাবেই রায়তের পরিবারে সদস্য হিসাবে থাকার অধিকারী হবেন। এ প্রসঙ্গে ১৯৭১ সালের উত্তরপ্রদেশ ইম্পোজিশান অব সিলিং অন হোল্ডিং অ্যাক্ট (U.P. Imposition of Ceiling on Holdings Act) অনুযায়ী একটি মামলা এলাহাবাদ হাইকোর্টে দায়ের করা হয়েছিল। ওই মামলায় এই প্রশ্ন উঠেছিল যে ওই একাধিক স্ত্রীরা রায়তের পরিবারে সদস্য হবেন কিনা। হাইকোর্টের রায় ছিল এইরকম—১৯৫৫ সালের (১৮.৫.১৯৫৫) হিন্দু বিবাহ আইন (Hindu Marriage Act) চালু হওয়ার আগে কোনও হিন্দুর একাধিক স্ত্রী থাকলে তারা সম্মিলিতভাবে একটি একক (one unit) হিসাবে বিবেচিত হবে।[২২]

পশ্চিমবঙ্গ ভূমি সংস্কার আইনের এই পরিচ্ছেদ (Chapter 2B)-এর প্রয়োগের জন্য এলাহাবাদ হাইকোর্টের উপরোক্ত রায় যথেষ্ট অর্থবহ ও কার্যকর। যদি বাড়ির কর্তা (head of the family) পুরুষ হয়ে থাকেন এবং তার যদি একাধিক স্ত্রী থাকেন তবে ওই স্ত্রীরা রায়তের পরিবারের সদস্য হবেন। পঃ বঃ ভূমি সংস্কার আইনের রায়তের জমির সর্বোচ্চ সীমা নির্ধারণের জন্য ১৪ড ধারা অনুযায়ী সমস্ত স্ত্রীদের একটি একক (one unit) ধরা হবে।

অন্যদিকে কেরালা ভূমি সংস্কার আইন, ১৯৬৪ অন্যরকম নির্দেশ দেয়। ১৯৬৪ সালের কেরালা ভূমি সংস্কার আইনের ৮২ নং ধারার ১ নং ব্যাখ্যা অনুযায়ী যদি কোনও রায়তের বৈধ, বিবাহিত দুই বা তার বেশি স্ত্রী থাকে তবে কেরালা ভূমি সংস্কার আইনের ৮২ নং ধারার কার্যক্রম করার লক্ষ্যে রায়ত, তার কোনও একজন স্ত্রী এবং ওই স্ত্রীর অবিবাহিত সন্তানদের নিয়ে একটা পরিবার ধরা হয় [সন্তান বলতে অবিবাহিত নাবালক সন্তান বোঝাবে]। ৮২ নং ধারার ১ নং ব্যাখ্যা অনুসারে রায়তের জমির সর্বোচ্চ সীমা নির্ধারণ লক্ষ্যে রায়ত তার একাধিক স্ত্রীদের মধ্যে থেকে একজনকে পছন্দমত বেছে নেওয়ার অধিকার থাকবে।

২২ *ফুলচাঁদ* বনাম *উত্তরপ্রদেশ সরকার* 1978 All LR 198.

যদিও পঃ বঃ ভূমি সংস্কার আইনে কেরোলা ভূমি সংস্কার আইনের মত কোনও ব্যাখ্যা নেই, তবুও এলাহাবাদ হাইকোর্টের রায় [*ফুলচাঁদ* বনাম *উত্তর প্রদেশ সরকার*] অনুসারে কোনও রায়তের একাধিক স্ত্রী থাকলে তাদেরকে একটা একক (one unit) ধরা যুক্তিসম্মত।

২৩। আইনসম্মত নয় এরকম বিবাহ ও সন্তান [Child of void marriage]. হিন্দু বিবাহ আইনের ৫ নং ধারার (১), (৪) এবং (৫) নং দফার বিধান লঙ্ঘন করে কোনও হিন্দু বিবাহ করলে তা বাতিল (void) হিসাবে গণ্য হবে। অর্থাৎ কোনও অবৈধ বিবাহের স্বামী বা স্ত্রী পরস্পর তাদের পরিবারের সদস্য হতে পারে না। কিন্তু হিন্দু বিবাহ আইনের ১৬(১) ধারা এবং বিশেষ বিবাহ আইনের ২৬(১) ধারার বিধান অনুযায়ী অবৈধ বিবাহে জাত, সন্তানেরা বৈধ সন্তান [legitimate children] হিসাবে গণ্য হবে। হিন্দু বিবাহ আইন এবং বিশেষ বিবাহ আইনের (Special Marriage Act) বিধান লঙ্ঘন করে যে কোনও প্রকার বিবাহই অবৈধ হিসাবে গণ্য হবে আইনের দৃষ্টিতে। ওই ধরনের অবৈধ বিবাহের কোনও সামাজিক মর্যাদা স্বীকার করা হয় না আইনের বিচারে। মহামান্য অন্ধ্রপ্রদেশ হাইকোর্ট তার এক আদেশে[২৩] জানিয়েছেন—ওই ধরনের বিবাহে জাত সন্তানেরা তাদের পিতা-মাতার [Parents'] পরিবারের সদস্য হবেন। যদি পিতার সাথে বসবাস করে ওই সন্তানেরা পিতার পরিবারের সদস্য হবেন আবার মায়ের সাথে বসবাস করলে ওই সন্তানেরা মায়ের পরিবারের সদস্য হবেন। মায়ের পরিবারের সদস্য হিসাবে থাকলে পিতার জমির সর্বোচ্চ সীমা নির্ধারণের জন্য তাকে পিতার পরিবারের সদস্য হিসাবে ধরা যাবে না। আবার যদি ওই সন্তানেরা পিতার পরিবারে থাকে তবে পিতার পরিবারের সদস্য হিসাবেই গণ্য হবেন কিন্তু মায়ের জমির সর্বোচ্চ সীমা নির্ধারণের জন্য তাকে মায়ের পরিবারের সদস্য হিসাবে তখন আর গণ্য করা হবে না।

২৪। সন্তানহীনা বিধবা [Widow having no child]. ১৫.২.১৯৭১ তারিখের আগে যখন কোনও রায়ত মারা গেছেন, তখন তার বিধবা স্ত্রীর কোনও সন্তান না থাকলে, ওই বিধবা নিজেই একটি পরিবার (family) হিসাবে গণ্য হবে।[২৪]

২৩ *সি. এইচ. কৃষ্ণাম্মা নাইডু* বনাম *অন্ধ্রপ্রদেশ রাজ্য সরকার* AIR 1979 AP 18; 1979(1) Andh WR 65.

২৪ *গণেশ ভারতী* বনাম *বিহার রাজ্য সরকার* AIR 1977 NOC 179 (Pat).

১৪ঠ। কোনও রায়ত সর্বোচ্চ সীমার বেশি জমি দখলে রাখতে পারবেন না (No raiyat to hold land in excess of the ceiling area) ঃ [১৪থ(৩) ধারা, ১৪ম ধারা ও ১৪য(২), এই পরিচ্ছেদ বলবৎ হওয়ার দিন থেকে][১] কোনও রায়ত ১৪ড ধারায় উল্লিখিত নির্দিষ্ট সর্বোচ্চ সীমার বেশি জমি রাখার অধিকারী হবেন না।

14L. No raiyat to hold land in excess of the ceiling area. [1][Subject to the provisions of sub-section (3) of section 14Q, section 14Y and sub-section (2) of section 14Z, on and from the commencement] of the provisions of this Chapter, no *raiyat* shall be entitled to own, in the aggregate, any land in excess of the ceiling area applicable to him under section 14M.

সূচনা ও কর্মপরিধি [Commencement and scope]. মূল আইনে ১৪ঠ ধারাটি ছিল অন্যরকম, এটি ছিল ঃ এই পরিচ্ছেদের বিধানগুলি চালু হওয়ার দিন থেকে কোনও রায়ত ১৪ড ধারায় নির্ধারিত জমির সর্বোচ্চ সীমা ছাড়া অতিরিক্ত কোনও জমি রাখার অধিকারী হবেন না (On and from the commencement of the provisions of this Chapter, no *raiyat* shall be entitled to own, in the aggregate, any land in excess of the ceiling area applicable to him under section 14M)। পরবর্তী ক্ষেত্রে ১৯৯৬ সালের পঃ বঃ ভূমি সংস্কার (সংশোধন) আইন দ্বারা এই ধারাটির পরিবর্তন করা হয়, যা কলিকাতা গেজেটে ২৭.৮.১৯৯৬ তারিখে প্রকাশিত হয়। পরিবর্তিত ধারা ২৭.৮.১৯৯৬ থেকে বলবৎ হয়েছে।

১৪ঠ ধারা অনুযায়ী এই পরিচ্ছেদ বলবৎ হওয়ার তারিখ থেকে কোনও রায়ত ১৪ড ধারায় পরিবার পিছু জমি রাখার যে সর্বোচ্চ সীমা নির্দিষ্ট করে দেওয়া আছে, তার চেয়ে বেশি জমি রাখতে পারবেন না। ১৪ড ধারা অনুযায়ী যে পরিবারে সদস্য সংখ্যা একজন তিনি ২.৫০ স্ট্যান্ডার্ড হেক্টর জমি রাখতে

১ পশ্চিমবঙ্গ ভূমি সংস্কার (সংশোধন) আইন, ১৯৯৬ (পশ্চিমবঙ্গ আইন ২৪, ১৯৯৬) দ্বারা "আরম্ভ হওয়া এবং হইতে"-র জন্য অনুকল্পিত।

১৫.২.১৯৭১ তারিখ হতে এই পরিচ্ছেদটি বলবৎ হয়েছে। উক্ত তারিখে এবং অতঃপর ঊর্ধ আয়তনের বাড়তি জমি রাজ্যে বর্তাবে।

1 *Substituted* by W.B. Land Reforms (Am.) Act, 1996, dated 27.8.1996 (w.e.f. 27.8.1996).

পারবেন। আবার যে পরিবারে সদস্য সংখ্যা ২ থেকে ৫ জন সেই পরিবার সর্বাধিক ৫.০০ স্ট্যান্ডার্ড হেক্টর জমি রাখার অধিকারী হবেন। এছাড়া প্রতি একজন সদস্য বৃদ্ধির জন্য .৫০ স্ট্যান্ডার্ড হেক্টর জমি অতিরিক্ত রাখতে পারবেন। তবে কোনও অবস্থাতেই ৭.০০ স্ট্যান্ডার্ড হেক্টরের বেশি জমি কোনও পরিবার রাখতে পারবেন না। কোনও পরিবারে যদি একাধিক সদস্যের আলাদা জমি থাকে তবে, প্রত্যেকের জমি মিলিতভাবে ৫.০০ স্ট্যান্ডার্ড হেক্টর অতিক্রম করবে না যদি পরিবারের সদস্য ২ থেকে ৫ জন হয়।

পশ্চিমবঙ্গ ভূমি সংস্কার আইনের ৪(৩) ধারা অনুযায়ী [এখন অবলুপ্ত] একজন রায়ত বাস্তুভিটা বাদে ২৫ একর কৃষি জমি রাখার অধিকারী ছিলেন। বর্তমানে জমির সংজ্ঞা পাল্টে যাওয়ায় একজন রায়ত বাস্তুজমিও সর্বোচ্চ সীমার মধ্যে রাখতে পারবেন। ১৯৮১ সালের পঃ বঃ ভূমি সংস্কার (সংশোধন) আইন দ্বারা ২(৭) ধারায় জমির সংজ্ঞা পরিবর্তিত হওয়ায় ১৪ঠ ধারার গুরুত্ব বিস্তার লাভ করেছে। বর্তমানে জমি বলতে যে কোনও শ্রেণি এবং বর্ণনায় জমিই বোঝাবে। কৃষি জমি, অকৃষি জমি, মিল, কারখানা, পৌলট্রি ফার্ম ইত্যাদি যে কোনও জমি ২খ পরিচ্ছেদের অধীনে আসবে। নূতন ১৪ঠ ধারা অনুযায়ী কোনও রায়ত ১৪ড ধারায় বর্ণিত জমির সর্বোচ্চ সীমার চেয়ে বেশি জমি রাখার অধিকারী হবেন না।

"এই পরিচ্ছেদ বলবৎ হওয়ার দিন থেকে" এবং ১৪ম ধারা বিবেচনা করে একথা বলা যায় ১৪ড ধারায় বর্ণিত জমির সর্বোচ্চ সীমার চেয়ে অতিরিক্ত জমি কোনও রায়ত এই পরিচ্ছেদ বলবৎ হওয়ার তারিখে রাখতে পারবেন না এবং ভবিষ্যতেও রাখার অধিকারী হবেন না। অর্থাৎ এই পরিচ্ছেদ বলবৎ হওয়ার পরেও কোনও রায়ত ১৪ড ধারায় নির্ধারিত জমির চেয়ে বেশি জমি রাখতে পারবেন না।

১৪ম ধারা অনুযায়ী ভবিষ্যতে রায়তের অতিরিক্ত জমি রাখার বিষয়ে বিধিনিষেধ আরোপ করা হয়েছে। মহামান্য আদালত এক রায়ে[১] জানিয়েছেন যে, রায়তের মৃত্যু বা অন্যভাবে পরিবারের সদস্য সংখ্যা কমে গেলে স্থিরকৃত জমির সর্বোচ্চ সীমা বিষয়ে বিরক্ত করা যাবে না। ১৪ঠ অনুযায়ী যেহেতু রায়ত ১৪ড ধারায় নির্ধারিত সর্বোচ্চ সীমার চেয়ে বেশি জমি রাখতে পারবেন না, এই নির্ধারণ কেবলমাত্র ২খ পরিচ্ছেদ বলবৎ হওয়ার দিনে প্রযোজ্য নয়, ভবিষ্যতের জন্যও প্রযোজ্য। ১৪ঠ ধারায় পরিষ্কার নির্দেশ রয়েছে যে এই

১ *হৃদয়কৃষ্ণ পাত্র* বনাম *পঃ বঃ সরকার* 86 CWN 154; 1982(1) CHN 81.

পরিচ্ছেদ (২খ পরিচ্ছেদ) বলবৎ হওয়ার দিনে বা অন্য কোনও পরবর্তী দিনে নির্ধারিত জমির সর্বোচ্চ সীমার চেয়ে অতিরিক্ত জমি রাখতে পারবেন না।

১৪ড। জমির সর্বোচ্চ সীমা (Ceiling area) ঃ (১) জমির সর্বোচ্চ সীমা হবে—

(ক) সাবালক অবিবাহিত রায়ত হলে ২.৫০ প্রমাণ হেক্টর;

(খ) পরিবারের একমাত্র জীবিত সদস্য রায়ত হলে তিনিও রাখবেন ২.৫০ প্রমাণ হেক্টর;

(গ) ২ জনের বেশি কিন্তু ৫ জনের বেশি নয় এরকম পরিবারের রায়তের ক্ষেত্রে ৫.০০ প্রমাণ হেক্টর;

(ঘ) পাঁচ জনের বেশি প্রতিটি সদস্যের জন্য ০.৫০ প্রমাণ হেক্টর হবে, কিন্তু কোনও অবস্থাতেই জমির সর্বোচ্চ সীমা ৭.০০ প্রমাণ হেক্টর ছাড়িয়ে যাবে না।

(ঙ) অন্য যে কোনও রায়তের বেলায় ৭.০০ প্রমাণ হেক্টর।

(২) উপধারা (১)-এ যাই থাক না কেন, কোনও রায়তের পরিবারে একাধিক রায়ত থাকলে ওই রায়তের পরিবারের অন্যান্য রায়ত এবং তাঁর জমির সর্বোচ্চ সীমা একসাথে যাই হোক না কেন নিম্নলিখিত সীমা অতিক্রম করবে না—

(ক) পরিবারের সদস্য সংখ্যা পাঁচ অতিক্রম না করলে সেক্ষেত্রে ৫.০০ স্ট্যান্ডার্ড হেক্টর;

(খ) যেক্ষেত্রে সংখ্যা পাঁচ অতিক্রম করবে, সেক্ষেত্রে পাঁচের বেশি প্রতি সদস্যের জন্য ০.৫০ প্রমাণ হেক্টর, কিন্তু তা সত্ত্বেও কোনও অবস্থাতেই রায়তের পরিবারের জমির সর্বোচ্চ সীমা ৭.০০ স্ট্যান্ডার্ড হেক্টর ছাড়াবে না।

(৩) উপধারা (২)-এর উদ্দেশ্যগুলির জন্য রায়তের পরিবারের সদস্য প্রত্যেক আলাদাভাবে বা একসাথে যে জমির মালিক, তার সমস্তই ওই রায়তের নিজস্ব জমি হিসাবে ধরা হবে।

(৪) কোনও পরিবারের রায়তদের বা পরিবারের একমাত্র জীবিত সদস্যের বা কোনও অবিবাহিত সাবালক ব্যক্তির জমির সর্বোচ্চ সীমা স্থির করার সময় ওই রায়ত বা রায়তদের অথবা পরিবারের একমাত্র জীবিত সদস্য বা সাবালক অবিবাহিত ব্যক্তি কোনও সমবায় সমিতি, কোম্পানি,

সমবায় খামার সমিতি, অবিভক্ত হিন্দু পরিবারে বা ফার্মের মধ্যে যে জমি রেখেছেন তা হিসাবে আনতে হবে।

ব্যাখ্যা ঃ এই ধারার উদ্দেশ্যগুলির জন্য কোনও পরিবারের কোনও রায়তের অথবা পরিবারের একমাত্র জীবিত সদস্যের বা কোনও অবিবাহিত ব্যক্তির কোনও সমবায় সমিতির বা কোনও অবিভক্ত হিন্দু পরিবারে রাখা জমিগুলি এমনভাবে ধরতে হবে যেন ওই জমির ভাগ বা বণ্টন হয়েছে।

[১](৫) জন সাধারণের স্বার্থে ব্যবহৃত নয় এরকম ন্যাস বা উৎসর্জনমূলক সংস্থার (endowment) মালিক যদি রায়ত হিসাবে বিবেচিত হন; তবে ওই ন্যাস বা সংস্থার স্রষ্টাকর্তা তিনি এই আইনের অধীন রায়ত হিসাবে তাঁর নির্দিষ্ট অংশে বিবেচিত হবেন, তার ওই জমির মালিক তিনি এটা ধরা হবে এবং জমির সর্বোচ্চ সীমা নির্ধারণের সময় বিবেচনা করা হবে।

ব্যাখ্যা ঃ "ন্যাস বা উৎসর্জনমূলক সংস্থা সৃষ্টিকারী" বলতে ওই সৃষ্টিকারীর উত্তরাধিকারীদেরকেও বোঝাবে।

[২](৬) ১ নং উপধারায় যাই থাক না কেন, সম্পূর্ণরূপে পরিচালিত কোনও দাতব্য বা ধর্মীয় বা উভয় উদ্দেশ্যের জন্য কোনও সার্বজনীন কাজে

১ পশ্চিমবঙ্গ ভূমি সংস্কার (সংশোধন) আইন, ১৯৮১ (পশ্চিমবঙ্গ আইন ৫০, ১৯৮১)-এর ২০(ক) ধারার মাধ্যমে পূর্বের (৫) উপধারার স্থলে ব্যাখ্যাসহ অনুকল্পিত এবং উক্ত আইনের ১(২) ধারার মাধ্যমে ৭.৮.১৯৬৯ তারিখ হতে বলবৎ হয়েছে। মূল উপধারাটি নিম্নরূপ ছিল ঃ

"(৫) কোন সার্বজনীন সত্ত্বা ব্যতীত কোনও ন্যাস বা উৎসর্গের দ্বারা স্বত্বাধিকৃত জমিগুলি, ঐ ন্যাস বা উৎসর্গের অধীন স্বত্ব-ভোগীদের দ্বারা জমিগুলি স্বত্বাধিকৃত বিবেচিত হবে এবং উক্ত ন্যাস বা উৎসর্গে অনুরূপ প্রত্যেক স্বত্ব-ভোগী তাঁহার লাভপ্রদ স্বত্বের অংশের আয়তনে এই আইনানুযায়ী একজন রায়ত বিবেচিত হবে।"

২ পশ্চিমবঙ্গ ভূমি সংস্কার (সংশোধন) আইন ১৯৮১ আইনের ২০(খ) ধারার মাধ্যমে সন্নিবেশিত এবং উক্ত আইনের ১(২) ধারার মাধ্যমে ৭.৮.১৯৬৯ তারিখ হতে বলবৎ হয়েছে।

(ক) একজন অবিবাহিত রায়ত অথবা পরিবারের একমাত্র উত্তরজীবী রায়ত সেচ বা অসেচ এলাকায় যথাক্রমে ২.৫০ হেক্টর বা ৬.১৮ একর বা ১৮ বিঘা ১৩ কাঠা ১৪ ছটাক জমি অথবা ৩.৫০ হেক্টর বা ৮.৬৫ একর বা ২৬ বিঘা ৩ কাঠা ৫ ছটাক জমি রাখবার অধিকারী।

(খ) অনধিক পাঁচ সদস্য বিশিষ্ট পরিবার সেচ অথবা অসেচ এলাকায় যথাক্রমে ৫ হেক্টর বা ১২.৩৬ একর বা ৩৭ বিঘা ৭ কাঠা ১৩ ছটাক জমি অথবা ৭ হেক্টর বা ১৭.৩০ একর বা ৫২ বিঘা ৬ কাঠা ১০ ছটাক জমি রাখবার অধিকারী।

পরিচালিত হয়; তবে ওই পরিচালনার উদ্দেশ্যে ওই সংস্থাকে এই আইনে রায়ত হিসাবে বিবেচনা করা হবে এবং এই রাজ্যে ওই প্রতিষ্ঠানের যত কেন্দ্র ও শাখা থাক না কেন ওই প্রতিষ্ঠানের জমির সর্বোচ্চ সীমা হবে ৭.০০ প্রমাণ হেক্টর।

14M. Ceiling area. **(1) The ceiling area shall be,—**

(*a*) in the case of a *raiyat*, who is an adult unmarried person, 2.50 standard hectares;

(*b*) in the case of a *raiyat*, who is the sole surviving member of a family, 2.50 standard hectares;

(*c*) in the case of a *raiyat* having a family consisting of two or more, but not more than five members, 5.00 standard hectares;

(*d*) in the case of a *raiyat* having a family consisting of more than five members, 5.00 standard hectares, plus 0.50 standard hectare for each member in excess of five, so, however, that the aggregate of the ceiling area for such *raiyat* shall not, in any case, exceed 7.00 standard hectares;

(*e*) in the case of any other *raiyat*, 7.00 standard hectares.

(2) Notwithstanding anything contained in sub-section (1), where, in the family of a *raiyat*, there are more *raiyats* than one,

---

(গ) পাঁচের অধিক প্রতি সদস্যের জন্য সেচ অথবা অসেচ এলাকায় ০.৫০ হেক্টর বা ১.২০ একর বা ৩ বিঘা ১৪ কাঠা ১৩ ছটাক জমি অথবা ০.৭০ হেক্টর বা ১.৭৩ একর বা ৫ বিঘা ৪ কাঠা ১১ ছটাক জমি রাখবার অধিকারী কিন্তু সর্বমোট ৭.০০ আদর্শ হেক্টরের বেশি নয়।

(ঘ) রায়তের পরিবারের সদস্য সংখ্যা ৯-এর ঊর্ধে হইলে এবং অন্যান্য রায়ত যথা—জন, প্রতিষ্ঠান, ন্যাস, উৎসর্গ ইত্যাদির ক্ষেত্রে সেচ অথবা অসেচ এলাকায় যথাক্রমে ৭ হেক্টর বা ১৭.৩০ একর বা ৫২ বিঘা ৬ কাঠা ১০ ছটাক জমি অথবা ৯.৮০ হেক্টর বা ২৪.২২ একর বা ৭৩ বিঘা ৫ কাঠা ৬ ছটাক জমি রাখবার অধিকারী।

(ঙ) ধর্মীয় বা জনহিতকর বা উভয় উদ্দেশ্যে প্রতিষ্ঠিত নিগম, প্রতিষ্ঠান, ন্যাস বা উৎসর্গের ক্ষেত্রে (ঘ)-এ উল্লিখিত জমির উপর রাজ্য সরকার যে পরিমাণ জমির সীমা বৃদ্ধি করবেন তাহা রাখবার অধিকারী।

(চ) সমবায় সমিতি, কোম্পানি, সমবায় কৃষি-সমিতি, যৌথ হিন্দু পরিবার বা ব্যবসায় সংস্থার ক্ষেত্রে তাহার সদস্যদের মোট জমির ঊর্ধ আয়তন হতে ব্যক্তিগতভাবে সদস্যদের পৃথকভাবে অন্য জমি রাখা থাকিলে তা বাদ যাবে।

the ceiling area for the *raiyat*, together with the ceiling area of all the other *raiyats*, in the family shall not, in any case, exceed,—

(*a*) where the number of members of such family does not exceed five, 5.00 standard hectares;

(*b*) where such number exceeds five, 5,00 standard hectares, *plus* 0.50 standard hectare for each member in excess of five, so, however, that the aggregate of the ceiling area shall not, in any case, exceed 7.00 standard hectares.

(3) For the purposes of sub-section (2), all the lands owned individually by the members of a family or jointly by some or all the members of such family shall be deemed to be owned by the *raiyats* in the family.

(4) In determining the extent of land owned by the *raiyats* in a family or the sole surviving member of a family or an adult unmarried person, the share of such *raiyat* or *raiyats*, or such sole surviving member, or such adult unmarried person, as the case may be, in the lands owned by a co-operative society, company, co-operative farming society, Hindu undivided family or a firm shall be taken into account.

Explanation. For the purposes of this sub-section, the share of a *raiyat* in a family or the sole surviving member of a family or an adult unmarried person in the lands owned by a co-operative society or a joint family shall be deemed to be the extent of land which would be allotted to such *raiyat* or person had such lands been divided or partitioned, as the case may be.

[1][(5) The lands owned by a trust or endowment other than that of a public nature, shall be deemed to be lands owned by the author of the trust or endowment and such author shall be deemed to be a *raiyat* under this Act to the extent of his share in the said lands, and the share of such author in the said lands shall be taken into account for calculating the area of lands owned and retainable by such author of the trust or endowment, and for determining his ceiling area for the purposes of this Chapter.]

1 *Substituted* by W.B. Act L of 1981, w.r.e.f. 7.8.1969, published in *Calcutta Gazette*, dated 24.3.1986.

Explanation. **The expression "author of trust or endowment" shall include the successors-in-interest of the author of such trust or endowment.]**

[2][(6) Notwithstanding anything contained in sub-section (1), a trust or an institution of public nature exclusively for a charitable or religious purpose or both shall be deemed to be a *raiyat* under this Act and shall be entitled to retain lands not exceeding 7.00 standard hectares, notwithstanding the number of its centres or branches in the State.]

আলোচনার সূচী

2 *Inserted* by W.B. Act L of 1981, w.r.e.f. 7.8.1969, published in *Calcutta Gazette*, dated 24.3.1986.

আলোচনার সূচী—*চলিতেছে*

১। সূচনা ও কর্মপরিধি [Commencement and scope]. বিভিন্ন শ্রেণির রায়তের জমির সর্বোচ্চ সীমা কীভাবে হিসাবে আসবে তার নির্দেশ দেয় ১৪ড ধারা। অর্থাৎ একজন রায়ত সবচেয়ে বেশি কী পরিমাণ জমি ব্যক্তিগত মালিকানায় রাখার অধিকারী হবেন তার নির্দেশ এই ধারা দেয়। ১৪ড(১) [s. 14M(1)] ধারা অনুযায়ী একজন প্রাপ্তবয়স্ক ব্যক্তি এবং যিনি অবিবাহিত [adult and unmarried] এবং যিনি পরিবারের একমাত্র জীবিত সদস্য তিনি সেচ সেবিত এলাকায় সর্বাধিক ২.৫০ হেক্টর বা ৬.১৮ একর জমি রাখতে পারবেন। আবার ওই ব্যক্তিই অসেচ এলাকায় ৩.৫০ প্রমাণ হেক্টর বা ৮.৬৫ একর জমি রাখতে পারবেন।

যে পরিবারের সদস্য সংখ্যা ২ থেকে ৫ জন, সেই পরিবার সর্বাধিক ৫.০০ প্রমাণ হেক্টর (১২.৩৫ একর) সেচ এলাকায় অথবা অসেচ এলাকায় ৭.০০ প্রমাণ হেক্টর (১৭.৩০ একর) জমি রাখার অধিকারী হবেন। এর প্রতি সদস্য সংখ্যা বৃদ্ধির জন্য ০.৫০ প্রমাণ হেক্টর জমি রাখতে পারবেন অতিরিক্ত। অর্থাৎ পরিবারের সদস্য সংখ্যা ৬ জন হলে ওই রায়ত এবং তার পরিবার রাখবেন সেচ এলাকায় ৫.০০ + ০.৫০ = ৫.৫০ হেক্টর, ৭ জনের পরিবার সেচ এলাকায় রাখতে পারবেন ৫.৫০ + ০.৫০ = ৬.০০ স্ট্যান্ডার্ড হেক্টর জমি। এইভাবে সর্বাধিক ৯ সদস্যের পরিবার সেচ সেবিত এলাকায় ৭.০০ স্ট্যান্ডার্ড হেক্টর বা ১৭.৩০ একর জমি রাখতে পারবেন।

শ্রীশ্রীঈশ্বর শারদীয় দুর্গা ঠাকুরানি বনাম *রাজস্ব আধিকারিক*[১] মামলায় মহামান্য আদালত জানিয়েছেন যে রায়ত ব্যক্তি বা কোনও কৃত্রিম বা আইনানুগ

১ 1981(1) Cal LJ 231.

ব্যক্তি এবং/অথবা প্রতিষ্ঠান হতে পারে। ১৪ড(১) ধারার (ক), (খ), (গ) এবং (ঘ) দফায় এই নির্দেশ দেয় যে রায়ত একজন ব্যক্তি (person) হলে তার ক্ষেত্রে জমির সর্বোচ্চ সীমা কী হবে, আবার ২(১০) ধারার সাপেক্ষে রায়ত আইনানুগ ব্যক্তি (juridical person) হলে তার ক্ষেত্রে জমির সর্বোচ্চ সীমা কী হবে তার নির্দেশ রয়েছে ১৪ড(১)(ঙ) [s. 14M(1)(*e*)] ধারায়।

নীচে সদস্য সংখ্যা অনুযায়ী রায়তের পরিবারের সর্বোচ্চ সীমার একটি তালিকা দেওয়া হল—

পরিবারের সদস্য সংখ্যা	সেচ এলাকা	অসেচ এলাকা
(ক) অবিবাহিত এবং বয়স্ক ব্যক্তি অথবা পরিবারের একমাত্র জীবিত সদস্য	২.৫০ হেক্টর (৬.১৮ একর)	৩.৫০ হেক্টর (৮.৬৫ একর)
(খ) যে পরিবারের সদস্য সংখ্যা ২ থেকে ৫ জন	৫.০০ হেক্টর (১২.৩৬ একর)	৭.০০ হেক্টর (১৭.৩০ একর)
(গ) পরিবারের সদস্য সংখ্যা ৫ + ১ = ৬ জন	৫.০০ + ০.৫০ = ০.৫০ হেক্টর (১২.৩৬ + ১.২৪ = ১৩.৬০ একর)	৭.০০ + .৭০ = ৭.৭০ হেক্টর (১৭.৩০ + ১.৭৩ = ১৯.০৩ একর)
(ঘ) পরিবারের সদস্য সংখ্যা ৬ + ১ = ৭ জন	৬.০০ হেক্টর (১৪.৮৪ একর)	৮.৪০ হেক্টর (২০.৭৬ একর)
(ঙ) পরিবারের সদস্য সংখ্যা ৭ + ১ = ৮ জন	৬.৫০ হেক্টর (১৬.০৮ একর)	৯.১০ হেক্টর (২২.৪৯ একর)
(চ) পরিবারের সদস্য সংখ্যা ৮ + ১ = ৯ জন	৭.০০ হেক্টর (১৭.৩০ একর)	৯.৮০ হেক্টর (২৪.২২ একর)

অর্থাৎ একটি সবচেয়ে বড় পরিবারে ৯ জন সদস্য থাকতে পারে। এই পরিবার সর্বাধিক সেচ এলাকায় ৭.০০ হেক্টর (১৭.৩০ একর) অথবা অসেচ এলাকায় ৯.৮০ হেক্টর বা ২৪.২২ একর জমি রাখতে পারবেন। কোনও পরিবারের সদস্য সংখ্যা ১০ জন বা ১১ জন বা তার চেয়ে বেশি যাই হোক না কেন ওই পরিবার সর্বাধিক সেই পরিমাণ জমিই রাখতে পারবেন যা ৯ জন সদস্য বিশিষ্ট পরিবার রাখতে পারেন। উপধারা (২) অনুযায়ী কোনও পরিবারে একের বেশি রায়ত থাকলে এবং পরিবারের সদস্য সংখ্যা পাঁচ এর বেশি না হলে ওই পরিবার সর্বাধিক ৫.০০ প্রমাণ হেক্টর জমি রাখতে পারবেন। এরপর প্রতি একজন সদস্য বৃদ্ধির সাথে সাথে ০.৫০ হেক্টর জমি যুক্ত হবে তবে কোনও মতেই মোট জমির পরিমাণ ৭.০০ হেক্টর ছাড়িয়ে যাবে না।

উপধারা (৩) অনুযায়ী (২) উপধারার উদ্দেশ্যে কোনও পরিবারের সদস্যদের ব্যক্তিগতভাবে (individually) বা যৌথভাবে (jointly) রাখা জমি এক সাথে ধরা হবে।

কোনও রায়তের জমির হিসাব করার সময় যদি দেখা যায় তাঁর বা তাঁর পরিবারের কোনও সদস্যের জমি রয়েছে কোনও সমবায় সমিতিতে, কোম্পানিতে, সমবায় খামার সমিতিতে, অবিভক্ত হিন্দু পরিবারে বা কোনও ফার্মে, সেই জমি ও হিসাব করা হবে।

১৪ড(৫) ধারা অনুযায়ী কোনও ন্যাস (trust) বা উৎসর্জনমূলক সংস্থা যারা সার্বজনীন উদ্দেশ্যে পরিচালিত নয়, তাদের কোনও জমি থাকলে ধরে নেওয়া হবে ওই জমি ন্যাস বা উৎসর্জনমূলক সংস্থা গঠনকারীর (author of the trust or endowment)। ওই ন্যাস বা উৎসর্জনমূলক সংস্থা গঠনকারীকেই রায়ত হিসাবে ধরা হবে এবং ওই গঠনকারীর নিজস্ব জমির সর্বোচ্চ সীমা হিসাব করার সময় ওই ন্যাস/উৎসর্জনমূলক সংস্থার জমি ও তার মধ্যে ধরে নিতে হবে।

বর্তমান (৫) নং উপধারা মোটামুটি মূল (৫) নং উপধারার-ও মত। ১৯৭১ সালের ৩ নং রাষ্ট্রপতির আইন দ্বারা যুক্ত হয়েছে। সেটি ছিল এইরকমঃ

> "The lands owned by a private trust, endowment or institution shall be deemed to the lands owned by the *raiyat* creating the trust or endowment or establishing the institution, as the case may be, or if he is not alive, by his successors-in-interest."

১৯৭২ সালের পঃ বঃ ভূমি সংস্কার (সংশোধন) আইন [১৯৭২ সালের ১২ নং আইন] দ্বারা (৫) নং উপধারাকে সংশোধন করা হয়েছে। ওই সংশোধিত ধারাটি মোটামুটি এইরকম ঃ

সার্বজনীন স্বার্থে ব্যবহৃত নয় এইরকম ন্যাস (trust) বা উৎসর্জনমূলক সংস্থার মালিক যদি রায়ত হিসাবে গণ্য হন, তবে ওই ন্যাস/উৎসর্জনমূলক সংস্থার অধীন ওই দানগ্রাহীকে (beneficiaries) ওই জমির মালিক ধরা হবে। এই আইনের অধীনে প্রত্যেক দানগ্রাহীকে এক একজন রায়ত ধরা হবে ওই ন্যাস বা উৎসর্জনমূলক সংস্থায় তার অংশ মোতাবেক।

১৯৮১ সালের পঃ বঃ ভূমি সংস্কার (সংশোধন) আইন দ্বারা উপরোক্ত ধারাটি আবার পরিবর্তিত হয়েছে, যা কলিকাতা গেজেটে ২৪.৩.১৯৮৬-তে প্রকাশিত হয়েছে। এটি বলবৎ হয়েছে ৭.৮.১৯৬৯ থেকে।

উপধারা (৬) অনুযায়ী, উপধারা (১)-ক যা-ই থাকনা কেন কোনও ন্যাস (trust) বা প্রতিষ্ঠান যা সম্পূর্ণরূপে দাতব্য বা ধর্মীয় উদ্দেশ্যে পরিচালিত অথবা উভয় উদ্দেশ্যে পরিচালিত তাকে রায়ত হিসাবে বিবেচনা করা হবে পঃ বঃ ভূমি সংস্কার আইনে। এই রাজ্যে যেখানে ওই ন্যাস বা সংস্থার যত কেন্দ্র (centers) এবং শাখা (branches) থাক না কেন অনধিক ৭.০০ প্রমাণ হেক্টর জমি রাখার অধিকারী হবেন ওই ন্যাস বা প্রতিষ্ঠান।

এই পরিচ্ছেদ বলবৎ হওয়ার সময় ন্যাস/প্রতিষ্ঠানগুলি ইচ্ছামত জমি রাখতে পারতেন, কোনও সর্বোচ্চ সীমা ছিল না। ১৯৭৪ সালের পঃ বঃ ভূমি সংস্কার (সংশোধন) আইন [১৯৭৪ সালের পশ্চিমবঙ্গের ৩৩ নং আইন] দ্বারা মূল আইনে ১৪থ(২খ) ধারাটি যুক্ত হয়েছে। এই ধারা অনুযায়ী ধর্মীয় বা দাতব্য উদ্দেশ্যে অথবা উভয় উদ্দেশ্যে পরিচালিত কোনও ন্যাস/প্রতিষ্ঠানের এই রাজ্যে যত কেন্দ্র বা শাখা আছে তাদের প্রত্যেকটিকে আলাদা আলাদা রায়ত হিসাবে গণ্য করা হবে। প্রতিটি কেন্দ্র বা শাখা রায়ত হিসাবে ৭.০০ প্রমাণ হেক্টর জমি রাখার অধিকারী হবে। [১৯৮১ সালের পঃ বঃ ভূমি সংস্কার (সংশোধন) আইন দ্বারা ১৪থ(২খ) ধারাটি বাতিল করা হয়েছে।]

২। রাজ্যের বাইরে রায়তের কোনও জমি সর্বোচ্চ সীমা নির্ণয়ে সংযুক্ত হবে কিনা [Whether land held by the raiyat outside State to be included while determining ceiling area]. পশ্চিমবঙ্গের বাইরে অবস্থিত রায়তের কোনও জমি ওই রায়তের জমির সর্বোচ্চ সীমা নির্ণয়ের সময় যুক্ত হবে কিনা এই প্রশ্ন দেখা দিলে বলা যায় যে, পঃ বঃ ভূমি সংস্কার আইনের ১৪ড অথবা ১৪ন ধারায় এই ধরনের কোনও সুনির্দিষ্ট নির্দেশ নেই। পশ্চিমবঙ্গের বাইরের জমি রায়তের থাকলেও তা যুক্ত করার কোনও বিধান পশ্চিমবঙ্গ ভূমি সংস্কার আইনে নেই। অর্থাৎ বিহার, দিল্লি, উত্তরপ্রদেশ ইত্যাদি রাজ্যে রায়তের জমি থাকলেও তা এই আইনে রায়তের জমির সর্বোচ্চ সীমা হিসাব করার সময় ধরা হবে না। কলিকাতা হাইকোর্টের এই বিষয়ে কোনও রায় না থাকলেও অন্য হাইকোর্টের রায় প্রণিধানযোগ্য। *টাটোবা* বনাম *বসন্ত রাও*[২] মামলায় মহামান্য

২ (2001)8 SCC 501.

সুপ্রীম কোর্ট এই বিষয়টি পরিষ্কার করেছে যে বোম্বাই টেনানসী এন্ড এগ্রিকালচারাল ল্যান্ড অ্যাক্ট ১৯৪৮ অনুযায়ী কোনও ব্যক্তির জমির সর্বোচ্চ সীমা নির্ধারণের সময় কর্ণাটকে তার যে জমি আছে তা যুক্ত করা যাবে না।

৩। ২খ পরিচ্ছেদ বলবৎ হওয়ার আগের "কার্যকর করা ইচ্ছাপত্র" [Will executed prior to coming into force of Chapter 2B]. কলিকাতা হাইকোর্টের ডিভিশন বেঞ্চ এক মামলায় জানিয়েছেন, যদি এইরকম দেখা যায় যে কোনও ইচ্ছাপত্র ২খ পরিচ্ছেদ বলবৎ হওয়ার আগে কার্যকর হয়েছে এবং যিনি ইচ্ছাপত্র করছেন অর্থাৎ testator তিনি যদি মারা যান তবে ওই ইচ্ছাপত্র বৈধ হলেও তা জমির সর্বোচ্চ সীমা নির্ধারণের সময় প্রযোজ্য হবে না।[৩]

৪। ১৪ড ধারার সংবিধানিক বৈধতা [Constitutional validity of s. 14M]. ১৯৫৩ সালের পশ্চিমবঙ্গ জমিদারি অধিগ্রহণ আইনে মধ্যস্বত্বাধিকারীদের ২৫ একর কৃষিজমি রাখার বিধান ছিল। পরবর্তী ক্ষেত্রে রায়ত এবং অধস্তন রায়তদেরকে মধ্যস্বত্বভোগী ধরে নিয়ে তাদেরও ওই পরিমাণ জমি রাখার বিধান দেওয়া হয়েছিল। কিন্তু পঃ বঃ ভূমি সংস্কার আইন, ১৯৫৫ সালের অনুযায়ী রায়তের নিজস্ব দখলে রাখা জমির পরিমাণ অনেক কমে যায়। এই ধারাটিকে চ্যালেঞ্জ করা হয় মহামান্য আদালতে। আবেদনে জানানো হয় নূতন আইন অনুযায়ী সরকার জমি নিলে তার জন্য উপযুক্ত বাজার দর অনুসারে অধিগৃহীত জমির জন্য মূল্য দিতে সরকার বাধ্য থাকবেন। মহামান্য সুপ্রীম কোর্ট ওই আবেদন নাকচ করেন। মহামান্য আদালত জানান, কৃষি জমির ক্ষেত্রে নির্ধারিত সর্বোচ্চ সীমা একবার নির্ধারিত হয়ে গেলে তা স্থির (static), অপরিবর্তন যোগ্য এরকম হতে পারে না। সেহেতু ২খ পরিচ্ছেদ সংবিধানের ৩১খ অনুচ্ছেদের অধীন এবং ৩৪ নং সংবিধান সংশোধন অনুযায়ী নবম তফসিলের ৬০ এবং ৮১ নং দফায় নিরাপদ ছাতার নীচে আছে সুতরাং একে চ্যালেঞ্জ করা যাবে না।[৪]

৫। ১৪ড ধারার অধীন রায়তের জমির সর্বোচ্চ সীমা [Ceiling area of raiyat under s. 14M]. রায়ত একজন স্বাভাবিক ব্যক্তি (natural person) বা কৃত্রিম (artificial) বা আইনানুগ ব্যক্তি (juridical person) এবং/অথবা

৩ *বিজয়া বালা সাধু* বনাম *সনৎ কুমার* Cal LT 1988 HC 8.

৪ *শশাঙ্ক শেখর মাইতি* বনাম *ভারত সরকার* AIR 1981 SC 522.

কোনও প্রতিষ্ঠান (institution) হতে পারে। ১৪ড(১)-এর (ক), (খ), (গ) এবং (ঘ) দফায় নির্দেশ রয়েছে কোনও রায়ত স্বাভাবিক ব্যক্তি হলে তার জমির সর্বোচ্চ সীমা কী হবে। আইনানুগ ব্যক্তির বেলায় জমির সর্বোচ্চ সীমার নির্দেশ রয়েছে ১৪ড(১)(ঙ) [14M(1)(*e*)] দফায়। ২(১০) ধারা অনুযায়ী ওই আইনানুগ ব্যক্তিও রায়ত হিসাবে গণ্য হবেন। হাইকোর্টের অনেকগুলি রায়ে এই নির্দেশ রয়েছে যে, দেবোত্তর সম্পত্তির ক্ষেত্রে সেবাইত ওই দেবোত্তর সম্পত্তির ন্যাসপাল (trustee) নয়। কারণ কোনও অছি গঠিত হলে ওই অছি সম্পত্তির মালিক হন অছি, কিন্তু দেবোত্তর সম্পত্তির মালিক হলেন ঈশ্বর ওই দেবোত্তর সম্পত্তির যথোপযুক্ত পরিচালনার জন্য সেবাইতকে নিযুক্ত করা হয়।[৫]

৬। বিবাহিত সাবালক ছেলের রায়ত হিসাবে জমি [Land of a married adult son as a raiyat]. পশ্চিমবঙ্গ ভূমি সংস্কার আইনের ১৪ট(গ)(২) [14K(*c*)(*ii*)] ধারা অনুযায়ী কোনও অবিবাহিত সাবালক ছেলের কোনও জমি না থাকলে তিনি তাঁর পিতার (রায়ত) পরিবারের সদস্য হতে পারবেন। সাবালক বিবাহিত ছেলে রায়তের পরিবারের সদস্য হতে পারেন যদি ওই সাবালক বিবাহিত ছেলের বা তাঁর স্ত্রীর বা ওই সাবালক বিবাহিত ছেলের নাবালক ছেলে-মেয়ের বা অবিবাহিত প্রাপ্তবয়স্ক মেয়ের কোনও জমি না থাকে রায়ত হিসাবে। বিবাহিত সাবালক ছেলের জমির সর্বোচ্চ সীমা নির্ণয় হবে ১৪ড ধারা অনুযায়ী আলাদাভাবে তাঁর পরিবারের সদস্যদের সাপেক্ষে। কিন্তু কোনও বিবাহিত সাবালক ছেলের কোনও জমি না থাকলে তিনি তাঁর পিতার পরিবারে সদস্য হবেন।

৭। যে রায়তের পরিবারে একাধিক রায়ত, সেই রায়তের জমির সর্বোচ্চ সীমা নির্ণয় [Determination of ceiling area where in the family of the raiyat there are more raiyats than one]. পশ্চিমবঙ্গ ভূমি সংস্কার আইনের ২(১০) ধারা অনুযায়ী কোনও ব্যক্তি বা প্রতিষ্ঠান যে কোনও উদ্দেশ্যে তাঁর কোনও জমি থাকলে তাকে রায়ত বলা হবে। সুতরাং উপরোক্ত সংজ্ঞা

৫ *শ্রীশ্রীঈশ্বর শারদীয় দুর্গা ঠাকুরানি* বনাম *রাজস্ব আধিকারিক* 1981(1) Cal LJ 231; *শ্রীশ্রীদয়ালেশ্বর* বনাম *কনিষ্ঠ ভূমি সংস্কার* (J.L.R.O.) 1984(1) CHN 104; *গৌর মোহন রায়* বনাম *রাজস্ব আধিকারিক* 1986(1) CHN 191; *শ্রীশ্রী শ্রীধর জিউ* বনাম *রাজ্য সরকার* 1981(1) Cal LJ 335; *শ্রীশ্রীজগন্নাথ জিউ ঠাকুর* বনাম *পঃ বঃ সরকার* 1985(2) CHN 452.

অনুযায়ী কোনও রায়তের পরিবারের অন্য কারোর নামে জমি থাকলে তিনিও রায়ত হিসাবে গণ্য হবেন। সেক্ষেত্রে ওই রায়তের জমির মোট পরিমাণ হিসাব করার সময় অন্য ব্যক্তি (রায়ত)-র জমি ও যোগ করতে হবে। ১৪ড(২) ধারা অনুযায়ী যে রায়তের পরিবারের মোট সদস্য ২ বা ৩ বা ৪ বা সর্বাধিক ৫ জন তিনি ৫.০০ প্রমাণ হেক্টর জমি রাখার অধিকারী হবেন। অর্থাৎ রায়তের নিজের জমি এবং পরিবারের অন্য সদস্যের জমি মিলিতভাবে সর্বাধিক ৫.০০ প্রমাণ হেক্টর জমি সেচ এলাকায় রাখতে পারবেন। অর্থাৎ ২ জন হলে ৫.০০ প্রমাণ হেক্টর, ৩ জন হলেও ৫.০০ প্রমাণ হেক্টর অথবা ৪ বা ৫ জন হলেও ওই পরিমাণ জমি রাখতে পারবেন।

এরপর প্রতি একজন সদস্য বৃদ্ধির সাথে সাথে ০.৫০ হেক্টর জমি অতিরিক্ত রাখতে পারবেন। ৬ জন সদস্যের জন্য ৫.৫০ হেক্টর, ৭ জনের জন্য ৬.০০ হেক্টর, ৮ জনের জন্য ৬.৫০ হেক্টর এবং সর্বাধিক ৯ জনের জন্য ৭.০০ প্রমাণ হেক্টর জমি রাখতে পারবেন। ৯-এর বেশি যত জন সদস্যই থাক না কেন ওই রায়ত ৭.০০ প্রমাণ হেক্টরের বেশি জমি রাখতে পারবেন না।

১৪ড(৩) [s. 14M(3)] ধারা অনুযায়ী রায়তের পরিবারের সদস্যরা ব্যক্তিগতভাবে (individually) বা যৌথ (jointly) ভাবে অন্য কারো সাথে অথবা পরিবারের সবাই মিলিতভাবে যে জমি রাখবেন তা রায়তের পরিবারের জমি হিসাবেই ধরা হবে।

১৪ড(১) এবং ১৪ড(২) এর বিধান ছাড়া কোনও অবস্থাতেই রায়ত অন্য জমি রাখার অধিকারী হবেন না। রায়ত তার পরিবারে বা একমাত্র জীবিত কোনও সদস্য বা অবিবাহিত সাবালক ছেলে যদি কোনও সমবায় সমিতি, কোম্পানি বা সমবায় খামার সমিতি বা অবিভক্ত হিন্দু পরিবার বা কোনও ফার্ম (firm) ইত্যাদি সংস্থার সদস্য হন তখন ওই সব সংস্থায় ওই ব্যক্তির যে জমি থাকবে তা, ওই ব্যক্তির জমির সর্বোচ্চ সীমা নির্ণয়ের সময় ধরা হবে।

৮। এই পরিচ্ছেদ বলবৎ হওয়ার আগে রায়তের সাবালক ছেলের জমি [Land of adult son of raiyat before the enforcement of this Chapter]. পশ্চিমবঙ্গ ভূমি সংস্কার আইনের ১৪ট(গ)(২) [s. 14K(C)(2)] ধারা অনুযায়ী কোনও রায়তের অবিবাহিত সাবালক ছেলের কোনও জমি না থাকলে ওই ছেলে রায়তের পরিবারের সদস্য হিসাবে গণ্য হবেন। কিন্তু সাবালক অবিবাহিত ছেলের কোনও জমি থাকলে ওই ছেলে তার পিতার পরিবারের সদস্য হবেন না ওই

রায়তের পরিবারের সর্বোচ্চ সীমা নির্ণয় করার ক্ষেত্রে। রায়তের জমির সাথে ওই সাবালক ছেলের জমি যুক্ত হবে না। ওই সাবালক ছেলে আলাদা রায়ত হিসাবে গণ্য হবেন।

সিউ নারায়ণ বনাম *অ্যাডিশনাল কমিশনার*[৬] মামলায় দেখা যায়—U.P. Imposition of Ceiling on Land Holdings Act 1961 অনুযায়ী কোনও রায়তের জমির সাথে তার দুই সাবালক ছেলের জমি যুক্ত করে অতিরিক্ত জমি সরকারে ন্যস্ত করা হয়। নির্ধারিত কর্তৃপক্ষের ওই রায়ের বিরুদ্ধে ওই রায়ত আপিল বিচারকের কাছে U.P. Imposition of Ceiling on Land Holding আইনের ৩ নং ধারায় আপিল করেন। আপিলকারী জানান তাঁর দুই সাবালক ছেলে ৩০ বছর ধরে আলাদাভাবে বসবাস করেন। যে তারিখ থেকে ১৯৬১ সালের U.P. Imposition of Ceiling on Land Holding আইন চালু তার অনেক আগে থেকেই ওই দুই ছেলে ওই জমির মালিক। কিন্তু আপিল বিচারক নির্ধারিত কর্তৃপক্ষের রায় বহাল রাখেন। এলাহাবাদ হাইকোর্টে এরপর ওই রায়ত আবেদন করেন ওই দুই রায়ের বিরুদ্ধে। মহামান্য হাইকোর্ট জানান, ওই আইন চালু হওয়ার অনেক আগে থেকেই ওই জমি রায়তের ছেলেরা ভোগ করেন এবং বড় ছেলের নামে ওই জমির নামপত্তন (Mutation) ও হয়েছে, সুতরাং রায়তের জমির সর্বোচ্চ সীমা নির্ণয়ের জন্য ওই জমি তার সাথে যুক্ত করা যাবে না।

৯। কোনও জমি সেচ সেবিত এলাকার মধ্যে কিনা, সর্বোচ্চ সীমা নির্ধারণের আগেই সেই সিদ্ধান্ত নিতে হবে [Land within irrigated area to be determined before ascertaining ceiling area]. কোনও রায়তের জমির সর্বোচ্চ সীমা নির্ণয়ের সময় যদি এই প্রশ্ন ওঠে যে কোনও জমি সেচ সেবিত এলাকায় বা সেচ সেবিত এলাকায় নয়, সেক্ষেত্রে ওই রায়তের জমির সর্বোচ্চ সীমা নির্ণয়ের আগে পঃ বঃ ভূমি সংস্কার আইনের ১৪ঢ ধারা এবং পঃ বঃ ভূমি সংস্কার নিয়মের ১৪খ বিধি অনুযায়ী ওই বিষয়টির তদন্ত ও মীমাংসা হওয়া প্রয়োজন। যখন দেখা যায় রাজস্ব আধিকারিক ইচ্ছামত রায়তের জমি অসেচ এলাকায় হওয়া স্বত্ত্বেও সেচ এলাকা বলে ধরে নেন, তখন ওই নির্ধারণ বাতিলযোগ্য।[৭]

৬ AIR 1995 All 445.

৭ *রিয়াজুদ্দিন আহম্মদ বনাম পঃ বঃ সরকার* 1982(1) Cal LJ 434.

এই নির্ধারণ বিশেষ প্রয়োজন কারণ, কৃষি জমির প্রমাণ হেক্টর সেচ সেবিত এলাকায় অসেচ এলাকার চেয়ে কম। সুতরাং কোনও জমি সেচ এলাকায় না অসেচ এলাকায় তা জানা রায়তের পক্ষে বিশেষ সম্পর্কযুক্ত। অসেচ এলাকায় রায়ত বেশি জমি রাখতে পারবেন। সুতরাং কোনও একটা অসেচ এলাকাকে সেচ সেবিত এলাকা বলে ঘোষণা করলে রায়ত বেশি জমি হারাবেন। এক মামলায়[৮] আদালত জানিয়েছেন, জমির সর্বোচ্চ সীমা নির্ধারণের সময় কোনও জমি সেচ সেবিত এলাকায় কিনা এই প্রশ্ন উঠলে রাজস্ব আধিকারিক ১৪খ বিধি (১৯৬৫ সালের পঃ বঃ ভূমি সংস্কার নিয়ম) অনুযায়ী আগে ওই বিবাদের মীমাংসা করবেন তার পর পরবর্তী কার্যক্রম করবেন। কোনও জমি সেচ এলাকায় কিনা তা দেখার সময় দেখতে হবে রাজ্য সরকার দ্বারা প্রকাশিত বিজ্ঞাপিত এলাকার মধ্যে ওই জমি পড়ে কিনা। কিন্তু এই বিজ্ঞপ্তিই একমাত্র ভিত্তি (sole basis) হতে পারে না। বর্তমান মামলায় রাজস্ব আধিকারিককে তদন্ত করতে হবে এবং দেখতে হবে পঃ বঃ ভূমি সংস্কার আইনের ১৪ট(খ) ধারা অনুযায়ী সেচ সেবিত এলাকায় কি না।

১০। সার্বজনীন কী ব্যক্তিগত দেবোত্তর, তা উপযুক্ত তদন্ত ও অনুসন্ধান সাপেক্ষে নির্ধারণ করা প্রয়োজন [Necessity of appropriate enquiry for determining public or personal debutter]. প্রাথমিকভাবে রাজস্ব আধিকারিক কোনও একটি দেবোত্তর সম্পত্তিকে 'ব্যক্তিগত' (personal) ঘোষণা করে আদেশ প্রদান করেন, রাজস্ব আধিকারিকের সিদ্ধান্তকে চ্যালেঞ্জ করে আপিল করা হয়। আপিল কর্তৃপক্ষ ওই রায়কে খারিজ করে পুনরায় নূতন করে কার্যাবলি করার জন্য রিমান্ডে ফেরত পাঠান। সংশ্লিষ্ট রাজস্ব আধিকারিক একটি তদন্ত করেন এবং সিদ্ধান্ত নেন সম্পত্তিটি দেবোত্তর এবং ব্যক্তিগত দেবোত্তর কিন্তু সার্বজনীন নয়। তিনি আরও উল্লেখ করেন উক্ত সেবাইত ১৪ড(৬) [s. 14M(6)] ধারায় সুবিধা লাভ করার জন্য সার্বজনীন দেবোত্তর বা ন্যাস (trust) হিসাবে দাবি করছেন। আপিল কর্তৃপক্ষ এই রায় সমর্থন করেন এবং পরবর্তী ক্ষেত্রে W.B.L.R.T.T. পূর্বোক্ত সিদ্ধান্ত দুটি বহাল রাখেন।

এরপর যখন W.B.L.R.T.T. প্রদত্ত রায়কে চ্যালেঞ্জ করে মহামান্য কলিকাতা উচ্চ ন্যায়ালয়ের ডিভিশন বেঞ্চে আজ্ঞালেখ বা আবেদন (writ) পেশ করা হল, মহামান্য ডিভিশন বেঞ্চ লক্ষ্য করেন সঠিকভাবে তথ্যানুসন্ধান

৮ *গোকুলচন্দ্র পাল* বনাম *পঃ বঃ সরকার* 1988(2) CHN 41.

করা হয়নি যে এটি সার্বজনীন কী ব্যক্তিগত দেবোত্তর। এমনকী কোনও লিখিত নথিও নেই। আবেদনকারী জানিয়েছেন বিবাদীয় সম্পত্তি সার্বজনীন দেবোত্তর হিসাবে বিবেচিত হয়ে আসছে। এমনকী আবেদনকারীগণ সেবাইত কিনা তাও ভালোভাবে অনুসন্ধান করা হয়নি। এই কারণে মহামান্য ডিভিশন বেঞ্চ পূর্বোক্ত সমস্ত রায় বাতিল ঘোষণা করেন এবং আবেদনকারীগণকে আইনের সহায়তা দেওয়ার সুযোগ দেন, নির্ধারিত কর্তৃপক্ষের (prescribed authority) কাছে তারা যেন লিখিতভাবে জানান যে বিবাদীয় সম্পত্তি সার্বজনীন দেবোত্তর সম্পত্তি। আরও নির্দেশ দেন ওই লিখিত বক্তব্যে যেন উল্লেখ থাকে উক্ত দেবোত্তর সম্পত্তির চরিত্র, প্রকৃতি সার্বজনীন এবং সম্পূর্ণ সার্বজনীন দাতব্য বা ধর্মীয় ট্রাস্ট বা উভয় উদ্দেশ্যেই তৈরি হয়েছে এবং কর্তৃপক্ষকেও এই স্বাধীনতা দেওয়া হয় যেন ১৪ড(৫) ধারার [s. 14M(5)] নিরিখে নূতন করে ব্যবস্থা নেওয়া হয়, যদি তদন্ত ও অনুসন্ধানে দেখা যায় সম্পত্তিটির প্রকৃতি এবং চরিত্র সার্বজনীন দেবোত্তর নয়, যদি দেখা যায় সম্পূর্ণ দাতব্য ধর্মীয় বা উভয় উদ্দেশ্যে গঠিত নয় তবে আইন মোতাবেকই ব্যবস্থা নিতে পারবেন।[৯]

১১। ২খ পরিচ্ছেদ বলবৎ হওয়ার তারিখে সর্বোচ্চ সীমা নির্ধারণ করতে হবে [Ceiling area to be determined as on the date when Chapter 2B came into force]. ২খ পরিচ্ছেদ যে তারিখ থেকে বলবৎ হয়েছে অর্থাৎ ১৫.২.১৯৭১ তারিখে একজন রায়তের জমির সর্বোচ্চ সীমা নির্ধারণ করবেন রাজস্ব আধিকারিক। ১৪ন(৩) [s. 14T(3)] ধারায় ওই নির্ধারণের সময় পরবর্তী সময়ে রায়ত যে জমি পেয়েছেন এবং পরবর্তী সময়ের পরিবারের পরিবর্তন বিবেচনা করা হবে না। ১৪ঠ এবং ১৪ম ধারা অনুসারে ১৪ন(৩) ধারার রাজস্ব আধিকারিককে পুনরায় জমি ন্যস্ত করার লক্ষ্যে কোনও কার্যাবলি আরম্ভ করার ক্ষমতা দিয়েছে। নূতন কার্যাবলি এই লক্ষ্যে রাজস্ব আধিকারিক আরম্ভ করবেন যে ন্যস্ত এর পরবর্তী সময়ে রায়ত যে অতিরিক্ত জমির মালিক হয়েছেন সেই জমি অতিরিক্ত কিনা তা দেখতে এবং এই আইন রাজস্ব আধিকারিককে ২খ পরিচ্ছেদ বলবৎ হওয়ার তারিখের পরবর্তীতে রায়তের পরিবারের গঠন বিষয়ে বিবেচনা করা এক্তিয়ার দেয় নি। মহামান্য কলিকাতা

৯ *শ্রীশ্রীকালীমাতা ঠাকুরানি* বনাম *পশ্চিমবঙ্গ সরকার* 2008(70) AIC 750 (Cal) (DB); 2008(4) CHN 220; Cal LT 2008(3) HC 495.

হাইকোর্টের একক বিচারক (single judge) ১৪ন(৩) ধারায় দেওয়া আগের আদেশ পরিবর্তনের জন্য পুনরায় দেওয়া আদেশ বাতিল ঘোষণা করেন।[১০] রাজস্ব আধিকারিক ১৪ন(৩) ধারায় একটি আদেশ দেন। রাজস্ব আধিকারিক পুনরায় ওই আগের আদেশ পরিবর্তনের আদেশ দেন। এই মামলায় রায়তের পরিবারে ৭ জন সদস্য ছিল। রাজস্ব আধিকারিক ১৪ন(৩) [s. 14T(3)] কেসে ১৪ট(গ) [s. 14K(*c*)] অনুযায়ী পরিবারের সদস্য সংখ্যা নির্ধারণ করেন। সেই অনুযায়ী ১৪ড ধারার সাপেক্ষে দেখা যায় নির্ধারিত জমির সর্বোচ্চ সীমা অতিক্রম করেনি রায়তের মোট জমি। যে তারিখে ২খ পরিচ্ছেদ বলবৎ হয়েছে অর্থাৎ ১৫.২.১৯৭১-এর পর রায়ত মারা যান এবং পরিবারের সদস্য সংখ্যা হল ছয় জন। নূতন একজন রাজস্ব আধিকারিক আগের রাজস্ব আধিকারিকের দেওয়া আদেশ পর্যালোচনা (review) করেন এই কারণে যে রায়তের পরিবারের সদস্য সংখ্যা কমে যাওয়ায় কিছু জমি সরকারে ন্যস্ত হবে। মহামান্য আদালত জানান যে তারিখে ২খ পরিচ্ছেদ বলবৎ হয়েছে সেই তারিখে রাজস্ব আধিকারিক রায়তের পরিবারে সদস্য সংখ্যা কত তা নির্ধারণ করবেন। ওই তারিখে রায়ত বেঁচে ছিলেন এবং পরবর্তীতে তিনি মারা গিয়েছেন। রাজস্ব আধিকারিকের কোনও এক্তিয়ারই নেই আগের রাজস্ব আধিকারিকের দেওয়া ১৪ন(৩) ধারার আদেশ পর্যালোচনা (review) করা এবং অতিরিক্ত জমি সরকারে ন্যস্ত হওয়ার নির্দেশ দেওয়ার। মহামান্য আদালত পরের রাজস্ব আধিকারিকের দেওয়া আদেশ যা আগের রাজস্ব আধিকারিকের ১৪ন(৩) ধারার আদেশকে পর্যালোচনা (review) করেছিল তা বাতিলের রায় দেন।

১২। মুসলিম ব্যক্তিগত আইনকে ১৪ড(৫) ধারা হস্তক্ষেপ করে কিনা [Whether s. 14M(5) interferes the Muslim personal law]. *পশ্চিমবঙ্গ ভূমিজীবী সংঘ* বনাম *পঃ বঃ সরকার*[১১] মামলায় এই আবেদন জানানো হয় যে ১৪ড(৫) ধারায় যে বিধান রয়েছে তা কিছুই না কেবলমাত্র মুসলমান ব্যক্তিগত আইন (Muslim personal law)-কে হস্তক্ষেপ করে। যা রাজ্য আইন সভা করতে পারে না এবং যা দ্বারা রাজ্য আইনসভা মুসলমান সম্প্রদায়ের

১০ *হরেকৃষ্ণ পাত্র* বনাম *পঃ বঃ সরকার* 1986 CWN 154.

১১ 1992(1) CHN 496.

ওয়াকফ আইনকে হস্তক্ষেপ করে। ওয়াকফ আইন হল মুসলমান ব্যক্তিগত আইনের একটা অংশ এবং রাজ্য আইনসভা এই ধরনের আইন যুক্ত করার পক্ষে উপযুক্ত নয়। এরকম আবেদন জানানো হয় যে ওয়াকফের সম্পত্তি হল ঈশ্বরে নিবেদিত সম্পত্তি। ঈশ্বর হলেন চূড়ান্ত দানগ্রাহী (ultimate beneficiary) এবং মোতোয়ালী ওয়াকফের সম্পত্তির বিষয়ে সিদ্ধান্ত নেওয়ায় যথেষ্ট ক্ষমতাবান বা যোগ্য নন। ওয়াকফের অতিরিক্ত জমি সমর্পণ (surrender) করতে মোতোয়ালী পারেননা। এরকমও হতে পারে মোতোয়ালীর নিজস্ব জমি আছে, যা এই আইনে সরকারে ন্যস্ত হতে পারে এবং তিনি নিজের জমি বাঁচাতে ওয়াকফের জমি সমর্পণ (surrender) করতে পারেন।

মহামান্য আদালত ওই যুক্তি মানেন নি। ১৪ড(৫) নং ধারা মুসলিম ব্যক্তিগত আইনকে হস্তক্ষেপ করছে এই বক্তব্য নাকচ করেছেন।

১৩। তদন্ত চলার সময় রায়তের মৃত্যু [Death of the raiyat during enquiry]. একটি প্রশ্ন দেখা দিয়েছিল যে, কোনও রায়তের মৃত্যু হলে তদন্তের সময়, এই আইনে ওই বকেয়া কার্যাবলি চালু করতে গিয়ে তার বৈধ উত্তরাধিকারীদের বা প্রতিনিধিদের অন্তর্ভুক্ত করা হবে কিনা। কোনও তদন্ত চলতে চলতে বা কোনও কার্যাবলি চলতে চলতে রায়তের মৃত্যু হলে রাজস্ব আধিকারিক তার বৈধ উত্তরাধিকারীদের ওই মামলায় পক্ষ হিসাবে অন্তর্ভুক্ত করবেন কিনা এ বিষয়ে পঃ বঃ ভূমি সংস্কার আইন নীরব, কোনও পরিষ্কার নির্দেশ নেই। তবে এটাও ঘটনা মৃত ব্যক্তির নামে কোনও কার্যাবলি চালানোও সঠিক নয়। ওই বকেয়া কার্যাবলি শুনানিতে উপস্থিত হওয়ার জন্য রাজস্ব আধিকারিক ওই মৃত রায়তের বৈধ উত্তরাধিকারীদের যথোপযুক্তভাবে বিজ্ঞপ্তি জারি করবেন। ১৫.২.১৯৭১-এর পরে কোনও রায়তের মৃত্যু হলে রাজস্ব আধিকারিক ওই রায়তের উত্তরাধিকারীদেরকে বিজ্ঞপ্তি দিয়ে কার্যাবলি আরম্ভ করতে পারেন। কিন্তু যথোপযুক্ত বিজ্ঞপ্তি জারি যদি বৈধ উত্তরাধিকারীদেরকে করা না হয় তবে মৃত রায়তের জমির সর্বোচ্চ সীমা নির্ধারণের কোনও কেস শুরু করা যাবে না। তদন্ত চলার সময় কোনও রায়তের মৃত্যু হলে একই নীতি অনুসরণ করতে হবে। উভয় পক্ষের শুনানীর সুযোগ দিয়েই বিচারকল্প (*quasi judicial*) কার্যক্রম করা প্রয়োজন। যথোপযুক্ত বিজ্ঞপ্তি জারির পরেও যদি সংশ্লিষ্ট পক্ষ শুনানি বা তদন্তের সময় হাজির না থাকেন তখন রাজস্ব আধিকারিক এক তরফা সিদ্ধান্ত নিতে

পারেন। তবে সেক্ষেত্রে রাজস্ব আধিকারিক এই মর্মে নিঃসন্দেহ হবেন যে, সংশ্লিষ্ট পক্ষের প্রত্যেকে বিজ্ঞপ্তি পেয়েছেন। ১৫.২.১৯৭১-এর পরে কোনও রায়তের মৃত্যু হলে ওই রায়তের নামে বিজ্ঞপ্তি জারি করার কোনও উপায় থাকে না। এই ক্ষেত্রে তার বৈধ উত্তরাধিকারীদেরকে বিজ্ঞপ্তি করতে হবে।

১৪। সর্বোচ্চ সীমা নির্ণয়ের তারিখ [Date for determining the ceiling area]. ১৫.২.১৯৭১ থেকে ২খ পরিচ্ছেদ (Chapter 2B) কার্যকর হয়েছে। প্রথম দিকে কেবলমাত্র বাস্তুভিটাসহ কৃষিজমির ক্ষেত্রে এই পরিচ্ছেদ বলবৎ হয়েছিল। এরপর ১৯৮১ সালে পঃ বঃ ভূমি সংস্কার (সংশোধন) আইন দ্বারা জমির সংজ্ঞা বদলে যাওয়ায় এবং ৩ক ধারা যুক্ত হওয়ায় সমস্ত অকৃষি প্রজা এবং উপপ্রজার অধিকার ও স্বার্থ (right and interest) পশ্চিমবঙ্গ সরকারে ন্যস্ত হল। ৩ক ধারা (s. 3A) ৯.৯.১৯৮০ থেকে কার্যকর হয়েছে। সুতরাং অকৃষি জমির জন্য সরকারে কোনও জমি ন্যস্ত হওয়ার তারিখ ৯.৯.১৯৮০। কিন্তু ১৪ত ধারা অনুযায়ী ৭.৮.১৯৬৯ থেকে ৮.২.১৯৭১ এই সময়ের মধ্যে ১৪ত(৩) ধারায় দেওয়া তালিকার কোনও আত্মীয়দের মধ্যে রায়ত জমি হস্তান্তর, বিক্রি, দান, বণ্টন ইত্যাদি করলে তা অবৈধ ধরা হবে। এবং মনে করা হবে রায়তের নামেই ওই জমি রয়েছে, তিনি তা হস্তান্তর করেন নি। ওই রায়তের জমির সর্বোচ্চ সীমা নির্ণয়ের সময় ওই জমি ধরা হবে।

১৫। ন্যাস/ওয়াকফের প্রকৃতি নির্ণয় [Determination of nature of trust/ waqf]. ১৯৮১ সালের পঃ বঃ ভূমি (সংশোধন) আইন [১৯৮১ সালের পশ্চিমবঙ্গের ৫০ নং আইন] দ্বারা মূল আইনে ১৪ন(৬) ধারার সংযোজন হয়েছে। এই ধারায় রাজস্ব আধিকারিককে ক্ষমতা দেওয়া হয়েছে কোনও ন্যাস, উৎসর্জনমূলক সংস্থা (endowment) বা প্রতিষ্ঠান ব্যক্তিগত না সার্বজনীন এই বিষয়ে প্রশ্ন উঠলে তা তদন্ত করা এবং সিদ্ধান্ত গ্রহণ করা বিষয়ে। রাজস্ব আধিকারিক (Revenue Officer) তদন্তে দেখবেন ওই অছি, উৎসর্জনমূলক সংস্থা বা প্রতিষ্ঠান সম্পূর্ণ দাতব্য না ধর্মীয় উদ্দেশ্য পরিচালিত হচ্ছে। না দাতব্য ও ধর্মীয় উভয় উদ্দেশ্যে পরিচালিত হচ্ছে। ঘটনাক্রমে কোনও সম্পত্তির উপর ন্যায়সংগত অধিকার প্রশ্নেও রাজস্ব আধিকারিক তদন্ত করতে পারবেন। ১৪ন(৬) ধারা অনুযায়ী রাজস্ব আধিকারিক প্রয়োজনীয় যাবতীয় নথি (documents) দেখবেন এবং ওই বিষয়ের যাবতীয় প্রামাণ্য তথ্য বিবেচনা করবেন।

মনসুর আলী বনাম *পঃ বঃ সরকার*[১২] মামলায় মহামান্য আদালত জানিয়েছেন—কোনও একটি ওয়াকফ সার্বজনীন না সার্বজনীন নয় এই প্রশ্নে রাজস্ব আধিকারিকের উচিত বিষয়টি বিবেচনা করার।

রায়তের জমির সর্বোচ্চ সীমা নির্ণয়ের বেলায় দেবত্তোরের প্রকৃত অবস্থা কি তা এই আইনের ১৪ড ধারার পরিপ্রেক্ষিতে রাজস্ব আধিকারিককে সিদ্ধান্ত নিতে হবে।[১৩]

১৬। ১৪ড(৬) ধারা অনুযায়ী সার্বজনীন ন্যাস বা উৎসর্জনমূলক সংস্থার জমির সর্বোচ্চ সীমা [Ceiling area of the Public Trust or Endowment under s. 14M(6)]. ১৯৫৩ সালের জমিদারি অধিগ্রহণ আইন বা প্রথম দিকে পঃ বঃ ভূমি সংস্কার আইনে সার্বজনীন (public nature) ন্যাস বা উৎসর্জনমূলক সংস্থার (endowment) জন্য জমির সর্বোচ্চ সীমা বলে কিছুই ছিল না। ইচ্ছামত জমি রাখতে পারতেন ওই সার্বজনীন ন্যাস বা সার্বজনীন উৎসর্জনমূলক সংস্থাগুলি। পশ্চিমবঙ্গ ভূমি সংস্কার আইনে ২খ পরিচ্ছেদ চালু হওয়ার সময়েও ন্যাস বা উৎসর্জনমূলক সংস্থাগুলির জমির সর্বোচ্চ সীমা নির্দিষ্ট করা ছিল না। ১৯৭৪ সালের পঃ বঃ ভূমি সংস্কার (সংশোধন) আইন [১৯৭৪ সালের পশ্চিমবঙ্গে ৩৩ নং আইন] দ্বারা ১৪থ(২ক) [s. 14Q(2A)] ধারাটি মূল আইনে যুক্ত করা হয়। এই উপধারায় বলছিল—সম্পূর্ণ ধর্মীয় বা দাতব্য উদ্দেশ্যে অথবা উভয় উদ্দেশ্যে গঠিত কোনও ন্যাস বা প্রতিষ্ঠানের জমির সর্বোচ্চ সীমা নির্ণয়ের বেলায় দেখতে হবে ওই ন্যাস বা প্রতিষ্ঠানের এই রাজ্যে গঠিত সমস্ত কেন্দ্র ও শাখাগুলি যা গঠিত ৭.৮.১৯৬৯-এর আগে, রায়ত হিসাবে যাদের কোনও জমি নেই তাদের সমস্ত জমিকে ধরতে হবে। ওই সব কেন্দ্র ও শাখাকে একজন রায়ত হিসাবে ধরতে হবে ১৪ড(১)(ঙ) [s.14M(1)(*e*)] ধারার উদ্দেশ্য। ওই ন্যাস বা প্রতিষ্ঠানের সর্বোচ্চ সীমা কোনও অবস্থাতেই তার কেন্দ্র বা শাখা এবং নিজের জমির সমষ্টি অতিক্রম করবে না।

১৯৮১ সালের পঃ বঃ ভূমি সংস্কার (সংশোধন) আইন দ্বারা ১৪থ(২ক) ধারাটি বাতিল করা হয়েছে এবং ১৪ড(৬) ধারা যুক্ত করা হয়েছে। এই ধারায় বলা হয়েছে, (১) উপধারায় যা-ই বলা থাক না কেন, সম্পূর্ণ দাতব্য বা ধর্মীয়

১২ 1982(2) Cal LJ 1.

১৩ *রামগোপাল গোস্বামী* বনাম *পঃ বঃ সরকার* 90 CWN 263.

বা উভয় উদ্দেশ্যে পরিচালিত কোনও সার্বজনীন অছি বা প্রতিষ্ঠানকে এই আইনে রায়ত বলে ধরা হবে এবং কোনও অবস্থাতেই ৭.০০ প্রমাণ হেক্টরের বেশি জমি রাখার অধিকারী হবেন না যারা রাজ্যে তার যতগুলি কেন্দ্র (Centres) বা শাখা (Branches) থাকুক না কেন।

১৪থ(২ক) ধারার বিলোপ এবং ১৪ড(৬) ধারা যুক্ত হওয়ার আগে যে সমস্ত সার্বজনীন বা দাতব্য প্রতিষ্ঠান ৭.৮.১৯৬৯-এর আগে প্রতিষ্ঠিত ছিল এই রাজ্যে, তার প্রত্যেকটি কেন্দ্র এবং প্রত্যেকটি শাখা আলাদা আলাদাভাবে ৭.০০ প্রমাণ হেক্টর জমি রাখার অধিকারী ছিলেন। কিন্তু সংশোধিত ধারা অনুযায়ী কোনও ন্যাস বা প্রতিষ্ঠান, তাদের যতগুলি কেন্দ্র বা শাখা থাক না কেন সারা রাজ্যে, তারা সর্ব মোট ৭.০০ প্রমাণ হেক্টর জমি রাখতে পারবেন।

শশাঙ্ক শেখর মাইতি বনাম *ভারত সরকার*[১৪] মামলায় মহামান্য আদালত জানিয়েছেন যে ১৪থ(৩) [s. 14Q(3)] ধারা রাজ্য সরকারকে জমির সর্বোচ্চ সীমা বাড়ানোর ক্ষমতা দিয়েছে, যদি রাজ্য সরকার এই মর্মে সন্তুষ্ট হয়ে থাকেন যে—কোনও নিগম বা প্রতিষ্ঠান সম্পূর্ণ দাতব্য বা ধর্মীয় উদ্দেশ্যে অথবা উভয় উদ্দেশ্যে পরিচালিত হচ্ছে অথবা কোনও ব্যক্তি যদি ন্যাস প্রতিষ্ঠানে জমি রাখেন যারা সম্পূর্ণ দাতব্য বা ধর্মীয় উদ্দেশ্যে পরিচালিত হয়।

পশ্চিমবঙ্গ ভূমিজীবী সংঘ বনাম *পশ্চিমবঙ্গ সরকার*[১৫] মামলায় মহামান্য আদালত জানান—১৪ড(৫) এবং ১৪ড(৬) ধারা সংবিধানের ২৫, ২৬ এবং ৩০ নং অনুচ্ছেদে প্রদত্ত অধিকারকে হস্তক্ষেপ করে না। মহামান্য হাইকোর্ট আরও জানান কেবলমাত্র একটি ঘটনার জটিলতা বা কাঠিন্য সাধারণভাবে একটি আইন খারাপ বলা যায় না [Only one case of difficulty or hardship does not render the law bad in general. In exceptional cases the government is competent under the law not to impose a ceiling on them.]

১৭। জমির উর্ধসীমা নির্ধারণে ওয়াকফ সম্পত্তি [Wakf property, determination of ceiling limit]. মহামান্য কলিকাতা উচ্চ ন্যায়ালয়ের

১৪ AIR 1981 SC 522; *শ্রীশ্রীঈশ্বর দুর্গামাতা ঠাকুরানি* বনাম *পঃ বঃ সরকার* 87 CWN 912.

১৫ 1992(1) CHN 496.

ডিভিশন বেঞ্চ জানায় যে যখন সম্পতিটি ওয়াকফের এবং এটি ওয়াকফ -আলাল-আওলদ রূপে চিহ্নিত, এবং ওয়াকফ কমিশনার সংশ্লিষ্ট মোতায়ালিকে নিয়োগ করেছেন, সুতরাং, ওই ওয়াকফকে একজন রায়ত হিসাবে গণ্য করা যাবে না। এক্ষেত্রে রায়ত সর্বশক্তিমান ঈশ্বর (আল্লাহ), আইনের নিরিখে এবং শ্রেণির শর্তানুসারে ওয়াকফকে "অন্য কোনও রায়ত" ধারা [১৪৬(১)(ঙ)] হিসাবে গণ্য করতে হবে। সেক্ষেত্রে এই "অন্য কোনও রায়ত" সর্বোচ্চ ৭.০০ প্রমাণ হেক্টর জমি রাখতে পারেন। ওয়াকফ-আলাল-আওলদ হিসাবে ৯.৯৮ হেক্টর জমি রাখতে পারবে। এক্ষেত্রে ওয়াকফের মোট জমি ২৫ একর। সংশ্লিষ্ট রাজস্ব আধিকারিক মোতয়ালিকে রায়তরূপে গণ্য করে সর্বোচ্চ মাত্র ৭.৩০ একর জমি রাখবার আদেশ দিয়েছেন এবং ৭.২৫ একর জমি ভেস্ট করেছেন। WBLR Tribunal সংশ্লিষ্ট রাজস্ব আধিকারিকের রায় বহাল রাখলে, কলিকাতা উচ্চ ন্যায়ালয়ের মাননীয় ডিভিশন বেঞ্চ উভয়ের রায় কে বাতিল করে জানায় যে পশ্চিমবঙ্গ ভূমি সংস্কার আইনের অধীনে ওয়াকফের কোনও জমির অংশ (part of the land) ভেস্ট নয়।[১৬]

১৪ঢ। সেচ সেবিত এলাকা নির্ধারণ (Determination of irrigated area) ঃ (১) কোনও জমি সেচ সবিত এলাকার মধ্যে আছে কিনা বা নেই এই প্রশ্ন উঠলে, [১][নির্ধারিত কর্তৃপক্ষের] দ্বারা ওই প্রশ্নের মীমাংসা হবে নির্ধারিত পদ্ধতিতে।

(২) উপধারা (১) অনুযায়ী প্রশ্নের মীমাংসার জন্য রাজ্য সরকার যে রকম উপযুক্ত মনে করবেন সেই রকম কর্তৃপক্ষ নির্ধারণ করবেন।

14N. Determination of irrigated area. (1) If any question arises as to whether any land is or is not within an irrigated area, such

১৬ *শেখ আবদুল রউফ* বনাম *পশ্চিমবঙ্গ সরকার* 2008(2) CHN 249 (Cal) (DB).

১ ১৬.১১.১৯৭৮ তারিখের ৩৮৩৮-এল. রেফ্. সংখ্যায়িত সরকারি প্রজ্ঞাপনের মাধ্যমে সকল স্পেশাল রেভিনিউ অফিসার গ্রেড II, সকল কানুনগো গ্রেড I এবং II, সকল চার্জ অফিসার এবং সকল সেটেলমেন্ট অফিসারগণ স্ব স্ব ক্ষেত্রাধিকারে এই ধারার জন্য নির্ধারিত কর্তৃপক্ষ নিযুক্ত হয়েছেন।

নির্ধারিত কর্তৃপক্ষ জল সিঞ্চিত এলাকা কিনা তাহা নির্ধারণের জন্য পশ্চিমবঙ্গ ভূমি সংস্কার নিয়মাবলি, ১৯৬৫-এর ১৪খ নিয়মানুযায়ী তিনি যেরূপ উপযুক্ত মনে করিবেন তদনুযায়ী অনুসন্ধান এবং রায়তদের একটি শুনানীর সুযোগ প্রদান করিয়া কারণসহ তাঁহার সিদ্ধান্ত লিপিবদ্ধ করবেন।

question shall be determined by the prescribed authority in such manner as may be prescribed.

(2) The State Government shall prescribe such authority as it may think fit for the determination of the question referred to in sub-section (1).

আলোচনার সূচী

১ সূচনা [Commencement]
২ নির্ধারিত কর্তৃপক্ষ [Prescribed authority]
৩ ১৯৬৫ সালের পঃ বঃ ভূমি সংস্কার বিধির ১৪খ বিধি [Rule 14B of W.B.L.R. Rules 1965]
৪ সেচ সেবিত এলাকা [Irrigated area]

১। সূচনা [Commencement]. পশ্চিমবঙ্গ ভূমি সংস্কার আইনের ১৪ড ধারায় কোনও রায়তের পরিবারের জমির সর্বোচ্চ সীমা নির্ধারণ করা রয়েছে। সর্বোচ্চ সীমা নির্ধারণের ক্ষেত্রে কোনও জমি সেচ সেবিত কিনা এই বিষয়টি অত্যন্ত গুরুত্বপূর্ণ। সেচ সেবিত এলাকা হলে রায়তের সর্বোচ্চ সীমা একরকম হবে আবার সেচ এলাকার জমি না হলে রায়তের জমির সর্বোচ্চ সীমা অন্যরকম হবে।

নীচে সেচ সেবিত এবং সেচ সেবিত নয় এই দুই রকমের জন্যই কোনও রায়তের পরিবারের জমির সর্বোচ্চ সীমার তালিকা দেওয়া হল—

পরিবারের সদস্য সংখ্যা	সেচ এলাকা	অসেচ এলাকা
(ক) পরিবারের সদস্য সংখ্যা মাত্র একজন	৬.১৮ একর	৮.৬৫ একর
(খ) ২ থেকে ৫ জন সদস্য বিশিষ্ট পরিবার	১২.৩৫ একর	১৭.৩০ একর
(গ) ৬ জন সদস্যবিশিষ্ট পরিবার	১২.৩৫ + ১.২৪ = ১৩.৫৯ একর	১৭.৩০ + ১.৭৩ = ১৯.০৩ একর
(ঘ) ৭ জন সদস্যবিশিষ্ট পরিবার	১৩.৫৯ + ১.২৪ = ১৪.৮৩ একর	১৯.০৩ + ১.৭৩ = ২০.৭৬ একর
(ঙ) ৮ জন সদস্যবিশিষ্ট পরিবার	১৪.৮৩ + ১.২৪ = ১৬.০৭ একর	২০.৭৬ + ১.৭৩ = ২২.৪৯ একর
(চ) ৯ জন বা তার বেশি সদস্য বিশিষ্ট পরিবার	১৬.০৭ + ১.২৪ = ১৭.৩১ একর	২২.৪৯ + ১.৭৩ = ২৪.২২ একর

উপরের তালিকা থেকে দেখা যাচ্ছে কোনও রায়তের পরিবারে যদি পাঁচ জন সদস্য থাকে তবে সেচ সেবিত এলাকায় ওই পরিবার সর্বোচ্চ ১২.৩৫ একর জমি রাখতে পারবেন এবং অসেচ এলাকায় ওই রায়তের পরিবার ১৭.৩০ একর জমি রাখতে পারবেন। অর্থাৎ প্রায় পাঁচ একর জমি বেশি রাখতে পারবেন। সুতরাং কোনও জমি সেচ এলাকায় না অসেচ এলাকায় তা সর্বোচ্চ সীমা নির্ধারণের বেলায় অত্যন্ত গুরুত্বপূর্ণ। সেচ এলাকায় রায়ত কম জমি রাখতে পারবেন আর অসেচ এলাকায় রায়ত বেশি জমি রাখতে পারবেন।

কোনও জমি সেচ এলাকায় কিনা তা নির্ধারণের জন্য এই ধারা নির্দেশ দেয়। রাজ্য সরকার প্রয়োজনে এই প্রশ্ন মীমাংসার জন্য নির্ধারিত কর্তৃপক্ষ নিয়োগ করতে পারবেন। ওই নির্ধারিত কর্তৃপক্ষ তদন্ত করে প্রয়োজনে সিদ্ধান্ত নেবেন কোনও জমি সেচ সেবিত অথবা সেচ সেবিত নয়।

২। নির্ধারিত কর্তৃপক্ষ [Prescribed authority]. আগে মহকুমা ভূমি সংস্কার আধিকারিক (S.D.L.R.O.) ছিলেন নির্ধারিত কর্তৃপক্ষ। ১৯৬৫ সালের পঃ বঃ ভূমি সংস্কার নিয়মের ১৪খ নং বিধি সংশোধন করে এই ক্ষমতা ১৪ন ধারায় ক্ষমতাপ্রাপ্ত রাজস্ব আধিকারিককে দেওয়া হয়েছে। ৩৮৩৮-এল. রেফ্. তাং কলিকাতা ১৬.১১.১৯৭৮ দ্বারা ১৪ন ধারার রাজস্ব আধিকারিককে ১৪ঢ ধারায় ক্ষমতাবান (empowered) করেছে।

নীচে ওই বিজ্ঞপ্তিটি দেওয়া হল—

Notification

No. 3838-L. Ref. dated Calcutta, the 16th November, 1978

In exercise of the power conferred by clause (9A) of section 2 of the W.B.L.R. Act, 55 [W.B. Act X of 1956] (hereinafter referred to as the said Act), the Governor is pleased hereby to appoint the Revenue Officer to whom a *raiyat* shall furnish a return under section 14T of the said Act to be the "prescribed Authority" for the purpose of sub-section (1) of section 14N of the said Act.

By order of the Governor
Sd/- T.K. Ghosh
Deputy Secretary to the Governor
of West Bengal

পশ্চিমবঙ্গ ভূমি সংস্কার আইনের ১৪ন ধারার ক্ষমতাবান রাজস্ব আধিকারিক হলেন ১৪ঢ ধারার বিবাদ নিষ্পত্তি করার অধিকারী। ১৯৬৫ সালের পঃ বঃ ভূমি সংস্কার নিয়মের সংশোধিত ১৪খ নং বিধি অনুযায়ী তিনি ওই বিবাদের মীমাংসা করবেন প্রয়োজনীয় তদন্তের পর।

৩। [১]১৯৬৫ সালের পঃ বঃ ভূমি সংস্কার বিধির ১৪খ বিধি [Rule 14B of W.B.L.R. Rules 1965]. ১৪ঢ(১) ধারা অনুযায়ী কোনও জমি সেচ সেবিত এলাকায় কিনা এই প্রশ্নের উত্তর নির্ধারণের পদ্ধতি (Manner of determination of question as to whether any land is or not within irrigated area under sub-sec. (1) of s. 14N).

নির্ধারিত কর্তৃপক্ষ যেমন মনে করবেন সেইরকমভাবে তদন্ত করবেন, তদন্তের সংক্ষেপ লিপিবদ্ধ করবেন, এ ধরনের তদন্তের আগে রায়তকে যথোপযুক্ত শুনানির সুযোগ দেবেন। তদন্তের শেষে কারণসহ সিদ্ধান্ত জানাবেন।

৪। সেচ সেবিত এলাকা [Irrigated area]. পশ্চিমবঙ্গ সরকার বিভিন্ন রকমের (different project) অধীন সেচ সেবিত এলাকার বিস্তারিত বর্ণনা দিয়েছেন বিজ্ঞপ্তি নং ৭৩৫২-এল. রেফ্. তাং ১.৭.১৯৭১ দ্বারা। সরকারের নজরে আসে যে বেশ কিছু অঞ্চল বিজ্ঞপ্তি অনুযায়ী সেচ সেবিত এলাকা হিসাবে ঘোষিত হলেও ওই এলাকায় সেচের জল যায় না। এরপর তখনকার রাজস্ব পর্ষদ (Board of revenue) বিজ্ঞপ্তি নং ৩৯৫(১৫) জিই, তাং ১২.১.১৯৭৩ দিয়ে পরিষ্কার করে দেয় যে, নির্ধারিত কর্তৃপক্ষ হিসাবে মহকুমা ভূমি সংস্কার আধিকারিক তদন্ত করে যদি দেখেন যে কোনও এলাকা বাস্তবে সেচ সেবিত নয়, তা হলে অন্য রকম আদেশ না হওয়া পর্যন্ত ওই এলাকাটি বিজ্ঞপ্তি থেকে বাদ যাবে। গুরুত্বপূর্ণ ওই আদেশনামাটি নীচে দেওয়া হল—

১ বিজ্ঞপ্তি নং ৩৩৯৬-এল. রেফ়্./২এ-১১/৭৮, তাং ১৮.৯.১৯৭৮ দ্বারা এই নিয়মটি প্রকাশিত হয়েছিল। এটি কলিকাতা গেজেটে ওই তারিখে প্রকাশিত হয়েছিল।
পুরাতন নিয়মটি ছিল এইরকম ঃ
(১) ১৪ঢ(১) ধারায় বর্ণিত প্রশ্নের মীমাংসার উদ্দেশ্যে প্রয়োজনীয় তদন্তের জন্য নির্ধারিত কর্তৃপক্ষ হলেন মহকুমা ভূমি সংস্কার আধিকারিক।
(২) রায়তকে যথোপযুক্ত শুনানির সুযোগ দিয়ে তিনি তদন্ত করবেন। এই তদন্তের বিষয়বস্তু সংক্ষেপে লিপিবদ্ধ করবেন এবং কারণসহ তার সিদ্ধান্ত জানাবেন।

Notification

No. 395(15) GE Dated, Calcutta, the 12th January, 1973

To

The Collector/Deputy Commissioner,

Sub : Determination of irrigated area in connection with fixation of ceiling area and reassessment of revenue under the provision of the W.B.L.R. Act.

1. In order to determine the area of agricultural land that a *raiyat* can retain under section 14M of the W.B.L.R. Act and to reassess the revenue payable by raiyat under section 23B *ibid* the important point of consideration is whether the land is situated within the irrigated area.

2. Clause (*b*) of the explanation to section 23B lays down that expression 'irrigated area' shall have the same meaning as in clause (*d*) of section 14K. Irrigated area means an area which is or in the opinion of the State Government capable of being irrigated at any time during the agricultural year commencing on the 1st day of Baisakh, 1377 B.S. from any State Canal Irrigation Project of State (Power Driven Deep Tubewells) Irrigation Project.

3. In the Land and Land Revenue Department's Notification No. 7352-L Ref. dated 1.7.1971, irrigated area under different project have been specified. It has, however, been represented to the Government that some areas, within certain police station which have been notified as irrigated area, do not get water from Government canals or State power driver tube-wells.

4. In such cases or in any other case where a question has arisen on will arise whether any area which has been notified as an irrigated area is really an irrigated area or not, the S.L.R.O. concerned who is the 'prescribed Authority' in such case, shall hold an enquiry under the provision of r. 14B(2) of the W.B.L.R. Rule in respect of all the affected mouzas and after hearing the raiyats concerned shall give his decision recording the reason therefore as to notification referred to here in before untill further orders.

5. Attention of all sub-divisional Land Reforms officers may be drawn to these provisions of the W.B.L.R. Act and W.B.L.R. Rules.

Sd/-

J.N. Mukherjee

Secretary, Board of Revenue, W.B.

উপরোক্ত নির্দেশনামায় নির্ধারিত কর্তৃপক্ষকে তদন্ত করতে বলেছে। এই তদন্ত হবে পঃ বঃ ভূমি সংস্কার নিয়মের ১৪খ নং বিধি অনুযায়ী। এটা পরিষ্কার যে কোনও একটা এলাকা সেচ সেবিত কিনা তা নির্ধারণের প্রাথমিক শর্ত হল সরকার দ্বারা প্রকাশিত (notified) এলাকার মধ্যে ওই জমি পড়ে কি না। কিন্তু ওই বিজ্ঞপ্তিই একমাত্র ভিত্তি (sole basis) নয়। বর্তমান মামলায় যখনই এই প্রশ্ন উঠেছে, রাজস্ব আধিকারিক তদন্ত করেছেন এবং ১৪ট(ঘ) ধারা অনুযায়ী ওই জমি সেচ সেবিত এলাকায় কিনা তা দেখেছেন। উপরোক্ত কাজ করার জন্য রায়তকে অবশ্যই শুনানির সুযোগ দেবেন এবং তিনি যে তদন্ত করবেন তা লিপিবদ্ধ করবেন। এক্ষেত্রে রাজস্ব আধিকারিক তা করেন নি, সুতরাং এই বিষয়ে যে চ্যালেঞ্জ করা হয়েছিল তা গৃহীত হল।[২]

রিয়াজুদ্দিন আহমেদ বনাম *পঃ বঃ সরকার*[৩] মামলা থেকে দেখা যায় রায়তের বেশি কিছু জমি যেহেতু সরকার প্রকাশিত বিজ্ঞপ্তি এলাকায় (notified area) রয়েছে, ওই জমিগুলিকে সেচ সেবিত ধরে নিয়ে রাজস্ব আধিকারিক রায়তের জমি ন্যস্ত (vest) করেন। শুনানির সময় রায়ত জানান যে, ওই জমিগুলি বিজ্ঞপ্তি অনুযায়ী সেচ সেবিত এলাকায় রয়েছে ঠিকই কিন্তু কোনও প্রকার সেচের জল পায় না। সুতরাং সেচ এলাকার জমি হিসাবে ওই জমিগুলি যেন ধরা না হয়। কিন্তু সংশ্লিষ্ট রাজস্ব আধিকারিক রায়তের কোনও যুক্তি মানেন নি এবং ১.৭.১৯৭১ তারিখের বিজ্ঞপ্তি নং ৭৩৫২-এল. রেফ্‌কে অনুসরণ করে রায়তের জমি ভেস্ট করেন। রাজস্ব আধিকারিকের আদেশকে চ্যালেঞ্জ করে মহামান্য হাইকোর্টে মামলা করা হয়।

মহামান্য হাইকোর্ট দেখেন জমির সর্বোচ্চ সীমা নির্ধারণ ১৪ঢ নং ধারা এবং ১৪খ নং বিধি মান্য না করে হয়েছে এবং সংশ্লিষ্ট জমি আদৌ সেচ সেবিত

২ *গোকুল পাল* বনাম *পঃ বঃ সরকার* 1988(2) CHN 41.

৩ 1982(1) Cal LJ 434.

এলাকার মধ্যেই নেই সুতরাং রাজস্ব আধিকারিক ১৪ন(৩) ধারায় যে আদেশ দিয়েছিলেন মহামান্য হাইকোর্ট তা বাতিল করে দেন। নূতন করে নির্ধারণের নির্দেশ দেন। মহামান্য বিচারক এই মত পোষণ করেন যে রাজস্ব আধিকারিকের উচিত ১৪ট(ঘ) ধারার দৃষ্টিভঙ্গীতে সর্বোচ্চ সীমা নির্ধারণের সময় আলোকপাত করা দরকার। রাজস্ব আধিকারিককে নির্দেশ দেওয়া হয় যে ওই রায়তের সম্পূর্ণ জমি না কিছু অংশ ওই নির্ধারিত (determined) এলাকায় রয়েছে তা দেখতে। State Canal Irrigation প্রকল্প, অথবা বিদ্যুৎচালিত গভীর নলকূপ বা নদীজলোত্তলন প্রকল্প ইত্যাদি দ্বারা বাংলা কৃষিবর্ষের আরম্ভে অর্থাৎ ১৩৭৭ বাংলা বর্ষের ১লা বৈশাখ ওই জমিতে সেচে জল যায় কি না বা যাওয়ার সম্ভাবনা আছে কিনা।

রেবা খাতুন বনাম *পঃ বঃ সরকার*[৪] মামলাতে মহামান্য আদালত জানান "২খ পরিচ্ছেদ" (Chapter 2B) উদ্দেশ্য সাধনের জন্য কোনও এলাকা সেচ সেবিত কিনা দেখতে হলে আগে দেখতে হবে সরকারি গেজেটে ওই এলাকাটি সেচ সেবিত হিসাবে ঘোষিত কিনা কিন্তু ১৪ঢ নং ধারা থেকে এটা দেখা যায় যে সরকারি বিজ্ঞপ্তিটি কোনও এলাকা সেচ সেবিত কিনা এই প্রশ্নে চূড়ান্ত প্রমাণপত্র নয়। এমনকী ওই ধরনের কোনও বিজ্ঞপ্তি থাকলেও ১৪(খ) বিধি অনুযায়ী রায়ত কোনও আপত্তি দাখিল করতে পারবেন। মহামান্য আদালত বর্তমান ক্ষেত্রে দেখেন যে রাজস্ব আধিকারিক যে আদেশ দিয়েছেন তাতে রাজস্ব আধিকারিক এমনকী আপিল কর্তৃপক্ষ ও রায়তকে ১৪ঢ এবং ১৪ণ ধারায় (s. 14N & s. 14-O) আপিল দাখিল করার অধিকার থেকে বঞ্চিত করেছেন। কোনও এলাকা সেচ সেবিত এলাকায় কিনা এই প্রশ্ন নির্ধারণে রাজস্ব আধিকারিক এবং আপিল কর্তৃপক্ষ ওই বিজ্ঞপ্তিকেই একমাত্র ভিত্তি ধরেছেন, যার কোনও যুক্তি নেই। সুতরাং ১৪ন(৩) ধারার ওই ভুল আদেশ বাতিল করা হল। ১৪ন(৩) ধারায় দেওয়া ভেস্টিং-এর আদেশ মহামান্য হাইকোর্ট বাতিল করেন এবং রাজস্ব আধিকারিককে এই নির্দেশ দেন যে—১৪ঢ ধারা অনুযায়ী রাজস্ব আধিকারিক আগে দেখবেন ওই জমি সেচ সেবিত কিনা তারপর পরবর্তী কার্যক্রম করবেন।

যখন কোনও রায়ত এই মর্মে আপত্তি দাখিল করবেন যে যদিও সংশ্লিষ্ট জমি সরকার প্রকাশিত বিজ্ঞপ্তিতে সেচ সেবিত এলাকা হিসাবে দেখানো আছে

৪ 1986(2) CHN 126.

কিন্তু বাস্তবে ওই জমি আদৌ সেচের কোনও জল পায় না তখন ১৪ঢ ধারায় রাজস্ব আধিকারিক আগে তদন্ত করে দেখবেন সত্যিই ওই বক্তব্য সঠিক কিনা। রাজস্ব আধিকারিক যদি ওই আপত্তির নিষ্পত্তি না করে ১৪ন(৩) ধারা অনুযায়ী ন্যস্ত আদেশ দেন তবে ওই আদেশ বাতিলের যোগ্য হবে। মহামান্য আদালত "*রিয়াজুদ্দিন আহমেদ* বনাম *রাজ্য সরকার*" মামলায় বলেন যখন কোনও বিবাদ রাজস্ব আধিকারিকের সামনে আসে যে কোনও জমি সেচ সেবিত অথবা সেচ সেবিত নয়, তখন রাজস্ব আধিকারিকের প্রথম কাজ হল ওই প্রশ্নের নিষ্পত্তি করা তারপর তিনি জমির সর্বোচ্চ সীমা নির্ধারণের কার্যক্রম আরম্ভ করেন। কিন্তু কোনও রায়ত যখন এই মর্মে আবেদন জানাচ্ছেন যে বিবাদীয় জমি আদৌ সেচের জল পায় না, তখন তার তদন্ত না করে রাজস্ব আধিকারিক ভেস্টিং-এর আদেশ দিলে ওই আদেশ বাতিলের যোগ্য হবে।

রাধাবল্লভ রায় বনাম *রাজস্ব আধিকারিক*[৫] মামলায় দেখা যায় সংশ্লিষ্ট রাজস্ব আধিকারিক রায়তের জমি "সেচ সেবিত এলাকায়" ধরে নিয়ে জমির সর্বোচ্চ সীমা নির্ধারণ করেছেন। যা আইন মোতাবেক ঠিক নয়। রায়ত রাজস্ব আধিকারিকের কাছে তার বক্তব্য (representation) পেশ করেন যে—উক্ত জমি সেচ সেবিত এলাকায় অবস্থিত নয়, কিন্তু রায়তের বক্তব্যে গুরুত্ব না দিয়ে সংশ্লিষ্ট রাজস্ব আধিকারিক জমি ন্যস্ত (ভেস্ট) করেন। রাজস্ব আধিকারিকের (Revenue Officer) উক্ত নিষ্ক্রিয়তার (inaction of R.O.) বিরুদ্ধে সংশ্লিষ্ট রায়ত মহামান্য আদালতে মামলা করেন। মহামান্য আদালত এই রায় দেন যে আগে সিদ্ধান্ত নিতে হবে যে সংশ্লিষ্ট জমি সেচ সেবিত এলাকায় কিনা, তারপর রায়তের জমি সরকারে ন্যস্ত হবে কিনা সে ব্যাপারে পরবর্তী কার্যক্রম রাজস্ব আধিকারিক নেবেন।

এইরকমই আদেশ ছিল *বামাপদ মল্লিক* বনাম *পঃ বঃ সরকার*[৬] মামলায়। এক্ষেত্রে আদালত জানান—কোনও জমি সেচ সেবিত কিনা এই প্রশ্নে উত্তর নির্ধারণের প্রক্রিয়া চলা অবস্থায় রাজস্ব আধিকারিক ১৪ন ধারায় কোনও সিদ্ধান্ত নিতে পারেন না।

৫ 1988(2) Cal LJ 445.

৬ 1977 CHN 926.

হায়দার আলি মণ্ডল বনাম *পঃ বঃ সরকার*[৭] মামলায় মহামান্য আদালত জানান—১৯৬৫ সালের পঃ বঃ ভূমি সংস্কার নিয়মের ১৪খ নং বিধিতে কোনও জমি সেচ সেবিত কি সেচ সেবিত নয় তা নির্ধারণের পদ্ধতি বলা আছে। নির্ধারিত কর্তৃপক্ষ ওই তদন্তের সময় ঘটনা লিপিবদ্ধ করবেন, যথোপযুক্ত শুনানির সুযোগ দিয়ে স্বার্থ সংশ্লিষ্ট ব্যক্তির বক্তব্য শুনে তদন্তকারী আধিকারিক কারণসহ তার সিদ্ধান্ত জানাবেন।

সনৎ সিংহ নালওয়া বনাম *দ্যা ফিনানসিয়াল কমিশনার, হরিয়ানা*[৮] মামলায় মহামান্য আদালত জানান—"Classification of land for determining surplus area is not *ultra vires*."

১৪ণ। আপিল (Appeal)ঃ (১) ১৪চ ধারা অনুযায়ী নির্ধারিত কর্তৃপক্ষের কোনও সিদ্ধান্ত বিষয়ে কোনও ব্যক্তি ওই সিদ্ধান্ত নেওয়ার তারিখ থেকে ত্রিশ দিনের মধ্যে অথবা [১][আপিল বিচারক] যদি উপযুক্ত কারণ দেখানোর সাপেক্ষে আরো বেশি সময় দেন তবে, রাজ্য সরকার কর্তৃক সরকারি গেজেটে বিজ্ঞাপন মাধ্যমে প্রকাশিত ক্ষমতাপ্রাপ্ত আধিকারিকের কাছে ওই সিদ্ধান্তের বিরুদ্ধে আপিল করতে পারবেন।

(২) ওই আপিলের আবেদন পাওয়ার পর [১][আপিলের বিচারের] জন্য আবেদনকারীকে যথোপযুক্ত শুনানির সুযোগ দেওয়ার পর নির্ধারিত কর্তৃপক্ষের দেওয়া সিদ্ধান্ত অনুমোদন (বহাল), সংশোধন বা বাতিল করতে পারেন।

14-O. Appeal. (1) Any person who is aggrieved by any determination made by the prescribed authority under section 14N may, within thirty days from the date of such determination or within such further time as the appellate authority may, on sufficient cause being shown, allow, prefer an appeal to such authority as the State Government may, by notification in the *Official Gazette*, specify in this behalf, against such determination.

৭ 88 CWN 536.

৮ AIR 1981 SC 1148.

১ ১৬.১১.১৯৭৮ তারিখের ৩৮৪০-এল. রেফ্. সংখ্যায়িত সরকারি প্রজ্ঞাপন অনুযায়ী ১৪চ ধারায় নির্ধারিত কর্তৃপক্ষ যিনি তদন্ত করে সিদ্ধান্ত জানিয়েছেন তাঁর তাৎক্ষণিক সিদ্ধান্তের উপর রাজস্ব আধিকারিকের নিকট ক্ষুব্ধ ব্যক্তি আপিল করিতে পারবেন।

(2) On receipt of such appeal, the appellate authority may, after giving a reasonable opportunity to the appellant of being heard, confirm, modify or reverse the determination made by the prescribed authority.

আলোচনার সূচী

১। কর্মপরিধি [Scope]. কোনও ব্যক্তি রাজস্ব আধিকারিকের দেওয়া ১৪ঢ ধারায় দেওয়া আদেশ অসন্তুষ্ট হলে তিনি ওই রায়ের বিরুদ্ধে পঃ বঃ ভূমি সংস্কার আইনের ১৪ণ ধারায় (s. 14-O) আপিল কর্তৃপক্ষের কাছে আপিল করতে পারেন। রাজস্ব আধিকারিকের দেওয়া ১৪ঢ (১) [s. 14N(1)] ধারায় আদেশের ত্রিশ দিনের মধ্যে ওই ব্যক্তিকে আপিল করতে হবে। তবে তামাদি আইনের ৫ নং ধারা (s. 5 of Limitation Act) প্রয়োগ করে আপিল কর্তৃপক্ষ নির্দিষ্ট সময়ের পরেও [ত্রিশ দিন] আপিল জমা নিতে পারেন। সেক্ষেত্রে কেন আপিলের আবেদন ত্রিশ দিনের মধ্যে জমা দেওয়া গেল না তার সুনির্দিষ্ট কারণ ওই ব্যক্তি দেখাবেন। ওই কারণে যদি আপিল কর্তৃপক্ষ সন্তুষ্ট হয়ে থাকেন তবে তিনি ওই আবেদন জমা নিতে পারেন।[১] মামলায় মহামান্য আদালত জানিয়েছেন —আপিল দাখিলকারীর অধিকার আছে আপিল করার এবং আপিল কর্তৃপক্ষের নিজস্ব ক্ষমতা (discretion) আছে নির্দিষ্ট সময়ের পরে আবেদনের ভিত্তিতে আপিল গ্রহণ করার। আপিল দাখিলকারীকে সেক্ষেত্রে আপিলের আবেদন দেরি

১ *জগৎ যামিনী* বনাম *জ্যোৎস্না বসু* AIR 1978 Cal 392.

করে জমা দেওয়ার সুনির্দিষ্ট কারণ দেখিয়ে আপিল কর্তৃপক্ষকে সন্তুষ্ট (satisfied) করতে হবে।

নিরপেক্ষ স্বাভাবিক ন্যায় বিচার ব্যবস্থায় (natural justice) যে কোনও ব্যক্তিকে আপিলের অধিকার দিতে হয়। বিচার প্রক্রিয়ারই একটি অংশ হল আপিল। সুতরাং যে কোনও ব্যক্তিরই আপিলের অধিকার রয়েছে। মহামান্য সুপ্রীম কোর্ট জানিয়েছেন—আপিল হল কোনও কার্যক্রমের ধারাবাহিক পর্যায়, আপিল কর্তৃপক্ষ নির্দিষ্ট পদ্ধতিতে প্রমাণ সাপেক্ষে কোনও কার্যক্রম রিভিউ করতে পারেন।[২]

গারিকাপতি বনাম *সুব্বাইয়া চৌধুরী*[৩] মামলায় মহামান্য আদালত জানিয়েছেন—আপিলের অধিকার শুধু পদ্ধতিগত বিষয় নয় স্বাধীন স্বত্বামূলক (substantive) এবং ন্যস্ত (vested) অধিকার।

তরাই টি কোম্পানি (প্রাঃ) লিমিটেড বনাম *নিউ রেড ব্যাঙ্ক টি কোং (প্রাঃ) লিমিটেড*[৪] মামলায় মহামান্য আদালত জানিয়েছেন—আপিলের স্বাধীন স্বত্বামূলক (substantive) অধিকার আইনের দ্বারাই কোনও ব্যক্তি পেয়ে থাকেন, শুধুমাত্র কিছু অনিয়ম করার দোষে কোনও ব্যক্তিকে আপিলের অধিকার থেকে বঞ্চিত করা যায় না।

২। আপিল কর্তৃপক্ষ [Appellate authority]. জেলা ভূমি ও ভূমি সংস্কার আধিকারিক [District Land and Reforms Officer] হলেন ১৪ণ ধারার আপিল বিচারক। কোনও ব্যক্তি ১৪ঢ ধারায় রাজস্ব আধিকারিকের দেওয়া রায়ে অসন্তুষ্ট হলে, ওই রায় যে তারিখে দেওয়া হয়েছে, তার ত্রিশ দিনের মধ্যে আপিল কর্তৃপক্ষের কাছে আপিল করতে হবে। আপিল কর্তৃপক্ষ মনে করলে ত্রিশ দিন পার হলেও আপিল মামলা গ্রহণ করতে পারেন। সেক্ষেত্রে কেন ত্রিশ দিনের মধ্যে আপিল দাখিল করা গেল না, তার কারণ জানাবেন আপিল দাখিলকারী। তামাদি আইনের (Limitation Act) ৫ নং ধারা অনুযায়ী আপিল বিচারক দেরি হলেও ওই আপিল গ্রহণ করতে পারেন।

২ *কেরালা রাজ্য সরকার* বনাম *কে. এম. চারিয়া আবদুল্লা এন্ড কোং.* AIR 1965 SC 1985.

৩ AIR 1967 SC 540.

৪ AIR 1992 Cal 61.

প্রজ্ঞাপন (notification) নং $\frac{\text{১৪৫৬-জিই}}{\text{১৪৬/৮৯}}$, তাং ১৯.২.১৯৯০ দ্বারা পঃ বঃ ভূমি সংস্কার আইনের ১৪ণ (১) ধারার (sub-sec. (1) of s. 14-O) নির্ধারিত কর্তৃপক্ষ হিসাবে নিম্নলিখিত পদাধিকারীদের নিযুক্ত করেছেন রাজ্য সরকার—

(১) জেলা ভূমি ও ভূমি সংস্কার আধিকারিক,

(২) উপ-জেলা ভূমি ও ভূমি সংস্কার আধিকারিক,

(৩) মহকুমা ভূমি ও ভূমি সংস্কার আধিকারিক,

(৪) ব্লক ভূমি ও ভূমি সংস্কার আধিকারিক।

আবার বিজ্ঞপ্তি নং $\frac{\text{১৪৫৪-জিই}}{\text{১৪৬/৮৯}}$, তাং ১৯.২.১৯৯০ দ্বারা পঃ বঃ ভূমি সংস্কার আইনের ১৪ণ(১) ধারার কর্তৃপক্ষ হিসাবে নিম্নলিখিত পদাধিকারীদের পশ্চিমবঙ্গ সরকার নিযুক্ত করেছেন—

S1V Special Revenue Officer—Gr. II.

S2V Land Reforms Officer—Gr. II.

৩। আপিল কর্তৃপক্ষের পুনরায় ফেরৎ পাঠানোর ক্ষমতা আছে [Appellate authority has the power to remand]. পশ্চিমবঙ্গ সংস্কার আইনের ৫৭(ছ) ধারা অনুযায়ী আপিল কর্তৃপক্ষ কোনও কেস বা কার্যাবলি পুনরায় ফেরৎ পাঠানোর জন্য পাঠাতে পারেন। যাঁর আদেশের বিরুদ্ধে আপিল করা হয়েছে আপিল বিচারক তার কাছেই ফেরৎ পাঠানোর জন্য পাঠাবেন। ১৯৭৮ সালের পঃ বঃ ভূমি সংস্কার (সংশোধন) আইন দ্বারা ৫৭(ছ) ধারাটি যুক্ত হওয়ায় পঃ বঃ ভূমি সংস্কার আইনের বিভিন্ন ধারার আপিল কর্তৃপক্ষকে কোনও মামলা ফেরৎ পাঠানোর ক্ষমতা দেওয়া হয়েছে। কলিকাতা গেজেটে এটি ২৭.১১.১৯৭৮-এ প্রকাশিত হয়েছিল।

৪। আপিল কর্তৃপক্ষ মৌখিক আদেশ দান করবেন [Appellate authority will pass speaking order]. বিচারকল্প (*quasi judicial*) কর্তৃপক্ষের উচিত মৌখিক আদেশ দেওয়া।[৫]

৫ *চেইনরূপ এন্ড কোং* বনাম *ভারত সরকার* 78 CWN 926.

যখন কোনও আদেশকে সংবিধানের ২২৬ এবং ২২৭ ধারায় চ্যালেঞ্জ করা হয় তখন ওই আদেশ যেন কারণ (reasons) এবং মৌখিক আদেশ সহ দেওয়া হয়।[৬]

প্রত্যেক বিচারকল্প (*quasi judicial*) আদেশ-ই কারণ (reason) উল্লেখ করে দিতে হবে। এটা আইনের ন্যূনতম চাহিদা। অর্থাৎ যখন কোনও বিচারকল্প (*quasi judicial*) কর্তৃপক্ষ কোনও আদেশ দান করবেন, তিনি কোনও কারণের জন্য ওই আদেশ দিচ্ছেন তা অবশ্যই উল্লেখ করবেন।[৭]

যখন কোনও আদেশের বিরুদ্ধে আপিল বা 'রিভিশান' করার সুযোগ থাকে তখন এমনভাবে কারণ (reason) সহ আদেশ দেওয়া প্রয়োজন যেন আপিল কর্তৃপক্ষ বা সংশোধন (revision) কর্তৃপক্ষ ওই সিদ্ধান্ত বিবেচনা করতে পারেন।[৮]

৫। শুনানির সুযোগ দিতেই হবে [Opportunity of being heard should be given]. উপধারা (২) অনুযায়ী আপিলের আবেদন পাওয়ার পর আপিল কর্তৃপক্ষ আবেদনকারীকে উপযুক্ত শুনানির সুযোগ দেবেন। তারপর নির্ধারিত কর্তৃপক্ষের দেওয়া সিদ্ধান্ত পরিবর্তন বা বাতিল বা একইরকম রাখতে পারেন। ১৪ণ ধারায় (s. 14-O) আপিল কর্তৃপক্ষ "বিচার ব্যবস্থার মতো" (*quasi judicial*) কাজ করেন। সুতরাং তিনি স্বাভাবিক বিচার ব্যবস্থার মূল নীতিগুলি অনুসরণ করবেন এটা আশা করা যায়। যে বিষয়গুলি তিনি দেখবেন, তা হল—

(১) সমস্ত পক্ষকে শুনানির সুযোগ দেওয়া।

(২) শুনানির সুযোগ যেন ন্যায়সংগত বা যুক্তিযুক্ত হয়।

(৩) সংশ্লিষ্ট পক্ষ যেন শুনানির সময় বক্তব্য পেশ করার সুযোগ পায়।

৬ *রঙ্গনাথ* বনাম *দৌলত রাও* AIR 1975 SC 2146.

৭ *মহীন্দ্রা এন্ড মহীন্দ্রা লিঃ* বনাম *ভারত সরকার* AIR 1979 SC 798; *চেইনরূপ এন্ড কোং* বনাম *ভারত সরকার* 78 CWN 926; *তারাচাঁদ খাতরি* বনাম *দিল্লী মিউনিসিপ্যাল কর্পোরেশান* AIR 1977 SC 567; *গভঃ ব্রাঞ্চ প্রেস* বনাম *ডি. বি. বেলিয়াপ্পা* AIR 1979 SC 429; *মানেকা গান্ধী* বনাম *ভারত সরকার* AIR 1978 SC 597.

৮ *এস. জুয়েলারী* বনাম *সহকারী সমাহর্তা, সি. ই.* AIR 1972 Mys 132.

(৪) কোনও পক্ষ যে বক্তব্য বা প্রমাণ (evidence) পেশ করবেন তা যেন অপরপক্ষের উপস্থিতিতে গ্রহণ করা হয়।

(৫) অপর পক্ষকে ওই পেশ করা বক্তব্য বা প্রমাণ বা যুক্তি খণ্ডন করার (cross examination) সুযোগ দিতে হবে, সাক্ষীদের জিজ্ঞাসাবাদের সুযোগ দিতে হবে।

(৬) আধিকারিক বা কর্তৃপক্ষের উচিত নয় কোনও পক্ষকে সুযোগ না দিয়ে তার বিরুদ্ধে আনা কোনও বিষয় পেশ করা।

The "audi alterem partem" rule-এর অন্যতম দুটি শর্ত হল—

(ক) প্রত্যেক পক্ষকে বিজ্ঞপ্তি (notice) দিতে হবে।

(খ) বক্তব্য ব্যাখ্যা করার সুযোগ দিতে হবে।[৯]

কোনও পক্ষকে শুনানির সুযোগ না দিয়ে কোনও সিদ্ধান্ত নেওয়া যায় না। Natural justice-এর মূল নীতিগুলির এটি হল অন্যতম।[১০]

৬। পুনর্বিলোকন (পুনরীক্ষণ)-এর ক্ষমতা [Power of review]. পশ্চিমবঙ্গ ভূমি সংস্কার আইনের ১৪গ ধারা বা ৫৪ নং ধারা বা ৫৭ নং ধারায় কোনও মামলা পুনরীক্ষণের (review) করার কোনও ক্ষমতা কর্তৃপক্ষকে দেয়নি। সুতরাং একথা বলা যায় ১৪গ নং ধারার আপিল কর্তৃপক্ষের কোনও মামলা পুনর্বিলোকন বা পুনরীক্ষণ করার ক্ষমতা নেই। অর্থাৎ তিনি কোনও কেস রিভিউ করতে পারবেন না।

৭। আপিলের পদ্ধতি [Procedure of appeal hearing]. কীভাবে আপিল মামলার শুনানি হবে তার নির্দেশ পঃ বঃ ভূমি সংস্কার আইনের ১৪গ(১) অথবা ১৪গ(২) ধারায় নেই। ১৪গ(২) ধারায় কেবলমাত্র এই নির্দেশ রয়েছে যে আপিলের আবেদন পাওয়ার পরে আপিল কর্তৃপক্ষ আপিল দাখিলকারীকে শুনানির সুযোগ দেবেন। ওই শুনানির সুযোগ দিয়ে আপিল কর্তৃপক্ষ, নির্ধারিত

৯ *মহীন্দর সিং গিল* বনাম *সি. ই. সি.* (1978)1 SCC 405; AIR 1978 SC 851.

১০ *আর. এস. দাস* বনাম *ইউনিয়ন অব ইন্ডিয়া* AIR 1987 SC 593; *এ. কে. ক্রাইপাক* বনাম *ইউনিয়ন অব ইন্ডিয়া* AIR 1970 SC 150; *দ্যা কেশোবা মিল্স কোং লিমিটেড* বনাম *ইউনিয়ন অব ইন্ডিয়া* AIR 1973 SC 389; *মানেকা গান্ধী* বনাম *ইউনিয়ন অব ইন্ডিয়া* AIR 1978 SC 597; *ইউনিয়ন অব ইন্ডিয়া* বনাম *তুলসীরাম প্যাটেল* AIR 1985 SC 1416.

কর্তৃপক্ষ ১৪ঢ ধারায় যে রায় দিয়েছিলেন, তা বহাল, সংশোধন বা পরিবর্তন করতে পারেন। আপিল বিচারক এক্ষেত্রে "বিচারকল্পের" (*quasi judicial*) ভূমিকা পালন করেন। বিচারালয়ে বিচারক যেমন আপিল মামলার বিচার করেন এক্ষেত্রে আপিল মামলার বিচারক ও আপিলের শুনানি করবেন। যখন কোনও কর্তৃপক্ষকে আপিল করার ক্ষমতা দেওয়া হয়, তিনি বিচারকের মতই সমস্ত পক্ষকে শুনানির সুযোগ দিয়ে সিদ্ধান্ত নেবেন।[১১]

৮। হাইকোর্টের আজ্ঞালেখ ক্ষেত্রাধিকার [Writ jurisdiction of High Court]. ১৯৯৭ সালের পশ্চিমবঙ্গ ভূমি সংস্কার ও প্রজাস্বত্ব ন্যায়পীঠ (W.B.L.R. & T. Tribunal) আইন বলবৎ হওয়ার আগে কোনও জমি সেচ সেবিত বা সেচ সেবিত নয় এই বিষয়ে নির্ধারিত কর্তৃপক্ষ বা আপিল কর্তৃপক্ষের কোনও আদেশের বিরুদ্ধে সংবিধানের ২২৬ অথবা ২২৭ অনুচ্ছেদ অনুযায়ী মহামান্য হাইকোর্টে রিট পিটিশান দাখিল করা যেত। কিন্তু ১৯৯৭ সালের ভূমি সংস্কার ন্যায়পীঠ (W.B.L.R. & T. Tribunal) আইন বলবৎ হওয়ার পর থেকে ওই আইনে ৭ নং এবং ৮ নং ধারা অনুসারে নির্ধারিত কর্তৃপক্ষ বা আপিল কর্তৃপক্ষের মূল আদেশের বিরুদ্ধে সরাসরি হাইকোর্টের একক বিচারক (Single Judge)-এর নিকট সংবিধানের ২২৬ অথবা ২২৭ অনুচ্ছেদ অনুসারে কোনও রিট আবেদন দাখিল করা যায় না। সুতরাং এখন যা অবস্থা তাতে কোনও ব্যক্তি পঃ বঃ ভূমি সংস্কার আইনের ১৪ঢ ধারায় দেওয়া নির্ধারিত কর্তৃপক্ষের কোনও আদেশে অসন্তুষ্ট হলে তাঁকে প্রথমে ১৪ণ ধারায় প্রতিকার চেয়ে আপিল কর্তৃপক্ষের কাছে আপিল করতে হবে। আপিল কর্তৃপক্ষের ওই আদেশে সন্তুষ্ট না হলে তাঁকে ভূমি সংস্কার ন্যায়পীঠে (West Bengal Land Reforms & Tenancy Tribunal) আবেদন করতে হবে। তিনি সরাসরি হাইকোর্টে আজ্ঞালেখ (writ) আবেদন জমা দিতে পারবেন না। এমনকী হাইকোর্ট দেওয়ানি কার্যবিধির ১১৫ ধারা অনুযায়ী কোনও আবেদন গ্রহণ করতে পারবে না। ট্রাইব্যুনালের কোনও আদেশে অসন্তুষ্ট হলে কোনও ব্যক্তি হাইকোর্টে আজ্ঞালেখ (writ) আবেদন দাখিল করতে পারবেন।[১২]

১১ *বাবর আলি সর্দার* বনাম *পঃ বঃ সরকার* 71 CWN 842; *এন. এন. বোরা* বনাম *কমিশনার* AIR 1958 SC 398.

১২ *এল. চন্দ্রকুমার* বনাম *ভারত সরকার* (1997)3 SCC 261; *কাশিনাথ মণ্ডল* বনাম *বাণীবল্লভ বিশ্বাস* 2001 WBLR 451 (Cal).

[১][১৪ত। ৭.৮.১৯৬৯-এর পর হস্তান্তরিত জমি সর্বোচ্চ সীমা নির্ধারণের ক্ষেত্রে ধরা হবে (Land transferred after 7.8.1969 to be taken into account in determining the ceiling area) ঃ (১) সর্বোচ্চ সীমা (ceiling) স্থির করার সময় যদি দেখা যায় কোনও রায়ত ১৯৬৯ সালের ৭ই আগস্টের পরে কিন্তু ১৯৭১ সালের পঃ বঃ ভূমি সংস্কার (সংশোধন) আইন সরকারি গেজেটে প্রকাশের আগে কোনও জমি বিক্রয়, দান, বণ্টননামা অথবা অন্য কোনওভাবে হস্তান্তর করেছেন, তবে ওই জমি এমনভাবে হিসাব করা হবে যেন ওই রায়ত ওই জমি হস্তান্তর করেন নি ঃ

তবে যে সমস্ত জমির উপর ৩ক ধারা [s. 3A] প্রযোজ্য (১) উপধারার বিধানগুলি অনুযায়ী হস্তান্তর বা বণ্টননামা সেই জমির বেলায় প্রযোজ্য হবে না।

(১ক) জমির সর্বোচ্চ সীমা স্থির করার ক্ষেত্রে যে সমস্ত জমিতে ৩ক ধারার প্রয়োগ হয়েছে সেই জমি ৭ই আগস্ট ১৯৬৯-এর পর কিন্তু ৯ই

১ ১২.৫.১৯৮৯ তারিখের কলিকাতা গেজেট, বিশেষ সংখ্যার তৃতীয় খণ্ডে প্রকাশিত পশ্চিমবঙ্গ ভূমি সংস্কার (তৃতীয় সংশোধন) আইন, ১৯৮৬ (পশ্চিমবঙ্গ আইন ৩৫, ১৯৮৬)-এর ৭ ধারার মাধ্যমে অনুকল্পিত। মূল আইনটি নিম্নরূপ ছিল ঃ

"১৪ত। ৭ অগস্ট ১৯৬৯ তারিখের পর হস্তান্তরিত জমি ঊর্ধ আয়তন নির্ধারণের জন্য বিবেচনার বিষয়ীভূত করা হইবে (Land transferred after the 7th August 1969 to be taken into account for determining the ceiling area) ঃ ঊর্ধ আয়তন নির্ধারণে ১৯৬৯ খ্রিস্টাব্দের অগাস্ট মাসের ৭ম দিবসের পর, কিন্তু [পশ্চিমবঙ্গ ভূমি সংস্কার (সংশোধন) আইন, ১৯৮১][১] সরকারি গেজেটে প্রকাশনার[২] পূর্বে, কোনও রায়ত কর্তৃক কোনও জমি যাহা, বিক্রয়, দান বা অন্যভাবে ভাগ-বাটোয়ারার মাধ্যমে হস্তান্তরিত, বিবেচনার বিষয়ীভূত করা হবে যেন সেরূপ জমি, স্থল বিশেষে, হস্তান্তরিত বা ভাগ-বাটোয়ারা হয় নি।"

১ পশ্চিমবঙ্গ ভূমি সংস্কার (সংশোধন) আইন, ১৯৮১ (পশ্চিমবঙ্গ আইন ৫০, ১৯৮১)-এর ২১ ধারার মাধ্যমে পূর্বের "পশ্চিমবঙ্গ ভূমি সংস্কার (সংশোধন) আইন, ১৯৭১" শব্দ ও সংখ্যাগুলির স্থলে অনুকল্পিত এবং উক্ত আইনের ১(২) ধারার মাধ্যমে ৭.৮.১৯৬৯ তারিখ হতে বলবৎ হয়েছে।

২ পশ্চিমবঙ্গ ভূমি সংস্কার (সংশোধন) আইন, ১৯৮১ (পশ্চিমবঙ্গ আইন ৫০, ১৯৮১) ২৪.৩.১৯৮৬ তারিখের কলিকাতা গেজেট অতিরিক্ত সংখ্যায় প্রকাশিত হয়েছে।

(ক) প্রাক্-দিনাঙ্ক দেওয়া দলিলের (এরূপ দলিল সাধারণতঃ অ-নিবন্ধনকৃত হয়) মাধ্যমে হস্তান্তরিত জমি হস্তান্তরকারীর সর্বোচ্চ সীমা নির্ধারণে তাঁহার জমি বলে গণ্য হবে (*সুরেন্দ্র* বনাম *পশ্চিমবঙ্গ সরকার* AIR 1965 Cal 539).

সেপ্টেম্বর ১৯৮০-এর আগে হস্তান্তরিত অথবা বণ্টননামা করেছে, ওই সময়ের মধ্যে ওই হস্তান্তরিত বা বণ্টননামার জমি এইভাবে ধরা হবে যে ওই জমির হস্তান্তর বা বণ্টন হয় নি।

(২) উপধারা (১ক) অনুযায়ী হস্তান্তর বা বণ্টন দ্বারা জমির ক্ষেত্রে ওই বণ্টন প্রকৃত হস্তান্তর (*bona fide* transfer) হলে (১ক) উপধারার বিধান প্রযোজ্য হবে না। ওই হস্তান্তর (transfer) বা বণ্টনের (partition) বিশ্বস্ততা প্রমাণের দায়িত্ব যিনি হস্তান্তর করছেন অথবা বণ্টনের আগে ওই জমি যার নামে রেকর্ড ছিল তার উপরে বর্তাবে।

(৩) উপধারা (২)-এর উদ্দেশ্যে হস্তান্তরকারী যদি নিম্নলিখিত এক বা একাধিক আত্মীয়দের নামে হস্তান্তর করেন তবে ওই হস্তান্তর 'প্রকৃত হস্তান্তর নয়' বলে ধরা হবে ঃ

(ক) স্ত্রী, অথবা

(খ) স্বামী, অথবা

(গ) সন্তান, অথবা

(ঘ) নাতি-নাতনি, অথবা

(ঙ) পিতা-মাতা, অথবা

(চ) পিতামহ বা মাতামহ বা পিতামহী বা মাতামহী, অথবা

(ছ) ভাই, অথবা

(জ) বোন, অথবা

(ঝ) ভাই-এর ছেলে বা ভাই-এর মেয়ে, অথবা

(ঞ) বোনের ছেলে বা বোনের মেয়ে, অথবা

(ট) জামাতা, অথবা

(ঠ) পুত্রবধূ, অথবা

(ড) শ্যালক বা শ্যালিকা, অথবা

(ঢ) ভাই-এর স্ত্রী।

[1][**14P. Land transferred after the 7th day of August, 1969 to be taken into account in determining the ceiling area.** **(1)** **In determining the ceiling area, any land transferred by sale, gift or otherwise or partitioned, by a *raiyat* after the 7th day of August 1969**

1 *Substituted* by W.B. Act XXXV of 1986.

but before the date of publication of the West Bengal Land Reforms (Amendment) Act, 1971 in the *Official Gazette*, shall be taken into account as if such land had not been transferred or partitioned, as the case may be:

Provided that provisions of sub-section (1) shall not apply to transfer or partition of land to which provisions of section 3A apply.

(1*a*) In determining the ceiling area, any land to which the provisions of section 3A of this Act apply and which was transferred or partitioned after the 7th day of August 1969, but before the 9th day of September 1980, shall be taken into account as if such land had not been transferred or partitioned, as the case may be.

(2) The provisions of sub-section (1*a*) shall not apply to a *bona fide* transfer or partition of any land as aforesaid, and the burden of proving the *bona fides* of such transfer or partition shall lie on the transferor or the person in whose name the land stood recorded before the partition, as the case may be.

(3) For the purposes of sub-section (2), the transfer of any land in favour of one or more of the following relatives of the transferor shall be presumed to be not *bona fide*—

(*a*) wife, or

(*b*) husband, or

(*c*) child, or

(*d*) grandchild, or

(*e*) parent, or

(*f*) grandparent, or

(*g*) brother, or

(*h*) sister, or

(*i*) brother's son or daughter, or

(*j*) sister's son or daughter, or

(*k*) daughter's husband, or

(*l*) son's wife, or

(*m*) wife's brother or sister, or

(*n*) brother's wife.]

আলোচনার সূচী

১। সূচনা [Commencement]. ১৯৮৬ সালের পঃ বঃ ভূমি সংস্কার (তৃতীয় সংশোধনী) আইন দ্বারা ১৪ত ধারাটি পরিবর্তিত করা হয়। কলিকাতা গেজেটে এটি ১২.৫.১৯৮৯ তারিখে প্রকাশিত হয়েছিল। পুরাতন ১৪ত ধারা এবং বর্তমানের সংশোধিত ১৪ত(১) ধারা মোটামুটি একইরকম।

১৪ত(১) ধারা অনুযায়ী ৭.৮.১৯৬৯-এর পরে কিন্তু ১৯৭১ সালের পঃ বঃ ভূমি সংস্কার (সংশোধন) আইন সরকারি গেজেটে প্রকাশনার তারিখের আগে কোনও জমি হস্তান্তরিত হলে, রায়তের জমির সর্বোচ্চ সীমা নির্ধারণের সময় ধরা হবে। ১৪ত ধারাটি কার্যকরী ধরা হয়েছে ৭.৮.১৯৬৯ থেকে। ১৯৭১ সালের পঃ বঃ ভূমি সংস্কার (সংশোধন) আইন সরকারি গেজেটে ৮.২.১৯৭১ তারিখে প্রকাশিত হয়েছিল।

যে সমস্ত জমির ক্ষেত্রে ৩ক ধারা প্রযোজ্য হবে ১৪ত(১) ধারা অনুরূপ জমির উপর প্রযোজ্য হবে না।

১৪ত(১ক) ধারা অনুযায়ী যে জমির ক্ষেত্রে ৩ক ধারা প্রযোজ্য এবং যে জমি ৭.৮.১৯৬৯-এর পর কিছু ৯.৯.১৯৮০-এর আগে হস্তান্তরিত হয়েছে বা বণ্টন হয়েছে কোনও অকৃষি প্রজা বা অধনস্ত প্রজা যারা রায়তও বটে, তাদের জমির সর্বোচ্চ সীমা নির্ণয় করার ক্ষেত্রে ওই জমিগুলি ধরা হবে।

১৪ত(২) ধারা অনুযায়ী প্রকৃত হস্তান্তরের (transfer) বা বণ্টনের (partition) ক্ষেত্রে ১৪ত(১ক) ধারা প্রযোজ্য হবে না। ওই হস্তান্তর প্রকৃত (*bona fide*) কিনা তা প্রমাণের দায়িত্ব হস্তান্তরকারীর অথবা ওই হস্তান্তর বা বণ্টনের আগে ওই জমি যার নামে রেকর্ড ছিল।

১৪ত(৩) ধারায় একটি তালিকা রয়েছে। এই তালিকার এক বা একাধিক আত্মীয়দের মধ্যে রায়ত জমি হস্তান্তর করলে বা বণ্টন করলে ওই হস্তান্তর বা বণ্টন অবৈধ বা প্রকৃত হস্তান্তর নয় ধরা হবে। কিন্তু ওই তালিকার বাইরে হস্তান্তর হলে, যিনি হস্তান্তর করছেন বা হস্তান্তরের আগে যার নামে রেকর্ড ছিল ওই জমি, 'প্রকৃত হস্তান্তর' (*bona fide* transfer) প্রমাণ করার দায়িত্ব তাঁর উপরে বর্তাবে।

১৪ত ধারা থেকে একটা জিনিস বোঝা যায় যে 'প্রকৃত হস্তান্তরিত' জমিগুলি সর্বোচ্চ সীমা স্থির করার সময় বাদ রাখা হয়েছে। অর্থাৎ ৭.৮.১৯৬৯ থেকে ৯.৯.১৯৮০ পর্যন্ত যে জমির হস্তান্তর বৈধভাবে হয়েছে সেই জমিগুলিকে বাদ দেওয়া হয়েছে। কিন্তু (৩) উপধারার তালিকার মধ্যে হস্তান্তরিত জমিগুলিকে ধরা হবে যেন তা রায়তের-ই রয়েছে, তা যেন হস্তান্তর হয় নি।

২। ৭.৮.১৯৬৯-এর পরে কিন্তু ৯.৯.১৯৮০-এর আগে অকৃষি জমির হস্তান্তর [Transfer of non-agricultural lands after 7.8.1969 but before 9.9.1980]. প্রথমে ১৯৫৩ সালের জমিদারি অধিগ্রহণ আইনে বা ১৯৫৫ সালের পঃ বঃ ভূমি সংস্কার আইনে অকৃষি জমির কোনও সর্বোচ্চ সীমা ছিল না। অকৃষি জমি ইচ্ছামত রাখতে পারতেন অকৃষি প্রজা (non-agricultural tenant) বা অধস্তন প্রজা (under tenant) গণ ১৯৮১ সালের পঃ বঃ ভূমি সংস্কার (সংশোধন) আইন [১৯৮১ সালের পশ্চিমবঙ্গের ৫০ নং আইন] দ্বারা ৩ক ধারা প্রথম পঃ বঃ ভূমি সংস্কার আইনে অন্তর্ভুক্ত করে অকৃষি প্রজার স্বত্ব ও অধিকার বাতিল ঘোষণা করা হল। ৩ক(৫) ধারা অনুযায়ী ৯.৯.১৯৮০ থেকে এটি কার্যকর হবে। যে সমস্ত অকৃষি জমি ৭.৮.১৯৬৯-এর পরে কিন্তু ৯.৯.১৯৮০-এর আগে হস্তান্তরিত হয়েছে সেই জমিগুলিকে ও রায়তের জমির সর্বোচ্চ সীমা নির্ণয়ের

সময় হিসাব করা হবে। অবশ্য 'প্রকৃত হস্তান্তরিত' (*bona fide* transfer) জমিগুলি বাদ যাবে। সেক্ষেত্রে হস্তান্তরকারী বা হস্তান্তর বা বণ্টনের আগে ওই জমি যার নামে রেকর্ড ছিল তাঁর উপরে দায়িত্ব বর্তায় এটা প্রমাণ করা যে—ওই হস্তান্তর বৈধ।

৩। ৭.৮.১৯৬৯ তারিখে অথবা তার আগের হস্তান্তর [Transfer on or before 7.8.1969]. মহামান্য হাইকোর্টের একাধিক রায় রয়েছে ৭.৮.১৯৬৯-এর আগে কোনও জমির হস্তান্তর হলে কি হবে এই বিষয়ে—

শেখ মানোয়ার আলি বনাম *রাজ্য সরকার*,[১] মামলায় মহামান্য আদালত জানিয়েছেন—৭.৮.১৯৬৯-এর আগে যে সমস্ত জমি হস্তান্তরিত হয়েছে পরিবারের জমির সর্বোচ্চ সীমা নির্ণয়ের জন্য ওই জমিগুলিকে ধরা যাবে না।

ব্রজমোহন চৌধুরী বনাম *রাজস্ব আধিকারিক*[২] মামলায় আদালত জানিয়েছেন—ভূমি সংস্কার আইনে, ২খ পরিচ্ছেদ বলবৎ হওয়ায় আগের প্রকৃত হস্তান্তরিত জমিগুলির বিষয়ে তদন্ত হবে কিনা সে বিষয়ে কোনও নির্দিষ্ট বিধান দেয় নি।

১৯৬৮ সালে কোনও রায়ত কিছু জমি কেনেন। পশ্চিমবঙ্গ ভূমি সংস্কার আইনের ৫ নং ধারায় বিজ্ঞপ্তিও দেওয়া হয়েছিল। ওই জমি কেনা হয় ১৫.২.১৯৭১-এর আগে এমনকী ৭.৮.১৯৬৯-এর আগে। রাজস্ব আধিকারিক (Revenue Officer) পঃ বঃ ভূমি সংস্কার আইনের ১৪ন ধারায় জমি সরকারে ন্যস্ত হওয়ার যে আদেশ দিয়েছিলেন তা বাতিল করা হল।[৩]

৭.৮.১৯৬৯ তারিখে বা তার আগে কোনও জমি হস্তান্তরিত হলে ওই জমি রায়তের জমির মধ্যে ধরা হবে না এবং রাজস্ব আধিকারিক ওই হস্তান্তর বিষয়ে কোনও প্রশ্ন করতে পারবেন না। রাজস্ব আধিকারিক কোনও এক ৭ক মামলায় (case) ১৯৩৩ সালের নিবন্ধীকৃত (registered) হেবানামা বাতিল করেন। মামলায় এই প্রশ্ন উঠেছিল যে রাজস্ব আধিকারিক ওই কাজ করতে পারেন কিনা। মহামান্য আদালত জানান, রাজস্ব আধিকারিকের কোনও এক্তিয়ার-ই নেই কোনও নিবন্ধীকৃত হেবানামা বাতিল করার।[৪]

১ 1982(2) Cal LJ 1.

২ 1979(1) CHN 401 (DB).

৩ *বুদ্ধদেব রায়* বনাম *রাজ্য সরকার* 1988(1) CHN 267.

৪ *জাহানারা খাতুন* বনাম *রাজস্ব আধিকারিক* 90 CWN 340; 1986(1) CHN 15.

৪। ৭.৮.১৯৬৯-এর আগে সম্পাদন হয়েছে কিন্তু দলিল ৭.৮.১৯৬৯-এর পর নিবন্ধীকরণ হয়েছে [Deed has been executed before 7.8.1969 but registered after 7.8.1969]. ভারতীয় নিবন্ধীকরণ (registration) আইনের ৪৭ ধারা অনুযায়ী কোনও বিক্রি দলিল ৭.৮.১৯৬৯-এর আগে নিষ্পাদন (execution) হয়েছে কিন্তু নিবন্ধীকরণ (registration) হয়েছে ৭.৮.১৯৬৯-এর পরে, ওই বিক্রি দলিলটি নিষ্পাদন (execution)-এর তারিখ থেকে কার্যকর হবে। কিন্তু যেহেতু পঃ বঃ ভূমি সংস্কার আইনে বিশেষভাবে এই বিষয়ে কিছু বলা নেই সেইজন্য কোনও রায়তের জমির সর্বোচ্চ সীমা (ceiling) নির্ধারণের সময় নিবন্ধীকরণ (registration)-এর তারিখকেই রাজস্ব আধিকারিক ধরবেন। নিষ্পাদন (execution) তারিখ তিনি এড়িয়ে যাবেন। পঃ বঃ ভূমি সংস্কার আইনের ৫(১) ধারা অনুযায়ী যে কোনও নথি নিবন্ধীকৃত (registered) না হলে রাজস্ব আধিকারিক তা নাও মানতে পারেন। সুতরাং নিবন্ধীকরণের তারিখটিই রাজস্ব আধিকারিক গ্রহণ করবেন।

৫। ৭.৮.১৯৬৯-এর পরে তৈরি দানপত্র [Gift deed made after 7.8.1969]. *দিলওয়ার সিংহ* বনাম *এ. ডি. জে.*[৫] মামলাটি U.P. Imposition of Ceiling on Land Holdings Act 1961 সম্বন্ধে। ওই আইন অনুযায়ী নির্ধারিত তারিখটি হল ২০.৮.১৯৫৯। এই মামলায় দেখা যায় একটি দানপত্র তৈরি হয়েছে ওই নির্ধারিত তারিখ অর্থাৎ ২.৮.১৯৫৯-এর পরে। জমির মালিক যখন বিবরণী জমা দিতে ব্যর্থ হলেন তার সর্বোচ্চ সীমা নির্ধারণের জন্য, জমির মালিককে বিজ্ঞপ্তি (notice) জারি করা হল। ওই বিজ্ঞপ্তি (notice)-এর পরিপ্রেক্ষিতে জমির মালিক বিবরণী (return) জমা দিলেন এবং একটি দানপত্রের কথা উল্লেখ করলেন যা তৈরি হয়েছে ৬.৫.১৯৬৫-তে। কর্তৃপক্ষ ওই দানপত্রকে (deed of gift) প্রতারণা বলে ধরলেন। মহামান্য সুপ্রীম কোর্ট তার সিদ্ধান্তে জানালেন যে, অতিরিক্ত জমি এইভাবে হিসাব করা হবে যেন আপিল দাখিলকারীর ওই জমি ছিল ২০.৮.১৯৫৯ তারিখে বা তার আগে।

পশ্চিমবঙ্গ ভূমি সংস্কার আইনের ১৪ত(১) ধারায় বলা আছে ঃ সর্বোচ্চ সীমা স্থির করার সময় যদি দেখা যায় কোনও রায়ত ৭.৮.১৯৬৯-এর পরে কিন্তু ১৯৭১ সালের পঃ বঃ ভূমি সংস্কার (সংশোধন) আইন সরকারি গেজেটে প্রকাশের আগে কোনও জমি বিক্রয়, দান, বণ্টননামা অথবা অন্য কোনওভাবে

৫ (1995)6 SCC 86.

হস্তান্তর করেছেন, তবে ওই জমি এমনভাবে হিসাব করা হবে যেন ওই রায়ত ওই জমি হস্তান্তর করেন নি।

অর্থাৎ ৭.৮.১৯৬৯-এর পরে কোনও রায়ত কোনও দানপত্র করলে ধরে নেওয়া হবে ওই জমি ওই রায়তের-ই। ধরে নেওয়া হবে ওই রায়ত ওই দানপত্র করেন নি। সুতরাং কোনও দানপত্র তা নিবন্ধীকৃত (registered) হলেও যদি এই দানপত্র ৭.৮.১৯৬৯ এবং ৪.২.১৯৭১ [১৯৭১ সালের পঃ বঃ ভূমি সংস্কার (সংশোধন) আইন সরকারি গেজেটে প্রকাশের তারিখ]-এর মধ্যে হলে, ওই দানপত্রের অন্তর্ভুক্ত সমস্ত জমি দানপত্র দাতার জমি হিসাবেই ধরা হবে।

৬। ৭.৮.১৯৬৯-এর আগে কোনও চুক্তিপত্র [Agreement deed made before 7.8.1969]. কোনও জমি বিক্রি করার আগে কোনও চুক্তিপত্র (deed of agreement) ৭.৮.১৯৬৯-এর আগে হয়েছে কিন্তু ওই দলিল নিষ্পাদন (execution) এবং নিবন্ধীকরণ (registration) হয়েছে ৭.৮.১৯৬৯-এর পরে, সেক্ষেত্রে ওই হস্তান্তরিত জমি হস্তান্তরকারীর হিসাবের মধ্যেই ধরা হবে। কারণ চুক্তিপত্র কোনও সম্পত্তির উপর ন্যায়সঙ্গত অধিকার এনে দেয় না।

উত্তরপ্রদেশ সরকার বনাম *জেলা বিচারক*[৬] মামলায় মহামান্য আদালত জানান, চুক্তিপত্র দ্বারা কোনও জমির উপর ন্যায়সঙ্গত অধিকার (title) দাতা থেকে গ্রহীতায় বর্তায় না। কারণ জমি বিক্রির চুক্তিপত্র ওই জমির উপর কোনও স্বার্থ (interest) তৈরি করে না। ওই জমি হস্তান্তরকারীর জমি হিসাবে গণ্য করা হবে।

মোটামুটি একইরকম অভিমত দিয়েছেন মহামান্য সুপ্রীম কোর্ট।[৭]

৭। কোনও হস্তান্তর প্রকৃত বা প্রকৃত নয় এ বিষয়ে কোনও অনুসন্ধান হবে না [No enquiry to be made whether transfer bona fide or mala fide]. পশ্চিমবঙ্গ জমিদারি অধিগ্রহণ আইনের ৫ক ধারা অনুযায়ী ৫.৫.১৯৫৩ এবং ১৯৫৩ সালের জমিদারি অধিগ্রহণ আইনে জমি সরকারে ন্যস্ত হওয়ার তারিখের মধ্যবর্তী সময়ে কোনও হস্তান্তর প্রকৃত অথবা প্রকৃত নয় [*bona fide* or *mala fide*]-এ বিষয়ে তদন্ত করার ক্ষমতা আছে। কিন্তু পশ্চিমবঙ্গ ভূমি সংস্কার আইন, ১৯৫৫ অনুযায়ী সে রকম কোনও ক্ষমতা রাজস্ব আধিকারিকের নেই। না থাকার কারণও বোঝা যায়। ১৪ত ধারায় এই নির্দেশ রয়েছে যে,

৬ AIR 1997 SC 53; (1997)1 SCC 496.

৭ *অন্ধ্রপ্রদেশ সরকার* বনাম *এস. বিশ্বনাথন রাজু* (1995)3 SCC 327.

কোনও রায়তের জমির সর্বোচ্চ সীমা নির্ধারণের সময় যদি দেখা যায় ওই রায়ত ৭.৮.১৯৬৯-এর পরে কিন্তু ১৯৭১ সালের পঃ বঃ ভূমি সংস্কার আইন সরকারি গেজেটে প্রকাশের আগে কোনও জমি বিক্রির, দান, বণ্টন বা অন্য কোনওভাবে হস্তান্তর করেছেন, তবে ধরে নেওয়া হবে ওই জমি তিনি হস্তান্তর করেন নি বা বণ্টন করেন নি। সুতরাং ওই সময়ে হওয়া সমস্ত হস্তান্তর-ই প্রকৃত নয় বা অবৈধ ধরা হবে। সেই জন্য আলাদাভাবে কোনও হস্তান্তর প্রকৃত বা অবৈধ তা তদন্ত করার কোনও বিধান আইনে রাখা হয় নি।

ব্রজমোহন চৌধুরী বনাম *রাজস্ব আধিকারিক*[৮] মামলায় মহামান্য কলিকাতা হাইকোর্টের ডিভিশন বেঞ্চ জানিয়েছেন যে, পশ্চিমবঙ্গ ভূমি সংস্কার আইনে ২খ পরিচ্ছেদ বলবৎ হওয়ায় আগে কোনও হস্তান্তর অবৈধ কিনা তা তদন্তের কোনও বিধান নেই। ১৯৮১ সালে পঃ বঃ ভূমি সংস্কার (সংশোধন) আইন [১৯৮১ সালের পশ্চিমবঙ্গের ৫০ নং আইন] দ্বারা ১৪ন(৫) ধারাটি যুক্ত করা হয়েছে। ১৪ন(৫) ধারা অনুযায়ী রাজস্ব আধিকারিক নিজের ইচ্ছায় বা অন্য কোনও তথ্যের ভিত্তিতে কোনও হস্তান্তর 'বেনামী' প্রশ্নে তদন্ত করতে পারেন। পঃ বঃ ভূমি সংস্কার আইনের ১৪ধ ধারায় জমি সরকারে ন্যস্ত হওয়া প্রসঙ্গে ওই তদন্তের সিদ্ধান্ত বিশেষ প্রয়োজন হয়।

আবার *গোবিন্দ মিশ্র* বনাম *পশ্চিমবঙ্গ সরকার*[৯] মামলায় মহামান্য বিচারপতি এম. এন. রায় জানিয়েছেন যে, ৭.৮.১৯৬৯-এর পরে কিন্তু ১৯৭১ সালের পঃ বঃ ভূমি সংস্কার (সংশোধন) আইন সরকারি গেজেটে প্রকাশের তারিখের অর্থাৎ ৮.২.১৯৭১-এর আগে কোনও কৃষি জমি হস্তান্তরিত হলে ওই রায়তের জমির সর্বোচ্চ সীমা (ceiling) স্থির করার সময় ধরে নেওয়া হবে যে ওই জমি ওই রায়তের এবং ওই জমি হস্তান্তরিত হয় নি।

৮। ইচ্ছাপত্রের হস্তান্তর [Transfer of will]. ৭.৮.১৯৬৯-এর পরে কিন্তু ৮.২.১৯৭১-এর আগে কোনও ইচ্ছাপত্র কার্যকর হলে পঃ বঃ ভূমি সংস্কার আইনের ১৪ত(১) ধারা অনুযায়ী ধরে নেওয়া হবে যে ওই ইচ্ছাপত্র দ্বারা রায়ত কোনও সম্পত্তি হস্তান্তর করেন নি। যিনি ইচ্ছাপত্র করছেন তিনি যদি ওই নির্ধারিত সময়ের মধ্যে তা করেন তবে তার হিসাবের মধ্যেই ওই জমি ধরা হবে। ১৪ত(১) ধারায় বলা আছে—কোনও জমি বিক্রি, দান বা অন্যভাবে বা

৮ 1979(1) CHN 401.
৯ 1982(1) Cal LJ 184.

বণ্টন দ্বারা হস্তান্তর করলে—এক্ষেত্রে "অন্যভাবে" কথাটির অর্থে ইচ্ছাপত্র দ্বারা কোনও সম্পত্তি হস্তান্তরও বোঝাবে। সুতরাং কোনও রায়ত ৭.৮.১৯৬৯-এর পরে ইচ্ছাপত্র দ্বারা কোনও সম্পত্তি হস্তান্তর করেন। তবে ওই সম্পত্তি তার মধ্যেই আছে ধরা হবে এবং ওই রায়তের জমির সর্বোচ্চ সীমা নির্ধারণের সময় ওই উইল দ্বারা হস্তান্তরিত জমি তাঁর জমির সাথেই হিসাব করতে হবে।

৯। **নির্দিষ্ট দিনের আগে জমির বিভাজন [Alienations prior to the appointed day].** ১৪ত ধারা অনুযায়ী কোনও রায়ত কোনও জমি ৭.৮.১৯৬৯-এর পরে কিন্তু ১৯৭১ সালের পঃ বঃ ভূমি সংস্কার (সংশোধন) আইন সরকারি গেজেটে প্রকাশিত তারিখের আগে অর্থাৎ ৮.২.১৯৭১-এর আগে বিক্রি, দানপত্র বা অন্য কোনওভাবে বা বণ্টন দ্বারা হস্তান্তর করলে ধরে নেওয়া হবে যেন ওই রায়ত ওই জমি হস্তান্তর করেন নি। অথবা, ওই রায়ত ওই জমি বণ্টন (partition) করেন নি। ওই রায়তের জমির সর্বোচ্চ সীমা নির্ধারণের সময় ওই জমি ওই রায়তের মধ্যেই ধরা হবে। কোনও রায়তের জমির সর্বোচ্চ সীমা নির্ধারণের সময় যে সমস্ত জমি ৭.৮.১৯৬৯-এর আগে বিভাজিত হয়ে গিয়েছে সেইগুলিকে বাদ দিতে হবে। সেক্ষেত্রে ওই বিক্রি দলিলগুলি বৈধ না অবৈধ (*bona fide* or *mala fide*) অথবা অতিরিক্ত জমি রাখার কোনও উদ্দেশ্য নিয়ে ওই হস্তান্তর হয়েছে কিনা ইত্যাদি প্রশ্ন তোলার কোনও অবকাশ নেই। কারণ পঃ বঃ ভূমি সংস্কার আইন ৭.৮.১৯৬৯-এর আগে হস্তান্তরিত জমিগুলি সম্পর্কে কোনও নির্দেশ দেয় নি। রায়তের জমির সর্বোচ্চ সীমা স্থির করার সময় ওই জমি ধরা হবে না।

৭.৮.১৯৬৯-এর আগে হস্তান্তরিত জমি রায়তের সর্বোচ্চ সীমা (ceiling limit) স্থির করার সময় রাজস্ব আধিকারিক রায়তের জমির মধ্যে ধরবেন না, কারণ রাজস্ব আধিকারিকের সেই ক্ষেত্রাধিকার (jurisdiction) নেই। কিন্তু ৭.৮.১৯৬৯-এর পরে কিন্তু ৮.২.১৯৭১-এর আগে কোনও রায়ত কোনও জমি বিক্রি দান বা অন্যভাবে বা বণ্টন দ্বারা হস্তান্তর করলে ধরে নেওয়া হবে ওই জমি রায়ত হস্তান্তর বা বণ্টন করেন নি এবং রায়তের জমির সর্বোচ্চ সীমা নির্ণয়ের বেলায় ওই জমি ধরা হবে।

১০। **অকৃষি জমির হস্তান্তর [Transfer of non-agricultural land].** ১৯৫৩ সালের জমিদারি অধিগ্রহণ আইন বা প্রথম দিকে ১৯৫৫ সালের পঃ বঃ ভূমি সংস্কার আইনে অকৃষি জমি সরকারে ন্যস্ত হওয়ার কোনও বিধান

ছিল না। ১৯৮৬ সালের পঃ বঃ ভূমি সংস্কার (তৃতীয় সংশোধন) আইন দ্বারা মূল আইনে ৩ক ধারা যুক্ত করা হয়। পশ্চিমবঙ্গ ভূমি সংস্কার আইনের ৩ক ধারা অনুযায়ী সমস্ত অকৃষি প্রজা এবং অধস্তন প্রজার অকৃষি জমির উপর অধিকার ও স্বার্থ (right and interest) সমস্ত দায়মুক্ত হয়ে সরকারে ন্যস্ত হয়। ৯.৯.১৯৮০ থেকে এটি বলবৎ হয়েছে। ১৪ত(১ক) [s. 14P(1*a*)] ধারায় বলা আছে কোনও রায়ত কোনও অকৃষি জমি ৭.৮.১৯৬৯-এর পরে কিন্তু ৯.৯.১৯৮০-এর আগে হস্তান্তর করেন বা বণ্টন করেন, তবে ধরে নেওয়া হবে যে ওই রায়ত ওই অকৃষি জমি হস্তান্তর করেন নি অথবা বণ্টন করেন নি এবং রায়তের জমির সর্বোচ্চ সীমা স্থির করার সময় ওই অকৃষি জমি রায়তের মধ্যেই ধরে নেওয়া হবে।

১১। প্রকৃত হস্তান্তর বা বণ্টনের ক্ষেত্রে ১৪ত (১ক) ধারা প্রযোজ্য নয় [Sub-section (1a) of s. 14P not to apply to bona fide transfer or partition]. ১৪ত(২) ধারা এই নির্দেশ দেয় যে, ১৪ত(১ক) ধারা প্রকৃত হস্তান্তরের বেলায় প্রযোজ্য হবে না যে জমির ক্ষেত্রে পঃ বঃ ভূমি সংস্কার আইনের ৩ক ধারা কার্যকর হবে। ১ত(৩) ধারা অনুযায়ী নির্দিষ্ট তালিকার এক বা একাধিক আত্মীয়দের মধ্যে কোনও রায়ত জমি হস্তান্তর করলে ধরে নেওয়া হবে যে ওই হস্তান্তর প্রকৃত হস্তান্তর নয় (not *bona fide* transfer)।

কোনও হস্তান্তর প্রকৃত কী প্রকৃত নয় তা প্রমাণ করার দায়িত্ব হস্তান্তরকারীর অথবা হস্তান্তরের আগে যার নাম ওই জমি রেকর্ডভুক্ত ছিল তার। রাজস্ব আধিকারিককে যদি এই মর্মে সন্তুষ্ট (satisfied) করা যায় যে অকৃষি জমি হস্তান্তর করা হয়েছে তা প্রকৃত হস্তান্তর তা হলে সেক্ষেত্রে ১৪ত(১ক) ধারা প্রযোজ্য হবে না। কিন্তু ১৪ত(ক) ধারায় দেওয়া তালিকার মধ্যে এক বা একাধিক আত্মীয়দের মধ্যে হস্তান্তর বা বণ্টন হয় তবে ধরেই নেওয়া হবে যে ওই হস্তান্তর বা বণ্টন অবৈধ এবং ওই জমি রায়তের নামেই আছে। রায়তের জমির সর্বোচ্চ সীমা (ceiling limit) নির্ণয়ের সময় ওই জমি রায়তের জমি হিসাবে হিসাব করা হবে।

১২। যখন হস্তান্তর প্রকৃত বা বৈধ [When transfer is bona fide]. *ভূপেন্দ্র সিংহ* বনাম *উত্তরপ্রদেশ সরকার*[১০] মামলার মহামান্য আদালতের অভিমত হল

১০ AIR 1981 SC 1157; (1981)2 SCC 670.

যেখানে বিক্রি করাটা সঠিক (sales are genuine) এবং "বেনামী" নয় এবং যথেষ্ট কারণের জন্য বিক্রি হয়েছে নিবন্ধীকৃত জমির মাধ্যমে, হস্তান্তর হয়েছে বিশ্বস্ততার সাথে।

নওঅল সিংহ বনাম *উত্তরপ্রদেশ সরকার*[১১] মামলায় মহামান্য আদালত জানান হস্তান্তর হয়েছে ২৪.১.১৯৭১-এর পরে। সমস্ত ঘটনা বিবেচনার পরে আদালত জানান—আপিলকারী একজন ৬৫ বছরের বৃদ্ধ। যিনি জমি থেকে ২$\frac{১}{২}$ মাইল দূরের গ্রামে থাকেন। সেক্ষেত্রে এই হস্তান্তর বৈধ (*bona fide*) এবং সরল বিশ্বাসে হয়েছে।

সরল বিশ্বাস (good faith) প্রমাণিত হয়েছে মানে হস্তান্তর বৈধ ধরা যেতে পারে। আইনগত প্রয়োজনীয়তা প্রমাণের প্রয়োজন নেই। উত্তরপ্রদেশ ইম্পোজিশান অব সিলিং এন্ড ল্যান্ড হোল্ডিং আইন, ১৯৬০ বিষয়ক। এক মামলায়[১২] মহামান্য আদালত জানিয়েছেন। উপরোক্ত মামলায় জমির মালিক সৈন্য বিভাগে 'ব্রিগেডিয়ার' পদমর্যাদায় কর্মরত ছিলেন। সৈন্য বিভাগে অবসর নেওয়ার পূর্ব সময়ে ও তাঁর বসবাসের কোনও বাড়ি ছিল না। তিনি দিল্লিতে বাড়ি তৈরির জন্য অর্থের প্রয়োজনীয়তা অনুভব করেন। সেই উদ্দেশ্যে তিনি কিছু কৃষিজমি বিক্রি করেন। যাতে দিল্লিতে ওই টাকায় বাড়ি তৈরি করে স্বাচ্ছন্দে তিনি বসবাস করতে পারেন। উপরোক্ত কারণে মহামান্য সুপ্রীম কোর্ট ওই উদ্দেশ্যে জমি হস্তান্তরকে সমর্থন করেন।

অন্য একটি মামলায় দেখা যায় জমির মালিক নিবন্ধীকৃত বিক্রি দলিল দ্বারা তাঁর নাবালিকা মেয়ের নামে জমি বিক্রি করেন (হস্তান্তর করেন)। তাঁর স্ত্রীকে এক্ষেত্রে তিনি ওই নাবালিকা মেয়ের অভিভাবক হিসাবে মনোনীত করেন। মহামান্য সুপ্রীম কোর্ট জানান এই হস্তান্তর সরল বিশ্বাসে (good faith) হতে পারে না বা বৈধ (*bona fide*) নয়। এবং এই হস্তান্তর U.P. Imposition of Ceiling on Land Holdings Act 1961 অনুযায়ী গ্রাহ্য নয়। ওই জমি তাঁর সর্বোচ্চ সীমার মধ্যেই ধরা হবে।[১৩]

পশ্চিমবঙ্গ ভূমি সংস্কার আইন অনুযায়ী উপরোক্ত হস্তান্তর বৈধ হস্তান্তর হিসাবে গণ্য হবে না।

১১ AIR 1995 SC 204.

১২ *বীজেন্দ্র সিংহ* বনাম *উত্তরপ্রদেশ সরকার* AIR 1981 SC 636; (1981)1 SCC 597.

১৩ *সন্ত সিংহ* বনাম *অতিরিক্ত জেলা বিচারক* (1996)3 SCC 400.

১৩। ১৫.২.১৯৭১ তারিখে কোনও ব্যক্তি অবশ্যই রায়ত হবেন [A person must be a raiyat on 15.2.1971]. একজন ব্যক্তি অবশ্যই 'রায়ত' হবেন পঃ বঃ ভূমি সংস্কার আইনের ২খ পরিচ্ছেদ [Chapter 2B] যেদিন থেকে বলবৎ হয়েছে সেই দিনে অর্থাৎ ১৫.২.১৯৭১ তারিখে। এর ফলে ওই রায়তের জমির সর্বোচ্চ সীমা (ceiling limit) স্থির করতে সুবিধা হবে। কোনও রায়তের যদি ১৫.২.১৯৭১ তারিখে কোনও জমি থাকে এবং ওই রায়ত যদি ওই জমির কিছু অংশ ৭.৮.১৯৬৯-এর পরে বিক্রি, দান বা অন্যভাবে বা বণ্টন দ্বারা হস্তান্তর করেন, তবে ওই রায়তের জমির সর্বোচ্চ সীমা নির্ধারণের সময় ওই জমিগুলি ধরা হবে এবং মনে করা হবে ওই জমিগুলি ওই রায়ত আদৌ হস্তান্তর করেন নি।

কিন্তু ওই রায়ত যদি ১৫.২.১৯৭১ তারিখে বিক্রয় না করে থাকেন, তবে ১৫.২.১৯৭১ তারিখে তার পরিবারের জমির সর্বোচ্চ সীমা নির্ণয়ের কোনও প্রশ্নই ওঠে না। কারণ ১৫.২.১৯৭১ তারিখে তিনি রায়তই নন।

সুতরাং ওই রায়ত ৭.৮.১৯৬৯-এর পরে যে জমি হস্তান্তর করেছেন তাঁর জমির সর্বোচ্চ সীমা স্থির করার ক্ষেত্রে ওই জমি ধরার কোনও প্রশ্নই ওঠে না। ১৫.২.১৯৭১ তারিখের আগে বা ১৫.২.১৯৭১ তারিখে কোনও রায়ত মারা গেলে সঙ্গে ওই রায়তের জমি তার উত্তরাধিকারীদের মধ্যে আইন অনুসারে বর্তায়। ১৫.২.১৯৭১ তারিখে বা তার আগে মৃত কোনও রায়তের জমির সর্বোচ্চ সীমা নির্ণয়ের প্রশ্ন ওঠে না।[১৪]

১৪। ধরে নেওয়া হবে বৈধ নয় [Shall be presumed to be not bona fide]. ১৪ত (৩) ধারায় বলা আছে, ... ধরা হবে ওই হস্তান্তর বৈধ নয় ...। আইনসভা "ধরা হবে" ("shall be presumed") শব্দগুলি ব্যবহার করেছেন। ভারতীয় সাক্ষ্য আইন (Indian Evidence Act) এর চার নং ধারায় 'ধরবে' (shall presume) শব্দে আলোচনা করা রয়েছে। ওই ধারা অনুযায়ী যতক্ষণ না অপ্রমাণ হচ্ছে আদালত ওই ঘটনা (fact) প্রমাণ হিসাবেই ধরবেন। মহামান্য মাদ্রাজ হাইকোর্ট[১৫] জানিয়েছেন, "ধরে নেওয়া হবে" (shall be presumed) শব্দগুলির অর্থ হল, কোনও ঘটনা (fact) প্রমাণিত হিসাবে ধরতে আদালত

১৪ *কুতুবুদ্দিন আহম্মদ* বনাম *পঃ বঃ সরকার* 1981(1) CHN 254.

১৫ *পাবলিক প্রসিকিউটার* বনাম *এ. টমাস* AIR 1959 Mad 166.

বাধ্য যতক্ষণ না ওই ঘটনা যুক্তি, তথ্য দ্বারা অপ্রমাণিত হচ্ছে। আবার *মাদ্রাজ সরকার* বনাম *বৈদ্যনাথ আয়ার*[১৬] মামলায় মহামান্য আদালত জানিয়েছেন —১৯৪৭ সালের দুর্নীতি নিবারণ (প্রিভেনশান অব কোরাপশান) আইনের ৪ নং ধারায় ''ধরবে'' শব্দটি ''আইনের পূর্বানুমান' (presumption of law) নির্দেশ করে। আদালতের বাধ্যবাধকতা রয়েছে ওই আইনের ৪ নং ধারায় ওই পূর্বানুমানকে মেনে নেওয়ার।

সুতরাং ১৪ত(৩) ধারায় দেওয়া তালিকার মধ্যে এক বা একের বেশি আত্মীয়দেরকে কোনও রায়ত যদি জমি হস্তান্তর করেন ধরে নেওয়া হবে ওই হস্তান্তর বৈধ নয় যতক্ষণ না ওই বিষয়টি অন্যভাবে প্রমাণিত না হচ্ছে।

সুতরাং এক্ষেত্রে ১৪ত(৩) ধারায় হস্তান্তর বৈধতা প্রমাণে সুযোগ হস্তান্তরকারীর আছে।

১৪থ। বিশেষ অবস্থায় জমির সর্বোচ্চ সীমা (Ceiling area in special cases) ঃ

(১) [১][বাতিল]

১৬ AIR 1958 SC 61.

১ পশ্চিমবঙ্গ ভূমি সংস্কার (সংশোধন) আইন, ২০০৩ (পশ্চিমবঙ্গ আইন ১৮, ২০০৩) দ্বারা উপধারা (১) নং বাতিল ঘোষিত, যাহা ১৯.১০.২০০৩ হতে বলবৎ হয়েছে। পূর্বে (১) উপধারাটি নিম্নরূপ ছিল ঃ

''(১) উপধারা (২)-এর বিধানগুলির অধীনে, স্থল বিশেষে, কোনও সমবায় সমিতি, কোম্পানি, সমবায় খামার সমিতি, অবিভক্ত হিন্দু পরিবার বা কোনও ব্যবসায় সংস্থার জন্য সর্বোচ্চ সীমা সেরূপ সমবায় সমিতি, কোম্পানি, সমবায় খামার সমিতি, অবিভক্ত হিন্দু পরিবারের প্রত্যেক সদস্যের বা এরূপ ব্যবসায় সংস্থায় প্রত্যেক অংশীদারের ঊর্ধ আয়তন সমষ্টিগত যোগফল অতিক্রম করবে না ঃ

এই শর্ত যে এই উপধারায় উল্লিখিত সর্বোচ্চ সীমা নির্ধারণের উদ্দেশ্যে, কোনও ব্যক্তির দ্বারা, যিনি কোনও সমবায় সমিতি, কোম্পানি, সমবায় খামার সমিতি বা অবিভক্ত হিন্দু পরিবারের একজন সদস্য অথবা কোনও ব্যবসায় সংস্থায় একজন অংশীদার, পৃথকভাবে স্বাধিকৃত যে কোনও জমি, ১৪ড ধারায় উল্লিখিত সর্বোচ্চ সীমা হতে বাদ যাইবে, যাহাতে অনুরূপ ব্যক্তির দ্বারা সেরূপ সদস্য বা অংশীদার বা স্বতন্ত্রভাবে বা কোনও পরিবারের একজন তেমন সদস্য যেভাবেই হোক, স্বাধিকৃত জমির আয়তনের সমষ্টিগত যোগফল, যে কোনও অবস্থায়, ১৪ড ধারা অনুযায়ী তাঁহার প্রতি প্রযোজ্য সর্বোচ্চ সীমা অতিক্রম করবে না।

(২) [২][বাতিল]

(২ক) [৩][বাতিল]

(৩) সমস্ত ঘটনার পরিস্থিতি ভাবনার পর রাজ্য সরকার যদি এই মর্মে সন্তুষ্ট হন যে কোনও নিগম বা প্রতিষ্ঠান আলাদাভাবে কোনও দাতব্য বা ধর্মীয় উদ্দেশ্যে বা উভয় উদ্দেশ্যের জন্য গঠিত অথবা কোনও অছি বা প্রতিষ্ঠানে কোনও ব্যক্তির জমি এমনভাবে দেন যে তা ধর্মীয় বা দাতব্য বা উভয় উদ্দেশ্যে প্রদত্ত এবং যদি দেখা যায় যে ওই জমি থেকে উৎপন্ন আয় [৪][বা উপস্বত্ব] সম্পূর্ণ ওই উদ্দেশ্যে ব্যবহৃত হয় তবে ওই নিগম বা প্রতিষ্ঠানের বা ব্যক্তির যে পরিমাণ জমি থাকলে ওই জমির দ্বারা ওই সংস্থাটি ঠিকভাবে পরিচালিত হবে, সেই পরিমাণ জমি সরকারি গেজেটে বিজ্ঞাপন প্রকাশ করে রাজ্য সরকার ওই প্রতিষ্ঠান বা ব্যক্তিকে রাখার আদেশ দিতে পারেনঃ

২ পশ্চিমবঙ্গ ভূমি সংস্কার (সংশোধন) আইন, ১৯৮১ (পশ্চিমবঙ্গ আইন ৫০, ১৯৮১)-এর ২২(ক) ধারার মাধ্যমে (২) উপধারাটি বাতিল এবং উক্ত আইনের ১(২) ধারার মাধ্যমে ৭.৮.১৯৬৯ তারিখ হতে বলবৎ হয়েছে। পূর্বে মূল উপধারাটি নিম্নরূপ ছিল ঃ

"(২) যেখানে কোনও রায়ত বাগানের অন্তর্গত জমি, হয় অন্য জমির তদতিরিক্ত বা নয়, স্বত্বাধিকারী, অনুরূপ রায়ত সম্বন্ধে সর্বোচ্চ সীমা ২.০০ আদর্শ হেক্টর অথবা বাগানের অন্তর্গত যথার্থ জমির আয়তন, যে কোনটি যাহা কম হবে, বৃদ্ধিপ্রাপ্ত হবে।"

৩ পশ্চিমবঙ্গ ভূমি সংস্কার (সংশোধন) আইন ১৯৮১-এর ২২(ক) ধারার মাধ্যমে (২ক) উপধারাটি বাতিল এবং পশ্চিমবঙ্গ ভূমি সংস্কার (সংশোধন) আইন, ১৯৭৪ (পশ্চিমবঙ্গ আইন ৩৩, ১৯৭৪)-এর ৪ ধারার মাধ্যমে সন্নিবেশিত হয়েছিল। পূর্বে মূল উপধারাটি নিম্নরূপ ছিল ঃ

"(২ক) কোনও দাতব্য বা ধর্মীয় উদ্দেশ্যে বা উভয়ের জন্য স্বতন্ত্রভাবে প্রতিষ্ঠিত, সার্বজনীন সত্তার কোনও ন্যাস বা প্রতিষ্ঠানের ঊর্ধ আয়তন নির্ধারণে, ১৯৬৯ খ্রিস্টাব্দের আগস্ট মাসের ৭ম দিবসের পূর্বে রাজ্যে প্রতিষ্ঠিত ইহার কেন্দ্রগুলি বা শাখাগুলির সংখ্যা, যাহা কোনও রায়তের মত কোনও জমি স্বাধিকৃত নয় বিবেচনার বিষয়ীভূত করা হবে এবং ১৪ড ধারার (১) উপধারার (ঙ) প্রকরণের উদ্দেশ্যে অনুরূপ প্রত্যেক কেন্দ্র বা শাখা একজন রায়ত বলিয়া বিবেচিত হবে অবশ্য, তৎসত্ত্বেও, অনুরূপ কোনও ন্যাস বা প্রতিষ্ঠানের সর্বোচ্চ সীমা অনুরূপ প্রত্যেক কেন্দ্র বা শাখার এবং স্বীয় ঊর্ধ আয়তনের সমষ্টিগত যোগফল অতিক্রম করবে না।"

৪ পশ্চিমবঙ্গ ভূমি সংস্কার (সংশোধন) আইন, ১৯৮১ (পশ্চিমবঙ্গ আইন ৫০, ১৯৮১)-এর ২২(খ) ধারার মাধ্যমে এবং উক্ত আইনের ১(২) ধারার মাধ্যমে ৭.৮.১৯৬৯ তারিখ হতে বলবৎ হয়েছে।

[তবে রাজ্য সরকার স্বয়ং বা কোনও আবেদনপত্র গ্রহণ দ্বারা যে কোনও সময় এই উপধারার সমস্ত আদেশ সংশোধন করতে পারবেন। সর্বোচ্চ সীমার অতিরিক্ত জমির আংশিক বা সম্পূর্ণ জমির দখল নিতে পারবেন স্বার্থ সংশ্লিষ্ট সমস্ত পক্ষের শুনানির সুযোগ দিয়ে।]"[৫]

14Q. Ceiling area in special cases. [1][(1) ...]
[2][(2) & (2A) ...]

৫ পশ্চিমবঙ্গ ভূমি সংস্কার (সংশোধন) আইন, ১৯৮১-এর ২২(গ) ধারার মাধ্যমে যুক্ত এবং উক্ত আইনের ১(২) ধারার মাধ্যমে ৭.৮.১৯৬৯ তারিখ হতে বলবৎ হয়েছে।

(ক) ১৪থ(১) ধারা অনুযায়ী কোনও অবস্থাতেই ৭.০০ আদর্শ হেক্টরের উর্ধে জমি ভোগ-দখল করা যাবে না।

(খ) ১৪খ(৩) ধারানুযায়ী সরকার যাঁহাদের সর্বোচ্চ সীমা বৃদ্ধি করিয়া সরকারি গেজেটে প্রজ্ঞাপন দিবেন কেবলমাত্র তাঁহারই ৭.০০ আদর্শ হেক্টরের উর্ধে জমি ভোগ-দখলের অধিকারী হবেন। এই ধারানুযায়ী সর্বোচ্চ সীমার অধিক জমি রাখবার আবেদন কী প্রণালীতে কোথায় পেশ করতে হবে এবং উহার নিষ্পত্তির প্রণালী পশ্চিমবঙ্গ ভূমি সংস্কার নিয়মাবলি, ১৯৬৫-তে উল্লেখ নাই। তার উপর কোনও আধিকারিক বা কর্তৃপক্ষকে রাজ্য সরকারের ক্ষমতা প্রত্যভিযোজন করে কোনও প্রজ্ঞাপন অদ্যাবধি সরকারি গেজেটে দেখা যায় নি।

1 *Omitted* by the West Bengal Land Reforms (Amendment) Act, 2003 (18 of 2003) (w.e.f. 19.10.2003). Before omission the sub-section stood as:

"(1) Subject to the provisions of sub-section (2), the ceiling area for a co-operative society, company, co-operative farming society, Hindu undivided family or a firm, as the case may be, shall not exceed the sum total of the ceiling area of each member of such co-operative society, company, co-operative farming society, Hindu undivided family or each partner of such firm:

Provided that for the purpose of determining the ceiling area referred to in this sub-section, any land held separately by a person, who is a member of a co-operative society, company, co-operative farming society or Hindu undivided family or a partner of a firm, shall be deducted from the ceiling area referred to in section 14M, so that the sum total of the area of land held by such person, whether as such member or partner or individually or as a member of a family, may not, in any case, exceed the ceiling area applicable to him under section 14M."

2 *Omitted* by W.B. Act L of 1981, w.r.e.f. 7.8.1969, published in the *Calcutta Gazette*, dated 24.3.1986.

(3) If the State Government, after having regard to all the circumstances of the case, is satisfied that a corporation or institution established exclusively for a charitable or religious purpose, or both, or a person holding any land in trust, or in pursuance of any other endowment, creating a legal obligation exclusively for a purpose which is charitable or religious, or both, requires land, as distinct from the income [3][or usufructs] derived from such land, for the due performance of its obligation, it may, by notification in the *Official Gazette*, increase the ceiling area for such corporation or institution or person to such extent as it may think fit:

[4][Provided that the State Government may, at any time on its own motion or on an application, revise an order under this sub-section and may resume the whole or any part of the land in excess of the ceiling area and take possession of such resumed land after giving the parties concerned an opportunity of being heard.]

আলোচনার সূচী

১। সূচনা [Commencement]. ২০০৩ সালের পঃ বঃ ভূমি সংস্কার (সংশোধন) আইন দ্বারা ১৪থ-এর (১) নং উপধারাকে বাদ দেওয়া হয়েছে, বিজ্ঞপ্তি নং ২৫৯৯-এল আর/এ/০২ জিই (এম), তাং ১৮.০৯.২০০৩ দ্বারা। ওই সংশোধনী কার্যকর করা হয়েছে। ১৯.১০.২০০৩ বা বাংলা বৎসর অনুসারে ১লা কার্তিক ১৪১০ থেকে এই সংশোধনী বলবৎ হবে। ১৪থ(১) ধারা বাদ দেওয়ার আগে ছিল এইরকম ঃ

3 *Inserted* by W.B. Act L of 1981, w.r.e.f. 7.8.1969, published in the *Calcutta Gazette*, dated 24.3.1986.

4 *Ibid.*

Subject to the provisions of sub-section (2) the ceiling area for a co-operative society, company, co-operative farming society, Hindu undivided family or a Firm, as the case may be shall not exceed the sum total of the ceiling area of each member of such co-operative society, company, co-operative farming society, Hindu undivided family or each member of such firm:

Provided that for the purpose of determining in ceiling area referred to in this sub-section, any land held separately by a person, who is a member of a co-operative society, company, co-operative farming society or Hindu undivided family or a partner of a firm, shall be deducted from the ceiling aera referred to in section 14M, so that the sum total of the area of land held by such person, whether as such member or partner or individually or as a member of a family, may not, in any case, exceed in ceiling area applicable to him under section 14M.

উপরোক্ত ধারা সংশোধনের ফলে কোনও সমবায় সমিতি (Co-operative Society), কোম্পানি (Company), সমবায় খামার সমিতি (Co-operative Farming Society), অবিভক্ত হিন্দু পরিবার (Hindu Undivided Family) অথবা কোনও ফার্ম (Firm) এতদিন ধরে ১৪ড ধারায় উল্লিখিত সর্বোচ্চ সীমা বাদে ও যে অতিরিক্ত জমি রাখতে পারতেন তা ১৯.১০.২০০৩ থেকে বন্ধ করা হল। অর্থাৎ, ১৯.১০.২০০৩ বা বাংলা সাল অনুযায়ী ১.৭.১৪১০ থেকে উপরোক্ত সংস্থাগুলি সর্বোচ্চ সীমার অতিরিক্ত আর কোনও জমি রাখতে পারবেন না। ২০০৩ সালের উপরোক্ত সংশোধনের পর যদি কোনও সমবায় সমিতি, কোম্পানি, সমবায় খামার সমিতি, হিন্দু অবিভক্ত পরিবার অথবা কোনও ফার্ম ১৪ড ধারার বিধান অনুযায়ী যে জমি রাখার অধিকারী তার চেয়ে বেশি জমি রাখেন তবে ওই অতিরিক্ত জমি সরকারে ন্যস্ত (vest) হবে।

১৯৮১ সালের পঃ বঃ ভূমি সংস্কার (সংশোধন) আইন [১৯৮১ সালের পশ্চিমবঙ্গের ৫০ নং আইন] দ্বারা ধারা ১৪থ-এর (২) নং উপধারা বাদ দেওয়া হয়েছে। কলিকাতা গেজেটে ২৪.৩.১৯৮৬-তে এটি প্রকাশিত হয়েছিল। ১৪থ(২) ধারা ছিল এইরকম ঃ

Where a *raiyat* owns land comprised in orchards, whether or not in addition to other land, the ceiling area in relation to such *raiyat* shall be increased by 2.00 standard hectares or the actual area of the land comprised in orchards, whichever is the lesser.

উপরোক্ত সংশোধনের আগে একজন রায়ত ২.০০ প্রমাণ হেক্টর বা কোনও ফলের বাগান সংলগ্ন জমি যেটির আয়তন কম রাখার অধিকারী ছিলেন। ১৯৮১ সালের পঃ বঃ ভূমি সংস্কার (সংশোধন) আইন দ্বারা ১৪থ(২) ধারা বাদ দেওয়ায় কোনও রায়ত সেই সুবিধা আর পাবেন না। ৭.৮.১৯৬৯ থেকে এটি বলবৎ হয়েছে। অর্থাৎ এই পরিচ্ছেদ বলবৎ হওয়ার দিন থেকে কোনও রায়ত ১৪ড ধারায় নির্ধারিত জমির সর্বোচ্চ সীমা ছাড়া ফলের বাগানের জন্য কোনও অতিরিক্ত জমি রাখতে পারবেন না।

১৯৮১ সালের পঃ বঃ ভূমি সংস্কার (সংশোধন) আইনে জমির সংজ্ঞার পরিবর্তন ঘটানোয় ব্যাপক সুবিধা হয়েছে। জমি বলতে ভূ-পৃষ্ঠের উপর যে কোনও জমিই বোঝাবে। তার রকম, শ্রেণি, বর্ণনা যাই হোক না কেন।

১৯৭৪ সালের পঃ বঃ ভূমি সংস্কার (সংশোধন) আইন [১৯৭৪ সালের পশ্চিমবঙ্গের ৩৩ নং আইন] দ্বারা ১৪থ(২ক) ধারাটি যুক্ত করা হয়। পরবর্তী ক্ষেত্রে ১৯৮১ সালের পঃ বঃ ভূমি সংস্কার (সংশোধন) আইন [পশ্চিমবঙ্গের ৫০ নং আইন] দ্বারা এই উপধারাটি বাদ দেওয়া হয়েছে মূল আইন থেকে। এই ধারা বাদ দেওয়ার কারণ হল ১৪ড(৬) ধারা যুক্ত করা। সামান্য কিছু সংশোধন সহ মোটামুটি একইরকম ভাবে ১৪ড(৬) ধারাটি মূল আইনে যুক্ত করা হয়েছে। ওই উপধারা অনুযায়ী কোনও ন্যাস (trust) বা সংস্থা (institution) সম্পূর্ণভাবে দাতব্য (charitable) বা ধর্মীয় (religious) উদ্দেশ্যে কাজ করে অথবা দাতব্য এবং ধর্মীয় উদ্দেশ্যে কাজ করে, তবে ওই ন্যাস (trust) বা সংস্থাকে রায়ত হিসাবে বিবেচনা করা হবে। ওই ধারা অনুযায়ী অনধিক ৭.০০ প্রমাণ হেক্টর পর্যন্ত জমি ওই ন্যাস/সংস্থা রাখার অধিকারী হবেন। তবে এই রাজ্যের যেখানে যত শাখা থাকুক না কেন সমস্ত শাখার মোট জমির পরিমাণ হবে সর্বাধিক ওই ৭.০০ প্রমাণ হেক্টর। অর্থাৎ নতুন ১৪ড(৬) ধারা অনুযায়ী কোনও ন্যাস/ধর্মীয় প্রতিষ্ঠান যাঁরা জনকল্যাণ উদ্দেশ্যে কাজ করলে পশ্চিমবঙ্গের বিভিন্ন স্থানে যত শাখা-ই থাকুক না কেন অনধিক ৭.০০ প্রমাণ হেক্টর জমি রাখার অধিকারী হবেন।

১৯৮১ সালের পঃ বঃ ভূমি সংস্কার (সংশোধন) আইন দ্বারা ১৪থ(৩) ধারায় "জমি থেকে উৎপন্ন আয়" (as distinct from the income) শব্দগুলির পরে "অথবা উপস্বত্ব" (or usufructs) শব্দ মুক্ত করা হয়েছে।

(৩) নং উপধারায় আরও একটি সংযোজন ১৯৮১ সালের পশ্চিমবঙ্গ ভূমি সংস্কার (সংশোধন) আইনে যুক্ত করা হয়েছে। ওই ধারা অনুযায়ী রাজ্য সরকার প্রয়োজনে কোনও নিগম, সংস্থা, যারা সম্পূর্ণ ধর্মীয়/দাতব্য (religious or charitable) বা উভয় প্রকার কাজ-ই করে তাদেরকে নির্ধারিত জমির সর্বোচ্চ সীমা ছাড়াও জমি রাখার আদেশ দিতে পারেন। প্রয়োজনে রাজ্য সরকার তার আদেশ দিয়ে অতিরিক্ত যে জমি ওই প্রতিষ্ঠানকে রাখার অনুমতি দিয়েছিলেন তা বা তার অংশ রদ করতে পারেন।

২। (২) উপধারা এক্তিয়ার বহির্ভূত নয় [Sub-section (2) is not ultra vires]. (২) উপধারা অনুযায়ী নির্ধারিত জমির সর্বোচ্চ সীমা বাদেও কোনও রায়ত ২.০০ প্রমাণ হেক্টর ফলের বাগান অথবা ফলের বাগানের সংলগ্ন কোনও জমি উভয়ের মধ্যে যেটি কম সেই পরিমাণ জমি রাখতে পারতেন। এক মামলার[১] সূত্র ধরে কলিকাতা হাইকোর্টের ডিভিশন বেঞ্চে মামলা করা হয়। *শশাঙ্কশেখর মাইতি* মামলায় মহামান্য আদালত ১৪থ(২) ধারা সংযুক্তি সমর্থন করেছিলেন। ২খ পরিচ্ছেদ নির্দিষ্ট করা জমির সর্বোচ্চ সীমার বাইরেও ২.০০ প্রমাণ হেক্টর জমি রাখতে পারতেন একজন রায়ত। পরবর্তী ক্ষেত্রে ১৯৮১ সালের পঃ বঃ ভূমি সংস্কার (সংশোধন) আইন দ্বারা ১৪থ(২) ধারাটি মূল আইন থেকে বাদ দেওয়া হয়েছে। মহামান্য ডিভিশন বেঞ্চে এই আবেদন করা হয় যে আবেদনকারীদেরকে বঞ্চিত করেছেন আইনসভা (২) উপধারা বাদ দিয়ে নিতান্তই কারণ ছাড়া। মহামান্য ডিভিশন বেঞ্চ উপরোক্ত যুক্তি গ্রহণ করেননি। মহামান্য আদালত জানান (২) উপধারার রদকে এক্তিয়ার বহির্ভূত বলা যাবে না।[২]

১ *শশাঙ্ক শেখর মাইতি* বনাম *ভারত সরকার* AIR 1981 SC 522.

২ *পশ্চিমবঙ্গ ভূমিজীবী কৃষক সমিতি* বনাম *পঃ বঃ সরকার* 1996(2) Cal LJ 285; 1996(2) CHN 212; Cal LT (1996)2 HC 183; 1996 WBLR 242 (Cal); 100 CWN 900.

৩। উপধারা (১) [Sub-section (1) of s. 14Q]. ১৪থ(১) ধারায় বিশেষ কতগুলি রায়তের ক্ষেত্রে কীভাবে জমির সর্বোচ্চ সীমা (ceiling limit) নির্ণয় করা হবে তার নির্দেশ ছিল। ওই রায়তগণ হলেন—

(১) সমবায় সমিতি (Co-operative Society), (২) কোম্পানি, (৩) সমবায় খামার সমিতি (Co-operative Farming Society), (৪) হিন্দু অবিভক্ত পরিবার (Hindu Undivided Family) এবং (৫) খামার (Firm)।

(১) উপধারা অনুযায়ী কোনও রায়ত যদি উপরোক্ত পাঁচ প্রকার সংস্থার মধ্যে এক বা একাধিক সংস্থায় জমি রাখেন, তবে সমস্ত জমি যোগ করে দেখতে হবে কত জমি হল। রায়তের পরিবারের সাপেক্ষে ১৪ড ধারা অনুযায়ী রায়ত যে পরিমাণ জমি রাখার অধিকারী উপরোক্ত জমি তার চেয়ে বেশি হলে ওই অতিরিক্ত জমি সরকারে ন্যস্ত হবে।

ধরা যাক কোনও রায়তের ব্যক্তিগত ৮.০০ প্রমাণ হেক্টর জমি আছে। এবং কোনও সমবায় সমিতি বা কোম্পানি বা সমবায় খামার সমিতি ইত্যাদির সদস্য হিসাবে তিনি আরও ২.০০ সমবায় হেক্টর জমির মালিক। পরিবারের সর্বোচ্চ সীমা অনুযায়ী তিনি যদি ৭.০০ প্রমাণ হেক্টর জমি রাখার অধিকারী হয়ে থাকেন তবে ওই রায়তের সর্বমোট ৮.০০ + ২.০০ = ১০.০০ হেক্টর থেকে ৭.০০ হেক্টর বাদ দিলে ৩.০০ হেক্টর জমি অতিরিক্ত হয়। এই অতিরিক্ত ৩.০০ হেক্টর জমি সরকারে ন্যস্ত হবে।

এই ধারার সাংবিধানিক বৈধতা (Constitutional validity) চ্যালেঞ্জ করে আদালতে মামলা করা হয়েছিল।[৩] মামলায় মহামান্য কলিকাতা হাইকোর্টের ডিভিশন বেঞ্চ জানিয়েছেন—সংবিধানের ১৪ নং অনুচ্ছেদ বা ২০ নং অনুচ্ছেদের সাপেক্ষে ১৪থ(১) অবৈধ এই ধারণার স্বপক্ষে কোনও কারণ খুঁজে পাওয়া যায় নি। সংবিধানের ১৪ নং এবং ২০ নং অনুচ্ছেদকে ১৪থ(১) ধারা লঙ্ঘন করেনি।

৪। যেদিন থেকে ধারা ১৪থ-এর (১) উপধারা রদ হয়েছে, এই ধারার অধীন অধিকার নষ্ট হয়েছে [Right under sub-sec. (1) of s. 14Q lost from

৩ *পশ্চিমবঙ্গ ভূমিজীবী কৃষক সমিতি* বনাম *পঃ বঃ সরকার* 1997(2) Cal LJ 285; 1996(2) CHN 212; Cal LT 1996(2) HC 183; 1996 WBLR 242 (Cal); 100 CWN 900.

the date of its deletion]. হুগলি জেলার মহেশ মৌজায় Mahesh Housing Co-operative Society Limited ১২৬ একর জমির মালিক ছিলেন। ১৯৫৫ সালের পঃ বঃ ভূমি সংস্কার আইনের ১৪ন ধারায় ওই হাউসিং সমিতিকে অন্যান্য রায়তের মতো ধরা হয়। ২৪.২২ একর জমি ওই হাউসিং সমিতিকে রাখতে দেওয়া হয়। বাকী জমি ভেস্ট হিসাবে ঘোষণা করেন সংশ্লিষ্ট রাজস্ব আধিকারিক।

ওই আদেশের বিরুদ্ধে মহামান্য ভূমি ও ভূমি সংস্কার ন্যায়পীঠে আপিল দাখিল করেন Mahesh Housing Co-operative Society Limited. মহামান্য ন্যায়পীঠ ওই বিষয়ে হস্তক্ষেপ (interfere) করতে অস্বীকার করেন।

কলিকাতা হাইকোর্টের ডিভিশন বেঞ্চে ন্যায়পীঠের রায়ের বিরুদ্ধে রিট আবেদন দাখিল করা হয়। আবেদনকারীরা ১৪থ(১) ধারায় আশ্রয় নেন। অতিরিক্ত জমি রাখার আবেদন করেন। রাজ্য সরকারের পক্ষ থেকে জানানো হয় ২০০৩ সালের পঃ বঃ ভূমি সংস্কার (সংশোধন) আইন দ্বারা ১৪থ(১) ধারা বাতিল করা হয়েছে। সুতরাং ১৪থ(১) ধারায় আবেদনকারীরা এখন আর কোনও সুবিধা পেতে পারেন না। মহামান্য ডিভিশন বেঞ্চ দেখেন, ১৪থ ধারায় জমি রাখার অধিকার থেকে আবেদনকারীরা বঞ্চিত হয়েছেন কারণ ১৪থ(১) ধারাটি ২০০৩ সালের পঃ বঃ ভূমি সংস্কার (সংশোধন) আইন দ্বারা বাতিল করা হয়েছে। সুতরাং ওই ধারায় আবেদনকারীরা কোনও সুবিধা (relief) পেতে পারেন না এবং এটি ১৯.১০.২০০৩ থেকে কার্যকর হয়েছে। ১৪ড ধারায় নির্দিষ্ট সর্বোচ্চ সীমা অতিরিক্ত জমি নিয়ে নেওয়া হবে।[৪]

৫। ১৪থ(৩) ধারা [Sub-section (3) of s. 14Q]. যে ক্ষেত্রে রাজ্য সরকার এই মর্মে সন্তুষ্ট হবেন যে সম্পূর্ণ দাতব্য (charitable) বা ধর্মীয় (religious) অথবা উভয়ত কার্যের জন্য কোনও কর্পোরেশন বা সংস্থার নির্ধারিত সর্বোচ্চ সীমার (ceiling limit) চেয়ে বেশি জমি থাকা প্রয়োজন। অথবা কোনও ব্যক্তি কোনও ন্যাস (trust) বা উৎসর্জনমূলক সংস্থায় (endowment) জমি রাখলে, যদি এটা দেখা যায় যে ওই সংস্থা পরিচালনার জন্য নির্ধারিত সীমার চেয়ে বেশি

৪ *মাহেশ হাউসিং কো-অপারেটিভ সোসাইটি লিঃ* বনাম *পঃ বঃ সরকার* 2004(1) CHN 10 (DB).

জমি রাখা দরকার, তবে রাজ্য সরকার সরকারি গেজেটে বিজ্ঞাপন প্রকাশ করে ওই অতিরিক্ত জমি রাখতে দিতে পারেন।

শশাঙ্কশেখর মাইতি বনাম *ভারত সরকার*[৫] মামলায় মহামান্য আদালত জানান, ১৪থ(৩) ধারা রাজ্য সরকারকে কিছু কিছু ক্ষেত্রে জমির সর্বোচ্চ সীমা বাড়ানোর ক্ষমতা দিয়েছে। ধর্মীয় (religious) ও দাতব্য (charitable) ন্যাসের ক্ষেত্রে আইনসভা এই আইনের কঠিনতা (rigour) দূর করতে যথেষ্ট ব্যবস্থা নিয়েছেন।

(৩) উপধারা অনুযায়ী এই ধরনের ন্যাস বা উৎসর্জনমূলক সংস্থাগুলি ব্যক্তিগত ন্যাস বা উৎসর্জনমূলক সংস্থা অথবা সর্বসাধারণের ন্যাস বা উৎসর্জনমূলক সংস্থা হতে পারে। তবে এই ধরনের নিগম বা সংস্থাগুলি সম্পূর্ণই ধর্মীয় বা দাতব্য হিসাবে কাজ করবে। অথবা কোনও ব্যক্তি যদি কোনও ন্যাস বা সংস্থায় দেন ওই অছি বা সংস্থাকে সম্পূর্ণ (exclusively) ধর্মীয় বা দাতব্য হিসাবে কাজ করতে হবে। শুধুমাত্র এই সমস্ত ক্ষেত্রে রাজ্য সরকার যদি সমস্ত ঘটনার প্রেক্ষিতে এই মর্মে সন্তুষ্ট হন যে, কোনও নিগম বা প্রতিষ্ঠান যা সম্পূর্ণ ধর্মীয় ও দাতব্য উদ্দেশ্যে তাদের কাজ করে এবং ওই কার্যাবলি পরিচালনার জন্য তাদের সর্বোচ্চ সীমার চেয়ে বেশি জমি থাকা প্রয়োজন, ওই সংস্থার জমি থেকে উৎপন্ন আয় পুরোপুরি সংস্থা পরিচালনায় ব্যবহৃত হয়, তবে সরকারি গেজেটে বিজ্ঞাপিত করে ওই সংস্থাকে অতিরিক্ত জমি দিতে পারেন।

তবে ১৪থ(৩) ধারায় ১৯৮১ সালের পঃ বঃ ভূমি সংস্কার সংশোধন আইনে রাজ্য সরকারকে এই ক্ষমতাও দিয়েছে যে, যে কোনও সময় রাজ্য সরকার নিজে বা অন্য কোনও আবেদনপত্রের ভিত্তিতে ১৪থ(৩) ধারায় কোনও সংস্থা যে অতিরিক্ত জমি রেখেছেন সেই জমির সম্পূর্ণ বা আংশিক দখল নিতে পারবেন তার আগের আদেশ সংশোধন করে। তবে সংশ্লিষ্ট পক্ষকে শুনানির সুযোগ দেবেন। অর্থাৎ রাজ্য সরকার প্রয়োজনে জমির সর্বোচ্চ সীমা বাড়াতে পারেন বা কমাতে পারেন।

শশাঙ্কশেখর মাইতি-র মামলায় মহামান্য সুপ্রীম কোর্ট জানিয়েছেন ১৪থ(৩) ধারা ব্যক্তিগত এবং সর্বসাধারণের (private & public) জন্য উভয় প্রকার ধর্মীয় বা দাতব্য উদ্দেশ্যে ব্যবহৃত সংস্থার ক্ষেত্রেই প্রযোজ্য হবে।

৫ AIR 1981 SC 522 (Para 63).

১৪দ। অব্যাহতি (Exemption) ঃ নিম্নলিখিত ক্ষেত্রে ১৪ড ধারার বিধানগুলি বলবৎ হবে না—

(ক) যে কোনও সময়ে বলবৎ [১][কোনও] আইন দ্বারা [২][বা আইন অনুসারে] প্রতিষ্ঠিত বা তৈরি হওয়া কোনও স্থানীয় কর্তৃপক্ষ (local authority) যদি রায়ত হিসাবে কোনও জমির মালিক হয়ে থাকেন।

(খ) দার্জিলিং জেলার পার্বত্য অঞ্চলের সরকার দ্বারা সরকারি গেজেটে প্রকাশিত নির্দিষ্ট সময়ের জন্য বিশেষ কতগুলি জমিতে।

14R. Exemption. The provisions of section 14M shall not apply—

(*a*) to any land owned as a raiyat by [1][a local authority or any wholly Government Company as defined in section 617 of the Companies Act, 1956, or] [2][an] authority constituted or established by [3][or under] any law for the time being in force;

(*b*) for such period as may be specified by the State Government, by notification in the *Official Gazette*, to any land in such hilly portion of the district of Darjeeling as may be specified in the said notification.

আলোচনার সূচী

১ পূর্বের "কোনও সংঘ বা" শব্দগুলির স্থলে পূর্বোক্ত আইনের ২৩(ক) ধারার মাধ্যমে অনুকল্পিত এবং উক্ত আইনের ১(২) ধারার মাধ্যমে ৭.৮.১৯৬৯ তারিখ হতে বলবৎ হয়েছে।

(ক) ১.১.১৯৭৮ তারিখ হতে দার্জিলিং জেলার পার্বত্য মহকুমাগুলিতে ১৪ড ধারা বলবৎ হয়েছে।

২ "বা আইন অনুসারে" শব্দগুলি ছিল যাহা পশ্চিমবঙ্গ ভূমি সংস্কার (সংশোধন) আইন, ১৯৮১ (পশ্চিমবঙ্গ আইন ৫০, ১৯৮১)-এর ২৩(খ) ধারার মাধ্যমে বাতিল এবং উক্ত আইনের ১(২) ধারার মাধ্যমে ৭.৮.১৯৬৯ হতে বলবৎ হয়েছে। অতঃপর পুনরায় শব্দগুলি পশ্চিমবঙ্গ ভূমি সংস্কার (তৃতীয় সংশোধন) আইন, ১৯৮৬ (পশ্চিমবঙ্গ আইন ৩৫, ১৯৮৬)-এর ধারার মাধ্যমে সন্নিবেশিত।

1 *Substituted* for "a local authority or" by Act 6 of 2012 (w.e.f. 7.5.2012).

2 *Substituted* by W.B. Act L of 1981, w.r.e.f. 7.8.1969.

3 *Inserted* by W.B. Act XXXV of 1986, published in the *Calcutta Gazette*, dated 12.5.1989.

১। সূচনা [Commencement]. মূল আইনে "কোনও" শব্দটি যুক্ত করা হয়েছে ১৯৮১ সালের পঃ বঃ ভূমি সংস্কার (সংশোধন) আইন [১৯৮১ সালের পশ্চিমবঙ্গের ৫০ নং আইন] দ্বারা। সরকারি গেজেটে প্রকাশিত হয়েছিল ২৪.৩.১৯৮৬ তারিখে।

আবার "বা আইন অনুসারে" শব্দগুলি এই আইন দ্বারা বাতিল করা হলেও ১৯৮৬ সালের পঃ বঃ ভূমি সংস্কার (সংশোধন) আইন দ্বারা এই শব্দগুলি আবার যুক্ত করা হয়েছে। কলিকাতা গেজেটে এটি প্রকাশিত হয়েছিল ১২.৫.১৯৮৯-তে।

২। কর্মপরিধি [Scope]. কোনও স্থানীয় কর্তৃপক্ষ (local authority) রায়ত হিসাবে যে জমি রাখতে পারবে তা পঃ বঃ ভূমি সংস্কার আইনের ১৪ড ধারায় বর্ণিত জমির সর্বোচ্চ সীমার (ceiling limit) বিধানের চাইতে বেশি। কোনও রায়তের ক্ষেত্রে ১৪ড ধারায় যে সর্বোচ্চ সীমার কথা বলা আছে কোনও স্থানীয় কর্তৃপক্ষের ক্ষেত্রে তা প্রযোজ্য হবে না। সুতরাং কোনও স্থানীয় কর্তৃপক্ষ এই পরিচ্ছেদ [Chapter 2B] ১৪ড ধারায় যে জমির সর্বোচ্চ সীমা বলা আছে রায়ত হিসাবে তার চাইতে অনেক বেশি জমি রাখতে পারবে।

৩। স্থানীয় কর্তৃপক্ষ [Local authority]. পশ্চিমবঙ্গ ভূমি সংস্কার আইনে স্থানীয় কর্তৃপক্ষের সংজ্ঞা দেওয়া নেই। সাধারণ দফা (General Clauses) আইনের ৩(১৩) ধারায় স্থানীয় কর্তৃপক্ষের সংজ্ঞা দেওয়া আছে। তা হল ঃ

> "Local authority generally mean a municipal committee, District Board, Body of Port Commissioners or other authority legally entitled to or entrusted by the Government with the control or management of a Municipal or local fund."

একটি মামলায় কলিকাতা হাইকোর্টের অভিমত হল—"কলিকাতা ডক লেবার বোর্ড" General Clause আইনের ৩(১৩) ধারা অনুযায়ী স্থানীয় কর্তৃপক্ষ (local authority) হিসাবে বিবেচিত হবে।[১]

"কলকাতা মেট্রোপলিটিয়ান ডেভেলপমেন্ট অথরিটি" স্থানীয় কর্তৃপক্ষ (local authority)।[২]

"কলিকাতা ইম্প্রুভমেন্ট ট্রাস্ট" স্থানীয় কর্তৃপক্ষ।[৩]

১ *ভিখারী বেহেরা* বনাম *ধনপতি বেনতিয়া* AIR 1970 Cal 176; 76 CWN 943.

২ *১২ নং জে. সি. বোস রোড টেনান্টস্ অ্যাসোসিয়েশান* বনাম *কালেক্টার, হাওড়া* AIR 1977 Cal 437.

৩ *শংকর ঘোষ* বনাম *অরুন দাশগুপ্ত* 1984 CWN 817.

৪। **বিধিবদ্ধ সংস্থা [Statutory authority].** কেন্দ্রীয় বা রাজ্য আইন দ্বারা গঠিত কোনও সংস্থা হল বিধিবদ্ধ সংস্থা। পঃ বঃ ভূমি সংস্কার আইনের ১৪ড ধারার জমির সর্বোচ্চ সীমা এই সব বিধিবদ্ধ সংস্থার ক্ষেত্রে প্রযোজ্য নয়। Life Insurance Corporation India, Industrial Finance Corporation, Oil and Natural Gas Commission বা Damodar Valley Corporation সবই বিধিবদ্ধ সংস্থা (Statutory Authority)। সুতরাং এই সব বিধিবদ্ধ সংস্থার যে জমি থাকবে তা ১৪ড ধারায় বর্ণিত জমির সর্বোচ্চ সীমার বহির্ভূত।[৪]

১৪ধ। সর্বোচ্চ সীমার বেশি জমি সরকারে ন্যস্ত হওয়া (Vesting of land in excess of ceiling area) ঃ (১) এই পরিচ্ছেদের বিধানগুলি কার্যকর হওয়ার তারিখে [১][অথবা পরবর্তী যে কোনও তারিখে] কোনও রায়ত যদি তার প্রতি প্রযোজ্য সর্বোচ্চ সীমার অতিরিক্ত জমির মালিক হয়ে থাকেন তবে ওই অতিরিক্ত জমি সমস্ত দায় থেকে মুক্ত হয়ে সরকারে ন্যস্ত হবে।

(২) উপধারা (১) অনুযায়ী রাজ্যে ন্যস্ত হওয়া কোনও জমিতে বর্গাদার চাষ করলে, ওই বর্গা প্রথায় চাষ করা জমির যে পরিমাণ তার নিজের জমির সাথে যোগ করলে [২][০.৪০৪৭ হেক্টর] হবে সেই জমির অংশ বাদ দিয়ে অবশিষ্ট জমি যা সরকারে ন্যস্ত হবে সেখানে এই পরিচ্ছেদে বলবৎ হওয়ার তারিখে বা পরবর্তী কোনও তারিখে বর্গাদার উচ্ছেদ হবে।

(৩) উপধারা (২) অনুসারে কোনও বর্গাদার যে পরিমাণ জমি তার অধীনে রাখতে পারবেন, এই পরিচ্ছেদ আরম্ভ হওয়ার তারিখে [৩][বা তার পরবর্তী কোনও তারিখ] থেকে সেই জমিতে ওই বর্গাদার রায়ত হিসাবে স্বীকৃত হবেন।

৪ *সুকদেব* বনাম *ভগত রাম* AIR 1975 SC 1331.

১ ১২.৫.১৯৮৯ তারিখের কলিকাতা গেজেট বিশেষ সংখ্যার তৃতীয় খণ্ডে প্রকাশিত পশ্চিমবঙ্গ ভূমি সংস্কার (তৃতীয় সংশোধন) আইন, ১৯৮৬ (পশ্চিমবঙ্গ আইন ৩৫, ১৯৮৬)-এর ৯ ধারার মাধ্যমে সন্নিবেশিত।

২ পূর্বের "১.০০ হেক্টর" সংখ্যা ও শব্দটির স্থলে পশ্চিমবঙ্গ ভূমি সংস্কার (সংশোধন) আইন, ১৯৮১ (পশ্চিমবঙ্গ আইন ৫০, ১৯৮১)-এর ২৪ ধারার মাধ্যমে অনুকল্পিত এবং এই আইনের ১(২) ধারার মাধ্যমে ৭.৮.১৯৬৯ তারিখ হতে বলবৎ হয়েছে।

৩ ১২.৫.১৯৮৯ তারিখের কলিকাতা গেজেট বিশেষ সংখ্যার তৃতীয় খণ্ডে প্রকাশিত পশ্চিমবঙ্গ ভূমি সংস্কার (তৃতীয় সংশোধন) আইন, ১৯৮৬ (পশ্চিমবঙ্গ আইন ৩৫, ১৯৮৬)-এর ৯ ধারার মাধ্যমে সন্নিবেশিত।

14S. Vesting of land in excess of ceiling area. **(1) On the commencement of the provisions of this Chapter, [1][or on any subsequent date] any land owned by a *raiyat* in excess of the ceiling area applicable to him shall vest in the State free from all encumbrances.**

(2) Where any land vested in the State under sub-section (1) is being cultivated by a *bargadar*, the right of cultivation of such *bargadar* in relation to any such vested land which, including any other land owned or cultivated by him is in excess of [2][0.4047 hectare of land used for agriculture] shall, on the commencement of the provisions of this Chapter, [1][or on any subsequent date], stand terminated.

(3) Every *bargadar* shall, in relation to the land which he is authorised by sub-section (2) to retain under his cultivation, become, on and from the date of commencement of the provisions of this Chapter, [1][or on any subsequent date], a *raiyat*.

আলোচনার সূচী

১। সূচনা [Commencement]. ১৪ধ(১) ধারা এই নির্দেশ দেয় যে কোনও রায়তের সর্বোচ্চ সীমার অতিরিক্ত জমি থাকলে তা সরকারে ন্যস্ত হবে।

1 *Inserted* by W.B. Act XXXV of 1986, published in *Calcutta Gazette*, dated 12.5.1989, w.e.f. 12.5.1989.

2 *Substituted* by W.B. Act L of 1981, w.r.e.f. 7.8.1969, for "1.00 hectare".

১৯৮৬ সালের পঃ বঃ ভূমি সংস্কার (সংশোধন) আইন [১৯৮৬ সালের ৩৫ নং আইন] দ্বারা ১৪ধ(১) ধারায় ''অথবা পরবর্তী কোনও তারিখে'' শব্দগুলি যুক্ত হয়েছে। উপধারা (২) এবং উপধারা (৩)-এ একইরকম ''অথবা পরবর্তী কোনও তারিখে'' (or on any subsequent date) শব্দগুলিও ১৯৮৬ সালের পঃ বঃ ভূমি সংস্কার (সংশোধন) আইন দ্বারা যুক্ত করা হয়েছে। ১২.৫.১৯৮৯ থেকে এই ধারার সংশোধিত বিধানগুলি কার্যকর হবে।

১৯৮১ সালের পঃ বঃ ভূমি সংস্কার (সংশোধন) আইন দ্বারা ১৪ধ(২) ধারা সংশোধিত হয়েছে, মূল আইনে ''১ হেক্টর'' শব্দগুলি ছিল। সংশোধনের পর ''০.৪০৪৭ হেক্টর জমি কৃষির জন্য ব্যবহৃত'' শব্দগুলি যুক্ত করা হয়েছে। এই সংশোধনের ফলে আগে একজন বর্গাদার যেখানে ১ হেক্টর জমি রাখতে পারতেন ১৪ধ(১) ধারা অনুযায়ী, সংশোধনের পরে মাত্র ১ একর জমি রাখার অধিকারী হলেন।

২। **কর্মপরিধি [Scope].** ২খ পরিচ্ছেদ [Chapter 2B] যেদিন থেকে বলবৎ হয়েছে ''বা পরবর্তী যে কোনও তারিখে'' কোনও রায়ত নির্দিষ্ট সর্বোচ্চ সীমার (ceiling limit) বেশি কোনও জমি রাখতে পারবেন না। ১৪ধ(১) ধারায় আরও বলা আছে সমস্ত দায় মুক্ত হয়ে ওই জমি রাজ্য সরকারে বর্তাবে। অর্থাৎ ১৫.২.১৯৭১ তারিখে কোনও রায়তের জমি সর্বোচ্চ সীমা অতিরিক্ত হলে ওই অতিরিক্ত জমি সমস্ত রকম দায় থেকে মুক্ত হয়ে (free from all encumbrances) রাজ্য সরকারে বর্তাবে।

উপধারা (২) এবং (৩) সেই সব বিষয়ে বিধান দেয় যে ক্ষেত্রে বর্গাদার রায়ত হিসাবে গণ্য হবেন। উপধারা (২) অনুযায়ী কোনও বর্গাদার নিজের জমি এবং অন্য জমি যা তিনি চাষ করতেন তা সরকারে ন্যস্ত হলে উভয়প্রকার জমি মিলিতভাবে ০.৪০৪৭ হেক্টরের বেশি হলে, ওই অতিরিক্ত জমি থেকে বর্গাস্বত্ব বিলুপ্ত হবে। অর্থাৎ কোনও বর্গাদারের যদি নিজের জমি এবং তিনি চাষ করতেন অথচ সরকারে ন্যস্ত হয়েছে এরকম জমির পরিমাণ মোট ১.৪০৪৭ হেক্টর হয় তবে ১ হেক্টর জমির উপর থেকে তার বর্গা-অধিকার (barga-right) বিলুপ্ত হবে। ০.৪০৪৭ হেক্টর জমির উপর তার অধিকার থাকবে।

উপধারা (২) অনুযায়ী যে জমি বর্গাদার রাখার অধিকারী হবেন (৩) উপধারা অনুযায়ী ওই বর্গাদার ওই জমির ''রায়ত'' হিসাবে গণ্য হবেন।

কিছু কিছু ক্ষেত্রে উপধারা (২) এবং উপধারা (৩) বর্গাদারের অধিকারকে সুরক্ষিত করেছে। কিন্তু পশ্চিমবঙ্গ জমিদারি অধিগ্রহণ আইন, ১৯৫৩-তে এরকম কোনও ধারা ছিল না যা বর্গাদারের স্বার্থ সুরক্ষিত করে।

১৪ধ(৩) ধারা অনুযায়ী বর্গাদার চাষ করতেন এরকম জমি সরকারে ন্যস্ত হলে সর্বাধিক ১ একর পর্যন্ত জমিতে ওই বর্গাদারকে রায়ত হিসাবে গণ্য করা হয়। অবশ্য এই ১ একর জমির হিসাব করার সময় বর্গাদারের নিজের কোনও জমি থাকলে তাও ধরা হবে। বর্গাদারের নিজস্ব জমি এবং সরকারে ন্যস্ত হওয়া বর্গাজমি মোট ১ একর পর্যন্ত রায়তি স্বত্ব পাবে। ধরা যাক বর্গাদারের নিজস্ব জমি ২৩ শতক, বর্গা প্রথায় বর্গাদার চাষ করেন এরকম জমির পরিমাণ ধরা যাক ১২০ শতক, মোট জমি হল ২৩ + ১২০ = ১৪৩ শতক।

এক্ষেত্রে বর্গাপ্রথায় চাষ করা ১২০ শতক জমিতেই বর্গাদার রায়ত হিসাবে স্বীকৃতি পাবেন না। তার ২৩ শতক জমি এবং বাকী ৭৭ শতক বর্গাজমিতে তিনি রায়ত হিসাবে স্বীকৃতি পাবেন। অর্থাৎ ১২০ – ৭৭ = ৪৩ শতক জমি ভেস্ট হিসাবে গণ্য হবে। এই জমির উপরে বর্গাদারের কোনও অধিকার থাকবে না।

১৯৬৫ সালের পঃ বঃ ভূমি সংস্কার নিয়মের ১৪গ বিধির (৩) উপবিধি অনুযায়ী ১৫.২.১৯৭১ তারিখের পরে কোনও রায়ত কোনও জমির মালিক হলে, সেই জমি এবং তার আগের জমি নির্ধারিত সর্বোচ্চ সীমার বেশি হলে ৭ক নিদর্শে [Form 7A] রায়ত তিন মাসের মধ্যে জমির হিসাব জমা (return) দেবেন। ওই অতিরিক্ত জমির মালিক হওয়ার ৩ মাসের মধ্যে বিবরণী জমা দেবেন।

২খ পরিচ্ছেদ [Chapter 2B] বলবৎ হওয়ায় ১৪ধ ধারায় পরিষ্কার নির্দেশ আছে যে এই পরিচ্ছেদ কার্যকর হওয়ার তারিখে অর্থাৎ ১৫.২.১৯৭১ তারিখে নির্ধারিত জমির সর্বোচ্চ সীমার চেয়ে বেশি জমি কোনও রায়ত রাখতে অধিকারী হবেন না। পরবর্তী ক্ষেত্রে অকৃষি প্রজা এবং অধনস্ত প্রজার (non-agricultural tenants and under tenants) অকৃষি জমি সরকারে ন্যস্ত করার লক্ষ্যে পঃ বঃ ভূমি সংস্কার আইনে ৩ক ধারা (section 3A) যুক্ত করা হয়। ৩ক ধারাটি কার্যকর হয়েছে ৯.৯.১৯৮০ থেকে। ১৯৮৬ সালের পঃ বঃ ভূমি সংস্কার (সংশোধন) আইন দ্বারা ১৪ধ ধারাটির সংশোধন হয়। ‘‘অথবা পরবর্তী যে কোনও দিনে শব্দগুলি ওই সংশোধন দ্বারা যুক্ত করা হয়। ১৪ন (১০), ১৪ন (১১) ধারাগুলিতে রাজ্য সরকারকে ক্ষমতা দেওয়া হয়েছে প্রত্যেক রায়তকে নির্দেশ দেওয়ার যে অতিরিক্ত জমি যাদের আছে তাঁরা যেন রাজস্ব আধিকারিকের কাছে বিবরণী” জমা দেয়।

এই ধারায় জমির সর্বোচ্চ সীমা (ceiling limit) নির্ধারণ হবে কেবলমাত্র যে তারিখে এই পরিচ্ছেদ বলবৎ হয়েছে অর্থাৎ ১৫.২.১৯৭১-এ নয় বরং ১৫.২.১৯৭১ তারিখের পরবর্তী যে কোনও তারিখে জমির সর্বোচ্চ সীমা নির্ধারিত হতে পারে। অকৃষি (non-agricultural land) জমির বেলায় এই তারিখ হল ৯.৯.১৯৮০ অর্থাৎ যে তারিখে পঃ বঃ ভূমি সংস্কার আইনে ৩ক ধারা [s. 3A] বলবৎ হল।

৩। বর্গা-অধিকার "দায়" কিনা [Whether barga-right is an encumbrance]. পশ্চিমবঙ্গ ভূমি সংস্কার আইনের ১৪ধ(১) ধারায় এই নির্দেশ দেয় যে—যে তারিখে এই পরিচ্ছেদ বলবৎ হয়েছে বা তার পরবর্তী কোনও তারিখে কোনও রায়তের জমি নির্ধারিত সর্বোচ্চ সীমার চেয়ে বেশি হলে, সর্বোচ্চ সীমার চেয়ে অতিরিক্ত ওই জমি "সমস্ত দায় থেকে মুক্ত হয়ে" (free from all encumbrances) সরকারে বর্তাবে। পঃ বঃ ভূমি সংস্কার আইনে ২(৬ক) ধারায় বলা আছে "দায়" বলতে কী কী বোঝাবে। ওই ধারায় বর্গা-অধিকারকে "দায়" বলে স্বীকার করা হয়নি। কিন্তু একাধিক মামলায়[১] মহামান্য আদালত জানিয়েছেন—পশ্চিমবঙ্গ জমিদারি অধিগ্রহণ আইনের বিধান অনুযায়ী বর্গা-অধিকার একটি "দায়" (encumbrance)।

বর্গা-অধিকারসহ মধ্যস্বত্ত্বাধিকারীর সমস্ত জমি সরকারে বর্তাবে। পশ্চিমবঙ্গ জমিদারি অধিগ্রহণ আইনে মধ্য স্বত্ত্বাধিকারীর অধীনে বর্গাদারদের কোনও অধিকার দেয় নি। জমিদারি অধিগ্রহণ আইনে জমি সরকারে ন্যস্ত হওয়ার পর বর্গাদারকে রায়ত হিসাবে স্বীকৃতি দেয় নি।[২]

৪। জমির পরিমাণ হ্রাস [Diminution of area of land]. ২খ পরিচ্ছেদ বলবৎ হওয়ার সময় ১৪ধ(২) ধারায় এই নির্দেশ ছিল যে—বর্গাদার চাষ করছে এরকম জমি ভেস্ট হলে বর্গাদারের নিজের জমি এবং বর্গা-অধিকারের মিলিত জমি ১ হেক্টরের বেশি হলে, ওই অতিরিক্ত জমির উপর বর্গাদারে বর্গাস্বত্ত্ব থাকবে না। বর্গাদারের নিজের জমি বাদ দিয়ে ১ হেক্টরের বাকী জমির জন্য বর্গাদার সরাসরি রায়ত হিসাবে স্বীকৃত হবেন। ধরা যাক বর্গাদারের নিজস্ব জমি .৫০ হেক্টর এবং বর্গাদার ১.৩২ হেক্টর জমি বর্গা প্রথায় চাষ করতেন। এই ১.৩২ হেক্টর জমি

১ *রজনীকান্ত হাজরা* বনাম *জুনিয়র ল্যান্ড রিফর্মস অফিসার* 1978(2) Cal LJ 30; *অর্জুন কুমার মাইতি* বনাম *পঃ বঃ সরকার* 1988(1) Cal LJ 275.

২ *পশ্চিমবঙ্গ সরকার* বনাম *মোতিলাল মান্না* 1990(2) CHN 1.

সরকারে ন্যস্ত হয়েছে। বর্গাদারের নিজের জমি মিলিয়ে মোট জমি হল .৫০ + ১.৩২ হেক্টর = ১.৮২ হেক্টর। এক্ষেত্রে বর্গাদারের নিজস্ব জমিটুকু বাদ দিলে ১.৩২ হেক্টর জমিতে বর্গাদার রায়ত হবেন না। মাত্র .৫০ হেক্টর জমির জন্য রায়ত হবেন। সুতরাং সরকারে ন্যস্ত হবে ১.৩২ – .৫০ = .৮২ হেক্টর জমি।

কিন্তু ১৯৮১ সালের পঃ বঃ ভূমি সংস্কার (সংশোধন) আইন [১৯৮১ সালের পশ্চিমবঙ্গের ৫০ নং আইন] দ্বারা ১ হেক্টর কমিয়ে এই জমির পরিমাণ করা হয়ে ০.৪০৪৭ হেক্টর বা ১ একর। এই সংশোধিত বিধান ৭.৮.১৯৬৯ থেকে বলবৎ হবে। অসংশোধিত ধারার বিধান অনুযায়ী ১৫.২.১৯৭১ তারিখে কোনও রায়ত নির্ধারিত সর্বোচ্চ সীমার বেশি জমি রাখলে ওই জমি সরকারে বর্তাবে এবং কোনও বর্গাদার ওই সরকারে ন্যস্ত হওয়া জমি বর্গা প্রথায় চাষ করলে বর্গাদারের নিজস্ব জমি এবং বর্গাদার হিসাবে চাষ করা জমির মোট পরিমাণ ১ হেক্টর হবে। কিন্তু বর্তমানে মাত্র ১ একর জমি সর্বমোট বর্গাদারের থাকবে। সুতরাং ১৫.২.১৯৭১ তারিখে কোনও বর্গাদারের নিজস্ব জমি এবং বর্গাজমি মিলিতভাবে ১ হেক্টর হলেও মাত্র ১ একর জমিতে তিনি রায়ত হিসাবে গণ্য হবেন বাকী জমি সরকারে বর্তাবে।

৫। বর্গা জমিতে বর্গাদারের রায়তি স্বত্ত্ব [Raiyati status of bargadar on the raiyati land]. পশ্চিমবঙ্গ ভূমি সংস্কার আইনের ১৪ধ(৩) ধারা অনুযায়ী ১৫.২.১৯৭১ বা তার পরে যে কোনও তারিখে কোনও জমি সরকারে ন্যস্ত হলে এবং ওই সরকারে ন্যস্ত হওয়া জমিতে বর্গাদার থাকলে ওই বর্গাদার নিজের জমি সহ মোট ১ একর জমির রায়তি স্বত্ত্ব পাবেন। এক্ষেত্রে আইন মোতাবেক বর্গাদার রায়ত হবেন কিন্তু কোনও পাট্টা/বন্দোবস্ত দেওয়ার প্রয়োজন হবে না ১৯৬৫ সালের পঃ বঃ ভূমি সংস্কার নিয়মের ২০ক(৪) বিধি অনুযায়ী।

বর্গাদারের নিজস্ব জমি এবং vest হওয়া জমি মিলিতভাবে কী পরিমাণ হলে কী হতে পারে তার কয়েকটি উদাহরণ দেওয়া হল—

বর্গাদারে নিজস্ব জমি	ভেস্ট হওয়া জমিতে বর্গাদারের চাষকৃত জমি	কী পরিমাণ জমিতে বর্গাদার রায়তি স্বত্ত্ব পাবেন
(ক) ৫০ শতক	৭৫ শতক	৫০ শতক
(খ) ৩৫ শতক	১৭০ শতক	৬৫ শতক
(গ) ১০৫ শতক	৪৫ শতক	০০ শতক
(ঘ) ১০০ শতক	৫০ শতক	০০ শতক
(ঙ) ৯০ শতক	৩০০ শতক	১০ শতক

বর্গাদার দ্বারা চাষকৃত যে জমিতে বর্গাদারের কোনও অধিকার থাকছে না সেই জমিতে রায়তি অধিকার (*raiyati* status) দাবি করে কোনও বর্গাদার দেওয়ানি আদালতে কোনও মামলা দাখিল করতে পারবেন না। কোনও দেওয়ানি আদালতের কোনও এক্তিয়ার-ই নেই এই বিষয়ে সিদ্ধান্ত নেওয়ার।[৩]

৬। গোবিন্দ সোরেনের গল্প [Story of Gobinda Soren]. গোবিন্দ সোরেন একজন বর্গাদার, তাঁর নিজস্ব .৫০ একর জমি ছিল এবং বর্গাদার হিসাবে ১.৬৭ একর জমি কোনও একজন রায়তের অধীনে চাষ করতেন। ২খ পরিচ্ছেদের অধীন ওই ১.৬৭ একর জমি রাজস্ব আধিকারিক ন্যস্ত করেন এবং গোবিন্দ সোরেনকে বর্গাদারের অধিকার থেকে বঞ্চিত করে ওই জমি থেকে উচ্ছেদ করেন। ওই সিদ্ধান্তে ক্ষুব্ধ গোবিন্দ বাবু মহামান্য হাইকোর্টে আবেদন করেন। রাজস্ব আধিকারিক এই সিদ্ধান্ত নিয়েছিলেন যে—যেহেতু গোবিন্দ সোরেনের মোট জমি এক একরের বেশি, সুতরাং তার বর্গা স্বত্ত্ব বাতিল করা যেতে পারে। মহামান্য হাইকোর্টের একক বিচারক বলেন যে রাজস্ব আধিকারিকের ওই সিদ্ধান্ত ১৪ধ ধারার বিরোধী। গোবিন্দ সোরেনের নিজস্ব জমি এবং বর্গাদার হিসাবে চাষ করা জমি এক হেক্টরের বেশি নয় [তখনকার আইন মতে] সুতরাং ১.৬৭ একর জমি থেকে বর্গাদার হিসাবে গোবিন্দ সোরেনকে উচ্ছেদ করা আইনের বিধান বিরোধী। তাকে উচ্ছেদ করা যেতে পারে না।[৪]

৭। একটি প্রশ্ন [A question]. ধরা যাক কোনও বর্গাদারের নিজস্ব জমি ছিল .১৫ একর, তিনি বর্গাদার হিসাবে ১.৩৫ একর জমি কোনও রায়তের অধীন চাষ করতেন। এই ১.৩৫ একর জমি ভেস্ট হয়েছে। এক্ষেত্রে বর্গাদার .৮৫ শতক ন্যস্ত জমিতে রায়ত হিসাবে গণ্য হবেন [নিজের .১৫ একর জমি + .৮৫ একর ন্যস্ত জমি মোট ১ একর] কিন্তু বর্গাদার ১.৩৫ একর জমি চাষ করতেন। তা হলে বাকী রইল ১.৩৫ – .৮৫ = .৫০ একর জমি। এই জমিতে বর্গাদারের কোনও অধিকার রইল না। এই জমি সরকারের ১ নং খতিয়ানভুক্ত হবে। এই জমির পাট্টা/বন্দোবস্ত পাওয়ার ব্যাপারে বর্গাদার কী বিশেষ কোনও সুবিধা পাবেন? তিনি কী বিশেষ কোনও সুবিধা পাওয়া অধিকারী হবেন? এর উত্তরে বলা যায়—না, বর্গাদার এক্ষেত্রে কোনও বিশেষ সুবিধা পাবেন না বা পাওয়া অধিকারী হবেন না।

৩ *পশ্চিমবঙ্গ সরকার* বনাম *ফণীভূষণ মণ্ডল* 1980(2) Cal LJ 557.

৪ *গোবিন্দ সোরেন* বনাম *পঃ বঃ সরকার* 1988(2) Cal LJ 380.

৮। ১৪ধ(২) এবং ১৪ধ(৩) ধারা কখন প্রযোজ্য হবে [When sub-secs. (2) & (3) of s. 14S will be applicable]. কোনও রায়তের জমি সরকারে ন্যস্ত হলে এবং ওই ন্যস্ত হওয়া জমিতে বর্গাদার থাকলে, বর্গাদারের নিজস্ব জমি এক একরের কম হলে ন্যস্ত হওয়া ওই জমি থেকে এক একর পূর্ণ হতে যতটা জমি দরকার সেই জমিতে ১৪ধ(৩) ধারা অনুযায়ী বর্গাদার রায়ত হিসাবে গণ্য হবেন। ধরা যাক্ বর্গাদারের নিজস্ব জমি আছে .৪৫ একর। বর্গাদার এখন একজন রায়তের অধীন বর্গা চাষ করতেন যে রায়তের জমি সরকারে ন্যস্ত হয়েছে। বর্গাপ্রথায় রায়ত .৭৫ একর জমি চাষ করতেন। .৪৫ একর বাদ দিলে এক একর পূর্ণ হতে দরকার .৫৫ একর জমি। ওই .৫৫ একর জমিতে বর্গাদার রায়ত হিসাবে গণ্য হবেন।

কিন্তু বর্গাদার .৭৫ একর জমি চাষ করতেন। বাকী রইল আরও .২০ একর জমি। ১৪ধ(২) ধারা অনুযায়ী ওই .২০ একর জমি থেকে বর্গা উচ্ছেদ হবে এবং ওই জমি সরকারে সম্পূর্ণ দায় মুক্ত হয়ে বর্তাবে।

৯। ভেস্ট শব্দের অর্থ [Meaning of the word 'vest']. ১৯৫৩ সালের পঃ বঃ জমিদারি অধিগ্রহণ আইনের ৪, ৫, ৫ক, ৬, ৭, ৮ এবং ১০ ধারায় ভেস্ট শব্দটির ব্যবহার আছে এছাড়া ১৯৫৫ সালের পঃ বঃ ভূমি সংস্কার আইনের ১৪ধ (14S) এবং ১৪ধধ (14SS) ধারাতেও ভেস্ট শব্দের প্রয়োগ রয়েছে।

Oxford Advanced Learners Dictionary (৯ম সংস্করণ) ভেস্ট (vest) শব্দের অর্থ উল্লেখ করেছে, "কোনও ব্যক্তিকে কিছু করতে যে আইনগত অধিকার বা ক্ষমতা দেওয়া হয়; কোনও জমি বা সম্পত্তির উপর ব্যক্তিকে যে আইনগত মালিকানা প্রদান করে।"

শ্যামা প্রসাদ মণ্ডল বনাম *সুশান্ত কুমার সাহা,*[৫] *মামলায়* মহামান্য উচ্চ ন্যায়ালয় ভেস্ট শব্দের উপরোক্ত ব্যাখ্যা দিয়েছেন।

মহামান্য ন্যায়ালয় জানিয়াছেন: ১৯৫৩ সালে পঃ বঃ জমিদারি অধিগ্রহণ আইন কার্যকর করার মাধ্যমে ১৫ এপ্রিল, ১৯৫৫ বা ১ বৈশাখ, বাংলা ১৩৬২ সাল থেকে প্রত্যেক জমিদারি থেকে মধ্যসত্ত্বভোগীর সমস্ত জমিদারি এবং অধিকার সমস্ত প্রকার দায় মুক্তবস্থায় রাজ্য সরকারের অনুকূলে ন্যস্ত (vest) হবে। বিজ্ঞপ্তি জারির মাধ্যমে মধ্যসত্বভোগীদের জমিদারি ও সমস্ত অধিকার যেভাবে রাজ্য সরকারের আনুকূলে বর্তায় তার উল্লেখ রয়েছে জমিদারি অধিগ্রহণ আইনের

৫ Cal LT 2019(2) HC 326.

৫ ধারায়। জমিদারি অবলুপ্তির তারিখ থেকে মধ্যসত্বভোগীরা কী পরিমাণ জমি নিজেদের দখলে রাখতে পারবেন তার উল্লেখ আছে পূর্বোক্ত আইনের ৬ ধারায়। রাজ্য সরকারের প্রতিনিধিরূপে সমাহর্তা (Collector) কী পদ্ধতিতে পূর্বোক্ত ভেস্টেট জমির দখল নেবেন তার বিস্তারিত বিবরণ ১৯৫৩ সালের পঃ বঃ জমিদারি অধিগ্রহণ আইনের ১০ ধারায় আছে।

একইভাবে ১৯৫৫ সালের পঃ বঃ ভূমি সংস্কার আইনের ১৪ধ ধারায় বলা হয়েছে যে রায়ত যদি নির্দিষ্ট আয়তনের চেয়ে অতিরিক্ত জমির অধিকারী হন, তা রাজ্য সরকারের অনুকূলে সমস্ত দায় মুক্তবস্থায় বর্তাবে। কীভাবে ওই জমির দখল নেওয়া হবে সেই বিবরণ আছে ১৪ধধ (14SS) ধারায়। যেহেতু পঃ বঃ জমিদারি অধিগ্রহণ আইন ও পঃ বঃ ভূমি সংস্কার আইনের বিধান অনুযায়ী রায়তের অতিরিক্ত জমি রাজ্য সরকারের অনুকূলে ন্যস্ত করা একটি প্রশাসনিক প্রক্রিয়া, একইভাবে ১০ ও ১৪ধধ ধারায় ওই ন্যস্ত হওয়া জমির দখল গ্রহণও আদেশ প্রতিপালনের মতো (nature of execution)।

১০। ভেস্টিং বিষয়ে সিদ্ধান্ত গ্রহণের উপযুক্ত ক্ষেত্র [Forum for deciding question of vesting]. ১৯৯৭ সালের WBLR & TT আইনের ৬ ধারায় ট্রাইবুনালের ক্ষেত্রাধিকার (jurisdiction), ক্ষমতা (power) এবং কর্তৃত্ব (authority) বিষয়ে বলা আছে এবং ওই বিষয়ে অন্যান্য আদালতের ক্ষেত্রাধিকার, ক্ষমতা ও কর্তৃত্বকে বাতিল সম্বন্ধে ৮ ধারায় উল্লেখ করেছে। কোনও জমির ভেস্টিং বিষয়ে বিবাদ উত্থাপিত হলে ওই বিবাদ নিষ্পত্তি করতে পারবে একমাত্র WBLR & TT।[৬] এই মামলা এই প্রশ্ন উঠেছিল যে কথমা দিঘি (Kathma Dighi) ভেস্ট কিনা, ১৯৯৭ সালের আইনের ১১ ধারা অনুযায়ী প্রথমে এই ধরনের সমস্যার বিচার করবে ল্যাণ্ড ট্রাইবুনাল, পরে ভারতের সংবিধানের ২২৬ ও ২২৭ ধারায় বিচার করবে উচ্চ ন্যায়ালয়ের ডিভিশান বেঞ্চ।

[১]**[১৪ধধ। ন্যস্ত হওয়া জমিতে প্রবেশ এবং দখল নেওয়ার ক্ষমতা (Power to enter upon and take possession of vested land) ঃ** (১) পশ্চিমবঙ্গ ভূমি

৬ *নিমাই চন্দ্র কুণ্ডু* বনাম *কল্যান দাস* 2019(1) Cal LJ 355 (Cal).

১ পশ্চিমবঙ্গ ভূমি সংস্কার (সংশোধন) আইন, ১৯৮১ (পশ্চিমবঙ্গ আইন ৫০, ১৯৮১)-এর ২৫ ধারার মাধ্যমে সন্নিবেশিত এবং এই আইনের ১(২) ধারার মাধ্যমে ৭.৮.১৯৬৯ তারিখ হতে বলবৎ হয়েছে।

সংস্কার আইনের যে কোনও ধারায় ন্যস্ত হওয়া (vest) জমিতে রাজস্ব আধিকারিক অথবা নির্ধারিত কর্তৃপক্ষ যিনি ওই ন্যস্ত হওয়ার আদেশ দিয়েছেন, প্রয়োজনে বল প্রয়োগ করে ওই ন্যস্ত হওয়া জমির দখল নেবেন।

(২) কোনও রাজস্ব আধিকারিক, নির্ধারিত কর্তৃপক্ষ অথবা অন্য কোনও আধিকারিক বা এই বিষয়ে ক্ষমতাপ্রাপ্ত কোনও কর্তৃপক্ষ অন্য যে কোনও সরকারে ন্যস্ত হওয়া জমিতে প্রবেশ এবং দখল নেওয়ার উদ্দেশ্যে প্রয়োজনীয় বলপ্রয়োগ করবেন।

(৩) জমিতে প্রবেশ এবং দখল নেওয়ার লক্ষ্যে কোনও আধিকারিক বা কর্তৃপক্ষ স্থানীয় থানার ভারপ্রাপ্ত আধিকারিক অথবা ওই ভারপ্রাপ্ত আধিকারিকের চেয়ে পদমর্যাদায় উঁচু যে কোনও পুলিশ আধিকারিকের কাছে নির্দিষ্ট নিদর্শে ও পদ্ধতিতে লিখিত তলবি পত্র পাঠাতে পারবেন। ওই তলবি পত্র পাওয়ার পর সংশ্লিষ্ট পুলিশ আধিকারিক ওই জমির দখল নেওয়ার জন্য প্রয়োজনীয় এবং আইনানুগ সমস্ত রকম সহায়তা দেবেন।]

[1][14SS. Power to enter upon and take possession of vested land. (1) Upon vesting of any land in the State under any of the provisions of this Act, the Revenue Officer or the prescribed authority or any other officer or authority who makes the order of vesting shall enter upon and take possession of such vested land by using such force as may be necessary for this purpose.

(2) Any Revenue Officer, prescribed authority or any other officer or authority empowered in this behalf, may enter upon and take possession of any other vested land by using such force as may be necessary for this purpose.

(3) For the purpose of entering upon such land and taking possession thereof, any such officer or authority may send a written requisition in such form and in such manner as may be prescribed to the officer-in-charge of the local police station, or to any police officer superior in rank to such officer-in-charge, and on receipt of such written requisition, the police officer concerned shall render all necessary and lawful assistance for taking possession of such land.]

1 *Inserted* by W.B. Act L of 1981, w.r.e.f. 7.8.1969.

আলোচনার সূচী

১। সূচনা [Commencement]. ১৪ধধ ধারাটি ১৯৮১ সালের পঃ বঃ ভূমি সংস্কার (সংশোধন) আইন [১৯৮১ সালের পশ্চিমবঙ্গের ৫০ নং আইন] দ্বারা সংযুক্ত করা হয়। এই ধারায় পঃ বঃ ভূমি সংস্কার আইন দ্বারা ভেস্ট হওয়া জমির দখল নেওয়ার পদ্ধতি পরিষ্কারভাবে বিস্তারিত করা আছে। এই ধারাটি সংযুক্ত হওয়ার আগে দখল নেওয়া সম্পর্কে কোনও ধারা আলাদাভাবে ছিল না। ১৪ন(৩) ধারায় ন্যস্ত হওয়া জমির দখল নেওয়ার কথা বলা আছে। রাজস্ব আধিকারিক ১৪ন(৩) ধারায় জমি ন্যস্ত করবেন এবং দখল নেবেন। অর্থাৎ ১৪ধধ ধারা সংযুক্ত হওয়ার আগে ন্যস্ত জমির দখল কীভাবে নিতে হবে সে বিষয়ে আলাদা কোনও ধারা ছিল না।

পাশাপাশি ১৯৬৫ সালের পঃ বঃ ভূমি সংস্কার নিয়মের মধ্যে ১৪খখ বিধিটি নতুন সংযোজন করা হয় বিজ্ঞপ্তি নং ৪১৬-এল. রেফ্., তাং ১৩.৬.১৯৮৮ দ্বারা। ওই বিধিতে দখল নেওয়ার বিস্তারিত পদ্ধতি বলা আছে, এমনকী সংশ্লিষ্ট থানায় ভারপ্রাপ্ত আধিকারিককে কীভাবে দখল নেওয়ার সময় পাওয়া যাবে তা বলা আছে ১৪খখ নিয়মে।

২। প্রয়োজনীয় নিদর্শ [Form of requisition].

Form No. 6A
(See rule 14BB)

Requisition under sub-section (3) of section 14SS of the W.B.L.R. Act, 1955

To
The O/C
.... Police Station. Date:

Sir,

I am to inform you that I/shri .... duly authorised on my behalf, shall take possession of the vested land, particulars of which are furnished below, on .... at ....

Particulars of the vested lands

Police Station	J.L.No.	Mauza	Plot No.	Area of the plot	Area vested
(1)	(2)	(3)	(4)	(5)	(6)

You are requested to render all necessary and lawful assistance for taking possession of the above-mentioned land on the date and time specified hereinabove.

Yours faithfully
(Revenue Officer)
....
....

৩। [১]বিধি নং ১৪খখ ঃ ১৪ধধ ধারায় সরকারে ন্যস্ত জমির দখল নেওয়ার পদ্ধতি [Manner of taking possession of vested land under s. 14SS]. (১) জমিতে প্রবেশ করে সরকারে ন্যস্ত হওয়া জমির (vested land) দখল নিতে হবে এবং এই মর্মে শংসাপত্র (certificate) দিতে হবে যে ১৪ধধ ধারায় ওই জমির দখল নেওয়া হয়েছে। ওই শংসাপত্র তিন খানা তৈরি করতে হবে। সই করা একটি শংসাপত্র সমাহর্তার (certificate collector) কাছে পাঠাতে হবে এবং দখল নেওয়ার সময় মালিক যদি উপস্থিত থাকেন তবে তাঁকে একটি শংসাপত্র সই করে দিতে হবে। তৃতীয় সই করা শংসাপত্রটি ওই ন্যস্ত জমির সংশ্লিষ্ট কাগজপত্রের সাথে রেখে দিতে হবে।

(২) যদি কোনও জমির কিছু অংশ ন্যস্ত হয়, রাজস্ব আধিকারিক বা কর্তৃপক্ষ যিনি ওই ন্যস্ত হওয়ার আদেশ দিয়েছেন, তিনি স্থির করবেন ওই জমির কোন্ অংশ ন্যস্ত হয়েছে। তিনি তিন খানা হাত নক্সা (sketch map) তৈরি করবেন তাতে ন্যস্ত হওয়া জমির অবস্থান দেখাবেন এবং ন্যস্ত জমির পরিমাণ উল্লেখ

১ এই নিয়মটি যুক্ত হয়েছে বিজ্ঞপ্তি নং ৪১৬-এল. রেফ., তাং ১৩.৬.১৯৮৮ দ্বারা। কলিকাতা গেজেটে প্রকাশিত হয়েছিল ১৫.৭.১৯৮৮ তে।

করবেন। (১) নং উপবিধিতে যেমন বলা আছে ওইভাবেই ওই ন্যস্ত হওয়া জমির অংশের দখল নেবেন। সই সহ ওই হাত নক্সার একটি সমাহর্তাকে (collector) দিতে হবে জমির দখল নেওয়ার শংসাপত্রসহ, আর একটি নক্সা দিতে হবে জমির মালিককে যদি দখল নেওয়ার সময় তাঁকে পাওয়া যায় দখল নেওয়ার শংসাপত্র সহ ঃ

যদি এরকম দেখা যায় জমির যে আংশিক ন্যস্ত হয়েছে, ভেস্ট হওয়ার কেবলমাত্র আগেই ওই জমি যৌথভাবে দুই বা তার বেশি মালিক দখল করছেন ভেস্ট হওয়া জমির মালিক সহ যার অবিভাজিত অংশ (share) ওই জমিতে রয়েছে—সেক্ষেত্রে যে রাজস্ব আধিকারিক বা কর্তৃপক্ষ ন্যস্ত হওয়ার আদেশ দিয়েছেন, তিনি স্বার্থ সংশ্লিষ্ট সমস্ত পক্ষকে শুনানির সুযোগ দেবেন ওই ন্যস্ত হওয়া আংশিক জমির দখল নেওয়ার আগে।

(৩) ১৪ধধ(৩) ধারা অনুযায়ী সংশ্লিষ্ট থানার ভারপ্রাপ্ত আধিকারিককে নিদর্শ ৬ক (Form 6A) তে অনুরোধ করা হবে দখল নেওয়ার সময় ওই স্থানে উপস্থিত থাকার জন্য।

ব্যাখ্যা ঃ জমির মালিক এবং ইজারাগ্রহীতাসহ রায়তের ক্ষেত্রে এই নিয়ম বলবৎ হবে।

১৪ধধ ধারাটি কলিকাতা হাইকোর্ট দ্বারা সংবিধানের এক্তিয়ার বহির্ভূত (*ultra vires*) ঘোষিত হয়েছে। সুতরাং উপরোক্ত নিয়ম ১৪খখ বিধি কার্যকর করা যাচ্ছে না।[২]

৪। ১৪ধধ ধারা এক্তিয়ার বহির্ভূত [Section 14SS declared ultra vires]. পশ্চিমবঙ্গ ভূমিজীবী সংঘ ১৪ধধ ধারার বৈধতা চ্যালেঞ্জ করে মহামান্য হাইকোর্টে আজ্ঞালেখ আবেদন দাখিল করেন।[৩] ওই মামলায় আবেদনকারীদের তরফ থেকে বলা হয় ১৪ধধ ধারা হল কঠোর এবং স্বেচ্ছাচারী (drastic and arbitrary)। রাজস্ব আধিকারিক কোনও জমি সরকারে বর্তানোর ঠিক পরপরই দখল নেওয়ার জন্য যে বিজ্ঞপ্তি জারি করেন তা স্বেচ্ছাচারমূলক। আবেদনকারীদের পক্ষ থেকে আরও জানানো হয় যে ওই কঠোর কার্যক্রম যা নেওয়া হয় তা আপিলের বিষয়কে নিরর্থক (meaningless) করে তোলে। বাস্তব অভিজ্ঞতায় দেখা গেছে, রাজস্ব আধিকারিক কোনও জমি সরকারে ন্যস্ত হওয়ার আদেশ দেওয়ার পর পরই দুই

২ *পশ্চিমবঙ্গ ভূমিজীবী সংঘ* বনাম *পঃ বঃ সরকার* 1992(1) CHN 496.

৩ *পশ্চিমবঙ্গ ভূমিজীবী সংঘ* বনাম *পঃ বঃ সরকার* 1992(1) CHN 496.

তিন বাদে বিজ্ঞপ্তি জারি করে ওই জমির দখল নেন। কয়েক দিনের মধ্যেই ওই জমি বিলি করে দেওয়া হয়। বাস্তবে কোনও বিক্ষুব্ধ ব্যক্তি আপিলে অনুকূলে রায় পেলেও ওই জমি ফিরে পেতে ভীষণ সমস্যায় পড়েন। ৪৯ ধারায় ওই জমি বিলি করা হয় রায়তকে কোনও শুনানির সুযোগ না দিয়েই। এক দীর্ঘমেয়াদী সমস্যা (protracted litigation) তৈরি হয়। সরকারে ন্যস্ত হওয়া ওই জমি দখল নেওয়ার আগে কোনও আপত্তি দাখিল করারও সুযোগ থাকে না।

উপরোক্ত আবেদনের ভিত্তিতে সরকারের পক্ষ থেকে যে যুক্তি তুলে ধরা হয় তাতে মহামান্য আদালত আদৌ সন্তুষ্ট হতে পারেন নি। মহামান্য বিচারক তার রায়ে জানান, অনেক সময় এরকম দেখা যায় সরকারে ন্যস্ত হওয়া জমিতে তৃতীয় কোনও পক্ষের স্বার্থ জড়িত থাকতে পারে, যিনি আদৌ কোনও পক্ষ হওয়ার সুযোগ পান না। অথচ তাঁদেরও কোনও আপত্তি থাকলে তা দাখিল করার সুযোগ দেওয়া উচিত। কিন্তু গায়ের জোরে বলপ্রয়োগ করে তৎক্ষণাৎ ওই ন্যস্ত হওয়া জমির দখল নিয়ে নিলে ওই ব্যক্তির কোনও যথার্থ দাবি থাকলেও সর্বোচ্চ সীমা (ceiling limit) নির্ণয় সংক্রান্ত কেসে কোনও পক্ষ না হওয়ায় ওই ব্যক্তিরা কোনও আপত্তি দিতে পারেন না।

মহামান্য আদালত আরও জানান—১৪ধধ ধারা খুবই কঠিন (drastic) কারণ জমির মালিক এবং স্বার্থ সংশ্লিষ্ট অন্য কোনও তৃতীয় পক্ষ উভয়কেই বঞ্চিত করে এই ধারাটি। মহামান্য আদালত জানান, যে ব্যক্তি কী পরিমাণ জমি সরকারে ন্যস্ত হবে তার আদেশ দেন আবার তিনিই পর পরই ১৪ধধ ধারায় জমির দখল নেন। অর্থাৎ যিনি নির্ধারণের ক্ষমতা পাচ্ছেন তাঁর হাতেই থাকছে ওই আদেশ বলবৎ (execution) করার ক্ষমতা। সুতরাং ১৪ধধ ধারাটি কোনও কারণ ছাড়াই এবং চরিত্রের দিক থেকে স্বেচ্ছাচারী ও (arbitrary in character) এবং সংবিধানের এক্তিয়ার বহির্ভূত (*ultra vires*)।

উপরোক্ত রায়ের বিরুদ্ধে ডিভিশন বেঞ্চে আপিল দাখিল করেন রাজ্য সরকারের পক্ষে। কিছু ডিভিশন বেঞ্চ ট্রায়াল বিচারকের দেওয়া রায় সম্বন্ধে কোনও হস্তক্ষেপ করেন নি, কারণ রাজ্য সরকারের পক্ষ থেকে ট্রায়াল বিচারকের আদেশের বিরুদ্ধে পাল্টা আপত্তি (cross objection) জমা দেওয়া হয় নি।[৪]

৪ *পশ্চিমবঙ্গ ভূমিজীবী সংঘ* বনাম *পঃ বঃ সরকার* 1996(2) CHN 212; Cal LT 1996(2) HC 183; 100 CWN 900; 1996 WBLR 242 (Cal); 1996(2) Cal LJ 285.

৫। **বর্তমানে ন্যস্ত হওয়া জমির দখল নেওয়ার রীতি [Manner of taking possession of vested land at present].** মহামান্য আদালতের আদেশ বলে যেহেতু ১৪ধধ ধারাটি এক্তিয়ার বহির্ভূত (*ultra vires*) ঘোষিত, সেই জন্য সরকারে ন্যস্ত হওয়া জমির দখল ১৪ধধ ধারায় নেওয়া যায় না। ১৪ন(৩) ধারা অনুযায়ী সরকারে ন্যস্ত হওয়া জমির দখল নিতে হবে। ১৪ন(৩) ধারায় বলা আছে ঃ

The R.O. may, on receipt of a return submitted under sub-section (1) or sub-section (2) or on his own motion, determine the extent of land which is to vest in the state under section 14S and "*take possession*" of such land.

অর্থাৎ ১৪ন(৩) ধারায় একই সাথে জমির নির্দিষ্ট সর্বোচ্চ সীমা অতিরিক্ত জমি সরকারে ন্যস্ত হবে এবং ওই ধারা অনুসারেই ওই ন্যস্ত জমির দখল নেওয়া হবে।

১৪ন। বিবরণী দাখিল করা রায়তের দায়িত্ব (Duty of raiyat to furnish return) ঃ (১) প্রত্যেক রায়ত যাঁর সর্বোচ্চ সীমা অতিরিক্ত জমি আছে নির্দিষ্ট নিদর্শে এবং নির্ধারিত সময়ের মধ্যে রাজস্ব আধিকারিকের কাছে যে জমি তিনি রাখতে চান ১৪ড ধারা অনুযায়ী এবং সর্বোচ্চ সীমার অতিরিক্ত জমির পূর্ণ বিবরণ সহ বিবরণী দাখিল করবেন। এছাড়া অন্যান্য তথ্য জানাবেন।

(২) যদি কোনও পরিবারে একের বেশি রায়ত থাকেন তবে পরিবারের কর্তা অথবা অন্য যে কোনও রায়ত উপরোক্ত (১) উপধারা অনুসারে জমির বিবরণী জমা দেবেন।

(৩) উপধারা (১) বা (২) অনুযায়ী রাজস্ব আধিকারিক বিবরণী পেলে তিনি নিজের ইচ্ছায় ১৪ধ ধারা অনুযায়ী যে জমি রাজ্য সরকারে ন্যস্ত হবে সেই জমির হিসাব স্থির করবেন এবং দখল নেবেন ঃ

[১][তবে রায়ত যেখানে এমনভাবে যে জমি তিনি দখলে রাখতে চান তার পছন্দের তালিকা দাখিল করেছেন যে অনেকগুলি দাগের অংশ নিয়ে সরকারে ন্যস্ত হওয়া জমি বাছাই করেছেন, সেক্ষেত্রে রাজস্ব আধিকারিক

১ পশ্চিমবঙ্গ ভূমি সংস্কার (সংশোধন) আইন, ১৯৭৪ (পশ্চিমবঙ্গ আইন ৩৩, ১৯৭৪)-এর ৫ ধারার মাধ্যমে সন্নিবেশিত।

শুনানির সুযোগ দিয়ে ঠিক করবেন কোন্ দাগের জমির অংশ রায়তের দখলে রাখতে দেবেন এবং যে সমস্ত জমি রায়ত নিজের দখলে রাখতে চান তার সম্পূর্ণ বা কিছু অংশ সরকারে ন্যস্ত হবে এবং তার পরে সরকারে ন্যস্ত হওয়া জমির দখল নেওয়া হবে।]

[২][তবে যেক্ষেত্রে রায়ত ৭(১)(গ) ধারা অনুযায়ী স্বত্ব দলিল বন্ধক দিয়েছেন, রায়ত প্রথমে তাঁর নিজের জমি এবং বন্ধককৃত জমি নিজের চাষে রাখবেন। তারপর যেখানে নিজের জমি এবং বন্ধককৃত জমি নির্ধারিত জমির সর্বোচ্চ সীমা অতিক্রম করবে, ওই বন্ধককৃত জমির অংশ যা সর্বোচ্চ সীমার চেয়ে বেশি হয়েছে, অন্যান্য জমির সাথে যেগুলি বন্ধক দেওয়া হয়নি, সমস্ত দায়মুক্ত হয়ে সরকারে বর্তাবে।]

[৩][(৩ক) রাজস্ব আধিকারিক নিজের ইচ্ছায় এবং রায়তকে শুনানির সুযোগ দিয়ে (৩) উপধারায় দেওয়া আদেশ সংশোধন করতে পারেন। কী পরিমাণ জমি ১৪ধ ধারা অনুসারে সরকারে ন্যস্ত হবে তা পুনরায় নির্ধারণ করতে পারেন এবং ওই জমির দখল নেবেন ঃ

তবে রাজস্ব আধিকারিকের কাছে জমা হওয়া আবেদন ১৯৭৮ সালের পঃ বঃ ভূমি সংস্কার (সংশোধন) আইন বলবৎ হওয়ার আগে হলে, এই উপধারার বিধান অনুসারেই রাজস্ব আধিকারিক তার নিষ্পত্তি করবেন।]

(৪) যদি সংগত কারণ ছাড়া কোনও রায়ত (১) ও (২) উপধারায় উল্লিখিত বিবরণী নির্দিষ্ট সময়ে দাখিল করতে ব্যর্থ হন অথবা ইচ্ছাকৃতভাবে

২ পশ্চিমবঙ্গ ভূমি সংস্কার (সংশোধন) আইন, ১৯৯০ (পশ্চিমবঙ্গ আইন ২৪, ১৯৯০)-এর মাধ্যমে ৭.৮.১৯৬৯ তারিখ হতে সন্নিবেশিত হয়েছে।

৩ পশ্চিমবঙ্গ ভূমি সংস্কার (সংশোধন) আইন, ১৯৭৮ (পশ্চিমবঙ্গ আইন ৩৯, ১৯৭৮)-এর ৩ ধারার মাধ্যমে মূল উপধারাটির স্থলে অনুকল্পিত হয়েছে। মূল (৩ক) উপধারাটি পশ্চিমবঙ্গ ভূমি সংস্কার (সংশোধন) আইন, ১৯৭৬ (পশ্চিমবঙ্গ আইন ১২, ১৯৭৬)-এর ২(১) ধারার মাধ্যমে যুক্ত হয়েছিল। তৎপূর্বে পশ্চিমবঙ্গ ভূমি সংস্কার (সংশোধন) অধ্যাদেশ, ১৯৭৬ (পশ্চিমবঙ্গ অধ্যাদেশ ৩, ১৯৭৬)-এর ২(১) ধারার মাধ্যমে যুক্ত হয়েছিল। মূল উপধারাটি নিম্নরূপ ছিলঃ

"(৩ক) রাজস্ব আধিকারিক, তাঁহার নিকট আবেদন করা হলে অথবা স্বতঃপ্রণোদিত হয়ে এবং রায়তকে একটি শুনানির সুযোগ প্রদান করে, (৩) উপধারা অনুযায়ী কৃত কোনও আদেশ পুনর্বিচারপূর্বক সংশোধন এবং জমির আয়তন নতুনভাবে নির্ধারণ করিবেন যাহা ১৪ধ ধারানুযায়ী রাজ্যে বর্তাবে এবং সেরূপ জমির দখল নেবেন।"

বিবরণীতে ভুল তথ্য দেন বা কোনও কিছু বাদ দেন তাহলে তিনি শাস্তি পাবেন [4][দুই বছরের কারাদণ্ড অথবা পাঁচ হাজার টাকার জরিমানা অথবা উভয় প্রকার শাস্তি।]

[5][(৫) রাজস্ব আধিকারিক নিজের ইচ্ছায় অথবা কোনও সংবাদের ভিত্তিতে স্বার্থ সংশ্লিষ্ট ব্যক্তিদের শুনানির সুযোগ দিয়ে, তদন্ত করে এবং কোনও জমির "বেনামী" সংক্রান্ত প্রশ্নে এবং ন্যায়সঙ্গত অধিকার প্রশ্নে অথবা লেনদেন বিষয়ে তদন্ত করে সন্তুষ্ট হন, তা হলে প্রয়োজনে স্বত্বলিপি প্রস্তুত সংশোধন বা পরিমার্জন করে সর্বোচ্চ সীমা অতিরিক্ত জমি সরকারের ন্যস্ত হওয়ার আদেশ দিতে পারেন।]

[5][(৬) রাজস্ব আধিকারিক নিজের ইচ্ছায় অথবা কোনও সংবাদ পাওয়ার ভিত্তিতে স্বার্থ সংশ্লিষ্ট ব্যক্তিদের শুনানির সুযোগ দেওয়ার পর কোনও ন্যাস, উৎসর্জনমূলক সংস্থা বা প্রতিষ্ঠান সার্বজনীন বা ব্যক্তিগত কিনা অথবা সম্পূর্ণভাবে ধর্মীয় বা দাতব্য অথবা উভয় উদ্দেশ্যে পরিচালিত কিনা তা তদন্ত করবেন এবং সিদ্ধান্ত নেবেন। অথবা ন্যায়সংগত অধিকার প্রশ্নেরও সমাধান করবেন এবং প্রয়োজনীয় নথি, দলিল ইত্যাদি থাকলে পরীক্ষা করবেন এবং ১৪ধ ধারা অনুযায়ী কী পরিমাণ জমি সরকারে ন্যস্ত হবে তা স্থির করবেন। তদন্ত ও সিদ্ধান্ত নেওয়ার সময় নিম্নলিখিত বিষয়গুলি বিবেচনা করবেন—

(ক) জমির আয় বা জমি থেকে উৎপন্ন দ্রব্যের প্রকৃত ব্যবহারকারী,

(খ) কৃষিকাজের পদ্ধতি,

(গ) জমি ব্যবহারের পদ্ধতি এবং

(ঘ) ন্যাস, উৎসর্জনমূলক সংস্থার ম্যানেজার দ্বারা অথবা ম্যানেজারের পক্ষে সেবাইত, মতওয়ালি অথবা অন্য কোনও

৪ "অর্থদণ্ডের দ্বারা এক হাজার টাকা পর্যন্ত হইতে পারে" শব্দ কয়টির স্থলে প্রথমে পশ্চিমবঙ্গ ভূমি সংস্কার (সংশোধন) অধ্যাদেশ, ১৯৭৬ (পশ্চিমবঙ্গ অধ্যাদেশ ৩, ১৯৭৬)-এর ২(২) ধারার মাধ্যমে, অতঃপর পশ্চিমবঙ্গ ভূমি সংস্কার (সংশোধন) আইন, ১৯৭৬ (পশ্চিমবঙ্গ আইন ১২, ১৯৭৬)-এর ২(২) ধারার মাধ্যমে অনুকল্পিত হয়েছিল।

৫ পশ্চিমবঙ্গ ভূমি সংস্কার (সংশোধন) আইন, ১৯৮১ (পশ্চিমবঙ্গ আইন ৫০, ১৯৮১)-এর ২৬ ধারার মাধ্যমে সন্নিবেশিত এবং মূল আইনের (৮) উপধারানুযায়ী তৎসহ মূল (৫) হইতে (৭) উপধারাগুলি ৫.৩.১৯৫৩ হইতে বলবৎ হয়েছে। পূর্বোক্ত আইনের ১(২) ধারানুযায়ী (৯) উপধারাটি ৭.৮.১৯৬৯ তারিখ হতে বলবৎ হয়েছে।

লোক যিনি ওই ন্যাস, উৎসর্জনমূলক সংস্থা পরিচালনা করেন তিনি ওই জমির আয়ের অংশ বা জমি থেকে উৎপন্ন দ্রব্য যে পদ্ধতিতে ভোগ করেন তা সঠিক কিনা।

(৭) কোনও ব্যক্তি (৩), (৩ক), (৫) অথবা (৬) নং উপধারায় দেওয়া আদেশে ক্ষুব্ধ হলে, ৫৪ ধারায় আপিল করতে পারেন।

(৮) এই আইন বা পশ্চিমবঙ্গ জমিদারি অধিগ্রহণ আইন, ১৯৫৩ (১৯৫৪ সালের পশ্চিমবঙ্গের ১ নং আইন) বা বর্তমানে প্রচলিত অন্য যে কোনও আইন অথবা যে কোনও চুক্তি, প্রথা বা রীতি-নীতি বা যে কোনও আদালত, ন্যায়পীঠ বা কর্তৃপক্ষের কোনও ডিক্রি, সিদ্ধান্ত, রায়, আদেশ ইত্যাদি যাই থাক না কেন (৫), (৬) এবং (৭) ধারার বিধানগুলি ৫.৫.১৯৫৩ থেকে কার্যকর হবে।

(৯) ধরে নিতে হবে যে (৫), (৬), (৭) এবং (৮) নং উপধারা ১৯৫৩ সালের পঃ বঃ জমিদারি অধিগ্রহণ আইনে (১৯৫৪ সালের পশ্চিমবঙ্গের ১ নং আইন) সব সময় কার্যকর আছে। ১৯৫৩ সালের পঃ বঃ জমিদারি অধিগ্রহণ আইন অথবা এই আইনের (৫) থেকে (৮) নং উপধারা কার্যকর করতে বিশেষভাবে ক্ষমতাপ্রাপ্ত কোনও আধিকারিক যে কোনও সময় কোনও মধ্যস্বত্বাধিকারী রায়ত বা অধস্তন রায়তের মোট জমি নির্ধারণের জন্য কোনও কার্যাবলি, মামলা বা বিবাদীয় বিষয় পুনরায় জিজ্ঞাসাবাদ ও নতুনভাবে নিষ্পত্তি করতে পারবেন। ওই মধ্যস্বত্বাধিকারী, রায়ত বা অধস্তন রায়ত কী পরিমাণ জমি রাখতে পারবেন এবং কী পরিমাণ জমি সরকারে ন্যস্ত হবে এবং ১৪ধধ ধারা অনুসারে দখল নিতে পারবেন সে বিষয়ে সিদ্ধান্ত নিতে পারবেন। কোনও আদালত, ন্যায়পীঠ বা কর্তৃপক্ষের বিপরীত রায়, সিদ্ধান্ত বা আদেশ যাই থাক না কেন তা পুনরায় শুনানি গ্রহণ করা বা নতুন করে স্থির করার ক্ষেত্রে আদালতে (*res judicata*) প্রয়োগ ঘটবে না।]

[৬][(১০) উপধারা (১) অথবা (২) অনুসারে একজন রায়ত বিবরণী জমা দিলেও এবং রাজস্ব আধিকারিক উপধারা (৩) বা উপধারা (৩ক)

৬ উপধারা (১০) এবং (১১) পশ্চিমবঙ্গ ভূমি সংস্কার (তৃতীয় সংশোধন) আইন, ১৯৮৬ (পশ্চিমবঙ্গ আইন ৩৫, ১৯৮৬) দ্বারা সন্নিবেশিত।

(ক) ২৪.১.১৯৭৬ তারিখের ২৮৪-এল. রেফ্. সংখ্যায়িত সরকারি প্রজ্ঞাপনের মাধ্যমে নির্দিষ্ট ৩১.৩.১৯৭৬ তারিখের মধ্যে রিটার্ন দাখিল করতে হবে। ১০.২.১৯৭৮ তারিখের ৪৬৭-এল. রেফ্. সংখ্যায়িত সরকারি প্রজ্ঞাপন অনুযায়ী দার্জিলিং জেলার সদর, কার্শিয়াং ও কালিম্পং মহকুমার রায়তদের ১৫.৮.১৯৭৮ তারিখের মধ্যে রিটার্ন দাখিল করতে হবে।

অনুযায়ী আদেশ দিলেও রাজ্য সরকার যে কোনও সময় সরকারি গেজেটে বিজ্ঞাপন প্রকাশের দ্বারা যে রায়তের জমি ১৪ড ধারা অনুযায়ী সর্বোচ্চ সীমার চেয়ে বেশি জমি আছে তাদের প্রত্যেককে রাজস্ব আধিকারিকের কাছে নির্দিষ্ট সময়সীমার মধ্যে, নির্দিষ্ট নিদর্শে ১৪ড ধারা অনুযায়ী যে পরিমাণ জমি নিজস্ব খাসে রাখতে পারবেন তার সম্পূর্ণ বিবরণ এবং নিজস্ব জমির চেয়ে বেশি জমির বিবরণ এবং অন্যান্য তথ্য দাখিল করার আদেশ দিতে পারেন।]

(১১) উপধারা (১০)-এর বিধান অনুযায়ী বিজ্ঞাপন প্রকাশের দ্বারা এই ধারার বিধানগুলির ১৪ড ধারায় উল্লিখিত সর্বোচ্চ সীমার বেশি জমি আছে যে রায়তের, তাদের প্রত্যেকের ক্ষেত্রে প্রয়োজনীয় পরিবর্তন সহ প্রয়োগ ঘটবে।]

(খ) ১৫.৯.১৯৬৬ তারিখের ১৫৯১৮-এল. রেফ্. সংখ্যায়িত সরকারি প্রজ্ঞাপনের মাধ্যমে রচিত এই আইনের অধীন পশ্চিমবঙ্গ ভূমি সংস্কার নিয়মাবলি, ১৯৬৫ যাহা ১০.১২.১৯৬৯ তারিখের ২১২৭২-এল. রেফ্. সংখ্যায়িত সরকারি প্রজ্ঞাপনের মাধ্যমে সংশোধিত তাহার ১৪গ নিয়মানুযায়ী এই নিয়মাবলির অনুসূচীর অধীন ৭ক ফরমে তিন কপি রিটার্ন দাখিল করতে হবে।

(গ) ২০.৬.১৯৭৯ তারিখের ৭৬৬৮-এস্. এন্ড এস্. সংখ্যায়িত সরকারি প্রজ্ঞাপন অনুযায়ী ১৪ন ধারার জন্য সকল সেটেলমেন্ট অফিসার, সকল চার্জ অফিসার, সকল স্পেশাল রেভিনিউ অফিসার গ্রেড-II, সকল কানুনগো গ্রেড-I এবং II রাজস্ব আধিকারিক।

এই প্রজ্ঞাপনের মাধ্যমে পূর্বে যে সকল প্রজ্ঞাপনে যাঁহাদের রাজস্ব আধিকারিক নিযুক্ত করা হয়েছিল তাহা বাতিল করা হয়েছে।

(ঘ) ১২.৫.১৯৮৯ তারিখের কলিকাতা গেজেট, বিশেষ সংখ্যার তৃতীয় খণ্ডে প্রকাশিত পশ্চিমবঙ্গ ভূমি সংস্কার (তৃতীয় সংশোধন) আইন, ১৯৮৬ (পশ্চিমবঙ্গ আইন ৩৫, ১৯৮৬)-এর ১০(ক) ও (খ) ধারার মাধ্যমে যথাক্রমে (৫) এবং (১০) ও (১১) অনুকল্পিত এবং সন্নিবেশিত। (৫) মূল উপধারাটি নিম্নরূপ ছিল ঃ

"(৫) রাজস্ব আধিকারিক, স্বতঃপ্রণোদিত হয়ে অথবা কোনও সংবাদের ভিত্তিতে, স্বার্থ-সংশ্লিষ্ট ব্যক্তিদের একটি শুনানির সুযোগ প্রদান করে, কোনও জমি সম্বন্ধে বেনামীর যে কোনও প্রশ্ন এবং তৎপ্রতি প্রাসঙ্গিক স্বত্বাগমের কোনও প্রশ্ন বা তন্মধ্যের যে কোনও স্বত্ব বা যে কোনও বিষয় অথবা এই পরিচ্ছেদের ঊর্ধ আয়তনের বিধানগুলি ব্যর্থ করিবার লক্ষ্যে কৃত লেনদেন তদন্ত এবং সিদ্ধান্ত, জমির আয়তন যাহা ১৪ধ ধারানুযায়ী রাজ্যে বর্তাবে, নির্ধারণ করতে যতদূর প্রয়োজন হবে অনুরূপ তদন্ত ও সিদ্ধান্ত গ্রহণ করবেন।"

(ঙ) ২৩.১০.১৯৯০ তারিখের কলিকাতা গেজেট, বিশেষ সংখ্যার তৃতীয় খণ্ডে প্রকাশিত পশ্চিমবঙ্গ ভূমি সংস্কার (সংশোধন) আইন, ১৯৯০ (পশ্চিমবঙ্গ আইন ২৪, ১৯৯০)-এর ৩ ধারার মাধ্যমে বন্ধনীর ভিতরের অংশ ৭.৮.১৯৬৯ তারিখ হতে বলবৎ করে যুক্ত করা হয়েছে।

14T. Duty of raiyat to furnish return. (1) Every *raiyat* owning land in excess of the ceiling area shall furnish to the Revenue Officer, in such form and within such time as may be prescribed, a return containing the full description of the land which he proposes to retain within the ceiling area applicable to him under section 14M and a full description of the land which is in excess of the ceiling area and such other particulars as may be prescribed.

(2) Where there are more *raiyats* than one in a family, the return referred to in sub-section (1) shall be furnished by the head of the family or any other *raiyat* in accordance with the provisions of that sub-section.

(3) The Revenue Officer may, on receipt of a return submitted under sub-section (1) or sub-section (2), or on his own motion, determine the extent of land which is to vest in the State under section 14S and take possession of such lands:

Provided that where a *raiyat* has exercised his choice of retention of land within the ceiling area in such a way that portions of more than one plot are to vest in the State, the Revenue Officer may disregard the choice exercised by the *raiyat* and may, after giving the *raiyat* an opportunity of being heard, determine the plot or, where necessary, plots of land proposed to be retained by the *raiyat* from which an area equal to the area of the portions of the plots shown in the return to be in excess of the ceiling area, is to vest in the State and take possession of such land:

[1][Provided further that in the case of mortgage by a *raiyat* by deposit of title deeds under clause (*c*) of sub-section (1) of section 7, such *raiyat* shall first retain the land comprised in his [2][plot of land] and mortgaged by him within the ceiling area and where the total area of any land comprised in his [2][plot of land] and mortgaged by him exceeds the ceiling area, such portion of the land owned by him but not so mortgaged, shall vest in the State free from all encumbrances.]

1 *Added* by W.B. Act XXIV of 1990 (w.r.e.f. 7.8.1969), *Calcutta Gazette*, dated 23.10.1990.

2 *Substituted* by Act XXXI of 2000, w.r.e.f. 7.8.1969.

[3][(3A) The Revenue Officer may of his own motion and after giving the *raiyat* an opportunity of being heard, revise an order made under sub-section (3) and determine afresh the extent of land which is to vest in the State under section 14S and take possession of such land:

Provided that applications made to the Revenue Officer prior to the commencement of the West Bengal Land Reforms (Amendment) Act 1978 shall be disposed of by the Revenue Officer in accordance with the provisions of this sub-section.]

(4) If a *raiyat* fails to furnish, without any reasonable excuse, the return referred to in sub-section (1), or sub-section (2), within the prescribed time or wilfully makes any omission or incorrect statement in such return, he shall be punishable with imprisonment which may extend to two years or with fine which may extend to five thousand rupees or both.

[4][(5) The Revenue Officer, on his own motion or upon any information, may, after giving the persons interested an opportunity of being heard, enquire and decide any question of *benami* in relation to any land and any question of title incidental thereto or any interest therein or any matter of transaction made, on being satisfied that such enquiry and decision are necessary for the purpose of preparation, correction or revision of record-of-rights and all matters incidental or consequential thereto or detection and vesting of surplus land over the ceiling area.]

[5][(6) The Revenue Officer, on his own motion or upon any information, may, after giving the persons interested an opportunity of being heard, enquiry and decide any question as to whether any trust, endowment or institution is of public or private nature or of exclusively religious or charitable in character, or both, and any question of title incidental thereto as may be necessary to determine the extent of land which is to vest in the State under

3 Sub-section (3A) was *substituted* by W.B. Land Reforms (Amendment) Act, 1978 (W.B. Act XXXIX of 1978).

4 Sub-section (5) was *substituted* by W.B. Act XXXV of 1986.

5 *Inserted* by W.B. Act L of 1981, dated 24.3.1986.

section 14S, by examining the documents, if any, or by taking into account the following, among others—

(*i*) actual user of income or usufructs of the land,

(*ii*) mode of cultivation,

(*iii*) pattern of utilisation of the land, and

(*iv*) share of income or usufructs of the land appropriated or enjoyed, or the area of such land occupied or enjoyed, by or on behalf of the manager, *shebait*, *mutawalli*, or any other person managing the trust, endowment or institution.]

[6][(7) Any person aggrieved by any order made under sub-sections (3), (3A), (5) or (6) may prefer an appeal under section 54.]

[6][(8) Notwithstanding anything contained in this Act or in the West Bengal Estates Acquisition Act, 1953 (West Bengal Act I of 1954) or in any other law for the time being in force or in any agreement, custom or usage or in any decree, judgment, decision or award of any court, tribunal or authority, the provisions of sub-sections (5), (6) and (7) shall operate with retrospective effect from the 5th day of May, 1953.]

[6][(9) Sub-sections (5), (6), (7) and (8) of this section shall be deemed to have always been inserted in the West Bengal Estates Acquisition Act, 1953 (West Bengal Act 1 of 1954). Any officer specially empowered in this behalf under the provisions of the West Bengal Estates Acquisition Act, 1953 or under the provisions of this Act, may, in exercise of the powers conferred by sub-sections (5) to (8), reopen and decide afresh any proceeding, case or dispute in relation to determination of total land held by an intermediary or a *raiyat* or an under-*raiyat* at any point of time or may determine the quantum of land such intermediary, *raiyat* or under-*raiyat* was or is entitled to retain and also may determine the extent of land which is to vest in the State or which shall remain vested in the

6 Sub-sections (6) to (9) were *inserted* by W.B. Act L of 1981, dated 24.3.1986.

State and shall take possession of such land in accordance with the provisions of section 14SS. Notwithstanding any judgment, decision or award of any court, tribunal or authority to the contrary, the rule or *res judicata* shall not apply to such cases of reopening and fresh determination.]

[7][(10) Notwithstanding any return submitted by a *raiyat* under sub-section (1) or sub-section (2) and notwithstanding any order passed by the Revenue Officer under sub-section (3) or sub-section (3A) in respect of the land owned by him, the State Government may, at any time by notification in the *Official Gazette*, ask every *raiyat* owing land in excess of the ceiling area under section 14M to furnish to the Revenue Officer, in such form as may be prescribed and within such time as may be specified in the notification, a return containing the full description of the land which he proposes to retain within the ceiling area applicable to him under section 14M and a full description of the land which is in excess of the ceiling area and such other particulars as may be prescribed.

(11) On the publication of the notification under sub-section (10), the provisions of this section shall apply *mutatis mutandis* to every *raiyat* owning land in excess of the ceiling area under section 14M.]

আলোচনার সূচী

7 Sub-sections (10) & (11) were *inserted* by W.B. Act XXXV of 1986.

আলোচনার সূচী—*চলিতেছে*

আলোচনার সূচী—*চলিতেছে*

১। সূচনা [**Commencement**]. ১৯৭২ সালের পঃ বঃ ভূমি সংস্কার (সংশোধন) আইন দ্বারা ১৪টি ধারাটি মূল আইনে অন্তর্ভুক্ত করা হয় যা ১২.২.১৯৭১ থেকে কার্যকর হয়। ১৯৭৪ সালের পঃ বঃ ভূমি সংস্কার (সংশোধন) আইন [১৯৭৪ সালের ৩৩ নং আইন] দ্বারা (৩) নং উপধারার একটি অনুবিধি (provision) যুক্ত করা হয়েছে। ১৯৯০ সালের পঃ বঃ ভূমি সংস্কার (সংশোধন) আইন [১৯৯০ সালের পশ্চিমবঙ্গের ২৪ নং আইন] দ্বারা (৩) নং উপধারার দ্বিতীয় অনুবিধি (provision) যুক্ত করা হয়েছে।

১৯৭৬ সালের পঃ বঃ ভূমি সংস্কার (সংশোধন) আইন [১৯৭৬ সালের পশ্চিমবঙ্গের ১২ নং আইন] দ্বারা (৩ক) উপধারা যুক্ত করা হয়েছিল পরবর্তী ক্ষেত্রে ১৯৭৮ সালের পঃ বঃ ভূমি সংস্কার (সংশোধন) আইন [১৯৭৮ সালের পশ্চিমবঙ্গের ৩৯ নং আইন] দ্বারা (৩ক) উপধারা পরিবর্তন করা হয়েছে।

পুরাতন ৩ক ধারাটি ছিল এইরকম ঃ "The Revenue Officer may or application being made to him or on his own motion and giving the *raiyat* an opportunity of being heard, revise an order made under sub-section (3) and determine afresh the extent of land which is to vest in the state under s. 14S and take possession of such land."

১৯৭৬ সালের পঃ বঃ ভূমি সংস্কার (সংশোধন) আইন [১৯৭৬ সালের পশ্চিমবঙ্গের ১২ নং আইন] দ্বারা (৪) নং উপধারাটি মূল আইনে যুক্ত করা হয়। (১) নং বা (২) নং উপধারা অনুযায়ী কোনও রায়ত যদি বিবরণী ইচ্ছাকৃতভাবে জমা না দেন বা ইচ্ছা করে ভুল তথ্য দেন তা হলে (৪) উপধারা অনুযায়ী শাস্তির ব্যবস্থা আছে। ১৯৭৬ সালের আগে শাস্তির পরিমাণ ছিল—"১০০০ টাকা জরিমানা", কিন্তু ১৯৭৬ সালের সংশোধনী দ্বারা শাস্তি হল—"দুই বছরের কারাদণ্ড বা পাঁচ হাজার টাকা জরিমানা বা উভয়ই"।

(৫), (৬), (৭), (৮) ও (৯) নং উপধারাগুলি ১৯৮১ সালের পঃ বঃ ভূমি সংস্কার (সংশোধন) আইন [১৯৮১ সালের পশ্চিমবঙ্গের ৫০ নং আইন] দ্বারা মূল আইনে সংযুক্ত করা হয়েছে। ৭.৮.১৯৬৯ তারিখ থেকে এটি বলবৎ হয়েছে।

(৫) নং উপধারাটি ১৯৮৬ সালের পঃ বঃ ভূমি সংস্কার (তৃতীয় সংশোধনী) দ্বারা পরিবর্তিত হয়েছে। ১৯৮১ সালে (৫) নং উপধারাটি ছিল এইরকমঃ

"The R.O. on his own motion or upon any information may upon giving the persons interested an opportunity of being heard, enquire and decide any question of 'benami' in relation the any land and any question of title incidental thereto or any interest therein or any matter or transaction made with the object of defeating the ceiling provisions of this chapter, in so far as such inquiry or decision shall be necessary to determine the extent of land which is to vest in the state under s. 14S."

১৯৮৬ সালের পঃ বঃ ভূমি সংস্কার (তৃতীয় সংশোধন) আইনের দ্বারা (১০) এবং (১১) নং উপধারা যুক্ত করা হয়েছে। ১২.৫.১৯৮৯ থেকে এগুলি কার্যকর করা হয়েছে।

২০০০ সালের পঃ বঃ ভূমি সংস্কার (সংশোধন) আইন দ্বারা হোল্ডিং (Holding)-এর সংজ্ঞা পরিবর্তন করা হয়েছে। এই সংশোধনীর আগে ২খ পরিচ্ছেদের শিরোনাম ছিল—Ceiling on Holdings, কিন্তু ২০০০ সালের পঃ বঃ ভূমি সংস্কার (সংশোধন) আইনের পরে এই পরিচ্ছেদের শিরোনাম হয়েছে—Ceiling on land held by a *raiyat*. হোল্ডিং (Holding)-এর পরিবর্তে জমির দাগ (plot of land) শব্দগুলি ব্যবহৃত হচ্ছে। এই সংশোধনী ৭.৮.১৯৬৯ থেকে কার্যকর হবে ঘোষিত হয়েছে।

২। কর্মপরিধি [Scope]. যে সমস্ত রায়ত ১৪ড ধারায় উল্লিখিত সর্বোচ্চ সীমার চেয়ে বেশি জমির অধিকারী তারা (১) উপধারা অনুযায়ী নির্দিষ্ট সময়ের মধ্যে নির্ধারিত নিদর্শে বিবরণী জমা দেবেন।

(২) নং উপধারা অনুযায়ী যদি কোনও রায়তের পরিবারে একাধিক রায়ত থাকে, তবে পরিবারের প্রধান যিনি তিনি অথবা অন্য যে কোনও একজন রায়ত প্রত্যেকের পক্ষে বিবরণী জমা দেবেন রাজস্ব আধিকারিকের কাছে নির্দিষ্ট নিদর্শে এবং নির্দিষ্ট সময়ের মধ্যে।

উপধারা (৩) অনুসারে রাজস্ব আধিকারিক রায়তের দাখিল করা বিবরণী পরীক্ষা করে অথবা নিজের ইচ্ছায় দেখবেন কী পরিমাণ জমি ১৪ধ ধারা অনুযায়ী সরকারে ন্যস্ত হবে এবং ওই জমির দখল নেবেন।

যদি এরকম দেখা যায় যে পরিমাণ জমি সরকারে ন্যস্ত হয়েছে তা রায়ত বিভিন্ন দাগের বিভিন্ন অংশে পছন্দ করেছেন। এক্ষেত্রে (৩) উপধারার প্রথম অনুবিধি (proviso) রাজস্ব আধিকারিককে এই ক্ষমতা দিয়েছে যে রায়তের দাখিল করা ওই পছন্দের তালিকা তিনি নাকচ করতে পারেন।

ওই উপধারার পরের অংশে বলা আছে যে ক্ষেত্রে রায়ত ৭(১)(গ) ধারা অনুযায়ী স্বত্ত্বদলিল বন্ধক দিয়েছেন, রায়ত প্রথমে তাঁর নিজের জমি এবং বন্ধককৃত জমি নিজের চাষে রাখবেন (retained)। তারপর যেখানে নিজের জমি এবং বন্ধককৃত জমি নির্ধারিত সর্বোচ্চ সীমা অতিক্রম করবে, ওই বন্ধককৃত জমির অংশ যা সর্বোচ্চ সীমার চেয়ে বেশি হয়েছে, অন্যান্য জমির সাথে যেগুলি বন্ধক দেওয়া হয়নি, সমস্ত দায়মুক্ত হয়ে সরকারে বর্তাবে।

৩ক ধারা অনুযায়ী রাজস্ব আধিকারিক প্রয়োজন মনে করলে (৩) উপধারায় দেওয়া রাজস্ব আধিকারিকের আদেশ সংশোধন করতে পারবেন। ১৯৭৮ সালের পঃ বঃ ভূমি সংস্কার (সংশোধন) আইন রাজস্ব আধিকারিককে ৩ক ধারা মারফৎ এই ক্ষমতা দিয়েছে।

যদি কোনও রায়ত ইচ্ছা করে (১) বা (২) উপধারা অনুযায়ী বিবরণী (return) না দেন অথবা কোনও উপযুক্ত কারণ ছাড়া অসম্পূর্ণ বিবরণী দেন বা ভুল তথ্য পরিবেশন করেন তবে (৪) উপধারা অনুযায়ী ওই রায়ত দুই বছর পর্যন্ত কারাদণ্ড বা পাঁচ হাজার (৫০০০) টাকা জরিমানা বা উভয়প্রকার শাস্তি পেতে পারেন।

কোনও "বেনামী" সংক্রান্ত প্রশ্নে রাজস্ব আধিকারিক (৫) উপধারা অনুসারে তদন্ত করতে পারেন এবং সিদ্ধান্ত নিতে পারেন। যদি বেনামী বিষয়ে তিনি নিশ্চিত হন তবে প্রয়োজনে স্বত্ত্বলিপি সংশোধন করবেন এবং সর্বোচ্চ সীমা অতিরিক্ত জমি সরকারে ন্যস্ত করবেন এবং দখল নেবেন।

কোনও ন্যাস বা উৎসর্জনমূলক সংস্থা বা প্রতিষ্ঠান সার্বজনীন বা ব্যক্তিগত কিনা অথবা সম্পূর্ণ ধর্মীয় বা দাতব্য কিনা এই ধরনের প্রশ্ন উঠলে (৬) উপধারা অনুযায়ী রাজস্ব আধিকারিক তদন্ত করবেন এবং সিদ্ধান্ত নেবেন। উপযুক্ত তদন্তের পর ১৪ধ ধারায় যে পরিমাণ জমি সরকারে ন্যস্ত হবে তা স্থির করবেন এবং তার দখল নেবেন। (৬) উপধারা অনুসারে তদন্ত ও সিদ্ধান্ত নেওয়ার সময় নিম্নলিখিত বিষয়গুলি বিবেচনা করবেন—

(ক) জমির আয় বা জমি থেকে উৎপন্ন দ্রব্যের ব্যবহারকারী

(খ) কৃষিকাজের পদ্ধতি

(গ) জমি ব্যবহারের পদ্ধতি এবং

(ঘ) ন্যাস বা উৎসর্জনমূলক সংস্থার ম্যানেজার দ্বারা বা তাঁর পক্ষে সেবাইত, মতওয়ালি অথবা অন্য কোনও লোক যিনি ও ন্যাস বা

প্রতিষ্ঠান বা উৎসর্জনমূলক সংস্থা পরিচালনা করেন, তিনি ওই জমির আয়ের অংশ বা জমি থেকে উৎপন্ন দ্রব্য যে পদ্ধতিতে ভোগ করেন তা সঠিক কিনা।

(৭) উপধারা এই নির্দেশ দেয় যে রায়ত (৩), (৩ক), (৫) এবং (৬) উপধারায় রাজস্ব আধিকারিকের দেওয়া আদেশে সন্তুষ্ট না হলে পঃ বঃ ভূমি সংস্কার আইনের ৫৪ ধারায় আপিল করতে পারেন নির্ধারিত কর্তৃপক্ষের কাছে।

(৮) উপধারা অনুযায়ী ১৯৫৩ সালের পঃ বঃ জমিদারি অধিগ্রহণ আইন বা বর্তমানে প্রচলিত অন্য কোনও আইন অথবা কোনও চুক্তি, প্রথা বা রীতি নীতি বা কোনও আদালত, ন্যায়পীঠ বা কর্তৃপক্ষের কোনও ডিক্রি, সিদ্ধান্ত, রায়, আদেশ ইত্যাদি যাই থাকনা কেন (৫), (৬) এবং (৭) উপধারার বিধানগুলি ৫.৫.১৯৫৩ থেকেই কার্যকর হবে।

(৯) উপধারা এই নির্দেশ দেয় যে ধরে নেওয়া হবে যে (৫), (৬), (৭), (৮) উপধারাগুলি ১৯৫৩ সালের পঃ বঃ জমিদারি অধিগ্রহণ আইনে অন্তর্ভুক্ত হয়েছে এবং এই উপধারা বিষয়ে কোনও কেস কোনও রাজস্ব আধিকারিক যে কোনও সময় পুনরায় শুনানির জন্য নতুন করে আরম্ভ করতে পারেন। তার জন্য সেক্ষেত্রে *res judicata* প্রয়োগ ঘটবে না।

রাজ্য সরকার সেরকম প্রয়োজন মনে করলে, কোনও রায়ত (১) বা (২) উপধারা অনুযায়ী বিবরণী জমা দিলেও এবং রাজস্ব আধিকারিক (৩) বা (৩ক) উপধারায় আদেশ দিলেও প্রত্যেক রায়তকে নতুন করে বিবরণী জমা দেওয়ার জন্য নির্দেশ দিতে পারেন। সরকারি গেজেটে বিজ্ঞাপন প্রকাশের দ্বারা রাজ্য সরকার যে রায়তের জমি ১৪ড ধারা অনুযায়ী সর্বোচ্চ সীমার চেয়ে বেশি জমি আছে তাদের নতুন করে নির্দিষ্ট নিদর্শে বিবরণী জমা দেওয়ার নির্দেশ দিতে পারেন পঃ বঃ ভূমি সংস্কার আইনের ১৪ন(১০) ধারা অনুযায়ী।

(১১) উপধারা এই নির্দেশ দেয় যে—যে রায়তের সর্বোচ্চ সীমা অতিরিক্ত জমি আছে তাঁদের প্রত্যেকের ক্ষেত্রে ১৪ন ধারার বিধানগুলির প্রয়োগ ঘটবে।

৩। এই পরিচ্ছেদের অধীন রাজস্ব আধিকারিক [Revenue Officer under this Chapter]. এই পরিচ্ছেদের ১৪ন এবং ১৪প [ss. 14T & 14U] ধারার কাজ করার জন্য বিজ্ঞপ্তি নং ২৫০৬-এল./রেফ্., তাং ১৭.৩.১৯৭১ দ্বারা মহকুমা ভূমি সংস্কার আধিকারিককে নিযুক্ত করেন রাজ্য সরকার। এরপর

২৫৬০-এল./রেফ্., তাং ২৯.১০.১৯৭৫ দ্বারা ১৪ন এবং ১৪প ধারায় কাজ করার জন্য নিম্নলিখিত আধিকারিকদের রাজ্য সরকার নিয়োজিত করেন।

(১) সমস্ত বিশেষ রাজস্ব আধিকারিক, ২ পর্যায় (Special Revenue Officer, Grade-II)।

(২) সমস্ত কনিষ্ঠ ভূমি সংস্কার আধিকারিক (JLRO)।

(৩) সমস্ত সেটেলমেন্ট কানুনগো ১ পর্যায় এবং

(৪) সমস্ত সেটেলমেন্ট কানুনগো ২ পর্যায়।

বিজ্ঞপ্তি নং $\frac{\text{১৪৪০-জিই}}{\text{১৪৬/৮৯}}$, তাং ১৯.২.১৯৯০ দ্বারা এই পরিচ্ছেদের ১৪ন (৫) উপধারা এবং ১৪ন (৬) ধারার কাজ করার জন্য রাজস্ব আধিকারিক হিসাবে সমস্ত বিশেষ রাজস্ব আধিকারিক, ২-পর্যায় (Special Revenue Officer, Grade II)-কে নিযুক্ত করেছেন।

বিজ্ঞপ্তি নং $\frac{\text{১৪৪৬-জিই}}{\text{১৪৬/৮৯}}$, তাং ১৯.২.১৯৯০ দ্বারা এই পরিচ্ছেদের ১৪ন (১), (৩), (৩ক), (৫) এবং (৬) উপধারার কাজ করার জন্য রাজস্ব আধিকারিক হিসাবে ভূমি সংস্কার আধিকারিক, ২ পর্যায় (L.R.O. II)-কে নিযুক্ত করেছেন।

বিজ্ঞপ্তি নং ২৭৫-এল./রেফ্., তাং ১১.৫.১৯৮৯ দ্বারা এই পরিচ্ছেদের ১৪ন(১), ১৪ন(৩), ১৪ন(৩ক) ধারার কাজ করার জন্য রাজ্য সরকার সমস্ত রাজস্ব আধিকারিকদের নিযুক্ত করেছেন।

বিজ্ঞপ্তি নং ৩৪৫০-জিই, তাং ৪.৪.১৯৮৯ দ্বারা এই পরিচ্ছেদের ১৪ন(৯) ধারার কাজ করার জন্য নিম্নলিখিত পদাধিকারীদের নিযুক্ত করেছেন।

(ক) সমাহর্তা

(খ) জেলা ভূমি ও ভূমি সংস্কার আধিকারিক

(গ) উপ-জেলা ভূমি ও ভূমি সংস্কার আধিকারিক এবং

(ঘ) মহকুমা ভূমি ও ভূমি সংস্কার আধিকারিক

বিজ্ঞপ্তি নং ৩৪৪৮-জিই, তাং ৪.৪.১৯৮৯ দ্বারা এই পরিচ্ছেদের ১৪ন(৫) এবং ১৪ন(৬) ধারার কাজ করার জন্য নিম্নলিখিত পদাধিকারীদের রাজ্য সরকার নিযুক্ত করেছেন।

(ক) সমাহর্তা

(খ) জেলা ভূমি ও ভূমি সংস্কার আধিকারিক

(গ) উপ-জেলা ভূমি ও ভূমি সংস্কার আধিকারিক

(ঘ) মহকুমা ভূমি ও ভূমি সংস্কার আধিকারিক এবং

(ঙ) ব্লক ভূমি ও ভূমি সংস্কার আধিকারিক।

৪। বিবরণী জমা দেওয়ার দায়িত্ব রায়তের [To furnish the return is the duty of a raiyat]. উপধারা (১) এবং (২), যে রায়ত ১৪ড ধারার নির্দিষ্ট সর্বোচ্চ সীমার চেয়ে বেশি জমি রাখবেন তাকে বিবরণী দাখিল করতে বাধ্য করার নির্দেশ দেয়। ১৯৬৫ সালের পঃ বঃ ভূমি সংস্কার নিয়মের ১৪গ(১) বিধি অনুসারে যে রায়ত নির্দিষ্ট সর্বোচ্চ সীমার অতিরিক্ত জমি রাখবেন তিনি ৭ক নিদর্শে রাজস্ব আধিকারিকের নিকট বিবরণী জমা দেবেন। যখন কোনও রায়ত ১৪ড ধারায় উল্লিখিত নির্দিষ্ট সর্বোচ্চ সীমার চেয়ে অতিরিক্ত জমির মালিক হবেন কেবলমাত্র তখন-ই (১) বা (২) উপধারার বাধ্যবাধকতা তার উপর প্রযোজ্য হয়।

১৪গ(২) বিধি অনুযায়ী ৩১.৭.১৯৭১ তারিখের মধ্যে যে রায়তের জমি সর্বোচ্চ সীমার চেয়ে বেশি তাকে তিন প্রস্থ বিবরণী দাখিল হবে। ওই উপবিধিতে এটাও নির্দেশ ছিল যে রাজ্য সরকার প্রয়োজনে সরকারি গেজেটে বিজ্ঞাপন প্রকাশ দ্বারা সময় সময় বিবরণী জমা দেওয়ার সীমা বাড়াতে পারেন। রাজ্য সরকার পরবর্তী সময়ে ৭ক নিদর্শে বিবরণী জমা দেওয়ার সীমা ৩১.৩.১৯৭৬ পর্যন্ত বাড়িয়ে ছিলেন।

১৯৬৫ সালের পঃ বঃ ভূমি সংস্কার নিয়মাবলির ১৪গ(৩) বিধিটি বিজ্ঞপ্তি নং ১০৯৫২, তাং ১৮.৭.১৯৭৫ দ্বারা যুক্ত করা হয়েছিল। ওই বিধি অনুযায়ী কোনও রায়ত ১৫.২.১৯৭১ তারিখের পর কোনও জমি হস্তান্তর উত্তরাধিকার বা অন্য উপায়ে অধিকার করলে, ওই জমি এবং তাঁর নিজের জমি মিলিতভাবে তাঁর প্রতি প্রযোজ্য সর্বোচ্চ সীমা অতিক্রম করলে, যে তারিখে তিনি ওই জমির অধিকার পেয়েছেন, সেই তারিখ থেকে তিন মাসের মধ্যে তিন প্রস্থ বিবরণী ৭ক নিদর্শে রাজস্ব আধিকারিকের কাছে জমা দেবেন। পঃ বঃ ভূমি সংস্কার আইনে ১৪ম ধারার সাথে সামঞ্জস্য রাখার জন্য ১৪গ(৩) বিধিটি সংযুক্ত করা হয়েছিল।

১৪গ(৪) বিধি অনুযায়ী কোনও পরিবারে একাধিক রায়ত থাকলে বাড়ির প্রধান সম্মিলিতভাবে বিবরণী জমা দেবেন। এই বিধিতে এই নির্দেশ আরও

রয়েছে যে চা বাগান, মিল, কারখানা, কর্মশালা, পশু-পাখী পালন, পৌলট্রি, ফার্মিং বা ডেয়ারী অথবা অন্য উদ্দেশ্যে ১৪য [s. 14Z] ধারার অধীন নির্ধারিত সর্বোচ্চ সীমার চেয়ে বেশি জমি রাখতে চাইলে কোনও রায়ত অথবা ইজারাগ্রহীতা (lessee) বিবরণী জমা দেবেন ৭কক নিদর্শে। রাজ্য সরকার বিজ্ঞপ্তি নং ৪০৯-এল./রেফ্., তাং ২৫.৭.১৯৮৯ মারফৎ ৭কক নিদর্শে বিবরণী জমা দেওয়ার নির্দেশ দিয়েছেন। কলিকাতা গেজেটে এই বিজ্ঞপ্তি ১.৮.১৯৮৯-তে প্রকাশিত হয়েছিল।

কিন্তু যদি কোনও রায়ত কোনও যুক্তি যুক্ত কারণ ছাড়া (১) বা (২) উপধারা অনুযায়ী বিবরণী জমা না দেন নির্দিষ্ট সময়ের মধ্যে অথবা ইচ্ছাকৃতভাবে কোনও রায়ত কোনও তথ্য বাদ দেন বা ভুল তথ্য দেন তবে তা শাস্তিযোগ্য অপরাধ হিসাবে গণ্য করা হবে। এই অপরাধের শাস্তির পরিমাণ প্রথমে ছিল ১০০০.০০ (এক হাজার) টাকা। ১৯৭৬ সালের পঃ বঃ ভূমি সংস্কার (সংশোধন) আইন দ্বারা এই শাস্তির পরিমাণ ধার্য হয়েছে ২ বছরের কারাদণ্ড বা পাঁচ হাজার টাকা জরিমানা বা উভয় প্রকার।

তবে যে রায়তের জমি সর্বোচ্চ সীমার চেয়ে বেশি নেই, বিবরণী জমা দেওয়ার কোনও বাধ্যবাধকতা তাঁর নেই। তবে ১৪ন(৩) ধারায় রাজস্ব আধিকারিককে এই ক্ষমতা দেওয়া হয়েছে যে কোনও রায়ত বিবরণী জমা না দিলেও স্বেচ্ছায় রায়তের জমির হিসাব করতে পারেন এবং সর্বোচ্চ সীমা অতিরিক্ত জমি থাকলে ১৪ধ ধারামতে তা রাজ্য সরকারে ন্যস্ত করতে পারেন। রাজস্ব আধিকারিক তদন্ত করে যদি দেখেন কোনও রায়তের সর্বোচ্চ সীমা অতিরিক্ত জমি আছে অথচ ওই রায়ত ১৪ন(১) বা (২) ধারা অনুযায়ী বিবরণী জমা দেননি, রাজস্ব আধিকারিক ওই রায়তকে ১৪ন(১) বা (২) ধারামতে বিবরণী জমা দেওয়ার নির্দেশ দিতে পারেন। রায়ত ওই নির্দেশ পাওয়ার পরও বিবরণী জমা না দিলে রাজস্ব আধিকারিক তাঁর কাছে পাওয়া নথিপত্র দেখে ওই রায়তের জমির হিসাব করতে পারেন এবং ১৪ড ধারায় ওই রায়তের প্রতি প্রযোজ্য সর্বোচ্চ সীমা অতিরিক্ত জমি থাকলে ১৪ধ ধারায় রাজস্ব আধিকারিক ওই জমি সরকারে ন্যস্ত হওয়ার আদেশ দিতে পারেন এবং নিয়ম অনুযায়ী নির্দিষ্ট পদ্ধতিতে ওই জমির দখল নেবেন।

বর্তমান মামলায় আবেদনকারীর জমি সর্বোচ্চ সীমার বেশি নয়। তিনি যে জমি হস্তান্তর করেছেন তা নিয়ে রাজ্য সরকার বা তার কর্মচারীগণ প্রশ্ন করতে পারেন না। যখন আবেদনকারীর জমি নির্ধারিত সর্বোচ্চ সীমার চেয়ে বেশি হবে

সেক্ষেত্রে ২খ পরিচ্ছেদ বলবৎ হওয়ার পরে তিনি জমি হস্তান্তর করতে পারবেন না। ১৯৮১ সালের পঃ বঃ ভূমি সংস্কার (সংশোধন) আইন বলবৎ হওয়ার পর রাজস্ব আধিকারিক ১৪ন(৩) বা ১৪ন(৩ক) ধারার কার্যাবলি কার্যকর করার লক্ষ্যে কোনও রায়তকে অবশ্য বিবরণী জমা দেওয়ার নির্দেশ দিতে পারেন। এক্ষেত্রে রাজস্ব আধিকারিক ১৯৮১ সালের পঃ বঃ ভূমি সংস্কার (সংশোধন) আইন বলবৎ হওয়ার পরে রায়তকে বিবরণী জমা দিতে বলেছেন, সুতরাং ওই বিবরণী জমা দিতে বলাটা রাজস্ব আধিকারিক বেআইনি কিছু করেন নি।[১]

৫। রায়তের দ্বারা অতিরিক্ত জমি সমর্পণ [Surrender of excess land by the raiyat]. ১৯৬১ সালের 'মহারাষ্ট্র এগ্রিকালচারাল (সিলিং অন হোল্ডিংস) আইন' যে তারিখে বলবৎ হয়েছে তার পরে দিগম্বর শংকর জমির মালিকের কাছ থেকে জমি কেনেন। এই হস্তান্তর উপরোক্ত আইন অনুযায়ী বৈধ নয়। ওই জমির মালিকের জমির সর্বোচ্চ সীমার হিসাব করার সময় ওই হস্তান্তরিত জমি মালিকের কাছেই আছে ধরে নেওয়া হয়েছিল। জমির মালিক তার রিটার্নে ওই হস্তান্তরিত জমিগুলিকে তাঁর আওতার বাইরে সমর্পণ করেন। অর্থাৎ ওই জমিগুলি সরকারে ন্যস্ত জমির তালিকায় দেখান।

জমির মালিকের এই পছন্দকে চ্যালেঞ্জ করে উক্ত দিগম্বর শংকর হাইকোর্টে মামলা করেন। তিনি আবেদনে জানান যে, তিনি বৈধ ক্রেতা এবং তাঁর ওই ক্রয়কে সুরক্ষিত করা উচিত। তিনি আবেদনে আরও জানান যে জমির মালিককে অন্য জমি ছেড়ে দেওয়ার নির্দেশ দেওয়া উচিত ১৬ নং ধারা অনুযায়ী। কিন্তু মহামান্য আদালত আবেদনকারীর ওই যুক্তি গ্রহণ করেন নি, বরং জমির মালিকের পছন্দের তালিকাকে সমর্থন করেছেন।

এরপর ওই ক্রেতা মহামান্য সুপ্রীম কোর্টে বিশেষ অনুমতি (special leave) দ্বারা আপিল দাখিল করেন মহামান্য হাইকোর্টের রায় সন্তুষ্ট না হয়ে। কিন্তু সুপ্রীম কোর্ট আপিল দাখিলকারীর যুক্তি মানেন নি। মহারাষ্ট্র এগ্রিকালচারাল (সিলিং অন হোল্ডিংস) আইন, ১৯৬১ যে দিন থেকে বলবৎ হয়েছে তারপরে কোনও জমি হস্তান্তর হলে ধরে নেওয়া হবে রায়ত ওই জমি হস্তান্তর করেন নি এবং তাঁর জমির সর্বোচ্চ সীমা নির্ণয়ের সময় ওই জমি তাঁর মধ্যে আছে ধরে হিসাব করা হবে। যিনি ওই জমি কিনেছেন তাঁর আবেদন বিবেচনা না করে

১ *উমা বালা সাঁই* বনাম *পঃ বঃ সরকার* (1998)1 CWN 313.

হাইকোর্ট কোনও ভুল করেন নি এবং জমির মালিকের দাখিল করা পছন্দের তালিকা সমর্থন করে আইন বিরুদ্ধ কিছু করেন নি।[২]

পশ্চিমবঙ্গ ভূমি সংস্কার আইন অনুযায়ী ১৫.২.১৯৭১-এর পর রায়ত কোনও জমি হস্তান্তর করতে পারবেন না যদি ওই রায়তের সর্বোচ্চ সীমা অতিরিক্ত জমি থাকে। যদি রায়ত ১৫.২.১৯৭১-এর পরে কোনও জমি রাজস্ব আধিকারিকের লিখিত অনুমতি ছাড়া হস্তান্তর করেন তবে ১৪ন(৩ক) ধারায় পুনরায় কার্যাবলি আরম্ভের সময় রায়তের জমির মধ্যে ওই জমি আছে ধরে হিসাব করতে হবে।

১৪প(৩) ধারায় বলা আছে ১৪প(১) বা (২) ধারার বিধান লঙ্ঘন করে রায়ত জমি হস্তান্তর করলে, যে পরিমাণ জমি সরকারে ন্যস্ত হবে তার সম পরিমাণ জমি প্রথমে রায়তের নিজস্ব জমি থেকে নেওয়া হবে। যদি রায়তের কাছ থেকে জমি নেওয়া অসম্ভব হয় তবে হস্তান্তর গ্রহীতার কাছ থেকে ওই জমি নেওয়া হবে। কিন্তু হস্তান্তর গ্রহীতা যদি ৪৯ ধারায় ওই জমি বন্দোবস্ত পাওয়ার যোগ্য হন তবে তাকে ওই জমি বন্দোবস্ত দেবেন তাকে এবং যে মূল্যে রায়ত হস্তান্তর করেছিলেন সেই মূল্য রায়তের কাছ থেকে আদায় করা হবে।

তবে রাজস্ব আধিকারিক রায়তের দাখিল করা বিবরণী পরীক্ষার সময় সতর্ক থাকেন এটা দেখার জন্য যে, রায়ত যেন হস্তান্তরিত জমি সমর্পণ না করেন। এ সত্ত্বেও হস্তান্তরিত জমি সরকারে ন্যস্ত জমির তালিকায় পড়লে এবং রায়তের উপযুক্ত পরিমাণ জমি না থাকলে ওই হস্তান্তর গ্রহীতাকে বা হস্তান্তর গ্রহীতাদেরকে উপযুক্ত সহায়তা দেওয়ার কোনও উপায় পঃ বঃ ভূমি সংস্কার আইনে নেই। সরকারে ন্যস্ত জমি রায়তের কাছ থেকে উদ্ধার করা সম্ভব না হলে এবং হস্তান্তর গ্রহীতারা ৪৯ ধারায় বন্দোবস্ত পাওয়ার যোগ্য না হলে ওই হস্তান্তর গ্রহীতাদের (transferee) কাছ থেকেই ওই জমি রাজ্য সরকার নিয়ে নেবেন।

৬। জমির সর্বোচ্চ সীমা নির্ণয় [Determination of the ceiling area]. পশ্চিমবঙ্গ ভূমি সংস্কার আইনের ১৪ন(৩) ধারা অনুযায়ী রাজস্ব আধিকারিক রায়তের ১৪ড ধারায় তার প্রতি প্রযোজ্য সর্বোচ্চ সীমার চেয়ে বেশি জমি সরকারে ন্যস্ত করবেন এবং তার দখল নেবেন। ১৪ধ ধারায় রাজস্ব আধিকারিক ওই জমি সরকারে ন্যস্ত করবেন। রায়তের দাখিল করা ১৪ন(১) বা (২) ধারার বিবরণী সাপেক্ষে অথবা রাজস্ব আধিকারিক স্বয়ং নিজ ইচ্ছায় রায়তের সর্বোচ্চ

২ *দিগম্বর শংকর খার সাগর* বনাম *মহারাষ্ট্র সরকার* (2001)10 SCC 455.

সীমা অতিরিক্ত জমি নির্ধারণ করতে পারেন। যদি কোনও রায়ত ১৪ন(১) বা ১৪ন(২) ধারায় বিবরণী জমা না দেন, তবুও রাজস্ব আধিকারিক নিজের ইচ্ছায় রায়তকে যথোপযুক্ত শুনানির সুযোগ দিয়ে ১৪ড ধারা অনুযায়ী ওই রায়তের প্রতি প্রযোজ্য সর্বোচ্চ সীমার অতিরিক্ত জমি ১৪ধ ধারা অনুযায়ী ন্যস্ত করতে পারেন এবং দখল নিতে পারেন। তবে নির্দিষ্ট সময় সীমার পরেও ১৪ন(৩) এবং ১৪ন(৪) ধারার অনুসরণে রায়ত উপযুক্ত কারণ দেখিয়ে যে জমি তিনি রাখতে চান এবং সর্বোচ্চ সীমার অতিরিক্ত যে জমি তিনি সরকারের অনুকূলে ছাড়তে চান তার তালিকা রাজস্ব আধিকারিকের কাছে দাখিল করতে পারেন। যদি রায়তের জমি সর্বোচ্চ সীমার অতিরিক্ত থাকে তবেই রাজস্ব আধিকারিক সরকারে ন্যস্ত হওয়ার আদেশ দেবেন।

যদি দেখা যায় যে জমি সরকারে ন্যস্ত হয়েছে, রায়ত ছোট ছোট বিভিন্ন দাগে অথবা কোনও দাগের আংশিক ছেড়েছেন তবে রাজস্ব আধিকারিক ওই পছন্দের তালিকা বাতিল করে নিজের ইচ্ছামত জমি ন্যস্ত হওয়া তালিকায় যুক্ত করতে পারেন। বিবরণীতে কোনও ভুল তথ্য দিলে রাজস্ব আধিকারিক তা গ্রহণ নাও করতে পারেন। ৭.৮.১৯৬৯ থেকে ৮.২.১৯৭১ পর্যন্ত সময়ে কৃষি জমি অথবা ৭.৮.১৯৬৯ থেকে ৯.৯.১৯৮০-এর মধ্যে অকৃষি জমি অথবা ১৫.২.১৯৭১-এর পরে অন্য কোনও জমি রায়ত হস্তান্তর করলে ওই জমি রায়তের মধ্যেই আছে ধরে রাজস্ব আধিকারিক তার জমির হিসাব করবেন। হস্তান্তরিত জমি রায়ত ন্যস্ত তালিকায় অন্তর্ভুক্ত করতে চাইলে রাজস্ব আধিকারিক তা গ্রহণ নাও করতে পারেন।

তবে সরকারে ন্যস্ত হওয়ার আদেশ দেওয়ার আগে রাজস্ব আধিকারিক স্বার্থ সংশ্লিষ্ট সমস্ত পক্ষকে যথোপযুক্ত বিজ্ঞপ্তি দিয়ে শুনানির সুযোগ দেবেন। শুনানির সুযোগ না দিয়ে রাজস্ব আধিকারিক আদেশ দেবেন না।[৩] মামলায় আদালত জানান ১৪ন ধারা অনুযায়ী রায়তের জমির সর্বোচ্চ সীমা নির্ণয়ের সময় রাজস্ব আধিকারিক শুধুমাত্র রায়তের নিজস্ব জমির হিসাব করবেন না, ১৪ট(গ) ধারায় "পরিবারের" অন্য সদস্যদের জমিও হিসাব করবেন। যে জমি ৭.৮.১৯৬৯ এর পরে হস্তান্তরিত হয়েছে সেই জমিগুলিও রায়তের জমির মধ্যে আছে ধরে হিসাব করতে হবে। যে সাবালক পুত্রের নিজস্ব কোনও জমি আছে, 'পরিবারের' সংজ্ঞা অনুযায়ী তিনি রায়তের পরিবারের সদস্য হিসাবে গণ্য হবেন না।

৩ *শম্ভুনাথ পাল* বনাম *পঃ বঃ সরকার* 87 CWN 695; 1983(1) CHN 366 (Para 2).

৭। ব্যক্তিগত অথবা সার্বজনীন দেবোত্তর [Personal or Public Debutter]. লক্ষ্মীনারায়ণ জিউ-এর সম্পত্তিকে রাজস্ব আধিকারিক ব্যক্তিগত দেবোত্তর হিসাবে ঘোষণা করে রায় দেন এবং আপিল কর্তৃপক্ষ ও রায়কে বহাল রাখেন, এমনকী W.B.L.R.T.T. রাজস্ব আধিকারিক ও আপিল কর্তৃপক্ষের দেওয়া ৫৪ ধারায় দেওয়া আদেশকে সমর্থন করেন। W.B.L.R.T.T. কর্তৃক প্রদত্ত উক্ত রায়কে চ্যালেঞ্জ জানিয়ে মহামান্য কলিকাতা উচ্চ ন্যায়ালয়ের ডিভিশন বেঞ্চে আবেদন দাখিল করা হয়। আবেদনকারী জানান, সংশ্লিষ্ট রাজস্ব আধিকারিক পঃ বঃ ভূমি সংস্কার আইনের ১৪ন(ড) ধারায় [(s. 14T(6)] তদন্ত করার আগে কোনও বিজ্ঞপ্তি জারি করেন নি বর্তমান আবেদনকারীকে এবং বিবাদী দেবোত্তর সম্পত্তিকে 'সেবাইত'গণের ব্যক্তিগত দেবোত্তর হিসাবে সিদ্ধান্ত নেওয়ার অনুসন্ধান বিষয়ক প্রতিবেদনের প্রতিলিপিও দেন নি এবং রাজস্ব আধিকারিক কর্তৃক প্রদত্ত উক্ত আদেশ (natural justice)-এর পরিপন্থী। আবেদনকারীর এই বক্তব্য ডিভিশন বেঞ্চ সমর্থন করেন এবং রাজস্ব আধিকারিক, আপিল কর্তৃপক্ষ এবং W.B.L.R.T.T. দ্বারা প্রদত্ত সমস্ত আইনবিরুদ্ধ আদেশ খারিজ করেন। মহামান্য ডিভিশন বেঞ্চ রাজস্ব আধিকারিককে দেবোত্তর সম্পত্তির প্রকৃতি এবং স্বরূপ নির্ণয়ের জন্য (*de novo*) কার্যাবলি সূচনা করতে নির্দেশ দেন এবং আবেদনকারী এবং অন্যান্যরা কী পরিমাণ জমি রেখেছেন তার সীমা নির্ণয় করতে বলেন। আরও নির্দেশ দেওয়া হয় আবেদনকারীদের যথোপযুক্ত বিজ্ঞপ্তি প্রদান করে ব্যক্তিগত, না কি সার্বজনীন দেবোত্তর এই বিষয়ে ১৪ন(৬) ধারায় আদেশ দিতে বলেন।[৪]

৮। ১৫.২.১৯৭১-এর পরবর্তী ন্যস্ত হওয়ার তারিখ [Subsequent date of vesting after 15.2.1971]. ১৪ঠ, ১৪ধ এবং ১৪ন(৩) ধারার অধীনে রাজস্ব আধিকারিক একজন রায়তের জমির সর্বোচ্চ সীমা নির্ধারণ করবেন যে তারিখে ২খ পরিচ্ছেদ বলবৎ হয়েছে সেই তারিখের নিরিখে। ওই তারিখের পরে রায়ত যদি হস্তান্তর, উত্তরাধিকার বা অন্য সূত্রে কোনও জমির মালিক হন, তবে ১৪ঠ, ১৪ধ, ১৪ন(৩) ধারার অধীনে ১৫.২.১৯৭১ তারিখের নিরিখে রায়তের ওই জমিগুলির হিসাব করা যাবে না। অর্থাৎ যে জমিগুলি রায়ত ১৫.২.১৯৭১ বা তার আগে অধিকার করেছেন ১৪ন(৩) ধারার অধীনে রায়তের সর্বোচ্চ সীমা নির্ধারণের সময় রাজস্ব আধিকারিক সেই জমিগুলিই বিবেচনা করবেন।

৪ *মহারাজ কুমার এস সি নন্দী* বনাম *পশ্চিমবঙ্গ সরকার* 2010(4) CHN 406 (Cal).

১৪ন(৩) ধারায় সর্বোচ্চ সীমা নির্ণয় করার সময় ন্যস্ত হওয়ার তারিখ স্থির হবে ১৫.২.১৯৭১ তারিখের সাপেক্ষে।

১৪ম ধারা রাজস্ব আধিকারিককে ১৪ন(৩) ধারার অধীন পুনরায় ন্যস্ত করার জন্য নতুন কার্যাবলি করার ক্ষমতা দিয়েছে। ২খ পরিচ্ছেদ যে তারিখে বলবৎ হয়েছে তার পরবর্তী সময়ে রায়ত যে জমির মালিক হয়েছেন হস্তান্তর, উত্তরাধিকার বা অন্য সূত্রে সেই জমির পরিমাণ রায়তের আগের জমির সাথে যোগ করলে যদি ১৪ড ধারায় বর্ণিত সর্বোচ্চ সীমার চেয়ে অতিরিক্ত হয় তবে, রাজস্ব আধিকারিক ১৪ম, ১৪ন(৩), ১৪ধ ধারায় সম্পূর্ণ নতুন করে ন্যস্ত হওয়ার কার্যাবলি আরম্ভ করবেন। ১৪ম-কে বাদ দিয়ে শুধুমাত্র ১৪ন(৩) ধারা রাজস্ব আধিকারিককে ২খ পরিচ্ছেদ বলবৎ হওয়ার পরবর্তী সময়ে অধিকৃত জমির সর্বোচ্চ সীমা নির্ণয় করার ক্ষমতা দেয় নি। রাজস্ব আধিকারিক একবার ২খ পরিচ্ছেদ বলবৎ হওয়ার তারিখে রায়তের জমির সর্বোচ্চ সীমা নির্ণয় করার পর, পরবর্তী পরিবর্তনের জন্য ওই তারিখেই অর্থাৎ ২খ পরিচ্ছেদ বলবৎ হওয়ার তারিখেই আর সর্বোচ্চ সীমা নির্ণয় করতে পারবেন না, যদি ওই পরবর্তী দিনকেই পরিবারের সদস্য নির্ধারণের তারিখ ধরা না হয়।[৫] আবার অন্য একটি মামলায় মহামান্য হাইকোর্ট জানিয়েছেন, পঃ বঃ ভূমি সংস্কার আইনের ২খ পরিচ্ছেদ যে তারিখ থেকে বলবৎ হয়েছে একজন রায়ত অবশ্যই সেই তারিখে "রায়ত" হবেন যাতে করে ওই তারিখে অর্থাৎ ১৫.২.১৯৭১ তারিখে ওই রায়তের জমির সর্বোচ্চ সীমা নির্ণয় করা যায়। যদি কোনও রায়ত ১৫.২.১৯৭১ তারিখে বেঁচে না থাকেন তবে তাঁর জমির সর্বোচ্চ সীমা নির্ণয়ের কোনও প্রশ্নই আসে না।[৬]

১৯৬৫ সালের পঃ বঃ ভূমি সংস্কার নিয়মাবলির ১৪গ(৩) এবং পঃ বঃ ভূমি সংস্কার আইনের ১৪ম ধারা অনুযায়ী ১৫.২.১৯৭১-এর পরে কোনও রায়ত হস্তান্তর, উত্তরাধিকার বা অন্য কোনওভাবে জমির মালিক হলে এবং ওই জমি ও আগের জমি মিলিতভাবে ১৪ড ধারা অনুযায়ী তাঁর প্রতি প্রযোজ্য সর্বোচ্চ সীমার চেয়ে বেশি হয় তবে ওই রায়ত ওই জমি অধিকার

৫ *গোকুল পাল* বনাম *পঃ বঃ সরকার* 1988(2) CHN 41; *হৃদয়কৃষ্ণ পাত্র* বনাম *পঃ বঃ সরকার* 1982(1) CHN 81; 86 CWN 154; *রঘুনাথ* বনাম *মহারাষ্ট্র সরকার* AIR 1971 SC 2137; *ভিকোবা শঙ্কর* বনাম *মোহনলাল পুনচাঁদ* AIR 1982 SC 865.

৬ *কুতুবুদ্দিন আহম্মদ* বনাম *পশ্চিমবঙ্গ সরকার* 1981(1) CHN 254.

করার তিন মাসের মধ্যে রাজস্ব আধিকারিকের কাছে ১৭ক নিদর্শে বিবরণী জমা দেবেন।

আবার পঃ বঃ ভূমি সংস্কার আইনে (৩ক) ধারাটি ৯.৯.১৯৮০ থেকে বলবৎ হয়েছে। সুতরাং অকৃষি জমির ক্ষেত্রে সর্বোচ্চ সীমা নির্ণয়ের তারিখ হল ৯.৯.১৯৮০।

৭কক নিদর্শে বিবরণী জমা দেওয়ার জন্য বিজ্ঞপ্তি প্রকাশিত হয়েছে ২৫.৭.১৯৮৯-তে, বিজ্ঞপ্তি নং ৪০৯-এল./রেফ্., এই উদ্দেশ্যে ১৯৬৫ সালের পঃ বঃ ভূমি সংস্কার নিয়মাবলির ১৪গ(৪) বিধি ও এই উদ্দেশ্যে যুক্ত করা হয়েছে।

৯। যৌথ কারবার বা অংশীদারি ফার্মের বিরুদ্ধে জেলা ভূমি ও ভূমি সংস্কার আধিকারিকের নির্দেশানুসারে সমষ্টি ভূমি ও ভূমি সংস্কার আধিকারিক দ্বারা (suo motu) কার্যাবলি [Aggregate suo motu proceedings by Land and Land Reforms Officer as directed by the District Land and Land Reforms Officer against Joint Business or Partnership Firm]. মহামান্য উচ্চ ন্যায়ালয়ের ডিভিশন বেঞ্চের সামনে এই বিষয়টি দেখা দেয় যে, জেলা ভূমি ও ভূমি সংস্কার আধিকারিক সংশ্লিষ্ট সমষ্টি ভূমি ও ভূমি সংস্কার আধিকারিককে অংশীদারি ফার্মের (Partnership Firm) বিরুদ্ধে একটি (*suo motu*) কার্যাবলি আরম্ভ করতে নির্দেশ দেন, দেখা যায় জেলা ভূমি ও ভূমি সংস্কার আধিকারিক সংশ্লিষ্ট সমষ্টি ভূমি ও ভূমি সংস্কার আধিকারিককে এই নির্দেশ দিয়েছেন যেন সমষ্টি ভূমি ও ভূমি সংস্কার আধিকারিক রাজ্য সরকারের স্বার্থের বিষয়টি সর্বোচ্চ গুরুত্ব দেন এবং (Friends Company)-কে যেন এক সদস্য পরিবার হিসাবে বিবেচনা করা হয় যে (Friends Company) একটি অংশীদারি ফার্ম। সংশ্লিষ্ট সমষ্টি ভূমি ও ভূমি সংস্কার আধিকারিক একটি (*suo motu*) কার্যাবলি আরম্ভ করেন এবং উক্ত অংশীদারি ফার্মের বেশ কিছু পরিমাণ জমিকে নির্ধারিত সীমা বহির্ভূত জমি ঘোষণা করে রাজ্য সরকারের অনুকূলে খাস (vest) ঘোষণা করেন। উক্ত রায়ের বিরুদ্ধে আপিল করা হয় তার কাছে যিনি সংশ্লিষ্ট সমষ্টি ভূমি ও ভূমি সংস্কার আধিকারিককে নির্দেশ দিয়েছিলেন এবং বলা বাহুল্য আপিল মামলাটির রায় অংশীদারি ফার্মের বিরুদ্ধে যায়। সংশ্লিষ্ট W.B.L.R.T.T. উক্ত রায় বহাল রাখেন। মহামান্য উচ্চ ন্যায়ালয় দেখেন যে সরকারের অনুকূলে এটি একটি একপেশে এবং কট্টর তৎপরতা এবং যে কারণ দেখিয়ে

উক্ত জমি সরকারের অনুকূলে খাস (vest) করা হয়েছিল, সেই কার্যাবলিটি বাতিল করা হল।[৭]

১০। রায়তের মৃত্যুর পর কার্যাবলিসমূহ চালু থাকবে কিনা [Whether proceedings will continue after the death of a raiyat]. ১৯৬১ সালের মহারাষ্ট্র এগ্রিকালচারাল (সিলিং অন হোল্ডিংস) আইনে[৮] মামলায় মহামান্য সুপ্রীম কোর্ট জানিয়েছেন, সর্বোচ্চ সীমা-অতিরিক্ত জমি আছে এমন রায়ত যিনি বিবরণী দাখিল করেছেন নির্ধারিত দিনে (appointed day) সর্বোচ্চ সীমা নির্ধারণের জন্য, মারা গেলে ওই রায়তের মৃত্যুর জন্য ওই কার্যাবলি নিষ্ফল (infractions) হয়ে যায় না অথবা ওই ব্যক্তির মৃত্যুর কারণে ওই কার্যাবলি পরিত্যাগ (drop) করা হয় না। এক্ষেত্রে ওই কার্যাবলি চালু করতে হবে এবং নির্ধারিত দিনে মৃত রায়তের সর্বোচ্চ সীমা অতিরিক্ত জমি থাকলে তা সরকারে ন্যস্ত করতে হবে এবং দখল নিতে হবে নির্দিষ্ট আইনের বিধান অনুযায়ী। মৃত জমির মালিকের উত্তরাধিকারীদের ওই কার্যাবলি অংশগ্রহণের অধিকার আছে। এই আইনের অধীন অতিরিক্ত জমি সমর্পণ করার পরে উত্তরাধিকারীরা অবশিষ্ট জমি উত্তরাধিকার সূত্রে পাওয়ার অধিকারী হবেন। মোটামুটি একইরকম নীতি নেওয়া হয়েছে *মহারাষ্ট্র সরকার* বনাম *অন্নপূর্ণা বাঈ* মামলায়।[৯]

অন্ধ্রপ্রদেশ হাইকোর্ট *পি. রায় চন্দ্রাইয়া* বনাম *অন্ধ্রপ্রদেশ সরকার*,[১০] মামলায় জানিয়েছেন মৃত ব্যক্তির বিরুদ্ধে সর্বোচ্চ সীমা অতিরিক্ত জমি সমর্পণের আদেশ দেওয়া যাবে না। ন্যায়পীঠ, সর্বোচ্চ সীমা নির্ধারণের সময় এই বিষয়টি জানতেন যে জমির মালিক মৃত। এটা ন্যায়পীঠ দায়িত্ব যে সর্বোচ্চ সীমা নির্ধারণের আগে মৃত জমির মালিকের উত্তরাধিকারীদের শুনানির সুযোগ দেওয়া। তা যখন হয়নি মহামান্য হাইকোর্ট ন্যায়পীঠের আদেশ বাতিলের রায় দেন। পাশাপাশি নির্দেশ দেন যে, মৃত জমির মালিকের প্রকৃত উত্তরাধিকারীদের বিজ্ঞপ্তি (notice) দিয়ে নির্ধারণ করতে হবে যে ওই মৃত রায়তের জমি নির্ধারিত সর্বোচ্চ সীমার চেয়ে বেশি জমি আছে কী নেই। যদি দেখা যায়

৭ *অভিজিৎ কুণ্ডু* বনাম *পশ্চিমবঙ্গ সরকার* Cal LT 2008(4) HC 262 (DB).

৮ *ভিকোবা শঙ্কর ধুমল* বনাম *মোহনলাল পুনচাঁদ তাথেড* AIR 1982 SC 865.

৯ AIR 1985 SC 1403.

১০ AIR 2001 NOC 77 (AP); 2001 AIHC 2478.

অতিরিক্ত জমি আছে তবে ওই মৃত রায়তের অতিরিক্ত জমি সমর্পণ করার আদেশ দিতে পারেন।

উপরোক্ত আদেশ দুটি পঃ বঃ ভূমি সংস্কার আইনের ক্ষেত্রেও প্রযোজ্য হতে পারে। ১৫.২.১৯৭১ তারিখের পরে কোনও রায়তের মৃত্যু হলে ওই রায়তের নামে নোটিশ জারি করা যায় না। রায়তের প্রকৃত উত্তরাধিকারীদের নামে বিজ্ঞপ্তি দিতে হবে শুনানিতে হাজির হওয়ার জন্য। রায়তের প্রকৃত উত্তরাধিকারীদের বিজ্ঞপ্তি না দিয়ে অতিরিক্ত জমি সরকারে ন্যস্ত হওয়ার আদেশ দিলে ওই আদেশ আইনানুসারে হয় না।

১৫.২.১৯৭১ তারিখে কৃষ্ণচন্দ্র দাস জীবিত ছিলেন। তিনি মারা যান ২৬.১১.১৯৮৩ তারিখে। সংশ্লিষ্ট রাজস্ব আধিকারিক পঃ বঃ ভূমি সংস্কার আইনের ১৪ন(৩) এবং ১৪ধ ধারা অনুযায়ী বড় রায়ত (big *raiyat*) মামলা আরম্ভ করেন মৃত কৃষ্ণচন্দ্র দাসের বিরুদ্ধে। এই কারণে যে স্বত্বলিপি অনুযায়ী মৃত রায়তের জমি নির্ধারিত সর্বোচ্চ সীমার চেয়ে বেশি। মৃত রায়তের প্রকৃত উত্তরাধিকারী এবং প্রতিনিধিদের নোটিশ দেওয়া হয়। উক্ত কার্যাবলির শুনানিতে উপস্থিত হওয়ার নির্দেশ দেওয়া হয় ওই বিজ্ঞপ্তিতে। ওই বিজ্ঞপ্তিকে চ্যালেঞ্জ জানিয়ে আদালতে মামলা করা হয়। লেখ আবেদনে জানানো হয় রায়তের মৃত্যুর পর তার সম্পত্তি উত্তরাধিকার সূত্রে তাঁর ওয়ারিশদের মধ্যে বর্তেছে, সুতরাং প্রত্যেক উত্তরাধিকারীকে আলাদা রায়ত হিসাবে গণ্য করে বিজ্ঞপ্তি দিতে হবে। মৃত রায়তের উত্তরাধিকার হিসাবে জারি করা বিজ্ঞপ্তি বাতিলের আবেদন জানানো হয়।

মহামান্য ট্রায়াল বিচারক ওই বিজ্ঞপ্তি জারির বিষয়ে হস্তক্ষেপ করতে চাননি এবং লেখ আবেদনটি খারিজ করেন। কলিকাতা হাইকোর্টের ডিভিশন বেঞ্চ এই রায়ের বিরুদ্ধে আপিল করা হয়। আপিল মামলায় ডিভিশন বেঞ্চ জানান, সর্বোচ্চ সীমা অতিরিক্ত জমি ২খ পরিচ্ছেদ বলবৎ হওয়ার তারিখের নিরিখে নির্ধারণ করতে হবে। রায়তের প্রকৃত উত্তরাধিকারীরা বা প্রতিনিধিরা মৃত রায়তের জমি উত্তরাধিকার সূত্রে ২খ পরিচ্ছেদ বলবৎ হওয়ার দিনে পাননি। যে রায়তের জমি নির্ধারিত দিনে সর্বোচ্চ সীমা অতিরিক্ত ছিল তার মৃত্যুর পর তাঁর উত্তরাধিকারীদের উপর ওই জমি সমর্পণ করার দায় বর্তায়।[১১]

১১ *প্রভাত কুমার দাস* বনাম *রাজ্য সরকার* Cal LT 1994(1) HC 235; 97 CWN 102.

১১। ১৫.২.১৯৭১ তারিখে রায়ত জীবিত থাকলে, ওই তারিখের পর রায়তের মৃত্যু হলে তাঁর উত্তরাধিকারীদের প্রয়োজনীয় পক্ষ করতে হবে [Heirs of deceased raiyat are to be necessary parties of a raiyat living on 15.2.1971]. ১৫.২.১৯৭১ তারিখে রায়ত বেঁচে ছিলেন। ১৫.২.১৯৭১ তারিখের পরে রায়তের মৃত্যু হলে, ন্যস্ত হওয়ার তারিখ ১৫.২.১৯৭১ হলে ওই মৃত রায়তের সমস্ত উত্তরাধিকারীদেরকে নোটিশ করতেই হবে। *মনসুর আলী খান* বনাম *উঃ প্রঃ সরকার*,[১২] মামলায় দেখা যায়, মৃত রায়তের প্রকৃত উত্তরাধিকারীদের বিজ্ঞপ্তি না করে নির্ধারিত কর্তৃপক্ষ নির্ধারিত দিনে (appointed day) সর্বোচ্চ সীমা অতিরিক্ত জমি নির্ধারণ করেছেন। মৃত রায়তের প্রকৃত উত্তরাধিকারীগণ শুনানির সুযোগ পাননি এই কারণে সুপ্রীম কোর্ট নির্ধারিত কর্তৃপক্ষের দেওয়া আদেশ বাতিলের রায় দেন।

ভিকোবা শঙ্কর বনাম *মোহন লাল পুনচাঁদ*,[১৩] মামলায় আদালত জানান যদি জমির মালিক সর্বোচ্চ সীমার বেশি জমি নির্ধারণের আগে মারা যান, তবে ওই মৃত মালিকের প্রকৃত উত্তরাধিকারীদের ওই কার্যাবলিতে (proceedings) অংশগ্রহণ করার অধিকার আছে।

১২। ১৪ন(৩) ধারায় জারি করা বিজ্ঞপ্তি ভূমি সংস্কার ন্যায়পীঠ অথবা হাইকোর্টে চ্যালেঞ্জ করা যায় কিনা [Notice issued under s. 14T(3), if can be challenged before Land Reforms Tribunal or High Court]. পশ্চিমবঙ্গ ভূমি সংস্কার আইনের ১৪ন(৩), ৫৭ ধারা এবং ৮.৯.১৯৯৯ তারিখের প্রকাশিত পঃ বঃ ভূমি সংস্কার নিয়মাবলির ১৪গ নং বিধি মতে বিজ্ঞপ্তি জারি করা হয়। ওই বিজ্ঞপ্তিকে চ্যালেঞ্জ জানিয়ে পঃ বঃ ভূমি সংস্কার ট্রাইব্যুনালে মামলা করা হয়। আবেদনে জানানো হয় যে বিবাদীয় জমির মালিক যৌথভাবে তিন জন এবং একটি বণ্টন মামলা বকেয়া আছে। ওই বণ্টন মামলায় "যে অবস্থায় ছিল সেই অবস্থায় থাকবে" (*status quo*) বলে আদালত আদেশ দিয়েছে তাছাড়া তাদের নির্ধারিত সর্বোচ্চ সীমার চেয়ে বেশি জমি নেইও। সুতরাং তাদের উপর কোনও বিজ্ঞপ্তি জারি হতে পারে না।

১২ AIR 1992 SC 245.
১৩ AIR 1982 SC 865.

ওই বিজ্ঞপ্তি জারি করাতে ন্যায়পীঠ কোনও ভুল দেখেন নি। ওই বিজ্ঞপ্তি জারিকে চ্যালেঞ্জ করে যে মামলা করা হয়েছিল, মহামান্য ন্যায়পীঠ তা খারিজ (dismissed) করেছেন।

কলিকাতা হাইকোর্টের ডিভিশন বেঞ্চে ওই আদেশকে চ্যালেঞ্জ করে আবেদন পেশ করা হয়। আবেদনে জানানো হয় যে, হাইকোর্টের ডিভিশন বেঞ্চ পঃ বঃ ভূমি সংস্কার আইনের অনেকগুলি ধারাকে বাতিল ঘোষণা করেছেন এবং সুপ্রীম কোর্টে আপিল মামলা বকেয়া রয়েছে। এমতাবস্থায় যতক্ষণ না সুপ্রীম কোর্টে ওই মামলার নিষ্পত্তি না হচ্ছে কোনও কার্যাবলি চলতে পারে না। মহামান্য হাইকোর্টের ডিভিশন বেঞ্চ জানান, *পশ্চিমবঙ্গ কৃষক সমিতি* বনাম *পঃ বঃ সরকার*,[১৪] মামলায় ডিভিশন বেঞ্চ পঃ বঃ ভূমি সংস্কার আইনের কতগুলি ধারা বাতিল করেছেন এবং রাজ্য সরকারের পক্ষ থেকে সুপ্রীম কোর্টে আপিল দাখিল করা হয়েছে। ডিভিশন বেঞ্চ আরও উল্লেখ করেন যে, সুপ্রীম কোর্ট এরকম কোনও স্থগিতাদেশ দেন নি যে পঃ বঃ ভূমি সংস্কার আইনের ১৪ন(৩) ধারা অনুসারে কোনও কার্যাবলি করা যাবে না। সুতরাং আবেদনকারীরা ওই বিজ্ঞপ্তি চ্যালেঞ্জ করতে পারেন না। মহামান্য ডিভিশন বেঞ্চ আরও নির্দেশ দেন যে আবেদনকারীরা যেন রাজস্ব আধিকারিকের জারি করা বিজ্ঞপ্তির নিরিখে শুনানির জন্য রাজস্ব আধিকারিকের কাছে উপস্থিত থাকেন এবং ন্যায়পীঠ ওই বিজ্ঞপ্তি চ্যালেঞ্জ না করার যে আদেশ দিয়েছিলেন তা সঠিক ছিল।[১৫] অর্থাৎ সুপ্রীম কোর্ট এরকম কোনও আদেশ দেন নি যে ওই মামলার যতদিন পর্যন্ত চূড়ান্ত রায় না হচ্ছে আর কোনও ১৪ন(৩) ধারায় কার্যাবলি করা যাবে না। সুতরাং রাজস্ব আধিকারিক ১৪ন(৩) ধারার কার্যাবলির জন্য রায়তকে বিজ্ঞপ্তি জারি করতেই পারে।

১৩। পুনর্বিলোকন বা পর্যালোচনা করার ক্ষমতা [Power of review]. ২খ পরিচ্ছেদ বলবৎ হওয়ার সময় প্রথমে ১৪ন(৩) ধারার কোনও আদেশ পুনর্বিলোকন বা পর্যালোচনা (review) করার কোনও ক্ষমতা রাজস্ব আধিকারিকের ছিল না। এই ধরনের ক্ষমতা প্রথম রাজস্ব আধিকারিককে দিল ১৯৭৬ সালের পঃ বঃ ভূমি সংস্কার (সংশোধন) আইনের [১৯৭৬ সালের পশ্চিমবঙ্গে ১২ নং আইন] দ্বারা ৩ক ধারা মূল আইনে সংযোজনের মাধ্যমে।

১৪ (1996)2 CWN 212.

১৫ *তুষার কান্তি দত্ত মুন্সী* বনাম *পঃ বঃ সরকার* 2003 CHN 606 (DB).

পরবর্তী ক্ষেত্রে ১৯৭৮ সালের পঃ বঃ ভূমি সংস্কার (সংশোধন) আইন [১৯৭৮ সালের পশ্চিমবঙ্গের ৩৯ নং আইন] দ্বারা ৩ক ধারাটির কিছু পরিবর্তন করা হয়েছে। এই সংশোধিত ধারা অনুযায়ী রাজস্ব আধিকারিক স্বেচ্ছায় (*suo motu*) ১৪ন(৩) ধারায় দেওয়া কোনও আদেশ পুনর্বিলোকন (review) করতে পারেন এবং নতুন করে রায়তের সর্বোচ্চ সীমা অতিরিক্ত জমি নির্ধারণ করতে পারেন, সর্বোচ্চ সীমা অতিরিক্ত জমির নির্ধারণ করার পর তার দখল নিতে পারেন। এই ধারা সংযোজনের আগে কেবলমাত্র রায়তের দাখিল করা আবেদনের ভিত্তিতে রাজস্ব আধিকারিক কোনও ১৪ন(৩) ধারায় দেওয়া আদেশ সংশোধন করতে পারতেন, কিন্তু নিজের ইচ্ছায় (*suo motu*) পারতেন না। *জে. সি. চৌধুরী* বনাম *পঃ বঃ সরকার*[১৬] মামলায় মহামান্য হাইকোর্ট এই মর্মে রায় দিয়েছিলেন যে—আগের সিদ্ধান্তের সাপেক্ষে কোনও পর্যালোচনা কার্যাবলি (review proceedings) আরম্ভ করার অধিকার নেই রাজস্ব আধিকারিকের।

আবার *বিশ্বনাথ কার্ফা* বনাম *রাজস্ব আধিকারিক*[১৭] মামলায় মহামান্য আদালত রায় দিয়েছিলেন যে, যখন রাজস্ব আধিকারিক এই মর্মে নির্ধারণ করেছেন যে নির্দিষ্ট জমি ১৪ধ ধারায় সরকারের অনুকূলে ন্যস্ত হয়নি এবং রায়তের খাসে আছে (retained), পরবর্তী রাজস্ব আধিকারিক (Successor Revenue Officer) যতক্ষণ না পর্যন্ত ১৪ন(৩ক) ধারা সংযুক্ত হচ্ছে ওই কার্যাবলি পুনরায় খুলতে পারেন না। মোটামুটি একইরকম রায় ছিল *সত্য নারায়ণ ব্যানার্জী* বনাম *এ. এস. ডি.*, মামলায়।[১৮]

বর্তমানে ১৪ন(৩ক) ধারা অনুযায়ী রাজস্ব আধিকারিক নিজের ইচ্ছায় রায়তকে শুনানির যথোপযুক্ত সুযোগ দিয়ে ১৪ন(৩) ধারায় দেওয়া অন্য রাজস্ব আধিকারিকের আদেশ সংশোধন করতে পারেন। কী পরিমাণ জমি সরকারে ন্যস্ত হবে এবং তার দখল নেবেন তার নির্দেশ ১৪ন(৩ক) ধারায় রয়েছে। যে কোনও সময় রাজস্ব আধিকারিক যে কোনও ১৪ন(৩) ধারার কার্যাবলি যা নিষ্পত্তি হয়েছে, সেই কার্যাবলির রায় সংশোধনের জন্য নতুন করে কার্যাবলি আরম্ভ করতে পারেন। ১৪ন(৩ক) ধারা রাজস্ব আধিকারিককে সেই ক্ষমতা দিয়েছে।

১৬ 81 CWN 785.

১৭ 1988(1) Cal LJ 235; Cal LT 1988(1) HC 403.

১৮ AIR 1975 Cal 43.

১৪। ১৪ন(৩ক) [s. 14T(3A)] ধারায় [suo motu] কার্যাবলি আরম্ভের সময় কারণগুলি উল্লেখ করবেন রাজস্ব আধিকারিক [The Revenue Officer will prescribe the causes while beginning the proceedings (suo motu) in s. 14T(3A)]. প্রত্যেক রাজস্ব আধিকারিক যে কোনও (*suo motu*) কার্যাবলি আরম্ভ করার আগে এই মর্মে কারণ উল্লেখ করবেন যে আগের আদেশ থাকা সত্ত্বেও কেন পুনরায় আর একটি (*suo motu*) কার্যাবলি আরম্ভ করতে হচ্ছে। ওই কারণ নথিভুক্তকরণ জানাতে পারেন বা নাও পারেন। যদি কারণগুলি উল্লেখ করা থাকে তবে বোঝা যায় রাজস্ব আধিকারিকের মনে কী ছিল যার প্রেক্ষিতে (*suo motu*) কার্যাবলি আরম্ভ করতে হল। এই কারণ উল্লেখ করাটা natural justice-এর একটি অংশ।

একটি (*suo motu*) কার্যাবলিতে কারণ উল্লেখ না থাকায় মহামান্য কলিকাতা উচ্চ ন্যায়ালয়ের ডিভিশন বেঞ্চের অভিমত উপরিলিখিত বিশ্লেষণগুলি। উক্ত (*suo motu*) কার্যাবলিতে রাজস্ব আধিকারিক কোনও কারণ উল্লেখ করেন নি। ডিভিশন বেঞ্চ জানিয়েছেন ১৪ন(৩ক) ধারায় ব্যবস্থা নেওয়া হয়েছে, যে ক্ষেত্রে কোনও নির্দেশিকা সুস্পষ্টভাবে নেই, কিন্তু কারণ উল্লেখ থাকলে বোঝা যায় (*suo motu*) কার্যাবলিটি খেয়ালমাফিক আরম্ভ করা হয়নি, তাছাড়া আইনে সে রকম কোনও স্পষ্ট নির্দেশিকাও নেই যে কোনও পরিপ্রেক্ষিতে রাজস্ব আধিকারিক (*suo motu*) কার্যাবলি আরম্ভ করতে পারবেন। ডিভিশন বেঞ্চ Register General of High Court-কে নির্দেশ দিয়েছেন যেন এই আদেশ পশ্চিমবঙ্গ ভূমি লেখ্য ও জরিপ অধিকর্তা D.L.R. & S. W.B., পশ্চিমবঙ্গ ভূমি সংস্কার নির্দেশিকা, ১৯৯১, ইস্টার্ন ল হাউস দ্রষ্টব্য-কে এই মর্মে জানানো হয়, তিনি যেন সমস্ত রাজস্ব আধিকারিকগণকে বিষয়টি জানান।[১৯]

১৫। ১৪ন(৩ক) ধারার [Section 14T(3A)] সময় সীমা [Limitation of s. 14T(3A)]. কলিকাতা উচ্চ ন্যায়ালয়ের ডিভিশন বেঞ্চ *প্রভাত কুমার দাস* বনাম *রাজ্য সরকার*[২০] মামলায় লক্ষ্য করেন, ১৬.১১.১৯৮৬ সালে একটি 'বিগ রায়ত' (BR) নিষ্পত্তি হয়, ওই মামলায় রায়তের জমি নির্ধারিত সীমার চেয়ে কম রয়েছে বলে ঘোষণা করা হয়েছিল। এরপর দীর্ঘ দিন বাদে প্রথমে

১৯ *নজরুল ইসলাম* বনাম *পশ্চিমবঙ্গ সরকার* 2008(4) CHN 409 (Cal) (DB).
২০ CaL LT 1994(1) HC 232; AIR 1994 NOC 87 (Cal).

১৫.১০.১৯৯২ এবং দ্বিতীয় বার ১৪.৩.১৯৯৪ তারিখে নতুন করে পশ্চিমবঙ্গ ভূমি সংস্কার আইনের ১৪ন(৩) [s. 14T(3)] এবং ১৪ধ (s. 14S) ধারা অনুযায়ী সংশ্লিষ্ট রাজস্ব আধিকারিক বিজ্ঞপ্তি জারি করেন। ওই বিজ্ঞপ্তি (notice)-কে অবৈধ মনে করে চ্যালেঞ্জ জানিয়ে মহামান্য উচ্চ ন্যায়ালয়ে আজ্ঞালেখ (writ) পেশ করা হয়। মহামান্য ডিভিশন বেঞ্চ পশ্চিমবঙ্গ ভূমি সংস্কার আইনের ১৪ন(৩), ১৪ন(৩ক) এবং ১৪ন(১০) ধারা বিবেচনা সাপেক্ষে পর্যবেক্ষণ করেন, উপরোক্ত একাধিক ধারার বিধান থাকায় কোনও সন্দেহ নেই রায়তের জমির নির্ধারিত সর্বোচ্চ সীমা বিবেচনার জন্য রাজস্ব আধিকারিকের পুনর্বিবেচনা করার অধিকার অবশ্যই নিয়মসম্মত, এমনকী রাজস্ব আধিকারিক যে বিজ্ঞপ্তি ১৪ন(৩) এবং ১৪ধ ধারায় জারি করলেও ডিভিশন জানান এরকম কার্যাবলি রাজস্ব আধিকারিক ১৪ন(৩ক) ধারায় সূচনা করার পক্ষে পূর্ণ ক্ষমতাপ্রাপ্ত। ডিভিশন বেঞ্চ জানান জমির সর্বোচ্চ সীমা পুনর্বিবেচনা করার জন্য রাজস্ব আধিকারিক ১৪ন(৩ক) ধারায় বিজ্ঞপ্তি জারি করতেই পারেন, তা যে বিজ্ঞপ্তি 'বিগ রায়ত' কার্যাবলি শেষ হওয়ার ৫ বছর পরেও হতে পারে, সে বিজ্ঞপ্তি বৈধ। ১৯৮৫ সালে 'বিগ রায়ত' কার্যাবলিটি নিষ্পত্তি হয়েছিল, সুতরাং রাজস্ব আধিকারিক সর্বোচ্চ সীমা স্থির করতে যে ব্যবস্থা নিয়েছেন তা সঠিক এবং আইন সম্মত। এটা পরিষ্কার রাজস্ব আধিকারিক কতদিন বাদে ১৪ন(৩ক) ধারার কার্যাবলি পুনরায় আরম্ভ করবেন তার কোনও সুনির্দিষ্ট সময়সীমা নেই।

প্রভাত কুমার দাস বনাম *রাজ্য সরকার*[২১] মামলায় জানান, (*suo motu*) কার্যাবলি রাজস্ব আধিকারিক ১৪ন(৩ক) ধারা অনুযায়ী কতদিন বাদে আরম্ভ করবেন, তার কোনও নির্দিষ্ট সময়সীমা নেই। W.B.L.R.T.T.-র দেওয়া উপরোক্ত আদেশের বিরুদ্ধে চ্যালেঞ্জ জানিয়ে আবেদনকারী উচ্চ ন্যায়ালয়ের ডিভিশন বেঞ্চে আবেদন জানান, ডিভিশন বেঞ্চ W.B.L.R.T.T.-এর রায়-ই বহাল রাখেন। ডিভিশন বেঞ্চ আরও জানান রাজস্ব আধিকারিক পঃ বঃ ভূমি সংস্কার আইনে ১৪ন(৩ক) ধারায় কতদিন বাদে পুনরায় (*suo motu*) কার্যাবলি আরম্ভ করবেন তার কোনও নির্দিষ্ট সময়সীমা নেই।[১]

২১ Cal LT 1994(1) HC 232, 235; AIR 1994 NOC 87; 97 CWN 102.

১ *নির্মল দাস* বনাম *সমষ্টি ভূমি ও ভূমি সংস্কার আধিকারিক মগরা চুঁচুড়া ব্লক* 2012(1) CHN 178 (Cal) (DB); 2012(2) Cal LJ 277 (Cal).

প্রায় একইরকম আদেশ দেখা যায় নিম্নলিখিত মামলায়।[২]

১৬। ১৪ফ (s. 14V) ধারা এবং ২(৭) নং বিধি, ৩ক(৩) ধারাকে মহামান্য ডিভিশন বেঞ্চ অবৈধ (ultra vires) ঘোষণার পরে রাজস্ব আধিকারিকের ১৪ন(৩) ধারায় কার্যাবলি আরম্ভ করার এক্তিয়ার [The Division Bench declared s. 14V and r. 2(7) as invalid, under s. 14T the R.O. can exercise his powers]. *পশ্চিমবঙ্গ ভূমিজীবী কৃষক সংঘ* বনাম *পশ্চিমবঙ্গ সরকার*[৩] মামলায় মহামান্য ডিভিশন বেঞ্চ ১৪ফ ধারা, ২(৭) নং বিধিকে অবৈধ ঘোষণা করেছেন এবং যতক্ষণ না পর্যন্ত ১৪ফ ধারাটি সংশোধিত হচ্ছে, রাজস্ব আধিকারিক ১৪ন(৩), ১৪ন(৫), ১৪ন(৯), ১৪ন(১০) এবং ১৪ন(১১) ধারায় কোনও কার্যাবলি আরম্ভ করতে পারবেন না। পূর্বোক্ত রায়ের বিরুদ্ধে রাজ্য সরকার মহামান্য সুপ্রীম কোর্টে (সর্বোচ্চ ন্যায়ালয়) বিশেষ আবেদনপত্র পেশ করেন। মহামান্য সর্বোচ্চ ন্যায়ালয় একটি অন্তর্বর্তীকালীন রায়ে জানান, রাজস্ব আধিকারিক পূর্বোক্ত ধারাগুলিতে কার্যাবলি আরম্ভ করতে পারবেন কিন্তু উক্ত মামলার নিষ্পত্তি না হওয়া পর্যন্ত অতিরিক্ত অন্য কোনরূপ ব্যবস্থা গ্রহণ করবেন না।

বর্তমান মামলায় W.B.L.R.T.T.-এর নির্দেশানুসারে রাজস্ব আধিকারিক সম্পূর্ণ নতুন কার্যাবলি আরম্ভ করেন, তদন্ত, অনুসন্ধান সাপেক্ষে ১৪ন(৩) ধারায় রায়তের কিছু পরিমাণ জমি সরকারের অনুকূলে খাস (vest) ঘোষণা করেন। W.B.L.R.T.T.-এর রায়কে মহামান্য উচ্চ ন্যায়ালয়ের ডিভিশন বেঞ্চ বহাল রাখেন। ডিভিশন বেঞ্চ লক্ষ্য করেন, রাজস্ব আধিকারিকের দেওয়া রায় আপিল কর্তৃপক্ষ ও মহামান্য W.B.L.R.T.T. সমর্থন করেছেন। মহামান্য W.B.L.R.T.T.-এর রায়ের বিরুদ্ধে উচ্চ ন্যায়ালয়ের ডিভিশন বেঞ্চে আবেদন করা হয়েছে। উক্ত রায় পর্যবেক্ষণ করে মহামান্য ডিভিশন বেঞ্চ কোনও আইন বিরুদ্ধ বা অনিয়ম লক্ষ্য করেন নি। পূর্বে ডিভিশন বেঞ্চের রায়ের বিরুদ্ধে মহামান্য সর্বোচ্চ আদালত অন্তর্বর্তীকালীন রায় দান করেছেন এবং বর্তমান ডিভিশন বেঞ্চ মনে করেন তদন্ত, অনুসন্ধান করা যেতে পারে এবং রায়তের নির্ধারিত সীমার চেয়ে অতিরিক্ত জমি খাস ঘোষণা করে আদেশ দিতেও রাজস্ব আধিকারিকের বাধা নেই, তবে সংশ্লিষ্ট কর্তৃপক্ষ খাস করার পরে আর কোনও

২ *অনিল বরণ নন্দী* বনাম *পশ্চিমবঙ্গ সরকার* 1992(2) CHN 32.

৩ 1996(2) CHN 212.

ব্যবস্থা নেবেন না। উক্ত খাস জমি তখনই বন্দোবস্ত দেওয়া যাবে যখন মহামান্য সর্বোচ্চ ন্যায়ালয় মহামান্য উচ্চ ন্যায়ালয়ের ডিভিশন বেঞ্চের রায়কে বাতিল ঘোষণা করবেন। বর্তমান মামলাটিতে রাজস্ব আধিকারিক আইনের বিধান অনুসারে খাস করার পর উক্ত জমি বন্দোবস্ত দেওয়ার জন্য যাবতীয় কার্যাবলি করতে পারবেন। তবে ডিভিশন বেঞ্চ ঘোষিত রায় মহামান্য সর্বোচ্চ ন্যায়ালয় বহাল রাখলে রাজস্ব আধিকারিকের রায় বাতিল বলে বিবেচিত হবে।[৪]

১৭। দ্বিতীয়বারের জন্য পুনর্বিলোকন নয় [No second review]. জনৈক সামসেরা হুদা মল্লিকের বাবার বিরুদ্ধে ১৯৭৭ সালে রাজস্ব আধিকারিক পঃ বঃ ভূমি সংস্কার আইনের ১৪ন(৩) এবং ১৪ড ধারায় কার্যাবলি শুরু করেন। রাজস্ব আধিকারিক রায়তের জমির নির্ধারিত সর্বোচ্চ সীমার চেয়ে কম থাকায় কার্যাবলিটি পরিত্যাগ (drop) করেন। এরপর রাজস্ব আধিকারিক ১৪ন(৩) ধারায় দেওয়া আদেশটি সংশোধনের জন্য ১৪ন(৩ক) ধারায় আর একটি কার্যাবলি আরম্ভ করেন। কিন্তু রায়তের জমি সর্বোচ্চ সীমার নীচে থাকায় ১৪ন(৩ক) কার্যাবলিটি সমর্থনীয় (maintainable) হয়নি।

এরপর ১৯৮৬ সালে আবার সামসেরা হুদা মল্লিককে আগের ১৪ন(৩) ধারার কার্যাবলি সংশোধন করার লক্ষ্যে রাজস্ব আধিকারিক দ্বারা নোটিশ জারি করা হয়। এই বিজ্ঞপ্তিকে চ্যালেঞ্জ করা হয় সংবিধানের ২২৬ ধারার অধীন মহামান্য কলিকাতা হাইকোর্টে লেখ আবেদনে জানানো হয় যে ১৪ন(৩ক) ধারায় রাজস্ব আধিকারিক ১৪ন(৩) ধারার কোনও কার্যাবলি একবারের বেশি পর্যালোচনা (review) করতে পারেন না। রাজস্ব আধিকারিকের (Revenue Officer) এরকম ক্ষমতা নেই যে যখন খুশি তিনি এটা করবেন। রাজ্য সরকারের পক্ষ থেকে জানানো হয় যে রাজস্ব আধিকারিক স্বতঃপ্রণোদিত হয়ে (*suo motu*) এটা করেন এবং তামাদি আইন (Limitation Act) এক্ষেত্রে প্রযোজ্য নয়। মহামান্য হাইকোর্ট জানান—১৪ন(৩) ধারার কোনও আদেশ যখন রাজস্ব আধিকারিক ১৪ন(৩ক) ধারায় একবার সংশোধন করছেন, তিনি পুনরায় আবার সংশোধন করতে পারেন না, কারণ আইনে কোনও আদেশ সংশোধনের ক্ষমতা রাজস্ব আধিকারিককে দিয়েছে, কিন্তু "পুনরায় সংশোধন" করার ক্ষমতা আইনে রাজস্ব আধিকারিককে দেয়নি। সুতরাং "পুনরায় সংশোধন" (further

৪ *জ্ঞানেন্দ্র নাথ দাস* বনাম *পশ্চিমবঙ্গ সরকার* 2009 WBLR 809 (Cal) (DB).

review) ১৪ন(৩ক) ধারায় রাজস্ব আধিকারিক করতে পারেন না। *সামসেরা হুদা মল্লিক* বনাম *পঃ বঃ সরকার*।[৫]

১৮। তৃতীয় পক্ষের জন্য পুনর্বিলোকন (পুনর্বিচার) নয় [No review for third party]. ১৪ন(৩) ধারার কোনও রায় কোনও রায়তের বিরুদ্ধে গেলে তাঁর আবেদন ক্রমে ১৪ন(৩ক) ধারায় পূর্বের রায় সংশোধনের জন্য নতুন করে কার্যাবলি আরম্ভ করা যায়। কিন্তু কোনও ব্যক্তি যাঁর বিরুদ্ধে কোনও কার্যাবলি হয়নি কিন্তু কোন্ আদেশে তিনি ক্ষুব্ধ, তিনি পুনরায় শুনানির জন্য শুনানি আধিকারিকের কাছে আবেদন করতে পারবেন না (৩ক) উপধারা অনুসারে।[৬] ধরা যাক রাজস্ব আধিকারিক, রায়ত "ক" এর বিরুদ্ধে ১৪ন(৩) ধারায় কার্যাবলি (proceedings) করেছেন এবং সিদ্ধান্ত নিয়েছেন। রাজস্ব আধিকারিক স্বেচ্ছায় বা রায়ত "ক" এর আবেদনের ভিত্তিতে ১৪ন(৩) ধারার ওই আদেশ সংশোধন করতে পারেন ১৪ন(৩ক) ধারায়। এখন তৃতীয় একজন ব্যক্তি ধরা যাক্ "খ" ওই ১৪ন(৩) কার্যাবলির পক্ষ ছিলেন না, তাঁকে বিজ্ঞপ্তিও দেওয়া হয়নি কিন্তু ১৪ন(৩) কার্যাবলির রায়ের ফলে কোনওভাবে তাঁর স্বার্থ (interest) বিঘ্নিত হয়েছে। এক্ষেত্রে "খ" রায়ত নয়, তিনি যদি রাজস্ব আধিকারিককে ১৪ন(৩ক) ধারায় ১৪ন(৩) ধারার আদেশ সংশোধনের আবেদন করেন, রাজস্ব আধিকারিক ওই আবেদন অগ্রাহ্য করবেন অর্থাৎ "খ" এর আবেদনক্রমে ১৪ন(৩ক) ধারায় কার্যাবলি আরম্ভ করবেন না।

১৯। মহামান্য উচ্চ ন্যায়ালয়ের ডিভিশন বেঞ্চ ৩ক(৩) ধারা এবং ২(৭) ধারা [ss. 3A(3) & 2(7)] এক্তিয়ার বহির্ভূত (ultra vires) ঘোষণা করার পরে রাজস্ব আধিকারিকের ১৪নং ধারায় [s. 14T] কোনও কার্যাবলি পুনরায় আরম্ভ করার এক্তিয়ার আছে কিনা [Whether the R.O. has the jurisdiction under s. 14T after the Division Bench of High Court declared s. 3A(3) & s. 2(7) as ultra vires]. রাজস্ব আধিকারিক ১৪ন(৩ক) ধারার ক্ষমতাবলে ১৪.৫.১৯৭৫ তারিখে রায় ঘোষণা করেন যে রায়তের জমি ১৫.২.১৯৭১ তারিখে নির্দিষ্ট সীমার চেয়ে বেশি নেই এবং রায়তের পরিবার ৬.১৮ একর জমি নিজের দখলে রাখার অধিকারী। ১৫/১৯৯৭ ক্রমাঙ্কের

৫ 1988(1) CHN 511; *হরেকৃষ্ণ সরকার* বনাম *রাজ্য সরকার* AIR 1991 Cal 164.

৬ *মুক্তি মুখার্জী* বনাম *পঃ বঃ সরকার* 1990(2) CHN 277; Cal LT 1990(2) HC 196.

কার্যাবলি অনুযায়ী রাজস্ব আধিকারিক আর একটি আদেশ দান করেন যা কলিকাতা উচ্চ ন্যায়ালয় বহাল রাখেন নি। সেহেতু কলিকাতা উচ্চ ন্যায়ালয়ের ডিভিশন বেঞ্চ '*পশ্চিমবঙ্গ ভূমিজীবী কৃষক সংঘ* বনাম *পশ্চিমবঙ্গ সরকার* 1996(2) CHN 212' মামলায় পশ্চিমবঙ্গ ভূমি সংস্কার আইনের ৩ক(৩), ১৪ফ এবং ২(৭) ধারাগুলিকে অবৈধ (*ultra vires*) ঘোষণা করেছেন, ২(৭) ধারায় প্রদত্ত জমির সংজ্ঞাকেও বলেছেন আইন সিদ্ধ নয়। সংবিধানের ৩০০ক ধারায় প্রদত্ত উক্ত আদেশ দেওয়া সত্ত্বেও রাজস্ব আধিকারিকের কোনও এক্তিয়ার নেই, সুযোগ নেই পশ্চিমবঙ্গ ভূমি সংস্কার আইনের ১৪ন(৩), ১৪ন(৫), ১৪ন(৯), ১৪ন(১০) এবং ১৪ন(১১) ধারায় নতুন করে জমির সর্বোচ্চ সীমা নির্ণয়ের জন্য কার্যাবলি আরম্ভ করার।[৭]

আর একটি মামলায় ডিভিশন বেঞ্চ জানিয়েছেন নতুন করে কার্যাবলি আরম্ভ করা যেতে পারে এবং যেহেতু মহামান্য সর্বোচ্চ ন্যায়ালয় (সুপ্রীম কোর্ট) অন্তর্বর্তীকালীন নিষেধাজ্ঞা জারি করেছেন সুতরাং কার্যাবলির আদেশও দিতে পারেন রাজস্ব আধিকারিক। রাজ্য সরকার কার্যাবলি আরম্ভ করতে পারে।[৮]

অন্য কতগুলি মামলায় ডিভিশন বেঞ্চ নির্দেশ দিয়েছেন, ট্রাইব্যুনালের আদেশ অনুযায়ী নতুন কার্যাবলি আরম্ভ করা যায় না।[৯]

কিন্তু নিম্নোক্ত মামলা ডিভিশন বেঞ্চ ভিন্ন মত জানিয়েছে। ডিভিশন বেঞ্চের মতে নতুন করে কার্যাবলি আরম্ভ করতে পারে এবং খাস হওয়ার আদেশও দিতে পারেন রাজস্ব আধিকারিক কিন্তু সুপ্রীম কোর্টের নিষেধাজ্ঞা থাকায় 'খাস পরবর্তী' অন্য কোনও পদক্ষেপ নিতে পারবে না। এছাড়া উল্লেখ করা যায় মহামান্য সুপ্রীম কোর্ট ডিভিশন বেঞ্চ দ্বারা প্রদত্ত '*পশ্চিমবঙ্গ ভূমিজীবী কৃষক সঙ্ঘ* বনাম *পশ্চিমবঙ্গ রাজ্য সরকার* 1996(2) CHN 212' মামলার রায়কে যদি খারিজ করেন এবং সেক্ষেত্রে রাজস্ব আধিকারিক রায়তের জমি সরকারের অনুকূলে খাস হওয়ার আদেশ দেওয়ার পর আইনের বিধান অনুযায়ী তা পাট্টা দ্বারা বন্দোবস্ত দিতে পারেন। কিন্তু মহামান্য সর্বোচ্চ ন্যায়ালয় যদি

৭ *হরিচরণ বন্দ্যোপাধ্যায়* বনাম *পশ্চিমবঙ্গ সরকার* 1998(1) CHN 61.

৮ *মৃণাল কান্তি পাল* বনাম *পশ্চিমবঙ্গ রাজ্য সরকার* 2000(1) Cal LJ 1 (DB).

৯ *পীযুস কান্তি রায় চৌধুরী* বনাম *পশ্চিমবঙ্গ সরকার* Cal LT 2007(2) HC 577; *নিরঞ্জন চ্যাটার্জী* বনাম *পশ্চিমবঙ্গ সরকার* 2007(3) CHN 683.

ডিভিশন বেঞ্চের রায় বহাল রাখেন তা হলে পশ্চিমবঙ্গের রাজস্ব আধিকারিক দ্বারা প্রদত্ত রায় খারিজ বলে গণ্য করা হবে।[১০]

২০। রায়তের জমি সংক্রান্ত বিবাদ রাজস্ব আধিকারিক আগে মেটাবেন [Revenue Officer will first decide the dispute regarding raiyat's land]. রায়তের দাখিল করা বিবরণী রাজস্ব আধিকারিক গ্রহণ নাও করতে পারেন, রাজস্ব আধিকারিক এই যুক্তি দিতে পারেন যে রায়ত বেশ কিছু জমি নিজের হওয়া সত্ত্বেও দেখান নি। এই ধরনের কোনও বিবাদ যখন দেখা যায় যে রায়ত যে জমি নিজের বলে দেখিয়েছে, আদৌ তাঁর জমি নয়। রাজস্ব আধিকারিক তখন ওই বিবাদের মীমাংসা করবেন। আবেদনকারী যখন রাজস্ব আধিকারিককে জানান, যে জমি তাঁর নিজস্ব নয় এবং/অথবা যে জমি ৭.৮.১৯৬৯-এর আগে হস্তান্তরিত হয়েছে তাঁর মধ্যে ধরা যেতে পারে না জমির সর্বোচ্চ সীমা নির্ণয়ের জন্য, রাজস্ব আধিকারিকের তখন ওই প্রশ্নের মীমাংসা করা প্রয়োজন ছিল এবং ওই ধরনের মীমাংসার পরেই রাজস্ব আধিকারিক ১৪ন(৩) ধারায় আদেশ দান করবেন।[১১]

২১। ব্যক্তিগত শুনানি [Personal hearing]. যে রায়তের জমি সরকারে ন্যস্ত হবে, ওই রায়তকে রাজস্ব আধিকারিক ব্যক্তিগত শুনানির সুযোগ দেবেন। কোনও রায়তের সম্পত্তির অধিকার যেহেতু রাজস্ব আধিকারিক দ্বারা নির্ধারিত হয়, সুতরাং রাজস্ব আধিকারিকের উচিত ওই রায়তকে শুনানির সুযোগ দেওয়া যাতে তিনি নিজে ব্যক্তিগতভাবে শুনানিতে বক্তব্য পেশ করতে পারেন। তাঁর বক্তব্যের সমর্থনে যাতে তিনি সমস্ত নথি প্রমাণাদি পেশ করতে পারেন রায়তকে সেই সুযোগ দিতে হবে।[১২] কিন্তু যেখানে রায়তকে শুনানির সুযোগ দেওয়া সত্ত্বেও ওই রায়ত গ্রহণ করেন নি, তখন রায়তের নির্ধারিত সর্বোচ্চ সীমার চেয়ে বেশি জমি সরকারে ন্যস্ত হওয়ার সিদ্ধান্ত রাজস্ব আধিকারিক একতরফা নিতে পারেন। রাজস্ব আধিকারিক শুনানির সুযোগ দিয়েছেন কিন্তু সংশ্লিষ্ট রায়ত সেই সুযোগ গ্রহণ করেন নি এবং শুনানিতে উপস্থিত হননি এক্ষেত্রে একতরফা (*ex parte*) সিদ্ধান্ত নিয়ে রাজস্ব আধিকারিক আইন বিরুদ্ধ কিছু করেন নি।[১৩]

১০ *সৌমেন্দ্রনাথ দাস* বনাম *পশ্চিমবঙ্গ সরকার* 2009 WBLR 809 (Cal).

১১ *শেখ মানোয়ার আলি* বনাম *পঃ বঃ সরকার* 1982(2) Cal LJ 1.

১২ *রোশনলাল* বনাম *ঈশ্বর দাস* AIR 1962 SC 646.

১৩ *উড়িষ্যা রাজ্য সরকার* বনাম *মুরলীধর* AIR 1963 SC 375; *রোশনলাল* বনাম *ঈশ্বর দাস* AIR 1962 SC 646.

২২। সেচ সেবিত এলাকা নির্ধারণ [Determination of irrigated area]. কোনও সেচ এলাকায় আছে কিনা—১৪ধ ধারায় সর্বোচ্চ সীমা অতিরিক্ত জমি সরকারে ন্যস্ত হওয়ার আগে এটি অত্যন্ত গুরুত্বপূর্ণ প্রশ্ন। পঃ বঃ ভূমি সংস্কার আইনের ১৪ঢ এবং পঃ বঃ ভূমি সংস্কার নিয়মাবলির ১৪খ বিধি অনুযায়ী নির্ধারিত কর্তৃপক্ষ এই ধরনের নির্ধারণ করবেন। কোনও জমি সেচ সেবিত এলাকায় আছে কিনা এই প্রশ্ন নির্ধারণ করতেন আগে মহকুমা ভূমি সংস্কার আধিকারিক, পঃ বঃ ভূমি সংস্কার আইনের ১৪ঢ ধারায় তিনি ছিলেন নির্ধারিত কর্তৃপক্ষ। আবেদনকারী আজ্ঞালেখ আবেদনে জানান, বিবাদীয় সমস্ত জমি-ই সেচ এলাকার মধ্যে অবস্থিত এটা রাজস্ব আধিকারিক ধরে নিয়ে ১৪ন ধারা কার্যাবলি করেছেন কিন্তু মাত্র কিছু অংশ ওই জমি সেচ সেবিত এলাকায় অবস্থিত। ১৪ন(৩) ধারায় রাজস্ব আধিকারিকের দেওয়া আদেশের বিরুদ্ধে ক্ষুব্ধ হওয়ার যথেষ্ট কারণ রয়েছে। নির্ধারিত কর্তৃপক্ষ জমির প্রকৃতি (nature of land) সম্বন্ধে কোনও সিদ্ধান্ত নিলে রাজস্ব আধিকারিককে তা মানতে হবে। যেহেতু রাজস্ব আধিকারিক ওই বিষয়টি বিবেচনা করতে ব্যর্থ হয়েছিলেন সুতরাং মহামান্য বিচারক রাজস্ব আধিকারিকের দেওয়া ১৪ন(৩) ধারার আদেশ বাতিল করেন সংবিধানের ২২৬ অনুচ্ছেদ অনুযায়ী।[১৪]

এর পরে রাজ্য সরকার রাজস্ব আধিকারিককে পঃ বঃ ভূমি সংস্কার আইনের ১৪ঢ(১) ধারার নির্ধারিত কর্তৃপক্ষ হিসাবে নিয়োজিত করেন বিজ্ঞপ্তি নং ৩৮৩৮-এল. রেফ্., তাং ১৬.১১.১৯৭৮ দ্বারা। এই বিজ্ঞপ্তি প্রকাশের পর যে রাজস্ব আধিকারিকের কাছে রায়ত ১৪ন(১) বা (২) ধারায় বিবরণী জমা দেবেন তিনি ১৪ঢ(১) ধারায় নির্ধারিত কর্তৃপক্ষ হিসাবে কর্ম সম্পাদন করবেন, তিনি এটা স্থির করবেন যে কোনও জমি সেচ সেবিত কিনা। রায়ত যখন কোনও রাজস্ব আধিকারিকের কাছে এই মর্মে অভিযোগ জানাবেন যে কোনও জমি বা ওই জমির অংশ সেচ সেবিত এলাকার মধ্যে নয়, ওই একই রাজস্ব আধিকারিক যিনি রায়তের জমির সর্বোচ্চ সীমা নির্ধারণ করে অতিরিক্ত জমি সরকারে ন্যস্ত করবেন, প্রথমে তিনি ১৪ঢ ধারার সমস্যা সমাধান করবেন। অর্থাৎ সেচ সেবিত এলাকায় ওই জমি পড়ে কিনা সেটা আগে নির্ধারণ করবেন তারপর ১৪ন(৩), ১৪(ধ) ধারায় জমি সরকারে ন্যস্ত হবে কিনা তা নির্ধারণ করবেন। *রিয়াজুদ্দিন*

১৪ *শেখ মানোয়ার আলি* বনাম *পঃ বঃ সরকার* 1982(2) Cal LJ 1.

আহম্মদ বনাম *পঃ বঃ সরকার*[১৫] মামলায় রাজস্ব আধিকারিক সেচ সেবিত এলাকায় কোনও জমি পড়ে কিনা তা নির্ধারণ না করে ১৪ন(৩) ধারায় আদেশ দান করেন। মহামান্য আদালত ১৪ন(৩) ধারায় দেওয়া রাজস্ব আধিকারিকের ওই আদেশ বাতিল করেন। এই মামলায় এই অভিযোগ করা হয় যে—বেশ কিছু এলাকা যদিও রাজ্য সেচখাল প্রকল্প বা রাজ্য বিদ্যুৎ চালিত গভীর নলকূপ প্রকল্প অথবা রাজ্য নদীজলোত্তলন প্রকল্প দ্বারা সেচের জল পায় না। ওই জমিগুলিকে "সেচ সেবিত এলাকা" এলাকা হিসাবে গণ্য না করার আবেদন জানানো হয়। কিন্তু সংশ্লিষ্ট রাজস্ব আধিকারিক তাঁর সর্নিবন্ধ অনুরোধ (plea) বাতিল করেন এবং সরকারের জারি করা বিজ্ঞপ্তি নং ৭৩৫২-ই রেফ্. কলিকাতা, তাং ১.৭.১৯৭১-কে একমাত্র যুক্তি হিসাবে নিয়ে সরকারি বিজ্ঞপ্তিতে যে যে এলাকা সেচ সেবিত হিসাবে দেখানো আছে সেগুলিকে "সেচ সেবিত এলাকা" হিসাবে ঘোষণা করেন এবং সেই হিসাব অনুসারে জমি সরকারে ন্যস্ত করেন। মহামান্য কলিকাতা হাইকোর্ট রাজস্ব আধিকারিকের ওই আদেশ বাতিল করেন এবং পুনরায় শুনানির নির্দেশ দেন। মহামান্য হাইকোর্ট এই নির্দেশও দেন যে পঃ বঃ ভূমি সংস্কার আইনের ১৪ট(ঘ) ধারার দৃষ্টিভঙ্গী সঠিকভাবে আলোকপাত করার জন্য। বিবাদীয় জমি সত্যিই সেচ সেবিত এলাকায় কিনা তা দেখতে বলে।

আবার অন্য একটি মামলায় কলিকাতা হাইকোর্টের মহামান্য একক বিচারক (single judge) রায় দান প্রসঙ্গে জানান পঃ বঃ ভূমি সংস্কার আইনের ২খ পরিচ্ছেদ এর জন্য কোনও একটা এলাকা সেচ সেবিত কিনা তা বিবেচনার জন্য দেখতে হবে উক্ত এলাকা সরকারি বিজ্ঞপ্তি অনুযায়ী গেজেট বিজ্ঞপ্তি দ্বারা সেচ সেবিত এলাকা কিনা। কিন্তু পঃ বঃ ভূমি সংস্কার আইনের ১৪ঢ ধারা অনুযায়ী কোনও এলাকা সেচ সেবিত কিনা এটা বিচার বিবেচনার জন্য সরকারি বিজ্ঞপ্তি চূড়ান্ত প্রমাণ নয়। যদি কোনও এলাকা ওই ধরনের বিজ্ঞপিত হিসাবে গেজেটে প্রকাশিত হয়েও থাকে তবুও কোনও বিবাদ দেখা দিলে নির্ধারিত কর্তৃপক্ষ পঃ বঃ ভূমি সংস্কার নিয়মাবলির ১৪খ বিধি অনুযায়ী নিষ্পত্তি করবেন। বর্তমান মামলায় রাজস্ব আধিকারিক আবেদনকারীকে ১৪ণ [s. 14O] ধারায় আপিল দাখিল করার সুযোগ থেকে বঞ্চিত করেছেন। কোনও মৌজা সেচ সেবিত কি না তা বিচারের জন্য সরকারি বিজ্ঞপ্তিকেই একমাত্র চূড়ান্ত প্রমাণ

১৫ 1982(1) Cal LJ 424.

হিসাবে ধরেছেন। মহামান্য কলিকাতা হাইকোর্টের একক বিচারক (single judge) রাজস্ব আধিকারিকের আদেশ বাতিল করেন। রাজস্ব আধিকারিককে পুনরায় বিচারের নির্দেশ দেন।[১৬]

যখন কোনও প্রশ্ন উঠবে যে কোনও জমি সেচ সেবিত কিনা, তখন সংশ্লিষ্ট রাজস্ব আধিকারিক আগে ওই প্রশ্নের মীমাংসা করবেন, তারপর তিনি সর্বোচ্চ সীমা নির্ধারণের পরবর্তী পদক্ষেপ নেবেন। *রাধাবল্লভ রায়* বনাম *রাজস্ব আধিকারিক খণ্ডঘোষ সেটেলমেন্ট সার্কেল অফিস*।[১৭] মামলায় দেখা যায় সংশ্লিষ্ট রাজস্ব আধিকারিক রায়তের জমি সেচ সেবিত এলাকায় ধরে নিয়ে জমির সর্বোচ্চ সীমা নির্ধারণ করেছেন, যা আইন মোতাবেক ঠিক নয়। রায়ত রাজস্ব আধিকারিককে বলেন যে উক্ত জমি সেচ সেবিত এলাকায় নয়, কিন্তু রায়তের বক্তব্যে গুরুত্ব না দিয়ে সংশ্লিষ্ট রাজস্ব আধিকারিক জমি ভেস্ট করেন। রাজস্ব আধিকারিকের উক্ত নিষ্ক্রিয়তার (inaction of R.O.) বিরুদ্ধে রায়ত মহামান্য আদালতে মামলা দায়ের করেন। মহামান্য আদালত এই রায় দেন যে—আগে সিদ্ধান্ত নিতে হবে যে, সংশ্লিষ্ট জমি সেচ এলাকায় কি না, তারপরে রায়তের জমি সরকারে ন্যস্ত হবে কি না সে ব্যাপারে পরবর্তী কার্যক্রম রাজস্ব আধিকারিক নেবেন।

২৩। নিবন্ধীকৃত দলিল রাজস্ব আধিকারিক প্রত্যাখ্যান করতে পারেন কিনা [Whether R.O. can refuse the registered deed]. আকিমন্নেসা বিবির নামে আর. এস. (R.S.) রেকর্ডে কিছু জমি নথিভুক্ত ছিল। যদিও ওই জমির বেশি ভাগই আকিমন্নেসা বিবি ১৯৩৩ সালে হেবানামা (দানপত্র বা gift) দ্বারা রেজিস্ট্রি করে হস্তান্তর করেন। কিন্তু যাদের নামে ওই হেবানামা করা হয়েছিল তাঁরা ওই হেবানামা মূলে স্বত্বলিপি সংশোধন করেন নি। অর্থাৎ আকিমন্নেসা বিবির নামেই আর. এস. (R.S.) রেকর্ডে ওই জমিগুলি রয়ে গিয়েছিল।

রাজস্ব আধিকারিক ওই আর. এস. (R.S.) রেকর্ড অনুযায়ী আকিমন্নেসা বিবির নামে ১৪ন(৩) ধারায় কার্যাবলি আরম্ভ করেন এবং জমির সর্বোচ্চ সীমা নির্ধারণ করেন। যাঁদের নামে নিবন্ধীকৃত হেবানামা করা হয়েছিল তাঁরা ওই নিবন্ধীকৃত হেবানামা রাজস্ব আধিকারিককে দেখান এবং জানান আকিমন্নেসা বিবির সর্বোচ্চ সীমা অতিরিক্ত (ceiling surplus) কোনও জমি আদৌ নেই।

১৬ *রেবা খাতুন* বনাম *পঃ বঃ সরকার* 1986(2) CHN 126.
১৭ 1988(2) Cal LJ 445.

১৯৩৩ সালে নিবন্ধীকৃত হেবানামা (দানপত্র) দ্বারা আকিমন্নেসা বিবি ওই জমি হস্তান্তর করেন। রাজস্ব আধিকারিক ওই নিবন্ধীকৃত দানপত্র (হেবানামা) টি বাতিল (discard) করেন এবং কার্যাবলি এই যুক্তিতে চালু রাখেন যে ওই জমির উপর ন্যায়সংগত অধিকার (title) রয়েছে আকিমন্নেসা বিবির। মহামান্য আদালত জানান এই ধরনের সিদ্ধান্ত নেওয়ার অধিকার রাজস্ব আধিকারিকের নেই। মহামান্য আদালত জানান এরকম হতে পারে যে হস্তান্তরিত নথি সংশ্লিষ্ট পক্ষ দ্বারা কার্যকর করা হয় না কিন্তু একমাত্র দেওয়ানি আদালত (civil court) ওই ধরনের অধিকার ভোগ করেন। কিন্তু রাজস্ব আধিকারিক তা পারেন না। কোনও নিবন্ধীকৃত দলিল দেওয়ানি আদালত দ্বারা অবৈধ ঘোষণা না হলে রাজস্ব আধিকারিক বাতিল করতে পারবেন না। রাজস্ব আধিকারিকের দেওয়া পঃ বঃ ভূমি সংস্কার আইনের ১৪ন(৩) ধারার আদেশ মহামান্য হাইকোর্ট বাতিল করেন।[১৮]

২৪। ওয়াকফ সম্পত্তির সর্বোচ্চ সীমা নির্ণয় [Determination of ceiling limit of Waqf property]. কোনও সম্পত্তি যখন 'ওয়াকফ-আলাল-আওলদ' হিসাবে গঠিত, মহামান্য উচ্চ ন্যায়ালয়ের ডিভিশন বেঞ্চ জানিয়েছেন ওয়াকফ কমিশনার দ্বারা মনোনীত মতওয়ালি রায়ত হিসাবে বিবেচিত হতে পারেন না। এক্ষেত্রে রায়ত সর্বশক্তিমান আল্লাহ্ এবং ১৪ড(১)(ঙ) ধারা [s. 14M(1)(e)] অনুযায়ী তিনি "অন্য যে কোন রায়ত" হিসাবে বিবেচিত হবেন এবং ওই ধারা অনুযায়ী ৭.০০ হেক্টর জমি রাখার অধিকারী। এছাড়া উক্ত জমি যদি অকৃষি অঞ্চলে হয় তবে এক হেক্টর = ১.৪০ প্রমাণ হেক্টর হিসাবে হিসাব করা হবে। ওয়াকফ-আলাল- আওলদ মোট যে জমি রাখতে পারবেন তার পরিমাণ হবে ৯.৯৮ হেক্টর। বর্তমান মামলাটিতে ওয়াকফের অধীনে ২৫ একর জমি আছে। রাজস্ব অধিকারী মতওয়ালীকে একজন রায়ত হিসাবে গণ্য করে মাত্র ৭.৩০ একর জমি রাখার আদেশ দিয়েছেন এবং বাকি ৭.২৫ একর জমি খাস হিসাবে ঘোষণা করেন এবং W.B.L.R.T.T. ওই আদেশকে সমর্থন করেছিলেন।

রাজস্ব আধিকারিক এবং W.B.L.R.T.T., উভয়ের আদেশ-ই মহামান্য ডিভিশন বেঞ্চ খারিজ করেছেন এবং আদেশ দেন, উক্ত ওয়াকফের কোনও জমি পশ্চিমবঙ্গ ভূমি সংস্কার আইন অনুযায়ী সরকারের অনুকূলে খাস হয়নি।[১৯]

১৮ *জাহানারা খাতুন* বনাম *রাজস্ব আধিকারিক* 1986(2) CHN 17.

১৯ *শেখ আব্দুল রৌফ ওয়াকফ* বনাম *পশ্চিমবঙ্গ সরকার* 2008(2) CHN 249 (Cal) (DB).

২৫। রাজস্ব আধিকারিক মুসলিম মৌখিক দান প্রত্যাখ্যান করতে পারেন কিনা [Whether R.O. can refuse an oral gift by a Mohammedan]. পশ্চিমবঙ্গ ভূমি সংস্কার আইনের ১৪ন(৩) ধারায় রাজস্ব আধিকারিকের দেওয়া ন্যস্ত হওয়ার আদেশের বিরুদ্ধে মহামান্য কলিকাতা হাইকোর্টে ওই রায়কে চ্যালেঞ্জ করে মামলা দায়ের করা হয়। আবেদনে জানানো হয় যে আবেদনকারী একজন মুসলমান এবং তিনি তাঁর জমিগুলিকে তাঁর পাঁচ পুত্রকে মৌখিক দান (oral gift) করেছেন এবং তিনি একজন মুসলমান হিসাবে মুসলিম ব্যক্তিগত আইন অনুযায়ী ওই মৌখিক দান করতে পারেন। যেহেতু তিনি কোনও নিবন্ধীকৃত দানপত্র (Registered Gift Deed) করেন নি, সেই কারণে রাজস্ব আধিকারিক তাঁর যুক্তি বাতিল করেন। মহামান্য আদালত জানান মুসলিম দান মৌখিক হতে পারে তবে কতগুলি শর্ত পূরণ করতে হবে—(ক) দেওয়া ইচ্ছা প্রকাশ (manifestation of the wish to give), (খ) দানগ্রহীতার দান গ্রহণ করায় স্বীকৃতি (acceptance by the donee) এবং (গ) দানগ্রহীতা দ্বারা দখল গ্রহণ করা (taking of possession by the donee) উপরোক্ত কারণগুলি আলোচনাক্রমে মহামান্য আদালত রাজস্ব আধিকারিকের দেওয়া ন্যস্ত হওয়ার আদেশ বাতিলের নির্দেশ দেন।[২০]

পশ্চিমবঙ্গ ভূমি সংস্কার আইনের ৫ নং ধারা অনুযায়ী রায়ত কোনও জমি বা তার অংশ হস্তান্তর করলে তা অবশ্যই নিবন্ধীকৃত হতে হবে। নিবন্ধীকৃত হয়নি এরকম কোনও হস্তান্তর রাজস্ব আধিকারিক অগ্রাহ্য করতে পারেন।

২৬। 'প্রবেট নেওয়া হয়নি' এরকম ইচ্ছাপত্রের [Will] উপর ভিত্তি করে রাজস্ব আধিকারিক জমির সর্বোচ্চ সীমা নির্ধারণ করতে পারেন না [Revenue Officer cannot determine the ceiling area of a land on the basis of a will which has not been probated]. রাজস্ব আধিকারিকের দেওয়া ১৪ন(৩) ধারা অনুসারে কার্যাবলিতে অসন্তুষ্ট হয়ে আবেদনকারী উচ্চ ন্যায়ালয়ে আবেদনপত্র পেশ করেন। ইতিমধ্যে W.B.L.R.T.T. গঠিত হওয়ায় উক্ত মামলাটি মহামান্য উচ্চ ন্যায়ালয় W.B.L.R.T.T.-তে প্রেরণ করেন। সংশ্লিষ্ট মহামান্য ট্রাইব্যুনাল চণ্ডীতলা সমষ্টি ভূমি ও ভূমি সংস্কার আধিকারিকের কাছে মামলার রায় দান প্রসঙ্গে নির্দেশ জানান যেহেতু পুর্বের ১৪ন(৩) ধারায় সম্পন্ন করা তদন্তটি সঠিকভাবে হয়নি

২০ *মহঃ মহসীন হোসেন* বনাম *পঃ বঃ সরকার* Cal LT 1992(2) HC 293.

সেইজন্য পুনরায় কার্যাবলি আরম্ভ করা হোক। রাজস্ব আধিকারিক পুনরায় যে কার্যাবলি আরম্ভ করলেন বর্তমান আবেদনকারী তাকে (*res judicata*) অনুসারে চ্যালেঞ্জ করেন, কারণ বিষয়টি (big *Raiyat*)-এর মামলায় ২.২.১৯৭৯ তারিখে চূড়ান্ত নিষ্পত্তি হয়ে গিয়েছে। কিন্তু সমষ্টি ভূমি ও ভূমি সংস্কার আধিকারিক, চণ্ডীতলা আবেদনকারী পিতার ২১.৫.১৯৬১ তারিখের একটি 'প্রবেট নেওয়া হয়নি' এরকম ইচ্ছাপত্রকে বিবেচনা করলেন। যে ইচ্ছাপত্রে আবেদনকারীর পিতা অর্ধেক জমি আবেদনকারীকে এবং বাকী অর্ধেক জমি অন্য এক পুত্রকে দিয়েছিলেন। 'প্রবেট নেওয়া হয়নি' ইচ্ছাপত্রের উক্ত জমি আবেদনকারীর জমির সাথে যোগ করে ১৫.২.১৯৭১ তারিখে নির্ধারিত সীমা অতিরিক্ত জমি হিসাবে গণনা করেন এবং আবেদনকারীর জমির সাপেক্ষে খাস ঘোষণা করেন। উক্ত আদেশের বিরুদ্ধে আবেদনকারী আপিল কর্তৃপক্ষের কাছে আপিল করেন, আপিল কর্তৃপক্ষ এবং পরবর্তী ক্ষেত্রে W.B.L.R.T.T. ও রাজস্ব আধিকারিকের দেওয়া আদেশকে বহাল রাখেন।

W.B.L.R.T.T.-র দেওয়া আদেশের বিরুদ্ধে আবেদনকারী মহামান্য ডিভিশন বেঞ্চে আবেদনপত্র পেশ করেন। মহামান্য ডিভিশন বেঞ্চ লক্ষ্য করেন জমি খাস হওয়ার আদেশ দানের পূর্বে আবেদনকারীর পিতা হরিচরণ চট্টোপাধ্যায় পরলোক গমন করেন এবং ১৯৫৬ সালের হিন্দু উত্তরাধিকার আইন অনুযায়ী সমুদয় সম্পত্তি উক্ত মৃত্যুর দিনেই তার পাঁচজন উত্তরাধিকারী লাভ করেন এবং আবেদনকারী তিনটি মৌজায় সমুদয় সম্পত্তির $\frac{১}{৫}$ অংশ পান। মাননীয় ডিভিশন বেঞ্চ আরও লক্ষ্য করেন ২১.৫.১৯৬১ তারিখের ইচ্ছাপত্রটি (Will) প্রবেট নেওয়া হয়নি এবং 'প্রবেট না নেওয়া' ইচ্ছাপত্রের উপর ভিত্তি করে রাজস্ব আধিকারিক আবেদনকারী জমির যে মোট পরিমাণ হিসাব করেছেন তা তিনি করতে পারেন না। তিনি তার পিতার সমুদয় সম্পত্তির $\frac{১}{৫}$ অংশ পেয়েছেন উত্তরাধিকার সূত্রে, যা ১৫.২.১৯৭১ তারিখে নির্ধারিত সীমার চেয়ে কম ছিল। মহামান্য ডিভিশন বেঞ্চ আরও জানান সংশ্লিষ্ট আপিল কর্তৃপক্ষ ও W.B.L.R.T.T. উভয়ই রাজস্ব আধিকারিকের দেওয়া রায়কে বহাল রেখেছেন, যা উচিত হয়নি, কারণ প্রবেট নেওয়া হয়নি এরকম কোনও ইচ্ছাপত্রের উপর ভিত্তি করে রাজস্ব আধিকারিক জমির হিসাব করতে পারেন না। আবেদনকারীর বক্তব্য গ্রহণ করা সঙ্গত ছিল, তিনি উত্তরাধিকার সূত্রে পেয়েছিলেন মাত্র $\frac{১}{৫}$ অংশ জমি, যা ১৫.২.১৯৭১ তারিখে নির্ধারিত সীমা অতিক্রম করেনি এবং পশ্চিমবঙ্গ ভূমি সংস্কার আইনের ১৪ন(৩) ধারামতে

যা খাস হওয়ার যোগ্যই নয়। সুতরাং মহামান্য উচ্চ ন্যায়ালয় রাজস্ব আধিকারিকের দেওয়া আদেশ বাতিল করলেন।[২১]

২৭। কোনও ন্যাস বা উৎসর্জনমূলক সংস্থা ব্যক্তিগত না সার্বজনীন, রাজস্ব আধিকারিক তা নির্ধারণ করবেন [Revenue Officer will determine whether a trust/endowment is private or public]. কোনও ন্যাস অথবা উৎসর্জনমূলক সংস্থা অথবা ওয়াকফের জমি রায়ত হিসাবে নির্ধারণ করার আগে রাজস্ব আধিকারিককে দেখতে হবে ওই ন্যাস বা উৎসর্জনমূলক সংস্থা বা ওয়াকফ সত্যিই সাধারণের কল্যাণের উদ্দেশ্যে পরিচালিত কিনা। কোনও দেবোত্তর সম্পত্তির ক্ষেত্রে বলা যায়, ওই দেবোত্তর সম্পত্তি সেবাপূজার জন্য ব্যবহৃত হলে দেখতে হবে সম্পূর্ণরূপে তা হয় কিনা, যদি হয় তবে ওই দেবোত্তর বাস্তবিক-ই সম্পূর্ণ দেবোত্তর (absolute *debuttar*)। আর যদি ওই দেবোত্তর সম্পত্তি সাধারণের সম্পূর্ণ কল্যাণে ব্যবহৃত না হয় তবে বুঝতে হবে ওই দেবোত্তর সম্পত্তি রায়তের নিজস্ব জমি। রাজস্ব আধিকারিককে সবার আগে দেখতে হবে যে, উৎসর্গ (dedication) যা করা হয়েছে তা সম্পূর্ণ কিনা (absolute or not)। অর্থাৎ রাজস্ব আধিকারিক দেখবেন ন্যাস বা উৎসর্জনমূলক সংস্থা (endowment) বলে যা বলা হচ্ছে সেটা ব্যক্তিগত ন্যাস বা উৎসর্জনমূলক সংস্থা অথবা সার্বজনীন অছি বা বৃত্তিমূলক সংস্থা। ঠিক একইরকমভাবে রাজস্ব আধিকারিক দেখবেন ওয়াকফের ক্ষেত্রে উক্ত ওয়াকফের প্রকৃতি সার্বজনীন কিনা।[১]

১৯৮১ সালের পঃ বঃ ভূমি সংস্কার (সংশোধন) আইন [১৯৮১ সালের পশ্চিমবঙ্গের ৫০ নং আইন] দ্বারা ধারা ১৪ন-এর (৬) উপধারাটি মূল আইনে যুক্ত করা হয়েছে। এটি কার্যকর করা হয়েছে ৭.৮.১৯৬৯ তারিখ থেকে। উক্ত ১৪ন(৬) ধারায় রাজস্ব আধিকারিককে ক্ষমতা দেওয়া হয়েছে কোনও ন্যাস বা উৎসর্জনমূলক সংস্থা অথবা ওয়াকফ সম্বন্ধে তদন্ত করা যে উক্ত ন্যাস বা উৎসর্জনমূলক সংস্থা বা ওয়াকফ ব্যক্তিগত বা সার্বজনীন কিনা। কোনও আবেদনপত্রের ভিত্তিতে অথবা রাজস্ব আধিকারিক স্বেচ্ছায় (*suo motu*) এই তদন্ত করতে পারেন। রাজস্ব আধিকারিক তদন্ত করে দেখবেন ওই সংস্থাগুলি সম্পূর্ণ ধর্মীয় বা দাতব্য উদ্দেশ্যে (religious or charitable purpose) পরিচালিত হচ্ছে কিনা অথবা উভয় উদ্দেশ্যে কাজ করছে কিনা। ওই তদন্ত

২১ *গোলাপ কান্তি চট্টোপাধ্যায়* বনাম *পশ্চিমবঙ্গ সরকার* 2011(2) CHN 24.

১ *রাম গোপাল গোস্বামী* বনাম *পঃ বঃ সরকার* 1990 CWN 763; *শেখ মনোয়ার আলি* বনাম *পঃ বঃ সরকার* 1982(2) Cal LJ 1.

সম্পূর্ণ করে প্রয়োজনে সর্বোচ্চ সীমা অতিরিক্ত জমি নির্ধারিত হলে ১৪ধ ধারায় রাজস্ব আধিকারিক তা সরকারে ন্যস্ত করবেন। তদন্ত ও সিদ্ধান্ত নেওয়ার সময় রাজস্ব আধিকারিক নিম্নলিখিত বিষয়গুলি বিবেচনা করবেন।

(ক) জমির আয় বা জমি থেকে উৎপন্ন দ্রব্যের প্রকৃত ব্যবহারকারী,

(খ) কৃষি কাজের পদ্ধতি,

(গ) জমি ব্যবহারের পদ্ধতি এবং

(ঘ) ন্যাস বা উৎসর্জনমূলক সংস্থার ম্যানেজার দ্বারা অথবা ম্যানেজারের পক্ষে সেবাইত, মতওয়ালি অথবা অন্য কোনও লোক যিনি ওই ন্যাস বা উৎসর্জনমূলক সংস্থা পরিচালনা করেন তিনি ও জমির আয়ের অংশ বা জমি থেকে উৎপন্ন দ্রব্য যে পদ্ধতিতে ভোগ করেন তা সঠিক কিনা।

যদি রাজস্ব আধিকারিক তদন্তে দেখেন যে, ওই সংস্থা ব্যক্তিগত উদ্দেশ্যে পরিচালিত, তবে ওই সংস্থার সমস্ত জমি যিনি পরিচালনা করছেন তাঁর ব্যক্তিগত জমি হিসাবে হিসাব করবেন। রাজস্ব আধিকারিক যদি দেখেন সত্যিই সার্বজনীন উদ্দেশ্যে ওই সংস্থা পরিচালিত, তবে ওই সংস্থাকে নির্ধারিত প্রমাণ হেক্টর রাখতে দিয়ে বাকী জমি সরকারে ন্যস্ত হবে।

শ্রীশ্রী লক্ষ্মী জনার্দন ঠাকুর বনাম *সমাহর্তা এবং জেলা ভূমি ও ভূমি সংস্কার আধিকারিক*[২] মামলায় দেখা যায় প্রদত্ত সম্পত্তির মালিক শ্রীশ্রী লক্ষ্মী জনার্দন ঠাকুর এবং দলিলের মাধ্যমে তা হস্তান্তর করা হয়েছে, কিন্তু আবেদনকারীগণ এমন কোনও নথি/প্রমাণ দেখাতে পারেননি যার দ্বারা প্রমাণিত হবে যে ওই সম্পত্তি সার্বজনীন (public nature) সুতরাং, দলিলের সম্পত্তি ব্যক্তিগত দেবতার পক্ষে হস্তান্তর করা হয়েছে এবং জমির সর্বোচ্চ সীমা স্থির করতে হবে।

২৮। W.B.L.R.T.T. রাজস্ব আধিকারিককে নতুন করে তদন্ত করার নির্দেশ দিতে পারে না যেখানে মহামান্য উচ্চ ন্যায়ালয় রাজস্ব আধিকারিকের আদেশ খারিজ করেছেন [Revenue Officer cannot order for fresh enquiry where the High Court dismissed the order of R.O.]. রাজস্ব আধিকারিকের ধারা ১৪ন(৩) ও ১৪ন(৪) [s. 14T(3) & 14T(4)] অনুযায়ী একটি কার্যাবলির আদেশ মহামান্য উচ্চ ন্যায়ালয়ের একক বেঞ্চ (Single Bench) বাতিল করেন এবং ইতিমধ্যে "পাট্টা" দেওয়া হয়ে থাকলে তাও

২ 2004(3) CHN 519 (Cal); 2005(109) CWN 41.

বাতিল করার নির্দেশ দেন। যেহেতু কোনও আপিল দায়ের হয়নি ওই রায়ের বিরুদ্ধে সুতরাং ধরে নেওয়াই যায় ওই একক বেঞ্চের রায় চূড়ান্ত রূপ পেয়েছে। এইরকম অবস্থায় W.B.L.R.T.T. কোনওভাবেই রায়তের নির্দিষ্ট সর্বোচ্চ সীমার অতিরিক্ত জমি আছে কিনা তা নির্ধারণ করতে অনুসন্ধান করার জন্য রাজস্ব আধিকারিককে নির্দেশ দিতেই পারে না, তার সে এক্তিয়ার, কর্তৃত্ব/ক্ষমতা নেই। মহামান্য উচ্চ ন্যায়ালয়ের যে আদেশ চূড়ান্ত রূপ পেয়েছে তার শীর্ষে অবস্থান করার কোনও আইনসম্মত অধিকার W.B.L.R.T.T. নেই। রাজস্ব আধিকারিককে নতুন করে ১৪ন(৩) ও ১৪ন(১০) ধারায় তদন্ত করার নির্দেশ দিতে পারে না W.B.L.R.T.T.। মহামান্য কলিকাতা উচ্চ ন্যায়ালয়ের ডিভিশন বেঞ্চ ওই আদেশকে অবৈধ ও আইনবিরুদ্ধ হওয়ায় খারিজ করেন। যেহেতু ইতিমধ্যে নির্দিষ্ট কর্তৃপক্ষ দ্বারা পাট্টাগুলিও বাতিল করা হয়েছে এবং ডিভিশন বেঞ্চ উচ্চ ন্যায়ালয়ের আদেশ অনুযায়ী সংশ্লিষ্ট স্বত্বলিপি সংশোধনের নির্দেশ দিয়েছেন।[৩]

২৯। নিবন্ধীকৃত নথি দ্বারা হস্তান্তর হলে, রাজস্ব আধিকারিক তা চ্যালেঞ্জ করতে পারেন কিনা [Transfer by registered instrument—Revenue Officer, if can challenge]. কোনও হস্তান্তর নিবন্ধীকৃত নথি দ্বারা হস্তান্তরিত হলে রাজস্ব আধিকারিক ওই নিবন্ধীকৃত নথি (registered instrument)-কে অস্বীকার করতে পারেন না যদি না ওই নিবন্ধীকৃত নথি আইনের দ্বারা বাতিল ঘোষিত না হয়। ওই নথি অনুযায়ী সম্পত্তির উপর যার ন্যায়সঙ্গত অধিকার বর্তায় রাজস্ব আধিকারিক তাঁকে অগ্রাহ্য (ignore) করবেন না। যদি আইনের বিধান দ্বারা কোনও নথি/দলিল অবৈধ বা বাতিল ঘোষিত হয় তবেই রাজস্ব আধিকারিক ওই নথি/দলিলকে অগ্রাহ্য করতে পারেন। ওই দলিল বৈধ না অবৈধ, মিথ্যা তথ্য দিয়ে প্রস্তুত হয়েছে কিনা ইত্যাদি প্রশ্ন রাজস্ব আধিকারিক তুলতে পারেন না।[৪]

৩০। অস্থায়ী ইজারার অধীন সম্পত্তি [Property under temporary lease]. ১৯৬১ সালের মহারাষ্ট্র এগ্রিকালচারাল ল্যান্ড (সিলিং অন হোল্ডিং) আইনের অধীন একটি মামলায় সুপ্রীম কোর্টে এই প্রশ্ন উঠেছিল যে, কোনও ব্যক্তি কোনও সম্পত্তি অস্থায়ী ইজারা হিসাবেঠ নিলে ওই সম্পত্তি তাঁর জমির হিসাব করার সময় ধরা হবে কিনা। ইজারার নির্দিষ্ট সময়সীমা অতিক্রম হয়ে গেলেই যেহেতু ওই ইজারা গ্রহীতা অধিকার শেষ হয়ে যায় সুতরাং যে ব্যক্তি

৩ *রানী বালা জানা* বনাম *পশ্চিমবঙ্গ সরকার* 2008(4) CHN 460 (DB).

৪ *কুতুবুদ্দিন আহম্মদ* বনাম *পঃ বঃ সরকার* 1981(1) CHN 254.

ইজারা নিচ্ছেন তাঁর জমির সর্বোচ্চ সীমা নির্ধারণ করার সময় ওই জমি তাঁর জমির মধ্যে ধরা হবে না।[৫]

৩১। ১৪ন (৪) উপধারা [Sub-section (4) of s. 14T]. উপযুক্ত কারণ ছাড়া কোনও রায়ত যদি নির্দিষ্ট সময়ের মধ্যে ১৪ন(১) অথবা (২) ধারা অনুযায়ী বিবরণী জমা না দেন রাজস্ব আধিকারিকের কাছে তবে তিনি শাস্তিযোগ্য অপরাধ করবেন। প্রথমে এই অপরাধের শাস্তি ছিল ১০০০.০০ (এক হাজার) টাকা জরিমানা, ১৯৭৬ সালের পঃ বঃ ভূমি সংস্কার (সংশোধন) আইন দ্বারা এই জরিমানা হয়েছে ২০০০.০০ (দুই হাজার) টাকা অথবা পাঁচ বছর কারাদণ্ড অথবা উভয় প্রকার। রাজস্ব আধিকারিকের লিখিত অনুমতিক্রমে ফৌজদারি আদালতে সংশ্লিষ্ট বিচারক এর বিচার করবেন।

৩২। উপধারা (৭)—আপিলের অধিকার [Sub-section (7) right of appeal]. যদি কোনও ব্যক্তি ধারা ১৪ন-এর (৩), (৩ক), (৫) অথবা (৬) নং উপধারায় রাজস্ব আধিকারিকের দেওয়া রায়ে অসন্তুষ্ট হন, তিনি পঃ বঃ ভূমি সংস্কার আইনের ৫৪ নং ধারায় আপিল করতে পারেন। সমাহর্তা পদ মর্যাদার নীচের কোনও রাজস্ব আধিকারিক কোনও রায় দিলে, সেই রায়ের বিরুদ্ধে আপিল করতে হবে সমাহর্তার কাছে। আবার সমাহর্তার রায়ের বিরুদ্ধে আপিল করতে হবে বিভাগীয় কমিশনারের কাছে। তবে ৫৪(৩) ধারা অনুযায়ী সমাহর্তা কোনও আপিল মামলা তাঁর অধস্তন কর্তৃপক্ষের কাছে পাঠাতে পারেন। তবে যাঁর রায়ের বিরুদ্ধে আপিল, সমাহর্তা তাঁর চেয়ে উঁচু পদমর্যাদার কোনও আধিকারিকের কাছে পাঠাবেন। [বিস্তারিত ৫৪ ধারার আলোচনায় আছে।]

৩৩। চূড়ান্ত আদেশের বিরুদ্ধে আপিল করতে হবে [Appeal to be filed against the final order]. পশ্চিমবঙ্গ ভূমি সংস্কার আইনের ১৪ন(৭) ধারা অনুযায়ী কোনও ব্যক্তি রাজস্ব আধিকারিকের দেওয়া ১৪ন(৩), (৩ক), (৫) এবং (৬) নং ধারার বিরুদ্ধে আপিল করতে পারেন। এই আপিল করতে হবে ৫৪ ধারা অনুযায়ী। তবে ৫৪(৪) ধারা অনুযায়ী আপিলে যে আদেশ দেওয়া হবে সেটা হবে চূড়ান্ত। এছাড়া একমাত্র চূড়ান্ত আদেশের বিরুদ্ধেই আপিল করা যাবে। কোনও সংলাপী (interlocutory) আদেশের বিরুদ্ধে আপিল করার বিধান আইনে নেই।

৩৪। আপিলের সময়সীমা [Limitation for appeal]. পশ্চিমবঙ্গ ভূমি সংস্কার আইনের ৫৫ নং ধারায় আপিলের সময়সীমা স্থির করা আছে। সমাহর্তার

৫ *রামচন্দ্র জাধার* বনাম *মহারাষ্ট্র সরকার* AIR 1990 SC 751; JT 1989(3) SC 443.

(collector) কাছে আপিল করতে হবে—ত্রিশ দিনের মধ্যে এবং বিভাগীয় কমিশনারের কাছে হলে ষাট দিনের মধ্যে আপিল করতে হবে। যেহেতু পঃ বঃ ভূমি সংস্কার আইনের ১৪ন(৭) ধারায় আপিলের বিশেষ সময়সীমার উল্লেখ করা নেই, সেইজন্য পঃ বঃ ভূমি সংস্কার আইনের ৫৫ ধারায় উল্লিখিত সময় সীমা-ই নির্দিষ্ট ধরতে হবে।

৩৫। ১৪ন(১০) ধারায় নতুন বিবরণী [Fresh return under s. 14T(10)]. প্রত্যেক রায়তকে নতুন করে জমির বিবরণী জমা দেওয়ার জন্য ১৪ন(১০) এবং ১৪ন(১১) ধারা যুক্ত করা হয়েছে। ১৯৬৫ সালের পঃ বঃ ভূমি সংস্কার নিয়মাবলির ১৪গ(৪) বিধি এই উদ্দেশ্যে প্রস্তুত করা হয়েছে।

৭কক (7AA) নিদর্শে প্রত্যেক রায়তকে নতুনভাবে বিবরণী জমা দেওয়ার জন্য রাজ্য সরকার বিজ্ঞপ্তি জারি করেছে। যে সমস্ত রায়ত সর্বোচ্চ সীমা অতিরিক্ত জমির অধিকারী হবেন তাঁরা ৭কক নিদর্শে নতুন করে বিবরণী জমা দেবেন। অকৃষি জমি এবং কৃষি জমি উভয় জমি-ই ৭কক নিদর্শে উল্লেখ করা থাকবে।

৩৬। পঃ বঃ ভূমি সংস্কার আইনের ১৪ন ধারায় পুনরায় কার্যাবলি আরম্ভ করবার ক্ষমতা রাজস্ব আধিকারিকের আছে [Revenue Officer has power to reopen the proceeding under s. 14T(3) of WBLR Act]. *হারাধন কোলে* বনাম *পঃ বঃ রাজ্য সরকার,*[৬] মামলার পূর্বের কাহিনি নিম্নরূপঃ ১৯৮৪ খ্রিষ্টাব্দে রাজস্ব আধিকারিক একটি কার্যাবলিতে পঃ বঃ ভূমি সংস্কার আইনে ভেস্টিং-এর আদেশ দেন। এই কারণ দেখিয়ে এই আদেশকে চ্যালেঞ্জ জানানো হয় যে ১৯৭৬ সালে রাজস্ব আধিকারিক একটি কার্যাবলিতে ঘোষণা করেন যে আবেদনকারীর নির্দিষ্ট সীমার অতিরিক্ত জমি ছিল না, কিন্তু দীর্ঘ ৮ (আট) বছর পর ১৯৮৪ সালে অন্য একজন রাজস্ব আধিকারিক ১৯৭৬ সালের দেওয়া রায় কে পরিমার্জন করে ঘোষণা করেন যে রিট আবেদনকারীর পঃ বঃ ভূমি সংস্কার আইনের ১৪ট ধারায় উল্লেখ করা সর্বোচ্চ সীমার চেয়েও বেশি জমি আছে এবং সর্বোচ্চ সীমার অতিরিক্ত জমি সংশ্লিষ্ট রাজস্ব আধিকারিক আইনের বিধান মেনে ভেস্ট ঘোষণা করেন।

এই আদেশকে চ্যালেঞ্জ করে রিট আবেদনকারী জানান যে একজন রাজস্ব আধিকারিক আর একজন সমমর্যাদা সম্পন্ন রাজস্ব আধিকারিকের

৬ Civil Rule 10599(w)/1984.

জারি করা রায় পরিমার্জন করে পুনরায় ভিন্ন আদেশ দিতে পারেন না। CR No. 10599(w)/1984 কে মহামান্য উচ্চ ন্যায়ালয় গ্রহণ করে। রিট কোর্ট (Writ Court) ১৯৮৪ সালে রাজস্ব আধিকারিকের জারি করা ভেস্টিং-এর আদেশটি বাতিল করে এবং নির্দিষ্ট সময়ের মধ্যে আবেদনকারীর অনুকূলে জমির স্বত্বলিপি সংশোধনের আদেশ দেয়।

CR No. 10599(w)/1984-এর আদেশের বিরুদ্ধে রাজ্য সরকার আপিল করে। বলা হয় যে আইনের চোখে CR No. 10599(w)/1984-এর রায় যুক্তিপূর্ণ নয় এবং তা খারিজযোগ্য, এবং ১৯৫৫ সালের পঃ বঃ ভূমি সংস্কার আইনে রাজস্ব আধিকারিককে পরিপূর্ণরূপে সমস্ত ক্ষমতা দেওয়া হয়েছে তিনি পূর্বে রাজস্ব আধিকারিকের রায়কে পরিমার্জন করতে পারবেন এবং পূর্বের আদেশকে পরিমার্জন করে নতুন ভাবে ভেস্টিং-এর আদেশ দিতে পারবেন। আপিল মামলার সূত্র ধরে দেখা যায় ১৯৭৬ সালে সংশ্লিষ্ট রাজস্ব আধিকারিক এই মর্মে তাঁর আদেশ দিয়েছিলেনঃ—

> "শ্রী কোলে নিয়োজিত মাননীয় আইনজীবী শ্রী দাস যে নথিপত্র পেশ করেছেন তা থেকে দেখা যায় যে শ্রী কোলে এবং তাঁর পরিবারের অতিরিক্ত জমি নেই। কিন্তু যদি দেখা যায় যে শ্রী কোলে নিয়োজিত আইনজীবী কর্তৃক পেশ করা জমির তালিকার অতিরিক্ত জমি রয়েছে, সেক্ষেত্রে কার্যাবলিটি পরিমার্জন (revise) করা হতে পারে।"

মহামান্য উচ্চ ন্যায়ালয় জানায় যে ১৯৭৬ সালে রাজস্ব আধিকারিক স্পষ্টভাবে উল্লেখ করেছেন যদি কখনও আবেদনকারীর দাখিল করা জমির তালিকা ছাড়া অতিরিক্ত জমি কোথাও চিহ্নিত হয় পুনরায় ওই কার্যাবলি পরিমার্জন করা হতে পারে। সুতরাং, ১৯৭৬ সালেই রাজস্ব আধিকারিক তাঁর আদেশের মধ্যে ১৯৭৬ সালের জারি করা আদেশকে পুনরায় উন্মুক্ত করবার সুযোগ রেখেছিলেন। রিট আবেদনকারী রাজস্ব আধিকারিকের এই বিশ্লেষণটিকে চ্যালেঞ্জ করেননি।

১৯৮৪ সালের কার্যাবলির শুনানি হয় ১০.৭.১৯৮৪ তারিখে, ১৩.৭.১৯৮৪ তারিখের মধ্যে আবেদনকারীকে প্রয়োজনীয় সমস্ত নথি জমা দিতে বলা হয়েছিল। ইতিপূর্বে সংশ্লিষ্ট দপ্তর থেকে আবেদনকারীর স্ত্রীর নামে কিছু পরিমাণ জমি খুঁজে পায়। ১০.৭.১৯৮৪ তারিখে শুনানির সময় আবেদনকারী স্বীকার করেন যে ওই চিহ্নিত নির্দিষ্ট পরিমাণ জমি তিনি অন্য একজনকে বিক্রি করেছিলেন, কিন্তু ১৩.৭.১৯৮৪ তারিখে তিনি নির্দিষ্ট কোনও নথি বা প্রমাণপত্র দেখাতে পারেননি। ওই শুনানির পর সংশ্লিষ্ট রাজস্ব আধিকারিক ৫.৫২ শতক জমি ভেস্ট করেন।

পঃ বঃ ভূমি সংস্কার আইনের ১৪ন(৩ক) ধারায় বলা হয়েছেঃ

"রাজস্ব আধিকারিক নিজের ইচ্ছায় এবং রায়তকে শুনানির সুযোগ দিয়ে ১৪ন(৩) ধারায় দেওয়া আদেশ সংশোধন করতে পারেন। কী পরিমাণ জমি ১৪ধ ধারানুসারে সরকারে ন্যস্ত হবে তা পুনরায় নির্ধারণ করতে পারেন এবং ওই ন্যস্ত জমির তিনি দখল নেবেনঃ

তবে রাজস্ব আধিকারিকের কাছে জমা হওয়া আবেদন ১৯৭৮ সালের পঃ বঃ ভূমি সংস্কার (সংশোধন) আইন বলবৎ হওয়ার আগে হলে, এই উপধারার বিধান অনুসারেই রাজস্ব আধিকারিক তার নিষ্পত্তি করবেন।"

এই অনুবিধি দেখাচ্ছে যে পূর্ববর্তী ১৪ন(৩) ধারার অধীন ভেস্টিং-এর কোনও কার্যাবলির আদেশ নতুনভাবে পর্যালোচনা ও পরিমার্জন করবার পূর্ণ ক্ষমতা রাজস্ব আধিকারিকের আছে।

১৯৮১ সালের ৫০ নং পঃ বঃ আইনানুসারে এবং ১৪ন(৩) এবং ১৪ন(৩ক) ধারা কার্যকর হয়েছে এবং ৭.৮.১৯৬৯ তারিখ থেকে এগুলি বলবৎ হওয়ার নির্দেশ আছে। এছাড়া CR No. 10599(w)/1984 মামলার রায় দেওয়া হয় ১৮.০৬.১৯৯৯ তারিখে এবং সেই দিনও পূর্বোক্ত ধারা দুটি বলবৎ ছিল।

সুতরাং রিট কোর্ট যে সিদ্ধান্ত নিয়েছিল রাজস্ব আধিকারিক আর একজন রাজস্ব আধিকারিকের আদেশ পরিমার্জন করতে পারে না তা আইনের পরিপন্থী এবং ১৪ন(৩ক) ধারার আনুবিধি কে কোনও গুরুত্ব দেয়নি। এছাড়া *প্রভাত কুমার দাস* বনাম *পঃ বঃ রাজ্য সরকার* Cal LT 1994(1) HC 232 মামলাও সঠিকভাবে পর্যবেক্ষণ করা হয়নি। সুতরাং, ডিভিশান বেঞ্চ রায় দেয় যে ১৪ন (৩ক) ধারায় কোন কার্যাবলি নতুন করে পর্যবেক্ষণ ও পর্যালোচনা করা এবং ১৪ন(৩) ধারায় পুনরায় আদেশ দানের ক্ষমতা রাজস্ব আধিকারিকের আছে এবং এই পর্যালোচনা ও পরিমার্জন কতদিনের মধ্যে করতে হবে তার কোনও নির্দিষ্ট সময় সীমা নেই। মহামান্য আদালত CR No. 10599/1984-এর রায়কে বাতিল ঘোষণা করে।[৭]

৩৭। অবিবাহিতা কন্যার বিবাহ হলে জমির উর্ধসীমাকে প্রভাবিত করে কিনা [Whether unmarried daughter being married, if ceiling to be affected]. উপরোক্ত বিষয়টি একটু অন্যভাবে অবতারণা করেছিলেন শ্রদ্ধেয় শ্রীরণজিৎ চক্রবর্তী (খড়্গপুর), প্রাথমিক পর্যায়ে তাৎক্ষনিকভাবে উত্তর দেওয়ার পর ভূমি সংস্কার বিভাগের একাধিক অভিজ্ঞতা সম্পন্ন আধিকারিকের সঙ্গে

৭ *পঃ বঃ রাজ্য সরকার* বনাম *হারাধন কোলে* FMA 487 of 2004, CAN 9988, 9996, 9989 of 2018 WBLRT 287 of 2002.

আলোচনা করি। তাদের সামনে বিষয়টি সরলীকরণের জন্য নিম্নলিখিত প্রশ্নটি রেখেছিলাম:

১৫.২.১৯৭১ তারিখে এক কন্যাসহ রামবাবুর পরিবারে সদস্য সংখ্যা ছিল ৬ জন এবং অসেচ এলাকায় মোট জমির পরিমান ছিল ১৯.০৩ একর (ধারা ১৪ড = 14M)। ওই তারিখের পর কোনও এক সময় রামবাবু ১.৭৩ একর জমি বিক্রি করেন এবং কন্যার বিবাহ দেন। স্বাভাবিক কারণে রামবাবুর পরিবারে মোট সদস্য সংখ্যা হল ৫ জন (৬-১=৫)।

প্রশ্ন: রামবাবুর জমি কি ভেস্ট হবে?

উপরোক্ত প্রশ্নের উত্তরদান বিষয়ে দুটি মতামত মিলেছে, দুই জন বাদে অধিকাংশের মত এই যে রামবাবুর জমি ভেস্ট হবে। ভূমি ও ভূমি সংস্কার বিভাগের সেই অভিজ্ঞ ব্যক্তিদের মতামত তুলে ধরা হলঃ

শশধর রাউত: পরিবার নির্ধারণ করা হয় ১৫.০২.১৯৭১ এই তারিখ অথবা পরবর্তী কোনও তারিখ ধরে। এখন কন্যার বিবাহ এই তারিখের আগে হয়ে গেলে তার জমি থাকুক বা না থাকুক সে আর তার পিতার পরিবারের মধ্যে থাকছে না। এক্ষেত্রে সে বিয়ের আগে বা পরে জমি বিক্রি করলে পিতার পরিবারের জমির উর্ধসামা নির্ধারণের জন্য সেই জমির হিসাব ধরা হবে না।

কিন্তু ১৫.২.১৯৭১ তারিখের পরে কন্যার বিবাহ হলে কন্যা তার পিতার পরিবারে ছিলেন এবং তিনি যদি ১৫.২.১৯৭১ এর পর জমি হস্তান্তর করে থাকেন তবে সেই পরিমাণ জমি অবশ্যই পিতার পরিবারের মোট জমির হিসাব করবার সময় যোগ হবে এবং ধরে নেওয়া হবে যে, হস্তান্তরিত জমি তখনও পরিবারে মধ্যে আছে। তখন পরিবারের মোট প্রাপ্য জমি রেখে অবশিষ্ট জমি ভেস্ট করা হবে।

দ্বৈপায়ন খাসনবিশ: এক্ষেত্রে ১৪প(১) ধারা apply করে ওই বিক্রি অগ্রাহ্য করে ভেস্ট করা যেতে পারে। তার পরিবারের জমির উর্ধসীমা নির্ধারণের আগে রায়ত জমি বিক্রি করতে আইনত পারে না।

মনোরঞ্জন পাত্র: একবার ভেস্টিং-এর তারিখে পরিবারের সদস্য সংখ্যা নির্ধারিত হয়ে গেলে কোনও সদস্যের মৃত্যু কিংবা বিবাহের ফলে পরিবারের সদস্য সংখ্যা কমানো বা বাড়ানো যায় না।[৮]

৮ *গোকুল পাল* বনাম *পঃ বঃ সরকার* 1988(2) CHN 41; *ঈশ্বর দধিবাহন জিউ* বনাম *প: ব: সরকার* 1998(1) CHN 383 (DB).

সুভাষ চন্দ্র সামন্ত: Family composition as on 15.2.1971 cannot be reduced because of marriage of daughtger, but land transferred after 15.2.1971 or 7.8.1969 shall be calculated in the holding of the *raiyat*, however if the *raiyat* has non-agricultural holding the consideration will be as on 9.9.1980.

দীপক চক্রবর্তী: ১৫.০২.১৯৭১-এ রামবাবুর পরিবারের সিলিং যদি ১৯.০৩ একর হয়, তবে সেই তারিখের পরে তিনি সিলিং-এর মধ্যে থাকা জমি বিক্রি করতে পারবেন, কিন্তু পুনরায় জমি কিনলে ধারা ১৪ঠ (14L), ১৪প এবং ১৪ম (14Y) ধারা কার্যকর হবে। এই তিন ধারায় বলা আছে কোনও রায়ত ভেস্টিং এর তারিখের পর সিলিং অতিরিক্ত জমি রাখতে পারবে না (১৪ঠ = 14L) এবং রায়তকে সিলিং অতিরিক্ত জমি বিক্রি করলে ভবিষ্যতে সিলিং নির্ধারনের জন্য ওই জমি বিক্রেতার নিজস্ব সিলিং-এর মধ্যস্থিত জমি হিসাবে ধরা হবে এবং সেই জমি সরকারের অনুকূলে ভেস্ট হবে (১৪ম = 14Y)। আপাত দৃষ্টিতে মনে হতে পারে কন্যার বিবাহের কারণে রামবাবুর পরিবারের সদস্য সংখ্যা কমে পাঁচ জন হল এবং ১৪ড ধারা অনুযায়ী তিনি ১৭.৩০ একর জমি অসেচ এলাকায় রাখবার অধিকারী। প্রকৃতপক্ষে জমি ক্রয় বা বিক্রয়, দুটিই নিয়ন্ত্রণ করছে ১৪প (14U) এবং ১৪ম (14Y) ধারাদ্বয়। যদিও শ্রী দীপক চক্রবর্তীর মতে এটি দীর্ঘদিনের বিতর্ক মূলক বিষয়, ১৪প ধারার বক্তব্য ধরলে বিক্রিত জমি সিলিং-এর আওতার মধ্যেই গণ্য হয়, আবার Scheme of Land Reforms Act অনুযায়ী অতিরিক্ত জমি রাখলে তবেই ভেস্ট হওয়ার কথা, জমিদারি অধিগ্রহণ আইনের মতো ভূমি সংস্কার আইনে statutory ভেস্টিং হওয়ার কথা নয়, ভূমি সংস্কার আইনে ভেস্টিং প্রকৃতপক্ষে ceiling on holding. শ্রী দীপক কুমার চক্রবর্তীর মতের সঙ্গে সহমত পোষণ করেন শ্রদ্ধেয় জনাব রুহুল আমিন ঢালি মহাশয়।

১৪ঠ (14L) ধারায় বলা হয়েছে: "১৪থ(৩) [14Q(3)], ১৪ম [14Y] এবং ১৪য(২) [14Z(2)] এই তিন ধারা বলবৎ হওয়ার কারণে কোনও রায়ত ১৪ড ধারায় উল্লিখিত জমির সর্বোচ্চ সীমার বেশি জমি রাখতে পারবে না"। এই বিধান কেবলমাত্র অধ্যয় ২(খ) বলবৎ হওয়ার তারিখে প্রযোজ্য নয়, এবং ১৪ঠ এর স্পষ্ট নির্দেশনানুসারে ভবিষ্যতেও প্রযুক্ত হবে। কোনও রায়ত ২(খ) অধ্যায় বলবৎ হওয়ার পর থেকে ভবিষ্যতে কোনও সময় নির্ধারিত উর্ধসীমার চেয়ে বেশি জমি রাখতে পারবেন না।[৯]

৯ *হৃদয়কৃষ্ণ পাত্র* বনাম *পঃ বঃ সরকার* 86 CWN 154; 1982(1) CHN 81.

Form No. 7A

(*See* sub-rule (1) of Rule 14C)

Return under sub-section (1) of section 14T

Part I

<table>
<tr><td rowspan="3">Name of the raiyat</td><td rowspan="3">Category (Adult unmarried person or sole surviving member of a family or raiyat having a family or any other raiyat, e.g., corporation, public institution, public trust, co-operative society, company, etc.)</td><td colspan="3">(Particulars for determination of the ceiling areas.)
In the case of a raiyat having a family.</td><td colspan="4">In the case of a co-operative society, company, co-operative farming society, Hindu undivided family or a firm.</td></tr>
<tr><td rowspan="2">Name of the head of the family and of all other members of the area.</td><td rowspan="2">Relationship with the head of the family.</td><td rowspan="2">Age. Address.</td><td rowspan="2">Name and Address of each member or partner.</td><td colspan="3">Area of land retained separately by each member or partner.</td></tr>
<tr><td>Irrigated.</td><td>Other than Irrigated.</td><td>Orchard.</td></tr>
<tr><td>(1)</td><td>(2)</td><td colspan="3">(3)</td><td colspan="4">(4)</td></tr>
</table>

Part II

(Particulars for determination of the extent of land which has vested in the State.)

Name of the raiyat, and in the case of raiyat having a family, names of all other raiyats, if any, in the family on behalf of whom the return is submitted.	Description of the land which is proposed to be retained within the ceiling							
	District	Police station	Mauza and J.L. No.	Khatian No.	Plot No.	Irrigated.	Area Other than irrigated.	Orchard.
						Total		
(1)	(2)							

Description of the land in excess of the ceiling area which vests in the State.			
District, Police station, Mauza and J. L. No. Khatian No. Plot No.	Area		
	Irrigated.	Other than irrigated.	Orchard.
	Total		
(3)			

Particulars of the land, if any, transferred during the period on and from the 8th August 1969 to the 17th February 1971

Area			To whom transferred with address of the transferee and date of transfer.
Irrigated	Other than irrigated	Orchard	
Total			
(4)			

I hereby declare that to the best of my knowledge and belief the information given by me in the above statement is correct, complete and truly stated.

Dated
The

Signature of the raiyat
submitting the return.

N.B.—When there are more raiyats than one in a family a consolidated return is to be submitted by the head of the family or by any other raiyat duly authorised in this behalf by all other raiyats in the family, and particulars and description of all agricultural lands other than tea garden lands but including homesteads owned or transferred by each such raiyat are to be shown separately in columns (2), (3), (4) in Part II of the return against the name of each such raiyat.

Form No. 7AA

(*See* sub-rule (4) of Rule 14C)

Return containing the full description of (i) land owned or held by the raiyat or the intermediary as the case may be, and also by other members of the family, of such raiyat or intermediary, if any (ii) land proposed to be retained within the ceiling area prescribed under Chapter IIB of the West Bengal Land Reforms Act 1955, (West Ben Act X of (1956), (iii) land owned in excess of the ceiling area which vests in the State under the said Act and (iv) land transferred by the raiyat or the intermediary and by other members of the family of such raiyat or intermediary, if any, since 8th day of August 1969.

Part I

Particulars of the raiyat or the intermediary as the case may be, who submits the return.

Name and address of the raiyat or the intermediary as the case may be.	Category (Adult, unmarried person or sole surviving member or a family or person having a family or co-operative society, public trust, corporation, company, firm, lessee of a tea garden etc.)	In the case of a raiyat or an intermediary, as the case may be having a family.				In the case of a co-operative society, company. Hindu undivided family or a firm.	
		Name of the head of the family and of all other members of who own or held land.	Relationship with the head of the family.	Age.	Address.	Name and address of each member or partner.	Area of land retained separately by each member or partner.
(1)	(2)	(3)	(4)	(5)	(6)	(7)	(8)

Part II

Description of the land held by the raiyat of the intermediary, as the case may be, and by other members of the family, of such raiyat or intermediary, if any.

Description of the land owned by each of the persons mentioned under column (1)

Name of the raiyat or the intermediary, as the case may be, and in the case of his having a family, name of all other raiyats and intermediaries in the family on behalf of whom the return is submitted.	District.	Police Station.	Mauza & J. L. No.	Khatian No.	Plot No.	Area of the plot owned	Classification of the land.	Whether irrigated.	Whether the land has been mortgaged. If so, the date of the mortgage and the name of the mortgagee.
(1)	(2)	(3)	(4)	(5)	(6)	(7)	(8)	(9)	(10)
					Total of Column (7) :				

Part III

(A) Description of the land which is proposed to be retained within the ceiling area.

District.	Police Station.	Mauza and J. L. No.	Khatian No.	Plot No.	Area of the plot to be retained.	Classification of the land.	Whether irrigated.
(1)	(2)	(3)	(4)	(5)	(6)	(7)	(8)
					Total of Column (6) :		

(B) Description of the land in excess of the ceiling area which vests in the State.

District.	Police Station.	Mauza and J. L. No.	Khatian No.	Plot No.	Area of the plot which vests.	Classification of the land.	Remarks, if any
(1)	(2)	(3)	(4)	(5)	(6)	(7)	(8)
					Total of Column (6) :		

Part IV

Description of the land, if any, transferred by the raiyat or the intermediary, as the case may be, and by each member of the family of such raiyat or intermediary, if any, since the 8th day of August, 1969.

Name and address of the raiyat or the intermediary, as the case may be, and of each number of the family of such raiyat or intermediary, if any, who transferred the land.	District.	Police Station.	Mauza & J. L. No.	Khatian No.	Plot No.	Area of the plot transferred.	Date of transfer.	Name and address of the transferee.
(1)	(2)	(3)	(4)	(5)	(6)	(7)	(8)	(9)

NOTE : (*i*) "Intermediary" shall mean an intermediary referred to in section 3A of the Act.

(*ii*) "Land" means land as defined in clause (7) of section 2 of the West Bengal Land Reforms Act 1955 (West Bengal Act X of 1956) including land to which section 3A of the said Act applies.

(*iii*) "raiyat" includes an owner and lessee of land.

(*iv*) land already vested in the State under any law for the time being in force shall not be shown against item (A) of Part III of this return.

I hereby declare that to the best of my knowledge are belief the information given by me in the above statement is correct complete and truely stated.

(Signature of the raiyat or the intermediary, as the case may be, who submits the return)

Date :

Place :

১৪প। রায়ত দ্বারা জমি হস্তান্তরের বিধিনিষেধ (Restriction on transfer of land by a raiyat) ঃ (১) রাজস্ব আধিকারিকের লিখিত অনুমতি ছাড়া কোনও রায়ত ১৪ড ধারা অনুযায়ী সর্বোচ্চ সীমার অতিরিক্ত জমির মালিক হলে [১][১৯৭১ সালের পশ্চিমবঙ্গ ভূমি সংস্কার (সংশোধন) আইন] সরকারি গেজেটে প্রকাশের পর ওই জমি বা তার কোনও অংশ হস্তান্তর, বিক্রি, দান বা অন্য কোনওভাবে বা বণ্টন করতে পারবেন না। যতক্ষণ পর্যন্ত না ওই অতিরিক্ত জমি ১৪ধ ধারায় ন্যস্ত হয়েছে এবং নির্ধারিত হয়ে রাজ্য সরকার দ্বারা বা তার পক্ষে দখল নেওয়া হচ্ছে ঃ

[২][যে সমস্ত জমির উপর ৩ক ধারা প্রযোজ্য হবে সেক্ষেত্রে এই উপধারার কোনও কিছুই বলবৎ হবে না।

আরও উল্লেখযোগ্য যে, রাজস্ব আধিকারিকের দেওয়া ১৪ন(৩) বা (৩ক) ধারার আদেশ অনুযায়ী একজন রায়ত যে পরিমাণ জমি নিজে রাখার অধিকারী হন, সেই জমি হস্তান্তর করলে পরবর্তী যে কোনও সময়ে এই আইনের বিধান অনুযায়ী ওই রায়তের জমির সর্বোচ্চ সীমা পুনরায় নির্ধারণের সময় ধরে নেওয়া হবে ওই জমি রায়ত হস্তান্তর করেন নি।]

[৩][(২) রাজস্ব আধিকারিকের লিখিত অনুমতি ছাড়া, রায়তের যে সব জমির ক্ষেত্রে (৩ক) ধারা প্রযোজ্য, সেই জমি এবং অন্য জমিসহ কোনও রায়ত ১৪ড ধারায় সর্বোচ্চ সীমার অতিরিক্ত জমি রাখেন, তবে যতক্ষণ না রাজস্ব আধিকারিক নির্ধারণ বা পুনরায় নির্ধারণ করে ১৪ধ ধারা অনুযায়ী অতিরিক্ত জমি সরকারে ন্যস্ত করছেন, দখল নিচ্ছেন, ওই রায়ত ওই জমি বিক্রি, দান বা বণ্টন বা অন্য কোনওভাবে হস্তান্তর বা ভাগ করবেন না।]

১ পশ্চিমবঙ্গ ভূমি সংস্কার (সংশোধন) আইন, ১৯৮১ (পশ্চিমবঙ্গ আইন ৫০, ১৯৮১)-এর ২৭ ধারার মাধ্যমে "পশ্চিমবঙ্গ ভূমি সংস্কার (সংশোধন) আইন, ১৯৭১" শব্দগুলি ও বন্ধনীর স্থলে অনুকল্পিত হয়েছে এবং উক্ত আইনের ১(২) ধারার মাধ্যমে ৭.৮.১৯৬৯ তারিখ হতে বলবৎ হয়েছে। পুনরায় পশ্চিমবঙ্গ ভূমি সংস্কার (তৃতীয় সংশোধন) আইন, ১৯৮৬ (পশ্চিমবঙ্গ আইন ৩৫, ১৯৮৬)-এর ১১(ক)(*i*)-এর মাধ্যমে পূর্বের অবস্থা বহাল করা হয়েছে।

২ প্রথম ও দ্বিতীয় অনুবিধি পশ্চিমবঙ্গ ভূমি সংস্কার (তৃতীয় সংশোধন) আইন ১৯৮৬ দ্বারা যুক্ত করা হয়েছে।

৩ পশ্চিমবঙ্গ ভূমি সংস্কার (তৃতীয় সংশোধন) আইন ১৯৮৬ দ্বারা উপধারা (২) ১৫.৫.১৯৮৯ তারিখ হতে প্রতিস্থাপিত। পূর্বে উপধারাটি নিম্নরূপ ছিল ঃ

[4][(৩) উপধারা (১) বা (২)-এর বিধান অমান্য করে কোনও রায়ত বিক্রি, দান বা অন্য কোনওভাবে হস্তান্তর করেন, প্রথমেই রাজ্য সরকার যে পরিমাণ জমি সরকারে ন্যস্ত হয়েছে সেই পরিমাণ জমি রায়তের নিজস্ব রাখা জমি থেকে দখল নেবেন। যেক্ষেত্রে রায়তের কাছ থেকে উদ্ধার সম্ভব হবে না, হস্তান্তর গ্রহীতার কাছ থেকে করতে হবে ঃ

উল্লেখযোগ্য যে, যদি হস্তান্তর গ্রহীতা এই আইনের বিধান অনুযায়ী অতিরিক্ত জমি বন্দোবস্ত পাওয়ার যোগ্য হন, রাজ্য সরকার ওই জমি পুনরুদ্ধার করার অধিকার প্রয়োগ করার বদলে ওই জমি হস্তান্তরের জন্য হস্তান্তরকারীর কাছ থেকে সেই মূল্য আদায় করবেন যা মূল্য স্বরূপ তিনি গ্রহণ করেছিলেন।]

[5][(৪) উপধারা (১) বা (২)-এর বিধান অমান্য করে হস্তান্তর করলে দুই হাজার টাকা পর্যন্ত জরিমানা অথবা ছয় মাসের কারাদণ্ড অথবা উভয় প্রকার শাস্তি হতে পারেঃ

"(২) উপধারা (১)-এর বিধানগুলি লঙ্ঘনক্রমে যদি কোনও রায়ত কোনও বিক্রয়, দান বা অন্যভাবে, কোনও জমি হস্তান্তর করেন, রাজ্য সরকার প্রথম অবস্থায়, অনুরূপ রায়ত কর্তৃক স্বাধিকৃত জমি হতে, জমির দখল নেবেন, জমির ততদূর পর্যন্ত সম আয়তন যাহা রাজ্যে বর্তাবে এবং হস্তান্তর গ্রহীতার নিকট হতে, যেখানে রায়তটির নিকট হতে সেরূপ পুনরুদ্ধার সম্ভবপর নয়ঃ

এই শর্ত যে যেখানে হস্তান্তর গ্রহীতা কোনও ব্যক্তি যিনি এই আইনের বিধানগুলি অনুসারে উদ্বৃত্ত জমি আবন্টনের জন্য উপযুক্ত, রাজ্য সরকার, ঐ জমি বা জমির সম-পরিমাণ পুনরুদ্ধার করার এর অধিকার বলবৎ করার পরিবর্তে হস্তান্তরকারীর নিকট হতে এরূপ জমি হস্তান্তরের জন্য তিনি যাহা পণস্বরূপ গ্রহণ করেছিলেন ঐ অর্থ পুনরুদ্ধার করতে পারবেন।"

৪ পশ্চিমবঙ্গ ভূমি সংস্কার (তৃতীয় সংশোধন) আইন ১৯৮৬ দ্বারা উপধারা (৩)-এর বিধানটি ১৫.৫.১৯৮৯ তারিখ হতে অনুকল্পিত। পূর্বে উপধারাটি নিম্নরূপ ছিলঃ

"(৩) কোনও রায়ত যিনি কোনও জমি (১) উপধারার বিধানগুলি লঙ্ঘনক্রমে হস্তান্তর করবেন অর্থ দণ্ডের দ্বারা যাহা দুই হাজার টাকা পর্যন্ত হতে পারে, অথবা কারাদণ্ডের দ্বারা যাহা ছয় মাসের কোনও সময়কাল পর্যন্ত হতে পারে বা উভয়ের দ্বারা দণ্ডনীয় হবেন।"

৫ পশ্চিমবঙ্গ ভূমি সংস্কার (তৃতীয় সংশোধন) আইন, ১৯৮৬ (পশ্চিমবঙ্গ আইন ৩৫, ১৯৮৬)-এর মাধ্যমে উপধারা (৪) ১২.৫.১৯৮৯ তারিখ হতে সন্নিবিষ্ট।

তবে উল্লেখযোগ্য যে, বর্তমানে বলবৎ অন্য কোনও আইনের বিধান অনুযায়ী কোনও হস্তান্তরের বেলায় এই উপধারার কোনও কিছুই প্রযোজ্য হবে না।]

(ক) ২০.৯.১৯৭৬ তারিখের ৫১৩৬-এল. রেফ্. সংখ্যায়িত সরকারি প্রজ্ঞাপনের মাধ্যমে সকল ভূ-বাসন আধিকারিকদের ১৪প(২) ধারার উদ্দেশ্যে রাজ্য সরকারের ক্ষমতা প্রত্যভিযোজন করা হয়েছে।

(খ) ২৯.১০.১৯৭৫ তারিখের ২৬৫০০-এল. রেফ্. সংখ্যায়িত সরকারি প্রজ্ঞাপনানুযায়ী (১) সকল স্পেশাল রেভিনিউ অফিসার গ্রেড II, (২) সকল অধস্তন ভূমি সংস্কার আধিকারিক, (৩) সকল সেটেলমেন্ট কানুনগো গ্রেড I এবং II ১৪প ধারায় উল্লিখিত রাজস্ব আধিকারিকের কর্তব্য স্ব স্ব ক্ষেত্রাধিকারে সম্পন্ন করবেন।

(গ) ২৩.৯.১৯৭৫ তারিখের ২৩৭২২-এল. রেফ্. সংখ্যায়িত সরকারি প্রজ্ঞাপনের মাধ্যমে পুরুলিয়া জেলা ব্যতীত সকল জেলার ভূ-বাসন আধিকারিকগণ নিজ নিজ ক্ষেত্রাধিকারে ১৪প ধারায় উল্লিখিত রাজস্ব আধিকারিক নিযুক্ত হয়েছেন।

(ঘ) ৫.৯.১৯৭৫ তারিখের ২১৮৯০-এল. রেফ্. সংখ্যায়িত সরকারি প্রজ্ঞাপনের মাধ্যমে পুরুলিয়া জেলা ব্যতীত সকল জেলার সেটেলমেন্ট চার্জ অফিসারগণ নিজ নিজ ক্ষেত্রাধিকারে ১৪প ধারায় উল্লিখিত রাজস্ব আধিকারিক নিযুক্ত হয়েছেন।

(ঙ) ২৩.১০.১৯৭৫ তারিখের ২৬০১৬-এল. রেফ্. সংখ্যায়িত সরকারি প্রজ্ঞাপনের মাধ্যমে পুরুলিয়া জেলার সকল সেটেলমেন্ট চার্জ অফিসারগণ নিজ নিজ ক্ষেত্রাধিকারে ১৪প ধারায় উল্লিখিত রাজস্ব আধিকারিক নিযুক্ত হয়েছেন।

(চ) ১৫.১২.১৯৭২ তারিখের ১৬৮৬৬-এল. রেফ্. সংখ্যায়িত সরকারি প্রজ্ঞাপনের মাধ্যমে সকল সমাহর্তা ও অতিরিক্ত জেলা শাসকদের (ভূমি সংস্কার) নিজ নিজ ক্ষেত্রাধিকারে ১৪প(২) ধারার উদ্দেশ্যে রাজ্য সরকারের ক্ষমতা প্রত্যভিযোজন করা হয়েছে।

(ছ) ১৯.১.১৯৮০ তারিখের সরকারি প্রজ্ঞাপন সংখ্যা ৩৯৯-এস্. এন্ড এস্. অনুযায়ী সকল চার্জ অফিসার, সকল স্পেশাল রেভিনিউ অফিসার গ্রেড II, সকল কানুনগো গ্রেড I এবং II ১৪প(২) ধারার উদ্দেশ্যে নির্ধারিত কর্তৃপক্ষ নিযুক্ত হয়েছেন।

১৪প(২) ধারায় "রাজ্য সরকার" উল্লিখিত আছে "নির্ধারিত কর্তৃপক্ষ" নহে। পূর্বোক্ত প্রজ্ঞাপনানুসারে কোনও আধিকারিক ১৪প(২) ধারার রাজ্য সরকারের ক্ষমতা প্রয়োগ করলে আইনসিদ্ধ হবে না।

(জ) ১২.৫.১৯৮৯ তারিখের কলিকাতা গেজেট, বিশেষ সংখ্যার তৃতীয় খণ্ডে প্রকাশিত পশ্চিমবঙ্গ ভূমি সংস্কার (তৃতীয় সংশোধন) আইন, ১৯৮৬ (পশ্চিমবঙ্গ আইন ৩৫, ১৯৮৬)-এর ১১(ক)(*ii*), ১১(খ), ১১(গ) এবং ১১(ঘ) ধারার মাধ্যমে যথাক্রমে অনুবিধি দুইটি যুক্ত করা হয়েছে, (২) ও (৩) উপধারা দুইটি অনুবিধিসহ অনুকল্পিত এবং (৪) উপধারাটি সন্নিবেশিত করা হয়েছে।

14U. Restriction on transfer of land by a raiyat. **(1) Except where he is permitted, in writing, by the Revenue Officer so to do, a *raiyat* owning land in excess of the ceiling area applicable to him under section 14M, shall not, after the publication, in the *Official Gazette*, of the [1][West Bengal Land Reforms (Amendment) Act, 1971], transfer, by sale, gift or otherwise or make any partition of any land owned by him or any part thereof until the excess land, which is to vest in the State under section 14S, has been determined and taken possession of by or on behalf of the State.**

[2][Provided that nothing in this sub-section shall apply to any land to which the provisions of section 3A apply:

Provided further that if a *raiyat* has transferred any land which he retained in pursuance of any order of the Revenue Officer under sub-section (3) or sub-section (3A) of section 14T, such land shall be taken into account in determining, on any subsequent occasion, the ceiling area of the said *raiyat* in pursuance of the provisions of this Act, as if such land had not been transferred.]

[3][(2) Except where he is permitted, in writing, by the Revenue Officer so to do, a *raiyat* owning land to which the provisions of section 3A apply, whether or not such land together with other land,

1 *Substituted* by W.B. Act XXXV of 1986, *Calcutta Gazette*, dated 12.5.1989.

2 *Added* by *ibid.*

3 Sub-section (2) was *substituted* by W.B. Act XXXV of 1986, *Calcutta Gazette*, dated 12.5.1989, w.e.f 12.5.1989, the old sub-section read as follows:

"(2) If a *raiyat* makes any transfer, whether by sale, gift or otherwise, of any land in contravention of the provisions of sub-section (1), the State Government may, in the first instance, take possession of land, equal in area to the land which is to vest in the state from out of the land owned by such *raiyat* and where such recovery from the *raiyat* is not possible, from the transferee:

Provided that where the transferee is a person who is eligible for allotment of surplus land in accordance with the provisions of this Act, the State Government may, instead of enforcing its right to recover the land or an equal amount of land, recover from the transferor the amount which he had received as consideration for the transfer of such land."

if any, is in excess of the ceiling area under section 14M, shall not on and from the date of coming into force of section 3A of the Act, transfer by sale, gift or otherwise, or make any partition of, any such land or any part thereof until the excess land, if any, which is to vest in the State under section 14S has been determined or redetermined and taken possession of by or on behalf of the State.]

[4][(3) If a *raiyat* makes any transfer, whether by sale, gift or otherwise, of any land in contravention of the provisions of sub-section (1) or sub-section (2), the State Government may, in the first instance, take possession of land, equal in area to the land which is to vest in the State, from out of the land owned by such *raiyat* and where such recovery from the raiyat is not possible, from the transferee:

Provided that where the transferee is a person who is eligible for allotment of surplus land in accordance with the provisions of this Act, the State Government may, instead of enforcing its right to recover the land or equal amount of land, recover from the transferor the amount which he had received as consideration for the transfer of such land.]

[5][(4) Any *raiyat* who transfers any land in contravention of the provisions of sub-section (1) or sub-section (2) shall be punishable with fine which may extend to two thousand rupees or with imprisonment for a term which may extend to six months or with both :

Provided that nothing in this sub-section shall apply to any transfer made in accordance with the provisions of any law for the time being in force.]

4 *Substituted* by W.B. Act 35 of 1986, published in the *Calcutta Gazette*, dated 12.5.1986, w.e.f. 12.5.1989.
The old sub-section read as follows:
"(3) Any *raiyat* who transfers any land in contravention of the provisions of sub-section (1) shall be punishable with fine which may extend to two thousand rupees, or with imprisonment for a term which may extend to six months, or with both."

5 Sub-section (4) was *inserted* by *ibid.*

আলোচনার সূচী

১। সূচনা [Commencement]. ১৪প ধারাটি ১৯৭১ সালের পঃ বঃ ভূমি সংস্কার (সংশোধন) আইন দ্বারা যুক্ত করা হয়। পরবর্তী ক্ষেত্রে ১৯৭২ সালের পঃ বঃ ভূমি সংস্কার (সংশোধন) আইন দ্বারা প্রতিস্থাপিত করা হয়েছে, ১৫.২.১৯৭১ তারিখ থেকে এটি বলবৎ হয়েছে। (১) নং উপধারায় দুটি অনুবিধি (provision) যুক্ত করা হয়েছে ১৯৮৬ সালের পঃ বঃ ভূমি সংস্কার (সংশোধন) আইন [১৯৮৬ সালের ৩৫ নং আইন] দ্বারা। কলিকাতা গেজেটে এটি ১২.৫.১৯৮৯ তারিখে প্রকাশিত হয়েছিল।

১৯৮৬ সালের পঃ বঃ ভূমি সংস্কার (সংশোধন) দ্বারা (২) এবং (৩) নং উপধারা দুটি পরিবর্তন করা হয়েছে এবং (৪) নং উপধারার একটি অনুবিধি (proviso) যুক্ত করা হয়েছে। পুরাতন (২) নং উপধারাটি দেওয়া হল ঃ

If a *raiyat* makes any transfer, whether by sale, gift or otherwise, of any land in contravention of the provisions of sub-section (1), the State Govt. may, in the first instance, take possession of land, equal in area to the land which is to vest in the State, from out of the land owned by such *raiyat* and where such recovery from the *raiyat* is not possible, from the transferee :

Provided that where the transferee is a person who is eligible for allotment of surplus land in accordance with the provisions of this Act, the State Govt. may instead of enforcing its right to recover the land or an equal amount of land, recover from the transferor the amount which he had received as consideration for the transfer of such land.

পুরাতন (৩) নং উপধারাটি ছিল এইরকম ঃ

Any *raiyat* who transfers any land in contravention of the provisions of sub-section (1) shall be punishable with fine which may extend to two thousand rupees, or with imprisonment for a term which may extend to six months or with both.

২। **কর্মপরিধি [Scope].** এই ধারায় পঃ বঃ ভূমি সংস্কার (সংশোধন) আইন, ১৯৭১ প্রকাশের তারিখের পর রায়তের সর্বোচ্চ সীমা অতিরিক্ত জমি হস্তান্তরের ব্যাপারে বিধি নিষেধ আরোপ করা হয়েছে। ১৯৭১ সালের পঃ বঃ ভূমি সংস্কার (সংশোধন) আইন প্রকাশিত ৮.২.১৯৭১ তারিখে। সুতরাং ৮.২.১৯৭১-এর পর রায়ত সর্বোচ্চ সীমা অতিরিক্ত জমি আগাম অনুমতি ছাড়া হস্তান্তর করতে পারবেন না। আবার যে সমস্ত জমির ক্ষেত্রে পঃ বঃ ভূমি সংস্কার আইনের ৩ক ধারা প্রযোজ্য সেক্ষেত্রে ৯.৯.১৯৮০ তারিখের পর থেকে রায়তের যে জমিতে ৩ক ধারা প্রযোজ্য সেই জমি ওই তারিখের পর হস্তান্তর করবেন না। (৪) উপধারা অনুযায়ী কোনও রায়ত (১) এবং (২) উপধারার বিধান অমান্য করে কোনও জমি হস্তান্তর করলে তিনি শাস্তি পাবেন। এই শাস্তির পরিমাণ ২০০০.০০ (দুই হাজার) টাকা জরিমানা বা ছয় মাসের জেল অথবা দুই রকমই হতে পারে।

৩। **কৃষিজমি হস্তান্তর প্রতিষেধ (বাধা) [Prohibition of transfer of agricultural land].** ১৪প(১) ধারা এই নির্দেশ দেয় যে ১৯৭১ সালের পঃ বঃ ভূমি সংস্কার (সংশোধন) আইন যে তারিখে সরকারি গেজেটে প্রকাশিত হয়েছিল অর্থাৎ ৮.২.১৯৭১ তারিখের পরে কোনও রায়ত রাজস্ব আধিকারিকের আগাম অনুমতি ছাড়া তাঁর সর্বোচ্চ সীমা অতিরিক্ত জমি হস্তান্তর করতে পারবেন না। অর্থাৎ ওই তারিখের পর একজন রায়ত তাঁর অতিরিক্ত জমি হস্তান্তর করতে পারবেন না বা বণ্টন করতে পারবেন না রাজস্ব আধিকারিকের আগাম অনুমতি ছাড়া। (১) নং উপধারার প্রথম অনুবিধি (proviso) আরও নির্দেশ দেয় যে সমস্ত জমির ক্ষেত্রে পঃ বঃ ভূমি সংস্কার আইনের ৩ক ধারা প্রযোজ্য সেই সমস্ত ক্ষেত্রে (১) নং উপধারা প্রযোজ্য হবে না। অকৃষি জমি সরকারে ন্যস্ত হওয়ার বিধান রয়েছে ৩ক ধারায়। (১) নং উপধারার দ্বিতীয় অনুবিধি (proviso) অনুযায়ী কোনও রায়ত, ১৪ন(৩) বা ১৪ন(৩ক) ধারায় নির্ধারিত রায়তের নিজস্ব জমি (retained land) যদি নির্ধারণের পরে হস্তান্তর করেন তবে পরবর্তী কোনও কার্যাবলি-এর সময় ওই জমিগুলি তার মধ্যেই ধরা হবে।

অর্থাৎ কোনও কৃষিজমির হস্তান্তর বা বণ্টন ৮.২.১৯৭১ থেকে সর্বোচ্চ সীমা নির্ধারণের তারিখ পর্যন্ত রাজস্ব আধিকারিকের আগাম অনুমতি না নিয়ে হলে তা ভুল করা হয়েছে। কোনও জমির সর্বোচ্চ সীমা নির্ধারণ পর্যন্ত হস্তান্তর বা বণ্টন বিষয়ে চূড়ান্ত কোনও নিষেধ নেই কারণ রাজস্ব আধিকারিকের আগাম অনুমতি নিয়ে কোনও রায়ত তার জমির হস্তান্তর বা বণ্টন করতে পারেন এমনকী সর্বোচ্চ সীমা নির্ধারণের আগেও পারেন।

৪। অকৃষি জমি হস্তান্তরে সঙ্কোচন [Restriction on transfer of non-agricultural land]. ১৯৮৬ সালের পঃ বঃ ভূমি সংস্কার (সংশোধন) আইন দ্বারা (২) উপধারাটি যুক্ত করা হয়েছে। কোনও রায়ত যদি এরকম জমির মালিক হন যে ৩ক ধারা ওই জমির ক্ষেত্রে প্রযোজ্য, সেক্ষেত্রে অন্য জমির সাথে ওই জমি যোগ করলে একত্রে যদি ১৪ড ধারায় নির্ধারিত জমির সর্বোচ্চ সীমার চেয়ে বেশি জমি হয়, তা হলে রায়ত ওই জমি বা তার কোনও অংশ ৯.৯.১৯৮০-এর পরে তার জমির সর্বোচ্চ সীমা নির্ধারণ বা পুনর্নির্ধারণ না হওয়া পর্যন্ত হস্তান্তর বা বণ্টন করতে পারবেন না। সুতরাং রাজস্ব আধিকারিকের আগাম অনুমতি ছাড়া কোনও রায়ত যে জমির উপর ৩ক ধারা প্রযোজ্য তা ৯.৯.১৯৮০-এর পরে হস্তান্তর বা বণ্টন করতে পারবেন না। অকৃষি জমির সরকারে ন্যস্ত হওয়া বিষয়ে ৩ক ধারা প্রযোজ্য হয়েছে ৯.৯.১৯৮০ তারিখ থেকে।

৫। হস্তান্তরের পরিণাম [Consequence of transfer]. ১৪প ধারা নির্দিষ্ট সময়ের মধ্যে হস্তান্তর নিষিদ্ধ করেছে কিন্তু ওই দলিলগুলি বাতিলের কোনও বিধান দেয় নি। ধারা ১৪প-এর (১) এবং (২) উপধারার বিধান না মেনে হস্তান্তর করলে কী করা হবে তার পদ্ধতি ১৪প(৩) ধারায় বলা রয়েছে।

প্রথমত যে জমি সরকারের অনুকূলে ন্যস্ত হয়েছে, তার সমপরিমাণে জমি রায়তের নিজস্ব জমি (retained land) থেকে নেওয়া হবে।

যদি এরকম দেখা যায় যে যিনি হস্তান্তর করছেন সেই রায়তের কাছ থেকে ওই জমি উদ্ধার করা অসম্ভব, সেক্ষেত্রে হস্তান্তর গ্রহীতার (transferee) কাছ থেকে রাজ্য সরকার ওই জমি নেবেন। যদি এই আইনের ৪৯ ধারা অনুযায়ী হস্তান্তর গ্রহীতা ওই হস্তান্তরিত জমির বন্দোবস্ত পাওয়ার যোগ্য হন তবে রাজ্য সরকার প্রয়োজন মনে করলে তার কাছ থেকে ওই জমি না নিয়ে যিনি হস্তান্তর করেছেন সেই রায়তের কাছ থেকে হস্তান্তরের বিনিময় মূল্য আদায় করতে পারেন। অর্থাৎ হস্তান্তর গ্রহীতা গরিব হলে রাজ্য সরকার তাকে পাট্টা দিতে পারেন এবং হস্তান্তরকারীর কাছ থেকে সমমূল্য অর্থ আদায় করতে পারেন।

৬। খাস-পরবর্তী হস্তান্তরের ক্ষেত্রে ১৪প(৩) ধারা প্রযোজ্য হবে না [In case of transfer after vest, s. 14U(3) is not applicable]. মহামান্য কলিকাতা উচ্চ ন্যায়ালয় লক্ষ্য করেন যে খাস-পরবর্তী জমি ক্রয় করা একজন 'রায়ত' ধারা ১৪প(৩) [s. 14U(3)] অনুযায়ী সহায়তা লাভের যোগ্য হননি। বর্তমান মামলার আবেদনকারী দুটি বিক্রয় দলিলে কিছু জমি ক্রয় করেন এবং জমির দখল গ্রহণ করেন। তিনি একটি আবেদনপত্রে যে ব্যক্তির কাছ থেকে তিনি জমি ক্রয় করেছিলেন তার বিরুদ্ধে জারি করা জমি খাসের কার্যাবলিটি বাতিলের আর্জি জানান এবং তার ক্রয় করা সমপরিমাণ জমি জমির মালিকের কাছ থেকে খাস করার আবেদন করেন, সংশ্লিষ্ট সমষ্টি ভূমি ও ভূমি সংস্কার আধিকারিকের নিষ্ক্রিয় ভূমিকার জন্য তিনি W.B.L.R.T.T.-তে অভিযোগ দায়ের করেন এবং ১৪প(৩) ধারায় সহায়তা লাভ ও সংশ্লিষ্ট স্বত্বলিপি সংশোধনের জন্য নির্দেশ দেওয়ার জন্য মহামান্য W.B.L.R.T.T.-এর কাছে আর্জি জানান। যেহেতু তিনি 'খাস-পরবর্তী সময়ে জমি ক্রয়কারী, সুতরাং ১৪প(৩) ধারায় সহায়তা পাওয়ার যোগ্য নন, এই কারণ দেখিয়ে W.B.L.R.T.T. তার আর্জিটি নাকচ করে দেন। অসন্তুষ্ট হয়ে, পূর্বোক্ত রায়কে চ্যালেঞ্জ জানিয়ে মহামান্য কলিকাতা উচ্চ ন্যায়ালয়ের ডিভিশন বেঞ্চে আপিল মামলা দায়ের করেন। মহামান্য ডিভিশন বেঞ্চ ১৪প(১), (২) এবং (৩) ধারা বিশ্লেষণ করে W.B.L.R.T.T. দ্বারা জারি করা রায়টিকে সমর্থন করেন। মাননীয় ডিভিশন বেঞ্চ লক্ষ্য করেন ১৯৭৩ সালে পূর্বোক্ত মালিকের জমির খাস ঘোষণা করার আদেশ দেওয়া হয় এবং বর্তমান আবেদনকারী ১৯৮১ ও ১৯৮৩ সালে উক্ত জমি ক্রয় করেন, যে জমি সরকারের অনুকূলে পূর্বেই খাস করা হয়। সুতরাং তিনি একজন খাস-পরবর্তী ক্রেতা, পশ্চিমবঙ্গ ভূমি সংস্কার আইনের ১৪প(৩) ধারা [s. 14U(3)] তিনি কোনওরকম সহায়তা (relief) পাওয়ার যোগ্য নন।[১]

৭। শাস্তি [Penalty]. ১৪প(৪) ধারা শাস্তির বিধান দিয়েছে। ধারা ১৪প-এর (১) এবং (২) উপধারার বিধান অমান্য করলে ২০০০.০০ (দুই হাজার) টাকা পর্যন্ত জরিমানা অথবা ছয় মাসের জেল অথবা উভয় শাস্তি এক সাথে হতে পারে।

তবে প্রচলিত অন্য কোনও আইনের বিধান অনুসারে এই হস্তান্তর হলে (৪) উপধারা বলবৎ হবে না।

১ *অহিভূষণ গিরি* বনাম *পশ্চিমবঙ্গ রাজ্য সরকার* 2011(5) CHN 540 (Cal) (DB).

৮। ১৪প(২) ধারার অধীনে রাজস্ব আধিকারিক [Revenue Officer under sub-sec. (2) of s. 14U]. প্রজ্ঞাপন (notification) নং ৩৪৫২ জি ই, তাং ৪.৪.১৯৮৯ দ্বারা পঃ বঃ ভূমি সংস্কার আইনের ১৪প(২) ধারার নির্ধারিত কর্তৃপক্ষ হিসাবে নিম্নলিখিত পদাধিকারীদের রাজ্য সরকার নিযুক্ত করেছেন।

(১) সমাহর্তা

(২) জেলা ভূমি ও ভূমি সংস্কার আধিকারিক

(৩) উপ-জেলা ভূমি ও ভূমি সংস্কার আধিকারিক

(৪) মহকুমা ভূমি ও ভূমি সংস্কার আধিকারিক

(৫) ব্লক ভূমি ও ভূমি সংস্কার আধিকারিক।

[১][**১৪ফ। অর্থের পরিশোধ (Payment of amount)** ঃ রাজ্য সরকার এই আইনের বিধান অনুযায়ী ১৪ন(৩) উপধারা অনুসারে কোনও জমি রাজ্যে ন্যস্ত হওয়ার পর নির্ধারিত পদ্ধতিতে ওই জমির দখল নেওয়ার পরে; ওই জমির সাথে স্বার্থ জড়িত ব্যক্তি বা ব্যক্তিগণকে জমির খাজনার পনের গুণ অথবা যেখানে খাজনা স্থির হয়নি বা স্থির করার দরকার নেই সেখানে প্রতি ০.৪০৪৭ হেক্টর জমির জন্য ১৩৫ টাকা হিসাবে রাজ্য সরকার নির্ধারিত প্রণালীতে দেবেন।]

[1][14V. Payment of amount. The State Government shall pay, in the prescribed manner, for the vesting of any land in the State under the provisions of this Act, after possession of such land is taken under sub-section (3) of section 14T, to the person or persons having any interest therein an amount equal to fifteen times the land revenue or its equivalent assessed for such land; or where such land revenue or its equivalent has not been assessed or is not

১ মূল ধারাটির স্থলে পশ্চিমবঙ্গ ভূমি সংস্কার (সংশোধন) আইন, ১৯৮০ (পশ্চিমবঙ্গ আইন ৪১, ১৯৮০)-এর ২ ধারার মাধ্যমে অনুকল্পিত। মূল ধারাটি নিম্নরূপ ছিল ঃ

"**১৪ফ। মোট মূল্য প্রদান** (Payment of amount) ঃ এই পরিচ্ছেদের বিধানগুলি অনুযায়ী রাজ্যে বর্তানো যে কোনও জমির জন্য ক্ষতিপূরণ যে নীতিগুলির উপর, এবং যে প্রণালীতে নির্ধারণ ও প্রদান করতে হবে যেমন পশ্চিমবঙ্গ জমিদারি গ্রহণ আইন, ১৯৫৩ (পশ্চিমবঙ্গ আইন ১, ১৯৫৪)-এর তৃতীয় পরিচ্ছেদে বিনির্দিষ্ট সেইরূপ হবে।"

1 *Substituted* by W.B. Land Reforms (Amendment) Act, 1980 (XLI of 1980).

required to be assessed, an amount calculated at the rate of ₹135 for an area of 0.4047 hectare.]

আলোচনার সূচী

১। সূচনা [Commencement]. মূল্য প্রদানের এই ধারাটি ১৯৮০ সালের পঃ বঃ ভূমি সংস্কার (সংশোধন) আইন [১৯৮০ সালের পশ্চিমবঙ্গের ৬১ নং আইন] দ্বারা পরিবর্তিত হয়েছে। এটি কলিকাতা গেজেটে ২৯.৯.১৯৮০ তারিখে প্রকাশিত হয়েছিল।

সংশোধিত এই ধারাটির আগে মোটামুটি এইরকম রূপ ছিল ঃ

> **১৪ফ ঃ** ক্ষতিপূরণ এই পরিচ্ছেদের অধীন সরকারে ন্যস্ত হওয়া কোনও জমির ক্ষতিপূরণ দেওয়ার নীতি এবং পদ্ধতি নির্ধারিত হবে ১৯৫৩ সালের পঃ বঃ জমিদারি অধিগ্রহণ আইনের তৃতীয় পরিচ্ছেদের যেমন বলা আছে এবং সেই অনুযায়ী ক্ষতিপূরণ দিতে হবে।
>
> [14V. **Compensation.** The principles on which, and the manner in which, compensation for the vesting of any land in the State under the provisions of this chapter is to be determined and given shall be such as are specified in Chapter III of the West Bengal Estates Acquisition Act, 1953 (West Ben. Act of 1954).]

উপরোক্ত পুরাতন ১৪ফ ধারাটিকে সুপ্রীম কোর্টে চ্যালেঞ্জ করা হয়। ১৪ফ ধারায় বলা ছিল পঃ বঃ জমিদারি অধিগ্রহণ অর্জনের তৃতীয় পরিচ্ছেদের বর্ণিত পদ্ধতি ও নীতি মেনে ক্ষতিপূরণ নির্ধারণ করা হবে এবং দেওয়া হবে। আবেদনকারীদের পক্ষ থেকে বলা হয় যে—১৯৫৩ সালের পঃ বঃ জমিদারি অধিগ্রহণ আইনের তৃতীয় পরিচ্ছেদে "ফলের বাগান" (orchard) এবং "বাস্তুভিটা" (homestead) জমির জন্য ক্ষতিপূরণের কোনও ব্যবস্থার কথা বলা নেই। কিন্তু এই যুক্তি মহামান্য আদালত গ্রাহ্য করেন নি। মহামান্য সুপ্রীম কোর্ট জানান, ১৯৫৩ সালের জমিদারি অধিগ্রহণ আইনের তৃতীয় পরিচ্ছেদে ক্ষতিপূরণ দেওয়ার অংশে "ফলের বাগান" এবং "বাস্তুভিটার" ক্ষতিপূরণ দেওয়ার কোনও বিধান নেই, তার অর্থ এই নয় যে ১৪ফ ধারায় কোনও

ক্ষতিপূরণ নির্ধারণ করা যাবে না বা মূল্য প্রদান করা যাবে না। তাছাড়া সংবিধানের চতুর্থ সংশোধনীর পর ক্ষতিপূরণ দেওয়া যুক্তিযুক্ত (justifiable) নয়।

রাজ্য সরকারের পক্ষ থেকে জানানো হয়, রায়তদের বাস্তুভিটার বিষয়ে বঞ্চিত করা উদ্দেশ্য সরকারের নয়। বাস্তুভিটা কোনও রায়ত রাখতে (retain) পারেন। মহামান্য আদালত দেখেন যে, সাধারণত কোনও রায়ত 'বাস্তুভিটা' নিয়ে ক্ষতিগ্রস্থ হন না কারণ বাস্তুভিটা ১৪ড ধারা অনুযায়ী জমির সর্বোচ্চ সীমার মধ্যে পড়লেও রায়তকে বাস্তুভিটা রাখতে অনুমতি দেওয়া হয়। তা সত্ত্বেও কিছু ব্যতিক্রমী ঘটনা আছে বড় রায়তদের বেলায় যে ক্ষেত্রে প্রচুর জমি আছে, বিভিন্ন মৌজায় এবং একাধিক বাস্তুভিটা ওই রায়তদের রয়েছে। সেক্ষেত্রে ওই বাস্তুভিটার ক্ষতিপূরণ দেওয়ার প্রসঙ্গ ওঠে। এই ক্ষতিপূরণ হিসাব করা হবে ১৯৫৩ সালের পঃ বঃ জমিদারি অধিগ্রহণ আইনের ১৬(১)(ক)(২) ধারা এবং পঃ বঃ জমিদারি অধিগ্রহণ নিয়মের ১৫(খ) এবং ১৫(ঘ) বিধি অনুযায়ী।

এরপর বিভিন্ন সমস্যা দেখা দেওয়ায় ১৯৮০ সালের পঃ বঃ ভূমি (সংশোধন) আইন [১৯৮০ সালের পশ্চিমবঙ্গের ৬১ নং আইন] দ্বারা ১৪ফ ধারাটির সম্পূর্ণ পরিবর্তন করা হয়। সংশোধিত ওই ধারা কার্যকর হবে ২৯.৯.১৯৮০ থেকে।

২। নতুন ১৪ফ ধারা অনুযায়ী মূল্য প্রদান [Payment of amount under new s. 14V]. নূতন ১৪ফ ধারা অনুযায়ী কোনও জমি সরকারে ন্যস্ত হলে এবং পঃ বঃ ভূমি সংস্কার আইনের ১৪ন(৩) ধারা অনুযায়ী ওই ন্যস্ত জমির দখল নিলে ওই জমির মূল্য নির্ধারিত প্রণালী অনুযায়ী সরকার দেবেন। কোনও ব্যক্তি বা কোনও ব্যক্তিবর্গ যাঁদের স্বার্থ ওই ন্যস্ত জমিতে যুক্ত আছে তারা ওই জমির যে ভূমি রাজস্ব তার পনের গুণ অর্থ পাবেন। যে জমির রাজস্ব নির্ধারণ হয়নি বা হওয়ার প্রয়োজন নেই, সেক্ষেত্রে ০.৪০৪৭ হেক্টর প্রতি ওই মূল্য হবে ১৩৫.০০ টাকা (একশত পঁয়ত্রিশ টাকা)।

নতুন ১৪ফ ধারা অনুযায়ী এখন ওই মূল্য হিসাব করা হবে। কিন্তু সংবিধানের চতুর্থ সংশোধনের পর ক্ষতিপূরণ অর্থ দেওয়া আর যুক্তিযুক্ত নয়।

৩। ১৪ফ ধারা সংবিধানের এক্তিয়ার বহির্ভূত [Section 14V is ultra vires to the Constitution]. ভারতীয় সংবিধানের ১৯(১)(চ) অনুচ্ছেদ এবং ৩১ নং অনুচ্ছেদ অবলুপ্ত হওয়ার পরে ৩০০ক অনুচ্ছেদ যুক্ত করা হয়েছে।

৩০০ক অনুচ্ছেদ এবং অবলুপ্ত ৩১(১) অনুচ্ছেদ মোটামুটি একই রকম। মহামান্য হাইকোর্টে ১৪ফ ধারার সাংবিধানিক বৈধতা চ্যালেঞ্জ করে একাধিক রিট আবেদন দাখিল করা হয় এই কারণ দেখিয়ে যে ১৪ফ ধারা হল সংবিধানের ৩০০ক অনুচ্ছেদের (s. 300A of the Constitution) এক্তিয়ার বহির্ভূত। ৩০০ক অনুচ্ছেদ অনুযায়ী কোনও ব্যক্তিকে তার সম্পত্তির অধিকার থেকে বঞ্চিত করা যাবে না। ৩০০ক অনুচ্ছেদ অনুযায়ী প্রতিটি ব্যক্তির-ই প্রচুর ক্ষতিপূরণ পাওয়ার অধিকার আছে এবং যেহেতু তা অস্বীকার করা হচ্ছে ১৪ফ ধারায় সুতরাং ৩০০ক অনুচ্ছেদ লঙ্ঘিত হচ্ছে।

পশ্চিমবঙ্গ ভূমিজীবী সংঘ বনাম *পঃ বঃ সরকার*,[১] মামলায় মহামান্য কলিকাতা হাইকোর্টের একক বেঞ্চ (Single Bench) সংশোধিত ১৪ফ ধারাকে ভারতীয় সংবিধানের ৩০০ক অনুচ্ছেদ সাপেক্ষে এক্তিয়ার বহির্ভূত (*ultra vires*) ঘোষণা করে। উপরোক্ত মামলায় আরও অনেক বাধাকে চ্যালেঞ্জ জানানো হয়েছিল। যাই হোক একক বেঞ্চের রায়ের বিরুদ্ধে হাইকোর্টের ডিভিশন বেঞ্চে আপিল করা হয়।

ওই আপিল মামলার বিচার প্রসঙ্গে মহামান্য হাইকোর্টের ডিভিশন বেঞ্চ দেখেন, পঃ বঃ ভূমি সংস্কার আইনের ২২ এবং ২৩ নং ধারা এবং পঃ বঃ জমিদারি অধিগ্রহণ আইনের ৪০ এবং ৪১ নং ধারা বিশ্লেষণ করে দেখা যায় যে জমি পঃ বঃ জমিদারি অধিগ্রহণ আইন দ্বারা পরিচালিত তা রাজস্ব একর প্রতি ৯.০০ (নয়) টাকা এবং এর ১৫ গুণ হল ৯ × ১৫ = ১৩৫.০০ টাকা। একর প্রতি ক্ষতিপূরণ স্থির করা হয় এই ১৩৫ টাকা। এটাও লক্ষ্য করা যায় যে পঃ বঃ ভূমি সংস্কার আইনের ৩ক ধারামতে যে অকৃষি জমি সরকারে ন্যস্ত হয়, সেই অকৃষি ন্যস্ত জমির ক্ষতিপূরণের কথা নির্দেশ দেয় ৩ক(৩) ধারায়। ৩ক ধারায় ন্যস্ত হওয়া অকৃষি জমির ক্ষতিপূরণ ও ১৪ফ ধারা অনুসারে দেওয়ার বিধান রয়েছে পঃ বঃ ভূমি সংস্কার আইনে। এরপর ডিভিশন বেঞ্চ ১৯৮১ সালের পঃ বঃ ভূমি সংস্কার আইন সংশোধনের পর জমির সংজ্ঞা বলতে কী বোঝায় তা লক্ষ্য করেন ২(৭) ধারা অনুসারে। মহামান্য আদালত লক্ষ্য করেন যে, ৩ক ধারায় ন্যস্ত হওয়া অকৃষি জমি এবং অন্যান্য সমস্ত রকমের জমি, কৃষি জমি বা অন্য কিছু যা-ই সরকারে ন্যস্ত হোক না কেন ওই ন্যস্ত হওয়া জমির ক্ষতিপূরণ হিসাব করার জন্য একটাই বিধান রয়েছে এবং তা হল ১৪ফ ধারা।

১ 1992(1) CHN 496.

ডিভিশন বেঞ্চ জানান অকৃষি জমি (non-agricultural land), বাড়ি (buildings), কারখানা (factories) ইত্যাদি সরকারে ন্যস্ত হলে তার ক্ষতিপূরণ (compensation) হিসাবের জন্য ভূমি রাজস্ব ভিত্তি হতে পারে না। কারণ পঃ বঃ জমিদারি অধিগ্রহণ আইন অনুযায়ী কেবলমাত্র কৃষি জমির জন্যই রাজস্ব দেওয়া হত। সুতরাং দেয় রাজস্বের উপরে ভিত্তি করে অকৃষি জমি বা বাড়ি বা কারখানা ইত্যাদির ক্ষতিপূরণ স্থির করা যায় না। এমনকী কৃষিজমির মূল্যায়নের সময় ওই কৃষি জমির রাজস্ব কোনও নীতি (principle) হয়ে দাঁড়ায় না।

শহর জমি সর্বোচ্চ সীমা আইনের ১১ নং ধারা বিশ্লেষণ করে ডিভিশন বেঞ্চ জানায় নির্দিষ্ট পদ্ধতিতে অর্থ হিসাবের নীতি রয়েছে ওই ধারায়। গড় বাৎসরিক আয় এবং বিভিন্ন রকম জমির জন্য বিভিন্ন হার (rate) বিভিন্ন এলাকার জন্য নির্দিষ্ট। ১১(৬) ধারায় ওই নির্দেশ দেওয়া আছে। ডিভিশন বেঞ্চ এরপর জানান—পঃ বঃ ভূমি সংস্কার আইনে কোনও সেইরকম নির্দিষ্ট নীতি নেই ১৪ফ ধারায়। এটি অসাংবিধানিক।

মহামান্য ডিভিশন বেঞ্চ জানানঃ

> "Having not laid down different principles for payment of compensation on different types of lands and keeping in view the definition of land encompassing land of every description and keeping in view the patent absurdity in computation of the valuation, the onus shifts to the State to show that the valuation is reasonable."

মহামান্য ডিভিশন বেঞ্চ জানান—শহর জমি সর্বোচ্চ সীমা আইন অনুসারে কোনও ব্যক্তি ১১ ধারায় কোনও জমির জন্য ক্ষতিপূরণ পেতে পারেন। ওই একইরকম জমির জন্য ওই সীমানার বাইরের কোনও জমির জন্য কোনও ব্যক্তি এক ভগ্নাংশও ক্ষতিপূরণ পাবেন না। ডিভিশন বেঞ্চ এই সিদ্ধান্ত করেন যে—

> "For the reasons aforesaid, we have no other option, but to hold that the provision of section 14V *vis-a-vis* the definition of the land as contained in section 2(7) and section 3A(3) of the said Act as *'ultra vires'* Article 300A of the Constitution of India."[2]

২ *পশ্চিমবঙ্গ ভূমিজীবী কৃষক সমিতি* বনাম *পঃ বঃ সরকার* 1996(2) CHN 212; 1996(2) Cal LJ 285; Cal LT 1996(2) HC 183; 100 CWN 900; 1996 WBLR 242 (Cal).

উপরোক্ত আদেশের বিরুদ্ধে সুপ্রীম কোর্টে আপিল করা হয়েছে আপিল মামলার মীমাংসা হয়নি এখনও।

[১][১৪ব। বাতিল (Omitted).]

14W. Damages for use and occupation of land. [*Omitted* by W.B. Land Reforms (Amendment) Act, 1980 (XLI of 1980).]

১৪ভ। দেওয়ানি আদালতগুলির ক্ষেত্রাধিকারে প্রতিবন্ধকতা (Bar of jurisdiction of Civil Courts) ঃ এই পরিচ্ছেদের সাথে সম্পর্কযুক্ত কোনও বিষয় নিষ্পত্তি বা কোনও প্রশ্ন উঠলে সেই নিয়ে মীমাংসা বা অন্য কোনও বিষয়ে সিদ্ধান্ত নেওয়ার জন্য রাজস্ব আধিকারিক বা অন্য কোনও কর্তৃপক্ষ ওই বিষয় গ্রহণ করলে বা কোনও আদেশ দিলে বা এই পরিচ্ছেদের বিধি অনুযায়ী কোনও শুনানি শুরু করলে কোনও দেওয়ানি আদালত ওই বিষয়ে কোনও প্রশ্ন করতে পারবেন না বা তার ক্ষেত্রাধিকার থাকবে না।

14X. Bar of jurisdiction of Civil Courts. No Civil Court shall have jurisdiction to decide or deal with any question or to determine any matter which is by or under this Chapter required to be decided or dealt with or to be determined by the Revenue Officer or other authority specified therein and no orders passed or proceedings commenced under the provisions of this Chapter shall be called in question in any Civil Court.

কর্মপরিধি [Scope]. এই ধারাটি দেওয়ানি আদালতের ক্ষেত্রাধিকার (jurisdiction) ও এক্তিয়ারকে অনেকটাই খর্ব করেছে। এই পরিচ্ছেদের

১ মূল ধারাটি পশ্চিমবঙ্গ ভূমি সংস্কার (সংশোধন) আইন, ১৯৮০ (পশ্চিমবঙ্গ আইন ৪১, ১৯৮০)-এর ৩ ধারার মাধ্যমে বাতিল হয়েছে। মূল ধারাটি নিম্নরূপ ছিল ঃ

"**১৪ব। জমির ব্যবহার এবং দখলের জন্য ক্ষতিপূরণ** (Damages for use and occupation of land) ঃ (১) এই পরিচ্ছেদের বিধানগুলি আরম্ভের পর, ঊর্ধ আয়তনের বাড়তি কোনও জমি, কোনও রায়ত যিনি ভোগদখল করবেন, রাজ্য সরকারকে, অনুরূপ জমি তিনি ভোগদখল করেছেন যাহার বিনিময়ে সেই সময়ের জন্য, অনুরূপ জমির ব্যবহার ও দখলের দরুন নির্ধারিত প্রণালীতে সমাহর্তা যেরূপ নির্দিষ্ট করবেন, সেরূপ ক্ষতিপূরণ প্রদান করবেন।

(২) কোনও জমির ব্যবহার এবং দখলের জন্য ক্ষতিপূরণ স্বরূপ কোনও রায়ত কর্তৃক দেয় যে কোনও অর্থ কোনও সরকারি দাবিরূপে পুনরুদ্ধারযোগ্য হবে।"

অধীন কোনও বিষয়ে রাজস্ব আধিকারিক বা অন্য কোনও কর্তৃপক্ষ কোনও সিদ্ধান্ত নিলে দেওয়ানি আদালতে সেই বিষয়ে কোনও মামলা করা যায় না। ২খ পরিচ্ছেদের অধীন কোনও বিষয়ে রাজস্ব আধিকারিক কোনও কার্যাবলি করে কোনও আদেশ দান করলে দেওয়ানি আদালতে সেই নিয়ে কোনও প্রশ্ন তোলা যাবে না। ২খ পরিচ্ছেদের অধীনে যে সমস্ত কর্তৃপক্ষ রয়েছে তাঁদের জমির সর্বোচ্চ সীমা নির্ণয় বা সেই সংক্রান্ত অন্য বিষয়ে একাধিকৃত ক্ষেত্রাধিকার [exclusive jurisdiction] রয়েছে।[১]

অর্থাৎ ১৪ড ধারায় জমির সর্বোচ্চ সীমা নির্ধারণ বিষয়ে বা ১৪ট ধারায় পরিবারের আয়তন নির্ধারণে বা ১৪ঢ ধারায় সেচ সেবিত এলাকা নির্ধারণ বিষয়ে বা ১৪ধ, ১৪ঠ, ১৪ন(৩), ১৪ন(৫), ১৪ন(৬) ধারায় জমির সরকারে ন্যস্ত হওয়ার আদেশ বিষয়ে কোনও মামলা দেওয়ানি আদালতে করা যাবে না। এই পরিচ্ছেদের সাথে সম্পর্কযুক্ত কোনও বিষয়ে কোনও প্রশ্ন করার এক্তিয়ার দেওয়ানি আদালতের নেই।

তবে ৭.৮.১৯৬৯ তারিখের আগে কোনও হস্তান্তর বৈধ কিনা এ বিষয়ে তদন্ত ও সিদ্ধান্ত করার কোনও এক্তিয়ার রাজ্য আইন সভা রাজস্ব আধিকারিক বা কর্তৃপক্ষকে দেয়নি। কিন্তু এই বিষয়ে দেওয়ানি আদালতের এক্তিয়ারকে খর্ব করেনি।[২]

কোনও ব্যক্তি কোন্ জমি রাখবেন বা কোন্ জমি সরকারে ন্যস্ত হওয়ার জন্য ছাড়বেন বিষয়ে রাজস্ব আধিকারিকের সিদ্ধান্ত নিয়ে দেওয়ানি আদালত কোনও মামলা শুরু করতে পারবেন না।

[১][**১৪ম। রায়ত কর্তৃক পুনরায় জমি অর্জন করার পরিসীমা (Limitation on future acquisition of land by a raiyat)** ঃ এই পরিচ্ছেদের বিধানগুলি

১ *আশরাফ হোসেন* বনাম *জাহাঙ্গীর হোসেন* 1978 CHN 755; 1978(2) Cal LJ 143; *বিদ্যাভূষণ মহাপাত্র* বনাম *পঃ বঃ সরকার* 1977(1) Cal LJ 387; *পঃ বঃ সরকার* বনাম *ফণীভূষণ মণ্ডল* 1980(2) Cal LJ 557; 85 CWN 110.

২ *শম্ভুনাথ পাল* বনাম *পঃ বঃ সরকার* 87 CWN 695.

১ ১২.৫.১৯৮৯ তারিখের কলিকাতা গেজেট, বিশেষ সংখ্যার তৃতীয় খণ্ডে প্রকাশিত পশ্চিমবঙ্গ ভূমি সংস্কার (তৃতীয় সংশোধন) আইন, ১৯৮৬ (পশ্চিমবঙ্গ আইন ৩৫, ১৯৮৬)-এর ১২ ধারার মাধমে অনুকল্পিত। পূর্বে ধারাটি নিম্নরূপ ছিল ঃ

"**১৪ম। ভবিষ্যতে জমি অর্জনের উপর নিয়ন্ত্রণ (Limitation on future acquisition of land)** ঃ এই পরিচ্ছেদের বিধানগুলি আরম্ভের পর, যদি হস্তান্তর,

বলবৎ হওয়ার পর যে কোনও সময় কোনও রায়ত ১৪ড ধারার বিধান অনুযায়ী যে পরিমাণ জমি রাখার অধিকারী, যদি হস্তান্তর, উত্তরাধিকার বা অন্য কোনও উপায়ে তার চেয়ে বেশি জমির মালিক হন, তবে ওই অতিরিক্ত জমি রাজ্য সরকারে ন্যস্ত হবে এবং এই পরিচ্ছেদের সর্বোচ্চ সীমা সংক্রান্ত সমস্ত বিধান ওই জমিতে প্রযোজ্য হবে ঃ]

[২][তবে সমস্ত কিছু পর্যালোচনা এবং কোনও ব্যক্তির পেশ করা পরিকল্পনা প্রতিবেদনের উপর ভিত্তি করে যদি রাজ্য সরকার এই মর্মে সন্তুষ্ট হন যে, উক্ত ব্যক্তি নিম্নলিখিত কাজের জন্য অধিক জমির প্রয়োজন, তবে উক্ত ব্যক্তি রাজ্য সরকারের থেকে লিখিত, আগাম অনুমতি সাপেক্ষে, রাজ্য সরকার দ্বারা স্থিরীকৃত সমস্ত শর্তাদি পূরণ করে, নির্দিষ্ট নিয়ম মেনে ১৪ড (14M) ধারায় নির্ধারিত নির্দিষ্ট পরিমাণ জমির চেয়ে অধিক জমি গ্রহণ করতে ও রাখতে পারবেন, যে উদ্দেশ্যে কোনও ব্যক্তি এই অধিক জমি রাখতে পারবেন, তা হল—

(ক) যদি তিনি মিল, কারখানা বা কর্মশালা, পশু-পাখির প্রজনন ফার্ম, হাঁস-মুরগির খামার, দোহশালা, শিল্প তালুক বা শিল্প হাব বা শিল্প এস্টেট, অর্থনৈতিক হাব, গুদাম ঘর, চা বাগান, কৃষি-শিল্প, শক্তি উৎপাদন কেন্দ্র বা শক্তি প্রেরণ বা বণ্টনের উপকেন্দ্র, চলচ্চিত্র নগর, পর্যটনের পরিকল্পনা, শিক্ষা সংক্রান্ত বা চিকিৎসা বিষয়ক শিক্ষা প্রতিষ্ঠান, জৈব-প্রযুক্তি তালুক, খাদ্য তালুক, নৌ-বন্দর, বিমান বন্দর, জাহাজ তৈরি ও জাহাজ ভেঙে ফেলার প্রযুক্তি সহ জাহাজ নির্মাণ কেন্দ্র প্রাকৃতিক তেল ও গ্যাসজাত সামগ্রী নলের মাধ্যমে পরিবহন সংক্রান্ত পরিকল্পনা, তথ্য ও যোগাযোগ প্রযুক্তি শিল্প এবং তথ্য ও যোগাযোগ প্রযুক্তি সহায়ক শিল্প বা খনি এবং খনি সহায়ক কার্যাবলি; এবং

(খ) নিম্নলিখিত ক্ষেত্রে ভবিষ্যতে বিস্তার ঘটানোর জন্য সর্বোচ্চ সীমা সংক্রান্ত ছাড় পাওয়া যাবে, ওই ক্ষেত্রগুলি—যে কোনও মিল, কারখানা বা কর্মশালা, পশু-পাখির প্রজনন ফার্ম, হাঁস-মুরগির

উত্তরাধিকার বা অন্যভাবে, যদি কোনও রায়ত কোনও জমি অর্জন করেন, এবং সেরূপ জমি, তাঁহার দ্বারা স্বত্বাধিকৃত জমির সহিত একত্রে, ১৬ড ধারা অনুযায়ী তাঁহার প্রতি প্রযোজ্য ঊর্ধ আয়তনের বাড়তি হয়, জমির আয়তনটি যাহা অনুরূপ ঊর্ধ আয়তনের বাড়তি রাজ্যে বর্তাবে এবং জমির জোতের উপর ঊর্ধ আয়তন সম্বন্ধে এই পরিচ্ছেদের সকল বিধানগুলি প্রযুক্ত হবে।"

২ ২০১২ সালের পশ্চিমবঙ্গ ভূমি সংস্কার (সংশোধন) আইন দ্বারা অন্তর্ভুক্ত হয়েছে।

খামার, দোহশালা, শিল্প তালুক বা শিল্প হাব বা শিল্প এস্টেট, অর্থনৈতিক হাব, গুদাম ঘর, কৃষি-শিল্প, শক্তি উৎপাদন কেন্দ্র বা শক্তি প্রেরণ বা বন্টনের উপকেন্দ্র, চলচ্চিত্র নগর, পর্যটনের পরিকল্পনা, জৈব প্রযুক্তি তালুক, খাদ্য তালুক, নৌ-বন্দর, বিমান বন্দর, জাহাজ তৈরি ও জাহাজ ভেঙে ফেলার প্রযুক্তি সহ জাহাজ নির্মাণ কেন্দ্র, তথ্য ও যোগাযোগ প্রযুক্তি শিল্প এবং তথ্য ও যোগাযোগ প্রযুক্তির সহায়ক শিল্প।]

[৩][তবে আরও উল্লেখ করা যায় যে উক্ত ব্যক্তি রাজ্য সরকারের অনুমতি ক্রমে শিল্প তালুক বা শিল্প হাব বা শিল্প এস্টেট বা অর্থনৈতিক এস্টেট বা জৈব-প্রযুক্তি তালুক বা খাদ্য তালুক স্থাপনের জন্য ওই জমি ব্যবহার করতে পারবেন এবং ওই জমির কিছু অংশ বা সম্পূর্ণ জমি ভূমি ও ভূমি সংস্কার দপ্তরকে জানিয়ে রাজ্য সরকারের নির্দিষ্ট দপ্তরের আগাম অনুমোদন নিয়ে ইজারা দিতে পারবেন, যিনি পূর্বোল্লিখিত শিল্প স্থাপনের জন্য অনুমোদিত পরিকল্পনা নকশা অনুযায়ী শিল্প স্থাপন করবেন, তিনি ওই জমি গ্রহণ করতে পারেন এবং নিজ অধিকারে রাখতে পারবেন ঃ

তবে আরও উল্লেখ করা যায় যে উক্ত ব্যক্তিকে প্রথম ধারা অনুযায়ী যে উদ্দেশ্যে অতিরিক্ত জমি রাখতে অনুমতি দেওয়া হয়েছিল অনুমতি দানের তিন বছরের মধ্যে যদি তিনি তা ব্যবহার করতে অসফল হন, যে শিল্প স্থাপনের লক্ষ্যে দ্বিতীয় ধারা অনুসারে রাজ্য সরকার দ্বারা অনুমোদন প্রাপ্তির তিন বছরের মধ্যে তিনি তা স্থাপন করতে ব্যর্থ হন, তখন এই অধ্যায়ে বর্ণিত ১৪ড (14M) ধারা অনুযায়ী তার ক্ষেত্রে সর্বোচ্চ সীমার অতিরিক্ত জমির জন্য কার্যকর ব্যবস্থা গ্রহণ করা হবে।]

[৩][*ব্যাখ্যা-১* ঃ এই ধারায় "ব্যক্তি" বলতে বোঝাবে—কোনও একজন লোক, কোনও ফার্ম, কোনও কোম্পানি, কোনও একটি প্রতিষ্ঠান অথবা কোনও সমিতি অথবা সম্মিলিত বা অসম্মিলিত কোনও সমিতি অথবা স্থানীয় কর্তৃপক্ষ বা বর্তমানে প্রচলিত আইন অনুসারে গঠিত বা বিধিবদ্ধ কোনও একক প্রতিষ্ঠান।]

[৪][*ব্যাখ্যা-২* ঃ [* * *]]।

৩ ২০১২ সালের পশ্চিমবঙ্গ ভূমি সংস্কার (সংশোধন) আইন দ্বারা অন্তর্ভুক্ত হয়েছে।

৪ পূর্বোক্ত আইন দ্বারা বিলোপ করা হয়েছে।

[1][**14Y. Limitation on future acquisition of land by a raiyat.** **If at any time, after the commencement of the provisions of this Chapter, the total area of land owned by a *raiyat* exceeds the ceiling area applicable to him under section 14M, on account of transfer, inheritance or otherwise,, the area of land which is in excess of the ceiling area shall vest in the State and all the provisions of this Chapter relating to ceiling area shall apply to such land:**]

[2][**Provided that if the State Government, after having regard to all the circumstances of a case and on the basis of the project report filed by any person, is satisfied that such person requires land—**

(*a*) for the purpose of establishing a mill, factory or workshop, [3][livestock breeding farm, poultry farm, dairy, fishery, township, transportation or terminal, logistic hub, industrial park or industrial hub], warehousing, tea garden, agro-industry, power plant or power transmission or distribution sub-station, film city,

1 *Substituted* by W.B. Act XXXV of 1986, published in the *Calcutta Gazette*, dated 12.5.1989, w.e.f. 12.5.1989, the old section read as follows:

"14Y. *Limitation on future acquisition of land.* If any *raiyat* acquires any land, whether by transfer, inheritance or otherwise, after the commencement of the provisions of this Chapter, and such land, together with the land owned by him, exceeds the ceiling area applicable to him under section 14M, the area of land which is in excess of such ceiling area shall vest in the State and all the provisions of this Chapter relating to ceiling on holding shall apply to such land."

2 *Substituted* by Act 6 of 2012 (w.e.f. 7.5.2012) for the following:

"Provided that a person intending to establish a tea garden, mill, factory or workshop, livestock breeding farm, poultry farm, or dairy, or Township in a Planning Area as may be permitted to be developed under the West Bengal Town and Country (Planning and Development) Act, 1979 (West Bengal Act 13 of 1979) may, with the previous permission, in writing, of the State Government and on such terms and conditions and in such manner as the State Government may by rules prescribe, acquire and hold land in excess of the ceiling area applicable to him under section 14M."

3 *Substituted* by the West Bengal Land Reforms (Amendment) Act, 2014 w.e.f. 19.1.2015.

tourism project, educational and medical institutions, bio-tech park, food park, port, airport, shipyard including shipbuilding and ship-breaking, oil and gas products piped transportation, information and communications technology (ICT) industries and information and communications technology (ICT) allied industries or mining and allied activities; and

(*b*) for the purpose of future expansion of any such mill, factory or workshop, [4][livestock breeding farm, poultry farm or dairy, fishery, township, transportion or terminal, logistic hub, industrial park or industrial hub or industrial estate, financial hub, warehousing tea garden, educational and medical institutions, oil and gas products piped transportation, mining and allied activities], agro-industry, power plant or power transmission or distribution sub-station, film city, tourism project, bio-tech park, food park, port, airport, shipyard including shipbuilding and ship-breaking, information and communications technology (ICT) industries and information and communication technology (ICT) allied industries,

such person may, with the previous permission, in writing, of the State Government and on such terms and conditions, and in such manner, as the State Government may, by rules prescribe, acquire and hold land in excess of the ceiling area applicable to him under section 14M.];

[5][Provided further that such person having been permitted by the State Government to establish an [4][industrial park or industrial

4 *Substituted* by the West Bengal Land Reforms (Amendment) Act, 2014 w.e.f. 19.1.2015.

5 *Substituted* by Act 6 of 2012 (w.e.f. 7.5.2012) for the following:

"Provided further that if such person, having been permitted by the State Government, does not utilise within three years of the date of such permission such land for the purpose for which he has been so permitted by the State Government to acquire and hold it, then, all the provisions of this Chapter relating to ceiling area shall apply to the area of land which is held in excess of the ceiling area applicable to him under section 14M."

hub or industrial estate or financial hub or logistic hub] or a bio-tech park or a food park, shall utilize such land and lease out the whole or any part of it with the previous permission of the appropriate Department of the State Government under intimation to the Land and Land Reforms Department, for the purpose for which he has been so permitted to acquire and hold such land to such a person who will set up a unit thereon as per objects of the respective project as approved:

Provided also that if such person fails to utilize such land within three years of the date of such permission granted under the first proviso for the purpose for which he has been so permitted by the State Government and in any case the unit is not set up within the aforesaid period of three years as per objects of the project as mentioned in the second proviso, then, all the provisions of this Chapter relating to ceiling area shall apply to the area of land which is held in excess of the ceiling area applicable to him [6][under section 14M, unless there is an order of extension of such permission granted by the State Government for the purpose for which he has been so permitted for a period of not exceeding two years in addition to the above mentioned period of three years, as the State Government may deem fit and proper]].

[7][*Explanation I.* For the purposes of this section, "person" includes an individual, a firm, a company, an institution, or an association or body of individuals, whether incorporated or not or a local authority or an authority constituted or established by or under any law for the time being in force].

[8][* * *].

6 *Substituted* by the West Bengal Land Reforms (Amendment) Act, 2014 w.e.f. 19.1.2015.

7 *Substituted* by Act 6 of 2012 (w.e.f. 7.5.2012) for the following:

"*Explanation I.* For the purposes of this section, "person" includes an individual, a firm, a company, an institution, or an association or body of individuals, whether incorporated or not."

8 *Omitted* by Act 6 of 2012 (w.e.f. 7.5.2012). Before omission it stood as under:

"*Explanation II.* "Township" shall mean a centre of urban population with defined boundaries within a Planning Area having, or proposing to have, usual urban facilities and approved as such by the appropriate Department of the State Government."

আলোচনার সূচী

১। সূচনা [Commencement]. মূল ১৪ম ধারাটি এই রকম ছিল ঃ পুনরায় জমি রাখার সীমা—কোনও রায়ত যদি এই পরিচ্ছেদ বলবৎ হওয়ার পরে হস্তান্তর, উত্তরাধিকার বা অন্য কোনও প্রকারে কোনও জমির মালিক হন এবং ওই জমি যদি তিনি পূর্বে যে জমির অধিকারী ছিলেন এক সাথে ১৪ড ধারায় বর্ণিত সর্বোচ্চ সীমা অতিক্রম করে, তা হলে ওই অতিরিক্ত জমি সরকারে ন্যস্ত হবে এবং জমির সর্বোচ্চ সীমা সংক্রান্ত সমস্ত ধারা ওই জমিতে প্রযোজ্য হবে।

উপরোক্ত ধারাটি ১৯৮৬ সালের পঃ বঃ ভূমি সংস্কার (তৃতীয় সংশোধন) আইন [১৯৮৬ সালের পশ্চিমবঙ্গের ৩৫ নং আইন] দ্বারা পরিবর্তিত হয়। কলিকাতা গেজেটে এটি ১২.৫.১৯৮৯-তে প্রকাশিত হয়েছিল।

১৯৮৬ সালের পঃ বঃ ভূমি সংস্কার (তৃতীয় সংশোধন) আইন দ্বারা ১৪ম ধারার সংশোধিত রূপটি বর্তমান ১৪ম-এর প্রথম অনুচ্ছেদে যা রয়েছে তাই, অর্থাৎ ঃ এই পরিচ্ছেদের বিধানগুলি বলবৎ হওয়ার পর যে কোনও সময় কোনও রায়ত ১৪ড ধারার বিধান অনুযায়ী যে পরিমাণ জমি রাখার অধিকারী যদি হস্তান্তর উত্তরাধিকার বা অন্য কোনও উপায়ে তার চেয়ে বেশি জমির মালিক হন, তবে ওই অতিরিক্ত জমি রাজ্য সরকারে ন্যস্ত হবে এবং এই পরিচ্ছেদের সর্বোচ্চ সীমা সংক্রান্ত সমস্ত বিধান ওই জমিতে প্রযোজ্য হবে।

১৯৯৬ সালের পঃ বঃ ভূমি সংস্কার (সংশোধন) আইন দ্বারা দুটি অনুবিধি ১৪ম ধারার সাথে যুক্ত করা হয়েছে। এই সংশোধন ২৭.৮.১৯৯৬ থেকে কার্যকর হয়েছে। এছাড়া উপরোক্ত দুটি অনুবিধিতে "ব্যক্তি" (person) বলতে কী বোঝাবে তার একটি ব্যাখ্যা ও যুক্ত করা হয়েছে।

প্রথম অনুবিধিতে ১৯৯৬ সালে ছিল—"Township in accordance with provisions of the W. B. Town and Country (Planning and Development) Act of 1979," ২০০০ সালের পঃ বঃ ভূমি সংস্কার

(সংশোধন) আইন দ্বারা এই শব্দগুলির বদলে আনা হয়েছে "Township in a planning area as may be permitted to be developed under ...", এটি বলবৎ হয়েছে ২৭.৮.১৯৯৬ থেকে। অর্থাৎ ১৯৯৬ সালের পঃ বঃ ভূমি সংস্কার (সংশোধন) আইন যেদিন থেকে কার্যকর হয়েছে।

দ্বিতীয় অনুবিধিতে "২ বছর" [two years] শব্দগুলি ১৯৯৬ সালের পঃ বঃ ভূমি সংস্কার (সংশোধন) আইন দ্বারা যুক্ত করা হয়েছিল কিন্তু ২০০০ সালের পঃ বঃ ভূমি সংস্কার (সংশোধন) আইনে "তিন বছর" (three years) করা হয়েছে। এই সংশোধনী ২৭.৮.১৯৯৬ থেকে কার্যকর হয়েছে।

১৯৯৬ সালের পঃ বঃ ভূমি সংস্কার (সংশোধন) আইন দ্বারা এই ধারার ব্যাখ্যা যুক্ত হয়েছিল, ২০০০ সালের পঃ বঃ ভূমি সংস্কার (সংশোধন) আইন দ্বারা ব্যাখ্যাটিকে দুটি ভাগে ভাগ করে "ব্যাখ্যা-১" এবং "ব্যাখ্যা-২" এইভাবে ক্রমাঙ্ক করা হয়। এটিও ২৭.৮.১৯৯৬ থেকে বলবৎ হয়েছে। প্রথম ব্যাখ্যায় "ব্যক্তি" (person) বলতে কী বোঝায় তা বলা হয়েছে। দ্বিতীয় ব্যাখ্যায় "শহর" (township)-এর সংজ্ঞা দেওয়া হয়েছে।

২। **পুনরায় জমি অধিগ্রহণের পরিসীমা [Limitation on future acquisition of land].** ১৪ম ধারা অনুযায়ী কোনও রায়ত ১৫.২.১৯৭১ তারিখের পরে হস্তান্তর, উত্তরাধিকার বা অন্য কোনওভাবে কোনও জমির মালিক হলে, ওই জমি এবং রায়তের আগের জমি মিলিতভাবে যদি ১৪ড ধারায় বর্ণিত জমির সর্বোচ্চ সীমার চেয়ে বেশি হয় তবে ওই অতিরিক্ত জমি সরকারে ন্যস্ত হবে। ১৯৬৫ সালের পঃ বঃ ভূমি সংস্কার নিয়মের ১৪গ বিধি অনুযায়ী যে রায়ত নির্ধারিত সর্বোচ্চ সীমার চেয়ে বেশি জমির অধিকারী তিনি ১৪গ(৩) বিধি অনুযায়ী অতিরিক্ত জমির মালিক হওয়ার তিন মাসের মধ্যে তিন প্রস্থ (three copies) ৭ক নিদর্শে বিবরণী দাখিল করবেন রাজস্ব আধিকারিকের নিকট। আবার ১৪গ(২) বিধি অনুযায়ী ১৫.২.১৯৭১ তারিখে কোনও রায়ত তার জমির পূর্ণ বিবরণ দিয়ে রাজস্ব আধিকারিকের কাছে ৭ক নিদর্শে তিন প্রস্থ বিবরণ জমা দেবেন। ওই বিবরণী থেকে বোঝা যাবে রায়তের অতিরিক্ত জমির পরিমাণ কত হবে ১৫.২.১৯৭১ তারিখে। কী পরিমাণ জমি রায়ত নিজে রাখবেন এবং কী পরিমাণ জমি সরকারে ন্যস্ত হবে তা স্থির করা যাবে ওই রিটার্ন থেকে।

কিন্তু ১৪গ(৩) নং ধারা অনুযায়ী রায়ত ১৫.২.১৯৭১ তারিখের পর হস্তান্তর, উত্তরাধিকার বা অন্য কোনও উপায়ে কোনও জমির মালিক হলে,

ওই জমি এবং তাঁর আগের জমি মিলিতভাবে ১৪ড ধারায় বর্ণিত জমির সর্বোচ্চ সীমার চেয়ে বেশি জমি হলে, তিন মাসের মধ্যে ৭ক নিদর্শে রাজস্ব আধিকারিকের কাছে তিন প্রস্থ বিবরণী জমা দেবেন। যে তারিখে রায়ত ওই অতিরিক্ত জমির মালিক হবেন সেই দিন থেকে তিন মাসের মধ্যে ওই বিবরণী জমা দেবেন। *গোকুল চন্দ্র পাল* বনাম *পঃ বঃ সরকার*[১] মামলায় মহামান্য কলিকাতা হাইকোর্টের একক বিচারক এই বিষয়ে পরিষ্কার লক্ষ্য করেন যে, ১৪ঠ, ১৪ধ এবং ১৪ন(৩) ধারায় রাজস্ব আধিকারিক যে দিন থেকে ২খ পরিচ্ছেদ বলবৎ হয়েছে সেই দিনে রায়তের জমির সর্বোচ্চ সীমা নির্ধারণ করবেন। রাজস্ব আধিকারিক ১৪(৩) ধারায় ১৫.২.১৯৭১ তারিখের পরবর্তী তারিখে রায়ত কোনও জমির মালিক হলে তা নির্ধারণ করতে পারবেন না। ১৪ঠ এবং ১৪ম ধারায় রাজস্ব আধিকারিককে নতুন করে কার্যাবলি করার ক্ষমতা দিয়েছে পুনরায় ন্যস্ত করার জন্য।

অর্থাৎ ১৫.২.১৯৭১ তারিখে রায়তের জমির সর্বোচ্চ সীমা নির্ধারণ হবে ১৪ঠ, ১৪ধ এবং ১৪ন(৩) ধারা অনুসারে। কিন্তু ১৫.২.১৯৭১ তারিখের পরে রায়তের জমির সর্বোচ্চ সীমা নির্ধারণ হবে ১৪ম ও ১৪ন(৩) ধারা অনুসারে। ১৪ম ধারা মোতাবেক রাজস্ব আধিকারিক পুনরায় ন্যস্ত করার জন্য নতুন কার্যাবলি আরম্ভ করবেন। ১৪ম একটি চলমান প্রক্রিয়া কারণ যে কোনও সময় রায়তের জমির পরিমাণ বৃদ্ধি হতে পারে হস্তান্তর, উত্তরাধিকার বা অন্য কোনও উপায়ে। যখনই উপরোক্ত পদ্ধতিতে রায়ত জমির মালিক হবেন এবং আগের জমির সাথে এই জমি যোগ করে ১৪ড ধারায় বর্ণিত জমির চেয়ে বেশি জমির অধিকারী হলে, ওই জমি পাওয়ার তিন মাসের মধ্যে তিন প্রস্থ কার্যাবলি ৭ক নিদর্শে রাজস্ব আধিকারিকের (Revenue Officer) কাছে দাখিল করবেন। কার্যাবলিতে বেশি জমি দেখলে রাজস্ব আধিকারিক ১৪ন(৩) ধারায় কার্যবাহসমূহ (proceedings) দ্বারা ব্যবস্থা নেবেন। অতিরিক্ত জমি নির্ধারিত হলে সরকারে ন্যস্ত হওয়ার আদেশ দেবেন এবং নির্ধারিত পদ্ধতিতে দখল নেবেন। এই আদেশে রায়ত অসন্তুষ্ট হলে পঃ বঃ ভূমি সংস্কার আইনের ৫৪ ধারায় আপিল কর্তৃপক্ষের কাছে আপিল করতে পারবেন। রাজস্ব আধিকারিক প্রয়োজনে ১৪ন(৩ক) ধারায় কোনও কার্যাবলি পর্যালোচনা করতে পারবেন।

১ 1988(2) CHN 41.

৩। সর্বোচ্চ সীমার অতিরিক্ত জমি অর্জন করার অনুমতি [Permission to hold land in excess of ceiling area]. ১৪ম ধারার প্রথম অনুবিধিতে (proviso) রাজ্য সরকারকে ক্ষমতা দিয়েছে কোনও ব্যক্তিকে ১৪ড ধারার অতিরিক্ত জমি রাখার অনুমতি দেওয়ার। কতগুলি বিশেষ প্রয়োজনে রাজ্য সরকার মনে করলে কোনও ব্যক্তিকে ১৪ড ধারায় নির্ধারিত সর্বোচ্চ সীমার অতিরিক্ত জমি রাখার অনুমতি দিতে পারেন। ২০০০ সালের পঃ বঃ ভূমি সংস্কার (সংশোধন) আইন অনুসারে কোনও ব্যক্তি যদি চা বাগান, মিল, কারখানা অথবা কর্মশালা, গৃহপালিত পশু পাখীর ফার্ম, হাঁস-মুরগির খামার বা দোহশালা তৈরি বা পরিকল্পিত এলাকায় (planning area) শহর তৈরি করতে চান শহর ও নগর পরিকল্পনা ও উন্নয়ন আইন [W.B. Town & Country (Planning and Development) Act 1979] অনুযায়ী এবং রাজ্য সরকার দ্বারা প্রস্তুত শর্ত ও চুক্তি মানতে রাজি থাকেন তবে রাজ্য সরকার ১৪ড ধারায় [s. 14M] নির্ধারিত সর্বোচ্চ সীমার চেয়ে বেশি জমি রাখতে দিতে পারেন।

তবে যে উদ্দেশ্যে ওই ব্যক্তি ওই অতিরিক্ত জমি রাখার লিখিত অনুমতি রাজ্য সরকারের কাছ থেকে পাবেন তা তিন বছরের মধ্যে ব্যবহার করবেন। তিন বছরের মধ্যে যদি ওই ব্যক্তি ওই উদ্দেশ্যে ওই জমি ব্যবহার না করে ফেলে রাখেন তবে রাজ্য সরকার ওই জমি গ্রহণ করবেন। ১৪ম ধারা অনুযায়ী ওই জমি সরকারে ন্যস্ত হবে।

৪। ১৫.২.১৯৭১ তারিখে রায়তের মেয়ে অবিবাহিতা ছিল কিন্তু ১৫.২.১৯৭১-এর পরে বিবাহিতা হলে [If raiyat's daughter was unmarried on 15.2.1971 but married after 15.2.1971]. ধরা যাক্ ১৫.২.১৯৭১ তারিখে কোনও রায়তের পরিবারের সদস্য সংখ্যা ছিল ছয় এবং একজন অবিবাহিতা মেয়ে তাঁর পরিবারের সদস্য হিসাবে ছিল ওই ছয় জনের মধ্যে। ১৪ড ধারা অনুযায়ী ওই রায়ত সেচ এলাকায় ১৩.৬০ একর জমি রাখতে পারবেন। ২৮.১০.১৯৯১ তারিখে ওই অবিবাহিতা মেয়ের বিয়ে হলে ২৮.১০.১৯৯১ তারিখে রায়তের পরিবারে সদস্য সংখ্যা হল পাঁচজন। সেক্ষেত্রে ১৫.২.১৯৭১ তারিখে রায়তের যে জমি ছিল, ২৮.১০.১৯৯১ তারিখে যদি সেই পরিমাণ জমি-ই থাকে অর্থাৎ রায়ত যদি ১৫.২.১৯৭১ থেকে ২৮.১০.১৯৯১ এর মধ্যে কোনও জমি হস্তান্তর না করে থাকেন তবে ১৪ম ধারা অনুযায়ী ১.২৪ একর জমি (০.৫০ হেক্টর) ভেস্ট হবে। কিন্তু ১৫.২.১৯৭১ থেকে ২৮.১০.১৯৯১ এই

সময়ের মধ্যে রায়ত যদি ১.২৪ একরের বেশি জমি হস্তান্তর করে থাকেন তবে কোনও জমি সরকারে ন্যস্ত হবে না।

৫। উর্ধসীমার অতিরিক্ত জমি রাখবার বিধি [Rule to hold land in excess of ceiling limit]. 14GG. Terms and conditions and manner of holding of land by way of purchase or otherwise in excess of ceiling limit. (1) A person, as defined in the *Explanation I* to section 14Y, requiring land in excess of the ceiling limit prescribed under section 14M for the purpose of establishing a mill, factory or workshop, live-stock breeding farm, poultry farm, dairy, industrial park or industrial hub or industrial estate, financial hub, warehousing, tea garden, agro-industry, power plant or power transmission or distribution sub-station, film city, tourism project, educational and medical institutions, bio-tech park, food park, port, airport, ship-yard including ship-building and ship-breaking, oil and gas products piped transportation, information and communication technology (ICT) industries and information and communication technology (ICT) allied industries or mining and allied activities, shall apply to the State Government in the Land and Land Reforms Department for previous permission, in writing, to hold land by way of purchase or otherwise in excess of the ceiling limit, in Form No. 7C.

(2) A person, as so defined, requiring land in excess of the ceiling limit prescribed under section 14M, shall, for the purpose of future expansion of any such mill, factory or workshop, livestock breeding farm, poultry farm or dairy, industrial park or industrial hub or industrial estate, financial hub, warehousing, agro-industry, power plant or power transmission or distribution sub-station, film city, tourism project, bio-tech park, food park, port, airport, ship-yard including ship-building and ship-breaking, information and communications technology (ICT) industries and information and communications technology (ICT) allied industries, apply to the State Government in the Land and Land Reforms Department for previous permission, in writing, to hold land by way of purchase or otherwise in excess of the ceiling limit, in Form No. 7CC.

(3) The application shall contain a detailed project report which has been examined, vetted and approved by the

appropriate Department of the State Government concerning the project, as well as all such particulars and documents as mentioned in Form No. 7C or Form No. 7CC, as the case may be.

(4) The State Government in the Land and Land Reforms Department may call for, from the applicant concerned, any other information and document that may be required for the purpose of considering the application.

(5) The State Government in the Land and Land Reforms Department having regard to all the circumstances of a case and on the basis of the recommendations of the appropriate Department of the State Government concerning the project may grant necessary permission in respect of so much of land as is recommended by the appropriate Department of the State Government.

(6) A person, having been so permitted by the State Government in the Land and Land Reforms Department, may hold land by way of purchase or otherwise in excess of the ceiling limit prescribed under section 14M strictly for the purpose for which such permission has been granted on the following terms and conditions and such other terms and conditions as the State Government may consider it necessary to impose and include in a case—

(*a*) that the land shall not be acquired illegally and forcibly in any circumstances whatsoever;

(*b*) that the fair and reasonable price for the land shall be paid to the land owners;

(*c*) that no coercive method shall be used in obtaining possession of the land;

(*d*) that the land so permitted to be acquired shall be utilized within three years of the date of such permission granted for the purpose for which such permission has been sought for;

(*e*) that the land so permitted to be acquired shall not be left unused, either wholly or partly, at any point of time after granting such permission for any reason whatsoever;

(*f*) that where the object of the project is to use the land for purpose for which approval or permission or licence from an appropriate authority is necessary, such approval or permission or licence shall be obtained from such authority as soon as the order granting such permission as sought for is made;

(*g*) that where permission has been sought for to establish an industrial park or industrial hub or industrial estate or financial hub or a biotech park or a food park, the land so permitted to be acquired shall be utilized for such purposes within there years of the date of such permission and shall be leased out the whole or any part of it only with the previous permission of the appropriate Department of the State Government concerning the project under intimation to the Land and Land Reforms Department to such a person who will set up a unit there within the aforesaid period of three years as per objects of the respective project as approved].

[1][Form No. 7C

(*See* sub-rule (1) of rule 14GG)

From : ....

....

....

[*State name and address of the applicant*(*s*)]

To : The Secretary to the Government of West Bengal,
Land and Land Reforms Department
Kolkata-700 001.

Sub : Application for permission to hold land by way of purchase or otherwise in excess of the ceiling limit.

1 Form No. 7C *substituted* by Notification No. 3890-LP/1A-8/2012 dated 18.7.2012 (w.e.f. 18.7.2012), which was earlier *inserted* by Notification No. 8542-L. Ref. dated 8.9.1997 (w.e.f. 9.9.1997) and amended by Notification No. 3071-L. Ref. dated 10.7.2001.

Sir,

I/We have the honour to apply for permission to hold of an area of .... acres of land by way of purchase or otherwise which is in excess of the ceiling limit prescribed under section 14M of the Act for the purpose of establishing ....

2. The particulars of the land with respect to which such permission is sought for are furnished below—

(*i*) Name of the District :

(*ii*) Name of Block(s) :

(*iii*) Name of Police Station(s) :

(*iv*) Name of *Mauza*(s) :

(*v*) Jurisdiction list No. (s) :

(*vi*) *Khatian* Nos. :

(*vii*) Plot Nos. :

(*viii*) Area of each plot :
(If part plot, specify the area and portion)

(*ix*) Existing classification of each Plot :

3. The following documents are enclosed with this application—

(*i*) A Detailed Project Report (DPR) duly examined, vetted and approved by the .... Department of the State Government;

(*ii*) A sketch-map showing the project area with different categories of the plot of land on colour wash;

(*iii*) A plan showing therein the proposed mode of use of different area within the project as per DPR.

4. I/We also declare and undertake—

(*i*) that no land shall be acquired illegally and forcibly in any circumstances whatsoever;

(*ii*) that the fair and reasonable price for land shall be paid to the land owners;

(*iii*) that no coercive method shall be used in obtaining possession of land;

(*iv*) that the land shall be utilized within three years of the date of permission for the purpose for which such permission shall be granted;

(*v*) that the land shall be used strictly for the purpose for which such permission shall be granted;

(*vi*) that the land shall not be left unused, either wholly or partly, at any point of time after granting such permission as sought for, for any reason whatsoever;

(*vii*) that necessary approval or permission or licence shall be obtained from the appropriate authority as required for implementation of the project on the land as soon as order granting such permission as sought for is made;

(*viii*) that the land shall be utilized within three years of the date of such permission as sought for and shall be leased out the whole or any part of it with the previous permission of appropriate Department of the State Government concerning the project under intimation to the Land and Land Reforms Department to such a person who will set up a unit thereon within the aforesaid period of three years as per objects of the respective projects as approved;

(Applicable only in cases where the application relates to permission for the purpose of establishing an industrial park or industrial hub or industrial estate or financial hub or a biotech park or a food park).

5. I/We also declare and undertake—

(*i*) that in case it is proved at any point of time that the documents furnished and the statements made hereinabove are not true or correct, I/we shall be liable for cancellation of the order granting such permission as sought for;

(*ii*) that I/we shall observe and perform all such acts and deeds as required to be done in compliance with the order under sub-rule (6) of rule 14GG granting the permission as sought for and also as per declaration and undertaking as so made within six months from the date of permission failing which I/we shall be liable for cancellation of the order granting such permission as sought for;

(*iii*) that I/we shall submit a report about purchase of land in respect of which permission is sought for within a period of six months from the date of permission to the State Government in the Land and Land Reforms Department through the Collector of the district.

Enclo. : As stated above Yours faithfully,

Place :

Date : (*Full signature of the Applicant(s) with seal, if any*).]

[1][Form No. 7CC

[*See* sub-rule (2) of rule 14GG]

From : ....

....

....

[*State name and address of the applicant*(*s*)]

To : The Secretary to the Government of West Bengal,
Land and Land Reforms Department
Kolkata-700 001.

Sub : Application for permission to hold land by way of purchase or otherwise in excess of the ceiling limit for expansion of the existing project.

Sir,

I/we have the honour to apply for permission to hold of an area of .... acres of land by way of purchase or otherwise which is in excess of the ceiling limit prescribed under section 14M of the Act for the purpose of expansion of ....

2. The particulars of the land of the existing project are furnished below—

(*i*) Name of the District :

(*ii*) Name of Block(s) :

(*iii*) Name of Police Station(s) :

(*iv*) Name of *Mauza*(s) :

(*v*) Jurisdiction list No.(s) :

1 Form No. 7CC *inserted* by Notification No. 3890-LP/1A-8/2012 dated 18.7.2012 (w.e.f. 18.7.2012).

(*vi*) *Khatian* Nos. :

(*vii*) Plot Nos. :

(*viii*) Area of each plot :
(If part plot, specify the area and portion)

(*ix*) Existing classification of each plot :

3. The particulars of the land with respect to which permission for expansion of the existing project is sought for are furnished below—

(*i*) Name of the District :

(*ii*) Name of Block(s) :

(*iii*) Name of Police Station(s) :

(*iv*) Name of *Mauza*(s) :

(*v*) Jurisdiction list No.(s) :

(*vi*) *Khatian* Nos. :

(*vii*)) Plot Nos. :

(*viii*) Area of each plot :
(If part plot, specify the area and portion)

(*ix*) Existing classification of each plot :

4. The following documents are enclosed with this application—

(*i*) necessary certificates from the appropriate authority that the existing project is running smoothly;

(*ii*) copy of mutation certificate or copy of current record-of-rights, copy of conversion certificates and copy of current rent receipt in respect of the land comprised in the existing project;

(*iii*) a sketch map showing the project area of the existing project with side measurement including approach road;

(*iv*) copy of no objection certificate of the West Bengal Pollution Control Board in respect of the existing project;

(*v*) copy of the order granting permission to hold land by way of purchase or otherwise in excess of the ceiling limit (applicablé only in cases where the existing project involves land in excess of the ceiling limit);

(*vi*) a Detailed Project Report (DPR) duly examined, vetted and approved by the .... Department of the State Government in respect of which permission is sought for;

(*vii*) a sketch-map showing the project area with different categories of the plot of land on colour wash in respect of which permission is sought for;

(*viii*) a plan showing therein the proposed mode of use of different area within the project as per DPR in respect of which permission is sought for.

5. I/We also declare and undertake—

(*i*) that no portion of the land comprised in the existing project is used for any other purpose other than the purpose of that particular project in any manner whatsoever;

(*ii*) that no portion of the land comprised in the existing project is left unused for any reason whatsoever;

(*iii*) that the land for which permission is sought for shall not be acquired illegally and forcibly in any circumstances whatsoever;

(*iv*) that the fair and reasonable price shall be paid to the land owners for the land for which permission is sought for;

(*v*) that no coercive method shall be used in obtaining possession of the land for which permission is sought for;

(*vi*) that the land shall be utilized within three years of the date of permission for the purpose for which such permission as sought for shall be granted;

(*vii*) that the land shall be used strictly for the purpose for which such permission as sought for shall be granted;

(*viii*) that the land shall not be left unused, either wholly or partly, at any point of time after granting such permission as sought for, for any reason whatsoever;

(*ix*) that necessary approval or permission or licence shall be obtained from the appropriate authority as required for implementation of the project on the land as soon as order granting such permission as sought for is made;

(*x*) that the land shall be utilized within three years of the date of such permission as sought for and shall be leased out the whole or any part of it with the previous permission of appropriate Department of the State Government concerning the project under intimation to the Land and Land Reforms Department to such a person who will set up a unit thereon within the aforesaid period of three years as per objects of the respective projects as approved;

(Applicable only in cases where the application relates to permission for the purpose of future expansion of an industrial park or industrial hub or industrial estate or financial hub or a bio-tech park or a food park).

6. I/We also declare and undertake—

(*i*) that in case it is proved at any point of time that the documents furnished and the statements made hereinabove are not true or correct, I/we shall be liable for cancellation of the order granting such permission as sought for;

(*ii*) that I/we shall observe and perform all such acts and deeds as required to be done in compliance with the order under sub-rule (6) of rule 14GG granting the permission as sought for and also as per declaration and undertaking as so made within six months from the date of permission failing which I/we shall be liable for cancellation of the order granting such permission as sought for;

(*iii*) that I/we shall submit a report about purchase of land in respect of which permission is sought for within a period six months from the date of permission to the State Government in the Land and Land Reforms Department through the Collector of the district.

Enclo.: As stated above.

Yours faithfully,

Place :

Date : [*Full signature of the Applicant(s) with seal, if any*).]

[১][১৪য। **দ্বিতীয় পরিচ্ছেদ খ-এর প্রয়োগ (Application of Chapter IIB) ঃ** সন্দেহ অপসারণ করার জন্য এই মর্মে ঘোষণা করা যাচ্ছে যে (১) এই আইনের অন্য কোথাও বা এখন চালু অন্য কোনও আইনে যাই থাক না কেন অথবা অন্য কোনও চুক্তি, প্রথা অথবা রীতি-নীতি অথবা যে কোনও আদালত বা ন্যায় পীঠ অথবা কর্তৃপক্ষের কোনও ডিক্রি, রায়, সিদ্ধান্ত বা নির্ধারণ যা কিছু থাকা সত্ত্বেও এই পরিচ্ছেদের বিধানগুলি ২(৭) ধারা অনুসারে উল্লিখিত সমস্ত জমির ক্ষেত্রে প্রযোজ্য হবে।

[২][তবে এই আইনের অন্য কোথাও বা এখন চালু অন্য কোনও আইনে যাই থাক না কেন অথবা কোনও আদালত বা ন্যায়পীঠ বা কর্তৃপক্ষ কোনও চুক্তি, বা ডিক্রি, রায়, সিদ্ধান্ত, আদেশ দিলেও ১৯৫৩ সালের পঃ বঃ জমিদারি অধিগ্রহণ আইনের ৬(১)(ছ) ধারা তৎসহ ৬(৩) ধারার অধীন যে জমি দখলে রাখতে অনুমতি দেওয়া হয়েছে, এই ধারার বিধান সেই জমিতে বলবৎ হবে না ঃ

তবে আরও উল্লেখযোগ্য রাজ্য সরকারের অধীন সরাসরি ইজারা গ্রহীতা বাদে একজন স্বত্বাধিকারী, যিনি ১৯৫৩ সালের পঃ বঃ জমিদারি অধিগ্রহণ আইনের ৬(৩) ধারা অনুযায়ী জমি রাখার অনুমতি পেয়েছেন, তিনি সমাহর্তা দ্বারা নির্ধারিত সংরক্ষিত মূল্যের কম নয় এরকম মূল্যে নীলামে ওই জমি হস্তান্তরের জন্য রাজ্য সরকার দ্বারা লিখিত আদেশ পেতে পারেন। তবে সেই পরিমাণ জমি হস্তান্তরের অনুমতি পাবেন, যে পরিমাণ জমি রাজ্য সরকার মনে করেন—ওই মিল, কারখানা বা কর্মশালার শ্রমিকদের বকেয়া দায় মেটানো সহ ওই মিল, কারখানা বা কর্মশালার পুনর্জীবনের জন্য প্রয়োজন। কর্তৃপক্ষের দ্বারা স্থির করা পদ্ধতিতে নীলাম হবে এবং কর্তৃপক্ষের তত্ত্বাবধান এবং নিয়ন্ত্রণে নীলামের অর্থ আদায় করা হবে। এ বিষয়ে কর্তৃপক্ষ যে রকম পদ্ধতি স্থির করবেন সেইভাবে হবে।

আরও উল্লেখযোগ্য যে দ্বিতীয় অনুচ্ছেদ অনুযায়ী যে জমি রাজ্য সরকার দ্বারা হস্তান্তরের অনুমতি দেওয়া হয়েছে, ধরে নেওয়া হবে ওই জমি

১ পশ্চিমবঙ্গ ভূমি সংস্কার (সংশোধন) আইন, ১৯৮১ (পশ্চিমবঙ্গ আইন ৫০, ১৯৮১)-এর ২৮ ধারার মাধ্যমে সন্নিবেশিত এবং উক্ত আইনের ১(২) ধারার মাধ্যমে ৭.৮.১৯৬৯ তারিখ হতে বলবৎ হয়েছে।

২ পশ্চিমবঙ্গ ভূমি সংস্কার (সংশোধন) আইন, ২০০৫ (পশ্চিমবঙ্গ আইন ২৮, ২০০৫)-এর ৮ নং ধারার মাধ্যমে সন্নিবেশিত যা ১১.১১.২০০৫ তারিখের কলকাতা গেজেট, বিশেষ সংখ্যার তৃতীয় খণ্ডে প্রকাশিত।

১৯৫৩ সালের পঃ বঃ জমিদারি অধিগ্রহণ আইনের ৬(১)(ছ) এবং ৬(৩) ধারার অধীন মধ্যস্বত্বাধিকারী দ্বারা রক্ষিত ছিল এবং হস্তান্তর গ্রহীতাকে ওই হস্তান্তরিত জমির উপর রায়ত হিসাবে গণ্য করা হবে।]

আরও উল্লেখযোগ্য যে [৩]দ্বিতীয় অনুবিধিতে যে বিরুদ্ধ মতামতই থাকুক না কেন, যদি দেখা যায় ৪খ(২) ধারায় বর্ণিত অধিকারী বা গ্রহীতা মিল, কারখানা বা কর্মশালাতে উল্লিখিত অতিরিক্ত জমি ব্যবহার করতে ব্যর্থ হয়েছিলেন অথবা ব্যর্থ হচ্ছেন, সেক্ষেত্রে পুনরায় ওই জমি রাখবার জন্য রাজ্য সরকার তাঁকে ইজারাদার হিসাবে লিখিত অনুমতি দিতে পারেন, কী পরিমাণ জমি তাঁকে রাখতে দেওয়া হবে তা রাজ্য সরকারের মত অনুযায়ী স্থির করা হবে এবং ১৪ম ধারায় বর্ণিত চা বাগান বাদে অন্যান্য উদ্দেশ্যে তাঁকে জমি ব্যবহারের অনুমতি দেওয়া হতে পারে।

(২) চা-বাগান, মিল, কারখানা, কর্মশালা প্রভৃতি জমির বেলায় অথবা যে জমি গৃহপালিত পশু উৎপাদন বা হাঁস-মুরগির খামার অথবা দুগ্ধ উৎপাদনের জন্য ব্যবহৃত হচ্ছে [৪][অথবা ১৯৭৯ সালের পশ্চিমবঙ্গ শহর ও নগর (পরিকল্পনা ও উন্নয়ন) আইন (১৯৭৯ সালের পশ্চিমবঙ্গের ১৩ নং আইন) অনুসারে শহরের পরিকল্পিত এলাকায় "নগর" তৈরি করতে ইচ্ছুক] সেক্ষেত্রে রায়ত বা যেখানে লিজের অধীনে জমি রয়েছে সেই রায়ত বা ইজারা গ্রহীতাকে ঠিক ওই প্রয়োজন মেটানোর জন্য যে পরিমাণ জমির দরকার [৫][নির্দিষ্ট সর্বোচ্চ সীমা অতিরিক্ত] ঠিক সেই পরিমাণ জমি রাজ্য সরকার রাখার অনুমতি দিতে পারেন।

তবে রাজ্য সরকার যদি পরিস্থিতি বিবেচনা করে মনে করেন যে বিষয়টি আবার সিদ্ধান্ত করা দরকার তবে ওই রায়ত বা ইজারা গ্রহীতাকে প্রয়োজন মতো শুনানির সুযোগ দিয়ে এইভাবে আবার সংশোধনের আদেশ

৩ পশ্চিমবঙ্গ ভূমি সংস্কার (সংশোধন) আইন, ২০১৭ (২০১৭ সালের পশ্চিমবঙ্গের ১৯ ক্রমাঙ্কের আইন) দ্বারা মূল আইনে অন্তর্ভুক্ত হয়েছে এবং ১৭ই এপ্রিল, ২০১৭ কলকাতা গেজেটের বিশেষ সংখ্যায় প্রকাশিত হয়েছে। এই সংশোধিত আইন কার্যকর হবে ১৫.৫.২০১৭ থেকে (গেজেটে বিজ্ঞপ্তি ক্রমাঙ্ক ১৪৪৯-এল. পি./১ক-৪/২০১৭ তাং ১৫.৫.২০১৭।

৪ পশ্চিমবঙ্গ ভূমি সংস্কার (সংশোধন) আইন, ২০০০ (পশ্চিমবঙ্গ আইন ৩১, ২০০০) দ্বারা ২৭.৮.১৯৯৬ তারিখ হতে অনুকল্পিত।

৫ পশ্চিমবঙ্গ ভূমি সংস্কার (সংশোধন) আইন, ১৯৮১ (পশ্চিমবঙ্গ আইন ৫০, ১৯৮১)-এর ২৮ ধারার মাধ্যমে সন্নিবেশিত এবং উক্ত আইনের ১(২) ধারার মাধ্যমে ৭.৮.১৯৬৯ তারিখ হতে বলবৎ হয়েছে।

দিতে পারেন যে—ওই বাগান, মিল, কারখানা, কর্মশালা, গৃহপালিত পশু উৎপাদন বা হাঁস-মুরগির খামার বা দুগ্ধ উৎপাদন অথবা ১৯৭৯ সালের পঃ বঃ শহর ও নগর (পরিকল্পনা ও উন্নয়ন) আইন অনুসারে কোনও পরিকল্পিত এলাকায় "নগর" তৈরির জন্য কী পরিমাণ জমির দরকার;

[৬][তবে পুনরায় এই নির্ধারণের সময় চা বাগানের বেলায় চা চাষের জন্য জমির পরিমাণ কমানো যাবে না।]

ব্যাখ্যা ঃ "ইজারা দ্বারা জমি" বলতে সরকারের কাছ থেকে সরাসরি ইজারা পাওয়া জমিও বোঝাবে।]

[1][14Z. Application of Chapter IIB. For the removal of doubts it is hereby declared that—

(1) notwithstanding anything contained in this Act or in any other law for the time being in force or in any agreement, custom or usage or in any decree, judgment, decision or award of any court, tribunal or authority, the provisions of this Chapter shall apply to all lands of all classes and descriptions defined in clause (7) of section 2 :

[2][Provided that nothing of this section shall apply to the land possession of which has been allowed to be retained under clause (*g*) [3][or under clause (*f*) shall be deemed to have been inserted with effect from 7th day of August 1969] of sub-section (1) read with sub-section (3) of section 6 of the West Bengal Estates Acquisition Act, 1953 (West Ben. Act 1 of 1954), notwithstanding anything contained in any law for the time being in force or in any agreement or in any decree, judgment, decision, award of any Court, Tribunal or Authority:

Provided further that an intermediary, other than a lessee holding land directly under the State Government under a

৬ ১২.৫.১৯৮৯ তারিখের কলিকাতা গেজেট, বিশেষ সংখ্যার তৃতীয় খণ্ডে প্রকাশিত পশ্চিমবঙ্গ ভূমি সংস্কার (তৃতীয় সংশোধন) আইন, ১৯৮৬ (পশ্চিমবঙ্গ আইন ৩৫, ১৯৮৬)-এর ১৩ ধারার মাধ্যমে সন্নিবেশিত।

1 Section 14Z was *inserted* by W.B.L.R. (Amendment) Act, 1981 (L of 1981), dated 24.3.1986, w.r.e.f. 7.8.1969.

2 *Added* by the West Bengal Land Reforms (Amendment) Act, 2005 (W.B. Act XXVIII of 2005) (w.r.e.f. 7.8.1969).

3 *Inserted* by West Bengal Land Reforms (Amendment) Act, 2010 (W.B. Act XXVIII of 2010) (w.r.e.f. 7.8.1969).

lease, who has been allowed to retain land under sub-section (3) of section 6 of the West Bengal Estates Acquisition Act, 1953, may be permitted, by written order of the State Government, [4][to transfer by way of open auction for the purposes referred to in the first proviso to section 14Y excluding tea garden] at the price not less than the reserve price to be determined by the Collector, so much of such land as in the opinion of the State Government is required for the purpose of revival of the mills, factories or workshops including the payment of the outstanding liabilities of the employees of such mills, factories or workshops, in such manner as may be prescribed and the price realised from such auction shall be utilised under the supervision and control of such authority, and in such manner, as may be prescribed:

Provided also that the portion of land permitted to be transferred by the State Government under the second proviso shall be deemed to have been retained by the intermediary under the provisions of clause (*g*) of sub-section (1) of section 6 of the West Bengal Estates Acquisition Act, 1953 and the provisions of sub-section (3) of section 6 of that Act shall stand amended to that extent for that particular case and the transferee shall be deemed to be a *raiyat* in respect of such portion of land];

[5][Provided also that notwithstanding anything contrary contained in the second proviso, a retainer or transferee as mentioned in sub-section (2) of section 4B, has failed or fails to use the retained land for mill, factory or workshop, may further be permitted, by written order of the State Government, to retain as lessee so much of such land as in the opinion of the State Government is required for any of the purposes referred to in the first proviso to section 14Y excluding tea garden, in such manner as may be prescribed.]

4 *Substituted* by Act 6 of 2012, (w.e.f. 7.5.2012) for "to transfer by way of open auction".

5 *Inserted* by West Bengal Land Reforms (Amendment) Act 2017 (W.B. Act XIX of 2017), w.e.f. 15.5.2017.

(2) in the case of land comprised in a tea garden, mill, factory or workshop or land used for the purpose of livestock breeding, [6][poultry farming or dairy], the *raiyat*, or where the land is held under a lease, the lessee, may be allowed to retain (in excess of the prescribed ceiling) only so much of such land as, in the opinion of the State Government, is required for the purpose of the tea garden, mill, factory, workshop, livestock breeding, poultry farming or dairy, as the case may be:

Provided that the State Government may, if it thinks fit so to do, after reviewing the circumstances of a case and after giving the *raiyat* or the lessee, as the case may be, an opportunity of being heard, revise any order made by it under this clause specifying the land which the *raiyat* or the lessee shall be entitled to retain for tea garden, mill, factory, workshop, livestock breeding, [6][poultry farming or dairy] as the case may be:

[7][Provided further that in determining the land required for the purpose of tea cultivation, there shall not be any diminution of the area of a tea garden.]

Explanation.—The expression "land under a lease" includes any land held directly under the State Government under a lease.]

আলোচনার সূচী

6 *Substituted* by W.B.L.R. (Amendment) Act, 2013 (W.B. Act XXIV of 2013) (w.e.f. 12.2.2014). The old portion read as follows:

"poultry farming or dairy, or township in a Planning Area as may be permitted to be developed under the West Bengal Town and Country (Planning and Development) Act, 1979".

7 *Inserted* by W.B.L.R. (Third Amendment) Act, 1986, published in the *Calcutta Gazette*, dated 12.5.1989, w.e.f. 12.5.1989.

আলোচনার সূচী—*চলিতেছে*

১। সূচনা [Commencement]. ২০১৭ সালের পঃ বঃ ভূমি সংস্কার (সংশোধন) আইন (২০১৭ সালের পশ্চিমবঙ্গের ১৯ ক্রমাঙ্কের আইন) দ্বারা এই ধারার (১) উপধারার তৃতীয় অনুবিধির শেষে আর একটি চতুর্থ অনুবিধি যুক্ত করা হয়েছে। ১৯৮১ সালের পঃ বঃ ভূমি সংস্কার (সংশোধন) আইন [১৯৮১ সালের পশ্চিমবঙ্গের ৫০ নং আইন] দ্বারা ১৪য ধারাটি মূল আইনে যুক্ত হয়েছে। ২খ পরিচ্ছেদের প্রতিটি ধারার বিধানের ক্ষেত্রে ২(৭) ধারার সংজ্ঞা অনুযায়ী বলবৎ হবে এই সংশয় দূর করার জন্য ১৪য(১) ধারা যুক্ত করা হয়েছে। ১৯৮১ সালের সংশোধনী দ্বারা জমির সংজ্ঞার পরিবর্তন করা হয়। ওই সংজ্ঞা অনুযায়ী যে কোনও শ্রেণি, বর্ণনার জমিকেই ২খ পরিচ্ছেদের ক্ষেত্রে প্রযোজ্য হবে। কৃষি জমি, অকৃষি জমি, চা বাগান, মিল, কারখানা, কর্মশালা, গৃহপালিত পশু উৎপাদনে ব্যবহৃত জমি, হাঁস-মুরগির খামার, দুগ্ধ উৎপাদন করার জন্য জমি ইত্যাদি সমস্ত কিছুকে ২খ পরিচ্ছেদের অধীন আনা হয়েছে। ১৪য(১) এই সংশয় দূর করেছে। এছাড়া কোনও আদালত, ন্যায়পীঠ বা কর্তৃপক্ষের কোনও ডিক্রি, রায়, আদেশ যাই থাক না কেন অথবা কোনও চুক্তি, প্রথা বা রীতিনীতি থাকা সত্ত্বেও ২(৭) ধারার বিধান অনুযায়ী এই পরিচ্ছেদে যে কোনও জমির ক্ষেত্রেই প্রযোজ্য রায়তকে জমির সংজ্ঞা পরিবর্তনের আগে। এখন কৃষি জমি ছাড়া ও অন্যান্য জমির ক্ষেত্রেও ৭কক নিদর্শে জমা দিতে হবে এবং এর জন্য বিধি পরিবর্তনও করা হয়েছে।

২০০৫ সালের পঃ বঃ ভূমি সংস্কার (সংশোধন) আইন [২০০৫ সালের পশ্চিমবঙ্গের ২৮ নং আইন] দ্বারা (১) উপধারার তিনটি অনুবিধি (provision) যুক্ত করা হয়েছে। কলিকাতা গেজেটে এটি ১১.১১.২০০৫ তারিখে প্রকাশিত হয়েছে এবং ৭.৮.১৯৬৯ তারিখ থেকে এটি বলবৎ হয়েছে। ১৯৫৩ সালের পশ্চিমবঙ্গ জমিদারি অধিগ্রহণ আইনের ৬(৩) ধারার প্রায় সমতুল্য এই নতুন সংযোজিত অনুবিধির প্রথম ও দ্বিতীয়টি।

১৯৮১ সালের পঃ বঃ ভূমি সংস্কার (সংশোধন) আইন দ্বারা (২) উপধারা যুক্ত করা হয়। এরপর বন্ধনীর মধ্যে ১৯৭৯ সালের শহর ও নগর (পরিকল্পনা ও উন্নয়ন) আইন সংক্রান্ত অংশটি ২০০০ সালের পঃ বঃ ভূমি সংস্কার (সংশোধন) আইন দ্বারা যুক্ত করা হয়েছে।

(২) উপধারার একটি অনুবিধি (proviso) এবং একটি ব্যাখ্যা যুক্ত করা হয়েছে ১৯৮৬ সালের পঃ বঃ ভূমি সংস্কার (তৃতীয় সংশোধন) আইন দ্বারা। এটি কলিকাতা গেজেটে ১২.৫.১৯৮৯ তারিখে প্রকাশিত হয়েছিল এবং ওই তারিখ থেকেই বলবৎ হয়েছে।

২। ১৯৫৩ সালের পঃ বঃ জমিদারি অধিগ্রহণ আইনের ৬(৩) ধারা এবং ১৯৫৫ সালের পঃ বঃ ভূমি সংস্কার আইনের ১৪য(২) ধারা [Sub-section 6(3) of W.B.E.A. Act 1953 and sub-sec. (2) of s. 14Z, W.B.L.R. Act 1955]. মূলত ১৯৫৩ সালের পঃ বঃ জমিদারি অধিগ্রহণ আইনের ৬(৩) ধারা এবং ১৯৫৫ সালের পঃ বঃ ভূমি সংস্কার আইনের ১৪য(২) ধারা একই রকম। মোটামুটি একই উদ্দেশ্যে এই ধারা দুটি যুক্ত করা হয়েছিল। মূল পার্থক্য হল ১৯৫৩ সালের পঃ বঃ জমিদারি অধিগ্রহণ আইনের ৬(৩) ধারায় কোনও নির্দিষ্ট সর্বোচ্চ সীমা নেই। ইচ্ছামতো জমি রাখা যেত মিল, কারখানা, কর্মশালা ইত্যাদি উদ্দেশ্যে। কিন্তু ১৯৫৫ সালের পঃ বঃ ভূমি সংস্কার আইনের ১৪য(২) ধারায় রায়তকে সাত প্রমাণ হেক্টর জমি রাখতে দিতেই হবে। ওই জমির অতিরিক্ত রাখতে গেলে রাজ্য সরকারের অনুমতি নিতে হবে। ১৯৫৩ সালের জমিদারি অধিগ্রহণ আইনের ৬(৩) ধারায় রায়ত/মধ্যস্বত্বাধিকারী সীমাহীন জমি মিল, কারখানা ইত্যাদি উদ্দেশ্যে রাখতে পারতেন কিন্তু যদি ওই উদ্দেশ্যে ওই জমি ব্যবহৃত না হয় তবে রাজ্য সরকার সম্পূর্ণ জমিই সরকারের অনুকূলে নিয়ে আসতে পারেন। অথবা যে পরিমাণ জমি কারখানা, মিল ইত্যাদি উদ্দেশ্যে ব্যবহারের অনুমতি দেওয়া হয়েছিল তার যতটুকু ব্যবহৃত হচ্ছে সেই অংশ রাখতে দিয়ে বাকী অংশ সরকারে ন্যস্ত করতে পারে। কিন্তু ১৯৫৫ সালের পঃ বঃ ভূমি সংস্কার আইনের ১৪য(২) ধারা অনুযায়ী রায়তকে সাত প্রমাণ হেক্টর রাখতে দিয়ে বাকী জমি কারখানা, মিল ইত্যাদি উদ্দেশ্যে ব্যবহৃত না হলে ওই অতিরিক্ত জমি ন্যস্ত করা যাবে। *রত্নগিরি ইঞ্জিনিয়ারিং (প্রাঃ) লিমিটেড* বনাম *পঃ বঃ সরকার*[১] মামলায় রায় দান প্রসঙ্গে

১ 2004(1) CHN 280.

হাইকোর্টের ডিভিশন বেঞ্চ জানিয়েছেন ১৪য(২) ধারাটি পঃ বঃ ভূমি সংস্কার আইনে ৭.৮.১৯৬৯ থেকে বলবৎ হয়েছে। ১৪য(২) ধারা বলবৎ হওয়ায় ১৯৫৩ সালের পঃ বঃ জমিদারি অধিগ্রহণ আইনের ৬(৩) ধারা অনুযায়ী কোনও কার্যবাহসমূহ রাজ্য সরকার আর শুরু করতে পারেন না। ৭.৮.১৯৬৯ থেকে কেবলমাত্র ১৪য(২) ধারা অনুযায়ী কার্যাবলি আরম্ভ করতে হবে।

৩। ১৪য(২) ধারা [Sub-section (2) of s. 14Z]. ১৪য(২) ধারা রাজ্য সরকারকে এই মর্মে ক্ষমতা দিয়েছে যে, রাজ্য সরকার মনে করলে কোনও রায়ত বা ইজারা গ্রহীতাকে (lessee) নির্ধারিত সর্বোচ্চ সীমা অতিরিক্ত জমি, চা বাগান, মিল, কারখানা, কর্মশালা, "নগর" (township) গঠনের লক্ষ্যে রাখার অনুমতি দিতে পারেন। এছাড়া পশুপালন, হাঁস-মুরগির খামার, দোহশালা ইত্যাদি উদ্দেশ্যে রাজ্য সরকার মনে করলে নির্ধারিত সর্বোচ্চ সীমার অতিরিক্ত জমি রাখার অনুমতি ওই রায়ত বা ইজারাগ্রহীতাকে দিতে পারে।

(২) উপধারার প্রথম অনুবিধিতে রাজ্য সরকারকে তাঁর সিদ্ধান্ত সংশোধনের ক্ষমতা দিয়েছে। সংশ্লিষ্ট রায়ত বা ইজারা গ্রহীতাকে যথোপযুক্ত শুনানির সুযোগ দিয়ে নির্ধারিত সর্বোচ্চ সীমার অতিরিক্ত যে জমি রাজ্য সরকার রায়তকে রাখার অনুমতি দিয়েছিল চা বাগান, মিল, কারখানা, কর্মশালা, গৃহপালিত পশু উৎপাদন, হাঁস-মুরগির খামার, দোহশালা তৈরি উদ্দেশ্যে —রাজ্য সরকার তা প্রত্যাহার করতে পারেন। অর্থাৎ ওই অতিরিক্ত জমি রাজ্য সরকার ব্যবহারের অনুমতি আর দেবেন না।

(২) উপধারার দ্বিতীয় অনুবিধি অনুযায়ী চা বাগানের জন্য ব্যবহৃত জমির পরিমাণ কমানো যাবে না।

১৪য ধারা অনুযায়ী চা বাগান, মিল, কারখানা, কর্মশালা, গৃহপালিত পশু উৎপাদন, হাঁস-মুরগির খামার, দোহশালা, নগর স্থাপন প্রভৃতি উদ্দেশ্যে জমি ব্যবহৃত হলে রাজ্য সরকার প্রয়োজন মনে করলে নির্ধারিত সর্বোচ্চ সীমা (সাত প্রমাণ হেক্টর) অতিরিক্ত জমি ব্যবহারের অনুমতি দিতে পারেন। তবে মৎস্য চাষ বা ফলের বাগানের (orchard) ক্ষেত্রে এই ছাড় নেই।

৪। ১৪য(২) ধারা বৈধ কিনা [Whether sub-sec. (2) of s. 14Z is valid]. মহামান্য কলিকাতা হাইকোর্টের ডিভিশন বেঞ্চে এই মর্মে আবেদন জানানো হয় যে, যেহেতু ১৪য(২) ধারা 'ফলের বাগান' এবং 'মৎস্য চাষের' ক্ষেত্রে কোনও

ছাড় দেয়নি সুতরাং এ ধারাটি স্বেচ্ছাচারপ্রসূত (arbitrary)। মহামান্য ডিভিশন বেঞ্চ এই ধারাটিকে স্বেচ্ছাচারী বলার উপযুক্ত কারণ দেখেন নি। যেহেতু ফলের বাগান এবং মৎস্য চাষ এই দুই ক্ষেত্রে ছাড় দেওয়া হয়নি সেই কারণে এই ধারাটিকে সংবিধানের এক্তিয়ার বহির্ভূত (*ultra vires*) বলা যায় না। ডিভিশন বেঞ্চ আরও লক্ষ্য করেন যে ১৯৫৩ সালের পশ্চিমবঙ্গ জমিদারি অধিগ্রহণ আইনের ৬(৩) ধারা অনেকটা ১৯৫৫ সালের পঃ বঃ ভূমি সংস্কার আইনের ১৪য ধারার মতো। ফলের বাগান এবং মৎস্য চাষের প্রক্রিয়া এক হাতের কিন্তু চা বাগান, মিল ইত্যাদি ১৪য(২) ধারায় যা উল্লেখ করা আছে তার প্রক্রিয়া একদল লোকের দ্বারা সম্পন্ন হয়। তাছাড়া চা বাগান ইত্যাদি বিদেশী মুদ্রা আয়ের পথ, আবার গৃহপালিত পশু উৎপাদন, হাঁস-মুরগির খামার, দোহশালা ইত্যাদি মানুষের পুষ্টি জোগায় সুতরাং অত্যন্ত গুরুত্বপূর্ণ সাধারণ মানুষের জন্য। ফলের বাগান বা মৎস্যচাষের ক্ষেত্রের আয়তনের পরিমাণ কমালে ও তার উৎপাদনের পরিমাণ কমে না। যাদের মধ্যে ওই ক্ষেত্রগুলির বণ্টন হয় তাঁদের হাতে ফল বা মৎস্য চাষের উৎপাদন চলতে থাকে। মহামান্য ডিভিশন বেঞ্চ জানান—১৪য(২) ধারা সংবিধানের এক্তিয়ার বহির্ভূত (*ultra vires*) নয়।[২]

৫। পুনর্বিলোকনের ক্ষমতা [Power of review]. কোনও চা বাগান, মিল, কারখানা, কর্মশালা, হাঁস-মুরগির খামার, গৃহপালিত পশু উৎপাদন, দোহশালা, নগর প্রতিষ্ঠা ইত্যাদি লক্ষ্যে সরকার যদি মনে করেন তবে কোনও রায়ত বা ইজারা গ্রহীতাকে সর্বোচ্চ সীমা (৭ প্রমাণ হেক্টর) অতিরিক্ত জমি রাখার অনুমতি দিতে পারেন। তবে ১৪য(২) ধারার প্রথম অনুবিধি অনুযায়ী রাজ্য সরকার তাঁর সিদ্ধান্ত সংশোধন করতে পারেন। এই ধরনের সিদ্ধান্ত সংশোধন করার আগে রায়ত বা ইজারা গ্রহীতাকে যথোপযুক্ত শুনানির সুযোগ দেবেন। ১৪ড ধারায় উল্লিখিত জমির সর্বোচ্চ সীমার চেয়ে বেশি জমির প্রয়োজন হতে পারে কোনও চা বাগান, মিল, কারখানা, কর্মশালা, হাঁস-মুরগির খামার, দোহশালা পশুপালন ক্ষেত্র, নগর ইত্যাদির ক্ষেত্রে। রাজ্য সরকার যদি মনে করেন যে ওই ক্ষেত্রগুলির বাস্তবিক-ই সর্বোচ্চ সীমা অতিরিক্ত জমির প্রয়োজন তবে ওই অতিরিক্ত জমি রাখার অনুমতি দিতে পারেন ১৪য(২) ধারা অনুযায়ী।

২ *পশ্চিমবঙ্গ ভূমিজীবী কৃষক সমিতি* বনাম *পঃ বঃ সরকার* 1996(2) Cal LJ 285; 1996(2) CHN 212; Cal LT 1996(2) HC 183; 1996 WBLR 242; 100 CWN 900.

কখনও এটাও দেখা যায় যে উক্ত ক্ষেত্রগুলি ওই অতিরিক্ত জমি যে উদ্দেশ্যে রাখতে দেওয়া হয়েছিল সেই উদ্দেশ্যে ব্যবহার করেন না কিংবা ওই অতিরিক্ত জমির প্রয়োজন ওই ক্ষেত্রগুলির আর নেই সেক্ষেত্রে রাজ্য সরকার তাঁর আগের সিদ্ধান্ত পরিবর্তন করে ওই অতিরিক্ত জমি নিয়ে নিতে পারেন।

৬। ইজারার অধীন জমি [Land under lease]. ১৪য(২) ধারার একটি ব্যাখ্যা রয়েছে। "ইজারার অধীন জমি" (the land under a lease) বলতে যে কোনও জমি যা সরাসরি রাজ্য সরকারের কাছ থেকে ইজারা গ্রহণ করেছে তা বোঝাবে।

৭। চা বাগানের চৌহদ্দি কমবে না [Area of tea garden shall not diminute]. ১৪য(২) ধারার একটি দ্বিতীয় অনুবিধি (proviso) অন্তর্ভুক্ত করা হয়েছে ১৯৮৬ সালের পঃ বঃ ভূমি সংস্কার (তৃতীয় সংশোধন) আইন দ্বারা। ওই অনুচ্ছেদে বলা আছে ঃ

> "পুনরায় এই নির্ধারণের সময় চা বাগানের বেলায় চা চাষের জন্য জমির পরিমাণ কমানো যাবে না।"

এই অংশটি কলিকাতা গেজেটে ১২.৫.১৯৮৯-তে প্রকাশিত হয়েছিল এবং ওই তারিখ থেকে বলবৎ হয়েছে। ওই সংযোজিত অনুবিধি থেকে এটা পরিষ্কার যে পুনরায় রাজ্য সরকার সিদ্ধান্ত সংশোধন করে সর্বোচ্চ সীমা অতিরিক্ত জমি ব্যবহারের অনুমতি প্রত্যাহার করে নিলেও চা বাগানের জন্য ব্যবহৃত জমির আয়তন কোনওভাবে কমানো যাবে না।

৮। ২০০৫ সালের সংশোধন [Amendment of 2005]. ২০০৫ সালের পঃ বঃ ভূমি সংস্কার (সংশোধন) আইন [২০০৫ সালের পশ্চিমবঙ্গের ২৮ নং আইন] দ্বারা ১৪য(১) ধারার তিনটি অনুবিধি (provision) যুক্ত করা হয়েছে।

প্রথম অনুবিধির বিধান অনুযায়ী, ১৯৫৩ সালের পঃ বঃ জমিদারি অধিগ্রহণ আইনের ৬(১)(ছ) ধারা তৎসহ ৬(৩) ধারার অধীন যে জমি রাজ্য সরকার রাখার অনুমতি দিয়েছে সেই জমির উপর এই ধারার বিধান বলবৎ হবে না, তা সে কোনও আদালত বা ন্যায়পীঠ বা কর্তৃপক্ষের যে রায়, আদেশ, ডিক্রি থাক না কেন।

দ্বিতীয় অনুবিধিতে বলা আছে, কোনও মধ্যসত্বাধিকারী যিনি ১৯৫৩ সালের পঃ বঃ জমিদারি অধিগ্রহণ আইনের ৬(৩) ধারা অনুযায়ী জমি রাখার অনুমতি পেয়েছেন মিল, কারখানা, কর্মশালা ইত্যাদি উদ্দেশ্যে, ওই মিল, কারখানা বা কর্মশালা রুগ্ন হলে তা পুনর্জীবনের জন্য রাজ্য সরকারের অনুমতিক্রমে কিছু

জমি নীলামে বিক্রি করতে পারবেন। কী পরিমাণ জমি বিক্রি করলে ওই মিল বা কারখানার পুনর্জীবন ঘটবে তা স্থির করবে রাজ্য সরকার। ওই জমি নীলামে বিক্রি করে শ্রমিক, কর্মচারীদের দায় ও অন্যান্য দাম মেটানো যাবে। রাজ্য সরকারের পক্ষে সমাহর্তা দ্বারা নির্ধারিত মূল্যের চেয়ে কম মূল্যে নীলামে বিক্রি করা যাবে না। সম্পূর্ণ প্রক্রিয়াটির তত্ত্বাবধান ও নিয়ন্ত্রণ করবেন রাজ্য সরকার দ্বারা নিয়োজিত কর্তৃপক্ষ এবং ওই কর্তৃপক্ষ দ্বারা স্থিরকৃত রীতি পদ্ধতিতে নীলাম করা হবে।

তৃতীয় অনুবিধিতে বলা আছে, যে পরিমাণ জমি রাজ্য সরকার হস্তান্তরের অনুমতি দেবেন ধরে নেওয়া হবে ওই জমি মধ্যস্বত্বাধিকারী দ্বারা ১৯৫৩ সালের জমিদারি অধিগ্রহণ আইনের ৬(১)(ছ) ধারা অনুযায়ী রক্ষিত ছিল। রাজ্য সরকারের অনুমতিক্রমে যিনি ওই জমি নীলাম থেকে ক্রয় করলেন ওই জমিতে ওই ব্যক্তিকে রায়ত হিসাবে গণ্য করা হবে।

৯। পশ্চিমবঙ্গ জমিদারি অধিগ্রহণ আইন এবং পশ্চিমবঙ্গ ভূমি সংস্কার আইন, উভয় আইনেই কোনও ব্যক্তির বৈশিষ্ট্য থাকতে পারে কিনা [Can a person hold dual characteristics both in W.B.E.A. Act and W.B.L.R. Act]. পশ্চিমবঙ্গ ভূমি সংস্কার আইন বলবৎ হওয়ার পর একজন ব্যক্তি ওই আইনের অধীন ৪ নং ধারানুসারে রায়ত হিসাবে পরিগণিত হন, ফলে তিনি পুনরায় পঃ বঃ জমিদারি অধিগ্রহণ আইনের অধীন আর রায়ত হিসাবে থাকতে পারেন না।

পশ্চিমবঙ্গ সরকার বনাম *কলকাতা মিনারেল সাপ্লাই কোং (প্রাঃ) লিমিটেড*[৩] মামলায় দেখা যায়, ৪.৫৪ একর জমিতে প্রতিবাদীর মিল ও কারখানা ছিল। পঃ বঃ জমিদারি অধিগ্রহণ এবং পঃ বঃ ভূমি সংস্কার উভয় আইনের নির্ধারিত ঊর্ধসীমার মধ্যেই এই জমি ছিল। সুতরাং ৬(৩) ধারায় ভেস্ট করবার জন্য ৬(১) ধারায় রাখবার প্রশ্ন ওঠে না, একইভাবে পঃ বঃ ভূমি সংস্কার আইনে নির্দিষ্ট ঊর্ধসীমার চেয়ে অতিরিক্ত জমি থাকলে ১৪য(২) [14Z(2)] ধারা প্রয়োগের প্রশ্ন ওঠে। একজন ব্যক্তি ৩ক, ৪ ধারামতে পঃ বঃ ভূমি সংস্কার আইনের সংশোধিত ২(৭) ধারা অনুযায়ী রায়ত হলে পুনরায় ১৪য(২) ধারা তার উপর প্রয়োগের আর কোনও সুযোগ থাকে না। কারণ পূর্বোক্ত ৩ক, ৪ ও ২(৭) ধারা অনুযায়ী তিনি উত্তরাধিকার সূত্রে হস্তান্তরের অধিকার পান।

৩ (2015)8 SCC 655.

MODEL ORDER SHEET

(Rule 129 of the Records Manual, 1917)

Order Sheet dated from .... to ....

District : No.

Nature of the case : Proceeding under section 14T(5) read with section 14T(9) of WBLR Act, 1955.

Serial Number and date of Order	*Order and signature of Officer*	*Note of action taken on Order*
1	Whereas, it appears from the records of rights prepared and finally published under the West Bengal Estates Acquisition Act (E.A. Act)/WBLR Act that Sri .... S/O .... of .... who possessed areas of land, including the areas of land which he transferred to others by creating tenancies under him by Dakhilas (rent receipts) issued purportedly on a date or dates prior to 5.5.1953, exceeded the ceilings fixed under section 6 of the said act; and Whereas, the names of the persons and the particulars of the lands transferred to them by Sri .... have been shown in a separate schedule made a part of this proceeding; and, Whereas, being satisfied that the said transfers were fictitious and were made with a view to evading the ceiling laws of the said Act, the duly authorised Revenue Officer initiated a proceeding No. .... of .... under section 5A of the said Act in order to determine whether the said transfers were genuine or fictitious and after hearing the parties and examining the evidences, came to the conclusion that these were following and ordered for revision of record-of-rights and other papers in the light of his conclusion; and, Whereas, being aggrieved by this order of the Revenue Officer, Sri .... the transferee (or Sri .... the purchaser from the transferee) moved the appeal No. .... of	

before the court of the Special Judge at .... challenging the said order, and, after hearing the parties in the case, the Ld. Special Judge was pleased to hold that the Revenue Officer, in exercising his power under section 5A of the E.A. Act had no jurisdiction to question or alter the presumptive value of evidence of the finally published record-of-rights on the basis of khasra enquiry reports or preliminary records; none of which had attained the evidentiary value, and, accordingly, the order of the Revenue Officer was set aside;

Whereas, despite the said order of the Ld. Special Judge, there remains strong reasons to believe from the circumstances and nature of the said transfers that the persons to whom the lands in question were transferred were benamdars of Sri .... ; and, whereas, before proceeding to determine the areas of land which could be allowed to be retained by the persons, who are now raiyats, under the ceiling laws of the W.B. Land Reforms Act, it has become imperative to determine with certainty whether or not the said raiyats are the benamdars of Sri ....;

Therefore, I, Sri .... Revenue Officer and ...... Officer duly empowered under the law, draw up this proceeding in order to determine the aforesaid issues and pass appropriate orders after hearing the parties concerned.

Before notices are issued for hearing, direct the Revenue Officer of .... office .... to send me a very early report with the following pieces of information.

1. Whether the transferor Sri .... is alive or not. If alive, what is his present address? If dead, the date or year of his death, the names and addresses of his heirs (relationship) or any other successors-in-interest.

2. Whether the transferees are alive. If alive, what are their present addresses? If dead, the names of their heirs or any other successors-in-interest, together with their present address.

3. Whether any of the disputed plots of lands or portions thereof have meanwhile been transferred by the transferrers to others and, if so, who are the present raiyats in these transferred land.

(Enclose a copy of the land schedule)

Put up as soon as the report is received.

Revenue Officer and Officer Specially empowered under sections 14T(5), 14T(8) and 14T(9) of W.B.L.R. Act.

MODEL ORDER SHEET

(Rule 129 of the Records Manual, 1917)

Ostensible Owner ....

B/R ....

Order Sheet dated from to

District No. of 20

Nature of the case : Proceeding under sections 14T(5) read with sections 14T(8), 14T(9) and 57 of the W.B.L.R. Act.

Serial Number and date of Order	*Order and signature of Officer*	*Note of action taken on Order*
1	Whereas, it appears from a petition of Sri .... all sons of .... dated .... that the petitioners demanded correction of R.O. Rs. being .... of Mouza "bearing .... areas of land against plot Nos. .... said .... and other claimed that they have purchased the land on .... by Regd. kawalas being Nos. .... from one .... of village .... P.O. & P.S. .... Dist .... According to .... and others their vender .... was a tenant under .... and right and title of said .... was confirmed by *ex-parte* order No. .... dated .... in the T.S. Case No. .... in the Court of .... Munsiff, ... Whereas, from Kh. No. .... of Mouza "..................". J.L. No. .... prepared and finally published under section 44(2) of the W.B.E.A. Act, 1953 having a presumptive value of correctness it appears that .... acres of	

land including suit .... acres was recorded in favour of .... S/O .... from the stage of preparation of Math-Khashra (field verification) to the stage of Final Publication. Possession and right title of the entire material land was recorded in favour of said Sri ....

Whereas, it also appears from .... Case No. .... drawn up and disposed of against .... that said Sri .... was a big-intermediary having roughly .... acres of land in the State of West Bengal (so far detected) and that in the said Case .... was allowed to retain .... acres of agricultural land, ... acres of non-agri. land and .... acres of homestead land and that .... acres of land including the suit .... acres of land was declared vested to the State.

Whereas, it appears from paragraph No. 3 of the true copy of plaint furnished in connection with T.S. Case No. .... that .... stated the following."

"৩। বাদি নাবালক থাকায় উহার পক্ষে উহার অভিভাবক পিতা নালিশী সম্পত্তি মধ্যে মধ্যে দেখাশুনা করিতেন কিন্তু বাদির পিতা ব্যবসা উপলক্ষে .... জেলার অন্তর্গত .... থানার .... সাকিনে বসবাস করায় তিনি হাল জরিপের সময় .... জেলায় আসিয়া নালিশী মৌজায় উপস্থিত হতে না পারায় তিনি উক্তি জরিপ দেখাশুনার ভার .... গ্রাম নিবাসী জনৈক .... অর্পণ করায় ২ নং বিবাদি অন্যায় লোভের বশবর্তী হইয়া উক্তি ব্যক্তিকে বহু কৌশলে হস্তগত করিয়া লইয়া বাদির পিতার সম্পূর্ণ অজ্ঞাতে নালিশী সম্পত্তির মধ্যে কিছু সম্পত্তি নিজ নামে ও ৩ নং বিবাদি ঠাকুরের সেবাইত নিজ পুত্রের নামে তঞ্চকতা পূর্বক রেকর্ড করান। হাল জরিপের উক্ত রেকর্ড সম্পূর্ণরূপে ভুল এবং বেআইনি হইতেছে। সুতরাং নালিশী (খ) তফসিল সম্পত্তি ভুল ও অন্যায়ভাবে রেকর্ড হইয়াছে।"

Whereas, from a certified copy of deed of gift being No. ...... of District Registrar Office .... executed by .... S/O, ... in favour of .... S/O .... it appears that Sri .... (mother .... was the daughter of ....) and that .... took birth not long before .... That it is difficult to believe the story of .... about taking settlement of the property by payment of Salami of ₹ .... and rent @ .... per year from his own income and about erroneous framing of records in favour of .... who happened to be his (son)/(daughter) etc.

Whereas, it appears that .... S/O, ... having large quantum of land, had enough motive to give rise to a *benamder* to subserve his interest by retaining more lands on the one hand and by inflating compensation amount on the other hand and more so when the name lender was a minor son of his own ....

Thus, while traversing through the documents, I, Sri............, ... Revenue Officer. Specially empowered under sub-section (9) of section 14T do find several reasons to *prima facie* believe that the claim of .... about taking settlement of the material .... areas of land from .... through unregistered papers may not be a genuine one and that Sri .... was a *benamdar* of ....

Whereas, it is necessary to enquire and decide the above question of *benami* in relation to the material .... acres of land and the questions title incidental, thereto, and any interest arising out of the transactions made thereafter.

Hence, issue notice upon all the materially interested persons including the Revenue Officer of .... along with the copy of the Order Sheet to let them know the purpose of the proceeding and to have their say and to produce their documents at the time of hearings to be held on .... at 11 a.m. in my chamber.

Revenue Officer and Officer Specially empowered under section 14T(5), 14T(8) and 14T(9) of W.B.L.R. Act.

Block/Sub-division/District ....
Land & Land Reforms Office
....

MODEL ORDER SHEET

(Rule 129 of the Records Manual, 1917)

Ostensible Owner ....
B/R ....

Order Sheet, dated from to
District No. of 20

Nature of the case : Proceeding under section 14T(6) read with sections 14T(8) to (9), 14M(5) and 14M(6) of the W.B.L.R. Act, 1955.

Serial Number and date of Order	*Order and signature of Officer*	*Note of action taken on Order*

Whereas, it appears from the R.O. Rs. finally published under sub-section (2) of section 44 of the W.B.E.A. Act, 1953 recorded in Khatian Nos. corresponding Khanda Khatian Nos. .... of Mouza .... J.L. No. .... and Khatian Nos. .... corresponding Khanda Khatian Nos. .... of mouza .... J.L. No. .... of P.S. .... Dist .... that nearly 11.7.89 acres of land stood recorded in the khas possession of .... through its Trustees namely ....

Whereas, it also appears that the above stated .... acres of land in mouza .... J. L. No. .... and .... of P.S. .... was the subject matter of a proceeding bearing case No. .... under section 6(1) (*i*) of W.B.E.A. Act, 1953 and in the said proceeding learned R.O./ A.S.O. determined and ordered that the intermediary .... was not entitled to the benefit as provided in section 6(1)(*i*) of W.B.E.A. Act, 1953. Being aggrieved by the said order of the learned R.O./A.S.O., the trustees .... and others filed an appeal before the court of Tribunal being T.A. Appeal No. .... and the said appeal the learned tribunal judge, ... set aside the decision of the R.O./A.S.O. Thus the effect of the appeal quashed the order of the R.O./A.S.O. and the consequential corrections made, thereafter, in the R.O. Rs.

Whereas, from a report of the Revenue Officer under .... R.S.O. and the relevant copy of draft records prepared under section 51 of the W.B.L.R. Act in mouza .... and mouza .... of P.S. .... sent under memo No. .... (which is made a part of the present proceeding) that nearly .... acres of land stands records in the name of ....That it is also possible that more lands are there under the ownership and possession of the said ....

Whereas, in the light of comprehensive amendment of 1986 in W.B. Land Reforms (Third Amendment Act) 1986 it is considered necessary to enquire and decide as to how much land belongs to the said trust and decide any question as to whether the trust .... is of public or private nature of exclusively religious or charitable in character, or both, and any question of title incidental thereto as may be necessary to determine the extent of land which is to vest in the State under section 14S, by examining the documents, if any and by taking into account the factor as laid down under the provisions of section 14T(6) of W.B.L.R. Act.

Whereas, I .... Revenue Officer and .... duly empowered under the material provisions, to draw up this proceeding to cause enquiry and decide the above question under section 14T(6) to (9) of the W.B.L.R. Act.

Issue notice under section 57 of the W.B.L.R. Act, 1955 alongwith the copy of the order on the trustees namely .... and on the .... on behalf of the managing committee of................................ to appear before me on .... at .... and to submit statement showing total quantum of land held by the trust/institution and to produce relevant documents, accounts and evidences required for determination of the Character of the trust/institution and the extent of land allowable for retention and vesting to the State. Also a copy of the notice and order sheet be sent to the Block land and Land Reforms officer/Revenue officer .... of the areas on behalf of the Collectors of the districts.

R.O. (Specially empowered) under section 14T(6) to 14T(8) and 14T(9) of W.B.L.R. Act.

Block/Sub-division/District ....
Land & Land Reforms Office
....

MODEL ORDER SHEET

Nature of the case : under section 14T(3) W.B.L.R. Act read with Rule 14C of W.B.L.R. Rules

case No. .... of district .... of 1989

Date	*Order*	*Date of action taken on the Order*
1	Whereas, it appears that Sri 'X' son of .... a raiyat erstwhile intermediary is alive on and after 15.2.1971/ 9.9.1980 having much land in excess of the prescribed ceiling as provided in the provisions of Chapter IIB of W.B.L.R. Act, 1955 as per R.S. record of rights/L.R. record of rights or	

Finally published L.R. record of rights in respect of the mouzas .... of P.S. .... of district .... and as Sri .... did/did not furnish return in Form 7AA.

The undersigned Revenue Officer, having all powers to deal with and dispose of cases under section 14T and its sub-section as laid down in the provisions of W.B.L.R. Act and Rules, deems it necessary to draw up this proceeding for determination of Ceiling limit of the lands held by the raiyat .... and his family, who was also an intermediary in respect of some lands and to allow him so much of the land as he along with his family members, if any, can retain as per provisions of law.

Hence, issue notices upon the raiyat under section 57 of W.B.L.R. Act read with section 14T(3) of the said Act and Rule 14(*c*) asking him to furnish a statement showing schedule of total lands held by him since 7.8.1969 and particular of lands transferred by him after that date with a choice for retention of land and the members of family with their age on 15.2.1971/ 9.9.1980 and the lands he claims to be irrigated and non-irrigated to the office of the undersigned at .... on or before .... at 11 a.m. at .... A copy of the notice should be served upon the B.L.L.R.O./R.O. .... on behalf of Collector ....

Revenue Officer,

.... Block Land and Land Reforms Office,

....

2 Notices duly served service return filed with the case records.

3 Sri .... appeared personally and submitted a return in form 7AA. Please put up for security of records.

[Here, the return should be scrutinised with the record of rights very carefully in separate sheets. The discrepencies detected should also be marked in the copies of the return filed by the raiyat. All corrections should bear the initials of the raiyat, or any authorised representative or any agent of the raiyat and Revenue Officer. During the scrutiny many anomalies may be detected and the raiyat may surpress some of the transfers or some of lands under his khas possession. The Revenue Officer should carefully note down such omissions and take into account of the raiyat's lands if such lands need to be included in the raiyat's land schedule strictly in accordance with law.]

Final Order

In the final order, the total quantum of land held by the raiyat and his family as stood on 15.2.1971 (and as stood on 9.9.1980, in case the non-agricultural lands hit by section 3A are taken into account, by determination of Ceiling on 9.9.1980 is made) or any subsequent date as read with sections 14L and 14Y of W.B.L.R. Act, along with the transferred land made after 7.8.69, showing into account the land held by the raiyat and his family which has been allowed to retain, should specially mentioned. A model is shown below:

"Hence, the raiyat along with his family members are allowed to retain .... hectares of land which is shown separately in Schedule 'A' and a total quantum of land measuring .... acres being excess to the prescribed ceiling limit as envisaged in section 14M and its sub-sections under W.B.L.R. Act is vested to State. The Statement of Vested lands is shown in Schedule 'B'. Both the Schedules are made part of the proceeding.

The case is thus disposed of, subject to vesting of excess land if found further on scrutiny or otherwise."

After this tamilling should be done in the Record-of-Rights and possession of the vested lands should be taken under section 14T(3) read with section 14SS of W.B.L.R. Act & Rule 14BB of W.B.L.R. Rules and the proceeding and writ of possession should be made part of the proceeding. It shall always be kept in mind that unless the tamilling of the order is made and possession taken, the vesting remains partial and practically inoperative. So, tamilling and taking over possessions should always be completed just after the final order of vesting is passed.

MODEL ORDER SHEET

(Rule 129 of the Records Manual, 1971)

Name of the Raiyat
F/H's Name ....
Address : ....

Order Sheet, dated from to

District No. of 20

Nature of the case: Proceedings under section 14T(3) of W.B.L.R. Act, read with Rule 14C of W.B.L.R. Rules.

Serial Number and date of Order	*Order and signature of Officer*	*Note of action taken on Order*
1	Whereas it appears that Shri/Sm. .... S/D/W of .... of Vill. .... P.O. .... P.S. .... District .... has submitted option in Form 7AA as per provision of section 14T(1) of W.B.L.R. Act read with Rule 14C of W.B.L.R. Rules and where as the return has been submitted within the time limit as specified by the Govt., put up the return with records for my scrutiny. Revenue Officer of .... B.L. & L.R.O. Office	
2	Verified the return filed in Form 7AA with records. No discrepancies found. Issue notice under section 57 read with section 14T(3) of W.B.L.R. Act read with Rule 14C(1) of W.B.L.R. Rules to the raiyat fixing .... to appear before me at 11 a.m. at .... with tangible evidence about family members and other raiyats of the family, for hearing. Enclose a cyclostyled copy of section 14K(*c*) of W.B.L.R. Act (Bengali version) with the Notice.	

or

Verified the return with records Discrepancies found in respect of name/share/Khatian/plots mentioned in the return.

Issue notice under section 57 read with section 14T(3) of W.B.L.R. Act and Rule 14C(1) of W.B.L.R. Rules directing the raiyat (optee) to appear before me on .... at 11 a.m. at .... with all evidence to prove his claim, failing which the case will be disposed of *ex parte*.

Revenue Officer
of .... B.L. & L.R.O. Office

3 Notice served. Service return filed with case records.

Revenue Officer
of .... B.L. & L.R.O. Office

পশ্চিমবঙ্গীয় ভূমি সংস্কার আইনের (১৯৫৬ সালের ১০ নং আইন) 57 ধারা অনুসারে এবং উক্ত আইনের 14T(3) ধারা ও উক্ত আইনে অঙ্গীভূত বিধানাবলীর 14C(1) বিধিযোগে রায়তদের প্রতি

নোটিশ

নাম .... পিং ....

সাং .... পোঃ .... থানা .... জিলা ....

এতদ্দারা আপনাকে জানানো যাইতেছে যে আপনি (আপনার পরিবারভুক্ত অপর রায়তগণ সহ) পশ্চিমবঙ্গীয় ভূমি সংস্কার আইনের 14T(10) ধারায় উক্ত আইনের অঙ্গীভূত বিধানাবলীর 14C(1) বিধি অনুযায়ী 7AA ফরমে আপনার (পরিবারভুক্ত অপর রায়তগণসহ) পশ্চিমবঙ্গে খাস কৃষি জমির যে রিটার্ন দাখিল করিয়াছেন, তাহার শুনানির জন্য ইং .... তাং ধার্য করা হইয়াছে।

অতএব, আপনি স্বয়ং অথবা আপনার পক্ষে ভারপ্রাপ্ত কোনও কর্মচারী উক্ত দিবসে দিবা ১১ ঘটিকায় .... মোকামে উপস্থিত হইয়া নিম্ন-স্বাক্ষরকারীর নিকট প্রয়োজনীয় দলিল দস্তাবেজ দাখিল করিবেন। অন্যথায় আইন মোতাবেক কার্য করা হইবে।

রাজস্ব আধিকারিক
মোকাম .... (Revenue Officer)
তারিখ .... ব্লক ল্যান্ড এন্ড ল্যান্ড রেভিনিউ অফিস

পশ্চিমবঙ্গ ভূমি সংস্কার আইনের (১৯৫৬ সালের ১০ নং আইন) 57 ধারা অনুসারে এবং উক্ত আইনের 14T(3) ধারা এবং উক্ত আইনের অঙ্গীভূত বিধানাবলীর 14C(1) বিধিযোগে রায়তদের প্রতি।

নোটিশ

কেস নং ....

নাম .... পিং ....

সাং .... পোঃ .... থানা .... জিলা ....

বনাম

পশ্চিমবঙ্গ সরকার পক্ষে ....

এতদ্বারা আপনাকে জানানো যাইতেছে যে, আপনি (আপনার পরিবারের সদস্যগণসহ) পশ্চিমবঙ্গ ভূমি সংস্কার আইনের 14T(10) ধারা অনুযায়ী কোনও রিটার্ন না দেওয়ার জন্য এবং যেহেতু প্রাথমিক অনুসন্ধানের ভিত্তিতে প্রতীয়মান যে, আপনি (আপনার পরিবারের সদস্যগণ সহ) পশ্চিমবঙ্গ ভূমি সংস্কার আইনের 14M ধারায় নির্ধারিত জমির উচ্চসীমা অপেক্ষা বেশি জমি ভোগ দখল করেন। সেইহেতু আপনাকে এই মর্মে নোটিশ দেওয়া হইতেছে যে, এই নোটিশে নির্দেশিত দিনে, আপনার ও আপনার পরিবারের সকল সদস্যদের সমগ্র পশ্চিমবঙ্গে রক্ষিত জমির বিবরণী, সকল সদস্যদের বয়স এবং সম্পর্ক সহ এবং ইং ৭.৮.১৯৬৯ তারিখের পর সকল হস্তান্তরিত জমির বিবরণী ও হস্তান্তরকরণের নথিপত্রাদিসহ একটি বিবরণী দাখিল করিবেন এবং তন্মধ্যে কোন্ কোন্ জমি আপনি খাসদখলে রাখিতে চাহেন ও কোন্ কোন্ জমির সরকারে বর্ত্তানোর জন্য ছাড়িয়া দিতে চাহেন তাহাও লিখিতভাবে নিম্নস্বাক্ষরকারীর নিকট .... তারিখে .... বেলা ১১টার সময় দাখিল করিবেন।

অন্যথায় আইন মোতাবেক ব্যবস্থা লওয়া হইবে।

রাজস্ব আধিকারিক
মোকাম .... (Revenue Officer)
তারিখ .... ব্লক ভূমি ও ভূমি সংস্কার অফিস

পশ্চিমবঙ্গ ভূমি সংস্কার আইনের (১৯৫৬ সালের ১০ নং আইন) 57 ধারা অনুসারে এবং উক্ত আইনের ১৪ন(৩) ধারার অঙ্গীভূত বিধানাবলী অনুযায়ী জমির দখল লইবার

নোটিশ

রায়তের নাম ....

পি/স্বামীর নাম ....

থানা .... জিলা ....

নাম .... পিতা/স্বামীর নাম .... সাং.................

পোঃ.................. থানা .... জিলা ....

এতদ্বারা আপনাকে জ্ঞাত করা যাইতেছে যে পশ্চিমবঙ্গীয় ভূমি সংস্কার আইনের 14T ধারায় এবং উক্ত আইনের অঙ্গীভূত বিধানাবলীর 14C বিধি অনুযায়ী আপনার (পরিবারভুক্ত অপর রায়তগণ সহ)। উক্ত রায়তের/উক্ত প্রতিষ্ঠানের/উক্ত ট্রাস্টের পশ্চিমবঙ্গে রক্ষিত খাস জমির পরিমাণ নির্ধারণের কার্য সম্পাদনের পর উল্লিখিত সংযুক্তি পত্রের জমি সরকারে বর্তাইয়াছে। উক্ত উদ্বৃত্ত জমির দখল লইবার জন্য আগামী .... তারিখ ধার্য হইয়াছে।

অতএব আপনি স্বয়ং অথবা আপনার পক্ষে ভারপ্রাপ্ত কোনও কর্মচারী উক্ত দিবসে দিবা .... ঘটিকায় সময় .... স্থান উপস্থিত হইয়া সরকারের ভারপ্রাপ্ত রাজস্ব কর্মচারীর নিকট আপনার বক্তব্য পেশ করিবেন এবং জমির সীমানা দেখাইয়া দিয়া জমির দখল দিবেন এইরূপ আদেশ দেওয়া হইল। অন্যথায় আইন মোতাবেক কার্য্য করা হইবে।

দখল লইবার জন্য যে জমি স্থিরীকৃত হইয়াছে তাহার বিবরণ অত্র সংযুক্তি পত্রে দেওয়া হইল।

সংযুক্তি .... (প্রস্থ)

মোকাম ....

তারিখ ....

রাজস্ব আধিকারিক

(Revenue Officer)

বিঃ দ্রঃ—১। যথোপযুক্ত অংশ ছাড়া অন্য কথাগুলি কাটিয়া দিতে হইবে।

২। যখন রায়ত ছাড়া অপর সংশ্লিষ্ট ব্যক্তিগণকে নোটিশ করিতে হইবে তখন রায়তের নাম পৃথকভাবে নোটিশের ডানদিকে উল্লেখ করিতে হইবে। অন্যথায় স্বয়ং রায়তকে নোটিশ করিবার সময় এটি অপ্রয়োজনীয় বিধায় কাটিয়া দিতে হইবে।

৩। এই 'বিঃ দ্রঃ' অংশটিও নোটিশ জারির পূর্বে কাটিয়া বাদ দিতে হইবে।

Name of the Raiyat
S/O, W/O ....
Vill : .... P.O. ....
Dist : ....

MODEL ORDER SHEET

(Rule 129 of the Records Manual, 1971)

Order Sheet, dated from to

District No. of 20

Nature of the case : Proceeding for taking over possession of vested land under section 14T(3) of the W.B.L.R. Act.

Serial Number and date of Order	*Order and signature of Officer*	*Note of action taken on Order*

1 It is evident that .... acres of land shown in the schedule appended herewith/in the margin has vested to the State in Case No. under section 14T(3) of the W.B.L.R. Act 1955. Possession of the aforesaid vested land should now be taken over after observing all the formalities required by the law.

Whereas, it is found that out of the land so vested following plots (partly vested) were held immediately before the vesting jointly by the raiyat(s) shown against the plot(s) with that of Sri/Smt. .... (name of raiyat whose share vested). These raiyat having joint possession should also be given an opportunity of hearing before determining which portion of the plot(s), so vested shall be taken possession of.

Hence, issue notice upon all meterially interested persons, so discussed including the Bargadars on records (all sorts of recorded possessors in col. 16 need be noticed), and the B.L.L.R.O./R.O. of the area directing them to remain present on .... at .... a.m. over plot No. .... (lowest serial number of the vested lands i.e., the plot in the North West corner), of mouza .... J.L. No., P.S. .... (If different dates are fixed for different mouzas order should be received accordingly). Wherefrom possession of vested area of the material plot(s) will be taken one by one in their presence after giving due hearing to all of them (and the same procedure will be followed for the vested lands of the other mouzas too.)

Sri .... hereby directed to assist me in taking over possession of the vested lands discussed above.

Revenue Officer

2 Notice duly served upon the materially interested persons. Service return filed.

Revenue Officer

3 Reached the spot, Sri/Smt. .... (Raiyat) & Other possessors of the part vested plots/Bargadars etc. being the noticed person were found present/none is present on behalf of the raiyat/Co-owners. Heard them, recorded option of the raiyat/Co-possessor raiyats against partly vested plots and their depositions are recorded and made part of the proceeding.

Also found several persons of the locality as witnesses. Their depositions are recorded and made also part of this proceeding. Prepared sketch map in triplicate showing the vested portion and area there of against the plot(s) of which portion(s) vested to the State. Took over possession of the entire vested land. Prepared the possession certificate in triplicate in presence of the raiyat/witnesses etc. (as will be applicable). A copy of the said certificate along with a copy of sketch map duly signed by me is handed over to the raiyat/ as none is present on behalf of the raiyat to receive the copy of possession certificate and/or copy of the sketch map. Handed over/sent a copy of the possession certificate along with a duly signed copy of sketch map to the R.O./B.L.L.R.O. .... of behalf of the Collector ....

Send the case records along with the signed copy of certificate of possession and sketch map to the .... (Office) .... (Place) of taking subsequent action.

Revenue Officer

Certificate of possession under section 14T(3) of the W.B.L.R. Act read with rule 14BB of the corresponding Rules.

দখলের প্রমাণপত্র

পশ্চিমবঙ্গ ভূমি সংস্কার আইন, ১৯৫৫-এর 14T(3) ধারা অনুযায়ী প্রদত্ত রাজস্ব আধিকারিকের নং .... তাং .... এর আদেশ বলে সরেজমিনে উপস্থিত হইয়া নিম্নলিখিত ভূমি নিম্ন স্বাক্ষরকারীগণের সাক্ষাতে অদ্য ইং .... তারিখে বাঁশগাড়ি দখল গ্রহণ করিলাম।

প্রকাশ থাকে যে পূর্ববর্তী রায়ত সরেজমিনে উপস্থিত ছিলেন। উপযুক্ত বিজ্ঞপ্তি থাকা সত্ত্বেও পূর্ববর্তী রায়ত সরেজমিনে উপস্থিত ছিলেন না।

জমির বিবরণ

জিলা	থানা	মৌজা	দাগ নং	জমির পরিমাণ

আমিনের স্বাক্ষর ও তারিখ

নিম্ন স্বাক্ষরকারীগণের উপস্থিতিতে উপরে বর্ণিত জমির দখল সরকার পক্ষ গ্রহণ করিলেন।

রাজস্ব কর্মচারীর স্বাক্ষর ও তারিখ।

১।

২।

৩।

৪।

৫।

৬।

MODEL ORDER SHEET

(Rule 129 of the Records Manual, 1917)

Order Sheet, dated from .... to .... District ....
No. .... of 20 ....

Nature of the case : Report of Enquiry under section 14Z of the W.B.L.R. Act 1955 in respect of : Tea Garden.

Serial Number and date of Order	*Order and signature of Officer*	*Note of action taken on Order*
1	Whereas it has been provided in sub-section (2) of section 14Z of W.B.L.R. Act 1955 (as amended) that the State Government shall determine how much land is required to be retained under the above Act for the above Tea Garden and whereas the above Tea Garden has filed a memorandum along with a return in Form-7AA as per Rule 14C(4)(*c*) of W.B.L.R. Rules 1965 (as amended) and the same has been sent to me by the Settlement Officer for causing enquiry and report about the actual requirement of land for the purpose for which it is sought to be retained. Now, therefore, issue notice to the Manager, ... Tea Garden requesting him to appear personally or through his authorised representative on .... at .... for hearing. S.D.L. & L.R.O.	
2	Heard the Tea Garden Authority and checked the return with records. A reconnaissance survey is necessary to reconcile the discrepencies detected between the 7AA return and the Record-of-Rights prepared under the W.B.L.R. Act as shown in the enclosed list. Inform the Manager that a survey will be taken up in the above garden with immediate effect by .... S.D.L. & L.R.O.	

3 Reconnaissance Survey has been completed and report has been received from .... Corrected the mistakes and reconciled the discrepancies. Now check the Schedule of Land and prepare a map for the land of the Tea Garden.

S.D.L. & L.R.O.

4 Schedules and Maps have been prepared and checked. Put up for preparation of the report.

S.D.L. & L.R.O.

5 Report prepared. As per records, Tea Garden possesses .... acres of land in total out of which it is recommended to allow the garden to retain .... acres of land. The remaining area of .... acres is recommended for resumption as surplus land of the garden. Details on the basis of which this recommendation has been made are given in the report. Now send all connected papers to the S.O. for his kind consideration and taking necessary action.

S.D.L. & L.R.O.

6 Examined the recommendation made by the S.D.L. & L.R.O. .... The Tea Garden may be allowed to retain .... acres of land as shown in the schedule .... appended the report.

Settlement Officer

....

7 On examination of the report I endorse the views of the Settlement Officer .... Tea Garden may be allowed to retain .... acres of land and the remaining .... acres of land may be resumed as surplus to the requirement of the Tea Garden.

To the Land & Land Revenue Department for orders.

Director of Land Records and
Surveys, West Bengal.

পরিচ্ছেদ ৩

বর্গাদারগণ

[১][১৫। বর্গাদার দ্বারা আবাদকৃত জমির জন্য কিছু সুরক্ষা ব্যবস্থা **(Certain safeguards for plot of land cultivated by bargadars)** ঃ (১) রায়তের কোনও [২][জমির দাগে] বা কোনও অংশে বর্গাদার চাষ করে থাকলে ততক্ষণ পর্যন্ত ৪(৪)(খ), ৪(৪)(গ) প্রয়োগ হবে না যতক্ষণ ওই জমি বর্গাদার চাষ করছেন।

(২) এই পরিচ্ছেদের বিধানগুলির অধীনে মিল রেখে বর্গাদারের চাষ করার অধিকার বংশানুক্রমিক; কিন্তু হস্তান্তর যোগ্য নয়।

(৩) তফসিলী উপজাতিভুক্ত মালিকের জমিতে অ-তফসিলভুক্ত কোনও লোক বর্গাদার হিসাবে দাবি করলে এই পরিচ্ছেদের কোনও ধারাই এক্ষেত্রে প্রযোজ্য হবে না।

১ পশ্চিমবঙ্গ ভূমি সংস্কার (সংশোধন) আইন, ১৯৮১ (পশ্চিমবঙ্গ আইন ৫০, ১৯৮১)-এর ২৯ ধারার মাধ্যমে মূল ধারাটিকে উহার (১) উপধারা করিয়া পরবর্তী দুই উপধারা সন্নিবেশিত এবং উক্ত আইনের ১(২) ধারার মাধ্যমে ৭.৮.১৯৬৯ তারিখ হতে বলবৎ হয়েছে।

(ক) মূল ১৫ ধারাটি ৪.৬.১৯৬৫ তারিখের ৮১৪৪-এল. রেফ্. সংখ্যায়িত সরকারি প্রজ্ঞাপনের মাধ্যমে বিহার হতে আগত অঞ্চল এবং মূল আইনের ১(২) ধারায় উল্লিখিত অঞ্চল ব্যতীত সমগ্র পশ্চিমবঙ্গে ৭.৬.১৯৬৫ তারিখ হতে বলবৎ হয়েছে।

(খ) মূল ১৫ ধারাটি ২৫.৯.১৯৬৯ তারিখের ১৭৮৮৫-এল. রেফ্. সংখ্যায়িত সরকারি প্রজ্ঞাপনের মাধ্যমে বিহার হতে পশ্চিমবঙ্গে আগত সকল অঞ্চলে ১.১০.১৯৬৯ তারিখ হতে বলবৎ হয়েছে।

২ পশ্চিমবঙ্গ ভূমি সংস্কার (সংশোধন) আইন, ২০০০ (পশ্চিমবঙ্গ আইন ৩১, ২০০০)-এর মাধ্যমে 'জোত' ও 'holding' শব্দ দুইটির পরিবর্তে অনুকল্পিত, যাহা ৭.৮.১৯৬৯ তারিখ হতে কার্যকরী হয়েছে।

Chapter 3
Bargadars

15. Certain safeguards for [1][plot of land] cultivated by bargadars. [2][(1) The provisions of clauses (*b*) and (*c*) of sub-section (4) of section 4 shall not apply to the [1][plot of land] of a *raiyat* or any part of it which is cultivated by a *bargadar* so long as cultivation by a *bargadar* continues.

(2) The right of cultivation of land by a *bargadar* shall, subject to the provisions of this Chapter, be heritable and shall not be transferable.

(3) The provisions of this Chapter shall not apply to any person not belonging to a Scheduled Tribe claiming to be a *bargadar* under a *raiyat* belonging to a Scheduled Tribe.]

আলোচনার সূচী

১। সূচনা [Commencement]. বিহার থেকে যে সমস্ত এলাকা পশ্চিমবঙ্গে যুক্ত হয়েছে সেগুলি বাদে সমস্ত পশ্চিমবঙ্গে এই ধারাটি বলবৎ হয়েছে ৭.৬.১৯৬৫ থেকে নোটিফিকেশান নং ৮১৪৪ এল. রেফ্., তাং ৫.৬.১৯৬৫ দ্বারা। বিহার থেকে আসা অংশগুলিতে এই ধারা বলবৎ হয়েছে ১.১০.১৯৬৯ তারিখ থেকে বিজ্ঞপ্তি নং ১৭৮৮৫ এল. রেফ্., তাং ২৫.৯.১৯৬৯ দ্বারা।

1 *Substituted* by Act XXXI of 2000, w.r.e.f. 7.8.1969.

2 Original section was renumbered as sub-section "(1)" and sub-sections (2) & (3) were *inserted* by W.B.L.R. (Am.) Act, 1981 (L of 1981), dated 24.3.1986.

২০০০ সালের সংশোধনের আগে ছিল "Holding" শব্দটি, ২০০০ সালের সংশোধনী দ্বারা Holdings-এর পরিবর্তে "plot of land" শব্দ যুক্ত হয়েছে, যা ৭.৮.১৯৬৯ থেকে বলবৎ ধরা হয়েছে। (১) নং উপধারায় আগের 'Holdings' শব্দটি পরিবর্তিত হয়ে "plot of land" শব্দ যুক্ত হয়েছে। ২০০০ সালের সংশোধন দ্বারা Holding কথাটির বিলুপ্তি ঘটানো হয়েছে। এখন রায়তের জমি (Holding) বলতে রায়তের জমির দাগ (plot of land) বোঝাবে।

২। **কর্মপরিধি [Scope].** পশ্চিমবঙ্গ ভূমি সংস্কার আইনের ৪(৪)(খ) এবং ৪(৪)(গ) ধারা অনুযায়ী যদি কোনও রায়ত পরপর তিন বছর বা তার বেশি কোনও জমি নিজে চাষ করতে না পারেন বা চাষ না করেন বা জমির শ্রেণি অনুযায়ী ব্যবহার না করেন বা ৭ নং ধারায় বর্ণিত আর্থিক সংস্থা ছাড়া জমি বন্ধক দেন তবে রায়তের ওই জমি ন্যস্ত (vest) হবে। পশ্চিমবঙ্গ ভূমি সংস্কার আইনের ১৫(১) ধারায় এই নির্দেশ দিচ্ছে যে যদি রায়তের জমিতে বর্গাচাষ হয় তবে ৪(৪)(খ) এবং ৪(৪)(গ) ধারার বর্ণিত নির্দেশ কার্যকর হবে না। ৪(৪) ধারায় রায়তকে বর্গাদার দ্বারা জমি চাষের স্বাধীনতা দেওয়া হয়েছে।

৩। **বর্গাচাষের অধিকার বংশানুক্রমিক কিন্তু হস্তান্তর যোগ্য নয় [Right of cultivation by a bargadar is heritable but not transferable].** ১৯৮১ সালের পঃ বঃ ভূমি সংস্কার আইন সংশোধনের আগে ১৫ নং ধারার কোনও উপধারা ছিল না। কিন্তু ১৯৮১ সালের পঃ বঃ ভূমি সংস্কার আইন সংশোধন করে (২) এবং (৩) নং উপধারা যুক্ত করা হয়েছে। কলিকাতা গেজেটে যা ২৪.৩.১৯৮৬-তে প্রকাশিত হয়েছিল।

১৫(২) ধারা অনুযায়ী বর্গাপ্রথায় চাষ বংশানুক্রমিক হতে পারে কিন্তু হস্তান্তর যোগ্য (transferable) হতে পারবে না। অর্থাৎ বর্গাদারের মৃত্যুর পর তার উত্তরাধিকারীগণ নিয়ম, আইন অনুযায়ী বর্গাচাষ করবেন কিন্তু অন্য কাউকে দিয়ে বর্গাদার বা তার উত্তরাধিকারীগণ চাষ করতে পারবে না। ১৫ক ধারা অনুযায়ী বর্গাদারের মৃত্যুর পর তার পুত্ররা বর্গাচাষ করবেন নির্দিষ্ট নিয়ম অনুসারে। ১৫ক ধারা অনুযায়ী বর্গাদারের প্রকৃত উত্তরাধিকারীরা (lawful heirs) ঠিক করবেন কে পরবর্তী সময়ে বর্গাচাষ করবেন। যদি বর্গাদারের প্রকৃত উত্তরাধিকারীগণ উপরোক্ত সিদ্ধান্ত নিতে অপারগ হয়ে থাকেন তবে পঃ বঃ

ভূমি সংস্কার আইনের ১৮(১) ধারায় ক্ষমতাপ্রাপ্ত আধিকারিক বা কর্তৃপক্ষ বর্গাদারের প্রকৃত উত্তরাধিকারীদের মধ্যে একজনকে বর্গাদার হিসাবে মনোনীত (nominate) করবেন, যিনি উক্ত জমির দখলে আছেন।

৪। তফসিলী উপজাতিভুক্ত ব্যক্তি জমির মালিক হলে [If the land owner is a person of Scheduled Tribe]. ১৯৮১ সালে পঃ বঃ ভূমি সংস্কার আইন সংশোধনের সময় ১৫(৩) ধারাটি যুক্ত করা হয়। যদি কোনও ব্যক্তি যিনি তফসিলী উপজাতিভুক্ত নন, যদি তিনি তফসিলী উপজাতিভুক্ত কোনও মালিকের জমিতে নিজেকে বর্গাদার হিসাবে দাবি করেন (claiming to be a *bargadar*) তবে ১৫(৩) ধারা অনুযায়ী তিনি তৃতীয় পরিচ্ছেদে বর্ণিত কোনও আইনগত সাহায্য পাবেন না। অর্থাৎ মালিক যদি তফসিলী উপজাতিভুক্ত ব্যক্তি হন, নিজেকে বর্গাদার হিসাবে যিনি দাবি করছেন তিনি যদি তফসিলী উপজাতিভুক্ত ব্যক্তি না হন তবে তৃতীয় পরিচ্ছেদে বর্ণিত আইনি রক্ষাকবচ [protection] বা অন্যান্য কোনও সাহায্য যেমন উচ্ছেদের বিরুদ্ধে প্রশাসনিক সহযোগিতা তিনি আইনগতভাবেই পাওয়ার অধিকারী নন। তফসিলী উপজাতিভুক্ত কোনও জমির মালিক, তার জমিতে চাষ করছেন এমন লোককে যিনি নিজেকে বর্গাদার হিসাবে দাবি করছেন—তাকে উচ্ছেদ করতে পারবেন।

তৃতীয় পরিচ্ছেদে ১৫ নং থেকে ২১ঙ নং ধারা রয়েছে। বর্গাদারের বিভিন্ন অধিকার (right), রক্ষাকারী আইন এই ধারাগুলিতে রয়েছে। কিন্তু ওই সমস্ত ধারার সুবিধা সমস্ত বর্গাদার পাবেন না। ১৫(৩) নং ধারা এই নির্দেশ দেয় যে—তফসিলী উপজাতিভুক্ত নয় এমন ব্যক্তি যিনি বর্গাদার হিসাবে দাবি করছেন এবং মালিক যে ক্ষেত্রে তফসিলী উপজাতি (Schedule Tribe) ভুক্ত সম্প্রদায়ের, ওই বর্গাদার [নিজে বর্গাদার হিসাবে দাবি করছেন] তৃতীয় পরিচ্ছেদে বর্ণিত আইনগত সুবিধা পাবেন না।

৫। ২(২) নং ধারা এবং ১৫(৩) নং ধারার বিরোধ [Conflict between s. 2(2) and s. 15(3)]. পশ্চিমবঙ্গ ভূমি সংস্কার আইনের ২(২) ধারায় বর্গাদারের সংজ্ঞা দেওয়া আছে। ওই ধারায় বলা আছে আইনগতভাবে যতক্ষণ না বাতিল হচ্ছে বর্গাদার চাষ করবেন। আবার ১৫(৩) ধারা অনুযায়ী তফসিলী উপজাতিভুক্ত কোনও লোক যদি জমির মালিক হয় তবে তফসিলী উপজাতি নয় এমন ব্যক্তি বর্গাদার হিসাবে দাবি করলে এই পরিচ্ছেদের কোনও ধারার

নিরাপত্তা তিনি বর্গাদার হিসাবে পাবেন না। তফসিলী উপজাতিভুক্ত নয় এরকম কোনও ব্যক্তিকে বর্গাদার হিসাবে তফসিলী উপজাতিভুক্ত কোনও লোকের অধীনে রেকর্ড হয় না।

কিন্তু তফসিলী উপজাতি কোনও রায়ত নিজের ইচ্ছায়, জোর করে কোনও ব্যক্তি যিনি তফসিলী উপজাতি নয় এবং বর্গাদার হিসাবে দাবি করছেন তাকে উচ্ছেদ করতে পারবেন না। আইনগতভাবেই তিনি সংশ্লিষ্ট আধিকারিকের কাছে আবেদন করবেন।

অবিভক্ত বাংলায় বর্গাপ্রথায় চাষের রেওয়াজ অনেক পুরাতন। যদিও বর্গাদারেরা জমি চাষ করত, কিন্তু জমির উপর তাদের কোনও অধিকার ছিল না। জমির মালিক উচ্ছেদ করত ইচ্ছা মত। ১৮৮৫ সালের বঙ্গীয় প্রজাস্বত্ব আইন (Bengal Tenancy Act, 1885) গঠিত হলেও বর্গাদারদের স্বার্থ রক্ষায় বঙ্গীয় প্রজাস্বত্ব আইনে কোনও অংশ প্রথম দিকে ছিল না। ১৯২৮ সালে বঙ্গীয় প্রজাস্বত্ব আইনের কিছু সংশোধন হয়। এই সংশোধনের সময় ৩(১৭) নং ধারায় বর্গাদারে স্বার্থ রক্ষায় কিছু অংশ সংযুক্ত করা হয়।

বঙ্গীয় প্রজাস্বত্ব আইনের ৩(১৭) ধারাটি অবিকল দেওয়া হল—

(17) "tenant" means a person who holds land under another person, and is, or but for a special contract would be, liable to pay rent for that land to that person :

Provided that a person who, under the system generally known as "*adhi*", "*barga*" or "*bhag*", cultivates the land of another person on condition of delivering a share of the produce to that person, is not a tenant, unless—

(*i*) such person has been expressly admitted to be a tenant by his landlord in any document executed by him or executed in his favour and accepted by him, or

(*ii*) he has been or is held by a Civil Court to be a tenant.

১৯৫০ সালের পঃ বঃ বর্গাদার আইনে মূলত বর্গাদারদের স্বার্থ রক্ষার কিছু রক্ষাকবচ আইনে এনে দিল। ১৯৫৫ সালের পঃ বঃ ভূমি সংস্কার আইনে বর্গাদারদের স্বার্থ অধিকার রক্ষার জন্য যে ধারাগুলি সংযুক্ত হয়েছে মূলত সেগুলি ১৯৫০ সালের বর্গা আইনের কিছু অদল বদল, সংশোধন করে।

১৯৫৫ সালের পশ্চিমবঙ্গ ভূমি সংস্কার আইনের বিভিন্ন সংশোধন হয়েছে। ১৯৮১ সালের সংশোধন দ্বারা ১৫(২) এবং ১৫(৩) নং ধারা যুক্ত হয়েছে। তৃতীয় পরিচ্ছেদের বিভিন্ন ধারায় এখন বরং বর্গাদারদের স্বার্থ ও অধিকার রক্ষার যে আইনগত দিক রয়েছে তা যথেষ্ট। ওই সব ধারায় বর্গাদারের কর্তব্য ও অবশ্য পালনীয় ভূমিকারও নির্দেশ রয়েছে। ১৯৫৩ সালের জমিদারি অধিগ্রহণ আইনে মধ্যস্বত্বভোগীদের অধিকার যখন লুপ্ত হল তখন অনেক জমিতেই বর্গাদার ছিলেন কিন্তু ওই সমস্ত জমি সরকারে ন্যস্ত হল সমস্ত বোঝা বা দায় থেকে মুক্ত হয়ে (was vested free from all encumbrances) বর্গাদারের স্বত্বকে এইরকম একটা 'দায়' (encumbrance) হিসাবে ধরা হয়েছিল ফলে বর্গাদারগণ ১৯৫৩ সালের পঃ বঃ জমিদারি অধিগ্রহণ আইনে কোনও সুবিধা পেলেন না। বরং বলা যায় পশ্চিমবঙ্গ ভূমি সংস্কার আইনের ১৪ধ [s. 14S] ধারায় বর্গাদারকে রায়তের মর্যাদা কিছুটা হলেও এনে দিল। ওই ধারায় বলা হল—যে জমি পঃ বঃ ভূমি সংস্কার আইনে ভেস্ট হল, যদি সেই জমিতে বর্গাদার থাকে, যদি বর্গাদারের নিজস্ব জমিসহ ওই জমির পরিমাণ এক হেক্টরের কম হয় তবে ওই ভেস্ট জমির জন্য বর্গাদারকে রায়ত হিসাবে ঘোষণা করা হবে।

৬। প্রকৃত বর্গাদারের মৃত্যুর পর পঞ্চায়েত প্রধান কর্তৃক চাষ বন্ধ [Stop cultivation by Panchayat Prodhan after death of original Bargadar]. প্রকৃত বর্গাদারের মৃত্যুর পর পঞ্চায়েত প্রধানের কোনও এক্তিয়ার নেই ওই জমিতে চাষ বন্ধ করবার, কারণ, বর্গাদার নির্ধারণের জন্য পঞ্চায়েত প্রধান আদৌ উপযুক্ত কর্তৃপক্ষ নন, এ বিষয়ে সিদ্ধান্ত গ্রহণের অধিকার তার নেই।[৩]

[১][১৫ক। বর্গাদারের মৃত্যুর পর বর্গাচাষের অধিকারের ধারাবাহিকতা [Continuation of right of cultivation on Bargadar's death] : (১) বর্তমানে প্রচলিত কোনও আইন বা চুক্তি যাই থাক না কেন, কোনও বর্গাদার যে ক্ষেত্রে চাষের কাজ চলছে এরকম অবস্থায় বর্গা অধিকার নিয়ে

৩ *মধুসূদন কয়াল* বনাম *পঃ বঃ সরকার* 2013(2) CHN 60 (Cal).

১ প্রথমে পশ্চিমবঙ্গ ভূমি সংস্কার (সংশোধন) আইন, ১৯৭০ (রাষ্ট্রপতির আইন ১৬, ১৯৭০)-এর ২ ধারার মাধ্যমে সন্নিবেশিত এবং এরপর পশ্চিমবঙ্গ ভূমি সংস্কার (সংশোধন) আইন, ১৯৭২ (পশ্চিমবঙ্গ আইন ১২, ১৯৭২)-এর ১৪ ধারার মাধ্যমে সন্নিবেশিত ও উক্ত আইনের ১(২) ধারার মাধ্যমে ১৩.৭.১৯৭০ তারিখ হতে মূল আইনের ১(২) ধারায় উল্লিখিত অঞ্চল ব্যতীত সমগ্র পশ্চিমবঙ্গে বলবৎ হয়েছে।

তার মৃত্যু ঘটলে, বর্গাদারের আইনসম্মত উত্তরাধিকারী দ্বারা ওই চাষ চলতে থাকবে অথবা আইনসম্মত উত্তরাধিকারীর সংখ্যা একের বেশি হলে বর্গাদারের সমস্ত আইনসম্মত উত্তরাধিকারীরা [২][নির্দিষ্ট সময়ের] মধ্যে কোনও একজনকে আইনসম্মত উত্তরাধিকারী ঠিক করে তাঁকে দিয়ে ওই চাষ চলতে থাকবে ঃ

বলাবাহুল্য এই উপধারা অনুযায়ী বর্গাদারের সকল আইনসম্মত উত্তরাধিকারীরা কোনও স্থির সিদ্ধান্ত না নিতে পারলে বা ব্যর্থ হলে ১৮(১) ধারা অনুযায়ী কোনও [৩][আধিকারিক বা কর্তৃপক্ষ] বর্গাদারের বৈধ উত্তরাধিকারীদের মধ্য থেকে একজনকে মনোনীত করবেন যিনি ব্যক্তিগতভাবে চাষ করার অবস্থায় রয়েছেন।

(২) মৃত বর্গাদারের আইনসম্মত উত্তরাধিকারী যাকে নির্ধারিত বা মনোনীত করা হল তিনি [৪][সমস্ত শর্ত], নিয়ম অনুযায়ী জমিতে বর্গাচাষ করবেন।

২ এই আইনানুযায়ী প্রণীত পশ্চিমবঙ্গ ভূমি সংস্কার (বর্গাদারগণ) নিয়মাবলি, ১৯৫৬-এর ২ক নিয়মানুযায়ী বর্গাদারের মৃত্যুর ত্রিশ দিনের মধ্যে স্থির করতে হবে।

৩ ৫.৮.১৯৭৪ তারিখের ১৫২৬০-এল. রেফ্. সংখ্যায়িত সরকারি প্রজ্ঞাপনের মাধ্যমে স্বক্ষেত্রাধিকারে অধস্তন ভূমি সংস্কার আধিকারিকগণ ১৮(১) ধারানুযায়ী রাজস্ব আধিকারিক নিযুক্ত হইয়াছেন।

৪ পূর্বোক্ত নিয়মাবলির ২খ নিয়মে উল্লিখিত শর্ত নির্ধারিত বা মনোনীত বর্গাদার জমি চাষ করিবেন ঃ

শর্ত

(ক) বৈধ উত্তরাধিকারী সেভাবে নির্ধারিত বা মনোনীত হওয়ার পর ১৮(১) ধারানুযায়ী নিযুক্ত ক্ষেত্রাধিকারী আধিকারিককে এবং জমির মালিককে সাথে সাথে জমিতে কৃষিকার্য অব্যাহত রাখার ইচ্ছা জানাইতে হইবে।

(খ) যদি লাগোয়া জমিতে কৃষিকার্য অব্যাহত থাকে নির্ধারিত বা মনোনীত হইবার সাত দিনের মধ্যে কৃষিকার্যের ধারাবাহিকতা রক্ষার্থে সর্বপ্রকার ব্যবস্থা অবলম্বন করিতে হইবে।

(গ) যদি লাগোয়া জমিতে কৃষিকার্য অব্যাহত না থাকে তাহা হইলে কৃষিকার্য আরম্ভের তারিখ হইতে পনেরো দিনের মধ্যে কৃষিকার্যের ধারাবাহিকতা রক্ষার্থে সর্বপ্রকার ব্যবস্থা অবলম্বন করিতে হইবে।

(ঘ) পশ্চিমবঙ্গ ভূমি সংস্কার আইন, ১৯৫৫-এর বিধানগুলি অনুসারে জমিতে কৃষিকার্য চলাকালীন বর্গাদার নির্ধারিত বা মনোনীত বৈধ উত্তরাধিকারী সকল অধিকার ভোগ ও দায়িত্ব বহন করিবেন।

(৩) যেক্ষেত্রে—

(ক) বর্গাদারের আইনসম্মত উত্তরাধিকারীরা কেউ ব্যক্তিগতভাবে চাষ করার অবস্থায় নেই—

(খ) নির্দিষ্ট সময়ের ভিতরে মৃত বর্গাদারের আইনসম্মত উত্তরাধিকারীরা ওই জমির চাষ চালানোর জন্য কোনও উত্তরাধিকারী স্থির করতে না পারলে এবং ১৮(১) নং ধারায় ক্ষমতাপ্রাপ্ত [৫]আধিকারিক বা কর্তৃপক্ষ ওই জমির চাষ চালানোর জন্য মৃত বর্গাদারের কোনও আইনসম্মত উত্তরাধিকারী মনোনয়ন করতে না পারলে বা ব্যর্থ হলে; অথবা

(গ) (১) উপধারায় নির্ধারিত বা মনোনীত ব্যক্তি [৬]নির্দিষ্ট সময়ের মধ্যে ওই জমির চাষ চালানোর জন্য কোনও ব্যবস্থা না নিতে পারলে বা ব্যর্থ হলে, জমির মালিক অন্য কোনও ব্যক্তিকে মনোনীত করে ওই জমির চাষ চালিয়ে যাবেন, মনোনীত ওই ব্যক্তি মৃত বর্গাদারের উত্তরাধিকারী হোক বা না হোক।

15A. Continuation of right of cultivation on bargadar's death. (1) Notwithstanding anything contained in any law for the time being in force or in any contract to the contrary, where a *bargadar*, cultivating any land, dies at a time when cultivation of such land by the *bargadar* was continuing, the cultivation of such land may be continued by the lawful heir of the *bargadar* or where there are more than one lawful heir, by such lawful heir of the *bargadar* as all the lawful heirs of the *bargadar* may determine within the prescribed period :

Provided that where the lawful heirs of the *bargadar* omit or fail to make a determination as required by this sub-section, the officer or authority appointed under sub-section (1) of section 18

৫ ৫.৮.১৯৭৪ তারিখের ১৫২৬০-এল. রেফ্. সংখ্যায়িত সরকারি প্রজ্ঞাপনের মাধ্যমে স্বক্ষেত্রাধিকারে অধস্তন ভূমি সংস্কার আধিকারিকগণ ১৮(১) ধারানুযায়ী রাজস্ব আধিকারিক নিযুক্ত হয়েছেন।

৬ এই আইনানুযায়ী প্রণীত পশ্চিমবঙ্গ ভূমি সংস্কার (বর্গাদারগণ) নিয়মাবলি, ১৯৫৬-এর ২ক নিয়মানুযায়ী বর্গাদারের মৃত্যুর ত্রিশ দিনের মধ্যে স্থির করিতে হইবে।

may nominate one of the lawful heirs of the *bargadar*, who is in a position to cultivate the land personally, to continue the cultivation thereof.

(2) The lawful heir of the *bargadar* who is determined or nominated for the cultivation of the land shall cultivate the land subject to such terms and conditions as may be prescribed.

(3) Where—

(*a*) no lawful heir of the *bargadar* is in a position to cultivate the land personally, or

(*b*) the lawful heirs of the *bargadar* fail to determine, within the prescribed period, the heir by whom the cultivation of the land will be continued and the officer or authority appointed under sub-section (1) of section 18 also omits or fails to nominate, within the prescribed period, any lawful heir of the deceased *bargadar* for the continuation of the cultivation of the land, or

(c) the person determined or nominated under sub-section (1) omits or fails to take any steps, within the prescribed period, for the continuation of the cultivation of the land, cultivation of the land may be continued by such person, whether an heir of the deceased *bargadar* or not, as may be nominated by the person whose land was cultivated by the deceased *bargadar*.

আলোচনার সূচী

আলোচনার সূচী—*চলিতেছে*

১। সূচনা [Commencement]. ১৫ক ধারাটি যুক্ত করা হয়েছে ১৯৭০ সালের পঃ বঃ ভূমি সংস্কার আইন সংশোধন দ্বারা [১৯৭০ সালের রাষ্ট্রপতির ১৬ নং আইন] এবং পরিবর্তিত হয়েছে ১৯৭২ সালের পঃ বঃ ভূমি সংস্কার (সংশোধন) আইন দ্বারা [১৯৭২ সালের পশ্চিমবঙ্গের ১২ নং আইন]। এই ধারাটি বলবৎ হয়েছে ১৩.৭.১৯৭০ তারিখ থেকে। ১৯৫৫ সালের মূল পশ্চিমবঙ্গ ভূমি সংস্কার আইনে বর্গাদারের স্বার্থ ও অধিকার রক্ষার লক্ষ্যে ১৫ক ধারাটি ছিল না। কোনও বর্গাদারের মৃত্যুর পর তার প্রকৃত উত্তরাধিকারীরা বর্গাদার হিসাবে চাষ করার অধিকার পেল এই ধারাটি ১৯৭০ সালের সংশোধনী আইন দ্বারা। সুতরাং বর্গাদারের স্বার্থ রক্ষার লড়াই-এ এই সংশোধনীটি বিশেষ গুরুত্বপূর্ণ স্থান দখল করে।

২। কর্মপরিধি [Scope]. এই ধারাটি বলবৎ হওয়ার আগে বর্গাদারের মৃত্যুর পর জমির মালিক জমির দখল নিতে পারতেন। কিন্তু ১৫ক ধারাটি যুক্ত হওয়ার পরে জমির মালিক বর্গাদারের মৃত্যুর পর জমির দখল নেওয়ার অধিকার থেকে বঞ্চিত হলেন। ১৫ক ধারা বলে বর্গাদারের প্রকৃত উত্তরাধিকারীগণ জমির

বর্গাপ্রথায় চাষ করার অধিকার পেলেন। সুতরাং একথা বলা যায় দুটি জিনিস ১৫ক ধারা বলবৎ হওয়ার ফলে হল—

প্রথমত বর্গাদারের মৃত্যুর পর জমির দখল নেওয়ার অধিকার থেকে বঞ্চিত হলেন জমির প্রকৃত মালিকেরা,

দ্বিতীয়ত বর্গাদারের প্রকৃত উত্তরাধিকারীগণ পরবর্তী দিনেও চাষ করার অধিকার পেলেন এবং বর্গাদার বাছাই-এর সুযোগ, অধিকার পেলেন।

জমি চাষ করার অধিকার থাকা অবস্থায় কোনও বর্গাদারের মৃত্যু হলে তার প্রকৃত উত্তরাধিকারীরা জমির চাষ বজায় রাখবেন। যদি এরকম দেখা যায় যে মৃত বর্গাদারের প্রকৃত উত্তরাধিকারীর সংখ্যা একের বেশি, তখন ওই উত্তরাধিকারীরা ত্রিশ দিনের মধ্যে যে কোনও এক জনকে বর্গাদার হিসাবে মনোনীত করতে পারেন (may nominate one lawful heir within thirty days)। ১৯৫৬ সালের পঃ বঃ ভূমি সংস্কার (বর্গাদার) নিয়মের ২ক(১) বিধি [Rule 2A(1)] অনুসারে এই মনোনয়ন সম্পন্ন করা হয়।

মৃত বর্গাদারের প্রকৃত উত্তরাধিকারীরা যদি ত্রিশ দিনের মধ্যে প্রকৃত বর্গাদার মনোনয়নে ব্যর্থ হন, তবে ওই ত্রিশ দিন অতিক্রম হওয়ার সাত দিনের মধ্যে মৃত বর্গাদারের প্রকৃত উত্তরাধিকারীগণ বা জমির মালিক সংশ্লিষ্ট আধিকারিক বা কর্তৃপক্ষের কাছে আবেদন করতে পারেন।

সংশ্লিষ্ট আধিকারিক বা কর্তৃপক্ষ ওই আবেদন পাওয়ার পর স্বার্থসংশ্লিষ্ট সমস্ত পক্ষকে বিজ্ঞপ্তি দ্বারা শুনানির যথোপযুক্ত সুযোগ দেবেন। প্রয়োজনে সরেজমিনে তদন্ত দ্বারা মৃত বর্গাদারের একজন উত্তরাধিকার মনোনয়ন করবেন। ওই আবেদন পাওয়ার ত্রিশ দিনের মধ্যে সংশ্লিষ্ট আধিকারিক বা কর্তৃপক্ষ মৃত বর্গাদারের প্রকৃত উত্তরাধিকার মনোনয়ন করবেন।

১৯৫৬ সালের পশ্চিমবঙ্গ ভূমি সংস্কার (বর্গাদার) নিয়মের ২ক(৩) এবং ২ক(৪) নং বিধি অনুযায়ী সংশ্লিষ্ট আধিকারিক বা কর্তৃপক্ষ উপরোক্ত সিদ্ধান্ত গ্রহণ করবেন।

১৫ক(৩) নং ধারা অনুযায়ী জমির মালিক, বর্গাদারের মৃত্যুর পর নিজে কোনও ব্যক্তিকে চাষ করার জন্য মনোনীত করতে পারেন যদি—

(ক) মৃত বর্গাদারের প্রকৃত উত্তরাধিকারীগণ জমির দখলে না থাকেন;

(খ) মৃত বর্গাদারের প্রকৃত উত্তরাধিকারীগণ নিজেদের মধ্যে থেকে একজন বর্গাদার মনোনয়ন করতে না পারেন;

(গ) নির্ধারিত কর্তৃপক্ষ-ও কোনও বর্গাদার মনোনয়ন করতে না পারেন বা ব্যর্থ হয়ে থাকেন।

উপরোক্ত কারণগুলি পরপর ঘটে থাকলে, নির্দিষ্ট সময় অতিক্রম হয়ে গেলে জমির মালিক কোনও একজনকে বর্গাদার হিসাবে মনোনীত করতে পারেন।

৩। ১৯৫৬ সালের পশ্চিমবঙ্গ ভূমি সংস্কার (বর্গাদার) নিয়মের ২ক নং বিধি [Rule 2A of W.B.L.R. (Bargadar) Rules 1956]. আইনসম্মত উত্তরাধিকারী নির্ধারণ বা মনোনয়নের নির্ধারিত সময়সীমা এবং ওই সম্পর্কিত পদ্ধতি (period for determination or nomination of a lawful heir and procedure in respect thereof) ঃ (১) কোনও বর্গাদার মারা যাওয়ার *"ত্রিশ দিনের"* মধ্যে মৃত বর্গাদারের প্রকৃত উত্তরাধিকারগণ (যেখানে বর্গাদারের প্রকৃত উত্তরাধিকারীগণের সংখ্যা একাধিক) ১৫ক(১) ধারা অনুসারে তাদের মধ্যে একজনকে পরবর্তী বর্গাদার হিসাবে নির্ধারণ (determine) করতে পারেন যিনি ওই জমির চাষ বজায় রাখবেন (continue the cultivation of such land)।

(২) যখন মৃত বর্গাদারের প্রকৃত উত্তরাধিকারীগণ পঃ বঃ ভূমি সংস্কার আইনের ১৫ক(১) ধারা এবং পঃ বঃ ভূমি সংস্কার (বর্গাদার) নিয়ম, ১৯৫৬ এর ২ক(১) বিধি অনুযায়ী একজনকে নির্ধারণ (determine) করতে অপরাগ হবেন, অথবা ওই প্রকৃত উত্তরাধিকারীরা বা যাঁর জমি মৃত বর্গাদার চাষ করতেন সেই মালিক, ২ক(১) নং বিধি বর্ণিত সময় অতিক্রান্ত হওয়ার *"সাত দিনের"* মধ্যে সংশ্লিষ্ট আধিকারিক বা নির্ধারিত কর্তৃপক্ষের কাছে [১৮(১) ধারায় ক্ষমতা প্রাপ্ত] সমস্ত তথ্য দিয়ে একজন বর্গাদার মনোনীত করার জন্য আবেদন (application) করতে পারেন। যিনি ওই জমির দখলে আছেন এবং নিজে চাষ করবেন।

বলা বাহুল্য, ১৯৬৩ সালের তামাদি আইনের ৫ নং ধারা এই আবেদনের ক্ষেত্রে এখানে প্রযোজ্য হবে।

(৩) এই ধরনের আবেদন (application) পাওয়ার পর ১৮(১) নং ধারায় নিয়োজিত আধিকারিক বা কর্তৃপক্ষ স্বার্থ সংশ্লিষ্ট সমস্ত পক্ষকে, (যারা ওই জমির চাষের সাথে জড়িত) শুনানির সুযোগ দিয়ে, দরকার মনে হলে সরেজমিনে

তদন্ত করে, ১৫ক ধারায় আদেশ দান করবেন, এমন একজনকে বর্গাদার হিসাবে মনোনিত করবেন যিনি নিজে চাষের জন্য জমির দখলে রয়েছেন।

(৪) ৩ নং ধারায় পেশ করা আবেদন আধিকারিক বা কর্তৃপক্ষ যত দ্রুত সম্ভব নিষ্পত্তি করবেন, কিন্তু কোনও মতেই যেন আবেদন জমা দেওয়ার "ত্রিশ দিন" অতিক্রম না করে। ওই আধিকারিক বা কর্তৃপক্ষ নির্দিষ্ট সময়ে কেন ওই আবেদন নিষ্পত্তি করা সম্ভব হল না তা লিখে রাখবেন।[১]

৪। আবেদনপত্র দেরিতে জমা হলে [If the application is filed in delay] অথবা তামাদি আইনের ৫ নং ধারার প্রয়োগ [Application of s. 5 of Limitation Act]. বর্গাদারের মৃত্যুর ত্রিশ দিনের মধ্যে মৃত বর্গাদারের প্রকৃত উত্তরাধিকারীগণ নির্ধারিত কর্তৃপক্ষ বা আধিকারিকের কাছে তাদের মধ্যে থেকে কোনও একজনকে পরবর্তী বর্গাদার হিসাবে মনোনীত বা নির্ধারণ করবেন। কিন্তু যদি ত্রিশ দিনের মধ্যে মৃত বর্গাদারের প্রকৃত উত্তরাধিকারীগণ পরবর্তী বর্গাদার মনোনয়নের আবেদন আধিকারিকের কাছে জমা দিতে না পারেন তখন কী হবে? এই প্রশ্নের উত্তরে *প্রবোধ চন্দ্র সামন্ত* বনাম *পঃ বঃ রাজ্য সরকার,*[২] মামলায় মহামান্য কলিকাতা হাইকোর্ট রায়ে বলেন—পঃ বঃ ভূমি সংস্কার (বর্গাদার) নিয়মের (১৯৫৬) ২ক(২) নং বিধি অনুসারে এক্ষেত্রে তামাদি আইনের ৫ নং ধারা প্রযোজ্য হবে। মৃত বর্গাদারে প্রকৃত উত্তরাধিকারী নির্ধারণ করার আবেদন নির্দিষ্ট সময়ে সংশ্লিষ্ট আধিকারিক বা কর্তৃপক্ষের কাছে জমা না হলে—যথেষ্ট কারণ দেখালে দেরি হওয়ার দোষ খণ্ডন হতে পারে। এক্ষেত্রে কোনও একটি আবেদন নির্দিষ্ট সময়সীমা পার হওয়ার পর গৃহীত হলে একই বিষয়ের অন্য একটি আবেদন একতরফা (*ex parte*) সিদ্ধান্ত হওয়া উচিত নয়।

অর্থাৎ ১৫ক ধারার আবেদন নিষ্পত্তির বেলায় সংশ্লিষ্ট আধিকারিক তামাদি আইনের ৫ নং ধারা প্রয়োগের অধিকারী। তবে সংশ্লিষ্ট আধিকারিককে নির্দিষ্ট সময়ে আবেদন জমা না দেওয়ার উপযুক্ত কারণ দেখাতে হবে।

৫। ১৩.৭.১৯৭০ তারিখের আগে বর্গাদারের মৃত্যু [Death of bargadar before 13.7.1970]. ১৯৭০ সালে পঃ বঃ ভূমি সংস্কার আইনের সংশোধন

১ ২ক নং বিধিটি যুক্ত করা হয়েছিল (inserted) বিজ্ঞপ্তি নং ১৪০৮০-এল. রেফ্., তাং ৩০.১১.১৯৭০ দ্বারা যা কলিকাতা গেজেটে প্রকাশিত হয়েছিল ৩১.১০.১৯৭০ তারিখে।

২ AIR 1982 NOC 41 (Cal); 86 CWN 294 (Para 14); 1981(1) CHN 516.

হয়। এই সংশোধনের দ্বারা ১৫ক ধারাটি মূল আইনে যুক্ত হয়। ১৫ক ধারা যুক্ত হওয়ার আগে কোনও বর্গাদারের মৃত্যু হলে, ওই জমি মালিক পুনর্গ্রহণ (resume) করতেন। কিন্তু ১৫ক ধারা যুক্ত হওয়ার ফলে দুটো জিনিস হল—

প্রথমত বর্গাদারের মৃত্যুর পর মালিক ওই জমি পুনর্গ্রহণ (resume) করার অধিকার থেকে বঞ্চিত হলেন।

দ্বিতীয়ত বর্গাদারের মৃত্যুর পর তার প্রকৃত উত্তরাধিকারগণ চাষ করার অধিকার পেল অর্থাৎ বর্গাদারের অধিকার বংশানুক্রমিক হল—

১৩.৭.১৯৭০ থেকে ১৫ক ধারাটি বলবৎ হল অর্থাৎ বলা যেতে পারে বর্গাদারের অধিকার বংশানুক্রমিক হল ওই তারিখ থেকে। ১৩.৭.১৯৭০-এর আগে একজন বর্গাদারের মৃত্যু হলে তার উত্তরাধিকারীগণ ওয়ারিশ সূত্রে বর্গাদার হিসাবে নাম নথিভুক্ত করার জন্য আবেদন করেন। সংশ্লিষ্ট রাজস্ব আধিকারিক আবেদনটি খারিজ করে দেন। রাজস্ব আধিকারিকের রায়ে ক্ষুব্ধ হয়ে সংশ্লিষ্ট পক্ষ মহামান্য হাইকোর্টে মামলা দায়ের করেন। হাইকোর্টের মহামান্য বিচারপতি বলেন—বর্গাদারের মৃত্যুর পর বংশানুক্রমিক অধিকার (heritable right) দেওয়া হয়েছে আপিলকারকের বাবার মৃত্যুর পরে। সুতরাং এক্ষেত্রে আপিলকারী মৃত বর্গাদারের উত্তরাধিকার হিসাবে বর্গাদার মর্যাদা পাবেন না।[৩]

বর্গাদারের মৃত্যুর পর তাঁর উত্তরাধিকারীগণ বর্গাদার হিসাবে নাম নথিভুক্ত করবার জন্য আবেদন করে, কিন্তু সেই আবেদন নিষ্পত্তি হওয়ার আগেই আবেদনকারীর মৃত্যু হলে তাঁর উত্তরাধিকারীরা ওই মামলায় পক্ষ (party) হিসাবে নিজেদের নাম অন্তর্ভুক্ত করতে পারবে। মূল বর্গাদারের মৃত্যুর সময় তারা বিবাদীয় জমি চাষ করত না এই কারণে তাদের নাম বাতিল করা যাবে না।[৪]

৬। মালিক বর্গাদার বাছাই করবেন কিনা [Whether land owner will select or appoint the name of bargadar]. মূল আইনের ১৫ক ধারা এবং

৩ *এইচ. এন. মণ্ডল* বনাম *আর. এন. শতপথী* 88 CWN 304.

৪ *নীলমণি পাখিরা* বনাম *কীর্তিভূষণ ব্যানার্জী* AIR 1978 NOC 167 (Cal); 1978 CHN 298; *ভূতনাথ সরদার* বনাম *পরেশ চন্দ্র চক্রবর্তী* 86 CWN 790; 1982(2) CHN 46.

১৯৫৬ সালের পঃ বঃ ভূমি সংস্কার (বর্গাদার) নিয়মের ২ক বিধি অনুযায়ী যদি কোনও বর্গাদারের নাম নির্বাচিত (selection) বা নিয়োগ (appointment) না হয়, তখন জমির মালিকের আর কোনও বাধা রইল না নির্দিষ্ট জমিতে অন্য কাউকে দিয়ে চাষ করার ব্যাপারে পছন্দ করতে।[৫]

মূল আইনের ১৫ক(৩) ধারা অনুযায়ী, জমির মালিক বর্গাদারের মৃত্যুর পর নিজে কোনও ব্যক্তিকে চাষ করার জন্য মনোনীত বা বাছাই করতে পারেন নিম্নলিখিত কারণগুলি পরপর ঘটে থাকলে—

(১) মৃত বর্গাদারের প্রকৃত উত্তরাধিকারীগণ জমির দখলে না থাকলে—

(২) মৃত বর্গাদারের প্রকৃত উত্তরাধিকারীগণ নিজেদের মধ্য থেকে একজন বর্গাদার মনোনয়ন করতে না পারলে—

(৩) নির্ধারিত কর্তৃপক্ষও কোনও বর্গাদার মনোনয়নে ব্যর্থ হলে বা মনোনয়ন করতে না পারলে—

উপরোক্ত মামলায় মহামান্য আদালত জানান জমির মালিকের উক্ত জমি নিজ চাষে (personal cultivation) আনার অধিকার নেই। মৃত বর্গাদারের প্রকৃত উত্তরাধিকারীগণ বা নির্ধারিত কর্তৃপক্ষ যদি মৃতবর্গাদারের একজন উত্তরাধিকার মনোনয়ন বা বাছাইয়ে ব্যর্থ হয়ে থাকেন জমির মালিক তখন তার পছন্দ মত লোককে বর্গাদার হিসাবে বাছাই করতেই পারেন। ওই ব্যক্তিকে মৃত বর্গাদারের উত্তরাধিকারীদের মধ্যে থেকেই বাছাই করতে হবে এরকম কোনও বাধ্যবাধকতা নেই। বাইরের কোনও লোককে তিনি বর্গাদার হিসাবে নিয়োগ (appoint) করতে পারবেন।

৭। মৃত বর্গাদারের প্রকৃত উত্তরাধিকারী নির্বাচন [Determination of the bona fide heirs of the deceased bargadar]. ১৫ক(১) ধারা থেকে পরিষ্কার বোঝা যায়, চাষ করতে করতে কোনও বর্গাদারের মৃত্যু হলে, তার উত্তরাধিকারী স্বতঃস্ফূর্তভাবেই (automatically) বর্গাদার হিসাবে ওই জমি চাষ করার আইনসম্মত অধিকার পাবেন। বর্তমান মামলায় বর্গাদার দেবা হাঁসদা ২০০০ সালে মারা যান, তার পুত্র লক্ষ্মীনারায়ণ হাঁসদা চাষ আরম্ভ করেন এবং আইনের ৫১ক ধারামতে জমিটি স্বত্বলিপিতে নথিভুক্ত হয়। উত্তরাধিকার সূত্রে

৫ *এন. সি. দত্ত* বনাম *জে. এল. আর. ও.* 1980(2) Cal LJ 282.

'বর্গাদার'-এর অধিকার স্বতঃস্ফূর্তভাবে মৃত দেব হাঁসদা'র পুত্র পেয়েছেন, জমির মালিক এ বিষয়ে সমস্যা সৃষ্টি করতে পারেন না। এমনকী মৃত বর্গাদারের উত্তরাধিকারীর সংখ্যা একাধিক হলে, উক্ত একাধিক উত্তরাধিকারীগণের উপরেই এই দায়িত্ব বর্তায় যে, কোনও ব্যক্তি বর্গাদার হিসাবে চাষ করবেন। যদি তারা একজনকে বর্গাদার হিসাবে বাছাই করতে ব্যর্থ হন, তখন এবং শুধুমাত্র তখনই ১৮ ধারায় ক্ষমতাপ্রাপ্ত আধিকারিক বা নির্ধারিত কর্তৃপক্ষ তাদের মধ্য থেকে যে কোনও একজনকে বর্গাদার হিসাবে মনোনীত করতে পারেন। বর্তমান মামলায় এ ধরনের সমস্যা উপস্থিত হয়নি এবং লক্ষ্মীনারায়ণ হাঁসদা, তার পিতা দেবা হাঁসদা'র মৃত্যুর পর বর্গাদার হিসাবে জমির চাষ আরম্ভ করেন। সুতরাং আইন বিরুদ্ধ কোনও বিষয়ই এক্ষেত্রে তৈরি হয়নি, সুতরাং তিনি তার নাম বর্গাদার হিসাবে ৫১ ধারায় নথিভুক্ত করার অধিকারী।[৬]

৮। মৃত বর্গাদারের উত্তরাধিকারীগণ আইনের পদ্ধতি মানবেন [The heirs of deceased bargadar will follow the procedure of statute]. পশ্চিমবঙ্গ ভূমি সংস্কার আইনের ১৫ক(১) নং ধারা এবং পঃ বঃ ভূমি সংস্কার (বর্গাদার) নিয়মের ২ক নিয়ম অনুযায়ী মৃত বর্গাদারের প্রকৃত উত্তরাধিকারীগণ ত্রিশ দিনের মধ্যে একজন বর্গাদার মনোনয়ন করবেন, যিনি পরবর্তী সময়ে ওই জমি চাষ করবেন। কিন্তু নির্দিষ্ট সময়ের মধ্যে অর্থাৎ ত্রিশ দিনের মধ্যে যদি আবেদন না করেন তবে তারা তাদের অধিকার হারাবেন। ১৫ক(১) ধারায় বর্ণিত আইনগত পদ্ধতি অনুসরণ না করলে তাঁরা তাদের সুবিধা হারাবেন। আইনের পদ্ধতি অনুসরণ না করলে আইনের সুবিধা পাওয়া যাবে না।[৭]

৯। ১৮(১) ধারায় ক্ষমতাপ্রাপ্ত আধিকারিক/কর্তৃপক্ষ আবেদনপত্র ছাড়াই কাউকে মনোনয়ন করতে পারেন কিনা [Whether the officer/authority has power to nominate without any application in s. 18(1)]. যদি মৃত বর্গাদারের প্রকৃত উত্তরাধিকারীরা কোনও আবেদনপত্র জমা না দেন তবে সংশ্লিষ্ট আধিকারিক বা কর্তৃপক্ষ কী কোনও একজনকে বর্গাদারের উত্তরাধিকারী হিসাবে বাছাই করে মনোনীত করতে পারবেন? এই প্রশ্নের উত্তর

৬ *আব্দুল ওদুদ* বনাম *পশ্চিমবঙ্গ সরকার* 2011(3) Cal LJ 21; 2012(2) CHN 204 (Cal) (DB).

৭ *হীরেন্দ্রনাথ মণ্ডল* বনাম *রাজেন্দ্রনাথ শতপথী* 88 CWN 304 (Para 15).

পাওয়া যায় *মাজাহার শেখ* বনাম *রাজ্য সরকার,*[৮] মামলায়। মহামান্য কলিকাতা হাইকোর্টের একক বিচারক (single judge) তাঁর রায়ে জানান—আধিকারিক বা কর্তৃপক্ষের কোনও আবেদনপত্র ছাড়াই মৃত বর্গাদারের প্রকৃত উত্তরাধিকারীদের মধ্য থেকে কোনও একজনকে পছন্দ ও মনোনীত করার ক্ষমতা রয়েছে, যিনি চাষ চালিয়ে যাবেন। মহামান্য একক বিচারক (single judge) এরপর আধিকারিক বা কর্তৃপক্ষকে মৃত বর্গাদারের প্রতিনিধি বা উত্তরাধিকারীদের মধ্য থেকে একজনকে বাছাই করার নির্দেশ দেন যিনি এরপর বিবাদীয় জমি মৃত বর্গাদার জায়গায় চাষ চালিয়ে যাবেন। সংশ্লিষ্ট সমস্ত পক্ষকে উপযুক্ত নোটিশ দিয়ে উপরোক্ত সিদ্ধান্ত নেওয়ার নির্দেশ দেন।

উপরোক্ত রায়ের বিরুদ্ধে মহামান্য কলিকাতা হাইকোর্টের ডিভিশন বেঞ্চে আপিল করা হয়। মহামান্য ডিভিশন বেঞ্চ উপরোক্ত রায়ে প্রদত্ত সিদ্ধান্তের সাথে একমত হতে পারেন নি।[৯] আপিল মামলায় মহামান্য কলিকাতা হাইকোর্টের ডিভিশন বেঞ্চ জানান—পঃ বঃ ভূমি সংস্কার আইনের ১৫ক ধারায় কার্যক্রম (proceeding) করা হয় পঃ বঃ ভূমি সংস্কার (বর্গাদার) নিয়মের ২ক বিধির তিনটি উপবিধি অনুযায়ী। ২ক(২) নং বিধি অনুযায়ী মৃত বর্গাদারের প্রকৃত উত্তরাধিকারীরা যদি নিজেদের মধ্যে থেকে কোনও একজনকে বর্গাদার হিসাবে বাছাই করতে অপারগ হন, তবে নির্ধারিত সময়ের মধ্যে তারা আধিকারিক বা কর্তৃপক্ষের কাছে কোনও একজনকে বর্গাদার হিসাবে মনোনীত করার জন্য আবেদন করবেন।

যেখানে ওই ধরনের কোনও আবেদনপত্র আধিকারিক বা কর্তৃপক্ষের কাছে জমা হয়নি সেখানে ১৮(১) ধারায় ক্ষমতাপ্রাপ্ত আধিকারিকের কোনও প্রয়োজনই নেই আইনের ১৫ক(১) ধারা এবং ২ক(২) বিধি অনুযায়ী কাউকে মনোনীত করার।[১০]

৮ 1986(1) Cal LJ 204; 89 CWN 986.

৯ *ফাজিলাতন্নেসা বেওয়া* বনাম *মেজাহার শেখ* 90 CWN 467 (DB).

১০ *নির্মল চন্দ্র দত্ত* বনাম *জে. এল. আর. ও., সোনামুখী* 1980(2) Cal LJ 282 মামলা দ্রষ্টব্য পঃ বঃ ভূমি সংস্কার (বর্গাদার) নিয়মের "২খ" নং নিয়ম ঃ

উপরোক্ত ২খ নিয়মটি যুক্ত হয়েছে নোটিফিকেশান নং ১৪০৮০-এল. রেফ্., তাং ৩০.১০.১৯৭০ দ্বারা, কলিকাতা গেজেটে এটি ৩১.১০.১৯৭০ তারিখে প্রকাশিত হয়েছিল।

১০। মৃত বর্গাদারের বকেয়া অংশের দায় কে নেবে [Who will be liable for dues of the deceased bargadar]. বর্গাদারের মৃত্যু হলে ১৫ক ধারা অনুযায়ী মৃত বর্গাদারের প্রকৃত উত্তরাধিকারীগণ (*bona fide* heirs) যে কোনও একজনকে বর্গাদার হিসাবে বাছাই করবেন এবং সংশ্লিষ্ট রাজস্ব আধিকারিককে জানাবেন। মৃত বর্গাদার যদি কোনও দায় রেখে যান তবে ওই দায় (liabilities) বর্তাবে তার উপর যিনি ১৫ক ধারা অনুযায়ী বর্গাদার হিসাবে চাষের অধিকার পেলেন।[১১]

১১। নির্ধারিত বা মনোনীত প্রকৃত বর্গাদার দ্বারা জমি চাষের শর্তাবলি [The terms and conditions for cultivation of land by a bona fide heir determined or nominated (Rule 2B of W.B.L.R. (Bargadar) Rules)]. মৃত বর্গাদারের প্রকৃত উত্তরাধিকারী যিনি নির্ধারিত বা মনোনীত হয়েছেন ১৫ক(১) নং ধারা অনুযায়ী জমি চাষের জন্য, তিনি নিম্নলিখিত নির্দেশগুলি পালন করবেন—

(ক) উক্ত জমি চাষ করার ইচ্ছা জানিয়ে যত তাড়াতাড়ি সম্ভব জমির মালিক এবং ১৮(১) ধারায় ক্ষমতাপ্রাপ্ত আধিকারিক/কর্তৃপক্ষকে জানাবেন,

(খ) ওই জমি চাষ চালিয়ে যাওয়ার জন্য নিম্নলিখিত পদক্ষেপ নেবেন—

(১) যদি পার্শ্ববর্তী জমিতে চাষ চলতে থাকে, তবে নির্ধারণ বা মনোনয়নের ৭ (সাত) দিনের মধ্যে জানাবেন, অথবা—

(২) যদি পার্শ্ববর্তী জমিতে চাষ চলতে না থাকে তবে ওই রূপে নির্ধারণ বা মনোনয়নের ১৫ দিনের মধ্যে জানাবেন,

(গ) চাষ চলতে থাকলে, পঃ বঃ ভূমি সংস্কার আইন, ১৯৫৫ অনুযায়ী সমস্ত অধিকার ভোগ করবেন এবং একজন বর্গাদার হিসাবে সমস্ত দায় দায়িত্ব বহন করবেন।

১২। মৃত বর্গাদারের উত্তরাধিকারী নির্বাচিত হবেন একজন, সবাই নয় [Only one person will be nominated as legal heir, not all]. মৃত

১১ *এস. পান* বনাম *বি. সি. পান* 65 CWN 1125; *ফাজিলাতন্নেসা বেওয়া* বনাম *মেজাহার শেখ* 90 CWN 467.

বর্গাদারের উত্তরাধিকারী যদি একের বেশি থাকে এবং প্রত্যেকে যদি পরবর্তী ক্ষেত্রে বর্গাদার হিসাবে ১৫ক ধারা [s. 15A] অনুযায়ী বর্গাচাষ চালিয়ে যাওয়ার ইচ্ছা প্রকাশ করে তবে প্রত্যেকের নাম বর্গাদার হিসাবে গ্রাহ্য হবে না। এক্ষেত্রে ১৫ক ধারায় প্রকৃত উত্তরাধিকারীদের মধ্য থেকে একজনকে মনোনীত করা হচ্ছে, বর্গাদারের উত্তরাধিকারীদের নাম লেখা হচ্ছে না।[১২]

১৩। ১৫ক ধারা অনুযায়ী নমুনা আবেদনপত্র [Model application under s. 15A]. পশ্চিমবঙ্গ ভূমি সংস্কার আইনের ১৫ক ধারা অনুযায়ী বর্গাদার মারা গেলে তার প্রকৃত উত্তরাধিকারীগণ যে কোনও একজনকে পরবর্তী বর্গাদার হিসাবে ঠিক করবেন এবং সংশ্লিষ্ট আধিকারিককে জানাবেন। এই উত্তরাধিকারী বাছাই করতে হবে বর্গাদারের মৃত্যুর ৩০ দিনের মধ্যে পশ্চিমবঙ্গ ভূমি সংস্কার (বর্গাদার) নিয়ম, ১৯৫৬-এর ২ক বিধি অনুযায়ী। নীচে ওইরূপ আবেদনের নমুনা (model) দেওয়া হল—

প্রতি
সমষ্টিভূমি ও ভূমি সংস্কার আধিকারিক
ব্লক ....
থানা ....
জেলা ....

বিষয় ঃ রেকর্ডভুক্ত বর্গাদারের মৃত্যুর পর প্রকৃত উত্তরাধিকারীদের মধ্য থেকে একজনকে বর্গাদার হিসাবে রেকর্ড করা আবেদনপত্র।

মহাশয়,

শ্রী .... পিতা .... গ্রাম .... থানা .... জেলা .... নিম্ন তপসিলভুক্ত জমিতে .... সাল থেকে বর্গাচাষ করে আসছিলেন। গত .... তারিখে তার মৃত্যু হওয়ায় তার প্রকৃত উত্তরাধিকারীগণের মধ্যে আমি তার ছেলে/মেয়ে/স্ত্রী, আমি বর্গাদার হিসাবে ওই জমি চাষ করছি। নিম্ন তফসিলভুক্ত জমিতে পঃ বঃ ভূমি সংস্কার আইন

১২ *প্রবোধ চন্দ্র সামন্ত* বনাম *পঃ বঃ সরকার* AIR 1982 NOC 41; 86 CWN 294; 1981(1) CWN 516.

অনুযায়ী আমার নাম বর্গাদার হিসাবে মনোনীত করার এবং রেকর্ড করার আবেদন জানাচ্ছি।

তাং— ইতি

স্থান— নিবেদক

স্বাক্ষর ঃ

গ্রাম ঃ

ডাকঘর ঃ

থানা ঃ

জেলা ঃ

জমির বর্ণনা ঃ

দাগ নং ঃ জমির পরিমাণ ঃ

মৌজার নাম এবং জে. এল. নং ঃ

থানা ঃ জেলা ঃ

এল. আর খতিয়ান নং—

জমির মালিকের বিবরণ ঃ

নাম— পিতা—

গ্রাম—

ডাকঘর—

থানা—

জেলা—

১৪। বর্গাদারের উত্তরাধিকারী মনোনয়নের জন্য কিছু নির্দেশাবলি [Some instructions for nomination of bargadar's heir].

[সূত্র ঃ G.I. on Land Reforms]

(১) কোনও বর্গাদারের মৃত্যু হলে তাঁর আইন অনুমোদিত উত্তরাধিকারী তাঁর বর্গা জমি বর্গাদার হিসাবে চাষ করবেন।

(২) যদি কোনও বর্গাদারের একাধিক উত্তরাধিকারী থাকেন তবে তাঁরাই বর্গাদারের মৃত্যুর ৩০ দিনের মধ্যে ঠিক করবেন কোন্ উত্তরাধিকারী মৃত বর্গাদারের জমি চাষ করবেন।

২(১) যদি উত্তরাধিকারী তাঁদের মধ্যে কে জমি চাষ করবেন তা ঠিক না করেন বা ঠিক করতে না পারেন তা হলে পঃ বঃ ভূমি সংস্কার

আইনের ১৮(১) ধারামতে নিযুক্ত আধিকারিক/কর্তৃপক্ষ ওই আইনের ১৫ক(১) ধারা অনুযায়ী কোন্ উত্তরাধিকারী মৃত বর্গাদারের জায়গায় বর্গাদার হবেন তা মনোনয়ন করবেন।

(৩) রাজ্য সরকার ১৮(১) ধারার আধিকারিক হিসাবে (ক) কালেক্টর (খ) জেলা ভূমি ও ভূমি সংস্কার আধিকারিক (গ) উপ-জেলা ভূমি ও ভূমি সংস্কার আধিকারিক (ঘ) মহকুমা ভূমি ও ভূমি সংস্কার আধিকারিক (ঙ) ব্লক ভূমি ও ভূমি সংস্কার আধিকারিক এবং (চ) রাজস্ব আধিকারিকদের নিয়োজিত করেছেন।

(৪) উত্তরাধিকারী মনোনয়ন করার সময় নিম্নলিখিত বিষয়গুলি বিবেচনা করতে হবে—

(ক) সরেজমিনে তদন্ত করে মৃত বর্গাদারের সব উত্তরাধিকারীদের নাম জানা প্রয়োজন;

(খ) সরেজমিনে তদন্তের সময় উপস্থিত থাকার জন্য জমির মালিককে বিজ্ঞপ্তি (notice) দিতে হবে;

(গ) উত্তরাধিকারীরা প্রত্যেকের নিজস্ব জমি কত এবং বর্গাদার হিসাবে কোনও জমি চাষ করলে সেই জমির পরিমাণ কত তা হিসাব করা বিশেষভাবে প্রয়োজন;

(ঘ) উত্তরাধিকার হিসাবে যাঁর নিজের জমি এবং বর্গাদার হিসাবে চাষ করা জমি উভয়ের মোট পরিমাণ সবচেয়ে কম তাকেই মৃত বর্গাদারের প্রকৃত উত্তরাধিকারী হিসাবে মনোনীত করা উচিত হবে;

(ঙ) মনোনয়নের সময় দেখতে হবে যে, যাঁকে বর্গাদার হিসাবে মনোনীত করা হল, তিনি নিজে যেন চাষ করতে পারেন।

(৫) ১৮(১) ধারা অনুসারে আধিকারিক যে উত্তরাধিকারী মনোনীত করবেন অন্য উত্তরাধিকারীরা তা মানতে বাধ্য কিনা মনোনয়নের সময় সে দিকে লক্ষ্য রাখতে হবে।

(৬) মৃত বর্গাদারের উত্তরাধিকারী মনোনয়ন অতি দ্রুত করতে হবে;

(৭) প্রায় সমান যোগ্যতাপূর্ণ উত্তরাধিকারীদের মধ্য থেকে একজনকে বাছাই করা কঠিন কাজ সন্দেহ নেই, সেই জন্য বিচক্ষণতার সাথে চিন্তা ভাবনা করে এই কাজ করতে হবে।

১৫। আইন বিরুদ্ধভাবে ১৫ক ধারায় চাষরত ব্যক্তিকে জোর করে উচ্ছেদ করা যায় না [No person can be evicted without taking recourse of law who is claiming right to cultivate under s. 15A]. *ভোলানাথ পাল* বনাম *গোবিন্দ বাগ*[১৩] মামলায় মহামান্য আদালত জানায় কোনও ব্যক্তি নিজের হাতে আইন তুলে নিতে পারে না, সুতরাং, যদি দেখা যায় যে বে-আইনিভাবে কোনও ব্যক্তি কোনও জমি দখল করছে, তবুও জোর করে, আইনের সহায়তা না নিয়ে সেই জমি থেকে তাকে উচ্ছেদ করা বে-আইনি। আইনের এই মূল নীতি একইভাবে সেই ব্যক্তির ক্ষেত্রেও প্রযোজ্য যিনি পঃ বঃ ভূমি সংস্কার আইনের ১৫ক ধারায় চাষের অধিকার দাবি করছেন। মহামান্য আদালত জানায় যে চাষরত কোনও ব্যক্তির যদি ওই জমিতে সত্ত্ব ও অধিকার (title and right) নাও থাকে তবুও তাকে জোর করা জমি থেকে হঠানো যায় না। আইনের সহায়তা ছাড়া কোনও ব্যক্তিকে দখলচ্যুত করা যাবে না। কোনও ব্যক্তি বর্গাদার কিনা সেই প্রশ্নের নিষ্পত্তি করতে দেওয়ানি আদালত পঃ বঃ ভূমি সংস্কার আইনের ২১ ধারা মতে হস্তক্ষেপ করতে পারেনা। পঃ বঃ ভূমি সংস্কার আইনের ২১(৩) ধারায় দায়িত্বপ্রাপ্ত আধিকারিক ২১(৪) ধারানুযায়ী ব্যক্তিগতভাবে সরেজমিন তদন্ত সাপেক্ষে ওই বিষয়ে সিদ্ধান্ত নেবেন।

১৬। বর্গাদার দ্বারা প্রদেয় উৎপন্ন ফসলের ভাগ (Share of produce payable by a Bargadar) ঃ (১) যে জমি বর্গাদার চাষ করছেন, সেই জমির উৎপন্ন ফসল, বর্গাদার এবং মালিকের মধ্যে নিম্নলিখিতভাবে ভাগ হবে–

(ক) যেক্ষেত্রে চাষবাসের জন্য প্রয়োজনীয় লাঙল, গরু-মোষ, বীজ এবং সার মালিক সরবরাহ করবে সেক্ষেত্রে ৫০ ঃ ৫০ অনুপাতে।

(খ) অন্য ক্ষেত্রে [১][৭৫ ঃ ২৫] অনুপাতে।

১৩ 2019(1) ICC 191 (Cal).

১ পশ্চিমবঙ্গ ভূমি সংস্কার (সংশোধন) আইন, ১৯৭০ (রাষ্ট্রপতির আইন ১৬, ১৯৭০)-এর ৩(*i*) ধারার মাধ্যমে পূর্বের "৬০ ঃ ৪০" সংখ্যাগুলির স্থলে অনুকল্পিত এবং অতঃপর পশ্চিমবঙ্গ ভূমি সংস্কার (সংশোধন) আইন, ১৯৭২ (পশ্চিমবঙ্গ আইন ২, ১৯৭২)-এর ১৫(*i*) ধারার মাধ্যমে অনুকল্পিত এবং উক্ত আইনের ১(২) ধারার মাধ্যমে ১৩.৭.১৯৭০ তারিখ হতে বলবৎ হয়েছে।

[২][(২) যে মালিকের জমি বর্গাদার চাষ করেন, [৩][নির্দিষ্ট সময়ের] মধ্যে বর্গাদার ওই মালিককে ফসল নেওয়ার প্রস্তাব দেবেন।

(৩) (২) নং উপধারা অনুসারে বর্গাদার দ্বারা চাষ করা জমির ফসল প্রস্তাব মত মালিক নিলে, উভয়পক্ষ ফসলের পরিমাণ পাওয়ার স্বীকার করে [৪][নির্দিষ্ট নিদর্শে] (Form) পরস্পর পরস্পরকে রসিদ দেবেন।

(৪) বর্গাদার প্রস্তাব মত ফসলের ভাগ নিতে যার জমি চাষ হচ্ছে তিনি অস্বীকার করলে বা এর জন্য রসিদ দিতে না চাইলে, [৫][নির্দিষ্ট সময়ের] মধ্যে বর্গাদার নির্দিষ্ট আধিকারিক বা কর্তৃপক্ষের কাছে ওই ফসলের নির্দিষ্ট ভাগ জমা দেবেন এবং তিনি ওইভাবে ফসল জমা দিলে ফসলের ভাগ দেওয়ার দায় দায়িত্ব থেকে মুক্ত হবেন যে ব্যক্তির জমি চাষ করছেন তাকে ঃ

বলা বাহুল্য, যেক্ষেত্রে বর্গাদার, মালিকের প্রাপ্য "উৎপন্ন ফসল"-এর চেয়ে কম ফসল দেবেন সেক্ষেত্রে ওই কম ফসল মিটিয়ে দেওয়ার দায় দায়িত্ব আইনগতভাবে মানতে বর্গাদার বাধ্য থাকবে।

২ পশ্চিমবঙ্গ ভূমি সংস্কার (সংশোধন) আইন, ১৯৭২ (পশ্চিমবঙ্গ আইন ১২, ১৯৭২)-এর ১৫(*ii*) ধারার মাধ্যমে পূর্বের (২) এবং (৩) উপধারার স্থলে (২) হতে (৭) উপধারাগুলি অনুকল্পিত এবং উক্ত আইনের ১(২) ধারার মাধ্যমে ১৩.৭.১৯৭০ তারিখ হতে বলবৎ হয়েছে। তৎপূর্বে ইহা পশ্চিমবঙ্গ ভূমি সংস্কার (সংশোধন) আইন, ১৯৭০ (রাষ্ট্রপতির আইন ১৬, ১৯৭০)-এর ৩(*ii*) ধারার মাধ্যমে অনুকল্পিত হয়েছিল। মূল উপধারাদ্বয় নিম্নরূপ ছিল ঃ

"(২) বর্গাদার যাঁহার জমি চাষ করেন সেই ব্যক্তিকে নির্ধারিত সময়ের মধ্যে তাঁহার প্রাপ্য ফসলের ভাগ অর্পণ করবেন এবং অনুরূপ অর্পণে প্রত্যেক পক্ষ অপরকে তাঁহার দ্বারা গৃহীত ফসলের পরিমাণের জন্য একটি প্রাপ্তি রসিদ প্রদান করবেন।

(৩) বর্গাদার তাঁহার এবং জমির মালিকের দ্বারা যেমন সহমত হবে সেরূপ স্থানে ফসল সঞ্চয় এবং মাড়াই করবেন।"

৩ এই আইনের অধীন পশ্চিমবঙ্গ ভূমি সংস্কার (বর্গাদারগণ) নিয়মাবলি, ১৯৫৬-এর ৩(১) নিয়মানুযায়ী শস্য মাড়াই-এর সাত দিনের মধ্যে।

৪ পশ্চিমবঙ্গ ভূমি সংস্কার (বর্গাদারগণ) নিয়মাবলি ১৯৫৬ নিয়মাবলিতে প্রদত্ত 'বি' ফরম ব্যবহার্য।

৫ পশ্চিমবঙ্গ ভূমি সংস্কার (বর্গাদারগণ) নিয়মাবলি ১৯৫৬ নিয়মাবলির ৩(৩)(ক) নিয়মানুযায়ী প্রত্যাখ্যানের তারিখ হতে ত্রিশ দিনের মধ্যে।

(৫) উপধারা (৪) অনুযায়ী ফসল জমা হয়ে থাকলে নির্ধারিত কর্তৃপক্ষ বা আধিকারিক[৬]—

(ক) বর্গাদারকে একটি রসিদ দেবেন তাতে জমা দেওয়া ফসলের পরিমাণ এবং যে ব্যক্তির জন্য ফসল রাখা আছে তার বিবরণ[৭] উল্লেখ থাকবে, এবং

(খ) যে ব্যক্তির জন্য ফসলা ফসল জমা আছে তাকে নির্দিষ্ট ফর্মে[৮] এবং নির্দিষ্ট পদ্ধতিতে সংবাদ দিতে হবে।

(৬) উপধারা (৪) অনুযায়ী ফসল জমা দিলে এবং যে মালিকের জন্য ফসল জমা আছে, তিনি ফসল জমা রাখার সংবাদ পাওয়ার তারিখ থেকে পনেরো দিনের মধ্যে ওই ফসল না নিলে (৪) নং উপধারায় নির্ধারিত আধিকারিক বা কর্তৃপক্ষ ওই ফসল বেচে দিতে পারেন এবং ফসল বিক্রি সংক্রান্ত পরিচালনার খরচ কেটে নেওয়ার পর বাকী অর্থ ট্রেজ্যারিতে যে মালিকের জন্য ফসল জমা আছে তার নামের হিসাবে রাজস্ব খাতে (Revenue Deposit) জমা দেবেন এবং নির্দিষ্ট পদ্ধতিতে ওই ফর্মে[৯] ওই ব্যক্তিকে অর্থ জমা রাখার সংবাদ দেবেন।

(৭) বর্গাদার ফসল ঝাড়াই-মাড়াই করবেন—

(ক) এমন স্থানে, যেখানে তাঁর এবং মালিকের সম্মতি আছে এমন জায়গায়; অথবা

(খ) তাঁদের দুজনের মধ্যে মতের অমিল হলে, নির্দিষ্ট পদ্ধতিতে[১০] মালিককে নোটিশ দিয়ে নিজের নির্দিষ্ট স্থানে ঃ

৬ পশ্চিমবঙ্গ ভূমি সংস্কার (বর্গাদারগণ) নিয়মাবলি ১৯৫৬ নিয়মাবলির ৩(৩)(খ) নিয়মানুযায়ী ১৮(১) ধারা অনুসারে নিযুক্ত আধিকারিক বা কর্তৃপক্ষ অর্থাৎ স্বক্ষেত্রাধিকারে অধস্তন ভূমি সংস্কার আধিকারিকগণ এতদ্‌পক্ষে নিযুক্ত আধিকারিক বা কর্তৃপক্ষ।

৭ পশ্চিমবঙ্গ ভূমি সংস্কার (বর্গাদারগণ) নিয়মাবলি ১৯৫৬ নিয়মাবলিতে প্রদত্ত 'সি' ফরম ব্যবহার্য।

৮ পশ্চিমবঙ্গ ভূমি সংস্কার (বর্গাদারগণ) নিয়মাবলি ১৯৫৬ নিয়মাবলিতে প্রদত্ত 'ডি' ফরম ব্যবহার্য।

৯ পশ্চিমবঙ্গ ভূমি সংস্কার (বর্গাদারগণ) নিয়মাবলি ১৯৫৬ নিয়মাবলিতে প্রদত্ত 'ই' ফরম ব্যবহার্য।

১০ পশ্চিমবঙ্গ ভূমি সংস্কার (বর্গাদারগণ) নিয়মাবলি ১৯৫৬ নিয়মাবলির ৩(৬) নিয়মানুযায়ী ব্যক্তিগতভাবে জমির মালিককে বা তাঁহার পরিবারের সাবালক কোনও সদস্যকে বা নিবন্ধিত ডাকে নোটিশ দিতে হবে।

বলা বাহুল্য যে মালিকের জমি বর্গাচাষ হচ্ছে, সেই ব্যক্তি ফসল ঝাড়াই-মাড়াই-এর যে কোনও সময় যেখানে ঝাড়াই-মাড়াই হচ্ছে, ক্ষেত্র বিশেষে ফসল ঝাড়াই-মাড়াই দেখার প্রয়োজনে ঢুকতে পারেন।]

16. Share of produce payable by a bargadar. (1) The produce of any land cultivated by a *bargadar* shall be divided as between the *bargadar* and the person whose land he cultivates—

(*a*) in the proportion of 50 : 50, in a case where plough, cattle, manure and seeds necessary for cultivation are supplied by the person owning the land,

(*b*) in the proportion of 75 : 25, in all other cases.

(2) The *bargadar* shall tender, within the prescribed period, to the person whose land he cultivates, the share of the produce due to such person.

(3) Where any share of produce tendered under sub-section (2) is accepted by the person whose land is cultivated by the *bargadar*, each party shall give to the other a receipt, in such form as may be prescribed, for the quantity of the produce received by him.

(4) If the person whose land is cultivated by the *bargadar* refuses to accept the share of the produce tendered to him by the *bargadar* or to give a receipt therefor, the *bargadar* may deposit, within the prescribed period, such share of the produce with such officer or authority as may be prescribed and such deposit shall discharge the *bargadar* from his obligation to deliver the share of the produce to the person whose land he cultivates:

Provided that where the quantity of the produce deposited by the *bargadar* is lesser than the quantity of the produce due to the person whose land he cultivates, the obligation of the *bargadar* with regard to the delivery of the deficiency in relation to the produce shall continue.

(5) Where a deposit referred to in sub-section (4) has been made, the prescribed officer or authority shall—

(*a*) give to the *bargadar* a receipt in such form as may be prescribed stating therein the quantity of the produce deposited by the *bargadar* and the particulars of the person for whom the produce has been deposited; and

(*b*) give intimation of such deposit, in such form and in such manner as may be prescribed, to the person for whom the produce has been deposited.

(6) Where any produce is deposited under sub-section (4) and the person for whom the produce has been deposited does not take delivery of such produce within fifteen days from the date of service on him of the intimation of such deposit, the officer or authority referred to in sub-section (4) may sell such produce and deposit the proceeds of such sale, after deducting therefrom the cost of conducting the sale, in the treasury, in revenue deposit, to the credit of the person for whom the produce has been deposited and give intimation of such deposit to such person, in such form and in such manner as may be prescribed.

(7) The *bargadar* shall store or thresh the produce—

(*a*) at such place as may be agreed upon between him and the person whose land he cultivates, or

(*b*) where there is disagreement between them, at such place as may be fixed by him after giving notice, in writing, served in the prescribed manner, to the person whose land he cultivates:

Provided that the person whose land is cultivated by the *bargadar* may, at any time during the storage or threshing of the produce, enter the place where the produce has been stored or is being threshed for the purpose of inspecting the storage or threshing, as the case may be, of the produce.

আলোচনার সূচী

১ সূচনা [Commencement]

২ কর্মপরিধি [Scope]

৩ উৎপন্ন ফসলের ভাগ [Division of produce]

৪ লাঙল, বলদ, সার এবং বীজ গ্রহণ করতে বর্গাদার বাধ্য কিনা [Whether *bargadar* is bound to receive plough, cattle, manure and seeds]

৫ উৎপন্ন ফসল গ্রহণের প্রস্তাব [Tender of produce]

৬ রসিদ দেওয়া বাধ্যতামূলক [Grant of receipt is mandatory] এবং নিদর্শ খ (Form B)

৭ মালিক উৎপন্ন ফসলের ভাগ না গ্রহণ করলে [If the land owner does not accept the share of produce] এবং নিদর্শ গ (Form C)

আলোচনার সূচী—*চলিতেছে*

১। সূচনা [Commencement]. পশ্চিমবঙ্গের সাথে বিহারের যে সব এলাকা যুক্ত হল সেগুলি বাদে সমস্ত পশ্চিমবঙ্গে ১৬ নং ধারা বলবৎ হল ৩১.৩.১৯৫৬ থেকে। এছাড়া বিহার থেকে আসা এলাকাগুলিতে এই ধারা বলবৎ হল ১.৭.১৯৬৭ থেকে, বিজ্ঞপ্তি নং ১০৭৩২-এল. রেফ্. তাং ২৪.৬.১৯৬৭ দ্বারা। মূল আইনে ১৬(১)খ ধারায় ৬০ ঃ ৪০ অনুপাত ছিল, পরবর্তী ক্ষেত্রে ১৯৭০ সালের পঃ বঃ ভূমি সংস্কার আইন সংশোধন দ্বারা [১৯৭০ সালের রাষ্ট্রপতির ১৬ নং আইন] এবং তারপর ১৯৭২ সালের পঃ বঃ ভূমি সংস্কার আইন সংশোধন দ্বারা [১৯৭২ সালের পশ্চিমবঙ্গের ১২ নং আইন] এটি "৭৫ ঃ ২৫" করা হয়। এটি কার্যকর হয় ১৩.৭.১৯৭০ থেকে। মূল আইনে ১৬ নং ধারার তিনটি উপধারা ছিল। ১৯৭০ সালের পঃ বঃ ভূমি সংস্কার (সংশোধন) আইন [১৯৭০ সালের রাষ্ট্রপতির ১৬ নং আইন] দ্বারা (২) এবং (৩) নং উপধারাগুলির স্থানে (২), (৩), (৪), (৫), (৬) এবং (৭) নং উপধারাগুলি যুক্ত করা হয়। ১৯৭১ সালের পঃ বঃ ভূমি সংস্কার (সংশোধন) আইনে (৬) নং উপধারায় কিছু পরিবর্তন সংযুক্ত করা হয়। এর পরে ১৯৭২ সালের পঃ বঃ ভূমি সংস্কার আইন সংশোধনের দ্বারা (২) নং থেকে (৭) নং উপধারার কিছু কিছু সংযুক্তি, বদল ঘটানো হয়। এইগুলি বলবৎ

ধরা হয় ১৩.৭.১৯৭০ থেকে ১৯৫৬ সালে মূল ১৬ নং ধারাটি ৩১.৩.১৯৫৬ থেকে বলবৎ হয় বিজ্ঞপ্তি নং ৬৩৪৬-এল. রেফ্., তাং ৩০.৩.১৯৫৬ দ্বারা।

২। **কর্মপরিধি [Scope].** মালিক এবং বর্গাদারের প্রাপ্য অংশ কীভাবে হবে এই বিবাদ অনেক পুরাতন। মূল ভূমি সংস্কার আইনে ছিল যদি মালিক চাষের সমস্ত ব্যয় বহন করে তবে ৫০ ঃ ৫০ অনুপাতে বর্গাদার এবং মালিকের মধ্যে ফসল ভাগ হবে। কিন্তু চাষের খরচ মালিক বহন না করলে ৬০ ভাগ বর্গাদার পাবে এবং ৪০ ভাগ মালিক পাবে। ১৯৭০ সালে পঃ বঃ ভূমি সংস্কার আইন সংশোধন দ্বারা এই অনুপাত করা হল ৭৫ ভাগ বর্গাদারের এবং ২৫ ভাগ মালিকের।

১৬(২) ধারা অনুযায়ী ফসল ঝাড়াই-মাড়াই (threshing) হওয়ার ৭ দিনের মধ্যে বর্গাদার মালিককে ফসল নেওয়ার প্রস্তাব দেবেন [পঃ বঃ ভূমি সংস্কার (বর্গাদার) নিয়মে ৩(১) নং বিধি]।

১৬(৩) ধারা অনুযায়ী যদি মালিক উক্ত ১৬(২) ধারায় বর্গাদারের দেওয়া প্রস্তাব মত ফসল নিতে রাজি থাকেন তবে উভয়েই উভয়পক্ষকে নির্দিষ্ট নিদর্শে রসিদ দেবেন [পঃ বঃ ভূমি সংস্কার (বর্গাদার) নিয়মের ৩(২) নং বিধি, নিদর্শ খ]। অর্থাৎ মালিক এই মর্মে রসিদ দেবেন যে তিনি ফসল বুঝে পেলেন আবার বর্গাদার এই মর্মে মালিককে রসিদ দেবেন যে তিনি ফসল দিলেন (Form B) নিদর্শ খ অনুযায়ী।

১৬(৪) ধারায় বলা আছে—মালিক যদি ফসল নিতে রাজি না থাকেন তবে বর্গাদার "মালিকের প্রাপ্য অংশ" সংশ্লিষ্ট ব্লক ভূমি ও ভূমি সংস্কার আধিকারিকের অফিসে উক্ত ফসল জমা দেবেন এবং রসিদ গ্রহণ করবেন। সঙ্গে সঙ্গে মালিককে ফসল দেওয়ার দায় থেকে বর্গাদারের রেহাই হল। কিন্তু বর্গাদার যদি মালিকের প্রাপ্য অংশ ঠিক ঠিক না জমা দেন তবে ওই বকেয়া ফসল আদায়ের জন্য মালিক যদি কোনও আইনগত ব্যবস্থা নেন তবে ওই বর্গাদার তা অনুসরণ করতে বাধ্য থাকবেন। অর্থাৎ প্রয়োজনে বিভিন্ন শুনানিতে হাজির হতে তিনি আইনগত বাধ্য থাকবেন এবং বক্তব্য পেশের সুযোগ পাবেন।

ব্লক ভূমি ও ভূমি সংস্কার আধিকারিকের অফিস থেকে সংশ্লিষ্ট আধিকারিক বর্গাদারকে একটি রসিদ নিদর্শ গ দেবেন ওই রসিদে (Form C) ফসলের নাম, পরিমাণ, মালিকের নাম ইত্যাদি লেখা থাকবে।

১৬(৫) নং ধারায় বলা আছে নির্দিষ্ট নিদর্শে মালিককে জানাতে হবে যে তার প্রাপ্য অংশ তিনি নিতে রাজি না হওয়ায় বর্গাদার সংশ্লিষ্ট ব্লক ভূমি ও ভূমি সংস্কার আধিকারিকের করণে জমা দিয়েছেন। তিনি যেন ১৫ দিনের মধ্যে ওই ফসল নিয়ে যান। ওই নিদর্শে (Form D) মালিককে এটাও জানানো হয় যে

নির্দিষ্ট সময় অতিক্রান্ত হলে ওই ফসল নীলাম করে, সর্বোচ্চ দরদাতাকে বিক্রি করা হবে এবং বিক্রির প্রক্রিয়ার জন্য অর্থ বাদ দিয়ে কোষাগারে (treasury) বাকী অর্থ জমা করা হবে। [পঃ বঃ ভূমি সংস্কার (বর্গাদার) নিয়মের ৩(৫) নং বিধি]।

১৬(৬) নং ধারা অনুযায়ী মালিক ওই ফসল না নিলে [নিদর্শ ঘ দ্বারা পাঠানো চিঠি পাওয়া সত্বেও] সংশ্লিষ্ট আধিকারিক ওই ফসল নীলাম করার জন্য প্রকাশ্য স্থানে বিভিন্ন জায়গায় নীলামের বিজ্ঞপ্তি টাঙাবেন, তাতে ফসলের পরিমাণ বলা থাকবে। নীলামে অংশ গ্রহণকারীদের মধ্যে সর্বোচ্চ দর দাতা (highest bidder) যিনি তাকে ওই অর্থের বিনিময়ে ফসল দেওয়া হবে। নীলাম পরিচালনার জন্য যে অর্থ খরচ হয়েছে তা বাদ দিয়ে বাকী টাকা সংশ্লিষ্ট কোষাগারে (Treasury, Govt. of W.B.) জমা দেবেন এবং মালিককে তার সংবাদ দেবেন ওই টাকা তুলে নেওয়ার জন্য [নিদর্শ ঙ, ৩(৫ক) নং বিধি]।

১৬(৭) নং ধরায় বলা আছে বর্গাদার এমন স্থানে ফসল ঝাড়াই-মাড়াই করবেন যে জায়গার ব্যাপারে মালিকের সম্মতি আছে। মালিক রাজি না হলে বর্গাদার তার পছন্দের জায়গায় ফসল ঝাড়াই-মাড়াই করবেন এবং মালিককে জানাবেন। যে স্থানে ফসল ঝাড়াই-মাড়াই হবে ওই স্থানে মালিক ঝাড়াই-মাড়াই এর সময় প্রবেশ করতে পারবেন। ঝাড়াই-মাড়াই কেমন হচ্ছে তা দেখার অধিকার মালিকের আছে।

৩। উৎপন্ন ফসলের ভাগ [Division of produce]. ১৬(১) ধারা অনুযায়ী চাষের খরচ যেমন লাঙল, বলদ, সার, বীজ ইত্যাদি যদি জমির মালিক বহন করে তবে উৎপন্ন ফসলের ৫০% মালিক পাবেন। কিন্তু অন্য ক্ষেত্রে অর্থাৎ চাষের খরচ যেমন লাঙল, বলদ, সার, বীজ ইত্যাদি মালিক না দেন তবে উৎপন্ন ফসলের ২৫% মালিক পাবেন। মূল আইনে আগে ছিল চাষের খরচ মালিক বহন না করলে ৪০% মালিক পাবেন ৬০% বর্গাদার পাবেন। ১৯৭০ সালের পঃ বঃ ভূমি সংস্কার আইন সংশোধন দ্বারা করা হয়—মালিক ২৫% পাবেন এবং বর্গাদার ৭৫% পাবেন। উৎপন্ন ফসলের ভাগ প্রদান সংক্রান্ত যে কোনও সমস্যা ১৮(১) ধারায় ক্ষমতাপ্রাপ্ত আধিকারিক বা কর্তৃপক্ষ সমাধান করবেন। মালিক উৎপন্ন ফসলের ভাগ নিতে রাজি না হলে বর্গাদার ফসল অফিসে নির্দিষ্ট রসিদের বিনিময়ে জমা রাখবেন, সংশ্লিষ্ট আধিকারিক মালিককে জানাবেন। জানানোর পরেও মালিক নিতে রাজি না হলে সংশ্লিষ্ট আধিকারিক সমস্ত নিয়ম অনুসরণ করে ওই ফসল নীলাম করবেন এবং নীলামের খরচ বাদ দিয়ে বাকী অর্থ কোষাগারে জমা করবেন এবং মালিককে তা জানাবেন।

৪। লাঙল, বলদ, সার এবং বীজ গ্রহণ করতে বর্গাদার বাধ্য কিনা [Whether bargadar is bound to receive plough, cattle, manure and seeds]. ১৬(১) ধারায় বলা আছে চাষের খরচ যেমন লাঙল, বলদ, সার এবং বীজ যদি মালিক দেয় তবে ৫০% ফসল মালিক পাবে এবং ৫০% ফসল বর্গাদার পাবে। একটা প্রশ্ন প্রায়শই উঠে আসে মালিকের কাছ থেকে লাঙল, গরু-মোষ/বলদ, সার, বীজ, বর্গাদার নিতে বাধ্য কিনা। মালিক দিতে চাইলে তাকে কি নিতেই হবে? বর্তমান আইনে এই প্রশ্নের কোনও মীমাংসা নেই। বর্তমান আইনে এটাও বলা নেই যে মালিক উপরোক্ত লাঙল, বলদ, সার, বীজ দিতে চাইলে বর্গাদার তা গ্রহণ করতে অস্বীকার করতে পারেন কিনা।

যদি ওই সংক্রান্ত কোনও বিবাদ বা সমস্যা তৈরি হয়, তবে ওই সমস্যার সমাধান কীভাবে বর্তমান প্রচলিত আইনে তা নেই।

ফসল ঝাড়াই-মাড়াই এর স্থান বাছাই-এর বেলায় ১৬(৭) ধারায় বলা রয়েছে বর্গাদার এবং মালিকের মধ্যে ঐক্যমত না হলে বর্গাদারের বাছাই করা স্থানেই তা হবে। অর্থাৎ বর্গাদারের মত প্রতিষ্ঠিত। কিন্তু এক্ষেত্রে আইন নিশ্চুপ।

৫। উৎপন্ন ফসল গ্রহণের প্রস্তাব [Tender of produce]. মালিকের প্রাপ্য ফসল তাকে বুঝিয়ে দেওয়া বর্গাদারের দায়। ১৬(২) ধারায় এই নির্দেশ রয়েছে যে ফসল ঝাড়াই-মাড়াই হওয়ার ৭ দিনের মধ্যে বর্গাদার মালিককে তার প্রাপ্য অংশ নেওয়ার জন্য সংবাদ দেবেন। ১৯৫৬ সালের পশ্চিমবঙ্গ ভূমি সংস্কার (বর্গাদার) নিয়মের ৩(১) বিধিতে কীভাবে বর্গাদার মালিককে জানাবেন তার নির্দেশ আছে। সুতরাং ফসল ঝাড়াই-মাড়াই হওয়ার ৭ দিনের মধ্যে বর্গাদার মালিককে তার অংশ দেবেন।

৬। রসিদ দেওয়া বাধ্যতামূলক [Grant of receipt is mandatory]. পশ্চিমবঙ্গ ভূমি সংস্কার আইনের ১৬(৩) ধারায় বলা আছে, নির্দিষ্ট সময়ের মধ্যে (৭ দিন) ফসল নেওয়ার প্রস্তাব বর্গাদার মালিককে দিলে যদি মালিক ওই প্রস্তাব মত ফসল নেয় তবে পঃ বঃ ভূমি সংস্কার (বর্গাদার) নিয়মের ৩(২) বিধি অনুযায়ী বর্গাদার ও মালিক পরস্পরকে "নিদর্শ-খ" [Form B]-তে রসিদ দেবেন। মালিক জানাবেন যে তিনি ফসল বুঝে পেয়েছেন এবং বর্গাদার জানাবেন তিনি মালিককে ফসল দিয়েছেন। ওই রসিদে জমির দাগ নং, মৌজা নং, থানা, মালিকের নাম, ঠিকানা, বর্গাদারের নাম-ঠিকানা, ফসলের পরিমাণ এবং কোন্ মরশুমের কী ফসল প্রভৃতি বিস্তারিত উল্লেখ থাকবে।

নির্দর্শ খ

[Form B]

ফসলের ভাগ প্রদান/গ্রহণের রসিদ

আমি এই মর্মে স্বীকার করছি যে .... (ফসলের নাম ও পরিমাণ) আমার প্রস্তাব মত সম্পূর্ণ সন্তুষ্ট হয়ে নিম্নলিখিত বর্ণনার ফসল (মরশুমের নাম) .... যা আমার প্রাপ্য অংশ/দেওয়ার অংশ তা বুঝে পেলাম/দিলাম।

তফসিল

দাগ নং .... মৌজা নং, নাম ঃ ....

থানা

মালিকের নাম ও ঠিকানা

বর্গাদারের নাম ও ঠিকানা

....

তারিখ সহ পূর্ণ স্বাক্ষর

পশ্চিমবঙ্গ ভূমি সংস্কার আইনের ১৯ক(২ক) ধারা অনুযায়ী বর্গাদার ও মালিকের মধ্যে যিনি রসিদ দিতে অস্বীকার করবেন তিনি শাস্তিযোগ্য অপরাধ করবেন। এই অপরাধের শাস্তি সর্বাধিক ছয় মাসের জেল বা সর্বাধিক ১০০০ টাকা জরিমানা বা উভয়ই হতে পারে। সুতরাং উভয় পক্ষই রসিদ দিতে বাধ্য থাকবেন।

৭। মালিক উৎপন্ন ফসলের ভাগ না গ্রহণ করলে [If the land owner does not accept the share of produce]. যদি বর্গাদারের দেওয়া প্রস্তাব মতো মালিক ফসল নিতে অস্বীকার করেন এবং রসিদ দিতে না চান তবে বর্গাদার নির্দিষ্ট সময় (৩০ দিন) অপেক্ষার পর সংশ্লিষ্ট ব্লক ভূমি ও ভূমি সংস্কার আধিকারিকের করণে নির্দিষ্ট আধিকারিক/কর্তৃপক্ষের কাছে জমা দেবেন। ফসল ওই আধিকারিকের কাছে জমা হওয়ার পর থেকে মালিককে উৎপন্ন ফসলের ভাগ দেওয়ার দায় থেকে বর্গাদার মুক্ত হবেন। ১৬(৪) ধারামতে বর্গাদার এই নির্দেশ মান্য করবেন। ওই ধারায় এই নির্দেশ আছে যে মালিকের প্রাপ্য অংশের চেয়ে যদি বর্গাদার পরিমাণে কম জমা দেন তবে ওই কম দেওয়া ফসল দাবি করে মালিক আইনগত ব্যবস্থা নিলে তার দায় বর্গাদারের উপরে এসে বর্তাবে। ১৮(১) ধারায় ক্ষমতাপ্রাপ্ত আধিকারিক ওই বিবাদের মীমাংসা করবেন।

১৯৫৬ সালের পঃ বঃ ভূমি সংস্কার (বর্গাদার) নিয়মের ৩(৩ক) [r. 3(3A)] নিয়ম অনুযায়ী বর্গাদার মালিককে ফসল গ্রহণ করার সংবাদ দেবেন। ওই সংবাদ

দেওয়ার ৩০ দিন পর্যন্ত বর্গাদার অপেক্ষা করবেন। ৩০ দিনের মধ্যে মালিক ফসল না নিলে বর্গাদার এর পর সংশ্লিষ্ট আধিকারিকের কাছে মালিকের অংশ জমা দেবেন। মালিক যদি ফসল নিতে রাজি হয় কিন্তু রসদ দিতে অস্বীকার করেন তবে বর্গাদার এক্ষেত্রেও সংশ্লিষ্ট আধিকারিকের কাছে ফসল জমা দিতে পারেন।

"নিদর্শ গ" [Form C] অনুযায়ী উক্ত ফসল জমা হবে।

এরকম অনেক সময় হয় যে কোনও একজন অন্য লোকের জমি চাষ করেন। সংশ্লিষ্ট আধিকারিকের কাছে যিনি চাষ করেন তিনি ফসল জমা দেওয়ার আবেদন করেছেন। এক্ষেত্রে সংশ্লিষ্ট রাজস্ব আধিকারিক ফসলের ভাগ জমা দেওয়ার আদেশ দিলে এটা প্রমাণ হয় না যে ওই ব্যক্তি ওই জমির বর্গাদার।[১]

নিদর্শ গ

[Form C]

[As per section 16(4) and Rule 3(4) of W.B.L.R. (Bargadar) Rule]

Particulars of receipt (*Counter foil*)	Particulars of receipt (*To be made over to the bargadar*)
1 Serial No. of the receipt.	1 Serial No. of the receipt.
2 Date of deposit.	2 Date of deposit.
3 Name and address of the bargadar making the deposit.	3 Name and address of the bargadar making the deposit.
4 Name and address of the owner(s) of the land in whose favour the deposit is made.	4 Name and address of the owner(s) of the land in whose favour the deposit is made.
5 Particulars of the land, the produce of which is deposited. Plot no : Mouza : P.S. :	5 Particulars of the land, the produce of which is deposited. Plot no : Mouza : P.S. :
6 Period to which the produce deposited relates.	6 Period to which the produce deposited relates.
7 Particulars and quantity of the produce deposited.	7 Particulars and quantity of the produce deposited.
.... Signature of the officer receiving the deposit.	.... Signature of the officer receiving the deposit.

১ *যতীন্দ্রনাথ মাইতি* বনাম *রাসমণি মহাপাত্র* 67 CWN 934.

৮। মালিক বর্গাদারকে মানতে না চাইলে [If the land owner does not accept the bargadar]. যে ব্যক্তি জমি চাষ করছেন এবং মালিকের প্রাপ্য ফসলের ভাগ দিতে চাইছেন জমির মালিক যদি ওই ব্যক্তিকে বর্গাদার হিসাবে মানতে না চান এবং জমির মালিক যদি ওই ব্যক্তি "বর্গাদার নয়"—জানিয়ে ১৮(১) ধারায় ক্ষমতাপ্রাপ্ত আধিকারিকের কাছে আবেদন করেন তবে উক্ত আধিকারিক, আগে বর্গাদার বিষয়ে সমস্যা সমাধান করবেন তারপর ফসলের ভাগ জমা দেওয়ার আবেদন বিবেচনা করবেন।[২]

৯। আধিকারিক/কর্তৃপক্ষ রসিদ প্রদান করবেন [Officer/authority will grant receipt]. বর্গাদারের প্রস্তাব মত মালিক যদি ভাগ নিতে না চান বা রসিদ দিতে অস্বীকার করেন তবে বর্গাদার ৩০ দিন অপেক্ষা করার পর ব্লক ভূমি ও ভূমি সংস্কার আধিকারিকের করণে সংশ্লিষ্ট আধিকারিক বা কর্তৃপক্ষের কাছে ফসল জমা দেওয়ার আবেদন জানাবেন। ১৬(৫) ধারা অনুযায়ী সংশ্লিষ্ট রাজস্ব আধিকারিক বর্গাদারকে Form D অনুযায়ী ফসল জমা দেওয়ার প্রমাণপত্র দেবেন। পাশাপাশি মালিককে ওই ফসল নেওয়ার জন্য সংবাদ দেবেন।

নিদর্শ ঘ

[Form D]

[As per Rule 3(5) and Section 16(5)]

To
Sri ....
Address ....

You are here by informed that Sri .... of .... Vill ...., P.O. .... Dt. .... claiming to be Bargadar in respect of Plot No. .... of Mouza .... P.S. .... deposited with the undersigned on .... (date) (particulars and quantity of produce) in your favour vide this office receipt No. ....

You are requested to take delivery of the said produce within 15 days of the date of service on you of this intimation failing which it will be sold by the undersigned by public auction to the highest bidder without further reference to you, and the proceeds of such

২ *গোলাম রুব্বানি* বনাম *তাজেহার গাজী* 67 CWN 468.

sale, after deducting therefrom the cost of conducting the sale, will be deposited in the treasury in revenue deposit to your credit for withdrawal by you in due course.

[Officer or authority receiving the receipt]

উপরোক্ত চিঠিতে মালিককে জানানো হয় যে উক্ত চিঠি [Form D] পাওয়ার ১৫ দিনের মধ্যে মালিক তার প্রাপ্য অংশ গ্রহণ করবেন অন্যথায় প্রকাশ্য নীলামের মাধ্যমে সর্বোচ্চ দরদাতাকে ওই ফসল বিক্রি করা হবে। নীলাম পরিচালনার খরচ বাদ দিয়ে বাকী অর্থ সরকারি কোষাগারে জমা করা হবে। নির্দিষ্ট পদ্ধতিতে তিনি ওই অর্থ তুলবেন।

১০। উৎপন্ন ফসল জমা দেওয়ার পরের দায়িত্ব [Duty after deposit of the produce]. নিদর্শ ঘ (Form D) দিয়ে মালিককে জানানোর ১৫ দিনের মধ্যে মালিক যদি ওই ফসল না নেন, ১৬(৬) ধারা অনুযায়ী সংশ্লিষ্ট আধিকারিক প্রকাশ্য নীলাম দ্বারা ও ফসল বিক্রি করতে পারেন। নীলাম পরিচালনার খরচ বাদ দিয়ে বাকী টাকা কোষাগারে (treasury) জমা দেবেন। জমির মালিককে উক্ত সংবাদ দেবেন। সমস্ত পদ্ধতি করা হয় ১৯৫৬ সালের পঃ বঃ ভূমি সংস্কার (বর্গাদার) নিয়মের ৩(৫ক) এবং ৩(৫) নং নিয়ম অনুযায়ী [Rule 3(5) & Rule 3(5A) of W.B.L.R. (Bargadar) Rules 1956] Form E দ্বারা মালিককে এই সংবাদ জানানো হবে।

নিদর্শ ঙ

[Form E]

[Rule 3(5A) and Section 16(6)]

To

Sri .... S/O ....

Vill ....

P.O. ....

Dist ....

You are hereby informed that on you failure to take delivery within the prescribed period, of the share of produce deposited with the undersigned by Sri .... in your favour, it was sold and the sale proceeds thereof, less the cost of conducting the sole amounting to ₹ .... [Rupees ....], has been deposited in the treasury in revenue deposite to your credit vide challan No. .... dated ...., for withdrawal by you in due course.

[Officer or authority receiving the deposit]

১১। উৎপন্ন ফসল সরবরাহ করা ও ঝাড়াই-মাড়াই করার স্থান [Place of storing and threshing of the produce]. ফসল কাটার পর কোথায় সরবরাহ করা হবে এবং ঝাড়াই-মাড়াই করা হবে তা ঠিক করা হয় ১৯৫৫ সালের পঃ বঃ ভূমি সংস্কার আইনের ১৬(৭) ধারা অনুযায়ী। এমন একটা জায়গায় ফসল ঝাড়াই-মাড়াই এবং সরবরাহ করা হবে যে স্থান নির্বাচনে উভয় পক্ষের (বর্গাদার ও জমির মালিক) সম্মতি আছে। তবে স্থান নির্বাচনে উভয়পক্ষ যদি সহমতে পৌঁছাতে না পারে তবে বর্গাদার যে জায়গায় ফসল কেটে সরবরাহ দিতে চাইবেন এবং ঝাড়াই-মাড়াই করতে চাইবেন সেই জায়গাতেই তা করা হবে। এক্ষেত্রে বর্গাদার লিখিতভাবে মালিককে জানাবেন কোথায় ফসল কাটার পর সরবরাহ করা হচ্ছে এবং ঝাড়াই-মাড়াই করা হচ্ছে। পঃ বঃ ভূমি সংস্কার (বর্গাদার) নিয়মের ৩(৬) নং নিয়ম অনুযায়ী মালিককে বিজ্ঞপ্তি দিতে হবে। ওই নোটিশ বর্গাদার ব্যক্তিগতভাবে নিজে দিতে পারেন, বাড়ির বয়স্ক লোক দ্বারা পাঠাতে পারেন বা নিবন্ধীকৃত ডাকে মালিককে পাঠাতে পারেন। উক্ত বিজ্ঞপ্তি নিবন্ধীকৃত ডাকে পাঠালে মালিকের ঠিকানা পরিষ্কার করে এবং সঠিকভাবে লিখতে হবে যেন মালিকের কাছে ওই চিঠি পৌঁছায়। অন্যথায় "সঠিকভাবে ওই বিজ্ঞপ্তি দেওয়া হয়েছে" এই বিষয়ে সিদ্ধান্ত নেওয়া যাবে না।

১২। ঝাড়াই-মাড়াই করার প্রয়োজন নেই এমন ফসল [Threshing is not require for such a crop]. যে সমস্ত ফসলের ঝাড়াই-মাড়াই করার দরকার হয় না সেগুলিকে এই পরিচ্ছেদের বিভিন্ন ধারার প্রয়োজনে কৃষিজাত ফসল (agricultural produce) হিসাবে ধরা হবে। ওই সমস্ত ফসলের ভাগ বর্গাদার মালিককে ১৬ নং ধারা (১) নং উপধারা অনুযায়ী দিতে বাধ্য থাকবেন। যে ফসলের ক্ষেত্রে ঝাড়াই-মাড়াই করার দরকার নেই সে রকম ফসলও বর্গা প্রথায় চাষ হতে পারে।[৩]

উপরোক্ত মামলায় মহামান্য কলিকাতা হাইকোর্ট জানান পান পাতা (betel leaf) বর্গা প্রথায় চাষযোগ্য ফসল। পঃ বঃ ভূমি সংস্কার আইন পান চাষের

৩ *যতীন্দ্রনাথ মাইতি* বনাম *রাসমণি মহাপাত্র* 67 CWN 934.

ক্ষেত্রেও প্রয়োগ যোগ্য। যদিও পান পাতা চাষের বেলায় ফসল ঝাড়াই-মাড়াই করার ব্যাপার থাকে না। ১৬ নং ধারার সমস্ত উপধারা প্রয়োজনে প্রয়োগ হতে পারে।

অন্য একটি মামলায় মহামান্য কলিকাতা হাইকোর্ট জানান—"ঝিঙা" এবং "কলা" চাষের ক্ষেত্রেও পঃ বঃ ভূমি সংস্কার আইন অনুযায়ী বর্গাদার নিরাপত্তা পাবেন।[৪]

১৩। উৎপন্ন ফসল সরবরাহ এবং ঝাড়াই-মাড়াই-এর স্থানে মালিকের প্রবেশাধিকার [Owner's right to enter to the place of storing and threshing of the produce]. পশ্চিমবঙ্গ ভূমি সংস্কার আইনের ১৬(৭) ধারা মালিককে কতগুলি অধিকার দিয়েছে। যে স্থানে ফসল সরবরাহ করা আছে এবং ফসল ঝাড়াই-মাড়াই করা হচ্ছে সেই স্থানে যে কোনও সময় মালিক প্রবেশ করতে পারেন পরিদর্শনের জন্য। এমনকী যে ফসলের ক্ষেত্রে ঝাড়াই-মাড়াই-এর দরকার হয় না (পান পাতা, ঝিঙা বা কলা ইত্যাদি) সেক্ষেত্রেও মালিক ফসল বাছাই, ওজন করা হচ্ছে যে স্থানে সেখানে প্রবেশ করতে পারেন। ওই সমস্ত ফসলের ক্ষেত্রে জমি থেকে সংগ্রহ করার পর ফসল বাছাই করা হয়ে পড়ে।

১৪। ফসল কাটার আগের নোটিশ [Notice before cutting the crop]. পশ্চিমবঙ্গ ভূমি সংস্কার আইনের ১৬(২) নং ধারা অনুযায়ী ফসল কাটার অন্তত ৭ দিন আগে বর্গাদার মালিককে চিঠি দিয়ে জানাবেন। এই চিঠি তিনি নিজে বা পরিবারের কোনও বয়স্ক লোক দ্বারা বা রেজিস্ট্রি ডাকে পাঠাতে পারেন নিম্নলিখিত বয়ানে—

প্রতি ....

শ্রী .... পিতা ....

গ্রাম .... ডাকঘর ....

থানা .... জেলা ....

মাননীয় মহাশয়,

নিম্ন তফসিল বর্ণিত জমির ফসল (ফসলের নাম দিয়ে) আগামী .... তারিখে কাটা হবে। আপনি ইচ্ছা করলে ওই ফসলের আপনার পাওনা ভাগ

৪ *গোলাম রুব্বানি* বনাম *তাজেহার গাজী* 67 CWN 468.

জমি থেকেই নিতে পারেন। তা না হলে ওই ফসল নিম্নলিখিত স্থানে .... তারিখে ঝাড়াই-মাড়াই হবে। আপনি ওই দিন, ওই জায়গায় আপনার পাওনা ভাগ নেবেন।

জমির বর্ণনা ঃ

দাগ নং .... মৌজা .... জে. এল. নং ....

থানা .... জেলা ....

ফসল ঝাড়াই-মাড়াই-এর স্থান ....

ধন্যবাদ সহ

ইতি

[বর্গাদারের নাম ও ঠিকানা, তারিখ]

১৫। ১৯৫৬ সালের পঃ বঃ ভূমি সংস্কার (বর্গাদার) নিয়মের ৩ নং বিধি [Rule 3 of W.B.L.R. (Bargadar) Rules 1956]. ফসল জমা দেওয়ার পদ্ধতি এবং ওই সম্পর্কিত সংবাদ ও বিজ্ঞপ্তি জারি করার সময়সীমা এবং রীতি (Period and manner of service of notice and procedure for deposit of produce and intimation in respect thereof) ঃ

(১) ১৬(২) নং ধারায় যে সময়সীমার কথা বলা আছে তা হল বর্গাদার দ্বারা ফসল ঝাড়াই-মাড়াই করার দিন থেকে ৭ (সাত) দিন।

(২) ১৬(৩) নং ধারায় যে রসিদের কথা বলা আছে তা হবে "নিদর্শ খ" (Form B) অনুযায়ী—

(৩)(ক) ১৬(৪) ধারা অনুযায়ী বর্গাদার ফসল জমা দেবেন, যখন মালিককে ফসল নেওয়ার প্রস্তাব দেওয়ার পর "৩০ (ত্রিশ) দিনের" মধ্যে মালিক ফসল নেবেন না। অথবা যদি মালিক ফসলের রসিদ দিতে অস্বীকার করেন।

(খ) ১৮(১) ধারা অনুযায়ী নিয়োজিত আধিকারিক বা কর্তৃপক্ষ, যে আধিকারিক বা কর্তৃপক্ষের নিকটে বর্গাদার উৎপন্ন যখন জমা দেবেন।

(৪) ১৬(৫ক) ধারায় যে রসিদের কথা বলা আছে তা "নিদর্শ গ" (Form C)-তে দেওয়া হবে।

(৫) ১৬(৫)(খ) ধারায় নির্দেশিত ফসল জমার সংবাদ দেওয়া হবে—

(ক) নিদর্শ ঘ (Form D)-তে এবং

(খ) যে আধিকারিক বা কর্তৃপক্ষ উক্ত জমা নেবেন তিনি নিবন্ধীকৃত ডাকে পাঠাবেন।

(৫ক) ১৬(৬) ধারা অনুযায়ী রাজস্ব জমার সংবাদ "নিদর্শ ঙ" (Form E)-তে জানানো হবে রেজিস্ট্রি ডাকে।

(৬) যার জমি বর্গাদার চাষ করছেন তাকে ১৬(৭)(খ) [s. 16(7)(*b*)] ধারা অনুযায়ী বিজ্ঞপ্তি দেওয়া যাবে।

(ক) ওই ব্যক্তিকে ব্যক্তিগতভাবে, অথবা

(খ) তার পরিবারের কোনও বয়স্ক ব্যক্তিকে নোটিশ দেওয়া যাবে

(গ) নিবন্ধীকৃত ডাক যোগে।[৫]

১৬। নমুনা আদেশনামা ১৬(৪) ধারা অনুযায়ী [Model order sheet for cases under s. 16(4), W.B.L.R. Act].

(Extract from General Instruction on Land Reforms)

1. Whereas one Shri ...., son of .... village .... has filed on application stating that he has been cultivating the land described in the application as a bargadar of Shri .... son of ...., village .... and had been delivering due share of produce to him and this year the landowner refused to accept the owner's share though tendered by him on .... or, refused to accept on granting a receipt for the share of produce tendered or, refused to grant a receipt for the share of produce delivered to him.

   Whereas the applicant intends to deposit the owner's share of produce within the prescribed period of 30 days from the date of refused; and

   Whereas it is found on enquiry (report enclosed) that the applicant is a bargadar in the land in question;

   It is ordered that the quantity of share of the produce .... k.g./quintals of .... and/or .... of stand intended to be deposited by the applicant be received against proper receipt in Form C of Appendix B of the W.B.L.R.

৫ এই নিয়মটি যুক্ত হয়েছিল নোটিফিকেশন নং ১৪০৮০-এল. রেফ্., তাং ৩০.১১.১৯৭০ দ্বারা যে কলিকাতা গেজেট ৩১.১০.১৯৭০-এ প্রকাশিত হয়েছিল।

(Bargadar) Rules, 1956. It is further ordered that the produce tendered be kept in the custody of applicant or .... as jimmadar until further orders.

Issue notice to the land owner in Form D of Appendix A of the W.B.L.R. (Bargadar) Rules, 1956, under registered post.

To .... for service return (SR).

Officer prescribed under s. 16(4) of the W.B.L.R. Act, 1955 and rule 3(3)(*b*) of the W.B.L.R. (Bargadar) Rules, 1956.

2 Notices duly served vide S.R. filed with the case records (C.R.)

3 The land owner Shri .... does not take delivery of produce deposited under section 16(4) within 15 days from the date of service on him of the intimation of such deposit. Hence,

Ordered

That the produce so deposited be sold and the sale proceeds thereof, after deducting cost of conducting the sale, be deposited in treasury in the revenue deposit, to the credit of the land owner and intimation of such deposit be given to the landowner in prescribed form and manner.

Officer under s. 16(4) of the W.B.L.R. Act, 1955 and rule 3(3)(*b*) of the W.B.L.R. (Bargadar) Rules, 1956.

১৭। মালিককে উৎপন্ন ফসল জমা দিলেই বর্গাদার হবে কিনা [Whether the person will be a bargadar if he deposit owner's share]. পশ্চিমবঙ্গ ভূমি সংস্কার আইনের ১৬(২) ধারা অনুযায়ী বর্গাদার, ফসল ঝাড়াই-মাড়াই হওয়ার আগে মালিককে ওই ঝাড়াই-মাড়াই স্থলে উপস্থিত হয়ে ফসলের ভাগ নেওয়ার জন্য চিঠি দেবেন। ওই চিঠি পাওয়ার ৩০ দিন অতিক্রান্ত হয়ে যাওয়ার পরেও মালিক ওই ফসল না নিলে বা রসিদ দিতে রাজি না হলে ১৬(৪) ধারা এবং ১৯৫৬ সালের পশ্চিমবঙ্গ ভূমি সংস্কার (বর্গাদার) নিয়মের ৩(৩)(ক) বিধি অনুযায়ী বর্গাদার ব্লক ভূমি ও ভূমি সংস্কার আধিকারিকের করনের নির্দিষ্ট আধিকারিকের কাছে [১৮(১) ধারায় ক্ষমতাপ্রাপ্ত] ফসল জমা দেওয়ার আবেদন করবেন।

ফসল জমা দেওয়ার আবেদন ১৬(৪) ধারায় বর্গাদার করবেন। মালিককে চিঠি দিয়ে নির্দিষ্ট নিদর্শে ওই ফসল নেওয়ার নির্দেশ দিতে হয়। কিন্তু মালিক ওই ব্যক্তিকে বর্গাদার হিসাবে মানতে না চাইলে এবং আপত্তি দাখিল করলে, ওই আপত্তি নিষ্পত্তি আগে করতে হবে। তারপরে ফসল জমা দেওয়ার কার্যক্রম আরম্ভ করতে হবে।[৬]

কোনও ব্যক্তি মালিকের ফসলের ভাগ জমা দেওয়ার অর্থ এই নয় যে ওই ব্যক্তি বর্গাদার। ভাগ চাষ আধিকারিকের ফসল জমা দেওয়ার আদেশ বর্গাদারের স্বত্ব দেয় না। ১৬(৪) ধারায় ফসল জমা নেওয়া হয়। কিন্তু কোনও ব্যক্তি বর্গাদার কিনা তা প্রমাণ হয় না।[৭]

১৮। সরকারে ন্যস্ত জমির উৎপন্ন ফসলের ভাগ [Share of the produce of vested land]. কোনও রায়ত বা মধ্যস্বত্বভোগীর vest হওয়া জমিতে বর্গাদার থাকলে ওই "জমির দখল সরকার না নিলে", বর্গাদারের কাছ থেকে ফসলের ভাগ ওই রায়ত বা মধ্যস্বত্বভোগী পাওয়ার অধিকারী হবেন।[৮]

পশ্চিমবঙ্গ ভূমি সংস্কার আইনের ১৪ধ ধারা অনুসারে কোনও রায়ত যদি সরকার নির্ধারিত সর্বোচ্চ সীমার চেয়ে বেশি জমি রাখেন তবে ওই বেশি জমি সরকারে বর্তাবে এবং সরকার ওই জমির দখল নেবেন। সরকার যদি ওই জমির দখল কোনও কারণে না নিতে পারেন অর্থাৎ মালিকের দখলেই যদি ওই জমি থাকে এবং ওই জমিতে যদি বর্গাদার থাকে তবে মালিক বর্গাদারের কাছ থেকে নির্দিষ্ট নিয়ম অনুযায়ী ফসল পাওয়ার অধিকারী হবেন।

[১][**১৬ক। কিছু ক্ষেত্রে বর্গাদার তাঁর প্রাপ্য ফসলের অংশ আদায় করতে পারবেন (Bargadar entitled to recover his share in certain cases)** ঃ

৬ *রাম প্রসাদ রায়* বনাম *পঃ বঃ সরকার* 1978(1) Cal LJ 642; *গোলাম রুব্বানি* বনাম *তাজেহার গাজী* 67 CWN 468.

৭ *নীহার বালা* বনাম *পঃ বঃ সরকার* 1980(1) CHN 477; *যতীন্দ্র নাথ মাইতি* বনাম *রাসমণি মহাপাত্র* 67 CWN 934.

৮ *এস. সি. মান্না* বনাম *এস. সি. ধারা* 71 CWN 838.

১ পশ্চিমবঙ্গ ভূমি সংস্কার (দ্বিতীয় সংশোধন) আইন, ১৯৬৯ (পশ্চিমবঙ্গ আইন ২৩, ১৯৬৯)-এর ৩ ধারার মাধ্যমে সন্নিবেশিত হয়েছে। তৎপূর্বে ইহা পশ্চিমবঙ্গ ভূমি সংস্কার (সংশোধন) আইন, ১৯৬৮ (রাষ্ট্রপতির আইন ১, ১৯৬৮)-এর ৩ ধারার মাধ্যমে সন্নিবেশিত হয়েছিল।

বর্গাদার দ্বারা চাষ করা জমির ফসল যদি মালিক জোর করে বা অন্য উপায়ে কেটে নিয়ে যায় বা বর্গাদার কেটে সংগ্রহ করার পর নিয়ে যাওয়া হয় তবে সেক্ষেত্রে বর্গাদার ওই মালিকের কাছ থেকে তার প্রাপ্য ফসলের অংশ বা ওই ফসলের সমপরিমাণ অর্থমূল্য পুনরুদ্ধার করার অধিকারী হবেন।]

[1][16A. Bargadar entitled to recover his share in certain cases. If the produce of any land cultivated by a *bargadar* is harvested and taken away, or if such produce after it is harvested by the *bargadar* is taken away, forcibly or otherwise, by the owner of such land, the *bargadar* shall be entitled to recover from such owner the share of the produce due to him or its money value.]

আলোচনার সূচী

১। সূচনা এবং কর্মপরিধি [Commencement and scope]. ১৯৬৮ সালের পশ্চিমবঙ্গ ভূমি সংস্কার (সংশোধন) আইন দ্বারা ১৬ক ধারাটি যুক্ত করা হয়েছে। এটি Gazette of India-তে, দ্বিতীয় অংশে ২৬.৩.১৯৬৮ তারিখে প্রকাশিত হয়েছিল। ঘটনা হল তখন একটা সময়ে এই ধারাটি যুক্ত করা হয়েছে, তখন পশ্চিমবঙ্গে রাষ্ট্রপতির শাসনব্যবস্থা বলবৎ। পুনরায় ধারাটি ১৯৬৯ সালের পঃ বঃ ভূমি সংস্কার (সংশোধন) আইন দ্বারা [১৯৬৯ সালের পশ্চিমবঙ্গের ৩৩ নং আইন] বিধিবদ্ধ করা হয়েছে এবং কলিকাতা গেজেটে ১৯.৯.১৯৬৯ তারিখে প্রকাশিত হয়েছে।

১৮(১)(ক) ধারায় সংশ্লিষ্ট আধিকারিককে বর্গাদার ও মালিকের মধ্যে উৎপন্ন ফসল ভাগ করা বা দেওয়া বিষয়ে বিবাদ মীমাংসার ক্ষমতা দেওয়া হয়েছে। কিন্তু বর্গাদার দ্বারা চাষ করা ফসল যদি জোর করে বা অন্য উপায়ে মালিক নিয়ে যায় অথবা বর্গাদার ফসল কাটার পর যদি মালিক নিয়ে যায়

1 *Inserted* by the W.B. Land Reforms (Amendment) Act, 1968.

সেক্ষেত্রে বর্গাদার কোনও প্রতিবিধান পাবেন কিনা বা ১৮(১) ধারায় সংশ্লিষ্ট আধিকারিকের কাছে প্রতিকার চেয়ে আবেদন করতে পারবেন কিনা— ১৬ক ধারা যুক্ত হওয়ার আগে এ বিষয়ে সন্দেহ ছিল। আইনে পরিষ্কার কোনও নির্দেশ ছিল না।

মহামান্য বিচারক পি. এন. মুখার্জী ১.৭.১৯৬৫-তে *শ্রীকান্ত জোদ্দার* বনাম *ফনীভূষণ বৈদ্য,*[১] মামলায় রায় দান প্রসঙ্গে প্রথম জানান—১৮(১) ধারায় বর্গাদার ফসলের বণ্টন বা দেওয়ার জন্য আবেদন করতে পারেন। ১৮(১)(ক) ধারায় শুধুমাত্র উৎপন্ন ফসলের বণ্টন বা দেওয়ার জন্য আবেদন (division or delivery of the produce) জানানো যায়। কিন্তু বর্গাদারের চাষ করা ফসল জোর করে কেটে নেয় মালিক তা হলে সেটা হয় ফৌজদারি (criminal) ব্যবস্থার অধীন। ফৌজদারি আদালতে তার বিচার হয়। কিন্তু ফসল পুনরুদ্ধারের মামলা ফৌজদারি আদালতে দায়ের করা যায় না। মালিকের বিরুদ্ধে ফৌজদারি আদালতে বর্গাদার ফসল দাবির মামলা করা যায় না বলে বিভিন্ন সমস্যা তৈরি হচ্ছিল। এই সমস্যা দূর করার জন্য ১৬ক ধারাটি পঃ বঃ ভূমি সংস্কার আইনে অন্তর্ভুক্ত করা হল।

এই আইনে বলা হল বর্গাদার চাষ করেছে এরকম জমির ফসল যদি জমির মালিক জোর করে বা অন্য উপায়ে নিয়ে যায় বা বর্গাদারের কাটা ফসল যদি মালিক নিয়ে যায় তবে ওই ফসল উদ্ধারের অধিকার বর্গাদারের আছে। সমপরিমাণ ফসলের অংশ বা অর্থমূল্যে তিনি তা উদ্ধার করতে পারেন। ১৬ক ধারা যুক্ত হওয়ার সাথে সাথে ১৮(১) ধারা সংশোধনে দরকার হয়ে পড়ল। ১৯৬৯ সালে পঃ বঃ ভূমি সংস্কার আইন সংশোধন দ্বারা [১৯৬৯ সালের পশ্চিমবঙ্গের ২৩ নং আইন] ১৮(১)(কক) [s. 18(1)(*aa*)] ধারাটি যুক্ত হল।

১৮(১)(কক) ধারাটি যুক্ত হওয়ার ফলে বর্গদারের চাষ করা ফসল বা বর্গাদারের মাঠ থেকে কাটা ফসল যদি মালিক জোর করে নিয়ে যায়, বর্গাদার সংশ্লিষ্ট সরকারি আধিকারিক বা কর্তৃপক্ষের কাছে ওই ফসল পুনরুদ্ধারের আবেদন করবেন। সংশ্লিষ্ট আধিকারিক ১৮(১)(কক) ধারা অনুযায়ী ওই আবেদনের নিষ্পত্তি করবেন।

১ C.R. No. 821, 1965.

২। মালিকের বিরুদ্ধে আনা অভিযোগ পত্রের নমুনা [Model application against the landowner]. মালিক জোর করে বর্গাদারের চাষ করা ফসল কেটে নিলে বা বর্গাদারের কাটা ফসল মালিক জোর করে বা অন্য উপায়ে নিয়ে গেলে ওই ফসল পুনরুদ্ধারের জন্য বর্গাদার পঃ বঃ ভূমি সংস্কার আইনের ১৬ক এবং ১৮(১)(কক) [ss. 16A and 18(1)(*aa*)] ধারায় বর্গাদার প্রতিকার পাবেন। ওই ফসল উদ্ধারের জন্য বর্গাদার দুটো অভিযোগপত্র লিখবেন। প্রথমটি লিখবে সংশ্লিষ্ট থানাকে। সংশ্লিষ্ট থানায় জানানোর পর, ওই পত্রের জমার ক্রমিক নং সহ দ্বিতীয় পত্রটি সংশ্লিষ্ট B.L. & L.R.O. এর নিকট জমা দেবেন। নীচে প্রথমে থানায় জমা দেওয়া পত্রটির নমুনা দেওয়া হল—

মাননীয়
ভারপ্রাপ্ত আধিকারিক,
.... থানা
জেলা ....

বিষয় ঃ জোর করে মালিক ফসল কেটে নেওয়ার বিরুদ্ধে অভিযোগ

মহাশয়,

আমি .... পিতা .... গ্রাম .... বর্গাদার হিসাবে শ্রী .... পিতা .... গ্রাম .... থানা .... এর অধীন নিম্নবর্ণিত জমি চাষ করে আসছি। বর্তমানে আমি .... (ফসলের নাম) চাষ করেছিলাম। কিন্তু ওই ফসল জমির মালিক জোর করে সমস্ত ফসল .... তারিখে লোকজন দিয়ে কেটে নিয়ে গিয়েছে/নষ্ট করে দিয়ে গিয়েছে।

বর্গাদার হিসাবে এই বিষয়ে যাতে আইনগত সাহায্য পেতে পারি এবং মালিকের অপরাধমূলক কাজের বিরুদ্ধে আইনত ব্যবস্থা গ্রহণের ব্যবস্থা করতে আবেদন জানাচ্ছি।

ইতি
নিবেদক

স্বাক্ষর ঃ
গ্রাম ঃ
তারিখ ঃ

জমির বিবরণ ঃ

দাগ নং ঃ জমির শ্রেণি ঃ

জমির পরিমাণ ঃ মৌজার নাম এবং জে. এল. নং ঃ

থানা ঃ মালিকের নাম ঃ

মালিকের পিতার নাম ঃ মালিকের ঠিকানা ঃ

খতিয়ান নং [এল. আর/আর. এস.] ঃ

দ্বিতীয় পত্র যা ব্লক ভূমি ও ভূমি সংস্কার আধিকারিক (B.L. & L.R.O.)-কে দিতে হবে—

মাননীয়
ব্লক ভূমি ও ভূমি সংস্কার আধিকারিক,
.... ব্লক,
থানা ....,
জেলা ....,

বিষয় ঃ জোর করে মালিক ফসল কেটে নেওয়ার বিরুদ্ধে অভিযোগ

মহাশয়,

আমি .... পিতা .... গ্রাম .... থানা .... বর্গাদার হিসাবে শ্রী .... পিতা .... গ্রাম .... থানা .... এর অধীন নিম্নবর্ণিত জমি .... সাল থেকে চাষ করে আসছি। বর্তমানে আমি ওই জমিতে .... (ফসলের নাম) চাষ করেছিলাম। কিন্তু ওই ফসল মালিক তার লোক জন নিয়ে এসে .... তারিখে জোর করে কেটে নিয়ে গিয়েছে/নষ্ট করে দিয়েছে।

আমি বর্গাদার হিসাবে যাতে ওই বিষয়ে আইনগত সাহায্যে ফসল উদ্ধার করতে পারি তার ব্যবস্থা করবেন এবং মালিকের এই অপরাধমূলক কাজের বিরুদ্ধে ব্যবস্থা গ্রহণে বাধিত করবেন।

ইতি
নিবেদক

স্বাক্ষর ঃ
গ্রাম ঃ
তারিখ ঃ

জমির বর্ণনা ঃ

মৌজা .... জে. এল. নং .... দাগ নং ....

জমির পরিমাণ .... খতিয়ান নং [L.R./R.S.]

থানায় জমা দেওয়া পত্রের ক্রমাঙ্ক সহ প্রতিলিপি দেওয়া হল। [বিশেষভাবে মনে রাখতে হবে—জমির মালিকের সংখ্যা একাধিক থাকতে পারে। সেক্ষেত্রে প্রত্যেক জমির মালিকের ঠিকানা জানাতে হবে। যে জমি বর্গাদার চাষ করেন, ওই জমির বিবরণ পরিষ্কার করে লিখতে হবে]

উপরোক্ত আবেদন পত্রটি B.L. & L.R.O. অফিসে জমা দিলে নির্দিষ্ট রাজস্ব আধিকারিক পঃ বঃ ভূমি সংস্কার আইনের ১৬ক এবং ১৮(১)(কক) ধারায় একটি মামলা আরম্ভ করবেন।

১৬ক এবং ১৮(১)(কক) [s. 16A and s. 18(1)(*aa*)] ধারার মামলার নমুনা আদেশনামা (Model order sheet) দেওয়া হল। পশ্চিমবঙ্গ ভূমি সংস্কার আইনের ১৮(১) ধারায় ক্ষমতাপ্রাপ্ত রাজস্ব আধিকারিক ১৬ক এবং তৎসহ ১৮(১)(কক) ধারার মামলার শুনানি নেবেন এবং চূড়ান্ত রায় দেবেন।

৩। ১৬ক তৎসহ ১৮(১)(কক) ধারার আদেশপত্রের নমুনা [Model of Order Sheet for cases under s. 18(1)(aa) read with s. 16A, W.B.L.R. Act]

[Extract from G.I. on Land Reforms]

1. Whereas on Shri ...., son of ...., village .... has filed an application alleging that he is a 'bargadar' under Shri .... of .... in respect of the land described in the application and the land owner has forcibly taken away the produce of the land which was cultivated by the applicant as bargadar; and

   Where as it is necessary to ascertain the truth or otherwise of the allegation made, issue notice on both parties fixing .... (date) act .... am/pm for a field enquiry and asking both the parties to be present and produce evidence at that time on the land in question.

   To .... for S.R.

Officer appointed under section 18(1)
of the West Bengal Land Reforms Act.

2. Notices duly served vide S.R. filed with C/R.

or

Notices on applicant duly served. The opposite party refused to receive the notice. The notice on opposite party served by hanging vide S.R. filed.

Officer appointed under section 18(1) of the West Bengal Land Reforms Act.

3. Held field enquiry as fixed earlier. Enquiry report is attached and it has been explained to the parties present. Evidence recorded as per that report. Heard the parties present. To .... (date) .... (time) .... in my office for orders.

Officer appointed under section 18(1) of the West Bengal Land Reforms Act.

[১৭। বর্গাদার দ্বারা চাষের অবসান **(Termination of cultivation by bargadar)** ঃ (১) নিম্নলিখিত এক বা তার বেশি কারণে রাজ্য সরকার দ্বারা নিয়োজিত কোনও আধিকারিক বা কর্তৃপক্ষের আদেশ ছাড়া কোনও ব্যক্তি তার জমিতে বর্গাদার দ্বারা চাষের অবসান ঘটানোর অধিকারী হবেন না।

(ক) বর্গাদার কোনও যুক্তিগ্রাহ্য কারণ ছাড়া জমি চাষ করতে ব্যর্থ হয়েছেন [১][........] বা কৃষিকাজ ছাড়া অন্য উদ্দেশ্যে ওই জমি ব্যবহার করেছেন—

(খ) বর্গাদার নিজে ওই জমি চাষ করেন নি—

১ "অথবা ইহা যথাযথভাবে চাষ করিতে অযত্ন করেছেন" শব্দ কয়টি ছিল যাহা পশ্চিমবঙ্গ ভূমি সংস্কার (সংশোধন) আইন, ১৯৭০-এর ৪(ক) ধারার মাধ্যমে বাদ দেওয়া হয়েছে এবং অতঃপর পশ্চিমবঙ্গ ভূমি সংস্কার (সংশোধন) আইন, ১৯৭২ (পশ্চিমবঙ্গ আইন ১২, ১৯৭২)-এর ১৬(*i*) (ক) ধারার মাধ্যমে বাতিল করা এবং উক্ত আইনের ১(২) ধারার মাধ্যমে ১৩.৭.১৯৭০ তারিখ হতে বলবৎ করা হয়েছে।

[২](গ) ১৬(২) বা ১৬(৪) ধারা অনুসারে বর্গাদার উৎপন্ন ফসলের ভাগ গ্রহণ করার প্রস্তাব দিতে ব্যর্থ হয়েছেন বা ফসল জমা দিতে ব্যর্থ হয়েছেন ঃ

তবে বর্গাদার যে মালিকের জমি চাষ করেন, তার বকেয়া প্রাপ্য ভাগ বা বাজার দরে সমপরিমাণ অর্থ, নির্দিষ্ট আধিকারিক বা কর্তৃপক্ষের দেওয়া আদেশ অনুসারে নির্দিষ্ট সময় ও কিস্তি অনুসারে দিলে, এই ধারা অনুসারে বর্গা চাষের অবসান ঘটানো যাবে না।

(ঘ) জমির মালিক সত্য সত্যই তার নিজের প্রয়োজনে নিজ চাষে ওই জমি আনতে চাইলে–

[৩][বলা বাহুল্য জমির মালিক সেই পরিমাণ জমিতে বর্গাচাষের অবসান ঘটাতে পারেন যেন সেই জমি এবং তার নিজের জমি মিলিতভাবে ৩.০০ হেক্টরের বেশি না হয়।

২ পশ্চিমবঙ্গ ভূমি সংস্কার (সংশোধন) আইন ১৯৭০-এর ৪(খ) ধারার মাধ্যমে এবং অতঃপর পশ্চিমবঙ্গ আইন ১২, ১৯৭২-এর ১৬(*i*)(খ) ধারার মাধ্যমে মূল (গ) প্রকরণটির স্থলে অনুকল্পিত এবং উক্ত আইনের ১(২) ধারার মাধ্যমে ১৩.৭.১৯৭০ তারিখ হতে বলবৎ হয়েছে। মূল প্রকরণটি নিম্নরূপ ছিল ঃ
"(গ) যে, বর্গাদার এই আইনের বিধানগুলির কোনও লঙ্ঘন করেছেন;"

৩ পশ্চিমবঙ্গ ভূমি সংস্কার (সংশোধন) আইন, ১৯৭২ (পশ্চিমবঙ্গ আইন ১২, ১৯৭২)-এর ১৬(*i*)(গ) ধারার মাধ্যমে মূল অনুবিধিটির স্থলে অনুকল্পিত এবং উক্ত আইনের ১(২) ধারার মাধ্যমে ১৫.২.১৯৭১ তারিখ হতে বলবৎ হয়েছে। মূল অনুবিধিটি নিম্নরূপ ছিল ঃ

"এই শর্ত যে (ঘ) প্রকরণের দ্বারা আবৃত ঘটনায়, যখন অনুরূপ ব্যক্তির দ্বারা স্বত্বাধিকৃত জমির পরিমাণ এতদ্‌পক্ষে করা আদেশের দ্বারা রাজ্য সরকার কর্তৃক বিঘোষিতব্য অনুরূপ আয়তনের বাড়তি হবে, তিনি কেবলমাত্র সেই পরিমাণ জমিতে কোনও বর্গাদার সম্পর্কে চাষের অবসান করিবার অধিকারী হবেন যাহা তৎসহ তাঁহার নিজ চাষের অধীন যে কোনও জমি বাস্তুভিটা ব্যতীত, তাঁহার দ্বারা স্বত্বাধিকৃত, মোট পরিমাণের দুই-তৃতীয়াংশ অতিক্রম করে না।"

উল্লেখ্য, পশ্চিমবঙ্গ ভূমি সংস্কার (সংশোধন) আইন ১৯৭০-এর ৪(গ) ধারার মাধ্যমে পূর্বোল্লিখিত মূল অনুবিধিটির স্থলে নিম্নোক্ত অনুবিধিটি অনুকল্পিত হয়েছিল ঃ

"তথাপি জমির স্বত্বাধিকারী ব্যক্তিটি তন্নিম্নে কেবলমাত্র সেই পরিমাণ জমিতে বর্গাদার সম্পর্কে চাষের অবসান করার অধিকারী হবেন যাহা, তৎসহ সেরূপ ব্যক্তির

আবার বর্গাদারের দ্বারা চাষের অবসান সেক্ষেত্রে হবে না যাতে বর্গাদারের চাষের মোট জমি ১.০০ হেক্টরের কম হয়।]

ব্যাখ্যা ঃ উল্লিখিত ধারায় জমির হিসাবের জন্য ১৯৭০ সালের পঃ বঃ ভূমি সংস্কার (সংশোধিত) আইন বলবতের পর থেকে যে জমি হস্তান্তর হয়েছে তা গ্রাহ্য হবে না।

ব্যাখ্যা ঃ আইনের (খ) অংশের ক্ষেত্রে, বর্গাদারের পরিবারের কোনও সদস্য জমি চাষ করলে তা তার 'নিজ চাষ' বলেই ধরা হবে।

[৪](২) উপধারা (১)(ঘ) অনুযায়ী বর্গাচাষের অবসান ঘটলে, ওই আদেশ দানের ২ বছরের মধ্যে জমির মালিক ওই জমি নিজ চাষে আনতে ব্যর্থ হলে বা অন্য লোককে ওই জমি চাষের অনুমতি দিলে—নির্দিষ্ট কর্তৃপক্ষের নির্দিষ্ট আদেশ বলে ওই জমি সমস্তরকম দায়মুক্ত হয়ে রাজ্য সরকারে ন্যস্ত হবে এবং জমির মালিক তার জন্য ১৪ফ ধারার নিয়ম অনুযায়ী অর্থ পাওয়ার অধিকারী হবেন।

নিজ চাষের অধীন জমি, ৩,০৩৫১ হেক্টর অতিক্রম করে নাই। জমির স্বত্বাধিকারী ঐ ব্যক্তি তন্নিম্নে কোনও বর্গাদার সম্পর্কে চাষের অবসান করার অধিকারী হবেন না যাহাতে ঐ বর্গাদারের দ্বারা চাষ করার জমির সর্বমোট আয়তন ০.৮০৯৪ হেক্টর অপেক্ষা কম হয়।"

৪ পশ্চিমবঙ্গ ভূমি সংস্কার (সংশোধন) আইন, ১৯৮১ (পশ্চিমবঙ্গ আইন ৫০, ১৯৮১)-এর ৩০(১) ধারার মাধ্যমে মূল উপধারাটির স্থলে অনুকল্পিত এবং উক্ত আইনের ১(২) ধারার মাধ্যমে ৭.৮.১৯৬৯ তারিখ হতে বলবৎ হয়েছে। মূল উপ-প্রকরণটি নিম্নরূপ ছিল ঃ

"(২) যদি কোনও ব্যক্তি কোনও জমি, যাঁহার বর্গাদার সম্পর্কে চাষের অবসান তাঁহার দ্বারা (১) উপধারার (ঘ) প্রকরণ অনুযায়ী হয়েছে এরূপ অবসানের তারিখ হতে দুই বৎসরের মধ্যে, নিজ চাষে আনিতে অবহেলা করেন বা অন্য কোনও বর্গাদারের দ্বারা অনুরূপ জমি চাষ করা অনুমোদন করেন, নির্ধারিত কর্তৃপক্ষ, মূল্য প্রদানের নির্ধারিতব্য অনুরূপ শর্ত ও কড়ারে, বর্গাদারের নিকট যিনি (১) উপধারার (ঘ) প্রকরণ অনুযায়ী উৎখাত হইয়াছিলেন, ইহা বিক্রয় করিবেন, এবং যদি সেরূপ বর্গাদার বাজার দরে বা অন্য কোনও কারণে ঐ জমি লইতে অনিচ্ছুক হন, ঐ জমি অন্য ব্যক্তিদের নিকট বিক্রয় করিতে পারিবেন এবং বিক্রয়ের খরচাদি বাদ দেওয়ার পর, উদ্বৃত্ত বিক্রয়-আগম, থাকলে, সেরূপ ব্যক্তিকে প্রদান করা হবে।"

[৫](৩) ১৯৮১ সালের পঃ বঃ ভূমি সংস্কার আইন দ্বারা বাতিল।

(৪) কোনও বর্গাদর [৬][৪.০০ হেক্টরের] বেশি জমি চাষ করার অধিকারী নন। বর্গা জমি এবং বর্গাদারের নিজস্ব জমি মিলিতভাবে ওই জমির হিসাব ঠিক করার সময় ধরতে হবে।

(৫) বর্গাদার [৭][৪.০০ হেক্টরের] বেশি জমি চাষ করলে বিশেষভাবে দায়িত্বপ্রাপ্ত [৮][রাজস্ব আধিকারিকের] আদেশ দ্বারা [৭][৪.০০ হেক্টরের] বেশি জমির জন্য বর্গাদারের প্রাপ্য অংশ সরকারে বাজেয়াপ্ত হবে।

[৯][(৬) উপধারা (৪) অনুসারে নির্দিষ্ট জমির চেয়ে যেখানে বর্গাদার বেশি জমি চাষ করছেন, সেক্ষেত্রে এই আইনের ২খ পরিচ্ছেদে বর্ণিত সর্বোচ্চ সীমার মধ্যে ওই জমি হলে, ৪৯ ধারায় উল্লিখিত কোনও লোককে দিয়ে বর্গাদার হিসাবে জমির মালিক ওই জমি চাষ করাতে পারেন।]

৫ পশ্চিমবঙ্গ ভূমি সংস্কার (সংশোধন) আইন ১৯৮১-এর ৩০(১ক) ধারার মাধ্যমে মূল উপধারাটি বাতিল এবং উক্ত আইনের ১(২) ধারার মাধ্যমে ৭.৮.১৯৬৯ তারিখ হতে বলবৎ হয়েছে। মূল উপধারাটি নিম্নরূপ ছিল ঃ

"(৩) এই ধারার (২) উপধারানুযায়ী কোনও বর্গাদার দ্বারা ক্রীত কোনও জমিতে ৮ ধারার বিধানগুলি প্রযুক্ত হবে না।"

৬ পশ্চিমবঙ্গ ভূমি সংস্কার (সংশোধন) আইন ১৯৮১-এর ৩০(২) ধারার মাধ্যমে "৬.০০ হেক্টর" সংখ্যা ও শব্দটির স্থলে অনুকল্পিত এবং উক্ত আইনের ১(২) ধারার মাধ্যমে ৭.৮.১৯৬৯ তারিখ হতে বলবৎ হয়েছে।

"৬.০০ হেক্টর" সংখ্যা ও শব্দটি পূর্বের "পঁচিশ একর" শব্দদ্বয়ের স্থলে পূর্বোক্ত পশ্চিমবঙ্গ আইন ১২, ১৯৭২-এর ১৬(*ii*) ধারার মাধ্যমে অনুকল্পিত এবং উক্ত আইনের ১(২) ধারার মাধ্যমে ১৫.২.১৯৭১ তারিখ হতে বলবৎ করা হয়েছিল।

৭ পশ্চিমবঙ্গ ভূমি সংস্কার (সংশোধন) আইন ১৯৮১-এর ৩০(৩) ধারার মাধ্যমে "৬.০০ হেক্টর" সংখ্যা ও শব্দটির স্থলে অনুকল্পিত এবং উক্ত আইনের ১(২) ধারার মাধ্যমে ৭.৮.১৯৬৯ তারিখ হতে বলবৎ হয়েছে। বাকি অংশ ক্রমিক ৬-এর অনুরূপ।

৮ ১৭.১.১৯৫৮ তারিখের ৭৮০-এল. রেফ্. সংখ্যায়িত সরকারি প্রজ্ঞাপনের মাধ্যমে সকল মহকুমা শাসক নিজ নিজ ক্ষেত্রাধিকারের জন্য রাজস্ব আধিকারিক নিযুক্ত হয়েছেন।

৯ পশ্চিমবঙ্গ ভূমি সংস্কার (সংশোধন) আইন ১৯৭২-এর ১৬ (*iii*) ধারার মাধ্যমে সন্নিবেশিত এবং উক্ত আইনের ১(২) ধারার মাধ্যমে ১৫.২.১৯৭১ তারিখ হতে বলবৎ হয়েছে।

ব্যাখ্যা[১০] ঃ উপধারা (১) এবং (২) অনুসারে "ব্যক্তিগত চাষ/নিজ চাষ" বলতে চাকর বা শ্রমিক দ্বারা চাষকে গণ্য করা হবে না যাদের পারিশ্রমিক হিসাবে অর্থ বা দ্রব্য বা উভয় দ্বারা মেটানো হয়।

17. Termination of cultivation by bargadar. (1) No person shall be entitled to terminate cultivation of his land by a *bargadar* except in execution of an order, made by such officer or authority as the State Government may appoint, on one or more of the following grounds—

(*a*) that the *bargadar* has without any reasonable cause failed to cultivate the land, or has used it for any purpose other than agriculture;

(*b*) that the land is not cultivated by the *bargadar* personally;

(*c*) that the *bargadar* has failed to tender deposit to the full extent the share of the produce as required by sub-section (2), or sub-section (4), as the case may be, of section 16:

Provided that no order for the termination of cultivation, made on the ground specified in this clause, shall be given effect to if the *bargadar* delivers to the person, whose land he cultivates, the share of the produce due to such person, or pays to him the market price thereof, within such time and in such instalments as the officer or authority making the order may, having regard to all the circumstances of the case, specify in his behalf;

(*d*) that the person owning the land requires it *bona fide* for bringing it under personal cultivation:

Provided that the person owning the land shall be entitled to terminate cultivation by a *bargadar* of only so much of land as, together with any other land in the personal cultivation of such person, does not exceed 3.00 hectares :

Provided further that such person shall not be entitled to so terminate cultivation by a *bargadar* as to reduce the aggregate area of the land cultivated by the *bargadar* to less than 1.00 hectare.

১০ পশ্চিমবঙ্গ ভূমি সংস্কার (সংশোধন) আইন, ১৯৭৭ (পশ্চিমবঙ্গ আইন ৩৪, ১৯৭৭)-এর ৩ ধারার মাধ্যমে সংযোজিত।

Explanation. In determining the areas specified in the foregoing provisos no transfer of land made after the commencement of the West Bengal Land Reforms (Amendment) Act, 1970 (Presidents Act XVI of 1970) shall be taken into account.

Explanation. For purposes of clause (*b*), a *bargadar* who cultivates the land with the help of members of his family shall be deemed to cultivate it personally.

[1][(2) If an owner fails to bring under personal cultivation any land, the cultivation of which by a *bargadar* has been terminated under clause (*d*) of sub-section (1) within two years from the date of such termination or allows such land to be cultivated by some other person, the land shall vest in the State free from all incumbrances under an order of the prescribed authority in the prescribed manner, and the owner of the land shall be entitled to an amount therefor in accordance with the provisions of section 14V.]

[2][(3) * * *.]

(4) No *bargadar* shall be entitled to cultivate more than [3][4.00 hectares] of land. In computing this area any land owned by the *bargadar* as well as the land cultivated by him as a *bargadar* shall be taken into account.

(5) If a *bargadar* cultivates land in excess of [3][4.00 hectares], the share of the produce due to him as a *bargadar* in respect of the land in excess of [3][4.00 hectares] shall be forfeited to the State Government by the order made in this behalf by a Revenue Officer.

(6) Where any land cultivated by a *bargadar* is in excess of the limit specified in sub-section (4), the person whose land is cultivated by such *bargadar* shall, if the excess land is within the ceiling area applicable to such person in accordance with the provisions of Chapter II-B, have the land cultivated by any person referred to in section 49 who is willing to cultivate the said land as a *bargadar*.

1 *Substituted* by W.B. Act L of 1981, dated 24.3.1986.
2 *Omitted* by W.B. Act L of 1981, dated 24.3.1986.
3 *Substituted* by W.B.L.R. (Am.) Act, 1977 (XXXIX of 1977).

[4][*Explanation*. For the purposes of clause (*d*) of sub-section (1) and sub-section (2), "personal cultivation" shall not include cultivation by servants, or labourers on wages payable in cash or in kind not being as a share of the produce, or both.]

আলোচনার সূচী

4 *Inserted* by W.B.L.R. (Am.) Act, 1977 (XXXIV of 1977).

আলোচনার সূচী—*চলিতেছে*

১। সূচনা [Commencement]. বিহার থেকে আসা এলাকাগুলি বাদে ১৭ নং ধারাটি পশ্চিমবঙ্গে বলবৎ হয়েছে [১৭(৩) নং ধারা বাদে] ৩.৩.১৯৫৬ থেকে। ওই সমস্ত এলাকায় ১৭(৩) নং ধারাটি বলবৎ হয়েছে ১২.১২.১৯৬৩ থেকে বিজ্ঞপ্তি নং ২০৮১১-এল. রেফ্., তাং ৯.১২.১৯৬৩ দ্বারা। ১৭(৩) ধারা বাদে বিহার থেকে পশ্চিমবঙ্গে আসা এলাকাগুলিতে ১৭ নং ধারা বলবৎ হয়েছে ২৪.৬.১৯৬৭ থেকে নোটিফিকেশন নং ১০৭৩২-এল. রেফ্., তাং ২৪.৬.১৯৬৭ দ্বারা। ওই এলাকাগুলিতে ১৭(৩) নং ধারা বলবৎ হয়েছে বিজ্ঞপ্তি নং ১৭৮৮৫-এল. রেফ্., তাং ২৫.৯.১৯৬৯ দ্বারা এটি বলবৎ হয়েছে ১.১০.১৯৬৯ থেকে।

১৭(১)(ক) ধারায় আগে ছিল—"অথবা সঠিকভাবে চাষ করতে অমনোযোগী হয়েছে" (or has neglected to cultivate properly)। পরবর্তী ক্ষেত্রে ১৯৭০ সালে পঃ বঃ ভূমি সংস্কার আইন সংশোধন দ্বারা [১৯৭০ সালের রাষ্ট্রপতির ১৬ নং আইন] এবং তার পরে ১৯৭২ সালে পঃ বঃ ভূমি সংস্কার আইন সংশোধন দ্বারা [১৯৭২ সালের পশ্চিমবঙ্গের ১২ নং আইন] উপরোক্ত শব্দগুলির বিলোপ করা হয়েছে। এই সংশোধন ১৩.৭.১৯৭০ থেকে বলবৎ। উপরোক্ত সংশোধন দ্বারা এই কারণে বর্গাদারকে উচ্ছেদ করা যাবে না যে ঠিকভাবে চাষ করতে সে অমনোযোগী হয়েছে। ওই সংশোধন দ্বারা ১৭(১)(গ) ধারাটিরও পরিবর্তন ঘটানো হয়েছে।

১৭(১)(গ) ধারাটি মূল আইনে ছিল এইরকম ঃ এই আইনের কোনও ব্যবস্থার বিরুদ্ধাচারণ করলে ("that the bargadar has contravened any of the provision of this Act.") মূল আইনের ১৭(১)(ঘ) ধারাটিরও ১৯৭২

সালের পঃ বঃ ভূমি সংস্কার আইন সংশোধন দ্বারা পরিবর্তন ঘটানো হয়েছে। যা বলবৎ হয়েছে ১৫.২.১৯৭১ থেকে। মূল আইনে ১৭(১)(ঘ) ধারাটি ছিল এইরকম ঃ

"Provided that in a case covered by clause (*d*) when the quantity of land owned by such person is in excess of such area as may be specified by the State Government by order made in this behalf, he shall be entitled to terminate cultivation by a bargadar of only so much land which together with any land under his personal cultivation does not exceed two-thirds, of the total quantity of land excluding homestead, owned by him."

১৯৮১ সালের পঃ বঃ ভূমি সংস্কার আইন সংশোধন দ্বারা [১৯৮১ সালের পশ্চিমবঙ্গের ৫০ নং আইন] ১৭(২) ধারার পরিবর্তন করা হয়। কলিকাতা গেজেটে এটি প্রকাশিত হয় ২৪.৩.১৯৮৬ তে। ১৭(২) ধারাটি পরিবর্তনের ফলে ১৭(৩) নং ধারার আর খুব একটা প্রয়োজন রইল না। ১৯৮১ সালের পঃ বঃ ভূমি সংস্কার (সংশোধন) আইন [১৯৮১ সালের পশ্চিমবঙ্গের ৫০ নং আইন] দ্বারা ১৭(৩) ধারাটির বিলোপ করা হয়। ১৭(৩) ধারাটি ছিল এইরকম ঃ ১৭(২) ধারায় বর্গাদার দ্বারা কেনা কোনও জমির উপরে ৮ নং ধারা প্রয়োগ হবে না (the provision of section 8 shall not apply to any land purchased by a bargadar under sub-section (2) of this section)।

১৯৮১ সালের পঃ বঃ ভূমি সংস্কার আইন সংশোধনের আগে ১৭(৪) এবং ১৭(৫) নং ধারায় "৬.০০ হেক্টর" কথাটি ছিল। উপরোক্ত সংশোধন দ্বারা এটি "৪.০০ হেক্টর করা হয়েছে"।

১৯৭২ সালের পঃ বঃ ভূমি সংস্কার আইন সংশোধনের আগে ১৭(৬) নং ধারাটি মূল আইনে ছিল না। ১৯৭২ সালে পঃ বঃ ভূমি সংস্কার আইন সংশোধন দ্বারা [১৯৭২ সালের পশ্চিমবঙ্গের ১২ নং আইন] ১৭(৬) নং ধারাটি সংযুক্ত হয়েছে, ১৫.২.১৯৭১ থেকে এটি কার্যকর হচ্ছে।

১৯৭৭ সালের পঃ বঃ ভূমি সংস্কার আইন সংশোধন দ্বারা [১৯৭৭ সালের পশ্চিমবঙ্গের ৩৪ নং আইন] ১৭ ধারার "ব্যাখ্যা" যুক্ত করা হয়েছে। কলিকাতা গেজেটে এটি ৩.২.১৯৭৮ তারিখে প্রকাশিত হয়েছিল।

২। **কর্মপরিধি [Scope].** বর্গাদার দ্বারা কৃষিকাজের উচ্ছেদ সংক্রান্ত বিষয়টি ১৭ ধারায় রয়েছে। ১৭(১) ধারা অনুযায়ী এই উদ্দেশ্যে নিয়োজিত নির্দিষ্ট কর্তৃপক্ষের আদেশ ছাড়া কোনও জমি থেকে বর্গাদারের চাষ বন্ধ করা যায় না

বা বর্গা উচ্ছেদ করা যায় না। বর্গা উচ্ছেদ কী কী কারণে হতে পারে তা ১৭(১) ধারায় বলা রয়েছে।

১৭(১)(ঘ) ধারায় জমির মালিকের পক্ষে (in favour) কোনও রায় যাওয়া স্বত্বেও যদি জমির মালিক নিজ চাষে (personal cultivation) আনতে না পারেন তবে কী হতে পারে তা ১৭(২) ধারায় নির্দেশ দেওয়া রয়েছে।

১৭(৩) ধারাটি ১৯৮১ সালের পঃ বঃ ভূমি সংস্কার আইন সংশোধন দ্বারা বাদ দেওয়া হয়েছে। ওই ধারায় বলা ছিল ১৭(২) ধারায় কোনও বর্গাদার দ্বারা কেনা জমির ক্ষেত্রে ৮ নং ধারা বলবৎ হবে না। ১৭(২) ধারাটি আগে জমি বিক্রির ক্ষেত্রে প্রযোজ্য হত বর্তমানে ওই অংশ পরিবর্তিত হয়ে নতুন ১৭(২) ধারা যুক্ত হয়েছে যা জমি ন্যস্ত হওয়ার (vesting) সাথে সম্পর্কযুক্ত। ফলে ১৭(৩) ধারাটির আর কোনও প্রয়োজন না থাকায় এর বিলোপ ঘটানো হয়েছে। সর্বাধিক বর্গাদার কতটা জমি চাষ করতে পারবেন তা ১৭(৪) ধারায় বলা রয়েছে।

১৭(৪) ধারায় বর্ণিত সীমার চেয়ে বেশি জমি বর্গাচাষ করলে তার ফল কী হবে তার নির্দেশ রয়েছে ১৭(৫) নং ধারায়।

১৭(৪) ধারায় বর্ণিত সীমারেখার চেয়ে বেশি জমি কোনও বর্গাদার চাষ করলে ওই অতিরিক্ত জমিতে নতুন বর্গাদার বাছাই এর ক্ষেত্রে মালিকের অধিকার বা স্বাধীনতা দেওয়া রয়েছে ১৭(৬) নং ধারায়।

৩। বর্গাদার দ্বারা চাষের উচ্ছেদের কারণ [Reasons of termination of cultivation by bargadar]. নিম্নলিখিত এক বা একাধিক কারণে বর্গাদার দ্বারা চাষের অবসান ঘটানোর অধিকার ১৭(১) ধারায় জমির মালিককে দিয়েছে। কিন্তু মালিক নিজে, জোর করে এই উচ্ছেদ করতে পারবেন না। এই উদ্দেশ্যে নিয়োজিত সরকারের নির্দিষ্ট কর্তৃপক্ষের আদেশ ছাড়া বর্গাদার দ্বারা চাষের অবসান ঘটানো যাবে না। নিম্নলিখিত কারণগুলির একটি বা একাধিক প্রমাণ সাপেক্ষে বর্গাদার দ্বারা চাষের অবসান ঘটানো যাবে ১৭(১)(ক), ১৭(১)(খ), ১৭(১)(গ) এবং ১৭(১)(ঘ) ধারাগুলিতে এই কারণগুলি বলা আছে।

১৭(১)(ক) ঃ (ক) বর্গাদার সুনির্দিষ্ট, যুক্তিযুক্ত কারণ ছাড়া জমি চাষ করতে ব্যর্থ হয়েছেন—

(খ) কৃষিকাজ ছাড়া অন্য উদ্দেশ্যে বর্গাদার ওই জমি ব্যবহার করেছেন।

১৭(১)(খ) ঃ বর্গাদার নিজে (personally) ওই জমি চাষ করেন নি—

১৭(১)(গ) ঃ ১৬(২) বা ১৬(৪) ধারা অনুযায়ী বর্গাদার ফসল গ্রহণ করার প্রস্তাব মালিককে দিতে পারেন নি বা মালিকের প্রাপ্য ফসলের ভাগ দিতে ব্যর্থ হয়েছেন—

বলা বাহুল্য, বর্গাদার যদি ওই ভাগ কিস্তিতে, নির্দিষ্ট সময়ের মধ্যে [নির্ধারিত কর্তৃপক্ষের আদেশ অনুযায়ী] দিতে পারেন, তবে এই ধারার এই অংশের জন্য বর্গাদারকে উচ্ছেদ করা যাবে না।

১৭(১)(ঘ) ঃ জমির মালিক যদি সত্যিই নিজ চাষে ওই জমি আনার প্রয়োজন মনে করেন—

৪। এই ধারার আধিকারিক বা কর্তৃপক্ষ [Officer or authority under this section]. এই ধারার নির্ধারিত কর্তৃপক্ষ হিসাবে সমস্ত Junior Land Reforms Officer-কে নিয়োগ করা হয়েছিল বিজ্ঞপ্তি নং ১৫২৫৮-এল. রেফ্., ৮পি.৬/৭৪ তাং ৫.৮.১৯৭৪ দ্বারা। বর্তমানে Junior Land Reforms Officer নামটি পরিবর্তিত হয়েছে ইন্টিগ্রেটেড সেট আপে। বিজ্ঞপ্তি নং ৭২৯-এল. রেফ্., তাং ২১.৭.১৯৮৮-এর ২(৪) নং অংশে আছে—for expression "Junior Land Reforms Officer" will be described as "Revenue Officer" subject to decision in writ petition. আবার ১৫.৫.১৯৮৯-তে প্রকাশ করা ৪৭১৭ জি ই/১৪৬/৮৯ নং বিজ্ঞপ্তিতে ১৭(১) ধারার আধিকারিক নিয়োগের কথা বলা আছে। ওই বিজ্ঞপ্তিতে বলা আছে ঃ

In exercise of the powers conferred by sub-section (1) of s. 17 of the W.B.L.R. Act, 1955 (W.B. Act X of 1956), the Governor is pleased hereby to appoint all Revenue Officers to perform all the functions under the said sub-section of section 17 of the said Act in respect of the lands within their respective jurisdiction.

অর্থাৎ সমস্ত রাজস্ব আধিকারিক (Revenue Officer) ১৭(১) নং ধারার কার্যাবলি করার ব্যাপারে ক্ষমতাপ্রাপ্ত।

৫। কোনও কারণ ছাড়া বর্গাদার জমি চাষ না করলে [Failure to cultivate the land by the bargadar without any reasonable cause]. ১৭(১)(ক) ধারা অনুযায়ী বর্গাদার যদি কোনও যুক্তিযুক্ত, নির্দিষ্ট কারণ ছাড়া জমি চাষে ব্যর্থ হন তবে জমির মালিক ওই বর্গাদারকে উচ্ছেদ করতে পারেন। জমির মালিক যদি এই মর্মে আবেদন করেন যে—বর্গাদার কোনও কারণ ছাড়াই ওই জমি চাষে ব্যর্থ হয়েছেন সুতরাং ওই বর্গাদারকে উচ্ছেদ করা হোক। এই

ধরনের আবেদন পাওয়ার পর ১৭ ধারায় ক্ষমতাপ্রাপ্ত আধিকারিকের কর্তব্য (duty) হল—ওই আবেদনটি পরীক্ষা (examine) করা যে ওই জমি চাষ না করার পিছনে কী কারণ আছে। যদি সংশ্লিষ্ট আধিকারিক জমি চাষ না করার জন্য বর্গাদারের জানানো কারণে সন্তুষ্ট (satisfied) হয়ে থাকেন, যদি এটা দেখা যায় যে ওই কারণ যথেষ্টই এবং তা বর্গাদারের নিয়ন্ত্রণের বাইরে ছিল (beyond his control) তখন জমির মালিক এই কারণে বর্গাদারকে উচ্ছেদ করতে পারবেন না।[১]

মহামান্য হাইকোর্টের উপরোক্ত মামলার আদেশ থেকে দেখা যায় ১৭(১)(ক) ধারায় উচ্ছেদের জন্য মালিক কোনও আবেদন করলে সংশ্লিষ্ট আধিকারিক সঙ্গে সঙ্গে তা কার্যকর করবেন না। তিনি আগে পরীক্ষা করবেন, তদন্ত করবেন কেন বর্গাদার ওই জমি চাষ করতে পারেন নি। যদি উক্ত জমি চাষ না করার যথেষ্ট যুক্তিযুক্ত কারণ থাকে তবে মালিক ওই কারণে বর্গাদারকে উচ্ছেদ করতে পারবেন না। হয়তো এমন কোনও ঘটনা ঘটেছে যার ফলে বর্গাদার জমি চাষ না করতে বাধ্য হয়েছেন। সংশ্লিষ্ট আধিকারিক বর্গাদারের দেওয়া কারণে সন্তুষ্ট হলে তিনি মালিকের আবেদন খারিজ করবেন।

৬। কৃষিকাজ ছাড়া অন্য উদ্দেশ্যে বর্গাদার জমি ব্যবহার করলে [Use of land by a bargadar for any purpose other than agriculture]. মালিক যদি সংশ্লিষ্ট আধিকারিকের কাছে এই মর্মে বর্গা উচ্ছেদের জন্য আবেদন করেন যে বর্গাদার কৃষিকাজ ছাড়া অন্য উদ্দেশ্যে জমি ব্যবহার করেছেন তবে ওই বর্গাদার তদন্ত সাপেক্ষে বেদখল হতে পারেন।

মহামান্য কলিকাতা হাইকোর্ট *দিবাকর দাস* বনাম *মহকুমা শাসক,*[২] মামলায় জানান—আইনের এই ধারা যাতে প্রচুর পরিমাণে শস্য উৎপাদনে বর্গাদার বাধ্য হয় যা এই আইনের অন্যতম উদ্দেশ্য (object)।

মালিকের দাখিল করা বর্গা উচ্ছেদের উদ্দেশ্যে আবেদন পত্র নির্ধারিত কর্তৃপক্ষ পরীক্ষা করে যদি সন্তুষ্ট হন (satisfied) যে কৃষিকাজ ছাড়া অন্য উদ্দেশ্যে বর্গাদার জমি ব্যবহার করেছেন তবে ১৭ ধারার নির্ধারিত আধিকারিক বা কর্তৃপক্ষ ওই বর্গাদারকে উচ্ছেদের আদেশ দিতে পারেন।

১ *দিবাকর দাস* বনাম *মহকুমা শাসক* 1983(1) Cal LJ 318; 1983(1) CHN 411 (Para 9).

২ 1983(1) Cal LJ 318; 1983(1) CHN 411.

৭। চা, পান, ঝিঙা, কলা চাষ কৃষিকাজের মধ্যে কিনা [Whether rearing of tea plant, betel leaf, jhinga, banana are agricultural purpose]. চা চাষ, পানের চাষ, কিংবা ঝিঙা, কলা চাষ কৃষিকাজের মধ্যে পড়ে কিনা অথবা এই সমস্ত ফসল চাষ করলে বর্গাদার তৃতীয় পরিচ্ছেদের বর্ণিত সুবিধা, অধিকার পাবেন কিনা—এই সব প্রশ্ন নিয়ে একাধিক বার বিভিন্ন সময়ে হাইকোর্টে বিভিন্ন মামলা হয়েছে।

চা গাছ লালন পালন কৃষিকাজের উদ্দেশ্যে করা হয়।[৩]

পান চাষের ক্ষেত্রে *যতীন্দ্র নাথ মাইতি* বনাম *রাসমণি মহাপাত্র*,[৪] মামলায় মহামান্য হাইকোর্টের রায় হল—"পান পাতার চাষ কৃষিকাজের উদ্দেশ্যে ধরা হবে।"

অন্যদিকে *গোলাম রুব্বানি* বনাম *তাজেহার গাজী*,[৫] মামলায় মহামান্য আদালত জানান—'ঝিঙা' এবং 'কলা' চাষের ক্ষেত্রে বর্গাদার পঃ বঃ ভূমি সংস্কার আইন অনুযায়ী নিরাপত্তা পাবেন।

৮। বর্গাদার নিজে চাষ করতে ব্যর্থ হয়েছেন [Bargadar has failed to cultivate the land personally]. পশ্চিমবঙ্গ ভূমি সংস্কার আইনের ১৭(১)(খ) ধারা অনুযায়ী বর্গাদার যদি নিজে বর্গাজমি চাষ করিতে ব্যর্থ হয়ে থাকেন তার বিরুদ্ধে বর্গা উচ্ছেদের আদেশ হতে পারে। তবে ১৭(১) ধারার ব্যাখ্যা অনুযায়ী বর্গাদার যদি তার পরিবারের লোক দ্বারা চাষ করে থাকেন, তবে তা "নিজ চাষ" বলেই ধরা হবে। পশ্চিমবঙ্গ ভূমি সংস্কার আইনের ২(৮) ধারায় নিজ চাষের সংজ্ঞা দেওয়া আছে। নিজ চাষ বলতে যিনি নিজের খরচে জমি চাষ করেন

(ক) নিজের শ্রমে

(খ) পরিবারের কোনও সদস্যের শ্রমে

(গ) কোনও চাকর বা মজুর দিয়ে মজুরীর বিনিময়ে

২(৮) ধারায় "নিজ চাষের" সংজ্ঞা বর্গাদারের ক্ষেত্রে খাটবে না। এটি কেবলমাত্র জমির মালিকের ক্ষেত্রে প্রযোজ্য।

৩ *প্রভাত চন্দ্রশ্যাম* বনাম *দ্য বেঙ্গল সেন্ট্রাল ব্যাংক লিমিটেড* 42 CWN 761.

৪ 67 CWN 934.

৫ 67 CWN 468.

যদি এরকম দেখা যায় বর্গাদার (ক) নিজ চাষ করেন নি, (খ) পরিবারের কোনও সদস্যের দ্বারা চাষ করেন নি সেক্ষেত্রে বর্গাদার ওই জমি থেকে উচ্ছেদ হতে পারেন। জমির মালিক নির্ধারিত কর্তৃপক্ষের নিকট বর্গা উচ্ছেদের আবেদন করতে পারেন। নির্ধারিত কর্তৃপক্ষ যদি এই মর্মে সন্তুষ্ট হন যে বর্গাদার নিজে চাষ করেন নি, পরিবারের অন্য সদস্য দ্বারা চাষ করেন নি বরং অন্য লোক দিয়ে চাষ করেছেন তবে তিনি বর্গা উচ্ছেদের আদেশ দিতে পারেন।

৯। বর্গাদার চাকুরিতে নিয়োজিত হলে [If the bargadar is appointed in service]. *হরেন্দ্রনাথ ঘোষ* বনাম *পঃ বঃ সরকার,*[৬] মামলায় দেখা যায় ৩ নং বিবাদী (private respondent) বিবাদীয় জমিতে ১৯৭৫ সাল থেকেই বর্গাদার হিসাবে চাষ করছিলেন এবং ১৯৭৯ সালে স্বত্বলিপিতে উক্ত বর্গাদারের নাম নথিভুক্ত করা হল। ১৯৯৯ সাল পর্যন্ত উক্ত বর্গাদার ফসলের ভাগ দিয়ে আসছিলেন যদিও কোনও রসিদ তিনি পান নি। ১৯৮৩ সালে উক্ত বর্গাদার প্রাথমিক শিক্ষক হিসাবে নিয়োজিত হন। সংশ্লিষ্ট ব্লক ভূমি সংস্কার আধিকারিকের করনে জমির মালিক উক্ত বর্গাদারের নাম বাতিলের জন্য ১৭.৩.১৯৯৯-তে একটি আবেদনপত্র জমা দেন। সংশ্লিষ্ট ব্লক ভূমি সংস্কার আধিকারিক একটি ভাগচাষ মামলা আরম্ভ করেন এবং স্থগিত (drop) করেন নির্দিষ্ট আদেশ দান করে।

ব্লক ভূমি সংস্কার আধিকারিক-এর উক্ত আদেশের বিরুদ্ধে জমির মালিক আপিল কর্তৃপক্ষের কাছে আপিলের আবেদন জমা দেন। আপিল কর্তৃপক্ষ এই আদেশ দেন যে স্বত্বলিপিতে বর্গাদারের নাম রেকর্ড করা হয়েছে সঠিক ভাবেই। আপিলটি খারিজ হয়ে যায়।

এরপর জমির মালিক পঃ বঃ ভূমি সংস্কার ও প্রজাস্বত্ব ন্যায়পীঠ (W.B.L.R. & Tenancy Tribunal)-এ আপিল কর্তৃপক্ষের আদেশকে চ্যালেঞ্জ জানিয়ে মামলা দায়ের করেন। কিন্তু ন্যায়পীঠ আপিল কর্তৃপক্ষের আদেশে হস্তক্ষেপ (interfere) করলেন না।

ন্যায়পীঠের আদেশের বিরুদ্ধে জমির মালিক (আবেদনকারী) মহামান্য কলিকাতা হাইকোর্টের ডিভিশন বেঞ্চে আজ্ঞালেখ আবেদন (writ petition) দাখিল করেন। কলিকাতা হাইকোর্টের মহামান্য ডিভিশন বেঞ্চ লক্ষ্য করেন যে ৩ নং বিবাদী ১৯৮৩ সালে প্রাথমিক বিদ্যালয়ে শিক্ষক হিসাবে নিয়োজিত হন

৬ 2003(2) Cal LJ 413.

এবং তিনি একজন নথিভুক্ত বর্গাদার। এখনও তিনি শিক্ষকতা করছেন। এই প্রশ্ন মহামান্য পঃ বঃ ভূমি সংস্কার ও প্রজাস্বত্ব ন্যায়পীঠে উঠেছিল। কিন্তু মহামান্য ন্যায়পীঠ এইভাবে এই প্রশ্ন এড়িয়ে যান যে—বর্গাদার হিসাবে কোনও শিক্ষকের নাম রেকর্ড করতে আইনত কোনও বাধা নেই। মহামান্য ডিভিশন বেঞ্চ জানান যে আপিল কর্তৃপক্ষের উচিত ছিল এই বিষয়টি লক্ষ্য করা। যদিও বর্গাদারকে অবশ্যই নিজে চাষ করার কথা, কিন্তু যদি তা না হয় তবে বর্গা উচ্ছেদের এটা একটা কারণ (that is a ground for termination of the cultivation of the bargadar)। মহামান্য কলিকাতা হাইকোর্টের ডিভিশন বেঞ্চের বিচারকালে এটা জানা যায় যে ওই বর্গাদারের (শিক্ষক) বাড়ি থেকে স্কুলের দূরত্ব ৬ কি.মি., যদি তাই হয় তবে কীভাবে তিনি "নিজে চাষ" করেন? এবং তার বর্গা স্বত্ব বজায় রাখেন? ডিভিশন বেঞ্চ জানান এই বিষয়গুলি আপিল কর্তৃপক্ষ ঠিক মতো লক্ষ্য করেন নি। এছাড়া বর্গাদার (শিক্ষক) যে জমি বর্তমানে চাষ করেন সেটাও তার পক্ষে নিজে চাষ করা সম্ভব নয়। মহামান্য ন্যায়পীঠ ও আপিল কর্তৃপক্ষের আদেশগুলি বাতিল করার আদেশ দান করেন মহামান্য ডিভিশন বেঞ্চ।

১০। বর্গাদার মালিকের ভাগ দিতে ব্যর্থ হলে [Failure of the bargadar to tender the owner's share of the produce]. ১৬(১) ধারা অনুযায়ী বর্গাদার মালিককে নির্দিষ্ট অনুপাতে উৎপন্ন ফসলের ভাগ দেবেন। লাঙল, বলদ, সার ও বীজ মালিক সরবরাহ করলে ৫০% মালিক পাবেন অন্য ক্ষেত্রে মালিক ২৫% পাবেন। ফসল কাটার সাত দিন আগে ১৬(২) ধারা অনুযায়ী বর্গাদার মালিককে উক্ত ফসলের ভাগ গ্রহণ করার জন্য মালিককে রেজিস্ট্রি চিঠি দিয়ে জানাবেন।

১৭(১)(গ) ধারা অনুযায়ী, যদি বর্গাদার মালিকের কাছে ফসলের ভাগ গ্রহণ করার প্রস্তাব দিতে না পারেন বা ফসলের ভাগ দিতে না পারেন তবে বর্গাদারকে উচ্ছেদ করা যেতে পারে। তবে এই ধারায় বর্গাদারকে উচ্ছেদ করার বিষয়ে মালিকের অধিকারকে নিয়ন্ত্রণ করা হয়েছে। তবে নির্ধারিত কর্তৃপক্ষের আদেশ অনুসারে বর্গাদার যদি মালিকের বকেয়া প্রাপ্য অংশ দিতে পারেন অথবা বাজার দর অনুযায়ী সমমূল্যের অর্থ দিতে পারেন তবে মালিক তাকে উচ্ছেদ করতে পারবেন না। সংশ্লিষ্ট আধিকারিকের কাছে মালিক উচ্ছেদের মামলা দায়ের করলে, বর্গাদারকে দেয় ফসলের কথা জানাবেন সংশ্লিষ্ট আধিকারিক। ওই বকেয়া ফসল বা সমমূল্যের অর্থ বর্গাদার যদি মালিককে মিটিয়ে দিতে পারেন

তবে তিনি উচ্ছেদের হাত থেকে রেহাই পাবেন। ১৯৭০ সালের পঃ বঃ ভূমি সংস্কার আইন সংশোধন দ্বারা [১৯৭০ সালের রাষ্ট্রপতির ১৬ নং আইন] ১৭(১)(গ) ধারাটির পরিবর্তন করা হয়েছে। পরবর্তী ক্ষেত্রে ১৯৭২ সালের পঃ বঃ ভূমি সংস্কার আইন (সংশোধন) [১৯৭২ সালের পশ্চিমবঙ্গের ১২ নং আইন] দ্বারা এই পরিবর্তন হয়েছে। এই ধারাটি বলবৎ করা হয়েছে ১৩.৭.১৯৭০ থেকে।

১৭(১)(গ) ধারা বরং বর্গাদারকে খানিকটা নিরাপত্তা দিয়েছে। উৎপন্ন ফসলের ভাগ দিতে না পারলে সঙ্গে সঙ্গেই বর্গাদারকে উচ্ছেদ করা যাবে না। ১৮(১) ধারার নির্ধারিত কর্তৃপক্ষ যে বকেয়া ধার্য্য করবেন তা মিটিয়ে দিলে বর্গাদার উচ্ছেদ হওয়া থেকে রক্ষা পাবেন। এমনকী বকেয়া ফসল না থাকলে তার বাজার মূল্যে অর্থ মিটিয়ে দিলেও হবে। এমনকী ১৮(১) ধারায় সংশ্লিষ্ট আধিকারিক তাকে বকেয়া টাকা কিস্তিতে মিটিয়ে দেওয়ার সুযোগ দিতে পারেন। নির্দিষ্ট একটা সময়ের মধ্যে ১৮(১) ধারার নির্দিষ্ট কর্তৃপক্ষ বর্গাদারকে ওই টাকা মিটিয়ে দেওয়ার আদেশ দেবেন। ওই অর্থ মিটিয়ে দেওয়ার জন্য কয়েকটি কিস্তির সুযোগ বর্গাদারকে দিতে পারেন সংশ্লিষ্ট আধিকারিক। *দিবাকর দাস* বনাম *মহকুমা শাসক,*[৭] মামলার রায় অনুসারে দেখা যায়—১৭(১)(গ) ধারায় বর্গাদারকে উচ্ছেদের আগে তাকে সুযোগ দেওয়া উচিত। বকেয়া ফসল অথবা বাজার মূল্যে সমপরিমাণ অর্থ, এক বা একাধিক কিস্তিতে সংশ্লিষ্ট আধিকারিক যেমন নির্দেশ দেবেন, সেই অনুযায়ী বর্গাদারকে দেওয়ার সুযোগ দিতে হবে। উচ্ছেদের হাত থেকে এই ধারাটি বর্গাদারকে খানিকটা রক্ষা করছে। সংশ্লিষ্ট আধিকারিক তার আদেশে এটা উল্লেখ করবেন যে বকেয়া ফসল বা বাজার মূল্যে সমপরিমাণ অর্থ মিটিয়ে দিলে বর্গাদার উচ্ছেদ হবেন না।

এ বিষয়ে ১৮(২ক) ধারার একটু আলোচনা করা প্রয়োজন। যদি দেখা যায় উৎপন্ন ফসলের ভাগ বর্গাদার দিতে না পারার কারণ হল যিনি ভাগ দাবি করছেন তার জমি ১৯৫৩ সালের জমিদারি অধিগ্রহণ আইন বা ১৯৫৫ সালের পঃ বঃ ভূমি সংস্কার আইন অনুযায়ী vest হয়েছে। যিনি ফসল দাবি করছেন তিনি ওই জমি নিজের দখলে রেখেছেন সেক্ষেত্রে বর্গা উচ্ছেদ হবে না। বরং সর্বাধিক চারটি কিস্তিতে বকেয়া অর্থ পরিশোধের আদেশ দেবেন সংশ্লিষ্ট আধিকারিক। এক্ষেত্রে ওই আদেশ দেওয়া থেকে পরবর্তী বাংলা চৈত্র মাসের প্রথম দিনের মধ্যে অবশ্যই প্রথম কিস্তির টাকা বর্গাদার দেবেন।

৭ 1983(1) Cal LJ 318.

১১। ১৭(১)(গ) ধারামতে বর্গাদার উচ্ছেদ এবং বর্গাদার উক্ত জমি নিজের দখলে রেখেছেন [Termination of bargadar and bargadar holding the same land under s. 17(1)(c)] ঃ রায়তের পেশ করা আবেদনের ভিত্তিতে রাজস্ব আধিকারিক প্রতিবাদীকে 'বর্গাদার' হিসাবে উচ্ছেদ করেন ১৭(১)(গ) ধারায় এবং আপিল কর্তৃপক্ষ সেই রায়-ই বহাল রাখেন। কিন্তু পশ্চিমবঙ্গ ভূমি সংস্কার আইনের ২০ ধারা অনুযায়ী পূর্বোক্ত আদেশটি নিষ্পাদন (execution) করা হয়নি। ইতিমধ্যে পূর্বোক্ত জমিটি জেলা সমাহর্তা, কৃষি জমির শ্রেণি পরিবর্তন করে 'বাস্তু' জমি হিসাবে পরিণত করার আবেদন অনুমোদন করেছেন। পাশাপাশি বর্গাদার উক্ত জমিতে নির্মাণ করা থেকে মালিককে বিরত করেছেন। আবেদনকারী জমির মালিক, তিনি মহামান্য উচ্চ ন্যায়ালয়ে একটি আজ্ঞালেখ আবেদন (writ petition) পেশ করে প্রতিবাদী দ্বারা সৃষ্ট ঝামেলা থেকে রেহাই পাওয়ার জন্য আর্জি জানিয়েছেন। উক্ত জমিতে নির্মাণকার্য করতে প্রতিবাদী যাতে সমস্যা তৈরি করতে না পারে সেই মর্মে আদেশ দানের প্রার্থনা করেছেন। অন্যদিকে প্রতিবাদী জানিয়েছেন তিনি এখনও বর্গাদার আছেন, কারণ উচ্ছেদের আদেশটি নিষ্পাদন বা কার্যকর (execution) করা হয়নি এবং মহামান্য ন্যায়ালয়ে দাখিল করা আবেদনটি যেন খারিজ করা হয়। মহামান্য আদালত লক্ষ্য করেছেন জমির শ্রেণি পরিবর্তনের ফলে উক্ত জমির কৃষিকাজের চরিত্র বন্ধ হয়েছে এবং ধরে নেওয়া যায় বর্গাদার উচ্ছেদ হয়েছে এবং বর্গাদার উচ্ছেদ কার্যকর করার জন্য ২০ ধারায় বর্ণিত যে বিধি আছে তা এক্ষেত্রে প্রয়োজন হবে না। সুতরাং মহামান্য আদালত জানিয়েছেন এই মামলার প্রতিবাদী যদিও বর্গাদার নন, তিনি অনধিকার প্রবেশকারী। মহামান্য আদালত লক্ষ্য করেছেন প্রতিবাদী আইনের বিধান মেনেই তাকে উচ্ছেদ করা হয়েছে এবং বিবাদীয় প্রশ্নের মধ্যে আদালত প্রবেশ করতে পারে না। আদালত এই মর্মে মামলাটি নিষ্পত্তি করলেন, বাদী অর্থাৎ আবেদনকারী বিধিবদ্ধ কর্তৃপক্ষের কাছে, পুলিশের কাছে আদালতের নির্দেশানুসারে সহায়তা এবং সাহায্যের আবেদন করতে পারেন। পুলিশ কর্তৃপক্ষকে সমস্ত সহায়তা ও সাহায্য প্রদানের জন্য মহামান্য আদালত নির্দেশ দিলেন; কোনও আইনশৃঙ্খলাজনিত কোনও সমস্যা যদি দেখা যায় তবে তারা তার সমাধান করবেন।[৮]

১২। বর্গাদার দ্বারা সর্বাধিক জমি চাষ [Maximum quantity of land to be cultivated by bargadar]. বর্গাদার কোনও অবস্থাতেই ৪.০০ হেক্টরের বেশি

৮ *বিকাশ রায়* বনাম *পশ্চিমবঙ্গ সরকার* 2008(1) CHN 554 (Cal).

জমি চাষ করার অধিকারী হবেন না। বর্গা জমি এবং নিজের জমি মিলিতভাবে সর্বাধিক তিনি ৪.০০ হেক্টর জমি চাষ করতে পারবেন। ১৯৮১ সালের পঃ বঃ ভূমি সংস্কার আইন সংশোধনের আগে বর্গাদার নিজের জমি এবং বর্গা জমি মিলিয়ে সর্বাধিক ৬.০০ হেক্টর জমি চাষ করতে পারতেন। ১৯৮১ সালের পঃ বঃ ভূমি সংস্কার আইন সংশোধন দ্বারা এই পরিমাণ ৪.০০ হেক্টর করা হয়েছে।

১৩। অতিরিক্ত জমি চাষ করার ফল [Consequences of cultivation of excess land]. ১৭(৪) ধারা অনুযায়ী বর্গাদার নিজের জমি এবং বর্গা জমি মিলিয়ে ৪.০০ হেক্টরের বেশি চাষ করবেন না। কিন্তু যদি দেখা যায় নিজের জমি এবং বর্গা জমি মিলিয়ে ৪.০০ হেক্টরের বেশি হয়ে গেছে, তখন কী হবে? ১৭(৫) ধারায় এই নির্দেশ আছে যে—বর্গাদার ৪.০০ হেক্টরের বেশি জমি চাষ করলে, ৪.০০ হেক্টরের অতিরিক্ত বর্গাজমির জন্য বর্গাদারের প্রাপ্য অংশ সরকার বাজেয়াপ্ত করবেন। এই ধারার রাজস্ব আধিকারিক হিসাবে বিজ্ঞপ্তি নং ৭৮০, ১৭.১.১৯৫৮ মূলে মহকুমা শাসক দায়িত্ব পালন করবেন।

৪.০০ হেক্টরের অতিরিক্ত যে জমি বর্গাদার চাষ করেন, তা যদি মালিকের ২খ পরিচ্ছেদ [Chapter 2B]-এর নির্দেশিত সর্বোচ্চ সীমার মধ্যেই থাকে তবে জমির মালিক বর্গাদার হিসাবে যে কোনও লোক দিয়ে চাষ করাতে পারেন (ধারা ১৭(৬) ভূমি সংস্কার আইন)। তবে বর্গাদার হিসাবে এমন লোককে বাছাই করতে হবে যেন তার মোট জমি ৪৯ ধারায় বর্ণিত জমির সীমার মধ্যেই থাকে (০.৪০৪৭ হেক্টর)।

১৪। চাকর বা মজুর দ্বারা চাষ [Cultivation by servants or labours]. পশ্চিমবঙ্গ ভূমি সংস্কার আইন ১৯৭৭ সালের সংশোধন দ্বারা ১৭ ধারার একটি ব্যাখ্যা যুক্ত করা হয়েছে, যা কলিকাতা গেজেট ৩.২.১৯৭৮ তারিখে প্রকাশিত হয়েছিল। ১৭(১)(ঘ) এবং ১৭(২) ধারার ক্ষেত্রে ব্যক্তিগত/নিজ চাষ বলতে বাড়ির চাকর বা অন্য মজুর দ্বারা চাষ প্রযোজ্য হবে না। পঃ বঃ ভূমি সংস্কার আইনের ২(৮) ধারায় নিজ চাষের সংজ্ঞা দেওয়া আছে। নিজ চাষ বলতে, নিজের খরচে—

(ক) নিজের শ্রম দ্বারা, বা

(খ) পরিবারের কোনও সদস্যের শ্রম দ্বারা, বা

(গ) কোনও চাকর/ভৃত্য বা মজুর দ্বারা।

কিন্তু উপরোক্ত সংজ্ঞা এই ধারার ক্ষেত্রে প্রযোজ্য হবে না। নিজ চাষ বলতে কেবলমাত্র (ক) নিজের শ্রম দ্বারা এবং (খ) পরিবারের সদস্যের শ্রম দ্বারা

চাষ বোঝাবে। বর্গা উচ্ছেদের অন্যতম একটি কারণ হল বর্গাদার যদি নিজে বা পরিবারের কোনও সদস্য দ্বারা জমি চাষ না করে কোনও চাকর বা মজুর বা অন্য লোককে দিয়ে চাষ করেন। ১৭(১)(ঘ) ধারার অনুযায়ী ওই বর্গাদারকে উচ্ছেদ করার আদেশ সংশ্লিষ্ট আধিকারিক দিতে পারেন, যদি প্রমাণিত হয় যে সত্য সত্যই ওই জমি মালিকের নিজ চাষে আনার প্রয়োজন বলে মনে হচ্ছে।

যদি এটা প্রমাণিত হয় যে উক্ত বিবাদীয় জমি সত্য সত্যই (*bona fide*) মালিকের নিজ চাষে আনা প্রয়োজন এবং ১৭(১)(ঘ) ধারায় ওই জমির মালিকের পক্ষে যদি কোনও আদেশ রাজস্ব আধিকারিক দেন তবে বর্গা উচ্ছেদের ২ বছরের মধ্যে মালিক ওই জমি চাষ করতে আরম্ভ করবেন। কিন্তু ২ বছরের মধ্যে মালিক যদি ওই জমি নিজ চাষে আনতে না পারেন তবে কী হবে? ১৭(২) ধারা অনুযায়ী ১৭(১)(ঘ) ধারায় আদেশ পাওয়া স্বত্ত্বেও যদি মালিক ২ বছরের মধ্যে ওই জমি নিজ চাষে আনতে ব্যর্থ হন তবে ওই জমি সরকারে ন্যস্ত হবে সমস্ত বাধা মুক্ত হয়ে। তবে ১৭(১)(ঘ) [s. 17(1)(*d*)] ধারায় পক্ষে আদেশ পেতে মালিককে প্রমাণ করতে হবে যে ওই জমি (ক) তিনি নিজ শ্রম দ্বারা অথবা (খ) পরিবারের সদস্যের শ্রম দ্বারা কেবলমাত্র চাষ করবেন। কোনও অবস্থাতেই তিনি চাকর, মজুর বা অন্য লোককে দিয়ে ওই জমি চাষ করাবেন না।

চাকর বা মজুর দ্বারা চাষ ১৭(২) ধারায় শাস্তি পাওয়ার পক্ষে যথেষ্ট। বর্গাদার বা মালিক উভয়ই এই পরিচ্ছেদে নিজ চাষ বলতে মজুর বা চাকর দ্বারা চাষ করার সুযোগে পাবেন না। এই পরিচ্ছেদের বেলায় মজুর/চাকর দ্বারা চাষকে নিজ চাষ হিসাবে স্বীকৃতি পাবে না।

১৫। মালিক নিজ চাষে আনতে না পারার ফল [Consequences of failure to bring the land under personal cultivation by the owner]. ১৭(১)(ঘ) ধারায় জমির মালিকের পক্ষে আদেশ দেওয়া স্বত্ত্বেও কোনও জমির মালিক যদি নিজ চাষে আনতে ২ বছরের মধ্যে না পারেন তবে ১৭(২) ধারায় ওই জমি সরকারে ন্যস্ত (vest) হওয়ার বিধান রয়েছে। উপরোক্ত বিধান ১৭(২) ধারায় দেওয়া হয়েছে ১৯৮১ সালের পঃ বঃ ভূমি সংস্কার (সংশোধন) আইন দ্বারা যা কলিকাতা গেজেটে ২৪.৩.১৯৮৬-তে প্রকাশিত হয়েছিল। এটি বলবৎ হয়েছে ৭.৮.১৯৬৯ থেকে।

পুরাতন ১৭(২) ধারাটি ছিল এইরকম ঃ ১৭(১)(ঘ) ধারায় বর্গাদার উচ্ছেদ করা স্বত্ত্বেও জমির মালিক যদি ২ বছরের মধ্যে ওই জমি নিজ চাষে আনতে

না পারেন অথবা অন্য কাউকে দিয়ে ওই জমি চাষ করেন তবে নির্ধারিত কর্তৃপক্ষ [prescribed authority] নির্দিষ্ট নিয়ম ও পদ্ধতি অনুসরণ করে ওই জমি বিক্রি (sell) করবেন। বর্গাদারকে প্রথম সুযোগ দিতে হবে কিন্তু বর্গাদার অনিচ্ছুক (unwilling) হলে বাজার মূল্যে অন্য কাউকে বিক্রি করবেন। এবং মহকুমা শাসকের পক্ষে ওই টাকা জমা হবে ট্রেজ্যারিতে, মালিক ওই টাকা পরে তুলে নিতে পারেন। সম্পূর্ণ প্রক্রিয়া রীতি-পদ্ধতি ১৯৫৬ সালের পঃ বঃ ভূমি সংস্কার (বর্গাদার) নিয়মে ৫ নং বিধান অনুযায়ী করা হত। ১৯৮১ সালের পঃ বঃ ভূমি সংস্কার আইন সংশোধন দ্বারা ১৭(২) নং ধারাটির পরিবর্তন করা হয়েছে। জমি বিক্রির বিষয়টি বর্তমানে বিলুপ্ত। নতুন ১৭(২) ধারায় বিক্রির পরিবর্তে উক্ত জমি ন্যস্ত (vest) করার বিধান দেওয়া হয়েছে।

নতুন ১৭(২) ধারা অনুযায়ী নিজ চাষের আনার প্রয়োজনে ১৭(১)(ঘ) ধারায় বর্গা উচ্ছেদের পর মালিক যদি ২ বছরের মধ্যে ওই জমি নিজ চাষে আনতে না পারেন, সমস্ত দায় মুক্ত হয়ে (free from all encumbrances) ওই জমি সরকারে ন্যস্ত হবে। অথবা মালিক যদি বর্গা উচ্ছেদের ২ বছরের মধ্যে নিজ চাষে না এনে অন্য লোককে দিয়ে ওই জমি চাষ করান তা হলেও ১৭(২) ধারা অনুযায়ী সমস্ত দায় মুক্তাবস্থায় ওই জমি সরকারে বর্তাবে। ১৪ফ [s. 14V] ধারা অনুযায়ী জমির মালিক নির্দিষ্ট পরিমাণ অর্থ পাওয়ার অধিকারী হবেন।

বিজ্ঞপ্তি নং ৪১৬-এল. রেফ্., তাং ১৩.৬.১৯৮৮ [যা কলিকাতা গেজেটে ১৫.৭.১৯৮৮ তারিখে প্রকাশিত হয়েছিল] ১৯৬৫ সালের পঃ বঃ ভূমি সংস্কার নিয়মের ১৪ছ নং নিয়মটি প্রকাশিত হয়েছিল। ওই ১৪ছ নিয়মে ১৭(২) ধারা অনুযায়ী জমি ন্যস্ত হওয়ার (vesting)-এর পদ্ধতির নির্দেশ আছে। জমির মালিককে শুনানীর সুযোগ দিতে হবে এই পদ্ধতিতে। পঃ বঃ ভূমি সংস্কার আইন সংশোধন দ্বারা ১৭(২) নং ধারার পরিবর্তন হলেও পঃ বঃ ভূমি সংস্কার (বর্গাদার) নিয়মের ৫ নং বিধিটির বিলোপ হয় নি। অবশ্য নতুন ১৭(২) টির প্রয়োগের ক্ষেত্রে নতুন ১৪ছ নিয়ম অনুসরণ করা হয় ফলে পঃ বঃ ভূমি সংস্কার (বর্গাদার) নিয়মের ৫ নং বিধিটির আর কোনও গুরুত্ব এমনিতেই থাকে না।

১৬। মালিকের সত্যই নিজের প্রয়োজনে [Bona fides requirement of owner of the land]. ১৭(১)(ঘ) ধারা [s. 17(1)(*d*)] অনুযায়ী মালিক সত্যই (*bona fide*) নিজের প্রয়োজনে আনার জন্য বর্গা উচ্ছেদের আবেদন করতে

পারেন নির্দিষ্ট আধিকারিক বা কর্তৃপক্ষের কাছে। যদি সংশ্লিষ্ট আধিকারিক বা কর্তৃপক্ষ তদন্ত দ্বারা ওই মর্মে সন্তুষ্ট হন যে সত্যই মালিকের নিজ চাষে ওই জমি আনা প্রয়োজন, ওই আধিকারিক বা কর্তৃপক্ষ বর্গা উচ্ছেদের আদেশ দিতে পারেন। উক্ত আদেশ নিষ্পাদন বা কার্যকর (execution) করে বর্গাদারকে উচ্ছেদ করে ওই জমির দখল মালিকের কাছে যাবে। কিন্তু ১৯৭২ সালের পঃ বঃ ভূমি সংস্কার আইন সংশোধন দ্বারা দুটি বিষয় যুক্ত করা হয়েছে। বর্গা উচ্ছেদের বিষয়ে মালিকের অধিকারকে নিয়ন্ত্রণ করা হয়েছে নিম্নলিখিত শর্ত সাপেক্ষে—

(১) জমির মালিক সেই পরিমাণ জমি থেকে বর্গাদার উচ্ছেদ করতে সক্ষম হবেন যেন উচ্ছেদের পর সেই জমি এবং নিজের জমি মিলিতভাবে ৩.০০ হেক্টরের বেশি না হয়।

(২) বর্গা উচ্ছেদের পর বর্গাদারের জমি যেন ১.০০ হেক্টরের কম না হয়।

অর্থাৎ বর্গা উচ্ছেদের পর সেই জমি মালিক নিজে চাষ করবেন। এখানে লক্ষ্য রাখতে হবে সেই জমির পরিমাণের সাথে মালিকের নিজের জমি মিলিতভাবে কত হচ্ছে। যদি ৩.০০ হেক্টরের বেশি হয় তবে বর্গা উচ্ছেদ হবে না। আবার উচ্ছেদের ফলে বর্গাদারের জমি ১.০০ হেক্টরের নীচে নেমে গেলেও উচ্ছেদ হবে না। অর্থাৎ ওই জমি থেকে বর্গাদার উচ্ছেদ হয়ে গেলেও যদি বর্গাদারের জমি ১.০০ হেক্টর বা তার বেশি থাকে তবে উচ্ছেদ হতে পারে।

১৯৭০ সালের পঃ বঃ ভূমি সংস্কার আইন সংশোধন করা হয়েছিল, যা ১৩.৭.১৯৭০ থেকে বলবৎ। ১৭(১)(ঘ) ধারা প্রয়োগের ক্ষেত্রে দুটি ব্যাখ্যা আছে। প্রথম ব্যাখ্যা অনুযায়ী ১৭(১)(ঘ) ধারায় মালিক এবং বর্গাদার উভয়ের ক্ষেত্রে দুটি আলাদা জমির সর্বোচ্চ সীমা দেওয়া আছে। মালিকের ক্ষেত্রে ৩.০০ হেক্টর এবং বর্গাদারের ক্ষেত্রে ১.০০ হেক্টর। এই সর্বোচ্চ সীমা ঠিক রাখার জন্য মালিক বা বর্গাদার উভয়ই ১৩.৭.১৯৭০ এর পরে কোনও জমি হস্তান্তর করলে ধরে নেওয়া হবে ওই জমি তার মধ্যেই আছে।

ধরা যাক মালিকের মোট জমি ৩.৩০ হেক্টর, বর্গা প্রথায় চাষ হচ্ছে ১.০০ হেক্টর। এমতাবস্থায় বর্গা উচ্ছেদ হবে না কারণ বর্গা জমিসহ তার মোট জমি হয় ৪.৩০ হেক্টর। ১৭(১)(ঘ) ধারায় বলা আছে বর্গা জমি এবং তার জমি মিলে ৩.০০ হেক্টরের বেশি হবে না। এখন ১৩.৭.১৯৭০-এর পর মালিক নিজস্ব জমি থেকে ১.৩০ হেক্টর জমি হস্তান্তর করল যাতে তার জমির সাথে বর্গাদারের জমি যোগ করলে ৩.০০ হেক্টরের মধ্যেই থাকে। উক্ত হস্তান্তর এই

ধারার ক্ষেত্রে অবৈধ। ওই জমি তিনি হস্তান্তর করেন নি ধরে নেওয়া হবে। এই শর্ত বর্গাদারের ক্ষেত্রেও প্রযোজ্য হবে।

Bona fide কথার অর্থ—good faith, যেখানে কোনও ছল/চাতুরী অনুপস্থিত ("*Bona fides*" means with good faith, implying the absence of all fraud or unfair dealing or acting, whether it consists any simulation or dissimulation).

বিভিন্ন হাইকোর্টের বা মহামান্য সুপ্রীম কোর্টের বিভিন্ন মামলায় *bona fide* শব্দটির উপর গুরুত্ব আরোপ করা হয়েছে। মালিকের সত্যই উক্ত জমির প্রয়োজন (need) রয়েছে কিনা এ বিষয়ে। ওই প্রয়োজন মালিক সততার সাথে প্রকাশ করছে কিনা।[৯]

১৭। ফসলের দাবি এবং বর্গাদারের উচ্ছেদের দাবি একইসঙ্গে মালিক করতে পারেন কিনা [Whether the landowner can file both demand for realisation of share and eviction at the same time]. মালিক একই সাথে বকেয়া ফসল দাবি এবং বর্গা উচ্ছেদের দাবি করতে পারেন কিনা—এই প্রশ্নের উত্তরে *কৃষ্ণ দাস গরাই* বনাম *বনবিহারী পাল,*[১০] মামলায় দেখা যায়, মহামান্য বিচারকের অভিমত হল একই সাথে ফসল দাবি এবং বর্গা উচ্ছেদের দাবি করা যায় না। মালিক ১৮(১)(ক) [s. 18(1)(*a*)] ধারায় বর্গাদারের বিরুদ্ধে ফসল দাবি আবেদন করতে পারেন আবার একই সাথে একই সময়ে ফসল দিতে না পারার কারণে বা ফসল নেওয়ার প্রস্তাব না দিতে পারার কারণে বর্গাদার উচ্ছেদের আবেদন পেশ করতে পারবেন না।

কিন্তু *কৌসার আলি* বনাম *সৌকত আলি,*[১১] মামলার রায়দান প্রসঙ্গে মহামান্য কলিকাতা হাইকোর্ট জানান যে ১৭(১) ধারা বা ১৮(১) ধারায় এরকম কোনও "না-বোধক শব্দ" (negative word) নেই যার দ্বারা এটা বলা যায় যে মালিক একই সাথে বর্গাদারের বিরুদ্ধে ফসল দাবি এবং বর্গাদার উচ্ছেদের মামলা করতে পারবেন না।

৯ *নরেশ* বনাম *কানাই লাল* AIR 1952 Cal 852; 56 CWN 480; *গিরিজা দেবী* বনাম *রেন্ট কন্ট্রোল অ্যান্ড এভিকশান অফিসার* AIR 1965 All 366; *গিরিজা চন্দ্র মাঝি* বনাম *গিরিশ চন্দ্র মাইতি* 56 CWN 320; *বঙ্কু বিহারী দত্ত* বনাম *গৌর মোহন দত্ত* 85 CWN 548.

১০ C.R. No. 3043, 1958.

১১ 68 CWN 601.

১৬(২) বা ১৬(৪) ধারার অনুশাসন মেনে বর্গাদার যদি মালিককে ফসল নেওয়ার প্রস্তাব না দেন বা ফসল না দেন তবে ১৭(১)(গ) ধারা অনুযায়ী মালিক বর্গাদারকে উচ্ছেদের আবেদন করতে পারেন। ১৭(১)(গ) ধারার আবেদন নিষ্পত্তি করতে গিয়ে ১৮(১) ধারায় ক্ষমতাপ্রাপ্ত রাজস্ব আধিকারিক নির্দিষ্ট সময়ের মধ্যে বকেয়া ফসল বা বাজার দর অনুযায়ী সমমূল্যে অর্থ কয়েকটি কিস্তির মাধ্যমে দেওয়ার আদেশ দেবেন। সুতরাং এটা দেখা যাচ্ছে যে ১৭(১)(গ) ধারায় মালিক একদিকে বকেয়া ভাগ উদ্ধার করতে পারছেন আবার বর্গাদার রাজস্ব আধিকারিকের আদেশ অনুযায়ী কিস্তির টাকা না দিতে পারলে উচ্ছেদের আদেশও পেতে পারেন।

১৮। পশ্চিমবঙ্গ ভূমি সংস্কার আইনের ১৭ নং ধারা এক্তিয়ার বহির্ভূত কিনা [Whether s. 17 of W.B.L.R. Act is ultra vires]. ১৭ নং ধারা জমির মালিককে বর্গাদার উচ্ছেদের অধিকার দিয়েছে। ১৭(১)(ক), ১৭(১)(খ), ১৭(১)(গ) এবং ১৭(১)(ঘ) বিধানের বিভিন্ন অংশে যে সমস্ত শর্ত, নিয়ম রয়েছে সেগুলি ঠিক ঠিক পূর্ণ হয় মালিক নিজে আবার ওই জমির দখলে যেতে পারেন। মহামান্য সুপ্রীম কোর্টের অভিমত হল—১৭(১)(ঘ) ধারা অনুযায়ী জমির মালিকের যদি সত্য সত্যই (*bona fides*) প্রয়োজন হয় তবে তিনি ওই জমির দখলে যেতে পারেন। ১৮(১) ধারার নির্দিষ্ট আধিকারিক উক্ত আবেদনের শুনানীতে সন্তুষ্ট হয়ে ওই আদেশ দিতে পারেন। *শ্রীকালিমাতা ঠাকুরানি* বনাম *ইউনিয়ন অব ইন্ডিয়া,*[১২] মামলায় বাদী পক্ষের আইনজীবী জানান—যেখানে বর্গাদার স্বয়ং চাষ করতে না চান বা জমি ছেড়ে চলে যান, সেখানে মালিককে ওই জমি চাষ করতে না দেওয়ার কোনও যুক্তি নেই। কিন্তু মহামান্য সুপ্রীম কোর্ট ওই যুক্তি মানেন নি। বাদী পক্ষের আইনজীবী ১৭ ধারাতেই বর্গা উচ্ছেদের দাবি জানান যেক্ষেত্রে বর্গাদার স্বয়ং জমি চাষে গররাজি। কিন্তু সুপ্রীম কোর্টের অভিমত হল যা ১৭ নং ধারাতে নেই তা কার্যকর করা যায় না। ২০খ(৩), ২০খ(৪) ধারার বিশ্লেষণে মহামান্য সুপ্রীম কোর্ট উক্ত উপধারাতে কোনও ক্ষতিকারক/কটু (harsh) দেখেন নি, যুক্তিযুক্ত কোনও কারণ দেখেননি যা অসাংবিধানিক। ১৭ নং ধারা বিশ্লেষণে কোনও ভুল লক্ষ্য করেন নি মহামান্য আদালত। বরং মালিককে বর্গা উচ্ছেদের কিছু অধিকার দিয়েছে এবং বর্গাদারের নিরাপত্তার বিধান ও ১৭নং ধারায় রয়েছে। *মধুসূদন*

১২ AIR 1981 SC 1030.

সিং বনাম *ইউনিয়ন অব ইন্ডিয়া,*[১৩] মামলা থেকেও দেখা যায় যে ১৭ নং ধারা এক্তিয়ার বহির্ভূত নয়।

১৯। ১৭(২) ধারা এক্তিয়ার বহির্ভূত [Section 17(2) declared ultra vires]. ১৯৮১ সালের পঃ বঃ ভূমি সংস্কার আইন সংশোধন দ্বারা ১৭(২) ধারাটি সংশোধিত রূপে মূল আইনে যুক্ত হয়েছিল যা কলিকাতা গেজেটে ২৪.৩.১৯৮৬-তে প্রকাশিত হয়। মহামান্য কলিকাতা হাইকোর্ট *পশ্চিমবঙ্গ ভূমিজীবী সংঘ* বনাম *পশ্চিমবঙ্গ সরকার,*[১৪] মামলায় ১৭(২) ধারাটিকে এক্তিয়ার বহির্ভূত (*ultra vires*) ঘোষণা করেন। মহামান্য আদালত জানান—যদি কোনও ব্যক্তি সত্য সত্যই (*bona fide*) বর্গা প্রথায় চাষ করা কোনও জমি নিজ চাষে আনতে চান তবে ১৭(১)(ঘ) ধারা অনুযায়ী বর্গা উচ্ছেদ করা যেতে পারে। ১৭(১)(ঘ) ধারায় দেওয়া আদেশ মালিকের পক্ষে দেওয়া স্বত্ত্বেও তার রায় অনুযায়ী নিজ চাষে আনতে না পারলে কী হবে তা ১৭(২) ধারায় তার নির্দেশ রয়েছে। নির্ধারিত কর্তৃপক্ষ উক্ত জমি নিজ চাষে মালিক আনতে না পারলে নির্দিষ্ট আদেশ দ্বারা সরকারে ন্যস্ত করবেন এবং মালিক কেবলমাত্র (only) ১৪ফ ধারা অনুযায়ী ক্ষতিপূরণ (compensation) পাওয়ার অধিকারী হবেন। মহামান্য আদালত লক্ষ্য করেন যে ১৯৮১ সালের পঃ বঃ ভূমি সংস্কার আইন সংশোধন দ্বারা যে ১৭(২) ধারা যুক্ত করা হয়েছে তা মূলত শাস্তি বিধানের ধারা (penal provision)। মিথ্যা (*mala fide*) কারণ দেখিয়ে বর্গা উচ্ছেদ করলে এই ধরনের কঠোর বিধানের (drastic provision) প্রয়োজন হয়। কিন্তু এই বিধানে মালিক কেন নিজ চাষে ওই জমি আনতে পারেন নি তা বিবেচনা (consider) করার সুযোগ নেই। এমনও হতে পারে সেটা বাস্তবিকই যুক্তিসঙ্গত কারণ কিন্তু ওই যুক্তিসঙ্গত কারণ ওই জমিকে সরকারে ন্যস্ত হওয়া থেকে রক্ষা করতে পারে না। মহামান্য বিচারক তার রায়ে জানান মিথ্যা বক্তব্য (false representation) দিয়ে কেউ কোনও আদেশ পেলে সম্পূর্ণ সম্পত্তি বাজেয়াপ্ত করা হয় ১৭(২) ধারায়। জমির মালিক কেবলমাত্র ১৪ফ ধারা অনুযায়ী ক্ষতিপূরণ পেয়ে থাকেন। মহামান্য বিচারক তার রায়ে জানান ১৭(২) নং ধারা যা ১৯৮১ সালের পঃ বঃ ভূমি সংস্কার সংশোধন দ্বারা যুক্ত করা হয়েছে তা সংবিধানের এক্তিয়ার বহির্ভূত (*ultra vires* the constitution)।

১৩ AIR 1984 SC 374.
১৪ 1992(1) CHN 496.

২০। [১৫]পশ্চিমবঙ্গ ভূমি সংস্কার নিয়মের ১৪ছ নং বিধি ঃ ১৭(২) ধারায় নির্ধারিত কর্তৃপক্ষ দ্বারা মালিকের জমি vesting-এর পদ্ধতি [Rule 14G of W.B.L.R. Rule: Procedure of vesting of land of an owner by prescribed authority under s. 17(2)]. (১) নির্ধারিত কর্তৃপক্ষ প্রয়োজনে তদন্ত করে জমির মালিককে বিজ্ঞপ্তি দেবেন। তার বিরুদ্ধে আনা অভিযোগগুলি সংক্ষেপে বর্ণনা করে তার কাছে উপস্থিত হতে নির্দেশ দেবেন। বিজ্ঞপ্তিতে উল্লিখিত দিনে মালিক নিজে বা তার প্রতিনিধিকে উপস্থিত থাকতে বলা হবে। বিজ্ঞপ্তিতে উল্লিখিত জমি কেন ১৭(২) ধারা অনুযায়ী সরকারে ন্যস্ত হবে না তার কারণ দর্শানোর নির্দেশ থাকবে ওই বিজ্ঞপ্তিতে। বিজ্ঞপ্তিতে উল্লিখিত দিনে বা তার পরবর্তী কোনও দিনে যদি উক্ত প্রসিডিংস মুলতুবী থাকে তবে জমির মালিক বা তার প্রতিনিধিকে যথোপযুক্ত শুনানীর সুযোগ দিয়ে উক্ত মামলাটি নিষ্পত্তি করবেন।

(২) নির্ধারিত কর্তৃপক্ষ (১) নং বিধি অনুযায়ী যে মামলাটি (case) নিষ্পত্তি করবেন তাতে ওই কেসের ঘটনা (fact of the case), নির্ধারণের কারণগুলি (points of determination), সিদ্ধান্ত (decision) এবং সিদ্ধান্ত নেওয়ার কারণগুলি (reasons for decision) লিপিবদ্ধ করবেন। জমির মালিককে ওই আদেশের এক প্রস্থ (one copy) দিতে হবে।

(৩) ১৪ছ(১) বিধিমতে সরকারে ন্যস্ত জমির দখল নেবেন উক্ত নির্ধারিত কর্তৃপক্ষ বা উক্ত কর্তৃপক্ষের দ্বারা প্রত্যায়িত (duly authorised) অন্য কোনও আধিকারিক। পশ্চিমবঙ্গ ভূমি সংস্কার নিয়মের ১৪খখ [r. 14BB]-এর (১) নং উপবিধি অনুযায়ী ওই জমির দখল নিতে হবে।

(৪) যে ক্ষেত্রে ১৭(৩) ধারা অনুযায়ী জমির দখল নেওয়া হয়েছে, সেক্ষেত্রে ওই জমির জন্য মালিকের প্রাপ্য অর্থ হিসাব করা হয় ১৪ঙ [r. 14E] বিধি অনুযায়ী। ওই অর্থ মালিককে দেওয়া হবে ১৪চ [r. 14F] বিধি অনুযায়ী।

উল্লেখযোগ্য যে, নির্ধারিত কর্তৃপক্ষ বা নির্ধারিত কর্তৃপক্ষের দ্বারা প্রত্যায়িত (authorised) কোনও আধিকারিক নির্ধারণ (assessment) তালিকা প্রস্তুত করবেন এবং প্রকাশ করবেন ঃ

উল্লেখযোগ্য যে, রাজস্ব পর্ষদ, পশ্চিমবঙ্গ উপরোক্ত নির্ধারণ (assessment) তালিকা বাতিল করতে পারেন অথবা নতুন করে প্রস্তুত ও প্রকাশ করতে পারে।

১৫ ১৪ছ নিয়মটি বিজ্ঞপ্তি নং ৪১৬-এল. রেফ্., তাং ১৩.৬.১৯৮৮ দ্বারা যুক্ত হয়েছিল এবং কলিকাতা গেজেটে ১৫.৭.১৯৮৮-তে প্রকাশ হয়েছিল।

২১। ১৭(১) ধারামতে বর্গা উচ্ছেদের জন্য নমুনা আবেদনপত্র [Model application under s. 17(1) for termination of bargadar]. জমির মালিক নিম্ন বর্ণিত বয়ান অনুযায়ী বর্গা উচ্ছেদের জন্য আবেদন করতে পারেন। আবেদনপত্র জমা দেবেন সংশ্লিষ্ট ব্লক ভূমি ও ভূমি সংস্কার আধিকারিকের করনে ১৭(১) ধারামতে।

প্রতি
ব্লক ভূমি ও ভূমি সংস্কার আধিকারিক
.... ব্লক
থানা ....

বিষয় ঃ বর্গাদার উচ্ছেদের জন্য আবেদনপত্র

মহাশয়,

আমার জমিতে শ্রী ...., পিতা ...., গ্রাম ...., থানা ...., জেলা .... বর্গাদার হিসাবে চাষ করছিলেন। কিন্তু উক্ত বর্গাদার আইনের বিধান অনুসারে ফসলের ভাগ না দেওয়ার জন্য/ সে ওই জমি চাষ না করে ফেলে রাখার জন্য/কৃষিকাজের উদ্দেশ্যে ব্যবহার না করে অন্যভাবে ব্যবহার করার জন্য/সত্য সত্যই ওই জমি আমার নিজ চাষে আমার প্রয়োজনে বর্গাদার উচ্ছেদের আবেদন জানাচ্ছি।

ইতি

নিবেদক

স্বাক্ষর ঃ শ্রী ...., পিতা ....
সাং ...., থানা ....

তারিখ ....

জমির বিবরণ ঃ
মৌজা ও জে. এল. নং ঃ
থানা ঃ
জেলা ঃ
এল. আর/আর এস. খতিয়ান নং ঃ
দাগ নং ঃ
জমির পরিমাণ ঃ

২২। নমুনা আদেশনামা, ১৭(১) ধারা অনুসারে [Model order sheet under s. 17(1) of W.B.L.R. Act]. (রাজস্ব পর্যদ দ্বারা প্রকাশিত ভূমি সংস্কার বিষয়ক সাধারণ নির্দেশাবলী থেকে)

Nature of case : Proceedings under s 18(1)(*b*) read with s. 17(1) (*a*) (*b*) (*c*) and (*d*) of W.B.L.R. Act.

1. Whereas Shri .... S/o .... of village .... has filed an application stating that Shri .... S/o ...., of village .... has been cultivating his land described in the petition as bargadar and has failed to cultivate the land or has used it for any purpose other than agriculture; and

   Whereas the allegation made by the landowner against the bargadar(s) is to be decided on evidence to be gathered and verified locally, it is considered necessary to hold local enquiry into the matter;

   Issue notices fixing .... /....... / .... as the date of enquiry asking the applicant and the opposite party to remain present on the land described in the petition on .... at ..... am/pm and to produce oral and documentary evidence, which they want to adduce.

   To ....

   Officer appointed under section 18(1) of the West Bengal Land Reforms Act.

   or,

   Whereas Shri .... S/o ...., of village .... has filed an application stating that Shri ...., S/o .... of village ...., has been cultivating his land described in the petition as bargadar and did not cultivate the land personally; and

   Whereas the allegation made by the land owner against the bargadar is to be decided on evidence to be gathered and varified locally, it is necessary to hold local enquiry into the matter;

Issue notice fixing .... as the date of enquiry asking the applicant and the opposite party to remain present on the land described in the petition on .... at .... am/pm and to produce evidence.

To ....

Officer appointed under section 18(1) of the West Bengal Land Reforms Act.

or,

Whereas Shri .... S/o ...., of village .... has filed an application stating that Shri ...., S/o .... of village ...., has been cultivating his land described in the petition as bargadar and has failed to tended or deposit to the full extent the share of produce lawfully due to him; and

Whereas the allegation made by the landowner against the bargadar is to be decided on evidence it is necessary to hear the parties concerned and to consider the evidence, as may be adduced by them;

Issue notices fixing .... as the date of hearing and for production of evidence on .... at .... at my office.

To ....

Officer appointed under section 18(1) of the West Bengal Land Reforms Act.

or,

Whereas Shri .... S/o ...., of village .... has filed an application stating that Shri ...., S/o .... of village ...., has been cultivating his land described in the petition as bargadar and he *bona fide* requires the land for bringing the same under personal cultivation and praying for an order for termination of the bargadar; and

Whereas the claim of the landowner against the bargadar is to be decided on evidence it is necessary to hear the parties concerned and to consider evidence, as may be adduced by both the parties;

Issue notices fixing the date of hearing on .... and for production of evidence on .... at .... at my office.

To ....

Officer appointed under section 18(1) of the West Bengal Land Reforms Act.

2. Notices duly served and S.R. filed with case records.

To ....

Officer appointed under section 18(1) of the West Bengal Land Reforms Act.

3. Both parties present/Applicant present, opposite party found absent on call/Applicant absent on call/Heard both parties/ Heard the case *ex parte*. The applicant produces evidence in support of his contention. The opposite parties fail to rebut the evidence adduced by the applicant/the applicant fails to substantiate his allegations. Evidence adduced by applicant/ respondent is trustworthy. Local enquiry held on .... reveal that the allegation made by the applicant are correct/ not correct.

*   *   *   *   *   *

Hence ordered..........................

Officer appointed under section 18(1) of the West Bengal Land Reforms Act.

N.B. (1) Local enquiry must be made in respect of the cases mentioned in clauses (*a*), (*b*), (*c*) and (*d*) of sub-section (1) of section 17, W.B.L.R. Act.

(2) Strike out the grounds not applicable.

(3) Indicate grounds for decision appropriate for each particular case.

(4) Name of witnesses examined by each party have to be mentioned on the order sheet at the appropriate place.

(5) List of documents produced by each party should be mentioned in the order sheet at the appropriate place.

২৩। [১৬]**বর্গাচাষের অবসান বিষয়ে কিছু নির্দেশিকা [Some instructions on termination of barga cultivation].** (১) পশ্চিমবঙ্গ ভূমি সংস্কার আইনের ১৮(১) ধারায় রাজ্য সরকার কর্তৃক নিযুক্ত কোনও আধিকারিকের আদেশ ছাড়া বর্গাদার দ্বারা চাষের অবসান হবে না।

(২) সমস্ত রাজস্ব আধিকারিকগণকে ১৮(১) ধারা অনুসারে নিযুক্ত করেছেন রাজ্য সরকার।

(৩) একমাত্র নিম্নলিখিত কারণেই বর্গাচাষের অবসান হবে—

(ক) বর্গাদার যদি উপযুক্ত কারণ ছাড়া জমি চাষ না করে ফেলে রাখেন, বা বর্গাজমিকে কৃষিকাজ ছাড়া অন্য কোনওভাবে ব্যবহার করেন

(খ) বর্গাদার যদি নিজে জমি চাষ না করেন

(গ) বর্গাদার যদি মালিককে ঠিকমত ফসলের অংশ না দেন এবং

(ঘ) মালিক যদি নিজ চাষে জমি আনতে চান।

(৪) মালিকের কাছ থেকে বর্গাচাষ রদের আবেদন পাওয়ার পর সংশ্লিষ্ট আধিকারিক আবেদনে উল্লিখিত অভিযোগের সত্যতা পরীক্ষা করার জন্য সরেজমিনে তদন্ত করবেন।

(ক) তদন্তের আগে তদন্তের দিন, সময় এবং স্থান জানিয়ে সংশ্লিষ্ট সমস্ত পক্ষকে বিজ্ঞপ্তি দিতে হবে।

(খ) তদন্তের সময় সংশ্লিষ্ট আধিকারিক উভয় পক্ষের দাখিল করা মৌখিক ও কাগজপত্র ভিত্তিক প্রমাণপত্র পরীক্ষা করবেন।

১৬ Some instruction on Land Reforms থেকে সংশোধিত রূপ।

(গ) তিনি নিজে সঠিক তথ্য জানার জন্য নির্ভরযোগ্য সাক্ষীদের সাক্ষ্য প্রমাণ গ্রহণ করবেন।

(৫) তদন্তের সময় সংশ্লিষ্ট আধিকারিক নিম্নলিখিত বিষয়গুলি মনে রাখবেন—

(ক) অনাবৃষ্টি, বন্যা বা অন্যান্য প্রাকৃতিক বিপর্যয় ঘটার জন্য বর্গাজমি চাষ করতে না পারা বর্গাচাষের অবসান ঘটানোর উপযুক্ত কারণ হিসাবে বিবেচিত হবে না।

(খ) বর্গাদার শারীরিকভাবে অসুস্থ হওয়ার জন্য জমি চাষ করতে না পারলে বর্গাচাষের অবসানের জন্য উপযুক্ত কারণ হিসাবে বিবেচিত হবে না।

(গ) বর্গাদারের নিয়ন্ত্রণের বাইরে কোন কারণ বা ঘটনা ঘটলে সেই কারণে জমি চাষ করতে না পারলে বর্গাচাষ অবসানের উপযুক্ত কারণ হিসাবে বিবেচিত হবে না।

(ঘ) বর্গাজমি অকৃষি জমি রূপে ব্যবহার রদের উপযুক্ত কারণ হিসাবে গণ্য হবে।

(ঙ) যে সমস্ত কারণের জন্য বর্গাচাষের অবসান করা যায় সেইগুলির এক বা একাধিক কারণ যদি বজায় থাকে এবং যদি দেখা যায় যে, বর্গাদার নিষ্ঠার সঙ্গে জমি চাষ করেন না তাহলে বর্গাচাষ অবসানের জন্য বিবেচনা করা যেতে পারে।

(চ) পরিবারের সদস্যদের সাহায্যে চাষ বর্গাদারের ব্যক্তিগত চাষ বলে গণ্য করা হবে।

(ছ) অন্যদিকে বর্গাদারের পরিবারভুক্ত নন এরকম কোনও ব্যক্তিকে দিয়ে জমি চাষ করালে বর্গাদারের ব্যক্তিগত চাষ হিসাবে বিবেচিত হবে না।

(৬) তদন্তের সময় সংশ্লিষ্ট আধিকারিক অন্যান্য সাক্ষীদের সঙ্গে এমন ব্যক্তিদের সাক্ষ্য নেবেন যাঁদের সংশ্লিষ্ট জমির চাষ সম্পর্কে প্রত্যক্ষ অভিজ্ঞতা, জ্ঞান আছে।

(৭) "বর্গাদার মালিককে ফসলের ভাগ দেননি" এই কারণে বর্গা চাষ অবসানের আবেদন হলে সংশ্লিষ্ট আধিকারিক অন্যান্য সাক্ষের সঙ্গে উভয়পক্ষের আনা কাগজপত্রভিত্তিক সাক্ষ্য প্রমাণ বিবেচনা করবেন।

(ক) যদি দেখা যায় যে, বর্গাদার বাস্তবিকই মালিকের ভাগ দেননি, তা হলে সংশ্লিষ্ট আধিকারিক বাকী ভাগ বা তার পরিবর্তে অর্থ সহজ কিস্তিতে শেষ করার সুযোগ বর্গাদারকে দেবেন।

(খ) যদি বর্গাদার আদেশ মেনে চলেন, তবে বর্গা চাষ অবসানের আদেশ কার্যকর হবে না।

(৮) মালিক নিজের চাষে জমি আনার জন্য বর্গাচাষ রদ করতে হলে ওই আবেদন খুব সতর্কতার সাথে বিবেচনা করতে হবে।

(১) মালিক ঠিক কীভাবে সংশ্লিষ্ট জমি চাষ করতে চান সেই ব্যাপারে উপযুক্ত তদন্তের ব্যবস্থা করতে হবে।

(২) এই ধরনের আবেদন সংশ্লিষ্ট আধিকারিকে ভূমি সংস্কার আইনের ২(৮) ধারা এবং পঃ বঃ ভূমি সংস্কার নিয়মের ২ক বিধি সাপেক্ষে বিবেচনা করতে হবে।

(৩) রদের আদেশের ফলে কোনওভাবেই যেন মালিকের মোট জমি ৩.০০ হেক্টরের বেশি না হয় এবং বর্গাদারের জমি ১.০০ হেক্টরের কম না হয়।

(৪) নিম্নলিখিত উদাহরণ লক্ষ্য করুন—

(ক) একজন রায়ত ৪ হেক্টর জমি নিজে চাষ করেন, বর্গাদার ওই রায়তের .৬৫ হেক্টর জমি বর্গাচাষ করেন। এক্ষেত্রে বর্গা রদ হবে না।

(খ) বর্গাদার ১.৭৫ হেক্টর জমি চাষ করলে, .৭৫ হেক্টর জমির বর্গা চাষ রদ হতে পারে।

(গ) বর্গাদার .৫৫ হেক্টর জমি চাষ করেন, বর্গাদার আর কোনও জমি চাষ করেন না। এক্ষেত্রে রায়ত নিজে চাষ করবেন বললেও বর্গা রদ হবে না।

১৮। কতগুলি বিবাদ নিষ্পত্তির ক্ষেত্রাধিকার (Jurisdiction to decide certain disputes) ঃ (১) বর্গাদার এবং যে ব্যক্তির জমি বর্গাদার চাষ করেন উভয়ের মধ্যে নিম্নলিখিত বিবাদগুলি রাজ্য সরকার দ্বারা নিয়োজিত আধিকারিক বা কর্তৃপক্ষ মীমাংসা করবেন—

(ক) উৎপন্ন ফসলের ভাগ এবং প্রদান,

[১](কক) ১৬ক ধারা অনুযায়ী উৎপন্ন ফসল পুনরুদ্ধার,

(খ) বর্গাদার দ্বারা চাষের অবসান,

[২](গ) বাতিল।

[৩][রাজস্ব আধিকারিকের কাছে যে সময় থেকে অনাদায় আরম্ভ হয়েছে তার তিন বছরের মধ্যে আবেদন দাখিল না হলে সিদ্ধান্ত গ্রহণের জন্য কোনও আবেদন নেওয়া হবে না।]

(২) উপধারা (১)-এ বর্ণিত বিবাদ মীমাংসার জন্য [৪][বা অন্যভাবে] যদি কোনও প্রশ্ন দেখা যায় যে কোনও ব্যক্তি বর্গাদার কিনা এবং ফসলের ভাগ কাকে দেওয়া হবে, তবে এইরকম প্রশ্নের মীমাংসা করবেন ১৮(১) ধারায় উল্লিখিত আধিকারিক বা কর্তৃপক্ষ।

১ পশ্চিমবঙ্গ ভূমি সংস্কার (দ্বিতীয় সংশোধন) আইন, ১৯৬৯ (পশ্চিমবঙ্গ আইন ২৩, ১৯৬৯)-এর ৪(ক) ধারার মাধ্যমে সন্নিবেশিত হয়েছে। এর আগে ইহা পশ্চিমবঙ্গ ভূমি সংস্কার (সংশোধন) আইন, ১৯৬৮ (রাষ্ট্রপতির আইন ১, ১৯৬৮)-এর ৪(ক) ধারার মাধ্যমে সন্নিবেশিত হয়েছিল।

২ পশ্চিমবঙ্গ ভূমি সংস্কার (সংশোধন) আইন, ১৯৭০ (রাষ্ট্রপতির আইন ১৬, ১৯৭০)-এর ৫(*i*) ধারার মাধ্যমে বাতিল এবং এরপর পশ্চিমবঙ্গ ভূমি সংস্কার (সংশোধন) আইন, ১৯৭২ (পশ্চিমবঙ্গ আইন ১২, ১৯৭২)-এর ১৭(*i*) ধারার মাধ্যমে বাতিল এবং উক্ত আইনের ১(২) ধারার মাধ্যমে ১৩.৭.১৯৭০ তারিখ হতে বলবৎ হয়েছে। মূল প্রকরণটি নিম্নরূপ ছিল ঃ

"(গ) ফসল জমা ও ঝাড়াই-মাড়াই-এর স্থান।"

৩ পশ্চিমবঙ্গ ভূমি সংস্কার (সংশোধন) আইন, ১৯৮১ (পশ্চিমবঙ্গ আইন ৫০, ১৯৮১)-এর ধারার মাধ্যমে মূল অনুবিধিটি স্থলে, যাহা পঃ বঃ ভূমি সংস্কার (সংশোধন) আইন, ১৯৬৫ (পশ্চিমবঙ্গ আইন ১৮, ১৯৬৫) ধারার মাধ্যমে যুক্ত হয়েছিল, অনুকল্পিত এবং এই আইনের ১(২) ধারার মাধ্যমে ৭.৮.১৯৬৯ তারিখ হতে বলবৎ হয়েছে। মূল অনুবিধিটি নিম্নরূপ ছিল ঃ

"এই শর্ত যে (ক) প্রকরণে উল্লিখিত ফসলের অর্পণ সম্পর্কে কোনও বিরোধ মীমাংসার জন্য আবেদন-পত্র গৃহীত হইবে না যদি না দুই বৎসরের মধ্যে যে তারিখ হইতে ফসলের অর্পণ প্রাপ্য শুরু হয়েছে, আধিকারিক বা কর্তৃপক্ষের নিকট উপস্থাপিত হয়।"

৪ পশ্চিমবঙ্গ ভূমি সংস্কার (সংশোধন) আইন, ১৯৭৪ (পশ্চিমবঙ্গ আইন ৩৩, ১৯৭৪)-এর ৬ ধারার মাধ্যমে সন্নিবেশিত হয়েছে।

[৫](২ক) উপধারা (২)-তে উল্লিখিত বিবাদ নিষ্পত্তির সময় সংশ্লিষ্ট আধিকারিক বা কর্তৃপক্ষ যদি লক্ষ্য করেন যে, উৎপন্ন ফসলের ভাগ দেওয়া যায় নি এই সমস্যার জন্য যে, যে জমির উৎপন্ন ফসল দাবি করা হচ্ছে তা ১৯৫৩ সালের জমিদারি অধিগ্রহণ আইন বা বর্তমান আইনে (পঃ বঃ ভূমি সংস্কার আইন) সরকারে ন্যস্ত হয়েছে অথবা যিনি উৎপন্ন ফসলের ভাগ দাবি করছেন তিনি নিজের দখলে ওই জমি রেখেছেন, এক্ষেত্রে সংশ্লিষ্ট আধিকারিক বা কর্তৃপক্ষ ফসলের ভাগ না দেওয়ার জন্য বর্গাচাষের সমাপ্তির পরিবর্তে বাৎসরিক সর্বাধিক চারটি কিস্তিতে ফসলের প্রাপ্য অংশ বা আর্থিক মূল্য যার কাছে অনাদায়ী তাকে দেওয়ার জন্য সময় দেবেন। আদেশ দেওয়ার তারিখের ঠিক পরের চৈত্র মাসের ১ তারিখের মধ্যে প্রথম কিস্তির টাকা দিতে হবে।

[৬](২খ) বাতিল।

[৭](৩) ১৮(১)(ক) ধারার বিরোধের নিষ্পত্তির সিদ্ধান্ত অনুসারে নির্দিষ্ট সময়ের মধ্যে প্রদেয় ফসলের ভাগ না দিতে পারলে উৎপন্ন ফসলের দেয় অংশের সমপরিমাণ অর্থ মূল্য নির্ধারিত হবে।

৫ পশ্চিমবঙ্গ ভূমি সংস্কার (সংশোধন) আইন, ১৯৬৫ (পশ্চিমবঙ্গ আইন ১৮, ১৯৬৫)-এর ৮(খ) ধারার মাধ্যমে সন্নিবেশিত হয়েছে।

৬ ক্রমিক ২-এ উল্লেখিত আইনদ্বয়ের যথাক্রমে ৫(*ii*) এবং ১৭(*ii*) ধারার মাধ্যমে বাতিল এবং পশ্চিমবঙ্গ আইন ১২, ১৯৭২-এর ১(২) ধারার মাধ্যমে ১৩.৭.১৯৭০ তারিখ হতে বলবৎ হয়েছে। এই উপধারাটি পশ্চিমবঙ্গ ভূমি সংস্কার (সংশোধন) আইন, ১৯৬৫ (পশ্চিমবঙ্গ আইন ১৮, ১৯৬৫)-এর ৮(গ) ধারার মাধ্যমে সন্নিবেশিত হয়েছিল। উপধারাটি নিম্নরূপ ছিল ঃ

"(২খ) যদি (১) উপধারার (খ) প্রকরণে উল্লিখিত কোনও বিরোধী মীমাংসার সময়ে, সেই উপধারায় উল্লিখিত আধিকারিক বা কর্তৃপক্ষ কেবল এক বছরের জন্য ফসলের ভাগ দেওয়ার খেলাপীর দরুন কোনও বর্গাদার সম্পর্কে চাষের অবসান করে কোনও আদেশ করেন, অনুরূপ আধিকারিক বা কর্তৃপক্ষ, সেরূপ আদেশ দেওয়ার সময়ে, বর্গাদারকে, সেই বছরের যার সম্পর্কে খেলাপ করা হয়েছিল অব্যবহিত পরের বছরের চৈত্র মাসের প্রথম দিনের মধ্যে অথবা, সেরূপ আদেশ অনুরূপ তারিখের পর করা হলে, সেরূপ আদেশের তারিখের অব্যবহিত পরবর্তী চৈত্রের প্রথম দিনের মধ্যে, ঐ ব্যক্তিকে যাঁহার জমি তিনি চাষ করেন, ফসলের ভাগ অর্পণ বা উহার মূল্য প্রদান করতে নির্দেশ দেবেন এবং যেরূপ নির্দেশিত সেরূপ তারিখের মধ্যে যদি ফসলের ভাগ বা উহার মূল্য অর্পণ করা বা দেওয়া হয়, পূর্বোল্লিখিত আদেশ কার্যকর হবে না।"

৭ পশ্চিমবঙ্গ ভূমি সংস্কার (সংশোধন) আইন, ১৯৬২ (পশ্চিমবঙ্গ আইন ১৬, ১৯৬২)-এর ২(১) ধারার মাধ্যমে যুক্ত হয়েছে। ইহা ইতিপূর্বে পশ্চিমবঙ্গ ভূমি সংস্কার (সংশোধন) অধ্যাদেশ, ১৯৬২ (পশ্চিমবঙ্গ অধ্যাদেশ ৫, ১৯৬২)-এর ২(১) ধারার মাধ্যমে যুক্ত হয়েছিল।

(৩ক) ১৮(১)(কক) ধারায় বিরোধের নিষ্পত্তির সিদ্ধান্ত অনুসারে নির্দিষ্ট সময়ের মধ্যে বর্গাদারের প্রাপ্য অংশ মালিক দিতে না পারলে, ওই সমপরিমাণ ফসলের সমতুল্য অর্থমূল্য নির্ধারিত হবে।

[৮](৪) সন্দেহ দূর করার জন্য এই মর্মে ঘোষণা করা হচ্ছে যে, কোনও আদালতের কোনও বিপরীত রায় থাকলেও ১৯৭২ সালের পঃ বঃ ভূমি সংস্কার আইন সংশোধনের বলবৎ হওয়ার আগের থেকে উৎপন্ন ফসলের ভাগ নির্ধারিত সময়সীমার মধ্যে না দিতে পারলে, ওই ভাগের সমান আর্থিক মূল্য ঠিক করে ১৮(১)(ক) উপধারা অনুযায়ী দেওয়া রায় এমনভাবে বিবেচনা করতে হবে যে ওই আদেশ ওই আইন বলবৎ হওয়ার সময় থেকে দেওয়া হয়েছে।

[৯](৫) ১৯৬২ সালের পশ্চিমবঙ্গ ভূমি সংস্কার আইন বলবৎ হওয়ার আগে ১৮(১)(ক) ধারা অনুযায়ী কোনও বিবাদ মীমাংসার জন্য আদেশে, প্রদেয় ফসলের ভাগের সমান অর্থ মূল্য বলা না থাকলে, বর্গাদার বা জমির মালিক বা তাদের উত্তরাধিকারীগণ পঃ বঃ ভূমি সংস্কার আইন (সংশোধন), ১৯৬৫ আরম্ভের ৯০ দিনের মধ্যে সংশ্লিষ্ট আধিকারিক বা কর্তৃপক্ষের কাছে নির্দিষ্ট সময়সীমার মধ্যে না দিতে পারা ফসলের ভাগের সমান অর্থমূল্য নির্ধারণের জন্য আগের সিদ্ধান্ত পুনর্বিবেচনার আবেদন করতে পারেন।

[৯](৬) এরকম আবেদন পেলে সংশ্লিষ্ট আধিকারিক/কর্তৃপক্ষ সমস্ত পক্ষকে যথোপযুক্তভাবে শুনানীর সুযোগ ও সাক্ষ্য দেওয়ার সুযোগ দিয়ে ফসলের না দিতে পারা ভাগের সমান অর্থমূল্য নির্দিষ্ট করে দিয়ে আদেশ দেবেন।

18. Jurisdiction to decide certain disputes. (1) Every dispute between a *bargadar* and the person whose land he cultivates in respect of any of the following matters, namely:

(*a*) division or delivery of the produce,

৮ পশ্চিমবঙ্গ ভূমি সংস্কার (সংশোধন) আইন, ১৯৬২ (পশ্চিমবঙ্গ আইন ১৬, ১৯৬২)-এর ২(২) ধারার মাধ্যমে যুক্ত হয়েছে। ইতিপূর্বে পশ্চিমবঙ্গ ভূমি সংস্কার (সংশোধন) অধ্যাদেশ, ১৯৬২ (পশ্চিমবঙ্গ অধ্যাদেশ ৫, ১৯৬২)-এর ২(২) ধারার মাধ্যমে যুক্ত হয়েছিল।

৯ পশ্চিমবঙ্গ ভূমি সংস্কার (সংশোধন) আইন, ১৯৬৫ (পশ্চিমবঙ্গ আইন ১৮, ১৯৬৫)-এর ৮(ঘ) ধারার মাধ্যমে যুক্ত হয়েছে।

(*aa*) recovery of produce under section 16A,

(*b*) termination of cultivation by the *bargadar*,

(*c*) [*Omitted* by the West Bengal Land Reforms (Amendment) Act, 1970 (President's Act 16 of 1970) and then by the West Bengal Land Reforms (Amendment) Act, 1972 (W.B. Act XII of 1972) with retrospective effect from July 13, 1970,]

shall be decided by such officer or authority as the State Government may appoint:

[1][Provided that no application for decision of any dispute shall be entertained unless such application is presented to the officer or authority within three years from the date on which the claim falls or becomes due.]

(2) If in deciding any dispute referred to in sub-section (1) or otherwise any question arises as to whether a person is a *bargadar* or not and to whom the share of the produce is deliverable, such question shall be determined by the officer or authority mentioned in sub-section (1).

(2A) If in deciding any question referred to in sub-section (2), the officer or authority mentioned in that sub-section finds that any default in the delivery of the share of produce is due to doubt or uncertainty on the question whether the land in respect of which the share of the produce is claimed has vested in the State or has been retained under the West Bengal Estate Acquisition Act, 1953, (West Ben. Act I of 1954) [2][or under this Act] by the person claiming the share, such officer or authority shall, instead of terminating cultivation of the land by the *bargadar* on the ground of default, allow him time to deliver the share of the produce due to the person entitled thereto or to pay the price thereof by annual instalments

1 *Substituted* by W.B. Act L of 1981, dated 24.3.1986; the old Proviso read as follows:

"Provided that no application for decision of any dispute in respect of delivery of the produce referred to in clause (*a*) shall be entertained unless such application is presented to the officer or authority within two years from the date on which the delivery of the produce falls due."

2 *Inserted* by Act L of 1981, dated 24.3.1986.

not exceeding four, the first of such instalments being deliverable or payable on a date not later than the first day of *Chaitra* next following the date of the order.

(2B) [*Omitted* by the West Bengal Land Reforms (Amendment) Act, 1970 (President's Act 16 of 1970) and then by the West Bengal Land Reforms (Amendment) Act, 1972 (W.B. Act XII of 1972) with retrospective effect from July 13, 1970.]

(3) The decision of any dispute referred to in clause (*a*) of sub-section (1) shall specify the money value of the share of the produce to be delivered, which shall be payable in default of delivery of such share.

(3A) The decision of any dispute referred to in clause (*aa*) of sub-section (1) shall specify the quantity of the produce recoverable from the owner by the *bargadar* as his share and also its money value which shall be payable by the owner in default of delivery of such quantity of the produce.

(4) For the removal of doubts it is hereby declared that notwithstanding any decision of any Court to the contrary, any order under clause (*a*) of sub-section (1), specifying the money value of the share of the produce to be delivered payable in default of delivery of such share, made before the commencement of the West Bengal Land Reforms (Amendment) Act, 1962 shall be deemed to be and to have always been vaildly made as if that Act had come into force when such order was made.

(5) If the decision of any dispute referred to in clause (*a*) of sub-section (1) given before the commencement of the West Bengal Land Reforms (Amendment) Act 1962, does not specify the money value of the share of the produce to be delivered, the *bargadar* or the person whose land is cultivated by the *bargadar* or the successor-in-interest of such person may within ninety days from the commencement of the West Bengal Land Reforms (Amendment) Act, 1965, make an application before the officer or authority who decided the dispute of his or its successor for review of the decision for the purpose of specifying the money value of the shares of the produce to be delivered payable in default of delivery of such share.

(6) Upon receipt of such application the officer or authority shall, after giving the parties to the dispute an opportunity of being heard and adducing evidence, pass an order specifying the money value of the share of the produce to be delivered, which shall be payable in default of delivery of such share.

আলোচনার সূচী

আলোচনার সূচী—*চলিতেছে*

১। সূচনা [Commencement]. মূল আইনে ১৮ নং ধারার মাত্র দুটি উপধারা ছিল—ধারা ১৮(১) এবং ধারা ১৮(২)। এইগুলি সারা পশ্চিমবঙ্গে ৩১.৩.১৯৫৬ থেকে বলবৎ হয়েছিল [বিহার থেকে আসা অংশগুলি বাদ দিয়ে]। এরপর ১৯৬২ সালের পঃ বঃ ভূমি সংস্কার আইন সংশোধন দ্বারা ১৮(৩) এবং ১৮(৪) ধারা দুটি যুক্ত করা হয় [১৯৬২ সালের পশ্চিমবঙ্গের ১৬ নং আইন]। ১৯৮১ সালের পঃ বঃ ভূমি সংস্কার আইনের সংশোধন দ্বারা ১৮(১) ধারাটির পরিবর্তন করা হয়েছে।

১৯৬৫ সালের পঃ বঃ ভূমি সংস্কার আইন সংশোধন দ্বারা কতগুলি ধারা যেমন ১৮(২ক), ১৮(২খ), ১৮(৫) ও ১৮(৬) যুক্ত করা হয়েছে। যে সমস্ত এলাকা বিহার থেকে হস্তান্তরিত হয়ে পশ্চিমবঙ্গে যুক্ত হয়েছে সেই এলাকায় ১৮ নং ধারা ১.৭.১৯৬৭ থেকে বলবৎ হয়েছে। ১৮(১)(কক) এবং ১৮(৩ক) ধারা দুটি ১৯৬৯ সালের পশ্চিমবঙ্গ ভূমি সংস্কার আইন সংশোধন দ্বারা [১৯৬৯ সালের পশ্চিমবঙ্গের ২৩ নং আইন] যুক্ত করা হয়েছে। এই ধারাগুলি বলবৎ হয়েছে ১.১২.১৯৬৯ তারিখ থেকে। ১৮(২খ) ধারাটি ১৯৬৫ সালের পঃ বঃ ভূমি সংস্কার আইন সংশোধন দ্বারা যুক্ত হলেও ১৯৭০ সালের পঃ বঃ

ভূমি সংস্কার (সংশোধন) আইন [১৯৭০ সালের রাষ্ট্রপতির ১৬ নং আইন] এবং পরবর্তী ক্ষেত্রে ১৯৭২ সালের পঃ বঃ ভূমি সংস্কার (সংশোধন) আইন [১৯৭২ সালের পশ্চিমবঙ্গের ১২ নং আইন] দ্বারা এটির বিলোপ সাধন করা হয়। এটি কার্যকর করা হয় ১৩.৭.১৯৭০ তারিখ থেকে। আবার ১৯৭৪ সালের পঃ বঃ ভূমি সংস্কার আইন সংশোধন দ্বারা ১৮(২) ধারায় "অথবা অন্যভাবে" (or otherwise) শব্দগুলি সংযুক্ত করা হয়েছে।

২। কর্মপরিধি [Scope]. সরকার দ্বারা নিয়োজিত আধিকারিক বা কর্তৃপক্ষের বর্গাদার ও মালিকের মধ্যে হওয়া বিবাদ মীমাংসার ক্ষমতা ১৮ নং ধারায় দেওয়া হয়েছে। ফসলের বণ্টন, ফসলের ভাগ, ফসল পুনরুদ্ধার, বর্গাদার দ্বারা চাষের অবসান, কোনও ব্যক্তি বর্গাদার কিনা ইত্যাদি বিভিন্ন বিবাদীয় সমস্যাগুলির মীমাংসা করবেন ১৮ নং ধারায় ক্ষমতাপ্রাপ্ত রাজস্ব আধিকারিক।

১৮(১)(ক) ধারায় উৎপন্ন ফসলের ভাগ করা বা দেওয়া বিষয়ে কোনও সমস্যার সমাধান করবেন সংশ্লিষ্ট রাজস্ব আধিকারিক আবার মালিক যদি জোর করে বর্গাদার দ্বারা চাষ হয়েছে এমন ফসল কেটে নেয় বা নষ্ট করে দেয়, তবে ১৬ক ধারায় বর্গাদার ওই ফসল পুনরুদ্ধারের অধিকারী হবেন। ১৮(১)(কক) ধারায় এই বিবাদের মীমাংসা করা হবে। আবার ১৭(১) ধারার বিভিন্ন উপধারার বিভিন্ন কারণের জন্য বর্গাচাষের অবসানের জন্য জমির মালিক আবেদন করতে পারেন। সংশ্লিষ্ট রাজস্ব আধিকারিক ১৮(১)(খ) ধারায় এই বিবাদের মীমাংসা করবেন।

১৮(১)(ক), ১৮(১)(কক), ১৮(১)(খ)-এর বিরোধ মীমাংসার সময় যদি প্রশ্ন ওঠে বর্গাদার কোন্ ব্যক্তি? অথবা বর্গাদার কাকে উৎপন্ন ফসলের ভাগ দেবেন? এই প্রশ্নের মীমাংসা করবেন সংশ্লিষ্ট রাজস্ব আধিকারিক ১৮(২) নং ধারায়। এখানে উল্লেখযোগ্য যে ১৬(২) এবং ১৬(৪) ধারা অনুসারে বর্গাদার যদি মালিকের প্রাপ্য অংশ দিতে চায় এবং মালিক যদি বর্গাদারকে স্বীকার না করেন তবে আগে ওই বিবাদের নিষ্পত্তি করে তার পরে ফসল প্রদান সংক্রান্ত সমস্যার সমাধান করবেন।

যদি এরকম দেখা যায় যে বর্গাদার ফসলের ভাগ দিতে পারছেন না কারণ যে জমির ফসল দাবি করা হচ্ছে বর্গাদারের কাছে তা ১৯৫৩ সালের পঃ বঃ জমিদারি অধিগ্রহণ আইন অনুযায়ী বা ১৯৫৫ সালের পঃ বঃ ভূমি সংস্কার আইন অনুযায়ী সরকারে ন্যস্ত অথবা যিনি ফসলের ভাগ দাবি করছেন তিনিই ওই জমি দখলে রেখেছেন। এক্ষেত্রে ১৮(২ক) ধারায় বর্গাচাষের অবসানের

পরিবর্তে চারটি কিস্তিতে বকেয়া ফসল জমা দেওয়ার আদেশ দেবেন সংশ্লিষ্ট রাজস্ব আধিকারিক।

(৩), (৩ক), (৪), (৫) এবং (৬) প্রভৃতি ধারায় এই নির্দেশ দেয় যে মালিকের প্রাপ্য অংশ বর্গাদার যদি ফসলে দিতে ব্যর্থ হয় তবে সমপরিমাণ অর্থে তা দিতে হবে।

৩। বর্গাদার ও মালিকের মধ্যে সম্পর্ক [Relation between bargadar and owner]. ১৯৭৪ সালের পঃ বঃ ভূমি সংস্কার আইন সংশোধন দ্বারা ১৮(২) নং ধারাটিকে সংশোধন করা হয়েছে। ১৮(২) নং ধারা বলা আছে ১৮(১) ধারা বা অন্য কোনওভাবে (otherwise) যদি এই প্রশ্ন ওঠে যে কোনও ব্যক্তি বর্গাদার কিনা অথবা বর্গাদার ফসলের ভাগ কাকে দেবে, তবে ১৮(১) ধারায় নির্ধারিত কর্তৃপক্ষ বা আধিকারিক এই বিবাদের মীমাংসা করবেন।

১৯৭৪ সালে পঃ বঃ ভূমি সংস্কার আইন সংশোধন দ্বারা "অথবা অন্যভাবে" (or otherwise) শব্দটি সংযুক্ত করার আগে মহামান্য কলিকাতা হাইকোর্টের বিভিন্ন রায় থেকে দেখা যায় যে কেবলমাত্র ১৮(১) ধারায় উল্লিখিত বর্গাদার ও মালিকের মধ্যে কোনও বিবাদ মীমাংসার জন্য সংশ্লিষ্ট কর্তৃপক্ষ বা আধিকারিককে বর্গাদার ও মালিকের মধ্যে সম্পর্ক নির্ধারণের ক্ষমতা দেওয়া হয়েছে। যদি কোনও বিবাদ বা সমস্যা বর্গাদার ও মালিকের মধ্যে দেখা যায় তবে ১৮(১) ধারায় ক্ষমতাপ্রাপ্ত আধিকারিক বা কর্তৃপক্ষ তার সমাধান করবেন। বর্তমানে ১৮(২) ধারায় "অথবা অন্যভাবে" (or otherwise) শব্দগুলি যুক্ত হওয়ার ফলে আধিকারিক বা কর্তৃপক্ষের কর্মপরিধি আরও অনেক বেড়ে গেছে।[১]

আবার অন্য আরও অনেকগুলি মামলার রায় থেকে ওই একই সিদ্ধান্ত দেখা যায়।[২] মামলাগুলির রায়ে বলা হয়েছে—"অথবা অন্যভাবে" শব্দগুলি ১৮(২) ধারায় সংযুক্ত হওয়ার ফলে কাজের পরিধি অনেক বেড়েছে।

১৮(২) ধারা সংশোধিত হওয়ার ফলে আধিকারিক বা কর্তৃপক্ষের কাজের সীমা অনেক বেড়ে গিয়েছে। শুধুমাত্র ১৮(১) ধারায় নয় "অন্যভাবেও" অন্যত্র কোনও ক্ষেত্রে যদি এই প্রশ্ন ওঠে যে কোনও ব্যক্তি বর্গাদার কিনা বা বর্গাদার

১ *আজিজুর রহমান* বনাম *পশ্চিমবঙ্গ সরকার* AIR 1981 Cal 269.

২ *হরেন্দ্রনাথ মণ্ডল* বনাম *রাজেন্দ্রনাথ শতপথী* 88 CWN 304; *শঙ্কর খান* বনাম *কালিপদ রায়* 1978(2) Cal LJ 469.

কাকে ফসলের ভাগ দেবেন—তবে সংশ্লিষ্ট আধিকারিক বা কর্তৃপক্ষ তার মীমাংসা করতে পারেন। সুতরাং সম্পূর্ণ স্বাধীনভাবে (independently) ১৮(১) ধারার কোনও কাজ রাজস্ব আধিকারিক বা কর্তৃপক্ষ করতে পারেন এবং কোনও ব্যক্তি বর্গাদার কিনা এই প্রশ্নের উত্তর নির্ধারণ করতে পারেন।[৩]

আবার *রবীন্দ্রনাথ মণ্ডল* বনাম *কনিষ্ঠ ভূমি সংস্কার আধিকারিক*[৪] মামলায় দেখা যায় মহামান্য কলিকাতা হাইকোর্ট তার রায়ে জানাচ্ছেন যে—পশ্চিম বঙ্গভূমি সংস্কার আইনের ১৮(২) ধারায় "অথবা অন্যভাবে (or otherwise)" শব্দগুলি যুক্ত করার ফলে সংশ্লিষ্ট আধিকারিক ও কর্তৃপক্ষের ক্ষমতা ও ক্ষেত্রাধিকার (power and jurisdiction) অনেকখানি বৃদ্ধি পেয়েছে। শুধুমাত্র ১৮(১) ধারায় কার্যাবলি (proceedings) নিষ্পত্তি করার ক্ষেত্রে নয় অন্যান্য অন্য কোনও ক্ষেত্রেও যেখানে ১৮(১) ধারার প্রয়োজন নেই। সেখানেও অন্যভাবে কোনও সমস্যা সমাধানের বেলায় সংশ্লিষ্ট আধিকারিক বর্গাদার ও মালিকের মধ্যে সম্পর্ক নির্ধারণের প্রশ্নে কার্যাবলি (proceedings) নিষ্পত্তি করতে পারেন। এক্ষেত্রে "অথবা অন্যভাবে" কথার অর্থ [১৮(২) ধারায়] যে কোনও আকস্মিক ঘটনা (any contingencies) বোঝায়।

বর্তমান আইনে নির্ধারিত কর্তৃপক্ষ বা আধিকারিক ১৮(১) ধারায় বিশেষ কতগুলি সমস্যার মীমাংসা করতে পারেন—যেমন বর্গাদার উচ্ছেদের প্রশ্নে মালিক ও বর্গাদারের মধ্যে বিবাদ অথবা ফসলের ভাগ বা অংশ দেওয়ার ক্ষেত্রে কোনও বিবাদ ইত্যাদি।

কোনও ব্যক্তি বর্গাদার কিনা—শুধুমাত্র এই প্রশ্ন উঠলে তার মীমাংসা করার জন্য সংশ্লিষ্ট আধিকারিক বা কর্তৃপক্ষকে ওই ক্ষমতা ন্যস্ত করা হয়েছে। সুতরাং ভাগচাষ আধিকারিককে যে ক্ষমতা দেওয়া আছে তা সীমিত। যদিও বিধিবদ্ধ ন্যায়পীঠকে বর্গাদার ও মালিকের মধ্যে কোনও সম্পর্ক প্রশ্নে বিবাদ মীমাংসার ক্ষমতা দেওয়া হয়েছে যা দেওয়ানি আদালতের ক্ষমতাকে কোনওভাবে খর্ব করে না (not intended to oust the jurisdiction of the Civil Court)[৫]

৩ *শ্রীগোবিন্দ প্রসাদ সামন্ত* বনাম *পঃ বঃ রাজ্য সরকার* 1979(2) Cal LJ 319 (Para 7),

৪ 1980(2) Cal LJ 303.

৫ *অ্যাংলো ইন্ডিয়া জুট মিল কোং লিমিটেড* বনাম *সরজু প্রসাদ সিংহ* 77 CWN 530; *শরৎচন্দ্র পাণ্ডা* বনাম *শেখ আমিন আলি* 66 CWN 229; *যদুনাথ রায়* বনাম *লালমোহন* 66 CWN 88.

"or otherwise" শব্দটি ১৮(২) ধারায় ১৯৭৪ সালে পঃ বঃ ভূমি সংস্কার আইন সংশোধনের সময় অন্তর্ভুক্ত করা হয়েছে। এই সংশোধনীর আগে ১৮(১) ধারার প্রয়োজন ছাড়া কোনও আধিকারিক, বর্গাদার ও মালিকের মধ্যে তাদের সম্পর্ক (status) বিষয়ে সিদ্ধান্ত নেওয়ার অধিকারী ছিলেন না। বর্তমানে ১৮(১) ধারায় উল্লিখিত বিবাদ মীমাংসা ছাড়াও প্রয়োজন বোধ করলে সংশ্লিষ্ট আধিকারিক বা কর্তৃপক্ষ অন্য ক্ষেত্রেও বর্গাদার ও মালিকের মধ্যে উত্থাপিত বিবাদ মীমাংসার অধিকারী। ১৯৭৪ সালের পঃ বঃ ভূমি সংস্কার আইনের সংশোধনের ফলে ১৮(২) ধারার অনেক পরিবর্তন ঘটে গিয়েছে।[৬]

৪। এই ধারার অধীনে আধিকারিকের ক্ষমতা এবং ক্ষেত্রাধিকার (একচেটিয়া) [The power and jurisdiction of the officer under this section is exclusive]. পশ্চিমবঙ্গ ভূমি সংস্কার আইনের তৃতীয় পরিচ্ছেদের কাজ করার জন্য বিশেষ ন্যায়পীঠ (special tribunal) অর্থাৎ নির্দিষ্ট আধিকারিক বা নির্ধারিত কর্তৃপক্ষ যাঁরা রাজ্য সরকার দ্বারা নিযুক্ত হয়েছেন, পঃ বঃ ভূমি সংস্কার আইনের ১৮(১) ধারায় কার্যক্রম করার লক্ষ্যে তাঁরা একতরফা নিরঙ্কুশ এবং চূড়ান্ত ক্ষমতা ভোগ করেন এবং ওই বিষয়ের জন্য দেওয়ানি আদালতের ক্ষমতা ও পরিধি বাদ দেওয়া হয়েছে (ousted)। উক্ত বিষয়ে নেওয়া রাজস্ব আধিকারিকের কোনও আদেশের (order) বিরুদ্ধে কোনও দেওয়ানি আদালতে কোনও প্রশ্ন তোলা যায় না এমনকী যদি বিশেষ ন্যায়পীঠ নেওয়া সিদ্ধান্তে কোনও ভুলও থাকে। বিশেষ ন্যায়পীঠের নেওয়া কোনও সিদ্ধান্ত বা আদেশের বিরুদ্ধে কেবলমাত্র ১৯ নং ধারায় [পঃ বঃ ভূমি সংস্কার আইনের] আপিলের মাধ্যমে চ্যালেঞ্জ করা যায়।

১৯৭৪ সালে ১৮(২) নং ধারা সংশোধনের পরে ১৮(১) নং ধারার আধিকারিক, বর্গাদার এবং মালিকের মধ্যকার বিবাদ মীমাংসার বিষয়ে নিরঙ্কুশ ক্ষমতা ও অধিকার ভোগ করেন এবং দেওয়ানি আদালতের ক্ষমতা (power) ও ক্ষেত্রাধিকার (jurisdiction) সম্পূর্ণভাবে বাদ দেওয়া হয়েছে। সুতরাং ওই ধারার সংশোধন সংযোজিত হওয়ার পরে সন্দেহের কোনও জায়গা নেই যে কোনও ব্যক্তি বর্গাদার কিনা এ ব্যাপারে সিদ্ধান্ত নেওয়ার যে ক্ষমতা বিশেষ ন্যায়পীঠকে (special tribunal) দেওয়া হয়েছে তা নিরঙ্কুশ এবং

৬ *আজিজুর রহমান* বনাম *পঃ বঃ সরকার* 1975(2) Cal LJ 447.

চূড়ান্ত (exclusive and conclusive) এবং এটা কেবলমাত্র নিয়ম রক্ষার জন্য নয়।[৭]

কোনও ব্যক্তি যিনি নিজেকে জোতদার হিসাবে দাবি করছেন এবং যিনি নিজেকে বর্গাদার হিসাবে দাবি করছেন, এদের ভিতরের কোনও বিবাদ মীমাংসার জন্য সংশ্লিষ্ট ভাগচাষ আধিকারিকের কাছে আবেদন পেশ করতে হবে। যাঁর ওই প্রশ্ন মীমাংসা করার অধিকার রয়েছে পঃ বঃ ভূমি সংস্কার আইন অনুযায়ী। ভাগচাষি তার বর্তমান আইনগত অধিকার বলে কোনও জমির দখলে থাকেন, যা স্বীকৃত।[৮]

নিসন্দেহভাবে বলা যায় পশ্চিমবঙ্গ ভূমি সংস্কার আইন হল বিশেষ ধরনের আইন যা কর্তৃপক্ষকে বিশেষ ক্ষেত্রাধিকার (jurisdiction) দিচ্ছে বর্গাদার এবং মালিকের মধ্যে উত্থাপিত প্রশ্নের বিরোধ মীমাংসার জন্য। আইনে যে নিয়মের কথা বলা আছে সেইভাবে অধিকারগুলি নির্ধারিত হবে। এক্ষেত্রে যে ক্ষেত্রাধিকার আধিকারিকদের দেওয়া আছে তা হল নিরঙ্কুশ।[৯]

১৯৭৪ সালে ১৮(২) ধারা সংশোধনের ক্ষেত্রে আইনসভার অন্যতম লক্ষ্য ছিল—আধিকারিক বা কর্তৃপক্ষকে নিরঙ্কুশ (exclusive) ক্ষেত্রাধিকার (jurisdiction) প্রদান করা অন্যদিকে দেওয়ানি ও ফৌজদারি আদালতের ক্ষেত্রাধিকার সীমিত করা এই প্রশ্নে যে—কোনও ব্যক্তি বর্গাদার কিনা।

কোনও একটি ক্ষেত্রে এক ব্যক্তি নিজেকে বর্গাদার হিসাবে দাবি করেন কোনও জমির চাষের ক্ষেত্রে। তিনি অভিযোগ করেন যে তার চাষ করা ফসল জমির মালিক জোর করে নিয়ে গিয়েছে। ফৌজদারি প্রক্রিয়া সংহিতার ১৪৪ ধারা মতে (s. 144 of Code of Criminal Procedure) একটি মামলা শুরু করেন সংশ্লিষ্ট ম্যাজিস্ট্রেট (Magistrate), উক্ত মামলার কার্যক্রম সম্পাদন লক্ষ্যে সংশ্লিষ্ট ভূমি সংস্কার মণ্ডল পরিদর্শক (সার্কেল ইন্সপেক্টরের) কাছে, ওই বিষয়ে তদন্ত সাপেক্ষে প্রতিবেদন (report) চেয়ে পাঠান তিনি। মণ্ডল পরিদর্শক (C.I.) তার প্রতিবেদনে জানান যদিও আবেদনকারী ওই জমির প্রকৃত চাষি (cultivator) কিন্তু বর্তমান বছরে তিনি চাষ করতে পারেননি। তিনি

৭ *সুদর্শন ঘোষ* বনাম *জানকী নাথ পণ্ডিত* AIR 1976 Cal 255; 1976(1) Cal LJ 415; *চরন সাঁওতাল* বনাম *ইন্দ্রজিৎ সেন* 1981(1) Cal LJ 542; AIR 1979 Cal 256.

৮ *অধীর চন্দ্র* বনাম *বিদ্যাধর* 66 CWN 947.

৯ *পি ভাণ্ডারী* বনাম *কে বর্মন* 81 CWN 922.

জানান ওই চাষিকে চাষরত অবস্থায় মালিক জোর করে জমি থেকে বিতাড়িত করেছেন (ousted)। ওই জমি থেকে আবেদনকারী চাষিকে বিতাড়ন করার পর জমির মালিক ওই জমি বর্তমান মরশুমে চাষ করেছেন।

উক্ত প্রতিবেদনের উপর ভিত্তি করে সংশ্লিষ্ট ম্যাজিস্ট্রেট ওই মামলার রায় দেন। তিনি জানান ওই জমির উৎপন্ন সমস্ত ফসল ৫০ ঃ ৫০ হারে জমির মালিক এবং বর্গাদারের মধ্যে ভাগ করতে হবে।

এই আদেশের বিরুদ্ধে জমির মালিক হাইকোর্টে আপিল মামলা দায়ের করেন। মহামান্য হাইকোর্ট জানান—ফৌজদারি বিধির ১৪৪ ধারায় উক্ত আদেশ দেওয়া যায় না এবং তা অনুমোদনযোগ্য (sustainable) নয়। ১৯৫৫ সালের পঃ বঃ ভূমি সংস্কার আইনের নির্দিষ্ট ধারা অনুযায়ী এর বিধান দিতে হবে। আইন অনুযায়ী ম্যাজিস্ট্রেটের আদেশের মধ্যে কোনও মিল (conformity) নেই এবং ওই আদেশ বাতিল (set aside) করা হল। নির্দিষ্ট আদালতে এর প্রতিকারের জন্য বিবাদী (বর্গাদার) দেরকে আবেদন করার উপদেশ দেন মহামান্য হাইকোর্ট।[১০]

অন্য একটি মামলায় হাইকোর্ট জানায়—কোনও দেওয়ানি বা ফৌজদারি আদালতে কোনও মামলা (suit/case), আপিল (appeal) বা অন্য কার্যাবলি (proceedings) চলাকালীন যদি এই প্রশ্ন ওঠে যে কোনও ব্যক্তি বর্গাদার কিনা, তখন দেওয়ানি/ফৌজদারি আদালত ওই বিষয়ে সিদ্ধান্ত নেওয়ার জন্য ১৮(১) ধারার আধিকারিক বা কর্তৃপক্ষের কাছে পাঠাবেন এবং ১৮(১) ধারার আধিকারিক বা কর্তৃপক্ষের পাঠানো সিদ্ধান্ত মোতাবেক দেওয়ানি/ফৌজদারি আদালত উক্ত মামলা (suit/case), আপিল (appeal) বা কার্যাবলি (proceedings) নিষ্পত্তি করবেন। সুতরাং ১৮(১) ধারার আধিকারিক/কর্তৃপক্ষ একমাত্র এই বিষয়ে সিদ্ধান্ত নিতে পারেন যে কোনও ব্যক্তি বর্গাদার কিনা এবং দেওয়ানি/ফৌজদারি আদালত ওই ধরনের প্রশ্ন উঠলে তা সংশ্লিষ্ট ১৮(১) ধারার আধিকারিক/কর্তৃপক্ষের কাছে পাঠাতে পারেন। ১৮(২) ধারার সংশোধন বলে আধিকারিক/কর্তৃপক্ষ অন্য যে কোনও ক্ষেত্রে বর্গাদার ও জমির মালিকের সম্পর্ক নির্ধারণের প্রয়োজনে সিদ্ধান্ত নিতে পারেন।[১১]

৫। ১৮(১) ধারায় ক্ষমতাপ্রাপ্ত আধিকারিক বা কর্তৃপক্ষ [The officer or authority empowered under s. 18(1)]. রাজ্য সরকার দ্বারা নিয়োজিত

১০ *এস. সি. মণ্ডল* বনাম *বি. বি. মণ্ডল* 78 CWN 576.

১১ *ফাজিলৎনেস্সা বেওয়া* বনাম *মেজাহার শেখ* 90 CWN 467.

কোনও আধিকারিক বা কর্তৃপক্ষকে পঃ বঃ ভূমি সংস্কার আইনের ১৮(১) ধারায় ক্ষমতা দেওয়া হয়েছে। ১৮(১) ধারায় কোন আধিকারিক বা কর্তৃপক্ষ বর্গাদার এবং মালিকের [যার জমি বর্গাদার চাষ করেন] মধ্যে প্রতিটি বিবাদ বা সমস্যার মীমাংসা করবেন।

নিম্নলিখিত বিবাদ বা সমস্যাগুলির মীমাংসা ১৮(১) ধারায় ক্ষমতা আধিকারিক করবেন।

(১) ফসলের ভাগ বা প্রদান

(২) ফসলের পুনরুদ্ধার

(৩) বর্গাদার দ্বারা চাষের অবসান

৫.৮.১৯৭৪ সালের ১৫২৬০-এল. রেফ্. বিজ্ঞপ্তি দ্বারা সমস্ত জেলার সমস্ত কনিষ্ঠ ভূমি সংস্কার আধিকারিক (J.L.R.O.) দেরকে ১৮(১) ধারার কাজ করার জন্য নিয়োগ করা হয়েছে। কোনও দেওয়ানি আদালত কোনও মামলা বা আবেদন গ্রহণ করবেন না যা কোনও কনিষ্ঠ ভূমি সংস্কার আধিকারিক ১৮(১) ধারায় সিদ্ধান্ত নিয়েছেন। এমনকী কোনও দেওয়ানি আদালত নিম্নলিখিত ক্ষেত্রেও কোনও মামলা গ্রহণ করার অধিকারী নন।

(১) মালিক যদি ফসলের ভাগ দাবি করেন,

(২) মালিক জোর করে ফসল কেটে নিয়ে গেলে বর্গাদার ওই ফসল উদ্ধারের দাবি করলে [১৬ক ধারা মতে]

(৩) ১৭(১) ধারায় মালিক বর্গাদার উচ্ছেদের দাবি করলে—

বিজ্ঞপ্তি নং ৭২৯-এল. রেফ্., তাং ২১.৭.১৯৮৮ দ্বারা সেটেলমেন্ট বিভাগ এবং ভূমি ব্যবস্থাপনা (Land Management Wing) বিভাগ একত্রে একটি বিভাগে পরিণত হওয়ার পর বিজ্ঞপ্তি নং ৪৭১৯ জিই/১৪৯/৮৯, তাং ১৫.৫.১৯৮৯ দ্বারা সমস্ত রাজস্ব আধিকারিকদেরকে ১৮(১) নং ধারায় ক্ষমতাবান (empowered) করা হয়েছে। সেটেলমেন্ট এবং ম্যানেজমেন্ট বিভাগ ১৯৮৯ সালে একটি দপ্তরে পরিণত হওয়ার পর (ইন্টিগ্রেটেড সেট আপ) সময় কনিষ্ঠ ভূমি সংস্কার আইন Junior Land Reforms Officer দেরকে নতুন নামকরণ করা হয়েছে রাজস্ব আধিকারিক (Revenue Officer) হিসাবে। সুতরাং ৫.৮.১৯৭৪ এর বিজ্ঞপ্তি নং ১৫২৬০-এল. রেফ্. দ্বারা ১৮(১) ধারার কার্যক্রম করার জন্য, যা কনিষ্ঠ ভূমি সংস্কার আধিকারিক (J.L.R.O.) দেরকে ক্ষমতাবান

(empowered) করা হয়েছিল পরবর্তী ক্ষেত্রে তা রাজস্ব আধিকারিক (Revenue Officer)-দের দেওয়া হয়েছে।

আর বিজ্ঞপ্তি নং ৩৪৩৮ জিই, তাং ৫.৪.১৯৮৯-এর দ্বারা ১৮(১) ধারার নির্দ্ধারিত আধিকারিক বা কর্তৃপক্ষ হিসাবে নিম্নলিখিত পদাধিকারীদের নিযুক্ত করেছেন (১) কালেক্টর (২) জেলা ভূমি ও ভূমি সংস্কার আধিকারিক (৩) উপ-জেলা ভূমি ও ভূমি সংস্কার আধিকারিক (৪) মহকুমা ভূমি ও ভূমি সংস্কার আধিকারিক (৫) ব্লক ভূমি ও ভূমি সংস্কার আধিকারিক এবং (৬) সমস্ত রাজস্ব আধিকারিক।

৬। ১৮(২) ধারায় আধিকারিক বর্গাদারকে শংসাপত্র দেবেন কিনা [Whether an officer under s. 18(2) will grant barga certificate]. ১৮(২) ধারার কোনও আবেদন নিষ্পত্তির সময় সংশ্লিষ্ট আধিকারিক বর্গাদারকে শংসাপত্র দিতে পারেন কিনা বা আদৌ ১৮(২) ধারার আধিকারিকের বর্গা শংসাপত্র দেওয়ার অধিকার আছে কিনা এই প্রশ্নের উত্তরে মহামান্য কলিকাতা হাইকোর্ট জানান ১৮(২) ধারায় আধিকারিক বর্গাদারকে শংসাপত্র দিতে পারেন কিনা এই বিষয়ে আবেদনকারী ১৯ ধারায় আপিল না করে সাংবিধানিক রিট জুরিসডিকশানে যেতে পারেন কিনা এই বিষয়ে ধোঁয়াশা (confusion) আছে। তবে মহামান্য হাইকোর্ট জানান, ১৮(২) ধারায় কোনও আধিকারিক বর্গাদার হবে কী হবে না এই প্রশ্নের যখন কোনও সিদ্ধান্ত নিয়েছেন এবং কোনও ব্যক্তিকে বর্গাদার হিসাবে নির্ধারণ করেছেন তখন তার শংসাপত্র দেওয়ার প্রয়োজন হয় না। তবে ১৮(২) ধারায় কোনও আধিকারিক কাউকে বর্গাদার হিসাবে ঘোষণা করলে খারাপ কিছুও হয় না (vitiate) এবং সংবিধানের ২২৬ ধারায় হস্তক্ষেপও করে না। মহামান্য আদালত আবেদনকারীকে আপিল কর্তৃপক্ষের কাছে ১৮(২) ধারায় দেওয়া রায়ের বিরুদ্ধে আপিলের স্বাধীনতা দেন।[১২]

৭। নিয়োজিত কর্তৃপক্ষ "সম্পত্তির উপর ন্যায়সংগত অধিকার" বিষয়ে সিদ্ধান্ত নিতে পারেন কিনা [Whether the appointed authority can decide the question of title]. কোনও ব্যক্তি রায়ত, কী রায়ত নয় এই প্রশ্ন যখন ওঠে, আইনসভার চিন্তাভাবনা কিন্তু এইরকম নয় যে নির্ধারিত আধিকারিক বা কর্তৃপক্ষকে ওই সম্পত্তির উপর ন্যায়সংগত অধিকার (title) নির্ধারণের

১২ *আজিজুর রহমান* বনাম *পঃ বঃ সরকার* 1975(2) Cal LJ 447.

ক্ষমতা দেওয়া হবে। অর্থাৎ কোনও সম্পত্তির "title" নির্ধারণের ক্ষমতা বা অধিকার নির্ধারিত কর্তৃপক্ষকে দেওয়ার উদ্দেশ্যে আইনসভা চিন্তাভাবনা করেন নি।[১৩]

অন্য একটি মামলায় মহামান্য হাইকোর্ট রায় দেন যে—বিশেষ আধিকারিকদের (special officers) উচিত তাদের নিজেদের কর্মপরিধির (Scope) মধ্যে আবদ্ধ রাখা। কিন্তু ওই সীমারেখা লঙ্ঘন করা (transgress) হচ্ছে দেখলে তা সংশোধন করার লক্ষ্যে হাইকোর্ট হস্তক্ষেপ করবে। মহকুমা শাসক এক্ষেত্রে প্রথম থেকে শেষ পর্যন্ত বিবাদীয় মামলায় বাদী-বিবাদীদের সম্পত্তির উপর ন্যায়সংগত অধিকার (title) খোঁজার চেষ্টা করে গিয়েছেন। সুতরাং মহকুমা শাসক তার নির্দিষ্ট ক্ষমতার সীমারেখা পাড় হয়ে গিয়ে কাজ করেছেন। হাইকোর্টের এই বিষয়ে হস্তক্ষেপ করার ক্ষমতা আছে এবং এই বিষয়ে উল্লিখিত ভুল সংশোধন করার ক্ষমতা রয়েছে।[১৪]

বর্গাদার কাকে ফসলের ভাগ দেবেন? এই প্রশ্নের মীমাংসার জন্য ১৮(১) ধারায় সংশ্লিষ্ট আধিকারিক সমস্ত পদ্ধতি মেনে সিদ্ধান্ত নেবেন। বরং এটাকে সম্পত্তির উপর ন্যায়সংগত অধিকার (title) হিসাবে ব্যাখ্যা করা যায় না। কিন্তু কোনও ব্যক্তি ওই সম্পত্তির প্রকৃত মালিক কিনা এই প্রশ্নের উত্তরের জন্য ১৮(১) ধারায় নিয়োজিত আধিকারিক কোনও সিদ্ধান্ত না নিলেই ঠিক করবেন। ১৮(১) ধারায় নিয়োজিত আধিকারিক কোনও সম্পত্তির উপর ন্যায়সংগত অধিকার (title) প্রশ্নে সিদ্ধান্ত নিতে পারেন না। *মণিমালা বসু* বনাম *ভূষণ মণ্ডল*[১৫] মামলায় একাধিক ব্যক্তি নিজেদেরকে জমির মালিক বলে দাবি করে। তারা প্রত্যেক বর্গাদারের কাছে ফসলের ভাগ চায়। এক্ষেত্রে বর্গাদারের কিছুই করার নেই।

কে প্রকৃত জমির মালিক প্রশ্নে বর্গাদারের কোনও আগ্রহও নেই, তাকে কোনও পক্ষ (party) মনোনীত করার দরকারও নেই। এক্ষেত্রে ১৮(২) ধারায় ক্ষমতাপ্রাপ্ত আধিকারিক স্বত্ব (title)-এর প্রশ্নে সিদ্ধান্ত নিতে পারেন না ১৮(১) ধারার সমস্যা সমাধানের লক্ষ্যে।

১৩ *অ্যাংলো ইন্ডিয়া জুট মিল* বনাম *সরজু প্রসাদ সিংহ* 77 CWN 530; *কালিপদ নস্কর* বনাম *মনিমোহন নস্কর* 67 CWN 1076; *জে. এন. মালিক* বনাম *এস. এন. পালিত* 69 CWN 210.

১৪ *সুশান্ত মণ্ডল* বনাম *প্রবোধ রঞ্জন মজুমদার* 1976(1) Cal LJ 84.

১৫ 83 CWN 712.

কোনও ব্যক্তি বর্গাদার কিনা প্রশ্নে দেওয়ানি আদালত পঃ বঃ ভূমি সংস্কার আইনের ২১(৩) ধারায় ক্ষমতাপ্রাপ্ত আধিকারিকের কাছে বিষয়টি পাঠিয়ে দেন কিন্তু সম্পত্তির উপর ন্যায়সংগত অধিকার (title) প্রশ্নে বিষয়টি ২১(৩) ধারায় ক্ষমতাপ্রাপ্ত আধিকারিকের কাছে পাঠানো যেত না।[১৬]

ভাগ চাষ আধিকারিকের কাছে একটি "ইস্তফানামা" (Istafanama) পেশা করা হল যা ছিল নিবন্ধিকৃত (registered)। যাদের উপস্থিতিতে ওই "ইস্তফানামা" করা হয়েছে এরকম চারজন প্রার্থীকে উপস্থিত হওয়ার নির্দেশ দেন সংশ্লিষ্ট ভাগ চাষ আধিকারিক। ভাগচাষ আধিকারিকের সিদ্ধান্ত এবং পর্যবেক্ষণ (findings) এর বিরুদ্ধে আপিল কর্তৃপক্ষের কাছে আপিল করা হয়, আপিল কর্তৃপক্ষ ভাগচাষ আধিকারিকের পর্যবেক্ষণ সঠিক ঘোষণা করেন। এরপর ভাগচাষ আধিকারিক এবং আপিল কর্তৃপক্ষের পর্যবেক্ষণকে চ্যালেঞ্জ করে হাইকোর্টে মামলা করা হয়। একটি নিবন্ধীকৃত ইস্তফানামা আইনসঙ্গত বা বৈধ কিনা এই বিষয়ে পর্যবেক্ষণ করার অধিকার আছে কিনা এই প্রশ্নে মহামান্য হাইকোর্ট জানান—একটি বিশেষ বছরে বর্গাদার কোনও জমি চাষ করেছেন কিনা এই সমস্যার উত্তর খোঁজার জন্য যদি ভাগ চাষ আধিকারিক কোনও ইস্তফা নামা (registered) দেখার বা পর্যবেক্ষণ করার প্রয়োজন মনে করেন তবে তিনি তা করতে পারেন। ওই নিবন্ধীকৃত (registered) নথিটি উভয় পক্ষের উপর প্রযোজ্য কিনা তা দেখার পক্ষে ভাগ চাষ আধিকারিক যথেষ্ট ক্ষমতা সম্পন্ন।[১৭]

উপরিল্লিখিত বিভিন্ন হাইকোর্টের রায় থেকে একটা জিনিস পরিষ্কার যে—১৮(২) ধারায় সংশ্লিষ্ট রাজস্ব আধিকারিক বর্গাদার কিনা কোনও ব্যক্তি বা কোনও ব্যক্তি মালিক কিনা এই প্রশ্নের মীমাংসা করতে পারেন কিন্তু তা কখনও সম্পত্তির উপর ন্যায়সংগত অধিকার (title) নির্ধারণের সমতুল্য নয়। দ্বিতীয়ত বিশেষ কর্তৃপক্ষের আধিকারিকদের উচিত তাদের নিজস্ব ক্ষেত্রাধিকার ও ক্ষমতার মধ্যে থেকে পর্যবেক্ষণ ও সিদ্ধান্ত নেওয়া। যদি কোনও বিষয় তাঁর এক্তিয়ার বহির্ভূত হয়ে যায় তবে সেই বিষয়ে নীরব থাকা বাঞ্ছনীয় এবং সংশ্লিষ্ট কর্তৃপক্ষের কাছে বিষয়টি পাঠানো উচিত। তৃতীয়ত স্বত্ব (title) নির্ধারণের ক্ষেত্রাধিকার (jurisdiction) ও ক্ষমতা (power) দেওয়ানি আদালতের বিচার্য

১৬ *দুলাল চন্দ্র দে* বনাম *অঞ্জলি দে* 92 CWN 952; *জে. এন. মালিক* বনাম *এস. এন. পালিত* 69 CWN 210; *কালিপদ নস্কর* বনাম *মনিমোহন নস্কর* 67 CWN 1076.

১৭ *ধনঞ্জয় জানা* বনাম *পশ্চিমবঙ্গ সরকার* 93 CWN 854.

বিষয়, তা বিশেষ কর্তৃপক্ষের (special authority) এক্তিয়ারে নয়। চতুর্থত যদি বিশেষ কর্তৃপক্ষ তার এক্তিয়ারের বাইরে গিয়ে কোনও সিদ্ধান্ত নেন তবে হাইকোর্টের তাতে হস্তক্ষেপ করার অধিকার আছে এবং ওই ভুল সংশোধনের নির্দেশ দেবেন।

৮। অন্তর্বর্তী আদেশ দানের ক্ষমতা [Power to make interim order]. রাজস্ব আধিকারিক কি অন্তর্বর্তীকালীন আদেশ দেওয়ার অধিকারী? মহামান্য কলিকাতা হাইকোর্ট তার রায়ে জানিয়েছেন যে, রাজস্ব আধিকারিক কোনও ন্যায়পীঠ হিসাবে দেওয়ানি কার্যবিধির (Civil Procedure Code) ১৫১ অথবা ৩৯ ধারা বা অন্য কোনওভাবে অন্তর্বর্তীকালীন আদেশ দিতে পারেন না। তার সে ক্ষমতা বা ক্ষেত্রাধিকার (power or jurisdiction) নেই।[১৮]

অন্য একটি মামলার ক্ষেত্রে মহামান্য হাইকোর্টের রায় হল—ভাগচাষ আধিকারিকের নিষেধাজ্ঞা (injunction) দানের কোনও ক্ষেত্রাধিকার (jurisdiction) নেই।[১৯]

থানার দায়িত্ব প্রাপ্ত আধিকারিকের (officer-in-charge of police station) দেওয়া restrain আদেশ এক্তিয়ার বহির্ভূত (*ultra vires*) এবং ওই আদেশ কার্যকর করা যাবে না।[২০]

কনিষ্ঠ ভূমি সংস্কার আধিকারিক (J.L.R.O.) এর কোনও এক্তিয়ার (authority) নেই পুলিশী সাহায্য চেয়ে আবেদন জানানোর।[১]

অন্য একটি মামলায় মহামান্য হাইকোর্টের রায় হল—

কনিষ্ঠ ভূমি সংস্কার আধিকারিক (J.L.R.O.) বা থানার ভারপ্রাপ্ত আধিকারিকের কোনও এক্তিয়ারই (authority) নেই অন্তর্বর্তীকালীন নিষেধাজ্ঞা (interim restraint) এর আদেশ দেওয়ার।[২]

কনিষ্ঠ ভূমি সংস্কার আধিকারিক (J.L.R.O.) একজন সরকারি প্রতিনিধি হিসাবে প্রচলিত আইন অনুসারে কাজ করার অধিকার ভোগ করেন, কিন্তু কোনও

১৮. *হাজী মহম্মদ হোসেন* বনাম *বিশ্বনাথ নন্দী* 75 CWN 597; *শ্রী নীলাবজা বরণ দাসী* বনাম *পঃ বঃ সরকার* 74 Cal LJ 348.

১৯ *রাম মোহন চট্টোপাধ্যায়* বনাম *পঃ বঃ সরকার* 1977(2) Cal LJ 544.

২০ *হৃদয় বিশ্বাস* বনাম *পঃ বঃ সরকার* 1982(1) Cal LJ 7.

১ *মহম্মদ মোল্লা* বনাম *পঃ বঃ সরকার* 1980(2) CHN 32; 1980(1) Cal LJ 619.

২ *অর্জুন রঞ্জিত* বনাম *পঃ বঃ সরকার* 1977(2) Cal LJ 367.

ভুল নির্দেশ এক্তিয়ারের বাইরে তিনি দিতে পারেন না। প্রচলিত আইনে (statute) এরকম কোনও সুযোগই নেই যে কনিষ্ঠ ভূমি সংস্কার আধিকারিক (Junior Land Reforms Officer) কোনও পক্ষকে চাষ করা থেকে বিরত হওয়ার আদেশ দেবেন।[৩]

উপরোক্ত মামলার রায়গুলি থেকে দেখা যায় যে—

(১) রাজস্ব আধিকারিক, ন্যায়পীঠ হিসাবে অন্তর্বর্তী আদেশ দিতে পারেন না,

(২) ভাগচাষ আধিকারিক স্থগিতাদেশ দিতে পারেন না,

(৩) থানার ভারপ্রাপ্ত আধিকারিক (O.C. of Police Station) বা কনিষ্ঠ ভূমি সংস্কার আধিকারিক অন্তর্বর্তী নিষেধাজ্ঞা (interim restraint) এর আদেশ দিতে পারেন না,

(৪) কনিষ্ঠ ভূমি সংস্কার আধিকারিক (J.L.R.O.) পুলিশী সাহায্য চেয়ে আবেদন করতে পারেন না।

৯। ভাগচাষ আধিকারিক এবং সরেজমিনে তদন্ত [Bhagchas officer and field enquiry]. ভাগচাষ আধিকারিক তৃতীয় পরিচ্ছেদের কোনও সমস্যা সমাধানের জন্য নিজেই সরেজমিনে তদন্ত করে রায় দিতে পারেন কিনা এই প্রশ্ন বিভিন্ন সময়ে দেখা দিয়েছিল। *মহম্মদ শাহ আলম ফকির* বনাম *পঃ বঃ সরকার*,[৪] মামলায় মহামান্য কলিকাতা হাইকোর্ট জানান ভাগচাষ আধিকারিক নিজে কোনও সরেজমিনে তদন্ত করতে পারেন না। একজন বিচারক স্বয়ং সাক্ষী হতে পারেন না এবং রায় দিতে পারেন না। ১৫.৭.১৯৮০-তে এই রায় দেন মহামান্য হাইকোর্ট।

উপরোক্ত মামলার রায়দানের পর পরই ১৯৫৬ সালের পঃ বঃ ভূমি সংস্কার বর্গাদার নিয়মাবলির ৬(৪) নং নিয়মের কিছু পরিবর্তন করা হয়। উক্ত পরিবর্তনের মাধ্যমে ভাগচাষ আধিকারিক বা তৃতীয় পরিচ্ছেদের কার্যক্রম সম্পাদন করবেন এরকম আধিকারিককে সরেজমিনে তদন্ত করার অধিকার দেওয়া হয়েছে। বিজ্ঞপ্তি নং ৩১৯-এল. রেফ্. ২০ আর ১২/৮১, তাং ৩১.১১.১৯৮১ দ্বারা সংশ্লিষ্ট আধিকারিক বা কর্তৃপক্ষকে উপরোক্ত ক্ষমতা দেওয়া হয়েছে।

সুতরাং এখন তৃতীয় পরিচ্ছেদের কার্যক্রম যে আধিকারিক করবেন তিনি স্বয়ং সরেজমিনে তদন্ত করতে পারেন।

৩ *মঙ্গল চন্দ্র মান্না* বনাম *জে. এল. আর. ও., সন্দেশখালি* 1980(1) CHN 534.

৪ 1981 CHN 212.

১০। পশ্চিমবঙ্গ (বর্গাদার) নিয়মের ৬(৪) নং বিধি [Rule 6(4) of W.B.L.R. (Bargadar) Rules 1956]. ৬(৪) নং বিধি ঃ কোনও আধিকারিক বা কর্তৃপক্ষ কোনও কার্যক্রম নিষ্পত্তির লক্ষ্যে মনে করলে সরেজমিনে তদন্ত করবেন এবং পরিদর্শন করতে পারবেন, তবে সংশ্লিষ্ট সমস্ত পক্ষকে যথোপযুক্ত শুনানীর সুযোগ দেবেন। নির্দিষ্ট দিনে সময় দিয়ে সমস্ত পক্ষকে জানিয়ে তিনি উক্ত কার্যক্রম (proceedings) নিষ্পত্তি করবেন।

ব্যাখ্যা ঃ কোনও আবেদন নিষ্পত্তি লক্ষ্যে কোনও আধিকারিক বা কর্তৃপক্ষ সরেজমিনে উপস্থিত হয়ে পর্যবেক্ষণ করার অধিকারী হবেন এবং পরিদর্শন করবেন।

বিজ্ঞপ্তি ক্রমাঙ্ক ৩১৯১-এল. রেফ্./২০ আর-১২/৮১, তাং ৩১/১১/৮১ দ্বারা ৬(৪) নং বিধির পরিবর্তন করা হয়েছে। পুরাতন নিয়মটি ছিল এইরকম ঃ

"Any officer or authority proceeding to dispose of such application shall fix a date for consideration of the application and after giving the parties concerned an opportunity of being heard shall dispose of the application."

১১। ১৮(১)(ক) ধারার নমুনা আদেশনামা [Model order sheet under s. 18(1) (a)]. Nature: Proceedings for division and delivery of the produce :

1. An application has been received from Shri .... S/O ...., village ...., to the effect that he owns .... acres of land as described in the application and Shri ...., S/O........................, village ...., the O.P.................. cultivated his land as "bargadar" in the year 14 .... B.S., but did not deliver to him the due share of produce. He has, therefore, prayed for relief.

   Fix .... as the date of hearing and issue notice on the parties to appear before me for a hearing at .... a.m./ p.m. with evidence.

   To .... for Service Return (SR).

Officer appointed under section 18(1) of
the West Bengal Land Reforms Act.

2. Notices duly served vide service return filed with the case record.

   To .... for hearing.

   Officer appointed under section 18(1) of the West Bengal Land Reforms Act.

3. Both parties appears. Heard them. The allegation made by the applicant landowner is denied by the opposite party by submitting that he delivered due share of the produce to the landowner but no receipt therefor was granted to him/the opposite party submits that there was failure of crops on the land cultivated by him due to flood/drought/other natural clamaties/stolen away by some other persons for which he lodged information with the local police station. It is necessary to ascertain the truth by local enquiry/by evidence etc.

   To .... for field enquiry/
   .... production of evidence/
   examination of witnesses.

   Officer appointed under section 18(1) of the West Bengal Land Reforms Act.

   [Further order to be recorded on the evidence produced or results of field enquiries etc.]

১২। ভাগচাষ আধিকারিক এবং পর্যালোচনার ক্ষমতা [Bhagchas officer and power of review]. বিনয় কৃষ্ণ মণ্ডল জনৈক জমির মালিক ভাগচাষ আধিকারিকের কাছে একটি ভাগচাষ কেস দাখিল করেন পঃ বঃ ভূমি সংস্কার আইনের ১৮(১) ধারা অনুযায়ী। তিনি বর্গাদারদের কাছ থেকে বাংলা ১৩৯১ এবং ১৩৯২ দুই বছরের তার জমিতে উৎপন্ন ফসলের ভাগ দাবি করেন। পরবর্তী ক্ষেত্রে জমির মালিক বিনয় কৃষ্ণ মণ্ডল এবং বিবাদী নং (২), (৩), (৪), যাদের বর্গাদার হিসাবে বর্ণনা করা আছে তারা নিজেদের মধ্যে একটা আপোষ (compromise) করেন এবং ভাগচাষ আধিকারিকের নিকট দাখিল করা মামলাটির পরিসমাপ্তি হয়। উভয়ের মধ্যে আপোষের সূত্র ধরে ভাগচাষ আধিকারিক ওই ফসল দাবির মামলাটি ২৪.৪.১৯৮৭-তে নিষ্পত্তি (disposed) করেন।

এরপর ওই মামলাটি আবার ভাগচাষ আধিকারিকের কাছে পেশ করা হয়। সংশ্লিষ্ট মণ্ডল পরিদর্শক (C.I.) সরেজমিনে তদন্ত করেন। তদন্তের প্রতিবেদন থেকে দেখা যায় যে বিবাদী নং (১) হলেন উক্ত জমির প্রকৃত বর্গাদার এবং তিনি বিবাদীয় জমি চাষ করেছিলেন। ভাগচাষ আধিকারিক ওই মামলাটি আবার বহাল (restore) করলেন, এবং পুনরায় নিষ্পত্তি (disposed) করলেন। (২), (৩) এবং (৪) নং বিবাদীর নিকট থেকে মালিক যে ফসল দাবি করেছিলেন, ভাগচাষ আধিকারিক ১৪.৭.১৯৮৭-তে তা খারিজ করে দিলেন।

আপিল কর্তৃপক্ষের কাছে ভাগচাষ আধিকারিকের দেওয়া ১৪.৭.১৯৮৭ -এর দেওয়া রায়ের বিরুদ্ধে মালিক আপিল আবেদন দাখিল করেন। কিন্তু আপিল কর্তৃপক্ষ ভাগচাষ আধিকারিকের ১৪.৭.১৯৮৭ তারিখের দেওয়া রায় বহাল রাখেন। আপিল কর্তৃপক্ষ রায় দেন ২১.২.১৯৯১ তারিখে।

আপিল কর্তৃপক্ষের ২১.২.১৯৯১-এর দেওয়া রায়কে চ্যালেঞ্জ করে কলিকাতা হাইকোর্টে মামলা করা হয় সংশোধনের জন্য (revision)। মহামান্য কলিকাতা হাইকোর্ট তার রায়ে জানান—ভাগচাষ আধিকারিক ২৪.৪.১৯৮৭-তে ভাগচাষ মামলা নিষ্পত্তি করেন (disposed) এবং আবার তিনি ওই একই মামলা পর্যালোচনা (review) করে পুনরায় ২৪.৭.১৯৮৭-তে নিষ্পত্তি (disposed) করেন। কোনও কেস পর্যালোচনা (reviewed) করার ক্ষমতা (power) ভাগচাষ আধিকারিকের নেই। মহামান্য হাইকোর্ট ২১.২.১৯৯১ তারিখে দেওয়া আপিল কর্তৃপক্ষের রায়টিও বাতিল (set aside) করেন। মহামান্য হাইকোর্ট জানান ১৪.৭.১৯৮৭ তারিখে ভাগচাষ আধিকারিক কেসটি পুনরায় নিষ্পত্তির আদেশ দিয়েছেন যা তিনি পারেন না, কারণ ভাগচাষ আধিকারিকের কোনও মামলা পুনরায় উন্মোচন (reopen) করার ক্ষমতা নেই এবং নতুন করে আদেশ দান (fresh order) করার এক্তিয়ার তার নেই কারণ তিনি কোনও মামলা reviewed করার অধিকারী নন।[৫]

সুধাংশু কুমার আইচ বনাম *কঙ্গল চন্দ্র মাইতি*,[৬] মামলায় মহামান্য হাইকোর্টের অভিমত হল—প্রচলিত পশ্চিমবঙ্গ ভূমি সংস্কার আইন এবং নিয়মে (rule) কোথাও ভাগচাষ আধিকারিককে এক তরফা (*ex parte*) সিদ্ধান্তে

৫ *বিনয়কৃষ্ণ মণ্ডল* বনাম *অশ্বীনি কুমার বাউর* 1994(1) CHN 442; 1994(1) Cal LJ 422.

৬ 69 CWN 908.

কোনও মামলা বাতিল (set aside) করার ক্ষমতা দেওয়া হয়নি। তবে যদি কোনও কেস ১৮(১) ধারায় একতরফা আদেশে বাতিল হয় সেক্ষেত্রে বর্গাদার এবং মালিক পুনরায় ১৮(১) ধারায় নতুন কেস দাখিল করতে পারেন, আইনগতভাবে কোনও বাধা (bar) নেই।

উপরোক্ত মামলা দুটির রায় থেকে দেখা যায় যে ভাগচাষ আধিকারিক কোনও নিষ্পত্তি হয়ে গিয়েছে এরকম কেস উন্মোচন (reopen) বা পর্যালোচনা (reviewed) করতে পারেন না, কারণ প্রচলিত পঃ বঃ ভূমি সংস্কার আইন, ১৯৫৫ এবং পঃ বঃ ভূমি সংস্কার নিয়ম, ১৯৫৬ অনুযায়ী ভাগচাষ আধিকারিককে সেইভাবে reopen বা reviewed করার ক্ষমতা দেওয়া হয়নি।

১৩। পুনঃস্থাপনের ক্ষমতা [Power of restoration]. তৃতীয় পরিচ্ছেদে আধিকারিক বা কর্তৃপক্ষকে এরকম ক্ষমতা দেওয়া হয়নি যে একতরফা (*ex parte*) আদেশে বাতিল হয়ে যাওয়া কোনও মামলা আবার শুনানির জন্য উন্মোচন করতে পারবে। শুনানিতে উপস্থিত হতে না পারার জন্য ওই একতরফা আদেশ সংশ্লিষ্ট আধিকারিক দিয়েছিলেন। তবে শুনানিতে উপস্থিত না হতে পারার কারণে যখন কোনও আবেদন খারিজ হয়ে যায়, বর্গাদার বা মালিক উভয়েই ওই আধিকারিক বা কর্তৃপক্ষের কাছে নতুন (fresh) আবেদন জমা দিতে পারেন, আইনগত কোনও বাধা নেই (bar)। তবে নতুনভাবে আবেদনপত্র জমা দিলে বিবাদী পক্ষ এই যুক্তি তুলে ধরতে পারেন যে, নির্ধারিত কর্তৃপক্ষ/ আধিকারিক ইতিপূর্বে ওই আবেদনপত্রের শুনানি এবং নিষ্পত্তি করে ফেলেছেন। সিদ্ধান্তও নিয়েছেন। সিদ্ধান্তের পূর্বে সমস্ত পক্ষকে যথোপযুক্ত পদ্ধতিতে বিজ্ঞপ্তি জারি করে শুনানিতে উপস্থিত হওয়ার সুযোগ দিয়েছিলেন। কিন্তু বিবাদী শুনানির সময় উপস্থিত হননি।

এক্ষেত্রে সংশ্লিষ্ট আধিকারিক বা কর্তৃপক্ষকে নিশ্চিত হতে হবে যে সমস্ত পক্ষকে ঠিকমত বিজ্ঞপ্তি জারি করা হয়েছিল কিনা। যদি তিনি এই মর্মে সন্তুষ্ট (satisfied) হন যে বিজ্ঞপ্তি ঠিকমত জারি না হওয়ার জন্য বিবাদী শুনানিতে উপস্থিত হতে পারেন নি, কিংবা আদৌ তিনি নোটিশ পাননি, তাকে শুনানির সুযোগ দেওয়া হয়নি, সেক্ষেত্রে কর্তৃপক্ষ বা আধিকারিক আগের আদেশ উপেক্ষা করতে পারেন এবং নতুন করে সিদ্ধান্ত নিতে পারেন। সেক্ষেত্রে আগের একতরফা (*ex parte*) আদেশ বাতিল করতে পারেন (set aside) বা পাল্টাতে (modify) পারেন।

কিন্তু সংশ্লিষ্ট আধিকারিক বা কর্তৃপক্ষ যদি এই মর্মে নিশ্চিত হন যে সময় মতো বিজ্ঞপ্তি জারি সত্ত্বেও, ইচ্ছাকৃতভাবে কোনও পক্ষ হাজির হননি এবং শুনানির সুযোগ গ্রহণ করেননি সেক্ষেত্রে তিনি পুনরায় ওই বিষয়ে নতুন করে আবেদন শুনানির আর্জি খারিজ করতেই পারেন।[৭]

১৪। আবেদনপত্র জমা দেওয়ার পদ্ধতি এবং নিষ্পত্তির নিয়ম [Procedure for filing an application and rule for disposing]. ১৯৫৬ সালের পঃ বঃ ভূমি সংস্কার (বর্গাদার) নিয়মের ৬ নং বিধিতে নির্দেশ দেওয়া রয়েছে কীভাবে বর্গাদার বা জমির মালিক আবেদন করবেন এবং কীভাবে সংশ্লিষ্ট আধিকারিক বা কর্তৃপক্ষ ওই আবেদনপত্র নিষ্পত্তি (disposed) করবেন। বর্গাদার বা মালিকের দ্বারা দাখিল করা ১৮(১) বা ১৮(২) ধারায় প্রতিটি আবেদনপত্রে আবেদনকারীর উপযুক্ত সই (signature) থাকবে। যদি আবেদনকারী [বর্গাদার বা জমির মালিক যাই হোক] সই করতে না পারেন তবে বাঁ হাতের বুড়ো আঙুলের টিপ ছাপ দেবেন। আবেদনপত্রে নিম্নলিখিত তথ্যগুলি থাকবে—

(ক) আবেদনকারীর নাম এবং বসবাসের ঠিকানা

(খ) বর্গাদার আবেদনকারী হলে, যার জমি বর্গাদার চাষ করেন সেই জমির মালিকের নাম ও ঠিকানা

(গ) যার জমি বর্গাদার চাষ করছেন তিনি আবেদনকারী হলে সেই বর্গাদারের নাম ও ঠিকানা

(ঘ) বিবাদীয় জমি সঠিকভাবে চেনার জন্য কিছু নির্দিষ্ট করা চিহ্ন ও পূর্ণাঙ্গ বর্ণনা

(ঙ) বিবাদের এক বা একাধিক কারণগুলি এবং আবেদনকারীর দাবি (claim of the applicant)

১৮(১) ধারার প্রতিটি আবেদনপত্রের সাথে ৭৫ পয়সার কোর্ট ফি স্ট্যাম্প (court-fee stamp) যুক্ত করতে হবে। কিন্তু ১৮(২) ধারার কোনও আবেদনপত্র কোনও কোর্ট ফি স্ট্যাম্প ছাড়াই সাদা কাগজে লিখলে হবে।

আবেদনপত্রের সংখ্যা এমনভাবে নির্ধারণ করতে হবে যেন প্রত্যেক বিবাদীকে একটি করে আবেদনপত্র (application) এবং নোটিশ দেওয়া যায়।

৭ *সুধাংশু কুমার আইচ* বনাম *কঙ্গল চন্দ্র মাইতি* 69 CWN 908.

যদি কোনও লোক এই মর্মে দাবি করেন যে তিনি দরিদ্র এবং তার পক্ষে যথেষ্ট সংখ্যক আবেদনপত্র জমা দেওয়া সম্ভব নয়, সংশ্লিষ্ট আধিকারিক বা কর্তৃপক্ষ তদন্ত করে দেখবেন সত্যিই তিনি গরিব (indigent) কিনা। যদি দেখা যায় সত্যিই তিনি গরিব, তখন যতগুলি অতিরিক্ত আবেদনপত্র তৈরি করা প্রয়োজন, সংশ্লিষ্ট আধিকারিক তার অফিস থেকে কর্মচারী দ্বারা তৈরি করবেন। বিবাদীদের প্রত্যেককে নোটিশসহ ওই আবেদনপত্র পৌঁছে দেওয়া হবে।

আবেদনকারী নিজে বা প্রতিনিধি দ্বারা লিখিতভাবে যে এলাকায় বিবাদীয় জমি অবস্থিত সেখানকার সংশ্লিষ্ট ১৮(১) ধারার আধিকারিক বা কর্তৃপক্ষের কাছে আবেদনপত্র জমা দেবেন। শুনানির সময় আবেদনকারী নিজে বা কোনও প্রত্যায়িত প্রতিনিধি মারফৎ উপস্থিত হতে পারেন। বিবাদীও নিজে উপস্থিত থাকতে পারেন বা অনুমোদিত (authorised) কোনও প্রতিনিধি পাঠাতে পারেন।

যে আধিকারিক বা কর্তৃপক্ষ উক্ত আবেদনপত্রের শুনানি সম্পাদন করবেন তিনি প্রয়োজন মনে করলে উক্ত জমি পরিদর্শন ও সরেজমিনে তদন্ত করতে পারবেন এবং প্রয়োজনে অন্য তদন্তও করতে পারবেন, তবে প্রতিটি ক্ষেত্রেই সমস্ত পক্ষকে যথোপযুক্ত বিজ্ঞপ্তি দেবেন দিন, সময় আগের থেকে ঠিক (fix) করে। উপরোক্ত আবেদনপত্র নিষ্পত্তির জন্য সংশ্লিষ্ট আধিকারিক বা কর্তৃপক্ষ বিজ্ঞপ্তি নং ৩১৯-এল. রেফ্. ২০ আর. ১২/৮১ তাং ৩১.১১.১৯৮১ মূলে নিজে সরেজমিনে তদন্ত করার অধিকারী।

১৫। বর্গাস্বত্ব নথিভুক্ত করার সময় স্বত্বলিপির গুরুত্ব এবং ১৯৫৬ সালের পঃ বঃ ভূমি সংস্কার (বর্গাদার) নিয়মের ৬(৫ক) বিধি [Significance of r-o-rs for determination barga recording and r. 6(5a) of W.B.L.R. (Bargadar) Rules 1956]. বিজ্ঞপ্তি নং ৫৫০০-এল. রেফ্., তাং ১৪.৩.১৯৭৫ দ্বারা ১৯৫৬ সালের পশ্চিমবঙ্গ ভূমি সংস্কার (বর্গাদার) নিয়মের ৬ নং বিধির (৫ক) উপবিধি যুক্ত করা হয়েছে। পঃ বঃ ভূমি সংস্কার আইনের ১৮(২) ধারার কোনও কার্যাবলি (proceedings) নিষ্পত্তির লক্ষ্যে যদি এই প্রশ্ন দেখা যায় যে কোনও ব্যক্তি বর্গাদার কিনা, সেক্ষেত্রে সংশ্লিষ্ট আধিকারিক বা কর্তৃপক্ষ অন্যান্য প্রামাণ্য নথির (evidence) সাথে স্বত্বলিপির উপরেও গুরুত্ব দেবেন। স্বত্বলিপির প্রস্তুতি বা সংশোধন চলতে থাকলে খসড়া স্বত্বলিপির সংশোধিত অবস্থাকেই গুরুত্ব দিয়ে দেখবেন।

১৬। উপযুক্ত নথি, তথ্য উপস্থিত না করার কারণে বর্গাদার স্বত্ব-খারিজ করার সিদ্ধান্ত সঠিক [Due to failure of submitting appropriate evidences and information, terminating a bargadar is held to be proper]. ১ ক্রমাঙ্কের প্রতিবাদী একটি আবেদন দ্বারা এই দাবি করেন যে যেন তার নাম বর্গাদার হিসাবে আবেদনকারীর বিবাদীয় জমিতে নথিভুক্ত করা হয় যেহেতু তিনি উক্ত জমি বর্গাদার হিসাবে চাষ করছিলেন। রাজস্ব আধিকারিককে তিনি এমন কোনও তথ্য, প্রমাণ দেখাতে পারেন নি যা দেখে রাজস্ব আধিকারিক সন্তুষ্ট (satisfied) হন যে তিনি বর্গাদার হিসাবে ওই জমি চাষ করছিলেন। উক্ত রাজস্ব আধিকারিক গ্রাম পঞ্চায়েতের প্রধানের উপস্থিতিতে নিষ্পাদিত (executed) করা নথি স্বীকার করতে রাজি হন নি, কারণ উক্ত চুক্তিপত্রে ১ ক্রমাঙ্কের প্রতিবাদীর স্বাক্ষর ছিল না। রাজস্ব আধিকারিকের উক্ত রায় সমর্থন করেন আপিল কর্তৃপক্ষ। কিন্তু আপিল কর্তৃপক্ষ দ্বারা সমর্থিত রাজস্ব আধিকারিকের উক্ত রায় মহামান্য W.B.L.R.T.T. বাতিল করেন এবং নির্দেশ দেন, ১ ক্রমাঙ্কের প্রতিবাদীর নাম বর্গাদার হিসাবে বর্তমান আবেদনকারীর (writ petitioner) জমিতে নথিভুক্ত করতে হবে।

উক্ত W.B.L.R.T.T. কর্তৃক প্রদত্ত রায়ে অসন্তুষ্ট হয়ে আবেদনকারী মহামান্য উচ্চ ন্যায়ালয়ের ডিভিশন বেঞ্চে আর্জি পেশ করেন। মহামান্য ডিভিশন বেঞ্চ লক্ষ্য করেন প্রতিবাদী ১ ক্রমাঙ্ক যে আবেদনকারীর জমিতে বর্গাদার হিসাবে চাষ করেন সেই মর্মে কোনও প্রমাণ-ই দাখিল করতে পারেন নি। এছাড়া আবেদনকারীকে যে উৎপন্ন ফসলের ভাগ দেওয়া হত সে বিষয়েও কোনও নথি দেখাতে পারেন নি প্রতিবাদী। W.B.L.R.T.T. যে ভুলক্রমে রায় দিয়েছিল তা বাতিল করেন ডিভিশন বেঞ্চ, আবেদনকারীর স্বাক্ষরবিহীন একটি তথ্য যা স্থানীয় গ্রাম পঞ্চায়েতের প্রধানের উপস্থিতিতে কার্যকর করা হয়েছিল, তার উপর ভিত্তি করে W.B.L.R.T.T. আস্থা রেখে তার সিদ্ধান্ত জানিয়েছিল, ওই রায় মহামান্য ডিভিশন বেঞ্চ খারিজ করেন।[৮]

পশ্চিমবঙ্গ ভূমি সংস্কার আইনের ১৮ ধারায় ক্ষমতাপ্রাপ্ত কোনও আধিকারিক বা কর্তৃপক্ষের কাছে কোনও ব্যক্তি বর্গাদার হিসাবে নাম নথিভুক্ত করার জন্য আবেদন করলে উক্ত আধিকারিক বা কর্তৃপক্ষের নথিভুক্ত করার এক্তিয়ার আছে, কিন্তু বর্গাদার হিসাবে ওই ব্যক্তি প্রকৃত চাষ করছেন এই বিষয়ে

৮ *দীপ্তেন্দু ব্যানার্জী* বনাম *সতীনাথ মণ্ডল* 2011(1) CHN 648 (Cal) (DB).

চূড়ান্ত সিদ্ধান্তে পৌঁছানোর পূর্বে সন্তোষজনক প্রমাণ, নথি, তথ্য উক্ত আধিকারিক/কর্তৃপক্ষের সম্মুখে পেশ করতে হবে। বর্গাদার কী বর্গাদার নয় এই প্রশ্নের মীমাংসার জন্য অবশ্যই আধিকারিক/কর্তৃপক্ষের সামনে উপযুক্ত নথি/প্রমাণ দাখিল করতে হবে যাতে প্রমাণ হয় যে প্রকৃতপক্ষে একজন বর্গাদার। ৭ ক্রমাঙ্কের প্রতিবাদী ভাগচাষ আধিকারিকের কাছে তার নাম বর্গাদার হিসাবে স্বত্বলিপিতে নথিভুক্ত করার জন্য আবেদন করেন, ভাগচাষ আধিকারিক এই মর্মে সন্তুষ্ট হয়েছিলেন যে তিনি প্রকৃতপক্ষে একজন বর্গাদার। ভাগচাষ আধিকারিক কোনও উপযুক্ত প্রামাণ্য নথিপত্র ছাড়াই ৭ ক্রমাঙ্কের প্রতিবাদীর নাম বর্গাদার হিসাবে স্বত্বলিপিতে নথিভুক্ত করেন এবং উক্ত আদেশ পশ্চিমবঙ্গ ভূমি সংস্কার আইনের ৫৪ ধারায় ক্ষমতাপ্রাপ্ত আপিল কর্তৃপক্ষ এমনকী মহামান্য W.B.L.R.T.T. বহাল রাখেন। W.B.L.R.T.T. কর্তৃক প্রদত্ত উক্ত রায়কে চ্যালেঞ্জ জানিয়ে বর্তমান আবেদনকারী মহামান্য উচ্চ ন্যায়ালয়ের ডিভিশন বেঞ্চে আবেদন (writ application) পেশ করেন। মহামান্য ডিভিশন বেঞ্চ লক্ষ্য করেন মূল মালিকের কাছ থেকে বর্তমান আবেদনকারীগণ ২০০2 সালে বিবাদীয় জমি ক্রয় করেন। এক্ষেত্রে আইনের বাধ্যতামূলক প্রয়োজনীয়তা হল এই যে, যখন বর্গাদার মালিককে তার প্রাপ্য ফসলের ভাগ দেবেন, মালিক প্রাপ্তি স্বীকার করে বর্গাদারকে রসিদ দিতে বাধ্য থাকবেন। ৭ ক্রমাঙ্কের প্রতিবাদী দাবি করেছেন তিনি পূর্বতন মালিকের সময় থেকে বর্গাদার হিসাবে বিবাদীয় জমি চাষ করছেন। মহামান্য ডিভিশন বেঞ্চ লক্ষ্য করেছেন পূর্বতন মালিক বর্তমান আবেদনকারীদের কাছে জমি বিক্রি করে দেওয়ার পর বর্গাদার হিসাবে ৭ ক্রমাঙ্কের প্রতিবাদীর পাশে দাঁড়িয়েছেন এবং তিনি জানিয়েছেন ৭ ক্রমাঙ্কের প্রতিবাদীর কাছ থেকে ফসলের 'ভাগ' তিনি পেয়েছেন।

ডিভিশন বেঞ্চ আরও লক্ষ্য করেছেন, যদি তাই হয়, পূর্বতন জমির মালিক যদি বর্গাদারের কাছ থেকে উৎপন্ন ফসলের ভাগ পেয়ে থাকেন, তা হলে অবশ্যই বর্গাদারকে রসিদ প্রদান করবেন; যা একটি বাধ্যতামূলক শর্ত। এই বিষয়টি উল্লেখ করা যায় যদি পূর্বতন মালিক তার অধীনে ৭ ক্রমাঙ্কের প্রতিবাদীর 'বর্গাদার' হিসাবে দাবি সমর্থন করেন, কিন্তু ভাগচাষ আধিকারিকের সামনে ন্যূনতম একটি রসিদও দেখাতে পারেন নি, যা আইনের দিক থেকে বাধ্যতামূলক একটি শর্ত এবং যদি পূর্বতন মালিক ফসলের ভাগ গ্রহণ করেও প্রাপ্তি স্বীকার করে রসিদ প্রদান না করেন তবে তিনি ফৌজদারি অপরাধে অভিযুক্ত হবেন।

ডিভিশন বেঞ্চ উল্লেখ করেছেন এটি সত্যি যে একটি সরেজমিনে তদন্ত করা হয়েছে, কিন্তু উক্ত সরেজমিনে তদন্তের প্রতিবেদন কেবলমাত্র প্রমাণ হতে পারে না। এটির কিছু দৃঢ় সমর্থনসূচক মূল্য আছে কিন্তু প্রকৃত প্রামাণ্য নয়। সুতরাং মহামান্য ডিভিশন বেঞ্চ বিবাদীয় জমিতে ক্রমাঙ্ক ৭-এর নামে হওয়া বর্গাদার হিসাবে নাম নথিভুক্তকরণ সংক্রান্ত রায় বাতিল করেন, উক্ত বর্গাদার স্বত্ত্ব বাতিল করে ভাগচাষ আধিকারিক পুনরায় নতুন করে উপরোক্ত শর্তগুলির প্রতি লক্ষ্য রেখে শুনানি আরম্ভের নির্দেশ দেন, যদি দেখা যায়, ক্রমাঙ্ক ৭-এর প্রতিবাদী সমস্ত শর্তপূরণ করতে পারছে তবেই রাজস্ব আধিকারিক/ভাগচাষ আধিকারিক উপযুক্ত আদেশ প্রদান করবেন।[৯]

১৭। আইনজীবীর উপস্থিতির বাধা [Bar of the legal practitioner to appear]. ১৮৭৯ সালের ব্যবহারজীবী (legal practitioners) আইনের [১৮৭৯ সালের ১৮ নং আইন] ৩ নং ধারা অনুসারে কোনও আইনজীবী নির্ধারিত কর্তৃপক্ষ বা আধিকারিকের নিকট পঃ বঃ ভূমি সংস্কার আইনের ১৭, ১৮, ১৯খ(১) বা ২০খ ধারার শুনানির সময় উপস্থিত হতে বক্তব্য পেশ (plead) করতে পারতেন। কিন্তু বিজ্ঞপ্তি নং ৩৮৫৬-এল. রেফ্., তাং ১৭.১১.১৯৭৮ দ্বারা যা কলিকাতা গেজেটে ২০.১১.১৯৭৮ [১ নং অংশ] তারিখে প্রকাশিত হয়েছিল, ওই অধিকার নিয়ন্ত্রিত করা হয়েছে। বর্তমানে কেবলমাত্র যদি কোনওআইনজীবী স্বয়ং কোনও মামলায় পক্ষ হয়ে থাকেন তবে তিনি উপস্থিত থাকতে পারবেন।

১৮। আবেদনপত্রের সত্যতা যাচাই [Verification of the application]. ১৯৬৫ সালের পঃ বঃ ভূমি সংস্কার আইন সংশোধনের সময় এই নিয়ম অন্তর্ভুক্ত হয়েছিল যে প্রতিটি আবেদনপত্র আবেদনকারী সত্যতা যাচাই (verification) করে, সই করে জমা দেবেন। পঃ বঃ ভূমি সংস্কার (বর্গাদার) নিয়মের ৬(১) নং বিধিতে বলছিল ঃ "১৯০৮ সালের দেওয়ানি কার্যবিধির ১ নং তফসিলীর ৬ নং আদেশের ১৫ নং বিধির (২) ও (৩) নং উপবিধির নির্দেশ অনুসারে প্রতিটি আবেদনপত্র স্বাক্ষরিত এবং পরীক্ষিত হবে" ("Every such application shall be signed and verified in the manner provided in sub-rules (2) and (3) of Rule 15 of Order VI of Schedule I to the Code of Civil Procedure, 1908" ....) বর্গাদার এবং মালিকের দ্বারা দাখিল করা

৯ *শম্ভুনাথ ঘোষ* বনাম *পশ্চিমবঙ্গ সরকার* 2009(2) CHN 830 (Cal) (DB).

প্রতিটি আবেদনপত্র স্বাক্ষর (sign) এবং সত্যতা যাচাই (verification) করে জমা দিতে হত। হাইকোর্টের নির্দেশও ছিল প্রতিটি আবেদনপত্র পরীক্ষা করে জমা দেওয়ার জন্য। *সন্তোষ কুমার মাইতি* বনাম *ভাগচাষ আধিকারিক,*[১০] মামলায় মহামান্য কলিকাতা হাইকোর্টের অভিমত হল—অপরীক্ষিত (non-verified) কোনও আবেদনপত্রের প্রক্রিয়া আরম্ভ করা পুরোপুরি নিয়ম বহির্ভূত।

বিজ্ঞপ্তি নং ৩৮৫৬-এল. রেফ্., তাং ১৭.১১.১৯৭৮ দ্বারা ৬(১) নিয়মটির পরিবর্তন করা হয়েছে। ওই বিজ্ঞপ্তিটি কলিকাতা গেজেটে ২০.১১.১৯৭৮ তারিখে প্রকাশিত হয়েছিল। সংশোধিত পঃ বঃ ভূমি সংস্কার (বর্গাদার) নিয়মের ৬(১) বিধিতে বলা আছে—বর্গাদার বা জমির মালিক ১৮(১) ধারায় যে আবেদনপত্র জমা দেবেন, তা আবেদনকারী দ্বারা স্বাক্ষরিত হতে হবে। যদি আবেদনকারী স্বাক্ষর করতে না পারেন, বাঁ হাতের বুড়ো আঙুলের টিপ ছাপ দেবেন। ১৯৬৫ সালে আবেদনপত্রে স্বাক্ষর করার পাশাপাশি সত্যতা যাচাই (verification) করার যে নিয়ম ছিল তার পরিবর্তন করা হয়।

সংশোধিত ৬(১) নং বিধি অনুযায়ী হাইকোর্টের বিধান হল কোনও আবেদনপত্রে যদি স্বাক্ষর থাকে কিন্তু পরীক্ষা করা (verified) না থাকে তবে উক্ত আবেদনপত্র বৈধ।[১১]

১৯। আবেদনপত্র নিষ্পত্তির সময়সীমা [Time limit for disposal of the application]. ১৯৫৬ সালের পঃ বঃ ভূমি সংস্কার (বর্গাদার) নিয়মের ৬(৫) উপধারায় বলা আছে ১৮ ধারায় পেশ করা যে কোনও আবেদনপত্র জমা দেওয়ার ৩ সপ্তাহের মধ্যে নিষ্পত্তি করতে হবে। খুব স্বাভাবিকভাবেই প্রশ্ন উঠে আসে যে, যদি কোনও আবেদনপত্রের নিষ্পত্তি ৩ সপ্তাহের মধ্যে না হয়, তবে ওই আবেদনপত্রগুলির পরিণাম কী হবে? ১৯৫০ সালের পঃ বঃ বর্গাদার আইনেও ওইরকম বিধান ছিল এবং ওই একই প্রশ্ন সেখানেও উঠেছিল।

রাম হরি বনাম *নীলমণি,*[১২] মামলার রায় থেকে দেখা যায় যে—বর্গাদার আইনে যে নির্দিষ্ট সময়ের (prescribed period) মধ্যে ভাগচাষ আধিকারিককে কোনও আবেদনপত্র নিষ্পত্তি করার কথা বলা হয়েছে তা নির্দেশ মাত্র কিন্তু অবশ্য পালনীয় নয় (merely directory and not mandatory)

১০ 1982(1) CHN 162.
১১ *হীরালাল বন্দ্যোপাধ্যায়* 88 CWN 828.
১২ 56 CWN 325.

ভাগচাষ আধিকারিক ন্যায়সংগত সময়ের মধ্যে (within reasonable time) তাঁর সিদ্ধান্ত দিতে পারেন। নির্দিষ্ট সময়ের বাইরে গিয়ে দেওয়া আদেশ যদি বাতিল হয়ে যায় তা নিতান্তই অবিচার একজনের পক্ষে যা তার নিয়ন্ত্রণের বাইরে। এই নিয়মটিকে সাহায্যকারী পথপ্রদর্শক নিয়ম হিসাবে ধরতে হবে (as a rule of guidance)। তাছাড়া ওই নির্দিষ্ট সময় না মানলে তার ফল কী হবে তা ওই নিয়মে নেই। সুতরাং বলা যায় কোনও আবেদনপত্র জমা হওয়ার তিন সপ্তাহ পরে যদি সংশ্লিষ্ট আধিকারিক তার নিষ্পত্তি করেন তা বাতিল হবেনা।

১৯৫৬ সালের পঃ বঃ ভূমি সংস্কার (বর্গাদার) নিয়মের ৬(৫) উপধারায় কোনও নির্দেশ নেই যে যদি ৩ সপ্তাহের মধ্যে কোনও আবেদনপত্রের নিষ্পত্তি না হলে ওই আবেদনপত্রটির পরিণাম কী হতে পারে। আসলে ৬(৫) উপধারায় ওই ৩ সপ্তাহের উল্লিখিত সময় নির্দিষ্ট করার পিছনে উদ্দেশ্য হল যাতে ১৮(১) ধারায় জমা করা আবেদনপত্রগুলির নিষ্পত্তি দ্রুত করা হয়। অহেতু ওই আবেদনপত্রগুলি যেন নিষ্পত্তি না করে ফেলে রাখা না হয়। সংশ্লিষ্ট আধিকারিককে এই বার্তা নিয়ে আসে যে ১৮(১) ধারার আবেদনপত্রগুলি দ্রুত নিষ্পত্তি করতে হবে।

২০। স্বাভাবিক ন্যায়বিচারের নীতি ও আধিকারিক বা কর্তৃপক্ষ [Principles of natural justice and officers/authority]. পশ্চিমবঙ্গ ভূমি সংস্কার আইনের ১৮ নং ধারায় আধিকারিক বা কর্তৃপক্ষ "বিচারকল্পের" (*quasi judicial*) কাজ করে থাকেন। সুতরাং কোনও আধিকারিক বা কর্তৃপক্ষ স্বাভাবিক ন্যায়বিচারের (natural justice) নীতিগুলি অনুসরণ করবেন এটা বলা যায়। যে বিষয়গুলি সংশ্লিষ্ট দেখবেন তা হল—

(১) সমস্ত পক্ষকে শুনানির সুযোগ দেওয়া,

(২) শুনানির সুযোগ যেন ন্যায়সংগত বা যুক্তিযুক্ত (reasonable) হয়,

(৩) উভয় পক্ষ যেন শুনানির সময় বক্তব্য পেশ করার সুযোগ পায়,

(৪) কোনও পক্ষ যে বক্তব্য বা সাক্ষ্য প্রমাণ (evidence) পেশ করবেন তা যেন অপরপক্ষের উপস্থিতিতে গ্রহণ করা হয়,

(৫) অপরপক্ষকে ওই পেশ করা বক্তব্য বা প্রমাণ বা যুক্তি খণ্ডন করার (cross-examination) সুযোগ দিতে হবে, সাক্ষীদের জিজ্ঞাসাবাদের সুযোগ দিতে হবে,

(৬) আধিকারিক বা কর্তৃপক্ষের উচিত নয় কোনও পক্ষকে সুযোগ না দিয়ে তার বিরুদ্ধে আনা কোনও বিষয় পেশ করা।

এছাড়া সংশ্লিষ্ট আধিকারিক/কর্তৃপক্ষ প্রয়োজনে সরেজমিনে তদন্ত ও পরিদর্শন (inspection) করতে পারেন। বিজ্ঞপ্তি নং ৩১৯-এল. রেফ্., তাং ৩১.১১.১৯৮১ দ্বারা আধিকারিক/কর্তৃপক্ষকে সরেজমিনে তদন্ত বা পরিদর্শনের ক্ষমতা দেওয়া হয়েছে। যে কোনও সরেজমিনে তদন্ত বা পরিদর্শন বা শুনানির আগে উভয়পক্ষকে সঠিকভাবে নোটিশ দিতে হবে। উক্ত নোটিশে তদন্তের বা পরিদর্শনের দিন, সময় ঠিক (fix) করে দিতে হবে। আধিকারিক/কর্তৃপক্ষকে এ ব্যাপারে নিশ্চিত হতে হবে যে সমস্ত পক্ষ সরেজমিনে তদন্ত বা শুনানির আগে বিজ্ঞপ্তি পেয়েছেন। ১৮(১) ধারার বিভিন্ন দফায় (clauses) সংশ্লিষ্ট আধিকারিক/কর্তৃপক্ষ যেহেতু মালিক ও বর্গাদারের মধ্যের বিভিন্ন বিবাদ মীমাংসা করেন বা বর্গাদারের প্রকৃত অবস্থা নির্ধারণ করে (determine the status of *bargadar*) থাকেন সেই জন্য তিনি স্বাভাবিক ন্যায়বিচারের (natural justice) নীতিগুলি নিয়মগুলিকে তিনি ঠিক ঠিক মানবেন। এ বিষয়ে *ইউনিয়ন অব ইন্ডিয়া* বনাম *টি আর ভার্মা,*[১৩] মামলার রায় অনুসরণযোগ্য। আবার অন্য একটি মামলায় মহামান্য সুপ্রীম কোর্টের অভিমত হল—The "*audi alteram partem*" rule-এর অন্যতম দুটি শর্ত হল,

প্রথমত প্রত্যেক পক্ষকে notice দিতে হবে এবং

দ্বিতীয়ত বক্তব্য ব্যাখ্যা করার সুযোগ দিতে হবে।[১৪]

২১। মৃত বর্গাদারের বকেয়া দায় [Outstanding dues of the deceased bargadar]. বর্গাদার মারা গেলে যদি সেই বর্গাদারের কোনও বকেয়া দায় থাকে তবে তা শোধ করার দায়িত্ব তার প্রকৃত উত্তরাধিকারীদের উপরে বর্তাবে। তবে কী পরিমাণ সম্পত্তি তারা উত্তরাধিকার সূত্রে পেলেন সেই অনুসারে দায়-দায়িত্ব বর্তাবে।[১৫] অন্য একটি মামলায় মহামান্য কলিকাতা হাইকোর্টের অভিমত হল উৎপন্ন ফসলের ভাগ যদি কোনও বর্গাদার দেওয়ার আগেই মারা যান তবে তার উত্তরাধিকারীগণ সেই ভাগ শোধ করবেন সবাই, কেবলমাত্র যিনি

১৩ AIR 1957 SC 882.

১৪ *মহীন্দর সিং গিল* বনাম *সি. ই. সি.* (1978)1 SCC 405; AIR 1978 SC 851.

১৫ *সিদ্ধেশ্বর* বনাম ভরত 65 CWN 1125.

পঃ বঃ ভূমি সংস্কার আইনের ১৫ক ধারামতে নির্ধারিত বা মনোনীত হলেন তার উপরে বর্তায় না।[১৬]

২২। সরকারে ন্যস্ত হওয়া জমির উৎপন্ন ফসলের ভাগ [Bhag produce of vested land]. পশ্চিমবঙ্গ ভূমি সংস্কার আইনের ১৪ধ ধারা অনুযায়ী, কোনও রায়ত যদি সরকার নির্ধারিত সর্বোচ্চ সীমার চেয়ে বেশি জমি রাখেন তবে অতিরিক্ত জমি সরকারে বর্তাবে (vest)। তবে ওই জমিতে যদি বর্গাদার থাকে এবং ওই ন্যস্ত (vest) জমির দখল যদি সরকার না দিতে পারে তবে মালিক বর্গাদারের কাছ থেকে নিয়মমত ভাগ পেতে থাকবেন। যতক্ষণ না রাজ্য সরকার মালিকের কাছ থেকে জমির দখল নিতে পারছেন, জমি ন্যস্ত (vest) হওয়ার সাথে সাথে বর্গাদারের কাছ থেকে মালিকের ফসল পাওয়ার দাবি বাতিল হয় না।[১৭]

২৩। নিয়ম পালন না হলে [Non-compliance of rules]. কোনও ন্যায়পীঠ বা আপিল কর্তৃপক্ষ যদি আইন বা নিয়মগুলি (provisions of act or rule) ঠিক ঠিক মেনে না চলেন বা মেনে চলার চেষ্টা না করেন, তবে ভারতীয় সংবিধানের ২২৭ ধারা অনুযায়ী হাইকোর্টের এক্তিয়ার আছে ওই বিষয়ে হস্তক্ষেপ করার।[১৮]

অন্য একটি মামলায় হাইকোর্টের রায় হল কোনও ক্ষেত্রে দেখা যায় আবেদনকারী বিচার (trial) বা আপিল (appeal) এর সময় কোনও আপত্তি (objection) দাখিল করেন নি তা হলে ধরে নেওয়া যেতে পারে যে ওই আপত্তি আবেদনকারী বাদ দিয়ে গিয়েছে এবং ওই আপত্তি হাইকোর্টে প্রথম তুলতে অনুমতি দেওয়া উচিত নয় (it should not be allowed to raise for first time in the High Court).[১৯]

২৪। আবেদনপত্র দাখিল করার সময়সীমা [Limitation for filing an application]. আইনের পুরাতন ধারা অনুযায়ী বর্গাদারের কাছ থেকে মালিক উৎপন্ন ফসল দাবি করে কোনও আবেদনপত্র ১৮(১)(ক) [s. 18(1)(*a*)] ধারায়

১৬ *ফাজিলৎন্নেসা বেওয়া* বনাম *মেজাহার শেখ* 90 CWN 467; *এস. পান* বনাম *বি. সি. পান* 65 CWN 1125.

১৭ *এস. সি. মান্না* বনাম *এস. সি. ধারা* 71 CWN 838.

১৮ *নরেন্দ্রনাথ শাসমল* বনাম *বিনোদ বিহারী দে* 56 CWN 23.

১৯ *দর্প নারায়ণ* বনাম *সমরেন্দ্র* 57 CWN 337.

জমা দিতে হলে তা ২ বছরের মধ্যে করতে হত। যে বছর থেকে বর্গাদারের ফসল দেওয়া বকেয়া রয়েছে সেখান থেকে দুই বছর হিসাব করা হত। সংশোধিত আইন অনুযায়ী ১৮(১)(ক) ধারায় ৩ বছরের মধ্যে মালিক ফসল দাবির আবেদনপত্র জমা দিতে হবে। তিন বছরের মধ্যে জমা না দিলে সংশ্লিষ্ট আধিকারিক তা মানতে বাধ্য হবেন না।

ধরা যাক কোনও মালিক বর্গাদারের কাছ থেকে ১৪০৩, ১৪০৪ এবং ১৪০৫ সালের জন্য [বাংলা বর্ষ] ফসল দাবি করছেন। এই আবেদনপত্র ১৪০৬ সালে জমা হওয়া উচিত ছিল, তার পরে এই আবেদনপত্রের মীমাংসা করতে সংশ্লিষ্ট আধিকারিক বাধ্যই নন।

আবার বাংলা ১৪০৭ থেকে ১৪১১ এই পাঁচ বছরের ফসলের ভাগ দাবি করে ১৮(১)(ক) ধারায় আবেদনপত্র ১৪১২ সালে জমা হলে ১৪০৭, ১৪০৮ সালের দাবি অস্বীকার করা হবে কারণ যে সময়ে আবেদন করা হচ্ছে ১৪০৭ এবং ১৪০৮ থেকে নির্দিষ্ট সময় অর্থাৎ ৩ বছর অতিক্রান্ত হয়ে গিয়েছে। সেই জন্য ১৪০৯, ১৪১০ এবং ১৪১১ সালের ফসল দাবির মীমাংসা করবেন সংশ্লিষ্ট আধিকারিক।

একটা প্রশ্ন এসেই যায় যে, নির্দিষ্ট সময়ের মধ্যে কোনও আবেদনপত্র জমা না দিলে তামাদি আইন (Limitation Act)-এর ৫ নং ধারায় সংশ্লিষ্ট আধিকারিক ওই আবেদনপত্র বিবেচনা (consider) করবেন কিনা। ১৯৬৩ সালের তামাদি আইন (Limitation Act)-এর ২৯(২) ধারা অনুসারে তামাদি আইন (Limitation Act)-এর ৪-২৪ নং ধারাগুলি কোনও বিশেষ আইন (Special Act) বা স্থানীয় আইন (Local Act)-এর ক্ষেত্রে প্রযোজ্য হবে না। পশ্চিমবঙ্গ ভূমি সংস্কার আইন হল একটি বিশেষ আইন (Special Act)। ১৯৬৩ সালের তামাদি আইন (Limitation Act)-এর ৪ থেকে ২৪ নং ধারা প্রযোজ্য হবে কেবলমাত্র আদালতের বেলায় (courts), কিন্তু ১৮ নং ধারায় দায়িত্বপ্রাপ্ত আধিকারিকগণ আদালত (court) নয়।

পশ্চিমবঙ্গ ভূমি সংস্কার আইনের ১৯ নং ধারায় আপিল কর্তৃপক্ষকে ক্ষমতা দেওয়া হয়েছে কোনও আপিল দেরি করে জমা দিলে তামাদি আইন (Limitation Act)-এর ৫ নং ধারায় তা বিবেচনা করার।

পশ্চিমবঙ্গ ভূমি সংস্কার (বর্গাদার) নিয়মের ২ক (r. 2A) বিধিতে বলা আছে যে বর্গাদারের মৃত্যুর পর নির্ধারিত সময়ের মধ্যে মৃত বর্গাদারের প্রকৃত

উত্তরাধিকারী নির্বাচনের জন্য নির্ধারিত কর্তৃপক্ষের কাছে কোনও আবেদনপত্র জমা না দিলে সংশ্লিষ্ট কর্তৃপক্ষ, দেরি হওয়ার সন্তোষজনক ব্যাখ্যা পেলে তামাদি আইন (Limitation Act)-এর ৫ নং ধারায় বিবেচনা করতে পারেন।

কিন্তু পঃ বঃ ভূমি সংস্কার আইনের ১৮ নং ধারায় এ ধরনের কোনও ক্ষমতা দেওয়া হয়নি। সুতরাং ১৮ নং ধারায় কোনও আবেদনপত্র সঠিক সময়ের মধ্যে জমা না দিলে তামাদি আইন (Limitation Act)-এর ৫ নং ধারামতে নির্ধারিত কর্তৃপক্ষ দেরি হওয়ার কারণ প্রমার্জনা (condone) করতে পারেন না, কারণ সে ক্ষমতা ১৮ নং ধারায় তাকে দেওয়া হয়নি।

১৯৮১ সালের পঃ বঃ ভূমি সংস্কার আইন সংশোধন দ্বারা নির্ধারিত সময় ২ বছরের পরিবর্তে ৩ বছর করা হয়েছিল যা কলিকাতা গেজেটে ২৪.৩.১৯৮৬-তে প্রকাশিত হয়।

২৫। তৃতীয় পরিচ্ছেদে বর্গা নথিভুক্তকরণ [Barga recording under Chapter III]. পশ্চিমবঙ্গ ভূমি সংস্কার আইনের তৃতীয় পরিচ্ছেদে ১৮ নং ধারায় কোনও আধিকারিক বা কর্তৃপক্ষ বর্গাদারের নাম লিপিবদ্ধ করতে পারেন কিনা, এই প্রশ্নের উত্তরের *পঃ বঃ সরকার* বনাম *কানাই লাল সাহা,*[২০] মামলায় মহামান্য কলিকাতা হাইকোর্টের অভিমত হল, ১৮ নং ধারার নির্ধারিত কর্তৃপক্ষের কোনও অধিকার নেই বর্গাদারের নাম রেকর্ড করার। কেবলমাত্র ভূমি সংস্কার আইনের সপ্তম পরিচ্ছেদে বর্ণিত আইন এবং সেই সাথে পঃ বঃ ভূমি সংস্কার নিয়ম অনুযায়ী বর্গাদারের নাম স্বত্বলিপিতে লেখা হবে। এবং সেই সাথে তফসিল (Schedule A)-তে বলা পদ্ধতি অনুসরণ করতে হবে।

পশ্চিমবঙ্গ ভূমি সংস্কার আইনের তৃতীয় পরিচ্ছেদে কেবলমাত্র মালিক এবং বর্গাদারের মধ্যে সম্পর্ক বিষয়ক বিবাদ, ফসল ঝাড়াই-মাড়াই, গাদা এবং বিষয়ক বিবাদ, ফসলের ভাগ ও বণ্টন প্রদান বিষয়ক বিবাদ ইত্যাদি নির্ধারিত আইন ও নিয়ম অনুযায়ী সমাধান করা হবে।

আবার *বিশ্বনাথ ঘোষ* বনাম *পঃ বঃ সরকার,*[২১] মামলা থেকে দেখা যায় মহামান্য কলিকাতা হাইকোর্টের অভিমত হল বর্গাদারের নাম রেকর্ড করার লক্ষ্যে কে বর্গাদার আর. কে. বর্গাদার নয় এই বিষয়ে বিচার করার জন্য ১৮(১) বা

২০ 1979(1) Cal LJ 104 (DB).

২১ 1979(1) Cal LJ 613.

১৮(২) ধারার আধিকারিক ক্ষমতাপ্রাপ্ত নন। ১৮(১)(ক), ১৮(১)(কক), ১৮(১)(খ) [s. 18(1)(*a*), 18(1)(*aa*), 18(1)(*b*)] এই তিনটি ধারায় যে সমস্ত সমস্যাগুলি আসে সেগুলির মীমাংসার জন্য সংশ্লিষ্ট আধিকারিক কোনও ব্যক্তি বর্গাদার কিনা তার বিচার করেন, কিন্তু এছাড়া অন্য ক্ষেত্রে তিনি কোনও জমিতে কোনও ব্যক্তি বর্গাদার কিনা তার বিচার করতে পারেন না, যদি কোনও ব্যক্তি বর্গাদার হিসাবে নিজেকে দাবি করে ৫০/৫১ বা ৫১ক ধারায় কোনও আবেদন করেন।

১৮(২) ধারায় "অথবা অন্যভাবে" (or otherwise) শব্দটির প্রয়োগ সংশ্লিষ্ট আধিকারিকদের কর্মপরিধি বাড়িয়ে দিয়েছে। ১৮(২) ধারায় বর্গাদারের নাম নথিভুক্ত করলে তা নিয়মবহির্ভূত নয়, আইন বিরুদ্ধ নয় বা এক্তিয়ার বহির্ভূতও নয়। "অথবা অন্যভাবে" শব্দটি আধিকারিক/কর্তৃপক্ষের ক্ষমতা ও কর্মপরিধি অনেক বাড়িয়ে দিয়েছে এমন বিষয়ের আবেদন নিষ্পত্তি করতে যা ১৮(১) বা অন্য ধারার সাথে সম্পর্কযুক্ত নয়। ১৮(২) ধারার "অথবা অন্যভাবে" কথার অর্থ হল—১৮(১) ধারায় বর্ণিত বিষয়গুলি বাদে অন্য যে কোনও ঘটনা (any contingencies)।[২২]

১৯৮১ সালের পঃ বঃ ভূমি সংস্কার আইন সংশোধন দ্বারা ২১ঘ ধারাটি যুক্ত করা হয়েছে। ওই ধারায় বলা হয়েছে নির্দিষ্ট রীতি ও পদ্ধতিতে স্বত্বলিপিতে বর্গাদারের নাম রেকর্ড করা যাবে। বিজ্ঞপ্তি নং ৪১৬-এল. রেফ্., তাং ১৩.৬.১৯৮৮-তে পঃ বঃ ভূমি সংস্কার নিয়মে ১৪ঝ (14I) বিধিটি যুক্ত করা হয়েছে, যা কলিকাতা গেজেটে ১৫.৭.১৯৮৮-তে প্রকাশিত হয়েছিল। ১৪ঝ (14I) বিধিতে ২১ঘ (21D) ধারায় কীভাবে বর্গাদারের নাম রেকর্ডভুক্ত করা হবে তার নীতি, নিয়ম, পদ্ধতি বলা আছে।

সিরাজুল ইসলাম ঘরামি বনাম *পঃ বঃ সরকার*[১] মামলায় কলিকাতা হাইকোর্টের ডিভিশন বেঞ্চে প্রশ্ন উঠেছিল যে—বর্গাদারের নাম রেকর্ড করার জন্য রাজস্ব আধিকারিক যোগ্য (competent) কিনা এবং Assistant Settlement Officer হিসাবে অতিরিক্ত বিশেষ পদমর্যাদার প্রয়োজন কিনা। কোনও একটি ক্ষেত্রে বর্গাদারের নাম রেকর্ড করার প্রয়োজনে জমির মালিককে সংশ্লিষ্ট রাজস্ব আধিকারিক নোটিশ দেন।

২২ *রবীন্দ্রনাথ মণ্ডল* বনাম *জে. এল. আর. ও.* 1980(2) Cal LJ 303.

১ 2000 WLR 606 (Cal); 2000(2) Cal LJ 248.

ওই বিজ্ঞপ্তি চ্যালেঞ্জ জানিয়ে মামলা করা হয় পঃ বঃ ভূমি সংস্কার ও প্রজাস্বত্ব ন্যায়পীঠে। আবেদনে বলা হয় যে, যেহেতু রাজস্ব আধিকারিক অতিরিক্ত হিসাবে (Settlement Officer) পদমর্যাদার আধিকারী নন।

সুতরাং রাজস্ব আধিকারিক বর্গা রেকর্ড করার উপযুক্ত কর্তৃপক্ষ নন। মহামান্য ডিভিশন বেঞ্চ ১৯৮১ সালের পঃ বঃ ভূমি সংস্কার আইনের সংশোধনীগুলি গভীরভাবে চিন্তা করেছেন (considered)। পঃ বঃ ভূমি সংস্কার আইনের ৫০ ধারায় ১৯৮১ সালের আগে ছিল ঃ Revenue officer specially empowered by the State Government in this behalf. উপরোক্ত সংশোধনী দ্বারা পরিবর্তিত হয়ে হয়েছে নির্ধারিত কর্তৃপক্ষ (prescribed authority)। তৃতীয় পরিচ্ছেদে ২১ঘ ধারা অনুযায়ী বর্গাদারের নাম রেকর্ড করার অধিকারী হলেন রাজস্ব আধিকারিক। তিনি নির্ধারিত কর্তৃপক্ষ (prescribed authority) হিসাবে ২১ঘ ধারায় বর্গাদারের নাম রেকর্ড করতে পারেন ১৪ঝ (14I) নিয়মে বর্ণিত পদ্ধতি অনুসরণ করে। স্বত্বলিপিতে বর্গাদারের নাম নথিভুক্ত করার জন্য ২১ঘ ধারা এবং ১৪ঝ নিয়ম হল বিশেষ পদ্ধতি। মহামান্য কলিকাতা হাইকোর্টের ডিভিশন বেঞ্চ উল্লেখ করেন যে, রাজস্ব আধিকারিক যদি ৫১ এবং ২১ঘ ধারামতে বিজ্ঞপ্তি করেন তখন রাজস্ব আধিকারিককে মন স্থির করে দেখতে হবে ঠিক কোন্ ধারাটি এক্ষেত্রে প্রযোজ্য হবে এবং বর্তমান মামলায় বিবাদী (private respondent) যখন নিজের নাম বর্গাদার হিসাবে রেকর্ড করার জন্য আবেদন করেছিলেন, তখন বিষয়টি সরাসরি ২১ঘ ধারা এবং ১৪ঝ নিয়ম দ্বারা পরিচালিত হবে।

ডিভিশন বেঞ্চ আরও লক্ষ্য করেন যে, যদি ৫১ ধারা, ২২ নং নিয়ম, তফসিলী ক (Schedule A) কোনও ক্ষেত্রে প্রযোজ্য হয় তখন ক তফসিল (Schedule A)-এর ১(২) নং ধারা অনুযায়ী বর্গা রেকর্ডিং এর ক্ষেত্রে "রাজস্ব আধিকারিক" হলেন Settlement Officer [যিনি পদাধিকার বলে রাজস্ব আধিকারিকও]-এর অধনস্ত (subordinate), তিনি সক্ষম কর্তৃপক্ষ (competent authority)।

লেখ আবেদনটি ডিভিশন বেঞ্চ খারিজ করে দেন। রাজস্ব আধিকারিক ১৪ঝ অনুযায়ী কোনও কাজ করলে তাতে "Jurisdictional error" হয় না এবং রাজস্ব আধিকারিকের জারি করা notice আইন বিরুদ্ধ বা এক্তিয়ার বহির্ভূত নয়।

অন্য একটি মামলায়, রাজস্ব আধিকারিক বর্গা রেকর্ডিং এর জন্য মালিককে নোটিশ করে থাকলে মালিক ওই নোটিশকে চ্যালেঞ্জ করে সংবিধানের

২২৬ নং ভঙ্গ হয়েছে বলে মামলা করেন। মামলার পিছনে অন্যতম যুক্তি হল যে আগে বর্গাদার রেকর্ডিং এর জন্য আবেদন খারিজ করে দিয়েছেন রাজস্ব আধিকারিক। ওই একই বিষয়ে রাজস্ব আধিকারিক মালিককে দ্বিতীয় বিজ্ঞপ্তি করতে পারেন না। মহামান্য হাইকোর্ট জানান—যদি কোনও বিজ্ঞপ্তি ক্ষেত্রাধিকারের বাইরে (without jurisdiction) গিয়ে জারি করা হয় ২২৬ ধারা অনুযায়ী হাইকোর্ট তাতে হস্তক্ষেপ করতেই পারে। বর্তমান মামলায় যেহেতু বিশেষ একটি প্রশ্নের উত্তর নির্ধারণের ব্যাপার রয়েছে সুতরাং সংশ্লিষ্ট আধিকারিক বা কর্তৃপক্ষ আগে সিদ্ধান্ত নিক। রাজস্ব আধিকারিক যদি মনে করেন বিবাদী (private respondent)-র নাম বর্গাদার হিসাবে রেকর্ড হয়নি এবং আগের কার্যাবলি (proceedings) টি হারিয়ে গেছে তা হলে ১৮(১) ধারায় মালিককে বিজ্ঞপ্তি (notice) করার প্রশ্নই ওঠে না। সুতরাং এটা দেখা প্রয়োজন যে আগের কার্যাবলির (proceedings)-এর সিদ্ধান্ত আবেদনকারীর পক্ষে ছিল এবং ৯ নং বিবাদীর বিপক্ষে ছিল কিনা। ২ নং বিবাদী অর্থাৎ সংশ্লিষ্ট রাজস্ব আধিকারিক বা কর্তৃপক্ষ যিনি ১৮(১) ধারায় ক্ষমতাপ্রাপ্ত তিনি উপরোক্ত বিষয়টি পরীক্ষা করে দেখবেন। এই মর্মে হাইকোর্ট লেখ আবেদনটির নিষ্পত্তি করেন যে—সংশ্লিষ্ট রাজস্ব আধিকারিক প্রথমে (jurisdictional fact) বিষয়ে সিদ্ধান্ত নেবেন, তারপর উক্ত মামলার (case) গুণাগুণে (merit) যাবেন।[২]

২৬। বর্গা লিপিবদ্ধ করার সময় মালিককে বিজ্ঞপ্তি দেওয়া বাধ্যতামূলক [Issuing notice upon landowner is mandatory for barga recording]. রাজস্ব আধিকারিক কোনও একজনের নাম বর্গাদার হিসাবে লিপিবদ্ধ করেন। এর বিরুদ্ধে হাইকোর্টে মামলা দায়ের করেন এই অভিযোগ জানিয়ে যে মালিককে কোনও বিজ্ঞপ্তি না দিয়ে সংশ্লিষ্ট রাজস্ব আধিকারিক বর্গাদারের নাম লিপিবদ্ধ করেছেন। মামলা চলাকালীন এটা প্রমাণিত হয় যে সংশ্লিষ্ট রাজস্ব আধিকারিক যথোপযুক্তভাবে মালিককে নোটিশ দেন নি, বা অন্যভাবে বলতে গেলে মালিক কোনও নোটিশ পান নি। মহামান্য হাইকোর্ট তার রায়ে জানান যে—বর্তমান মামলায় ৬ নং বিবাদী যদি সত্যিই বর্গাদার হয় তবে তার দাখিল করা আবেদন অবশ্যই নির্ধারিত কর্তৃপক্ষ পঃ বঃ ভূমি সংস্কার আইন ও নিয়ম অনুসরণ করে নিষ্পত্তি করবেন। কিন্তু স্বাভাবিক ন্যায়বিচারের নীতিগুলি (principles of natural justice) অবশ্যই মেনে ওই আবেদনের

২ *পরেশ চন্দ্রগিরি* বনাম *পঃ বঃ সরকার* 1999(2) Cal LJ 222.

নিষ্পত্তি করতে হবে। বর্তমান মামলায় আবেদনকারীকে কোনও বিজ্ঞপ্তি আদৌ দেওয়া হয় নি, সুতরাং ত্রুটিপূর্ণ বর্গা রেকর্ড যা ৪.৫.১৯৮৩ তারিখের ৯৪৮৫ নং বর্গাশংসা দ্বারা দেওয়া হয়েছে, তা সমর্থন যোগ্য নয়।[৩]

২৭। ভাগচাষ আধিকারিকের সিদ্ধান্ত ও res judicata [Bhagchas Officer's decision and res judicata]. সেই আদেশকেই *res judicata* বলা যাবে যেখানে সিদ্ধান্ত নেওয়া হয়েছে merit-এর উপরে।[৪]

কোনও আধিকারিকের দেওয়া রায়ের বিরুদ্ধে কেবলমাত্র ১৯ নং ধারায় আপিল করা যাবে। উক্ত আদেশ ভুল হলেও দেওয়ানি আদালতে প্রশ্ন তোলা যাবে না।[৫] দেওয়ানি কার্যবিধি (CPC)-এর সংশোধিত ১১ ধারার ৮ নং ব্যাখ্যা অনুসারে পঃ বঃ ভূমি সংস্কার আইনের ১৮ নং ধারার আধিকারিক কোনও রায় বা আদেশ দিলে ওই বিষয়ে কোনও দেওয়ানি আদালতে (Civil Court) মামলা হলে তা *res judicata* হিসাবে পরিগণিত হবে।

পশ্চিমবঙ্গ ভূমি সংস্কার আইনের ১৮ নং ধারায় কোনও আধিকারিক বা কর্তৃপক্ষ তার ক্ষেত্রাধিকার (jurisdiction) পার হয়ে কোনও রায় বা আদেশ দিলে সেই সিদ্ধান্ত *res judicata* হয় না।[৬] সীমিত ক্ষমতার অধিকারী আদালত কোনও প্রশ্নের মীমাংসার জন্য সিদ্ধান্ত নিতে পারেন, যদি ক্ষেত্রাধিকার-এর মধ্যে সিদ্ধান্ত ওই আদালত না নেয় তা হলেও ওই সিদ্ধান্তকে *res judicata* বলা যাবে না।[৭]

২৮। পশ্চিমবঙ্গ ভূমি সংস্কার (বর্গাদার) নিয়মের ৬ নং বিধি ঃ বর্গাদার বা মালিকের আবেদন করার রীতি-পদ্ধতি এবং সংশ্লিষ্ট আধিকারিকের করণীয় [Rule 6 of W.B.L.R. (Bargadar) Rules 1956]. (১) কোনও বর্গাদার বা কোনও ব্যক্তি যার জমি বর্গাদার দ্বারা চাষ হচ্ছে, ১৮ ধারার (১) [৮][বা উপধারা (২)] অনুসারে কোনও সিদ্ধান্তের জন্য আবেদন করতে পারেন।

৩ *বিনয় মুখার্জী* বনাম *রাজস্ব আধিকারিক* 1999(1) Cal LJ 572.

৪ *সুধাংশু কুমার আইচ* বনাম *কংগলচন্দ্র মাইতি* 69 CWN 908.

৫ *সুদর্শন ঘোষ* বনাম *জানকীনাথ পণ্ডিত* 1976(1) Cal LJ 415.

৬ *কালিপদ নস্কর* বনাম *মোনিমোহন নস্কর* 67 CWN 1076.

৭ *গঙ্গা বাঈ* বনাম *ছাবুবাঈ* AIR 1982 SC 20; *দেবব্রত মুখার্জি* বনাম *কল্যাণ কুমার রায়* AIR 1983 Cal 241.

৮ বিজ্ঞপ্তি নং ৫৫০০-এল. রেফ়./২০ আর-২/৭৫, তাং ৪.৩.১৯৭৫ দ্বারা অন্তর্ভুক্ত হয়েছে। কলিকাতা গেজেটে প্রকাশিত হয়েছিল ৫.৩.১৯৭৫।

[৯][প্রতিটি আবেদনপত্র আবেদনকারীর দ্বারা স্বাক্ষরিত হতে হবে এবং আবেদনকারী স্বাক্ষর করতে না পারেন তবে বাঁ হাতের বুড়ো আঙুলের টিপ ছাপ দেবেন] এবং নিম্নলিখিত তথ্যগুলি সংযুক্ত করবেন—

(ক) আবেদনকারীর নাম, বসবাস স্থানের বিবরণ,

(খ) যদি বর্গাদার আবেদনকারী হন তবে যার জমি বর্গাদার চাষ করছেন তার নামও বসবাসের স্থান,

(গ) যদি জমির মালিক আবেদনকারী হন তবে বর্গাদারের নাম ও বসবাসের স্থান,

(ঘ) বিবাদীয় জমিটি চেনার জন্য যথেষ্ট পরিমাণে পারিপার্শ্বিক বিবরণ,

(ঙ) বিবাদের কারণ/কারণগুলি এবং যে দাবি আবেদন করা হচ্ছে। আবেদনের সাথে [১০][৭৫ পয়সার] কোর্ট-ফি দিতে হবে ফি (fee) হিসাবে।

[১১][তবে ১৮(২) ধারার আবেদন হলে কোনও কোর্ট ফি দিতে হবে না যদি এরকম আবেদন হয় যে কোনও ব্যক্তি বর্গাদার কি না]।

(২) যত জন বিবাদী থাকবেন, প্রত্যেককে যাতে এক প্রস্থ করে আবেদন পত্র নোটিশের সাথে দেওয়া যায় সেই সংখ্যা হিসাব করে আবেদনপত্র জমা দেবেন সংশ্লিষ্ট আবেদনকারী।

[১২][যদি কোনও ব্যক্তি নিজেকে গরিব বলে দাবি করেন (indigent) এবং একাধিক আবেদনপত্র জমা দেওয়া থেকে অব্যাহতি চান, তবে ১৮(১) ধারার আধিকারিক বা কর্তৃপক্ষ যার কাছে আবেদনপত্র জমা দেবেন তিনি তদন্ত করবেন এবং যদি এই মর্মে সন্তুষ্ট হন যে আবেদনকারী সত্যিই গরিব ব্যক্তি, তবে একাধিক আবেদনপত্র জমা দেওয়ার দায় থেকে মুক্ত করার জন্য আদেশ

৯ বিজ্ঞপ্তি নং ৩৮৫৬-এল. রেফ্., তাং ১৭.১১.১৯৭৮ দ্বারা যুক্ত করা হয়েছে। কলিকাতা গেজেটে প্রকাশিত হয়েছিল ২০.১১.১৯৭৮ তারিখে, ১ নং অংশে।

১০ বিজ্ঞপ্তি নং ২২৩২২-এল. রেফ্., তাং ২০.১২.১৯৫৬ এবং বিজ্ঞপ্তি নং ৫৫০০-এল. রেফ্./২০-আর-২/৭৫, তাং ৪.৩.১৯৭৫ দ্বারা সংযুক্ত ও সংশোধিত।

১১ বিজ্ঞপ্তি নং ৫৫০০-এল. রেফ্./২০-আর-২/৭৫, তাং ৪.৩.১৯৭৫ দ্বারা সংশোধিত।

১২ বিধি ৬-এর (২) উপবিধি এবং ব্যাখ্যা যুক্ত হয়েছে বিজ্ঞপ্তি নং ১৮৮৮-এল. রেফ্./২০-আর/৭৫, তাং ১৪.৫.১৯৭৯ দ্বারা।

দেবেন এবং উক্ত আধিকারিক নিজের অফিসের কর্মচারী দ্বারা প্রয়োজনীয় সংখ্যক আবেদনপত্র প্রস্তুত করাবেন যাতে বিবাদীদের প্রত্যেককে ওই আবেদনপত্র দেওয়া যায় বিজ্ঞপ্তির সাথে।

ব্যাখ্যাঃ "indigent person" বলতে এখন ব্যক্তি যিনি কোনও movable বা immovable সম্পত্তি দখল করেন না যার মূল্য ৫০০.০০ টাকা বা তার বেশি।]

(৩) লিখিত আবেদন ১৮(১) ধারার সংশ্লিষ্ট আধিকারিক বা কর্তৃপক্ষের নিকট আবেদনকারী নিজে বা কোনও প্রতিনিধি দ্বারা জমা দিতে পারেন। অথবা যে এলাকায় ১৮(১) ধারায় ২ বা তার বেশি আধিকারিক রাজ্য সরকার এই উদ্দেশ্যে মনোনীত করেছেন সেখানে ২ বা তার বেশি ওই আধিকারিক/ কর্তৃপক্ষের নিকট আবেদনপত্র জমা দেওয়া যাবে। আবেদনকারী বা বিবাদী কোনও ব্যক্তি দ্বারা আবেদন নিষ্পত্তির সময় আধিকারিক/কর্তৃপক্ষের নিকট প্রতিনিধিত্ব করতে পারেন।

[১৩][তবে কোনও আইনজীবী (১৮৭৯ সালের Legal Practitioners Act এর ৩ নং ধারা অনুসারে) কোনও পক্ষের হয়ে আধিকারিক/কর্তৃপক্ষের নিকট শুনানির সময় ১৭, ১৮, ১৯খ (১) অথবা ২০খ ধারা অনুসারে উপস্থিত হয়ে জিজ্ঞাসাবাদ, সওয়াল করতে পারবেন না, যদি না তিনি নিজে কোনও পক্ষ হন ওই proceedings এর]

(৩ক) বিজ্ঞপ্তি নং ৭৭৮২-এল. রেফ্., তাং ১৬.৪.১৯৫৯ দ্বারা এই উপবিধিটি যুক্ত হয়েছিল কিন্তু পরে বিজ্ঞপ্তি নং ১০৪৬-এল. রেফ্., তাং ২৬.৬.১৯৬৩ দ্বারা বাতিল করা হয়েছে।

[১৪](৪) কোনও আধিকারিক বা কর্তৃপক্ষ কোনও কার্যক্রম নিষ্পত্তির লক্ষ্যে, মনে করলে সরেজমিনে পরিদর্শন, তদন্ত করবেন, তবে সংশ্লিষ্ট সমস্ত পক্ষকে যথোপযুক্ত শুনানির সুযোগ দেবেন। নির্দিষ্ট দিনে, সময় দিয়ে সমস্ত পক্ষকে জানিয়ে তিনি উক্ত কার্যক্রম নিষ্পত্তি করবেন।

১৩ ১৯৫৬ সালের পঃ বঃ ভূমি সংস্কার (বর্গাদার) নিয়মের ৬(৩) উপবিধিটি পরিবর্তিত হয়েছে বিজ্ঞপ্তি নং ৩৮৫৬-এল. রেফ্., তাং ১৭.১১.১৯৭৮ দ্বারা, এটি কলিকাতা গেজেটে প্রকাশিত হয়েছিল ২০.১১.১৯৭৮ তারিখে।

১৪ বিজ্ঞপ্তি নং ৩১৯১-এল. রেফ্./২০-আর-১২/৮১, তাং ৩১.১১.১৯৮১ দ্বারা ৬(৪) উপবিধিটি পরিবর্তিত হয়েছে।

ব্যাখ্যা ঃ কোনও আবেদন নিষ্পত্তির লক্ষ্যে কোনও আধিকারিক বা কর্তৃপক্ষ সরেজমিনে উপস্থিত হয়ে পর্যবেক্ষণ করার এবং পরিদর্শন করার অধিকারী হবেন।

(৫) এই ধরনের প্রতিটি আবেদন দাখিল করার ৩ (তিন) সপ্তাহের মধ্যে নিষ্পত্তি করতে হবে (shall be disposed of within 3 weeks from the date of filing).

এই ধরনের কোনও আবেদন যদি ১৮(১)(ক) বা [১৫]১৮(১)(খ) [18(1)(*a*) or 18(1)(*b*)] ধারা মোতাবেক দাখিল করা হয়, তবে আধিকারিক বা কর্তৃপক্ষ [১৬][যে এলাকায় বিবাদীয় জমি অবস্থিত সেখানকার সেটেলমেন্ট আধিকারিকের ক্ষেত্রাধিকার রয়েছে] তদন্ত করবেন যে ১৯৫৩ সালের পঃ বঃ জমিদারি অধিগ্রহণ আইনের ৫ক ধারার proceedings বকেয়া আছে কিনা ওই বিবাদীয় জমিতে যে জমি আবেদনে বলা রয়েছে। যদি কোনও কার্যাবলি (proceedings) বকেয়া (pending) থাকে, তবে বিষয়টি উল্লেখ করে ওই কার্যাবলি বকেয়া (pending) রাখবেন সংশ্লিষ্ট আধিকারিক।

[১৭]এক্ষেত্রে সংশ্লিষ্ট আধিকারিক বা কর্তৃপক্ষ উক্ত বিবাদীয় জমির ফসল ভাগ করবেন ১৬(১) ধারা অনুযায়ী। বর্গাদারকে তার প্রাপ্য অংশ নেওয়ার অনুমতি দেবেন এবং মালিকের অংশ নিয়ম অনুযায়ী বিক্রি করবেন। বিক্রি পরিচালনার জন্য কোনও অর্থ ব্যয় হলে তা বাদ দিয়ে বাকী অর্থ সংশ্লিষ্ট মহকুমায় মহকুমা শাসকের পক্ষে জমা দেবেন। সমস্ত কার্যাবলির (proceedings) নিষ্পত্তি হওয়ার পর জমির মালিক ওই অর্থ তুলতে পারেন।

[১৮](৫ক) ১৮(২) ধারায় কোনও ব্যক্তি বর্গাদার কিনা প্রশ্নের উত্তর নির্ধারণের ক্ষেত্রে সংশ্লিষ্ট আধিকারিক অন্যান্য সাক্ষ্য প্রমাণ (evidence) এর সাথে স্বত্বলিপিতে (records-of-rights) কোনও তথ্য নথিভুক্ত থাকলে তা গুরুত্ব দিয়ে দেখবেন এবং যেখানে স্বত্বলিপি প্রস্তুতি বা সংশোধন স্তরে আছে, সেই সময় কোনও তথ্য স্বত্বলিপিতে (entry) খসড়া হিসাবে লেখা হয়, সেটাকেও গুরুত্ব দেবেন।

১৫ এই অংশটি বিজ্ঞপ্তি নং ৪৯৭৪-এল. রেফ্., তাং ১৯.৩.১৯৫৮ তে প্রকাশিত হয়েছিল।
১৬ এই অংশটি যুক্ত করা হয়েছে বিজ্ঞপ্তি নং ১৮৭১২-এল. রেফ্., তাং ১৩.৯.১৯৫৮ দ্বারা।
১৭ এই অংশটি যুক্ত হয়েছে বিজ্ঞপ্তি নং ৩৪৬৮-এল./রেফ্., তাং ১৪.২.১৯৫৯ দ্বারা।
১৮ পশ্চিমবঙ্গ ভূমি সংস্কার (বর্গাদার) নিয়মে ৬(৫ক) উপবিধিটি বিজ্ঞপ্তি নং ৫৫০০-এল. রেফ্./২০ আর-২/৭৫, তাং ৪.৩.১৯৭৫ দ্বারা যুক্ত হয়েছে।

(৬) এই ধরনের আবেদন নিষ্পত্তির ক্ষেত্রে সংশ্লিষ্ট আধিকারিক/কর্তৃপক্ষ কেবলমাত্র গুরুত্বপূর্ণ ঘটনা (facts) গুলি সংক্ষেপে লিপিবদ্ধ করবেন এবং শুনানির সময় যে যে প্রমাণ, নথি নেওয়া হয়েছে যার উপরে আদেশ দেওয়া হয়েছে। আদেশ দেওয়ার সময় বিবাদের কারণ, নির্ধারণের তথ্য (points), সিদ্ধান্ত এবং যে যে কারণের উপর ভিত্তি করে সিদ্ধান্ত নেওয়া হয়েছে তা লিপিবদ্ধ করবেন। উক্ত আদেশে আধিকারিক/কর্তৃপক্ষ ফসলের ভাগ করা, ঝাড়াই-মাড়াই ইত্যাদির জন্য কোনও দিন/দিনগুলি স্থির (fix) করলে তা উল্লেখ করবেন।

[১৯](৬ক) (১) রাজ্য সরকার গেজেটে বিজ্ঞপ্তি প্রকাশের মাধ্যমে প্রতিটি জেলা বা মহকুমায় এক বা একাধিক [২০]আধিকারিককে ১৮(১) ধারায় নিয়োজিত সমস্ত আধিকারিক/কর্তৃপক্ষদের তত্ত্বাবধান (superintendence) ও নিয়ন্ত্রণের (control) জন্য ক্ষমতা দিতে পারেন। উক্ত জেলা বা মহকুমায় এই পরিচ্ছেদের নিয়ম প্রতিপালনের জন্য সমস্ত আধিকারিক বা কর্তৃপক্ষ ও আধিকারিক বা কর্তৃপক্ষের অধীনস্ত হবেন।

(২) ৬ক(১) ধারায় ক্ষমতাপ্রাপ্ত আধিকারিক কোনও সাধারণ বা বিশেষ আদেশ দিয়ে কোনও আধিকারিক/কর্তৃপক্ষকে কোনও নথি (file) থেকে অপসারণ (withdraw) করতে পারেন যিনি ১৮(১) ধারার কার্যাবলি (proceedings) করার অধিকারী। ১৮(১) ধারার কোনও আধিকারিক/কর্তৃপক্ষকে উক্ত ধারার কার্যাবলি (proceedings) নিষ্পত্তির জন্য বদলি করতে পারেন।

[১][১৮ক। উত্তরাধিকারী যতক্ষণ না কাজ আরম্ভ করছেন, ১৭ এবং ১৮ নং ধারায় নিযুক্ত আধিকারিক/কর্তৃপক্ষ কাজ চালাবেন (Continuance in office of officers and authorities appointed

১৯ বিজ্ঞপ্তি নং ১০৪৪৬-এল. রেফ্., তাং ২৬.৬.১৯৬৩ দ্বারা এই নিয়মটি যুক্ত হয়েছে।

২০ বিজ্ঞপ্তি নং ১৩০২-এল. রেফ্./৮পি-১১/৬৭, তাং ১৬.১.১৯৭৫ দ্বারা সমস্ত কালেক্টর, অতিরিক্ত জেলাশাসক, মহকুমা শাসক, সমস্ত অতিরিক্ত মহকুমা শাসককে তাদের কার্যসীমার মধ্যে এই ক্ষমতা দেওয়া হয়েছে।

১ পশ্চিমবঙ্গ ভূমি সংস্কার (সংশোধন) অধ্যাদেশ, ১৯৬০ (পশ্চিমবঙ্গ অধ্যাদেশ ৩, ১৯৬০)-এর ২ ধারার মাধ্যমে সন্নিবেশিত হয়। এরপর পশ্চিমবঙ্গ ভূমি সংস্কার (সংশোধন) আইন, ১৯৬০ (পশ্চিমবঙ্গ আইন ৬, ১৯৬০)-এর ২ ধারার মাধ্যমে সন্নিবেশিত হয়েছে।

under sections 17 and 18 until successor commences to function) ঃ (১) ১৭ ধারা এবং ১৮ নং ধারায় নিযুক্ত আধিকারিক বা কর্তৃপক্ষ ততদিন পর্যন্ত কাজ চালিয়ে যাবেন যত দিন তাঁর উত্তরাধিকারী দায়িত্ব বুঝে না নিচ্ছেন।

(২) আদালতের বিরুদ্ধে আদেশ থাকলেও ওই আধিকারিক/কর্তৃপক্ষের নিকট কোনও কার্যাবলি (proceedings) চলতে থাকলে বা ওই আধিকারিক/ কর্তৃপক্ষ কোনও আদেশ দিলে, তাঁর উত্তরাধিকারী নিযুক্ত হলে, ওই আদেশ উত্তরাধিকারী নিযুক্ত হওয়ার আগে হলে ধরে নেওয়া হবে যে ওই কার্যাবলি (proceedings) সঠিকভাবে চলেছে এবং ওই আদেশ বৈধ।

(৩) (২) উপধারায় দেওয়া আদেশের বিরুদ্ধে কোনও আপিল পঃ বঃ ভূমি সংস্কার (সংশোধন) আইন [২][১৯৬০ সালে] কার্যকর হওয়ার আগে দাখিল হলে বা ওই আপিলের কোনও আদেশ হলে তার কোনও কার্যকারিতা থাকবে না।]

[1][**18A. Continuance in office of officers and authorities appointed under sections 17 and 18 until successor commences to function.** (1) An officer or authority appointed under section 17 or section 18 shall continue to function after appointment of his or its successor until such successor commences to function.

(2) Notwithstanding any decision of any Court to the contrary, any proceedings continued by or before any such officer or authority, and any order made by any such officer or authority, after his or its successor is appointed but before such successor commences to function, shall be deemed to be and to have always been validly continued or made.

(3) Any appeal against any order referred to in sub-section (2) filed before the commencement of the West Bengal Land Reforms (Amendment) Act, 1960 or any order made in any such appeal shall have no effect.]

২ আইনটি ১৬.১.১৯৬০ তারিখ হতে বলবৎ হয়েছিল [এই আইনের ৪(২) ধারা দ্রষ্টব্য।]

(ক) ২৪.৬.১৯৬৭ তারিখের ১০৭৩২-এল. রেফ্. সংখ্যায়িত প্রজ্ঞাপনের মাধ্যমে ১৮ক ধারাটি বিহার হতে পশ্চিমবঙ্গে আগত সকল অঞ্চলে ১.৭.১৯৬৭ তারিখ হতে বলবৎ হয়েছে।

1 *Inserted* with retrospective effect by s. 2 of the W.B.L.R. (Amendment) Act, 1960 (VI of 1960).

সূচনা ও কার্যক্ষমতা [Commencement and scope]. ১৯৬০ সালের পঃ বঃ ভূমি সংস্কার (সংশোধন) অধ্যাদেশ দ্বারা এই ধারাটি মূল আইনে যুক্ত করা হয়েছে। এটি প্রকাশ্যে ঘোষিত হয়েছিল (promulgated) ১৬.১.১৯৬০ তারিখে। ১৯৬০ সালের পঃ বঃ ভূমি সংস্কার (সংশোধন) আইন দ্বারা [১৯৬০ সালের পশ্চিমবঙ্গের ৬ নং আইন] উপরোক্ত অধ্যাদেশটি আইনে পরিণত হয়। বিজ্ঞপ্তি নং ১০৭৩২-এল./রেফ্., তাং ২৪.৬.১৯৬৭ দ্বারা ১৮ক ধারাটি বিহার থেকে হস্তান্তরিত হয়ে আসা এলাকায় ১.৭.১৯৬৭ থেকে বলবৎ হয়েছে।

১৭ এবং ১৮ নং ধারার সংশ্লিষ্ট আধিকারিক/কর্তৃপক্ষের কোনও পরিবর্ত আধিকারিক/কর্তৃপক্ষ যতক্ষণ না পর্যন্ত কার্যভার না নিচ্ছেন ১৮(ক)(১), ১৮(ক)(২) ধারা অনুযায়ী পূর্বের আধিকারিক/কর্তৃপক্ষ কোনও কার্যাবলি (proceedings) চালিয়ে যাওয়ার অধিকারী এবং তিনি আদেশও দিতে পারেন। ওই কার্যাবলি (proceedings) এবং আদেশ বৈধ হিসাবে গণ্য হবে যেহেতু পরিবর্ত আধিকারিক তখনো দায়িত্ব বুঝে নেন নি।

১৮ক(২) ধারা বিরুদ্ধে কোনও আপিল পঃ বঃ ভূমি সংস্কার আইন ১৯৬০ বলবৎ হওয়ার আগে দাখিল হয়ে থাকলে ১৮ক(৩) ধারা অনুযায়ী ওই আপিল কার্যকর হবে না। এমনকী কোনও আদেশও যদি ওই আপিল মামলার সূত্রে হয় তারও কার্যকারিতা থাকবে না।

১৯। আপিল (Appeal): (১) [১][১৭, ১৮ ধারা বা ২১(৩) ধারার] কোনও আদেশের বিরুদ্ধে, উক্ত জমি যেখানে অবস্থিত সেখানকার [২][সমাহর্তার]

১ পশ্চিমবঙ্গ ভূমি সংস্কার (সংশোধন) আইন, ১৯৮১ (পশ্চিমবঙ্গ আইন ৫০, ১৯৮১)-এর ৩২(খ) ধারার মাধ্যমে পূর্বের "১৭ ধারা বা ১৮ ধারা অনুযায়ী কৃত যে কোন আদেশের বিরুদ্ধে, যেখানে এরূপ আদেশ করা হয়েছে বিরোধের পক্ষগণের সম্মতিক্রমে ব্যতীত," অংশের স্থলে অনুকল্পিত এবং এই আইনের ১(২) ধারার মাধ্যমে ৭.৮.১৯৬৯ তারিখ হতে বলবৎ হয়েছে।

২ পশ্চিমবঙ্গ ভূমি সংস্কার (সংশোধন) আইন, ১৯৮১-এর ৩২(ক) ধারার মাধ্যমে পূর্বের "মহকুমা শাসক" শব্দ দুইটির স্থলে অনুকল্পিত এবং আইনের ১(২) ধারানুযায়ী ৭.৮.১৯৬৯ তারিখ হতে বলবৎ হয়েছে। তৎপূর্বে "মহকুমা শাসক" শব্দ দুইটি মূল আইনের "মুন্সেফ" শব্দটির স্থলে পশ্চিমবঙ্গ ভূমি সংস্কার (সংশোধন) আইন, ১৯৭০ (রাষ্ট্রপতির আইন ১৬, ১৯৭০)-এর ৬(ক) ধারার মাধ্যমে অনুকল্পিত হয়েছিল এবং উক্ত আইনের ১(২) ধারার মাধ্যমে ১৩.৭.১৯৭০ তারিখ হতে বলবৎ হয়েছিল। অতঃপর পশ্চিমবঙ্গ ভূমি সংস্কার (সংশোধন) আইন, ১৯৭২ (পশ্চিমবঙ্গ আইন ১২, ১৯৭২)-এর ১৮(ক) ধারার মাধ্যমে অনুরূপ অনুকল্পিত।

কাছে আপিল দাখিল করা যাবে। আপিলের বিচার শেষ হওয়ার পর আদেশের একটি প্রতিলিপি যাঁর রায়ের বিরুদ্ধে আপিল হয়েছিল তার কাছে পাঠাবেন [২][সমাহর্তা]।

[৩](১ক) ১৮৭২ সালের ভারতীয় চুক্তি আইন, [১৮৭২ সালের ৯ নং আইন] বা অন্য প্রচলিত তার পরের কোনও আইনে যাই থাক না কেন, ১৭ অথবা ১৮ নং ধারায় রাজ্য সরকার দ্বারা নিযুক্ত কোনও আধিকারিক বা কর্তৃপক্ষ অথবা ১৯খ(১) ধারায় বিশেষভাবে ক্ষমতাপ্রাপ্ত কোনও আধিকারিক, কোনও চুক্তি বা আপোষ বা সম্মতির ভিত্তিতে যা তার কার্য বিবরণীতে উল্লিখিত আছে কোনও অন্তর্বর্তীকালীন বা চূড়ান্ত আদেশ দেবেন না।

(২) (১) উপধারায় উল্লিখিত আপিলের সময়সীমা হল যে আদেশের বিরুদ্ধে আপিল দাখিল করা হবে, সেই আদেশ দানের তারিখ থেকে ৩০ দিনের মধ্যে আপিল দাখিল করতে হবে।[৪]

তবে ১৯৬০ সালের পঃ বঃ ভূমি সংস্কার (সংশোধন) আইন [৪][বলবৎ হওয়ার আগে] ১৮ক(২) ধারার বিরুদ্ধে কোনও আপিল, এই আইন বলবৎ হওয়ার ৯০ দিনের মধ্যে পেশ করা যেতে পারে।[৫]

পূর্বোক্ত রাষ্ট্রপতির আইন ১৬, ১৯৭০-এর ৬(গ) ধারার মাধ্যমে ১৯(৩) এবং ১৯(৪) ধারায় "মুন্সেফ" শব্দটির স্থলে "মহকুমা শাসক বা অন্য আধিকারিক" শব্দগুলি অনুকল্পিত এবং উক্ত আইনের ১(২) ধারার মাধ্যমে ১৩.৭.১৯৭০ তারিখ হতে বলবৎ হয়েছিল। অতঃপর পশ্চিমবঙ্গ আইন ১২, ১৯৭২-এর ১৮(গ) ধারার মাধ্যমে পুনরায় বলবৎ হয়েছিল।

৩ পশ্চিমবঙ্গ ভূমি সংস্কার (সংশোধন) আইন, ১৯৮১-এর ৩২(ক) ধারার মাধ্যমে (১ক) উপধারাটি সন্নিবেশিত এবং উক্ত আইনের ১(২) ধারার মাধ্যমে ৭.৮.১৯৬৯ তারিখ হতে বলবৎ হয়েছে।

৪ আইনটি পশ্চিমবঙ্গ ভূমি সংস্কার (সংশোধন) আইন, আইনের ৪(২) ধারার মাধ্যমে ১৬.১.১৯৬০ তারিখ হতে বলবৎ হয়েছে।

৫ পশ্চিমবঙ্গ ভূমি সংস্কার (সংশোধন) আইন, ১৯৬০ (পশ্চিমবঙ্গ আইন ৬, ১৯৬০)-এর ৩ ধারার মাধ্যমে যুক্ত এবং এই আইনের ৪(২) ধারার মাধ্যমে ১৬.১.১৯৬০ তারিখ হতে বলবৎ হয়েছে। তৎপূর্বে এতদ্ অংশ পশ্চিমবঙ্গ ভূমি সংস্কার (সংশোধন) অধ্যাদেশ, ১৯৬০ (পশ্চিমবঙ্গ অধ্যাদেশ ৩, ১৯৬০)-এর মাধ্যমে যুক্ত ও বলবৎ হয়েছিল।

[৬][তবে ১৯০৮ সালের ভারতীয় লিমিটেশান আইনের ৫ নং ধারার প্রয়োগ এই আপিলের ক্ষেত্রে প্রযোজ্য হতে পারে।]

[৭][(২ক) ১৯৭০ সালের পঃ বঃ ভূমি সংস্কার (সংশোধন) আইন আরম্ভের সময় যে সমস্ত আপিল মুন্সেফের কাছে মুলতবী ছিল, এইরকম প্রতিটি আপিল এই আইন বলবৎ হওয়ার পর, জমি যে অঞ্চলে অবস্থিত সেখানকার সমাহর্তার কাছে হস্তান্তরিত হবে এবং তাঁর দ্বারা ওই আপিলের নিষ্পত্তি হবে। যে স্তর থেকে আপিল হস্তান্তরিত হবে সেই স্তর থেকে প্রতিটি আপিলের পরিচালনাও নিষ্পত্তি হবে এবং ১৯৭০ সালের পঃ বঃ ভূমি সংস্কার (সংশোধন) আইন দ্বারা নিষ্পত্তি করা হবে।]

[৮][(২খ) তাঁর কাছে হস্তান্তরিত অথবা দাখিল করা কোনও আপিল [৯][সমাহর্তা] তাঁর অধীনস্ত কোনও নির্ধারিত আধিকারিকের কাছে পাঠাতে পারেন।]

৬ পশ্চিমবঙ্গ ভূমি সংস্কার (সংশোধন) অধ্যাদেশ, ১৯৬২ (পশ্চিমবঙ্গ অধ্যাদেশ ৫, ১৯৬২)-এর ৩ ধারার মাধ্যমে যুক্ত এবং ৭.৯.১৯৬২ তারিখ হতে বলবৎ হয়েছিল। অতঃপর পশ্চিমবঙ্গ ভূমি সংস্কার (সংশোধন) আইন, ১৯৬২ (পশ্চিমবঙ্গ আইন ১৬, ১৯৬২)-এর ৩ ধারার মাধ্যমে যুক্ত এবং ৭.৯.১৯৬২ তারিখ হতে বলবৎ হয়েছে।

৭ রাষ্ট্রপতির আইন ১৬, ১৯৭০-এর ৬(খ) ধারার মাধ্যমে (২ক) উপধারাটি সন্নিবেশিত এবং ১৩.৭.১৯৭০ তারিখ হতে বলবৎ হয়েছে। অতঃপর পশ্চিমবঙ্গ আইন ১২, ১৯৭২-এর ১৮(খ) ধারার মাধ্যমে অনুরূপভাবে বলবৎ করে সন্নিবেশিত হয়েছে।

৮ পশ্চিমবঙ্গ ভূমি সংস্কার (সংশোধন) আইন, ২০০৩ (পশ্চিমবঙ্গ আইন ১৮, ২০০৩)-এর মাধ্যমে (২খ) উপধারাটি প্রতিকল্পিত, যাহা ১৯.১০.২০০৩ তারিখ হতে বলবৎ হয়েছে।

৯ পশ্চিমবঙ্গ আইন ৫০, ১৯৮১-এর ৩২(ক) ধারার মাধ্যমে পূর্বের ''মহকুমা শাসক'' শব্দ দুইটির স্থলে অনুকল্পিত এবং আইনের ১(২) ধারানুযায়ী ৭.৮.১৯৬৯ তারিখ হতে বলবৎ হয়েছে। তৎপূর্বে ''মহকুমা শাসক'' শব্দ দুইটি মূল আইনের ''মুন্সেফ'' শব্দটির স্থলে পশ্চিমবঙ্গ ভূমি সংস্কার (সংশোধন) আইন, ১৯৭০ (রাষ্ট্রপতির আইন ১৬, ১৯৭০)-এর ৬(ক) ধারার মাধ্যমে অনুকল্পিত হয়েছিল এবং উক্ত আইনের ১(২) ধারার মাধ্যমে ১৩.৭.১৯৭০ তারিখ হতে বলবৎ হয়েছিল। অতঃপর পশ্চিমবঙ্গ ভূমি সংস্কার (সংশোধন) আইন, ১৯৭২ (পশ্চিমবঙ্গ আইন ১২, ১৯৭২)-এর ১৮(ক) ধারার মাধ্যমে অনুরূপ অনুকল্পিত।

পূর্বোক্ত রাষ্ট্রপতির আইন ১৬, ১৯৭০-এর ৬(গ) ধারার মাধ্যমে ১৯(৩) এবং ১৯(৪) ধারায় ''মুন্সেফ'' শব্দটির স্থলে ''মহকুমা শাসক বা অন্য আধিকারিক'' শব্দগুলি অনুকল্পিত এবং উক্ত আইনের ১(২) ধারার মাধ্যমে ১৩.৭.১৯৭০ তারিখ হতে বলবৎ

তবে যে আধিকারিকের কাছে আপিল হস্তান্তরিত করা হবে তিনি অবশ্যই সেই আধিকারিক বা কর্তৃপক্ষের চেয়ে পদমর্যাদায় বড় হবেন যাঁর আদেশের বিরুদ্ধে আপিল দাখিল করা হয়েছে। আইন অনুযায়ী যে স্তর থেকে আপিলের হস্তান্তর হয়েছে তিনি ওই আপিলের নিষ্পত্তি করবেন।

[১০](৩) আপিলের শুনানির পরে [৯][সমাহর্তা বা অন্য আধিকারিক] প্রয়োজন মনে করলে উপযুক্ত কারণ দেখিয়ে যে আদেশের বিরুদ্ধে আপিল হয়েছে সেই আদেশ প্রয়োগ করার ক্ষেত্রে স্থগিত আদেশ দিতে পারেন।

[১০](৪) [৯][সমাহর্তা বা অন্য আধিকারিক] (৩) উপধারা অনুযায়ী যখন কোনও আদেশ দেবেন, ওই আদেশ প্রয়োগ করার জন্য সংশ্লিষ্ট আধিকারিক বা কর্তৃপক্ষের কাছে একটি আদেশের প্রতিলিপি পাঠাবেন।

হয়েছিল। অতঃপর পশ্চিমবঙ্গ আইন ১২, ১৯৭২-এর ১৮(গ) ধারার মাধ্যমে পুনঃ অনুকল্পিত ও বলবৎ হয়েছিল।

১০ পশ্চিমবঙ্গ ভূমি সংস্কার (সংশোধন) আইন, ১৯৬৫ (পশ্চিমবঙ্গ আইন ১৮, ১৯৬৫)-এর ১০ ধারার মাধ্যমে (৩) ও (৪) উপধারা দুইটি যুক্ত হয়েছে।

(ক) ৩০.৩.১৯৫৬ তারিখের ৬৩৪৬-এল. রেফ্. সংখ্যায়িত প্রজ্ঞাপনের মাধ্যমে ১৯ ধারা তদানীন্তন পশ্চিমবঙ্গের সকল জেলায় ৩১.৩.১৯৫৬ তারিখ হতে বলবৎ হয়েছে।

(খ) ২৫.৯.১৯৬৫ তারিখের ১৪৮১০-এল. রেফ্. সংখ্যায়িত সরকারি প্রজ্ঞাপনের মাধ্যমে বিহার হতে পশ্চিমবঙ্গে আগত অঞ্চল ব্যতীত পশ্চিমবঙ্গের সকল জেলায় ১৯(৩) এবং ১৯(৪) ধারাদ্বয় ১.১১.১৯৬৫ তারিখ হতে বলবৎ হয়েছে।

(গ) ২৪.৬.১৯৬৭ তারিখের ১০৭৩২-এল. রেফ্. সংখ্যায়িত সরকারি প্রজ্ঞাপনের মাধ্যমে ১৯ ধারা বিহার হতে পশ্চিমবঙ্গে আগত সমগ্র অঞ্চলে ১.৭.১৯৬৭ তারিখ হতে বলবৎ হয়েছে।

(ঘ) ৪.৫.১৯৭২ তারিখের ১০৯৮-এল. রেফ্. সংখ্যায়িত সরকারি প্রজ্ঞাপনের মাধ্যমে সংশোধিত ১৯(১), ১৯(২ক), ১৯(২খ), ১৯(৩) ও ১৯(৪) ধারাগুলি ১৩.৭.১৯৭০ তারিখ হতে বলবৎ হয়েছে।

(ঙ) ভূমি সংস্কার আইন বা তাহার অধীনস্থ নিয়মাবলিতে একতরফা দেওয়া কোনও সিদ্ধান্তকে বাতিল করার ১৮ ধারায় স্পষ্টত বা পরোক্ষভাবে কোনও ক্ষমতা আধিকারিককে দেওয়া হয়নি। এরূপ একতরফা আদেশের বিরুদ্ধে বর্গাদার পুনরায় ১৯ ধারানুযায়ী ফসলের ভাগ দেওয়া বা বর্গাদার সম্পর্কে জমি চাষের অবসানের প্রশ্নে দরখাস্ত দাখিল করিলে আধিকারিককে এই প্রশ্নের অবশ্যই মীমাংসা করতে হবে যদি না তিনি পূর্বের আদেশ পূর্ব-বিচারিত বলে ঘোষণা করেন। পূর্ব-বিচারিত বলে ঘোষণা করতে হলে তাঁকে এই সিদ্ধান্তে উপনীত হতে হবে যে বিতর্কিত আদেশ বা বিনির্ণয়ের পূর্বে যথারীতি নোটিশ বা পরোয়ানা জারি

19. Appeal. **(1) An appeal shall lie to the [1][Collector] having jurisdiction over the area in which the land is situated, against any order made [2][under section 17 or section 18 or sub-section (3) of section 21]. The [1][Collector] shall, on an appeal being disposed of, send a copy of his order to the officer or authority whose decision is appealed against.**

[3][(1A) An officer or authority appointed by the State Government under section 17 or section 18 or an officer specially empowered under sub-section (1) of section 19B shall not pass any interlocutory or final order in any proceedings before him or it on the basis of any consent, agreement or compromise obtained or effected for the purpose of such proceedings, notwithstanding anything contained in the Indian Contract Act, 1872 (Act 9 of 1872), or any other law for the time being in force.]

(2) The period within which the appeal mentioned in sub-section (1) must be filed shall be thirty days from the date of the order appealed against :

করা হয়েছিল তথাপি বর্গাদার ইচ্ছাকৃতভাবে অনুপস্থিত থাকায় একতরফা আদেশ হয়েছে। অবশ্য বর্গাদার যদি আধিকারিককে তাঁহার অনুপস্থিতির সন্তোষজনক কারণ দেখাতে পারেন তা হলে পূর্বের এক তরফা আদেশ সেক্ষেত্রে পূর্ব-বিচারিত সংজ্ঞার্থে পড়বে না। সমগ্র বিষয়টি পুনর্বিচারের জন্য উন্মুক্ত থাকবে (*সুধাংশু কুমার আইচ* বনাম *কঙ্গল চন্দ্র মাইতি* 69 CWN 908)।

(চ) উপধারা (২খ)-এ উল্লিখিত 'অবর সমাহর্তা'' পদটি ১১.৩.১৯৭৪ তারিখের ১২৯৬-এফ্. সরকারি প্রজ্ঞাপনের মাধ্যমে ১.৩.১৯৭৪ তারিখ হতে অবলুপ্ত ঘোষিত হয়েছে। সুতরাং ''অবর সমাহর্তা'' শব্দ দুইটির স্থলে ''উপসমাহর্তা'' অনুকল্পিত হওয়া বাঞ্ছনীয়।

(ছ) আপিলের পদ্ধতি, নোটিশ এবং পরোয়ানা জারির প্রণালী, পরোয়ানা ফি ইত্যাদি পশ্চিমবঙ্গ ভূমি সংস্কার (বর্গাদারগণ) নিয়মাবলি, ১৯৫৬-এর ৭, ৮ ও ১১ নিয়মগুলি অনুযায়ী হইবে।

1 *Substituted* by W.B.L.R. (Amendment) Act L of 1981, dated 24.3.1986, the old portion read as follows:
"Sub-Divisional Officer".

2 *Substituted, ibid*, the old portion read as follows :
"under section 17 or section 18 except where such order was made with the consent of the parties to the dispute."

3 *Inserted* by W.B.L.R. (Amendment) Act L of 1981, dated 24.3.1986.

Provided that an appeal against any order referred to in sub-section (2) of section 18A made before the commencement of the West Bengal Land Reforms (Amendment) Act, 1960 may be filed within ninety days of such commencement :

Provided further that the provisions of section 5 of the Indian Limitation Act, 1908 shall apply to an appeal under this section.

(2A) Every appeal pending before any Munsif at the commencement of the West Bengal Land Reforms (Amendment) Act, 1970, shall, on such commencement, stand transferred to, and be disposed of by, the [4][Collector] having jurisdiction in relation to the area in which the land is situated and on such transfer every such appeal shall be dealt with from the stage at which it was so transferred and shall be disposed of in accordance with the provisions of this Act as amended by the West Bengal Land Reforms (Amendment) Act, 1972.

[5][(2B) The Collector may transfer any appeal, whether transferred to, or filed before him for disposal to any officer subordinate to him as may be prescribed :

Provided that the officer to whom the appeal is transferred is superior in rank or position to the officer or authority making the order appealed against and every such appeal shall be dealt with from the stage at which it was so transferred and shall be disposed of in accordance with the provisions of this Act.]

4 *Substituted* by W.B.L.R. (Amendment) Act L of 1981, dated 24.3.1986, the old portion read as follows :

"Sub-Divisional Officer".

5 *Substituted* by the West Bengal Land Reforms (Amendment) Act, 2003 (18 of 2003) (w.e.f. 19.10.2003). The old portion stood as under:

"(2B) The Collector may transfer any appeal, whether transferred to, or filed before him, for disposal to any officer not below the rank of a Sub-Deputy Collector, subordinate to him, but senior in rank and position to the Officer or authority against whose order the appeal has been preferred and every such appeal shall be dealt with from the stage at which it was so transferred and shall be disposed of in accordance with the provisions of this Act as amended by the West Bengal Land Reforms (Amendment) Act, 1972."

(3) The Collector or other officer hearing the appeal may for sufficient cause make an order staying execution of the order appealed against.

(4) When the Collector or other officer makes an order under sub-section (3), a copy of such order shall be sent to the officer or authority before whom an application for execution is pending.

আলোচনার সূচী

১। সূচনা [**Commencement**]. পশ্চিমবঙ্গ ভূমি সংস্কার আইনে প্রথমে ১৯ নং ধারার দুটি উপধারা (১) এবং (২) ছিল। যে সমস্ত এলাকা বিহার থেকে হস্তান্তর হয়ে পশ্চিমবঙ্গে যুক্ত হয়েছে সেই এলাকাগুলি বাদে ১৯(১) এবং ১৯(২) ধারা সমস্ত পশ্চিমবঙ্গে ৩১.৩.১৯৫৬ থেকে বলবৎ ছিল। বিহার থেকে যে এলাকাগুলি পশ্চিমবঙ্গে যুক্ত হয়েছে সেই এলাকায় ১৯ নং ধারা বলবৎ হয়েছে ৭.৭.১৯৬৭ থেকে। বর্তমানে ১৯(১) ধারায় সমাহর্তা শব্দটি আছে। পঃ বঃ ভূমি সংস্কার আইনের ১৯৮১ সালের সংশোধন দ্বারা [১৯৮১ সালের পশ্চিমবঙ্গের ৫০ নং আইন] সমাহর্তা (Collector) শব্দটি যুক্ত করা হয়েছে। এই সংশোধনের আগে "মহকুমা শাসক" (Sub-Divisional Officer) শব্দটি ছিল।

প্রথমে মুন্সিফ (munsif) ছিলেন আপিল কর্তৃপক্ষ। কিন্তু ১৯৭০ সালের পঃ বঃ ভূমি সংস্কার (সংশোধন) আইন [১৯৭০ সালের রাষ্ট্রপতির ১৬ নং আইন] এবং পরবর্তীক্ষেত্রে ১৯৭২ সালের পঃ বঃ ভূমি সংস্কার আইন সংশোধন দ্বারা [১৯৭২ সালের পশ্চিমবঙ্গের ১২ নং আইন] মুন্সিফের বদলে "মহকুমা শাসক"কে আপিল কর্তৃপক্ষ হিসাবে নিযুক্ত করা হয়েছিল। ১৯৮১ সালের সংশোধন দ্বারা মহকুমা শাসকের পরিবর্তে সমাহর্তাকে আপিল কর্তৃপক্ষ হিসাবে নিযুক্ত করা হয়েছে।

১৯(১ক) ধারাটি যুক্ত করা হয়েছে ১৯৮১ সালের পঃ বঃ ভূমি সংস্কার আইন সংশোধন দ্বারা [১৯৮১ সালের পশ্চিমবঙ্গের ৫০নং আইন]।

১৯৬০ সালের পঃ বঃ ভূমি সংস্কার (সংশোধন) আইন দ্বারা [১৯৬০ সালের পশ্চিমবঙ্গের ৬ নং আইন] ১৯(২) ধারার প্রথম অনুবিধি (first provision) যুক্ত করা হয়েছে। দ্বিতীয় অনুবিধি (second provision) যুক্ত করা হয়েছে ১৯৬২ সালের পঃ বঃ ভূমি সংস্কার (সংশোধন) আইন দ্বারা [১৯৬২ সালের পশ্চিমবঙ্গের ১৬ নং আইন]।

১৯(২ক) এবং ১৯(২খ) ধারাগুলি যুক্ত করা হয়েছে ১৯৭০ সালের পশ্চিমবঙ্গের ভূমি সংস্কার (সংশোধন) দ্বারা [১৯৭০ সালের রাষ্ট্রপতির ১৬ নং আইন] এবং পরবর্তী ক্ষেত্রে ১৯৭২ সালের পঃ বঃ ভূমি সংস্কার (সংশোধন) দ্বারা [১৯৭২ সালের পশ্চিমবঙ্গের ১২ নং আইন], এটি বলবৎ হয়েছে ১৩.৭.১৯৭০ থেকে। ১৯(২ক) এবং ১৯(২খ) দুটি ধারাতেই আগে "মহকুমা শাসক" (Sub-Divisional Officer) শব্দটি ছিল। ১৯৮১ সালের পঃ বঃ ভূমি সংস্কার (সংশোধন) আইন দ্বারা মহকুমা শাসকের পরিবর্তে "সমাহর্তা" (Collector) শব্দ যুক্ত করা হয়েছে।

১৯৬৫ সালের পঃ বঃ ভূমি সংস্কার (সংশোধন) আইন [১৯৬৫ সালের পশ্চিমবঙ্গের ১৮ নং আইন] দ্বারা ১৯(৩) এবং ১৯(৪) ধারা দুটি যুক্ত করা হয়েছে। উভয় ধারাতেই বর্তমানে সমাহর্তা (Collector) শব্দটি রয়েছে। ১৯৮১ সালের পঃ বঃ ভূমি সংস্কার (সংশোধন) আইন [১৯৮১ সালের পশ্চিমবঙ্গের ৫০ নং আইন] দ্বারা "মহকুমা শাসক"-এর পরিবর্তে "সমাহর্তা" শব্দে যুক্ত হয়েছে।

১৯(২খ) ধারাটির ২০০৩ সালের পঃ বঃ ভূমি সংস্কার (সংশোধন) আইন দ্বারা নতুন একটি উপধারা যুক্ত করা হয়েছে। ১৯.১০.২০০৩ থেকে এটি বলবৎ হয়েছে। ১৯ নং ধারায় (২ক) এবং (২খ) উপধারাটি যুক্ত করা হয়েছিল ১৯৭০ সালের পঃ বঃ ভূমি সংস্কার (সংশোধন) আইন দ্বারা [১৯৭০ সালের রাষ্ট্রপতির ১৬ নং আইন] এবং পরবর্তী ক্ষেত্রে ১৯৭২ সালের পশ্চিমবঙ্গ ভূমি সংস্কার (সংশোধন) আইন [১৯৭২ সালের পশ্চিমবঙ্গের ১২ নং আইন] দ্বারা। এই উপধারা দুটি বলবৎ হচ্ছে ১৭.৭.১৯৭২ থেকে। ১৯৭০ সালের পঃ বঃ ভূমি সংস্কার (সংশোধন) আইন বলবৎ হওয়ার পর থেকে মুন্সেফের কাছে যত আপিল জমা ছিল তা এই ধারা বলবৎ হওয়ার পর সমাহর্তার কাছে চলে আসবে। সমাহর্তা ওই আপিলের শুনানিও নিষ্পত্তি করবেন।

১৯(২খ) ধারা অনুযায়ী সমাহর্তা এই পরিচ্ছেদের যে কোনও আপিল তার অধীনস্ত (Subordinate) আধিকারিকের কাছে হস্তান্তর (transfer) করতে পারেন, তবে যাঁর আদেশের বিরুদ্ধে আপিল তার চেয়ে পদমর্যাদায় কম (below the rank) এরকম আধিকারিক/কর্তৃপক্ষের কাছে সমাহর্তা হস্তান্তর করবেন না।

১৯(২ক) ধারা অনুযায়ী ১৯৭০ সালের পঃ বঃ ভূমি সংস্কার (সংশোধন) আইন বলবৎ হওয়ার সময় থেকে এই পরিচ্ছেদের সমস্ত আপিল মুন্সিফের কাছ থেকে মহকুমা শাসকের কাছে হস্তান্তরিত হয়েছিল। ১৯৮১ সালের পঃ বঃ ভূমি সংস্কার (সংশোধন) আইন দ্বারা আবার আপিলগুলি মহকুমা শাসকের কাছ থেকে সমাহর্তার কাছে হস্তান্তরিত হয়ে গেল। আবার ১৯(২খ) সমাহর্তাকে এই ক্ষমতা দিয়েছে যে, যে কোনও আপিল তিনি তার অধীনস্ত আধিকারিকের কাছে হস্তান্তর করতে পারেন উক্ত আপিল নিষ্পত্তির জন্য। তবে যাঁর আদেশের বিরুদ্ধে আপিল তার চেয়ে কম মর্যাদার কোনও আধিকারিকের কাছে পাঠাবেন না।

অর্থাৎ রাজস্ব আধিকারিকের আদেশের বিরুদ্ধে আপিল হলে ব্লক ভূমি ও ভূমি সংস্কার আধিকারিক (B.L. & L.R.O.) বা মহকুমা ভূমি ও ভূমি সংস্কার আধিকারিক (S.D.L. & L.R.O)-এর নিকট আপিল শুনানি ও নিষ্পত্তির জন্য সমাহর্তা পাঠাতে পারেন।

২। **কর্মপরিধি [Scope].** ১৯(১) ধারা অনুযায়ী ১৭, ১৮ বা ২১(৩) ধারার রায়ের বিরুদ্ধে যে কোনও আপিল সমাহর্তার কাছে পেশ করতে হবে। সংশ্লিষ্ট আধিকারিক বা কর্তৃপক্ষের নিকট কালেক্টর চূড়ান্ত আদেশের এক প্রস্থ পাঠাবেন।

১৯(১ক) ধারা সংশ্লিষ্ট আধিকারিককে [১৭, ১৮ বা ১৯ নং ধারায় ক্ষমতাপ্রাপ্ত] এই মর্মে সতর্ক করে দিচ্ছে যে, কোনও চুক্তি (agreement), আপোষ (compromise) বা শর্ত সাপেক্ষে কোনও আদেশ যেন না দেওয়া হয়।

১৯(২) ধারায় আপিল দাখিলের সময়সীমা বলা আছে। যে আদেশের বিরুদ্ধে আপিল দাখিল করা হবে যেন ওই আদেশ দানের ৩০ দিনের মধ্যেই ওই আপিল দাখিল করা হয়।

১৯৭০ সালের পঃ বঃ ভূমি সংস্কার (সংশোধন) আইন বলবতের সময় থেকে যে আপিল মুন্সিফের নিকট ছিল তা নিষ্পত্তির পদ্ধতি ১৯(২ক) ধারায় রয়েছে।

১৯(২খ) ধারা অনুযায়ী কালেক্টর কোনও আপিল তার অধীনস্ত কোনও আধিকারিকের কাছে হস্তান্তর করতে পারেন।

১৯(৩) ও ১৯(৪) ধারা অনুযায়ী আপিল বিচারক হিসাবে মহকুমাশাসক যে আদেশের বিরুদ্ধে আপিল হয়েছে সেই আদেশ কার্যকর না করার জন্য নির্দেশ দিতে পারেন। স্থগিত করার আদেশ দিতে পারেন। ওই আদেশের প্রতিলিপি তিনি সংশ্লিষ্ট আধিকারিক/কর্তৃপক্ষের কাছে পাঠাবেন।

৩। **আপিল কর্তৃপক্ষ [Appellate authority].** ১৩.৭.১৯৭০-এর আগে পর্যন্ত মুন্সিফ ছিলেন ১৭, ১৮ নং ধারার রায়ের বিরুদ্ধে আপিল কর্তৃপক্ষ। ১৯৭০ সালের পঃ বঃ ভূমি সংস্কার (সংশোধন) আইন পরে ১৯৭২ সালের পঃ বঃ ভূমি সংস্কার সংশোধন আইন দ্বারা মুন্সিফের পরিবর্তে মহকুমা শাসককে ১৩.৭.১৯৭০ থেকে আপিল বিচারক হিসাবে নিযুক্ত করা হয়েছিল। সমস্ত আপিল মামলা যা মুন্সিফের কাছে ছিল ১৩.৭.১৯৭০ থেকে তা চলে এল মহকুমা শাসকের কাছে।

আবার ১৯৮১ সালের পঃ বঃ ভূমি সংস্কার (সংশোধন) আইন দ্বারা নির্দিষ্ট এলাকার সমাহর্তাকে আপিল কর্তৃপক্ষ হিসাবে মনোনীত করা হয়েছে। কলিকাতা গেজেটে যা ২৪.৩.১৯৮৬-তে প্রকাশিত হয়েছিল। ওই সংশোধনী দ্বারা ২১(৩) ধারার রায়ের বিরুদ্ধে আপিল কর্তৃপক্ষ হিসাবে সমাহর্তাকেই নিযুক্ত করা হয়েছে।

৪। আপিল কর্তৃপক্ষ আদালত না ট্রাইব্যুনাল [Whether appellate authority court or tribunal]. ১৭, ১৮, ২১(৩) প্রভৃতি ধারার আপিল কর্তৃপক্ষ বিভিন্ন সময়ে পরিবর্তিত হয়েছে। ১৩.৭.১৯৭০-এর আগে পর্যন্ত মুন্সেফ ছিলেন তৃতীয় পরিচ্ছেদের বিভিন্ন ধারার বিরুদ্ধে দাখিল করা আপিলের কর্তৃপক্ষ। পরবর্তী ক্ষেত্রে ১৯৭০ সালের পঃ বঃ ভূমি সংস্কার (সংশোধন) আইন এবং তার পরে ১৯৭২ সালের পঃ বঃ ভূমি সংস্কার (সংশোধন) আইন দ্বারা মুন্সেফের পরিবর্তে মহকুমা শাসক আপিল কর্তৃপক্ষ হিসাবে নিযুক্ত হয়েছেন। আবার ১৯৮১ সালের পঃ বঃ ভূমি সংস্কার (সংশোধন) আইন [১৯৮১ সালের পশ্চিমবঙ্গের ৫০ নং আইন] দ্বারা সমাহর্তাকে করা হয়েছে আপিল কর্তৃপক্ষ। বিভিন্ন সময়ে এই প্রশ্ন উঠেছে যে আপিল কর্তৃপক্ষ আদালত (court) হিসাবে তার কার্যক্রম করে না আপিল বিচারক ন্যায়পীঠ হিসাবে কাজ করে? এ বিষয়ে *বি. কে. পারিয়া* বনাম *গোষ্ঠ দোলুই,*[১] মামলায় মহামান্য আদালত তার রায়ে জানান—"মুন্সেফ যখন আপিল বিচারক হিসাবে দায়িত্ব পালন করেন, তিনি দেওয়ানি আদালতের ক্ষমতা প্রয়োগ করেন।"

কিন্তু মহকুমা শাসক (S.D.O.) এবং সমাহর্তা (collector) ন্যায়পীঠ হিসাবে দায়িত্ব পালন করেন, আদালত হিসাবে নয়।

নরেন্দ্রনাথ শাসমল বনাম *বিনোদ বিহারী দে,*[২] মামলায় উপরোক্ত বিষয়ে মহামান্য হাইকোর্টের বলেন—পশ্চিমবঙ্গ ভূমি সংস্কার আইনের অধীনে আপিল কর্তৃপক্ষ (appellate authority) হলেন ন্যায়পীঠ (tribunal)।

৫। আপিল কর্তৃপক্ষের ক্ষমতা [Power of appellate authority]. আপিল কর্তৃপক্ষ হিসাবে মহকুমা শাসকের কোনও ক্ষেত্রাধিকার (jurisdiction) নেই,

১ 64 CWN 1062; *ধর্মা চাঁদ* বনাম *নবীন চন্দ্র* 66 CWN 902.

২ 56 CWN 23; *হরিপদ দত্ত* বনাম *অনন্ত মণ্ডল* 56 CWN 124; *রামহরি মণ্ডল* বনাম *নীলমনি দাস* 56 CWN 325; *গিরিজা চন্দ্র মাজি* বনাম *গিরিশ চন্দ্র মাইতি* 56 CWN 320.

"সম্পত্তির উপর ন্যায়সংগত অধিকার" (title) প্রশ্নে এই ধারার আপিল চলার সময় কোনও সিদ্ধান্ত নিতে পারেন না।[৩]

অর্থাৎ ১৭, ১৮ বা অন্য ধারার রায়ের বিরুদ্ধে যখন আপিল মামলার মহকুমা শাসক শুনানি নেবেন, সেই সময় তিনি বিবাদীয় "জমির উপর ন্যায়সংগত অধিকার" (title) প্রশ্নে কোনও সিদ্ধান্ত নিতে পারেন না।

আবার অন্য একটি মামলায় আদালতের অভিমত হল—Co-ordination কমিটির সুপারিশ ক্রমে, মহকুমা শাসকের কোনও ক্ষমতা নেই পুলিশকে ধান দখল করতে (seize) নির্দেশ দেওয়ার। কোনও অভিযোগ ছাড়া কেবলমাত্র মহকুমা শাসকের চিঠির উপর ভিত্তি করে ধান বা বিচুলী (paddy and straw) দখল (seize) করার এক্তিয়ার (authority) পুলিশ কর্তৃপক্ষের নেই।[৪]

৬। আদেশ নিষ্পাদন করা থেকে বিরত করা [Stay of execution]. যে আদেশের বিরুদ্ধে আপিল, সেই আদেশ যাতে নিষ্পাদন (execution) করা না হয় তার জন্য কালেক্টর বা অন্য আপিল কর্তৃপক্ষ স্থগিত আদেশ দিতে পারেন। ১৯(৩) ধারায় সমাহর্তা বা অন্য আপিল কর্তৃপক্ষ ওই স্থগিত আদেশ দেবেন।

আবার ১৯(৪) ধারা অনুসারে, সমাহর্তা বা আপিল কর্তৃপক্ষ যখন ১৯(৩) ধারায় স্থগিত আদেশ দেন, ওই আদেশের এক প্রস্থ (one copy) সংশ্লিষ্ট আধিকারিকের কাছে পাঠাবেন যাতে তিনি পূর্বের আদেশ কার্যকর করা থেকে বিরত থাকেন।

৭। ফেরৎ পাঠানোর ক্ষমতা [Power of remand]. ১৯৫৫ সালের পঃ বঃ ভূমি সংস্কার আইনের ১৯ নং ধারার আপিল কর্তৃপক্ষের ক্ষমতা প্রয়োগের ক্ষেত্রে মুন্সেফ কোনও মামলা (case) রাজস্ব আধিকারিকের কাছে পাঠাতে পারেন, তার সে ক্ষেত্রাধিকার (jurisdiction) আছে। *বি. কে. পারিয়া* বনাম *গোষ্ঠ দোলুই,*[৫] ওই মামলায় মহামান্য আদালত জানান—মুন্সেফ "persona designata" হিসাবে নয়, দেওয়ানি আদালত (Civil Court) হিসাবে কোনও মামলা (case) কোনও আধিকারিক বা কর্তৃপক্ষের কাছে পাঠাতে পারেন।

৩ *সুশান্ত মণ্ডল* বনাম *প্রবোধ রঞ্জন মজুমদার* 1976(1) Cal LJ 84.

৪ *কৌসের আলি মণ্ডল* বনাম *মুরুল* 1986(1) CHN 201.

৫ 64 CWN 1062.

সংশোধিত ৫৭(ছ) [s. 57(*g*)] ধারা অনুযায়ী আপিল কর্তৃপক্ষের কোনও মামলা (case) ফেরৎ পাঠানোর ক্ষমতা আছে। ১৯৭৮ সালের পঃ বঃ ভূমি সংস্কার আইনের সংশোধন দ্বারা উপরোক্ত ক্ষমতা আপিল কর্তৃপক্ষকে দেওয়া হয়েছে। কলিকাতা গেজেটে এটি ২৭.১১.১৯৭৮ তারিখে প্রকাশিত হয়েছিল। এই তারিখের আগে একটা সংশয় বা দ্বন্দ্ব ছিল এই প্রশ্নে যে আপিল কর্তৃপক্ষের কোনও মামলা (case) ফেরৎ পাঠানোর ক্ষমতা আছে কী ? কিন্তু ২৭.১১.১৯৭৮ তারিখের পরে এই সংশয় দূর হয়েছে।

মহকুমা শাসক যখন আপিল কর্তৃপক্ষ ছিলেন তিনি "persona designata" হিসাবে দেওয়ানি আদালতের ক্ষমতা প্রয়োগ করতে পারতেন না। সুতরাং তিনি কোনও মামলা (case) ফেরৎ পাঠাতে পারবেন কিনা এ সংশয় ছিল যা ২৭.১১.১৯৭৮ এর পর দূর হল। *কানাই লাল চট্টোপাধ্যায়* বনাম *সত্যেন্দ্রনাথ মজুমদার*,[৬] মামলায় মহামান্য কলিকাতা হাইকোর্ট এই রায় দেন যে—যদিও প্রচলিত আইনে কোনও মামলা পাঠানোর (remand) জন্য কোনও স্পষ্ট পথ (express provision) নেই, তা হলেও এই ধরনের ক্ষমতা ভোগ করার বিষয়টি এসেই যায়। একই রকম রায় মহামান্য সুপ্রীম কোর্ট *ইনকাম ট্যাক্স অফিসার* বনাম *মহঃ কুনাহি*,[৭] মামলায় দিয়েছেন।

[আরও বিস্তারিত ৫৪ নং ধারার *কার্তিক বাগদী* বনাম *বিদ্যুৎকুমার রায়* 2000(2) Cal LJ 209; 2000(2) CHN 386 মামলায় আছে।]

৮। পাল্টা আপত্তি গ্রহণের অধিকার [Right to entertain cross-objection]. পশ্চিমবঙ্গ ভূমি সংস্কার আইনের ৫৭ নং ধারায় কিছু কিছু দেওয়ানি প্রক্রিয়া সংহিতার (Code of Civil Procedure)-এর ক্ষমতা আপিল কর্তৃপক্ষকে দেওয়া হয়েছে। কিন্তু সব ক্ষমতা দেওয়া হয়নি। দেওয়ানি কার্যবিধির আপত্তি ২২নং নিয়মের ৪১ নং আদেশ অনুসারে (under Order 41, Rule 22) পাল্টা আপত্তি (cross-objection) গ্রহণের ক্ষমতা আপিল কর্তৃপক্ষের নেই, কারণ পঃ বঃ ভূমি সংস্কার আইনে এই ক্ষমতা আপিল কর্তৃপক্ষকে দেওয়া হয়নি। সুতরাং পাল্টা আপত্তি (cross) দাখিল করার অধিকার বিবাদীদের নেই এবং আপিল কর্তৃপক্ষও ওই পাল্টা আপত্তি (cross-objection) গ্রহণ করতে পারেন না।

৬ 1977(1) Cal LJ 23.
৭ AIR 1969 SC 430.

৯। আপিল পুনঃস্থাপনের ক্ষমতা [Power of restoration of appeal]. মূল আইনে যদি না থাকে, তবে কোনও বিচারকল্প (*quasi judicial*), ন্যায়পীঠ (tribunal), দেওয়ানি আদালত (Civil Court) যে যে ক্ষমতা ভোগ করেন তা সব দাবি করতে পারেন না। আইনের নির্দেশ ছাড়া এই সব ন্যায়পীঠ আদালত হিসাবে নিজেদের উল্লেখ করতে পারে না। যদি মূল আইন বিচারকল্প, ন্যায়পীঠকে দেওয়ানি আদালদের সমস্ত ক্ষমতা সরাসরি বা প্রয়োগের মাধ্যমে না দেয় (expressly or by implication), তবে কোনও দেওয়ানি আদালতের ক্ষমতা বিচারকল্প ন্যায়পীঠ (*quasi judicial* tribunal) ব্যবহার করতে পারে না।[৮]

পশ্চিমবঙ্গ ভূমি সংস্কার আইনের ৫৭ ধারায় দেওয়ানি প্রক্রিয়া সংহিতার (Code of Civil Procedure) কিছু কিছু ক্ষমতা দেওয়া থাকলেও আপিল কর্তৃপক্ষকে এই ক্ষমতা দেওয়া হয়নি যে খেলাপ (default)-এর জন্য বাতিল (dismissed) হওয়া কোনও আপিল বা একতরফা (*ex parte*) আদেশে বাতিল হওয়া কোনও আপিল তিনি আবার বহাল (restore) করতে পারেন।

১০। আপিল হস্তান্তরের ক্ষমতা [Power to transfer of appeal]. পশ্চিমবঙ্গ ভূমি সংস্কার আইনের ১৯(২খ) ধারা অনুসারে কালেক্টর কোনও আপিল কেস, যা তার কাছে দাখিল করা হয়েছে অথবা তার কাছে হস্তান্তরিত হয়ে এসেছে, শুনানি ও নিষ্পত্তির জন্য অধীনস্ত কোনও আধিকারিকের কাছে হস্তান্তরিত করতে পারেন। তবে এখন আধিকারিকের কাছে হস্তান্তর করবেন যিনি তার অধীনস্ত কিন্তু উপ-সমাহর্তার (sub-deputy collector) পদমর্যাদার নীচে নন এবং যার রায়ের বিরুদ্ধে আপিল তার চেয়ে পদমর্যাদার দিক থেকে উঁচুতে থাকবেন। ১৯৭২ সালের পঃ বঃ ভূমি সংস্কার (সংশোধন) আইন অনুসারে যে স্তরে আপিল হস্তান্তরিত হয়েছে সেই স্তর থেকে ওই আপিলও নিষ্পত্তি হবে। ১৯(২খ) ধারায় স্থানান্তরিত (transfer) কথাটির সাধারণ অর্থ কোনও জিনিস এক স্থান থেকে অন্য স্থানে নিয়ে যাওয়া, সরানো বা একজনের কাছ থেকে অন্য জনের কাছে কোনও জিনিস নেওয়া। আবার প্রত্যাহার (withdraw) শব্দের অর্থ—to take back or to take away. পশ্চিমবঙ্গ ভূমি

৮ *শ্রীমতী ইন্দিরা দেবী* বনাম *পঃ বঃ সরকার* AIR 1967 Cal 469; *সি. এম. কোল কোম্পানি প্রাঃ লিঃ* বনাম *অতিরিক্ত জেলাশাসক, ধানবাদ* AIR 1983 Cal 95; *হাজী মহম্মদ হোসেন* বনাম *বিশ্বনাথ নন্দী* 75 CWN 597; AIR 1971 Cal 381.

সংস্কার আইনের ১৯(২খ) ধারায় প্রত্যাহার (withdraw) শব্দটি সুস্পষ্টভাবে (conspicuously) ব্যবহৃত না হলেও স্থানান্তর (transfer) শব্দটি ব্যাপক অর্থে ব্যবহৃত হয়েছে। কোনও মামলা (case) বা আপিল কোনও বিচারকের কাছে পাঠানো বা সেখান থেকে নিজের কাছে আনা বলতে স্থানান্তর (transfer) বোঝায়।[৯]

২০০৩ সালের পঃ বঃ ভূমি সংস্কার (সংশোধন) আইন অনুসারে ১৯(২খ) ধারার পরিবর্তন করা হয়েছে। যা ১৯.১০.২০০৩ থেকে বলবৎ হয়েছে। ১৯(২খ)-এর ২০০৩ সালের সংশোধিত ধারা অনুসারে—কোনও আপিল কেস যা সমাহর্তার কাছে দাখিল করা হয়েছে বা হস্তান্তরিত হয়ে এসেছে, কোনও আধিকারিকের কাছে হস্তান্তর করতে পারেন নিষ্পত্তি করার জন্য। তবে ওই আধিকারিক সমাহর্তার অধনস্ত হবেন। ২০০৩ সালের ১৯(২খ) ধারা সংশোধনের আগে সমাহর্তা কোনও আপিল কেস উপ-সমাহর্তা পদমর্যাদার নীচের কোনও আধিকারিকের কাছে হস্তান্তর করতে পারতেন না, কিন্তু যার রায়ের বিরুদ্ধে আপিল তার চেয়ে পদমর্যাদার দিক থেকে উঁচুতে অবস্থিত পদমর্যাদার আধিকারিকের কাছে হস্তান্তর করতেন। সংশোধিত ১৯(২খ) ধারা অনুযায়ী রাজ্য সরকার অধীনস্ত আধিকারিকের তালিকা প্রকাশ দ্বারা কার কাছে সমাহর্তা আপিল কেস পাঠাবেন তা বোঝা যাবে।

১১। আপিলের পদ্ধতি [Procedure of appeal]. ১৯৫৬ সালের পঃ বঃ ভূমি সংস্কার (বর্গাদার) নিয়মের ৭ নং বিধিতে বলা আছে কীভাবে আপিল দাখিল করতে হবে। স্মারকলিপির মতো করে (form of memorandum) প্রতিটি আপিল দাখিল করতে হবে। ১৯০৮ সালের দেওয়ানি কার্যবিধির ১ নং তফসিলের ৬ নং আদেশের ১৫(২) এবং ১৫(৩) বিধি অনুযায়ী প্রতিটি আপিলের আবেদনে আপিল দাখিলকারী সই এবং পরীক্ষা (sign and verification) করবেন। যে রায়ের বিরুদ্ধে আপিল সেই রায়ের এক প্রস্থ নকল আপিল আবেদনের সাথে প্রত্যায়িত করে জমা দিতে হবে। নিম্নলিখিত তথ্যগুলিও সংযুক্ত করতে হবে—

(ক) আপিল দাখিলকারীর নাম ও ঠিকানা,

(খ) বিবাদী/বিবাদীদের নাম ও ঠিকানা,

৯ *বরদেশিয়া কালিপ্রসন্ন সমবায় সংযুক্ত কৃষি সমিতি* বনাম *জামির আলি* AIR 1977 NOC 200 (Cal).

(গ) বিবাদীয় জমি সহজে চেনার জন্য বর্ণনা এবং

(ঘ) আপিলের কারণ।

১২। কোর্ট ফি [Court fees]. ১৯৫৬ সালের পঃ বঃ ভূমি সংস্কার (বর্গাদার) নিয়মের ৭(২) বিধিতে বলা আছে ১৯(১) ধারায় দাখিল করা আপিল আবেদনের সাথে নির্দিষ্ট কোর্ট ফি দিতে হবে। Court fees আইনের ২ নং সিডিউলের ২ নং অনুচ্ছেদের (Article II)-এর (*a*) (*ii*) দফা অনুযায়ী কোর্ট ফি (court fees) জমা দিতে হবে এবং ওই কোর্ট ফি (court fees) আইনে উল্লিখিত নিয়ম অনুসারে তা সংগ্রহ করতে হবে।

১৩। বিজ্ঞপ্তি জারির পদ্ধতি [Procedure of service of notices]. ১৯৫৬ সালের পঃ বঃ ভূমি সংস্কার (বর্গাদার) নিয়মের ৮ নং বিধিতে এই নির্দেশ আছে যে সমস্ত বিজ্ঞপ্তি জারি করতে হবে হয় রেজিস্ট্রি ডাকে অথবা যে পদ্ধতিতে রাজস্ব জারি করা হয় অথবা দেওয়ানি পদ্ধতিতে।

১৪। জারি খরচ [Process fee]. ১৯৫৬ সালের পঃ বঃ ভূমি সংস্কার (বর্গাদার) নিয়মের ১১ নং বিধিতে বলা আছে যে ১৮(১) ধারায় ক্ষমতাপ্রাপ্ত আধিকারিক বা কর্তৃপক্ষের কাছে আবেদন (application) জমা দিলে অথবা ১৯(১) ধারায় ক্ষমতাপ্রাপ্ত আপিল কর্তৃপক্ষের কাছে আপিলের স্মারকলিপি জমা দিলে জারি খরচ দিতে হবে। যত জন ব্যক্তিকে বিজ্ঞপ্তি দিতে হবে, সেই সংখ্যা অনুযায়ী ৩.৫০ টাকা [তিন টাকা পঞ্চাশ পয়সা] হারে প্রত্যেকের জন্য জারি খরচ দিতে হবে আবেদনপত্রে বা আপিলের স্মারকলিপিতে। অর্থাৎ ব্যক্তি সংখ্যা যদি চার হয় তবে জারি খরচ দিতে হবে ৩.৫০ × ৪ = ১৪.০০ টাকা, ব্যক্তি সংখ্যা ছয় হলে জারি খরচ হবে ৩.৫০ × ৬ = ২১.০০ টাকা ইত্যাদি।

তবে কোনও আবেদনকারী যদি নিজেকে গরিব ব্যক্তি হিসাবে দাবি করে এবং জারি খরচ না দেওয়ার আবেদন জানান, তবে ১৮(১) ধারার নির্ধারিত আধিকারিক বা কর্তৃপক্ষ অথবা ১৯(১) ধারায় আপিল কর্তৃপক্ষ যাই হোক না কেন, একটি তদন্ত করবেন। যদি তদন্তে প্রমাণিত হয় যে আবেদনকারী সত্যিই গরিব ব্যক্তি তবে জারি খরচ দেওয়া থেকে তাকে রেহাই দিতে পারেন।

ব্যাখ্যা ঃ ১৯৫৬ সালের পঃ বঃ ভূমি সংস্কার (বর্গাদার) নিয়মের ৬(৪) ধারায় "গরিব ব্যক্তি" (indigent person)-এর সংজ্ঞা যা আছে, এক্ষেত্রে এই ধারায় তার অর্থ একই হবে।

১৫। আপিল নিষ্পত্তি করার ক্ষেত্রে আপিল কর্তৃপক্ষের কর্তব্য [Duty of the appellate authority is disposing of the appeal]. ১৯৫৬ সালের পঃ বঃ ভূমি সংস্কার (বর্গাদার) নিয়মের ৭ নং বিধিতে কীভাবে ১৯(১) ধারার আপিল কর্তৃপক্ষ আপিলের নিষ্পত্তি করবেন তার নির্দেশ আছে। ৭(৩) নং বিধিতে বলা আছে। আপিল দাখিল হলে আপিল কর্তৃপক্ষ, যে আধিকারিক/কর্তৃপক্ষের যে মামলার রায়ের বিরুদ্ধে আপিল সেই মামলার নথি (case record)-টি চেয়ে পাঠাবেন। বাদী এবং বিবাদী উভয় পক্ষকে শুনানির সুযোগ দিয়ে উক্ত আপিল মামলার নিষ্পত্তি করবেন। পঃ বঃ ভূমি সংস্কার (বর্গাদার) নিয়মের ৭(৪) নং বিধিতে বলা আছে—আপিল দাখিল হলে তা ১ মাসের মধ্যে আপিল কর্তৃপক্ষ তা নিষ্পত্তি করবেন। তবে *রাম হরি মণ্ডল* বনাম *নীলমণি দাস,*[১০] মামলায় হাইকোর্ট রায়ে জানিয়েছেন যে—নিয়মে যে সময়ের কথা বলা হয়েছে তা বাধ্যতামূলক নয়।

১৬। সময়সীমা [Period of limitation]. পশ্চিমবঙ্গ ভূমি সংস্কার আইনের ১৯(২) ধারায় এই নির্দেশ আছে যে, যে আদেশের বিরুদ্ধে আপিল, সেই আদেশ দানের ৩০ দিনের মধ্যে আপিল দাখিল করতে হবে। শুধুমাত্র ১৮ক(২) ধারার রায়ের বিরুদ্ধে কোনও আপিলের ক্ষেত্রে এই ছাড় দেওয়া হয়েছে। ১৮ক(২) ধারায় দেওয়া কোনও আদেশ দানের ৯০ দিনের মধ্যে আপিল করা যাবে। ১৯(২) ধারার দ্বিতীয় অনুবিধিটি (second proviso of sub-section (2) of section 19) ১৯৬২ সালের পঃ বঃ ভূমি সংস্কার (সংশোধন) আইন দ্বারা যুক্ত করা হয়েছে। এই অংশে স্পষ্টভাবে নির্দেশ দিচ্ছে যে ১৯ নং ধারায় আপিলের শুনানির সময় ১৯০৮ সালের তামাদি আইনের (Limitation Act) ৫ নং ধারা প্রয়োগ করা যাবে। তবে ১৯০৮ সালের ভারতীয় তামাদি আইন, ১৯৬৩ সালের তামাদি আইন (Limitation Act) দ্বারা পরিবর্তিত হওয়ায় এখন বলতে হবে "ভারতীয় তামাদি আইন, ১৯৬৩।" যে আদেশের বিরুদ্ধে আপিল, সেই আদেশের প্রত্যায়িত এক প্রস্থ সংযুক্ত করতে হয় আপিলের সাথে। সুতরাং ওই আদেশের প্রত্যায়িত এক প্রস্থ পেতে যত দিন লাগবে তা উল্লিখিত সময়সীমা থেকে বাদ যাবে।

১৭। দেরি হওয়ার দোষ খণ্ডন [Condonation of delay]. পশ্চিমবঙ্গ ভূমি সংস্কার আইনের ১৯(২) ধারা অনুযায়ী কোনও আপিল নির্দিষ্ট সময়সীমার

১০ 56 CWN 325.

মধ্যে দাখিল করা না হলে ১৯০৮ সালের ভারতীয় তামাদি আইনের (Limitation Act) ৫ নং ধারা প্রয়োগ করে ওই আপিল গ্রহণ করা যেতে পারে। ১৯০৮ সালের ভারতীয় তামাদি আইনটি "১৯৬৩ সালের ভারতীয় তামাদি আইন" আইন নামে পরিবর্তিত হয়েছে যা ১.১.১৯৬৪ থেকে বলবৎ হয়েছে। এক্ষেত্রে নতুন তামাদি (Limitation Act) আইন প্রযোজ্য হবে। মূল আইনে তামাদি আইনের ৫ নং ধারা প্রয়োগের উল্লেখ না থাকলে আপিল কর্তৃপক্ষ এই ধারা প্রয়োগ করতে পারবেন না। ৮ নং ধারা, ১৪জ ধারার শুনানি যখন মুন্সিফ করেন বা জেলা বিচারক যখন ৯ নং ধারার শুনানি করেন তাঁরা অনায়াসেই তামাদি (limitation) আইনের ৫ নং ধারার প্রয়োগ করতে পারেন, কারণ তারা দেওয়ানি আদালতের সমস্ত ক্ষমতা ভোগ করেন।

তবে নির্দিষ্ট সময়ে কেন আপিল দাখিল করা যায় নি সে বিষয়ে সুনির্দিষ্ট কারণ আপিল দাখিলকারীকে দেখাতে হবে। সুপ্রীম কোর্টের অভিমত হল, যদি আইনজীবীর ভুল পরামর্শের জন্য আপিল দাখিল করা ঠিক সময়ে না হয়ে থাকে এবং আইনজীবী যদি সরল বিশ্বাসে (*bona fide*) ওই পরামর্শ দিয়ে থাকেন তবে সেটা দেরিতে দাখিল করার পক্ষে জোরালো কারণ।[১১]

আইনের অজ্ঞতা কোনওভাবেই তামাদি আইনের ৫ নং ধারায় সময় বাড়ানোর পক্ষে কারণ হতে পারে না।[১২]

দেরি হওয়ার স্বপক্ষে কোনও কারণ বা ব্যাখ্যা না দিলে দেরি হওয়ার অপরাধ থেকে খণ্ডন করা যেতে পারে না।[১৩]

দেরি হওয়ার কারণ ব্যাখ্যা করার জন্য সংশ্লিষ্ট পক্ষকে ডাকা যেতে পারে। আপিল জমা দেওয়ার নির্ধারিত শেষ দিন থেকে আপিল জমা দেওয়ার দিন পর্যন্ত এই সম্পূর্ণ সময়ের বিস্তারিত ব্যাখ্যা দিতে হবে সংশ্লিষ্ট পক্ষকে। সংশ্লিষ্ট পক্ষকে ব্যাখ্যা দিতে হবে বিস্তারিতভাবে কেন তিনি আপিল নির্ধারিত সময়ে জমা দিতে পারেন নি।[১৪]

১১ *পাঞ্জাব বিশ্ববিদ্যালয়* বনাম *আচার্য স্বামী গণেশ* AIR 1972 SC 1973; *বলবীর* বনাম *বোগলা সিং* AIR 1974 SC 650; *মাতা দীন* বনাম *নারায়ণন* AIR 1970 SC 1953; *কনকর্ড অব ইন্ডিয়া ইন্সুরেন্স* বনাম *নির্মলা* AIR 1979 SC 1966; (1979)4 SCC 365.

১২ *মহেন্দ্র মণ্ডল* বনাম *বনমালী* 1976 Cal LJ 285.

১৩ *কার্তিক চন্দ্র* বনাম *পুরুষোত্তম দাস* AIR 1988 Cal 247.

১৪ *রামলাল* বনাম *রেওয়া কোলফিল্ড* AIR 1962 SC 361.

১৮। দেরিতে আপিল দাখিল করার দোষ খণ্ডন [Condonation of delay in filing appeal]. ১৯ ধারায় ক্ষমতাপ্রাপ্ত আপিল কর্তৃপক্ষ দেরিতে আপিল মামলা দাখিল করলে সেই দোষ খণ্ডন করার অধিকারী আছেন। আপিলের ক্ষেত্রে প্রতিবাদী দেরি হওয়ার কারণ ক্ষমা করার জন্য আবেদন জানান, যে আবেদনের প্রতিলিপি উচ্চ ন্যায়ালয়ে পেশ করা আবেদনের আবেদনকারীকে দেওয়া হয়েছিল এবং তিনি সেই সময় কোনও আপত্তি দাখিল করেন নি। এরপর আপিল কর্তৃপক্ষ মামলাটির বিচারের সময় লক্ষ্য করেন, আবেদনকারী যে ওই জমি চাষ করেন সেই মর্মে কোনও সন্তোষজনক প্রমাণ দাখিল করতেই পারেন নি এবং রাজস্ব আধিকারিকের দেওয়ায় আদেশটি বাতিল করেন। W.B.L.R.T.T.-তে বিচারের সময় আবেদনকারী শুধুমাত্র একটি বিষয়ের উপর বারবার চাপ দিতে থাকেন যে আপিলটি পেশ করতে বিলম্ব হওয়ার কারণ বিষয়ে কোনওরূপ সিদ্ধান্ত ছাড়া মূল সমস্যার মধ্যে আপিল কর্তৃপক্ষ প্রবেশই করেন নি। কিন্তু ওই বিষয়টি মহামান্য ট্রাইব্যুনাল গ্রাহ্য করেন নি। এরপর ট্রাইব্যুনালের আদেশকে চ্যালেঞ্জ জানিয়ে আবেদনকারী মহামান্য উচ্চ আদালতে আজ্ঞালেখ (writ) জমা দিয়েছেন ডিভিশন বেঞ্চে। মহামান্য উচ্চ আদালত দরখাস্তটি খারিজ করেছেন। মহামান্য উচ্চ আদালত লক্ষ্য করেছেন, ১৯ ধারায় ক্ষমতাপ্রাপ্ত আপিল কর্তৃপক্ষ দেরি হওয়ার কারণ খণ্ডন করতে পারতেন, দেরি হওয়ার কারণ লক্ষ্য করে তিনি মূল বিষয়ে প্রবেশ করেছেন এবং আপিলটি গ্রহণ করেছেন সুতরাং ধরে নেওয়াই যায় তিনি দেরি হওয়ার কারণ খণ্ডন করেছেন। সুতরাং আবেদনকারীর পেশ করা মামলাটি খারিজ করা হল।[১৫]

১৯। অন্য পক্ষকে বিজ্ঞপ্তি দেওয়ার প্রয়োজনীয়তা [Necessity of giving notice to other parties]. নির্ধারিত সময়ের মধ্যে কোনও আবেদন জমা দিতে না পারলে, তামাদি (Limitation Act) আইনের ৫ নং ধারায় যদি সংশ্লিষ্ট আধিকারিক দেরি হওয়ার কারণে সন্তুষ্ট হন তবে তিনি ওই আবেদন গ্রহণ করতে পারেন। তবে এক্ষেত্রে ওই আবেদনের শুনানি একতরফা (*ex parte*) হবে না। ওই মামলায় যাঁরা বিরোধী পক্ষে থাকবেন তাদের প্রত্যেককে উপযুক্ত নোটিশ প্রদান করে শুনানির সুযোগ দিতে হবে। যথোপযুক্তভাবে

১৫ *কাশীনাথ মণ্ডল* বনাম *পশ্চিমবঙ্গ সরকার* 2008(2) CHN 7 (Cal); 2008(1) Cal LJ 580 (DB).

নোটিশ জারি হয়েছে বলে নির্ধারিত আধিকারিক নিশ্চিত হলে তবেই ওই আবেদনের শুনানি শুরু করবেন।

২০। সম্পত্তির উপর ন্যায়সংগত অধিকার ও নির্ধারিত আধিকারিক/কর্তৃপক্ষ [Question of title and prescribed officer/authority]. পশ্চিমবঙ্গ ভূমি সংস্কার আইনের ১৭ বা ১৮ নং ধারার নির্ধারিত কর্তৃপক্ষের "কোনও সম্পত্তির উপর ন্যায়সংগত অধিকার" নির্ধারণ করার কোনও ক্ষমতা নেই। ১৭ বা ১৮ নং ধারায় ক্ষমতাপ্রাপ্ত আধিকারিকের এই ক্ষেত্রাধিকার (jurisdiction) নেই। ১৭ বা ১৮ নং ধারার নির্ধারিত কর্তৃপক্ষ কোনও বিবাদ মীমাংসার সূত্রে যদি এই প্রশ্নের সম্মুখীন হন যে জমির মালিক ও বর্গাদারের মধ্যে কোনও সম্পর্ক আছে কিনা 'শুধুমাত্র এই প্রয়োজনে' নির্ধারিত কর্তৃপক্ষ কোনও জমির উপর ন্যায়সংগত অধিকার প্রশ্নে সিদ্ধান্ত নিতে পারেন। সুতরাং সাধারণ ক্ষেত্রে কোনও সম্পত্তির উপর ন্যায়সংগত অধিকার (title) বিষয়ে সিদ্ধান্ত নেওয়ার ক্ষমতা (power) বা ক্ষেত্রাধিকার (jurisdiction) আপিল কর্তৃপক্ষের নেই কিন্তু কেবলমাত্র বর্গাদার এবং মালিকের মধ্যে সম্পর্ক প্রশ্নে তিনি এ বিষয়ে প্রবেশ করতে পারেন।[১৬]

২১। তত্ত্বাবধানের ক্ষমতা [Power of superintendence]. পশ্চিমবঙ্গ ভূমি সংস্কার (বর্গাদার) নিয়মের ৬ক(২) বিধি অনুযায়ী, এই উপবিধিতে ক্ষমতাপ্রাপ্ত কোনও আধিকারিক প্রয়োজন মনে করলে তার অধীনস্ত কোনও ১৮(১) ধারার নির্ধারিত আধিকারিককে কোনও নথি (File) নিষ্পত্তির জন্য তুলে নিতে (withdraw) পারেন, বদলি করতে পারেন। ৬ক(১) এবং ৬ক(২) বিধি দুটি থেকে দেখা যায় যে ১৮(১) ধারার আধিকারিকদের তত্ত্বাবধান ও নিয়ন্ত্রণের ক্ষমতা দেওয়া হয়েছে ৬ক(১) বিধি অনুযায়ী আধিকারিককে। কিন্তু তার মানে এই নয় যে—বিচার বিভাগীয় (judicial) ব্যাপারে তারা তত্ত্বাবধান ও নিয়ন্ত্রণ করবেন। ১৮(১) ধারার কোনও আধিকারিক কোনও কার্যাবলির (proceedings) মাধ্যমে কোনও সিদ্ধান্ত নিলে, ১৮(১) ধারার আধিকারিকের উর্ধতন কর্তৃপক্ষ ৬ক(১) এবং ৬ক(২) বিধি অনুযায়ী ওই কার্যাবলিতে (proceedings) গৃহীত সিদ্ধান্তে হস্তক্ষেপ করতে পারেন না। প্রশাসনিক তত্ত্বাবধান ও নিয়ন্ত্রণের ক্ষমতা তাঁকে দেওয়া হয়েছে মাত্র।

১৬ *রেণুকা মুখার্জী* বনাম *ভবানী চ্যাটার্জী* 1976(1) Cal LJ 89.

আনোয়ার শেখ বনাম *বানেশ্বর দাস,*[১৭] মামলায় দেখা যায় আবেদনকারী একটি দরখাস্তের সূত্রে সংশ্লিষ্ট কনিষ্ঠ ভূমি সংস্কার আধিকারিক (J.L.R.O.) ২১(৩) ধারায় একটি প্রতিবেদন (report) প্রস্তুত করেন এবং প্রতিবেদনটি আবেদনকারীর পক্ষে যায়। এই মামলার বিবাদী ওই প্রতিবেদনের বিরুদ্ধে ১৯ ধারায় আপিল কর্তৃপক্ষের কাছে আপিল করতে পারতেন, কিন্তু তিনি তা না করে ১৯৫৬ সালের পঃ বঃ ভূমি সংস্কার (বর্গাদার) নিয়মের ৬ক বিধি অনুযায়ী তিনি আবেদন (application) দাখিল করেন সংশ্লিষ্ট অতিরিক্ত জেলাশাসকের কাছে। এই আবেদনটি অতিরিক্ত জেলাশাসক গ্রহণ করেন এবং তিনি আবেদনকারীকে (আনোয়ার শেখ) ওই সম্পত্তিতে প্রবেশ করতে নিষেধ করেন এই ভেবে যে, তিনি কনিষ্ঠ ভুমি সংস্কার আধিকারিক দ্বারা প্রস্তুত ২১(৩) ধারার প্রতিবেদনে হস্তক্ষেপ করার অধিকারী। অতিরিক্ত জেলাশাসকের এই সিদ্ধান্তের প্রতিবাদে আবেদনকারী মহামান্য হাইকোর্টে অতিরিক্ত জেলাশাসকের ক্ষেত্রাধিকার (jurisdiction) কে চ্যালেঞ্জ করে সংশোধিত আবেদন (revisional application) দাখিল করেন। মহামান্য একক বিচারক (single judge) ৬ক(১) এবং ৬ক(২) বিধি দুটি বিশ্লেষণ সূত্রে জানান —৬ক(১) বিধির ক্ষমতাপ্রাপ্ত আধিকারিক, ১৮(১) ধারার আধিকারিকদের তত্ত্বাবধান এবং নিয়ন্ত্রণের জন্য যে ক্ষমতা ভোগ করেন তা প্রশাসনিক তত্ত্বাবধান ও নিয়ন্ত্রণের সাথে "বিচারবিভাগীয় তত্ত্বাবধান ও নিয়ন্ত্রণের" (judicial superintendence and control) নয়। ৬ক(২) বিধি কেবলমাত্র তিনি ১৮(১) ধারার আধিকারিককে কোনও ফাইল থেকে তুলে নিতে পারেন (withdraw) বা তার অধনস্ত কোনও আধিকারিক বা কর্তৃপক্ষ যিনি ১৮(১) ধারায় ক্ষমতাপ্রাপ্ত তাঁকে অন্যত্র বদলি করতে পারেন কোনও কার্যাবলি (proceedings) নিষ্পত্তি করার জন্য। কিন্তু ২১(৩) ধারায় কোনও প্রতিবেদন ১৮(১) ধারার কোনও আধিকারিক প্রস্তুত করলে তা অতিরিক্ত জেলাশাসক সংশোধন (correct) করতে পারেন না বা বাতিল (set aside) করতে পারেন না। এই ক্ষমতা কেবলমাত্র আপিল কর্তৃপক্ষের দেওয়া হয়েছে অবশ্য যদি ওই আপিল আইন অনুযায়ী দাখিল করা হয়ে থাকে। মহামান্য কলিকাতা হাইকোর্ট সংবিধানের ২২৭ ধারা বলে অতিরিক্ত জেলাশাসকের আদেশ (order) বাতিলের রায় দেন।

১৭ 1986(2) CHN 106; 91 CWN 72.

অন্য একটি মামলায় মহামান্য হাইকোর্ট জানান—

১৯৫৬ সালের পঃ বঃ ভূমি সংস্কার (বর্গাদার) নিয়মের ৬ক বিধি (6A) সরকারী গেজেটে বিজ্ঞপ্তি প্রকাশের মাধ্যমে কোনও জেলায় বা মহকুমায় এক বা একাধিক আধিকারিককে রাজ্য সরকার নিয়োগ করতে পারেন। ওই আধিকারিক/আধিকারিকগণ ওই জেলা বা মহকুমার সমস্ত ১৮(১) ধারায় ক্ষমতাপ্রাপ্ত আধিকারিক/আধিকারিকদের তত্ত্বাবধান ও নিয়ন্ত্রণ করতে পারেন।

পশ্চিমবঙ্গ ভূমি সংস্কার (বর্গাদার) নিয়মের ৬ক বিধি অনুযায়ী, ৬ক বিধির অন্তর্ভুক্ত আধিকারিকের কোনও ভাগচাষ কেস এক আদালত থেকে অন্য ভাগচাষ আধিকারিকের আদালতে স্থানান্তর করার নির্দেশ জারির ক্ষমতা/অধিকার আছে।[১৮]

২২। ১৯৫৬ সালের পশ্চিমবঙ্গ ভূমি সংস্কার (বর্গাদার) নিয়মের ৭ নং বিধি [Rule 7 of W.B.L.R. (Bargadar) Rules 1956]. আপিলের পদ্ধতি (procedure of appeals) ঃ

(১) প্রতিটি আপিল ১৯০৮ সালের দেওয়ানি প্রক্রিয়া সংহিতার (Code of Civil Procedure)-এর ১ নং সিডিউলের ৬ নং আদেশের ১৫(২) এবং ১৫(৩) বিধি অনুযায়ী স্মারকলিপির মতো (form of memorandum) করে দাখিল করতে হবে। প্রতিটি আপিলে আবেদনকারী সই এবং পরীক্ষা (sign and verification) করে তবে জমা দেবেন। আপিলের সঙ্গে দেবেন—যে আদেশের বিরুদ্ধে আপিল সেই আদেশের একটি নকল। এছাড়া নিম্নলিখিত তথ্যগুলি যুক্ত করবেন—

(ক) আপিল দাখিলকারীর নাম ও ঠিকানা,

(খ) বিবাদী/বিবাদীদের নাম ও ঠিকানা,

(গ) বর্গাদার দ্বারা চাষকৃত জমির এলাকাগত বর্ণনা,

(ঘ) আপিলের কারণ।

(২) ১৯(৩) ধারায় দাখিল করা আপিলের সাথে নির্দিষ্ট কোর্ট ফি (Court fee) দিতে হবে। ১৮৭০ সালের কোর্ট ফি আইনের (Court Fees Act)-এর ২ নং তফসিলের ১১ নং অনুচ্ছেদের ক(২) ধারা অনুযায়ী কোর্ট ফি জমা দিতে হবে এবং তা সংগ্রহ করা হবে।

১৮ *মহঃ শাহআলম ফকির* বনাম *পঃ বঃ সরকার* 1981(1) CHN 212.

(৩) আপিল জমা হওয়ার পরে আপিল কর্তৃপক্ষ যে আধিকারিক বা কর্তৃপক্ষের যে আদেশের বিরুদ্ধে আপিল সেই রায়ের মামলার নথি (case record)-টি চেয়ে নেবেন। আপিল দাখিলকারী এবং বিবাদী উভয় পক্ষকে যথোপযুক্ত শুনানির সুযোগ দিয়ে উক্ত আপিলের নিষ্পত্তি করবেন।

(৪) আপিল দাখিল করার তারিখ থেকে ১ মাসের মধ্যে আপিল কর্তৃপক্ষ প্রতিটি আপিলের নিষ্পত্তি করবেন।

২৩। পশ্চিমবঙ্গ ভূমি সংস্কার (বর্গাদার) নিয়মের ৮ নং বিধি [Rule 8 of W.B.L.R. (Bargadar) Rules 1956]. এই নিয়মের অধীন সমস্ত বিজ্ঞপ্তি জারি করতে হবে হয় রেজিস্ট্রি ডাকে না হয় যে পদ্ধতিতে রাজস্ব জারি হয় অথবা দেওয়ানি পদ্ধতিতে।

২৪। পশ্চিমবঙ্গ ভূমি সংস্কার (বর্গাদার) নিয়মের ১০ নং বিধি [Rule 10 of W.B.L.R. (Bargadar) Rules 1956]. নথির নকল (copies of the records) দেওয়ার বিষয়ে বঙ্গীয় নথি নির্দেশিকা (Bengal Records Manual)-এ উল্লিখিত নিয়ম অনুসরণ করা হবে। বিজ্ঞপ্তি নং ১৪০৮০-এল./রেফ্., তাং ৩০.১০.১৯৭০ দ্বারা এই নিয়মটি পরিবর্তিত হয়ে যুক্ত হয়েছে।

২৫। পশ্চিমবঙ্গ ভূমি সংস্কার (বর্গাদার) নিয়মের ১১ নং বিধি—প্রসেস ফি [Rule 11 of W.B.L.R. (Bargadar) Rules 1956—Process fee]. ১৮(১) ধারায় নির্ধারিত কর্তৃপক্ষ বা আধিকারিকের কাছে কোনও আবেদনপত্র বা ১৯(১) ধারায় মহকুমা শাসকের কাছে (আপিল কর্তৃপক্ষ) কোনও আপিল স্মারকলিপির মতো করে দাখিল করা হলে, যাদের কাছে বিজ্ঞপ্তি জারি করা হবে ব্যক্তি পিছু ৩.৫০ টাকা [সাড়ে তিন টাকা] হারে জারি খরচ দিতে হবে।

[১৯][তবে আবেদনকারী যদি এই মর্মে দাবি করেন যে গরিব (indigent) এবং জারি খরচ (process fee) দেওয়া থেকে রেহাই চান, ১৮(১) ধারার আধিকারিক/নির্ধারিত কর্তৃপক্ষ বা ১৯(১) ধারার মহকুমাশাসক (আপিল কর্তৃপক্ষ) একটি তদন্ত করবেন। তদন্তে যদি তদন্তকারী আধিকারিক এই মর্মে সন্তুষ্ট হন যে আবেদনকারী নিতান্তই গরিব তিনি আবেদনকারীকে ওই জারি

১৯ এই নিয়মটি যুক্ত করা হয়েছে বিজ্ঞপ্তি নং ১৬৭৪-এল. রেফ্. ২০-আর-৪/৮০, তাং ৬.৮.১৯৮০ দ্বারা যা কলিকাতা গেজেটে প্রকাশিত হয়েছিল ৮.৮.১৯৮০ তারিখে।

খরচ (process fee) জমা দেওয়ার দায় থেকে মুক্ত বা অব্যাহতি (exempted) করতে পারেন।

ব্যাখ্যা ঃ "গরিব ব্যক্তি" (indigent person) বলতে এই নিয়মের ৬(২) বিধিতে উল্লিখিত "গরিব ব্যক্তি" বলতে যা বোঝায় তা একই]

২৬। পশ্চিমবঙ্গ ভূমি সংস্কার (বর্গাদার) নিয়মের ৬ক নং বিধি [Rule 6A of W.B.L.R. (Bargadar) Rules]. [২০]তত্ত্বাবধান ও নিয়ন্ত্রণ (Superintendence and control) ঃ (১) রাজ্য সরকার গেজেটে বিজ্ঞপ্তি প্রকাশের মাধ্যমে প্রতিটি জেলা বা মহকুমার এক বা একাধিক [২১][আধিকারিককে], ১৮(১) ধারায় নিয়োজিত সমস্ত আধিকারিক/কর্তৃপক্ষদের তত্ত্বাবধান (Superintendence) ও নিয়ন্ত্রণের (control) জন্য ক্ষমতা দিতে পারেন। উক্ত জেলা বা মহকুমায় এই পরিচ্ছেদের নিয়ম প্রতিপালনের জন্য সমস্ত আধিকারিক বা কর্তৃপক্ষ ওই আধিকারিক বা কর্তৃপক্ষের অধীনস্ত হবেন।

(২) ৬ক(১) উপধারায় ক্ষমতাপ্রাপ্ত আধিকারিক কোনও সাধারণ বা বিশেষ আদেশ দিয়ে কোনও আধিকারিক বা কর্তৃপক্ষকে কোনও নথি (File) থেকে অপসারণ (withdraw) করতে পারেন যিনি ১৮(১) ধারার কার্যাবলি (proceedings) করার অধিকারী। ১৮(১) ধারার কোনও আধিকারিক বা কর্তৃপক্ষকে উক্ত ধারার কার্যাবলি (proceedings) নিষ্পত্তির জন্য বদলি করতে পারেন।

[১][১৯ক। শাস্তি (Penalty) ঃ [২](১) ১৭, ১৮ বা ১৯ ধারার বিধান অনুযায়ী কোনও আদেশ মানতে কোনও ব্যক্তি না পারলে সেই ব্যক্তির সর্বাধিক ৬ মাস কারাদণ্ড বা সর্বাধিক ৫০০ টাকা জরিমানা বা উভয় শাস্তি হতে পারে।

[২](২) ১৯৬৬ সালের পঃ বঃ ভূমি সংস্কার (সংশোধন) আইন আরম্ভের পর কোনও জমির মালিক যদি এই আইনের বিধান লঙ্ঘন করে বর্গাদার দ্বারা

২০ বিজ্ঞপ্তি নং ১০৪৪৬-এল. রেফ., তাং ২৬.৬.১৯৬৩ দ্বারা এই ধারাটি যুক্ত হয়েছে।

২১ বিজ্ঞপ্তি নং ১৩০২-এল. রেফ./৮পি-১১/৬৭, তাং ১৬.১.১৯৭৫ দ্বারা সমস্ত সমাহর্তা, অতিরিক্ত জেলা শাসক, সমস্ত মহকুমা শাসক, সমস্ত অতিরিক্ত মহকুমা শাসককে তাদের কার্য সীমানার মধ্যে এই ক্ষমতা দেওয়া হয়েছে।

১ পশ্চিমবঙ্গ ভূমি সংস্কার (সংশোধন) আইন, ১৯৫৭ (পশ্চিমবঙ্গ আইন ২৩, ১৯৫৭)-এর ২ ধারার মাধ্যমে ১৯ক ধারাটি সন্নিবেশিত হয়েছে।

২ পশ্চিমবঙ্গ ভূমি সংস্কার (সংশোধন) আইন, ১৯৬৬ (পশ্চিমবঙ্গ আইন ১১, ১৯৬৬)-এর ৪ ধারার মাধ্যমে ১৯ক মূল ধারাটিকে ইহার (১) উপধারা সংখ্যায়িত করে (২) এবং (৩) উপধারাদ্বয় যুক্ত করা হয়েছে।

জমি চাষের অবসান ঘটান বা [৩][তাকে উচ্ছেদ করার চেষ্টা করেন] বা উচ্ছেদ করার ঘটনা ঘটিয়ে থাকেন তবে তিনি আইন অমান্য করার দায়ে অপরাধী হিসাবে সাব্যস্ত হবেন; যে ক্ষেত্রে তাঁর শাস্তি সর্বাধিক ৬ মাস পর্যন্ত কারাদণ্ড বা সর্বাধিক ১০০০ টাকা [এক হাজার টাকা] জরিমানা বা উভয়ই হতে পারে।

[৪]২(ক) যদি কোনও ব্যক্তি ১৬(৩) ধারা অনুযায়ী ফসলের ভাগ গ্রহণ করার সময় রসিদ দিতে ব্যর্থ হন তিনি ওই অপরাধের জন্য দোষী সাব্যস্ত হয়ে সর্বাধিক ৬ মাস পর্যন্ত কারাদণ্ড বা সর্বাধিক ১০০০ (এক হাজার) টাকা জরিমানা বা উভয় শাস্তি ভোগ করতে পারেন।

[৫](৩) উপধারা (২) অথবা [৬][উপধারা (২ক)] অনুযায়ী অপরাধ আদালতের বিচারযোগ্য এবং জামিনযোগ্য হবে।]

[1][19A. Penalty. (1) Any person who fails to comply with an order made under sections 17, 18 or 19 shall be punishable with imprisonment for a term which may extend to six months or with fine which may extend to five hundred rupees or with both.

৩ পশ্চিমবঙ্গ ভূমি সংস্কার (সংশোধন) আইন, ১৯৭৭ (পশ্চিমবঙ্গ আইন ৩৪, ১৯৭৭)-এর ৪(*i*) ধারার মাধ্যমে সন্নিবেশিত হয়েছে।

৪ পশ্চিমবঙ্গ ভূমি সংস্কার (সংশোধন) আইন ৩৪, ১৯৭৭-এর ৪(*ii*) ধারার মাধ্যমে সন্নিবেশিত হয়েছে।

৫ পশ্চিমবঙ্গ ভূমি সংস্কার (সংশোধন) আইন, ১৯৬৬ (পশ্চিমবঙ্গ আইন ১১, ১৯৬৬)-এর ৪ ধারার মাধ্যমে ১৯ক মূল ধারাটিকে ইহার (১) উপধারা সংখ্যায়িত করে (২) এবং (৩) উপধারাদ্বয় যুক্ত করা হয়েছে।

৬ পশ্চিমবঙ্গ আইন ৩৪, ১৯৭৭-এর ৪(*iii*) ধারার মাধ্যমে সন্নিবেশিত হয়েছে।

(ক) ১৩.২.১৯৫৮ তারিখের ২৭৩০-এল. রেফ্. সংখ্যায়িত সরকারি প্রজ্ঞাপনের মাধ্যমে ১৯ ক ধারা বিহার হতে আগত অঞ্চল ব্যতীত পশ্চিমবঙ্গের সকল জেলায় ১৬.২.১৯৫৮ তারিখ হতে বলবৎ হয়েছে।

১৯৫৮ খ্রিস্টাব্দে বর্তমানের ১৯(ক)(১) ধারাটি কেবলমাত্র ছিল। (২) ও (৩) উপধারাদ্বয় পরবর্তী সংযোজন। এই দুই উপধারাকে বলবৎ করে সম্ভবত কোনও প্রজ্ঞাপন প্রকাশিত হয় নি।

(খ) ২৪.৬.১৯৬৭ তারিখের ১০৭৩২-এল. রেফ্. সংখ্যায়িত সরকারি প্রজ্ঞাপনের মাধ্যমে বিহার হতে পশ্চিমবঙ্গে আগত সকল অঞ্চলে ১৯ক ধারাটি ১.৭.১৯৬৭ তারিখ হতে বলবৎ হয়েছে।

1 *Inserted* by the W.B. Land Reforms (Amendment) Act, 1957 (XXIII of 1957).

(2) If, after the commencement of the West Bengal Land Reforms (Amendment) Act, 1966, any person owning any land terminates or causes to be terminated, [2][or attempts to terminate] the cultivation of the land by a *bargadar* in contravention of the provisions of this Act, he shall be guilty of an offence punishable with imprisonment which may extend to six months or with fine which may extend to one thousand rupees or with both.

[2][(2A) Any person who fails to give a receipt in contravention of the provisions of sub-section (3) of section 16 for the share of the produce accepted by him shall be guilty of an offence punishable with imprisonment which may extend to six months or with fine which may extend to one thousand rupees or with both.]

(3) An offence under sub-section (2) [3][or under sub-section (2A)] shall be cognizable and bailable.]

আলোচনার সূচী

১। সূচনা [Commencement]. ১৯৫৭ সালের পশ্চিমবঙ্গ ভূমি সংস্কার (সংশোধন) আইন [১৯৫৭ সালের ২৩ নং আইন] দ্বারা মূল আইনে ১৯ক ধারাটি যুক্ত হয়েছে। এটি কলিকাতা গেজেটে ৭.১.১৯৫৮-তে প্রকাশিত হয়েছিল। এই ধারাটি বলবৎ হয়েছে ১৬.২.১৯৫৮ থেকে সারা পশ্চিমবঙ্গে

2 *Inserted* by the W.B. Land Reforms (Amendment) Act, 1977 (XXXIV of 1977).

3 *Inserted* by the W.B. Land Reforms (Amendment) Act, 1977 (XXXIV of 1977).

শুধুমাত্র বিহার থেকে পশ্চিমবঙ্গে যে এলাকাগুলি এসেছে সেগুলি বাদে। ১৯ক ধারার একটি সংযোজন হয় ১৯ক(১) দ্বারা। পরবর্তী ক্ষেত্রে ১৯৬৬ সালের পঃ বঃ ভূমি সংস্কার (সংশোধন) আইন দ্বারা ১৯ক ধারায় দুটি উপধারা (২) এবং (৩) যুক্ত করা হয়েছে।

যে সমস্ত এলাকা পশ্চিমবঙ্গে যুক্ত হয়েছে বিহার থেকে সেই এলাকায় এই ধারাগুলি বলবৎ হয়েছে ১.৭.১৯৬৭ তারিখ থেকে [বিজ্ঞপ্তির তারিখ ২৪.৬.১৯৬৭]।

১৯৭৭ সালের পঃ বঃ ভূমি সংস্কার (সংশোধন) আইন দ্বারা [১৯৭৭ সালের পশ্চিমবঙ্গের ৩৪ নং আইন] ২ক উপধারাটি যুক্ত করা হয়েছে। এটির বিজ্ঞপ্তি কলিকাতা গেজেটে ৩.২.১৯৭৮ তারিখে প্রকাশিত হয়েছিল।

২। **কর্মপরিধি [Scope].** ১৭, ১৮ বা ১৯ নং ধারায় যদি কোনও আদেশ পালনে কোনও ব্যক্তি ব্যর্থ হয়ে থাকেন তবে সেই অপরাধের জন্য শাস্তির বিধান রয়েছে ১৯ক ধারায়।

১৭ নং ধারায় পরিষ্কার বলা আছে যে কোনও জমি যদি বর্গাদার চাষ করে থাকে তবে নির্ধারিত আধিকারিক বা কর্তৃপক্ষের নির্দিষ্ট আদেশ ছাড়া ওই বর্গাদারকে উচ্ছেদ করা যাবে না। কী কী কারণে কোনও বর্গাদারকে উচ্ছেদ করা যাবে তা ১৭ নং ধারায় উল্লেখ করা রয়েছে। কোনও ব্যক্তি বর্গাদার কি না, বর্গাদার কাকে ফসলের ভাগ দিবেন, মালিক যদি ভাগ না নিতে চান, ভাগ নিয়ে যদি মালিক রসিদ দিতে না চান, বর্গাদার যদি মালিককে ফসলের ভাগ না দেন ইত্যাদি বিভিন্ন সমস্যা মীমাংসার জন্য পঃ বঃ সরকার ১৮(১) ধারায় আধিকারিক বা কর্তৃপক্ষকে নিয়োজিত করেছেন। তিনি নির্দিষ্ট নিয়ম ও পদ্ধতিতে ওই সমস্যা সংক্রান্ত আবেদনের শুনানি নেবেন এবং নিষ্পত্তি করবেন।

আবার ১৯৫৬ সালের পঃ বঃ ভূমি সংস্কার (বর্গাদার) নিয়মের ৬ নং বিধি এবং পঃ বঃ ভূমি সংস্কার আইনের ১৮ নং ধারায় উপরোক্ত আবেদন কীভাবে ১৮(১) ধারার আধিকারিক নিষ্পত্তি করবেন তার নির্দেশ আছে। কীভাবে আপিল দাখিল করতে হবে তার নির্দেশ আছে পঃ বঃ ভূমি সংস্কার আইনের ১৯ নং ধারায় এবং ১৯৫৬ সালের পঃ বঃ ভূমি সংস্কার (বর্গাদার) নিয়মের ৭ নং বিধিতে।

১৯ক(২) ধারায় বলা আছে যদি কোনও ব্যক্তি বর্গাদারকে উচ্ছেদ করেন বা উচ্ছেদের কারণ ঘটান বা উচ্ছেদের চেষ্টা করেন তবে ওই ব্যক্তির অপরাধ

শাস্তিযোগ্য। যদি বিচারে প্রমাণিত হয় যে মালিক দোষী তবে তার শাস্তি হতে পারে ৬ (ছয়) মাসের কারাবাস বা এক হাজার টাকা জরিমানা বা উভয়-ই।

১৯(২ক) ধারায় বলা আছে যদি কোনও জমির মালিক ১৬(৩) ধারা অনুযায়ী ফসলের ভাগ গ্রহণের সময় বর্গাদারকে রসিদ দিতে ব্যর্থ হন তবে তিনি শাস্তিযোগ্য অপরাধে দোষী সাব্যস্ত হবেন। এক্ষেত্রে শাস্তির বিধান হল—ছয় মাসের কারাবাস বা এক হাজার টাকা জরিমানা বা উভয়-ই।

১৯ক(৩) ধারায় এই নির্দেশ আছে যে ১৯ক(২) এবং ১৯ক(২ক) ধারার অপরাধ আদালতে বিচারযোগ্য এবং জামিনযোগ্য।

৩। কনিষ্ঠ ভূমি সংস্কার আধিকারিক (এখন রাজস্ব আধিকারিক) [J.L.R.O. (now R.O.) cannot entertain any complaint under s. 19A]. ১৯ক ধারায় কোনও অভিযোগ গ্রহণের ক্ষেত্রাধিকার (jurisdiction) নেই কনিষ্ঠ ভূমি সংস্কার আধিকারিকের, বিবাদীদের সুরক্ষার জন্য সংশ্লিষ্ট থানার ভারপ্রাপ্ত আধিকারিকের কাছে বিষয়টি পাঠানোর কোনও অধিকার কনিষ্ঠ ভূমি সংস্কার আধিকারিকের নেই।[১]

অন্য একটি মামলায় মহামান্য কলিকাতা হাইকোর্ট জানিয়েছেন যে কনিষ্ঠ ভূমি সংস্কার আধিকারিক চাষ থেকে বিরত হওয়ার কোনও নির্দেশ দিতে পারেন না এই কারণে যে সমস্যাটি যেহেতু উভয়পক্ষের মধ্যে তৈরি হয়েছে।[২]

নির্ধারিত কর্তৃপক্ষের আদেশ যদি কোনও ব্যক্তি পালন না করে তবে সেই ব্যক্তি জরিমানা এমনকী কারাবাসের যোগ্য শাস্তি পেতে পারেন, তবে এই ধরনের শাস্তি দেবেন একমাত্র নির্ধারিত ম্যাজিস্ট্রেট (Prescribed Magistrate)। ফৌজদারি প্রক্রিয়া সংহিতার (Code of Criminal Procedure) নির্দিষ্ট নিয়ম ও পদ্ধতি মেনে উক্ত বিচারক শাস্তি দেবেন।[৩]

৪। জামিনযোগ্য অপরাধ [Bailable offence]. ১৯ক(৩) [s. 19A(3)] ধারায় বিশেষভাবে বলা আছে যে ১৯ক(২) এবং ১৯ক(২ক) ধারা [s. 19A(2) and 19A(2A)] অনুযায়ী যে অপরাধ হবে তা আদালতে বিচারযোগ্য এবং জামিনযোগ্য। ১৯৭৩ সালের ফৌজদারি প্রক্রিয়া সংহিতার (Code of

১ *স্নেহলতা সুর* বনাম *পঃ বঃ সরকার* 1978(1) Cal LJ 237.
২ *মঙ্গল চন্দ্র মান্না* বনাম *জে. এল. আর. ও, সন্দেশখালি* 1980(1) CHN 534.
৩ *স্নেহলতা সুর* বনাম *পঃ বঃ সরকার* 1978(1) Cal LJ 237.

Criminal Procedure) দ্বিতীয় তফসিল অনুসারে ১৯ক(১) ধারায় সংগঠিত অপরাধও জামিনযোগ্য।

৫। ১৭, ১৮ বা ১৯ ধারার আদেশ অমান্য করলে [Failure to comply with order under ss. 17, 18 or 19]. যদি কোনও ব্যক্তি রাজস্ব আধিকারিক বা নির্ধারিত কর্তৃপক্ষের ১৭, ১৮ বা ১৯ ধারার আদেশ প্রতিপালনে ব্যর্থ হন তবে ১৯ক(১) ধারা অনুযায়ী তিনি শাস্তি পাবেন। এই শাস্তির পরিমাণ হবে ঃ

(১) সর্বাধিক ছয় মাসের কারাদণ্ড, অথবা

(২) সর্বাধিক পাঁচশত টাকা জরিমানা, অথবা

(৩) উভয় দণ্ড।

৬। আইন বিরুদ্ধভাবে কোনও ব্যক্তি বর্গাদারকে উচ্ছেদ করলে [Any person terminating cultivation of a bargadar in contravention of the statute]. ১৯৬৬ সালের পঃ বঃ ভূমি সংস্কার (সংশোধন) আইন দ্বারা (২) উপধারাটি যুক্ত করা হয়েছে। ওই ধারায় বিশেষভাবে পরিষ্কার করে বলা আছে যে কোনও জমির মালিক যদি বর্গাদারকে উচ্ছেদ করেন বা উচ্ছেদের কারণ ঘটান বা উচ্ছেদের চেষ্টা করেন, তবে ওই ব্যক্তির অপরাধ শাস্তিযোগ্য। ১৭ নং ধারায় এই নির্দেশ আছে আইনানুগ ব্যবস্থা ছাড়া কোনও জমির মালিক বর্গাদারকে উচ্ছেদ করতে পারবেন না। তবে বর্গাদার উচ্ছেদ বা বর্গাদার উচ্ছেদের চেষ্টা শাস্তিযোগ্য অপরাধ বলে গণ্য হবে যদি ওই উচ্ছেদ বা উচ্ছেদের চেষ্টা ১৯৬৬ সালের পঃ বঃ ভূমি সংস্কার (সংশোধন) আইন বলবৎ হওয়ার পরে হয়ে থাকে। এক্ষেত্রে শাস্তির পরিমাণ হবে—সর্বাধিক ছয় মাসের জেল বা সর্বাধিক এক হাজার টাকা জরিমানা বা উভয়প্রকার।

৭। রসিদ দিতে ব্যর্থ হলে [Failure to give receipt]. ১৬(৩) ধারা অনুযায়ী ফসলের ভাগ দেওয়ার সময় মালিক এবং বর্গাদার পরস্পরকে রসিদ প্রদান করবেন। কিন্তু মালিক বা বর্গাদার যদি কেউ রসিদ দিতে অস্বীকার করেন তবে ১৯ক(২ক) ধারা [s. 19A(2A)] অনুযায়ী তিনি শাস্তিযোগ্য অপরাধে যুক্ত হবেন। ১৯৭৭ সালের পঃ বঃ ভূমি সংস্কার (সংশোধন) আইন দ্বারা এই ধারাটি যুক্ত হওয়ায় শাস্তির পরিমাণও নির্দিষ্ট হয়েছে। এক্ষেত্রে সর্বাধিক ছয় মাসের জেল বা সর্বাধিক ১০০০.০০ (এক হাজার) টাকা জরিমানা বা উভয় প্রকার দণ্ড হতে পারে। তবে ১৯৭৭ সালের পঃ বঃ ভূমি সংস্কার (সংশোধন) আইন

বলবৎ হওয়ার আগে যদি এই ধরনের কোনও অপরাধ হয়ে থাকে তবে তার ক্ষেত্রে এই ধারা প্রযোজ্য হবে না। অর্থাৎ ১৯৭৭ সালের পঃ বঃ ভূমি সংস্কার (সংশোধন) আইন যেহেতু ৩.২.১৯৭৮ সালে কলিকাতা গেজেটে প্রকাশিত হয়েছিল, সেইজন্য ৩.২.১৯৭৮-এর আগে ১৬(৩) ধারা অনুযায়ী মালিক বা বর্গাদার রসিদ দিতে ব্যর্থ হলে এই ধারা অনুযায়ী তাকে শাস্তি দেওয়া যাবে না।

[১][১৯খ। **বর্গাদারের জমি পুনঃস্থাপন (Restoration of land to Bargadar) :** (১) এই আইনের বিধান অমান্য করে কোনও জমির মালিক বর্গাদার দ্বারা চাষের জমি থেকে বর্গাদারকে উচ্ছেদ করলে বা উচ্ছেদের কারণ তৈরি করলে রাজ্য সরকার দ্বারা নিয়োজিত [২][বিশেষ ক্ষমতাপ্রাপ্ত আধিকারিক] এই বিষয়ে বর্গাদারের দ্বারা দাখিল করা আবেদনপত্রের ভিত্তিতে আদেশ দিয়ে নির্দেশ দিতে পারেন—

(ক) যেক্ষেত্রে জমি চাষ হয়নি বা মালিকের দ্বারা চাষ হয়েছে বা মালিকের তরফে বর্গাদার বাদে অন্য লোক দ্বারা চাষ হয়েছে, সেক্ষেত্রে সেই জমি তখনই আবেদনকারীকে পুনরায় দেওয়া হবে এবং তাছাড়া জমির ফসলের চল্লিশ শতাংশ রাজ্য সরকারে বাজেয়াপ্ত হবে এবং ফসলের বাকী ষাট শতাংশ আবেদনকারীর অধিকারে আসবে।

(খ) যেক্ষেত্রে জমির মালিক দ্বারা মনোনীত [৩][এমন কোনও চাষ করেছে যিনি বর্গাদার নন], সেক্ষেত্রে ওই ফসলের মরসুম শেষ হওয়ার পর জমিটি আবেদনকারীকে পুনরায় দেওয়া হবে এবং তাছাড়া আবেদনকারীকে পুনরায়

১ পশ্চিমবঙ্গ ভূমি সংস্কার (সংশোধন) আইন, ১৯৫৭ (পশ্চিমবঙ্গ আইন ২৩, ১৯৫৭)-এর ২ ধারার মাধ্যমে ১৯খ ধারাটি সন্নিবেশিত হইয়াছে।

২ ৪.৪.১৯৮৯ তারিখের ৩৪২৪-জি. ই. সংখ্যায়িত সরকারি প্রজ্ঞাপনের মাধ্যমে নিম্নোক্ত আধিকারিকগণ বিশেষভাবে ক্ষমতাসম্পন্ন ঃ

(১) সমাহর্তা, (২) জেলা ভূমি ও ভূমি সংস্কার আধিকারিক, (৩) জেলা ভূমি ও ভূমি সংস্কার উপআধিকারিক, (৪) মহকুমা ভূমি ও ভূমি সংস্কার আধিকারিক, (৫) ব্লক ভূমি ও ভূমি সংস্কার আধিকারিক।

৩ পশ্চিমবঙ্গ ভূমি সংস্কার (সংশোধন) আইন, ১৯৮১ (পশ্চিমবঙ্গ আইন ৫০, ১৯৮১)-এর ৩৩(ক)(*i*) ধারার মাধ্যমে "নতুন বর্গাদার" শব্দ দুইটির স্থলে অনুকল্পিত এবং এই আইনের ১(২) ধারার মাধ্যমে ৭.৮.১৯৬৯ তারিখ হতে বলবৎ হয়েছে।

জমিটি দেওয়ার আগে বর্গাদার নয় ওই ব্যক্তি উৎপন্ন ফসলের [4][পঁচিশ শতাংশ রাখবেন] এবং বাকী [4][পঁচাত্তর শতাংশ] আবেদনকারীকে দেওয়া হবে।

[5][তবে ১৯৬৯ সালের পঃ বঃ ভূমি সংস্কার (সংশোধন) আইন ৪.৮.১৯৭০ থেকে বলবৎ হওয়ার আগে কোনও বর্গাদার দ্বারা চাষের উচ্ছেদ হলে এই ধারার কিছুই প্রযোজ্য হবে না ঃ

তবে বর্গাদার দ্বারা চাষের উচ্ছেদ করার দুই বছরের মধ্যে অথবা ১৯৮০ সালের পঃ বঃ ভূমি সংস্কার (সংশোধন) আইন বলবৎ হওয়ার দুই বছরের মধ্যে যেটা অপেক্ষাকৃত পরে হবে সেই সময়ের মধ্যে ১৯খ(১) ধারা অনুসারে আবেদন করতে হবে ঃ

তবে একাধিক ব্যক্তি আবেদনকারী হলে যে বর্গাদার "সবচেয়ে বেশি সময়" জমিটি বর্গাদার হিসাবে চাষ করেছেন তাকে পুনরায় জমিটি দেওয়ার জন্য বিবেচনা করা হবে এবং অন্যান্য বর্গাদারদের বাতিল করা হবে ঃ

তবে আরও উল্লেখ করা যায় যে ১৯খ(১) উপধারা অনুসারে কোনও আবেদন নিষ্পত্তি করে কোনও জমিতে প্রকৃত বর্গাদারকে পুনরায় চাষে বহাল করার আদেশ দেওয়া হলে, পরে ওই প্রশ্ন আর কোনও দরখাস্তে উত্থাপন করা চলবে না।

ব্যাখ্যা ঃ "সবচেয়ে বেশি সময়" ঠিক করার জন্য সমস্ত সময় ধরে এক নাগাড়ে চাষ নাও হতে পারে, তবে ১৯৭০ সালের ৪ আগস্ট থেকে [একনাগাড়ে বা একনাগাড়ে নাও হতে পারে] চাষের সময় বা সময়গুলিকে হিসাবের মধ্যে কেবলমাত্র ধরতে হবে।]

[6][(১ক) উপধারা (১)(ক) অনুযায়ী বাজেয়াপ্ত ফসল জমির মালিক বা মালিক মনোনীত কোনও ব্যক্তি যিনি বর্গাদার নন এদের কাছ থেকে

৪ পশ্চিমবঙ্গ আইন ৫০, ১৯৮১-এর ৩৩(ক) *(ii)* ও *(iii)*-এর মাধ্যমে পূর্বের যথাক্রমে "পঞ্চাশ শতাংশ রাখিবেন" এবং "বাকি পঞ্চাশ শতাংশ" শব্দগুলির স্থলে অনুকল্পিত হয়েছে এবং উক্ত আইনে ১(২) ধারার মাধ্যমে ৭.৮.১৯৬৯ তারিখ হতে বলবৎ হয়েছে।

৫ পশ্চিমবঙ্গ ভূমি সংস্কার (সংশোধন) আইন, ১৯৮০ (পশ্চিমবঙ্গ আইন ৪১, ১৯৮০)-এর ৪ ধারার মাধ্যমে উপধারা (১)(খ)-এর পর প্রথম হইতে চতুর্থ অনুবিধিগুলি এবং ব্যাখ্যা এস্থলে সন্নিবেশিত হয়েছে এবং ২৯.৯.১৯৮০ তারিখ হতে বলবৎ হয়েছে।

৬ পশ্চিমবঙ্গ ভূমি সংস্কার (সংশোধন) আইন, ১৯৮১-এর ৩৩(খ) ধারার মাধ্যমে (১ক) উপধারা সন্নিবেশিত এবং উক্ত আইনের ১(২) ধারার মাধ্যমে ৭.৮.১৯৬৯ তারিখ হতে বলবৎ হয়েছে।

উদ্ধার করতে না পারলে অথবা (১)(খ) উপধারা অনুযায়ী বর্গাদার ফসলের ভাগ পেলে, ওই ভাগ বর্গাদার নয় এরকম ব্যক্তির কাছ থেকে উদ্ধার করতে না পারলে "সরকারি দাবি" হিসাবে নির্ধারিত কর্তৃপক্ষ ১৯১৩ সালের সরকারি প্রাপ্য আদায় আইন (Public Demand Recovery Act) [১৯১৩ সালের বাংলার ৩ নং আইন] অনুযায়ী লিখিত আবেদনের ভিত্তিতে ওই দাবি নির্ধারিত কর্তৃপক্ষ পুনরুদ্ধার করবেন, লিখিত আবেদনটি তিনি শংসাপত্র (সার্টিফিকেট) আধিকারিকের কাছে পাঠাবেন।]

[৭][(২) (১) নং উপধারার বিরুদ্ধে আপিল এমন একজন সমাহর্তার (Collector) কাছে করা যাবে যিনি পদাধিকার বলে আদেশ প্রদানকারী আধিকারিকের চেয়ে উচ্চতর পর্যায়ের।]

[৮](৩) ... বাতিল।]

[1][**19B. Restoration of land to bargadar.** **(1) If a person owning any land terminates or causes to be terminated the cultivation of the land by a *bargadar* in contravention of the provisions of this Act, then any officer specially empowered by the State Government in this behalf, shall, on an application by such *bargadar*, by order direct—**

(*a*) in a case where such land has not been cultivated, or has been cultivated by the owner or by any person on his behalf other than a *bargadar*, that the land be immediately restored

৭ পশ্চিমবঙ্গ ভূমি সংস্কার (সংশোধন) আইন, ১৯৮১-এর ৩৩(গ) ধারার মাধ্যমে মূল উপধারাটির স্থলে অনুকল্পিত এবং উক্ত আইনের ১(২) ধারার মাধ্যমে ৭.৮.১৯৬৯ তারিখ হতে বলবৎ হয়েছে। মূল উপধারাটি নিম্নরূপ ছিল ঃ

"(২) উপধারা (১) অনুযায়ী প্রদত্ত যে কোনও আদেশের বিরুদ্ধে সমাহর্তার নিকট কোনও আপিল চলবে।"

৮ পশ্চিমবঙ্গ ভূমি সংস্কার (সংশোধন) আইন, ১৯৮১-এর ৩৩(ঘ) ধারার মাধ্যমে (৩) উপধারাটি বাতিল এবং উক্ত আইনের ১(২) ধারার মাধ্যমে ৭.৮.১৯৬৯ তারিখ হতে বলবৎ হয়েছে। মূল উপধারাটি নিম্নরূপ ছিল ঃ

"(৩) উপধারা (২)-এর উদ্দেশ্যে, এতৎপক্ষে রাজ্য সরকার কর্তৃক বিশেষভাবে ক্ষমতাসম্পন্ন কোনও অতিরিক্ত সমাহর্তা, কোনও উপ-সমাহর্তা, কোনও অধীন-সমাহর্তা, কোনও অবর-সমাহর্তা বা যে কোনও আধিকারিক সমাহর্তার অন্তর্গত হবে।"

1 *Inserted* by the W.B. Land Reforms (Amendment) Act, 1957.

to the applicant and further that forty per cent of any produce of the land shall be forfeited to the State Government and the remaining sixty per cent of such crops shall be retained by the applicant;

(*b*) in a case where such land has been cultivated by a [2][person other than the *bargadar*] engaged by the owner, that the land be restored at the end of the cultivation season to the applicant and further that the [2][person other than the *bargadar*] [3][shall retain twenty-five per cent] of the crops harvested before restoration and make over the [4][remaining seventy-five per cent] of such crops to the applicant:

[5][Provided that nothing in this section shall apply to termination of cultivation by a *bargadar* if the termination occurred before the 4th day of August, 1970, namely, the date with effect from which the West Bengal Land Reforms (Amendment) Act, 1969 ceased to be in force:

Provided further that an application under sub-section (1) shall be made within two years from the date of termination of cultivation by the *bargadar* or two years from the date of commencement of the West Bengal Land Reforms (Amendment) Act, 1980 whichever is later:

Provided also that if there is more than one applicant, the *bargadar* who has cultivated the land for the longest period shall be considered to be the rightful *bargadar* for the purpose of restoration in exclusion of other *bargadars*:]

Provided also that after any application under sub-section (1) has been disposed of with the order of restoration of cultivation by a *bargadar*, the question shall not be reopened on any other application.

2 *Substituted* by W.B.L.R. Act L of 1981, dated 24.3.1986, *Calcutta Gazette*, the old portion read as "*New Bargadars*".
3 *Substituted, ibid,* the old portion read as "shall retain fifty per cent".
4 *Substituted, ibid,* the old portion read as "remaining fifty per cent".
5 *Inserted* by W.B. Land Reforms (Amendment) Act, 1980 (XLI of 1980).

Explanation. For determining the "longest period" the total period of cultivation may not be continuous, but while computing the "longest period" of cultivation, the period or periods of cultivation since the 4th day of August, 1970 (which may or may not be continuous) shall only be taken into account.

[6][(1A) If the produce forfeited under clause (*a*) of sub-section (1) cannot be recovered from the owner of the land or the person cultivating the land on his behalf other than a *bargadar* or if the share of produce receivable by the *bargadar* under clause (*b*) of sub-section (1) cannot be recovered from any person other than the *bargadar*, money value of the share of produce so forfeited under clause (*a*) or share of produce so receivable under clause (*b*) shall be recovered by the prescribed authority under sub-section (1) as a "public demand" under the Bengal Public Demands Recovery Act, 1913 (Bengal Act III of 1913), on a written requisition sent by such prescribed authority to the Certificate Officer.]

[7][(2) An appeal against any order made under sub-section (1) shall lie to the Collector who shall be superior in rank to the officer from whose order the appeal is preferred.]

[8][(3) ....].

আলোচনার সূচী

6 *Inserted* by W.B. Land Reforms (Amendment) Act, 1981 (L of 1981), dated 24.3.1986.

7 *Substituted* by W.B. Land Reforms (Amendment) Act, 1981 (L of 1981), dated 24.3.1986.

8 *Omitted, ibid.*

আলোচনার সূচী—*চলিতেছে*

১। সূচনা [Commencement]. ১৯৫৭ সালের পঃ বঃ ভূমি সংস্কার (সংশোধন) আইন [১৯৫৭ সালের পশ্চিমবঙ্গের ২৩ নং আইন] দ্বারা ১৯খ (19B) ধারাটি মূল আইনে যুক্ত হয়েছে। ১৯৮০ সালের পঃ বঃ ভূমি সংস্কার (সংশোধন) আইন [১৯৮০ সালের পশ্চিমবঙ্গের ৬১ নং আইন] দ্বারা (১) নং উপধারাটির চারটি প্রভিশান এবং একটি ব্যাখ্যা সংযুক্ত করা হয়েছে। ২৯.৯.১৯৮০ থেকে এটি বলবৎ হয়েছে।

১৯৮১ সালের আগে (১)(খ) উপধারায় "নতুন বর্গাদার" (new *bargadar*) শব্দটি যুক্ত ছিল কিন্তু ১৯৮১ সালের পঃ বঃ ভূমি সংস্কার (সংশোধন) আইন [১৯৮১ সালের পশ্চিমবঙ্গের ৫০ নং আইন] দ্বারা "নতুন বর্গাদার" শব্দটির পরিবর্তে "বর্গাদার বাদে অন্য লোক" (person other than the *bargadar*) শব্দগুলি যুক্ত হয়েছে। ওই সালের ওই সংশোধনী দ্বারা "৫০% রাখবে" (shall retain 50%) শব্দগুলির পরিবর্তে "২৫% রাখবে" (shall retain 25%) শব্দগুলি যুক্ত হয়েছে। "বাকী ৫০%

(remaining 50%) এর পরিবর্তে "বাকী ৭৫%" (remaining 75%) শব্দগুলি যুক্ত হয়েছে।

১৯৮১ সালের পঃ বঃ ভূমি সংস্কার (সংশোধন) আইন [১৯৮১ সালের পশ্চিমবঙ্গের ৫০ নং আইন] দ্বারা (১ক) (1A) উপধারাটি যুক্ত হয়েছে, এটি ৭.৮.১৯৬৯ থেকে কার্যকর করা হয়েছে।

১৯ক (২) ধারাটিকে ১৯৮১ সালের পঃ বঃ ভূমি সংস্কার (সংশোধন) আইন দ্বারা পরিবর্তন করা হয়েছে। পুরাতন ১৯ক(২) ধারাটি ছিল এইরকম ঃ

> "(১) ধারার আদেশের বিরুদ্ধে কোনও আপিল সমাহর্তার কাছে দাখিল করা হবে" [An appeal lie to the collector against any order made under sub-section (1)].

১৯৮১ সালের উপরোক্ত সংশোধনী দ্বারা ১৯ক(৩) ধারাটি [s. 19A(3)] বাতিল করা হয়েছে। বিলুপ্ত হওয়া (৩) উপধারাটি ছিল এইরকম ঃ

> "(২) উপধারার উদ্দেশ্যে সমাহর্তা একজন অতিরিক্ত সমাহর্তা, একজন সহকারী সমাহর্তা, একজন উপ-সমাহর্তা, একজন উপ-সহকারী সমাহর্তা বা বিশেষভাবে ক্ষমতাপ্রাপ্ত কোনও রাজ্য সরকারি আধিকারিককে এই জন্য যুক্ত করতে পারেন" [For the purposes of sub-section (2), collector shall include an Additional Collector, a Deputy Collector, a Sub-Collector, a Sub-Deputy Collector, or any officer specially empowered by the State Government in this behalf.]

মূল ১৯খ ধারাটি ১৬.২.১৯৫৮ থেকে বলবৎ হয়েছে সমস্ত পশ্চিমবঙ্গে, শুধুমাত্র যে এলাকাগুলি বিহার থেকে এসেছে সেই এলাকাগুলি বাদে। এছাড়া যে এলাকাগুলি বিহার থেকে পশ্চিমবঙ্গে এসেছে সেই এলাকায় ১৯খ ধারা বলবৎ হয়েছে ১.৭.১৯৬৭ থেকে।

২। **কর্মপরিধি [Scope].** যদি দেখা যায় আইনের অনুশাসন না মেনে কোনও জমির মালিক কোনও বর্গাদারকে উচ্ছেদ করেছে বা উচ্ছেদের চেষ্টা করছে বা উচ্ছেদের পরিস্থিতি তৈরি করছে, তা হলে এই ধারায় বর্গাদার তাঁর নিরাপত্তার জন্য আবেদন করতে পারেন। এই ধারায় বর্গাদার দুই রকম প্রতিকার পেতে পারেন প্রথমত উচ্ছেদ হলে পুনরায় জমির দখল পাবেন এবং দ্বিতীয়ত

বর্গাদারের প্রাপ্যভাগ বর্গাদার পাবেন। ১৯খ(১ক) ধারায় [s. 19B(1A)] এই নির্দেশ আছে যে—যদি কোনওভাবে বর্গাদারের প্রাপ্যভাগ উদ্ধার না হয় তবে ১৯১৩ বঙ্গীয় সরকারি প্রাপ্য আদায় আইন (Bengal Public Demand Recovery Act) অনুযায়ী শংসাপত্র আধিকারিক (Certificate Officer) সংশ্লিষ্ট ব্যক্তির কাছ থেকে নির্দিষ্ট অর্থ আদায় করতে পারবেন।

১৯খ(২) ধারায় বলা আছে ১৯খ(১) ধারার আদেশের বিরুদ্ধে কোনও ব্যক্তি ১৯খ(২) ধারায় সমাহর্তার কাছে আপিল করতে পারেন। তবে যাঁর আদেশের বিরুদ্ধে আপিল, আপিল কর্তৃপক্ষ বা সমাহর্তা যেন পদমর্যাদায় তার চেয়ে বড় হয়।

৩। বর্গাদারকে জমি পুনঃস্থাপন এবং উৎপন্ন ফসলের ভাগ [Restoration of land to bargadar and division of produce]. ১৯খ(১) ধারা অনুযায়ী কোনও জমির মালিক যদি ১৭ নং ধারায় উল্লিখিত বর্গা উচ্ছেদের বিধান লঙ্ঘন করে কোনও বর্গাদারকে উচ্ছেদ করেন বা উচ্ছেদের চেষ্টা করেন, তবে বর্গাদার ওই জমি পুনরায় দখল পাওয়ার জন্য আবেদন করতে পারেন। বর্গাদারের দাখিল করা আবেদনের ভিত্তিতে নির্ধারিত কর্তৃপক্ষ/আধিকারিক আবেদনকারীকে পুনরায় ওই জমি অর্পণ করার আদেশ দান করবেন। জমিতে কোনও ফসল থাকলে ওই ফসলের ৬০% আবেদনকারী পাবেন এবং ৪০% সরকারে বাজেয়াপ্ত হবে। এই ধারায় বর্গাদার দুই ধরনের প্রতিকার পেতে পারেন। প্রথমত বর্গাদার জমি থেকে উচ্ছেদ হলে পুনরায় জমির দখল পাবেন, দ্বিতীয়ত বর্গাদারের প্রাপ্য ভাগ বর্গাদার পাবেন।

যদি এরকম দেখা যায় যে বর্গাদারকে উচ্ছেদ করে মালিক অন্য লোককে দিয়ে চাষ করাচ্ছেন সেক্ষেত্রে যে ফসল জমিতে আছে, সেই ফসল পরিপক্ক হলে, বর্গাদারকে ওই জমির দখল দেওয়া হবে। উৎপন্ন ফসলের ২৫% পাবেন যিনি চাষ করেছেন এবং ৭৫% ভাগ পাবেন প্রকৃত বর্গাদার।

তবে ৪.৮.১৯৭০-এর আগে যদি কোনও বর্গাদার বেদখল হয়ে থাকেন তবে ১৯খ(১) ধারার প্রথম বিধান (provision) অনুযায়ী ওই জমি প্রত্যার্পণের জন্য কোনও আবেদন গ্রহণীয় হবে না।

৪। আবেদনকারীর সংখ্যা একাধিক হলে [When there are more than one applicant]. ১৯খ(১) ধারার তৃতীয় বিধান (third provision) অনুযায়ী যদি একাধিক আবেদনকারী থাকেন তবে যিনি সবচেয়ে বেশি সময় ধরে জমি

চাষ করেছেন, তিনিই প্রকৃত বর্গাদার হিসাবে বিবেচিত হবেন এবং ওই জমিতে তিনিই পুনরায় চাষের জন্য বহাল হবেন। এক্ষেত্রে চাষের সময় নির্ধারণ করার সময় মনে রাখতে হবে ওই চাষ নীরবিচ্ছিন্নভাবে বা একনাগাড়ে হতে পারে বা একনাগাড়ে নাও হতে পারে। ১৯৭০ সালের ৪ঠা আগষ্ট থেকে (একনাগাড়ে নাও হতে পারে) চাষের সময় বা সময়গুলিকে হিসাবের কেবলমাত্র ধরতে হবে।

৫। বর্গাদার ও মালিকের মধ্যে সম্পর্ক [Relation between bargadar and the land owner]. ১৯৫৬ সালের পঃ বঃ ভূমি সংস্কার আইনের ১৯খ ধারায় বর্গাদার যদি কোনও জমিতে পুনরায় দখল পাওয়ার জন্য আবেদনপত্র দাখিল করেন এই অভিযোগ এনে যে, জমির মালিক আইনের ধারা লঙ্ঘন করে উচ্ছেদ করেছেন তাকে। অর্থাৎ ১৭ নং ধারায় উচ্ছেদের যে যে কারণ আছে বা যে পদ্ধতিতে উচ্ছেদের জন্য আবেদন করা প্রয়োজন মালিক তা মানেন নি। আবার পাশাপাশি জোতদার যদি এই মর্মে আপত্তি দাখিল করেন যে তার এবং বর্গাদার অর্থাৎ ১৯খ ধারার আবেদনকারীর মধ্যে কোনও সম্পর্কই নেই। তা হলে ভাগচাষ আধিকারিকের ওই ধরনের কোনও সম্পর্ক আছে কিনা তা নির্ধারণের ক্ষেত্রাধিকার (jurisdiction) রয়েছে।[১]

অর্থাৎ ১৯খ ধারায় যিনি পুনঃস্থাপনের জন্য আবেদন করছেন, মালিক তাকে বর্গাদার হিসাবে মানতেই চাইছেন না। সেক্ষেত্রে ১৯খ ধারায় আবেদনকারী এবং জমির মালিকের মধ্যে ''বর্গাদার মালিক" সম্পর্ক আছে কিনা সংশ্লিষ্ট আধিকারিক তা নির্ধারণ করতে পারেন। সেই ক্ষমতা (power), ক্ষেত্রাধিকার (jurisdiction) তার আছে। সংশ্লিষ্ট আধিকারিক যথোপযুক্ত পদ্ধতিতে তদন্ত ও শুনানির পর যদি এই মর্মে সন্তুষ্ট হন যে ১৯খ ধারার আবেদনকারী এবং জমির মালিকের মধ্যে বর্গাদার মালিক সম্পর্ক রয়েছে, তবে তিনি উপযুক্ত আদেশ দিতে পারেন।

৬। আবেদন দাখিল করার সময়সীমা [Period of limitation for filing an application]. মূল ১৯খ ধারায় আবেদনপত্র দাখিল করার কোনও নির্দিষ্ট সময়সীমা (period of limitation) ছিল না। ১৯৮০ সালের পঃ বঃ ভূমি সংস্কার আইন (সংশোধিত) [যা কার্যকর হয়েছে ২৯.৯.১৯৮০ থেকে] চালু হওয়ার সময় ১৯খ ধারায় আবেদনপত্র পেশ করার সময়সীমার উল্লেখ করা হয়েছে। আইনের বিধান লঙ্ঘন করে কোনও জমির মালিক যদি বর্গাদারকে

১ *জে. কে. সিংগিরি* বনাম *ভাগচাষ আধিকারিক, রাজপুর* 77 CWN 940.

উচ্ছেদ করেন, তবে বর্গাদার ১৯খ(১) ধারায় পুনঃস্থাপনের জন্য আবেদন পেশ করবেন।

১৯খ(১) ধারার দ্বিতীয় বিধান (second provision) এই নির্দেশ আছে যে, জমির মালিক যদি বর্গাদারকে আইনের বিধান না মেনে উচ্ছেদ করেন, তবে বর্গাদার ১৯খ(১) ধারায় ওই উচ্ছেদের দুই বছরের মধ্যে পুনরায় জমির দখল পাওয়ার আবেদন করবেন অথবা ১৯৮০ সালের পঃ বঃ ভূমি সংস্কার (সংশোধন) আইন বলবৎ হওয়ার দুই বছরের মধ্যে এই দুটির মধ্যে যেটি অপেক্ষাকৃত পরে হবে সেই সময়ের মধ্যে ১৯খ(১) ধারায় আবেদন করতে হবে। ১৯৮০ সালের পঃ বঃ ভূমি সংস্কার (সংশোধন) আইন বলবৎ হয়েছে ২৯.৯.১৯৮০ থেকে। সুতরাং বর্গাদারকে যদি ২৯.৯.১৯৮০-এর আগে অবৈধভাবে উচ্ছেদ করা হয়, তবে ওই উচ্ছেদ এবং ২৯.৯.১৯৮০ এই সময়সীমা দুই বছরের বেশি হওয়ার আগেই পুনঃস্থাপনের আবেদন করতে হবে। আবার ১৯৮০ সালের পঃ বঃ ভূমি সংস্কার (সংশোধন) আইন বলবৎ হওয়ার পর অর্থাৎ ২৯.৯.১৯৮০-এর পরে যদি কোনও বর্গাদারকে বেআইনিভাবে উচ্ছেদ করা হয় তবে ওই উচ্ছেদের দুই বছরের মধ্যে বর্গাদারকে ১৯খ(১) ধারায় পুনরায় দখল পাওয়ার জন্য আবেদন পেশ করতে হবে।

৭। পুনঃস্থাপনের আবেদন বর্গাদারের পক্ষে একবার নিষ্পত্তি হয়ে গেলে আর উত্থাপিত হবে না [Application for restoration once disposed in favour of bargadar cannot be reopened]. ১৯খ(১) ধারার চতুর্থ বিধান (fourth provision) এই নির্দেশ আছে যে—১৯খ(১) ধারা অনুসারে কোনও আবেদন নিষ্পত্তি করে কোনও জমিতে প্রকৃত বর্গাদারকে পুনরায় চাষে বহাল করার আদেশ দেওয়া হলে, পরে ওই প্রশ্ন আর কোনও দরখাস্তে উত্থাপন করা চলবে না।

৮। বাজেয়াপ্ত উৎপন্ন ফসলের ভাগ আদায় [Recovery of forfeited produce]. ১৯খ(১ক) ধারা [s. 19B(1A)] অনুযায়ী, ১৯খ(১)(ক) ধারায় [s. 19B(1)(*a*)] বাজেয়াপ্ত উৎপন্ন ফসলের ভাগ জমির মালিক বা বর্গাদার নয় এমন লোক যে মালিকের হয়ে চাষ করেছে তাঁদের কাছ থেকে উদ্ধার করা না যায় অথবা ১৯খ(১)(খ) ধারা [s. 19B(1)(*b*)] অনুযায়ী বর্গাদারের প্রাপ্য অংশ যদি অন্য লোকের কাছ থেকে উদ্ধার করা না যায় যিনি বর্গাদার নন,

তাহলে ওই ভাগের সমমূল্য অর্থ ১৯খ(১) ধারার নির্ধারিত কর্তৃপক্ষ সরকারি প্রাপ্য (Public demand) হিসাবে আদায় করবেন। ১৯১৩ সালের বঙ্গীয় সরকারি প্রাপ্য আদায় আইন (Bengal Public Demand Recovery Act) অনুযায়ী তিনি শংসাপত্র (certificate) আধিকারিককে, লিখিত তলব (requisition) পাঠাবেন ওই বাজেয়াপ্ত অনাদায়ী উৎপন্ন ফসলের ভাগ সম অর্থমূল্যে আদায় করার জন্য।

৯। কোনও আপোষ বা চুক্তির ভিত্তিতে ১৯খ ধারার আধিকারিক কোনও আদেশ দেবেন না [Officer under s. 19B will not pass any order on the basis of any compromise or agreement]. ১৯(১ক) ধারায় এই নির্দেশ আছে যে ১৯খ(১) ধারার ক্ষমতাপ্রাপ্ত কোনও আধিকারিক কোনও সম্মতি (consent), চুক্তি (agreement), আপোস (compromise) ইত্যাদির ভিত্তিতে কোনও মৌখিক বা চূড়ান্ত আদেশ দেবেন না, তা সে ১৮৭২ সালের ভারতীয় চুক্তি আইনে (Indian Contract Act) যাই থাকুক না কেন।

১০। আপিল [Appeal]. ১৯খ (১) ধারায় দেওয়া আদেশের বিরুদ্ধে কোনও ব্যক্তি ১৯খ(২) ধারায় আপিল করতে পারেন। এই আপিল দাখিল করতে হবে সমাহর্তার কাছে যিনি পদমর্যাদায় ১৯খ(১) ধারায় যিনি আদেশ দিচ্ছেন অর্থাৎ যাঁর আদেশের বিরুদ্ধে আপিল তার চেয়ে বড় হবেন (superior in rank)।

১১। আপিলের সময়সীমা [Period of limitation for appeal]. ১৭, ১৮ বা ২১(৩) ধারার আদেশের বিরুদ্ধে ১৯ নং ধারায় আপিল করা যায়। ১৯ নং ধারায় আপিলের সময়সীমা নির্দিষ্ট করা আছে। কিন্তু ১৯খ ধারায় আপিলের কোনও সময়সীমা নির্দিষ্ট করা নেই। তবে পঃ বঃ ভূমি সংস্কার আইনে বলা আছে কালেক্টরের কাছে কোনও আপিল ৩০ (ত্রিশ) দিনের মধ্যে করতে হবে। সুতরাং এক্ষেত্রে যেহেতু ১৯খ ধারায় আপিলের কোনও সময়সীমা উল্লেখ করা নেই সেই জন্য আপিলের সময়সীমার ক্ষেত্রে ৫৫ ধারার প্রয়োগ করা যেতে পারে।

১২। আবেদনকারীকে অভিযোগ সুনির্দিষ্টভাবে প্রমাণ করতে হবে [Allegations to be strictly proved by the applicant]. কোনও ব্যক্তি যিনি নিজেকে বর্গাদার হিসাবে দাবি করছেন, তিনি বিশেষভাবে নিয়োজিত আধিকারিকের সামনে পরিষ্কারভাবে প্রমাণ করবেন যে তিনি বর্গাদার

হিসাবে বিবাদীয় জমি চাষ করছিলেন এবং বিবাদী বিবাদীয় জমির মালিক। তাকে এটা প্রমাণ করতে হবে যে বিপক্ষ বিবাদী তাকে উচ্ছেদ করেছে অথবা অবৈধভাবে উচ্ছেদের চেষ্টা করছে। আইনের বিধান লঙ্ঘন করে বিপক্ষ জমির মালিক অবৈধভাবে তাকে উচ্ছেদ করেছে বা উচ্ছেদের চেষ্টা করছে এটা আবেদনকারীকে প্রমাণ করতে হবে। যদি তিনি এটা প্রমাণ করতে না পারেন যে তিনি বর্গাদার অথবা তিনি যদি প্রমাণ করতে না পারেন যে বিবাদীয় জমির মালিক তাকে বেআইনিভাবে উচ্ছেদ করেছে তা হলে বিশেষ ক্ষমতাপ্রাপ্ত আধিকারিক উক্ত জমি আবেদনকারীকে প্রত্যার্পণ করার জন্য কোনও আদেশ দিতে পারবেন না।[২]

উপরোক্ত মামলাগুলিতে আরও নির্দেশ ছিল যে—যদি ঘটনা (fact) প্রমাণিত না হয়, তবে ১৯খ(১) ধারায় কোনও পদক্ষেপ (action) গ্রহণ করা হবে না। এমনকী যদি ক্ষেত্রাধিকার গত ঘটনা (jurisdictional fact) প্রমাণিত হয় তবে ১৯খ(১)(ক) এবং ১৯খ(১)(খ) ধারার [s. 19B(1)(*a*) and s. 19B(1)(*b*)] এর অন্যান্য ঘটনাগুলিও ভাগ চাষ আধিকারিককে এই ধারায় প্রমাণ করতে হবে আবেদনকারীকে কোনও প্রতিকার (relief) দেওয়ার প্রশ্নে।

নীলাব্জবরণী দাসী বনাম *পঃ বঃ সরকার*,[৩] মামলার রায় দান প্রসঙ্গে মহামান্য হাইকোর্ট জানান—মালিক যদি বর্গাদারকে উচ্ছেদ করেন বা উচ্ছেদের কারণ ঘটান তবে ১৯খ ধারায় তার প্রতিবিধান হবে। কিন্তু বর্তমান মামলায় বর্গাদারকে মালিক উচ্ছেদ করেন নি বা উচ্ছেদের কারণ ঘটান নি। কিন্তু এক্ষেত্রে মালিক বর্গাদারকে ভয় দেখাচ্ছে, হুমকি দিচ্ছে যখন সে জমিতে চাষ করতে যাচ্ছে বা যাচ্ছিল। সুতরাং এক্ষেত্রে পঃ বঃ ভূমি সংস্কার আইনের ১৯খ ধারা প্রযোজ্য হবে না। সুতরাং ভাগচাষ আধিকারিকের কোনও এক্তিয়ার (authority) নেই এবিষয়ে বর্গাদারের দাখিল করা কোনও দরখাস্ত (application) নিয়ে আলোচনা (deal) করার। যেহেতু বর্গাদার মালিকের বিরুদ্ধে এই অভিযোগ এনেছে যে মালিক তাকে ভয় দেখাচ্ছে উচ্ছেদ করার

২ *সুশীল কুমার ঘোষ* বনাম *পঃ বঃ সরকার* 1977(2) Cal LJ 553; *মৃত্যুঞ্জয় পারামাণিক* বনাম *মহকুমা শাসক* 68 CWN 112; *রামমোহন চট্টোপাধ্যায়* বনাম *পঃ বঃ সরকার* 1977(2) Cal LJ 544; *নীলাব্জবরণী দাসী* বনাম *পঃ বঃ সরকার* 1974 Cal LJ 348.

৩ 1974 Cal LJ 348 (453).

জন্য অথবা দখল নিয়ে হস্তক্ষেপ করছে সুতরাং এক্ষেত্রে ১৯খ(১) ধারার ক্ষেত্রাধিকার প্রয়োগের প্রশ্ন ওঠে না। এক্ষেত্রে বিশেষভাবে ক্ষমতাপ্রাপ্ত আধিকারিক নিষেধাজ্ঞা (injuction) আদেশ দিয়ে মালিককে বর্গাচাষ করার ব্যাপারে হস্তক্ষেপ করা থেকে বিরত করতে পারেন না।

১৩। ১৯খ ধারার আবেদন উদারভাবে ব্যাখ্যা করতে হবে [Application under s. 19B to be liberally construed]. কোনও একটি জমি থেকে বর্গাদারকে উচ্ছেদ করার জন্য জমির মালিক অন্য একজন ব্যক্তির সঙ্গে গোপনে অশুভ চুক্তি করে (collusion) যিনি বর্গাদার নন। বর্গাদার নন ওই ব্যক্তি এবং জমির মালিক বর্গাদারকে জমি থেকে উচ্ছেদ করে। এরপর প্রকৃত বর্গাদার সংশ্লিষ্ট এলাকার বিশেষ ক্ষমতাপ্রাপ্ত আধিকারিকের কাছে উক্ত জমি প্রত্যার্পণের জন্য ১৯খ(১) ধারায় আবেদন পত্র দাখিল করেন। বিশেষ ক্ষমতাপ্রাপ্ত ভাগচাষ আধিকারিক ওই আবেদন ওই আবেদনপত্রের ভিত্তিতে পঃ বঃ ভূমি সংস্কার আইনের ১৯খ ধারায় একটি কার্যাবলি (proceeding) আরম্ভ করেন। বাদী এবং বিবাদী উভয়পক্ষকে যথোপযুক্ত নোটিশ জারি করে শুনানির দিন ধার্য্য করেন।

বিশেষ ক্ষমতাপ্রাপ্ত ভাগচাষ আধিকারিকের ১৯খ ধারায় কার্যাবলি আরম্ভকে চ্যালেঞ্জ করে মহামান্য কলিকাতা হাইকোর্টে সংবিধানের ২২৬ নং ধারায় একটি লেখ আবেদন জমা দেন উক্ত ব্যক্তি যিনি আদৌ বর্গাদার নন। আবেদনকারী ওই লেখ আবেদনে জানান তিনিই প্রকৃত রেকর্ডভুক্ত বর্গাদার ওই বিবাদীয় জমিতে উক্ত জমির মালিকের অধীনে। আবেদনকারী রিট আবেদনে জানান ৫ নং বিবাদী [প্রকৃত বর্গাদার যিনি] তাকে উচ্ছেদের চেষ্টা করছে।

মহামান্য ট্রায়াল বিচারক উপরোক্ত বক্তব্য গ্রহণ করেন নি, তিনি আইন মোতাবেক উক্ত আবেদন নিষ্পত্তি করার জন্য ভাগচাষ আধিকারিককে নির্দেশ দেন। উপরোক্ত মহামান্য ট্রায়াল বিচারকের আদেশে সন্তুষ্ট না হয়ে আবেদনকারী মহামান্য হাইকোর্টের ডিভিশন বেঞ্চে আপিল করেন।

আপিল মামলা বিচারের সময় মহামান্য ডিভিশন বেঞ্চ জানান এই বিষয়ে মহামান্য ট্রায়াল বিচারক যে সিদ্ধান্ত নিয়েছেন তা সঠিক। ১৯খ ধারার আবেদন থেকে দেখা যায় আপিল বিচার প্রার্থী ওই ১৯খ ধারার মামলায় সহ-বর্গাদার (co-bargadar) হিসাবে মালিকের সাথে গোপনে অশুভ চুক্তি (collusion) করে আবেদনকারীকে বিবাদীয় জমিতে চাষ করা থেকে বিরত করার চেষ্টা

করেন। এবং তিনি এক সময় জমি থেকে উচ্ছেদ হয়ে যান, সুতরাং ১৯খ ধারার আবেদনটি পোষণীয় (maintainable)। ওই মামলায় ডিভিশন বেঞ্চ আরও জানান যে—পঃ বঃ ভূমি সংস্কার আইনের ১৯খ ধারার আবেদনগুলি চূড়ান্তভাবে খুঁটিয়ে খুঁটিয়ে দেখা উচিত নয় কিংবা পাণ্ডিত্যপূর্ণ জাত্যাভিমান (pedantic way) সহ দেখা উচিত নয়। কারণ আবেদনকারীরা বেশির ভাগ-ই অশিক্ষিত এবং গরিব, এদেরকে বৃহত্তর দৃষ্টিভঙ্গীতে এবং উপযুক্তভাবে বিবেচনা করা প্রয়োজন।[৪]

১৪। নমুনা আদেশনামা—১৯খ(১)(ক) ধারা অনুযায়ী [Model order sheet under s. 19B(1)(a) of W.B.L.R. Act].

1. One Shri .... S/O .... of village ...., has filed an application alleging that he is a 'bargadar' in respect of the land described in the application but cultivation of the land by him as 'bargadar' has terminated in contravention of the provisions of the W.B.L.R. Act by the owner of the land Shri .... of .... or about the .... the day of the month of .... The applicant has alleged that the land owner has brought the land under his personal cultivation/the land owner has engaged a person other than a 'bargadar' on his behalf to cultivate the land/the land has not been cultivated.

   Issue notices on both the parties to appear before me on .... at .... a.m./p.m. for a hearing and also for production of evidence.

   Officer specially empowered under s. 19B of the W.B.L.R. Act.

2. Notices duly issued and served, vide S.R. filed with case records.

   or,

   Notice on the applicant duly served. The opposite party refused to received the notice which has been served by hanging. S.R. filed with case records.

   Officer specially empowered under s. 19B of the W.B.L.R. Act.

৪ *করুণাময় নন্দী* বনাম *পঃ বঃ সরকার* 92 CWN 961; Cal LT 1988(1) HC 401.

N.B. After service of notices both parties or the party which like to be heard and evidence adduced by them should be taken. A field enquiry then should be made after giving notice to both the parties and an enquiry report should be attached. Then a date and time should be fixed for delivery of final order at the office. On that date and time final orders should be passed.

১৫। ১৯খ(১)(খ) ধারার নমুনা আদেশনামা [Model order sheet under s. 19B(1)(b) of W.B.L.R. Act].

[যে ক্ষেত্রে একজন ব্যক্তি আবেদনকারী]

1. One Shri .... of .... has filed an application alleging that he is a 'bargadar' under Shri .... of .... in the land described in the application and cultivation of the land by him as a 'bargadar' was terminated or caused to be terminated by the land owner on or about the .... th day of the month of .... in the year .... B.S. He has further alleged that the land has been cultivated by a new 'bargadar' engaged by the owner in the year .... B.S.

   Issue notices on both the parties to appear before me on .... at .... a.m./p.m. for a hearing and also for production of evidence.

   Officer specially empowered under s. 19B of the W.B.L.R. Act.

2. Notices duly issued and served vide S.R. filed with C.R.

   or,

   Notice on applicant duly served. The opposite party refused to receive the notice which has been served by hanging. S.R. filed with case records (C.R.).

   Officer specially empowered under s. 19B of the W.B.L.R. Act.

N.B. After service of notice both parties or the party which likes to be heard and evidences adduced by them should be taken. A filed enquiry should then be made after giving notice to both the parties and an enquiry report should be attached. Then a date and time should be fixed for delivery of final orders at the office. On that date and time final orders should be passed.

১৬। ১৯খ(১)(খ) ধারার নমুনা আদেশনামা [Model order sheet under s. 19B(1)(b) of W.B.L.R. Act].

[যে ক্ষেত্রে একাধিক ব্যক্তি আবেদনকারী]

1. Three applications have been filed by (*i*) Shri .... of .... (*ii*) Shri .... of .... (*iii*) Shri .... of .... alleging that they are 'bargadar' under Shri .... of .... in the land described in the application and cultivation of the land by them as 'bargadar' were terminated the month of .... in the year .... B.S. for (*i*) applicant, month of .... in the year .... B.S. for (*ii*) applicant, month of .... in the year .... B.S. for (*iii*) applicant. They were further alleged that the land has been cultivated by another new 'bargadar' engaged by the owner in the year .... B.S. In this regard it is necessary to calculate the 'longest period' cultivated by the 'bargadar'.

   Notices issue on both parties to appear before me on .... at .... a.m./p.m. for a hearing and also for production of evidence.

   Officer specially empowered
   under s. 19B of the W.B.L.R. Act.

2. Notices duly issued and served vide S.R. filed with case record.

   Officer specially empowered
   under s. 19B of the W.B.L.R. Act.

যথোপযুক্তভাবে নোটিশ জারির পর সমস্ত পক্ষকে তাঁদের প্রয়োজনীয় নথী, প্রমাণ দেখানোর সুযোগ দিতে হবে। সেগুলি লিখতে হবে। সরেজমিনে তদন্তের প্রয়োজন হলে ওই দিন-ই সময় এবং তারিখ সমস্ত পক্ষকে জানিয়ে দিতে হবে, order sheet-এ সমস্ত পক্ষকে স্বাক্ষর করাতে হবে, অন্যথায় আবার নোটিশ জারি করতে হবে। সরেজমিনে

তদন্তের প্রতিবেদন order sheet-এ যুক্ত করতে হবে। এরপর চূড়ান্ত আদেশের দিন ও সময় নির্দিষ্ট করতে হবে, যা অফিসেই দেওয়া হবে। চূড়ান্ত আদেশ প্রদানের দিনে, নির্দিষ্ট সময়ে চূড়ান্ত আদেশ জানানো হবে।

১৭। বর্গাদারকে জমি পুনঃস্থাপনের কয়েকটি নির্দেশিকা [Some instructions on restoration of land to bargadar].

১ পশ্চিমবঙ্গ ভূমি সংস্কার আইনের ১৭(১) ধারামতে নির্ধারিত আধিকারিকের আদেশ ছাড়া কোনও বর্গাদারের বর্গাচাষ বাতিল করা যায় না।

২ বেআইনি উচ্ছেদ বন্ধ করার জন্য কোনও দরখাস্ত পাওয়ার সঙ্গে সঙ্গেই নির্দিষ্ট আধিকারিক তদন্ত করার পর বর্গাদারকে বর্গা জমি প্রত্যার্পণ করার জন্য ওই আইনের ১৯খ ধারা অনুযায়ী যথোপযুক্ত ব্যবস্থা নেবেন।

৩ সরেজমিনে তদন্ত দুই পর্যায়ে করতে হবে—

প্রথমত বর্গাদারকে বেআইনিভাবে উচ্ছেদ করা হয়েছে কিনা এবং হয়ে থাকলে কবে হতে হয়েছে তা নির্ধারণ করা,

দ্বিতীয়ত উচ্ছেদের পরে সংশ্লিষ্ট জমি কীভাবে চাষ করা হয়েছে তা জানা।

৪ তদন্তের আগে তদন্তের দিন ও সময় উভয় পক্ষকে জানাতে হবে।

(১) তদন্তের জন্য ১৯খ ধারামতে বিশেষভাবে নিযুক্ত আধিকারিক সংশ্লিষ্ট জমির পাশের জমি চাষ করেন এরকম ব্যক্তিদের কাছ থেকে সংশ্লিষ্ট জমি কীভাবে চাষ হয় সেই সম্পর্কে সাক্ষ্য, প্রমাণ সংগ্রহ করবেন। এইজন্য তার পক্ষে ব্যক্তিগতভাবে স্থানীয় তদন্ত করা উচিত হবে।

(২) উভয় পক্ষের আনা কাগজ-পত্রভিত্তিক তথ্য প্রমাণ ও বিবেচনা করতে হবে।

৫ যদি দেখা যায় যে, ১৮(১) ধারামতে নিযুক্ত আধিকারিকের আদেশ ছাড়াই বর্গাদারকে উচ্ছেদ করা হয়েছে, তা হলে কোন্ দিন থেকে উচ্ছেদ করা হয়েছে তা ঠিক করতে হবে।

(১) উচ্ছেদের পর কীভাবে জমি চাষ হয়েছে তা জানা।

৬ তদন্ত শেষে সাক্ষ্য প্রমাণ বিবেচনা করে যদি দেখা যায় যে, বর্গাদারকে বেআইনিভাবে উচ্ছেদ করা হয়েছে তা হলে ভূমি সংস্কার আধিকারিক তাকে জমি প্রত্যার্পণ করে একটি আদেশ দেবেন।

(১) যদি তদন্তের পর দেখা যায় যে, উচ্ছেদের পর জমিটি চাষ করা হয়নি বা মালিকের এমন লোক জমিটি চাষ করেছে যে বর্গাদার নয়, সেক্ষেত্রে উৎপন্ন ফসলের ৪০% সরকারে বাজেয়াপ্ত হবে এবং ৬০% পূর্বের প্রকৃত বর্গাদার পাবেন।

(২) জমিটি যদি মালিক কর্তৃক নিযুক্ত কোনও 'বর্গাদার' চাষ করে থাকেন তা হলে উৎপন্ন ফসলের ৫০% সেই বর্গাদার পাবেন এবং বাকি ৫০% আবেদনকারী প্রকৃত বর্গাদার পাবেন।

৭ নিম্নলিখিত বিষয়গুলি লক্ষ্য রাখতে হবে—

(ক) তদন্তের সময় জমির মালিক যদি বলেন, আবেদনকারী বর্গাদার তার জমি বর্গায় চাষ করেন না বা করতেন না তা হলে আবেদনটি ভূমি সংস্কার আইনের ১৮(২) ধারা অনুযায়ী নিষ্পত্তি করতে হবে।

(খ) আবার মালিক বলতে পারেন যে, আবেদনকারী বর্গাদার স্বেচ্ছায় বর্গাচাষ ছেড়ে দিয়েছেন। সেক্ষেত্রে পঃ বঃ ভূমি সংস্কার আইনের ২০(খ) ধারা অনুযায়ী আবেদনটির নিষ্পত্তি করতে হবে।

[১৯৭৯ সালের General Instruction on Land Reforms থেকে অংশের উপর ভিত্তি করে সংশোধিত রূপ]

২০। পদ্ধতি এবং নিষ্পাদন করা (Procedure and execution) ঃ
(১) এই পরিচ্ছেদের বিবাদ অথবা আপিল মীমাংসার জন্য নির্ধারিত পদ্ধতি অনুসরণ করতে হবে এবং খরচ (fee) দিতে হবে।

(২) এই পরিচ্ছেদের অন্তর্ভুক্ত আপিলের আদেশসহ অন্য কোনও আদেশ রাজ্য সরকার দ্বারা নিয়োজিত কোনও [১][আধিকারিক বা কর্তৃপক্ষ] দ্বারা নির্ধারিত পদ্ধতিতে কার্যকর করা হবে।

১ ৯.৭.১৯৮১ তারিখের ২৩৯৭-এল. রেফ্. সংখ্যায়িত সরকারি প্রজ্ঞাপনের মাধ্যমে স্বক্ষেত্রাধিকারে সকল মহকুমা আধিকারিক এবং সকল অতিরিক্ত মহকুমা আধিকারিক ২০(২) ধারার উদ্দেশ্যে নিযুক্ত আধিকারিক।

[২](৩) বর্গা উচ্ছেদের কোনও আদেশ নিম্নে বর্ণিত বাংলা বছরের মাসগুলি ছাড়া কার্যকর হবে না ঃ

(১) দার্জিলিং জেলার যে সব এলাকা রাজ্য সরকার দ্বারা বিজ্ঞপ্তি প্রকাশের মাধ্যমে পার্বত্য এলাকা বলে ঘোষিত, সেখানে পৌষ ও মাঘ মাস;

(২) অন্য স্থানে চৈত্র বা বৈশাখ মাস ঃ

তবে জমিতে কোনও ফসল থাকলে নির্ধারিত পদ্ধতিতে জমির মালিক বর্গাদারকে তার প্রাপ্য অংশের জন্য নির্দিষ্ট ক্ষতিপূরণ দেবেন।

20. Procedure and execution. (1) The procedure to be followed in deciding disputes or appeals under this Chapter and the fees to be paid by the parties shall be as may be prescribed.

(2) Any order made under this Chapter including an order passed on appeal shall be executed by the officer or authority appointed by the State Government, in such manner as may be prescribed.

[1][(3) No order of the ejectment of a *bargadar* shall be executed except during the months of the Bengali year specified below :

(*i*) in such portions for the district of Darjeeling as may be declared by notification by the State Government to be hilly portions, the month of *Pous* or *Magh*, and

(*ii*) elsewhere, the month of *Chaitra* or *Baisakh* :

Provided that proper compensation is paid, in such manner as may be prescribed, by the owner to the *bargadar* for his share of the standing crops, if any.]

২ পশ্চিমবঙ্গ ভূমি সংস্কার (দ্বিতীয় সংশোধন) আইন, ১৯৬০ (পশ্চিমবঙ্গ আইন ১৮, ১৯৬০)-এর ২ ধারার মাধ্যমে মূল (৩) উপধারাটির স্থলে অনুকল্পিত হয়েছে। মূল উপধারাটি নিম্নরূপ ছিল ঃ

"(৩) বাংলা বছরের চৈত্র বা বৈশাখ মাস ছাড়া কোনও বর্গাদার উচ্ছেদের আদেশ কার্যকর করা যাবে না।"

1 *Substituted* by the W.B.L.R. (Second Amendment) Act, 1960 (XVIII of 1960).

আলোচনার সূচী

১। সূচনা [Commencement]. পশ্চিমবঙ্গ ভূমি সংস্কার আইনের ২০ নং ধারাটি কার্যকর হয়েছে ৩১.৩.১৯৫৬ থেকে পশ্চিমবঙ্গের সমস্ত জেলায় শুধুমাত্র বিহার থেকে হস্তান্তরিত হয়ে আসা এলাকাগুলি বাদে। যে সমস্ত এলাকা বিহার থেকে হস্তান্তরিত হয়ে পশ্চিমবঙ্গে এসেছে সেই সমস্ত এলাকায় ২০ নং ধারা কার্যকর হয়েছে ১.৭.১৯৬৭ থেকে, বিজ্ঞপ্তি নং ১০৭৩২-এল. রেফ্., তাং ২৪.৬.১৯৬৭ দ্বারা।

বর্তমানে যে (২) উপধারাটি রয়েছে, তা ১৯৬০ সালের পঃ বঃ ভূমি সংস্কার (সংশোধন) আইন দ্বারা যুক্ত করা হয়েছে। ওই সংশোধন দ্বারা-ই (৩) নং উপধারাটির পরিবর্তন করা হয়েছে। ১৪.১২.১৯৬০ থেকে এটি কার্যকর হয়েছে। পুরাতন (৩) উপধারাটি ছিল এইরকম—"বাংলা বছরের চৈত্র বা বৈশাখ মাস ছাড়া কোনও বর্গাদার উচ্ছেদের আদেশ কার্যকর করা যাবে না।"

২। কর্মপরিধি [Scope]. ২০(১) ধারা এই নির্দেশ দেয় যে কোনও আপিল বা অন্য বিবাদ মীমাংসার জন্য সরকার নির্ধারিত পদ্ধতিতে তা করতে হবে এবং প্রয়োজনে সরকার নির্ধারিত ফি দিতে হবে। কীভাবে আবেদনকারী দরখাস্ত করবেন তার নির্দেশ রয়েছে ১৯৫৬ সালের পঃ বঃ ভূমি সংস্কার (বর্গাদার) নিয়মের ৬ নং বিধিতে এবং ১৯৫৬ সালের পঃ বঃ ভূমি সংস্কার (বর্গাদার) নিয়মের ৭ নং বিধি অনুযায়ী আপিলের নিষ্পত্তি করা হয়।

পশ্চিমবঙ্গ ভূমি সংস্কার আইনের ২০(২) ধারা এই নির্দেশ দেয় যে, সরকার নিযুক্ত কোনও আধিকারিক বা কর্তৃপক্ষ এই পরিচ্ছেদের কোনও আদেশ নিষ্পাদন বা কার্যকর (execute) করবেন নির্দিষ্ট রীতি ও পদ্ধতি অনুযায়ী।

পশ্চিমবঙ্গ ভূমি সংস্কার আইনের ২০(২) ধারা অনুযায়ী কোনও আদেশ কার্যকর করা হবে কীভাবে তার নির্দেশ রয়েছে ১৯৫৬ সালের পঃ বঃ ভূমি সংস্কার (বর্গাদার) নিয়মের ৯ নং বিধিতে। ১৯৮০ সালে পঃ বঃ ভূমি সংস্কার (বর্গাদার) নিয়মের ৯ নং বিধিটিকে সংশোধন করা হয় বিজ্ঞপ্তি নং ২৭৩০-এল. রেফ্./২০ আর ৫/৮০, তাং ২০.১১.১৯৮০ দ্বারা। ৯ নং বিধি সংশোধনের আগে যিনি ডিক্রি পেতেন তাঁকে ওই ডিক্রি কার্যকর করার জন্য নির্দিষ্ট কর্তৃপক্ষের কাছে আবেদন করতে হত। ৯ নং বিধি সংশোধনের পর ওই সংশোধিত বিধি অনুযায়ী, আদেশ প্রদানকারী আধিকারিক বা কর্তৃপক্ষ ওই আদেশের একটি প্রতিলিপি ওই আদেশ কার্যকর করার জন্য সংশ্লিষ্ট মহকুমা শাসকের কাছে পাঠাবেন। ওই আদেশের প্রতিলিপি গ্রহণ করার পর মহকুমা শাসক ওই আদেশ কার্যকর করার জন্য দেওয়ানি প্রক্রিয়া সংহিতার নির্দেশিত পদ্ধতি অনুযায়ী বিজ্ঞপ্তি জারি করে ৭ দিনের মধ্যে কারণ দর্শাতে বলা হবে কেন ওই আদেশ কার্যকর করা হবে না। ওই আদেশ কার্যকর করার জন্য আলাদা করে কোনও আবেদনপত্র জমা দেওয়ার প্রয়োজন নেই।

কোন্ মাসে বর্গা উচ্ছেদ করা হবে তার নির্দেশ রয়েছে ২০(৩) নং ধারায়। ওই ধারায় বলা আছে দার্জিলিং জেলার যে সব অংশ সরকারি বিজ্ঞপ্তি দ্বারা পার্বত্য এলাকা বলে ঘোষিত। সেই সব এলাকায় বাংলা বছরের পৌষ বা মাঘ মাসে বর্গা উচ্ছেদ করতে হবে, এছাড়া পশ্চিমবঙ্গের অন্যান্য এলাকায় বাংলা বছরের চৈত্র বা বৈশাখ মাসে বর্গা উচ্ছেদ করতে হবে। উচ্ছেদের সময় যদি দেখা যায় যে ওই জমিতে ফসল রয়েছে তবে বর্গাদারকে তার প্রাপ্য অংশের জন্য উপযুক্ত ক্ষতিপূরণ দিতে হবে।

৩। ২০(২) ধারার আধিকারিক বা কর্তৃপক্ষ [Officer or authority under s. 20(2) of W.B.L.R. Act]. পশ্চিমবঙ্গের সমস্ত মহকুমার মহকুমা শাসক হলেন ২০(২) ধারার নির্ধারিত আধিকারিক যিনি বর্গা উচ্ছেদের আদেশ বা এই পরিচ্ছেদের কোনও আদেশ কার্যকর করবেন। বিজ্ঞপ্তি নং ১৮৪৮-এল./রেফ্., তাং ৩০.১.১৯৫৭ দ্বারা সমস্ত মহকুমা শাসককে রাজ্য সরকার এই উদ্দেশ্যে নিয়োজিত করেছেন। এই পরিচ্ছেদের কোনও আদেশ নিষ্পাদন বা কার্যকর (execution) করার জন্য দেওয়ানি প্রক্রিয়া সংহিতার (Code of Civil

Procedure) আদেশ নং ২১ (order No. 21) যে নির্দেশ দেয় সেই রীতি ও পদ্ধতি অনুসরণ করে কার্যকরী আধিকারিক তার দায়িত্ব সম্পন্ন করবেন। আপিল কর্তৃপক্ষ বা এই পরিচ্ছেদের কোনও আধিকারিক যদি আর্থিক ডিক্রি (money decree) জারি করেন, তবে দেওয়ানি প্রক্রিয়া সংহিতার ২১ নং আদেশে নির্দেশিত পদ্ধতি অনুযায়ী মহকুমা শাসক (Sub-Divisional Officer, *i.e.*, S.D.O.) ওই আর্থিক ডিক্রি কার্যকর করবেন।

৪। কার্যকরী আধিকারিক দেওয়ানি আদালত নয় [The executing officer is not a Civil Court]. কার্যকরী আধিকারিক দেওয়ানি আদালতের কোনও ক্ষমতা নিরঙ্কুশ ভোগ করতে পারেন না। তিনি দেওয়ানি আদালত নন। দেওয়ানি প্রক্রিয়া সংহিতার ১৫১ নং ধারা (s. 151 of Code of Civil Procedure) প্রয়োগ করার ক্ষমতা তাঁর নেই। এই পরিচ্ছেদের কোনও আদেশ বা ডিক্রি কার্যকর করেন মহকুমা শাসক দেওয়ানি প্রক্রিয়া সংহিতার ২১ নং আদেশ অনুযায়ী। তাই বলে তিনি দেওয়ানি আদালতের অন্যান্য ক্ষমতা দাবি করতে পারেন না।[১]

৫। এলাকাভিত্তিক ক্ষেত্রাধিকার বিষয়ে কার্যকরী আধিকারিক কোনও প্রশ্ন করবেন না [The executing officer will not question regarding the territorial jurisdiction]. বর্গাদার মালিকের প্রাপ্য অংশ প্রদান না করায়, জমির মালিক ফসলের ভাগ দাবি করে সংশ্লিষ্ট এলাকার ভাগচাষ আধিকারিকের কাছে একটি মামলা দায়ের করেন। উক্ত ভাগ চাষ আধিকারিক সমস্ত নিয়ম, পদ্ধতি অনুসরণ করে উক্ত ফসল দাবির বিষয়টি নিষ্পত্তি করেন এবং বিভিন্ন আদেশের মাধ্যমে আবেদনকারী জমির মালিকের প্রাপ্য অংশ দিয়ে দেওয়ার জন্য বর্গাদারকে নির্দেশ দেন। ওই আর্থিক ডিক্রিমূলে মালিকের প্রাপ্য অংশ অর্থমূলে বর্গাদার না দিলে জমির মালিক, ওই আদেশ কার্যকর করার জন্য বীরভূম জেলার বোলপুর মহকুমার মহকুমা শাসকের নিকট আবেদন করেন।

কার্যকরী আধিকারিক হিসাবে মহকুমাশাসক, বোলপুর দেখেন যে—বোলপুরের ভাগচাষ আধিকারিক যে জমির জন্য আর্থিক ডিক্রি (Money decree) দিয়েছেন, ওই জমির কিছু আছে বীরভূম জেলার মধ্যে এবং কিছু আছে মুর্শিদাবাদ জেলার মধ্যে। মহকুমা শাসক, বোলপুর এরপর বোলপুরের

১ *রাখাল চন্দ্র পণ্ডিত* বনাম *রবীন মণ্ডল* 1977 CHN 864.

ভাগচাষ আধিকারিকের দেওয়া আদেশ বাতিল করে দেন এই যুক্তিতে যে, যেহেতু মুর্শিদাবাদ জেলাতে ও কিছু জমি রয়েছে, সুতরাং ওই জমির জন্য "আর্থিক ডিক্রি" জারি করার ক্ষমতা বা অধিকার বোলপুরের ভাগচাষ আধিকারিকের নেই। তিনি কেবলমাত্র বীরভূম জেলার মধ্যে যে জমি আছে, তার জন্য ডিক্রির আদেশ দিতে পারেন। মহকুমা শাসক, বোলপুর ভাগচাষ আধিকারিকের সম্পূর্ণ কার্যাবলি (proceedings) বাতিলের আদেশ দেন।

সংশ্লিষ্ট জমির মালিক মহকুমা শাসকের ওই রায়ের বিরুদ্ধে পশ্চিমবঙ্গ ভূমি সংস্কার এবং প্রজাস্বত্ত্ব ন্যায়পীঠে আবেদন করেন। মহামান্য ন্যায়পীঠ, মহকুমা শাসক, বোলপুরের আদেশ বাতিল (set aside) করে দেন কিন্তু আবেদনকারীকে পঃ বঃ ভূমি সংস্কার আইনের ১৮(১) ধারা মতে যে জমি মুর্শিদাবাদ জেলার মধ্যে অবস্থিত সেখানকার সংশ্লিষ্ট ভাগ চাষ আধিকারিকের কাছে নতুন করে ফসল দাবির আবেদন জমা দিতে বলেন। এছাড়া মহামান্য ট্রাইব্যুনাল ভাগচাষ আধিকারিক, বোলপুরকে বীরভূম জেলার মধ্যে যে জমি রয়েছে তার জন্য নতুন করে হিসাব (assessment) করার নির্দেশ দেন। জমির মালিক মহামান্য ন্যায়পীঠের ওই আদেশে সন্তুষ্ট না হয়ে ওই আদেশের বিরুদ্ধে মহামান্য কলিকাতা হাইকোর্টের ডিভিশন বেঞ্চে আপিল করেন।

মহামান্য ন্যায়পীঠের যে আদেশকে চ্যালেঞ্জ করে হাইকোর্টে লেখ আবেদন দাখিল করা হয়েছিল, ওই লেখ আবেদন নিষ্পত্তি করতে গিয়ে মহামান্য হাইকোর্ট জানান যে, ১৮(১) ধারায় ভাগচাষ আধিকারিক বোলপুর যখন উৎপন্ন ফসল দাবির আবেদনটি নিষ্পত্তি করেন সেই সময় বিবাদী (private respondent) কোনও আপত্তি (objection) দাখিল করেন নি এলাকাগত ক্ষেত্রাধিকার (territorial jurisdiction) প্রশ্নে, সুতরাং এই পর্যায়ে (at this stage) বিবাদী (private respondent) ওই প্রশ্ন আর তোলার অধিকারী হবেন না এবং কার্যকরী আধিকারিকও এই প্রশ্ন করতে পারেন না। কারণ, এইরকম বিষয়ে সুপ্রীম কোর্টের অভিমত হল ঃ "প্রাথমিক পর্যায়ে 'এলাকাগত ক্ষেত্রাধিকার' প্রশ্ন উত্থাপিত না হলে, পরবর্তী কোনও কার্যক্রমে এই প্রশ্ন তোলা যেতে পারে না এমনকী কার্যকরী আদালতে (executing court) এই প্রশ্ন উত্থাপিত হতে পারে না।" মহামান্য ডিভিশন বেঞ্চ তার রায়ে বলেন, কিছু জমি বীরভূম জেলা, কিন্তু জমি মুর্শিদাবাদ জেলায় অবস্থিত এই প্রশ্ন তুলে ভাগচাষ আধিকারিকের ১৮(১) ধারার কার্যক্রম (proceedings) সম্পূর্ণ বাতিল করাটা কার্যকরী আধিকারিকের উচিত হয় নি।

এমনকী মহামান্য ন্যায়পীঠ যে সিদ্ধান্ত নিয়েছিলেন সেটাও অনুমোদন করেন নি মহামান্য ডিভিশন বেঞ্চ। ন্যায়পীঠ তাঁর রায়ে জানিয়েছিলেন বোলপুরের ভাগ চাষ আধিকারিক, বীরভূম জেলার জমির জন্য নতুন করে হিসাব (assessment) করবেন। এছাড়া আবেদনকারীকে মুর্শিদাবাদ জেলার জমির জন্য ওই অঞ্চলের সংশ্লিষ্ট ভাগ চাষ আধিকারিকের কাছে ১৮(১) ধারায় আবেদন করতে নির্দেশ দেন। মহামান্য ডিভিশন বেঞ্চ মহকুমা শাসক, বোলপুরকে নির্দেশ দেন, যে জমি বোলপুর মহকুমার মধ্যে পড়ে সেই জমির উপর ধার্য আর্থিক ডিক্রি কার্যকর করার জন্য। অন্যদিকে মুর্শিদাবাদ জেলার কান্দি মহকুমার মহকুমা শাসককে নির্দেশ দেন—ওই এলাকার জমির উপর জারি করা আর্থিক ডিক্রি কার্যকর করার জন্য। মহকুমা শাসক বোলপুর এবং মহকুমা শাসক, কান্দিকে ওই আদেশ পাঠানোর নির্দেশ দেন যাতে ভাগচাষ আধিকারিকের আর্থিক ডিক্রি তাঁরা কার্যকর করতে পারেন। দেওয়ানি কার্যবিধির ৩৯নং ধারা অনুযায়ী ওই আদেশ কার্যকর করার নির্দেশ দেন।[২]

৬। উচ্ছেদের সময় [Period of ejectment]. সংশ্লিষ্ট আধিকারিক বর্গা উচ্ছেদের আদেশ দিলে, যে কোনও সময়ে ওই আদেশ কার্যকর করা যাবে না। ২০(৩) ধারা অনুযায়ী, দার্জিলিং জেলার যে সব এলাকা সরকার বিজ্ঞপ্তি দ্বারা পার্বত্য এলাকা বলে ঘোষণা করেছে সেই সব এলাকায় বাংলা বছরে পৌষ বা মাঘ মাসে ওই উচ্ছেদের আদেশ কার্যকর করতে হবে। এছাড়া অন্য এলাকায় চৈত্র বা বৈশাখ মাসে বর্গা উচ্ছেদের ওই আদেশ কার্যকর করতে হবে।

উচ্ছেদের সময় যদি ওই জমিতে কোনও ফসল থাকে তবে নিয়ম অনুযায়ী বর্গাদারের প্রাপ্য অংশ হিসাবে বর্গাদারকে ক্ষতিপূরণ দেবেন জমির মালিক।

৭। পশ্চিমবঙ্গ ভূমি সংস্কার (বর্গাদার) নিয়মের ৪ নং বিধি [Rule 4 of the W.B.L.R. (Bargadar) Rules 1956]. রাজ্য সরকার নির্ধারিত নির্দিষ্ট এলাকায় ১৭(১) বা ১৭(২), ১৮(১) বা ২০(২) ধারার আধিকারিক বা কর্তৃপক্ষ তাঁদের ক্ষেত্রাধিকার প্রয়োগ করবেন।

২ *হামিদুল রহমান* বনাম *পঃ বঃ সরকার* 2002(3) CHN 16 (DB).

৮। পশ্চিমবঙ্গ ভূমি সংস্কার (বর্গাদার) নিয়মের ৯ নং বিধি [Rule 9 of the W.B.L.R. (Bargadar) Rules 1956].[৩] ২০(২) ধারায় কোনও আদেশ কার্যকর করার পদ্ধতি ঃ

এই আইনের তৃতীয় পরিচ্ছেদের প্রতি আধিকারিক বা কর্তৃপক্ষ এই পরিচ্ছেদে আদেশ দিলে, তার প্রতিলিপি একটি ২০(২) ধারার আধিকারিক বা কর্তৃপক্ষের কাছে কার্যকর করার জন্য পাঠাবেন। ওই প্রতিলিপি গ্রহণ করার পর, আধিকারিক বা কর্তৃপক্ষ ১৯০৮ সালের [১৯০৮ সালের ৫ নং আইন] দেওয়ানি প্রক্রিয়া সংহিতার (Code of Civil Procedure) যেমন নির্দেশ আছে ওই অনুযায়ী ওই আদেশ কার্যকর করবেন। যার বিরুদ্ধে ওই আদেশ কার্যকর করা হবে তাকে উপযুক্তভাবে নোটিশ জারি করে, ৭ দিনের মধ্যে কারণ দর্শাতে বলা হবে কেন ওই আদেশ কার্যকর করা হবে না।

ব্যাখ্যা ঃ এই নিয়মের জন্য আদেশের প্রতিলিপি গ্রহণের অর্থ হল, ডিক্রি প্রাপকের পক্ষে আদেশ কার্যকর করার আবেদন হিসাবে এটি গণ্য করা হবে।

৯। পশ্চিমবঙ্গ ভূমি সংস্কার (বর্গাদার) নিয়মের ১০ নং বিধি [Rule 10 of the W.B.L.R. (Bargadar) Rules 1956]. রেকর্ডের প্রতিলিপি দেওয়ার পদ্ধতি ঃ

রেকর্ডের প্রতিলিপি দেওয়ার জন্য বঙ্গীয় নথি নির্দেশিকার (Bengal Record Manual) যা নিয়ম আছে তা অনুসরণ করতে হবে।

[১][**২০ক। বর্গাদার দ্বারা চাষের অবসানের জন্য আদেশ বাতিল (Setting aside of order for termination of cultivation by Bargadar) ঃ** তৎকালীন চালু কোনও আইনে কোনও কিছু থাকা সত্ত্বেও যেক্ষেত্রে ১৯৬৯ সালের পঃ বঃ ভূমি সংস্কার (সংশোধন) আইন বলবৎ হওয়ার আগে[২] ১৮(১)(খ) ধারা অনুযায়ী বর্গাদার কর্তৃক চাষের অবসানের আদেশ হয়েছিল

৩ ১৯৫৬ সালের পঃ বঃ ভূমি সংস্কার (বর্গাদার) নিয়মের ৯ নং বিধিটি বিজ্ঞপ্তি নং ২৭৩০-এল./রেফ./২০ আর. ৫/৮০, তাং ২০.১১.১৯৮০ দ্বারা পরিবর্তিত হয়েছে এবং এটি কলিকাতা গেজেটে ৫.১২.১৯৮০-তে প্রকাশিত হয়েছিল।

১ পশ্চিমবঙ্গ ভূমি সংস্কার (সংশোধন) আইন, ১৯৭০ (রাষ্ট্রপতির আইন ১৬, ১৯৭০)-এর ৭ ধারার মাধ্যমে ১৩.৭.১৯৭০ তারিখ হতে বলবৎ করে সন্নিবেশিত হয়েছিল। অতঃপর পশ্চিমবঙ্গ ভূমি সংস্কার (সংশোধন) আইন, ১৯৭২ (পশ্চিমবঙ্গ আইন ১২, ১৯৭২)-এর ১৯(১) ধারার মাধ্যমে সন্নিবেশিত এবং উক্ত আইনের ১(২) ধারার মাধ্যমে ১৩.৭.১৯৭০ তারিখ হতে বলবৎ হয়েছে।

২ ৭.৪.১৯৬৯ তারিখ হতে উক্ত আইনটি এক বৎসরের জন্য বলবৎ হয়েছে।

কিন্তু ওই আদেশ ১৯৭০ সালের পঃ বঃ ভূমি সংস্কার (সংশোধন) আইন বলবৎ হওয়ার আগে[৩] কার্যকরী হয়নি আইন কার্যকর করার কারণে অথবা অন্য কারণে, সেক্ষেত্রে এই আদেশ ওই আইন বলবৎ হওয়ার সাথে সাথে পরিত্যক্ত হয়ে যাবে এবং যে আধিকারিক বা কর্তৃপক্ষ দ্বারা ওই আদেশ দেওয়া হয়েছিল, তিনি সংশ্লিষ্ট সমস্ত পক্ষকে বিজ্ঞপ্তি দিয়ে ১৯৭২ সালের পঃ বঃ ভূমি সংস্কার (সংশোধন) আইনের ১৭ ধারামতে বিরোধের নিষ্পত্তি করবেন।]

[1][**20A. Setting aside of order for termination of cultivation by bargadars. Notwithstanding anything contained in any law for the time being in force, where, before the commencement of the West Bengal Land Reforms (Amendment) Act, 1969 (West Ben. Act XI of 1969) an order for the termination of cultivation of any land by a *bargadar* had been made under clause (*b*) of sub-section (1) of section 18 but such order has not been given effect to (whether by reason of the operation of any law or otherwise), before the commencement of the West Bengal Land Reforms (Amendment) Act, 1970 (Presidents' Act XVI of 1970), then, such order shall, on such commencement, stand vacated and the officer or authority by whom such order was made shall, after giving notice to the parties concerned, decide the dispute in accordance with the provisions of section 17 as amended by the West Bengal Land Reforms (Amendment) Act, 1972 (West Ben. Act XII of 1972).]**

সূচনা ও কর্মপরিধি [Commencement and scope]. ২০ক ধারাটি তৃতীয় পরিচ্ছেদে যুক্ত হয়েছে ১৯৭০ সালের পঃ বঃ ভূমি সংস্কার (সংশোধন) আইনের দ্বারা পরবর্তী ক্ষেত্রে ১৯৭২ সালের পঃ বঃ ভূমি সংস্কার (সংশোধন) আইন [১৯৭২ সালের পশ্চিমবঙ্গের ১২ নং আইন] দ্বারা। এই ধারাটি বলবৎ হয়েছে ১৩.৭.১৯৭০ থেকে।

২০ক ধারা এই নির্দেশ দেয় যে—১৮(১)(খ) ধারার [s. 18(1)(*b*)] দায়িত্বপ্রাপ্ত আধিকারিক যদি বর্গাদার দ্বারা চাষের অবসানের জন্য কোনও আদেশ দিয়ে থাকেন এবং ওই আদেশ যদি ১৯৬৯ সালের পঃ বঃ ভূমি সংস্কার

৩ ১৩.৭.১৯৭০ তারিখ হতে উক্ত আইনটি বলবৎ হয়েছে।

1 *Inserted* by W.B. Land Reforms (Amendment) Act, 1972 (Act XII of 1972).

(সংশোধন) আইন বলবৎ হওয়ার আগে যদি হয়ে থাকে এবং যদি ওই আদেশ ১৯৭০ সালের পঃ বঃ ভূমি সংস্কার আইন (সংশোধিত) [১৯৭০ সালের রাষ্ট্রপতির ১৬ নং পশ্চিমবঙ্গের আইন] বলবৎ হওয়ার আগে পর্যন্ত কার্যকর (execute) করা না হয়ে থাকে, তবে ওই আদেশের আর কোনও কার্যকারিতা থাকবে না। এই ধারা অনুযায়ী বর্গাদার দ্বারা চাষের অবসানের ওই আদেশ বাতিল বা পরিত্যক্ত হয়ে যাবে। ১৮(১)(খ) ধারায় সংশ্লিষ্ট আধিকারিক আবার নতুন করে ওই বিবাদ মীমাংসার জন্য উভয় পক্ষকে বিজ্ঞপ্তি দেবেন এবং ১৯৭২ সালের পঃ বঃ ভূমি সংস্কার (সংশোধন) আইনের [১৯৭২ সালের পশ্চিমবঙ্গের ১২ নং আইন] ১৭ নং ধারা অনুযায়ী ওই বিবাদের নিষ্পত্তি করবেন।

১৯৬৯ সালের পঃ বঃ ভূমি সংস্কার (সংশোধন) আইন দ্বারা এইরকম ২১ক ধারাটি যুক্ত করা হয়েছে ৪.৮.১৯৬৯ থেকে এক বছর পর্যন্ত অর্থাৎ ৪.৮.১৯৭০ পর্যন্ত যত ১৮, ১৯ এবং ২০(২) ধারার আদেশ হয়েছে তা বাতিল করার জন্য।

[১][**২০খ। বর্গাদার দ্বারা সমর্পণ অথবা পরিত্যাগ (Surrender or abandonment by Bargadar) :** (১) যদি কোনও বর্গাদার—

(ক) বর্গাদার হিসাবে তাঁর দ্বারা চাষ করা কোনও জমির উপরে তাঁর অধিকার সমর্পণ করে, বা

(খ) ওই জমির চাষ স্বেচ্ছায় পরিত্যাগ করে, সেক্ষেত্রে

[২][ওই জমির মালিক অথবা বর্গাদারটি অথবা অন্য কোনও ব্যক্তি] ওই সমর্পণ বা পরিত্যাগের বিষয়ে সংশ্লিষ্ট এলাকার ১৮(১) ধারায় নিযুক্ত আধিকারিক বা কর্তৃপক্ষের কাছে লিখিতভাবে সংবাদ দেবেন।

১ পশ্চিমবঙ্গ ভূমি সংস্কার (সংশোধন) আইন, ১৯৭১ (রাষ্ট্রপতির আইন ৩, ১৯৭১)-এর ১৬ ধারার মাধ্যমে ১২.২.১৯৭১ তারিখ হতে বলবৎ করে সন্নিবেশিত হয়েছিল। অতঃপর পশ্চিমবঙ্গ ভূমি সংস্কার (সংশোধন) আইন, ১৯৭২ (পশ্চিমবঙ্গ আইন ১২, ১৯৭২)-এর ১৯(২) ধারার মাধ্যমে সন্নিবেশিত এবং উক্ত আইনের ১(২) ধারার মাধ্যমে ১২.২.১৯৭১ তারিখ হতে বলবৎ হয়েছে।

২ পশ্চিমবঙ্গ ভূমি সংস্কার (সংশোধন) আইন, ১৯৮১ (পশ্চিমবঙ্গ আইন ৫০, ১৯৮১)-এর ৩৪(ক) ধারার মাধ্যমে অনুকল্পিত এবং উক্ত আইনের ১(২) ধারার মাধ্যমে ৭.৮.১৯৬৯ তারিখ হতে বলবৎ হয়েছে।

(২) ওই সংবাদ পাওয়ার পর [৩][অথবা নিজের ইচ্ছায়] ওই আধিকারিক বা কর্তৃপক্ষ নির্দিষ্ট নিদর্শে বর্গাদারকে একটি বিজ্ঞপ্তি পাঠাবেন এবং বর্গাদার ও যাঁর জমি বর্গাদার চাষ করেছিলেন, উভয়কেই শুনানির সুযোগ দিয়ে, প্রয়োজন মনে করলে তদন্ত করে স্থির করবেন যে বর্গাদার ওই জমিতে তাঁর চাষের অধিকার স্বেচ্ছায় সমর্পণ বা পরিত্যাগ করেছিল কিনা।

(৩) ওই আধিকারিক বা কর্তৃপক্ষ যদি এই সিদ্ধান্ত করেন যে বর্গাদার তাঁর দ্বারা চাষের জমি স্বেচ্ছায় সমর্পণ বা পরিত্যাগ করেন নি এবং তিনি ওই জমি বলপূর্বক বা অন্য কোনওভাবে সমর্পণ বা পরিত্যাগ করতে বাধ্য হয়েছিলেন, সেক্ষেত্রে আধিকারিক বা কর্তৃপক্ষ ওই জমির চাষ পুনরায় বর্গাদারকে অর্পণ করবেন, অথবা কোনও বর্গাদার পাওয়া না গেলে বা বর্গাদার ওই জমি পুনরায় চাষ করতে রাজি না হলে, যার জমি বর্গাচাষ হত তিনি ওই জমিতে পুনরায় নিজে চাষ আরম্ভ করবেন না, কিন্তু তিনি ওই আধিকারিক বা কর্তৃপক্ষের আগাম অনুমতি নিয়ে ৪৯ ধারায় উল্লিখিত যে কোনও ব্যক্তির দ্বারা যিনি বর্গাদারের মতো জমি চাষে আগ্রহী তাঁকে দিয়ে চাষ করাতে পারবেন।

(৪) ওই আধিকারিক বা কর্তৃপক্ষ যদি এই সিদ্ধান্ত করেন যে, বর্গাদার নিজের ইচ্ছায় ওই জমিতে তার দ্বারা চাষের অধিকার সমর্পণ বা পরিত্যাগ করেছেন, সেক্ষেত্রে জমির মালিক নিজে ব্যক্তিগতভাবে ওই জমি চাষ করবেন না কিন্তু তিনি আধিকারিক বা কর্তৃপক্ষের আগাম অনুমতি নিয়ে ৪৯ ধারায় উল্লিখিত যে কোনও ব্যক্তির দ্বারা যিনি বর্গাদারের মতো জমি চাষে আগ্রহী তাঁকে দিয়ে চাষ করাতে পারবেন।

(৫) উপধারা (৩) বা উপধারা (৪)-এর বিধানগুলি লঙ্ঘন করলে তা শাস্তিযোগ্য অপরাধ বলে বিবেচিত হবে। এই শাস্তি ৬ মাস পর্যন্ত কারাবাস অথবা ১০০০ টাকা (এক হাজার টাকা) জরিমানা অথবা উভয়ই হতে পারে।

[৪][তবে ১৮৯৪ জমি অধিগ্রহণ আইন অনুযায়ী (১৮৯৪ সালের ১ নং আইন) জমির হস্তান্তর গ্রহীতা বর্গাদারকে ক্ষতিপূরণ দিলে এবং এই বিষয়ে যে সকল নিয়ম রয়েছে তা কোনও কিছুই কোনও জমিতে প্রযোজ্য

৩ পশ্চিমবঙ্গ আইন ৫০, ১৯৮১-এর ৩৪(খ) ধারার মাধ্যমে সন্নিবেশিত এবং উক্ত আইনের ১(২) ধারার মাধ্যমে ৭.৮.১৯৬৯ তারিখ হতে বলবৎ হয়েছে।

৪ এই অনুবিধিটি পশ্চিমবঙ্গ ভূমি সংস্কার (সংশোধন) আইন, ২০০০ (পশ্চিমবঙ্গ আইন ৩১, ২০০০) দ্বারা সন্নিবেশিত, যাহা ২৭.৮.১৯৯৬ তারিখ হতে বলবৎ হয়েছে।

হবে না যা ১৪ম [s. 14Y] ধারার প্রথম অনুচ্ছেদে বর্ণিত যে কোনও উদ্দেশ্য সম্পাদনের জন্য ব্যবহৃত হওয়ার সম্ভাবনা আছে।]

[1][**20B. Surrender or abandonment by bargadar.** (1) If a *bargadar*—

(*a*) surrenders his right to cultivate in relation to any land cultivated by him as a *bargadar*, or

(*b*) voluntarily abandons cultivation of such land [2][the owner of the land or the *bargadar* or any other person] may give information in writing of such surrender or abandonment to the officer or authority appointed under sub-section (1) of section 18, having jurisdiction in the area in which such land is situated.

(2) On receipt of such information [3][or on his own motion], such officer or authority shall issue a notice, in the prescribed form, to the *bargadar*, and after giving the *bargadar* and the person whose land was cultivated by the *bargadar*, an opportunity of being heard and making such inquiries as he or it may deem necessary, determine whether the *bargadar* had voluntarily surrendered or abandoned his right of cultivation in relation to such land.

(3) If such officer or authority determines that the *bargadar* had not voluntarily surrendered or abandoned the cultivation of the land which was being cultivated by him as such and that he had been compelled by force or otherwise to surrender or abandon the cultivation of such land, such officer or authority shall restore the *bargadar* to the cultivation of the land, or where the *bargadar* is not available or is not willing to be restored to the cultivation of such land, the person whose land was so cultivated shall not resume personal cultivation of the land, but he may, with the permission of such officer or authority, get the land cultivated by any person,

1 *Inserted* by W.B. Land Reforms (Amendment) Act, 1972 (Act XII of 1972).

2 *Substituted* by W.B. Act L of 1981, dated 24.3.1986.

3 *Inserted*, *ibid*.

referred to in section 49, who is willing to cultivate the land as a *bargadar.*

(4) If such officer or authority determines that the *bargadar* had voluntarily surrendered or abandoned the cultivation of the land which was cultivated by him as such, the person whose land was being so cultivated shall not resume personal cultivation of such land but he may, with the permission of such officer or authority, have the land cultivated by any person, referred to in section 49, who is willing to cultivate the land as a *bargadar.*

(5) Any contravention of the provisions of sub-section (3) or sub-section (4) shall be an offence punishable with imprisonment for a term which may extend to six months, or with fine which may extend to one thousand rupees, or with both.

[4][Provided that subject to the payment of compensation by a transferee to a *bargadar* under the Land Acquisition Act, 1894 (Act 1 of 1894), and the rules made thereunder, nothing in this sub-section shall apply to any land intended to be utilised for any of the purposes referred to in the first proviso to section 14Y.]

আলোচনার সূচী

4 *Inserted* by Act XXXI of 2000, w.e.f. 27.8.1996.

১। **সূচনা [Commencement].** ১৯৭১ সালের পঃ বঃ ভূমি সংস্কার (সংশোধন) আইন [রাষ্ট্রপতির ১৯৭১ সালের ৩ নং আইন] এবং তারপরে ১৯৭২ সালের পঃ বঃ ভূমি সংস্কার (সংশোধন) আইন [১৯৭২ সালের পশ্চিমবঙ্গের ১২ নং আইন] দ্বারা ২০খ ধারাটি পঃ বঃ ভূমি সংস্কার আইনের তৃতীয় পরিচ্ছেদে অন্তর্ভুক্ত হয়। এটি ১২.২.১৯৭১ থেকে এই ধারাটি কার্যকর করা হয়।

(১) এবং (২) উপধারায় ১৯৮১ সালের আগে ছিল—"সেই ব্যক্তি যাঁর জমি বর্গাদার দ্বারা চাষ করা হচ্ছে"। ১৯৮১ সালের পঃ বঃ ভূমি সংস্কার (সংশোধন) আইন [১৯৮১ সালের পশ্চিমবঙ্গের ৫০ নং আইন] দ্বারা ওই শব্দগুলি পরিবর্তিত হয়েছে। এখন রয়েছে—"ওই জমির মালিক অথবা বর্গাদার অথবা অন্য কোনও ব্যক্তি।"

আবার (২) উপধারায় "অথবা নিজের ইচ্ছায়" শব্দগুলি উপরোক্ত ১৯৮১ সালের সংশোধনের সময় যুক্ত করা হয়েছে।

(৫) নং উপধারায় একটি বিধান (proviso) যুক্ত করা হয়েছে ২০০০ সালের পঃ বঃ ভূমি সংস্কার (সংশোধন) দ্বারা। এটি ২৭.৮.১৯৯৬ থেকে কার্যকর হয়েছে।

২। **কর্মপরিধি [Scope].** বর্গাদার যদি তার চাষের অধিকার স্বেচ্ছায় সমর্পণ করে বা পরিত্যাগ করে তবে জমির মালিক ওই জমিতে নিজে চাষ করবেন না। এই বিষয়ে কিছু নির্দেশ ২০খ ধারায় রয়েছে।

(১) উপধারায় বলা হয়েছে, কোনও বর্গাদার নিজের ইচ্ছায় যদি তাঁর দ্বারা চাষের অধিকার প্রত্যার্পণ করে বা পরিত্যাগ করে তবে ওই জমির মালিক বা বর্গাদার বা অন্য কেউ লিখিতভাবে উক্ত এলাকার দায়িত্বপ্রাপ্ত সংশ্লিষ্ট ১৮(১) ধারার আধিকারিককে সংবাদ দেবেন।

২০খ(২) ধারা অনুযায়ী ১৮(১) ধারার দায়িত্বপ্রাপ্ত আধিকারিক ২০খ(১) ধারা অনুযায়ী সংবাদ পাওয়ার পর বা নিজের ইচ্ছায় একটি তদন্ত করবেন। তদন্তে তিনি দেখবেন বর্গাদার নিজের ইচ্ছায় বর্গাস্বত্ব পরিত্যাগ বা সমর্পণ করেছেন কিনা; না বাধ্য হয়ে বা ভয়ে বা অন্য পরিস্থিতিতে বর্গাদার ওই জমি থেকে বর্গাদার দ্বারা চাষের অধিকার সমর্পণ করেছেন। এই তদন্ত করার আগে ১৮(১) ধারার আধিকারিক বা কর্তৃপক্ষ স্বার্থ সংশ্লিষ্ট সমস্ত পক্ষকে বিজ্ঞপ্তি (notice) দিয়ে তারিখ এবং সময় জানিয়ে দেবেন। তদন্তের আগে ১৮(১)

ধারার আধিকারিক বা কর্তৃপক্ষ এ বিষয়ে নিশ্চিত হবেন যে সংশ্লিষ্ট সমস্ত পক্ষ ওই বিজ্ঞপ্তি (notice) পেয়েছেন। তারপরে তিনি তদন্ত আরম্ভ করবেন।

তদন্তে যদি এটা প্রমাণিত হয় যে ওই বর্গাদার স্বেচ্ছায় ওই জমি চাষের অধিকার প্রত্যার্পণ বা পরিত্যাগ করেন নি ২০খ(৩) অনুযায়ী সংশ্লিষ্ট আধিকারিক ওই জমিতে পুনরায় ওই বর্গাদারকে চাষের অধিকার ফিরিয়ে দেবেন। যদি ওই বর্গাদারকে না পাওয়া যায় কিংবা পাওয়া গেলেও ওই বর্গাদার যদি ওই জমি চাষ করতে আর রাজি না হয় তবে (৩) উপধারা অনুযায়ী জমির মালিক ওই জমি চাষ করবেন না। ৪৯ নং ধারায় উল্লিখিত কোনও ব্যক্তির দ্বারা যিনি বর্গাদারের মতো চাষ করতে আগ্রহী তাঁকে দিয়ে ওই জমি চাষ করতে পারেন। তবে অবশ্যই সংশ্লিষ্ট আধিকারিক/কর্তৃপক্ষের অনুমতি নিয়ে তিনি ওই ব্যক্তি/ব্যক্তিদের দ্বারা চাষ করাতে পারেন।

নির্ধারিত আধিকারিক বা কর্তৃপক্ষ যদি স্থির করেন যে বর্গাদার নিজের ইচ্ছায় বর্গাস্বত্ত্ব পরিত্যাগ করেছেন বা সমর্পণ করেছেন, তবে ২০খ(৪) ধারা অনুসারে সংশ্লিষ্ট আধিকারিক মালিককে ওই জমিতে যেতে নিষেধ করবেন। ২০খ(৪) ধারা অনুযায়ী বর্গাদার স্বেচ্ছায় চাষ করা ছেড়ে দিলেও মালিক নিজে ওই জমির দখল নেবেন না বা নিজে চাষ করবেন না। এক্ষেত্রে তিনি ১৮(১) ধারায় ক্ষমতাপ্রাপ্ত আধিকারিকের আগাম অনুমতি নিয়ে ৪৯ ধারায় বর্ণিত তালিকা থেকে একজনকে পছন্দ করবেন যিনি বর্গাদারের মতো চাষে আগ্রহী। জমির মালিক ওই ব্যক্তিকে দিয়ে চাষ করাতে পারেন।

(৩) এবং (৪) নং উপধারা অনুযায়ী কোনও ব্যক্তি যদি ঠিক ঠিক কার্যক্রম না করেন তবে ২০খ(৫) ধারা অনুসারে ওই ব্যক্তি শাস্তিযোগ্য অপরাধ করে থাকবেন। এক্ষেত্রে শাস্তির মেয়াদ সর্বাধিক ৬ মাস পর্যন্ত কারাবাস অথবা সর্বাধিক ১০০০.০০ (এক হাজার) টাকা জরিমানা অথবা উভয় শাস্তি-ই হতে পারে।

২০০০ সালের পঃ বঃ ভূমি সংস্কার (সংশোধন) আইন দ্বারা ২০খ(৫) ধারার সাথে একটি বিধান (provision) যুক্ত করা হয়েছে, যা কার্যকর করা হয়েছে ২৭.৮.১৯৯৬ তারিখ থেকে। এই অনুবিধি এই নির্দেশ দেয় যে, এই আইনের ১৪ম [s. 14Y] ধারায় উল্লিখিত বিভিন্ন কারণের জন্য কোনও জমি ব্যবহৃত হয় এবং রাজ্য সরকার যদি কোনও ব্যক্তিকে চা বাগান ইত্যাদি করার উদ্দেশ্যে অনুমতি দেন এবং ১৪ড [s. 14M] ধারার নির্ধারিত জমির সর্বোচ্চ

সীমার চেয়ে বেশি জমি রাখেন, সেক্ষেত্রে ২০খ(৫) ধারা শাস্তিমূলক বিধান এক্ষেত্রে ওই ব্যক্তির উপর প্রযোজ্য হবে না। এছাড়া "১৪ম"-তে বর্ণিত অন্য উদ্দেশ্যে ব্যবহৃত জমিতে যদি বর্গাদার থাকে সেক্ষেত্রে ১৮৯৪ সালের ভূমি অধিগ্রহণ আইনের নির্ধারিত নিয়ম অনুযায়ী বর্গাদারকে ক্ষতিপূরণ দেওয়া হবে। এই বিধানটি ২৭.৮.১৯৯৬ তারিখ থেকে কার্যকর। অর্থাৎ ১৪ম [s. 14Y] ধারার দ্বিতীয় অনুবিধিটি ১৯৯৬ সালের পঃ বঃ ভূমি সংস্কার (সংশোধন) আইন এবং ২০০০ সালের পঃ বঃ ভূমি সংস্কার (সংশোধন) আইন [২০০০ সালের পশ্চিমবঙ্গের ৩১ নং আইন] দ্বারা সংযোজিত হয়েছিল। অনুচ্ছেদের প্রথম অংশটি "চা বাগান, মিল, কারখানা, কর্মশালা, পৌল্ট্রি ফার্ম, ডেয়ারী তৈরি করতে যদি কোনও ব্যক্তি মনস্থ করেন" ২৭.৮.১৯৯৬ থেকে বলবৎ হয়েছে।

৩। বর্গাদার কর্তৃক বর্গা চাষের অধিকার সমর্পণ বা পরিত্যাগ [Surrender or abandonment of the right of barga-cultivation by the bargadar]. যদি কোনও বর্গাদার, কোনও জমি থেকে তার বর্গা প্রথায় চাষের অধিকার স্বেচ্ছায় সমর্পণ করেন বা পরিত্যাগ করেন, তবে সেক্ষেত্রে কী হতে পারে তার পদ্ধতি পঃ বঃ ভূমি সংস্কার আইনের ২০খ [s. 20B] ধারায় রয়েছে। এই ধরনের ঘটনা হলে অর্থাৎ বর্গাদার স্বেচ্ছায় কোনও জমি থেকে তার বর্গা প্রথায় চাষের অধিকার সমর্পণ করলে বা পরিত্যাগ করলে ১৮(১) ধারার নির্ধারিত আধিকারিক বা কর্তৃপক্ষকে জমির মালিক বা বর্গাদার বা অন্য কোনও ব্যক্তি লিখিতভাবে সংবাদ দেবেন। ১৮(১) ধারার আধিকারিক বা কর্তৃপক্ষ যিনি এই ধরনের ঘটনা নিষ্পত্তির জন্য নিযুক্ত আছেন, তিনি উপরোক্ত লিখিত সংবাদ পাওয়ার পর অথবা তিনি নিজের ইচ্ছাতে ও বর্গাদার, মালিক বা স্বার্থ সংশ্লিষ্ট সমস্ত পক্ষকে যথোপযুক্ত পদ্ধতিতে বিজ্ঞপ্তি দেবেন ওই ঘটনার সরেজমিনে তদন্তের জন্য। ওই বিজ্ঞপ্তিতে তদন্তের দিন, সময় উল্লেখ করা থাকবে। তদন্তের আগে সংশ্লিষ্ট আধিকারিক বা কর্তৃপক্ষ নিঃসন্দেহ হবেন যে ওই বিজ্ঞপ্তি সমস্ত পক্ষকে উপযুক্ত সময়েই জারি করা হয়েছে।

নির্দিষ্ট নিদর্শে (Form) বিজ্ঞপ্তি দিয়ে নির্ধারিত আধিকারিক বা কর্তৃপক্ষ স্বার্থ সংশ্লিষ্ট সমস্ত পক্ষকে শুনানির উপযুক্ত সুযোগ দেবেন এবং তিনি নির্ধারণ করতে চাইবেন সত্যিই বর্গাদার স্বেচ্ছায় ওই জমি থেকে তার চাষের অধিকার সমর্পণ বা পরিত্যাগ করেছেন, না বাধ্য হয়েছে বা ভয় পেয়ে না অন্য কোনও কারণে সমর্পণ বা পরিত্যাগ করেছেন।

তদন্তের ফলে দুটো ঘটনা প্রকাশ হতে পারে। প্রথমত, বর্গাদার নিজের ইচ্ছায় ওই জমির উপর তার চাষের অধিকার ছাড়তে নাও পারেন। হয়তো মালিক জোর করে, ভয় দেখিয়ে বা একসঙ্গে এককালীন কিছু টাকার বিনিময়ে বর্গাদারকে ওই জমি থেকে উচ্ছেদ করেছেন এবং শর্ত অনুযায়ী বর্গাদার দ্বারা ওই জমি থেকে তার চাষের অধিকার সমর্পণ করেছেন বা পরিত্যাগ করেছে। দ্বিতীয়ত, সত্যিই বর্গাদার স্বেচ্ছায় ওই জমি থেকে তাঁর চাষের অধিকার ছেড়ে দিয়েছেন বা সমর্পণ করেছেন।

যদি প্রথম ঘটনা ঘটে অর্থাৎ বর্গাদারকে বলপ্রয়োগে, জোর করে, ভয় দেখিয়ে বা অন্য উপায়ে উচ্ছেদ করা হয়ে থাকে এবং সেই ঘটনার জেরে বর্গাদার বাধ্য হয়ে জমি থেকে চাষের অধিকার ছেড়ে দিয়ে থাকে তবে ১৮(১) ধারার আধিকারিক বা কর্তৃপক্ষ ওই বর্গাদারকে ওই জমিতে আবার প্রতিষ্ঠা করবেন। মালিক ওই জমি চাষ করবেন না স্বয়ং। যদি আগের বর্গাদারকে পাওয়া না যায় কিংবা পাওয়া গেলেও যদি তিনি আর ওই জমি বর্গাদার হিসাবে চাষ করতে রাজি না থাকেন তা হলেও জমির মালিক নিজে ওই জমি চাষ করার অধিকারী হবেন না। এক্ষেত্রে নির্ধারিত আধিকারিক বা কর্তৃপক্ষের আগাম অনুমতি নিয়ে পঃ বঃ ভূমি সংস্কার আইনের ৪৯ নং ধারায় উল্লিখিত তালিকা থেকে কোনও ব্যক্তিকে পছন্দ করে, যিনি ওই জমি বর্গাদার হিসাবে চাষ করতে আগ্রহী তাকে দিয়ে জমির মালিক চাষ করাতে পারেন।

যদি দ্বিতীয় ঘটনা ঘটে, অর্থাৎ তদন্তে যদি এটা প্রমাণিত হয় যে বর্গাদার স্বেচ্ছায় ওই জমির উপরে বর্গাদার প্রথায় চাষ করার অধিকার সমর্পণ করছেন বা তিনি তার অধিকার নিজের ইচ্ছায় ছেড়ে দিচ্ছেন, এক্ষেত্রেও জমির মালিক নিজে ওই জমি চাষ করবেন না অথবা তার পছন্দমতো ব্যক্তিকে দিয়ে চাষ করাতে পারবেন না। এক্ষেত্রে ১৮(১) ধারার আধিকারিক বা কর্তৃপক্ষের অনুমতি নিয়ে পঃ বঃ ভূমি সংস্কার আইনের ৪৯ ধারায় উল্লিখিত তালিকা থেকে কোনও ব্যক্তিকে বাছাই করবেন তিনি বর্গাদার হিসাবে ওই জমি চাষে আগ্রহী হলে, জমির মালিক তাকে দিয়ে চাষ করাতে পারবেন।

কিন্তু প্রথম বা দ্বিতীয় কোনও অবস্থাতেই জমির মালিক নিজে ওই জমি চাষ করবেন না।

৪। নথিভুক্ত বর্গাদার চাষের অধিকার সমর্পণ বা পরিত্যাগ করার কারণে জমির মালিক নিষেধাজ্ঞা পাবেন না [Land owner will not get

injunction due to surrendering or abandonment of the right of barga-cultivation by enlisted bargadar]. প্রতিবাদীগণ যাতে বিবাদীয় জমির দখল বিষয়ে কোনও সমস্যা তৈরি করতে না পারেন তার জন্য চিরস্থায়ী নিষেধাজ্ঞার আবেদন জানিয়ে আজ্ঞালেখ (writ) দাখিল করেছেন বর্তমান আবেদনকারীগণ, কারণ নথিভুক্ত বর্গাদার তার জীবদ্দশায় 'না-দাবি পত্র' মূলে ৯১ শতক জমির মধ্যে ৮২ শতক জমির উপরে বর্গা অধিকার পরিত্যাগ করেছিলেন এবং আবেদনকারী ওই জমি ব্যক্তিগত চাষের উদ্দেশ্যে দখলে এনেছেন এবং প্রতিবাদীগণ ধান কাটার সময় ওই জমিতে সমস্যা তৈরি করছে, তারা অস্থায়ী নিষেধাজ্ঞার আবেদন করেছেন যা নিম্ন দেওয়ানি আদালত খারিজ করেছে এবং যে সিদ্ধান্ত আপিল কর্তৃপক্ষ সমর্থন করে বহাল রেখেছেন। প্রতিবাদীগণ মূল নথিভুক্ত বর্গাদারের উত্তরাধিকারী, তারা ওই জমি চাষের জন্য দাবি করছে এবং পশ্চিমবঙ্গ ভূমি সংস্কার আইনের ১৮ ধারায় ক্ষমতাপ্রাপ্ত আধিকারিকের কাছে নিজেদের নাম বর্গাদার হিসাবে নথিভুক্ত করার জন্য আবেদন করেছেন, তাদের পিতার নামের পরিবর্তে আর্জি জানিয়েছেন যেন তাদের নাম বর্গাদার হিসাবে নথিভুক্ত করা হয় এবং তারা মূল বর্গাদারের (তাদের পিতা) বর্গা স্বত্ব সমর্পণ/পরিত্যাগের 'কাহিনি'কে চ্যালেঞ্জ করেছেন।

মহামান্য উচ্চ ন্যায়ালয়ের একক আদালত (Single Bench) বলেন, যখন প্রশ্ন উঠেছে প্রকৃত সমর্পণ বা পরিত্যাগ হয়েছে কী হয়নি, সেক্ষেত্রে নিষেধাজ্ঞা জারি করার কোনও এক্তিয়ার দেওয়ানি আদালতের নেই। আরও পরিষ্কার যে কোনও ব্যক্তি বর্গাদার হিসাবে চাষ করা জমি ২০খ ধারায় যদি স্বেচ্ছায় (voluntarily) সমর্পণ বা পরিত্যাগ করেন, সেক্ষেত্রে জমির মালিক ওই তথ্য ১৮ ধারায় ক্ষমতাপ্রাপ্ত আধিকারিকের কাছে জানাবেন, যিনি বর্গাদারকে প্রয়োজনীয় বিজ্ঞপ্তি জারি করে তদন্ত করবেন, শুনানির সুযোগ দেবেন। আরও উল্লেখ করলেন, যদি আধিকারিক/কর্তৃপক্ষ এই মর্মে সন্তুষ্ট হন যে বর্গাদার নিজের ইচ্ছায় ওই জমি বর্গাদার হিসাবে চাষ করা থেকে দাবি পরিত্যাগ/সমর্পণ করেছেন, তবে জমির মালিক নিজে চাষের জন্য ওই জমির দখল নেবেন না, আধিকারিক/কর্তৃপক্ষের অনুমতি সাপেক্ষে ৪৯ ধারায় উল্লিখিত শর্তাবলী পূরণে সক্ষম কোনও ব্যক্তিকে দিয়ে জমি চাষ করাবেন।

মহামান্য আদালত জানান বর্গাদার প্রদত্ত "না-দাবি পত্রের" উপর ভিত্তি করে ব্যক্তিগতভাবে ওই জমি চাষ করার কোনও অধিকার মালিকের নেই। যদি প্রকৃতই বর্গাদার দাবি সমর্পণ বা পরিত্যাগ করেন, তবে নির্ধারিত আধিকারিক/কর্তৃপক্ষকে বিষয়টি জানানোর দায় বর্তায় তারই উপর। এরপর নির্ধারিত আধিকারিক/কর্তৃপক্ষ উপযুক্ত বিজ্ঞপ্তি জারি করেন স্বার্থ সংশ্লিষ্ট সমস্ত পক্ষকেই এবং যথোপযুক্ত তদন্ত করবেন এবং যদি দেখা যায় বর্গাদার প্রকৃতই স্বেচ্ছায় বর্গা চাষের অধিকার সমর্পণ/পরিত্যাগ করেছেন, সেক্ষেত্রে পশ্চিমবঙ্গ ভূমি সংস্কার আইনের ৪৯ ধারায় উল্লিখিত শর্তাবলী পূরণে সক্ষম কোনও ব্যক্তিকে দিয়ে তিনি জমি চাষ করাবেন, কোনও অবস্থাতেই তিনি নিজে চাষ করবেন না। সুতরাং মহামান্য আদালত মনে করেন মামলাটি গ্রহণযোগ্য নয় এবং সঠিকভাবে নিম্ন দেওয়ানি আদালত নিষেধাজ্ঞা (injunction) জারির পক্ষে আদেশ জারি করেন নি এবং আপিল কর্তৃপক্ষও ওই রায় বহাল রেখে সঠিক সিদ্ধান্ত নিয়েছেন। দেওয়ানি আদালত (Civil Court) এই ধরনের সমস্যা বিষয়ে হস্তক্ষেপ করবেন না, এক্ষেত্রে পশ্চিমবঙ্গ ভূমি সংস্কার আইনের ১৮ ধারায় ক্ষমতাপ্রাপ্ত আধিকারিক/কর্তৃপক্ষ চূড়ান্ত কর্তৃত্বের অধিকারী।[১]

৫। (৩) নং এবং (৪) নং উপধারা লঙ্ঘনের শাস্তি [Punishment for violation of sub-secs. (3) & (4)]. ২০খ(৫) নং ধারায় শাস্তির বিধান আছে। (৩) নং এবং (৪) নং ধারার কোনও বিধান যদি জমির মালিক না মানেন তবে তিনি শাস্তিযোগ্য অপরাধ করবেন। এক্ষেত্রে শাস্তির পরিমাণ সর্বাধিক ৬ (ছয়) মাসের কারাবাস বা সর্বাধিক ১০০০.০০ (এক হাজার) টাকা জরিমানা অথবা উভয় শাস্তিই হতে পারে।

৬। ২০খ ধারাটি সংবিধানের এক্তিয়ার বহির্ভূত নয় [Section 20B is not ultra vires the constitution]. মহামান্য সুপ্রীম কোর্ট *শ্রীকালিমাতা ঠাকুরানি* বনাম *ইউনিয়ন অব ইন্ডিয়া*,[২] মামলায় পঃ বঃ ভূমি সংস্কার আইনের ২০খ ধারার বিশ্লেষণ প্রসঙ্গে জানিয়েছেন যে—কিন্তু যখন বর্গাদার নিজের ইচ্ছায় কোনও জমি সমর্পণ করে বা পরিত্যাগ করে, জমির মালিককে নিজে চাষ করার অনুমতি না দেওয়ার কোনও কারণ নেই এবং মালিককে বাধ্য করা হয় ১৯৫৫

১ *নন্দগোপাল প্রামাণিক* বনাম *কবির কয়াল* 2010(4) CHN 12 (Cal).

২ AIR 1981 SC 1030.

সালের পঃ বঃ ভূমি সংস্কার আইনের ৪৯ ধারা অনুযায়ী কর্তৃপক্ষের পছন্দের লোক দিয়ে চাষ করাতে। এই ধারাটিকে মারাত্মক কঠোর বলে ধারণা হয় এবং মালিকের অধিকারের উপর অবিচার করা হয় বিশেষ করে ১৯৭২ সালের সংশোধন দ্বারা জমির সর্বোচ্চ সীমা (ceiling) কমিয়ে দেওয়ার পরে। বর্গাদার যদি স্বেচ্ছায় কোনও জমির চাষ ছেড়ে দেয় বা সমর্পণ করে তবে, মালিককেই ওই জমি চাষ করতে দেওয়া উচিত অন্ততঃপক্ষে নিজের পছন্দের লোককে দিয়ে চাষ করানোর অধিকার থাকা উচিত। ২০খ(৩), ২০খ(৪), ২০খ(৫) ধারাগুলি [ss. 20B(3), 20B(4), 20B(5)] যদিও শাস্তি দেওয়ার ধারা তবুও চাষির মৌলিক অধিকারের উপর এটি একটি বাধা। তা সত্ত্বেও আমরা এই ধারাগুলিকে আমরা বাতিল করতে পারি না কারণ এই ধারাগুলি ১৯৭২ সালের সংশোধনের মধ্যে যুক্ত, যা ২৪.৪.১৯৭৩-এর আগে সংবিধানের নবম তফসিলে ঢোকানো (placed) আছে এবং যে কারণে এইগুলি নিরাপত্তা ছাতার নীচে রয়েছে (fall within protective umbrella) এবং এইগুলিকে চ্যালেঞ্জ করা যায় না।

ওই মামলার রায় দান প্রসঙ্গে সুপ্রীম কোর্ট আরও বলেন যে—পঃ বঃ ভূমি সংস্কার আইনের ২০খ ধারাটি স্বেচ্ছাচারী (arbitrary) এবং চাষির মৌলিক অধিকারের উপর মারাত্মক বাধা। কিন্তু *মধুসূদন সিং* বনাম *ইউনিয়ন অব ইন্ডিয়া,*[৩] মামলায় *কালিমাতা ঠাকুরানির* মামলার রায়কে অগ্রাহ্য করে (overruled)। *কালিমাতা ঠাকুরানি* বনাম *ইউনিয়ন অব ইন্ডিয়া* মামলার রায় দেন দুই সদস্যের মহামান্য বেঞ্চ অপরদিকে *মধুসূদন সিং* বনাম *ইউনিয়ন অব ইন্ডিয়া* মামলার রায় দেন তিন সদস্য বিশিষ্ট মহামান্য বেঞ্চ। এই মামলার ২০খ ধারাটিকে না স্বেচ্ছাচারী না কঠিন (neither arbitrary nor harsh) কোনও কিছুই স্বীকার করা হয়নি। বরং বলা হয়েছে এই ধারাগুলি আইন এবং সংবিধানের ৩৯(খ) অনুচ্ছেদে বর্ণিত উদ্দেশ্যের (objectives) মধ্যে একটা পরিষ্কার সম্বন্ধ (clear nexus) তৈরি করে।

৭। ১৯৫৬ সালের পঃ বঃ ভূমি সংস্কার (বর্গাদার) নিয়মের ১২ক নং বিধি [Rule 12A of W.B.L.R. (Bargadar) Rules 1956]. বর্গাদারের প্রতি বিজ্ঞপ্তির নিদর্শ, যেক্ষেত্রে বর্গাদার চাষ করা থেকে সমর্পণ বা পরিত্যাগ করছেন ঃ

৩ AIR 1984 SC 374.

পশ্চিমবঙ্গ ভূমি সংস্কার আইনের ২০খ(২) নং ধারায় বর্ণিত বিজ্ঞপ্তি নিদর্শ চ (Form F) অনুযায়ী হবে।

নিদর্শ চ

[Form F]

(*See* Rule 12A)

Notice under sub-section (2) of section 20B.

To

Sri .... S/O ....

Vill ....

P.O. ....

Dist ....

Take notice that Shri .... of village .... Police Station .... has given information in writing that you use to cultivate the land, particulars of which are given below, as a bargadar and that you have surrendered your right / voluntarily abandoned to cultivate in relation to the said land as a bargadar / cultivation of the said land.

The matter will be heard by the undersigned on .... when you may present your case.

Description of the land :

Plot No :

Area :

Mauza No :

J.L. No. :

P.S. :

Khatian No :

The officer specially empowered under s. 18(1) of W.B.L.R. Act, 1955.

৮। নমুনা আদেশনামা—পঃ বঃ ভূমি সংস্কার আইনের ২০খ ধারা অনুসারে [Model order sheet under s. 20B of W.B.L.R. Act].

1. Where as an information has been received in writing from Shri .... S/o ...., village ....

that ...., that Shri .... S/o ...., village .... who has been cultivating the land described in the written information, surrendered/ voluntarily abandoned his right of cultivation of the lands as bargadar;

Whereas it is necessary to ascertain the truth or otherwise of the information by hearing the parties concerned, issue notice in the prescribed form to the bargadar asking him to appear before me on .... at .... a.m./ p.m. for a hearing with all relevant oral and documentary evidence.

Officer appointed under s. 18(1) of
W.B.L.R. Act.

2. Notices duly served vide S.R. filed with the case records.
3. Both the parties, namely, Shri .... and Shri .... are present. Considered oral and documentary evidences adduced by them.

   [The produced documents would be noted and witnesses would be examined and cross-examined by the both parties.]

   Heard the submissions of the parties.

Officer appointed under s. 18(1) of
W.B.L.R. Act.

N.B. If necessary field enquiry should be done after issuing notices to both the parties. The finding should be either that the surrender/abandonment was voluntary or that it was not so. The next course of action will depend upon the findings. Depending on the nature of the finding, subsequent orders should be passed accordance with either sub-section (3) of section 20 or sub-section (4) of that section.

২১। আইনগত ক্ষেত্রাধিকারে বাধা (Bar of Jurisdiction) ঃ (১) [১][.......] এই পরিচ্ছেদের কোনও আদেশ বা কার্যাবলি কোনও দেওয়ানি আদালতে তোলা চলবে না এবং কোনও দেওয়ানি আদালত [২][১৭, ১৮, ১৯খ এবং ২০খ ধারার] বিষয় সম্পর্কিত কোনও মামলা বা কার্যাবলি গ্রহণ করবেন না।

(২) এই পরিচ্ছেদের আধিকারিক বা কর্তৃপক্ষ নিয়োগের পর ১৯৫০ সালের পঃ বঃ বর্গাদার আইন অনুসারে গঠিত "ভাগচাষ সংগতি সাধন পর্ষদ" (Bhagchas Conciliation Board)-এর কাছে যে সমস্ত কার্যাবলি ছিল, যে অঞ্চলের কার্যাবলিগুলি চলছিল সেখানকার আধিকারিক বা কর্তৃপক্ষের কাছে হস্তান্তরিত হয়ে যাবে।

[৩](৩) কোনও 'দেওয়ানি আদালত' বা কোনও 'ফৌজদারি আদালতের' কাছে চালু কোনও [৪][মামলা, কোনও বিচার্য বিষয়, আপিল বা অন্য কার্যাবলি] চলাকালীন এই প্রশ্ন যদি ওঠে যে একজন ব্যক্তি বর্গাদার হবে কী বর্গাদার হবে না, তখন আদালত সিদ্ধান্তের জন্য ১৮(১) ধারার আধিকারিক বা কর্তৃপক্ষের কাছে পাঠাবেন এবং [৫][১৮(১) ধারার যে আধিকারিক বা কর্তৃপক্ষের কাছে বিষয়টি পাঠানো হয়েছিল, তিনি যে

১ "১৯ ধারায় আরোপিত শর্ত ছাড়া" শব্দ কয়টি প্রথমে পশ্চিমবঙ্গ ভূমি সংস্কার (সংশোধন) আইন, ১৯৭০ (রাষ্ট্রপতির আইন ১৬, ১৯৭০)-এর ৮ ধারার মাধ্যমে ১৩.৭.১৯৭০ তারিখ হতে বাতিল হয়েছিল। এরপর পশ্চিমবঙ্গ ভূমি সংস্কার (সংশোধন) আইন, ১৯৭২ (পশ্চিমবঙ্গ আইন ১২, ১৯৭২)-এর ২০ ধারার মাধ্যমে ১৩.৭.১৯৭০ তারিখ হতে বাতিল হয়েছে।

২ "১৭ এবং ১৮ ধারাগুলি" শব্দ ও সংখ্যার স্থলে পশ্চিমবঙ্গ ভূমি সংস্কার (সংশোধন) আইন, ১৯৮১ (পশ্চিমবঙ্গ আইন ৫০, ১৯৮১)-এর ৩৫(ক) ধারার মাধ্যমে অনুকল্পিত এবং উক্ত আইনের ১(২) ধারার মাধ্যমে ৭.৮.১৯৬৯ তারিখ হতে বলবৎ হয়েছে।

৩ মূল (৩) উপধারাটি পশ্চিমবঙ্গ ভূমি সংস্কার (সংশোধন) আইন ১৯৭৪ (পশ্চিমবঙ্গ আইন ৩৩, ১৯৭৪)-এর ৭ ধারার মাধ্যমে সন্নিবেশিত হয়েছে।

৪ পশ্চিমবঙ্গ আইন ৫০, ১৯৮১-এর ৩৫(খ)(*i*) ধারার মাধ্যমে ৭.৮.১৯৬৯ তারিখ হতে বলবৎ করে সন্নিবেশিত হয়েছে।

৫ পশ্চিমবঙ্গ আইন ৫০, ১৯৮১-এর ৩৫(খ)(*ii*) ধারার মাধ্যমে "সিদ্ধান্তের জন্য" শব্দগুলির স্থলে বন্ধনীর ভিতরের অংশ ৭.৮.১৯৬৯ তারিখ হতে বলবৎ করে অনুকল্পিত হয়েছে।

সিদ্ধান্ত নেবেন ওই আদালত সেই অনুযায়ী ওই মামলা, বিচার্যবিষয়, আপিল বা অন্য কার্যাবলি নিষ্পত্তি করবেন।]

[৬](৪) ১৮(১) ধারার কোনও আধিকারিক বা কর্তৃপক্ষের কাছে সিদ্ধান্ত গ্রহণের জন্য পাঠানো হলে, ওই আধিকারিক বা কর্তৃপক্ষ নির্দিষ্ট পদ্ধতিতে ওই মামলা, বিচার্যবিষয়, আপিল বা অন্য কার্যাবলির সাথে যুক্ত সমস্ত পক্ষকে শুনানির সুযোগ দেবেন এবং নিজে তদন্ত করবেন, তার পরে একটি সিদ্ধান্ত নেবেন। যে আদালত তাকে পাঠিয়েছে সেই আদালতের কাছে ওই সিদ্ধান্ত পাঠাবেন। ওই সিদ্ধান্ত ওই আদালতে জানানোর পর একমাত্র ১৯ ধারা অনুযায়ী আপিলের বিচার ছাড়া ওই সিদ্ধান্তের আর পরিবর্তন করা যাবে না।

21. Bar of jurisdiction. (1) No order or other proceedings whatsoever under this Chapter shall be questioned in any Civil Court and no Civil Court shall entertain any suit or proceeding in respect of any matter mentioned in [1][sections 17, 18, 19B and 20B].

(2) On the appointment of officer or authorities under this Chapter all proceedings pending before any *Bhagchas* Conciliation Board established under the West Bengal Bargadars Act, 1950, shall stand transferred to the officer or authority having jurisdiction over the area in which the land, to which the proceedings relate, is situated.

(3) If any question as to whether a person is or is not a bargadar arises in the course of any [2][suit, case, appeal or other] proceedings before any Civil or Criminal Court, the Court shall refer it to the officer or authority mentioned in sub-section (1) of section 18 [3][for decision and such Court shall dispose of the suit, case, appeal or other proceedings in accordance with the decision communicated to it by the officer or authority mentioned in sub-section (1) of section 18 to whom the question was referred].

৬ এই উপধারাটি পশ্চিমবঙ্গ ভূমি সংস্কার (সংশোধন) আইন ১৯৮১-এর ৩৫(গ) ধারার মাধ্যমে ৭.৮.১৯৬৯ তারিখ হতে বলবৎ করে সন্নিবেশিত হয়েছে।

1 *Substituted* by W.B. Act L of 1981, dated 24.3.1986.

2 *Inserted, ibid.*

3 *Substituted, ibid*; the old portion read as "for decision".

[4][(4) On a reference being made under sub-section (3) of this section to the officer or authority mentioned in sub-section (1) of section 18 for decision, such officer or authority shall personally make such enquiry as may be prescribed, shall arrive at a decision after giving all the parties to the suit, case, appeal or other proceedings an opportunity of being heard and shall communicate his or its decision in the prescribed manner to the Court which made the reference. After communication of his or its decision to the referring Court such decision shall not be altered or revised except in an appeal under section 19.]

আলোচনার সূচী

4 *Added* by the W.B.L.R. Act L of 1981.

আলোচনার সূচী—*চলিতেছে*

১। সূচনা **[Commencement].** মূল আইনে ২১ নং ধারার দুটি উপধারা যথাক্রমে (১) এবং (২) ছিল। যে সমস্ত এলাকা বিহার থেকে পশ্চিমবঙ্গে স্থানান্তরিত হয়েছে সেইগুলি বাদে সমস্ত এলাকায় এই উপধারা দুটি কার্যকর হয়েছিল ৩১.৩.১৯৫৬ থেকে। যে এলাকাগুলি বিহার থেকে পশ্চিমবঙ্গে এসেছে সেই এলাকায় এই উপধারা দুটি ১.৭.১৯৬৭ থেকে বলবৎ হয়েছে।

মূল আইনে (১) নং উপধারায় "save as provided in s. 19" শব্দগুলি ছিল। কিন্তু ১৯৭০ সালের পঃ বঃ ভূমি সংস্কার (সংশোধন) আইন [১৯৭০ সালের রাষ্ট্রপতির ১৬ নং আইন] এবং পরবর্তী ক্ষেত্রে ১৯৭২ সালের

পশ্চিমবঙ্গ ভূমি সংস্কার (সংশোধন) আইন [১৯৭২ সালের পশ্চিমবঙ্গের ১২ নং আইন] দ্বারা ওই শব্দগুলি বিলোপ করা হয়েছে। ১৩.৭.১৯৭০ থেকে এটি বলবৎ হয়েছে।

মূল আইনে (১) নং উপধারায় প্রথমে "১৭ এবং ১৮ নং ধারা" শব্দগুলি ছিল। ১৯৮১ সালের পশ্চিমবঙ্গ ভূমি সংস্কার (সংশোধন) আইন [১৯৮১ সালের পশ্চিমবঙ্গের ৫০ নং আইন] দ্বারা ওই শব্দগুলির বদলে "১৭, ১৮, ১৯খ এবং ২০খ ধারাগুলি"—শব্দ যুক্ত করা হয়েছে।

আবার মূল আইনে ধারা ২১-এর (৩) উপধারাটি ছিল না। ১৯৭৪ সালের পশ্চিমবঙ্গ ভূমি সংস্কার (সংশোধন) আইন [১৯৭৪ সালের পশ্চিমবঙ্গের ৩৩ নং আইন] দ্বারা ২১(৩) ধারাটি মূল আইনে সংযুক্ত করেছে। এটি বলবৎ হয়েছে ২১.৬.১৯৭৪ তারিখ থেকে। রাষ্ট্রপতির সম্মতি কলিকাতা গেজেটে প্রকাশিত হয়েছিল ২১শে জুন ১৯৭৪ সালে। ১৯৮১ সালের পশ্চিমবঙ্গ ভূমি সংস্কার (সংশোধন) আইন দ্বারা ২১(৩) ধারাকে পুনরায় সংশোধন করা হয়েছে। In course of any proceedings এই শব্দগুলি বাদ দেওয়া হয়েছে। পরিবর্তে যুক্ত করা হয়েছে—suit, case, appeal or other proceedings শব্দগুলি।

১৯৮১ সালের পশ্চিমবঙ্গ ভূমি সংস্কার (সংশোধন) আইন দ্বারা ২১(৪) ধারাটি যুক্ত করা হয়েছে।

২। **কর্মপরিধি [Scope].** পশ্চিমবঙ্গ ভূমি সংস্কার আইনের তৃতীয় পরিচ্ছেদের বিভিন্ন আদেশ (order) অথবা কার্যক্রমের (proceedings)-এর বিষয়ে দেওয়ানি আদালতের এক্তিয়ারের উপর বাধা আরোপ করেছে ২১(১) ধারা। কোনও মামলা (suit) বা কার্যক্রম (proceeding) দেওয়ানি আদালত গ্রহণ করতে পারবে না যার সাথে পশ্চিমবঙ্গ ভূমি সংস্কার আইনের ১৭, ১৮, ১৯খ বা ২০খ ধারার প্রসঙ্গ যুক্ত আছে।

আবার ২১(২) ধারা এই নির্দেশ দেয় যে—১৯৫০ সালের পশ্চিমবঙ্গ বর্গাদার আইনের ভাগচাষ সালিশী পর্ষদ (Bhagchas Conciliation Board)-এর কাছে যে যে কার্যক্রম বকেয়া ছিল, আপনা থেকেই সেই কার্যক্রমগুলি তৃতীয় পরিচ্ছেদের কার্যক্রম করার জন্য ১৮(১) ধারা আধিকারিক বা কর্তৃপক্ষের কাছে হস্তান্তরিত হয়ে আসবে।

দেওয়ানি আদালতের (Civil Court) কোনও মামলা বা কার্যাবলি (proceedings) শুনানির সময় যদি এই প্রশ্ন ওঠে যে কোনও ব্যক্তি বর্গাদার কিনা সেক্ষেত্রে দেওয়ানি আদালত এই প্রশ্ন মীমাংসার জন্য সিদ্ধান্ত নেবেন না। ২১(৩) ধারা এই নির্দেশ দেয় যে কোনও দেওয়ানি বা ফৌজদারি আদালতে (Civil or Criminal Court) কোনও কার্যাবলি শুনানি ও নিষ্পত্তি প্রসঙ্গে যদি এই প্রশ্ন ওঠে যে কোনও ব্যক্তি বর্গাদার কিনা তা হলে দেওয়ানি আদালত বা ফৌজদারি আদালত ওই বিষয়টি সিদ্ধান্তের জন্য ১৮(১) ধারার সংশ্লিষ্ট আধিকারিক বা কর্তৃপক্ষের কাছে পাঠাবেন। ১৮(১) ধারার আধিকারিক বা কর্তৃপক্ষ যে সিদ্ধান্ত নেবেন ওই সিদ্ধান্ত অনুসারেই দেওয়ানি আদালত বা ফৌজদারি আদালত ওই কার্যাবলিটির নিষ্পত্তি করবেন।

২১(৪) ধারা অনুযায়ী ১৮(১) ধারার সংশ্লিষ্ট আধিকারিক বা কর্তৃপক্ষ নিজে সরেজমিনে তদন্ত করবেন এবং সংশ্লিষ্ট সমস্ত পক্ষকে শুনানির সুযোগ দিয়ে একটি সিদ্ধান্ত গ্রহণ করবেন। এরপর যে আদালত ওই আধিকারিকের কাছে সিদ্ধান্ত গ্রহণের জন্য ওই বিষয়টি দিয়েছিল, সংশ্লিষ্ট আধিকারিক ওই সিদ্ধান্ত ওই আদালতের কাছে পাঠাবেন। ২১(৪) ধারা অনুযায়ী একমাত্র ১৯ ধারার আপিল মামলা বাদে ওই সিদ্ধান্ত (decision) পরিবর্তন করা যাবে না কোনও অবস্থাতেই।

৩। দেওয়ানি আদালতের ক্ষেত্রাধিকারে বাধা [Bar of Civil Court's jurisdiction]. ২১(১) ধারায় আদালতের ক্ষেত্রাধিকারের সীমাকে রিষ্কারভাবে সীমিত করা হয়েছে। ওই ধারায় দুটি পদ্ধতিতে আদালতের ক্ষেত্রাধিকারকে সীমিত করেছে। প্রথমত, তৃতীয় পরিচ্ছেদের বিষয়ে নেওয়া কোনও সিদ্ধান্ত সম্পর্কে দেওয়ানি বা ফৌজদারি আদালত (Criminal Court) কোনও প্রশ্ন করতে পারবে না। দ্বিতীয়ত, কোনও দেওয়ানি বা ফৌজদারি আদালত ১৭, ১৮, ১৯খ বা ২০খ ধারা বিষয়ক কোনও মামলা বা কার্যক্রম গ্রহণ করবেন না। ১৮(১)(ক), ১৮(১)(কক), ১৮(১)(খ) ধারায় সংশ্লিষ্ট আধিকারিক কোনও সিদ্ধান্ত নিলে, সেই সিদ্ধান্তের বিরুদ্ধে দেওয়ানি বা ফৌজদারি আদালতে (Civil or Criminal Court) মামলা করা যাবে না।

যদি এই প্রশ্ন দেখা যায় যে কোনও ব্যক্তি বর্গাদার কিনা অথবা উৎপন্ন ফসলের ভাগ করা অথবা উপযুক্ত ভাগ প্রদান করা কিংবা বর্গা উচ্ছেদ, ফসল ঝাড়াই- মাড়াই ইত্যাদি বিভিন্ন বিষয়ে কোনও সমস্যা দেখা দিলে পঃ বঃ ভূমি সংস্কার আইনের ১৮(১) ধারার সংশ্লিষ্ট আধিকারিক বা কর্তৃপক্ষ ওই বিষয়গুলির

মীমাংসা করবেন। কিন্তু কোনওভাবেই ১৮(১) ধারার আধিকারিককে কোনও সম্পত্তির উপর ন্যায়সংগত অধিকার (title) প্রশ্নে সিদ্ধান্ত নেওয়ার অধিকারী নন।

গোবিন্দ প্রসাদ সামন্ত বনাম *পঃ বঃ সরকার,*[১] মামলার সূত্রে দেখা যায়—২১(১) ধারা দেওয়ানি আদালতকে পরিষ্কারভাবে নির্ধারিত কতগুলি বিষয় সম্পর্কে বাইরে রেখেছে। ১৮(১) ধারার সংশ্লিষ্ট আধিকারিককে পরিপূর্ণভাবে কতগুলি বিষয়ে ক্ষমতা দিয়েছে এছাড়া কোনও ব্যক্তি বর্গাদার কিনা এই প্রশ্নের মীমাংসা তিনিই করবেন।

এছাড়া ১৮(২) ধারাটি সংশোধনের পরে "অথবা অন্যভাবে" শব্দগুলি যুক্ত হওয়ার ফলে ১৮(১) ধারার আধিকারিককে পরিপূর্ণভাবে (exclusively) মালিক এবং বর্গাদারের মধ্যে কোনও বিবাদ বা সম্পর্ক বিষয়ে কোনও সিদ্ধান্ত নেওয়ার ক্ষমতা দেওয়া হয়েছে। এবং সম্পূর্ণভাবে দেওয়ানি আদালতকে ওই বিষয়ের বাইরে রাখা হয়েছে।[২] দেওয়ানি আদালতের ক্ষেত্রাধিকারের সীমা বাকী বিষয়গুলির জন্য একইরকম রইল শুধুমাত্র এই প্রশ্ন ছাড়া যে, কোনও ব্যক্তি বর্গাদার হবে কি হবে না।[৩]

৪। সম্পত্তির উপর ন্যায়সংগত অধিকার বিষয়ে দেওয়ানি আদালত সিদ্ধান্ত নেবেন [Civil Court shall take decision regarding the question of title]. যখন এরকম কোনও প্রশ্ন ওঠে যে—কোনও ব্যক্তি জমির মালিক কিনা, সেক্ষেত্রে এই প্রশ্ন মীমাংসার ক্ষেত্রাধিকার (jurisdiction) নির্ধারিত কর্তৃপক্ষের (statutory authority) উপরে দেওয়া হয়নি। ভাগচাষ আধিকারিকের যে ক্ষেত্রাধিকার দেওয়া হয়েছে তা কেবলমাত্র সীমিত বিষয়ের জন্য। ভাগচাষ আধিকারিক কেবলমাত্র পঃ বঃ ভূমি সংস্কার আইনের ১৭ এবং ১৮ নং ধারার যে বিবাদ, সেইগুলি মীমাংসা করতে পারেন এবং দেওয়ানি

১ 1979(2) Cal LJ 319.

২ *সুদর্শন* বনাম *জানকী* AIR 1976 Cal 255; *আজিজুর রহমান* বনাম *পশ্চিমবঙ্গ সরকার* AIR 1981 Cal 269; *চরণ সাঁওতাল* বনাম *ইন্দ্রজিৎ সেন* 1981(1) Cal LJ 542; AIR 1979 Cal 256.

৩ *চপলা বালা অধিকারী* বনাম *মনোরঞ্জন দাস* 1975(2) Cal LJ 447; *গোবিন্দ প্রসাদ সামন্ত* বনাম *পঃ বঃ সরকার* 1979(2) Cal LJ 319; *হারাধন চোংদার* বনাম *জীতেন্দ্রনাথ হাম্বীর* 1980(1) Cal LJ 75.

আদালতকে কেবলমাত্র এই বিষয়গুলির মীমাংসা করা থেকে বাইরে রাখা হয়েছে।[৪]

কোনও সম্পত্তির উপর ন্যায়সংগত অধিকার বিষয়ে মীমাংসার জন্য দেওয়ানি আদালত হল একমাত্র উপযুক্ত ক্ষেত্র (appropriate forum), কোনও অন্য কর্তৃপক্ষকে স্বত্ব (title) বিষয়ক প্রশ্ন মীমাংসার অধিকার দেওয়া হয়নি।[৫]

৫। বকেয়া মামলার ক্ষেত্রে ২১(৩) ধারা প্রয়োগ হবে কিনা [Whether s. 21(3) applicable to pending cases]. বকেয়া মামলাগুলি বা কার্যক্রমগুলির ক্ষেত্রেও পঃ বঃ ভূমি সংস্কার আইনের ২১(৩) ধারা বলবৎ হবে।[৬]

২১(৩) ধারা বলবৎ হয়েছে ২১শে জুন ১৯৭৪ থেকে। খুব স্বাভাবিকভাবেই এই প্রশ্ন উঠে আসে যে ২১.৬.১৯৭৪ সালের আগে যে সব কেস আদালতে বকেয়া আছে সেই বকেয়া কেসগুলির ক্ষেত্রে ২১(৩) ধারা প্রযোজ্য হবে কিনা। অথবা ২১.৬.১৯৭৪ তারিখে বা তার পরে দাখিল করা মামলার ক্ষেত্রে ২১(৩) প্রযোজ্য হবে কিনা। মহামান্য কলিকাতা হাইকোর্ট *বীরেন্দ্র নাথ গাইন* বনাম *কালিচরণ মণ্ডল*,[৭] মামলায় মহামান্য কলিকাতা হাইকোর্ট রায়দান প্রসঙ্গে জানান ২১(৩) ধারার অতীত বীক্ষণ (retrospective) কার্যকারিতা বলবৎ হয়নি, কেবলমাত্র যে সব মামলাগুলি ২১.৬.১৯৭৪ তারিখে বা তার পরে দাখিল করা হয়েছে তাদের ক্ষেত্রেই ২১(৩) ধারা বলবৎ হবে। তবে *চপলা বালা অধিকারী* বনাম *মনোরঞ্জন দাস*,[৮] মামলায় বিপরীত অভিমত দিয়েছেন মহামান্য আদালত।

৪ *অ্যাংলো ইন্ডিয়া জুট মিল কোং* বনাম *সরজু প্রসাদ সিং* 77 CWN 530; *যদুনাথ* বনাম *লালমোহন* 66 CWN 88.

৫ *দুলাল চন্দ্র দে* বনাম *অঞ্জলী দে* 92 CWN 952; *সুবল মণ্ডল* বনাম *অতুল ঘোষ* Cal LT 1989(2) HC 427.

৬ *রাইচ আলি খাঁন* বনাম *হাজী সাদাক আলি শেখ* 1977(2) Cal LJ 1; *রাধাপদ জানা* বনাম *জ্ঞানেন্দ্রনাথ বেরা* 1978 CHN 379; *বীরেন্দ্র* বনাম *বিশ্বনাথ* 1984(2) CHN 17.

৭ 80 CWN 207; 1975(2) Cal LJ 504.

৮ 1975(2) Cal LJ 447.

৬। কোর্ট বলতে হাইকোর্ট বোঝায় না [Court does not mean High Court]. *রাধাপদ জানা* বনাম *জ্ঞানেন্দ্রনাথ বোস,*[৯] মামলার রায় দান প্রসঙ্গে মহামান্য হাইকোর্ট জানিয়েছেন—"*দেওয়ানি আদালত* অথবা *ফৌজদারি আদালত*" বলতে পঃ বঃ ভূমি সংস্কার আইনের ২১(৩) ধারায় যা বলা হয়েছে তা হাইকোর্টকে বোঝায় না। সুতরাং কোনও আপিল যদি হাইকোর্টে বকেয়া থাকে তবে হাইকোর্টের ওই বকেয়া আপিল মামলার ক্ষেত্রে পঃ বঃ ভূমি সংস্কার আইনের ২১(৩) ধারা বলবৎ হবে না এবং ওই বিবাদগুলি ২১(৩) ধারার আধিকারিক বা কর্তৃপক্ষের কাছে পাঠানোর দায় হাইকোর্টের উপর বর্তায় না। মহামান্য হাইকোর্ট কোনও রিভিশান কেস বকেয়া থাকলে সেই ক্ষেত্রেও একইরকম পদ্ধতি অনুসৃত হবে।

একইরকম সিদ্ধান্ত অনুসরণ করা হয়েছে *সুবল চন্দ্র মণ্ডল* বনাম *অতুল চন্দ্র ঘোষ,*[১০] মামলায়। *সুবল চন্দ্র মণ্ডল* বনাম *অতুল চন্দ্র ঘোষ*[১০] মামলায় পরিষ্কার বোঝা যায় গৃহীত সিদ্ধান্ত থেকে যে, ১৯৮১ সালের পঃ বঃ ভূমি সংস্কার (সংশোধন) আইনের ২১(৩) ধারায় যে "দেওয়ানি" আদালতের কথা বলা আছে তা "হাইকোর্টকে" বোঝায় না।

৭। দেওয়ানি আদালত সংশ্লিষ্ট আধিকারিকের কাছে পাঠাবেন [Civil Court shall refer to the concerned officer/authority]. পশ্চিমবঙ্গ ভূমি সংস্কার আইনের ২১(৩) ধারায় এই নির্দেশ দেয় যে, যদি এই প্রশ্ন ওঠে কোনও ব্যক্তি বর্গাদার বা বর্গাদার নয়—সেক্ষেত্রে দেওয়ানি আদালত বা ফৌজদারি আদালত ওই কার্যাবলি (proceeding) নিষ্পত্তির জন্য বিষয়টি সংশ্লিষ্ট ১৮(১) ধারার আধিকারিক/কর্তৃপক্ষের কাছে পাঠাবেন সিদ্ধান্ত গ্রহণের লক্ষ্যে। 'কোনও একজন লোক বর্গাদার' এটি প্রতিষ্ঠার জন্য অথবা 'কোনও একজন লোক বর্গাদার নয়' এটি ঘোষণার জন্য যখন কোনও মামলা আনা হয় তখন পঃ বঃ ভূমি সংস্কার আইনের ২১(৩) ধারা পরিষ্কারভাবে প্রযোজ্য হয় এবং আদালত বাধ্য হয় ওই বিষয়ে সিদ্ধান্ত নেওয়ার জন্য পশ্চিমবঙ্গ ভূমি সংস্কার আইনের ১৮(১) ধারার দায়িত্বপ্রাপ্ত আধিকারিক/কর্তৃপক্ষের কাছে বিষয়টি পাঠিয়ে দিতে। আবার অন্যদিকে, কোনও মামলা যদি মালিকানা (ownership),

৯ 82 CWN 833; 1978 CHN 379.

১০ Cal LT 1989(2) HC 427; *জ্ঞানেন্দ্র নাথ বোস* বনাম *সুশীল কুমার সাফুই* 80 CWN 250.

অনধিকার প্রবেশ (tresspass), লাইসেন্স, প্রজাস্বত্ব (tenancy) ইত্যাদি ঘোষণার লক্ষ্যে আনা হয়, সেক্ষেত্রে দেওয়ানি আদালত বিষয়টি ২১(৩) ধারায় পাঠাতে বাধ্য নয়।[১১]

২১(৩) ধারায় "shall" শব্দটি প্রয়োগ করা হয়েছে এই অর্থে যে দেওয়ানি বা ফৌজদারি আদালতে (Civil or Criminal Court) কোনও কার্যাবলি (proceedings) শুনানির সময় যদি এই প্রশ্ন ওঠে যে কোনও ব্যক্তি বর্গাদার নয় অথবা কোনও ব্যক্তি বর্গাদার, সেক্ষেত্রে এই প্রশ্ন মীমাংসার জন্য ওই বিষয়টি সংশ্লিষ্ট আধিকারিক/কর্তৃপক্ষের কাছে পাঠানো দেওয়ানি বা ফৌজদারি আদালতের বাধ্যতামূলক দায়িত্ব। সুতরাং কোনও মামলা এই লক্ষ্যে দাখিল করা হয় যে কোনও ব্যক্তি বর্গাদার বা বর্গাদার নয় সেটা ঘোষণার জন্য, তখন ২১(৩) ধারা প্রযোজ্য হবে এবং আদালত ওই বিষয়ে সিদ্ধান্ত নেওয়ার জন্য ১৮(১) ধারার আধিকারিকের কাছে পাঠাবেন। তিনি নিজে কোনও সিদ্ধান্ত নেবেন না ওই বিষয়ে।

আবার *পঞ্চানন ভাণ্ডারী* বনাম *কালিপ্রসাদ বর্মন,*[১২] মামলায় মহামান্য হাইকোর্ট বলেন—কোনও দেওয়ানি আদালতে কোনও মামলায় যদি এই প্রশ্ন ওঠে যে কোনও ব্যক্তি বর্গাদার অথবা বর্গাদার নয়, সেক্ষেত্রে নির্ধারিত কর্তৃপক্ষের কাছে অবশ্যই বিষয়টি সিদ্ধান্তের জন্য মহামান্য দেওয়ানি আদালত পাঠাবেন।

পশ্চিমবঙ্গ ভূমি সংস্কার আইনের ২১(৩) ধারা অনুসারে দেওয়ানি আদালতের এটা কর্তব্য (duty) যে, আদালতে এই প্রশ্ন যদি ওঠে—কোনও ব্যক্তি বর্গাদার অথবা কোনও ব্যক্তি বর্গাদার নয়, সেক্ষেত্রে আদালত বিষয়টি সিদ্ধান্তের জন্য সংশ্লিষ্ট আধিকারিকের কাছে পাঠাবেন। ১৮(২) ধারা সংশোধিত হয়ে "অথবা অন্যভাবে" শব্দটি যুক্ত হওয়ায় বর্গাদার ও মালিকের মধ্যেকার বিবাদ বিষয়ে মীমাংসার ক্ষেত্র অনেক বেশি বিস্তৃত হয়েছে। অভিযুক্ত বর্গাদার ও মালিকের মধ্যে জমি নিয়ে বিবাদ হলে তা মীমাংসার জন্য সংশ্লিষ্ট আধিকারিকের কাছেই তা সিদ্ধান্তের জন্য পাঠাতে হবে।[১৩]

১১ *চপলা বালা অধিকারী* বনাম *মনোরঞ্জন দাস* 1975(2) Cal LJ 447.
১২ 81 CWN 922.
১৩ *হীরেন্দ্রনাথ মণ্ডল* বনাম *রাজেন্দ্রনাথ শেনাপথী* 88 CWN 304.

৮। দেওয়ানি আদালতে অর্থ-সংক্রান্ত মামলায় [Money suit] ২১(৩) ধারার উল্লেখ [Mention of s. 21(3) in a money suit at Civil Court]. আবেদনকারী দেওয়ানি আদালতে প্রতিবাদীর বিরুদ্ধে একটি অর্থ-সংক্রান্ত মামলা দায়ের করেন, প্রতিবাদী মহামান্য দেওয়ানি আদালতের কাছে এই আবেদন রাখেন, পশ্চিমবঙ্গ ভূমি সংস্কার আইনের ২১(৩) ধারামতে কোনও ব্যক্তি বর্গাদার কি বর্গাদার নয়, যেন বিচার করা হয়। সংশ্লিষ্ট আদালত এই মর্মে আবেদনটি খারিজ করে দেন যে আলোচ্য মামলাটি 'অর্থ-বিষয়ক মামলা', কোনও ব্যক্তি বর্গাদার অথবা বর্গাদার নয় সেই সম্পর্কিত নয়, সুতরাং প্রতিবাদী বর্গাদার কি বর্গাদার নয় তা ২১(৩) ধারার উল্লেখ করে আলোচ্য মামলায় নির্ধারণ হতে পারে না। প্রতিবাদীর পেশ করা সংবিধানের ২২৭ নং ধারায় আবেদনপত্রের রায় দান প্রসঙ্গে মহামান্য উচ্চ ন্যায়ালয় জানান, অর্থ-বিষয়ক মামলা হলেও যদি প্রতিবাদী দাবি করেন যে তিনি বর্গাদার এবং ২১(৩) ধারার উল্লেখ করে নির্ধারিত কর্তৃপক্ষ দ্বারা তার অবস্থান নির্ণয়ের আবেদন জানান, সেক্ষেত্রে দেওয়ানি আদালত ওই বিষয়টি সংশ্লিষ্ট কর্তৃপক্ষের কাছে ২১(৩) ধারার উল্লেখ করে পাঠাবেন।[১৪]

৯। ২১(৩) ধারায় পাঠানোর জন্য কোনও আবেদনের প্রয়োজন কিনা [Whether application is necessary for reference under s. 21(3)]. ১৯৫৫ সালের পঃ বঃ ভূমি সংস্কার আইনের ২১(৩) ধারা থেকে এটা পরিষ্কার হয়ে যায় যে, কোনও দেওয়ানি বা ফৌজদারি আদালতে (Civil or Criminal Court) কোনও মামলা নিষ্পত্তির সময় এই প্রশ্ন ওঠে যে কোনও ব্যক্তি বর্গাদার বা কোনও ব্যক্তি বর্গাদার নয়, সেক্ষেত্রে ওই আদালত ওই বিষয়ে সিদ্ধান্ত গ্রহণের জন্য পঃ বঃ ভূমি সংস্কার আইনের ১৮(১) ধারায় আধিকারিকের কাছে পাঠাবেন। এই বিষয়টি ১৮(১) ধারার আধিকারিকের কাছে পাঠানোর প্রক্রিয়াটি ত্বরান্বিত করে থাকবে দেওয়ানি আদালত বা ফৌজদারি আদালত, কোনও পক্ষের আবেদনের উপর এটি নির্ভর করবে না। এই বিষয়টি নিষ্পত্তির লক্ষ্যে ১৮(১) ধারার আধিকারিকের কাছে পাঠানোটা আদালতের দায়িত্বের মধ্যে পড়ে। *দুলাল চন্দ্র দে* বনাম *অঞ্জলি দে,*[১৫] এই মামলার রায় দান প্রসঙ্গে মহামান্য

১৪ *ভাস্কর পাণ্ডা* বনাম *আশুতোষ ত্রিপাঠী* (2008)3 WBLR 374 (Cal).

১৫ 92 CWN 952.

আদালত আরও জানান যে—যদি পূর্বের কোনও পাঠানো মামলা খারিজ হয়ে যায় তবে দ্বিতীয় বার ওই বিষয়ে মামলা দাখিল হলেও তার সংশ্লিষ্ট আধিকারিকের সিদ্ধান্তের জন্য পাঠাতে হবে। আগের আবেদনটি খেলাপ (default)-এর জন্য খারিজ হয়ে গিয়েছে—এই কারণে দ্বিতীয় আবেদনটি প্রত্যাখ্যান করা যাবে না, দ্বিতীয় ক্ষেত্রেও ১৮(১) ধারার আধিকারিকের কাছে পাঠাতে হবে। মহামান্য বিচারক এই রায় দিয়েছেন এই কারণে যে—ওই বিষয়টি ১৮(১) ধারার আধিকারিকের কাছে পাঠানো আদালতেরই দায়িত্ব।

১০। পশ্চিমবঙ্গ ভূমি সংস্কার আইনের ২১(৩) ধারামতে দেওয়ানি আদালতের হস্তক্ষেপে বাধা [Bar of jurisdiction under s. 21(3) of the W.B.L.R. Act]. *নিতাই চন্দ্র দাস* বনাম *ঝন্টু পাঁজা*[১৬] মামলায় নিতাই চন্দ্র দাস সংশোধিত দরখাস্ত পেশ করেছিলেন। কিন্তু অধিকার ও স্বত্বের (right and title) দেওয়ানি মামলায় তিনি ছিলেন বিবাদী ২, এবং ওই মামলার বাদীপক্ষ তাঁর বিরুদ্ধে এই মর্মে আবেদনপত্র দাখিল করেছিলেন যে ঃ

"(১) বাদী বিবাদীয় সীমানা নির্ধারিত পরিশিষ্ট-ক (Schedule-A) জমির ১৬ আনা অংশের মালিক এবং বিবাদীর ওই জমিতে অধিকার, স্বত্ব, স্বার্থ এবং দখল (right, title, interest and possession) কিছু নেই। (২) পরিশিষ্ট-খ (Schedule-B) তে নির্দিষ্ট সীমানা নির্ধারিত জমির ১৬ আনা অংশের মালিক প্রতিবাদীগণ এবং তাদের ক্রয় করা সম্পত্তি বাদে অন্য কোনও জমিতে তাদের অধিকার, স্বত্ব এবং স্বার্থ নেই। (৩) প্রতিবাদীগণ যাতে বাদীর শান্তিপূর্ণ দখলকৃত পরিশিষ্ট-ক উল্লিখিত জমিতে কোনও বিঘ্ন তৈরি করতে না পারেন, যাতে তাঁরা আবেদনকারীর চাষ করা ফসল কাটবার চেষ্টা না করেন তার জন্য স্থায়ী নিষেধাজ্ঞা (injunction) প্রার্থনা করছেন।" ইত্যাদি—

অন্যদিকে পশ্চিমবঙ্গ ভূমি সংস্কার আইনের ২১(৩) ধারা অনুযায়ী একটি আবেদনপত্র জমা দেওয়া হয় এবং এই প্রশ্ন ওঠে যেহেতু তিনি দীর্ঘ দিন ধরে ওই জমিতে একজন বর্গাদার এবং সমষ্টি ভূমি ও ভূমি সংস্কার আধিকারিকের দপ্তরে ওই আবেদনপত্রটি এখনও নিষ্পত্তি হয়নি। বিবাদীয় জমিতে তিনি বর্গাদার কিনা এই প্রশ্ন ওঠায় দেওয়ানি আদালত বিষয়টি নিষ্পত্তির

১৬ 2016(4) CHN 401 (Cal).

জন্য পঃ বঃ ভূমি সংস্কার আইনের ১৮(১) ধারায় নির্ধারিত কর্তৃপক্ষের কাছে পাঠান।

২১(৩) ধারা অনুযায়ী কোনও আদালতে যদি এই প্রশ্ন ওঠে কোনও ব্যক্তি বর্গাদার কিনা, তা হলে সংশ্লিষ্ট দেওয়ানি বা ফৌজদারি আদালত ওই প্রশ্ন মীমাংসার জন্য ১৮(১) ধারায় ক্ষমতাপ্রাপ্ত আধিকারিকের কাছে পাঠাবেন এবং ১৮(১) ধারায় ক্ষমতাপ্রাপ্ত আধিকারিক তাঁর সিদ্ধান্ত জানানোর পর ওই মামলা বা আপিল বা অন্য কোনও বিবাদের নিষ্পত্তি করবেন।

মহামান্য উচ্চ ন্যায়ালয় নিম্ন আদালতকে এই নির্দেশ দেন যে এই ধরনের সমস্যা দেখা দিলে সমাধানের জন্য ১৮(১) ধারায় ক্ষমতাপ্রাপ্ত আধিকারিকের কাছে পাঠাতে হবে। এরপর নির্ধারিত কর্তৃপক্ষ আদেশের প্রতিলিপি পাওয়ার দুই সপ্তাহের মধ্যে সিদ্ধান্ত নেবেন সংশ্লিষ্ট বিবাদী ২ বর্গাদার কিনা।

১১। দেওয়ানি আদালত কোনও ব্যক্তি বর্গা কি বর্গাদার নয় এ বিষয়ে সিদ্ধান্ত নেবে না [The Civil Court will not take decision whether a person is bargadar or not]. *অমলকান্তি সাশমল* বনাম *ঋষিকেশ সাশমল*[১৭] মামলায় মহামান্য সর্বোচ্চ ন্যায়ালয় (সুপ্রীম কোর্ট) জানিয়েছেন মালিকানা (title) ও চিরস্থায়ী নিষেধাজ্ঞা জারির ক্ষেত্রে যদি এই প্রশ্ন ওঠে প্রতিবাদী বর্গাদার বা বর্গাদার নয়, তা হলে সংশ্লিষ্ট আদালত বিষয়টির নিষ্পত্তির জন্য ১৮(১) ধারায় ক্ষমতাপ্রাপ্ত আধিকারিক/কর্তৃপক্ষের নিকট পাঠাবেন যেহেতু প্রতিবাদী জানাচ্ছেন তার পিতার আমল থেকে তিনি ওই জমিতে বর্গাদার হিসাবে চাষ করছেন। আরও নির্দেশ দিয়েছেন বর্গাদার কি বর্গাদার নন এই মর্মে সংশ্লিষ্ট ১৮(১) ধারায় ক্ষমতাপ্রাপ্ত আধিকারিক সিদ্ধান্ত নেওয়ার পর ২১(৩) ধারামতে নিয়ম অনুযায়ী মালিকানা ও স্থায়ী নিষেধাজ্ঞা সংক্রান্ত মামলাটির নিষ্পত্তি করা হবে।

আবেদনকারীর দায়ের করা মালিকানা সংক্রান্ত মামলাটিতে যখন এই প্রশ্ন ওঠে প্রতিবাদী বর্গাদার হবেন কি হবেন না, সেক্ষেত্রে প্রতিবাদীর বিরুদ্ধে দায়ের করা মালিকানা নির্ধারণ সংক্রান্ত মামলাটি নিষ্পত্তির জন্য নিম্ন আদালতের কাছে বিষয়টি পশ্চিমবঙ্গ ভূমি সংস্কার আইনের ১৮(১) ধারায় ক্ষমতাপ্রাপ্ত আধিকারিকের কাছে পাঠানো ছাড়া দ্বিতীয় বিকল্প কিছুই ছিল না এবং তিনি ওই

১৭ (2000)10 SCC 186.

মামলাটি খারিজ (dismiss) করতে পারেন না। বর্তমান মামলাটিতে দেওয়ানি আদালত ২১(৩) ধারায় মামলাটি খারিজ করে একটি বাধ্যতামূলক শর্ত (mandatory requirement) লঙ্ঘন করেছেন। সুতরাং ২২৭ ধারায় পেশ করা আবেদনটির নিষ্পত্তি প্রসঙ্গে মহামান্য উচ্চ ন্যায়ালয় পূর্বোক্ত দেওয়ানি আদালতের আদেশটি বাতিল ঘোষণা করলেন এবং অতি দ্রুত ১৮(১) ধারায় ক্ষমতাপ্রাপ্ত আধিকারিকের কাছে পাঠিয়ে দেওয়ার নির্দেশ দিচ্ছেন। ১৮(১) ধারায় ক্ষমতাপ্রাপ্ত সংশ্লিষ্ট আধিকারিক/কর্তৃপক্ষকে মহামান্য উচ্চ ন্যায়ালয় ২১(৪) ধারার সাপেক্ষে যথাসম্ভব অতি সত্বর উত্তর দেওয়ার নির্দেশ দিচ্ছেন, যেন তা চার সপ্তাহের মধ্যে হয় এবং কোনওভাবে ছয় সপ্তাহ অতিক্রম না করে। দেওয়ানি আদালতের কাছ থেকে আদেশ পাওয়ার সময় থেকে এই সময় হিসাব করা হবে।[১৮]

আবার আর একটি মামলায় একই রকম প্রশ্ন উঠেছিল, এক্ষেত্রে বর্তমান মামলার প্রতিবাদী বর্তমান মামলার আবেদনকারীর বিরুদ্ধে মালিকানা, উচ্ছেদ ও চিরস্থায়ী নিষেধাজ্ঞা প্রার্থনা করে দেওয়ানি আদালতের শরণাপন্ন হয়েছিলেন। বর্তমান মামলার আবেদনকারী লিখিতভাবে জানান যে তিনি একজন বর্গাদার। প্রতিবাদী বলেন আদৌ তিনি কোনও বর্গাদার নন বরং 'লাইসেন্স' প্রাপক হিসাবে চাষ করেন, কখনও বর্গাদার হিসাবে ছিলেন না। শুনানির সময় আবেদনকারী ২১(৩) ধারায় (পশ্চিমবঙ্গ ভূমি সংস্কার আইনের) একটি আবেদনপত্র পেশ করেন যাতে বিষয়টি ১৮(১) ধারায় ক্ষমতাপ্রাপ্ত আধিকারিকের কাছে পাঠানো হয় তিনি বর্গাদার কি বর্গাদার নন, এই সমস্যার সমাধানের জন্য। কিন্তু দেওয়ানি আদালত এই কারণে ২১(৩) ধারায় দাখিল করা আবেদনটি বাতিল করেন যে আবেদনকারী তার দাবির সমর্থনে সন্তোষজনক প্রমাণ দাখিল করতে পারেন নি। আবেদনকারী মহামান্য উচ্চ ন্যায়ালয়ে আবেদনপত্র জমা দিয়েছেন সংশোধনের জন্য। ২১(৩) ধারা বিশ্লেষণ করে মহামান্য আদালত জানিয়েছেন, দেওয়ানি আদালতের এটি আইনানুগ কর্তব্য, যখনই এ ধরনের সমস্যার উদ্ভব হবে তা ১৮(১) ধারায় ক্ষমতাপ্রাপ্ত আধিকারিকের কাছে পাঠানো হবে। ২১(৩), ২১(৪) ধারার সাপেক্ষে উক্ত ক্ষমতাপ্রাপ্ত আধিকারিক যে সিদ্ধান্ত গ্রহণ করবেন তার উপর ভিত্তি করেই তিনি মামলাটির নিষ্পত্তি করবেন। সুতরাং দেওয়ানি আদালতের দেওয়া রায় বাতিল করা হল এবং নির্দেশ দেওয়া হল যেন

১৮ *হারাধন দাস* বনাম *রাক্ষকর মুখোপাধ্যায়* 2009(4) CHN 319.

পশ্চিমবঙ্গ ভূমি সংস্কার আইনের ১৮(১) ধারায় ক্ষমতাপ্রাপ্ত আধিকারিকের কাছে বিষয়টি পাঠানো হয় এবং সেই উত্তরের ভিত্তিতে সিদ্ধান্ত নিতে হবে।[১৯]

আর একটি মামলায় দেওয়ানি আদালত ২১(৩) ধারায় বিষয়টি পাঠাতে (to refer) সম্মত হননি। ১৮(১) ধারায় ক্ষমতাপ্রাপ্ত আধিকারিকের কাছে বিষয়টি না পাঠানোর জন্য উচ্চ ন্যায়ালয় পূর্বোক্ত আদেশটি বাতিল করেন এবং তাকে নির্দেশ দেন যেন তিনি ২১(৩) ধারা অনুসরণ করে বর্গাদার সম্পর্কিত বিবাদ মীমাংসার জন্য ১৮(১) ধারায় ক্ষমতাপ্রাপ্ত আধিকারিক/কর্তৃপক্ষের কাছে প্রেরণ করেন, এক্ষেত্রে দেওয়ানি আদালত নিজের মর্জিমাফিক সিদ্ধান্ত নিতে পারেন না, আইনের বিধান অনুযায়ী ২১(৩) ধারায় প্রেরণ বাধ্যতামূলক (mandatory)। সুতরাং দেওয়ানি আদালতের রায় খারিজ করা হল এবং তাকে আরও নির্দেশ দেওয়া হচ্ছে যেন, আবেদনকারী বর্গাদার বা বর্গাদার নয় এই প্রশ্ন মীমাংসার জন্য ১৮(১) ধারায় ক্ষমতাপ্রাপ্ত আধিকারিক/কর্তৃপক্ষের কাছে প্রেরণ করেন।[২০]

১২। বিষয়টি নির্ধারিত হয়ে গেলে ২১(৩) ধারায় দ্বিতীয় উল্লেখ অপ্রয়োজনীয় [Second reference under s. 21(3) is unnecessary when the question is already decided]. কোনও ব্যক্তি বর্গাদার বা বর্গাদার নয়—এই বিষয়ে পঃ বঃ ভূমি সংস্কার আইনের ১৮(১) ধারার সংশ্লিষ্ট আধিকারিক একবার সিদ্ধান্ত নিয়ে নিলে, আদালত ওই বিষয়ে সিদ্ধান্ত নেওয়ার জন্য পুনরায় ২১(৩) ধারা অনুসারে ১৮(১) ধারার আধিকারিকের কাছে পাঠাতে পারেন না।[২১]

১৩। কর্তৃপক্ষের নেওয়া সিদ্ধান্ত দেওয়ানি আদালত পরিবর্তন বা সংশোধন করবেন না [Civil Court shall not alter or revise the decision passed by the authority]. কোনও ব্যক্তি বর্গাদার কিনা এই প্রশ্ন দেওয়ানি বা ফৌজদারি আদালতের কোনও মামলায় উঠলে, আদালত ওই বিষয়টি [বর্গাদার কি না] সিদ্ধান্তের জন্য পঃ বঃ ভূমি সংস্কার আইনের ১৮(১) ধারার

১৯ *হিরন্ময় দে* বনাম *দিলীপ কুমার কোঙার* Cal LT 2011(3) HC 205.

২০ *মনোরঞ্জন মান্না* বনাম *সরোদিয়া জয়দুর্গা ঠাকুরানি* 2011(3) CHN 210 (Cal).

২১ *শঙ্কর খান* বনাম *কালিপদ রায়* 1978(2) Cal LJ 469; *চপলা বালা অধিকারী* বনাম *মনোরঞ্জন দাস* 1975(2) Cal LJ 447; *গোবিন্দ প্রসাদ সামন্ত* বনাম *পশ্চিমবঙ্গ সরকার* 1979(2) Cal LJ 319.

আধিকারিকের কাছে পাঠাবেন। ১৮(১) ধারার আধিকারিক যে সিদ্ধান্ত নেবেন, সেই অনুযায়ী দেওয়ানি/ফৌজদারি আদালত (Civil or Criminal Court) মামলাটি নিষ্পত্তি করবেন। ১৮(১) ধারার আধিকারিক তার গৃহীত সিদ্ধান্ত যে আদালত তাকে পাঠিয়েছিল তাঁকে তা জানিয়ে দেবেন।

২১(৪) ধারা অনুযায়ী যখন কোনও বিষয় দেওয়ানি/ফৌজদারি আদালত ২১(৩) ধারার বিধান অনুসারে ১৮(১) ধারার আধিকারিক বা কর্তৃপক্ষের কাছে পাঠান, সংশ্লিষ্ট ১৮(১) ধারার আধিকারিক বা কর্তৃপক্ষ সমস্ত পক্ষকে শুনানির সুযোগ দেবেন, প্রয়োজনে নিজে তদন্ত করবেন এবং সিদ্ধান্ত নেবেন। সিদ্ধান্ত নেওয়ার পরে ওই সিদ্ধান্ত নির্ধারিত পদ্ধতিতে আবার সেই আদালতকে পাঠাবেন যে আদালত তাকে বিষয়টি পাঠিয়েছিল।

এমন সিদ্ধান্ত ওই আদালত একমাত্র ১৯ ধারার আপিল ছাড়া পরিবর্তন বা সংশোধন [alter or revise] করতে পারে না।

সুতরাং দেওয়ানি আদালত কর্তৃপক্ষের নেওয়া সিদ্ধান্তের পরিবর্তন বা সংশোধন করতে পারে না। একমাত্র ১৯ ধারার আপিল কর্তৃপক্ষ ওই সিদ্ধান্ত পরিবর্তন বা সংশোধন করতে পারেন।

১৪। ২১(৩) ধারায় পাঠানো সিদ্ধান্ত আদালত গ্রহণ করবেন [Court shall accept the decision referred to under s. 21(3)]. *গৌর হরি* বনাম *শিব শঙ্কর,*[২২] মামলার রায়ের কিছু অংশ ঃ সংশ্লিষ্ট পক্ষের শুনানির সময় বোঝা যাচ্ছে যে এটা গুরুত্বপূর্ণ বিষয় যে বিবাদী বিবাদীয় জমিতে বর্গাদার কিনা। সুতরাং বিষয়টি সিদ্ধান্তের জন্য সংশ্লিষ্ট ১৮(১) ধারার আধিকারিকের কাছে পাঠানো ২১(৩) ধারা অনুযায়ী সঠিক হয়েছে। সংশ্লিষ্ট আধিকারিক তার প্রতিবেদনে পরিষ্কার জানিয়েছেন যে ১ নং বিবাদী বিবাদীয় জমিতে একজন বর্গাদার। এই প্রতিবেদনটি আদালতের উপরে বর্তায় এবং আদালত অবশ্যই তা পালন করবেন এবং আদালতের কোনও এক্তিয়ার নেই আলাদাভাবে বর্গাদার স্বত্ব আছে কিনা তা দেখার। সুতরাং প্রথম আপিল আদালত ওই প্রতিবেদনকে যে গুরুত্ব দেয়নি তা সে ভুল করেছে এবং নিজের মতামত প্রকাশ করাটাও ঠিক করেনি। যেহেতু ১ নং বিবাদী একজন বর্গাদার সুতরাং বিবাদীয় জমিতে তার [illegible] মাত্র ১৭ ধারায় আইনের নির্দিষ্ট বিধান ও পদ্ধতি ছাড়া দখল

২২ 1992(1) CHN 255.

বিষয়ে বিরক্ত করা যাবে না। সুতরাং আবেদনকারীরা যে স্থায়ী স্থিতাবস্থা (injunction) চেয়ে আবেদন জানিয়েছেন, ওই ডিক্রি তারা পেতে পারেন না।

আবার *চণ্ডীচরণ কর্মকার* বনাম *পঃ বঃ সরকার*,[১] মামলায় মহামান্য আদালত রায় দান প্রসঙ্গে জানিয়েছেন, ২১(৩) ধারা এই নির্দেশ দেয় যে কোনও মামলা, কোনও আপিল বা অন্য কার্যক্রমে এই প্রশ্ন ওঠে—কোনও ব্যক্তি বর্গাদার অথবা বর্গাদার নয়, সেক্ষেত্রে ওই দেওয়ানি/ফৌজদারি আদালত (Civil or Criminal Court) বিষয়টি ১৮(১) ধারার সংশ্লিষ্ট আধিকারিকের কাছে সিদ্ধান্তের জন্য পাঠাবেন। ২১ ধারা অনুসারে, ১৮(১) ধারার আধিকারিক বা কর্তৃপক্ষের সিদ্ধান্ত যে আদালত পাঠাবেন তা মানতে তিনি দায়বদ্ধ। ওই আধিকারিক বা কর্তৃপক্ষের পাঠানো সিদ্ধান্ত মোতাবেক ওই আদালত ওই মামলা, কেস বা আপিল বা অন্য কোনও কার্যক্রম নিষ্পত্তি করবেন। বর্গাস্বত্ত্ব সংক্রান্ত বিষয়ে যে আদালত বিষয়টি পাঠাচ্ছেন তিনি এমন সিদ্ধান্তে পৌঁছাবেন না যা সংশ্লিষ্ট আধিকারিক বা কর্তৃপক্ষের মতের বিপরীত হয়। সংশ্লিষ্ট আধিকারিক বা কর্তৃপক্ষ যে প্রতিবেদন আদালতে পাঠিয়ে থাকেন তা কেবলমাত্র একপ্রকার প্রমাণ (a piece of evidence) নয়, যে আদালত পাঠাচ্ছেন ওই প্রতিবেদন ওই আদালতের পক্ষে তা অবশ্য পালনীয়। কিন্তু ওই প্রতিবেদনে যদি কোনও নির্দিষ্ট সিদ্ধান্ত না থাকে তবে ওই প্রতিবেদন পালনের দায় ওই আদালতের উপর কমই থাকে।

তবে যদি স্বাভাবিক ন্যায় বিচার (nature justice)-এর সাধারণ নীতি অনুসরণ না করে সংশ্লিষ্ট আধিকারিক বা কর্তৃপক্ষ প্রতিবেদন প্রস্তুত করেন, অর্থাৎ সংশ্লিষ্ট পক্ষকে বিজ্ঞপ্তি না দেন, শুনানির সুযোগ না দেন তবে ওই প্রতিবেদন বাতিল হতে পারে এবং আদালত ওই প্রতিবেদনকে এড়িয়েও যেতে পারেন। এমনকী প্রয়োজনে পুনরায় তদন্তের আদেশ দিতে পারেন।

১৫। দ্বিতীয় বারের জন্য তদন্ত [Enquiry for second time]. আদালত যদি এই মর্মে সন্তুষ্ট হয়ে থাকেন যে সংশ্লিষ্ট ১৮(১) ধারার আধিকারিক বা কর্তৃপক্ষ যে প্রতিবেদন তৈরি করেছেন তা সংশ্লিষ্ট সমস্ত পক্ষকে শুনানির সুযোগে বঞ্চিত করে, শুনানিতে অংশগ্রহণের অধিকার না দিয়ে, সেক্ষেত্রে আদালত ওই প্রতিবেদনকে বাতিল বলে গণ্য করতে পারেন। সংশ্লিষ্ট আধিকারিক বা কর্তৃপক্ষকে সমস্ত পক্ষকে শুনানির সুযোগ দিয়ে পুনরায় তদন্তের নির্দেশ দিতে পারেন।[২]

১ 1993(2) CHN 332.
২ *ধর্মদাস পাল* বনাম *পুলিন বিহারী হালদার* 85 CWN 1141.

২১(৪) ধারা অনুযায়ী ১৮(১) ধারার আধিকারিক বা কর্তৃপক্ষ নিজে তদন্ত করে প্রতিবেদন প্রস্তুত করবেন এবং সিদ্ধান্ত নেবেন। কিন্তু আধিকারিক বা কর্তৃপক্ষ নিজে তদন্ত না করে যদি অন্য কাউকে দিয়ে তদন্ত করান এবং তার ভিত্তিতে প্রতিবেদন প্রস্তুত করেন তবে আদালত ওই প্রতিবেদন অগ্রাহ্য করতে পারে এবং পুনরায় তদন্তের নির্দেশ দিতে পারে। *চণ্ডীচরণ কর্মকার* বনাম *পঃ বঃ সরকার,*[৩] মামলার ক্ষেত্রে আদালত সংশ্লিষ্ট ১৮(১) ধারার আধিকারিক হিসাবে কনিষ্ঠ ভূমি সংস্কার আধিকারিকের কাছে তদন্তের জন্য পাঠান কিন্তু সংশ্লিষ্ট কনিষ্ঠ ভূমি সংস্কার আধিকারিক নিজে তদন্ত না করে কোনও এক মণ্ডল পরিদর্শক (C.I.)-কে দিয়ে ওই তদন্ত করান। মহামান্য আদালত তার রায়ে বলেন—সংশ্লিষ্ট আধিকারিক ২১(৪) ধারা লঙ্ঘন করেছে। ওই উপধারায় তদন্তকারী আধিকারিক উভয়পক্ষকে শুনানির সুযোগ দিয়ে নিজে তদন্ত করবেন বলা আছে। কিন্তু কনিষ্ঠ ভূমি সংস্কার আধিকারিক যে প্রতিবেদন পাঠিয়েছে তা আইনের বিধান অনুসরণ করে হয়নি। প্রতিবেদনে তদন্তকারী কর্তৃপক্ষ হিসাবে যে রায় রয়েছে তা কনিষ্ঠ ভূমি সংস্কার আধিকারিক এর নয় এবং ২১(৩) ধারায় বিবাদীয় যে প্রশ্নের উপরে সিদ্ধান্ত নেওয়ার জন্য পাঠানো হয়েছিল, তার বিষয়েও তিনি কোনও সিদ্ধান্তে পৌঁছাতে পারেন নি। যে প্রশ্নের উপর সিদ্ধান্ত নেওয়ার জন্য আধিকারিক/কর্তৃপক্ষের কাছে পাঠানো হয়েছিল, প্রতিবেদনে যদি তা না থাকে মহামান্য মুন্সেফ আইন অনুযায়ী ওই মামলার নিষ্পত্তি করতে পারেন না। পুনরায় তদন্তের বিষয়ে তিনি পাঠাতে পারেন।

দ্বিতীয় তদন্তের প্রতিবেদন ব্লক ভূমি ও ভূমি সংস্কার আধিকারিক যা পাঠিয়েছেন, তা থেকে দেখা যায় যে ৪ নং বিবাদী একজন রেকর্ডভুক্ত "বর্গাদার", বিবাদীয় জমি তিনি বর্গাদার হিসাবে দখল করেন।

ট্রায়াল কোর্ট যদি এটা দেখেন যে তদন্তকারী আধিকারিক বা কর্তৃপক্ষ আইনের বিধান অনুসরণ করেই প্রতিবেদনের সিদ্ধান্ত নিয়েছেন, তাহলে ওই প্রতিবেদন রূপায়ণের দায় আদালতের উপরে বর্তায়।

শংকর খাঁ বনাম *কালিপদ রায়,*[৪] মামলাগুলির রায় থেকে দেখা যায় যে, সংশ্লিষ্ট আধিকারিক বা কর্তৃপক্ষ যদি কোনও মামলার সূত্রে কোনও ব্যক্তি

৩ 1993(2) CHN 332.

৪ 1978(2) Cal LJ 469; *চপলা বালা অধিকারী* বনাম *মনোরঞ্জন দাস* 1975(2) Cal LJ 447; *গোবিন্দ প্রসাদ সামন্ত* বনাম *পঃ বঃ সরকার* 1979(2) Cal LJ 319.

সম্পর্কে এই সিদ্ধান্ত নেন যে তিনি বর্গাদার বা বর্গাদার নন, তাহলে ওই প্রশ্ন বিষয়ে পুনরায় তার কাছে পাঠানো যাবে না। দেওয়ানি/ফৌজদারি আদালত (City or Criminal Court) ওই মামলার নিষ্পত্তি করতে পারেন আবার না পাঠিয়ে।

১৬। শুনানির সুযোগ দিতেই হবে [Opportunity of being heard should be given]. পশ্চিমবঙ্গ ভূমি সংস্কার আইনের ২১(৪) ধারা অনুযায়ী সংশ্লিষ্ট আধিকারিক বা কর্তৃপক্ষ সমস্ত পক্ষকে যথোপযুক্ত শুনানির সুযোগ দিয়ে একটি সিদ্ধান্তে পৌঁছাবেন। কোনও পক্ষকে শুনানির সুযোগ না দিয়ে কোনও সিদ্ধান্ত নেওয়া যাবে না। স্বাভাবিক ন্যায় বিচার (natural justice) অন্যতম দুটি বিষয়ের উপর নির্ভরশীল। প্রথমত, বক্তব্য পেশের সুযোগ দিতে হবে। দ্বিতীয়ত, সুযোগ গ্রহণযোগ্য (reasonable) হতে হবে।[৫]

১৭। তৃতীয় পরিচ্ছেদের অধীন বিশেষ বিচারালয় গঠন সংবিধানের এক্তিয়ার বহির্ভূত নয় [Formation of special forum under Chapter III is not ultra vires]. তৃতীয় পরিচ্ছেদের অধীন বিবাদ মীমাংসার জন্য গঠিত বিশেষ বিচারালয় সংবিধানের এক্তিয়ার বহির্ভূত নয়। এই রায় দিয়েছেন মহামান্য আদালত *গোবিন্দ প্রসাদ সামন্ত* বনাম *পশ্চিমবঙ্গ সরকার,*[৬] মামলায়।

১৮। ২১(৩) ধারায় পাঠানো সিদ্ধান্ত আপিলযোগ্য [Decision on referred under s. 21(3) is appealable]. *চপলা বালা অধিকারী* বনাম *মনোরঞ্জন দাস,*[৭] মামলাগুলির রায় দান প্রসঙ্গে মহামান্য আদালত জানিয়েছেন যে—২১(৩) ধারায় যে বিষয়টি সিদ্ধান্তের জন্য পাঠানো হয় তা আপিলযোগ্য।

সংশোধিত ১৯ ধারা অনুযায়ী ২১(৩) ধারার বিরুদ্ধে সমাহর্তার কাছে আপিল দাখিল করা যাবে। ১৯৮১ সালের পঃ বঃ ভূমি সংস্কার (সংশোধন)

৫ *আর. এস. দাস* বনাম *ইউনিয়ন অব ইন্ডিয়া* AIR 1987 SC 593; *এ. কে. ক্রাইপাক* বনাম *ইউনিয়ন অব ইন্ডিয়া* AIR 1970 SC 150; *দ্যা কেশাবা মিলস্ কোং লিমিটেড* বনাম *ইউনিয়ন অব ইন্ডিয়া* AIR 1973 SC 389; *মানেকা গান্ধী* বনাম *ইউনিয়ন অব ইন্ডিয়া* AIR 1978 SC 597; *ইউনিয়ন অব ইন্ডিয়া* বনাম *তুলসী রাম প্যাটেল* AIR 1985 SC 1416.

৬ 1979(2) Cal LJ 319.

৭ 1975(2) Cal LJ 447; *প্রবীর কুমার পট্টনায়ক* বনাম *পঃ বঃ সরকার* 1977(1) Cal LJ 219; *আনোয়ার* বনাম *বানেশ্বর* 1986(2) CHN 106.

আইন [১৯৮১ সালের পশ্চিমবঙ্গের ৫০ নং আইন] দ্বারা এটি কার্যকর হয়েছে। কলিকাতা গেজেটে এর বিজ্ঞপ্তি প্রকাশিত হয়েছিল ২৪.৩.১৯৮৬ তারিখে।

১৯। সংশ্লিষ্ট আধিকারিক বা কর্তৃপক্ষ যে পদ্ধতি গ্রহণ করবেন [Procedure to be adopted by the officer or authority]. যখন ২১(৩) ধারা অনুযায়ী দেওয়ানি/ফৌজদারি আদালত কোনও ব্যক্তি বর্গাদার অথবা বর্গাদার নয় এই বিষয়ে সিদ্ধান্ত নেওয়ার জন্য ১৮(১) ধারার আধিকারিক বা কর্তৃপক্ষের কাছে পাঠান, কীভাবে ওই আধিকারিক বা কর্তৃপক্ষ ওই বিষয়ে সিদ্ধান্ত নেবেন তার নির্দেশ আছে পঃ বঃ ভূমি সংস্কার আইনের ২১(৪) ধারায় এবং ১৯৬৫ সালের পঃ বঃ ভূমি সংস্কার নিয়মের ১৪জ [r. 14H] বিধিতে। ২১(৪) ধারা অনুযায়ী আদালত সংশ্লিষ্ট আধিকারিকের কাছে সিদ্ধান্তের জন্য পাঠালে, সংশ্লিষ্ট আধিকারিক বা কর্তৃপক্ষ মামলা, কেস, আপিল বা অন্য কার্যক্রমের সাথে যুক্ত সমস্ত পক্ষকে শুনানির সুযোগ দিয়ে, নিজে তদন্ত করবেন। তার পরে তিনি একটি সিদ্ধান্ত গ্রহণ করবেন। ওই সিদ্ধান্ত তিনি সেই আদালতে নির্দিষ্ট নিয়ম অনুযায়ী পাঠিয়ে দেবেন, যে আদালত তাকে সিদ্ধান্ত নেওয়ার জন্য দিয়েছিল।

পশ্চিমবঙ্গ ভূমি সংস্কার আইনের ২১(৪) ধারা অনুসারে সংশ্লিষ্ট তদন্ত কীভাবে করা হবে তার নির্দেশ রয়েছে ১৯৬৫ সালের পঃ বঃ ভূমি সংস্কার নিয়মে ১৪জ [r. 14H] নং বিধিতে। ওই বিধির (১) নং উপবিধিতে এই নির্দেশ রয়েছে যে—সংশ্লিষ্ট আধিকারিক বা কর্তৃপক্ষ আদালত থেকে নির্দেশ পাওয়া মাত্র তখনই একটি ক্রমিক সংখ্যা দিয়ে একটি মামলা (case) আরম্ভ করবেন এবং অন্যান্য আনুষঙ্গিক তথ্য আদেশনামা (order sheet)-তে লিপিবদ্ধ করবেন। পাশাপাশি একটি খাতায় (register) সমস্ত তথ্য লিখবেন।

(২) নং উপবিধি অনুযায়ী সংশ্লিষ্ট আধিকারিক বা কর্তৃপক্ষ এরপর নিশ্চিত হবেন যে সংশ্লিষ্ট ব্যক্তির নাম স্বত্বলিপিতে (records-of-rights) বর্গাদার হিসাবে লিপিবদ্ধ আছে কিনা অথবা তার নামে কোনও বর্গাদার শংসাপত্র (Barga certificate) দেওয়া হয়েছিল কিনা।

উপবিধি (৩) অনুসারে সংশ্লিষ্ট ব্যক্তির নাম স্বত্বলিপিতে বর্গাদার হিসাবে লিপিবদ্ধ না থাকলে আধিকারিক বা কর্তৃপক্ষ সরেজমিনে তদন্ত ও অন্যান্য তদন্ত করবেন এবং ঘটনা জানবেন। সমস্ত সাক্ষীদের বক্তব্য শুনতে পারেন তিনি, এমনকী স্থানীয় গ্রাম পঞ্চায়েতের সদস্যকে প্রশ্ন করতে পারেন, কোনও কৃষক সমিতির বক্তব্য শুনতে পারেন, এছাড়া অন্যান্য চাষি যারা আশেপাশে রয়েছে ওই জমির তাদের বক্তব্যও শুনতে পারেন।

উপবিধি (৪) এই নির্দেশ দেয় যে—উপবিধি (২) এবং (৩) অনুযায়ী তদন্তের পর এছাড়া আধিকারিক/কর্তৃপক্ষ মনে করলে পুনরায় তদন্তের পর সংশ্লিষ্ট আধিকারিক/কর্তৃপক্ষ ওই ব্যক্তি সম্পর্কে একটি সিদ্ধান্ত নেবেন যে তিনি বর্গাদার কী বর্গাদার নন। এরপর তিনি নিজে সই (signature) করে ওই সিদ্ধান্ত পাঠিয়ে দেবেন সেই আদালতে যে আদালত তাকে তদন্তের নির্দেশ দিয়েছিল।

উপবিধি (৫) অনুযায়ী যে সিদ্ধান্ত (decision) আধিকারিক বা কর্তৃপক্ষ নেবেন তাতে নিম্নলিখিত তথ্যগুলি থাকবে—

(ক) সিদ্ধান্ত নেওয়ার পিছনের বিবেচ্য বিষয় (point for decision),

(খ) তদন্তে যে যে বিষয়, ঘটনা লক্ষ্য করা গিয়েছে তার সংক্ষিপ্ত বর্ণনা,

(গ) সিদ্ধান্তের কারণ এবং

(ঘ) সিদ্ধান্ত।

ওই নিয়মে বিস্তারিত রীতি পদ্ধতি উল্লেখ করা আছে। ফলে সংশ্লিষ্ট আধিকারিক/কর্তৃপক্ষ ওই বিধি অনুসরণ করতে বাধ্য হবেন এবং সমস্ত পক্ষকে শুনানির সুযোগ দিয়ে সিদ্ধান্ত নেবেন।

শীলা রায়,[৮] মামলায় মহামান্য আদালত জানিয়েছেন যে ২১(৩) ধারার নির্দেশে ১৯৫৫ সালের পঃ বঃ ভূমি সংস্কার আইনের ১৮(১) ধারার আধিকারিক/কর্তৃপক্ষ যে সিদ্ধান্ত নেবেন তা একমাত্র নির্ধারিত নিয়ম ও পদ্ধতি অনুযায়ী কিন্তু তিনি ওই সিদ্ধান্ত দেওয়ানি কার্যবিধি অনুযায়ী নেবেন না।

২০। ফৌজদারি কেস এবং ২১(৩) ধারা [Criminal cases and s. 21(3)]. ফৌজদারি আদালত কার্যবিধির ১৪৫ ধারার বিচার করতে গিয়ে কোনও বিষয় ২১(৩) ধারায় নির্ধারিত আধিকারিক বা কর্তৃপক্ষের কাছে পাঠাতে পারেন না। *কার্তিক চন্দ্র সিংহ* বনাম *শম্ভুপদ সিংহ,*[৯] Executive Magistrate যখন ফৌজদারি কার্যবিধির ১৪৫ ধারামতে কোনও মামলার বিচার করেন তিনি কোনও ব্যক্তি বর্গাদার বা বর্গাদারগণ এই প্রশ্ন মীমাংসার জন্য আধিকারিক বা কর্তৃপক্ষের কাছে পাঠাতে পারেন কিনা এই প্রশ্ন একাধিকবার উঠে এসেছে।

৮ Cal LT 1990(1) HC 65; 94 CWN 307; 1989(2) CHN 333.

৯ 1977 CHN 193; *কুলফাতুন বিবি* বনাম *আফুয়ান শেখ* 1978 CHN 969.

ফৌজদারি কার্যবিধির ১৪৫ ধারার বিচার করার সময় এটা জানা কেবলমাত্র দরকার যে আবেদনকারী বিবাদীয় সম্পত্তির দখলে আছেন কিনা। কোনও ব্যক্তি যদি এই মর্মে Executive Magistrate-কে সন্তুষ্ট করেন যে তিনি বিবাদীয় জমির দখলে আছেন এবং আবেদনপত্র দাখিল করার ৬০ দিনের মধ্যে তার দখল বিঘ্নিত হচ্ছে বা বেদখল হয়েছে তাহলে তিনি ফৌজদারি কার্যবিধির ১৪৫ ধারা অনুযায়ী উপশম (relief) পেতে পারেন। Executive Magistrate-এর এটা দেখার প্রয়োজনই নেই যে যিনি দখল করছেন তিনি জমির মালিক, বর্গাদার বা অবৈধ প্রবেশকারী। সুতরাং ফৌজদারি কার্যবিধির ১৪৫ ধারার মামলা নিষ্পত্তির প্রয়োজনে কোনও ব্যক্তি বর্গাদার কিনা এই সিদ্ধান্তের জন্য বিষয়টি ২১(৩) ধারামতে ১৮(১) ধারার আধিকারিক/কর্তৃপক্ষের কাছে পাঠানোর প্রয়োজন নেই।

ফৌজদারি কার্যবিধির ১৪৫ ধারার একটি শুনানির সময় আবেদনকারী বিষয়টি ২১(৩) ধারামতে সংশ্লিষ্ট আধিকারিক/কর্তৃপক্ষের কাছে পাঠানোর জন্য দরখাস্ত করেন। কিন্তু Executive Magistrate আবেদনটি নাকচ করেন, তিনি ২১(৩) ধারামতে বিষয়টি ১৮(১) ধারার আধিকারিকের কাছে পাঠান নি। এরপর ওই রায়ে সন্তুষ্ট না হয়ে আবেদনকারী মহামান্য কলিকাতা হাইকোর্টে রিভিশান পিটিশান দাখিল করেন।

মহামান্য আদালত জানান—২১(৩) ধারায় পাঠানোর জন্য যে আবেদন করেছিলেন তা বাতিল করে ফৌজদারি আদালত বেঠিক করেন নি। Executive Magistrate শুধু এই বিষয়টি দেখবেন যে আবেদনকারী বিবাদীয় সম্পত্তিতে প্রকৃত দখলকার আছেন কিনা। দখলকারীর প্রকৃতি (character) বিষয়ে সিদ্ধান্ত নেওয়ার দরকার নেই Executive Magistrate-এর। সুতরাং ২১(৩) ধারায় সংশ্লিষ্ট আধিকারিকের কাছে পাঠানোর (refer) জন্য যে আবেদন Executive Magistrate বাতিল করেছেন সেই বিষয়ে হস্তক্ষেপ করার জন্য যে সংশোধিত আবেদন হাইকোর্টে দাখিল করা হয়েছিল; মহামান্য আদালত তা প্রত্যাখ্যান করেছেন।[১০]

অনন্তকুমার নস্কর বনাম *পঃ বঃ সরকার*,[১১] মামলায় আবেদনকারী কয়েকজন বিবাদীর বিরুদ্ধে এই অভিযোগ আনেন যে তারা তার চাষ করা জমির

১০ *কালিমোহন* বনাম *কালিমোহন* 1978 CrLJ 950.
১১ 1979(2) CHN 123.

ধান চুরি করেছে। এক্ষেত্রে এটি স্থির (determine) করার কোনও দরকার নেই যে আবেদনকারীও বর্গাদার হিসাবে বিবাদীয় জমিতে ধানচাষের অধিকার ছিল কিনা মহামান্য ম্যাজিস্ট্রেটের এটা কোনও প্রয়োজনীয় বিষয় নয়। ২১(৩) ধারায় ভাগচাষ আধিকারিকের কাছে এটা পাঠানোর প্রয়োজন নেই।

নির্দিষ্ট জমি থেকে এটা একটা ধান চুরির ঘটনা, বর্গাস্বত্ত্ব নির্ধারণের বিষয় এটা নয়। যখন চুরির ঘটনা ঘটেছিল আবেদনকারী ওই জমির দখলে ছিলেন কিনা এটা দেখা প্রাথমিক কাজ।

অভিযুক্ত নিজের পক্ষে যুক্তি হিসাবে এটা দাঁড় করাতে পারেন যে তিনি বর্গাদার হিসাবে প্রকৃতপক্ষে ওই জমি চাষ করেছিলেন এবং মৌখিক বা লিখিত প্রমাণ দাখিল করতে পারেন। আবার আবেদনকারীকে এটা প্রমাণ করতে হবে যে তিনি প্রকৃত জমির মালিক, তিনিই প্রকৃতপক্ষে ধান চাষ করেছিলেন, যা বিবাদী জোর করে অন্যায়ভাবে কেটে নিয়েছে।[১২]

[১৩]**২১। ১৯৬৫ সালের পঃ বঃ ভূমি সংস্কার নিয়মের '১৪জ' নং বিধি [Rule 14H of W.B.L.R. Rules 1965].** ২১(৪) ধারা অনুসারে তদন্ত সম্পন্ন করার পদ্ধতি ঃ

(১) ২১(৩) ধারা অনুসারে যে আধিকারিক বা কর্তৃপক্ষের কাছে বিষয়টি পাঠানো হলে, তৎক্ষণাৎ একটি case আরম্ভ করবেন একটি ক্রমিক সংখ্যা দিয়ে। সমস্ত তথ্য আদেশনামায় (order sheet) লিপিবদ্ধ করবেন এবং একটি খাতায় (register) তা লিখবেন।

(২) সংশ্লিষ্ট আধিকারিক বা কর্তৃপক্ষ এরপর নিশ্চিত হবেন যে আবেদনকারীর নাম যা পাঠানো হয়েছে ৫১ ধারা অনুযায়ী বর্গাদার হিসাবে স্বত্ত্বলিপিতে আছে কিনা, অথবা ২১ঘ বা ৫০ ধারায় বর্গাদার হিসাবে নাম নথিভুক্ত আছে কিনা অথবা এই নিয়মের "তফসিল ক" অনুযায়ী বর্গাদারের শংসাপত্র দেওয়া হয়েছে কিনা।

(৩) (২) নং উপবিধিতে উল্লেখ করা স্বত্ত্বলিপিতে যদি ওই ব্যক্তির নাম বর্গাদার হিসাবে লিপিবদ্ধ না দেখা যায়, সংশ্লিষ্ট আধিকারিক বা কর্তৃপক্ষ যার কাছে ২১(৩) ধারা অনুযায়ী বিষয়টি পাঠানো হয়েছে,

১২ *বনসারী কয়াল* বনাম *কমলা কয়াল* 1991(1) CHN 404.

১৩ এই নিয়মটি যুক্ত করা হয়েছে বিজ্ঞপ্তি নং ৪১৬-এল./রেফ্., তাং ১৩.৬.১৯৮৮ দ্বারা, কলিকাতা গেজেটে এটি প্রকাশিত হয়েছিল ১৫.৭.১৯৮৮ তারিখে।

তিনি সরেজমিনে তদন্তসহ তদন্ত করবেন সত্য ঘটনা জানার জন্য। তিনি স্থানীয় গ্রাম পঞ্চায়েত সদস্য যে এলাকায় জমি অবস্থিত, কৃষক সংগঠনের সদস্য ও অন্য সাক্ষীদের বক্তব্য শুনবেন। এছাড়া ওই জমির আশেপাশের কৃষকদের বক্তব্যও শুনতে পারেন প্রয়োজনে।

(৪) (২) ও (৩) উপবিধি অনুযায়ী তদন্তের পর সংশ্লিষ্ট আধিকারিক বা কর্তৃপক্ষ মনে করলে পুনরায় তদন্ত করতে পারেন। এরপর তিনি একটি সিদ্ধান্ত নেবেন এই মর্মে যে সংশ্লিষ্ট ব্যক্তির নাম যা আদালত পাঠিয়েছে তিনি বর্গাদার কিনা, এরপর ওই সিদ্ধান্ত স্বাক্ষর করে আদালতকে তা পাঠিয়ে দেবেন।

(৫) যে সিদ্ধান্ত (৪) উপধারা অনুযায়ী সংশ্লিষ্ট আধিকারিক নেবেন তাতে নিম্নলিখিত বিষয়গুলি থাকবে—

(ক) সিদ্ধান্ত নেওয়ার পিছনের বিবেচ্য বিষয়;

(খ) তদন্তে যে যে বিষয়, ঘটনা লক্ষ্য করা গিয়েছে তার সংক্ষিপ্ত বর্ণনা;

(গ) সিদ্ধান্তের কারণ এবং

(ঘ) সিদ্ধান্ত।

২২। আপোষ ডিক্রির ফল [Effect of compromise decree]. আপোষ ডিক্রি (compromise decree) কোনও আদালতের সিদ্ধান্ত নয়। উভয়পক্ষ সম্মত হয়েছে এমন একটি বিষয়ে আদালত গ্রহণ করতে সম্মত হয়েছে এমন।

আপোষ ডিক্রিকে বরং বলা যায় উভয়পক্ষের সম্মতির উপর আদালতের সিলমোহর লাগিয়ে দেওয়া। আদালত কোনও সিদ্ধান্ত নেয় না। আদালতের সিদ্ধান্ত যে আপোষ ডিক্রির মধ্যে উহ্য (implicit) আছে তাও বলা যায় না। আপোষ ডিক্রিকে সেই জন্য অতীত বীক্ষণ (*res judicata*) দ্বারা নিয়ন্ত্রিত বলা যায় না।[১৪]

পশ্চিমবঙ্গ ভূমি সংস্কার আইনের ১৯(১ক) ধারায় বলা আছে ১৭, ১৮, ১৯খ ধারার সংশ্লিষ্ট আধিকারিক বা কর্তৃপক্ষ কোনও সম্মতি, চুক্তি বা আপোষের ভিত্তিতে কোনও কার্যক্রম (proceedings) কোনও আদেশ দান করবেন না।

১৪ *বীরেন্দ্র* বনাম *বিশ্বনাথ* 1984(2) CHN 17 (Para 14).

২৩। সংশ্লিষ্ট আধিকারিক বা কর্তৃপক্ষ নিজে তদন্ত করবেন [The officer or authority will enquiry personally]. ২১(৪) ধারায় এই নির্দেশ দেয় যে সংশ্লিষ্ট আধিকারিক বা কর্তৃপক্ষ নিজে তদন্ত করবেন। যদি নিজে তদন্ত না করেন তবে আদালত ওই তদন্তের প্রতিবেদন গ্রহণ নাও করতে পারেন। *চণ্ডীচরণ কর্মকার* বনাম *পঃ বঃ সরকার,*[১৫] মামলার বিবরণ থেকে দেখা যায়—মহামান্য মুন্সেফের আদালতে চলা একটা টাইটেল মামলায় ১ নং বিবাদী 'বর্গাদার কি বর্গাদার না' এই প্রশ্ন উঠেছিল। মহামান্য আদালত ২১(৩) ধারায় সংশ্লিষ্ট কনিষ্ঠ ভূমি সংস্কার আধিকারিক-কে বিষয়টি পাঠান। সংশ্লিষ্ট কনিষ্ঠ ভূমি সংস্কার আধিকারিক একটি প্রতিবেদন জমা দেন মহামান্য মুন্সেফের আদালতে। পাশাপাশি সংশ্লিষ্ট ব্লক ভূমি ও ভূমি সংস্কার আধিকারিক ওই একই বিষয়ে আর একটি প্রতিবেদন (report) জমা দেন। দেখা যায় যে কনিষ্ঠ ভূমি সংস্কার আধিকারিক-এর প্রতিবেদনের সঙ্গে ব্লক ভূমি ও ভূমি সংস্কার আধিকারিক-এর প্রতিবেদন অনেক ক্ষেত্রে বিপরীত মত পোষণ করছে।

এরপর লেখ আবেদন জমা দেওয়া হয় ট্রায়াল কোর্টে। মহামান্য ট্রায়াল কোর্ট মহামান্য মুন্সেফকে কনিষ্ঠ ভূমি সংস্কার আধিকারিক-এর প্রতিবেদনের ভিত্তিতে আবেদনটি নিষ্পত্তির নির্দেশ দেয়। ব্লক ভূমি ও ভূমি সংস্কার আধিকারিক-এর প্রতিবেদনের ভিত্তিতে আবেদনটি নিষ্পত্তি না করার নির্দেশ দেন।

ট্রায়াল কোর্টের এই রায়ে ক্ষুব্ধ হয়ে মহামান্য হাইকোর্টের ডিভিশন বেঞ্চে আপিল করা হয়। মহামান্য ডিভিশন বেঞ্চ লক্ষ্য করেন যে কনিষ্ঠ ভূমি সংস্কার আধিকারিক যে প্রতিবেদন পাঠিয়েছেন, তা কনিষ্ঠ ভূমি সংস্কার আধিকারিক নিজে প্রস্তুত করেন নি। সংশ্লিষ্ট মণ্ডল পরিদর্শক (C.I.)-কে দিয়ে তদন্ত করিয়ে ২১(৪) ধারায় আধিকারিক বা কর্তৃপক্ষের উপর ব্যক্তিগতভাবে তদন্ত করার যে বাধ্যবাধকতা তা লঙ্ঘন করেছেন উক্ত কনিষ্ঠ ভূমি সংস্কার আধিকারিক ডিভিশন লক্ষ্য করেন যে, যে প্রতিবেদন কনিষ্ঠ ভূমি সংস্কার আধিকারিক পাঠিয়েছেন তা, তিনি নিজে তদন্ত না করে আইনের বিধান অনুসরণ করেন নি এবং ২১(৩) ধারায় তাঁকে বিষয়টি যে কারণে পাঠানো হয়েছিল তিনি নিজে কোনও সিদ্ধান্ত নেন নি। সুতরাং ওই প্রতিবেদনের উপর ভিত্তি করে নিষ্পত্তি

১৫ 1993(2) CHN 332 (DB); Cal LT 1993(2) HC 305.

করে সঠিক করেন নি মহামান্য মুন্সেফ আদালত। মুন্সেফ যেটা করতে পারতেন তা হল পুনরায় নতুন করে তদন্তের আদেশ দিতে পারতেন, তা না করে ওই প্রতিবেদনের উপর ভিত্তি করে বিষয়টি নিষ্পত্তি করেছেন যে প্রতিবেদনটিই সঠিক নয়। মহামান্য ডিভিশন বেঞ্চ ব্লক ভূমি ও ভূমি সংস্কার আধিকারিক দ্বারা দাখিল করা প্রতিবেদন সম্পর্কে জানিয়েছেন—ওই প্রতিবেদন থেকে কেবল জানা যায় যে ৪ নং বিবাদী একজন রেকর্ডভুক্ত বর্গাদার এবং তিনি বিবাদীয় জমি শান্তিপূর্ণভাবে দখলে আছেন। ডিভিশন বেঞ্চ বিষয়টি ট্রায়াল কোর্টে পাঠিয়ে দেন এটা দেখতে বলেন যে যদি নিয়ম অনুযায়ী তদন্ত হয়ে থাকে তবে বিবেচনা করতে, তা না হলে পুনরায় নতুন করে তদন্ত করতে। মহামান্য আদালত মুন্সেফের প্রতি এই নির্দেশ দেন যে এর প্রতিবেদন যদি আইন অনুযায়ী হয়ে থাকে, তবে আদালতের উপর দায় থাকে (obligation) ওই প্রতিবেদন অনুযায়ী বিষয়টি নিষ্পত্তি করার।

২৪। বর্গা রেকর্ড করার জন্য রাজস্ব আধিকারিকের জারি করা বিজ্ঞপ্তি (notice)-কে চ্যালেঞ্জ করা যেতে পারে না [Notice issued by R.O. for barga recording cannot be challenged]. কোনও এক ব্যক্তি বর্গাদার হিসাবে নিজের নাম নথিভুক্ত করার আবেদন জানিয়ে রাজস্ব আধিকারিকের কাছে দরখাস্ত দেন। ওই দরখাস্তের ভিত্তিতে সংশ্লিষ্ট রাজস্ব আধিকারিক জমির মালিককে বিজ্ঞপ্তি (notice) দেন শুনানি/তদন্তের সময় উপস্থিত থাকার জন্য।

জমির মালিক রাজস্ব আধিকারিকের জারি করা বিজ্ঞপ্তিকে চ্যালেঞ্জ করে মহামান্য পঃ বঃ ভূমি সংস্কার ও প্রজাস্বত্ব ন্যায়পীঠ (W.B.L.R.T. & Tribunal) আবেদন দাখিল করেন। মহামান্য ট্রাইব্যুনাল ওই আবেদনটি খারিজ করে দেন (dismissed)।

এরপর ন্যায়পীঠের রায়ে ক্ষুব্ধ হয়ে মহামান্য কলিকাতা হাইকোর্টের ডিভিশন বেঞ্চে রিট আবেদন জমা দেন জমির মালিক। মহামান্য ডিভিশন বেঞ্চ ট্রাইব্যুনালের রায়কেই সমর্থন (uphold) করেন। মহামান্য ডিভিশন জানান—“even if the application is filed under a wrong provision of law, if the R.O. has necessary jurisdiction to entertain the application then the owner of the land cannot challenge such notice.” অর্থাৎ

রাজস্ব আধিকারিক যদি ভুল ধারায় দাখিল করা কোনও আবেদন গ্রহণ করতে পারেন তবে তার জারি করা বিজ্ঞপ্তিকে চ্যালেঞ্জ করা যায় না।[১৬]

২৫। যিনি চাষ করছেন তিনি মালিকের পরিবারের সদস্য [The person who is cultivating the land is the member of the family of the owner]. ২০০০ সালের পঃ বঃ ভূমি সংস্কার (সংশোধন) আইন দ্বারা ২(২) ধারায় বর্গাদারের সংজ্ঞা সংশোধিত হয়েছে। মহামান্য কলিকাতা হাইকোর্টের ডিভিশন বেঞ্চ *ভূতনাথ গঁড়াই* বনাম *পঃ বঃ সরকার*,[১৭] মামলার রায় দান প্রসঙ্গে জানান—সংশোধিত পরিবারের সংজ্ঞা ১৪ট(গ) ধারার ক্ষেত্রেও প্রযোজ্য শ্যালক (brother-in-law) এখন কোনও অবস্থাতেই বর্গাদার হিসাবে বিবেচ্য হবে না।' ২০০০ সালের পঃ বঃ ভূমি সংস্কার (সংশোধন) আইন দ্বারা এটি যুক্ত করা হয়েছে ৭.৮.১৯৬৯ থেকে এটি বলবৎ হয়েছে।

অন্য একটি মামলার সূত্র ধরে দেখা যায়, আনারুল হক মিদ্যা ও অন্যান্য, রাজস্ব আধিকারিকের কাছে একটি দরখাস্ত জমা দেন, নিজেদের নাম তাদের বিমাতা (step-mother) হাসিনা বেওয়ার অধীনে বর্গাদার হিসাবে রেকর্ড করার জন্য। সংশ্লিষ্ট রাজস্ব আধিকারিক বর্গা রেকর্ড করেন নি। যেহেতু আবেদনকারীগণ জমির মালিকের পরিবারের সদস্য, সেইজন্য সংশ্লিষ্ট রাজস্ব আধিকারিক আবেদনকারীদের নাম বর্গাদার হিসাবে রেকর্ড না করে আবেদনগুলি খারিজ করে দেন। রাজস্ব আধিকারিকের রায়ে সন্তুষ্ট না হয়ে *আনারুল হক মিদ্যা* ও *অন্যান্য* আপিল কর্তৃপক্ষের নিকট ওই রায়ের বিরুদ্ধে যথোপযুক্ত রীতি ও পদ্ধতিতে আপিল দাখিল করেন।

আপিল কর্তৃপক্ষ রাজস্ব আধিকারিকের আদেশ সমর্থন করেন। আপিল কর্তৃপক্ষ তাঁর রায়ে জানান যে পঃ বঃ ভূমি সংস্কার আইনে উল্লিখিত "বর্গাদারের" সংজ্ঞা অনুসারে আপিল দাখিলকারী আদালতকে বোঝাতে পারেন নি। আপিল বিচারক যখন রাজস্ব আধিকারিকের আদেশকেই প্রতিষ্ঠিত করলেন, তখন আপিল কর্তৃপক্ষের ওই রায়ের বিরুদ্ধে মহামান্য কলিকাতা হাইকোর্টে সংবিধানের ২২৬ অনুচ্ছেদ অনুযায়ী আবেদন দাখিল করা হয়।

ওই আবেদনটিও মহামান্য কলিকাতা হাইকোর্ট খারিজ (dismissed) করে দেন। এই রায়ের বিরুদ্ধে হাইকোর্টের ডিভিশন বেঞ্চে আপিল করা হয়। আপিল দাখিলকারীদের পক্ষ থেকে আবেদনে জানানো হয় যে (Muslim Personal

১৬ *সিরাজুল ইসলাম ঘরামী* বনাম *পঃ বঃ সরকার* 2000(2) Cal LJ 248.

১৭ 2001(2) Cal LJ 154 (DB).

Law) অনুযায়ী তারা বিমাতার কোনও সম্পত্তি উত্তরাধিকার সূত্রে পান না, সুতরাং তাদেরকে বিমাতার পরিবারের সদস্য হিসাবে গণ্য করা যেতে পারে না। ওই যুক্তি (plea) মহামান্য ডিভিশন বেঞ্চ নাকচ করে দেন (negatived) পঃ বঃ ভূমি সংস্কার আইনের ২(২) ধারা উল্লিখিত বর্গাদারের সংজ্ঞা এবং ওই আইনের ২১খ ধারার বিধান অনুযায়ী। ওই দুই ধারা বিশ্লেষণ করে মহামান্য ডিভিশন বেঞ্চ জানান—কোনও রায়তের পরিবারের কোনও সদস্য বর্গাদার হিসাবে ওই রায়তের জমিতে চাষ করতে পারেন না যদি তিনি আইনসম্মতভাবে চাষ করেও থাকেন। মুসলিম ব্যক্তিগত আইন অনুযায়ী আবেদনকারীরা বিমাতার জমি/সম্পত্তি উত্তরাধিকার সূত্রে না পেলেও, কিন্তু তারা ৫ নং বিবাদীর পরিবারের সদস্য হিসাবে নিজেদেরকে সরিয়ে নিতে পারেন না। যেহেতু ৫ নং বিবাদী তাদের বিমাতা (step-mother), সুতরাং পঃ বঃ ভূমি সংস্কার আইনের ২১খ ধারা অনুযায়ী ৫ নং বিবাদীর জমিতে বর্গাদার হিসাবে দাবি করার ব্যাপারে বাধা রয়েছে।[১৮]

২৬। বর্গা নির্ধারণের ক্ষেত্রে সংশ্লিষ্ট আধিকারিক বা কর্তৃপক্ষের ক্ষমতার কর্মপরিধি [Scope of power of the officer or authority deciding a barga dispute]. ২১(৩) ধারা অনুযায়ী বর্গা সংক্রান্ত বিবাদ মীমাংসার জন্য ১৮(১) ধারার সংশ্লিষ্ট আধিকারিক বা কর্তৃপক্ষ নির্ধারিত ক্ষমতা এবং পদ্ধতির উপরে ভিত্তি করে কাজ করবেন এবং নির্ধারিত আইন এবং নিয়ম অনুসারে তিনি কর্ম সম্পাদন করবেন। কোনও ব্যক্তি বর্গাদার, কী বর্গাদার নয় এই বিবাদ মীমাংসার জন্য দেওয়ানি এবং ফৌজদারি আদালতের ক্ষেত্রে ভিন্ন ভিন্ন প্রামান্য নথির প্রয়োজন হয় (standard of proof will be different from that requirement in Civil/Criminal proceedings)।[১৯]

[১][**২১ক। বর্গাদার দ্বারা চাষের অবসানের জন্য কার্যাবলির উপর সাময়িক স্থগিতাদেশ (Temporary stay of proceedings for**

১৮ *আনারুল হক মিদ্যা* বনাম *পঃ বঃ সরকার* 2000(1) CHN 14.

১৯ *শীলা রায়* বনাম *পঃ বঃ ভূমি সংস্কার আইনের ১৮ ধারার কর্তৃপক্ষ* Cal LT 1990(1) HC 65; 1989(2) CHN 333; 94 CWN 307.

১ পশ্চিমবঙ্গ ভূমি সংস্কার (সংশোধন) আইন, ১৯৬৯ (পশ্চিমবঙ্গ আইন ১১, ১৯৬৯)-এর ২ ধারার মাধ্যমে ৭.৪.১৯৬৯ তারিখ হতে এক বছরের জন্য বলবৎ করে সন্নিবেশিত হয়েছে। তৎপূর্বে ইহা পশ্চিমবঙ্গ সংস্কার (সংশোধন) অধ্যাদেশ, ১৯৬৯ (পশ্চিমবঙ্গ অধ্যাদেশ ৩, ১৯৬৯)-এর ২ ধারার মাধ্যমে সন্নিবেশিত হয়েছিল।

termination of cultivation by Bargadars) : এই পরিচ্ছেদে যা কিছু থাকা সত্ত্বেও—

(ক) বর্গাদার দ্বারা চাষ অবসানের জন্য ১৮ ধারা অনুযায়ী সমস্ত আবেদনগুলি;

(খ) ওই আবেদনগুলির ভিত্তিতে দেওয়া আদেশের বিরুদ্ধে ১৯ ধারায় জমা দেওয়া সমস্ত আপিল এবং

(গ) বর্গাদার দ্বারা চাষের অবসানের আদেশ বলবৎ করার জন্য ২০(২) উপধারা অনুসারে সমস্ত প্রসিডিংস,

যা ১৯৬৯ সালের পঃ বঃ ভূমি সংস্কার আইন বলবৎ হওয়ার দিন নির্ধারিত কর্তৃপক্ষের কাছে বকেয়া আছে অথবা যা ওই তারিখের পর কিন্তু আইনটি বাতিল হওয়ার আগে যা করা হয়েছিল, দাখিল করা হয়েছিল বা আরম্ভ করা হয়েছিল, ওই সময়ের জন্য স্থগিত থাকবে, যে সময় ধরে ওই আইন বলবৎ থাকবে।]

[1][21A. Temporary stay of proceedings for termination of cultivation by bargadars. Notwithstanding anything contained in this chapter,—

(*a*) all applications made under section 18 for the termination of cultivation by *bargadars*,

(*b*) all appeals preferred under section 19 against orders made on such applications, and

(*c*) all proceedings commenced under sub-section (2) of section 20 for execution of orders for termination of cultivation by *bargadars*,

which are pending before the appropriate authority at the date of commencement of the West Bengal Land Reforms (Amendment) Act 1969, or which may be so made, preferred or commenced after such date but before the expiry of the said Act, shall be stayed for the period during which the said Act continues in force.]

সূচনা [Commencement]. ২১ক ধারাটি মূল আইনে যুক্ত করা হয়েছিল ১৯৬৯ সালের পঃ বঃ ভূমি সংস্কার (সংশোধন) আইন দ্বারা। ৪.৮.১৯৬৯ থেকে এক বছরের জন্য এটি বলবৎ ছিল।

1 *Inserted* by the W.B. Land Reforms (Amendment) Act, 1969 (Act XI of 1969) and remained in force for one year with effect from 4.8.1969.

[১][২১খ। কিছু ক্ষেত্রে অন্যের জমি চাষ করা ব্যক্তিকে বর্গাদার বলে ধরে নেওয়া হবে **(Persons cultivating land of another to be presumed to be bargadar in certain cases)**: কোনও ব্যক্তি অন্য ব্যক্তির পরিবারের সদস্য না হয়ে তার জমি আইনসম্মতভাবে চাষ করলে ওই জমিতে তাকে বর্গাদার হিসাবে ধরে নেওয়া হবে এবং ওই ব্যক্তি যে বর্গাদার নয় অথবা জমিটি যে তিনি নিজেই চাষ করছেন তা প্রমাণ করার দায় বর্তাবে ওই ব্যক্তির বিরুদ্ধে যিনি অভিযোগ আনবেন যে ওই জমির বর্গাদার ওই ব্যক্তি নন। এটি প্রমাণ করার জন্য বর্তমানে যে আইন-ই প্রচলিত থাক না কেন।]

[1][21B. Person cultivating land of another person to be presumed to be a bargadar in certain cases. A person lawfully cultivating any land belonging to another person shall be presumed to be a *bargadar* in respect of such land if such person is not a member of the family of the other person whose land he cultivates and the burden of proving that such person is not a *bargadar* or that the land is in his personal cultivation shall, notwithstanding anything to the contrary contained in any other law for the time being in force, lie on the person who alleges that the person cultivating the land is not a *bargadar* in respect of such land.]

আলোচনার সূচী

১। সূচনা [Commencement]. ১৯৭৭ সালের পঃ বঃ ভূমি সংস্কার (সংশোধন) আইন [১৯৭৭ সালের পশ্চিমবঙ্গের ৩৪ নং আইন] দ্বারা ২১খ ধারাটি যুক্ত করা হয়েছে। রাষ্ট্রপতির সম্মতির পর সংশোধিত আইনটি

১ পশ্চিমবঙ্গ ভূমি সংস্কার (সংশোধন) আইন, ১৯৭৭ (পশ্চিমবঙ্গ আইন ৩৪, ১৯৭৭)-এর ৫ ধারার মাধ্যমে সন্নিবেশিত হয়েছে।

1 *Inserted* by the W.B. Land Reforms (Amendment) Act, 1977 (XXXIV of 1977).

কলিকাতা গেজেটে ৩.২.১৯৭৮ তারিখে প্রকাশিত হয়েছিল। অর্থাৎ ৩.২.১৯৭৮ থেকে এই ধারাটি বলবৎ হয়েছে।

২। কিছু ব্যক্তি যারা বর্গাদার হিসাবে বিবেচিত হবেন [Certain persons to be presumed as bargadar]. কোনও ব্যক্তি যদি অন্য কোনও লোকের জমি আইনসম্মতভাবে চাষ করেন এবং ওই ব্যক্তি যদি জমির মালিকের পরিবারের সদস্য না হয়ে থাকেন তা হলে যিনি চাষ করছেন তাকে বর্গাদার হিসাবে ধরে নেওয়া যেতে পারে। ওই ব্যক্তি বর্গাদার নন অথবা ওই জমি তার ব্যক্তিগত চাষে রয়েছে এটা প্রমাণ করার দায় তার যিনি অভিযোগ করবেন যে যিনি চাষ করছেন তিনি বর্গাদার নন। ২১খ ধারায় "ধরা হবে" (shall presume) শব্দগুলি রয়েছে। খুব স্বাভাবিকভাবে যিনি অভিযোগ আনবেন যে যিনি এই জমি চাষ করছেন তিনি বর্গাদার নন এই সত্যতা তাকেই প্রমাণ করতে হবে। নিম্নলিখিত দুটি ক্ষেত্রে ২১খ ধারার পূর্বানুমান লক্ষ্য করা যায়—

প্রথমত একজন ব্যক্তি যিনি আইনসম্মতভাবে অন্যের জমি চাষ করছেন।

দ্বিতীয়ত যিনি জমি চাষ করছেন, তিনি যার জমি চাষ করা হচ্ছে তার পরিবারের সদস্য নন।

যিনি চাষ করছেন তাকে শুধু এটা প্রমাণ করলেই হবে না যে তিনি ওই জমি "চাষ করছেন" তাকে এটাও প্রমাণ করতে হবে যে তিনি "আইনসম্মতভাবে চাষ করছেন"।

অনধিকার প্রবেশকারী যিনি, ২১খ ধারার পূর্বানুমানের কোনও সুবিধা (advantage of presumption) তিনি পাবেন না।[১]

কোনও ব্যক্তি জোর করে কারো জমি চাষ করে থাকলে তাকে "আইনসম্মতভাবে চাষ করছেন" বলা যায় না, কারণ এ ধরনের চাষে মালিক কোনও কিছুই সুবিধা পান না। যিনি বর্গাদার হিসাবে নিজেকে দাবি করছেন তাঁকে অবশ্যই (must) এটা প্রমাণ করতে হবে যে, জমির মালিক ওই জমি চাষ করার জন্য তাকে সম্মতি দিয়েছেন এবং ওই ধরনের চাষ দ্বারা মালিক সুবিধা পেয়েছেন। মালিক সুবিধা পেয়েছে (has derived the benefit) প্রমাণ করার জন্য তিনি যে মালিককে তার প্রাপ্য অংশ দিয়েছেন সেই হিসাবে ভাগ প্রদানের রসিদ দেখাবেন। বর্গাদার হিসাবে কোনও ব্যক্তি যখন অন্য ব্যক্তির

১ *হরেন্দ্রনাথ* বনাম *রাজেন্দ্রনাথ* 88 CWN 304.

জমি চাষ করেন, তখন পঃ বঃ ভূমি সংস্কার আইনের ১৬(৩) ধারা অনুযায়ী বর্গাদার এবং জমির মালিক উভয়েই পরস্পরকে রসিদ প্রদান করতে বাধ্য। এই রসিদ দেখালে সেটাই প্রমাণ করবে যে ওই চাষ আইনসম্মতভাবে (cultivation lawfully) হয়েছে।

২১খ ধারা অনুযায়ী কোনও ব্যক্তি আইনসম্মতভাবে (lawfully) কোনও জমি দখল এবং চাষ করলে এবং যার জমি চাষ করছেন তিনি যদি তার পরিবারের সদস্য না হয়ে থাকেন তবে তাকে বর্গাদার হিসাবে ধরা হবে। যদি এই বিষয়ে কোনও বিবাদ দেখা যায় যে ওই ব্যক্তি বর্গাদার নয়, তবে যিনি অভিযোগ আনবেন যে ওই ব্যক্তি বর্গাদার নন, তাকেই প্রমাণ করতে হবে যে—'ওই ব্যক্তি বর্গাদার নন'।

এটা দেখা যাচ্ছে যে প্রমাণ করার দায়িত্ব (onus) মালিকের উপরে বা সেই ব্যক্তি উপর বর্তায় যিনি এটা স্বীকার করেন না যে, যে ব্যক্তি জমি চাষ করছেন তিনি বর্গাদার। বর্তমান মামলায় রাজস্ব আধিকারিকের প্রতিবেদন থেকে দেখা যায় যে বর্তমান মালিক হস্তান্তরের আগের দখল একটা গ্রহণযোগ্য ঘটনা। ওই দখলকে এড়িয়ে যাওয়া যায় না, অথবা ওই দখলের মূল্য (effect) ও পরবর্তী হস্তান্তর গ্রহীতা (transferee) প্রত্যাখ্যান করতে পারেন না বর্গাদার হিসাবে নাম রেকর্ড করার জন্য দরখাস্ত থেকে আরও জানা যায় যে, জোহরা খাতুন বিবির অংশে বর্গাদারের নাম রেকর্ড করার আবেদনপত্র দাখিল করা হয়েছিল বিবাদীদের কাছে জমি, হস্তান্তরের অনেক আগে।

মহামান্য হাইকোর্ট এই নির্দেশ দেয় যে, ১৮(১) ধারার আধিকারিক বা কর্তৃপক্ষ কোনও বিষয় নিষ্পত্তির সময় এটা দেখতে হবে যে জোহরা (Johra) বিবি যে সময় মালিক ছিলেন, আবেদনকারী সেই সময় ওই জমি আইনসম্মতভাবে দখল করতেন কিনা। যদি ওই ঘটনা প্রতিষ্ঠিত হয় এবং আবেদনকারী অবৈধ দখলকারী না হয়ে থাকেন অথবা আইন লঙ্ঘন না করে দখল করেন, সেক্ষেত্রে ২১খ ধারায় পূর্বানুমান কার্যকর হবে।[২]

৩। মালিকের পরিবারের সদস্য এবং পূর্বানুমানের রীতি [Member of the family of the owner and manner of presumption]. এই আইনের ২১খ ধারার পূর্বানুমান প্রযোজ্য হবে না তখন, যখন কোনও ব্যক্তি এমন একজন ব্যক্তির জমি চাষ করছেন যিনি ওই ব্যক্তির পরিবারের একজন সদস্য। ২১খ ধারা

২ *আব্দুল লতিফ মণ্ডল* বনাম *পঃ বঃ সরকার* 1999(2) Cal LJ 24.

থেকে এটা পরিষ্কার যে, কোনও রায়তের কোনও জমি আইনসম্মতভাবে তার পরিবারের কোনও সদস্য চাষ করলে তাকে কখনও বর্গাদার বলা যাবে না। আবেদনকারীদের নিজের নাম বর্গাদার হিসাবে রেকর্ড করার জন্য যে দরখাস্ত করেছিলেন তা খারিজ হয়ে যায়।

আপিল কর্তৃপক্ষও তাদের যুক্তি মানেন নি। বর্গাদার হিসাবে তাদের নাম রেকর্ড না করার সিদ্ধান্তই বহাল থাকে। আবেদনকারীরা এটা বলেন যে তারা তাদের সৎ মায়ের (step-mother) জমি চাষ করছিলেন। মামলার ৫ নং বিবাদী—হাসিনা বেওয়া এবং ৬ নং বিবাদী হলেন তার মেয়ে—সুফিয়া খাতুন। আবেদনকারীরা জানান মুসলিম আইন অনুযায়ী তারা তার সৎ মায়ের উত্তরাধিকারী নন। সুতরাং তারা জমির মালিকের পরিবারের সদস্য নন।

মহামান্য ডিভিশন বেঞ্চ জানান, উত্তরাধিকার সূত্রে তারা জমি পেলেন কিনা তার চেয়ে যেহেতু তারা তাদের সৎ মায়ের সাথেই থাকেন সুতরাং তারা ৫ নং বিবাদীর পরিবারের সদস্য হিসাবেই গণ্য হবেন; সুতরাং ৫ নং বিবাদীর অধীন বর্গাদার হিসাবে তাদের দাবি আইনের ২১খ ধারায় বাধাপ্রাপ্ত হবে।[৩]

কোনও রায়তের শ্যালক (brother-in-law) বর্গাদার হিসাবে দাবি করলে তা বাতিল হবে। মহামান্য কলিকাতা হাইকোর্টের ডিভিশন বেঞ্চ বলেন যে "পরিবারের" সংজ্ঞা সংশোধিত হওয়ায় এবং ওই সংশোধন ১৪ট(গ) [s. 14K(*c*)] ধারায় বলবৎ হওয়ায় কোনও রায়তের শ্যালক (brother-in-law) এখন বর্গাদার হিসাবে বিবেচিত হবেন না।

২০০০ সালের পঃ বঃ ভূমি সংস্কার (সংশোধন) আইন দ্বারা এটি পরিবর্তিত হয়েছে, যার কার্যকর সীমা ধরা হয়েছে ৭.৮.১৯৬৯ থেকে।[৪]

পাঁচু গোপাল দাস একজন রায়ত। তার জমিতে বর্গাদার হিসাবে নাম নথিভুক্ত করার জন্য আবেদনকারী দরখাস্ত করেন। রাজস্ব আধিকারিক আবেদনকারীর নাম বর্গাদার হিসাবে রেকর্ড করেন। রাজস্ব আধিকারিকের রায়ে ক্ষুব্ধ হয়ে পাঁচু গোপাল দাস পঃ বঃ ভূমি সংস্কার ও প্রজাস্বত্ব ন্যায়পীঠ-এ মামলা করেন। কিন্তু মহামান্য ন্যায়পীঠ, মামলার বিষয় বিশ্লেষণ না করেই মামলাটি খারিজ (dismiss) করে দেন। ন্যায়পীঠের এই রায়ের বিরুদ্ধে এরপর রায়ত

৩ *আনারুল হক মিদ্যা* বনাম *পঃ বঃ সরকার* 2000(1) CHN 14.

৪ *ভূতনাথ গঁড়াই* বনাম *পঃ বঃ সরকার* 2001(2) Cal LJ 154 (DB).

পাঁচু গোপাল দাস, হাইকোর্টের ডিভিশন বেঞ্চে মামলা করেন। মহামান্য কলিকাতা হাইকোর্টের ডিভিশন বেঞ্চ জানান—ন্যায়পীঠের আদেশটি বাতিল (set aside) করা হল এবং পুনরায় শুনানির নির্দেশ দেওয়া হল। এই মামলাতেও ৭ নং বিবাদী রায়ত অর্থাৎ আবেদনকারী পাঁচু গোপাল দাসের পরিবারের সদস্য। এক্ষেত্রেও আইনের ২১খ ধারার পূর্বানুমানের প্রয়োগ বলবৎ হবে না।

এক্ষেত্রে মহামান্য ডিভিশন বেঞ্চ জানান ন্যায়পীঠের মামলার বিষয়টি বিশ্লেষণ করতে হবে (analyse the materials) এবং এটা দেখতে হবে যে ৭ নং বিবাদী প্রকৃত বর্গাদার কিনা। যেহেতু উপযুক্ত বিশ্লেষণ দ্বারা ঘটনার সিদ্ধান্ত (finding of fact) তৈরি হয়নি সেইজন্য ন্যায়পীঠের আদেশ বাতিল করা হল। ন্যায়পীঠকে পুনরায় নতুন করে শুনানির নির্দেশ দেওয়া হল এবং ৭ নং বিবাদী প্রকৃতই বর্গাদার কিনা তা প্রমাণের দ্বারা বিশ্লেষণ করে সিদ্ধান্ত নেওয়ার নির্দেশ দেওয়া হল।[৫]

৪। নতুন কোনও অধিকার তৈরি করে না এবং সংবিধানের এক্তিয়ার বহির্ভূত নয় [No new right created and it is not ultra vires the constitution]. *বিশ্বনাথ ঘোষ* বনাম *পঃ বঃ সরকার,*[৬] মামলায় মহামান্য আদালত জানান—২০খ ধারা কোনও ব্যক্তিকে কোনও নতুন অধিকার দান করে না, যা এই ধারাটি অন্তর্ভুক্ত হওয়ার আগে তার ছিল না অথবা এই ধারাটি যুক্ত হওয়ার ফলে কোনও অধিকার ছেদও হয় না। এই ধারাটি মজুর, লাইসেন্স প্রাপক বা তত্ত্বাবধায়ক (care taker)-কে বর্গাদার হওয়ার কোনও অধিকার দেয় না। ২০খ ধারাটি জমির মালিকের কোনও অধিকারকে হরণ করে না অথবা বর্গাদারকে নতুন কোনও অধিকার তুলে দেয় না। এই ধারাটি যুক্ত হওয়ার পরে, একজন বর্গাদারকে প্রমাণ করতে হবে যে তিনি আইনসম্মতভাবে (lawfully) মালিকের জমি চাষ করছেন। এমনকী তাকে এটা প্রতিষ্ঠিত করতে হবে যে তিনি যে জমি চাষ করছে তা মালিক জানেন এবং তার দ্বারা চাষের সুবিধা মালিক পাচ্ছেন।

উপরোক্ত মামলায় আরও রায় জানান মহামান্য আদালত যে ভারতীয় সংবিধানের ৩০৪(খ) অনুচ্ছেদকে লঙ্ঘন করেনি পঃ বঃ ভূমি সংস্কার

৫ *পাঁচু গোপাল দাস* বনাম *পঃ বঃ সরকার* 2000(1) CHN 588.
৬ 1979(1) Cal LJ 613.

আইনের ২০খ ধারাটি। অর্থাৎ ২০খ ধারাটি সংবিধানের এক্তিয়ার বহির্ভূত নয় [*ultra vires*]।

[১][**২১গ। রাজ্য ভূমি নিগম বা আঞ্চলিক ভূমি নিগম গঠন (Constitution of State Land Corporation or Regional Land Corporation) :** (১) রাজ্য সরকার নিজের ইচ্ছায় সরকারি গেজেটে বিজ্ঞাপন প্রকাশের দ্বারা রাজ্য ভূমি নিগম অথবা এক বা একাধিক আঞ্চলিক ভূমি নিগম বা উভয়-ই তৈরি করতে পারেন।

(২) রাজ্য ভূমি নিগম এবং প্রত্যেক আঞ্চলিক ভূমি নিগমগুলি [এরপর এই পরিচ্ছেদে 'নিগম' বলা হবে] এমন স্থায়ী কর্তৃত্ব সহ গঠিত হবে যেন তাদের সাধারণ সিলমোহর থাকে এবং জমি অধিগ্রহণের অধিকার, সংরক্ষণ, বিক্রি করা, অগ্রিম টাকা দেওয়া, কোনও চুক্তি করা, মামলা-মোকদ্দমা এবং সমস্ত রকম আইনসম্মত কাজে অংশগ্রহণ করার ক্ষমতা এবং দরকারি সমস্ত কাজ করার ক্ষমতা থাকবে।

(৩) নিগমের উদ্দেশ্য হবে বিক্রি করতে ইচ্ছুক জমির নথিভুক্ত বর্গাদারকে অথবা বিক্রি করতে ইচ্ছুক জমির বর্গাদারকে এবং এই আইনের বিধান অনুযায়ী যিনি শংসাপত্র পেয়েছেন বা ৪৯ নং ধারায় জমির বন্দোবস্ত পাওয়ার যিনি অধিকারী যিনি ১৪ট (চ) ধারার সংজ্ঞানুযায়ী এক প্রমাণ হেক্টরের কম জমির মালিক যার আয়ের প্রধান উৎস হল জমিতে উৎপাদিত ফসল তিনি কোনও রায়তের জমি কিনতে না পারলে, তাকে রায়তের জমি কেনার যোগ্য করতে এবং যিনি দুর্দশাগ্রস্ত হয়ে খোলা বাজারে জমি বিক্রি করতে ব্যর্থ হয়েছেন, বর্গাদার দ্বারা এবং বর্গাদারের নাম স্বত্বলিপিতে [r-o-r] লিপিবদ্ধ অথবা বর্গাদারকে শংসাপত্র দেওয়া হয়েছে, তবে বর্গাদার বা ওই লোক আগাম টাকা জোগাড় করতে না পারেন, তবে ভূমি নিগম নির্ধারিত পদ্ধতিতে অর্থ প্রদান করবেন।

(৪) যোগ্য বর্গাদার জমি কিনতে ইচ্ছা করলে ওই জমির মূল্য ঠিক হবে বর্গাদার এবং জমির মালিক দ্বারা। এইরকম জমির মূল্য স্থির করতে না পারলে জমির মালিক বা বর্গাদার-এর অনুরোধক্রমে অথবা নিগম স্বেচ্ছায় জমির মূল্য ঠিক করতে পারেন, এক্ষেত্রে ১৮৯৪ সালের ভূমি অধিগ্রহণ আইনের বিধানগুলি যেখানে যেরকম প্রয়োগ করার প্রয়োজন

১ পশ্চিমবঙ্গ ভূমি সংস্কার (সংশোধন) আইন, ১৯৮১ (পশ্চিমবঙ্গ আইন ৫০, ১৯৮১)-এর ৩৬ ধারার মাধ্যমে সন্নিবেশিত এবং উক্ত আইনের ১(২) ধারার মাধ্যমে ৭.৮.১৯৬৯ তারিখ হতে বলবৎ হয়েছে।

হবে সেইরকমভাবে অথবা বর্গাদার দ্বারা জমি চাষের বিষয় বিবেচনা করে স্থির করবেন, কিন্তু বাজারমূল্য স্থির করার বেলায় বাজার মূল্য ছাড়া সুদ বা অন্য কোনও বিষয় যুক্ত হবে না।

(৫) কোনও ক্ষেত্রে বর্গাদার যদি যে জমি সে বর্গাদার হিসাবে চাষ করছেন তা কিনতে না পারেন বা ইচ্ছা প্রকাশ না করেন তবে ওই জমির প্রকৃত মালিকের অনুরোধে ৪৯ ধারায় বর্ণিত কোনও উপযুক্ত ব্যক্তিকে জমির মালিক এবং ওই ব্যক্তির মধ্যে আলোচনা করে জমির মূল্য ঠিক করে কেনার সুযোগ নিগম দিতে পারেন অথবা নিগম (৪) উপধারা অনুযায়ী মূল্য স্থির করতে পারেন। ওই ব্যক্তি জমি কিনতে অসমর্থ হলে বা ইচ্ছুক না হলে নিগম জমির মালিকের অনুরোধের ছয় মাসের মধ্যে নিগম এবং জমির মালিক দ্বারা পরস্পর দ্বারা নির্ধারিত মূল্যে অথবা উপধারা (৪) অনুযায়ী নির্ধারিত মূল্যে নিগম জমিটি কিনতে পারেন এবং এই কেনার বেলায় নিগম জমির মালিককে স্থির করা বা নির্ধারিত যাই হোক না কেন সেই বাজার দর দেবেন।

(৬) কেনার দলিলটি নিবন্ধীকৃত হবে। তা সত্ত্বেও, জমির মালিক বর্গাদার দ্বারা বা তাঁর পক্ষের কেউ বা ৪৯ নং ধারার যোগ্য ব্যক্তি বা নিগম দ্বারা স্থির করা মূল্য বা নির্ধারিত মূল্য দেওয়ার ত্রিশ দিনের মধ্যে যদি তিনি দলিল রেজিস্ট্রি না করেন, তবে ১৯০৮ সালের নিবন্ধীকরণ আইন, ১৮৮২ সালের সম্পত্তি হস্তান্তর আইন বা বর্তমানে প্রচলিত অন্য যে কোনও আইনে যাই থাক না কেন নিগম দ্বারা সরকারি গেজেটে বিজ্ঞাপিত প্রচারই জমি বিক্রির দলিল হিসাবে চূড়ান্ত প্রমাণিত হবে।

(৭) নথিভুক্ত বর্গাদার বা শংসাপত্র পেয়েছেন এরকম বর্গাদার অথবা ৪৯ নং ধারার উপযুক্ত ব্যক্তি যিনি জমি কিনবেন তাকে আগাম ঋণ বা আগাম অর্থ দেওয়ার জন্য জামিন হিসাবে নিবন্ধীকরণ করা দলিলের দ্বারা ওই জমি নিগমের কাছে বন্ধক রাখবেন এবং ওই ঋণ এবং অন্যান্য খরচ নিগমকে দেবেন।

(৮) বন্ধকের নিয়ম অনুযায়ী ওই জমি যখন নিগম দ্বারা কেনা হবে বা অধিগৃহীত হবে তখন নির্ধারিত পদ্ধতিতে ওই জমিটি প্রকাশ্য নীলামের দ্বারা বিক্রি হবে জমির কেনা বা অধিগ্রহণের খরচ ও অন্য খরচ সংগ্রহ করার জন্য।

(৯) এই পরিচ্ছেদের জন্য "দুর্দশা" শব্দের অর্থ হবে—

(ক) মেয়ের বিয়ে,

(খ) বাবা, মা, স্বামী বা স্ত্রীর মৃত্যু হলে বাধ্যতামূলক ক্রিয়াকর্ম,

(গ) জমির মালিক বা কোনও ক্ষেত্রে মালিকের স্বামী বা স্ত্রী এবং নাবালক ছেলেরা, অবিবাহিত মেয়েরা এবং জমির মালিকের উপর নির্ভরশীল নিজস্ব আয়ের উৎসহীন কোনও আত্মীয়ের জীবন সংশয় হতে পারে এরকম অসুস্থতার জন্য চিকিৎসা,

(ঘ) বন্যা, খরা বা অন্য প্রাকৃতিক দুর্যোগের জন্য জমির মালিক বা কোনও ক্ষেত্রে মালিকের স্ত্রী বা স্বামী এবং নাবালক ছেলেরা, অবিবাহিত মেয়েরা এবং নিজস্ব আয়ের উৎসহীন মালিকের উপর নির্ভরশীল কোনও আত্মীয়-এর রক্ষণাবেক্ষণের জন্য।

(১০) সরকারি গেজেটে বিজ্ঞাপন প্রকাশের দ্বারা রাজ্য সরকার যে শর্ত ও অবস্থা নির্দেশ করবে সেই অনুযায়ী তৈরি কোনও প্রতিষ্ঠান বা সংস্থার ক্ষেত্রে এই পরিচ্ছেদে উল্লিখিত ক্ষমতা, কার্যাবলি ও দায়িত্ব নিগমের জন্য প্রযোজ্য হবে এবং তা কার্যকর করার ক্ষমতা বর্তাবে ঃ

তবে শর্ত এই যে এই ধারার নিয়মগুলি সেই বর্গাদারের উপর বর্তাবে না যে বর্গাদারের ৪.০০ (চার) হেক্টর জমি চাষ করেন বা মালিক।]

[1][**21C. Constitution of State Land Corporation or Regional Land Corporation.** **(1) The State Government may on its own motion, by notification in the *Official Gazette*, constitute a State Land Corporation, or one or more Regional Land Corporations or both.**

(2) The State Land Corporation and each of the Regional Land Corporations (hereafter in this section called as Corporation) shall be body corporate with perpetual succession and common seal, and shall have power to acquire, hold and dispose of property, to advance funds, to enter into contracts, to institute and defend suits, cases and all other legal proceedings and to do all things necessary for the purpose of carrying on its object.

(3) The object of the Corporation shall be to advance funds in the prescribed manner to a recorded *bargadar* of the land intended to be sold or to a *bargadar* of the land intended to be sold and holding certificate issued under the rules made under this

1 *Inserted* by W.B. Act L of 1981, dated 24.3.1986 with retrospective effect from 7.8.1969.

Act or to a person eligible for settlement of land under section 49, to enable him to purchase agricultural land from a *raiyat* who owns at the material time not exceeding one standard hectare as defined in clause (*f*) of section 14K of land in the aggregate, whose principal source of income is produce from his land and who being in distress has failed to sell the land in the open market on account of cultivation of the land, which the *raiyat* intends to sell, by the *bargadar* and the name of the *bargadar* has been recorded or certificate has been issued to the *bargadar*, provided such *bargadar* or such person is otherwise eligible to receive the advance of fund, as may be prescribed.

(4) The price of the land intended to be purchased by the eligible *bargadar* shall be settled as between the *bargadar* and the owner of the land. Failing such settlement of price, the Corporation, on being requested by the owner of the land or the *bargadar* or on its own motion may assess the market value of the land for assessment thereof, *mutatis mutandis*, in accordance with the principles of the Land Acquisition Act, 1894 (Act 1 of 1894) taking into account the fact of cultivation by *bargadar*, but assessment of market value shall not include any *solatium* or interest or any other thing except the market value of the land.

(5) If in such a case the *bargadar* fails or does not intend to buy the land cultivated by him as *bargadar*, the Corporation, on being requested by the owner of the land, may offer the land to a person eligible under section 49 to buy the land at the mutually settled price or at the price assessed by the Corporation under sub-section (4). If such person fails or does not intend to buy, the Corporation may, within a period of six months of the request by the owner of the land, purchase the land at a price mutually settled between the Corporation and the owner of the land or at the price assessed by the Corporation under sub-section (4) and in case of such purchase the Corporation shall pay the settled or assessed market value, as the case may be, to the owner of the land.

(6) The instrument of purchase shall be by a registered deed of conveyance. If, however, the owner of the land does not register the deed of conveyance within thirty days of payment of the settled or assessed price to him by or on behalf of the *bargadar* or by the person eligible under section 49 or by the Corporation, as

the case may be, notwithstanding anything contained in the Registration Act, 1908 (Act 16 of 1908), the Transfer of Property Act, 1882 (Act 4 of 1882), or any other law for the time being in force, the issue of notification in the *Official Gazette* by the Corporation shall be the conclusive evidence of sale of the land.

(7) The recorded *bargadar* or the *bargadar* holding a certificate or the person eligible under section 49 who purchases the land shall mortgage the land to the Corporation as security for the loan advanced or to be advanced to him by a registered instrument and the loan along with service or other charges shall be repayable to the Corporation in the prescribed manner.

(8) The land when purchased by the Corporation or acquired by the Corporation in satisfaction of a mortgage shall be sold in public auction in such manner as may be prescribed, for realising the money spent in purchasing or acquiring the land and also for service or other charges, if any.

(9) For the purpose of this section, the word "distress" shall mean—

(*a*) marriage of a daughter,

(*b*) performance of an obligatory ceremony due to death of father, mother, husband or wife, as the case may be,

(*c*) medical treatment of an illness of a very serious nature endangering the life of the owner of the land or the husband or wife of the owner, as the case may be, and minor sons, unmarried daughters and any other relative having no independent source of income and solely dependent on the owner,

(*d*) maintenance of the owner of the land or the husband or wife of the owner, as the case may be, and minor sons, unmarried daughters and any other relative having no independent source of income and solely dependent on the owner, due to flood, drought or any other natural calamity.

(10) All powers, functions, rights and obligations laid down in this section for the Corporation shall be applicable to and exercised by any institution or organisation as may be notified by the State Government in the *Official Gazette* on such terms and conditions and in such manner as may be prescribed:

Provided that the provisions of this section shall not apply to a *bargadar* who owns and cultivates 4.00 hectares of land in the aggregate.]

[১][২১ঘ। বর্গাদারের নাম স্বত্বলিপিতে অন্তর্ভুক্ত করতে হবে (Names of bargadars to be entered in the records-of-rights) : (১) নির্ধারিত পদ্ধতিতে বর্গাদারের নাম রায়তের স্বত্বলিপিতে লিপিবদ্ধ করতে হবে।]

[২][(২) আইনের সপ্তম পরিচ্ছেদ বা সপ্তম-ক পরিচ্ছেদে যা-ই থাক না কেন (১) নং উপধারার নিয়ম বলবৎ হবে।]

[1][21D. Names of bargadars to be entered in the record-of-rights. (1) The names of *bargadars* in respect of every *raiyat* shall be entered in the record-of-rights in such manner as may be prescribed.]

[2][(2) The provisions of sub-section (1) shall have effect notwithstanding anything contained in Chapter VII or Chapter VIIA of this Act.]

আলোচনার সূচী

১ পশ্চিমবঙ্গ ভূমি সংস্কার (সংশোধন) আইন, ১৯৮১ (পশ্চিমবঙ্গ আইন ৫০, ১৯৮১)-এর ৩৭ ধারার মাধ্যমে সন্নিবেশিত এবং উক্ত আইনের ১(২) ধারার মাধ্যমে ৭.৮.১৯৬৯ তারিখ হতে বলবৎ হয়েছে।

২ পশ্চিমবঙ্গ ভূমি সংস্কার (সংশোধন) আইন, ১৯৮৯ (পশ্চিমবঙ্গ আইন ২৩, ১৯৮৯)-এর ২ ধারার মাধ্যমে ২১ঘ ধারাটি উক্ত ধারার (১) উপধারা সংখ্যায়িত করে (২) উপধারাটি ৭.৮.১৯৬৯ তারিখ হতে বলবৎ করে সন্নিবেশিত হয়েছে। উক্ত সংশোধন আইনটি ২৭.৯.১৯৮৯ তারিখে কলিকাতা গেজেটের বিশেষ সংখ্যার তৃতীয় খণ্ডে প্রকাশিত হয়েছে।

1 *Inserted* by W.B. Act L of 1981, with retrospective effect from 7.8.1969.

2 Section 21D shall be renumbered as sub-section (1) and sub-section (2) *inserted* by W.B. Land Reforms (Amendment) Act 1989, w.e.f. 7.8.1989.

আলোচনার সূচী – *চলিতেছে*

৫ ১৯৬৫ সালের পঃ বঃ ভূমি সংস্কার নিয়মের ১৪ঝ নং বিধি [Rule 14-I of W.B.L.R. Rules 1965]

৬ আধিকারিক বা কর্তৃপক্ষের সরেজমিনে তদন্তের অধিকার আছে [Officer or authority has power to hold spot enquiry]

৭ রাজস্ব পরিদর্শকের বর্গাদারের নাম লিপিবদ্ধ করার ক্ষমতা নেই [Revenue Inspector has no power to record the name of the *bargadar*]

৮ বর্গাদারের নাম লিপিবদ্ধ করার সময় রাজস্ব আধিকারিকের কর্তব্য [Duty of the R.O. while recording the name of the *bargadar*]

৯ বর্গাদারের নাম নথিভুক্তির পদ্ধতি [Recording the name of *bargadar*—procedure].

১। সূচনা [Commencement]. ১৯৮১ সালের পঃ বঃ ভূমি সংস্কার (সংশোধন) আইন [১৯৮১ সালের পশ্চিমবঙ্গের ৫০ নং আইন] দ্বারা ২১ঘ ধারাটি মূল আইনে যুক্ত করা হয়েছে। প্রাথমিক অবস্থায় ২১ঘ ধারার একটিই ধারা ছিল। কলিকাতা গেজেটে এটি প্রকাশিত হয়েছিল ২৪.৩.১৯৮৬-তে। এটি বলবৎ হয়েছে ৭.৮.১৯৬৯ তারিখ থেকে। ১৯৮৯ সালের পঃ বঃ ভূমি সংস্কার (সংশোধন) আইন [১৯৮৯ সালের পশ্চিমবঙ্গের ৩৩ নং আইন] দ্বারা এর দুটি উপধারা যথাক্রমে (১) এবং (২) যুক্ত করা হয়েছে। (১) নং উপধারাটি কার্যকর হয়েছে ৭.৮.১৯৬৯ থেকে।

কলিকাতা গেজেটে (২) উপধারা কার্যকর হওয়ার বিজ্ঞপ্তি প্রকাশিত হয়েছিল ২৭.৯.১৯৮৯ তারিখে, এটিও বলবৎ হয়েছে ৭.৮.১৯৬৯ থেকে।

২। কর্মপরিধি [Scope]. ২১ঘ (১) ধারা এই নির্দেশ দেয় যে, রায়তের স্বত্বলিপিতে নির্দিষ্ট রীতি ও পদ্ধতি অনুযায়ী বর্গাদারের নাম লিপিবদ্ধ হবে। ২১ঘ(২) ধারা এই নির্দেশ দেয় যে সপ্তম, সপ্তম ক পরিচ্ছেদে যাই থাক না কেন ২১ঘ(১) ধারার বিধান বলবৎ হবে। সপ্তম পরিচ্ছেদে ৫০ ধারায় স্বত্বলিপির রক্ষণাবেক্ষণ বিষয়ে বলা আছে এবং সপ্তম ক (Chapter VIIA) পরিচ্ছেদে স্বত্বলিপির প্রস্তুতি (preparation) এবং সংশোধন (revision) বিষয়ে ৫০ক, ৫১, ৫১ক, ৫১খ, ৫১খখ এবং ৫১গ বিভিন্ন ধারায় বিভিন্ন নির্দেশ দিয়েছে।

২১ঘ ধারা অনুসারে বর্গাদারের নাম স্বত্বলিপিতে কোন্ পদ্ধতিতে লিপিবদ্ধ হবে তার নির্দেশ রয়েছে পঃ বঃ ভূমি সংস্কার নিয়মের ১৪ঝ বিধিতে (Rule 14-I)। সপ্তম ক পরিচ্ছেদের অধীন নিয়মে স্বত্বলিপি প্রস্তুত ও সংশোধনের সময় স্বত্বলিপিতে বর্গাদারের নাম কীভাবে লিপিবদ্ধ হবে তার নির্দেশ রয়েছে ১৪ঝ(১)(ক) বিধিতে [Sub-rule (1)(*a*) of Rule 14-I]।

যে ক্ষেত্রে মৌজার স্বত্বলিপির চূড়ান্ত প্রকাশ হয়ে গিয়েছে অথবা স্বত্বলিপির প্রস্তুতি ও সংশোধনের কাজ ভূমি সংস্কার আইন অনুসারে আরম্ভ হয়নি, সেক্ষেত্রে স্বত্বলিপিতে বর্গাদারের নাম কীভাবে লিপিবদ্ধ হবে তার নির্দেশ রয়েছে ১৪ঝ(১)(খ) বিধিতে [Sub-rule (1)(*b*) of Rule 14-I]।

(২) উপবিধি এই নির্দেশ দেয় যে সেটেলমেন্ট আধিকারিক প্রয়োজনে কোনও জেলা বা জেলার কোনও অংশে বর্গাদারের নাম স্বত্বলিপিতে লিপিবদ্ধ করার জন্য তার অধস্তন রাজস্ব আধিকারিককে নির্দেশ দিতে পারেন। নির্ধারিত বিজ্ঞপ্তির নির্দেশ অনুযায়ী সরেজমিনে তদন্ত করে, নির্দিষ্ট নিয়ম ও পদ্ধতিতে বর্গাদারের নাম সংশ্লিষ্ট আধিকারিক লিপিবদ্ধ করবেন।

১৪ঝ(১)(ক) [Rule 14-I(1)(*a*)] বিধি এই নির্দেশ দেয় যে সপ্তম ক পরিচ্ছেদের অধীন স্বত্বলিপি প্রস্তুত ও সংশোধন করার সময় রাজস্ব আধিকারিককে ৫১ ধারায় ক্ষমতা দেওয়া হয়েছে স্বত্বলিপির প্রস্তুতি ও সংশোধনের যে কোনও বিভিন্ন পর্যায়ে বর্গাদারের নাম লিপিবদ্ধ করার জন্য। উপরোক্ত পদ্ধতির বর্ণনা তফসিল ক (Schedule A)-তে রয়েছে। রাজস্ব আধিকারিক হিসাবে সেটেলমেন্ট আধিকারিক [বর্তমানে জেলা ভূমি ও ভূমি সংস্কার আধিকারিক-এ তফসিল ক (Schedule A)-তে উল্লিখিত পদ্ধতিতে কোনও মৌজার স্বত্বলিপির প্রস্তুতি ও সংশোধনের জন্য দুটি পর্যায়ের মধ্যবর্তীকালে যে কোনও সময়, তার অধীনস্থ রাজস্ব আধিকারিককে বর্গাদারের নাম স্বত্বলিপিতে রেকর্ড করার নির্দেশ দিতে পারেন যিনি ওই মৌজায় জমি চাষ করেন। সরেজমিনে তদন্ত করার পর রাজস্ব আধিকারিক বর্গাদারের নাম স্বত্বলিপিতে লিপিবদ্ধ করবেন। ঊর্ধতন আধিকারিকের নির্দেশ পাওয়ার পরই সংশ্লিষ্ট আধিকারিক একটি "গণ-বিজ্ঞপ্তি" (public notice) জারি করবেন বিবাদীয় জমিটি যে মৌজায় অবস্থিত সেই এলাকার গ্রাম পঞ্চায়েত অফিসে। ওই গণ-বিজ্ঞপ্তিতে সরেজমিনে তদন্তের দিন উল্লেখ করা থাকবে। সরেজমিনে তদন্তের পর স্বত্বলিপিতে বর্গাদারের নাম লিপিবদ্ধ করার আগে স্বার্থ সংশ্লিষ্ট সমস্ত পক্ষকে শুনানির সুযোগ দেবেন রাজস্ব আধিকারিক। স্থানীয় সরকারের প্রতিনিধি, কোনও কৃষক সংগঠনের প্রতিনিধিগণ প্রয়োজনে তদন্ত ও শুনানির সময় উপস্থিত থাকতে পারেন এবং বক্তব্য পেশ করতে পারেন।

বিবাদীয় জমি যে মৌজায় অবস্থিত সেই এলাকার গ্রাম পঞ্চায়েত অফিসে ওই গণ-বিজ্ঞপ্তি প্রকাশিত হবে নির্দিষ্ট তদন্তের দিন থেকে অন্তত সাত দিন আগে। উপ-দফা (১) এবং (২)-এর অধীন বর্গাদারের নাম লিপিবদ্ধ করার বিরুদ্ধে পরবর্তী কোনও আপত্তি (objection) দাখিল করা হলে স্বত্বলিপির

প্রস্তুতি ও সংশোধনের পরবর্তী পর্যায়ে ওই আপত্তিগুলি বিবেচনা (consider) করা হবে (তফসিল ক অনুসারে)।

যে ক্ষেত্রে স্বত্বলিপির প্রস্তুতি ও সংশোধনের কাজ ধরা-ই হয়নি অথবা মৌজার স্বত্বলিপির চূড়ান্ত প্রকাশ হয়ে গিয়েছে সেক্ষেত্রে স্বত্বলিপিতে বর্গাদারের নাম কীভাবে লিপিবদ্ধ হবে তার নির্দেশ রয়েছে (১)(খ) উপবিধিতে।

আবার ৫০ ধারায় নিযুক্ত নির্ধারিত কর্তৃপক্ষ কোনও দরখাস্তের ভিত্তিতে অথবা নিজের ইচ্ছায় সরেজমিনে তদন্ত এবং স্বার্থসংশ্লিষ্ট সমস্ত পক্ষকে শুনানির সুযোগ দিয়ে স্বত্বলিপিতে বর্গাদারের নাম লিপিবদ্ধ করতে পারেন। ৫০ ধারার নির্ধারিত নিযুক্ত কর্তৃপক্ষ যদি এই মর্মে সন্তুষ্ট হন যে কোনও মৌজায় প্রচুর সংখ্যক রেকর্ড করা হয়নি এরকম বর্গাদার রয়েছে, তিনি গণ-বিজ্ঞপ্তি দিয়ে একটি তদন্তের দিন ধার্য করবেন। সরেজমিনে তদন্তের পর বর্গাদারের নাম স্বত্বলিপিতে লিপিবদ্ধ করবেন এবং রেকর্ডভুক্ত বর্গাদারদেরকে ৮খ নিদর্শে শংসাপত্র দেবেন। তিনি সংশ্লিষ্ট রায়তকেও বিষয়টি জানাবেন [এবং প্রয়োজন মনে করলে ওই লিপিবদ্ধ সম্পর্কে সেটেলমেন্ট বিভাগকেও জানাতে পারেন]।

টীকা ঃ বর্তমানে আলাদাভাবে সেটেলমেন্ট বিভাগ নেই।

বিবাদীয় জমিটি যে মৌজায় অবস্থিত সেখানকার গ্রাম পঞ্চায়েত অফিসে উক্ত "গণ-বিজ্ঞপ্তি" নির্ধারিত সরেজমিনে তদন্তের অন্তত এক সপ্তাহ আগে প্রকাশ করতে হবে। সরেজমিনে তদন্তের পর স্বত্বলিপিতে বর্গাদারের নাম লিপিবদ্ধ হওয়ার আগে উক্ত রাজস্ব আধিকারিক স্বার্থ জড়িত সমস্ত পক্ষকে শুনানির সুযোগ দেবেন। প্রয়োজনে স্থানীয় প্রতিনিধি বা কোনও কৃষক সংগঠন থাকলে তাদেরকেও শুনানি এবং তদন্তের সময় হাজির হওয়া এবং বক্তব্য পেশের সুযোগ দেওয়া হবে। তদন্ত সংক্ষিপ্ত হবে এবং তদন্তের বিবরণ এবং ফল মামলার নথিতে (case record)-এ লিপিবদ্ধ করতে হবে।

(১)(খ) উপবিধির একটি ব্যাখ্যা যুক্ত আছে। ৫০ ধারায় নিযুক্ত নির্ধারিত কর্তৃপক্ষ যদি এই মর্মে সন্তুষ্ট হন যে কোনও মৌজায় রেকর্ড হয়নি এরকম বর্গাদারের সংখ্যা অনেক রয়েছে, যদি ওই সন্তুষ্টি কোনও তথ্যের উপর ভিত্তি করে হয় যা তিনি পেয়েছেন অথবা নিজস্ব কর্তব্য করতে কোনও খবর মারফৎ অথবা সমাহর্তা দ্বারা চিহ্নিত কোনও সূত্রে অথবা ওই মৌজার সেটেলমেন্ট আধিকারিক দ্বারা যে ওই মৌজায় বিপুল সংখ্যক রেকর্ড করা হয়নি এরকম বর্গাদার রয়েছে।

সমাহর্তা অথবা এই উদ্দেশ্যের জন্য সরকার দ্বারা নিযুক্ত কোনও আধিকারিকের তত্ত্বাবধানে (১) এবং (২) উপ-দফার অধীন বর্গাদারের নাম লিপিবদ্ধ করার প্রক্রিয়া চলতে থাকবে।

২১ঘ ধারাটি ১৯৮১ সালের পঃ বঃ ভূমি সংস্কার আইন [১৯৮১ সালের পশ্চিমবঙ্গের ৫০ নং আইন] দ্বারা যুক্ত করা হয়েছিল। নির্ধারিত পদ্ধতিতে বর্গাদারের নাম স্বত্বলিপিতে লিপিবদ্ধ করার নির্দেশ আছে এই ধারায়। ৫০ এবং ৫১ ধারায় বর্গাদারের নাম নথিভুক্ত করার বিধান রয়েছে অন্য তথ্য নথিভুক্ত করার সাথে।

৩। বর্গাদারের নাম লিপিবদ্ধ করা [Recording the names of bargadar]. ১৯৮১ সালের পঃ বঃ ভূমি সংস্কার (সংশোধন) আইন দ্বারা মূল আইনের তৃতীয় পরিচ্ছেদে ২১ঘ ধারাটি যুক্ত করা হয়েছিল। নির্ধারিত রীতি ও পদ্ধতিতে বর্গাদারের নাম প্রত্যেক রায়তের স্বত্বলিপিতে বিশেষভাবে লিপিবদ্ধ করার নির্দেশ এই ধারায় রয়েছে। ৫০ এবং ৫১ ধারায় দখলকার বিশেষ করে বর্গাদারের নাম রেকর্ড করার বিধান রয়েছে। ৫০(ঙ) ধারায় বলা আছে সংশ্লিষ্ট আধিকারিক স্বত্বলিপি বর্তমান সময় পর্যন্ত রক্ষণাবেক্ষণ করবেন চাষের পদ্ধতির পরিবর্তনগুলি উল্লেখ করে যেমন বর্গা দ্বারা চাষ। সুতরাং ৫০(ঙ) ধারায় বর্গাদারের নাম লিপিবদ্ধ করার বিশেষ বিধান রয়েছে। শুধুমাত্র বর্গাদারের নাম রেকর্ড করার জন্য আইনসভা তৃতীয় পরিচ্ছেদে এই বিশেষ ধারাটি যুক্ত করেন যাতে কোনও রায়তের স্বত্বলিপিতে নির্দিষ্ট রীতি পদ্ধতিতে বর্গাদারের নাম লিপিবদ্ধ হয়।

৪। ১৪ঝ বিধির আগে বর্গাদার লিপিবদ্ধ করার বিধি [Rule regarding the barga recording prior to r. 14-I]. বর্গাদারের নাম রেকর্ড করার পদ্ধতিটি সহজ করার (faciliate) জন্য ১৯৬৫ সালের পঃ বঃ ভূমি সংস্কার নিয়মের তফসিল ক এবং তফসিল খ-কে সংশোধন করা হয়েছে। "অপারেশান বর্গা" শিরোনামে সরকার স্মারক নং ১২৩০৪/২৭ জি ই, তাং ৫.৭.১৯৭৮-এ একটি সার্কুলার প্রকাশ করেন, কিন্তু মহামান্য কলিকাতা হাইকোর্ট তার রায়ে জানিয়েছেন যে ওই সার্কুলারের কোনও আইনগত অথবা অবশ্য পালনীয় (binding) শক্তি নেই।[১] তফসিল ক এবং তফসিল খ দুটিকেই হাইকোর্টে

১ *পশ্চিমবঙ্গ সরকার* বনাম *কানাইলাল সাহা* 1979(1) Cal LJ 104; 1979(1) CHN 20; *বিশ্বনাথ ঘোষ* বনাম *পঃ বঃ সরকার* 1979(1) Cal LJ 613.

চ্যালেঞ্জ করা হয়, ওই তফসিল দুটিতে যে বিধিগুলি রয়েছে তাতে ব্যক্তিগতভাবে বিজ্ঞপ্তি দেওয়ার কোনও বিধান নেই সুতরাং মহামান্য কলিকাতা হাইকোর্ট ওই বিধিগুলিকে বাতিল ঘোষণা করে এক্তিয়ার বহির্ভূত বলেছে।[২]

[৩]**৫। ১৯৬৫ সালের পঃ বঃ ভূমি সংস্কার নিয়মের ১৪ঝ নং বিধি [Rule 14-I of W.B.L.R. Rules 1965].** ২১ঘ ধারায় বর্গাদারের নাম স্বত্বলিপিতে অন্তর্ভুক্ত করার রীতি—(১) (ক) সপ্তম ক পরিচ্ছেদের অধীন স্বত্বলিপি প্রস্তুত ও সংশোধনের সময় নিম্নলিখিত পদ্ধতিতে রাজস্ব আধিকারিক বর্গাদারের নাম অন্তর্ভুক্ত করবেন—

(১) রাজস্ব আধিকারিক, যিনি ৫১ ধারার ক্ষমতাপ্রাপ্ত এবং কোনও মৌজায় যার ক্ষেত্রাধিকার (jurisdiction) আছে, তিনি বর্গাদারের নাম লিপিভুক্ত করবেন যিনি ওই মৌজায় কোনও জমি চাষ করেন। স্বত্বলিপি প্রস্তুতের ও সংশোধনের বিভিন্ন পদ্ধতিতে যা তফসিল ক (Schedule A)-তে বর্ণনা আছে, বর্গাদারের নাম স্বত্বলিপিতে অন্তর্ভুক্ত করবেন।

(২) রাজস্ব আধিকারিক, যিনি অতিরিক্ত পদ হিসাবে 'সেটেলমেন্ট আধিকারিক' পদমর্যাদায় নিযুক্ত থাকেন, স্বত্বলিপি প্রস্তুতি বা সংশোধনের যে কোনও দুটি পর্যায়ের মধ্যবর্তীতে যে কোনও সময় (তফসিল ক-তে যার বর্ণনা আছে), তার অধস্তন কোনও রাজস্ব আধিকারিককে বর্গদারের নাম নথিভুক্ত করার নির্দেশ দিতে পারেন, যিনি ওই মৌজায় কোনও জমি চাষ করেন। সরেজমিনে তদন্তের পর রাজস্ব আধিকারিক ওই রেকর্ড করবেন ওই মৌজায়। ওই নির্দেশ পাওয়ার পর রাজস্ব আধিকারিক "গণ বিজ্ঞপ্তি" (public-notice) জারি করবেন এবং নির্দিষ্ট দিনে ওই মৌজায় সরেজমিনে তদন্ত করে বর্গাদারের নাম স্বত্বলিপিতে লিখবেন ঃ

২ *সামিজান বেওয়া* বনাম *রাজস্ব আধিকারিক* 1986(1) Cal LJ 161; 1986(1) CHN 340; *গঙ্গারানী বেরা* বনাম *পঃ বঃ সরকার* 1987(1) Cal LJ 36.

৩ এই নিয়মটি যুক্ত করা হয়েছে বিজ্ঞপ্তি নং ৪১৬ এল. রেফ্., তাং ১৩.৬.১৯৮৮ দ্বারা। কলিকাতা গেজেটে একটি প্রকাশিত হয়েছিল ১৫.৭.১৯৮৮ তারিখে।

তবে বর্গাদারের নাম রেকর্ড করার আগে স্বার্থ সংশ্লিষ্ট সমস্ত পক্ষকে রাজস্ব আধিকারিক শুনানির সুযোগ দেবেন, এমনকী স্থানীয় প্রতিনিধি, কৃষক সংগঠন তারাও প্রয়োজনে তদন্তের সময় থাকতে পারেন এবং তাদের বক্তব্য শোনা যেতে পারে।

তবে আরও উল্লেখ্য, যে 'গণ-বিজ্ঞপ্তি' প্রকাশ করা হবে, তা প্রকাশ্য স্থানে গ্রাম পঞ্চায়েত অফিসে (যে এলাকায় ওই মৌজা অবস্থিত) তদন্তের নির্দিষ্ট দিনের অন্ততঃ এক সপ্তাহ আগে দিতে হবে।

(৩) দফা (১) এবং (২)-এর অধীন বর্গা রেকর্ড করার বিরুদ্ধে কোনও আপত্তি (objection) থাকলে তফসিল ক (Schedule A)-তে বর্ণিত স্বত্বলিপি প্রস্তুত ও সংশোধনের পরবর্তী পর্যায়ে বিবেচিত হবে।

(খ) এই আইনের অধীন যেখানে স্বত্বলিপির চূড়ান্ত প্রকাশ হয়ে গিয়েছে অথবা এই আইনের অধীনে স্বত্বলিপির প্রস্তুত বা সংশোধনের কাজ ধরা হয়নি, সেই মৌজায় নিম্নলিখিত পদ্ধতিতে বর্গাদারের নাম স্বত্বলিপিতে অন্তর্ভুক্ত করতে হবে—

(১) এই আইনের ৫০নং ধারায় নির্ধারিত কর্তৃপক্ষ, কোনও দরখাস্তের ভিত্তিতে অথবা নিজের ইচ্ছায়, সরেজমিনে তদন্ত ও স্বার্থ সংশ্লিষ্ট সমস্ত পক্ষকে শুনানির সুযোগ দিয়ে, স্বত্বলিপিতে বর্গাদারের নাম নথিভুক্ত করবেন।

(২) ৫০ ধারায় নিযুক্ত কর্তৃপক্ষ যেখানে এই মর্মে সন্তুষ্ট হবেন যে, তার ক্ষেত্রাধিকারে কোনও মৌজায় এক বিরাট সংখ্যক বর্গাদারের নাম রেকর্ডহীন অবস্থায় রয়েছে যাঁরা ওই মৌজায় জমি চাষ করেন, তিনি 'গণ-বিজ্ঞপ্তি' দিয়ে সরেজমিনে তদন্ত করে ওই মৌজার স্বত্বলিপিতে বর্গাদারের নাম রেকর্ডভুক্ত করবেন এবং ৮খ নং নিদর্শে তাদের শংসাপত্র দেবেন যারা রেকর্ডভুক্ত হলেন। সংশ্লিষ্ট রায়তকেও তিনি মনে করলে জানাতে পারেন ঃ

তবে যে মৌজায় জমি অবস্থিত সেই এলাকার গ্রাম পঞ্চায়েতের প্রকাশ্য স্থানে, সরেজমিনে তদন্তের অন্তত এক সপ্তাহ আগে ওই "গণ-বিজ্ঞপ্তি" টাঙানো হবে ঃ

তবে আরও উল্লেখযোগ্য বর্গাদারের নাম রেকর্ড করার আগে, রাজস্ব আধিকারিক, স্বার্থ সংশ্লিষ্ট সমস্ত পক্ষ, স্থানীয় প্রতিনিধি, কোনও কৃষক সংগঠনের কেউ থাকলে তাদের শুনানির সুযোগ দেবেন, তারা এমনকী তদন্তের সময় উপস্থিত থাকতে পারেন এবং শুনানিতে অংশগ্রহণ করতে পারেন। তদন্ত সংক্ষিপ্ত পদ্ধতিতে করা হবে এবং তদন্তের বিষয় লেখা হবে এবং এর ফল মামলার নথিতে (case record) লিখবেন নির্ধারিত কর্তৃপক্ষ।

ব্যাখ্যা ঃ ৫০ ধারায় নিয়োজিত নির্ধারিত কর্তৃপক্ষ এই মর্মে সন্তুষ্ট হতে পারেন যে কোনও মৌজায় এক বিপুল সংখ্যক রেকর্ডহীন বর্গাদার রয়েছে, যদি ওই সন্তুষ্টি কোনও তথ্যের ভিত্তিতে হয়, যা তিনি পেয়েছেন অথবা অফিসে কাজ করতে করতে কোনও খবর মারফৎ অথবা সমাহর্তা দ্বারা চিহ্নিত কোনও সূত্র অথবা ওই মৌজার সেটেলমেন্ট আধিকারিক দ্বারা যে ওই মৌজায় বিপুল সংখ্যক রেকর্ড করা হয়নি এরকম বর্গাদার রয়েছে।

(৩) দফা (১) এবং (২) অনুযায়ী বর্গাদারের নাম রেকর্ড করার সময় বিষয়টি তত্ত্বাবধান করবেন সমাহর্তা বা রাজ্য সরকার দ্বারা নিয়োজিত এই উদ্দেশ্যের জন্য অন্য কোনও আধিকারিক।

(২) রাজ্য সরকার মনে করলে, যে কোনও সময় সরকারি গেজেটে বিজ্ঞপ্তি প্রকাশ দ্বারা এই নির্দেশ দিতে পারেন যে—কোনও জেলায় বা জেলার কোনও অংশে, নির্দিষ্ট পদ্ধতিতে, বিজ্ঞপ্তিতে উল্লিখিত সরেজমিনে তদন্তের পরে বর্গাদারের নাম স্বত্বলিপিতে অন্য কোনও আধিকারিক দ্বারা নথিভুক্ত হতে পারবে।

৬। আধিকারিক বা কর্তৃপক্ষের সরেজমিনে তদন্তের অধিকার আছে [Officer or authority has power to hold spot enquiry]. ভাগচাষ আধিকারিক তৃতীয় পরিচ্ছেদের কোনও সমস্যা সমাধানের জন্য নিজেই সরেজমিনে তদন্ত করতে পারেন কিনা এবং তার ভিত্তিতে রায় দিতে পারেন

কিনা এই প্রশ্ন বিভিন্ন সময়ে দেখা দিয়েছিল। *মহম্মদ শাহ আলম ফকির* বনাম *পঃ বঃ সরকার*[৪] মামলায় মহামান্য কলিকাতা হাইকোর্ট জানান ভাগচাষ আধিকারিক নিজে কোনও তদন্ত করতে পারেন না। একজন বিচারক স্বয়ং সাক্ষী হতে পারেন না এবং রায় দিতে পারেন না। ১৫.৭.১৯৮০-তে এই মামলার রায় দেন মহামান্য হাইকোর্ট।

ওই মামলার রায় দেওয়ার পরই ১৯৫৬ সালের পঃ বঃ ভূমি সংস্কার (বর্গাদার) নিয়মাবলির ৬(৪) নং বিধির কিছু পরিবর্তন করা হয়। উক্ত পরিবর্তনের মাধ্যমে ভাগচাষ আধিকারিক বা তৃতীয় পরিচ্ছেদের কার্যক্রম সম্পাদন করবেন এরকম আধিকারিককে সরেজমিনে তদন্ত করার জন্য অধিকার দেওয়া হয়েছে বিজ্ঞপ্তি নং ৩১৯ এল. রেফ্. ২০-আর-১২/৮১, তাং ৩১.১১.১৯৮১ দ্বারা। সুতরাং তৃতীয় পরিচ্ছেদের কোনও কার্যক্রম যে আধিকারিক করবেন তিনি স্বয়ং সরেজমিনে তদন্ত করতে পারেন। *দীপঙ্কর জানা* বনাম *পঃ বঃ সরকার,*[৫] মামলাতেও মহামান্য আদালত একই অভিমত দিয়েছেন।

৭। রাজস্ব পরিদর্শকের বর্গাদারের নাম লিপিবদ্ধ করার ক্ষমতা নেই [Revenue Inspector has no power to record the name of the bargadar]. রাজস্ব পরিদর্শক কি বর্গাদারের নাম নথিভুক্ত করার জন্য প্রয়োজনীয় বিজ্ঞপ্তি (notice) জারি করতে পারেন? এই প্রশ্ন উঠলে মহামান্য আদালত জানান—পঃ বঃ ভূমি সংস্কার আইনের ৫০, ২১ঘ ধারা এবং ১৯৬৫ সালের পঃ বঃ ভূমি সংস্কার নিয়মাবলির ২১ নং বিধি অনুযায়ী রাজস্ব আধিকারিক হলেন উপযুক্ত কর্তৃপক্ষ যিনি এই বিষয়ে স্বত্বলিপি সংশোধনের যাবতীয় ক্ষমতার অধিকারী। বর্গাদারের দাখিল করা আবেদনপত্রের ভিত্তিতে রাজস্ব পরিদর্শক এক্ষেত্রে বর্গাদারের নাম স্বত্বলিপিতে লিপিবদ্ধ করার জন্য নোটিশ জারি করেছেন। মহামান্য কলিকাতা হাইকোর্ট রাজস্ব পরিদর্শকের জারি করা ওই নোটিশকে আইন বহির্ভূত (illegal) এবং এক্তিয়ার বহির্ভূত (*ultra vires*) ঘোষণা করেছেন। কারণ রাজস্ব পরিদর্শক এই বিষয়ে স্বত্বলিপি সংশোধনের জন্য উপযুক্ত কর্তৃপক্ষ না হয়েও যে বিজ্ঞপ্তি (notice) জারি করেছেন তা সঠিক নয় এবং ওই বিজ্ঞপ্তি (notice) বাতিল (quashed) করা হল।[৬]

৪ 1981 CHN 212.

৫ 2000 WLR 90 (Cal) (DB); 1999(2) CHN 230.

৬ *বসিরা খাতুন* বনাম *ব্লক ভূমি ও ভূমি সংস্কার আধিকারিক* (*B.L. & L.R.O.*), *নানুর* 1998 WLR 217 (Cal).

৮। বর্গাদারের নাম লিপিবদ্ধ করার সময় রাজস্ব আধিকারিকের কর্তব্য [Duty of the R.O. while recording the name of the bargadar]. কোনও ব্যক্তি শুধুমাত্র অপর ব্যক্তি জমি চাষ করলে তিনি বর্গাদার হিসাবে বিবেচিত হবেন না, নিয়ম/আইন অনুযায়ী ফসলের ভাগ দিতে বাধ্য থাকবেন এবং তা প্রমাণ হিসাবে দেখাতে হবে। *কার্তিক বাগদী* বনাম *বিদ্যুৎ কুমার রায়,*[৭] মামলায় দেখা যায় মহামান্য আদালত রায় দান প্রসঙ্গে জানিয়েছেন, বর্গাদারের নাম লিপিবদ্ধ করার জন্য যখন কোনও আবেদনপত্র, পঃ বঃ ভূমি সংস্কার আইনের ১৮(১) ধারার আধিকারিক/কর্তৃপক্ষের নিকট পেশ করা হয় তখন সংশ্লিষ্ট আধিকারিক/কর্তৃপক্ষ শুধুমাত্র এটা দেখবেন না যে, যে ব্যক্তি বর্গাদার হিসাবে নিজেকে দাবি করছেন, তিনি জমি চাষ করছেন—তিনি এটাও দেখবেন যে পঃ বঃ ভূমি সংস্কার আইন অনুযায়ী ওই ব্যক্তি জমির মালিককে ফসলের ভাগ দিচ্ছেন কিনা। কিন্তু রাজস্ব আধিকারিক যখন এই তথ্যের উপর ভিত্তি করে কোনও ব্যক্তি/ব্যক্তিগণের নাম বর্গাদার হিসাবে লিপিবদ্ধ করেন যে ওই ব্যক্তি/ব্যক্তি বর্গ "কোনও জমি চাষ করছেন" এবং জমি মালিককে তারা ফসলের ভাগ দিচ্ছেন কিনা এ ধরনের কোনও তথ্য প্রমাণ ছাড়াই। রাজস্ব আধিকারিকের ওই রায়ের বিরুদ্ধে জমির মালিক আপিল কর্তৃপক্ষের কাছে আপিল করেন। আপিল কর্তৃপক্ষ রাজস্ব আধিকারিকের দেওয়া রায় বাতিল (set aside) করেন এবং পুনরায় বিবেচনার জন্য পাঠান এবং বর্গাদারে দাখিল করা তথ্যের ভিত্তিতে সিদ্ধান্ত নিতে নির্দেশ দেন। আপিল কর্তৃপক্ষের রায়ে অসন্তুষ্ট হয়ে বর্গাদাররা মহামান্য কলিকাতা হাইকোর্টে মামলা দায়ের করেন। মহামান্য কলিকাতা হাইকোর্ট, আপিল কর্তৃপক্ষের দেওয়া আদেশের বিষয়ে হস্তক্ষেপ করতে অনিচ্ছুক হন। মহামান্য হাইকোর্ট জানান—বিষয়টি ফেরৎ (remand) পাঠিয়ে আপিল কর্তৃপক্ষ সঠিক সিদ্ধান্ত নিয়েছেন কারণ শুধুমাত্র "ওই ব্যক্তিরা বিবাদীয় জমি চাষ করেন" এই যুক্তিতে রাজস্ব আধিকারিক বর্গাদার হিসাবে ওই ব্যক্তিদের নাম লিপিবদ্ধ করতে পারেন না, যদি না ওই ব্যক্তিরা এটা প্রমাণ করতে পারেন যে আইনের বিধান অনুসারে তারা জমির মালিককে ফসলের ভাগ দিয়ে থাকেন নিয়মিত। সুতরাং বর্গাদার হিসাবে ওই ব্যক্তিদের নাম লিপিবদ্ধ করা যেতে পারে না।

৭ 2000(2) Cal LJ 209.

৯। **বর্গাদারের নাম নথিভুক্তির পদ্ধতি [Recording the name of bargadar—procedure].** সত্বলিপিতে বর্গাদারের নাম নথিভুক্ত থাকায় এই ধারনা স্পষ্ট যে জমির মালিক/রায়ত ফসলের নির্দিষ্ট ভাগ দেওয়ার বদলে বর্গাদারকে চাষের কাজে যুক্ত করেছিল এবং প্রচলিত আইনের বিধান মেনেই তা করা হয়েছিল।[৮]

[১][**২১ঙ। আইনজীবীদের ক্ষেত্রে বিধিনিষেধ (Bar to legal practitioners)** ঃ তৃতীয় পরিচ্ছেদ সম্পর্কিত কোনও বিরোধ নিষ্পত্তির সময় কোনও পক্ষ তার নিজের বক্তব্য জানাতে সমর্থ না হলে তার পক্ষে তার কোনও আত্মীয় বা সংঘ অথবা কোনও সংগঠনের প্রতিনিধি দ্বারা প্রতিনিধিত্ব করতে অনুমতি দিতে পারেন সংশ্লিষ্ট আধিকারিক/কর্তৃপক্ষ ঃ

তবে ১৮৭৯ সালের আইন ব্যবসায়ী আইনের [১৮৭৯ সালের ১৮ নং আইন] ৩ নং ধারায় দেওয়া সংজ্ঞা অনুযায়ী কোনও আইনজীবী বা অ্যাডভোকেটকে ওই পক্ষের তরফে উপস্থিত হওয়া, জিজ্ঞাসাবাদ করা অথবা কোনও কাজ করতে অনুমতি দেওয়া হবে না যদি না ওই উকিল বা আইনজীবী বিরোধের কোনও একটি পক্ষ হন।]

[1][21E. Bar to legal practitioners. In deciding any dispute under the provisions of Chapter III, the officers and authorities may allow any party to the dispute, unable to make submission on its behalf, to be represented by its relative or by a representative of the association or organisation to which the party belongs:

Provided that no Advocate or legal practitioner as defined in section 3 of the Legal Practitioners Act, 1879 (Act 18 of 1879), shall be allowed to appear, plead or act in any capacity on behalf of the

৮ *শিবানী গিরি* বনাম *পঃ বঃ সরকার* 2013(1) CHN 70 (Cal).

১ পশ্চিমবঙ্গ ভূমি সংস্কার (সংশোধন) আইন, ১৯৮১ (পশ্চিমবঙ্গ আইন ৫০, ১৯৮১)-এর ৩৭ ধারার মাধ্যমে সন্নিবেশিত এবং উক্ত আইনের ১(২) ধারার মাধ্যমে ৭.৮.১৯৬৯ তারিখ হতে বলবৎ হয়েছে।

1 *Inserted* by W.B. Act L of 1981, with retrospective effect from 7.8.1969.

party before any officer or authority, unless such Advocate or legal practitioner himself is a party to the dispute.]

সূচনা ও কর্মপরিধি [Commencement and scope]. এই ধারাটি ১৯৮১ সালের পঃ বঃ ভূমি সংস্কার (সংশোধন) আইন দ্বারা যুক্ত হয়েছে [১৯৮১ সালের পশ্চিমবঙ্গের ৫০ নং আইন], এটি কলিকাতা গেজেটে ২৪.৩.১৯৮৬-তে প্রকাশিত হয়েছিল। ৭.৮.১৯৬৯ থেকে এটি কার্যকর হয়েছে।

২১ঙ ধারা অনুযায়ী তৃতীয় পরিচ্ছেদের কোনও বিরোধ মীমাংসার সময় আধিকারিক বা কর্তৃপক্ষ যদি মনে করেন তা হলে বিরোধের কোনও পক্ষের (party) হয়ে তা কোনও আত্মীয় বা সংঘ অথবা কোনও সংগঠনের প্রতিনিধিকে বলার অনুমতি দিতে পারেন। ওই ধারার দ্বিতীয় অনুচ্ছেদে এটাও বলা আছে যে কোনও উকিল বা আইনজীবী এই পরিচ্ছেদের কোনও বিরোধ মীমাংসার সময় আধিকারিক বা কর্তৃপক্ষের সামনে উপস্থিত হয়ে কাজ করতে পারবেন না। অর্থাৎ কোনও উকিল বা আইনজীবীকে কোনও পক্ষের হয়ে সওয়াল, জিজ্ঞাসাবাদ ইত্যাদি প্রক্রিয়ায় অংশগ্রহণে অনুমতি দেওয়া হবে না।

তবে এই পরিচ্ছেদের কোনও বিরোধে কোনও আইনজীবী বা উকিল স্বয়ং কোনও পক্ষ হয়ে থাকেন তবে তিনি তা করতে পারবেন। ১৯৫৬ সালের পঃ বঃ ভূমি সংস্কার (বর্গাদার) নিয়মের ৬(৩) বিধি অনুযায়ী কোনও পক্ষ তার মনোনীত কোনও প্রতিনিধি (agent) দ্বারা প্রতিনিধিত্ব করাতে পারেন আইনজীবী বা উকিলের বেলায় ওকালতনামা *(Vakalatnama)* বা মুক্তারনামা *(Mukhtarnama)* ছাড়া অন্য কোনও আলাদা মনোনয়নের প্রয়োজন নেই। কিন্তু ১৭.১১.১৯৭৮ তারিখে প্রকাশিত বিজ্ঞপ্তি নং ৩৮৫৬ দ্বারা এই উপবিধিটির সংশোধন করা হয়েছে। যা কলিকাতা গেজেটে ২০.১১.১৯৭৮ তারিখে প্রকাশিত হয়েছিল। এই বিজ্ঞপ্তি দ্বারা উকিল বা আইনজীবীদেরকে ১৭, ১৮, ১৯খ এবং ২০খ ধারা অনুসারে কার্যকলাপ করা থেকে বিরত করা হয়েছে। অর্থাৎ কোনও আইনজীবী বা উকিল উপরোক্ত ধারায় কোনও পক্ষের হয়ে আধিকারিক বা কর্তৃপক্ষের নিকট উপস্থিত হতে পারবেন না।

পরিচ্ছেদ ৪[১]

রাজস্ব সম্বন্ধে বিধানগুলি

[২][২২। রাজস্ব দেওয়ার দায় (Liability to pay revenue) ঃ (১) একজন রায়ত [৩][কৃষিকাজ বাদে অন্য জমির] জন্য রাজস্ব দিতে আইনত বাধ্য থাকবেন।

(২) রায়তের জমির উপর রাজস্ব হল প্রথম দায়ভার।

Chapter 4[1]

Provisions as to Revenue

22. Liability to pay revenue. (1) A *raiyat* shall be [1][liable to pay revenue for his plot of land, other than plot of land used for agricultural purpose].

১ চতুর্থ পরিচ্ছেদের ধারা ২২ হইতে ধারা ৩৮ পর্যন্ত পশ্চিমবঙ্গ ভূমি সংস্কার (সংশোধন) আইন, ২০০০ (পশ্চিমবঙ্গ আইন ৩১, ২০০০) দ্বারা ১৪.৪.১৯৮১ তারিখ হতে বলবৎ করা হয়েছে।

1 *Substituted* by West Bengal Land Reforms (Amendment) Act 2000, w.r.e.f. 14.4.1981.

২ পশ্চিমবঙ্গের ভূমি সংস্কার (সংশোধন) আইন, ১৯৬৫ (পশ্চিমবঙ্গ আইন ১৮, ১৯৬৫)-এর ১০ ধারার মাধ্যমে মূল ধারাটির স্থলে অনুকল্পিত হয়েছে। মূল ধারাটি নিম্নরূপ ছিল ঃ

"২২। রাজস্ব প্রদানের দায় (Liability to pay revenue) ঃ (১) এই আইনের বিধানগুলি এবং তন্নিম্নে রচিত নিয়মাবলি অনুসারে নির্ধারিতব্য অনুরূপ রাজস্ব কোনও রায়ত তাঁর জোতের জন্য প্রদানে আইনত বাধ্য থাকবেন ঃ

এই শর্ত যে ঐভাবে যতক্ষণ পর্যন্ত না রাজস্ব নির্ধারিত হইতেছে, কোনও রায়ত সম-পরিমাণ তেমন রাজস্ব যাহা তাঁহার জোতের জন্য এই আইন আরম্ভের সময় যেমন খাজনা তাঁহার দ্বারা প্রদেয় ছিল প্রদান করতে আইনত বাধ্য থাকবেন ঃ

অধিকন্তু এই শর্ত যে এই আইন আরম্ভের পূর্বে কোনও জমি যখন কোনও রায়ত নিষ্কর বা কোনও চিরস্থায়ী মোকরারী খাজনায় দখল করতেন বলে দাবি করবেন, রাজ্য সরকার, অনুরূপ দাবির বৈধতা, ইহা যেরূপ প্রয়োজন বিবেচনা করবেন সেরূপ তদন্তের পর দাবি অনুমোদন বা অননুমোদন করবেন।

(২) জোতের উপর রাজস্ব একটি প্রথম প্রভাব হইবে।"

৩ পশ্চিমবঙ্গ ভূমি সংস্কার (সংশোধন) আইন (২০১৭ সালের ৪২ নং আইন) দ্বারা যুক্ত এবং ১৭.১০.২০১৭ তারিখ থেকে বলবৎ হবে।

1 *Substituted* by the West Bengal Land Reforms (Second Amendment) Act, 2017.

(2) Revenue shall be a first charge on land held by the *raiyat*.

সূচনা **[Commencement].** এই ধারাটি [২১(১)] ২০০০ সালের পঃ বঃ ভূমি সংস্কার (সংশোধন) আইন দ্বারা প্রথমবার সংশোধন করা হয়েছিল। বলা হয়েছিল সেচ এলাকায় ৪ একর এবং অসেচ এলাকায় ৬ একর পর্যন্ত কোনও কৃষি জমির জন্য রাজস্ব দিতে হবে না, কিন্তু ওই সীমা পার হলে সংশ্লিষ্ট রায়তকে ভূমি রাজস্ব দিতে হবে। ২০১৭ সালের ৩৮ নং বিল রাজ্য আইনসভায় পেশ করা হয়, যা পঃ বঃ ভূমি সংস্কার (দ্বিতীয় সংশোধন) বিল, ২০১৭ নামে পরিচিত। ওই বিল পরে বিধানসভায় পাশ হয়ে আইনে স্বীকৃতি পায় এবং ১৭.১০.২০১৭ থেকে কার্যকর হয়েছে। এই সংশোধনীতে বলা হয়েছে কোনও রায়তকে কোনও কৃষি জমির জন্য (তার পরিমাণ যাই হোক না কেন) কোনও ভূমি রাজস্ব দিতে হবে না। ২০০০ সালের আইনে ছিল ঃ

"একজন রায়ত তাঁর [জমির] জন্য রাজস্ব দিতে আইনত বাধ্য থাকবেন।"

২০১৭ সালের সংশোধনীতে বলা হল ঃ "একজন রায়ত কৃষিকাজ বাদে অন্য জমির জন্য ভূমি রাজস্ব দিতে বাধ্য থাকবেন।" অর্থাৎ বাস্তু, কারখানা, দোকান, পেট্রল পাম্প, হোটেল ও রেস্টুরেন্ট, গুদাম ঘর, গোডাউন, গ্যারেজ, গাড়ি সারাই করবার দোকান, সিনেমা/থিয়েটার/ভিডিও ঘর, বেসরকারি ইঞ্জিনিয়ারিং, মেডিকেল বা পেশাদারি শিক্ষা প্রতিষ্ঠান, বাণিজ্যিকভাবে মৎস্য, মুরগি ও হাঁস চাষ প্রভৃতির জন্য ব্যবহৃত জমির জন্য ভূমি রাজস্ব দিতে হবে।

[১][**২৩। রাজস্ব নির্ধারণ (Determination of revenue)** ঃ কোনও আদালত বা ন্যায়পীঠ (Tribunal)-এর রায় বা অন্য কোনও আইনে অথবা কোনও আদেশের অন্তর্ভুক্ত বিপরীত কিছু থাকলেও একজন রায়ত নিম্নলিখিত তালিকার (৩) নং স্তম্ভ অনুযায়ী খাজনা দেবেন। যে খাজনার হার (৩) নং স্তম্ভে নির্ধারিত হয়েছে (২) নং স্তম্ভের জমির প্রকৃতি অনুযায়ী। রাজ্য সরকার সরকারি গেজেটে বিজ্ঞাপন প্রকাশ দ্বারা যে নির্দিষ্ট তারিখ স্থির করবেন ওই তারিখ থেকে রায়ত তার নির্ধারিত রাজস্ব দেবেন ঃ

১ সরকারি বিজ্ঞপ্তি নং ২৩৩১-এল, কলকাতা গেজেট, অতিরিক্ত, তৃতীয় খণ্ডে ১১.১১.২০০৫ তারিখের সংখ্যায় প্রকাশিত ৯ নং ধারার মাধ্যমে পশ্চিমবঙ্গ ভূমি সংস্কার (সংশোধন) আইন, ২০০৫ (পশ্চিমবঙ্গ আইন ২৮, ২০০৫) দ্বারা ২৩ নং ধারার মূল আইনটি প্রতিস্থাপিত হয়েছে।

তালিকা

ক্রমিক সংখ্যা (১)	জমির দাগের প্রকৃতি (২)	রাজস্বের হার (৩)
(১)	কলকাতা মেট্রোপলিটিয়ান ডেভেলপমেন্ট অথোরিটির (KMDA) এলাকা বাদে যে জমির দাগগুলি স্থানীয় মিউনিসিপ্যাল কর্পোরেশন বা কোনও মিউনিসিপ্যালিটির মধ্যে অন্তর্ভুক্ত নয়–	
	(ক) *[........]	[........]
	(খ) যে জমিগুলি এমন উদ্দেশ্যে ব্যবহৃত হচ্ছে যা কৃষির সহযোগী (allied to agricultural)– ব্যাখ্যা ঃ কৃষির সহযোগী বলতে বোঝাবে মৎস্য চাষ, পৌল্ট্রি, শুকর চাষ, ছাগল চাষ, পুষ্প চাষ, হর্টিকালচার, রেশম চাষ, ডেয়ারী, পশুপালন এবং অন্যান্য জৈব পদার্থের ভিত্তিতে উৎপাদনকারী জমিগুলি;	৩০.০০ টাকা প্রতি একর
	(গ) চা চাষ এবং চা বাগান সম্পর্কিত জমি;	৩০.০০ টাকা প্রতি একর
	(ঘ) যে জমি বাস্তভিটা এবং অকৃষি উদ্দেশ্যে ব্যবহৃত হচ্ছে–দফা (ঠ) এবং (চ) [clause (*l*) and clause (*n*)]-এ বর্ণিত ব্যবসায়িক ও শিল্প কাজে বাদে;	৪০.০০ টাকা প্রতি একর
	(ঙ) সরকার অধিগৃহীত (Government undertaking) জমির দাগের ক্ষেত্রে;	৫০.০০ টাকা প্রতি একর
	(চ) ১৯৫৬ সালের কোম্পানি আইনের ৬১৭ ধারায় বর্ণিত বিধান অনুযায়ী কোনও কোম্পানি বা কর্পোরেট বডি (সরকারি কোম্পানি বাদে) যে জমি দফা (খ)-তে বর্ণিত কৃষির সহযোগী উদ্দেশ্যে ব্যবহৃত হচ্ছে।	১৫০.০০ টাকা প্রতি একর
	(ছ) ব্যক্তিগতভাবে মাছ চাষিরা বা কোনও সমবায় সমিতি যে জমি নোনাজলের জন্য মাছ চাষের উদ্দেশ্যে ব্যবহার করছেন;	২০০.০০ টাকা প্রতি একর
	(জ) ১৯৫৬ সালের কোম্পানি আইনের ৬১৭ নং ধারা অনুযায়ী সরকারি কোম্পানি বাদে অন্য কোনও কোম্পানি বা কর্পোরেট বডি যে জমিতে নোনা জল দিয়ে মাছ চাষ করছেন;	৪০০.০০ টাকা প্রতি একর
	(ঝ) কোনও পাকা বাড়ি বাদে যে জমি দফা (চ)-এ বর্ণিত পদ্ধতিতে বাণিজ্যিক এবং শিল্প উদ্দেশ্যে ব্যবহৃত হচ্ছে;	৫০০.০০ টাকা প্রতি একর

* ২০১৭ সালের পঃ বঃ ভূমি সংস্কার (সংশোধন) আইন দ্বারা বিলোপ।

ক্রমিক সংখ্যা (১)	জমির দাগের প্রকৃতি (২)	রাজস্বের হার (৩)
	(ঞ) কোনও সমবায় সমিতি দ্বারা যে জমি বহুতল বাড়ির অধীনে ব্যবহৃত হচ্ছে;	৬০০.০০ টাকা প্রতি একর
	(ট) ১৯৫৬ সালের কোম্পানি আইনের ৬১৭ নং ধারা অনুযায়ী সরকারি কোম্পানি বাদে যে জমি কোনও প্রাইভেট কোম্পানি বা পাবলিক কোম্পানি হাউসিং কমপ্লেক্স উন্নয়নের জন্য ব্যবহৃত করছেন;	৮০০.০০ টাকা প্রতি একর
	(ঠ) পাকা বাড়িতে যে জমি বাণিজ্যিক ও শিল্প কাজের জন্য ব্যবহৃত হচ্ছে যা দফা (ঢ)-এ বলা নেই;	১০০০.০০ টাকা প্রতি একর
	(ড) যে জমি অ্যাগ্রো-প্রসেসিং, খাদ্য প্রক্রিয়াকরণ, অ্যাগ্রো-ইন্ডাস্ট্রিস, কৃষি উৎপাদিত দ্রব্য জমা রাখার উদ্দেশ্যে গুদাম হিসাবে ব্যবহৃত হচ্ছে, পাকা বাড়িতে ফুড পার্ক হিসাবে যে জমি ব্যবহৃত হচ্ছে;	১২০০.০০ টাকা প্রতি একর
	(ঢ) যে জমি বাণিজ্যিক এবং শিল্পের উদ্দেশ্যে যে জমি ব্যবহৃত হচ্ছে;	১৫০০.০০ টাকা প্রতি একর
	ব্যাখ্যা ঃ "বাণিজ্যিক এবং শিল্পের উদ্দেশ্যে" বলতে বোঝাবে ঠাণ্ডা গুদাম (cold storage), চালের মিল, সাধারণ ব্যবসায়িক গুদাম, গোডাউন, অটোমোবাইল গ্যারেজ, সারাই করার দোকান, মার্কেট বা সুপার মার্কেটে ব্যবসা স্থল, মাল্টিপ্লেক্স, সিনেমা, থিয়েটার বা ভিডিও ঘর, এবং হোটেল, রেষ্টুরেন্ট এবং হাসপাতাল, প্যাথোলজিক্যাল ল্যাবরেটরী সমূহ, নার্সিং হোম এবং অন্যান্য অফিস সহ, কোনও কোম্পানি বা কর্পোরেট বডির অফিস চালানোর জন্য স্থান (১৯৫৬ সালের কোম্পানি আইনের ৬১৭ নং ধারা অনুযায়ী সরকারি কোম্পানি বাদে)।	
	(ণ) দফা (ঠ) এবং (ঢ) অনুযায়ী বর্ণনা করা নেই এরকম জমি যা মিল (mill), কারখানা (factories) বা কর্মশালা (workshop) হিসাবে ব্যবহৃত হচ্ছে;	২০০০.০০ টাকা প্রতি একর

ক্রমিক সংখ্যা (১)	জমির দাগের প্রকৃতি (২)	রাজস্বের হার (৩)
(২)	কলকাতা মেট্রোপলিটিয়ান ডেভেলপমেন্ট অথোরিটির এলাকা বাদে যে এলাকা কোনও স্থানীয় মিউনিসিপ্যাল কর্পোরেশন বা পৌরসভার (municipality) মধ্যে রয়েছে;	
	(ক) *[..........] কৃষির সহযোগী হিসাবে যে জমি ব্যবহৃত হচ্ছে;	২০.০০ টাকা প্রতি একর
	(খ) যে জমি বাস্তুভিটা হিসাবে ব্যবহৃত হচ্ছে এবং স্থানীয় যে এলাকায় অবস্থিত তা হল—	
	(১) যে কোনও মিউনিসিপ্যাল কর্পোরেশান,	৩৫.০০ টাকা প্রতি শতক
	(২) 'ক' বিভাগের পৌরসভা,	২৫.০০ টাকা প্রতি শতক
	(৩) 'খ' বিভাগের পৌরসভা,	২০.০০ টাকা প্রতি শতক
	(৪) 'গ' বিভাগের পৌরসভা,	১৫.০০ টাকা প্রতি শতক
	(৫) 'ঘ' বিভাগের পৌরসভা,	১০.০০ টাকা প্রতি শতক
	(৬) 'ঙ' বিভাগের পৌরসভা।	৫.০০ টাকা প্রতি শতক
	(গ) যে জমি মিল, কারখানা (factories), কর্মশালা (workshop), বা অন্য বাণিজ্যিক এবং শিল্প কাজের জন্য ব্যবহৃত হচ্ছে এবং ওই অংশে সন্নিবিষ্ট (comprised) এবং স্থানীয় যে এলাকায় অবস্থিত তা হল—	
	(১) যে কোনও মিউনিসিপ্যাল কর্পোরেশান,	১৭৫.০০ টাকা প্রতি শতক
	(২) 'ক' বিভাগের পৌরসভা,	১৫০.০০ টাকা প্রতি শতক
	(৩) 'খ' বিভাগের পৌরসভা,	১০০.০০ টাকা প্রতি শতক
	(৪) 'গ' বিভাগের পৌরসভা,	৭৫.০০ টাকা প্রতি শতক
	(৫) 'ঘ' বিভাগের পৌরসভা,	৫০.০০ টাকা প্রতি শতক
	(৬) 'ঙ' বিভাগের পৌরসভা।	২৫.০০ টাকা প্রতি শতক
	ব্যাখ্যা ঃ "বাণিজ্যিক এবং শিল্প কার্যাবলি" বলতে বোঝাবে ঠাণ্ডা গুদাম, গোডাউন, অটোমোবাইল গ্যারেজ, সারাই করার দোকান, মার্কেট বা সুপার মার্কেট এলাকায় ব্যবসা পরিচালনার ঘর, মাল্টিপ্লেক্স, সিনেমা, থিয়েটার বা ভিডিও হল, হোটেল, রেস্টুরেন্ট এবং হাসপাতাল, প্যাথোলজিক্যাল ল্যাবরেটরী এবং নার্সিং হোম, কোনও কোম্পানি বা কর্পোরেট বডির পরিচালনার উদ্দেশ্যে তৈরি অফিস সহ	

* ২০১৭ সালের পঃ বঃ ভূমি সংস্কার (সংশোধন) আইন দ্বারা বিলোপ।

ক্রমিক সংখ্যা (১)	জমির দাগের প্রকৃতি (২)	রাজস্বের হার (৩)
	[১৯৫৬ সালের কোম্পানি আইনের ৬১৭ ধারা অনুযায়ী সরকারি কোম্পানি বাদে]	
	(ঘ) দফা 'গ' তে বলা বাণিজ্যিক এবং শিল্প কার্যে ব্যবহৃত জমি বাদে যে জমি অকৃষি উদ্দেশ্যে ব্যবহৃত হচ্ছে;	৫০.০০ টাকা প্রতি একর
	ব্যাখ্যা ১ ঃ জমির রাজস্ব নির্ধারণের জন্য সমস্ত পৌরসভাগুলিকে জন সংখ্যার নিরিখে নিম্নলিখিত কয়েকটি বিভাগে ভাগ করা হয়েছে, যে জনসংখ্যার হিসাব শেষ আদমসুমারীর প্রকাশিত তথ্য থেকে নেওয়া হয়েছে। 'ক' বিভাগ— যে পৌরসভার জনসংখ্যা ২,১৫,০০০-এর বেশি; 'খ' বিভাগ— যে পৌরসভার জনসংখ্যা ১,৭০,০০০-এর বেশি কিন্তু ২,১৫,০০০-এর বেশি নয়; 'গ' বিভাগ— যে পৌরসভার জনসংখ্যা ৮৫,০০০-এর বেশি কিন্তু ১,৭০,০০০-এর বেশি নয়; 'ঘ' বিভাগ— যে পৌরসভার জনসংখ্যা ৩৫,০০০-এর বেশি কিন্তু ৮৫,০০০-এর বেশি নয়; 'ঙ' বিভাগ— যে পৌরসভার জনসংখ্যা ৩৫,০০০-এর বেশি নয়; জনসংখ্যার তুলনা বাদ দিয়ে-ই দার্জিলিং পৌরসভাকে 'ক' বিভাগ পৌরসভা হিসাবে শ্রেণিবিভাগ করা হয়েছে।	
	ব্যাখ্যা ২ ঃ কোনও জমির রাজস্ব নির্ধারণের সময় যদি দেখা যায় ওই জমির কিছু অংশ মিল, কারখানা, কর্মশালা, বা অন্য বাণিজ্যিক বা শিল্প কাজের জন্য ব্যবহৃত হচ্ছে এবং যে অংশ সরাসরি দোকান, অফিস, গুদাম ঘর, গোডাউন, পার্কিং ইত্যাদি উদ্দেশ্যে পাকা নির্মাণ দ্বারা ব্যবহৃত হচ্ছে না সেক্ষেত্রে ওই মিল, ফ্যাক্টরী, কর্মশালার ওই জমি ক্রমাঙ্ক (২)-এর দফা (ঘ)-এর রাজস্বের হার অনুযায়ী রাজস্বের হিসাব করা হবে।	

[1][**23. Determination of revenue.** **Notwithstanding anything to the contrary contained in any judgment, decree or order of any court or tribunal or in any law for the time being in force, a *raiyat* shall pay as revenue, determined at the rate as stated in column (3) of the Table below in respect of the category of plot of land as mentioned in column (2) of the said Table, with effect from such date, as the State Government may, by notification in the *Official Gazette*, specify:**

Table

Sl. No. (1)	Category of plot of land (2)	Rate of Revenue (3)
1.	**Where any plot of land is situated in the areas not falling within the local limits of any Municipal Corporation or Municipality, other than the areas of the Kolkata Metropolitan Development Authority—**	
	(*a*) *[..........]	**[..........]**
	(*b*) in case such plot of land is used for the purpose of activities allied to agriculture. ***Explanation*. The expression "activities allied to agriculture" shall mean fisheries, poultries, piggeries, gotteries, floriculture, horticulture, sericulture, dairies, livestock breeding and include other land based biomass production activities;**	**₹30.00 per acre.**
	(*c*) in case such plot of land is comprised in tea garden and land used for cultivation of tea;	**₹30.00 per acre.**
	(*d*) in case such plot of land is used as homesteads and non-agricultural purposes other than commercial and industrial activities as mentioned in clause (*l*) and clause (*n*);	**₹40.00 per acre.**

1 *Substituted* by the West Bengal Land Reforms (Amendment) Act, 2005 (W.B. Act XXVIII of 2005) [*Note* : 17th day of December 2005 as the date with effect from which a *raiyat* shall pay revenue for his land in the manner laid down in section 23]. *Vide* Notification No. 3834-LR/1A-01/05-GE(M), dated 17.11.2005.

* *Omitted* by the West Bengal Land Reforms (Second Amendment) Act 2017.

Sl. No. (1)	Category of plot of land (2)	Rate of Revenue (3)
	(e) in case such plot of land is held by any Government undertaking;	₹50.00 per acre.
	(*f*) in case such plot of land is used by a company or a body corporate, other than Government company as defined in section 617 of the Companies Act, 1956 (1 of 1956) for the purpose of activities allied to agriculture as defined in *Explanation* to clause (*b*);	₹150.00 per acre.
	(*g*) in case such plot of land is used for brackish water fisheries by individual fish farmers or by any co-operative society;	₹200.00 per acre.
	(*h*) in case such plot of land is used for brackish water fisheries by a company or any body corporate other than a Government company as defined in section 617 of the Companies Act, 1956 (1 of 1956);	₹400.00 per acre.
	(*i*) in case such plot of land is used for any commercial and industrial activities as mentioned in clause (*n*) without having any *pucca* structure;	₹500.00 per acre.
	(*j*) in case such plot of land is used under multistoried building by any co-operative society;	₹600.00 per acre.
	(*k*) in case such plot of land is used for housing complex developed by any private company or any public company, other than a Government company as defined in section 617 of the Companies Act, 1956;	₹800.00 per acre.
	(*l*) in case such plot of land is used for any commercial and industrial activities, not specified in clause (*n*), in any *pucca* structure;	₹1,000.00 per acre.
	(*m*) in case such plot of land is used for agro-processing, food-processing, agro-industries, agricultural commodities, storage warehouses and godowns, food parks in *pucca* structure;	₹1,200.00 per acre.

Sl. No. (1)	Category of plot of land (2)	Rate of Revenue (3)
	(*n*) in case such plot of land is used for commercial and industrial activities. *Explanation*. The expression "commercial and industrial activities" shall mean cold storages, rice mills, general trading warehouses, godowns, automobiles garages, repairing shops, business establishments in market place or supermarket, multiplexes, cinema, theatre or video halls, and hotels, restaurants, and hospitals, pathological laboratories, nursing homes, and include other offices and establishments of any company or body corporate other than a Government company as defined in section 617 of the Companies Act (1 of 1956);	₹1,500.00 per acre.
	(*o*) in case such plot of land is comprised in and used for mills, factories or workshops other than those commercial and industrial activities specified in clause (*l*) and clause (*n*).	₹2,000.00 per acre.
2.	Where any plot of land is situated in the areas falling within the local limits of any Municipal Corporation or Municipality, other than the areas of the Kolkata Metropolitan Development Authority— (*a*) in case such plot of land is used *[for the purpose and activities allied to agriculture];	₹20.00 per acre.
	(*b*) in case such plot of land is used for homesteads and is situated within the local limits of— (*i*) any Municipal Corporation,	₹35.00 per decimal.
	(*ii*) any Municipality of Cate-gory A,	₹25.00 per decimal.

* *Substituted* for the words "for the purpose of agriculture and activities allied to agriculture" by the West Bengal Land Reforms (Second Amendment) Act 2017.

Sl. No. (1)	Category of plot of land (2)	Rate of Revenue (3)
	(*iii*) any Municipality of Category B,	₹20.00 per decimal.
	(*iv*) any Municipality of Category C,	₹15.00 per decimal.
	(*v*) any Municipality of Category D,	₹10.00 per decimal.
	(*vi*) any Municipality of Category E,	₹5.00 per decimal.
	(*c*) in case such plot of land is comprised in and used for mills, factories, workshops or any other commercial and industrial activities and such plot of land is situated within the local limits of—	
	(*i*) any Municipal Corporation,	₹175.00 per decimal.
	(*ii*) any Municipality of Category A,	₹150.00 per decimal.
	(*iii*) any Municipality of Category B,	₹100.00 per decimal.
	(*iv*) any Municipality of Category C,	₹75.00 per decimal.
	(*v*) any Municipality of Category D,	₹50.00 per decimal.
	(*vi*) any Municipality of Category E.	₹25.00 per decimal.
	Explanation. The expression "commercial and industrial activities" shall mean cold storages, warehouses, godowns, automobiles garages, repairing shops, business establishments in market place or supermarket, multiplexes, cinema, theatre or video halls, hotels, restaurants and hospitals, pathological laboratories and nursing homes, and include other offices or establishments of any company and body corporate other than a Government company as defined in section 617 of the Companies Act, 1956 (1 of 1956);	
	(*d*) in case such plot of land is used for non-agricultural purposes other than commercial and industrial activities mentioned in clause (c);	₹50.00 per acre.

Sl. No. (1)	Category of plot of land (2)	Rate of Revenue (3)
	Explanation I. For the purpose of determination of revenue in respect of any plot of land, municipalities are classified into the following categories on the basis of population as ascertained at the last preceding census of which the relevant figures have been published: *Category A*— municipal areas having population more than 2,15,000; *Category B*— municipal areas having population above 1,70,000 but not exceeding 2,15,000; *Category C*— municipal areas having population above 85,000 but not exceeding 1,70,000; *Category D*— municipal areas having population above 35,000 but not exceeding 85,000; *Category E*— municipal areas having population not exceeding 35,000: Provided that Darjeeling Municipality is classified as Category A municipality irrespective of the population. *Explanation II*. For the purpose of determination of revenue in respect of any plot of land comprised in and used for mills, factories, workshops, or other commercial and industrial activities, revenue for the portion of the plot of land which is not directly used for shops, offices, storages and godowns, parking spaces in *pucca* structures of such mills, factories, workshops shall be assessed at the rate specified in clause (*d*) of serial No. 2].	

[১৯৬৫ সালের পঃ বঃ ভূমি সংস্কার নিয়মের ১৫ নং নিয়মে রাজস্ব নির্দ্ধারণের পদ্ধতির বর্ণনা আছে।]

আলোচনার সূচী

১। সূচনা [Commencement]. রাজস্ব নির্ধারণের জন্য ২৩ নং ধারা ১৯৬৫ সালের পঃ বঃ ভূমি সংস্কার (সংশোধন) আইন [১৯৬৫ সালের ১৮ নং আইন] দ্বারা মূল আইনে যুক্ত করা হয়। এরপর ২০০০ সালের পঃ বঃ ভূমি সংস্কার (সংশোধন) আইন [২০০০ সালের পশ্চিমবঙ্গের ৩১ নং আইন] দ্বারা ২৩ নং ধারা পরিবর্তিত করা হয় যা ১৪.৪.১৯৮১ থেকে কার্যকর হয়। ২০০৩ সালের পঃ বঃ ভূমি সংস্কার (সংশোধন) আইন [২০০৩ সালের ১৮ নং আইন] দ্বারা ২৩ নং ধারার কিছু কিছু অংশের পরিবর্তন করা হয়, যা ১৯.১০.২০০৩ থেকে কার্যকর করা হয়। ২০০৫ সালের পঃ বঃ ভূমি সংস্কার (সংশোধন) আইন [২০০৫ সালের পশ্চিমবঙ্গের ২৮ নং আইন] দ্বারা ২৩ নং ধারাটির আমূল পরিবর্তন করা হয়, কলিকাতা গেজেটে বিজ্ঞপ্তি নং ২৩৩১-এল. তাং ১১.১১.২০০৫ দ্বারা প্রকাশিত

হয়েছে। এটি কার্যকর হবে ১৭.১২.২০০৫ থেকে। ২০১৭ সালের পঃ বঃ ভূমি সংস্কার (সংশোধন) আইন অনুযায়ী কৃষি জমির খাজনা (ভূমি রাজস্ব) সম্পূর্ণ বিলোপ করা হয়েছে। এর ফলে প্রথম ক্রমিক সংখ্যার দ্বিতীয় কলামে (জমির দাগের প্রকৃতি) (ক) দফায় বলা ছিল "কৃষি কাজের জন্য যে জমি ব্যবহৃত হচ্ছে" এবং তৃতীয় কলামে (রাজস্বের হার) ছিল "২০.০০ (কুড়ি) টাকা একর প্রতি", ২১(১) ধারাটি ২০১৭ সালের পঃ বঃ ভূমি সংস্কার (সংশোধন) আইন দ্বারা সংশোধিত হওয়ায় কোনও রায়তকে কৃষিজমির জন্যে খাজনা দেওয়ার দায় থেকে অব্যাহতি দেওয়া হয়েছে। সুতরাং "কৃষি কাজের জন্য যে জমি ব্যবহৃত হচ্ছে" এবং "২০.০০ টাকা প্রতি একর" এই মন্তব্য দুটি আর রাখবার প্রয়োজন নেই।

একইভাবে দ্বিতীয় ক্রমাঙ্কের (ক) দফার মন্তব্য থেকে "কৃষি" শব্দটি বাদ দেওয়া হয়েছে।

নতুন সংশোধিত ২৩ নং ধারায় সমস্ত পৌরসভাগুলিকে জনসংখ্যার ভিত্তিতে পাঁচটি ভাগে ভাগ করা হয়েছে। প্রতিটি বিভাগের জন্য প্রদেয় রাজস্বের হারও আলাদা আলাদা। এছাড়া মিউনিসিপ্যাল কর্পোরেশানগুলির জন্য স্বতন্ত্র রাজস্বের হার রয়েছে।

২। রাজস্বের পরিমাণ নির্ধারণ [Determination of revenue]. ২০০৫ সালের পঃ বঃ ভূমি সংস্কার (সংশোধন) আইনে ২৩ নং ধারার বিভিন্ন দফায় (clause) রায়তকে প্রদেয় বিভিন্ন রকম জমির জন্য রাজস্বের ভিন্ন ভিন্ন হার উল্লেখ করা ছিল। মূলতঃ ২৩ নং ধারার দুটি অংশ ছিল। প্রথম অংশে ছিল এমন এলাকার রাজস্বের হার যেগুলি কোনও পৌরসভা বা পৌরনিগমের মধ্যে নয়, অর্থাৎ গ্রামীণ এলাকাভুক্ত। এই অংশে (ক) থেকে (ণ) বিভিন্ন দফায় বিভিন্ন প্রকার জমির জন্য বিভিন্ন রাজস্বের হারের উল্লেখ ছিল। কৃষি ও কৃষি-সহযোগী কাজের উদ্দেশ্যে ব্যবহৃত জমি [(ক), (খ)]; চা চাষ এবং চা চাষে ব্যবহৃত জমি (গ); বাস্তুজমি, সরকার অধিগৃহীত সংস্থার জমি, কোনও কোম্পানি দ্বারা ব্যবহৃত কৃষি ও কৃষি-সহযোগী জমি [(ঘ), (ঙ), (চ)]; নোনা জলে মাছ চাষ হয় এমন জমি [(ছ), (জ)], বাণিজ্যিক ও শিল্প কার্যে ব্যবহৃত জমি, বহুতল বাড়ি, খাদ্য, ফল প্রক্রিয়াকরণের উদ্দেশ্যে ব্যবহৃত জমি। [(ঝ) - (ড)]; বাণিজ্যিক ও শিল্প কার্যে ব্যবহৃত জমি, মিল, কারখানা, কর্মশালা তৈরি আছে সে জমিতে [(ঢ), (ণ)] উপরোক্ত বিভিন্ন দফায় বিভিন্ন রকম জমির রাজস্বের হার উল্লেখ রয়েছে। দফা (ঢ) [clause (*n*)]-এর শেষে "বাণিজ্যিক ও শিল্প কার্যে ব্যবহৃত" কথার ব্যাখ্যা দেওয়া আছে। দ্বিতীয় অংশে ছিল কলকাতা পৌরনিগম বাদে অন্য পৌরসভা ও পৌরনিগম অঞ্চলের জমির রাজস্বের হার।

বাণিজ্যিক ও শিল্প কার্যে ব্যবহৃত জমি বলতে বোঝাবে—ঠাণ্ডা গুদাম, গোডাউন, অটোমোবাইল গ্যারেজ, গাড়ি সারাই করার দোকান, মার্কেট বা সুপার মার্কেটে ব্যবসাস্থল, মাল্টিপ্লেক্স, সিনেমা, থিয়েটার বা ভিডিও ঘর, হোটেল, রেস্টুরেন্ট, হাসপাতাল, প্যাথোলজিক্যাল ল্যাবরেটরিগুলি, নার্সিংহোম, অন্যান্য অফিস, কোনও কোম্পানি বা কর্পোরেট সংস্থার অফিস। ২০১৭ সালের পঃ বঃ ভূমি সংস্কার (সংশোধন) আইনানুসারে (ক) দফা এবং তার জন্য নির্দিষ্ট করা রাজস্ব (২০.০০ টাকা) বাদ দেওয়া হয়েছে। আবার দ্বিতীয় ক্রমাঙ্কের (ক) দফার মন্তব্য থেকে "কৃষি" শব্দটিও বিলোপ করায় কেবলমাত্র "কৃষির সহযোগী হিসাবে" ব্যবহৃত জমির জন্য ২০.০০ টাকা হারে রাজস্ব আদায় করা হবে।

৩। চা বাগানের রাজস্ব [Revenue of tea garden]. চা বাগানের অন্তর্ভুক্ত জমি এবং চা চাষের জন্য ব্যবহৃত জমির রাজস্ব হবে একর পিছু ৩০.০০ (ত্রিশ) টাকা। ২০০৫ সালের পঃ বঃ ভূমি সংস্কার (সংশোধন) আইন [২০০৫ সালের পশ্চিমবঙ্গের ২৮ নং আইন] দ্বারা এই হার চালু হয়েছে। এই সংশোধিত হার চালু হয়েছে ইং ১৭.১২.২০০৫ তারিখ থেকে বা বাংলা ১ পৌষ ১৪১২ থেকে। বিজ্ঞপ্তি নং ৩৮৩৪-এল আর/১এ-০১/২০০৫ জি ই (এম), তাং ১৭.১১.২০০৫ দ্বারা এই বলবতের তারিখ কলিকাতা গেজেটে প্রকাশিত হয়েছে।

৪। নোনা জলে জমির রাজস্ব [Revenue of land for brackish water]. ২০০৫ সালের পঃ বঃ ভূমি সংস্কার (সংশোধন) আইন [২০০৫ সালের পশ্চিমবঙ্গের ২৮ নং আইন] দ্বারা যে জমিতে সামান্য নোনা জলে মাছ চাষ করা হয় তার রাজস্ব নির্ধারণ করা হয়েছে। ব্যক্তিগত মাছ চাষি বা কোনও সমবায় সমিতি যদি নোনা জল জমিতে ঢুকিয়ে মাছ চাষ করেন তবে একর প্রতি ২০০.০০ (দুই শত) টাকা হারে ওই জমির জন্য রাজস্ব দেবেন। কিন্তু ওই ধরনের নোনা জলে মাছ চাষ যদি কোনও কোম্পানি বা কর্পোরেট সংস্থা করেন তবে একর প্রতি রাজস্ব দিতে হবে ৪০০.০০ (চারশত) টাকা। ১ পৌষ ১৪১২ বাংলা তারিখ থেকে এই হারে রাজস্ব আদায় করা হচ্ছে [বিজ্ঞপ্তি নং ৩৮৩৪-এল আর/১এ-০১/০৫ জি. ই. (এম), তাং ১৭.১১.২০০৫।]

৫। ইট ভাটা [Brick field]. ইট ভাটার মালিকগণ মাটি কেটে ইট তৈরি করেন, তবুও তারা পশ্চিমবঙ্গ ভূমি সংস্কার আইনের ২৩ ধারা অনুসারে ভূমি

রাজস্ব প্রদানের আওতায় আসতে পারেন না। কারণ ইট গৌণ খনিজ (minor mineral), যা নিয়ন্ত্রিত হয় Minor Minerals (Development and Regulation) আইন, ১৯৫৭, এবং পশ্চিমবঙ্গ গৌণ খনিজ বিধি, ২০০২ দ্বারা। ভূমি সংস্কার আইনের সংশোধিত ২৩ ধারা, যা বাণিজ্যিক এবং শিল্প উদ্দেশ্যে ব্যবহৃত জমির ভূমি রাজস্ব স্থির করেছে, কিন্তু ইট ভাটার ক্ষেত্রে প্রযোজ্য নয়, কারণ ইট ভাটার নির্মাণ শিল্প পরিচালিত হয় ১৯৫৭ সালের (Mines & Mineral) আইন এবং ২০০২ সালের পশ্চিমবঙ্গ গৌণ খনিজ বিধি দ্বারা। এইসব ইট ভাটার মালিকগণ রয়্যালটি প্রদান করেন এবং ২০০২ সালের পশ্চিমবঙ্গ গৌণ খনিজ বিধি'র ২০ ধারা অনুসারে (deed rent) প্রদানের ব্যবস্থাও রয়েছে। পশ্চিমবঙ্গ সরকার বিজ্ঞপ্তি বলে (পৃষ্ঠা ২৪ থেকে ৩০) যে জমির উপর ইট তৈরি হয় তার ভূমি রাজস্ব প্রদানের উদ্দেশ্যে জারি করেছিল তা বাতিল বলে নির্দেশ দেন উচ্চ ন্যায়ালয়।[১]

তবে ইট ভাটার মালিক ভূমি রাজস্ব না দিলেও, যে জমি ইজারা নিয়ে (lease) ইট ভাটার মালিক ইট প্রস্তুত করেন, সেই জমির মালিক ভূমি রাজস্ব দিতে বাধ্য থাকবেন। ইট ভাটার মালিক তার নিজস্ব জমির জন্য রাজস্ব দিতে বাধ্য থাকবেন না, যেহেতু তিনি রয়্যালটি ও সেস প্রদান করেন।

৬। গ্রামীণ অঞ্চলে শিল্প ও বাণিজ্যিক উদ্দেশ্যে ব্যবহৃত জমির রাজস্ব [Revenue for the land used for industrial and commercial purpose in rural area : clause 1(i), 1(l) and 1(n)]. গ্রামীণ এলাকায় যেখানে পাকা নির্মাণ (*Pucca* construction) না করে কোনও জমি বাণিজ্যিক এবং শিল্প কাজের জন্য ব্যবহার করা হচ্ছে সেই জমির জন্য একর প্রতি ৫০০.০০ টাকা হারে রায়তকে রাজস্ব দিতে হবে ২৩(১)(ঝ) ধারায় [s. 23(1)(*i*)] দফায় এই নির্দেশ রয়েছে।

আবার ২৩(১)(ঠ) ধারা [s. 23(1)(*l*)] অনুযায়ী যে কোনও বাণিজ্যিক ও শিল্প কাজে যে জমি পাকা নির্মাণ দ্বারা ব্যবহৃত হচ্ছে, যা ২৩(১)(ঢ) ধারায় [s. 23(1)(*n*)] বলা নেই, সেই জমির জন্য ১০০০.০০ (এক হাজার) টাকা প্রতি একরে রাজস্ব দিতে হবে রায়তকে।

আবার ২৩(১)(ঢ) ধারা অনুযায়ী যে জমি বাণিজ্যিক ও শিল্প কাজের জন্য ব্যবহৃত হবে তার জন্য রাজস্বের হার হল ১৫০০.০০ (দেড় হাজার) টাকা প্রতি একর।

১ *পশ্চিমবঙ্গ ব্রিক ফিল্ড অ্যাসোসিয়েশন* বনাম *পশ্চিমবঙ্গ সরকার* 2007(4) CHN 576.

"বাণিজ্যিক ও শিল্পের উদ্দেশ্যে" বোঝাবে—ঠাণ্ডা গুদাম, চালের মিল, সাধারণ ব্যবসায়িক গুদাম, গোডাউন, অটোমোবাইল গ্যারেজ, গাড়ি সারাই করার দোকান, মার্কেট বা সুপার মার্কেটে ব্যবসা স্থল, মাল্টিপ্লেক্স, সিনেমা, থিয়েটার বা ভিডিও ঘর, হোটেল, রেস্টুরেন্ট, ২৩ নং ধারার (২) নং অংশে রয়েছে এমন এলাকার জমির রাজস্বের হার যে এলাকা কোনও পৌরসভা বা পৌরনিগম এলাকাভুক্ত। ২(ক) থেকে (ঘ) বিভিন্ন দফায় বিভিন্ন রকম জমির রাজস্বের কথা বলা আছে। কৃষি ও কৃষি সহযোগী কাজে ব্যবহৃত জমির রাজস্বের হার উল্লেখ রয়েছে যে কোনও পৌরনিগম বা পৌরসভার বিভিন্ন শ্রেণির আলাদা আলাদা রাজস্বের হার। বাস্তুজমির জন্য এই হার ঠিক হয়েছে।

বিভিন্ন পৌরসভা এবং পৌরনিগমে মিল, কারখানা, কর্মশালা, বাণিজ্যিক ও শিল্প কাজে ব্যবহৃত জমির রাজস্বের হার উল্লেখ আছে (গ)(১), (গ)(২), (গ)(৩), (গ)(৪), (গ)(৫) এবং (গ)(৬) নং দফায়। (গ) দফার শেষে একটি ব্যাখ্যা উল্লেখ করা রয়েছে। "বাণিজ্যিক ও শিল্প কাজের জন্য" বলতে বোঝাবে—ঠাণ্ডা গুদাম, গুদাম, গোডাউন, অটোমোবাইল গ্যারেজ, সারাই করার দোকান, মার্কেট বা সুপার মার্কেটে ব্যবসাস্থল, মাল্টিপ্লেক্স, গাড়ি, সিনেমা, থিয়েটার বা ভিডিও ঘর, হোটেল, রেস্টুরেন্ট, হাসপাতাল, প্যাথোলজিক্যাল ল্যাবরেটরী, নার্সিংহোম, অন্যান্য অফিস, কোনও কোম্পানি বা কোনও কর্পোরেট সংস্থায় অফিস।

বাণিজ্যিক ও শিল্প উদ্দেশ্য বাদে অকৃষি কার্যে ব্যবহৃত অন্যান্য জমির রাজস্বের হার উল্লেখ আছে (ঘ) দফায়।

জনসংখ্যার ভিত্তিতে সমস্ত পৌরসভাগুলিকে পাঁচটি ভাগে ভাগ করা হয়েছে। গত জনগণনার সংখ্যা অনুযায়ী এই শ্রেণিবিভাগ করা হয়েছে—

বিভাগ ক—২,১৫,০০০-এর বেশি জনসংখ্যা,

বিভাগ খ—১,৭০,০০০-এর বেশি কিন্তু ২,১৫,০০০-এর কম,

বিভাগ গ—৮৫,০০০-এর বেশি জনসংখ্যা কিন্তু ১,৭০,০০০-এর কম,

বিভাগ ঘ—৩৫,০০০-এর বেশি জনসংখ্যা কিন্তু ৮৫,০০০-এর কম,

বিভাগ ঙ—৩৫,০০০-এর কম জনসংখ্যা।

জনসংখ্যার বিচার না করেই দার্জিলিং পৌরসভাকে বিভাগ 'ক' পৌরসভার মর্যাদা দেওয়া হয়েছে।

২৩ নং ধারার শেষে দ্বিতীয় আর একটি ব্যাখ্যা দেওয়া হয়েছে—কোনও জমির রাজস্ব নির্ধারণের সময় যদি দেখা যায় ওই জমির কিছু অংশ মিল,

কারখানা, কর্মশালা বা অন্য বাণিজ্যিক বা শিল্প কাজের জন্য ব্যবহৃত হচ্ছে এবং যে অংশ সরাসরি দোকান, অফিস, গুদামঘর, গোডাউন, পার্কিং ইত্যাদি উদ্দেশ্যে পাকা নির্মাণ দ্বারা ব্যবহৃত হচ্ছে না সেক্ষেত্রে ওই মিল, ফ্যাক্টরী, কর্মশালার ওই জমি ক্রমাঙ্ক (২)-এর দফা (ঘ)-এর রাজস্বের হার অনুযায়ী রাজস্বের হিসাব করা হবে। বিজ্ঞপ্তি নং ৩৮৩৪-এল আর/১এ-০১/০৫ জি ই (এম), তাং ১৭.১১.২০০৫, দ্বারা কলিকাতা গেজেটে প্রকাশিত হয়েছে। ১৭.১২.২০০৫ থেকে এই হার বলবৎ হয়েছে।

৭। গ্রামীণ এলাকায় বাস্তুজমির রাজস্ব [Revenue for homestead in the rural area]. ২৩(১)(ঘ) ধারায় [s. 23(1)(*d*)] গ্রামীণ এলাকার বাস্তুজমির রাজস্ব নির্ধারণ করা রয়েছে। এই রাজস্বের হার ২০০৫ সালের পঃ বঃ ভূমি সংস্কার (সংশোধন) আইন [২০০৫ সালের পশ্চিমবঙ্গের ২৮ নং আইন] দ্বারা যুক্ত করা হয়েছে। বিজ্ঞপ্তি নং ২৩৩১-এল, তাং ১১.১১.২০০৫ দ্বারা কলিকাতা গেজেটে এটি প্রকাশিত হয়েছে। এই হার বলবৎ হয়েছে ইং ১৭.১২.২০০৫ বা বাংলা ১ পৌষ ১৪১২ থেকে [বিজ্ঞপ্তি নং ৩৮৩৪-এল আর/১এ-০১/০৫ জি ই (এম), তাং ১৭.১১.২০০৫]।

গ্রামীণ এলাকায় বাস্তুজমির জন্য একর প্রতি ৪০.০০ (চল্লিশ) টাকা হারে রায়তকে রাজস্ব দিতে হবে।

আবার বাণিজ্যিক ও শিল্প উদ্দেশ্যে ব্যবহার বাদে কোনও জমি অকৃষি উদ্দেশ্যে ব্যবহৃত হলেও প্রতি একরে ৪০.০০ (চল্লিশ) টাকা হারে রায়তকে রাজস্ব দিতে হবে।

৮। খাদ্য প্রক্রিয়াকরণ ইত্যাদি উদ্দেশ্যে ব্যবহৃত জমির রাজস্ব [Revenue for the land which is used for food-processing etc.]. ২৩(১)(ড) ধারায় [s. 23(1)(*m*)] অ্যাগ্রো-প্রক্রিয়াকরণ, খাদ্য-প্রক্রিয়াকরণ, অ্যাগ্রো-শিল্পসমূহ, কৃষিজাত দ্রব্য জমানোর জন্য গুদাম, গোডাউন, খাদ্য-পার্ক ইত্যাদি পাকা নির্মাণে হলে সেই জমির রাজস্ব হবে একর প্রতি ১২০০.০০ (এক হাজার দুই শত) টাকা।

৯। পৌরসভাগুলির শ্রেণিবিভাগ [Classifications of municipalities]. সর্বশেষ জনগণনা থেকে পাওয়া তথ্য নিয়ে পশ্চিমবঙ্গের সমস্ত পৌরসভা-গুলিকে পাঁচটি শ্রেণিতে ভাগ করা হয়েছে। ২৩(২)(ঘ) ধারায় [s. 23(2)(*d*)] এই শ্রেণিবিভাগ করা আছে।

ক বিভাগ পৌরসভা— ২,১৫,০০০-এর বেশি জনসংখ্যা,

খ বিভাগ পৌরসভা— ১,৭০,০০০-এর বেশি কিন্তু জনসংখ্যা ২,১৫,০০০-এর কম,

গ বিভাগ পৌরসভা— ৮৫,০০০-এর বেশি কিন্তু জনসংখ্যা ১,৭০,০০০-এর কম,

ঘ বিভাগ পৌরসভা— ৩৫,০০০-এর বেশি কিন্তু জনসংখ্যা ৮৫,০০০-এর কম,

ঙ বিভাগ পৌরসভা— ৩৫,০০০-এর বেশি নয় এরকম জনসংখ্যা।

জনসংখ্যার ভিত্তিতে বিচার না করে দার্জিলিংকে 'ক' বিভাগ পৌরসভা হিসাবে ধরা হয়।

১০। পৌর এলাকায় মিল, কারখানা, কর্মশালা বা অন্যান্য বাণিজ্যিক ও শিল্প উদ্দেশ্যে ব্যবহৃত জমির রাজস্ব [Revenue of land which is comprised in and used for mills, factories, workshops or any other commercial and industrial purpose]. পৌর এলাকায় যে জমি মিল, কারখানা, কর্মশালা বা অন্যান্য বাণিজ্যিক ও শিল্প উদ্দেশ্যে ব্যবহৃত হচ্ছে পৌরসভার বিভাগ (category) অনুযায়ী তার রাজস্বের হার বিভিন্ন রকম। নীচে ওই হার উল্লেখ করা হল—

ক্রমাঙ্ক	পৌরসভার বিভাগ	প্রতি শতকে রাজস্ব
(১)	যে কোনও পৌরনিগম	১৭৫ টাকা
(২)	ক বিভাগ পৌরসভা	১৫০ টাকা
(৩)	খ বিভাগ পৌরসভা	১০০ টাকা
(৪)	গ বিভাগ পৌরসভা	৭৫ টাকা
(৫)	ঘ বিভাগ পৌরসভা	৫০ টাকা
(৬)	ঙ বিভাগ পৌরসভা	২৫ টাকা

এই হারে রাজস্ব আদায় করা হচ্ছে ১৭.১২.২০০৫ বা বাংলা ১লা পৌষ ১৪১২ থেকে।

[বিজ্ঞপ্তি নং ২৩৩১-এল, তাং ১১.১১.২০০৫ এবং বিজ্ঞপ্তি নং ৩৮৩৪-এল আর/১এ-০১/০৫ জি ই (এম), তাং ১৭.১১.২০০৫]।

১১। পৌর এলাকায় বাস্তুজমির রাজস্ব [Revenue for the land is used for homestead in the municipal areas]. ২০০৫ সালের পঃ বঃ ভূমি

সংস্কার (সংশোধন) আইন [২০০৫ সালের পশ্চিমবঙ্গের ২৮ নং আইন] দ্বারা পৌর এলাকায় বাস্তু উদ্দেশ্যে ব্যবহৃত জমির রাজস্ব নিম্নলিখিত হারে নির্ধারণ করা হয়েছে।

ক্রমাঙ্ক	পৌরসভার বিভাগ	প্রতি শতকে রাজস্ব
(১)	যে কোনও পৌর কর্পোরেশানে	৩৫ টাকা
(২)	ক বিভাগ পৌরসভা	২৫ টাকা
(৩)	খ বিভাগ পৌরসভা	২০ টাকা
(৪)	গ বিভাগ পৌরসভা	১৫ টাকা
(৫)	ঘ বিভাগ পৌরসভা	১০ টাকা
(৬)	ঙ বিভাগ পৌরসভা	৫ টাকা

১২। অন্যান্য বাণিজ্যিক উদ্দেশ্যে ব্যবহৃত জমি [Land for other commercial purpose]. ২০০৩ সালের পঃ বঃ ভূমি সংস্কার (সংশোধন) আইন দ্বারা ২৩ নং ধারা পরিবর্তিত আকারে অন্তর্ভুক্ত করা হয়েছিল। ২৩ নং ধারার দফা (গ)(৩) [clause (*c*) of section 23] "অন্যান্য বাণিজ্যিক উদ্দেশ্যে" [Other commercial purpose] শব্দগুলির অর্থ রাজ্য সরকার বিজ্ঞপ্তি নং ২৬১০(৩৯)-এল আর/১এ-২/০২ জি ই (এম) পিটি-১, তাং ১৯.৯.২০০৩ [Notification No. 2610 (39) LR/1A-2/02 GE (M) Pt-1, Dt. 19.9.2003] দ্বারা পরিষ্কার করে দিয়েছে। নিম্নলিখিত কার্যাবলিগুলিকে অন্যান্য বাণিজ্যিক উদ্দেশ্যে বলা হবে—

(১) কোনও প্রতিষ্ঠিত বাজারে পাকা নির্মাণের দোকান, ওই ধরনের দোকান সুপার মার্কেট বা মাল্টিপ্লেক্সে হলেও প্রযোজ্য;

(২) ঠাণ্ডা ঘর, গুদাম ঘর এবং গোডাউন;

(৩) অটো মোবাইল গ্যারেজ এবং গাড়ি সারাই করার দোকান;

(৪) সিনেমা/থিয়েটার/ভিডিও ঘর;

(৫) হোটেল ও রেস্টুরেন্ট;

(৬) বেসরকারি ইঞ্জিনিয়ারিং, মেডিকেল বা পেশাদারি কলেজ;

(৭) বাণিজ্যিকভাবে মৎস্য চাষ এবং মুরগি, হাঁস চাষ।

১৩। কৃষি সহযোগী কার্যাবলি [Activities allied to agricultural]. ২০০৫ সালের পঃ বঃ ভূমি সংস্কার (সংশোধন) আইনের ২৩ নং ধারার

(১)(খ) দফায় কৃষি সহযোগী কাজে ব্যবহৃত জমির রাজস্ব নির্ধারণ করেছে। ঠিক তার পরেই activities allied to agricultural বলতে কী বোঝায় তার ব্যাখ্যা দেওয়া আছে। কৃষি সহযোগী বলতে বোঝায়—মৎস্য চাষ, হাঁস-মুরগি চাষ, শূকর চাষ, ছাগল-ভেড়া চাষ, ফুল চাষ, উদ্যান পালন, রেশম চাষ, ডেয়ারী, পশুপালন এবং অন্যান্য জৈবভিত্তিক উৎপাদনকারী জমি। উপরোক্ত জমির জন্য গ্রামীণ এলাকায় রাজস্ব একর প্রতি ৩০.০০ (ত্রিশ) টাকা এবং পৌর এলাকায় একর প্রতি রাজস্ব ২০.০০ (কুড়ি) টাকা।

১৪। রাজস্ব আদায়ে ব্যবহার্য বিভিন্ন খাতা [Different Registers for collection of Land Revenue]. ভূমি রাজস্ব মূলত আদায় করেন ভূমি সহায়ক এবং রাজস্ব পরিদর্শকগণ। রাজস্ব আদায় করা হয় ৮ নং নিদর্শে [Form 8]। অনেকগুলি খাতায় রাজস্ব আদায়ের হিসাব রাখা হয় এইগুলি হল—

(ক) ১ নং খাতা ঃ ভূমি রাজস্বের তালিকা (Rent Roll) তৈরি হয় এই খাতার মাধ্যমে।

(খ) ২ নং খাতা ঃ একজন রায়ত কত সাল পর্যন্ত ভূমি রাজস্ব দিলেন তার হিসাব থাকে এই খাতায়।

(গ) ৩ নং খাতা ঃ প্রতিদিনের ভূমি রাজস্ব আদায়ের হিসাব লেখা হয়।

(ঘ) ৪ নং খাতা ঃ Cash Book হিসাবে ব্যবহৃত হয়।

(ঙ) ৫ নং খাতা ঃ পাশ বই এটি। ব্লক ভূমি সংস্কার অফিস টাকা ব্যাঙ্কে জমা দেন। এই খাতায় তার হিসাব থাকে।

(চ) ৬ নং খাতা ঃ ভূমি রাজস্ব ও সেস বাদে অন্য আদায়কৃত অর্থের হিসাব এই খাতায় রাখা হয়।

(ছ) ৭ নং খাতা ঃ ভূমি রাজস্ব ও সেস বাদে অন্য ধরনের অর্থ আদায় হলে প্রতি দিনের হিসাব রাখা হয় এই খাতায়।

[১][**২৩ক। অব্যাহতি (Exemption)** ঃ এই আইনের কোথাও যাই থাকনা কেন, নিম্নলিখিত জমির ক্ষেত্রে এই আইনের অধীন রাজস্ব দেওয়া থেকে রেহাই দেওয়া হবে—

১ পশ্চিমবঙ্গ ভূমি সংস্কার (সংশোধন) আইন, ২০০৫ (পশ্চিমবঙ্গ আইন ২৮, ২০০৫)-এর ১০ ধারার মাধ্যমে সন্নিবেশিত।

(ক) কেন্দ্রীয় সরকার, রাজ্য সরকার এবং স্থানীয় সরকারের অধীনস্থ যে সমস্ত জমি আছে;

(খ) সাধারণের রাস্তা, কবরস্থান, পূজার স্থান, শ্মশান ঘাট অথবা এই রকম অন্যান্য সাধারণের উদ্দেশ্যে ব্যবহৃত জমি যেমন সরকার স্থির করবেন বলে মনে করেন;

(গ) সরকার অনুমোদিত শিক্ষামূলক প্রতিষ্ঠানের যে জমি আছে।]

[২][ব্যাখ্যা—এই ধারার জন্য "সরকার অনুমোদিত শিক্ষামূলক প্রতিষ্ঠান"-এর অর্থ হল কোনও শিক্ষামূলক প্রতিষ্ঠান যাহা পশ্চিমবঙ্গ রাজ্য সরকারের যে কোনও আইনের সাহায্যে প্রতিষ্ঠিত অথবা রাজ্য সরকার দ্বারা স্বীকৃত এবং রাজ্য সরকারের অর্থানুকূল্যে পরিচালিত হবে।]

[1][23A. Exemption. Notwithstanding anything contained elsewhere in this Act, the following lands shall be exempted from the payment of revenue under this Act—

(*a*) land owned by the Central Government, the State Government and the local bodies;

(*b*) land used as public roads, burial grounds, places of worship, burning *ghat* or for such other public purposes as may be prescribed; and

(*c*) land held by the Government sponsored educational institution.]

[2][*Explanation.*—For the purpose of this section, the expression "Government sponsored educational institution" means the educational institution which is established under any law of the State of West Bengal, or recognised by the State Government, and is being aided by the State Government.]

২ পশ্চিমবঙ্গ ভূমি সংস্কার (সংশোধন) আইন, ২০১০ (পশ্চিমবঙ্গ আইন ২৮, ২০১০)-এ কার্যকরী হয়েছে।

1 *Inserted* by the West Bengal Land Reforms (Amendment) Act, 2005 (W.B. Act XXVIII of 2005), (w.e.f. from 1.12.2005).

2 *Inserted* by the West Bengal Land Reforms (Amendment) Act, 2010 (W.B. Act XXVIII of 2010) (w.e.f. 1.11.2010).

সূচনা ও কর্মপরিধি [Commencement and scope]. ২০০৫ সালের পঃ বঃ ভূমি সংস্কার (সংশোধন) আইন [২০০৫ সালের পশ্চিমবঙ্গের ২৮ নং আইন] দ্বারা ২৩ক ধারাটি মূল আইনে যুক্ত করা হয়েছে। কলিকাতা গেজেটে এটি প্রকাশিত হয়েছিল ১১.১১.২০০৫ তারিখে, বিজ্ঞপ্তি নং ২৩৩১ এল দ্বারা।

এই ধারায় এই বিধান রয়েছে যে—কতগুলি জমির ক্ষেত্রে কোনও রাজস্ব দিতে হবে না। সেই জমিগুলি হল ঃ কেন্দ্রীয় সরকারের বা রাজ্য সরকারের নিয়ন্ত্রণে আছে এরকম কোনও জমি বা স্থানীয় কোনও সরকারের অধীনে আছে এরকম কোনও জমি। এছাড়া, সাধারণের রাস্তা, কবরস্থান, পূজার স্থান, শ্মশান ঘাট অথবা সাধারণের জন্য ব্যবহৃত অন্য কোনও জমি, সরকার অনুমোদিত (Government sponsored) কোনও শিক্ষা প্রতিষ্ঠান।

ইংরাজী ১৭.১২.২০০৫ বা বাংলা ১ পৌষ ১৪১২ থেকে এই বিধান কার্যকর হবে। বিজ্ঞপ্তি নং ৩৮৩৪-এল আর/১এ-০১/০৫ জিই (এম), তাং ১৭.১১.২০০৫ দ্বারা কলিকাতা গেজেটে প্রকাশিত হয়েছে।

[১][২৪। **রাজস্ব, সেস্ ও অধিভার দেওয়া থেকে অব্যাহতি (Exemption of revenue and payment of cess and surcharge)** ঃ (১) এই পরিচ্ছেদে যা কিছু থাক না কেন—

(ক) যখন রাজস্ব আধিকারিক নিজের ইচ্ছায় বা রায়তের দ্বারা দাখিল করা আবেদনের ভিত্তিতে এইরকম আদেশ দেন যে—রায়ত এবং তার পরিবারের মোট জমি ২.৪২৮ হেক্টরের বেশি নয়, সেক্ষেত্রে ওই রায়ত এবং তার পরিবার বাংলা ১৩৮৫ সালের ১ বৈশাখ থেকে রাজস্ব দেওয়ার দায় থেকে রেহাই পাবেন ঃ

তবে এই রেহাই পঃ বঃ সেস্ আইন, ১৮৮০ (১৮৮০ সালের বাংলার ৯ নং আইন), অথবা ১৯৭৩ সালের পশ্চিমবঙ্গ প্রাথমিক শিক্ষা আইন (১৯৭৩ সালের ৬৩ নং আইন) অথবা ১৯৭৬ সালের পঃ বঃ গ্রামীণ চাকরি এবং উৎপাদন আইন [১৯৭৬ সালের ১৪ নং আইন] অথবা অন্য কোনও আইনে ২৩ নং ধারায় নির্ধারিত জমির রাজস্ব দেওয়ার ভিত্তিতে সেস্ [Cess] দেওয়ার দায়িত্বকে প্রভাবিত করবে না;

১ পশ্চিমবঙ্গ ভূমি সংস্কার (সংশোধন) আইন, ১৯৬৫ (পশ্চিমবঙ্গ আইন ১৮, ১৯৬৫)-এর যথাক্রমে ১২ এবং ১৩ ধারার মাধ্যমে এই ধারাটি বাতিল করা হয়েছিল। পুনরায় ১১.১১.২০০৫ তারিখে পশ্চিমবঙ্গ ভূমি সংস্কার (সংশোধন) আইন ২৮, ২০০৫-এর মাধ্যমে এই ধারাটির নামকরণ ও বিষয়ের আমূল পরিবর্তন ও সংশোধন করে সন্নিবেশিত হয়েছে এবং ১.১২.২০০৫ তারিখ হতে কার্যকরী হয়েছে।

[২][আরও উল্লেখ করা যায় যে এই আইন অথবা অন্য সময় চালু অন্য আইনে যাই থাকুক না কেন, যদি ওই আইনের অধীনে কৃষিজমির ক্ষেত্রে রাজস্ব শূন্য হয়, সেক্ষেত্রে ১৮৮০ সালের সেস আইন অথবা ১৯৭৩ সালের পঃ বঃ প্রাথমিক শিক্ষা আইন, অথবা ১৯৭৬ সালের পঃ বঃ গ্রামীণ কর্মসংস্থান ও উৎপাদন আইন, অথবা প্রচলিত অন্য কোনও আইনের অধীনে নির্ধারিত সেস প্রদানের জন্য রায়তের উপর ধার্য দায়বদ্ধতাও হবে শূন্য।]

তবে নিম্নলিখিত জমির বেলায় অব্যাহতি বা রেহাই পাওয়া যাবে না—

(১) যে জমি কোনও পৌরসংস্থার অঞ্চলে অবস্থিত;

(২) ২০০৫ সালের পঃ বঃ ভূমি সংস্কার (সংশোধন) আইন দ্বারা বিলুপ্ত;

(৩) ২০০৫ সালের পঃ বঃ ভূমি সংস্কার (সংশোধন) আইন দ্বারা বিলুপ্ত;

(৪) ২০০৬ সালের পঃ বঃ ভূমি সংস্কার (সংশোধন) আইন দ্বারা বিলুপ্ত;

(৫) যে সমস্ত জমি মিল, কারখানা, কর্মশালা বা অন্য বাণিজ্যিক উদ্দেশ্যে ব্যবহৃত হয়।

(খ) কোনও রায়তের জমি যদি সেচ এবং অসেচ উভয় এলাকাতেই অবস্থিত হয় তবে তাঁর পরিবারের মোট জমি হিসাব করার জন্য সেচ অঞ্চলের ১.০০ হেক্টরের জমি অসেচ অঞ্চলের ১.৫০ হেক্টরের সমান ধরতে হবে।

(গ) এই ধারায় রায়ত কর্তৃক প্রদত্ত রাজস্বের পরিমাণ প্রদেয় রাজস্বের চেয়ে বেশি হয় তবে অতিরিক্ত রাজস্ব অর্থ তাঁকে ফেরৎ দেওয়া হবে। কিন্তু জমা দেওয়া রাজস্ব যদি কম হয় তবে ১৯১৩ সালের বঙ্গীয় সরকারি প্রাপ্য আদায় (Bengal P.D.R.) আইনের বিধান অনুযায়ী বকেয়া রাজস্ব আদায় করা হবে, কোনও সুদের দাবি করা হবে না।

ব্যাখ্যা ঃ এই ধারায় কাজ করার উদ্দেশ্যে—

(১) রায়তের "পরিবার" বলতে বোঝাবে—রায়ত স্বয়ং, তার স্ত্রী, নাবালক ছেলেরা এবং যদি কোনও অবিবাহিতা মেয়ে থাকে;

(২) "সেচ এলাকা" বলতে ১৪ট(ঘ) ধারায় উল্লিখিত এলাকা যা বোঝায় তাই বোঝাবে।

(২) (১) (ক) উপধারায় রাজস্ব আধিকারিকের কোনও দেওয়া রায়ের বিরুদ্ধে কোনও ব্যক্তি ক্ষুব্ধ হলে ওই আদেশ দেওয়ার তারিখ থেকে অথবা

২ পশ্চিমবঙ্গ ভূমি সংস্কার (সংশোধন) আইন (২০১৭ সালের ৪২ নং আইন) দ্বারা যুক্ত এবং ১৭.১০.২০১৭ তারিখ থেকে বলবৎ হবে।

উপযুক্ত কারণ দেখালে কর্তৃপক্ষ অতিরিক্ত সময় দিলে ওই তারিখ থেকে ত্রিশ দিনের মধ্যে নির্ধারিত আধিকারিকের কাছে আপিল করতে হবে।

24. Exemption of revenue and payment of cess and surcharge. **(1) Notwithstanding anything contained in this Chapter—**

(*a*) where the Revenue Officer on his own motion or on an application made by a *raiyat* makes an order that the total area of land held by a *raiyat* and his family does not exceed 2.428 hectares, the *raiyat* and his family shall be exempted from paying revenue with effect from the 1st day of *Baisakh*, 1385 B.S. :

Provided that such exemption shall not affect the liability of the *raiyat* to pay any cess imposed on him under the Cess Act, 1880 (Bengal Act IX of 1880), or the West Bengal Primary Education Act, 1973 (West Bengal Act XLIII of 1973), or the West Bengal Rural Employment and Production Act, 1976 (West Bengal Act XIV of 1976), or any other law for the time being in force, on the basis of the revenue of his land determined under section 23 :

[1]["Provided also that notwithstanding anything contained in this Act or any other law for the time being in force, where the revenue under the Act in respect of agricultural land, is nil, the liability of the *raiyat* to pay any cess imposed on him under the Cess Act, 1880, or the West Bengal Primary Education Act, 1973, or the West Bengal Rural Employment and Production Act, 1976, or any other law for the time being in force, is also nil".]

Provided further that no exemption shall be made in respect of any land which lies within—

(*a*) any area within the local limits of a Municipality, or

[2][(*b*) * * *]

[2][(*c*) * * *]

[2][(*d*) * * *]

1 *Inserted* by the West Bengal Land Reforms (Amendment) Act, 2017 (w.e.f. 17.10.2017).

2 *Omitted* by the West Bengal Land Reforms (Amendment) Act, 2005 (W.B. Act XXVIII of 2005), w.e.f. 1.12.2005, published in the Kolkata Gazette, Extraordinary, Part III, dated 11.11.2005. Before omission those stood as under:

(e) any area which is used for mill, factory, workshop or other commercial purposes;

(*b*) where the land held by a *raiyat* and his family is situated in both irrigated and non-irrigated areas, then, for the purposes of calculating the total area of land of the *raiyat* and his family, one hectare of land in irrigated area shall be deemed to be equivalent to 1.5 hectares of land in non-irrigated area;

(*c*) if any amount already paid by a *raiyat* is in excess of the revenue payable by him under this section, the amount paid in excess shall be refunded to him, but if there is any deficiency in such payment, such deficiency shall be recovered from him as an arrear of revenue under the Bengal Public Demands Recovery Act, 1913 (Bengal Act III of 1913), without any claim for interest being made on such deficiency.

***Explanation*. For the purposes of this section, (*i*) "family", in relation to a *raiyat*, shall be deemed to consist of himself, his wife, minor sons and unmarried daughters, if any, and (*ii*) "irrigated area" shall have the same meaning as in clause (*d*) of section 14K.**

(2) Any person aggrieved by an order made by the Revenue Officer under clause (*a*) of sub-section (1) may, within thirty days from the date of such order or within such further time as such authority may, on sufficient causes being shown, allow, prefer an appeal to such authority as the State Government may, by notification in the *Official Gazette*, specify.

২৪(১)(গ) ধারা [s. 24(1)(*c*)] অনুযায়ী বকেয়া রাজস্ব আদায়ের পদ্ধতি ১৯৬৫ সালের পঃ বঃ ভূমি সংস্কার নিয়মের ২০নং নিয়ম অনুযায়ী হবে।

"(*b*) any area constituted by the State Government as a notified area under section 378 of the West Bengal Municipal Act, 1993 (West Bengal Act XXII of 1993), or

(*c*) any area in a newly developing locality as the State Government may, by notification in the Official Gazette, specify, or

(*d*) any area within an urban agglomeration as defined in clause (*n*) of section 2 of the Urban Land (Ceiling and Regulation) Act, 1976 (XXXIII of 1976), or".

আলোচনার সূচী

১। সূচনা [Commencement]. মূল আইনে ২৪ নং ধারা ছিল, কিন্তু ১৯৬৫ সালের পঃ বঃ ভূমি সংস্কার (সংশোধন) আইন [১৯৬৫ সালের পশ্চিমবঙ্গের ১৮ নং আইন] দ্বারা এই ধারাটি লুপ্ত করা হয়। এরপর ২০০০ সালের পঃ বঃ ভূমি সংস্কার (সংশোধন) আইন [২০০০ সালের পশ্চিমবঙ্গের ৩১ নং আইন] দ্বারা ২৪ নং ধারা যুক্ত করা হয়। কোনও কোনও রায়তের ক্ষেত্রে রাজস্ব, সেস্ ও অধিভার (surcharge) দেওয়ার দায় থেকে অব্যাহতি (exemption) দেওয়ার বিধান রয়েছে ২৪ নং ধারায়।

পরবর্তী ক্ষেত্রে ২০০৫ সালের পঃ বঃ ভূমি সংস্কার (সংশোধন) আইন [২০০৫ সালের পশ্চিমবঙ্গের ২৮ নং আইন] দ্বারা ২৪ নং ধারার কয়েকটি সংশোধন করা হয়েছে বিজ্ঞপ্তি নং ২৩৩১-এল, তাং ১১.১১.২০০৫ দ্বারা। ২৪ নং ধারার ২৪(১)(খ), ২৪(১)(গ) ও ২৪(১)(ঘ) ধারাগুলি বিলুপ্ত করা হয়েছে। উপরোক্ত বিজ্ঞপ্তি কলিকাতা গেজেটে ১১.১১.২০০৫ তারিখে প্রকাশিত হয়েছিল।

২০১৭ সালের পঃ বঃ ভূমি সংস্কার (সংশোধন) আইনানুসারে কৃষিজমির রাজস্ব জমা দেওয়া থেকে রায়তকে সম্পূর্ণরূপে অব্যাহতি দেওয়া হয়েছে। পাশাপাশি রাজস্ব বাদেও রায়তকে দিতে হত শিক্ষা কর, গ্রামীণ কর্মসংস্থান কর সহ আরও একাধিক উপকর ও সেস। ২০১৭ সালের পঃ বঃ ভূমি সংস্কার (সংশোধন) আইন দ্বারা পূর্বোক্ত সমস্ত উপকর ও সেস জমা দেওয়ার দায় থেকেও রায়তকে মুক্ত করা হয়েছে। এই আইনের বিধান ১৭.১০.২০১৭ থেকে বলবৎ করা হয়েছে।

উপরোক্ত সংশোধিত ২৪ ধারার ওই অনুচ্ছেদ অনুযায়ী রায়তকে ভূমি রাজস্বসহ, সেস প্রদান করা থেকেও অব্যাহতি দেওয়া হল।

প্রাচীন ও মধ্যযুগে শাসক শ্রেণির কোষাগার ভর্তির অন্যতম প্রধান উৎস ছিল ভূমি রাজস্ব। ১৯৫৩ সালে পঃ বঃ জমিদারি অধিগ্রহণ আইন বলবৎ হওয়ার

আগে পর্যন্ত কড়া নিয়মে রায়তের কাছ থেকে ভূমি রাজস্ব আদায় করা হত। বর্তমান সংশোধিত আইন দ্বারা কৃষিজমির রাজস্ব দেওয়ার দায় থেকে রায়তকে মুক্ত করা হল, নিঃসন্দেহে এটি একটি ঐতিহাসিক সদর্থক সিদ্ধান্ত।

এই সংশোধনের কারণ ও উদ্দেশ্য ব্যাখ্যা প্রসঙ্গে রাজ্য সরকারের পক্ষ থেকে ঘোষণা করা হয়েছে যে কৃষকদের খাজনা, সেস ও অন্য উপকর জমা দেওয়ার দায় থেকে সম্পূর্ণ অব্যাহতি দেওয়ার জন্য, রাজ্যের কৃষিকার্যে যুক্ত চাষিদের কিছুটা ভার লঘু করার জন্য, চাষিদের দুর্দশা থেকে মুক্ত করবার জন্য এই সংশোধনের প্রয়োজন।

২। রাজস্বের অব্যাহতি [Exemption of revenue]. কোনও রায়তের এবং তার পরিবারের মোট জমির পরিমাণ ২.৪২৮ হেক্টরের বেশি না হলে রাজস্ব আধিকারিক নিজের ইচ্ছায় বা রায়তের দাখিল করা দরখাস্তের ভিত্তিতে ওই রায়ত এর তার পরিবারের প্রদেয় রাজস্ব দেওয়ার দান থেকে অব্যাহতি বা রেহাই দেওয়ার আদেশ দিতে পারেন। ১ বৈশাখ ১৩৮৫ থেকে এই বিধান কার্যকর হবে। যে সমস্ত রায়তের জমি অসেচ এলাকায় ৬ একরের কম সেই রায়তকে কোনও রাজস্ব দিতে হবে না। ২৪(১) ধারায় রাজস্ব আধিকারিককে ক্ষমতা দেওয়া হয়েছে যদি কোনও রায়তের জমির পরিমাণ ২.৪২৮ হেক্টরের বেশি না হয় তবে রাজস্ব দেওয়ার দায় থেকে মুক্ত করার। ১ বৈশাখ বাংলা ১৩৮৫ থেকে এই বিধান কার্যকর হবে। রাজস্ব দেওয়ার দায় থেকে অব্যাহতি (exemption) হলেও সেস্ দিতে বাধ্য থাকবেন রায়ত।

যে কোনও পৌর এলাকায় রাজস্ব আধিকারিক কোনও রায়তের রাজস্ব মুকুব করতে পারবেন না। অথবা কোনও মিল, কারখানা, কর্মশালা বা অন্য বাণিজ্যিক উদ্দেশ্যে ব্যবহৃত জমির জন্য রাজস্বের অব্যাহতি বা রেহাই মিলবে না।

দ্বিতীয় অনুচ্ছেদে (১)(খ) উপধারায় বলা আছে কোনও রায়তের জমি সেচ এবং অসেচ উভয় এলাকাতে থাকলে সেচ এলাকার ১.০০ হেক্টর জমির সমান হবে অসেচ এলাকার ১.৫০ হেক্টর।

ওই অনুচ্ছেদে ২৪(১)(গ) ধারায় বলা আছে কোনও রায়ত যদি তার প্রদেয় রাজস্বের চেয়ে বেশি জমা দেন তবে ওই অতিরিক্ত রাজস্ব তিনি ফেরৎ পাবেন। পাশাপাশি যদি রায়ত নির্ধারিত রাজস্বের চেয়ে কম রাজস্ব জমা দেন তবে ১৯১৩ সালের বঙ্গীয় সরকারি প্রাপ্য আদায় আইনের বিধান অনুযায়ী বকেয়া রাজস্ব আদায় করা হবে।

২০১৭ সালের পঃ বঃ ভূমি সংস্কার (সংশোধন) আইন অনুযায়ী শিক্ষাকর গ্রামীণ কর্মসংস্থান করসহ সমস্ত সেস ও উপকর দেওয়া থেকে রায়তকে অব্যাহতি দেওয়া হয়েছে।

২৪(২) ধারায় বলা আছে যদি কোনও রায়ত ২৪(১)(ক) ধারায় দেওয়া রাজস্ব আধিকারিকের রায়ে সন্তুষ্ট না হন তিনি সরকার নির্ধারিত রাজস্ব আধিকারিকের কাছে আপিল করতে পারেন।

৩। ২৪(১) ধারার নির্ধারিত রাজস্ব আধিকারিক [Revenue Officer under s. 24(1) of W.B.L.R. Act]. বিজ্ঞপ্তি নং ৪৪০০-এল আর/১এ-২/০। জি ই (এম), তাং ১৯.১১.২০০১ দ্বারা রাজ্য সরকার নিম্নলিখিত আধিকারিকদের পঃ বঃ ভূমি সংস্কার আইনের ২৪(১) ধারায় কাজ করার ক্ষমতা দান করেছে—ওই আধিকারিকগণ হলেন,

(১) ব্লক ভূমি ও ভূমি সংস্কার আধিকারিক (B.L. & L.R.O.),

(২) বিশেষ রাজস্ব আধিকারিক পর্যায় ২,

(৩) রাজস্ব আধিকারিক।

৪। আপিল ও আপিল কর্তৃপক্ষ [Appeal and appellate authority]. ২৪(১)(ক) ধারায় [s. 24(1)(*a*)] রাজস্ব আধিকারিক রায়তের রাজস্ব অব্যাহতি দানের বিষয়ে আদেশ দেন। রায়ত নিজে আবেদন করতে পারেন অথবা রাজস্ব আধিকারিক নিজেই ওই আদেশ দিতে পারেন। ওই আদেশের বিরুদ্ধে রায়ত ২৪(২) ধারার কর্তৃপক্ষের কাছে আপিল করতে পারেন। ২৪(২) ধারার আপিল কর্তৃপক্ষ কে হবেন তা রাজ্য সরকার সরকারি গেজেটে বিজ্ঞাপন দ্বারা প্রকাশ করবেন।

বিজ্ঞপ্তি নং ৪৪০১-এল আর/১এ-২/০। জি ই (এম), তাং ১৯.১১.২০০১ দ্বারা নিম্নলিখিত পদাধিকারীদের ২৪(২) ধারায় আপিল কর্তৃপক্ষ হিসাবে নির্ধারিত করেছেন। ওই পদাধিকারীগণ হলেন—

(১) জেলা ভূমি ও ভূমি সংস্কার আধিকারিক (D.L. & L.R.O.),

(২) সহকারী জেলা ভূমি ও ভূমি সংস্কার আধিকারিক (Deputy D.L. & L.R.O.),

(৩) মহকুমা ভূমি ও ভূমি সংস্কার আধিকারিক (S.D.L. & L.R.O.)।

[১][২৫। রাজস্ব পরিবর্তনের কারণগুলি (Grounds for alteration of revenue) ঃ রাজস্ব স্থির হয়ে যাবার পর রায়তের জমি যদি নদী ভাঙনে নষ্ট হয়, একত্রীকরণ, কেনা, ভাগ-বণ্টন, ভাগ, অধিগ্রহণ বা অন্য কোনও কারণে বেশি হয় বা কমে যায়, তবে রাজস্ব আধিকারিক দ্বারা রায়তের দ্বারা প্রদেয় রাজস্বের সেইভাবে পরিবর্তিত হবে।]

25. Grounds for alteration of revenue. The revenue payable by a *raiyat* may, in the manner to be prescribed, be altered by the Revenue Officer, if the land held by the *raiyat* and his family has increased or decreased in area by diluvion, amalgamation, purchase, partition, subdivision, acquisition or any other cause whatsoever subsequent to the determination of revenue.

কর্মপরিধি [Scope]. রাজস্ব আধিকারিক কোনও রায়তের রাজস্ব নির্ধারণ করেন। বিভিন্ন কারণে রায়তের জমির পরিমাণ বৃদ্ধি পেতে পারে বা কমে যেতে পারে। রায়তের জমি বৃদ্ধি পেলে তার রাজস্ব ও বৃদ্ধি পাবে এবং কোনও কারণে রায়তের জমি পরিমাণ কমে গেলে তার রাজস্ব ও কমে যাবে। পুরাতন পঃ বঃ ভূমি সংস্কার আইনের ১১ নং ধারায় সিকস্তির (diluviated) ফলে রায়তের জমি কমে যাওয়ার কথা বলা ছিল। নদী বা সমুদ্র ভাঙনের দ্বারা জমি নদীগর্ভে বা সমুদ্রগর্ভে চলে যেতে পারে। ১১(১) ধারায় বলা ছিল এই ধরনের সিকস্তির ফলে নষ্ট হওয়া জমির রাজস্ব দেওয়ার কোনও দায় রায়তের থাকবে না। কিন্তু ওই জমি ২০ বছরের মধ্যে পুনরায় চর রূপে জেগে উঠলে রায়ত তা ফিরে পেতেন। পঃ বঃ ল্যান্ড হোল্ডিং রেভেনিউ আইন, ১৯৭৯ দ্বারা ১১(১) ধারাটি বাতিল হয়েছে, যা বলবৎ হয়েছে ১৪.৪.১৯৮১ থেকে। ১১(২) ধারাটি বাতিল হয়েছে ২০০০ সালের পঃ বঃ ভূমি সংস্কার (সংশোধন) আইন [২০০০ সালের পশ্চিমবঙ্গের ৩১ নং আইন] দ্বারা। ৭.৮.১৯৬৯ থেকে এটি বলবৎ হয়েছে।

১৯৬৫ সালের পঃ বঃ ভূমি সংস্কার নিয়মের ১৬ নং নিয়ম অনুযায়ী রাজস্বের পরিবর্তন করা হয়।

১ পশ্চিমবঙ্গ ভূমি সংস্কার (সংশোধন) আইন, ১৯৬৫ (পশ্চিমবঙ্গ আইন ১৮, ১৯৬৫)-এর যথাক্রমে ১২ এবং ১৩ ধারার মাধ্যমে এই ধারাটি বাতিল করা হয়েছিল। পুনরায় ১১.১১.২০০৫ তারিখে পশ্চিমবঙ্গ ভূমি সংস্কার (সংশোধন) আইন ২৮, ২০০৫-এর মাধ্যমে এই ধারাটির নামকরণ ও বিষয়ের আমূল পরিবর্তন ও সংশোধন করে সন্নিবেশিত হয়েছে এবং ১.১২.২০০৫ তারিখ হতে কার্যকরী হয়েছে।

[১][২৬। দেওয়ানি আদালতের ক্ষেত্রাধিকারে বিধিনিষেধ **(Bar to jurisdiction of Civil Court)** ঃ এই পরিচ্ছেদে রাজস্ব নির্ধারণ বা রাজস্ব নির্ধারণ করার ক্ষেত্রে কোনও ভুল হলে, সেই সম্বন্ধে দেওয়ানি আদালতে কোনও মামলা অথবা আইন বিষয়ক অন্য প্রক্রিয়া দাখিল করা যাবে না।]

26. Bar to jurisdiction of Civil Court. No suit or other legal proceedings shall be instituted in any Civil Court in respect of the determination of any revenue or the omission to determine any revenue under this Chapter.

সূচনা ও কর্মপরিধি [Commencement and scope]. ২০০০ সালের পঃ বঃ ভূমি সংস্কার (সংশোধন) আইন [২০০০ সালের ৩১ নং আইন] দ্বারা ২৬ নং ধারাটি মূল আইনে অন্তর্ভুক্ত করা হয়েছে। এই ধারায় রাজস্ব নির্ধারণ সম্পর্কে দেওয়ানি আদালতের ক্ষেত্রাধিকারের উপর বিধিনিষেধ আরোপ করা হয়েছে। রাজস্ব আধিকারিক কোনও রায়তের জমির সাপেক্ষে যে রাজস্ব নির্ধারণ করবেন, কোনও রায়ত ওই নির্ধারণের বিষয়ে অসন্তুষ্ট হলে তিনি ওই বিষয়ে দেওয়ানি আদালতে (Civil Court) কোনও মামলা দায়ের করতে পারবেন না। পঃ বঃ ভূমি সংস্কার আইনের ২৩ নং ধারা অনুযায়ী রাজস্ব আধিকারিক বিভিন্ন রকম জমির জন্য রাজস্ব নির্ধারণ করেন। ওই ধারায় রাজস্ব নির্ধারণ বিষয়ে রাজস্ব আধিকারিকের সিদ্ধান্তের বিরুদ্ধে আপিল করার কোনও সুযোগ নেই। রাজস্ব আধিকারিকের দেওয়া ২৩ নং ধারায় সিদ্ধান্তের বিরুদ্ধে রায়ত পঃ বঃ ভূমি ও প্রজাস্বত্ব ন্যায়পীঠে [W.B.L.R. & T.T.] আবেদন জানাতে পারেন।

২৪(১)(ক) ধারায় [s. 24(1)(*a*)] দেওয়া রাজস্ব আধিকারিকের দেওয়া রায়ের বিরুদ্ধে ২৪(২) ধারার নির্ধারিত আধিকারিকের কাছে রায়ত আপিল করতে পারেন। ২৪(২) ধারায় আপিলে সন্তুষ্ট না হলে W.B.L.R. & T.T.-তে আবেদন করতে পারেন। ন্যায়পীঠের রায়ে সন্তুষ্ট না হলে মহামান্য হাইকোর্টের ডিভিশন বেঞ্চ আবেদন জানাতে পারেন।

১ পশ্চিমবঙ্গ ভূমি সংস্কার (সংশোধন) আইন, ১৯৬৫ (পশ্চিমবঙ্গ আইন ১৮, ১৯৬৫)-এর যথাক্রমে ১২ এবং ১৩ ধারার মাধ্যমে এই ধারাটি বাতিল করা হয়েছিল। পুনরায় ১১.১১.২০০৫ তারিখে পশ্চিমবঙ্গ ভূমি সংস্কার (সংশোধন) আইন ২৮, ২০০৫-এর মাধ্যমে এই ধারাটির নামকরণ ও বিষয়ের আমূল পরিবর্তন ও সংশোধন করে সন্নিবেশিত হয়েছে এবং ১.১২.২০০৫ তারিখ হতে কার্যকরী হয়েছে।

কিন্তু ২৩ নং ধারায় দেওয়া রায়ের বিরুদ্ধে আপিল করার কোনও সুযোগ মূল আইনে নেই।

[১][২৭। রাজস্ব পরিশোধের কিস্তি, সময় এবং জায়গা (Instalment, time and place for payment of revenue) **ঃ** (১) নির্দিষ্ট সময়ের মধ্যে এবং নির্দিষ্ট পদ্ধতিতে একজন রায়ত নির্ধারিত কিস্তিগুলির মধ্যে তাঁর রাজস্ব দেবেন;

(২) রাজস্ব দিতে হবে রাজস্ব পরিদর্শকের অফিসে অথবা অন্য কোথাও যে রকম নির্ধারিত করা হবে।

(৩) রাজস্ব বা তার কোনও অংশের কিস্তি নির্দিষ্ট সময়ে জমা দেওয়া না হলে তা বকেয়া বলে গণ্য হবে।]

27. Instalment, time and place for payment of revenue. (1) A *raiyat* shall pay revenue in such instalments, in such manner, and at such times, as may be prescribed.

(2) Payment of revenue shall be made at the office of the Revenue Inspector or at such other places and in such manner as may be prescribed.

(3) Any instalment of revenue or part thereof which is not duly paid within the prescribed time shall be deemed to be an arrear.

সূচনা [Commencement]. প্রতিটি গ্রাম পঞ্চায়েতে রাজস্ব পরিদর্শকের করণ (office of the Revenue Inspector) আছে। কার্যত তার দেয় রাজস্ব রাজস্ব পরিদর্শকের করণে জমা দিতে পারেন। আবার বিভিন্ন সময়ে সরকার আগাম বিজ্ঞপ্তি দিয়ে যে কোনও এলাকায় বিশেষ রাজস্ব প্রদান শিবির অস্থায়ীভাবে চালু করেন। রায়ত সেখানেও রাজস্ব দিতে পারেন।

২৭(৩) ধারায় বলা আছে নির্দিষ্ট সময়ের মধ্যে রায়ত যদি তাঁর প্রদেয় রাজস্ব বা তার কোনও অংশের কিস্তি নির্দিষ্ট সময়ে জমা না দেন, তবে ওই না দেওয়া রাজস্ব বকেয়া বলে গণ্য হবে।

১৭ নং নিয়ম অনুযায়ী রাজস্ব গ্রহণ করা হবে।

১ পশ্চিমবঙ্গ ভূমি সংস্কার (সংশোধন) আইন, ১৯৬৫ (পশ্চিমবঙ্গ আইন ১৮, ১৯৬৫)-এর যথাক্রমে ১২ এবং ১৩ ধারার মাধ্যমে এই ধারাটি বাতিল করা হয়েছিল। পুনরায় ১১.১১.২০০৫ তারিখে পশ্চিমবঙ্গ ভূমি সংস্কার (সংশোধন) আইন ২৮, ২০০৫-এর মাধ্যমে এই ধারাটির নামকরণ ও বিষয়ের আমূল পরিবর্তন ও সংশোধন করে সন্নিবেশিত হয়েছে এবং ১.১২.২০০৫ তারিখ হতে কার্যকরী হয়েছে।

[১][২৮। রায়ত রাজস্ব প্রদানের রসিদ পাওয়ার অধিকারী হবেন (Raiyat entitled to receipt for revenue) ঃ রায়ত রাজস্ব দেওয়ার পর দায়িত্বপ্রাপ্ত রাজস্ব সংগ্রহকারীর কাছ থেকে নির্দিষ্ট নিদর্শে রাজস্ব সংগ্রহকারীর স্বাক্ষরযুক্ত তার দেওয়ার অর্থের জন্য রসিদ পাবেন।]

28. Raiyat entitled to receipt for revenue. Every *raiyat* shall, on making payment of revenue, be entitled to obtain forthwith a written receipt in the prescribed form for the amount paid by him, signed by the person authorised to make collection of revenue.

[২][২৯। চতুর্থ পরিচ্ছেদকে অগ্রাহ্য করার ক্ষমতা (Chapter IV to have overriding effect) ঃ ১৯৭৯ সালের পশ্চিমবঙ্গ ল্যান্ড হোল্ডিং রেভেনিউ আইনে যাই উল্লেখ থাক না কেন তার সাথে এই পরিচ্ছেদের কোনও বিরোধ হলে এই পরিচ্ছেদের বিধানগুলিই বলবৎ হবে।]

29. Chapter IV to have overriding effect. The provisions of this Chapter shall have effect notwithstanding anything to the contrary contained in the West Bengal Land Holding Revenue Act, 1979 (West Bengal Act XLIV of 1979).

[৩][৩০। ১৯৭৯ সালের পশ্চিমবঙ্গের ৪৪ নং আইন বাতিল (Repeal of West Bengal Act XLIV of 1979) ঃ রাজ্য সরকার সরকারি গেজেটে

১ পশ্চিমবঙ্গ ভূমি সংস্কার (সংশোধন) আইন, ১৯৬৫ (পশ্চিমবঙ্গ আইন ১৮, ১৯৬৫)-এর যথাক্রমে ১২ এবং ১৩ ধারার মাধ্যমে এই ধারাটি বাতিল করা হয়েছিল। পুনরায় ১১.১১.২০০৫ তারিখে পশ্চিমবঙ্গ ভূমি সংস্কার (সংশোধন) আইন ২৮, ২০০৫-এর মাধ্যমে এই ধারাটির নামকরণ ও বিষয়ের আমূল পরিবর্তন ও সংশোধন করে সন্নিবেশিত হয়েছে এবং ১.১২.২০০৫ তারিখ হতে কার্যকরী হয়েছে।

২ পশ্চিমবঙ্গ ভূমি সংস্কার (সংশোধন) আইন, ১৯৬৫ (পশ্চিমবঙ্গ আইন ১৮, ১৯৬৫)-এর যথাক্রমে ১২ এবং ১৩ ধারার মাধ্যমে এই ধারাটি বাতিল করা হয়েছিল। পুনরায় ১১.১১.২০০৫ তারিখে পশ্চিমবঙ্গ ভূমি সংস্কার (সংশোধন) আইন ২৮, ২০০৫-এর মাধ্যমে এই ধারাটির নামকরণ ও বিষয়ের আমূল পরিবর্তন ও সংশোধন করে সন্নিবেশিত হয়েছে এবং ১.১২.২০০৫ তারিখ হইতে কার্যকরী হয়েছে।

৩ পশ্চিমবঙ্গ ভূমি সংস্কার (সংশোধন) আইন, ১৯৬৫ (পশ্চিমবঙ্গ আইন ১৮, ১৯৬৫)-এর যথাক্রমে ১২ এবং ১৩ ধারার মাধ্যমে এই ধারাটি বাতিল করা হয়েছিল। পুনরায় ১১.১১.২০০৫ তারিখে পশ্চিমবঙ্গ ভূমি সংস্কার (সংশোধন) আইন ২৮, ২০০৫-এর মাধ্যমে এই ধারাটির নামকরণ ও বিষয়ের আমূল পরিবর্তন ও সংশোধন করে সন্নিবেশিত হয়েছে এবং ১.১২.২০০৫ তারিখ হইতে কার্যকরী হয়েছে।

বিজ্ঞাপন দ্বারা যে রকম তারিখ নির্দিষ্ট করবেন ওই তারিখ থেকে পঃ বঃ ল্যান্ড হোল্ডিং রাজস্ব আইন, ১৯৭৯ বাতিল বলে গণ্য হবে।]

30. Repeal of West Bengal Act XLIV of 1979. The West Bengal Land Holding Revenue Act, 1979, shall stand repealed with effect from such date as the State Government may, by notification in the *Official Gazette*, appoint.

১৫ নং নিয়ম ঃ ২৩ ধারার অধীনে রাজস্ব নির্ধারণের পদ্ধতি (Rule 15: Manner of determination of revenue under section 23) ঃ (১) গ্রামীণ এলাকায় কোনও রায়ত তার জমির জন্য রাজস্ব প্রদান বিষয়ে রাজস্ব আধিকারিক এই মর্মে নিশ্চিন্ত হবেন যে ২৪ ধারা অনুযায়ী ওই রায়ত বা তাঁর পরিবার রাজস্ব প্রদান বিষয়ে অব্যাহতি পেয়েছেন কিনা। যে রায়ত বা তার পরিবার ২৪ ধারা অনুযায়ী রাজস্ব জমা দেওয়ার দায় থেকে অব্যাহতি পায়নি, তাঁদের মোট জমি কত আগে তা হিসাব করতে হবে তার পরে ওই রায়ত এবং তাঁর পরিবার যে জমি ভোগ করেন তার ভিত্তিতে রাজস্ব নির্ধারিত হবে।

(২) যখন কোনও ব্লকের সমস্ত রায়তের রাজস্ব স্থির হয়ে যাবে, নির্দিষ্ট নিদর্শে ব্লক ভূমি ও ভূমি সংস্কার আধিকারিকের অফিসের নোটিশ বোর্ডে একটি তালিকা প্রকাশ করবেন। সংশ্লিষ্ট রাজস্ব পরিদর্শক ওই তালিকা প্রকাশের ৩০ দিনের মধ্যে কোনও দাবি বা আপত্তি থাকবে তা সংগ্রহ করবেন।

তালিকা প্রকাশের নিদর্শ

রায়তের নাম ঠিকানা	পরিবারের মোট সদস্য সংখ্যা	রায়ত এবং তার পরিবারের মোট জমি	যে মৌজায় ওই জমি অবস্থিত	মোট নির্ধারিত রাজস্ব	মন্তব্য
(১)	(২)	(৩)	(৪)	(৫)	(৬)

(৩) উপবিধি (২) অনুযায়ী যে সমস্ত দাবি ও আপত্তি গ্রহণ করা হবে তা সংক্ষিপ্ত উপায়ে নিষ্পত্তি করা হবে। প্রয়োজন হলে সরেজমিনে তদন্ত হতে পারে। নির্দিষ্ট ৩০ দিনের সময়সীমা পার হওয়ার ৬০ দিনের মধ্যে ওই আপত্তি বা দাবিগুলির নিষ্পত্তি করতে হবে।

(৪) উপবিধি (২) অনুযায়ী ৩০ দিনের মধ্যে যদি কোনও দাবি বা আপত্তি জমা না পড়ে, তবে (১) উপবিধি অনুযায়ী নির্ধারিত রাজস্বকেই চূড়ান্ত বলে ধরে নিতে হবে।

(৫) উপবিধি (৪) অনুযায়ী নির্ধারিত রাজস্ব প্রতিটি রায়তের কাছে দাবি করা হবে।

(৬) নিদর্শ নং ৭বি অনুযায়ী উপবিধি (২) অনুসারে আপত্তি দাখিল করতে হবে।

(৭) ২৪ ধারায় উল্লিখিত রাজস্বের অব্যাহতি শহরাঞ্চলে প্রযোজ্য নয়। শহরাঞ্চলে রাজস্ব স্থির করা হবে রায়তের খতিয়ান অনুযায়ী ২৩ নং ধারা বিভিন্ন দফা সাপেক্ষে। খতিয়ানের নির্দিষ্ট স্থানে ওই রাজস্বের পরিমাণ লিখতে হবে। যদি কোনও মৌজার স্বত্বলিপির (r-o-rs) চূড়ান্ত প্রকাশ হয়ে গিয়ে থাকে তবে রাজস্ব নির্ধারিত হবে সেটাই হবে চূড়ান্ত দাবি (final demand)। যদি স্বত্বলিপির চূড়ান্ত প্রকাশ না হয়ে থাকে, তবে উপবিধি (২) অনুযায়ী নির্ধারিত রাজস্বের তালিকা প্রকাশ করা হবে এবং উপবিধি (৪) অনুযায়ী চূড়ান্ত দাবি হিসাবে ধরা হবে।

৭ বি নিদর্শ

পশ্চিমবঙ্গ সরকার

২৩ নং বিধি অনুযায়ী স্থিরিকৃত/নির্ধারিত এবং ..... বিধিমতে প্রকাশিত প্রদেয় রাজস্বের তালিকার বিরুদ্ধে আপত্তি।

আপত্তি নং ....

মৌজার নাম ....

জে. এল. নং. .... থানা .... জেলা ....

আপত্তিকর রায়তের নাম ....

পিং ....

গ্রাম ....

ডাকঘর ....

জেলা ....

আপত্তির কারণ সংক্ষেপে বর্ণনা করে রায়ত ও তার পরিবারের সদস্যদের জমির বিবরণ।

স্বাক্ষর ঃ

তারিখ ঃ

আপত্তিকারী ঘোষণাপত্র—

আমি শ্রী .... পিং .... গ্রাম .... পোঃ অঃ .... জেলা .... এই মর্মে ঘোষণা করছি যে, ১৪০৮ সালের ১লা বৈশাখ আমার এবং পরিবারের সদস্যদের মোট জমির পরিমাণ—

১। সেচ এলাকায় .... একর

২। অসেচ এলাকায় .... একর

৩। চা বাগান .... একর

৪। কলকারখানা, বাণিজ্যিক প্রতিষ্ঠান ইত্যাদি—

(ক) গ্রামীণ অঞ্চলে .... একর

(খ) শহর অঞ্চলে .... একর

৫। অকৃষিকাজে ব্যবহৃত (বাস্তু ভিটা সহ)—

(ক) বসবাসকারী এলাকায় .... একর

(খ) এলাকার বাইরে .... একর

মোট .... একর

বাংলা ১.১.১৪০৮ অনুযায়ী আমার এবং আমার পরিবারভুক্ত সকল সদস্যদের নাম ও বয়স দেওয়া হল—

সদস্যের নাম	বয়স	সম্পর্ক
১। রায়তের নাম পিং গ্রাম		
২। অন্য সদস্যের নাম		
৩।		
৪।		
৫।		
৬।		

উপরোক্ত তথ্যগুলি আমার জ্ঞান ও বিশ্বাস মতে সত্য।

স্বাক্ষর ঃ

ঠিকানা ঃ তারিখ ঃ

১৬ নং নিয়ম ঃ ২৫ ধারা অনুযায়ী রাজস্ব পরিবর্তনের পদ্ধতি (Manner of alteration of revenue under section 25 of W.B.L.R. Act) ঃ

(ক) যখন কোনও রায়ত এবং তার পরিবারের জমি একত্রীকরণ, ক্রয় বা অন্য কোনও উপায়ে বৃদ্ধি পায়, রায়ত কর্তৃক প্রদেয় রাজস্বের পরিমাণও তখন বেড়ে যাবে।

(খ) সিকস্তি, বিভাজন, বণ্টন, অধিগ্রহণ বা অন্য কারণে রায়তের জমি হ্রাস পেলে রায়ত কর্তৃক প্রদেয় রাজস্বের পরিমাণও হ্রাস পাবে।

২০ নং নিয়ম ঃ বকেয়া রাজস্ব আদায়ের পদ্ধতি (Procedure for recovery of arrear revenue) ঃ (১) নির্দিষ্ট সময়সীমার মধ্যে যদি কোনও রাজস্বের কিস্তি বা তার অংশ জমা দেওয়া না হয়, ওই জমা না দেওয়া রাজস্ব বকেয়া হিসাবে গণ্য করা হবে। ওই বকেয়া রাজস্ব যদি কৃষিবর্ষ শেষ হওয়ার সময়সীমার কাছাকাছি ও শোধ না হয়, তা হলে ওই রায়তের কাছে একটি দাবির বিজ্ঞপ্তি (notice of demand) পাঠানো হবে এই নির্দেশ দিয়ে যে, বিজ্ঞপ্তিতে উল্লিখিত তারিখের মধ্যে বকেয়া রাজস্ব পরিশোধ করতে হবে যে তারিখ থেকে বকেয়া সেই তারিখ থেকে বার্ষিক ৬% সুদ সহ। ওই বিজ্ঞপ্তি পাওয়ার পরেও যদি রায়ত বকেয়া সুদসহ পরিশোধ না করেন, তবে ওই বকেয়া আদায় করা হবে ১৯১৩ সালের সরকারি প্রাপ্য আদায় আইন (Public Demand Recovery Act) অনুযায়ী।

(২) Director Land Records and Survey, W.B. রাজস্ব নির্ধারণ বিষয়ে সাধারণ নির্দেশিকার নিদর্শে সহায়িকা পথ তৈরি করবেন, যাতে এই আইন এবং নিয়ম অনুযায়ী কার্যাবলিতে সুবিধা হয়।

১৭ নং নিয়ম ঃ ২৭ ধারা অনুসারে রাজস্বের কিস্তি প্রদানের পদ্ধতি, সময় এবং স্থান (Rule 17 : Manner, time and place of payment of revenue under section 27 of W.B.L.R. Act) ঃ (১) দুটি সমান অর্ধবার্ষিক কিস্তিতে রায়ত তার প্রদেয় রাজস্ব জমা দেবেন। প্রতিটি কিস্তির শেষ দিন হবে কৃষিবর্ষের সমান অর্ধেক করে তার শেষ দুটি দিন।

(২) ওই কিস্তি যে দিন বকেয়া হবে তার আগে যে কোনও কাজের দিনে কাজের সময়ের মধ্যে জমা দিতে হবে।

(৩) রাজস্ব জমা দেওয়া হবে নগদ অর্থে—

(১) উক্ত এলাকার যেখানে জমি অবস্থিত সেখানকার রাজস্ব পরিদর্শকের কাছে, অথবা

(২) জমি যেখানে অবস্থিত সেই এলাকার সংশ্লিষ্ট ব্লক ভূমি ও ভূমি সংস্কার আধিকারিকের কাছে।

(৪) ডাকযোগে মানি অর্ডার মারফৎ প্রদেয় রাজস্ব জমি যে এলাকায় অবস্থিত সেই এলাকার সংশ্লিষ্ট ব্লক ভূমি ও ভূমি সংস্কার আধিকারিকের কাছে পাঠানো যেতে পারে।

(৫) ৭ নং নিদর্শে ট্রেজ্যারি চালানে টাকা নির্দিষ্ট খাতে (head) জমা দেওয়া যাবে নির্ধারিত ব্যাংকে। তবে ওই চালানে (challan) জমি যেখানে অবস্থিত সেখানকার রাজস্ব আধিকারিক ভালোভাবে পরীক্ষা করে সই (sign) করবেন।

১৮ নং নিয়ম ঃ পদ্ধতি এবং রাজস্বের জন্য রসিদের নিদর্শ (Procedure and Form of receipt for revenue) ঃ রায়ত যে রাজস্ব প্রদান করবেন তার রসিদ ৮ নং নিদর্শে দিতে হবে, অথবা একইরকম অন্য নিদর্শে দেওয়া হতে পারে। প্রতিটি রসিদ দুই প্রস্থ (in duplicate) তৈরি করতে হবে কার্বন কাগজে। মূল রসিদটি (original receipt) রায়তের হাতে দিতে হবে এবং দ্বিতীয় প্রস্থটি কার্বন লেখা সহ রাজস্ব পরিদর্শকের কাছে রাখা থাকবে বা অন্য আধিকারিক যিনি রাজস্ব নেবেন তিনি রাখবেন।

যে সমস্ত রাজস্ব ডাকযোগে মানি অর্ডার দ্বারা বা চালান (challan) দ্বারা গৃহীত হবে ব্লকের রাজস্ব আধিকারিক বা সংশ্লিষ্ট রাজস্ব পরিদর্শক ৮ নং নিদর্শে দ্বিতীয় প্রস্থ (duplicate) সহ একটি রসিদ তৈরি করবেন এবং মূল রসিদটি যিনি রাজস্ব দিচ্ছেন তার হাতে দেবেন। সাধারণত "ভূমি সহায়ক" রাজস্ব সংগ্রহ করেন এবং নগদানে (cash book) রক্ষণাবেক্ষণ করেন এবং রাজস্ব পরিদর্শক এটি তত্ত্বাবধান করেন।

ব্লক ভূমি ও ভূমি সংস্কার আধিকারিক বা তার মনোনীত (nominated) আধিকারিক যদি কেউ থাকে পর্যায়ক্রমে নগদান পরিদর্শন করবেন রসিদ সাপেক্ষে এবং রাজস্ব সংগ্রহের অগ্রগতি পরিচালনা করবেন।

রাজ্য সরকার প্রয়োজন মনে করলে বিশেষ এলাকার জন্য, বা শ্রেণির জন্য বা বিশেষ ক্ষেত্রের জন্য ৮ নং নিদর্শ আদেশ দিয়ে সংশোধন করতে পারেন।

১৯ নং নিয়ম ঃ রায়ত রাজস্ব প্রদান নির্দিষ্ট সময়ের মধ্যে করলে ছাড় (rebate) পাবেন ঃ নির্দিষ্ট দিনে বা তার আগে রায়ত যদি তার দেয় রাজস্ব পরিশোধ করে দেন তবে নির্দিষ্ট অংশ ছাড় (rebate) পাবেন।

| ৩১ থেকে ৩৮ বিলুপ্ত (Section from 31 to 38 had been omitted).

Sections. 31-38. [Omitted].

পরিচ্ছেদ ৫

জমিগুলির অন্তর্ভুক্ত জমিগুলির একত্রীকরণ এবং সমবায় খামার সমিতি

৩৯। একত্রীকরণের জন্য ১[জমির দাগগুলির] অধিগ্রহণ (**Acquisition of** 1**[plots of land] for consolidation**) ঃ রাজ্য সরকার—

(ক) যে কোনও এলাকার রায়তদের আবেদনের ভিত্তিতে, অথবা

(খ) নিজের ইচ্ছায়,

২[প্রয়োজন অনুযায়ী] যে কোনও এলাকার জমির রায়তদের ক্ষতিপূরণ দিয়ে অধিগ্রহণ করতে পারেন। যেক্ষেত্রে রায়তদের জমিগুলি একই জায়গায় ঘন সন্নিবেশিত নয় এবং ১[ওই রকম এলাকার] ১[জমির দাগগুলি] একত্রীকরণ করা উচিত বলে রাজ্য সরকার মনে করেন ঃ

৩[তবে শর্ত এই যে প্রতি সাত জন বা তার বেশি রায়ত যারা প্রত্যেকে এমন জমির মালিক যার পরিমাণ ০.৪০৪৭ হেক্টরের বেশি নয় অথবা ৪৯ ধারায় বন্দোবস্তের দ্বারা জমি পেয়ে থাকেন এবং উভয় শ্রেণির ব্যক্তি রাজ্য সরকারের নিকট প্রতিবেদন দাখিল করলে রাজ্য সরকার জমি একত্রীকরণের কাজ আরম্ভ করতে পারবেন।]

১ পশ্চিমবঙ্গ ভূমি সংস্কার (সংশোধন) আইন, ২০০০ (পশ্চিমবঙ্গ আইন ৩১, ২০০০)-এর মাধ্যমে "জোত" ও "holding"-এর পরিবর্তে ৭.৮.১৯৬৯ তারিখ হতে অনুকল্পিত।

1 *Substituted* by Act XXXI of 2000, w.r.e.f. 7.8.1969.

২ পশ্চিমবঙ্গ ভূমি সংস্কার (সংশোধন) আইন, ১৯৮১ (পশ্চিমবঙ্গ আইন ৫০, ১৯৮১)-এর মাধ্যমে ৭.৮.১৯৬৯ তারিখ হতে বলবৎ হয়ে সন্নিবেশিত হয়েছে।

৩ পশ্চিমবঙ্গ ভূমি সংস্কার (সংশোধন) আইন-এর ৩৮(গ) ধারার মাধ্যমে পূর্বের অনুবিধিটির স্থলে অনুকল্পিত এবং পূর্ববৎ ৭.৮.১৯৬৯ তারিখ হতে বলবৎ হয়েছে। মূল অনুবিধিটি নিম্নরূপ ছিলঃ

"এই শর্ত যে পূর্বোক্ত মত জমিগুলির একত্রীকরণ দায়িত্ব গ্রহণ করবেন না যদি না জোতগুলির যাহা অনুরূপ একত্রীকরণের দ্বারা প্রভাবান্বিত হবে মালিকদের এক-তৃতীয়াংশ বা এতদতিরিক্ত ইহাতে সম্মত হন।"

Chapter 5

Consolidation of Lands Comprised in [1](plots of land) and Co-operative Farming Societies

39. Acquisition of [1][plots of land] for consolidation. The State Government may—

(*a*) on the representation of *raiyats* in any area, or

(*b*) on its own motion,

acquire the lands in any area on [2][as may be necessary], payment of compensation to the *raiyats* owning them when the lands comprised in the [1][plots of land] of the *raiyat* in such area are not in compact blocks, if the State Government is of the opinion that the lands comprised [3][in the [1][plots of land] in such area] should be consolidated:

[4][Provided that consolidation of lands may be undertaken by the State Government if any seven or more persons being *raiyats* each owning land not exceeding 0.4047 hectare of land in the aggregate or being recipients of lands settled under section 49 or from both such categories make representation therefor.]

সূচনা [Commencement]. বিহার থেকে হস্তান্তরিত হয়ে আসা এলাকাগুলিতে ৩৯ নং ধারাটি ১.১০.১৯৬৯ থেকে বলবৎ হয়েছে এবং যে এলাকাগুলি হস্তান্তরিত হয়নি সেই এলাকাগুলিতে ১.৫.১৯৬৬ থেকে এই ধারাটি বলবৎ হয়েছে। "প্রয়োজন অনুযায়ী" (as may be necessary)

আধুনিক এবং বৈজ্ঞানিক পদ্ধতিতে কৃষিকার্য ও পশুপালন সংগঠিত করা যা ভারতীয় সংবিধানের ৪১ অনুচ্ছেদে স্বীকৃত, রাজ্য-শাসন প্রণালীর একটি নির্দেশক নীতি। জমিগুলির টুকরা টুকরা করা বন্ধ করে কৃষি জমির একত্রীকরণ গ্রামীণ অর্থনীতির উন্নতিকল্পে একান্ত প্রয়োজন। এতদ্‌বিষয়ে উন্নত দেশগুলির তুলনায় ভারতবর্ষে অনেক পিছনে পড়ে আছে। এইজন্যই এই পরিচ্ছেদটির বিধানগুলি রচিত হয়েছে।

1 *Substituted* by Act XXXI of 2000, w.r.e.f. 7.8.1969.

2 *Inserted* by W.B. Act L of 1981, w.r.e.f. 7.8.1969.

3 *Substituted* by *ibid*, the old portion read as—

"in the holding in such aera".

4 *Substituted* by W.B. Act L of 1981, w.r.e.f. 7.8.1969.

শব্দগুলি ১৯৮১ সালের পঃ বঃ ভূমি সংস্কার (সংশোধন) আইন [১৯৮১ সালের ৫০ নং আইন] দ্বারা যুক্ত করা হয়েছে। ২৪.৩.১৯৮৬ তারিখে কলিকাতা গেজেটে এটি প্রকাশিত হয়েছিল।

পশ্চিমবঙ্গ ভূমি সংস্কার আইনের ২০০০ সালের সংশোধন দ্বারা পঞ্চম পরিচ্ছেদের শিরোনামে (holding) শব্দের পরিবর্তে (plots of land) শব্দগুলি যুক্ত করা হয়েছে। ৩৯ নং ধারায় (holding) শব্দের পরিবর্তে (plots of land) শব্দগুলি যুক্ত করা হয়েছে। এই সংশোধনগুলি ৭.৮.১৯৬৯ থেকেই বলবৎ হবে। মূল ধারাতেও (holding) শব্দ পরিবর্তিত হয়ে (plots of land) যুক্ত হয়েছে, এটিও ৭.৮.১৯৬৯ থেকে বলবৎ হবে। এই পরিচ্ছেদে জমিগুলির একত্রীকরণের উদ্দেশ্যে "রায়তের হোল্ডিং" এই কথার বদলে "রায়তের জমির দাগগুলি" এই শব্দগুলি যুক্ত করা হয়েছে।

জমির একত্রীকরণের উদ্দেশ্যে এই ধারা রাজ্য সরকারকে ক্ষমতা দিয়েছে। নিজের ইচ্ছায় বা রায়তদের আবেদনের ভিত্তিতে রাজ্য সরকার জমির একত্রীকরণ করতে পারে। যদি এরকম হয় যে, কিছু জমি পর পর নেই, অথচ সেই জমিগুলি না হলে একত্রীকরণ করা যাচ্ছে না, সেক্ষেত্রে প্রয়োজনে ক্ষতিপূরণ দিয়ে ওই জমি অধিগ্রহণ করতে পারে এবং জমিগুলির একত্রীকরণ সম্ভব হতে পারে। সাত বা তার চেয়ে বেশি রায়ত, যাদের জমি ০.৪০৪৭ হেক্টরের বেশি নয় অথবা ৪৯ ধারায় বন্দোবস্ত পাওয়া জমির রায়ত অথবা উভয় প্রকার ব্যক্তিই আবেদন করেন সেক্ষেত্রে রাজ্য সরকার জমির একত্রীকরণ করতে পারেন।

৪০। জমি অধিগ্রহণের পর পুনর্বণ্টন (Redistribution of land after acquisition) ঃ এইরকম অধিগ্রহণের পর রাজ্য সরকার [১][জমির দাগগুলি] এমনভাবে পুনরায় সাজাবেন যেন প্রত্যেকটির ভিতরের জমি পরস্পর নিবিড়ভাবে সারিবদ্ধ থাকে এবং এমন সঠিক পদ্ধতিতে করা হবে যেন যে সমস্ত রায়তের জমি অধিগ্রহণ করা হয়েছে পুনর্বণ্টনের পর তারা যেন একত্রীকরণের আগের মত সমান আয়তন যুক্ত [১][জমির দাগ] এবং সম্ভবমত একই রকম এবং একই দামের জমি প্রতিটি রায়ত পান ঃ

১ পশ্চিমবঙ্গ ভূমি সংস্কার (সংশোধন) আইন, ২০০০ (পশ্চিমবঙ্গ আইন ৩১, ২০০০)-এর মাধ্যমে "জোত" ও "holding"-এর পরিবর্তে ৭.৮.১৯৬৯ তারিখ হতে অনুকল্পিত।

তবে অধিগ্রহণের আগে কোনও রায়ত যে পরিমাণ জমি দখল করবেন পুনর্বণ্টনের সময় তার চেয়ে বেশি জমি পাওয়ার অধিকারী তিনি হবেন না ঃ

এইরকম বণ্টন হওয়ার পর ৩৯ ধারা অনুসারে কোনও রায়তকে যে টাকা দেওয়া হবে ক্ষতিপূরণ বাবদ, ওই অর্থ থেকে অধিগ্রহণের পর তাকে বন্দোবস্তকৃত জমির দাম বাদ যাবে।

40. Redistribution of land after acquisition. On such acquisition being made, the State Government shall rearrange [1][the plots of land] so that the lands comprised in each is in a compact block and re-allot them to the *raiyats* whose lands have been acquired, in such manner as it thinks fit, ensuring that each *raiyat* gets [1][a plot of land] comprising the same area, and, as far as possible, lands of the same quality and value as before the consolidation:

Provided that no *raiyat* shall be entitled to receive any land in excess of the area held by him prior to acquisition:

Provided further that on such allotment being made there shall be deducted from the amount of compensation payable to a *raiyat* under section 39 the value of the land allotted to him after acquisition.

৪১। জমির দাগগুলির উপর দায়-দায়িত্ব স্থানান্তরণ (Transference of encumbrances on plot of land) ঃ কোনও দায়-দায়িত্ব সাপেক্ষে কোনও রায়তের [১][জমির দাগগুলি] যদি একত্রীকরণের উদ্দেশ্যে অধিগৃহীত হয়, তবে অধিগ্রহণের পরে রায়তকে পুনর্বণ্টনের মাধ্যমে যে জমি বন্দোবস্ত দেওয়া হয়েছে, ওই জমিতে ওই দায়-দায়িত্ব যুক্ত রয়েছে এবং ওই দায় হস্তান্তরিত হয়েছে বলে ধরা হবে এবং কোনও ক্ষতিপূরণ পাওনা থাকলে তাও যুক্ত হবে এবং জমি থেকে স্থানান্তরিত হয়েছে তার বিরুদ্ধে যে কোনও ফলাফলের অবসান হবে।

41. Transference of encumbrances on [1][plot of land]. If the [1][plot of land] of a *raiyat* which is acquired for the purposes of

1 *Substituted* by Act XXXI of 2000, w.r.e.f. 7.8.1969.

১ "জোত" এবং "holding" শব্দগুলির পরিবর্তে পশ্চিমবঙ্গ ভূমি সংস্কার (সংশোধন) আইন, ২০০০ (পশ্চিমবঙ্গ আইন ৩১, ২০০০)-এর দ্বারা ৭.৮.২০০০ তারিখ হতে অনুকল্পিত হয়েছে।

1 *Substituted* by Act XXXI of 2000, w.r.e.f. 7.8.1969.

consolidation is subject to any encumbrance, such encumbrance shall be deemed to be transferred and attached to the land which is allotted to the *raiyat* after acquisition and to the compensation, if any, payable to him under this Chapter and shall cease to have any effect against the land from which it has been so transferred.

৪২। বণ্টন করা জমির অতিরিক্ত মূল্যের পুনরুদ্ধার (Recovery of the excess value of allotted land) ঃ রায়তের কাছ থেকে অধিগৃহীত জমির মূল্যের চেয়ে অধিগ্রহণের পর রায়তকে দেওয়া জমির মূল্য বেশি হলে, ওই মূল্যের পার্থক্য রায়তের কাছ থেকে আদায় যোগ্য হবে নির্দিষ্ট করা কিস্তিতে, যদি নির্দিষ্ট সময়ের মধ্যে ওই পার্থক্য প্রদান করা না হয় তবে সমাহর্তাকে প্রদেয় সরকারি পাওনা হিসাবে আদায় যোগ্য হবে যদি না রায়ত বন্দোবস্তকৃত জমি নিতে অসম্মত হন।

42. Recovery of the excess value of allotted land. If the value of the land allotted to a *raiyat* after acquisition be greater than the value of the land acquired from such *raiyat*, the difference in value shall be recoverable from him in such instalments as may be prescribed and if such difference be not paid within the time allowed for the purpose, it shall be recoverable as a public demand payable to the Collector unless the *raiyat* declines to accept settlement of the land allotted to him.

৪৩। সমবায় কৃষি সমিতি গঠন (Formation of Co-operative Farming Societies) ঃ (১) পরপর অবস্থিত সাত বা তার বেশি জমির রায়ত অথবা ওই জমি অধিগ্রহণ করতে চাইলে এরকম ব্যক্তিগণ নিজেরা একটি সমবায় কৃষি সমিতি তৈরি করতে পারেন এবং ১৯৭৩ সালের [১][পশ্চিমবঙ্গ সমবায় সমিতি আইন] অনুযায়ী সমবায় সমিতির নিবন্ধীকরণ আধিকারিকের কাছে নির্দিষ্ট নিদর্শে লিখিতভাবে নিবন্ধীকরণের জন্য আবেদন করতে পারেন।

(২) নিবন্ধীকরণ আধিকারিক যেমন প্রয়োজন মনে করবেন তদন্তের পরে [১][১৯৭৩ সালের পঃ বঃ সমবায় সমিতি আইন] মোতাবেক ওই সমিতিটি

১ পশ্চিমবঙ্গ ভূমি সংস্কার (সংশোধন) আইন, ১৯৮১ (পশ্চিমবঙ্গ আইন ৫০, ১৯৮১)-এর ৩৯ ধারার মাধ্যমে পূর্বের "বঙ্গীয় সমবায় সমিতি আইন, ১৯৪০" শব্দ ও সংখ্যাগুলির স্থলে অনুকল্পিত এবং উক্ত আইনের ১(২) ধারার মাধ্যমে ৭.৮.১৯৬৯ তারিখ হতে বলবৎ হয়েছে।

রেজিস্ট্রি করবেন, তিনি নিবন্ধীকরণ শংসাপত্র দেবেন এবং ওই সমিতি নিবন্ধীকরণের পরে [১][১৯৭৩ সালের পঃ বঃ সমবায় সমিতি আইনের বিধানগুলি] বলবৎ হবে ওই সমিতির উপর এবং বর্তমান আইন অনুযায়ী ও উপবিধি অনুযায়ী সমিতি নতুন সদস্যের নাম তালিকাভুক্ত করতে পারবেন।

(৩) উপধারা (২) অনুযায়ী নিবন্ধকৃত (registered) কোনও সমিতি থাকলে তার সদস্যদের বাস্তু ছাড়া সমস্ত জমি পাশাপাশি থাকলে তারা সদস্য থাকার সময়ে মালিক হলেও বা পরবর্তী সময়ে অধিকার করলেও সমিতিতেই তা থাকবে এবং কোনও সদস্য তার নিজের যোগ্যতায় বাস্তু ছাড়া তার অধিকারে আছে এরকম কোনও জমি যা এই উপধারার বিধান অনুযায়ী সমিতিতে আছে, এরকম জমি যখন-ই[২] ২খ পরিচ্ছেদ [Chapter 2B] অনুযায়ী উর্ধসীমা অতিক্রম করবে তিনি তা রাখতে পারবেন না।

(৪) সমবায় কৃষি সমিতির কোনও সদস্যের নিজস্ব অধিকারভুক্ত কোনও জমি যখন সমিতিতে অন্তর্ভুক্ত হয় তখন সমিতির ওই সদস্যের যে জমি অন্তর্ভুক্ত হয়েছে তার মূল্যের যত দূর সম্ভব সমান মূল্যের অংশ তাকে দেওয়া হবে।

(৫) এই আইনের অন্য কোথাও যাই থাক না কেন কোনও সমবায় কৃষি সমিতি উপধারা (৩) অনুযায়ী যে জমি অন্তর্ভুক্ত সমিতিতে অন্তর্ভুক্ত হয়েছে সেগুলি বাদে অন্য কোনও জমি অর্জন করার বা অধিকারে রাখার কোনও অধিকার সমবায় কৃষি সমিতির থাকবে না।

[৩](৬) ১৯৭২ সালের পঃ বঃ ভূমি সংস্কার (সংশোধন) আইন [১৯৭২ সালের ২৮ নং আইন] দ্বারা বাতিল হয়েছে।

২ "সমিতির একজন সদস্য হয়ে তিনি যতদিন তেমন থাকবেন পঁচিশ একর অতিক্রম করবে" শব্দগুলির স্থলে পশ্চিমবঙ্গ ভূমি সংস্কার (সংশোধন) আইন, ১৯৭১ (রাষ্ট্রপতির আইন ৩, ১৯৭১)-এর মাধ্যমে ১৫.২.১৯৭১ তারিখ হতে বলবৎ করে অনুকল্পিত হয়েছিল, অতঃপর পশ্চিমবঙ্গ ভূমি সংস্কার (সংশোধন) আইন, ১৯৭১ (পশ্চিমবঙ্গ আইন ১২, ১৯৭২)-এর ২১ ধারার মাধ্যমে পূর্বোক্ত তারিখ হতে বলবৎ করে অনুকল্পিত হয়েছে।

৩ (৬) উপধারা পশ্চিমবঙ্গ ভূমি সংস্কার (দ্বিতীয় সংশোধন) আইন, ১৯৭২ (পশ্চিমবঙ্গ আইন ২৮, ১৯৭২)-এর মাধ্যমে বাতিল হয়েছে। মূল উপধারাটি নিম্নরূপ ছিল ঃ

"(৬) কোনও সমবায় খামার সমিতির কোনও সদস্যের দ্বারা তাঁহার ব্যক্তিগত যোগ্যতায় দখলীকৃত এই ধারার (৩) উপধারার মাধ্যমে নির্ধারিত সীমার বাড়তি যে কোনও জমিতে ৬ ধারার বিধানগুলি প্রয়োজনমত পরিবর্তনসহ প্রযুক্ত হবে।"

43. [1][Formation of Co-operative Farming Societies. (1) Any seven or more *raiyats* owning lands in a compact block or intending to acquire such land, may form themselves into a Co-operative Farming Society and apply in writing, in the prescribed form, to the Registrar, Co-operative Societies, for the registration of such society under [2][the West Bengal Co-operative Societies Act, 1973*].

(2) The Registrar may, after such enquiry as he may deem fit, register the society under [2][the West Bengal Co-operative Societies Act, 1973*], and grant a certificate of registration and on such registration the provisions of [2][the West Bengal Co-operative Societies Act, 1973*], subject to the special provisions of this Act, shall apply to such a society and the society may enlist new members in accordance with the rules and bye-laws under the said Act for the time being in force.

(3) When a Co-operative Farming Society has been registered under sub-section (2), all lands, excluding homesteads, belonging to the members thereof and forming one compact block, whether owned by them at the time when they became such members or acquired by them subsequently, shall vest in the society, and no member shall be entitled to hold in his personal capacity any land, excluding homestead, which together with any land belonging to him but vested in the society under the provisions of this sub-section exceeds the ceiling area applicable to him under Chapter II-B.

(4) When the lands belonging to a member of a Co-operative Farming Society vest in such society, there shall be allotted to him shares the value of which will, as far as possible, be equal to the value of the lands of the member vested in the society.

(5) Notwithstanding anything elsewhere contained in this Act, no Co-operative Farming Society shall have the right to acquire or

1 Effect from 17.1.1977, *vide* Notification No. 158L Ref/2A-26/76, dated 14.1.1977.

2 *Substituted* by W.B. Act L of 1981, but now see W.B. Co-operative Societies Act, 1983 (1973 Act is now repealed).

* *See* the West Bengal Co-operative Societies Act, 1983 (W.B. Act XLV of 1983).

hold any land except the land which vests in it under sub-section (3).

(6) *Omitted* by the West Bengal Land Reforms (Second Amendment) Act, 1972 (W.B. Act XXVIII of 1972).

[১][৪৪। সমবায় কৃষি সমিতির অন্তর্ভুক্ত অংশসমূহের হস্তান্তরের উপর বিধিনিষেধ (Restriction on transfer of shares in a Co-operative Farming Society) ঃ (১) সমবায় কৃষি সমিতির কোনও সদস্যের অধিকারভুক্ত অংশগুলি সমিতির অন্য কোনও সদস্য বা কোনও রায়ত বা যে অঞ্চলে ওই সমিতি অবস্থিত ওই অঞ্চলের বসবাসকারী ব্যক্তি ছাড়া অন্য ব্যক্তির কাছে হস্তান্তর করা যাবে না।

(২) উপধারা (১)-এ উল্লেখ করা বিধিনিষেধ সাপেক্ষে সমবায় কৃষি সমিতির অধিকারভুক্ত অংশগুলি হস্তান্তরযোগ্য এবং উত্তরাধিকার সূত্রে পাওয়ার অধিকারী হবেন।]

44. [1][Restriction on transfer of shares in a Co-operative Farming Society. (1) The shares held by a member of Co-operative Farming Society shall not be transferred to any person other than another member of the Society or a *raiyat* or other person residing in the locality in which the society has been established.

(2) Subject to the restrictions mentioned in sub-section (1), the shares held by a member of a Co-operative Farming Society shall be transferable and heritable.]

[২][৪৫। সমবায় কৃষি সমিতির বিলুপ্তিকরণ (Dissolution of a Co-operative Farming Society) ঃ এই আইনের বিধান অনুযায়ী গঠিত কোনও সমবায় কৃষি সমিতি রাজ্য সরকারের আদেশ ছাড়া গুটিয়ে ফেলবেন না বা বিলোপ হবে না।]

১ বিজ্ঞপ্তি নং ১৫৮-এল. রেফ./২এ-২৬/৭৬, তাং ১৪.১.১৯৭৭ দ্বারা প্রকাশিত। এই ধারাটি ১৭.১.১৯৭৭ থেকে বলবৎ হয়েছে।

1 Effect from 17.1.1977, *vide* Notification No. 158-L Ref/2A-26/76, dated 14.1.1977.

২ বিজ্ঞপ্তি নং ১৫৮-এল. রেফ./২এ-২৬/৭৬, তাং ১৪.১.১৯৭৭ দ্বারা প্রকাশিত। এই ধারাটি ১৭.১.১৯৭৭ থেকে বলবৎ হয়েছে।

45. [2]**[Dissolution of a Co-operative Farming Society.** No Co-operative Farming Society established in accordance with the provisions of this Act shall be wound up or dissolved except under the orders of the State Government.]

[১][**৪৬। সমবায় কৃষি সমিতির বিলুপ্তি ঘটার পর জমিগুলির হস্তান্তর (Transfer of lands on dissolution of a Co-operative Farming Society)** ঃ কোনও একটি সমবায় কৃষি সমিতি গুটিয়ে নিলে বা তার বিলোপ হলে, নির্ধারিত কর্তৃপক্ষ নির্ধারিত রীতি, পদ্ধতি, নিয়মাবলি অনুসরণ করে সমিতির অন্তর্ভুক্ত সমস্ত জমি ভাগ করবেন এবং ওই জমি সমিতিতে অন্তর্ভুক্ত হওয়ার আগে সদস্যদের নিজস্ব জমিগুলির পরিমাণ এবং প্রকৃতি অনুযায়ী জমিগুলির সমানভাবে বণ্টন করার জন্য শর্ত প্রয়োগ করা যেতে পারে।]

46. [1]**[Transfer of lands on dissolution of Co-operative Farming Society.** When a Co-operative Farming Society is wound up or dissolved, the prescribed authority shall allot to its members in such manner and subject to such rules as may be prescribed, all the lands been vested in the society, and the rules may provide for equitable allotment of lands to the members having regard to the area and the quality of lands belonging to them before the vesting of such lands in the society.]

[২][**৪৭। সমবায় কৃষি সমিতির দ্বারা প্রদেয় রাজস্ব (Revenue payable by Co-operative Farming Society)** ঃ এই আইন অনুযায়ী একটি সমবায় কৃষি সমিতি তৈরি হলে, জমিগুলির সদস্য দ্বারা প্রদেয় মোট রাজস্ব যা জমিগুলির জন্য সদস্যদের দ্বারা প্রদেয় হত, সমিতিতে ওই জমি অন্তর্ভুক্ত না হয়, ৪৮ ধারা অনুযায়ী যে রকম মঞ্জুর হতে পারে সেইরকম হ্রাসের সাপেক্ষে সমিতিকে তার অন্তর্ভুক্ত জমির জন্য রাজস্ব দিতে হবে।]

2 Effect from 17.1.1977, *vide* Notification No. 158-L Ref/ 2A-26/76, dated 14.1.1977.

১ বিজ্ঞপ্তি নং ১৫৮-এল. রেফ্./২এ-২৬/৭৬, তাং ১৪.১.১৯৭৭ দ্বারা প্রকাশিত এবং ১৭.১.১৯৭৭ থেকে কার্যকর হয়েছে এই ধারাটি।

1 Effect from 17.1.1977, *vide* Notification No. 158-L Ref/2A-26/76, dated 14.1.1977.

২ বিজ্ঞপ্তি নং ১৫৮-এল. রেফ্./২এ-২৬/৭৬, তাং ১৪.১.১৯৭৭ দ্বারা প্রকাশিত এবং ১৭.১.১৯৭৭ থেকে কার্যকর হয়েছে এই ধারাটি।

47. [2][Revenue payable by Co-operative Farming Society. When a Co-operative Farming Society is established under the provisions of this Act, the aggregate of the revenue which would have been payable by its members for their lands, if such lands had not been vested in the society, shall be the revenue payable by the society for the lands vesting in it, subject to such reduction as may be allowed under section 48.]

[১][৪৮। সমবায় কৃষি সমিতিগুলির সুযোগ-সুবিধা (Concession and facilities for a Co-operative Farming Society) ঃ (১) এই আইন দ্বারা গঠিত একটি সমবায় কৃষি সমিতি রাজ্য সরকার দ্বারা বিশেষ সুবিধা ও সুযোগ পাওয়ার যোগ্য হবেন।

(২) আগের বিধানগুলির কোনও সমস্যা তৈরি না করে এরকম যে সমস্ত সুবিধা এবং সুযোগ অন্তর্ভুক্ত হতে পারে সেগুলি হল—

(ক) সরকার দ্বারা অনুমোদন সাপেক্ষে রাজস্বের হ্রাস;

(খ) প্রথম তিন বৎসর বিনামূল্যে এবং তারপর সুবিধাজনক মূল্যে বীজ এবং সারের সরবরাহ;

(গ) রাজ্য সরকার দ্বারা বিনামূল্যে বিশেষজ্ঞ মাধ্যমে প্রযুক্তিগত পরামর্শ;

(ঘ) নির্দিষ্ট শর্ত ও অবস্থায় আর্থিক সহযোগিতা; এবং

(ঙ) বিপণনের জন্য উন্নততর ব্যবস্থা।]

48. [1][Concession and facilities for a Co-operative Farming Society. (1) A Co-operative Farming Society established under this Act shall be entitled to such concessions and facilities from the State Government as may be prescribed.

(2) Without prejudice to the generality of the foregoing provisions, such concessions and facilities may include—

2 Effect from 17.1.1977, *vide* Notification No. 158-L Ref/2A-26/76, dated 14.1.1977.

১ বিজ্ঞপ্তি নং ১৫৮-এল. রেফ./২এ-২৬/৭৬, তাং ১৪.১.১৯৭৭ দ্বারা প্রকাশিত এবং ১৭.১.১৯৭৭ থেকে কার্যকর হয়েছে।

1 Effect from 17.1.1977, *vide* Notification No. 158-L Ref/2A-26/76, dated 14.1.1977.

(*a*) such reduction of revenue as Government may allow;

(*b*) free supply of seeds and manure for the first three years and thereafter at concessional rates;

(*c*) free technical advice by the experts of the State Government;

(*d*) financial assistance on such terms and conditions as may be prescribed; and

(e) arrangements for better marketing.]

[১][৪৮ক। সমবায় এজমালী পরিষেবা সমিতি গঠন **(Formation of Co-operative Common Service Society)** ঃ (১) সাত বা তার বেশি ব্যক্তি যাঁরা প্রত্যেকে অনধিক ০.৪০৪৭ হেক্টর কৃষি জমির মালিক, যিনি চাষ করছেন বা দখল করছেন, যে ভাবেই হোক না কেন যে কোনও অধিকার বলে নিজেরাই একটা সমবায় এজমালী পরিষেবা সমিতি গঠন করতে পারেন। নির্দিষ্ট নিদর্শে ১৯৭৩ সালের পশ্চিমবঙ্গ সমবায় সমিতি আইন [১৯৭৩ সালের ৩৮ নং আইন] অনুযায়ী নিবন্ধীকরণ-এর জন্য লিখিতভাবে পঃ বঃ সমবায় সমিতি নিবন্ধকের কাছে আবেদন করতে পারবেন।

(২) সংশ্লিষ্ট নিবন্ধক প্রয়োজন অনুযায়ী তদন্ত করার পর ১৯৭৩ সালের পশ্চিমবঙ্গ সমবায় সমিতি আইন অনুযায়ী ওই সমিতির নিবন্ধীকরণ করবেন এবং তাঁর জন্য শংসাপত্র প্রদান করবেন। ওই নিবন্ধীকরণ-এর ভিত্তিতে এরপর এই আইনের বিশেষ বিধান অনুসারে ১৯৭৩ সালের পঃ বঃ সমবায় সমিতি আইনের বিধানগুলি এই সমিতির উপর বলবৎ হবে এবং এই আইনের নিয়ম ও উপবিধি অনুসারে সমিতি নতুন সদস্যদের তালিকাভুক্ত করতে পারবেন।

তবে যে ব্যক্তির জমি [২][০.৪০৪৭ হেক্টরের] বেশি আছে বা তিনি চাষ করছেন বা দখল করছেন তাকে সমিতি সদস্য হিসাবে গ্রহণ করতে পারবে না।

১ পশ্চিমবঙ্গ ভূমি সংস্কার (সংশোধন) আইন, ১৯৮১ (পশ্চিমবঙ্গ আইন ৫০, ১৯৮১)-এর ৪০ ধারার মাধ্যমে সন্নিবেশিত এবং উক্ত আইনের ১(২) ধারার মাধ্যমে ৭.৮.১৯৬৯ তারিখ হতে বলবৎ হয়েছে।

২ ১২.৫.১৯৮৯ তারিখের কলিকাতা গেজেট, বিশেষ সংখ্যার তৃতীয় খণ্ডে প্রকাশিত পশ্চিমবঙ্গ ভূমি সংস্কার (তৃতীয় সংশোধন) আইন, ১৯৮৬ (পশ্চিমবঙ্গ আইন ৩৫, ১৯৮৬)-এর ১৪(ক) ধারার মাধ্যমে "এক হেক্টর" শব্দ দুইটির স্থলে অনুকল্পিত।

(৩) ১৯৭৩ সালের পশ্চিমবঙ্গ সমবায় সমিতি আইন এবং তার বিধিতে যাই থাক না কেন,—

(ক) সমিতির নির্বাচিত পরিচালকদের লিখিত অনুরোধক্রমে কালেক্টর ওই নির্বাচিত পরিচালকগণের মধ্য থেকে একজনকে সভাপতি মনোনীত করবেন। এরকম মনোনীত সভাপতিকে পরিচালন কমিটির কার্যকাল শেষ হওয়ার আগেই অপসারণ করা যেতে পারবে এবং তার জায়গায় নূতন সভাপতি মনোনীত করা যাবে।

(খ) সমবায় এজমালী পরিষেবা সমিতির প্রথম পরিচালন কমিটি অনধিক তিন বছরের জন্য বলবৎ থাকবে;

(গ) সমিতির নির্বাচিত পরিচালকগণ পুনরায় নূতন সভাপতি নির্বাচিত করবেন প্রথম কমিটির কার্যকাল শেষ হওয়ার পরে।

(৪) কোনও সমবায় এজমালী পরিষেবা সমিতি অন্যান্য উৎসের মধ্যে রাজ্য সরকার, কেন্দ্রীয় সরকার, যে কোনও ব্যাঙ্ক, যে কোনও বীমা সংস্থা এবং অন্য আর্থিক সংস্থা থেকে অথবা সমিতির নিজস্ব সদস্যদের কাছ থেকে অনুদান, ঋণ বা ইকুইটির দ্বারা এর উন্নয়ন তহবিল তৈরি করতে পারবে। সমিতি প্রয়োজনে কৃষি কাজের [৩][এবং হাঁস, মুরগি পালনের খামার] জন্য ক্রয়, অনুদান, ভাড়া বা অন্য প্রকারে লাঙ্গল, গরু-মোষ সার [রাসায়নিক সার সহ] বীজ, আধুনিক কৃষি যন্ত্রপাতি এবং অন্যান্য জিনিস জোগাড় করবে এবং জমির পরিমাণ অনুযায়ী সদস্যদের মধ্যে ওই জিনিসগুলি সরবরাহ ও সদ্ব্যবহার করবে। সমিতি তার নিজস্ব তহবিল [৩][অথবা তহবিলের বাইরে থেকে] আগাম ঋণ সদস্যদের দিতে পারবে।

(৫) সমিতি এই জন্য তৈরি উপবিধি অনুযায়ী সদস্যদের যন্ত্র দেওয়ার জন্য বা সরবরাহের মূল্য বা মূল্যের কিছু অংশ, ঋণ, সুদ, পরিষেবা-কর বা অন্য কর আদায় করতে পারবে।

(৬) সমিতি তার সদস্যদের দ্বারা উৎপন্ন ফসল বিপণনের দায়িত্ব নিতে পারে।

৩ পশ্চিমবঙ্গ ভূমি সংস্কার (তৃতীয় সংশোধন) আইন, ১৯৮৬ (পশ্চিমবঙ্গ আইন ৩৫, ১৯৮৬)-এর মাধ্যমে সন্নিবেশিত।

[1][**48A. Formation of Co-operative Common Service Society.** (1) Any seven or more persons each owning, cultivating or possessing in any capacity agricultural land not exceeding 0.4047 hectare in area in aggregate in any compact block or in different blocks may form themselves into a Co-operative Common Service Society and apply in writing, in the prescribed form, to the Registrar, Co-operative Societies, West Bengal, for registration of such society under the West Bengal Co-operative Societies Act, 1973 (West Bengal Act XXXVIII of 1973).

(2) The Registrar may, after such enquiry as he may deem fit, register the society under the West Bengal Co-operative Societies Act, 1973 and grant a certificate, and on such registration the provisions of the West Bengal Co-operative Societies Act, 1973, shall, subject to the special provisions of this Act, apply to such a society and the society may enlist new members in accordance with the rules and bye-laws under the said Act for the time being in force:

Provided that the society shall not enlist any person as its member who owns, cultivates or possesses in any capacity agricultural land exceeding [2][0.4047 hectare] in the aggregate.

(3) Notwithstanding anything contained in the West Bengal Co-operative Societies Act, 1973 and the rules made thereunder—

(*a*) the Chairman of any Co-operative Common Service Society shall be nominated from amongst the elected directors of the society by the Collector having jurisdiction on receiving a written requisition from the elected directors of the society. A Chairman so nominated may be removed before expiry of the term of the managing committee of the society and a new Chairman may be nominated in his place;

(*b*) the first managing committee of any Co-operative Common Service Society shall hold office for a term not exceeding three years;

1 *Inserted* by W.B. Act 50 of 1981, dated 24.3.1985, w.r.e.f. 7.8.1969.

2 *Substituted* by W.B. Act XXXV of 1986, published in the Calcutta Gazette, dated 12.5.1989, the old portion read as "one hectare".

(c) after the expiry of the term of the first managing committee of the society, the Chairman shall be elected by the elected directors of the society.

(4) A Co-operative Common Service Society shall raise its funds from, among other sources, the State Government, the Central Government, any bank, any insurance corporation and other financial institutions or from among its own members as grant, loan or equity. The society shall acquire by purchase, grant, gift, hiring, or otherwise plough, cattle, manure (including chemical fertilisers), seeds, modern scientific agricultural implements and such other inputs as may be necessary for cultivation [3][and poultry farming] and supply or utilise the same among its members in proportion to the area of land held by them. The society may advance loan to the members out of its own fund [3][or out of the fund raised by it].

(5) The society may recover loans, interest, service charges and any other charge for supply of implements and price or part of price of inputs supplied to the members in accordance with the bye-laws of the society specially made for this purpose.

(6) The society may undertake marketing of produces grown by its members.]

3 *Inserted* by W.B. Act XXXV of 1986, published in the Calcutta Gazette, dated 12.5.1989, w.e.f. 12.5.1989.

পরিচ্ছেদ ৬

জমিগুলির বিতরণের নীতিসমূহ

[১][৪৯। জমি বিতরণের নিয়ম-নীতিগুলি **(Principles of distribution of lands)** ঃ (১) এই আইনের বা বর্তমানে প্রচলিত অন্য কোনও আইনে যাই থাক না কেন রাজ্য সরকারের নিয়ন্ত্রণে আছে এমন জমি যেখানে আছে, সেই এলাকার বসবাসকারী ব্যক্তি যার পরিবারের অন্য সদস্যদের সাথে মোট জমি নেই বা [২][০.৪০৪৭ হেক্টরের] কম কৃষিকাজের জন্য ব্যবহৃত জমির অধিকারী, বর্গাপ্রথায় চাষ করলে বর্গা চাষের জমির অর্ধেক মোট জমি হিসাবে ধরা হবে, নিম্নলিখিত শর্ত সাপেক্ষে কোনও রকম আর্থিক কিস্তি ছাড়াই বন্দোবস্ত দেওয়া হবে, যেমন—

(ক) কৃষি জমি হলে ওই জমিটি ওই ব্যক্তি নিজের চাষে আনতে ইচ্ছুক,

(খ) বসতবাড়ি জমির বেলায়—যার কোনও বাড়ি করার মত জমি নেই তিনি বাড়ি করতে আগ্রহী,

(গ) এছাড়া অন্য কোনও চুক্তি বা শর্ত যা ঠিক নির্ধারিত হতে পারে, সেই শর্তগুলি হল ঃ

বন্দোবস্ত বা বিতরণের জন্য অগ্রাধিকার পাবেন তফসিলী উপজাতি, তফসিলী জাতিভুক্ত ব্যক্তি বা এই উদ্দেশ্যে গঠিত সমবায় কৃষি সমিতি।

১ পশ্চিমবঙ্গ ভূমি সংস্কার (সংশোধন) আইন, ১৯৭৫ (পশ্চিমবঙ্গ আইন ২৩, ১৯৭৫)-এর ২(i) এবং ২(ii) ধারার মাধ্যমে যথাক্রমে (১) উপধারাটি মূল ধারার স্থলে অনুকল্পিত এবং (১ক) উপধারা সন্নিবেশিত হয়েছে।

২ পশ্চিমবঙ্গ ভূমি সংস্কার (সংশোধন) আইন, ১৯৮১ (পশ্চিমবঙ্গ আইন ৫০, ১৯৮১)-এর ৪২ ধারার মাধ্যমে "জমির ০.৪০৪৭ হেক্টর" শব্দগুলি ও সংখ্যার স্থলে অনুকল্পিত এবং উক্ত আইনের ১(২) ধারার মাধ্যমে ৭.৮.১৯৬৯ তারিখ হতে বলবৎ হয়েছে। তৎপূর্বে পশ্চিমবঙ্গ ভূমি সংস্কার (সংশোধন) আইন, ১৯৮০ (পশ্চিমবঙ্গ আইন ৪১, ১৯৮০)-এর ৫(ক) (১) ধারার মাধ্যমে "১.০০ হেক্টর" সংখ্যা ও শব্দের স্থলে "জমির ০.৪০৪৭ হেক্টর" অনুকল্পিত হয়েছিল।

[৩][এছাড়া কোনও ব্যক্তি বা তার পরিবারের কোনও সদস্য যিনি কোনও ব্যবসা, বাণিজ্য, ঠিকাদারি, দায়িত্বপ্রাপ্ত সংস্থায়, শিল্পে, পেশায়, চাকুরি, শিল্প সংক্রান্ত পেশায় যুক্ত বা চাকুরিরত আছেন, তিনি এইরকম জমি বন্দোবস্ত পাবেন না।]

[৪][এছাড়া উপরোক্ত উপধারার কোনও কিছুই প্রযোজ্য হবে না যেক্ষেত্রে রাজ্য সরকারের নির্দিষ্ট দপ্তর দ্বারা নির্দিষ্ট পদ্ধতি অনুসরণ করে প্রকৃত উদ্বাস্তুকে নিষ্কর জমির দলিল দেওয়া হয়েছে।]

ব্যাখ্যা ঃ কোনও কৃষি শ্রমিক, কারিগর বা মৎস্যজীবীর বেলায় উপধারা (১)-এর দ্বিতীয় অনুচ্ছেদ প্রযোজ্য হবে না।

আলোচনা

উপধারা (১)-এর দ্বিতীয় অনুচ্ছেদে কতগুলি কাজের কথা বলা আছে যেমন—ব্যবসা, বাণিজ্য, শিল্প, চাকুরি ইত্যাদি। এইগুলির সাথে কোনও ব্যক্তি যুক্ত থাকলে তিনি সরকারি জমি পাবেন না। কিন্তু ওই পেশা থেকে কৃষি শ্রমিক, কোনও কারিগর বা মৎস্যজীবীর পেশাকে বাদ দেওয়া হয়েছে। অর্থাৎ কৃষি শ্রমিক, কোনও কারিগর বা মৎস্যজীবীরা জমির বন্দোবস্ত বা পাট্টা পেতে পারেন। তাদের পেশাকে ছাড় দেওয়া আছে।

[৫](১ক) ঃ কোনও ব্যক্তি যাঁর কাছে কোনও জমির বন্দোবস্ত করা হয় বা করা হয়েছে তিনি ওই জমির পাট্টা দলিল বা বন্দোবস্ত দলিল, জমির উন্নয়ন

৩ পশ্চিমবঙ্গ ভূমি সংস্কার (সংশোধন) আইন, ১৯৮০ (পশ্চিমবঙ্গ আইন ৪১, ১৯৮০)-এর ৫(ক)(২) ধারার মাধ্যমে পূর্বের অনুবিধিটির স্থলে অনুকল্পিত হয়েছে।

৪ এই অনুবিধিটি পশ্চিমবঙ্গ ভূমি সংস্কার (সংশোধন) আইন, ২০০০ (পশ্চিমবঙ্গ আইন ৩১, ২০০০) দ্বারা ৭.৮.১৯৬৯ তারিখ হতে সন্নিবেশিত হয়েছে।

৫ পশ্চিমবঙ্গ ভূমি সংস্কার (সংশোধন) আইন, ১৯৭৫ (পশ্চিমবঙ্গ আইন ২৩, ১৯৭৫)-এর ১(৩) ধারার মাধ্যমে পূর্বের (২) ধারার স্থলে, যা পশ্চিমবঙ্গ ভূমি সংস্কার (দ্বিতীয় সংশোধন) আইন, ১৯৭২-এর মাধ্যমে যুক্ত হয়েছিল, অনুকল্পিত হয়েছে। পূর্বের ধারাটি নিম্নরূপ ছিল ঃ

"(২) কোনও রাজস্ব আধিকারিক, নিজস্ব উদ্যোগক্রমে অথবা তাঁহার নিকট এতদ্‌পক্ষে কৃত আবেদনক্রমে, ঐ ব্যক্তিকে যিনি তৎসময় কোনও জমির প্রকৃত দখলকার শুনানির পর এবং নির্ধারিতব্য সেরূপ তদন্ত করার পর, যদি নিশ্চিত হন, যে (১) উপধারানুযায়ী সেরূপ জমির বন্দোবস্ত কোনও ব্যক্তি কর্তৃক জালিয়াতি বা মিথ্যা বর্ণনার মাধ্যমে অর্জিত, তিনি, লিখিতভাবে ঐ বন্দোবস্ত বাতিল করতে পারবেন।"

বা জমি থেকে উৎপন্ন দ্রব্যের উৎপাদন বাড়ানোর জন্য অথবা ওই জমিতে বাড়ি করার জন্য কোনও নির্ধারিত ব্যাংক বা সমবায় সমিতি অথবা কেন্দ্র সরকার বা রাজ্য সরকারের নিয়ন্ত্রণে আছে এরকম কোনও নিগমে সাধারণ বন্ধক দিতে পারেন। তাছাড়া তিনি এই দলিল হস্তান্তরের যোগ্য নন।

আলোচনা

যিনি পাট্টা পেয়েছেন, তিনি ওই জমি বিক্রি করতে পারবেন না, কাউকে দান করতে পারবেন না অথবা ইচ্ছাপত্র মারফত হস্তান্তর করতে পারবেন না। এছাড়া ওই পাট্টা, (১ক) উপধারায় নির্ধারিত ব্যাঙ্ক বা প্রতিষ্ঠান ছাড়া অন্য কোথাও বন্ধক দিতে পারবেন না। ৪৯(১) ধারা অনুযায়ী যে জমিগুলি বিলি করা হয় তার মালিক পশ্চিমবঙ্গ সরকার। পাট্টাদারদের সাথে বলা যেতে পারে একটা চুক্তি অনুযায়ী সরকার জমি চাষ করতে দেয়। কিন্তু ওই জমি বিক্রি করার অধিকার তার নেই, দান করার বা অন্য কোনও রকম হস্তান্তরের অধিকার তাদের দেওয়া হয় নি। তিনি ওই জমি নিজে চাষ করবেন বা বসবাসের বাড়ি তৈরি করবেন এইদিকে দৃষ্টি রেখেই তাকে পাট্টা দেওয়া হয়েছে।

[৬](২) কোনও রাজস্ব আধিকারিক স্বেচ্ছায় বা এ বিষয়ে তার কাছে দেওয়া আবেদনের ভিত্তিতে যে ব্যক্তিকে বন্দোবস্ত দেওয়া হয়েছে তাকে শুনানির পরে এবং হস্তান্তরের ক্ষেত্রে হস্তান্তর গ্রহীতা এবং ওই সময় যে ব্যক্তি প্রকৃত দখলদার তাদের শুনানি নিয়ে এবং নির্দিষ্ট পদ্ধতিতে তদন্তের পর যদি তিনি মনে করেন, ওই জমির বন্দোবস্ত ভুলক্রমে করা হয়েছিল বা ৪৯(১ক) ধারার নির্ধারিত নিয়ম না মেনে প্রতারণার দ্বারা, মিথ্যা তথ্য পরিবেশন করে, ভয় দেখিয়ে বা অন্যভাবে করা হয়েছিল অথবা ৪৯(১ক) ধারার নিয়ম না মেনে জমির হস্তান্তর হয়েছে তা হলে তিনি ওই বন্দোবস্ত (পাট্টা) লিখিত আদেশ দ্বারা বাতিল অথবা বন্দোবস্ত এবং হস্তান্তর উভয়ই প্রয়োজন বোধ করলে বাতিল করতে পারেন।

৬ "(১) উপধারানুযায়ী সেরূপ জমির বন্দোবস্ত কোনও ব্যক্তি কর্তৃক জালিয়াতি বা মিথ্যা বর্ণনার মাধ্যমে "অর্জিত" শব্দ কয়টির স্থলে পশ্চিমবঙ্গ ভূমি সংস্কার (সংশোধন) আইন, ১৯৮০ (পশ্চিমবঙ্গ আইন ৪১, ১৯৮০)-এর ৫(খ) ধারার মাধ্যমে অনুকল্পিত হয়েছে।

[৭](৩) রাজস্ব আধিকারিক ৪৯(২) ধারা অনুযায়ী বন্দোবস্ত এবং হস্তান্তর উভয়ই বাতিল করলে রাজস্ব আধিকারিক জমিতে প্রকৃত দখলকারকে উচ্ছেদ করার জন্য বল (force) প্রয়োগ করবেন এবং উৎখাত করার পর ওই জমির দখল সমাহর্তাকে দেবেন।

আলোচনা

৪৯(২) ধারায় যে রাজস্ব আধিকারিকের কথা বলা আছে তিনি মহকুমা শাসক (S.D.O.)। পাট্টা বা বন্দোবস্ত তিনি প্রয়োজন বোধ করলে বাতিল করতে (annul) পারেন। ৪৯(৩) ধারা অনুযায়ী রাজস্ব আধিকারিক [এক্ষেত্রেও মহকুমা শাসক] ওই পাট্টা বাতিল করার পর যিনি জমি দখল করে আছেন তাকে উচ্ছেদ করবেন। প্রয়োজনে পুলিশ দিয়ে তাকে জমি থেকে সরাবেন। ওই ব্যক্তিকে জমি থেকে উচ্ছেদের পর ওই জমির দখল পশ্চিমবঙ্গ সরকারের পক্ষে সমাহর্তাকে প্রদান করবেন। পাশাপাশি স্বত্বলিপি [Records of Right or ROR] সংশোধন করে ওই জমি সমাহর্তার অনুকূলে ১ নং খতিয়ানে আসবে।

[৭](৩ক) ৪৯ নং ধারার (৩) নং উপধারা অনুযায়ী রাজস্ব আধিকারিক জমির প্রকৃত দখলকারকে উচ্ছেদ করতে এবং সরকারের অনুকূলে দখল আনতে নির্দিষ্ট নিদর্শে এবং পদ্ধতিতে লিখিতভাবে থানার ভারপ্রাপ্ত আধিকারিক [O.C.] বা থানার ভারপ্রাপ্ত আধিকারিক থেকে উচ্চমর্যাদাপূর্ণ পুলিশ আধিকারিককে জানাবেন। ওই লিখিত চিঠি সংশ্লিষ্ট পুলিশ আধিকারিক পেয়ে জমির দখল দেওয়ার জন্য সমস্ত প্রয়োজনীয় এবং আইনগত সাহায্য দেবেন।

(৪) ৪৯ ধারার উপধারা (২)-এর আদেশের বিরুদ্ধে কোনও ব্যক্তি ক্ষুব্ধ হলে ওই আদেশ দানের ৩০ (ত্রিশ) দিনের মধ্যে রাজ্য সরকারের দ্বারা সরকারি গেজেটে প্রজ্ঞাপনার মাধ্যমে নির্দিষ্ট কর্তৃপক্ষের কাছে আপিল পেশ করতে পারেন। এরপর ওই কর্তৃপক্ষ দ্বারা আপিলের আদেশ চূড়ান্ত হবে।

আলোচনা

পাট্টা বাতিলের (annulment of patta) আদেশ দান করেন মহকুমা শাসক যিনি পদাধিকার বলে ৪৯(২) ধারার ভারপ্রাপ্ত রাজস্ব আধিকারিক। ৪৯(২) ধারায় মহকুমা শাসক যে রায় দেবেন কোনও ব্যক্তি তাতে সন্তুষ্ট নাও হতে

৭ পশ্চিমবঙ্গ ভূমি সংস্কার (সংশোধন) আইন, ১৯৮০ (পশ্চিমবঙ্গ আইন ৪১, ১৯৮০)-এর যথাক্রমে ৫(গ), (ঘ), (ঙ) তিনটি ধারার মাধ্যমে (৩), (৩ক) এবং ব্যাখ্যাসহ (৫) উপধারাগুলি অনুকল্পিত, সন্নিবেশিত ও যুক্ত হয়েছে।

পারেন। যদি তিনি এই আদেশের বিরুদ্ধে আপিল করতে চান তবে ওই আদেশ দানের ৩০ দিনের মধ্যেই তাকে আপিল করতে হবে। উক্ত আদেশের প্রত্যায়িত নকল (certified copy) রাজস্ব আধিকারিকের অফিস থেকে তিনি পেতে পারেন।

২৬.১০.১৯৭২ তারিখে প্রকাশিত ১৫৯৫৪-এল. রেফ্. ক্রমাঙ্কের সরকারি বিজ্ঞপ্তি অনুযায়ী ৪৯(৪) ধারায় আপিল কর্তৃপক্ষ হলেন জেলা ভূমি ও ভূমি সংস্কার আধিকারিক। অর্থাৎ ওই আপিলের পত্র অতিরিক্ত জেলা শাসক ও জেলা ভূমি ও ভূমি সংস্কার আধিকারিক [A.D.M. and D.L. & L.R.O.] নিষ্পত্তি করবেন যথাযথ পদ্ধতি অনুসরণ করে।

[৮][(৪ক) এই আইনের আগের বিধানগুলিতে যাই থাক না কেন, রাজ্য সরকার বা রাজ্য সরকারের দেওয়া ক্ষমতাপ্রাপ্ত কোনও আধিকারিক রাজ্য সরকারের নিজস্ব কোনও জমি, রাজ্য সরকারের ঠিক করা বিভিন্ন শর্ত এবং চুক্তি অনুযায়ী প্রয়োজনীয় উদ্দেশ্যে হস্তান্তর বা বন্দোবস্ত করতে পারেন। এই হস্তান্তর বা বন্দোবস্ত কোনও স্থানীয় সংস্থা বা কোনও প্রতিষ্ঠান যা বর্তমানে প্রচলিত আইন অনুযায়ী গঠিত তাকে করতে পারেন।]

[৭](৫) এই আইনের অন্য কোথাও যাই থাকুক না কেন রাজ্য সরকার যদি এই মর্মে সন্তুষ্ট হয় যে জনসাধারণের জন্য অথবা কোনও শিক্ষা প্রতিষ্ঠান, গবেষণা কেন্দ্র, শিল্প প্রতিষ্ঠান পরিচালনা ও সংরক্ষণের প্রয়োজন তবে সেক্ষেত্রে কোনও জমি কিছু সময়ের জন্য কোনও ব্যক্তির বা প্রতিষ্ঠানের সাথে নির্দিষ্ট শর্ত অনুযায়ী সাময়িক আদায়ের মাধ্যমে, কোনও মূল্য ঠিক করে বা মূল্য নির্ধারণ না করে ওই প্রতিষ্ঠান বা ব্যক্তিকে বন্দোবস্ত করা যেতে পারে।

[৯][*ব্যাখ্যা* ১] ঃ এই উপধারার ব্যক্তি বলতে একজন ব্যক্তি, একটি বাণিজ্যিক প্রতিষ্ঠান (firm), একটি সংস্থা, একটি কোম্পানি, একটি সমিতি তা নথীভুক্ত হোক বা না হোক।

৮ ১২.৫.১৯৮৯ তারিখের কলিকাতা গেজেট, বিশেষ সংখ্যার তৃতীয় খণ্ডে প্রকাশিত পশ্চিমবঙ্গ ভূমি সংস্কার (তৃতীয় সংশোধন) আইন, ১৯৮৬ (পশ্চিমবঙ্গ আইন ৩৫, ১৯৮৬)-এর ১৫ ধারার মাধ্যমে সন্নিবেশিত।

৯ 'ব্যাখ্যা'টি পুনর্সংখ্যায়িত হইয়া 'ব্যাখ্যা-১' রূপে পশ্চিমবঙ্গ ভূমি সংস্কার (সংশোধন) আইন, ১৯৯৬ (পশ্চিমবঙ্গ আইন ২৪, ১৯৯৬) দ্বারা অনুকল্পিত হয়েছে।

[১০][*ব্যাখ্যা* ২] ঃ এই উপধারার "শিল্প" বলতে চা বাগিচা; কলকারখানা; কারখানা ঘর; গরু-মোষ প্রভৃতি গৃহপালিত পশু উৎপাদন, পালন; পক্ষী পালন; দুগ্ধাগার অথবা ১৯৭৯ সালের পশ্চিমবঙ্গ [১১][শহর ও নগর] ১৯৭৯ সালের পরিকল্পনা এবং উন্নয়ন আইন দ্বারা ঘোষিত ও পরিকল্পিত এলাকা বা একটি এলাকার বিভাগ বলা যায়।]

Chapter 6

Principles of Distribution of Lands

49. Principles of distribution of lands. [1][(1) **Notwithstanding anything contained elsewhere in this Act or in any other law for the time being in force, settlement of any land which is at the disposal of the State Government, shall be made without any premium being charged for it, in such manner as may be prescribed, with persons who are residents of the locality where the land is situated, and who together with other members of their family, own no land or less than** [2]**[0.4047 hectares of land used for the purpose of agriculture], one half of the lands cultivated by them as *bargadars* being taken into account for the purpose of calculating the aggregate of such land, and subject to the following conditions, namely,—**

(*a*) that, in the case of agricultural land, such person intends to bring the land under personal cultivation,

(*b*) that, in the case of homestead land, such person having no homestead of his own, intends to construct a dwelling house thereon, and

(*c*) such other terms and conditions as may be prescribed:

Provided that among the persons eligible for such settlement, preference shall be given to persons belonging to Scheduled Caste

১০ পশ্চিমবঙ্গ আইন ২৪, ১৯৯৬ দ্বারা 'ব্যাখ্যা-২' সন্নিবেশিত হয়েছে।

১১ পশ্চিমবঙ্গ ভূমি সংস্কার (সংশোধন) আইন, ২০০০ (পশ্চিমবঙ্গ আইন ৩১, ২০০০) দ্বারা বন্ধনীর ভিতরের অংশ "অথবা শহরতলী কোনও অঞ্চলের কোনও ঘোষিত পরিকল্পিত অঞ্চল" শব্দগুলি ৭.৮.১৯৬৯ তারিখ হতে অনুকল্পিত।

1 *Substituted* by W.B.L.R. (Amendment) Act, 1975 (23 of 1975).

2 *Substituted* by W.B. Act 50 of 1981, dated 24.3.1986, w.r.e.f. 7.8.1969 the old portion read as "0.4047 hectare of land."

or Scheduled Tribe or who form themselves into a Co-operative Society for the purpose:

[3][Provided further that no settlement of land shall be made with any person or with a member of the family of such person, who is engaged or employed in any business, trade, undertaking, manufacture, calling service, or industrial occupation:

[4][Provided also that nothing in this sub-section shall apply to any case when freehold title-deed for land is given to a *bona fide* refugee in accordance with such norms as may be prescribed by the appropriate Department of the State Government.]

Explanation. The second proviso to sub-section (1) shall not apply to an agricultural labourer, artisan, or fisherman.]

[5][(1A) No person with whom any land is or has been settled under sub-section (1) shall be entitled to transfer such land except by way of a simple mortgage or a mortgage by deposit of title deed in favour of a Scheduled Bank, or a Co-operative Society or a Corporation owned or controlled by the Central or State Government or both, and for the purpose of obtaining loan for the development of land or for the improvement of agricultural production or for the construction of a dwelling house.]

[6][(2) If a Revenue Officer, on his own motion or on application made to him in that behalf, after hearing the person with whom the land was settled and in the case of any subsequent transfer, the transferee as also the person who is, for the time being, in actual occupation of such land and after making such enquiry as may be prescribed, is satisfied that settlement of such land [6][was made by mistake or obtained under any provision of this section by practice of fraud, misrepresentation, coercion or otherwise], or that a transfer of any land has been made in contravention of the provisions of sub-section (1A), he may, by order in writing, annul

3 *Substituted* by W.B.L.R. (Amendment) Act, 1980.
4 *Inserted* by Act XXXI of 2000, w.r.e.f. 7.8.1969.
5 *Inserted* by W.B.L.R. (Amendment) Act, 1975 (23 of 1975).
6 *Substituted* by W.B.L.R. (Amendment) Act, 1975 (23 of 1975).

the settlement or both the settlement and the transfer, as may be deemed necessary.]

[7][(3) When a Revenue Officer makes an order under sub-section (2) annulling settlement or both the settlement and the transfer of any land, as the case may be, the Revenue Officer shall enforce delivery of possession of such land to the Collector by using such force as may be required after evicting the person in actual occupation of such land.]

[8][(3A) For the purpose of enforcing delivery of possession of any land and evicting any person in actual occupation of such land under sub-section (3), any such Revenue Officer may send a written requisition in such form and in such manner as may be prescribed to the officer-in-charge of the local police station or to any police officer superior in rank to such officer-in-charge and on receipt of such written requisition, the police officer concerned shall render all necessary and lawful assistance for enforcing delivery of possession of such land.]

(4) Any person aggrieved by an order made under sub-section (2) may, within thirty days from the date of such order, prefer an appeal to such authority as the State Government may, by notification in the *Official Gazette,* specify and the order passed by such authority in appeal shall be final.

[9][(4A) Notwithstanding anything contained in the foregoing provisions of this section, the State Government, or an officer authorised in this behalf by the State Government, may transfer to, or settle with, a local body or an authority constituted or established by or under any law for the time being in force land which is at the disposal of the State Government, for such purpose and on such terms and conditions as may be decided by the State Government.]

7 *Substituted* by W.B.L.R. (Amendment) Act, 1980 (41 of 1980).

8 *Inserted* the sub-section (3A) by W.B.L.R. (Amendment) Act, 1980 (41 of 1980).

9 *Inserted* by sub-section (4A) by W.B.L.R. (Amendment) Act, 1986 Calcutta Gazette, dated 12.5.1989, w.e.f. 12.5.1989.

[10][(5) Notwithstanding anything contained elsewhere in this Act, where the State Government is satisfied that it is necessary so to do for a public purpose or for establishment, maintenance or preservation of any educational or research institution or industry, settlement for any period of any land may be made with any person or institution on such terms and conditions including periodical payments, with or without any premium being charged therefor, in such manner as may be prescribed.

[11][*Explanation I*. For the purpose of this sub-section 'person' includes an individual, a firm, a company, or an association or body of individuals, whether incorporated or not.]

[12][*Explanation II*. For the purposes of this sub-section "industry" includes a tea-garden, mill, factory or workshop, livestock breeding, poultry farming, or dairy, [13][or township in an area declared to be a planning area under] the West Bengal Town and Country (Planning and Development) Act, 1979.]

আলোচনার সূচী

10 *Inserted* the sub-section (5) by W.B.L.R. (Amendment) Act, 1980 (41 of 1980).

11 *Renumbered* by Act 24 of 1996, Calcutta Gazette, dated 27.8.1996.

12 *Inserted, ibid.*

13 *Substituted* by Act XXXI of 2000, w.r.e.f. 7.8.1969.

আলোচনার সূচী—*চলিতেছে*

১২ কোনও জমির পাট্টা বা বন্দোবস্ত বাতিল হতে পারে [Any patta or settlement may be annulled]
১৩ জমির দখল ও পাট্টাদার [Possession of land and patta holder]
১৪ পাট্টা বাতিলের পর জমির দখল [Possession of land after annulment of patta]
১৫ ৪৯(৩) এবং ৪৯(৩ক) ধারায় ক্ষমতাপ্রাপ্ত রাজস্ব আধিকারিক [Revenue Officer empowered under s. 49(3) and 49(4)]
১৬ পাট্টা বা বন্দোবস্ত বাতিলের পদ্ধতি [Procedure of annulment of settlement or patta]
১৭ ৪৯(২) ধারায় বর্ণিত রাজস্ব আধিকারিক কে? [Who is the Revenue Officer under s. 49(2) of W.B.L.R. Act?]
১৮ বন্দোবস্ত/পাট্টা জারি করার পর ন্যস্ত হওয়া (vesting) বাতিল হলে পাট্টাদারদের অবস্থা [Condition of patta holders if vesting is rejected after issuing patta]
১৯ পাট্টাদার দ্বারা হস্তান্তরিত জমি রাজস্ব আধিকারিক নথিভুক্ত করবেন কিনা [Whether R.O. will record the land transferred by patta holder]
২০ ৪৯(২) ধারা অনুযায়ী সরেজমিনে তদন্তকারী আধিকারিক [Inspecting Officer under s. 49(2) of W.B.L.R. Act]
২১ যার পাট্টা/বন্দোবস্ত বাতিল করা হচ্ছে তাঁকে জানানো কি বাধ্যতামূলক? [Whether it is mandatory to inform the person whose patta is going to be annulled?]
২২ বন্দোবস্ত/পাট্টা বাতিল করার জন্য ৪৯(২) ধারায় আবেদনপত্র দাখিল করতে হবে মহকুমা শাসকের কাছে [For the annulment of patta/settlement an application under s. 49(2) must be submitted to the Sub-divisional Magistrate]
২৩ বন্দোবস্ত/পাট্টা জমির হস্তান্তর [Transfer of settlement/patta land]
২৪ আবেদনকারীকে জমি প্রত্যাবর্তন, প্রতিবিধান করা বিষয়ে সংশ্লিষ্ট সমষ্টি ভূমি ও ভূমি সংস্কার আধিকারিকের নিষ্ক্রিয়তা [Inactivity of B.L. & L.R.O. to return the land or counter-act to the applicant]
২৫ পশ্চিমবঙ্গ ভূমি সংস্কার আইনের ৪৯(২) ধারার বিরুদ্ধে আপিল [Appeal against s. 49(2) of W.B.L.R. Act]
২৬ সমষ্টি ভূমি ও ভূমি সংস্কার আধিকারিকের জারি করা পশ্চিমবঙ্গ ভূমি সংস্কার আইনের ৪৯(২) ধারায় বিজ্ঞপ্তি [notice] অবৈধ [Notice issued by B.L. & L.R.O. is not valid under s. 49(2) of W.B.L.R. Act]
২৭ ৪৯(২) বা ৪৯(৪) ধারার শুনানিতে আইনজীবী [Advocate before the hearing under s. 49(2) or s. 49(4)]
২৮ ব্লক লেভেল ল্যান্ড রিফর্মস অ্যাডভাইসারি কমিটি [Block Level Land Reforms Advisory Committee]
২৯ পাট্টা/বন্দোবস্তের নিদর্শ [Form for patta/settlement]
৩০ প্রশাসন ও ব্লক ভূমি সংস্কার উপদেষ্টা পরিচালন সমিতি [Administration and Block Level L.R. Advisory Committee]

আলোচনার সূচী—*চলিতেছে*

১। ঐতিহাসিক পটভূমিকা [Historical background]. পশ্চিমবঙ্গের যে সমস্ত জায়গা বিহার থেকে এসেছে, সেগুলিকে বাদ দিলে পঃ বঃ ভূমি সংস্কার আইনের ৪৯ ধারা অন্যান্য সমস্ত জেলায় ৭.৬.১৯৬৫ তারিখ থেকে কার্যকর হয়েছে বিজ্ঞপ্তি নং ৮১৪৪-এল. রেফ্., তাং ৪.৬.১৯৬৫ (Notification No. 8144-L. Ref., dt. 4.6.1965) দ্বারা। এছাড়া যে সমস্ত এলাকা বিহার থেকে এসেছে সেখানে কার্যকর হয়েছে ১.১০.১৯৬৯ থেকে। বিজ্ঞপ্তি নং ১৭৮৮৫-এল. রেফ্., তাং ২৫.৯.১৯৬৯ (Notification No. 17885-L. Ref., dt. 25.9.1969) দ্বারা।

বিভিন্ন সময়ে ৪৯ ধারার সংশোধন হয়েছে।

প্রথমে ঠিক ছিল যারা ভূমিহীন অথবা ২ একরের কম জমির মালিক তাদের বন্দোবস্ত দেওয়া হবে। পরে পঃ বঃ ভূমি সংস্কার (সংশোধনী) আইন ১৯৭১ এবং পঃ বঃ ভূমি সংস্কার (সংশোধনী) আইন ১৯৭২ [যা কার্যকর ছিল ১২.২.১৯৭১ তাং থেকে] দ্বারা এর সংশোধন হয়েছে। ২ একরের জায়গায় ১ হেক্টর করা হয়েছিল।

এরপর ১৯৭২ সালের পঃ বঃ ভূমি সংস্কার (সংশোধনী) আইনের দ্বিতীয় সংশোধনী দ্বারা [W.B. Act XXVIII, 1972]-এর সংশোধন হয়েছে।

মূল ৪৯ ধারার কতগুলি উপধারা যুক্ত করা হয়েছে—উপধারা (১), (২), (৩) এবং (৪)।

১৯৭৫ সালের পঃ বঃ ভূমি সংস্কার (সংশোধনী) আইনে [পঃ বঃ আইন ২৩, ১৯৭৫] ৪৯(১) ধারার দুটি অনুবিধি (provisions) এবং একটি ব্যাখ্যা (explanation) যুক্ত হয়েছে।

১৯৮০ সালের সংশোধনী দ্বারা দ্বিতীয় অনুবিধি এবং এর ব্যাখ্যা পরিবর্তিত হয়েছে [পঃ বঃ আইন ৬১, ১৯৮০]।

"পরিবার" বলতে বলা হয়েছে [৪৯(১) ধারা প্রয়োগের জন্য] কোনও ব্যক্তি, তাঁর স্ত্রী, পুত্র/পুত্রেরা, অবিবাহিত কন্যা/কন্যাগণ [যদি থাকে] যারা একত্রে বসবাস করেন।

১৯৭৫ সালের সংশোধনী দ্বারা ৪৯(১ক) ধারা যুক্ত হয়েছে এবং ৪৯(২) ধারাটিকে পরিবর্তিত রূপে আনা হয়েছে। ১৯৮০ সালের পঃ বঃ ভূমি সংস্কার (সংশোধনী) আইন দ্বারা ৪৯(৩) ধারাটি পরিবর্তিত হয়েছে।

১৫৯৫২-এল. রেফ্., তারিখ ২৬.১০.১৯৭২ নং বিজ্ঞপ্তি অনুযায়ী ৪৯(২) ধারা অনুযায়ী রাজস্ব আধিকারিক হলেন মহকুমা শাসক বা অতিরিক্ত জেলা শাসক আবার ২৬.১০.১৯৭২ তারিখের ১৫৯৫৪-এল. রেফ্. নং বিজ্ঞপ্তি অনুযায়ী ৪৯(৪) ধারায় ক্ষমতাপ্রাপ্ত রাজস্ব আধিকারিক হলেন অতিরিক্ত জেলা শাসক [ভূমি সংস্কার]।

২। **কার্যক্ষেত্র [Scope].** ১৯৫৩ সালের পশ্চিমবঙ্গ জমিদারি অধিগ্রহণ আইন এবং ১৯৫৫ সালের পঃ বঃ ভূমি সংস্কার আইন অনুযায়ী যে জমি সরকারে ন্যস্ত হয়েছে সেই জমি বিলি/বন্দোবস্ত করার নিয়মনীতি ৪৯ ধারায় বলা আছে। ৪৯ নং ধারা এবং ১৯৬৫ সালের পঃ বঃ ভূমি সংস্কার নিয়মের (W.B.L.R. Rule) ২০ক বিধি [r. 20A] অনুযায়ী সরকারের খাস জমি বিলি/বন্দোবস্ত করা হয়। বিলি/বন্দোবস্তের ক্ষেত্রে কতগুলি শর্ত আরোপ করা হয়েছে যাকে বন্দোবস্ত দেওয়া হয়েছে তার জন্য। ৪৯(১ক) ধারা অনুযায়ী যাকে বন্দোবস্ত দেওয়া হয়েছে বা হচ্ছে তিনি নিজে ওই জমি চাষ করবেন, বিক্রি করবেন না, দান করবেন না, বর্গা প্রথায় অন্য কাউকে দিয়ে ওই জমি চাষ করাবেন না। নির্দিষ্ট কতগুলি ব্যাঙ্ক ছাড়া অন্য কোথাও ওই বন্দোবস্ত দলিল বন্ধক দেবেন না। ওই শর্তগুলি মেনে না চললে তার বন্দোবস্ত দলিল বাতিল হতে পারে।

৪৯(২) ধারায় রাজস্ব আধিকারিককে [মহকুমা শাসককে] ক্ষমতা দেওয়া হয়েছে পাট্টা/বন্দোবস্ত সংশোধন/বাতিলের। ৪৯(২) ধারায় রাজস্ব আধিকারিক যদি মনে করেন ভুলক্রমে পাট্টা দেওয়া হয়েছে অথবা মিথ্যা তথ্য দিয়ে, প্রতারণা বা জোর করে পাট্টা দেওয়া হয়েছে তিনি পাট্টা বাতিল করতে পারেন। ৪৯(২) ধারায় রাজস্ব আধিকারিক যদি মনে করেন পাট্টা দেওয়ার পরে পাট্টা হস্তান্তর হয়েছে [বিক্রি/দানপত্র ইত্যাদি] তিনি পাট্টা রদকরণ বা বাতিল (annulment) করতে পারেন।

পাট্টা বাতিলের পর ৪৯(৩) ধারা অনুযায়ী ওই জমির দখলকারকে উচ্ছেদ করা হয় এবং সমাহর্তার দখলে ওই জমি আনা হয় পাশাপাশি স্বত্বলিপি (ROR) সংশোধন করা হয়। ৪৯(৩ক) ধারা অনুযায়ী প্রয়োজনে পুলিশ দিয়ে প্রকৃত দখলকারকে উচ্ছেদ করা হয়।

৪৯(২) ধারার আদেশের বিরুদ্ধে অতিরিক্ত জেলা শাসক বা জেলা শাসকের নিকট আপিল করতে পারেন কোনও ব্যক্তি ৪৯(৪) ধারা অনুযায়ী। বেদখল হওয়ার ত্রিশ দিনের মধ্যে তিনি আপিল করবেন নির্দিষ্ট কারণ উল্লেখ করে। অতিরিক্ত জেলা শাসক ওই আপিলের শুনানি করবেন ১৫ দিনের মধ্যে উভয়পক্ষকে শুনানিতে সুযোগ দিয়ে।

৪৯(৪ক) এবং ৪৯(৫) ধারা অনুযায়ী যে কোনও শ্রেণি বা চরিত্রের জমি রাজ্য সরকারের পক্ষে সমাহর্তা রাজস্ব পর্ষদের আগাম অনুমতিক্রমে কোন প্রতিষ্ঠান, সংস্থা, ব্যক্তি, শিক্ষা প্রতিষ্ঠান ইত্যাদিকে সরকারে ন্যস্ত হওয়া জমির বন্দোবস্ত দিতে পারেন।

৩। কীভাবে পাট্টা বা বন্দোবস্ত দেওয়া হয়? [How patta/settlement is done?] কোনও জমি পঃ বঃ জমিদারি অধিগ্রহণ আইন, বা পঃ বঃ ভূমি সংস্কার আইন, ১৯৫৫ সরকারে ন্যস্ত হলে ওই জমি সমাহর্তার নামে ১ নং খতিয়ান ভুক্ত হয়। পাশাপাশি ওই জমির বিবরণ ৮ নং খাতায় (Register VIII) যত্ন সহকারে লেখা হয় এবং খাস (ন্যস্ত) জমির খাতায় (Vested Land Register or V. L. Register) নির্দিষ্ট নিদর্শ অনুযায়ী লিপিবদ্ধ করা হয়।

কাদের পাট্টা দেওয়া হবে তা দুটি পদ্ধতিতে বাছাই করা হয়।

প্রথমত, যোগ্য ব্যক্তিদের মৌজা ভিত্তিক যে তালিকা আছে তা যাচাই করা হয়। ওই তালিকা থেকে সম্ভাব্য ব্যক্তি বা ব্যক্তিদের নামের তালিকা তৈরি হয়।

দ্বিতীয়ত, কোনও ব্যক্তি নিজে ব্লক ভূমি সংস্কার আধিকারিকের অফিসে আবেদনপত্র জমা দিতে পারেন অথবা এই আবেদনপত্র রাজস্ব পরিদর্শকের অফিসেও জমা দিতে পারেন। সমস্ত আবেদনপত্র [যেখানেই আবেদনপত্র জমা হোক না কেন] ব্লক ভূমি ও ভূমি সংস্কার আধিকারিকের অফিসে প্রাথমিকভাবে পরীক্ষা করা হয়। কোন্ জমিতে আবেদনকারী পাট্টা/বন্দোবস্ত চাইছেন তা আদৌ ভেস্ট কি না তা ৮ নং খাতার সাথে মিলিয়ে নেওয়া হয়। আবেদনকারী কোন্ পেশার সাথে যুক্ত তা দেখা হয়। ৪৯(১) ধারায় যে যে পেশার কথা উল্লেখ আছে আবেদনকারী যদি ওইরকম কোনও পেশার সাথে যুক্ত থাকেন তবে তিনি পাট্টা/বন্দোবস্ত পাওয়ার অধিকারী হবেন না।

বন ও ভূমি সংস্কার স্থায়ী সমিতিতে ওই পরীক্ষিত আবেদনপত্রগুলি আলোচনা হয়। বন ও ভূমি সংস্কার স্থায়ী সমিতিতে যৌথভাবে সহমতের ভিত্তিতে যদি ওই আবেদনকারীদের পাট্টা/বন্দোবস্ত দেওয়ার প্রাথমিক সিদ্ধান্ত হয় তবে প্রশাসন এবং জনপ্রতিনিধিদের দ্বারা একটি যৌথ সরেজমিনে তদন্ত করা হয়। ওই যৌথ সরেজমিনে তদন্তের প্রতিবেদন ব্লক ভূমি ও ভূমি সংস্কার আধিকারিকের করণে পৌঁছালে একটি প্রস্তাব (proposal) ৪৯(১) ধারায় দায়িত্বপ্রাপ্ত রাজস্ব আধিকারিকের (S.D.O.) নিকট পাঠানো হয়। এরপর ৪৯(১) ধারায় দায়িত্বপ্রাপ্ত রাজস্ব আধিকারিক নির্দিষ্ট নিদর্শে (order sheet form) আদেশ প্রদান করেন।

এরপর ওই আদেশ ব্লক ভূমি সংস্কার আধিকারিকের করণে এলে নিদর্শ ৮ক (Form No. 8A) পাট্টা প্রাপকের নাম, জমির দাগ নং, জমির পরিমাণ ইত্যাদি উল্লেখ করা হয়। উক্ত বন্দোবস্ত দলিল মহামান্য রাজ্যপালের পক্ষ থেকে প্রদান করা হয়। যিনি পাট্টা/বন্দোবস্ত দলিল গ্রহণ করছেন তিনি স্বাক্ষর করেন এবং প্রশাসনের পক্ষ থেকেও স্বাক্ষর করেন ব্লক ভূমি ও ভূমি সংস্কার আধিকারিক।

পাট্টা দলিলের যিনি মালিক একমাত্র তাকেই পাট্টাটি দেওয়া হয়। নির্দিষ্ট খাতায় (Register) পাট্টা প্রাপকের স্বাক্ষর করিয়ে পাট্টাটি তাকে দেওয়া হয়। পাট্টা প্রাপক বিবাহিত হলে স্বামী এবং স্ত্রী উভয়ের নামেই পাট্টা লেখা হয়। স্বত্বলিপিও উভয়ের নামে লেখা হয়।

যাঁকে পাট্টা দেওয়া হবে তিনি যদি সমস্ত শর্ত পূরণ করেন তবে পাট্টা দেওয়ার আগে তিনি ওই জমি দখল করেন কিনা তা দেখার খুব প্রয়োজন নেই।

অর্থাৎ আগে থাকতে ওই জমি তার দখলে থাকবে এরকম ভাবনা বা শর্ত চাপানোর কোনও সুযোগ পঃ বঃ ভূমি সংস্কার আইন, ১৯৫৫-তে নেই।[১]

১৯৫৫ সালের পঃ বঃ ভূমি সংস্কার আইনের ১৪ধ(২) [s. 14S(2)] ধারামতে যদি এরকম দেখা যায় যে কোনও ব্যক্তি বর্গাদার হিসাবে কোনও জমি চাষ করেন এবং ওই জমি রাজ্য সরকারের অনুকূলে ন্যস্ত হয়েছে। ওই বর্গাদারের নিজের জমি এবং বর্গাপ্রথায় চাষ করা জমি একসঙ্গে ০.৪০৪৭ হেক্টরের বা এক একরের (প্রায়) কম হয় তবে এমনভাবে বর্গাপ্রথায় চাষ করা জমি তাকে বন্দোবস্ত দিতে হবে যেন তার মোট জমি ০.৪০৪৭ হেক্টর হয়।

পাট্টা/বন্দোবস্ত দেওয়ার সময় পাট্টা প্রাপককে প্রশাসনের পক্ষ থেকে ওই জমির দখল দিতে হবে। ৪৯(১) ধারা অনুযায়ী পাট্টা প্রাপককে ওই জমি দখলে রাখতে হবে এমন শর্ত আরোপ করা যায় না। যদি দেখা যায় পাট্টা প্রাপক পাট্টা পাওয়ার সময় দখলে নেই, অন্য ব্যক্তি ওই জমি দখল করছে, তখন পঃ বঃ ভূমি সংস্কার নিয়মের (W.B.L.R. Rule) ২০ক(৩খ) [r. 20A(3b)] অনুযায়ী প্রকৃত দখলদারকে উচ্ছেদ করে পাট্টা প্রাপককে ওই জমির দখল দেবেন ৪৯(১) ধারায় দায়িত্বপ্রাপ্ত রাজস্ব আধিকারিক (মহকুমা শাসক)।

প্রকৃত দখলদার অসন্তুষ্ট হলে অর্থাৎ তিনি যদি মনে করেন যে তাঁর উপর অবিচার হয়েছে তা হলে ত্রিশ দিনের মধ্যে তিনি সংশ্লিষ্ট রাজস্ব আধিকারিকের কাছে তার আবেদনপত্র জমা দেবেন। রাজস্ব আধিকারিক ওই আবেদনপত্র পাওয়ার ১৫ দিনের মধ্যে উভয় পক্ষকে বিজ্ঞপ্তি জারি করে শুনানির ব্যবস্থা করবেন। রাজস্ব আধিকারিক মনে করলে তার আবেদন অনুযায়ী পুনরায় জমিতে চাষ করার জন্য দখল প্রদান করবেন অথবা তার আবেদন বাতিল করবেন।

পশ্চিমবঙ্গ ভূমি সংস্কার নিয়মের [W.B.L.R. Rule] 20A(6) নিয়ম অনুযায়ী বোর্ড অব রেভেনিউ এর আগাম অনুমতি নিয়ে যে কোনও "শ্রেণি" এবং "চরিত্রের" (any classification or description) জমি সমাহর্তা বন্দোবস্ত দিতে পারেন। কারা বন্দোবস্ত পেতে পারে তা ২০ক(৬) নিয়ম থেকে জানা যায়। কোনও ব্যক্তি, কোনও ব্যক্তি সমষ্টি (group of persons), প্রতিষ্ঠান (institution), নিগম (corporation), ফার্ম (firm), কোম্পানি, সমিতি (society), ট্রাস্ট (trust), সমবায় সমিতি, গ্রাম পঞ্চায়েত, পঞ্চায়েত

১ *সতীশ চন্দ্র হালদার* বনাম *রাজস্ব আধিকারিক* 91 CWN 693.

সমিতি, জেলা পরিষদ বা আইনগতভাবে গঠিত কোনও সংস্থা বা সংগঠন এই বন্দোবস্ত পেতে পারেন নির্দিষ্ট উদ্দেশ্যে এবং নির্দিষ্ট শর্ত সাপেক্ষে। [বিজ্ঞপ্তি নং ৪১৬-এল. রেফ্., তারিখ ১৩.৬.১৯৮৮-তে উপরোক্ত (৬) নং নিয়ম কলিকাতা গেজেটে প্রকাশিত হয়েছিল।]

বন্দোবস্ত দেওয়ার সময় সমস্ত নিয়ম মেনে বন্দোবস্ত দিতে হয়। কৃষি জমির বেলায় সরকারি খাস জমিই বিলি বন্দোবস্ত করা হয়। এমন সরকারি খাস জমির বন্দোবস্ত দেওয়া হয় যা সরকারের দখলে আছে। পঃ বঃ ভূমি সংস্কার আইন, ১৯৫৫ সালের ৪৯(১) ধারা এবং ১৯৬৫ সালের পঃ বঃ ভূমি সংস্কার নিয়মের [r. 20A] অনুযায়ী এই বন্দোবস্ত সরকার দেবেন।[২]

৪। কারা পাট্টা বা বন্দোবস্ত পাবেন? [Who will get patta/settlement?] আগের কনিষ্ঠ ভূমি সংস্কার আধিকারিক (J.L.R.O) বা এখনকার ব্লক ভূমি ও ভূমি সংস্কার আধিকারিক (Block Land and Land Reforms Officer or B.L. & L.R.O.) মৌজা অনুযায়ী একটা তালিকা তৈরি করবেন সম্ভাব্য কারা কারা পাট্টা বা বন্দোবস্ত পেতে পারেন। অগ্রাধিকার দিতে হবে প্রথমে তফসিলী উপজাতি (Schedule Tribe) গোষ্ঠীভুক্ত ব্যক্তিদের যা ১৯৭৭ সালের ল্যান্ড ম্যানেজমেন্ট ম্যানুয়ালে বলা আছে। ১৯৭৭ সালের ল্যান্ড ম্যানেজমেন্ট ম্যানুয়েলের ৬১ এবং ৬২ নং নিয়মে কীভাবে পশ্চিমবঙ্গ সরকারের ভেস্ট জমির বন্দোবস্ত দেওয়া হবে তার পদ্ধতি বলা আছে।

৫। ৬১ নং বিধি ঃ যোগ্য ব্যক্তিদের তালিকা [Rule 61]. রাজ্য সরকারের সমস্ত ভেস্ট জমি ৮ নং খাতায় [Register VIII] লিপিবদ্ধ করা হবে। কনিষ্ঠ ভূমি সংস্কার আধিকারিক [বর্তমানে B.L. & L.R.O.] বন্দোবস্ত বা পাট্টা দেওয়ার জন্য সম্ভাব্য যোগ্য ব্যক্তিদের তালিকা তৈরি করবেন এবং ওই তালিকা তৈরির সময় নিম্নলিখিত বিষয়গুলি সাপেক্ষে ঃ

(১) তফসিলী উপজাতিভুক্ত ভূমিহীন কৃষি মজুর;

(২) তফসিলী জাতিভুক্ত ভূমিহীন কৃষি মজুর;

(৩) অন্যান্য ভূমিহীন কৃষি শ্রমিক [উপরের দুটি তালিকা বাদে];

(৪) তফসিলী উপজাতি ও তফসিলী জাতিভুক্ত ভূমিহীন বর্গাদার;

(৫) অন্যান্য ভূমিহীন বর্গাদার;

২ *এ. এল. পারামাণিক* বনাম *এস. এম. সরকার* 86 CWN 1073.

(৬) আগের মালিকের জমিতে যদি বর্গাদার বা কৃষি শ্রমিক হিসাবে কাজ করতেন;

(৭) তফসিলী উপজাতিভুক্ত রায়ত যার এক হেক্টরের কম নিজস্ব জমি আছে, যিনি নিজে ওই জমি চাষ করেন;

(৮) তফসিলী জাতিভুক্ত রায়ত যার নিজস্ব জমি এক হেক্টরের কম; যিনি ওই জমি নিজে চাষ করেন;

(৯) অন্যান্য রায়ত যার নিজস্ব জমি এক হেক্টরের কম, যিনি ওই জমি নিজে চাষ করেন।

পরিবারের প্রধান যিনি, যদি তিনি এক হেক্টর বা তার বেশি জমির মালিক হয়ে থাকেন তবে তার পরিবারের অন্য কোনও সদস্য জমির বন্দোবস্ত পাওয়ার যোগ্য হবেন না [মোট জমি হিসাব করার সময় বর্গা প্রথায় যত জমি চাষ করছেন তার অর্ধেক জমিকে নিজস্ব জমি হিসাবে যোগ করা হবে] এমনকী যদি তিনি পরিবার থেকে আলাদা বসবাস করেন বলে দাবি করেন। উক্ত সম্ভাব্য যোগ্য ব্যক্তিদের তালিকা বিজ্ঞপ্তি জারি করার স্থানে ১৫ দিনের জন্য জনগণের দেখার জন্য টাঙিয়ে রাখবেন। নির্দিষ্ট সময় পরে প্রয়োজনীয় সংশোধনীসহ কনিষ্ঠ ভূমি সংস্কার আধিকারিক (বর্তমানে B.L. & L.R.O.) ওই তালিকা ভূমি সংস্কার উপদেষ্টা পরিচালন সমিতি (Land Reforms Advisory Committee)-এর অনুমোদনের জন্য পেশ করবেন। উপরোক্ত ভূমি সংস্কার উপদেষ্টা পরিচালন সমিতির অনুমোদনের পর মহকুমা শাসকের অনুমোদনের জন্য ওই তালিকা পাঠানো হবে। পরবর্তী দুটি সভা করার পরেও যদি ভূমি সংস্কার উপদেষ্টা পরিচালন সমিতি ওই তালিকার অনুমোদন দিতে না পারে তখন মহকুমা শাসকের মাধ্যমে ওই তালিকা অতিরিক্ত জেলা শাসকের কাছে পাঠানো হবে অনুমোদনের জন্য। এরপর অতিরিক্ত জেলা শাসকের অনুমোদনের পর ওই তালিকা Appendix III-এ দেওয়া খাতায় মৌজা ভিত্তিক নথিভুক্ত করা হয়।

৬। ৬২ নং বিধি ঃ ভূমি বণ্টন [Rule 62]. ৬১ নং নিয়মে বলা তালিকার চূড়ান্ত অনুমোদনের পরই সম্ভাব্য সমস্ত ভেস্ট জমি যোগ্যতার ক্রমানুসারে বিলি করা হবে। যদি এরকম দেখা যায় যে যারা ভেস্ট জমি দখল করে আছে তাদের কয়েক জনের নাম ওই চূড়ান্ত অনুমোদন প্রাপ্ত তালিকায় রয়েছে তখন ওই অগ্রাধিকারের ক্রমান্বয় (order of priority) এড়িয়ে যাওয়া যায়। পশ্চিমবঙ্গ ভূমি সংস্কার বিধি, ১৯৬৫ (W.B.L.R. Rules 1965)-এর ২০ক(৩) বিধিতে

কোনও ব্যক্তিকে সর্বোচ্চ এবং সর্ব্বনিম্ন যে জমি বিলি করা হবে তা বলা আছে। জমি বিলির ক্ষেত্রে ভূমি সংস্কার উপদেষ্টা পরিচালন সমিতির কোনও সুপারিশ বিবেচনা করা উচিত। এরকম যদি দেখা যায় যে ভূমি সংস্কার উপদেষ্টা পরিচালন সমিতির সুপারিশ সরকারের বর্তমান রীতি ও পদ্ধতির বিরুদ্ধে যাচ্ছে তখন মহকুমা শাসক বা অতিরিক্ত জেলা শাসক বা কালেক্টর সমস্ত কারণ ব্যাখ্যা করে পুনর্বিবেচনার জন্য উপরোক্ত কমিটিকে পাঠাবেন। পুনর্বিবেচনার পরেও যদি দেখা যায় যে ভূমি সংস্কার উপদেষ্টা পরিচালন সমিতি তার পূর্ব সিদ্ধান্তে অনড় এবং ওই পূর্ব সিদ্ধান্তে বা পুনর্বিবেচনার পরের সিদ্ধান্তে সমাহর্তা বা অতিরিক্ত জেলা শাসক বা মহকুমা শাসক সন্তুষ্ট নন সেক্ষেত্রে যোগ্যদের তালিকা (eligibility list) থেকে জমি বিতরণের উদ্যোগ নেবেন।

৭। ১৯৯১ সালের পশ্চিমবঙ্গ ভূমি সংস্কার নির্দেশিকার সংক্ষিপ্ত আলোচনা [Short discussion on W.B.L.R. Manual 1991]. ১৯৯১ সালের পঃ বঃ ভূমি সংস্কার নির্দেশিকার ১৩ নং পরিচ্ছেদের ১৮৭ নং বিধি অনুযায়ী রাজ্য সরকার কৃষিজমির বন্দোবস্ত করে থাকে। যে যে জমি এই বন্দোবস্তের আওতায় আসতে পারে তা হল—

(ক) 'খাস মহল' কৃষিজমি;

(খ) পশ্চিমবঙ্গ জমিদারি অধিগ্রহণ আইন (W.B.E.A. Act 1953) অনুযায়ী যে জমি ন্যস্ত হয়েছে;

(গ) পশ্চিমবঙ্গ ভূমি সংস্কার আইন ১৯৫৫ (W.B.L.R. Act 1955) অনুযায়ী যে জমি ন্যস্ত হয়েছে;

(ঘ) এছাড়া অন্যান্য উপায়ে যে কৃষি জমি রাজ্য সরকারের অধীনে রয়েছে।

১৯৯১ সালের পঃ বঃ ভূমি সংস্কার নির্দেশিকার ১৮৮ ধারায় বলা আছে সম্ভাব্য ব্যক্তিদের বিষয়ে যারা সরকারি জমির বন্দোবস্ত পেতে পারে।

১৯৯১ সালের পঃ বঃ ভূমি সংস্কার নির্দেশিকার ১৮৯ ধারায় কৃষিকার্যের জন্য জমি বন্দোবস্ত বিষয়ে বলা আছে।

১৯৯১ সালের পঃ বঃ ভূমি সংস্কার নির্দেশিকার ১৯০ ধারায় বাস্তু জমির বন্দোবস্ত বিষয়ে বলা আছে।

১৯৯১ সালের পঃ বঃ ভূমি সংস্কার নির্দেশিকার ১৯১ ধারায় বলা আছে যাকে বন্দোবস্ত (পাট্টা) দেওয়া হবে তাকে কোনও কিস্তি (premium) দিতে হবে

না। যাকে পাট্টা দেওয়া হচ্ছে তিনি ভূমির খাজনা (revenue) ও দিতে বাধ্য হবেন না। কিন্তু পাট্টাদার বন্দোবস্ত কৃত জমির উপরে সেস্ (cess) দিতে বাধ্য থাকবেন এবং এই সেস্ ঠিক করার জন্যই ওই জমির খাজনা হিসাব (assess) করা হবে।

১৯৯১ সালের পঃ বঃ ভূমি সংস্কার নির্দেশিকার ১৯২ ধারায় বলা আছে পাট্টা দেওয়ার ক্ষেত্রে ক্রমান্বয়ে তফসিলী উপজাতি, তফসিলী জাতি অথবা কোনও সমবায় সমিতিকে অগ্রাধিকার দিতে হবে ওই জমি চাষ করার জন্য।

আলোচনা

প্রথমে খুঁজতে হবে তফসিলী উপজাতির লোক আছে কিনা, যদি থাকে তবে তিনি অগ্রাধিকার পাবেন। এরপর তফসিলী জাতির লোকজন অগ্রাধিকার পাবেন। এরপর কোনও সমবায় সমিতি যদি চাষের উদ্দেশ্যে গঠিত হয় এবং তারা যদি পাট্টা নেওয়ার আবেদন জানায় তারা সুযোগ পাবেন। এরপর অন্যান্য আবেদনকারী সুযোগ পাবেন।

১৯৯১ সালের পঃ বঃ ভূমি সংস্কার নির্দেশিকার ১৯৩ ধারায় বলা আছে কোন্ কোন্ পেশার মানুষ পাট্টা বা বন্দোবস্ত পাওয়ার অধিকারী নন। চাকুরী, ব্যবসা, বাণিজ্য, শিল্প প্রভৃতি পেশার লোকজন পাট্টা পাওয়ার অধিকারী নন।

১৯৯১ সালের পঃ বঃ ভূমি সংস্কার নির্দেশিকার ১৯৪ ধারায় সরকারে ন্যস্ত জমির বন্দোবস্ত দেওয়ার নিয়ম/পদ্ধতি নির্দেশ করে এবং অগ্রাধিকার তালিকা (priority list) প্রস্তুতির বিষয়ে নির্দেশ করে। ওই বিধির পদ্ধতি অনুযায়ী ওই অগ্রাধিকার তালিকা প্রস্তুত করা উচিত বলে নির্দেশ দেয়।

"অকৃষি জমির" বন্দোবস্তের নীতি ও পদ্ধতি (principles and procedure) সম্বন্ধে বলা আছে ১৯৯১ সালের পঃ বঃ ভূমি সংস্কার নির্দেশিকার ১৫ নং পরিচ্ছেদের ২১৫ এবং ২৪৫ নং নিয়মে।

১৯৯১ সালের পঃ বঃ ভূমি সংস্কার নির্দেশিকার ২১৭ নং বিধান বিশেষ করে নির্দেশ করছে যে "বোর্ড অফ রেভেনিউ"-এর অনুমতি ছাড়া কোনও দীর্ঘমেয়াদী ইজারা দেওয়া যাবে না।

১৯৯১ সালের পঃ বঃ ভূমি সংস্কার নির্দেশিকার ২১৯ নং ধারা নির্দেশ দেয় যে সাধারণত দীর্ঘমেয়াদী ইজারা বা লীজ দেওয়া হবে ৩০ (ত্রিশ) বছরের জন্য। মেয়াদ শেষ হলে ইজারাগ্রহীতার আরও ৩০ বছরের জন্য ওই ইজারা নবীকরণের (lease renewal) সুযোগ আছে।

১৯৯১ সালের পঃ বঃ ভূমি সংস্কার নির্দেশিকার ২২৮, ২২৯, ২৩০ ধারা স্বল্প সময়ের ইজারার কথা বলেছে। ওই নির্দেশিকার ২৩৩ নং ধারায় ওই স্বল্পমেয়াদী ইজারার নবীকরণ (renewal) কীভাবে হবে তা নির্দিষ্ট করছে।

১৯৯১ সালের পঃ বঃ ভূমি সংস্কার নির্দেশিকার ২৩৯ ধারা অনুযায়ী বলা আছে কালেক্টর বা জেলা ভূমি ও ভূমি সংস্কার আধিকারিকের (D.L. & L.R.O.) লিখিত আদেশ ছাড়া যিনি ইজারা নিচ্ছেন [দীর্ঘমেয়াদী বা স্বল্পমেয়াদী] তিনি ইজারাপ্রাপ্ত জমির কোনও অংশ হস্তান্তর করতে পারবেন না। জেলা ভূমি ও ভূমি সংস্কার আধিকারিক স্বল্পমেয়াদী ইজারার ক্ষেত্রে এই ধরনের কোনও অনুমতি দেবেন না।

১৯৯১ সালের পঃ বঃ ভূমি সংস্কার নির্দেশিকার ২৪০ নং ধারায় বলা আছে স্বল্পমেয়াদী ইজারা দেওয়া আছে এমন ক্ষেত্রে যিনি ইজারা পেয়েছেন তিনি যদি সমাহর্তা বা জেলা ভূমি ও ভূমি সংস্কার আধিকারিকের আগাম অনুমতি ছাড়াই ওই ইজারাপ্রাপ্ত জমি হস্তান্তর করে থাকেন বা ভাড়া দেন, তবে তৎক্ষণাৎ ওই জমি থেকে উক্ত দখলকারকে সরিয়ে ওই জমি সরকারের দখলে আনবেন। যাতে ওই জমি দীর্ঘমেয়াদী ইজারা দেওয়া যায়।

১৯৯১ সালের পঃ বঃ ভূমি সংস্কার নির্দেশিকার ২১৮ নং ধারা অনুযায়ী অকৃষি জমির বন্দোবস্ত নিবন্ধীকৃত (registered) ইজারা হবে। দীর্ঘমেয়াদী ইজারার ক্ষেত্রে Appendix IV-এর ১ নং নিদর্শ [Form No. 1] এবং স্বল্পমেয়াদী ইজরারা ক্ষেত্রে ওই Appendix IV-এর ২ নং নিদর্শ [Form No. 2] অনুযায়ী আবেদন করতে হবে। ওই নিদর্শের কোনও রকম পরিবর্তন রাজস্ব পর্যদের আগাম অনুমতি ছাড়া করা যাবে না। দীর্ঘমেয়াদী/স্বল্পমেয়াদী উভয় ইজারার প্রস্তাব (Proposals) গুলি ১২ নং খাতায় (Register XII) নথিভুক্ত করতে হবে।

৮। কোন্ জমির বন্দোবস্ত সরকার দেবেন? [What kind of land the Government will settle?] ৪৯(১) ধারা অনুযায়ী সেই জমিই বন্দোবস্ত দেওয়া যাবে যা সরকারের নিজস্ব খাসে আছে। কোনও জমি বন্দোবস্ত দেওয়ার আগে কতগুলি বিষয় গভীরভাবে লক্ষ্য করতে হবে। প্রথমত, ওই জমি সরকারের অধীন কিনা? অর্থাৎ মৌজার ১ নং খতিয়ানে ওই জমি রেকর্ডভুক্ত কিনা? দ্বিতীয়ত, ওই জমি সরকারের নিজ দখলে আছে কিনা? কারণ এরকম হতে পারে জমি ন্যস্ত হয়েছে, ১ নং খতিয়ানে রেকর্ডভুক্ত আছে কিন্তু জমির

দখল সরকার নিতে পারেনি বিভিন্ন কারণে। অর্থাৎ রায়তের খাস দখলেই ওই জমি রয়েছে। দ্বিতীয় ক্ষেত্রের জমি বন্দোবস্ত দেওয়া যায় না।

যদি পঃ বঃ জমিদারি অধিগ্রহণ আইন অনুসারে কোনও জমি সরকারে ন্যস্ত হয় তবে পঃ বঃ জমিদারি অধিগ্রহণ আইনের (W.B.E.A. Act 1953) ১০ নং ধারা অনুযায়ী ওই ন্যস্ত জমির দখল নিতে হয়। আবার পঃ বঃ ভূমি সংস্কার আইন (W.B.L.R. Act 1955) অনুযায়ী জমি ন্যস্ত হলে তখন পঃ বঃ ভূমি সংস্কার আইনের ১৪ন(৩) এবং ১৪ন(৩ক) ধারা অনুযায়ী ওই জমির দখল নিতে হয়। ১৪ধধ [s. 14SS]-কে সংবিধানের এক্তিয়ার বহির্ভূত (*ultra vires*) ঘোষণা করা হয়েছে।[৩]

পশ্চিমবঙ্গ সরকার সেই জমিই কেবলমাত্র বণ্টন (distribution) করতে পারবে যে কৃষি জমি জমিদারি অধিগ্রহণ আইনে সরকারে ন্যস্ত হয়েছে এবং ওই আইনের ১০ নং ধারা অনুযায়ী দখল নেওয়া হয়েছে। এছাড়া যে জমি পঃ বঃ ভূমি সংস্কার আইন ১৯৫৫ অনুযায়ী সরকারে ন্যস্ত করা হয়েছে এবং ওই আইনের ১৪ন(৩) এবং (৩ক) [s. 14T(3) & (3A)] অনুযায়ী দখল নেওয়া হয়েছে। উভয় আইনে ন্যস্ত করা এবং দখল নেওয়া জমি, পঃ বঃ ভূমি সংস্কার আইন ১৯৫৫-এর ৪৯(১) ধারা এবং পঃ বঃ ভূমি সংস্কার বিধি, ১৯৬৫-এর বিধি ২০ক [r. 20A] অনুযায়ী বিলি বা বন্দোবস্ত দেওয়ার যোগ্য।[৪]

সরকারে ন্যস্ত জমির দখল নেওয়ার জন্য পঃ বঃ জমিদারি অধিগ্রহণ আইনের ১০(২) ধারা অনুযায়ী যে রায়তের জমি সরকারে ন্যস্ত করা হয়েছে তাকে বিজ্ঞপ্তি (notice) দেওয়া হয়।

ন্যস্ত হওয়া জমি নয় এরকম কোনও জমি যদি রাজ্য সরকার বণ্টনের বন্দোবস্ত করে তবে তাকে "বন্দোবস্ত" (settlement) বলা যায় না। যদি সত্যি সত্যিই কোনও রায়তি জমির বন্দোবস্ত রাজ্য সরকার দেয় তবে সেই পাট্টা দলিল বাতিল বলে গণ্য হবে। সুতরাং ৪৯ ধারা অনুসারে রাজ্য সরকার যেভাবে জমির বিলি বন্দোবস্ত করে থাকে এক্ষেত্রে তা ঠিক নয়।

৯। একটি ঘটনা [A fact]. কিছু জমি (সরকারের অধীন বলে ভাবা হয়েছিল) কয়েক জনকে পঃ বঃ ভূমি সংস্কার আইনের ৪৯(১) ধারামতে পাট্টা দেওয়া হয়েছিল। যাদের নামে পাট্টা দেওয়া হয়েছিল তারা রাজ্য সরকারকে নির্ধারিত

৩ *পশ্চিমবঙ্গ ভূমিজীবী সঙ্ঘ* বনাম *পঃ বঃ সরকার* 1992(1) CHN 496.

৪ *অনন্ত লাল পারামাণিক* বনাম *সৌমেন্দ্র মোহন সরকার* 86 CWN 1073.

কর (rent or tax) দিত এবং তাদের নাম স্বত্বলিপি (records of rights)-তে নথিভুক্ত হয়েছিল। এরপর দেখা গেল যে জমির বন্দোবস্ত দেওয়া হয়েছে তা আদৌ সরকারের খাস জমি (vested land) নয়। দেখা গেল ভুলক্রমে ওই বন্দোবস্ত হয়েছে। J.L.R.O. ওই লোকজনকে প্রত্যেককে আলাদা করে বিজ্ঞপ্তি (notice) দিলেন ওই জমির দখল ছেড়ে দেওয়ার জন্য। ওই পাট্টাপ্রাপ্ত লোকজন জমির দখল তো ছাড়লেনই না বরং ওই বিজ্ঞপ্তিকে আপত্তি (challenge) জানিয়ে মহামান্য আদালতের শরণাপন্ন হলেন। তারা আবেদনপত্রে জানালেন যেহেতু পঃ বঃ ভূমি সংস্কার আইনের ৪৯(২) ধারামতে তাদের পাট্টাগুলি বাতিল (annulment) হয়নি সুতরাং ওই জমির দখল ছেড়ে দেওয়ার জন্য J.L.R.O.-এর জারি করা বিজ্ঞপ্তি আইন বিরুদ্ধ।

মহামান্য উচ্চ ন্যায়ালয় এই মর্মে রায় দেন যে যেহেতু ৪৯(২) ধারামতে ওই পাট্টাগুলি বাতিলের পর্যায়ে পড়ে না সুতরাং ওই ধারা এক্ষেত্রে প্রযোজ্য নয়।[৫]

মহামান্য আদালতের রায় অনুযায়ী আবেদনকারীদের পাট্টাগুলিই ভুলক্রমে দেওয়া হয়েছিল সেগুলি বাতিলযোগ্য নয়।

১০। যে কোনও প্রকার শ্রেণির জমির বন্দোবস্ত [Settlement of any type of land]. পশ্চিমবঙ্গ ভূমি সংস্কার বিধি ১৯৬৫ (West Bengal Land Reforms Rules 1965)-এর ২০ক(৬) [r. 20A(6)] বিধি, যা বিজ্ঞপ্তি নং ৪১৬-এল. রেফ্., তাং ১৩.৬.১৯৮৮ দ্বারা নথিভুক্ত ছিল এবং কলিকাতা গেজেটে ১৫.৭.১৯৮৮ তারিখে প্রকাশিত হয়েছিল। ওই ধারা অনুযায়ী যে কোনও প্রকার, যে কোনও শ্রেণি (any description and classification) ভুক্ত জমি যা রাজ্য সরকারের এক্তিয়ারভুক্ত রয়েছে; রাজস্ব পর্যদের আগাম অনুমতি নিয়ে বন্দোবস্ত দিতে পারে। এই বন্দোবস্ত কোনও একজন ব্যক্তি, একাধিক ব্যক্তি, প্রতিষ্ঠান (institution), নিগম (corporation), ফার্ম (firm), কোম্পানি, সমিতি (society), ট্রাস্ট, সমবায় সমিতি (co-operative society), গ্রাম পঞ্চায়েত, পঞ্চায়েত সমিতি, জেলা পরিষদ, স্বীকৃত কোনও সংস্থাকে নির্দিষ্ট শর্ত সাপেক্ষে করতে পারেন। যে শর্তগুলি রাজস্ব পর্যদ নির্দিষ্ট করেছে।

৫ *সোমাই কিস্কু* বনাম *রাজ্য সরকার* 1992(1) Cal LJ 487.

১১। কৃষি ও বাস্তুজমির বন্দোবস্ত [Settlement of agricultural and homestead land]. ১৯৬৫ সালের পঃ বঃ ভূমি সংস্কার বিধির (W.B.L.R. Rules 1965) ২০ক [r. 20A] নিয়ম অনুসারে পশ্চিমবঙ্গ সরকারের জমি কৃষি ও বাস্তু তৈরি উদ্দেশ্যে বন্দোবস্ত করা হয়। যে বন্দোবস্ত সমাহর্তা বা অতিরিক্ত জেলা শাসক অথবা মহকুমা শাসক স্থায়ী ভিত্তিতে করেন। বন্দোবস্ত দেওয়ার ক্ষেত্রে ৪৯(১ক) ধারায় যে যে শর্তের কথা বলা আছে সেগুলি রায়তকে মানতে হয়।

সর্বাধিক এক একর কৃষি জমির বন্দোবস্ত রায়তকে দেওয়া যাবে যে জমির মধ্যে রায়তের নিজস্ব জমিও ধরা হবে। এছাড়া বর্গা প্রথায় কোনও জমি চাষ করলে যত জমি চাষ করছে তার অর্ধেক জমি তার নিজের বলে ধরা হবে। বাস্তুজমির বেলায় পাঁচ কাঠা বা .০৩৩৫ হেক্টরের বেশি জমি কাউকে বন্দোবস্ত দেওয়া হবে না।

আলোচনা

(ক) ধরা যাক্ কোনও রায়তের নিজস্ব জমি একদম নেই, তিনি বর্গা প্রথায় কোনও জমি চাষ করেন না। এক্ষেত্রে তিনি সর্বাধিক তিন বিঘা বা এক একর বা .৪০৪৭ হেক্টর জমির বন্দোবস্ত পেতে পারেন।

(খ) ধরা যাক কোনও রায়তের নিজস্ব ১৫ শতক জমি আছে। তিনি এক একর অর্থাৎ ১০০ শতক – ১৫ শতক = ৮৫ শতক জমির বন্দোবস্ত সর্বাধিক পেতে পারেন।

(গ) ধরা যাক কোনও রায়তের নিজস্ব কোনও জমি নেই কিন্তু ৫০ শতক জমি বর্গা চাষ করেন। এক্ষেত্রে ৫০ শতকের অর্ধেক অর্থাৎ ২৫ শতক জমি তার নিজস্ব হিসাবে ধরা হবে। বন্দোবস্ত দেওয়ার ক্ষেত্রে তিনি আর সর্বাধিক ৭৫ শতক জমি পেতে পারেন।

(ঘ) একজন রায়তের নিজস্ব ১০ শতক জমি আছে। বর্গা প্রথায় ৬০ শতক জমি চাষ করেন। এক্ষেত্রে তার নিজস্ব জমি ধরা হবে ১০ + (৬০ ÷ ২) = ৪০ শতক। তিনি সর্বাধিক আর ৬০ শতক জমির বন্দোবস্ত পেতে পারেন। ১৯৬৫ সালের পঃ বঃ ভূমি সংস্কার নিয়মের/বিধির (W.B.L.R. Rule 1965) ২০ক বিধির (৩ক) উপবিধি [r. 20A(3a)] অনুযায়ী সমাহর্তা বা অতিরিক্ত জেলাশাসক ও জেলা ভূমি ও ভূমি সংস্কার আধিকারিক অথবা মহকুমা শাসক ব্লক ভূমি সংস্কার উপদেষ্টা পরিচালন সমিতির সুপারিশ গ্রহণ করতে পারে আবার পুনর্বিবেচনার জন্য ফেরত পাঠাতে পারেন।

উক্ত বিধির (৩খ) উপবিধি [sub-rule (3b)] নিয়ম অনুযায়ী সমাহর্তা বা অতিরিক্ত জেলা শাসক বা মহকুমা শাসক (Collector or A.D.M. and D.L. & L.R.O. or Sub-Divisional Officer) প্রয়োজনে কোনও দখলদারকে উচ্ছেদ করে বন্দোবস্ত দেওয়া হয়েছে এমন ব্যক্তিকে জমির দখল দেবেন।

যিনি উচ্ছেদ হয়ে গেলেন তিনি প্রয়োজন মনে করলে উচ্ছেদ হওয়ার ত্রিশ দিনের মধ্যে পুনরায় ওই জমিতে চাষ করার আবেদন জানিয়ে সমাহর্তা বা জেলা ভূমি সংস্কার আধিকারিক বা মহকুমা শাসকের নিকট দরখাস্ত জমা দিতে পারেন। উক্ত দরখাস্তে উচ্ছেদ হওয়া ব্যক্তি এই মর্মে কারণ উল্লেখ করবেন যে তিনি ওই জমি চাষের অধিকারী। ওই দরখাস্ত পাওয়ার পনের দিনের মধ্যে সংশ্লিষ্ট আধিকারিক [সমাহর্তা/জেলা ভূমি সংস্কার আধিকারিক/মহকুমা শাসক] উভয় পক্ষকে বিজ্ঞপ্তি জারি করে নির্দিষ্ট দিনে শুনানির ব্যবস্থা করবেন। উভয় পক্ষকে বক্তব্য এবং তথ্য পেশের সুযোগ দেবেন। প্রয়োজন মনে করলে আবেদনকারীকে পুনরায় চাষের অধিকারে বহাল রাখার নির্দেশ দেবেন।

১৯৬৫ সালের পঃ বঃ ভূমি সংস্কার নিয়ম/বিধির [W.B.L.R. Rules 1965] ২০ক(৪) [r. 20A(4)] অনুযায়ী বন্দোবস্ত দলিল বা পাট্টা (deed of settlement), সম্পাদন (Execute) করবেন সমাহর্তা বা অতিরিক্ত জেলা শাসক বা মহকুমা শাসক ৮ক নিদর্শে [Form 8A]। সাধারণত বন্দোবস্ত দলিলে রাজস্ব আধিকারিক হিসাবে মহকুমা শাসকই [S.D.O.] স্বাক্ষর করে থাকেন। তিনিই order sheet-এ আদেশ দান করে থাকেন।

ব্লক ভূমি সংস্কার উপদেষ্টা পরিচালন সমিতির ক্ষমতা, এক্তিয়ার নিয়ে প্রভূত বিতর্ক হয়েছে। ৮০-র দশকে ব্লক ভূমি সংস্কার উপদেষ্টা পরিচালনা সমিতির পরিবর্তে বন দপ্তরকে (Forest Department) এই কমিটির মধ্যে জুড়ে দেওয়া হয় এবং নামকরণ হয় "বন ও ভূমি সংস্থার স্থায়ী সমিতি"।

রাজস্ব আধিকারিক ৪৯(১) ধারা অনুযায়ী ভেস্ট জমির বন্দোবস্ত দেবেন ওই ধারায় বর্ণিত নীতি ও নিয়ম মেনে। কিন্তু বন্দোবস্ত দেওয়ার বেলায় কনিষ্ঠ ভূমি সংস্কার আধিকারিকের এই আইনের ৪৯ নং ধারা অনুযায়ী নিযুক্ত নন এরকম ব্লক ভূমি সংস্কার উঃ পঃ সঃ অথবা অন্য কোনও অবিধিবদ্ধ (Non-statutory body) সংস্থার সাথে পরামর্শ করার এক্তিয়ার নেই।[৬]

৬ *আহেদি শেখ* বনাম *রাজ্য সরকার* 78 CWN 819.

১২। কোনও জমির পাট্টা বা বন্দোবস্ত বাতিল হতে পারে [Any patta or settlement may be annulled]. পশ্চিমবঙ্গ ভূমি সংস্কার আইনের ৪২(২) ধারা অনুযায়ী রাজস্ব আধিকারিক নিজে যদি মনে করেন বন্দোবস্তকৃত জমি ভুলবশত হয়েছে অর্থাৎ ভুলক্রমে পাট্টা দেওয়া হয়েছে তিনি ওই পাট্টা বা বন্দোবস্ত বাতিল করতে পারেন। অথবা রাজস্ব আধিকারিকের কাছে কোনও অভিযোগ এই মর্মে দায়ের হয় যে কোনও জমির পাট্টা/বন্দোবস্ত ভুলক্রমে দেওয়া হয়েছে তা হলেও তিনি ওই পাট্টা/বন্দোবস্ত বাতিলের প্রক্রিয়া শুরু করতে পারেন। বন্দোবস্ত করা হয়েছে এরকম জমি যদি পাট্টাদার [যাঁর নাম পাট্টা/বন্দোবস্ত হয়েছে] হস্তান্তর করে থাকেন তা হলেও ওই পাট্টা বাতিলযোগ্য। হস্তান্তর বলতে বিক্রি বা দানপত্র বা অন্য কোনও উপায়ে জমির হস্তান্তর। এক্ষেত্রে ৪৯(২) ধারায় ক্ষমতাপ্রাপ্ত রাজস্ব আধিকারিক উপযুক্ত সরেজমিনে তদন্তের পর যদি মনে করেন ওই বন্দোবস্ত ভুলক্রমে দেওয়া হয়েছে অথবা প্রতারণা, মিথ্যা তথ্য সরবরাহ, জোর করে ভয় দেখিয়ে বা অন্য কোনও উপায়ে দেওয়া হয়েছে অথবা ৪৯(১ক) ধারায় দেওয়া হস্তান্তরের বিধি নিষেধ না মেনে বন্দোবস্তকৃত জমির হস্তান্তর হয়েছে; তিনি অর্থাৎ রাজস্ব আধিকারিক ওই পাট্টা/বন্দোবস্ত এবং হস্তান্তর বাতিল ঘোষণা করতে পারেন।

পশ্চিমবঙ্গ ভূমি সংস্কার আইনের ৪৯(১), ৪৯(১ক), ৪৯(২) ধারা অনুযায়ী এটা বলা যায় (ক) সরকারের খাস জমি পঃ বঃ ভূমি সংস্কার আইনের ৪৯(১) ধারা অনুযায়ী বন্দোবস্ত দেওয়া হয়। (খ) সেই জমিরই বন্দোবস্ত সরকার দেবেন যে জমি সরকারের খাস দখলে আছে। (গ) বন্দোবস্তকৃত কোনও জমির পাট্টা ভুলক্রমে হলে ৪৯(২) ধারায় তা বাতিল হবে।

মনে করা যাক্ 'ক' এবং 'খ' দুই ব্যক্তি। পাট্টা/বন্দোবস্ত পাওয়ার ক্ষেত্রে যে যে শর্ত আছে সে সব বিবেচনা করলে 'ক' পাট্টা পাওয়ার যোগ্য কিন্তু ভুলক্রমে পাট্টা দেওয়া হয়েছে 'খ' কে।

আবার 'গ' কে সমস্ত পদ্ধতি অনুসরণ করে পাট্টা দেওয়ার পর দেখা গেল 'গ' ওই পাট্টার জমি হস্তান্তর করেছে।

উভয় ক্ষেত্রেই বন্দোবস্তকৃত পাট্টা বাতিল করা প্রয়োজন।

যে জমি সরকারের অনুকূলে ন্যস্ত হয়নি সেই জমির বন্দোবস্ত/পাট্টা হতে পারে না। সরকার এই রকম কোনো জমির বন্দোবস্ত দিলে তা আইন বিরুদ্ধ। এরূপ ক্ষেত্রে পাট্টা হলে ওই পাট্টা বাতিলের প্রশ্ন ওঠে না কারণ প্রক্রিয়াটিই অবৈধ।

যে সমস্ত কারণে বন্দোবস্ত বা হস্তান্তর ৪৯(২) ধারায় রাজস্ব আধিকারিক বাতিল করতে পারেন সেগুলি হল—

(ক) ভুলক্রমে হওয়া বন্দোবস্ত,

(খ) মিথ্যা তথ্য পরিবেশন, ভয় প্রদর্শন, প্রতারণা বা অন্য কোনও উপায়ে হওয়া বন্দোবস্ত,

(গ) ৪৯(১ক) ধারায় বলা সমস্ত নিয়ম না মেনে যদি বন্দোবস্তের জমি হস্তান্তর করা হয়।

১৩। জমির দখল ও পাট্টাদার [Possession of land and patta holder]. যে জমির বন্দোবস্ত দেওয়া হয়েছে বা বন্দোবস্ত দেওয়া হবে, যার নামে বন্দোবস্ত হচ্ছে বা হয়েছে তার দখলে থাকতেই হবে এমন কোনও মানে নেই। কোনও একজনের নামে পাট্টা হওয়ার পর দেখা গেল ওই জমি ওই ব্যক্তির দখলে নেই। এরপর ভূমি সংস্কার আইনের ৪৯(২) ধারায় পাট্টাটি বাতিল (annul) করা হয়। বাতিলের রায়কে চ্যালেঞ্জ জানিয়ে হাইকোর্টে মামলা হয়। হাইকোর্ট রায় দেয়—পঃ বঃ ভূমি সংস্কার আইনের ৪৯(১) ধারায় পাট্টা দেওয়া হয়। এই ধারায় এমন কিছু নির্দেশ দেয় না যে যার নামে পাট্টা/বন্দোবস্ত দেওয়া হচ্ছে বা হবে বন্দোবস্ত দেওয়ার সময় উক্ত জমির দখলে ওই জমি থাকতে হবে। পাট্টা বাতিলের আদেশ হাইকোর্ট নাকচ করে।[৭]

১৪। পাট্টা বাতিলের পর জমির দখল [Possession of land after annulment of patta]. পশ্চিমবঙ্গ ভূমি সংস্কার আইনের মতে ৪৯(২) ধারায় ক্ষমতাপ্রাপ্ত রাজস্ব আধিকারিক যদি পূর্বে দেওয়া পাট্টা বা বন্দোবস্ত বাতিল করেন তবে ৪৯(৩) ধারায় রাজস্ব আধিকারিক ওই জমির দখল পঃ বঃ সরকারের পক্ষে সমাহর্তাকে প্রদান করবেন। প্রয়োজনে, যিনি প্রকৃত দখলদার, তাঁকে বলপ্রয়োগ দ্বারা জমি থেকে উচ্ছেদ করবেন।

এই প্রক্রিয়া সম্পন্ন করতে রাজস্ব আধিকারিক ৪৯(৩ক) ধারায় ক্ষমতাপ্রাপ্ত। তিনি থানার ভারপ্রাপ্ত আধিকারিক (officer-in-charge) বা থানার ভারপ্রাপ্ত আধিকারিকের ঊর্ধতন আধিকারিককে নির্দিষ্ট নিদর্শ (Form) ও বয়ানে সমাহর্তাকে জমির দখল দেওয়ার নির্দেশ দেবেন। ওই আদেশ পেয়ে সংশ্লিষ্ট পুলিশ আধিকারিক প্রয়োজনীয় ব্যবস্থা নেবেন।

৭ *সতীশচন্দ্র হালদার* বনাম *রাজস্ব আধিকারিক* 91 CWN 693.

১৫। ৪৯(৩) এবং ৪৯(৩ক) ধারায় ক্ষমতাপ্রাপ্ত রাজস্ব আধিকারিক [Revenue Officer empowered under s. 49(3) and 49(4)]. মহকুমা শাসক (Sub-Divisional Officer or S.D.O.) হলেন ৪৯(৩) এবং ৪৯(৩ক) ধারায় ক্ষমতাপ্রাপ্ত রাজস্ব আধিকারিক। ৪৯(৩) ধারা অনুযায়ী রাজস্ব আধিকারিক পাট্টা বাতিল করার পর জেলা সমাহর্তার অনুকূলে জমির দখল আনবেন। যিনি জমির প্রকৃত দখলদার প্রয়োজনে পুলিশ প্রশাসনের সাহায্যে তাকে উচ্ছেদ করবেন। পঃ বঃ ভূমি সংস্কার আইনের ৪৯(৩ক) ধারা অনুযায়ী থানার ভারপ্রাপ্ত আধিকারিক (O.C.) বা তার ঊর্ধতন আধিকারিককে (Sub-Divisional Police Officer) নির্দিষ্ট নিদর্শে (Form) প্রকৃত দখলদারকে উচ্ছেদের নির্দেশ দেবেন। দায়িত্বপ্রাপ্ত পুলিশ আধিকারিক প্রয়োজনীয় ব্যবস্থা নেবেন।

১৬। পাট্টা বা বন্দোবস্ত বাতিলের পদ্ধতি [Procedure of annulment of settlement or patta]. পশ্চিমবঙ্গ সংস্কার আইনের ৪৯ নং ধারার (২) উপধারায় রাজত্ব আধিকারিককে পাট্টা বা বন্দোবস্ত বাতিলের (annul) দায়িত্ব দেওয়া আছে। রাজস্ব আধিকারিক যদি মনে করেন বন্দোবস্ত দেওয়াটা ভুল হয়েছে তা হলে তিনি এর সংশোধন করতে পারেন। ভুল তথ্য সরবরাহ, কোনও ভয় দেখিয়ে বা অন্য কোনও অনিয়ম দ্বারা পাট্টা/বন্দোবস্ত দেওয়া হয়েছে বলে মনে করলে ৪৯(২) ধারায় দায়িত্বপ্রাপ্ত রাজস্ব আধিকারিক বাতিলের প্রক্রিয়া শুরু করবেন।

কীভাবে পাট্টা/বন্দোবস্তের বাতিল প্রক্রিয়া (annulment) হবে তা বলা আছে ১৯৬৫ সালের পশ্চিমবঙ্গ ভূমি সংস্কার নিয়মের (W.B.L.R. Rules 1965) ২০খ বিধির (১) ও (২) উপবিধিতে। ১৯৬৫ সালের পশ্চিমবঙ্গ ভূমি সংস্কার নিয়মের ২০খ নিয়ম (Rule 20B) রাজস্ব আধিকারিককে পাট্টা/বন্দোবস্ত বাতিলের জন্য একটা প্রক্রিয়া শুরু (proceeding) করতে বলেছে। ওই বিধিতে বলা আছে তিনি প্রয়োজনে সমস্ত নথিপত্র (Records) চেয়ে নিয়ে সরেজমিনে তদন্তের (field enquiry) জন্য পাঠাতে পারেন। ওই ধারা অনুযায়ী দায়িত্বপ্রাপ্ত রাজস্ব আধিকারিক নিজে তদন্ত করতে পারেন অথবা তিনি ওই তদন্ত করার নির্দেশ (direction) দিতে পারেন। ওইরূপ তদন্ত রাজস্ব পরিদর্শক (Revenue Inspector) করলে হবে না। এমন আধিকারিক করবেন অন্ততঃপক্ষে তিনি West Bengal Subordinate Land Revenue Service, Grade-I পদমর্যাদার আধিকারিক হবেন। অর্থাৎ W.B.S.L.R.S., Gr-I পদমর্যাদার নীচের কোনও কর্মচারীকে দিয়ে পাট্টা/বন্দোবস্ত বাতিলের (annulment) সরেজমিনে তদন্ত করানো যাবে না।

৪৯(২) ধারায় রাজস্ব আধিকারিক কীভাবে বাতিলের প্রক্রিয়া করবেন তা বলা আছে নিয়ম ২০খ-তে। নিয়ম ২০খ অনুযায়ী রাজত্ব আধিকারিক বাতিলের প্রস্তাব সরাসরি নাকচ করতে পারেন অথবা সরেজমিনে তদন্তের জন্য দিন ধার্য্য করতে পারেন। যার নামে পাট্টা আগে দেওয়া হয়েছিল তাঁকে বিজ্ঞপ্তি (Notice) দিয়ে বলার সুযোগ দিতে হবে এবং তারপর প্রয়োজনীয় আদেশ দান করবেন।

১৭। ৪৯(২) ধারায় বর্ণিত রাজস্ব আধিকারিক কে? [Who is the Revenue Officer under s. 49(2) of W.B.L.R. Act?]. মহকুমা শাসক (Sub-Divisional Officer or S.D.O.) হচ্ছেন ৪৯(২) ধারায় বর্ণিত রাজস্ব আধিকারিক। তিনি পঃ বঃ ভূমি সংস্কার (সংশোধনী) আইন ১৯৫৫-এর ৪৯(২) ধারা অনুযায়ী পাট্টা/বন্দোবস্ত বাতিলের জন্য কার্যাবলি (proceeding) করবেন।[৮]

১৮। বন্দোবস্ত/পাট্টা জারি করার পর ন্যস্ত হওয়া (vesting) বাতিল হলে পাট্টাদারদের অবস্থা [Condition of patta holders if vesting is rejected after issuing patta]. কোনও জমি নির্দিষ্ট ঊর্ধসীমা বহির্ভূত প্রমাণিত হতে অতিরিক্ত জমি সরকারের অনুকূলে বর্তায় বা vest হয়। নির্দিষ্ট পদ্ধতি মেনে পঃ বঃ ভূমি সংস্কার আইনের ৪৯(১) ধারা মতে রাজস্ব আধিকারিক (S.D.O.) ওই জমির বন্দোবস্ত দেন। পরবর্তী ক্ষেত্রে উচ্চ ন্যায়ালয়ের (High Court/ Supreme Court)-এর নির্দেশে ওই vesting-এর আদেশ যদি অবৈধ ঘোষিত হয় তবে সাথে সাথেই বন্দোবস্ত বা পাট্টা অবৈধ হয়ে যায়। এক্ষেত্রে ৪৯(২) ধারায় যেভাবে পাট্টা বাতিল করা হয় সেভাবে হয় না। Vesting-এর রায় বাতিলের সাথে সাথেই বন্দোবস্ত/পাট্টাগুলি বাতিল হয়। কারণ ওই জমি তখন আর রাজ্য সরকারের বর্তায় না।[৯]

আর একটি মামলায় কিছু জমি উদ্বৃত্ত ঘোষণা করার পর কয়েক জনকে [আবেদনকারী] বন্দোবস্ত দেওয়া হয় নির্দিষ্ট নিয়ম অনুযায়ী। এরপর ওই ন্যস্ত হওয়ার আদেশ বিভিন্ন আদালত অবৈধ ঘোষণা করে। নির্দিষ্ট এলাকার J.L.R.O. আদালতের আদেশ অনুযায়ী যাদের বন্দোবস্ত দেওয়া হয়েছিল তাদের বিজ্ঞপ্তি (notice) দিয়ে জমি ছেড়ে দিতে বলে। বিজ্ঞপ্তিতে উল্লেখ করা হয় যে ভুলবশত পাট্টা দেওয়া হয়েছিল কারণ বন্দোবস্তকৃত জমিগুলি সরকারে বর্তায়

৮ *বদ্রুজ্জামানি* বনাম *মহকুমা শাসক সদর, হুগলি* 1979(1) CHN 314.

৯ *বানেশ্বর জানা* বনাম *রাজ্য সরকার* 1992 Cal LJ 489.

নি। J.L.R.O.-এর ওই notice-কে চ্যালেঞ্জ জানিয়ে আদালতে যান আবেদনকারীরা। তারা আবেদনে বলেন যেহেতু ওই জমির পাট্টা পঃ বঃ ভূমি সংস্কার আইনের ৪৯(২) ধারা অনুযায়ী সংশ্লিষ্ট রাজস্ব আধিকারিক বাতিল করেননি সুতরাং রাজ্য সরকার তাদের ওই জমির দখল ছেড়ে দিতে বলতে পারে না। মহামান্য আদালত এই মর্মে রায় দেন যে বন্দোবস্তকৃত জমি যেহেতু সরকারের নয় সেইজন্য সরকার ওই জমির বন্দোবস্ত দিতে পারে না। খুব স্বাভাবিকভাবে পঃ বঃ ভূমি সংস্কার আইনের ৪৯(২) ধারায় প্রয়োগ (application) এখানে খাটে না। এক্ষেত্রে ৪৯(২) ধারায় পাট্টা বাতিলের দরকার হয় না। J.L.R.O.-এর জমির দখল ছেড়ে দেওয়ার জন্য যে বিজ্ঞপ্তি (notice) দিয়েছিলেন তা ৪৯(২) ধারা অনুযায়ী নয়, মহামান্য আদালতের আদেশ অনুযায়ী জমি ছেড়ে দেওয়ার notice দিয়েছিলেন। তবে মহামান্য আদালত এরকম রায় দেন যে যেহেতু পাট্টা বাতিলের ফলে আবেদনকারীদের ভীষণ কষ্ট হবে, তাদের কষ্ট লাঘব করার জন্য পরবর্তী সময়ে কোনও জমি ন্যস্ত হলে এবং ওই জমি পঃ বঃ ভূমি সংস্কার আইনের ৪৯(১) ধারা অনুযায়ী বন্দোবস্ত করলে ওই ব্যক্তিদের যেন অগ্রাধিকার দেওয়া হয়।[১০]

১৯। পাট্টাদার দ্বারা হস্তান্তরিত জমি রাজস্ব আধিকারিক নথিভুক্ত করবেন কিনা [Whether R.O. will record the land transferred by patta holder]. পশ্চিমবঙ্গ ভূমি সংস্কার আইনের ৪৯(১ক) ধারামতে কোনও পাট্টাদার পাট্টাপ্রাপ্ত জমি হস্তান্তর করতে পারবেন না। এমনকী পাট্টাদার নিবন্ধীকৃত দলিল দ্বারা যদি ওই জমি হস্তান্তর করেন তা হলেও তা অবৈধ। বিক্রি দলিল, দানপত্র, ইচ্ছাপত্র বা অন্য কোনও উপায়ে হস্তান্তর করলেও তা আইনসম্মত হবে না। সুতরাং নিবন্ধীকৃত ওই দলিল স্বত্বলিপিতে নথিভুক্ত করার কোনও দায় বা দায়িত্ব রাজস্ব আধিকারিকের উপর বর্তায় না। যেখানে নিবন্ধীকৃত দলিল-ই আইনসম্মত নয়, সুতরাং ওই দলিল মোতাবেক গ্রহীতার নাম স্বত্বলিপিতে অন্তর্ভুক্ত করার কোনও প্রশ্নই ওঠে না।

২০। ৪৯(২) ধারা অনুযায়ী সরেজমিনে তদন্তকারী আধিকারিক [Inspecting Officer under s. 49(2) of W.B.L.R. Act]. ১৯৬৫ সালের পঃ বঃ ভূমি সংস্কার নিয়মের (W.B.L.R. Rules 1965) ২০খ নিয়ম অনুযায়ী রাজস্ব আধিকারিক অর্থাৎ মহকুমা শাসক নিজে সরেজমিনে তদন্ত করতে

১০ *সোমাই কিস্কু* বনাম *পঃ বঃ সরকার* 1992(1) Cal LJ 487.

পারেন অথবা তিনি অন্য কোনও আধিকারিককে সরেজমিনে তদন্তের জন্য পাঠাতে পারেন যিনি West Bengal Subordinate Land Revenue Service, Grade-I-এর পদমর্যাদার নীচে নন। রাজস্ব পরিদর্শক (Revenue Inspector) বা আমিন ৪৯(২) ধারার জন্য তদন্ত করতে পারেন না।

২১। যার পাট্টা/বন্দোবস্ত বাতিল করা হচ্ছে তাঁকে জানানো কি বাধ্যতামূলক? [Whether it is mandatory to inform the person whose patta is going to be annulled?] ধরা যাক "ক"-এর নামে ১০ শতক বন্দোবস্ত দেওয়া হয়েছিল। ৪৯(২) ধারায় ক্ষমতাপ্রাপ্ত রাজস্ব আধিকারিক এই বন্দোবস্ত/পাট্টা বাতিলের সিদ্ধান্ত নিয়েছেন। এক্ষেত্রে রাজস্ব আধিকারিক কি "ক"-কে বিজ্ঞপ্তি (notice) দিয়ে তাঁর বক্তব্য শুনতে বাধ্য?

৪৯(২) ধারার সমস্ত কার্যপ্রণালী [তদন্ত থেকে শুরু করে চূড়ান্ত রায়দান পদ্ধতি] বিচার ব্যবস্থার মতই হয়ে থাকে। সুতরাং যাঁর পাট্টা বা বন্দোবস্ত বাতিল করা হবে বলে সিদ্ধান্ত হয়েছে তাকে শুনানিতে হাজির হওয়ার সুযোগ দেওয়া উচিত। কেন পাট্টা/বন্দোবস্ত বাতিল করা হচ্ছে [যে পাট্টা বা বন্দোবস্ত তাঁর নামে ছিল] যদি তিনি তা না জানতে পারেন তবে শুনানির সময় তিনি তাঁর বক্তব্য ঠিক মত বলতে পারবেন না। সুতরাং ৪৯(২) ধারায় ক্ষমতাপ্রাপ্ত রাজস্ব আধিকারিক আদেশপত্রে (order sheet) সংক্ষেপে লিখতে পারেন কেন পূর্ব-প্রস্তাবিত বন্দোবস্ত বাতিল করা হচ্ছে, তিনি তাঁর মতামত আদেশপত্রে লিখবেন। সুতরাং যাঁর বন্দোবস্ত বাতিল করা হচ্ছে তিনি এটা রাজস্ব আধিকারিকের কাছে জানতে চাইতেই পারেন কেন তাঁর বন্দোবস্ত বাতিল করা হচ্ছে এবং "ভুল" (mistake) কী? যে বিজ্ঞপ্তি (notice) পাট্টাদারকে দেওয়া হবে তাতে যেন ওই "ভুলের" বিবরণ দেওয়া থাকে।[১১]

২২। বন্দোবস্ত/পাট্টা বাতিল করার জন্য ৪৯(২) ধারায় আবেদনপত্র দাখিল করতে হবে মহকুমা শাসকের কাছে [For the annulment of patta/ settlement an application under s. 49(2) must be submitted to the Sub-divisional Magistrate]. আবেদনকারী (writ petitioner) পশ্চিমবঙ্গ ভূমি সংস্কার আইনের ৪৯(২) ধারামতে পাট্টা বাতিলের জন্য একটি আবেদনপত্র মুর্শিদাবাদ জেলার রামনগর ব্লকের সমষ্টি ভূমি ও ভূমি সংস্কার আধিকারিকের কাছে দাখিল করেন। কিন্তু তিনি কোনও ব্যবস্থা গ্রহণ না করায়

১১ *শেখ কেনারাম* বনাম *পঃ বঃ সরকার* 1983 Cal LJ 144.

W.B.L.R.T.T.-তে আবেদন দাখিল করেন যাতে সংশ্লিষ্ট সমষ্টি ভূমি ও ভূমি সংস্কার আধিকারিককে মহামান্য W.B.L.R.T.T. আবেদনপত্রটি দ্রুত নিষ্পত্তি করার নির্দেশ দেন। W.B.L.R.T.T. তার আবেদনটি বাতিল করেন। অসন্তুষ্ট হয়ে ওই রায়কে চ্যালেঞ্জ জানিয়ে মহামান্য কলিকাতা উচ্চ ন্যায়ালয়ের ডিভিশন বেঞ্চে আবেদনকারী আর্জি জমা দেন। ডিভিশন বেঞ্চ পশ্চিমবঙ্গ ভূমি সংস্কার নির্দেশিকার ২০৯(৩) বিধি বিশ্লেষণ সাপেক্ষে জানান, পশ্চিমবঙ্গ ভূমি সংস্কার নির্দেশিকার ২০৯(৩) বিধিতে উল্লেখ আছে, পশ্চিমবঙ্গ ভূমি সংস্কার আইনের ৪৯ ধারার বিধান অনুযায়ী প্রদত্ত 'পাট্টা' বাতিলের জন্য মহকুমা শাসকের কাছে আবেদনপত্র জমা দিতে হবে এবং সমষ্টি ভূমি ও ভূমি সংস্কার আধিকারিক, রামনগরের ওই আবেদনটি বিষয়ে ব্যবস্থা নেওয়ার কোনও এক্তিয়ারই নেই। সুতরাং W.B.L.R.T.T. যে কারণ উল্লেখ করে আবেদনটি বাতিল করেছেন তাতে ডিভিশন বেঞ্চ কোনও আইন বিরুদ্ধ বিষয় দেখেন নি, সঠিক সিদ্ধান্তই W.B.L.R.T.T. নিয়েছেন। আরও উল্লেখ করা হয়েছে, ৪৯(২) ধারায় লিখিত আবেদনপত্রটিতে ঠিকানা উল্লেখ করা হয়েছে 'রাজস্ব আধিকারিকের প্রতি' কিছু পেশ করা হয়েছে রামনগর সমষ্টি ভূমি ও ভূমি সংস্কার আধিকারিকের কাছে, যার কোনও এক্তিয়ারই নেই ওই আবেদনপত্র বিষয়ে কোনও সিদ্ধান্ত নেওয়ার। সুতরাং আবেদনকারীর দাখিল করা আর্জি (writ) টি খারিজ করা হল। ৪৯(১) ধারায় দেওয়া পাট্টা কেন ৪৯(২) ধারায় বাতিল করা হবে সে বিষয়ে সুনির্দিষ্ট, সুস্পষ্ট কারণ প্রমাণসহ দাখিল করতে হবে সংশ্লিষ্ট মহকুমা শাসকের কাছে।[১২]

১৯৯১ সালের পশ্চিমবঙ্গ ভূমি সংস্কার নির্দেশিকা কার্যকর হওয়ার আগে মহামান্য কলিকাতা উচ্চ ন্যায়ালয় একটি মামলায় জানান পশ্চিমবঙ্গ ভূমি সংস্কার আইনে ৪৯(২) ধারা অনুযায়ী কার্যাবলি করার পক্ষে মহকুমা শাসকই যথার্থ কর্তৃপক্ষ।[১৩]

২৩। বন্দোবস্ত/পাট্টা জমির হস্তান্তর [Transfer of settlement/patta land]. পশ্চিমবঙ্গ ভূমি সংস্কার আইনের ৪৯(১ক) ধারায় বলা আছে পাট্টাদার (যিনি পাট্টা পেয়েছেন) বন্দোবস্তকৃত জমি হস্তান্তর করতে পারবেন না। হস্তান্তর বলতে বিক্রি, দানপত্র, ইচ্ছাপত্র বা অন্য কোনও উপায়ে জমির হস্তান্তর

১২ *মহঃ আব্দুস সাদিক সরকার* বনাম *পশ্চিমবঙ্গ সরকার* 2011(2) Cal LJ 592 (Cal); 2011(4) CHN 749 (Cal) (DB).

১৩ *বদ্রুজ্জমানি* বনাম *হুগলি সদর মহকুমা শাসক* 1979(1) CHN 314.

বোঝায়। পাট্টাদার কোনও প্রকার হস্তান্তর করতে পারবেন না। কিন্তু তিনি পাট্টাকৃত জমির উন্নয়ন, কৃষিজাত ফসলের বা দ্রব্যের উৎপাদন বৃদ্ধির উদ্দেশ্যে অথবা বাড়ি তৈরির জন্য ঋণ পাওয়ার লক্ষ্যে জমি সাধারণ বন্ধক দিতে পারেন। তবে যে কোনও জায়গায় পাট্টাদার জমি বন্ধক রাখতে পারবেন না। নিম্নলিখিত আর্থিক সংস্থায় সাধারণ বন্ধক (simple mortgage) দেওয়ার অনুমতি পাট্টাদারকে দেওয়া হয়েছে ভূমি সংস্কার আইনের ৪৯(১ক) ধারায় ঃ

(ক) নির্দিষ্ট ব্যাঙ্ক,

(খ) সমবায় সমিতি,

(গ) কেন্দ্র বা রাজ্য সরকার বা উভয় নিয়ন্ত্রিত কোনও আর্থিক নিগম (Financial Corporation) ইত্যাদি।

পশ্চিমবঙ্গ ভূমি সংস্কার আইনের এই উপধারাটি যুক্ত হয়েছে পশ্চিমবঙ্গ ভূমি সংস্কার (সংশোধনী) আইন, ১৯৭৫ (১৯৭৫ সালের ২৩ নং আইন) দ্বারা। এটি কলিকাতা গেজেটে প্রকাশিত হয়েছিল ১০.৭.১৯৭৫ তারিখে।

নিবন্ধীকৃত কোনও পাট্টাদার বন্দোবস্তকৃত জমি হস্তান্তর করলে তা অবৈধ হবে। এমনকী দলিল হলেও আইনগত কোনও মূল্য ওই নিবন্ধীকৃত দলিলের থাকবে না। তবে ১০.৭.১৯৭৫ সালের আগে হস্তান্তর হলে ওই হস্তান্তরকে অবৈধ বলা যায় না।

২৪। আবেদনকারীকে জমি প্রত্যাবর্তন, প্রতিবিধান করা বিষয়ে সংশ্লিষ্ট সমষ্টি ভূমি ও ভূমি সংস্কার আধিকারিকের নিষ্ক্রিয়তা [Inactivity of B.L. & L.R.O. to return the land or counter-act to the applicant]. আবেদনকারীর জমি পশ্চিমবঙ্গ ভূমি সংস্কার আইনের ১৪ন(৩) ধারা [s. 14T(3)] অনুযায়ী সরকারের অনুকূলে খাস হয়েছিল। ১৯৯৪ সালে উক্ত খাস ঘোষণা সংক্রান্ত রাজস্ব আধিকারিকের আদেশটি বাতিল হয়। ইতিমধ্যে যোগ্য ব্যক্তিদের মধ্যে উক্ত খাস হওয়া জমির বন্দোবস্ত দেওয়া হয়েছিল। খাস ঘোষণা সংক্রান্ত আদেশটি বাতিল হওয়ার পর, নির্ধারিত কর্তৃপক্ষ বন্দোবস্তগুলি বাতিল করেন। আবেদনকারীর বক্তব্য এই যে, বন্দোবস্ত (পাট্টা) গুলি বাতিলের পর সংশ্লিষ্ট নির্ধারিত কর্তৃপক্ষ, বিশেষ করে সমষ্টি ভূমি ও ভূমি সংস্কার আধিকারিক বন্দোবস্ত বাতিলের পরেও জমির প্রকৃত মালিককে ওই জমি প্রত্যাবর্তন করাতে নিষ্ক্রিয়তা দেখাচ্ছেন। সুতরাং সংবিধানের ২২৬ ধারার অধীনের আবেদনকারী মহামান্য উচ্চ ন্যায়ালয়ে আবেদন করেছিলেন। কিন্তু মহামান্য উচ্চ ন্যায়ালয় উক্ত আবেদনটি (writ) সমর্থনযোগ্য

(maintainable) না হওয়ায় বাতিল করেন। এই দৃষ্টিকোণ থেকে আদেশ দেওয়া হয় যে, W.B.L.R.T.T. Act 1997-এর ৬, ৭ এবং ৮ ধারা অনুযায়ী সংশ্লিষ্ট সমষ্টি ভূমি ও ভূমি সংস্কার আধিকারিকের নিষ্ক্রিয়তার বিরুদ্ধে প্রতিবিধান পাওয়ার জন্য উক্ত W.B.L.R.T.T. সমীপে আবেদন করতে হবে।[১৪]

২৫। পশ্চিমবঙ্গ ভূমি সংস্কার আইনের ৪৯(২) ধারার বিরুদ্ধে আপিল [Appeal against s. 49(2) of W.B.L.R. Act]. রাজস্ব আধিকারিক ৪৯(২) ধারায় পাট্টা বাতিলের আদেশ দিলে এই রায়ের বিরুদ্ধে কোনও ব্যক্তি ৪৯(৪) ধারামতে ঊর্ধতন কর্তৃপক্ষের [জেলা ভূমি ও ভূমি সংস্কার আধিকারিক] নিকট আবেদন করতে পারেন। এই আবেদন করতে হবে ৪৯(২) ধারায় আদেশ দানের ত্রিশ দিনের মধ্যে। উক্ত আবেদনপত্র পেয়ে জেলা ভূমি ও ভূমি সংস্কার আধিকারিক বিজ্ঞপ্তির মাধ্যমে উভয় পক্ষকে শুনানির জন্য ডাকবেন। উভয় পক্ষের বক্তব্য শুনে চূড়ান্ত আদেশ দেবেন ৪৯(৪) ধারায় ক্ষমতাপ্রাপ্ত রাজস্ব আধিকারিক। প্রয়োজনে রাজস্ব আধিকারিক সরেজমিনে তদন্তের আদেশ দিতে পারেন। West Bengal Subordinate Land Revenue Service, Grade-I পদমর্যাদার নীচের কোনও সরকারি কর্মচারী এই তদন্ত করবেন না।

অতিরিক্ত জেলা শাসক এবং জেলা ভূমি ও ভূমি সংস্কার আধিকারিক (Additional District Magistrate and District Land and Land Reforms Officer or A.D.M. and D.L. & L.R.O.) বিজ্ঞপ্তি নং ১৫৯৫৪-এল. রেফ্., তারিখ ২৬.১০.১৯৭২ অনুযায়ী ৪৯(২) ধারার রায়ের বিরুদ্ধে দায়ের করা আবেদনের শুনানি করবেন ৪৯(৪) ধারা অনুযায়ী।

আবেদনকারী তার আবেদনে জানাবেন কেন ৪৯(২) ধারা অনুযায়ী তার পাট্টা যা বাতিল করা হয়েছে তা সঠিক হয়নি। অর্থাৎ যথেষ্ট কারণ দেখিয়ে তাকে বলতে হবে কেন তিনি পাট্টা পাওয়ার উপযুক্ত। সমস্ত কিছু শোনার পর কর্তৃপক্ষের চূড়ান্ত রায় ঘোষণা হবে।

২৬। সমষ্টি ভূমি ও ভূমি সংস্কার আধিকারিকের জারি করা পশ্চিমবঙ্গ ভূমি সংস্কার আইনের ৪৯(২) ধারায় বিজ্ঞপ্তি [notice] অবৈধ [Notice issued by B.L. & L.R.O. is not valid under s. 49(2) of W.B.L.R. Act]. গ্রামবাসীদের দাখিল করা আবেদনের ভিত্তিতে সংশ্লিষ্ট সমষ্টি ভূমি ও ভূমি

১৪ *অটকুর এ হক* বনাম *পশ্চিমবঙ্গ সরকার* Cal LT 2008(3) HC 122 (Cal).

সংস্কার আধিকারিক বর্তমান আবেদনকারীকে বিজ্ঞপ্তি দিয়ে কারণ (cause) জানতে চান কেন 'খাল' জমির বন্দোবস্ত বাতিল করা হবে না। মহামান্য W.B.L.R.T.T. উক্ত বিজ্ঞপ্তির মধ্যে কোনও আইন বিরুদ্ধ বিষয় লক্ষ্য করেন নি। মহামান্য উচ্চ ন্যায়ালয়ে দাখিল করা আবেদন (writ) বিচার করার সময় উচ্চ ন্যায়ালয় বলেন, পশ্চিমবঙ্গ ভূমি সংস্কার আইনের ৪৯(২) ধারা অনুযায়ী পাট্টা (বন্দোবস্ত) বাতিলের জন্য মহকুমা শাসকের কাছে আবেদনপত্র জমা দিতে হবে এবং উক্ত আবেদনপত্র নিষ্পত্তির কোনও এক্তিয়ারই নেই সংশ্লিষ্ট সমষ্টি ভূমি ও ভূমি সংস্কার আধিকারিকের। W.B.L.R.T.T.-এর আদেশ বাতিলের নির্দেশ দেন উচ্চ ন্যায়ালয়ের মহামান্য ডিভিশন বেঞ্চ। তবে উক্ত পাট্টা বাতিলের জন্য সংশ্লিষ্ট মহকুমা শাসকের কাছে গ্রামবাসীদের আবেদন করার স্বাধীনতা দেওয়া হল।[১৫]

২৭। ৪৯(২) বা ৪৯(৪) ধারার শুনানিতে আইনজীবী [Advocate before the hearing under s. 49(2) or s. 49(4)]. ৪৯(২) বা ৪৯(৪) ধারার শুনানির সময় আইনজীবী নিয়োগ করা যাবে।

২৮। ব্লক লেভেল ল্যান্ড রিফর্মস অ্যাডভাইসারি কমিটি [Block Level Land Reforms Advisory Committee]. বিভিন্ন আদেশনামা (order) দ্বারা ব্লক ভূমি সংস্কার উপদেষ্টা পরিচালন সমিতি তৈরি হয়েছে। রাজস্ব পর্ষদের অন্যতম আদেশ নামা নং ৮৯৩ জিই, তাং ২৪.১.১৯৭৮ দ্বারা এটি গঠিত হয়েছে। ১৯৭৮ সালে গ্রাম পঞ্চায়েত নির্বাচনের দ্বারা পঞ্চায়েত সমিতি গঠিত হয়েছে বিভিন্ন ব্লকে। পঞ্চায়েত সমিতিকে বিজ্ঞপ্তি নং ৩৩৩-জিই ৮৪২/৭৮, তাং ১০.১.১৯৭৯ দ্বারা ভূমি সংস্কার উপদেষ্টা পরিচালন সমিতির কার্য করার জন্য ক্ষমতা দেওয়া হয়েছে।

ভূমি সংস্কার উপদেষ্টা পরিচালন সমিতির কাজ ঃ

(১) বর্তমানে প্রচলিত বিভিন্ন আইন ও নিয়ম মেনে ব্লক ভূমি সংস্কার উপদেষ্টা পরিচালন সমিতি পাট্টা পাওয়ার যোগ্য লোকের তালিকা মৌজা অনুযায়ী তৈরি করতে আধিকারিকদের সাহায্য করবে। এছাড়া পাট্টা বা বন্দোবস্ত দেওয়ার ক্ষেত্রে সুপারিশ করবে।

(২) বিভিন্ন জমির বর্গাদার ও মালিকের মধ্যে কোনও বিরোধ দেখা দিলে বিশেষ করে ফসল বোনা ও কাটার সময় ব্লক ভূমি সংস্কার উপদেষ্টা পরিচালন সমিতি তা মেটাতে সাহায্য করবে।

(৩) রাজস্ব পর্ষদ অন্য কোনও দায়িত্ব দিলে।

১৫ *দিল বাহার পুরকাইত* বনাম *পশ্চিমবঙ্গ সরকার* 2011(5) CHN 57 (Cal) (DB).

জমি বিলির ক্ষেত্রে প্রতি মাসে অন্তত একটা সভা উক্ত কমিটি করবেন। যদি নির্দিষ্ট সংখ্যক (quorum) সদস্য উপস্থিত না হওয়ার জন্য অথবা অন্য কারণে পরপর দুটি সভা না হয় তবে সমাহর্তা বা অতিরিক্ত জেলা শাসক বা মহকুমা শাসক জমি বিলির জন্য প্রয়োজনীয় ব্যবস্থা গ্রহণে উদ্যোগী হতে পারেন।

১৯৭৭ সালের পঃ বঃ ভূমি পরিচালন নির্দেশিকা ৬২ ও ৬৩ নং নিয়ম অনুসারে ব্লক ভূমি সংস্কার উপদেষ্টা পরিচালন সমিতির কিছু ক্ষমতা ও অধিকার আছে। যেগুলি ওই নির্দেশিকায় বলা আছে। কিন্তু কোনও ব্যক্তিকে "বর্গাদার" ঘোষণার অধিকার তাদের নেই। বরং তারা সাহায্য করতে পারে, জমি বণ্টন/বন্দোবস্তের ক্ষেত্রে উপদেশ দিতে পারে।[১৬]

ভূমি সংস্কার উপদেষ্টা পরিচালন সমিতির এরকম কোনও ক্ষমতা নেই দেওয়ানি আদালতের (Civil Court) মতো এবং কোনও জমির দখলের (possession) প্রশ্নে সিদ্ধান্ত নিতে পারে না।[১৭] ভূমি সংস্কার উপদেষ্টা পরিচালন সমিতির কোনও আইনগত বৈধতা (statutory recognition) না থাকায় কোনও ব্যক্তি বর্গাদার কিনা এই প্রশ্নের সিদ্ধান্ত নেওয়ার ক্ষেত্রে ওই সমিতি অযোগ্য (incompetent)।[১৮]

২৯। পাট্টা/বন্দোবস্তের নিদর্শ [Form for patta/settlement].

West Bengal Form No. 1087

দাতা পশ্চিমবঙ্গ রাজ্যের রাজ্যপাল

(অতঃপর রাজ্যপাল বলিয়া উল্লিখিত) এবং গ্রহীতা

শ্রী .... পিতা ....

সাং .... থানা ....

জিলা ....

(অতঃপর রায়ত বলিয়া উল্লিখিত) মধ্যে অদ্য ২০০ ....

সালের .... তারিখে অত্র রায়তি বন্দোবস্ত পত্র

১৬ *গোষ্ঠ বিহারী দাস* বনাম *জে. এল. আর. ও.* 1981(2) CHN 243; 1981(2) Cal LJ 170; 86 CWN 319.

১৭ *বনমালী মণ্ডল* বনাম *ভারপ্রাপ্ত আধিকারিক* (O.C.), *সোনারপুর* 1986(1) CHN 112.

১৮ *নীহার বালা গিরি* বনাম *পঃ বঃ সরকার* 1980(1) CHN 477.

সম্পাদিত হইল। প্রকাশ থাকে যে রাজ্যপাল বলিতে তাঁহার পদের উত্তরাধিকারী ও স্বত্বধিকারীদেরও বুঝাইবে। অপ্রাসঙ্গিক বা প্রসঙ্গ বিরোধী না হইলে রায়ত শব্দের দ্বারা তাঁহার ওয়ারিশান, স্থলাভিষিক্তগণ, উইলের নির্বাহক, সম্পত্তির ব্যবস্থাপক ও স্বত্বনিয়োগীদেরও বুঝাইবে।

উক্ত রায়ত নিম্ন তফসিলে বর্ণিত ভূমিতে কৃষিকার্য করিবার উদ্দেশ্যে ১৯৫৫ সালের পশ্চিমবঙ্গ ভূমি সংস্কার আইন অনুসারে রায়তি স্বত্ব পাইবার জন্য পশ্চিমবঙ্গ সরকারের (অতঃপর সরকার বলিয়া উল্লিখিত) নিকট আবেদন করায় এবং উক্ত রায়ত উক্ত ভূমির রায়তি বন্দোবস্ত পাইবার উপযুক্ত বলিয়া জিলার সমাহর্তা অপর শাসকের প্রতীতি হওয়ায় সরকার নিম্নলিখিত শর্তে কড়ারে তাঁহাকে রায়তি স্বত্ব অর্পণ করিতে স্বীকৃত হইয়াছেন।

অতএব অত্র রায়তি বন্দোবস্ত পত্রে প্রকাশ করা যাইতেছে যে ঃ

(১) রাজ্যপাল এতদ্বারা নিম্ন তফসিলে বর্ণিত ভূমি ১লা বৈশাখ ১৪ .... সন হইতে যথানিয়মে রাজস্ব আদায় দেওয়া এবং এই দলিলে উল্লিখিত শর্ত, কড়ার ও চুক্তি পালন, সম্পাদন ও পূরণ করা সাপেক্ষে উক্ত রায়তকে বন্দোবস্ত দিতেছেন। ১৯৫৫ সালের পশ্চিমবঙ্গ ভূমি সংস্কার আইন বা উহার সংবিধিবদ্ধ কোনও সংশোধক এবং তদনুক্রমে প্রণীত প্রচলিত নিয়মাবলি অনুযায়ী রায়ত হিসাবে তিনি উক্ত ভূমি ভোগ দখল করিতে থাকিবেন।

(২) উক্ত ভূমি ভোগ দখলকালীন নিম্নলিখিত কড়ারে বাধ্য থাকিবেন বলিয়া রাজ্যপালের নিকট রায়ত অঙ্গীকার করিতেছে যে ঃ

(ক) রায়ত ঐ ভূমির জন্য বৎসরে .... টাকা (.. টাকা .... পয়সা) হারে রাজস্ব আদায় দিবেন। প্রকাশ থাকে যে আইনানুযায়ী সময়ে সরকার কর্ত্তৃক উক্ত রাজস্বের হার বর্ধিত বা সংশোধিত করা হইলে রায়ত ঐ বর্ধিত বা সংশোধিত হারে রাজস্ব আদায় দিতে বাধ্য থাকিবেন।

(খ) উক্ত রাজস্ব ছাড়াও, উক্ত ভূমি সম্পর্কে বা উক্ত ভূমি যে ব্যক্তির অধিকারে বা দখলে থাকিবে সেই ব্যক্তি সম্পর্কে যে উপকর, কর এবং অন্যান্য যাহা কিছু আইনত প্রদেয় বলিয়া ধার্য্য হইবে তাহা সমস্তই উক্ত রায়ত যথা নিয়মে এবং যথাসময়ে আদায় দিবেন।

(গ) রায়ত নিজ শ্রমের দ্বারা বা তাঁহার পরিবারস্থ ব্যক্তিদের সাহায্যে যত্ন সহকারে উক্ত ভূমি চাষ করিবেন এবং কৃষি ভিন্ন অন্য কোনও প্রকার অকৃষিকার্য্য করিবার উদ্দেশ্যে উক্ত ভূমি ব্যবহার করিবেন না।

(ঘ) রায়ত, উক্ত আইনের বিধানসমূহ এবং এতদ্দারা সৃষ্ট প্রজাস্বত্ব সম্পর্কে প্রযোজ্য সকল প্রচলিত আইনের যাবতীয় বিধান মানিয়া চলিবেন, পালন করিবেন এবং তদনুসারে কার্য্য করিবেন এবং উক্ত ভূমি সম্পর্কে বা এতদ্দারা সৃষ্ট প্রজাস্বত্ব সম্পর্কে যে নিয়মাবলি প্রযোজ্য হইবে তাহা সমস্তই মানিয়া চলিবেন।

(৩) এতদ্দারা রাজ্যপাল স্বীকার করিতেছেন যে, উক্ত রায়ত উল্লিখিত সমস্ত শর্ত, কড়ার এবং চুক্তিসমূহ মানিয়া চলিলে, পালন করিলে এবং তদনুসারে কার্য্য করিলে রাজ্যপাল বা সরকার বা সরকারের কোনও আধিকারিকের নিকট হইতে কোনরূপ বাধাপ্রাপ্ত না হইয়া তিনি একজন রায়ত হিসাবে উক্ত ভূমি ভোগ দখল করিতে থাকিবেন।

(৪) আরও প্রকাশ থাকে যে উল্লিখিত কোনও শর্ত, কড়ার এবং চুক্তি উক্ত রায়তের পক্ষ হইতে ভঙ্গ করা হইলে উক্ত রায়তের বিরুদ্ধে প্রচলিত আইনানুযায়ী সমুচিত ব্যবস্থা গ্রহণের অধিকার এবং হক রাজ্যপালের থাকিবে এবং তিনি প্রচলিত আইনানুযায়ী সরকারের অধিকারসমূহ বলবৎকরণের নিমিত্ত ব্যবস্থা অবলম্বন করিতে পারিবেন।

পূর্বোল্লিখিত তফসিল

.... জিলার .... মহকুমার .... থানার .... মৌজায় জে. এল. নং .... খতিয়ান নং .... দাগ নং .... এর অন্তর্ভুক্ত, কম বেশি .... একর (.................. একর .... শতক অর্থাৎ .... হেক্টর পরিমিত এবং .... টাকা) (..............................টাকা) মাত্র মূল্যের ভূমি।

অত্র রায়তি বন্দোবস্ত পত্র সম্পাদনে অত্র দলিলের সংশ্লিষ্ট স্বত্বপত্র উপরে লিখিত তারিখে নিজের নিজের হস্তাক্ষরে ইহাতে নিম্নে সহি করিলেন।

পশ্চিমবঙ্গ রাজ্যের রাজ্যপালের স্থলে এবং পক্ষে— উক্ত রায়তের স্বাক্ষর

স্বাক্ষর ....

পদ ....

সাক্ষী—	সাক্ষী—
স্বাক্ষর	স্বাক্ষর ....
পদ	পেশা ....
	সাং ....

৩০। প্রশাসন ও ব্লক ভূমি সংস্কার উপদেষ্টা পরিচালন সমিতি [Administration and Block Level L.R. Advisory Committee]. ১৯৬৫ সালের পঃ বঃ ভূমি সংস্কার বিধির [W.B.L.R. Rules 1965] ২০ক(৩ক) নং বিধি [r. 20A(3a)] কলকাতা গেজেটে ১৯৭৫ সালের ২২শে জানুয়ারি প্রকাশিত হয়েছিল। ওই বিধিতে ভূমি সংস্কার উপদেষ্টা পরিচালন সমিতিকে কারা ন্যস্ত জমির বন্দোবস্ত করতে পারেন তার সুপারিশ করার স্বীকৃতি দিয়েছে (authorization)। কিন্তু প্রশাসন (authority) ব্লক ভূমি সংস্কার উপদেষ্টা পরিচালন সমিতির করা সুপারিশ অগ্রাহ্য বা বাতিল (reject or annul) করতে পারে অথবা লিখিতভাবে সুনির্দিষ্ট কারণসহ ফেরৎ পাঠাতে পারে।

আধিশেখ বনাম *পঃ বঃ সরকার*,[১৯] মামলায় বলা হচ্ছে—জুনিয়ার ল্যান্ড রিফর্মস অফিসারের, জমি বণ্টনের বিষয়ে ব্লক ভূমি সংস্কার উপদেষ্টা পরিচালন সমিতির (Block Level Land Reforms Advisory Committee) সাথে আলোচনার কোনও দরকার নেই যেহেতু উক্ত কমিটি কোনও বিধিবদ্ধ সমিতি (Statutory body) নয়।

"The J.L.R.O. has no business to consult the Block Level Land Reforms Advisory Committee for the purpose of Settlement of the khas land as the committee is not a statutory body."

১৯ 78 CWN 819.

১৯৫৫ সালের পশ্চিমবঙ্গ ভূমি সংস্কার আইনের ৬০ নং ধারা অনুযায়ী রাজ্য সরকার পঃ বঃ ভূমি সংস্কার আইন রূপায়ণের জন্য নিয়ম (Rule) তৈরি করতে পারে। ধরে নেওয়া হবে যে ওই নূতন তৈরি করা নিয়মগুলি আগেই ছিল। সুতরাং এটা একেবারে বলা যায় না যে ব্লক ভূমি সংস্কার উপদেষ্টা পরিচালন সমিতির কোনও ক্ষমতা (statutory force) নেই। ১৯৭৭ সালের ভূমি পরিচালন নির্দেশিকার ৬২ নং বিধান অনুযায়ী জমি বণ্টন বিষয়ে ব্লক ভূমি সংস্কার উপদেষ্টা পরিচালন সমিতি যদি কোনও সুপারিশ দেয় তবে সেই সুপারিশ বিবেচনা করতে (consider) হবে। যদি ওই সুপারিশ বর্তমান আইন ও বিধানের পরিপন্থী হয় তবে সমাহর্তা/অতিরিক্ত জেলাশাসক/মহকুমা শাসক পুনর্বিবেচনার জন্য ওই সুপারিশ ফেরত পাঠাবেন। পরের বারও উক্ত কমিটি যদি তার আগের সিদ্ধান্তে অনড় (sticks) থাকে এবং সমাহর্তা বা অতিরিক্ত জেলা শাসক অথবা মহকুমা শাসক সন্তুষ্ট না হন তবে ওই সুপারিশ অগ্রাহ্য করে যোগ্য ব্যক্তিদের তালিকা থেকে জমি বণ্টনের প্রক্রিয়া আরম্ভ করতে পারেন।

৩১। ১৯৬৫ সালের পশ্চিমবঙ্গ ভূমি সংস্কার নিয়মের ২০ক নং বিধি থেকে বন্দোবস্ত/পাট্টা প্রদান সম্পর্কিত ধারাগুলির সংক্ষিপ্ত আলোচনা [Brief discussions on sections related to settlement/patta from Rule 20A of W.B.L.R. Rules 1965].

২০ক বিধি [Rule 20A] ঃ জমি বন্দোবস্তের শর্ত ঃ (১) সরকারের নিয়ন্ত্রণে আছে এরকম কোনও জমির বন্দোবস্ত করবেন ওই এলাকার সমাহর্তা অথবা অতিরিক্ত জেলাশাসক। [২০][অথবা মহকুমা শাসক]।

(২) সরকারের দখলে থাকা ন্যস্ত জমির বন্দোবস্ত দেওয়া হবে স্থায়ীভাবে। [১][যাঁকে বন্দোবস্ত দেওয়া হবে, পঃ বঃ ভূমি সংস্কার আইনের ৪৯ নং ধারার (১ক) উপধারা অনুযায়ী যাবতীয় শর্তাবলী মানতে তিনি বাধ্য থাকবেন।]

২০ ২০ক নিয়ম অন্তর্ভুক্ত হয়েছে বিজ্ঞপ্তি নং ৮৪১৬-এল. রেফ্., তারিখ ১.৭.১৯৬৮ দ্বারা। কলিকাতা গেজেটে প্রকাশিত হয়েছিল ৬.৭.১৯৬৮ তে।

এই অংশ যুক্ত হয়েছে বিজ্ঞপ্তি নং ১৮৭২০-এল. রেফ্., তারিখ ১৯.১২.১৯৭২ দ্বারা। কলিকাতা গেজেটে এটি প্রকাশিত হয়েছিল ২০.১২.১৯৭২ তারিখে, অংশ ১, ক্রমিক সংখ্যা ৬৯২।

১ এই অংশগুলি যুক্ত হয়েছে বিজ্ঞপ্তি নং ২৭৪৯৬-এল. রেফ্./২০ আর ৪/৭৫, তারিখ ১১.১১.১৯৭৫ দ্বারা। যা কলিকাতা গেজেটে প্রকাশিত হয়েছিল ১২.১১.১৯৭৫-এ, ১ নং অংশে এবং ৯১৭ পাতায়।

[২](৩) বন্দোবস্ত দেওয়া হবে সর্বাধিক নিজের জমিসহ এক একর জমি। বর্গা প্রথায় চাষ করলে মোট বর্গাচাষের জমির অর্ধেক অংশ নিজের জমি হিসাবে ধরা হবে।

বাস্তুজমি বন্দোবস্তের বেলায় সর্বাধিক ০.০৩৩৫ হেক্টর বা পাঁচ কাঠা জমি বন্দোবস্ত দেওয়া হবে।

[৩](৩ক) বন্দোবস্ত করার জন্য সমাহর্তা বা অতিরিক্ত জেলা শাসক বা মহকুমা শাসক ভূমি সংস্কার উপদেষ্টা পরিচালন সমিতির কোনও সুপারিশ গ্রহণ করতে পারে অথবা ওই কমিটির সুপারিশ অগ্রাহ্য, তাচ্ছিল্য করতে পারে অথবা ওই সুপারিশ ভূমি সংস্কার উপদেষ্টা সমিতির কাছে পাঠিয়ে দিতে পারে।

[৪](৩খ) (ক) ঃ কোনও নির্দিষ্ট এলাকার সমাহর্তা বা অতিরিক্ত জেলা শাসক বা মহকুমা শাসক, যাঁর নামে জমির বন্দোবস্ত দেওয়া হয়েছে তাঁকে ওই জমির দখল দেবেন। এমনকী প্রয়োজনে ৪৯(৩) ধারায় যেমন বলা আছে, ওই রকমভাবে প্রকৃত দখলদারকে উচ্ছেদ করেই পাট্টাদারকে জমির দখল দিতে হবে।

তবে বেদখল হওয়ার ত্রিশ দিনের মধ্যে আবার ওই জমির দখল পাওয়ার জন্য সমাহর্তা বা অতিরিক্ত জেলাশাসক বা মহকুমা শাসকের কাছে আবেদন করতে পারেন। আবেদনে তিনি জানাবেন যে ওই জমি নিজের দখলে রাখার জন্য তিনিই যোগ্য ব্যক্তি।

(খ) সমাহর্তা বা অতিরিক্ত জেলা শাসক বা মহকুমা শাসক আবেদনপত্র পাওয়ার ১৫ দিনের মধ্যে দুই পক্ষকে শুনানির জন্য ডাকবেন। উভয় পক্ষকে প্রমাণ স্বরূপ যথেষ্ট তথ্য দাখিল করার সুযোগ দেবেন। সমস্ত তথ্য প্রমাণাদি তিনি নথিভুক্ত করবেন এবং বিরোধের (disputes) বিষয়গুলি তিনি লিখবেন। যদি তিনি মনে করেন, যে ব্যক্তিকে বেদখল করা হয়েছে ওই জমির দখলে

২ এই অংশ যুক্ত হয়েছে বিজ্ঞপ্তি নং ৪১৬-এল. রেফ্., তারিখ ১৩.৬.১৯৮৮ দ্বারা। এটি প্রকাশিত হয়েছিল কলিকাতা গেজেটে ১৫.৭.১৯৮৮ তে।

৩ এই অংশটি যুক্ত হয়েছে বিজ্ঞপ্তি নং ১৯৭২-এল. রেফ./২০ আর/১০/৭৮, তারিখ ২১.১.১৯৭৫ দ্বারা, যা কলিকাতা গেজেটে প্রকাশিত হয়েছিল ২২.১.১৯৭৫ [পৃষ্ঠা ৪৮]।

৪ এই অংশ যুক্ত হয়েছে বিজ্ঞপ্তি নং ২১৪৬-এল. রেফ্. ১.৬.১৯৭৯ তারিখ দ্বারা। এটি প্রকাশিত হয়েছিল কলিকাতা গেজেটে ৪.৬.১৯৭৯-তে।

থাকার অধিকার ছিল তখন তিনি পুনরায় আবেদনকারীর পক্ষে দখল দেওয়ার নির্দেশ দেবেন। অন্য কোনও কিছু মনে হলে আবেদন খারিজ করবেন।

(গ) সমাহর্তা বা অতিরিক্ত জেলাশাসক বা মহকুমা শাসকের এই রায় হবে চূড়ান্ত।

(৪) বন্দোবস্ত দলিল দেওয়া হবে যথাসম্ভব ৮ক নিদর্শে [Form 8A] এটি লেখা হবে বাংলায় বা নেপালি ভাষায়। এটি সম্পাদন (execute) করবেন সমাহর্তা বা অতিরিক্ত জেলাশাসক বা মহকুমা শাসক বা মহকুমা ভূমি ও ভূমি সংস্কার আধিকারিক।

(৫) (১) থেকে (৪) উপধারাগুলি কেবলমাত্র কৃষি এবং বাস্তুজমি বন্দোবস্তের বেলায় প্রযোজ্য।

[৫](৬) এই নিয়ম (Rule) বা বিধিতে যাই বলা থাকুক না কেন জেলার সমাহর্তা বা অতিরিক্ত জেলাশাসক রাজস্ব পর্ষদ এর আগাম অনুমতি নিয়ে যে কোনও শ্রেণি এবং চরিত্রের (any classification or description) জমি যা সরকারের দখলে আছে তার বন্দোবস্ত দিতে পারেন। এই বন্দোবস্ত পেতে পারে কোনও একজন লোক বা কয়েকজনের দল (group of person), কোনও প্রতিষ্ঠান (institution), নিগম (corporation), ফার্ম (firm), কোনও কোম্পানি, সোসাইটি, ট্রাস্ট, সমবায় সমিতি (Cooperative Society), স্থানীয় জনপ্রতিনিধিত্বমূলক সংস্থা যেমন—গ্রাম পঞ্চায়েত, পঞ্চায়েত সমিতি এবং জেলা পরিষদ, আইনগতভাবে গঠিত কোনও সংগঠন। যাঁরা বন্দোবস্ত নেবেন তারা কতগুলি সাধারণ বা বিশেষ শর্ত (condition) এবং আদেশ (order) মেনে চলবেন যে শর্ত এবং আদেশগুলি রাজস্ব পর্ষদ (Board of Revenue) দ্বারা নির্দিষ্ট করা আছে।

৩২। ওই নিয়মের ২০খ বিধি, ৪৯(২) ধারা অনুযায়ী তদন্ত [Enquiry under s. 49(2), according to Rule 20B of that Rule]ঃ রাজস্ব আধিকারিক কোনও দরখাস্ত বা তথ্যের ভিত্তিতে জানতে পারেন যে ৪৯(১) ধারায় দেওয়া বন্দোবস্ত যা কোনও ব্যক্তিকে দেওয়া হয়েছে তা ভুলক্রমে হয়েছে এবং মিথ্যা তথ্য সরবরাহ, প্রতারণা, [৬][অথবা ৪৯(১ক) ধারার শর্ত না মেনে বন্দোবস্তের জমি

৫ উপধারা (৫) এবং (৬) যুক্ত হয়েছে বিজ্ঞপ্তি নং ৪১৬-এল. রেফ্., তারিখ ১৩.৬.১৯৮৮ দ্বারা যা কলিকাতা গেজেটে ১৫.৭.১৯৮৮-তে প্রকাশিত হয়েছিল।

৬ ২০খ (১) বিধির এই অংশগুলি যুক্ত করা হয়েছে বিজ্ঞপ্তি নং ২৭৪৯৬-এল. রেফ্. ২০-আর ৪/১৯৭৫, তারিখ ১১.১১.১৯৭৫ দ্বারা। এটি কলিকাতা গেজেটে ১২.১১.১৯৭৫-এ প্রকাশিত হয়েছিল [৯১৭ পাতা]।

হস্তান্তর (transfer) হয়েছে] তিনি একটি case শুরু করবেন। সমস্ত কাগজপত্রাদি আনবেন এবং তদন্তের নির্দেশ দেবেন। রাজস্ব আধিকারিক নিজেও তদন্ত করতে পারেন অথবা অন্য কাউকে ওই তদন্ত করতে বলবেন। West Bengal Subordinate Land Revenue Service Grade-I পদের নিচের কোনও কর্মচারী এই তদন্ত করবেন না।

৩৩। ওই নিয়মের ২০খ(২) নং বিধি [Rule 20B(2) of that Rule]. রাজস্ব আধিকারিক আবেদনপত্র সরাসরি খারিজ না করে সরেজমিনে তদন্তের জন্য দিন ঠিক করতে পারেন এবং স্বার্থ সম্বন্ধীয় ব্যক্তিদের বক্তব্য পেশ করার জন্য শুনানির দিন ধার্য করতে পারেন। শুনানিতে প্রাপ্ত তথ্য, বক্তব্য এবং সরেজমিনে তদন্তের প্রতিবেদন থেকে প্রাপ্ত তথ্য বিশ্লেষণ করে শুনানি শেষ করবেন এবং মামলার নথিতে (Case Record) সমস্ত তথ্য নথিভুক্ত করবেন। সবশেষে রায় দেবেন।

১৯৯১ সালের পঃ বঃ ভূমি সংস্কার নির্দেশিকার ১৮৭ নং থেকে ২০৮ নং ধারায় বলা আছে কীভাবে কৃষি বা বাস্তুজমির পাট্টা/বন্দোবস্ত দেওয়া হয়।

ওই নির্দেশিকার ২০৯ থেকে ২১৪ নং ধারাগুলিতে কীভাবে পাট্টা/বন্দোবস্ত বাতিল (annulment) করা হয় তার নির্দেশগুলি দেওয়া আছে।

ওই নির্দেশিকার ২১৫ থেকে ২৪৫ নং ধারাগুলিতে অকৃষি জমির বন্দোবস্তের নিয়ম বলা আছে।

[বিস্তারিত বিবরণের জন্য পঃ বঃ ভূমি সংস্কার নির্দেশিকা, ১৯৯১ দেখুন]

৩৪। পশ্চিমবঙ্গ ভূমি পরিচালন পদ্ধতি [West Bengal Land Management Manual]. ১৯৭৭ সালের পঃ বঃ ভূমি পরিচালন নির্দেশিকার বিভিন্ন ধারায় জমি পরিচালনা [Land Management] এবং সইরতি স্বার্থ [হাট, বাজার, খেয়া এবং জলকর]-এর রীতি, নীতি ও পদ্ধতির কথা বলা আছে। ১৯৮১ সালের পশ্চিমবঙ্গ ভূমি সংস্কার (সংশোধনী) আইনের ৫২ ধারায় [যা পরে পরিবর্তিত হয়েছে] বলা আছে সরকার তার জমির ব্যবস্থাপনার [Management] জন্য নিয়ম (Rule) তৈরি করতে পারে। পশ্চিমবঙ্গ ভূমি সংস্কার আইনের ৫২(৪) ধারায় বলা আছে যতক্ষণ না অন্য কোনও নিয়ম (Rule) তৈরি হচ্ছে ভূমি ব্যবস্থাপনার জন্য বর্তমানে প্রচলিত আইন, নিয়ম, নীতি বা নির্দেশিকা [যখন যেটা দরকার হবে] অনুযায়ী ব্যবহৃত হবে। পশ্চিমবঙ্গ ভূমি সংস্কার আইনের ৬২ ধারা সরকারকে এই ব্যাপারে নির্দেশও দেয়।

প্রশাসনিক আদেশ হল সরকারের প্রশাসন চালানোর জন্য কতগুলি নিজস্ব আদেশনামা। প্রশাসনিক এই আদেশগুলির আইনগত নিয়ম হিসাবে গণ্য করা যায় না। খুব স্বাভাবিকভাবে সংবিধানের ২২৬ ধারা অনুযায়ী বিচার করা যায় না। আইনের মধ্যে থেকে এই ধরনের প্রশাসনিক আদেশ সরকার করতে পারে।

"প্রশাসনিক আদেশ"কে আইনগত নিয়ম (statutory rule) হিসাবে গণ্য করা যায় না। এই আদেশ অমান্য করাকে কেন্দ্র করে সংবিধানে ২২৬ অনুচ্ছেদে আবেদন করা যায় না।[৭]

ভূমি পরিচালন নির্দেশিকা ১৯৭৭-এ অনেকগুলি প্রশাসনিক আদেশ রয়েছে। এই আদেশগুলিকে আইনগত নিয়ম (statutory rule) হিসাবে গণ্য করা যায় না। এই ধরনের প্রশাসনিক নিয়মভঙ্গের জন্য ক্ষুব্ধ হয়ে কোনও ব্যক্তি হাইকোর্টের "writ jurisdiction"-এ আবেদন করতে পারে না।[৮]

বর্তমানে প্রচলিত আইন, নিয়মগুলিকে যদি কোনও প্রশাসনিক আদেশ বা সার্কুলার আঘাত না করে তা হলে মূলত এই ধরনের আদেশগুলি কোনও অসুবিধা করে না। কিন্তু কোনও আদেশের ফলে যদি আইনগত কোনও স্বার্থক্ষুণ্ণ হয় তা হলে ওই আদেশের ফলে কৃতকাজকে চ্যালেঞ্জ করা যায়। ধরা যাক কোনও ব্যক্তি ৫১ক(১) ধারায় আবেদন জমা দিয়েছেন। কোনও প্রশাসনিক আদেশের দ্বারা রাজস্ব আধিকারিক ওই ব্যক্তিকে শুনানির সুযোগ না দিয়ে আবেদন খারিজ করে দিলেন, এক্ষেত্রে ওই ব্যক্তি আইনগত অধিকার থেকে বঞ্চিত হলেন। সুতরাং তিনি ওই আদেশের বিরুদ্ধে কোর্টে আবেদন করতেই পারেন।

৩৫। ১০.৭.১৯৭৫-এর আগের পাট্টা জমির হস্তান্তর [Transfer of patta land before 10.7.1975]. ৪৯(১ক) ধারা অনুযায়ী কোনও পাট্টাদার বন্দোবস্ত প্রাপ্ত কোনও জমি হস্তান্তর করতে পারবেন না। তবে নির্দিষ্ট কিছু সংস্থায় জমি বন্ধক রাখতে পারবেন। দানপত্র, বিক্রি, দলিল, ইচ্ছাপত্র ইত্যাদি দ্বারা ওই জমি হস্তান্তর করতে তিনি পারবেন না। এই ধারাটি মূল ৪৯ নং ধারায় ছিল না। ১৯৭৫ সালে পঃ বঃ ভূমি সংস্কার আইন সংশোধন দ্বারা মূল ধারার সাথে এই উপধারাটি যুক্ত হয়েছে। কলিকাতা গেজেটে এটি ১০.৭.১৯৭৫

৭ *বিদ্যাধরী বিলস্ এম. এস. সমিতি* বনাম *রাজ্য সরকার* 65 CWN 685.

৮ *লাল গোলা পদ্ম ফিসারমেন্স সমবায় সমিতি* বনাম *রাজ্য সরকার* 78 CWN 386; *ফলতা ফোর্ট রিফিউজি ফিসারমেন্স সমবায় সমিতি লিমিটেড* বনাম *অতিরিক্ত জেলা শাসক, ২৪ পরগণা* 1975(1) Cal LJ 117.

তারিখে প্রকাশিত হয়েছিল। অর্থাৎ ১০.৭.১৯৭৫ তারিখের আগে কোনও পাট্টাদার তার পাট্টার জমি হস্তান্তরের অধিকারী ছিলেন। কিন্তু ১০.৭.১৯৭৫-এর পরে কোনও পাট্টাদার তার জমি হস্তান্তর করতে পারবেন না।

১০.৭.১৯৭৫ তারিখের আগে যে পাট্টার জমি হস্তান্তরিত হয়েছে তা স্বত্বলিপিতে পরবর্তী সময়ে নথিভুক্ত করতে কোনও বাধা নেই। কিন্তু ১০.৭.১৯৭৫ তারিখের আগে পাট্টা পেয়েছেন এরকম কোনও ব্যক্তি ওই তারিখের পরে ওই জমি হস্তান্তর করতে পারবেন না। যদি তা করেন সেটা অবৈধ হবে।

৩৬। একটি প্রয়োজনীয় আদেশনামা [An important order].

Government of West Bengal
Land and Land Reforms Department
Section - LR (AI) - I : IS - Branch

No. $\frac{\text{3831-IS}}{\text{107/2001}}$ Dated : Calcutta, the 8th June, 2001.

ORDER

The undersigned is directed by order of the Governor to say that the Government of West Bengal for some time past was contemplating for removal of gender biasness in the various fields of social system viz. inheritance law, tenancy law, other land laws etc. This has also been demanded by different Non-Government Organisations including women organisations in the country. National Commission for women also recommended such removal of gender biasness on all spheres of life and a resolution was passed in the conference of Revenue Secretaries of the States held in New Delhi on 14.10.2000, requesting the State Govts. to remove all biasness in land laws and to allot more vested agricultural land in favour of women beneficiaries. Moreover, the year 2001 is the International Year for the 'Women's Empowerment'.

Considering all these facts the Governor has been pleased to modify the Priority Principles in respect of distribution of vested agricultural land as enumerated in sub-rule (*d*) of Rule 194 under

Chapter XIII of West Bengal Land and Land Reforms Manual, 1991, in the following manner:

"40% of the total eligible persons for distribution or vested agricultural land should be selected from the single (unmarried, widow, deserted by husband etc.) women irrespective of whether she is in uninterrupted possession of the land or not and in rest of the cases the land should be distributed jointly in favour of the Husband and Wife."

2. All other principles as laid down in para (i) to (xii) sub-rule (*d*) of Rule 194 under Chapter-XIII of the Manual shall remain in force as usual.

3. This order will take immediate effect.

4. Necessary amendment to the West Bengal Land and Land Reforms Manual, 1991 will be made in due-course.

Sd/- P. Bandopadhyay,
Special Secretary,
Land and Land Reforms Department.

৩৭। রাজস্ব আধিকারিক কর্তৃক বন্দোবস্তকৃত পাট্টা বাতিল [Annulment of settlement of land by Revenue Officer]. রাজ্য সরকার কর্তৃক ৪৯ ধারায় প্রদত্ত পাট্টা বাতিল করবার কর্তৃত্ব রাজস্ব আধিকারিককে দেওয়া হয়েছে, কিন্তু তিনি তা ইচ্ছামতো খেয়ালমাফিক করতে পারবেন না।

শেখ কেনারাম বনাম *পঃ বঃ রাজ্য সরকার*[৯] মামলার ক্ষেত্রে এরকম লক্ষ্য করা গিয়েছিল। *চন্দন কুমার* বনাম *মিলন তালুকদার*[১০] মামলায় রাজ্য সরকার ২.২.১৯৮৭ তারিখে বিবাদীয় জমি বর্তমান মামলার বাদীর অনুকূলে পাট্টা বন্দোবস্ত দিয়েছিল এবং তারপর থেকে নির্দিষ্ট অঙ্কের খাজনা (rent) দিয়ে তিনি ওই জমি দখল করছেন। বাদী এই মর্মে বিবাদীর বিরুদ্ধে অভিযোগ করেছেন যে তিনি (বিবাদী) বাদীকে লাগাতার ভয় দেখাচ্ছেন এবং গায়ের জোরে জমি দখল নেওয়ার প্রস্তুতি নিচ্ছেন। প্রথমে বিবাদীয় জমিটি বিবাদীর নামেই স্বত্বলিপিতে নথিভুক্ত হয়েছিল কিন্তু তিনি ওই জমি রাখেন নি। এরপর

৯ 1983(1) Cal LJ 144; 88 CWN 44.
১০ 2014(2) ICC 659 (Cal).

ওই জমি ভেস্ট হিসাবে ঘোষিত হয়। উভয় নিম্ন আদালত এই মর্মে আবেদনটি বাতিল করেন যে ইতিমধ্যেই রাজস্ব আধিকারিক ৪৯(২) ধারা অনুযায়ী পাট্টাটি বাদীর অনুকূলে বাতিল করেছিলেন। উভয় নিম্ন আদালতের রায় এই কারণে বাতিল করা হল যে পাট্টা বাতিলের আগে এই মামলার আবেদনকারীকে শুনানির সুযোগই দেওয়া হয়নি। এই কারণে আপিলের অনুমতি দেওয়া হল। একইরকম সিদ্ধান্ত নেওয়া হয়েছিল নিম্নলিখিত মামলাগুলির ক্ষেত্রেঃ

শেখ কেনারাম বনাম *পঃ বঃ রাজ্য সরকার,*[১১] *গিরিজা নন্দিনী দেবী* বনাম *বিজেন্দ্র নারাইন,*[১২] *বদরুজ্জামান* বনাম *মহকুমা শাসক, হুগলি সদর,*[১৩] *সতীশ চন্দ্র* বনাম *রাজস্ব আধিকারিক*[১৪]।

৩৮। পাট্টা বাতিলের আগে শুনানির সুযোগ প্রদান [Opportunity of hearing before annulment of patta]. পাট্টা বাতিলের আগে যারা পূর্বে দেওয়া পাট্টার ভিত্তিতে জমি চাষ করছিলেন তাদের নোটিশ দ্বারা শুনানির সুযোগ দিতেই হবে। পঃ বঃ ভূমি সংস্কার বিধির ২০খ অনুযায়ী রাজস্ব আধিকারিক যখন এই মর্মে তথ্য পাবেন যে পঃ বঃ ভূমি সংস্কার আইনের ৪৯(১) ধারা মতে দেওয়া পাট্টা জাল ও মিথ্যা তথ্যের ভিত্তিতে তা দেওয়া হয়েছে অথবা ৪৯(১ক) ধারার বিধানকে অগ্রাহ্য করে হস্তান্তর করা হয়েছে, তৎক্ষণাৎ তিনি একটি মামলা (case) রুজু করবেন। সংশ্লিষ্ট সমস্ত নথি তলব করবার পর সরেজমিন তদন্তের আদেশ দেবেন। রাজস্ব আধিকারিক স্বয়ং তদন্ত করতে পারবেন অথবা এমন আধিকারিককে তদন্তের ভার দেবেন যিনি পদক্রম অনুযায়ী WBSLRS Gr-I-এর নীচে নন। স্বার্থ সংশ্লিষ্ট সমস্ত ব্যক্তিদের নোটিশ দিয়ে তদন্ত ও শুনানি করতে হবে।

শান্তিপূর্ণভাবে দখলে থাকা পাট্টাদারদের পাট্টা বাতিল করার আগে যদি ওই পাট্টাদারদের নোটিশ না দিয়েই পাট্টা বাতিলের আদেশ দেওয়া হয় তবে তা স্বাভাবিক বিচারের মূল নীতিকে লঙ্ঘন করে এবং ওই আদেশ বাতিল যোগ্য।[১৫]

১১ 1983(1) Cal LJ 144; 88 CWN 44.
১২ AIR 1967 SC 1124.
১৩ 1979(1) CHN 314.
১৪ 1991 CWN 693.
১৫ *শিবু বোধক* বনাম *পঃ বঃ সরকার* 2004 AIHC 3341 (Cal).

৩৯। যখন শুনানির সুযোগ দেওয়া প্রয়োজন নেই [When opportunity of hearing not necessary]. যদি দেখা যায় যে বন্দোবস্ত দেওয়া (পাট্টা) জমি আদৌ ভেস্ট নয়, সেক্ষেত্রে ওই বন্দোবস্ত অবৈধ এবং ৪৯(২) ধারার বিধান প্রয়োগের ক্ষেত্রে শুনানির সুযোগ দেওয়ার প্রশ্নই ওঠে না। ৪৯(২) ধারায় বলা হয়েছে যে পাট্টা বাতিল করবার আগে প্রয়োজনীয় তদন্ত করা যেতে পারে, যে ক্ষেত্রে বন্দোবস্তকৃত জমি সরকারের অনুকূলে ভেস্ট-ই হয়নি ৪৯(২) ধারা ওই বন্দোবস্তকৃত জমির বেলায় প্রযোজ্য নয়, *পশুপতি দাস* বনাম *পঃ বঃ সরকার,*[১৬] আর একটি মামলায় দেখা যায় উত্তর চব্বিশ পরগণা জেলার হাড়োয়া থানার অন্তর্গত চৈতল মৌজায় আর, এস. খতিয়ান ২০৯-এর অন্তর্গত ৩৪৫১ দাগের ৪.১৬ শতক জমি বিবাদী ক্রমাঙ্ক ৭-২৮ কে বন্দোবস্ত দেওয়া হয়। ওই বন্দোবস্ত কে চ্যালেঞ্জ জানিয়ে মহামান্য উচ্চ ন্যায়ালয়ে রিট আবেদন দাখিল করলে, পূর্বোক্ত জমি ১৯৫৩ সালের পঃ বঃ জমিদারি অধিগ্রহণ আইনে ভেস্ট করলেও তা অগ্রাহ্য হয়, সুতরাং, যে জমি ভেস্ট-ই হয়নি, তা বন্দোবস্ত দেওয়া হলে আইনগত বৈধতা পায় না, কারণ, আইন সম্মতভাবে ভেস্ট না হওয়া জমির পাট্টা দেওয়ার ক্ষমতা কর্তৃপক্ষের নেই। মহামান্য আদালত জানায় পাট্টা সংশোধনের জন্য ৪৯(২) ধারায় যে নোটিশ জারির কথা উল্লেখ আছে এক্ষেত্রে তা প্রযোজ্য হবেনা। মহামান্য আদালত বিবাদী ক্রমাঙ্ক ৭-২৮ কে পাট্টা বাতিলের আদেশ দেয়।[১৭]

৪০। উর্ধসীমার চেয়ে অধিক জমির মালিক ৪৯ ধারায় বন্দোবস্ত পাওয়ার অধিকারী নয় [Raiyat holding land in excess of ceiling limit not entitled to settlement under s. 49 of the W.B.L.R. Act 1955]. ভেস্টিং-এর পর আবেদনকরী বিবাদীয় দাগে কিছু জমি ক্রয় করেন এবং কর্তৃপক্ষের কাছে তাঁর অনুকূলে ওই জমি বন্দোবস্ত দেওয়ার আবেদন জানান। রিট আবেদন শুনানির পর মহামান্য আদালতের নির্দেশ মেনে আবেদনকারী বন্দোবস্ত পাওয়ার জন্য সংশ্লিষ্ট কর্তৃপক্ষের কাছে আবেদনপত্র পেশ করেন, যে জমি তিনি ভেস্ট হওয়ার পর ক্রয় করেছিলেন। মহামান্য আদালত কর্তৃপক্ষকে আবেদনপত্রটি বিবেচনা করতে (consider) এবং শুনানির সুযোগ দিয়ে reasoned order দিতে নির্দেশ দেয়। সংশ্লিষ্ট কর্তৃপক্ষ দেখে যে ৪৯(২) ধারায় নির্দিষ্ট করা আয়তনের চেয়ে আবেদনকারীর কাছে বেশি জমি

১৬ 1999(1) Cal LJ 123.

১৭ *অনুকূল চন্দ্র পাত্র* বনাম *পঃ বঃ রাজ্য সরকার* 2000(1) CHN 460.

ছিল এবং সেই কারণে তাঁর আবেদনটি বাতিল করে। তাঁর আবেদন খারিজ হলে তিনি মহামান্য উচ্চ ন্যায়ালয়ের কাছে সংশ্লিষ্ট কর্তৃপক্ষের বিরুদ্ধে আদালত অবমাননার নালিশ করেন, মহামান্য উচ্চ ন্যায়ালয় তাঁর ওই আবেদনটি খারিজ করেছেন। ২৮ আগস্ট ১৯৯১ তারিখে দেওয়া আদেশে মহামান্য আদালত জানায় যে আইনের বিধান মেনে কর্তৃপক্ষ তাঁর আবেদনপত্রটি বিবেচনা করবে এবং আইনের বিধান মেনেই সম্ভব হলে তাঁকে বন্দোবস্ত দেবে, কিন্তু কখনও এই নির্দেশ দেয়নি যে ভেস্ট জমি রায়তের অনুকূলে আসতে হবে, যে জমি তিনি ভেস্ট হওয়ার পর কিনেছিলেন। আদালত জানায় যে সংশ্লিষ্ট কর্তৃপক্ষ আদালত অবমাননা করেনি এবং নির্দিষ্ট উর্ধসীমার চেয়ে বেশি জমি অধিকারী কোনও ব্যক্তিকে ৪৯(২) ধারায় বন্দোবস্ত না দিয়ে সংশ্লিষ্ট কর্তৃপক্ষ সঠিক সিদ্ধান্ত নিয়েছিল।[১৮]

[১][৪৯ক। সরকারের ন্যস্ত (vest) জমিতে বিনা অনুমতিতে দখলের জন্য শাস্তি (Penalty for unauthorised occupation of vested land) ঃ** কোনও ব্যক্তি যিনি—

(ক) সরকারের ন্যস্ত জমিতে বিনা অনুমতিতে দখল করছেন এবং ওই বেআইনি দখল মুক্ত করার জন্য বিজ্ঞপ্তি (Notice) দেওয়া সত্ত্বেও তিনি দখল ছাড়েন নি;

(খ) ৪৯(১) ধারা অনুযায়ী বন্দোবস্ত দেওয়া হয়েছে এরকম কোনও জমি কোনও ব্যক্তিকে দখল নিতে বাধা দিয়েছেন,

তিনি শাস্তি পাবেন। এই শাস্তি এক বছর পর্যন্ত কারাবাস অথবা দুই হাজার (২০০০.০০) টাকা পর্যন্ত জরিমানা অথবা দুই-ই হতে পারে।

[1][49A. Penalty for unauthorised occupation of vested lands. Any person who—

১৮ *রাধানাথ পাল* বনাম *J.L.R.O.* 2000(2) Cal LJ 561.

১ এই ধারাটি প্রথমে পশ্চিমবঙ্গ ভূমি সংস্কার (সংশোধন) অধ্যাদেশ, ১৯৭৬ (পশ্চিমবঙ্গ অধ্যাদেশ ৩, ১৯৭৬)-এর ৩ ধারার মাধ্যমে সন্নিবেশিত হয়েছে। অতঃপর পশ্চিমবঙ্গ ভূমি সংস্কার (সংশোধন) আইন, ১৯৭৬ (পশ্চিমবঙ্গ আইন ১২, ১৯৭৬)-এর ৩ ধারার মাধ্যমে যুক্ত হয়েছে।

এই ধারাটি ২৯.১.১৯৭৬ তারিখের ৩৬২-এল. রেফ্. সংখ্যায়িত সরকারি প্রজ্ঞাপনের মাধ্যমে পশ্চিমবঙ্গের সকল জেলার ১৬.২.১৯৭৬ তারিখ হতে বলবৎ হয়েছে।

1 *Inserted* by the W.B.L.R. (Amendment) Act, 1976 (XII of 1976).

(*a*) being in unauthorised occupation of any land which is at the disposal of the State Government fails to vacate such land after a notice has been served on him to do so, or

(*b*) obstructs any person with whom any land has been settled under sub-section (1) of section 49 from taking possession of such land,

shall be punishable with imprisonment which may extend to one year or with fine which may extend to two thousand rupees or with both.]

আলোচনার সূচী

১। সূচনা [Commencement]. এই ধারাটি প্রথম যুক্ত হয়েছিল পঃ বঃ ভূমি সংস্কার (সংশোধনী) অধ্যাদেশ (ordinance) ১৯৭৬-এ [১৯৭৬ সালের পঃ বঃ অধ্যাদেশ নং ৩] যেটি ১৯.১.১৯৭৬ তারিখে ঘোষিত (promulgated) হয়েছিল। যে অধ্যাদেশটি পঃ বঃ ভূমি সংস্কার (সংশোধনী) আইন ১৯৭৬ [১৯৭৬ সালের ১২ নং পশ্চিমবঙ্গের আইন] রূপে পরে পরিবর্তিত হয়েছিল। রাষ্ট্রপতির সম্মতিসহ প্রথম প্রকাশিত হয়েছিল ৩১.৩.১৯৭৬-এ কলিকাতা গেজেটে, তৃতীয় অংশে ৫১৬ পাতায়।

২। কার্যপরিধি [Scope]. এই ধারা অনুযায়ী কোনও ব্যক্তি যিনি বিনা অনুমতিতে সরকারের ন্যস্ত জমি (vested land) দখল করে আছেন তাকে দখল ছেড়ে দেওয়ার জন্য বিজ্ঞপ্তি দেওয়া হয়। দখল ছেড়ে দেওয়ার বিজ্ঞপ্তি পাওয়ার পরেও তিনি যদি ওই জমির দখল ছেড়ে না দেন তাকে শাস্তি পেতে হতে পারে। অথবা এরকম হতে পারে বেআইনিভাবে তিনি এমন ন্যস্ত জমি দখল করছেন যেটা অন্য একজনকে বন্দোবস্ত করে দেওয়া হয়েছে। যাকে বন্দোবস্ত করে দেওয়া হয়েছে তার অনুকূলে দখল যদি ছেড়ে না দেন তবে শাস্তি পেতে হবে। এই শাস্তি তিন রকমের হতে পারে—

(১) সর্বাধিক এক বছরের কারাবাস, অথবা

(২) সর্বাধিক দুই হাজার (২০০০.০০) টাকা জরিমানা, অথবা

(৩) উভয়ই।

পরিচ্ছেদ ৭

স্বত্বলিপি রক্ষণাবেক্ষণ[১]

৫০। স্বত্বলিপির রক্ষণাবেক্ষণ (Maintenance of the record-of-rights) : [২](১) নির্ধারিত কর্তৃপক্ষ[৩] নির্দিষ্ট পদ্ধতি অনুযায়ী মৌজার (village) স্বত্বলিপিতে নীচের বিভিন্ন কারণে পরিবর্তন নথিভুক্ত করে এখনকার সময় পর্যন্ত স্বত্বলিপি রক্ষণাবেক্ষণ করবেন—

(ক) হস্তান্তর বা উত্তরাধিকার-এর জন্য নামপত্তন;

(খ) বণ্টন, বিনিময়, বিভিন্ন দাগের একত্রীকরণ বা সমবায় সমিতি গঠনের জন্য;

১ পশ্চিমবঙ্গ ভূমি সংস্কার (সংশোধন) আইন, ১৯৮১ (পশ্চিমবঙ্গ আইন ৫০, ১৯৮১)-এর ৪১ ধারার মাধ্যমে পূর্বের "স্বত্বলিপির রক্ষণাবেক্ষণ এবং সংশোধন" শব্দ কয়টির স্থলে অনুকল্পিত এবং উক্ত আইনের ১(২) ধারার মাধ্যমে ৭.৮.১৯৬৯ তারিখ হতে বলবৎ হয়েছে।

২ মূল ধারাটি সংখ্যায়িত হয়ে উপধারা (১) হয়েছে যা পশ্চিমবঙ্গ ভূমি সংস্কার (সংশোধন) আইন, ২০০০ (পশ্চিমবঙ্গ আইন ৩১, ২০০০) দ্বারা ৭.৮.১৯৬৯ তারিখ হতে বলবৎ হয়েছে।

৩ পশ্চিমবঙ্গ ভূমি সংস্কার (সংশোধন) আইন, ১৯৮১ (পশ্চিমবঙ্গ আইন ৫০, ১৯৮১)-এর ৪৩ ধারার মাধ্যমে পূর্বের "এতদপক্ষে রাজ্য সরকার কর্তৃক বিশেষভাবে ক্ষমতা দেওয়া রাজস্ব আধিকারিক" শব্দ কয়টির স্থলে অনুকল্পিত এবং ১(২) ধারার মাধ্যমে ৭.৮.১৯৬৯ তারিখ হতে বলবৎ হয়েছে।

৪.৪.১৯৮৯ তারিখের ৩৪৪২ সংখ্যায়িত সরকারি প্রজ্ঞাপনের মাধ্যমে নিজ নিজ ক্ষেত্রাধিকারের মধ্যে ৫০ ধারার উদ্দেশ্যে নিম্নোক্ত আধিকারিকদের নিযুক্ত করা হয়েছে—(১) সমাহর্তা, (২) জেলা ভূমি ও ভূমি সংস্কার আধিকারিক, (৩) জেলা ভূমি ও ভূমি সংস্কার উপ-আধিকারিক, (৪) মহকুমা ভূমি ও ভূমি সংস্কার আধিকারিক, (৫) ব্লক ভূমি ও ভূমি সংস্কার আধিকারিক।

(ক) ২৫.৯.১৯৬৫ তারিখের ১৪৮১০-এল. রেফ্. সংখ্যায়িত সরকারি প্রজ্ঞাপনের মাধ্যমে বিহার হতে পশ্চিমবঙ্গে আগত অঞ্চলগুলি ব্যতীত পশ্চিমবঙ্গের সকল জেলায় এই পরিচ্ছেদটি ১.১১.১৯৬৫ তারিখ হতে বলবৎ হয়েছে।

(খ) ২৫.৯.১৯৬৯ তারিখের ১৭৮৮৫-এল. রেফ্. সংখ্যায়িত সরকারি প্রজ্ঞাপনের মাধ্যমে বিহার হতে আগত সকল অঞ্চলে এই পরিচ্ছেদটি ১.১০.১৯৬৯ তারিখ হতে বলবৎ হয়েছে।

(গ) জমির নতুন বন্দোবস্ত অথবা [4][অথবা দাগের];

(ঘ) ভূমি রাজস্বের পরিবর্তন;

(ঙ) চাষের পদ্ধতির পরিবর্তন—উদাহরণ হিসাবে বলা যায় "বর্গাদার দ্বারা"; এবং

(চ) এছাড়া অন্য পরিবর্তন যেগুলি স্বত্বলিপিতে পরিবর্তন প্রয়োজন।

[৫][(২) কোনও জেলার কোনও মৌজার স্বত্বলিপি যেখানে কম্পিউটারে নথিভুক্ত হয়েছে, সেখানে ওই মৌজার ৫১ক ধারায় চূড়ান্ত প্রকাশিত মূল স্বত্বলিপিগুলি সংরক্ষিত থাকবে। ওই স্বত্বলিপির কম্পিউটারে ছাপা এক অংশ এখনকার সময় পর্যন্ত (update) সংশোধনের জন্য এবং সার্টিফায়েড কপি দেওয়ার জন্য রাখা হবে যেগুলি নির্ধারিত কর্তৃপক্ষ দ্বারা স্বাক্ষরিত থাকবে। কম্পিউটারে ছাপা এই স্বত্বলিপি নির্ধারিত কর্তৃপক্ষ দ্বারা স্বাক্ষরিত মূল স্বত্বলিপির সমান বলে গণ্য করা হবে।]

Chapter 7

*Maintenance of the Record-of-rights

50. Maintenance of the record-of-rights. [1](1) [2][The prescribed authority] shall maintain up-to-date in the prescribed manner the village record-of-rights by incorporating therein the changes on account of—

(গ) পশ্চিমবঙ্গ ভূমি সংস্কার নিয়মাবলি, ১৯৬৫-এর ২১ নিয়মটি ৫০ ধারার উদ্দেশ্যে প্রযুক্ত হবে।

৪ "জোত" শব্দের পরিবর্তে পশ্চিমবঙ্গ ভূমি সংস্কার (সংশোধন) আইন, ২০০০ (পশ্চিমবঙ্গ আইন ৩১, ২০০০)-এর দ্বারা ৭.৮.১৯৬৯ তারিখ হতে অনুকল্পিত হয়েছে।

৫ (২) উপধারাটি পশ্চিমবঙ্গ ভূমি সংস্কার (সংশোধন) আইন, ২০০০ (পশ্চিমবঙ্গ আইন ৩১, ২০০০)-এর মাধ্যমে সন্নিবিষ্ট হইয়াছে যাহা ৭.৮.১৯৬৯ তারিখ হতে বলবৎ হয়েছে।

* *Substituted* by W. B. Act 50 of 1981, dated 24.3.1986, w.r.e.f. 7.8.1969, the old portion read as "Maintenance and revision of the record-of-rights".

1 West Bengal Land Reforms (Amendment) Act 2000 (W.B. Act 31 of 2000), w.r.e.f. 7.8.1969.

2 *Substituted* by W.B. Act 50 of 1981, dated 24.3.1986, w.r.e.f. 7.8.1969, the old portion read as "The Revenue Officer especially empowered by the State Government in this behalf."

(*a*) **Mutation of names as a result of transfer or inheritance;**

(*b*) **partition, exchange, or consolidation of lands comprised in [3][plot of land], or establishment of Co-operative Farming Societies;**

(*c*) **new settlement of lands or [3][plot of land];**

(*d*) **variation of revenue;**

(*e*) **alteration in the mode of cultivation, for example by a *bargadar*, and**

(*f*) **such other causes as necessitate a change in the record-of-rights.**

[4][(2) For every *mouza* in any district for which computerisation of land-record has been completed, the original set of finally published record-of-rights prepared under section 51A for such *mouza* of such district shall be preserved, and a set of computerised print-out of the finally published record of such *mouza*, duly authenticated by the prescribed authority, shall be taken up for updating and for issue of certified copies through computer. Such computerised record-of-rights, duly authenticated by the prescribed authority, shall be presumed to be correct, and on a par with the original copy of record-of-rights.]

[5][*Explanation.* For the purpose of this sub-section, the expression "duly authenticated" includes authentication by affixing digital signature made in accordance with the provisions of section 3 of the Information Technology Act 2000 (21 of 2000).]

আলোচনার সূচী

3 *Substituted* by Act XXXI of 2000, w.r.e.f. 7.8.1969.
4 *Renumbered* and *inserted* by Act No. XXXI of 2000, w.r.e.f. 7.8.1969.
5 *Inserted* by W.B.L.R. (Amendment) Act, 2013, w.e.f. 12.2.2014.

আলোচনার সূচী—*চলিতেছে*

১। ঐতিহাসিক পটভূমিকা [Historical background]. মূল সপ্তম পরিচ্ছেদের নামকরণ ছিল এইরকম—"স্বত্বলিপির রক্ষণাবেক্ষণ এবং সংশোধন"। এই পরিচ্ছেদে ৫০ ও ৫১ ধারা যুক্ত ছিল। এরপরে ১৯৬৫ সালে পঃ বঃ ভূমি সংস্কার (সংশোধনী) আইন দ্বারা ৫১ক, ৫১খ এবং ৫১গ ধারাগুলি এই পরিচ্ছেদে যুক্ত হয়। এরপর ১৯৮১ সালের পশ্চিমবঙ্গ ভূমি সংস্কার (সংশোধনী) আইনে সপ্তম পরিচ্ছেদটিকে দুটি ভাগে বিভক্ত করা হয়—পরিচ্ছেদ ৭ এবং পরিচ্ছেদ ৭ক। বর্তমানে সপ্তম পরিচ্ছেদে কেবলমাত্র ৫০ নং ধারাটি

রয়েছে। বর্তমানে সপ্তম পরিচ্ছেদের নামকরণ হয়েছে এইরকম—স্বত্বলিপির রক্ষণাবেক্ষণ (Maintenance of the record-of-rights)।

সপ্তম ক পরিচ্ছেদে [Chapter 7A] আছে ৫০ক, ৫১, ৫১ক, ৫১খ, ৫১খখ এবং ৫১গ নং ধারাগুলি। সপ্তম ক পরিচ্ছেদের শিরোনাম হল—"স্বত্বলিপির প্রস্তুতি অথবা সংশোধন।"

সপ্তম পরিচ্ছেদে এখন "নির্ধারিত কর্তৃপক্ষ" (Prescribed Authority) কথাটি রয়েছে। কিন্তু আগে ছিল—"এই বিষয়ে রাজ্য সরকার কর্তৃক বিশেষভাবে ক্ষমতাপ্রাপ্ত রাজস্ব আধিকারিক" (the Revenue Officers specially empowered by the State Government in this behalf) ২০০০ সালের পঃ বঃ ভূমি সংস্কার (সংশোধনী) আইন দ্বারা ৫০ নং ধারাটির দুটি উপধারা (১) এবং (২) যুক্ত করা হয়েছে যেগুলি ৭.৮.১৯৬৯ থেকে কার্যকরী হয়েছে। ২০০০ সালের ৫০(১) ধারার (গ) অংশে আগে ছিল—"holdings" বর্তমানে যুক্ত হয়ে দাগ (plots) এটিও ৭.৮.১৯৬৯ থেকে কার্যকরী হয়েছে।

২। স্বত্বলিপির সংরক্ষণ [Preservation of r-o-rs]. ১৯৮১ সালের পঃ বঃ ভূমি সংস্কার আইন, ১৯৫৫ সংশোধন করার আগে পর্যন্ত বিশেষভাবে ক্ষমতাপ্রাপ্ত রাজস্ব আধিকারিক (specially empowered R.O.) মৌজার স্বত্বলিপির বর্তমান সময় পর্যন্ত (up to date) সংরক্ষণ করার দায়িত্বে নিযুক্ত থাকতেন। ১৯৮১ সালের ৫০ নং ধারার সংশোধন দ্বারা সপ্তম পরিচ্ছেদের কিছু পরিবর্তন হয়েছে। এই পরিচ্ছেদে কেবলমাত্র ৫০ নং ধারাটি রাখা হয়েছে। এবং এই ধারার কাজকর্মের অধিকার বিশেষভাবে ক্ষমতাপ্রাপ্ত রাজস্ব আধিকারিকের পরিবর্তে "নির্ধারিত কর্তৃপক্ষের" (Prescribed Authority) উপরে গিয়ে পড়েছে। পঃ বঃ ভূমি সংস্কার আইনের ২(৯ক) ধারায় "নির্ধারিত কর্তৃপক্ষের" বিষয়ে বলা আছে—"এই আইনের কাজ করার জন্য কোনও কর্তৃপক্ষ যিনি পঃ বঃ সরকার দ্বারা নিয়োজিত এবং সরকারি গেজেটে যে আদেশনামা প্রকাশিত হয়েছে এমন"। এই ধারা যুক্তের আগে রাজ্য সরকার বিভিন্ন বিজ্ঞপ্তি দ্বারা Junior Land Reforms Officers, Special Revenue Officer—Grade II, সমস্ত Settlement Kanungos—Grade II, সমস্ত Settlement Officers এবং Settlement Charge Officers-দেরকে ৫০ ধারায় কাজ করার ক্ষমতা দান করেছে। ওই বিজ্ঞপ্তিগুলি হল—২১.৮.১৯৭৫, ২২.১০.১৯৭৫ এবং ২৯.১০.১৯৭৫ তারিখের। স্ব স্ব কার্যক্ষেত্রে উপরোক্ত আধিকারিকদের নিজস্ব ক্ষেত্রাধিকার (jurisdiction) পঃ বঃ ভূমি সংস্কার আইনের ৫০ নং ধারায় সমস্ত

কর্তব্য পালনের অধিকার দেওয়া হয়েছে। বর্তমানে এইগুলি "নির্ধারিত কর্তৃপক্ষের" (Prescribed Authority) উপর দেওয়া আছে। জে. এল. আর. ও. (J.L.R.O.)-দের আগে ৫০ ধারায় আদেশ দান করার অধিকার ছিল না। অর্থাৎ জে. এল. আর. ও. (J.L.R.O.)-রা ৫০ নং ধারায় কোনও কাজ করতে পারতেন না। করলেও তা ছিল অবৈধ।

মহামান্য আদালত বিভিন্ন আদেশে এটা জানিয়েছেন যে পশ্চিমবঙ্গ ভূমি সংস্কার আইনের ৫০ নং ধারায় কাজ করার কোনও ক্ষমতা (power) জে. এল. আর. ও.-দের নেই। যেহেতু তাদের ৫০ নং ধারায় কাজ করার ক্ষমতা ছিল না সুতরাং বর্গাদারের নাম ৫০ ধারায় নথীভুক্ত করে স্বত্বলিপি সংশোধন করার ক্ষমতা জে. এল. আর. ও.-দের নেই।[১]

বিভিন্ন আদালতের রায়ের ফলে সমস্যা তৈরি হয় এবং ২১.৮.১৯৭৫ তারিখে রাজ্য সরকার একটা বিজ্ঞপ্তি কলিকাতা গেজেটে প্রকাশ করে। ওই বিজ্ঞপ্তি দ্বারা সমস্ত জে. এল. আর. ও.-গণ পঃ বঃ ভূমি সংস্কার আইনের ৫০ নং ধারায় কাজ করার জন্য নিয়োজিত (appointed) হন রাজস্ব আধিকারিক হিসাবে। ওই বিজ্ঞপ্তি প্রকাশের পর থেকে জে. এল. আর. ও.-গণও মৌজার স্বত্বলিপি (r-o-r) সংশোধনের জন্য পঃ বঃ ভূমি সংস্কার আইনের ৫০ ধারায় উল্লেখিত (ক) থেকে (চ) পর্যন্ত বিভিন্ন দফা (clause) বিষয়ে কাজ করার জন্য যোগ্য (competent) বিবেচিত হলেন। বিভিন্ন বিষয় স্বত্বলিপিতে প্রয়োজনীয় সংশোধনের অধিকার পেলেন। কিন্তু ২১.৮.১৯৭৫ তারিখের আগে জে. এল. আর. ও.-দের এই ক্ষমতা ছিল না।

২.১২.১৯৭২ তারিখে পঃ বঃ ভূমি সংস্কার আইনের ৫০ নং ধারায় জে. এল. আর. ও. একটা সিদ্ধান্ত নিয়ে B-ক্যাম্পের আধিকারিককে প্রয়োজনীয় ব্যবস্থা নিতে নির্দেশ দেন। কিন্তু ৫০ নং ধারায় রাজস্ব আধিকারিক হিসাবে ক্ষমতা প্রয়োগের ব্যাপারে তখন (২.১২.১৯৭২) জে. এল. আর. ও. যোগ্য (competent) ছিলেন না আদৌ। কিন্তু সেই সিদ্ধান্ত নেওয়া হয়েছিল এমন একটা সময়ে যখন জে. এল. আর. ও. ওই কাজ করতে ক্ষমতাবান (empowered) নন।[২]

১ *সুকুমার মণ্ডল* বনাম *জে. এল. আর. ও.* 1975(2) Cal LJ 416; 1975 CHN 327; *পঞ্চানন পাইক* বনাম *পঃ বঃ সরকার* 1975(2) Cal LJ 495; 80 CWN 296; *সামসুল হক* বনাম *পঃ বঃ সরকার* 1977(2) Cal LJ 346.

২ *গৌর মোহন* বনাম *পঃ বঃ সরকার* 1978(1) Cal LJ 32.

আবার অন্য একটি মামলায় মহামান্য আদালত রায় দেন—ভাগচাষ আধিকারিক, যিনি ৫০ ধারার রাজস্ব আধিকারিক হিসাবে ক্ষমতাবান নন, তাঁর কোনও এক্তিয়ার বা ক্ষমতা নেই পঃ বঃ ভূমি সংস্কার আইনের ৫০ নং ধারায় কাজ করার।[৩]

৩। বর্গাদারের নাম স্বত্বলিপিতে নথিভুক্ত করার বিষয়ে ব্লক লেভেল ল্যান্ড রিফর্মস অ্যাডভাইসারি কমিটির সুপারিশ [Recommendation of Block Level Land Reforms Advisory Committee regarding the Barga recording]. কোনও ব্যক্তির নাম বর্গাদার হিসাবে স্বত্বলিপিতে নথিভুক্ত করার বিষয়ে Block Level Land Reforms Advisory Committee-র সুপারিশ করা (recommendation) বা চিন্তা করার (deliberate) কোনও অধিকার, বিধিসংগত ক্ষমতা (authority), ক্ষেত্রাধিকার (jurisdiction) এবং যোগ্যতা (competence) নেই। এই বিষয়ে Block Level Land Reforms Advisory Committee-র সুপারিশ অবৈধ, অনৈতিক এবং প্রথা বিরুদ্ধ। বর্গাদারের নাম নথিভুক্ত করার বিষয়ে ওই কমিটির সুপারিশ বা উপদেশ বা পরামর্শ অনুচিত, আইনবিরুদ্ধ, চালু আইনের পরিপন্থী, বাতিল, অসার।[৪]

৪। ৫০ ধারায় স্বত্বলিপির সংশোধন কখন হবে? [When correction of r-o-rs will be done under s. 50]. যদি কোনও মৌজায় স্বত্বলিপি প্রস্তুতি ও সংশোধনের জন্য "৭ক পরিচ্ছেদের" কাজ আরম্ভ না হয় তা হলে ৫০ক [s. 50A] ধারার সহযোগে ৫০ ধারা অনুযায়ী স্বত্বলিপি রক্ষণাবেক্ষণ, প্রস্তুতি ও সংশোধনের কাজ করা হয়। পঃ বঃ ভূমি সংস্কার নিয়ম, ১৯৬৫ [W.B.L.R. Rule 1965]-এর ২১ বিধি অনুযায়ী এই কাজ করা হয়।

আবার যদি কোনও মৌজায় পঃ বঃ ভূমি সংস্কার (সংশোধনী) আইন, ১৯৬৫-এর ৫১ক(৪) ধারায় দাখিল করা আপত্তি নিষ্পত্তি হয়ে যায় তবে ৫০ ধারা অনুযায়ী স্বত্বলিপি সংশোধন করা যাবে। সরকার দ্বারা নিয়োজিত "নির্ধারিত কর্তৃপক্ষ" (prescribed authority) এই ধারায় নির্দিষ্ট নিয়ম অনুযায়ী, W.B.L.R. Rule 1965-এর ২১ বিধি অনুসরণ করে এই কাজ করেন।

৩ *গোপাল দাস* বনাম *ভাগ চাষ আধিকারিক* 1980(2) CHN 454; 85 CWN 183.

৪ *জি. বি. দাস* বনাম *জে. এল. আর. ও.* 86 CWN 319; 1981(2) Cal LJ 170; 1981(2) CHN 243; *বনমালী মণ্ডল* বনাম *ভারপ্রাপ্ত আধিকারিক, সোনারপুর* 1986(1) CHN 112.

৫। ৫০ ধারা অনুসারে রাজস্ব আধিকারিকের স্বত্বলিপি সংশোধনে অস্বীকার বিধিসম্মত নয় [Rejection of correction of r-o-rs by the Revenue Officer under s. 50 is illegal]. ১৯৫৫ সালের পশ্চিমবঙ্গ ভূমি সংস্কার আইনের ৫০ ধারামতে স্বত্বলিপি সংশোধনের জন্য দাখিল করা আবেদনের ভিত্তিতে ১৯৫৫ সালের পশ্চিমবঙ্গ ভূমি সংস্কার আইনের ৫০ ধারা অনুসারে রাজস্ব আধিকারিক বিজ্ঞপ্তি (Notice) জারি করেন। কিন্তু তারপরে সংশ্লিষ্ট রাজস্ব আধিকারিক আর কোনও পদক্ষেপ না নেওয়ায় আবেদনকারী মহামান্য (W.B.L.R.T.T.)-তে আবেদন করেন। পশ্চিমবঙ্গ ভূমি সংস্কার আইনের ৫০ ধারামতে চূড়ান্ত প্রকাশিত মৌজার স্বত্বলিপি সংশোধনের উদ্দেশ্যে যথোপযুক্ত তদন্ত সাপেক্ষে সংশ্লিষ্ট সমষ্টি ভূমি ও ভূমি সংস্কার আধিকারিককে বিষয়টি নিষ্পত্তি করতে নির্দেশ দেন মহামান্য (W.B.L.R.T.T.)। 'সময়ের বাধা' (Time-barred) কারণ উল্লেখ করে সংশ্লিষ্ট রাজস্ব আধিকারিক আবেদনটি খারিজ করেন। উক্ত আদেশটি খারিজ করার বদলে (W.B.L.R.T.T.) বরং বহাল রাখেন।

মহামান্য কলিকাতা উচ্চ ন্যায়ালয়ের ডিভিশন বেঞ্চ জানান, ৩.১১.২০০৬ তারিখে (W.B.L.R.T.T.) একটি আদেশে সংশ্লিষ্ট সমষ্টি ভূমি ও ভূমি সংস্কার আধিকারিককে পশ্চিমবঙ্গ ভূমি সংস্কার আইনের ৫০ ধারামতে দাখিল করা আবেদনটি উৎকর্ষতার বিচারে (on merit) নিষ্পত্তি করতে নির্দেশ দিয়েছিলেন, তিনি তা খারিজ করেছেন 'সময়ের-বাধা'র কারণে। ডিভিশন বেঞ্চ জানান, যথোপযুক্ত তদন্ত সাপেক্ষে (W.B.L.R.T.T.) যখন সংশ্লিষ্ট রাজস্ব আধিকারিককে ৫০ ধারামতে স্বত্বলিপি সংশোধনের জন্য নির্দেশ দিয়েছিল, তিনি তা করতে পারতেন, কিন্তু 'সময়ের বাধা' উল্লেখ করে রাজস্ব আধিকারিকের দেওয়া সিদ্ধান্ত সমর্থনযোগ্য নয়। ৫১ক ধারা অনুযায়ী স্বত্বলিপির চূড়ান্ত প্রকাশের পর ৫০ ধারা অনুযায়ী স্বত্বলিপির সংশোধন করা হয়, ওই কার্যাবলি সম্পূর্ণ করতে রাজস্ব আধিকারিকের কাছে আইন কোনও প্রতিবন্ধকতা তৈরি করেনি এবং তিনি 'সময়ের বাধা' কারণ উল্লেখ করে আবেদন খারিজ করতে পারেন না। মহামান্য ডিভিশন বেঞ্চ আরও উল্লেখ করেছেন (W.B.L.R.T.T.) আদেশ দেওয়া স্বত্ত্বেও সংশ্লিষ্ট রাজস্ব আধিকারিক কার্যাবলি (proceedings)-টি সম্পূর্ণ করেন নি, 'সময়ের বাধা' উল্লেখ করে রাজস্ব আধিকারিক আবেদনটি খারিজ করেছিলেন এবং ওই আদেশ বহাল রেখেছিলেন, যা আদৌ সঠিক সিদ্ধান্ত ছিল না। যেখানে W.B.L.R.T.T. নিজে ৫০ ধারামতে স্বত্বলিপি সংশোধনের জন্য নির্দেশ দিয়েছেন এবং সেই অনুযায়ী

১০.১২.২০০৪ তারিখে বিজ্ঞপ্তি (notice) জারি করেছেন সংশ্লিষ্ট রাজস্ব আধিকারিক, সুতরাং সমস্ত স্বার্থ সংশ্লিষ্ট পক্ষকে নিয়ম অনুযায়ী শুনানির সুযোগ দিয়ে আবেদনকারীর আবেদনটি নিষ্পত্তি করার জন্য রাজস্ব আধিকারিককে আদেশ দেওয়া হল।[৫]

৬। স্বত্বলিপি রক্ষণাবেক্ষণের পদ্ধতি ও নিয়ম [Rule and procedure for maintenance of r-o-rs]. পশ্চিমবঙ্গ ভূমি সংস্কার আইনের ৫০ ধারামতে কাজ কিভাবে হবে তা ১৯৬৫ সালের পঃ বঃ ভূমি সংস্কার বিধির (W.B.L.R Rule 1965) ২১ নং বিধিতে উল্লেখ আছে। পঃ বঃ ভূমি সংস্কার আইনের ৫০ ধারায় বলা (ক) থেকে (চ) দফার পরিবর্তনগুলি ১৯৬৫ সালে পঃ বঃ ভূমি সংস্কার নিয়মের ২১(১) নং বিধি অনুযায়ী করা হয়। "নির্ধারিত কর্তৃপক্ষের" দৃষ্টিগোচরে আনতে হবে স্বত্বলিপির বর্তমান সময় পর্যন্ত রক্ষণাবেক্ষণের জন্য। সমস্ত প্রয়োজনীয় নথিপত্র, আদেশনামা যা যা পাওয়া যাবে "নির্ধারিত কর্তৃপক্ষের" কাছে আনতে হবে। সমস্ত মূল নথি (original papers and documents) আদেশনামা পাওয়ার পর "নির্ধারিত কর্তৃপক্ষ" স্বত্বলিপিতে প্রয়োজনীয় সংশোধন করবেন এবং তার স্বাক্ষর স্বত্বলিপিতে করবেন। স্বত্বলিপি সংশোধনের পর রাজস্ব আধিকারিক উভয়পক্ষ এবং Settlement দপ্তরকে জানাবেন।

ওই নিয়মের [W.B.L.R. Rule] ২১(২) বিধিতে কর্তৃপক্ষকে স্বত্বলিপি সংশোধনের বিশেষ ক্ষমতা দিয়েছে। স্বতঃপ্রণোদিত হয়ে কোনও চাষের পরিবর্তন—যেমন বর্গাদার দ্বারা চাষ ইত্যাদি মৌজার স্বত্বলিপিতে লিখতে পারেন। ওই ধারায় যে আলোচনা আছে সেখানেও নির্দেশ দিচ্ছে যে স্বতঃপ্রণোদিত হয়ে কর্তৃপক্ষ প্রয়োজনীয় সংশোধন করতে পারে। স্বার্থজড়িত উভয়পক্ষকে বিজ্ঞপ্তি দিয়ে দরকারমত কর্তৃপক্ষ তদন্ত করতে পারেন এমনকী মাঠে গিয়েও এই তদন্ত করার অধিকার কর্তৃপক্ষের আছে।

West Bengal Land Reforms Rule-এর ২১(৩) বিধি অনুযায়ী ধরে নেওয়া হয় যেন স্বার্থ জড়িত ব্যক্তিদের শুনানির সুযোগ দেওয়া হয়েছে [২১(২) বিধির মত]। যদি সরেজমিনে তদন্ত হয় তবে তার সাত দিন আগে অথবা যদি তদন্ত না হয় তবে ৫০(১)(চ) ধারার [s. 50(1)(*f*)] পরিবর্তন স্বত্বলিপিতে লেখার সাতদিন আগে রাজস্ব আধিকারিক একটি বিজ্ঞপ্তি প্রকাশ

৫ *মানিকলাল চৌধুরী* বনাম *পশ্চিমবঙ্গ সরকার* 2010(2) CHN 154 (Cal) (DB).

করবেন। ওই বিজ্ঞপ্তিতে সরেজমিনে তদন্ত এবং স্বত্বলিপির সংশোধনের বিষয়ে বলা থাকবে। ওই বিজ্ঞপ্তি মৌজা বা গ্রামের এমন স্থানে টাঙানো থাকবে যেন সহজেই চোখে পড়ে (conspicuous) এবং ওই জমির কাছাকাছি হয়। গ্রাম পঞ্চায়েতের অফিসে এই বিজ্ঞপ্তি টাঙানো হতে পারে, তা হলে গ্রামের বিভিন্ন লোকের নজরে আসবে। গ্রামের ডাকঘর, হাট, গ্রামে অবস্থিত অন্য সুবিধাজনক জায়গায় ওই বিজ্ঞপ্তি টাঙানো যেতে পারে।

এছাড়া পঃ বঃ ভূমি সংস্কার (সংশোধনী) আইনের ২১ঘ ধারামতে বর্গাদারের নাম স্বত্বলিপিতে লেখা যেতে পারে। ২১ঘ ধারা অনুসারে বর্গাদারের নাম লেখার নিয়ম/পদ্ধতি পঃ বঃ ভূমি সংস্কার নিয়মের (W.B.L.R. Rule) ১৪ঝ(খ) [r. 14I(*b*)] বিধি অনুসারে করা হয়।

৭। স্বত্বলিপিতে "বেআইনি দখলকার" মন্তব্য বাদ দেওয়া [Comments on "Illegal Possession" in r-o-rs is to be removed]. প্রতিবাদী ৬ (W.B.L.R.T.T.)-তে আবেদন করেন, ওই প্রেক্ষিতে (W.B.L.R.T.T.) রাজস্ব আধিকারিককে ৬ ক্রমাঙ্কের প্রতিবাদীর নাম স্বত্বলিপিতে নথিভুক্ত করার জন্য নির্দেশ দেন। ৬ ক্রমাঙ্কের প্রতিবাদী বিবাদীয় জমিতে নিজের নাম নথিভুক্ত করার জন্য রাজস্ব আধিকারিকের কাছে আবেদনপত্র দাখিল করেন। সংশ্লিষ্ট রাজস্ব আধিকারিক তার আবেদন বিবেচনা করে স্বত্বলিপিতে ৬ ক্রমাঙ্কের প্রতিবাদীর নাম নথিভুক্ত করেন এবং মন্তব্য লেখার জায়গা থেকে "বেআইনি দখলকার" মন্তব্যটি বাদ দেন। আপিল কর্তৃপক্ষ রাজস্ব আধিকারিকের দেওয়া রায় বহাল রাখেন।

'বেআইনি দখলকার' মন্তব্যটি বাদ দেওয়া বিষয়ে মহামান্য W.B.L.R.T.T. পূর্বোক্ত আদেশ দুটিকেই সমর্থন করেন। এরপর আবেদনকারী উচ্চ ন্যায়ালয়ে আবেদনপত্র বা আর্জি (writ) পেশ করেন। মহামান্য উচ্চ ন্যায়ালয়ের ডিভিশন জানান ৬ ক্রমাঙ্কের প্রতিবাদী যখন জমির দখলে রয়েছেন তখন মন্তব্য লেখার স্থান থেকে "বেআইনি দখলকার" মন্তব্য বাদ দেওয়াটা সঙ্গত হয়েছে।[৬]

৮। বৃদ্ধা শান্তি মহান্তির কাহিনি [Story of old Shanti Mohanti]. শান্তি মহান্তি, জনৈক বৃদ্ধা তাঁর নিজস্ব জমি কয়েকজন কৃষি মজুর দিয়ে নিয়মিত চাষ করান। যেহেতু তিনি বয়স্কা তাঁর পক্ষে নিজে তাঁর জমি চাষ করা সম্ভব নয়। ঘটনাক্রমে ওই ভাড়াটে কৃষি মজুররা বর্গাদার হিসাবে তাঁদের নাম নথীভুক্ত

৬ *মমিন আব্বাস* বনাম *পশ্চিমবঙ্গ সরকার* 2011(1) CHN 651 (Cal) (DB).

করার জন্য আবেদন করেন। উক্ত এলাকার ক্ষমতাপ্রাপ্ত রাজস্ব আধিকারিক যথানিয়মে সরেজমিনে তদন্ত করেন। সরেজমিনে তদন্তে ওই বৃদ্ধার জমির পাশের মালিকরা আবেদনকারীর পক্ষে বক্তব্য রাখেন। তারা [আবেদনকারীরা] যে বৃদ্ধার জমি চাষ করেন তা পাশের জমির মালিকরা বলেন।

রাজস্ব আধিকারিক উভয়ের শুনানি গ্রহণ করেন এবং আবেদনকারীদের নাম বর্গাদার হিসাবে স্বত্বলিপিতে নথীভুক্ত করার আদেশ দেন এবং ওই আদেশ অনুসারে তামিল করেন। রাজস্ব আধিকারিকের আদেশের বিরুদ্ধে বৃদ্ধা শান্তিদেবী ৫১ক(৫) ধারায় আপিল করেন। আপিল শুনানির সময় বৃদ্ধা শান্তিদেবী তাঁর বক্তব্য বলেন কিন্তু সেখানেও আবেদনকারিণীর বক্তব্যে গুরুত্ব দেওয়া হয়নি। রাজস্ব আধিকারিকের রায় বহাল রাখেন আপিল দরখাস্তের বিচারক। এরপর বৃদ্ধা শান্তিদেবী মহামান্য হাইকোর্টের শরণাপন্ন হন।

হাইকোর্টে শান্তিদেবী জানান—যাদের নাম বর্গাদার হিসাবে স্বত্বলিপিতে নথীভুক্ত করা হয়েছে তারা তাঁর জমিতে নিয়মিত ভাড়াটে কৃষি মজুর হিসাবে কাজ করত। যেহেতু তিনি বৃদ্ধা তাঁর পক্ষে নিজে (personally) চাষ করা সম্ভব ছিল না। এই বিষয়টিই রাজস্ব আধিকারিক গুরুত্বসহ শোনেন নি।

মহামান্য আদালত রাজস্ব আধিকারিক তথা আপিল মামলার রায় বাতিল করেন। মহামান্য আদালত জানান—কেবলমাত্র জমির পাশের মালিকের বক্তব্যের ভিত্তিতে সিদ্ধান্ত নেওয়া ঠিক নয়। পাশের জমির মালিকরা জানান যে আবেদনকারীরা শান্তিদেবীর জমি চাষ করে কিন্তু এর দ্বারা এটা প্রমাণ হয় না যে তারা বর্গাদার হিসাবে চাষ করে। আর এক্ষেত্রে জমির মালিক বৃদ্ধা এবং তিনি জানিয়েছেন যে আবেদনকারীরা ভাড়া করা কৃষিশ্রমিক। এক্ষেত্রে রাজস্ব আধিকারিকের উচিত ছিল উভয়ের বক্তব্য আরও গভীরভাবে অনুসন্ধান করা। আপিল বিচারক সম্বন্ধেও মহামান্য হাইকোর্ট একই কথা বলেন। রাজস্ব আধিকারিক এবং আপিল কর্তৃপক্ষ উভয়েই দৃঢ়তার অভাবে (infermities) ভুগছিলেন বলে হাইকোর্ট বক্তব্যে জানান।

রাজস্ব আধিকারিকের উচিত ছিল আবেদনকারীরা যখন বর্গাদার হিসাবে নাম নথিভুক্ত করার জন্য আবেদন করেছিল তখন খুঁটিয়ে খুঁটিয়ে (elaborately) পরীক্ষা করার। মহামান্য আদালত রাজস্ব আধিকারিক এবং আপিল বিচারক উভয়ের আদেশ বাতিল ঘোষণা করেন।[৭]

৭ *শান্তি মোহান্তি* বনাম *ঘাউইরাম মাহাতো* Cal LT 1996(2) HC 405; AIR 1997 Cal 151; 1997 WBLR 344 (Cal).

৯। অপারেশান বর্গা [Operation Barga]. পশ্চিমবঙ্গ ভূমি সংস্কার আইনের ৫০ ধারায় স্বত্বলিপি রক্ষণাবেক্ষণের বিষয়ে বলা আছে। নির্দিষ্ট পদ্ধতিতে "নির্ধারিত কর্তৃপক্ষ" বর্তমান সময় পর্যন্ত (up to date) মৌজার স্বত্বলিপি রক্ষণাবেক্ষণ করবেন। পঃ বঃ ভূমি সংস্কার আইনের ৫০ ধারার কার্যক্রমে যে "নির্ধারিত পদ্ধতি"তে (prescribed manner) স্বত্বলিপি রক্ষণাবেক্ষণের বিষয়ে বলা আছে তা ১৯৬৫ সালের পশ্চিমবঙ্গ ভূমি সংস্কার নিয়মের (W.B.L.R. Rule) ২১ নং বিধিতে বলা আছে। পঃ বঃ ভূমি সংস্কার আইনের ৫০ ধারার (ক) থেকে (চ) দফায় (clause) বর্ণিত বিভিন্ন পরিবর্তনগুলি W.B.L.R. Rule-এর ২১ বিধি অনুযায়ী পরিবর্তিত হবে।

রাজস্ব পর্যদ (Board of Revenue) ১৯৭৮ সালে একটি বিজ্ঞপ্তি প্রকাশ করে [বিজ্ঞপ্তি নং ১২৩০৪ (২৭) GE, তাং ৫.৭.১৯৭৮] বর্গাদারদের নাম স্বত্বলিপিতে নথিভুক্ত করার বিষয়ে কিছু নির্দেশিকা পাঠায়। ওই নির্দেশিকা "অপারেশন বর্গা" (Operation Barga) নামে পরিচিত। রাজস্ব পর্যদ ওই নির্দেশিকায় কীভাবে বর্গাদারদের নাম নথিভুক্ত করতে হবে তা জানায়। মোট পাঁচটি গুরুত্বপূর্ণ পন্থা অনুসরণ করতে নির্দেশ দেওয়া হয়, সেগুলি হল—

(ক) কোন্ এলাকায় বর্গাদারদের সংখ্যা খুব বেশি আছে তা খোঁজা;

(খ) একটি দল গঠন;

(গ) বর্গাদারদের নিয়ে সভা, আলোচনা;

(ঘ) সরেজমিনে তদন্ত;

(ঙ) নাম নথিভুক্ত করা।

মূল আদেশনামাটি দেওয়া হল—

Government of West Bengal
Board of Revenue, West Bengal
Section 'A', G.E. Branch

Memo. No. 12304 (27) G.E. Dated Calcutta, the 5th July, 1978

To

1. The Director of Land Records and Surveys, West Bengal.
2. The Additional District Magistrate (Land Reforms).

3. The Additional Deputy Commissioner (Land Reforms).

4. The Settlement Officer.

Subject : 'OPERATION BARGA' Decision taken in the workshop held on June 23rd and 24th, 1978.

1. The entire work of recording of bargadars under an intensive drive as envisaged in the decision of the workshop may be broadly divided into the following 5 district operations;

(1) Identification of the priority pockets with large concentration of bargadars.

(2) Formation of squads.

(3) Meetings with the bargadars.

(4) Reconnaissance and field verification.

(5) Actual recording.

1. Identification of priority pockets will have to be made in consultation with the local peasants' organisations. The Settlement records (Records as finally published under the provisions of the Estates Acquisition Act or those prepared during the current settlement operation under the West Bengal Land Reforms Act) may give an idea about the concentration of bargadars. The number of unrecorded bargadars may be assessed on the basis of information to be furnished by the peasants' organisations as also by the local officers. This item of work, namely, identification of priority pocket is very important and unless efforts to record the bargadars are put in areas where there is real concentration of bargadars the entire exercise will be fruitless. The settlement officers and the Additional District Magistrates (LR) will personally see the "area of priority" has been correctly identified.

2. The squad of functionaries to be formed for the purpose will consist of Kanungos, Junior Land Reforms Officers and requisite number of Amins. The Settlement Officer will spare the requisite number of Kanungos for the purpose. The local Junior Land Reforms Officer will have to be invariably associated with this Squad. The Junior Land Reforms Officers from other circles of the

same district should also be included. Where there is large concentration of tribal bargadars, Kanungos of Tribal Welfare Department should also be associated with the job. In selecting the Amins proper care should be taken to ensure that only those persons who have got considerable experience of field work are selected. The Squad for each priority area should be immediately formed. There is no objection to one Squad being formed for more than one priority area in close proximity provided the first area is quickly covered and the second one taken up almost simultaneously. The priority areas identified should be tagged with this Squad well ahead so that the Squad may plan their own movement and action according to the programme. The entire job of formation of this Squad and their movement to the different priority areas should be decided personally by the Settlement Officer and the Additional District Magistrate (LR) jointly so that there is no dislocation in the programme when the actual operation starts.

১০। শুনানির সুযোগ দেওয়া বাধ্যতামূলক [Opportunity of being heard is mandatory]. ১৯৬৫ সালের পঃ বঃ ভূমি সংস্কার নিয়মের ২১(২) বিধি অনুযায়ী "নির্ধারিত কর্তৃপক্ষ" স্বত্বলিপিতে চাষের পরিবর্তনের জন্য [যেমন বর্গা প্রথায় চাষ] মৌজার স্বত্বলিপি সংশোধন করার ব্যাপারে ক্ষমতাবান (empowered)। তবে এই সংশোধনের আগে স্বার্থ জড়িত ব্যক্তিদের শুনানির সুযোগ (opportunity of being heard) দেবেন এবং সরেজমিনে তদন্ত করবেন। যেদিন শুনানি হবে অন্তত তার সাত দিন আগে বিজ্ঞপ্তি (notice) জারি করবেন সংশ্লিষ্ট রাজস্ব আধিকারিক। সরেজমিনে তদন্তের ক্ষেত্রেও নির্দিষ্ট তারিখের সাতদিন আগে উভয়পক্ষকে জানাবেন।

১৯৬৫ সালের পঃ বঃ ভূমি সংস্কার নিয়মের (W.B.L.R. Rules 1965) ২১(৩) বিধি অনুযায়ী রাজস্ব আধিকারিক উভয় পক্ষকে শুনানির সুযোগ দেওয়ার জন্য এক নতুন, অভিনব পদ্ধতি (novel method) গ্রহণ করেন। মৌজার স্বত্বলিপি সংশোধনের সাতদিন আগে সংশ্লিষ্ট রাজস্ব আধিকারিক যে জমির সংশোধন ৫০(চ) ধারায় হবে তার নিকটবর্তী কোনও স্থানে যা সহজেই জনসাধারণের চোখে পড়ে যেমন গ্রাম পঞ্চায়েত অফিস, গ্রামের কোনও বিদ্যালয়, হাট, গ্রামের ডাকঘর ইত্যাদি স্থানে একটি বিজ্ঞপ্তি টাঙিয়ে দেবেন।

যে এলাকায় জমিটি অবস্থিত ওই এলাকাতেই এই বিজ্ঞপ্তি টাঙাবেন। রাজস্ব আধিকারিক ধরে নেবেন স্বার্থসংশ্লিষ্ট ব্যক্তিগণ ওই বিজ্ঞপ্তি পড়েছেন এবং তাদের শুনানির সুযোগ দেওয়া হয়েছে (deemed to have been given an opportunity of being heard)।

প্রকৃত বিচারের (natural justice) কতগুলি নীতি আছে। তার মধ্যে অন্যতম নীতি (principle) হল —"কোনও ব্যক্তিকে তার বক্তব্য বলার সুযোগ দিতে হবে।" পঃ বঃ ভূমি সংস্কার আইনের ৫০(চ) ধারা অনুসারে বর্গাদারের নাম স্বত্বলিপিতে লেখার বিষয়ে বিচারের উপরোক্ত সাধারণ নীতিও মেনে চলতে হবে। যদি দেখা যায় উপরোক্ত নীতি না মেনে বর্গাদারের নাম স্বত্বলিপিতে লেখা হয়েছে তবে ওই রেকর্ডিং বাতিল (void) এবং এক্তিয়ার বহির্ভূত (*ultra vires*) হিসাবে গণ্য হবে।

২১(৩) বিধিতে গঠিত নিয়মটি জমির মালিকের পক্ষে ক্ষতিকারক। এরকমও লোক আছে যার বাড়ি অন্য মৌজায় অবস্থিত ['ক' মৌজায় জমি কিন্তু লোকটি বসবাস করে 'খ' মৌজায়]। ২১(৩) বিধিতে বর্ণিত নিয়মে জমির মালিক/রায়ত জানতেই পারবেন না বর্গাদার হিসাবে নাম অন্তর্ভুক্তির জন্য আবেদন পড়েছে বা তাঁর জমিতে বর্গাদারের নাম রেকর্ড করা হয়েছে। ওই বিষয়ে বলার জন্য কোনও সুযোগই তাঁকে দেওয়া হয় না। "ধরে নেওয়া হয়" রায়তকে সুযোগ দেওয়া হয়েছে। যেহেতু রায়ত/জমির মালিক অন্য মৌজায় থাকেন তাঁকে বিজ্ঞপ্তি (notice) দিয়ে জানানো কোনও সমস্যাই নয়। ইচ্ছাকৃতভাবে ওই রকম অদ্ভুত এক নিয়ম (peculiar rule) তৈরি হয়েছে যেখানে জমির মালিকের স্বার্থ বিশেষভাবে ক্ষুণ্ণ হয়। রায়তকে কোনও বিজ্ঞপ্তি দেওয়া হয় না। কিন্তু স্বচ্ছ বিচার ব্যবস্থায় যে ব্যক্তির জমিতে বর্গাদার রেকর্ডিং-এর জন্য দাবি করা হয়েছে সেই ব্যক্তিকে/রায়তকে বিজ্ঞপ্তি (notice) দেওয়া অবশ্য প্রয়োজনীয়। যখন ওই নিয়ম তৈরি করা হয়েছিল রায়তের স্বার্থ (interest) সম্পূর্ণ উপেক্ষা করা হয়েছিল যা বাঞ্ছনীয় নয়। ২১(৩) বিধি এমনভাবে তৈরি যেন পিছনের দরজা দিয়ে বর্গা রেকর্ডিং হচ্ছে এবং যার জমিতে বর্গা রেকর্ড হচ্ছে সে জানতেই পারছে না।

ভারতীয় সংবিধানের ১৪ অনুচ্ছেদের পরিপন্থী হল পঃ বঃ ভূমি সংস্কার নিয়মের ২১(৩) বিধিটি। এই বিধিটি খারাপ, অপ্রয়োজনীয়, যন্ত্রণাদায়ক এবং ওই আইনের এক্তিয়ার বহির্ভূত (*ultra vires*)। এই আইনটি সংবিধানের নবম তফসিলী দ্বারা রক্ষিত কিন্তু ওই নিয়মটি নয় বরং এটি এক্তিয়ার বহির্ভূত (*ultra vires*)। প্রতিটি ব্যক্তিকেই শুনানির সুযোগ দিতে হবে যার জমি বর্গাদার হিসাবে কেউ দাবি করছে।

এক্ষেত্রে বর্গা রেকর্ড করা হয়েছে কোনও বিজ্ঞপ্তি ছাড়াই এবং আবেদনকারীকে শুনানির কোনও সুযোগই দেওয়া হয়নি। সুতরাং ত্রুটিপূর্ণ বর্গা রেকর্ডিং বাতিল করা হল।[৮]

৫.৭.১৯৭৮ তারিখের সার্কুলার অনুযায়ী সমস্ত পশ্চিমবঙ্গে "অপারেশান বর্গা" শুরু হয়। এই সার্কুলারকে চ্যালেঞ্জ করে আদালতে মামলা দায়ের করা হয়। মহামান্য কলিকাতা হাইকোর্ট "অপারেশান বর্গা" বিষয়ে জারি করা রাজস্ব পর্ষদের (Board of Revenue) আদেশনামাটিকে "সন্দেহপূর্ণ নির্দেশকসমূহ" (impugned directives) বলে ঘোষণা করে। মহামান্য আদালত ৫.৭.১৯৭৮ সালের জারি করা ১২৩০৪ (২৭) G.E. ক্রমাঙ্কের সার্কুলারটির কোনও আইনগত শক্তি নেই তা জানায়।[৯]

অন্য একটি মামলায় মহামান্য আদালত জানায় ৫.৭.১৯৭৮ তারিখের ১২৩০৪ (২৭) G.E. ক্রমাঙ্কের সার্কুলারটির কোনও বৈধ, সরকারি (official) অথবা অবশ্য পালনীয় শক্তি নেই (The said circular had no legal, official or binding force)।[১০]

এরপর রাজ্য সরকার বাধ্য হয় প্রয়োজনীয় নিয়মগুলি সংশোধন করতে। ১৯.৯.১৯৭৮ তারিখের ৩৪২৬-এল. রেফ্. ক্রমাঙ্গের বিজ্ঞপ্তি দিয়ে মূল ২১ নং বিধিতে (W.B.L.R. Rule) (১) নং এবং (২) নং উপবিধি সংযোজন করা হয়। পশ্চিমবঙ্গ ভূমি সংস্কার আইনের ৫০ ধারার (চ) দফার [বর্গাদার-এর নাম লেখা] বিষয় স্বত্বলিপিতে লেখার জন্য পশ্চিমবঙ্গ ভূমি সংস্কার নিয়মের মূল ২১ নং বিধির দুটি উপবিধি যথাক্রমে উপবিধি (১) এবং উপবিধি (২) যুক্ত করা হয়।

২১(২) বিধি অনুযায়ী—রাজস্ব আধিকারিক মৌজা স্বত্বলিপিতে নিজে (own motion) ৫০(চ) ধারা অনুসারে কোনও পরিবর্তন নথিভুক্ত (incorporate) করতে পারেন। উভয় স্বার্থ জড়িত ব্যক্তিদের শুনানি এবং তদন্তের সুযোগ দিয়ে তিনি এই কাজ করবেন।

৮ *সামিজন বেওয়া* বনাম *রাজস্ব আধিকারিক, লালগোলা* 1986(1) CHN 340; 1986(1) Cal LJ 161.

৯ *পশ্চিমবঙ্গ সরকার* বনাম *কানাইলাল সাহা* 1979(1) Cal LJ 104.

১০ *বিশ্বনাথ ঘোষ* বনাম *পশ্চিমবঙ্গ সরকার* 1979(1) Cal LJ 613.

এরপরে বিজ্ঞপ্তি নং ১৯৬০-এল. রেফ্., তারিখ ২৬.৫.১৯৭৯ দ্বারা ২১ নং বিধির একটি (৩) নং উপবিধি যুক্ত করা হয়। ২১(৩) বিধি অনুসারে স্বার্থ সংশ্লিষ্ট ব্যক্তিদের সরেজমিনে তদন্ত এবং শুনানির সুযোগ (opportunities of being heard) দেওয়ার জন্য এক নতুন, অভিনব পদ্ধতি (novel method) যুক্ত করা হয়।

পশ্চিমবঙ্গ ভূমি সংস্কার নিয়মের ২১(২) বিধিটিকে এরপর একটু পরিবর্তন করা হয় বিজ্ঞপ্তি নং ২২২৪ এল. রেফ্., তারিখ ১১.৬.১৯৭৯ দ্বারা।

১৫৯২ এল. রেফ্. ক্রমাঙ্কের বিজ্ঞপ্তি দ্বারা ৩০.৭.১৯৮০ তারিখে ২১ নং বিধিটিকে পুনরায় সংশোধিত করা হয়। বিজ্ঞপ্তি নং ১৯৯৮ এল. রেফ্., তারিখ ২.৫.১৯৮১ দ্বারা ২১ নং বিধি [W.B.L.R. Rules 1965] টিকে আবার পাল্টানো (সংশোধন) হয়, যা কলিকাতা গেজেটে ১২.৫.১৯৮১-তে প্রমাণিত হয়। ২১ নং বিধির চারটি উপবিধি যথাক্রমে (১), (২), (৩), (৪) যুক্ত করা হয়।

২১(৩) নং বিধিটিকে চ্যালেঞ্জ করে মহামান্য কলিকাতা হাইকোর্টে মামলা দায়ের করা হয়। মহামান্য আদালত ২১(৩) বিধিটিকে ভারতীয় সংবিধানের ১৪ নং অনুচ্ছেদ লঙ্ঘন করেছে বলে রায় দেয়। মহামান্য আদালত ২১(৩) নং বিধিকে খারাপ, অপ্রয়োজনীয়, পীড়াদায়ক এবং এক্তিয়ার বহির্ভূত (bad, unreasonable, oppressive and *ultra vires*) বলে ঘোষণা করে।[১১]

এরপর বর্গাদার-এর নাম নথীভুক্ত করার জন্য ২১ঘ ধারা যুক্ত করা হয় যাতে স্বত্বলিপিতে যথানিয়মে (prescribed manner) বর্গাদারের নাম নথিভুক্ত হয়। ২১ঘ ধারার [পঃ বঃ ভূমি সংস্কার (সংশোধনী) আইন ১৯৫৫] (১) এবং (২) দুটি উপধারা যুক্ত হয়। ২১ঘ(২) ধারায় বলা হয়েছে পঃ বঃ ভূমি সংস্কার আইনের সপ্তম পরিচ্ছেদ [Chapter VII] বা সপ্তম ক পরিচ্ছেদ [Chapter VIIA] দুটিতে যাই বলা থাক না কেন, ২১ঘ (১) ধারা অনুযায়ী কাজ করা হবে। পঃ বঃ ভূমি সংস্কার নিয়মে ১৪ঝ [r. 14I] বিধি অনুযায়ী একই কাজ করা হবে।

১১। ৫০ ধারায় J.L.R.O. দ্বারা বর্গাদারের নাম স্বত্বলিপিতে অন্তর্ভুক্ত করা [Recording of bargadar in r-o-rs under s. 50 by J.L.R.O.]. বিজ্ঞপ্তি

১১ *সামিজান* বনাম *রাজস্ব আধিকারিক* 1986(1) CHN 340; 1986(1) Cal LJ 161.

নং ২০৪৮৭-এল. রেফ্., তাং ২১.৮.১৯৭৫ দ্বারা সমস্ত জে. এল. আর. ও.-দেরকে পশ্চিমবঙ্গ ভূমি সংস্কার আইনের ৫০ ধারায় ক্ষমতা দেওয়া হয়। এই বিজ্ঞপ্তিটি কলিকাতা গেজেটে ২৫.৯.১৯৭৫-এ প্রকাশিত হয়েছিল। উপরোক্ত বিজ্ঞপ্তিতে বলা হয়েছিল—১৯৫৫ সালের ভূমি সংস্কার আইনের ২ নং ধারায় ১২ নং অংশ (clause) অনুযায়ী [১৯৫৬ সালের পশ্চিমবঙ্গের ১০ নং আইন] মহামান্য রাজ্যপাল সমস্ত জে. এল. আর. ও.-দেরকে তাদের নির্দিষ্ট এলাকায় পঃ বঃ ভূমি সংস্কার আইনের ৫০ নং ধারায় কাজ করার ক্ষমতা অর্পণ করেন।

২১.৮.১৯৭৫ তারিখের আগে জে. এল. আর. ও.-গণ পঃ বঃ ভূমি সংস্কার আইনের ৫০ ধারায় ক্ষমতাবান (empowered) ছিলেন না। ফলে জে. এল. আর. ও.-গণ ৫০ ধারায় কোনও বর্গাদারের নাম স্বত্বলিপিতে নথিভুক্ত করলে তা হত আইন বিরুদ্ধ। *সুকুমার মণ্ডল ওরফে সুগম মণ্ডল* বনাম *জে. এল. আর. ও.*[১২] মামলায় মহামান্য আদালত আদেশ দেন—যেহেতু *জে. এল. আর. ও.* authorised নয় সেই জন্য স্বত্বলিপিতে বর্গাদারের নাম অন্তর্ভুক্ত করার জন্য তিনি বিজ্ঞপ্তি (notice) জারি করতে পারেন না।

অন্য একটি মামলায় মহামান্য হাইকোর্টে রায় দেন—"বোর্ড অব রেভেনিউ'-এর জারি করা কেবলমাত্র একটা সার্কুলারই যথেষ্ট নয়"।[১৩]

১৯৭০ সালের অগস্ট মাসে একটি বিজ্ঞপ্তি প্রকাশিত হয়েছিল। ২৪ পরগণা নং ১১৭৩৬-এল. রেফ্./৮পি. ১২/৭০, ২৯.৮.১৯৭০, এই বিজ্ঞপ্তিটি কলিকাতা গেজেটে প্রকাশিত হয়েছিল ১৫.১০.১৯৭০ তারিখে। ২ জন জে. এল. আর. ও. শ্রী সন্তোষ কুমার চক্রবর্তী এবং শ্রী অমল কৃষ্ণ মণ্ডল-কে পঃ বঃ ভূমি সংস্কার আইনের ৫০ ধারায় ক্ষমতাবান করা হয়।

"In exercise of the power conferred by sec. 50 of the W.B.L.R. Act, 1955 (W.B. Act X of 1956), the Governor is pleased hereby to especially empower the Revenue officers named below to maintain in accordance with provisions of the said section read with Rule 21 of the W.B.L.R. Rule 1965, the r-o-rs prepared, finally published and modified under the provisions of the

১২ 1975(2) Cal LJ 416; 1975 CHN 250.

১৩ *সন্তোষ খুকু* বনাম *পঃ বঃ সরকার* 1976 CHN 250.

W.B.E.A. Act 1953 (W.B. Act I of 1954), in respect of their respective jurisdiction in the district of 24 parganas:

(1) Sri Santosh Kr. Chakroborty, J.L.R.O.

(2) Sri Amal Krishna Mandal, J.L.R.O, Habra."

উপরোক্ত বিজ্ঞপ্তি বিষয়ে মহামান্য হাইকোর্ট—*পঞ্চানন পাইক* বনাম *রাজ্য সরকার*[১৪] মামলায় জানায় জে. এল. আর. ও.-র বর্গাদারের নাম স্বত্বলিপিতে নথিভুক্ত করার কোনও সমর্থন (justification) নেই। তার ক্ষেত্রাধিকার (jurisdiction) সম্পর্কে ধারণা (assumption) সমর্থন যোগ্য নয়। ১৯৭৫ সালের ৮ই ডিসেম্বর এই মামলার রায় হয়।

বিজ্ঞপ্তি নং ২৫৯১৪-এল. রেফ্, তাং ২২.১০.১৯৭৫ যা কলিকাতা গেজেটে ৪.১২.১৯৭৫ তারিখে প্রকাশিত হয়েছিল যার দ্বারা নিম্নলিখিত পদাধিকারীদের ১৯৫৫ সালের পঃ বঃ ভূমি সংস্কার আইনের ২ ধারার (১২) নং দফা (clause) অনুযায়ী রাজ্যপাল পঃ বঃ ভূমি সংস্কার আইনের ৫০ ধারায় ক্ষমতাবান করেন। নিম্নলিখিত পদাধিকারীগণ তাদের নির্দিষ্ট কার্যক্ষেত্র পঃ বঃ ভূমি সংস্কার আইনের ৫০ ধারামতে কার্য করবেন।

পদাধিকারীরা হলেন

(ক) সমস্ত SRO II গণ

(খ) সমস্ত Settlement কানুনগো-১ গণ

(গ) সমস্ত Settlement কানুনগো-২ গণ

উপরোক্ত রাজস্ব আধিকারিকগণ ৫০ ধারা অনুযায়ী কাজ করবেন।

বিজ্ঞপ্তি নং ২৬৫৩৬-এল. রেফ্., তারিখ ২৯.১০.১৯৭৫ যা কলিকাতা গেজেটে ১১.১২.১৯৭৫-এ প্রকাশিত হয়েছিল, অনুযায়ী—

(ক) সমস্ত Settlement Officers এবং

(খ) সমস্ত Settlement Charge Officers-দের পঃ বঃ ভূমি সংস্কার আইনের ৫০ ধারা অনুযায়ী ক্ষমতাবান (empowered) করা হয়েছিল। উপরোক্ত আধিকারিকগণ তাদের নির্দিষ্ট কর্মক্ষেত্রে পঃ বঃ ভূমি সংস্কার আইনের ৫০ ধারা অনুযায়ী কাজ করবেন।

১৪ 1975(2) Cal LJ 495; 80 CWN 296.

১৯৭২ সালের আগে জে. এল. আর. ও.-গণ পঃ বঃ ভূমি সংস্কার আইনের ৫০ ধারামতে ক্ষমতাবান (empowered) ছিলেন না। সমস্ত জে. এল. আর. ও.-দের ২১.৮.১৯৭৫ তারিখের ২০৪৭৮ নং বিজ্ঞপ্তি দ্বারা পঃ বঃ ভূমি সংস্কার আইনের ৫০ ধারায় ক্ষমতাবান করা হয়। তারা তাদের ক্ষেত্রাধিকার (jurisdiction) ৫০ ধারার রাজস্ব আধিকারিক হিসাবে কাজ করবেন প্রয়োজন অনুযায়ী। সুতরাং ২১.৮.১৯৭৫-এর পর থেকে জে. এল. আর. ও.-গণ তাদের কর্মক্ষেত্রে ৫০ ধারায় কাজ করার জন্য বিশেষভাবে ক্ষমতা পান। কিন্তু ২.১২.১৯৭২ তারিখের ভুল আদেশ যা B ক্যাম্পের আধিকারিককে ৫০ ধারায় কাজ করতে বলা হয়েছিল তার কোনও এক্তিয়ারই নেই রাজস্ব আধিকারিক হিসাবে কাজ করার। ভাগচাষ আধিকারিকের রাজস্ব আধিকারিক হিসাবে কাজ করার কোনও বৈধতা নেই।[১৫]

ভাগচাষ আধিকারিক বিশেষভাবে ক্ষমতাপ্রাপ্ত না হলে ৫০ ধারায় কাজ করার তার কোনও এক্তিয়ার-ই নেই। তিনি ৫০ ধারায় কোনও proceedings শুরু করতে পারেন না।[১৬]

১২। দেওয়ানি আদালতের রায়ের ভিত্তিতে স্বত্বলিপির সংশোধন [Correction of r-o-rs according to order of Civil Courts]. পশ্চিমবঙ্গ সরকারের বিরুদ্ধে দাঁতন মুন্সিফ আদালতে একটি মামলা দায়ের করা হয় (Title suit No. 204 of 1969)। মামলাটি করা হয়েছিল নির্দিষ্ট জমির উপর স্থায়ী নিষেধাজ্ঞা (Permanent injunction) এবং স্বত্ব (title) দাবি করে। ওই মামলায় রাজ্য সরকারের পক্ষে কেউ উপস্থিত না থাকায় এক তরফা (*ex parte*) সিদ্ধান্ত হয় এবং মামলাকারীর পক্ষে রায় দেন মহামান্য আদালত রাজ্য, সরকারকে নির্দেশ দেওয়া হয় আবেদনকারীকে কোনওরকম বিরক্ত করা থেকে যেন বিরত থাকে। ওই জমির দখল নিয়ে যেন আবেদনকারীকে বিরক্ত করা না হয়।

ওই মুন্সিফ আদালতের রায়ের বিরুদ্ধে রাজ্য সরকারের পক্ষ থেকে মেদিনীপুর জেলায় Subordinate Judge-এর তৃতীয় আদালতে আপিল করা হয়। ওই Title Appeal নং হল ৬৪/১৯৭৩। কিন্তু ওই আপিল মামলায় রাজ্য সরকারের বিরুদ্ধে রায় যায়—অর্থাৎ নিম্ন আদালতের রায় বহাল থাকে। মূল

১৫ *গৌর মোহন সাহু* বনাম *পঃ বঃ সরকার* 1978(1) Cal LJ 32.

১৬ *গোপাল চন্দ্র দাস* বনাম *ভাগচাষ অফিসার* 85 CWN 183; 1980(2) CHN 454.

মামলার আবেদনকারী এরপর মুন্সিফ আদালতের রায়ের ভিত্তিতে সংশ্লিষ্ট কর্তৃপক্ষের [রাজস্ব আধিকারিক] কাছে স্বত্বলিপি তার পক্ষে সংশোধনের জন্য আবেদন জানান। কিন্তু সংশ্লিষ্ট কর্তৃপক্ষ কোনও সংগত কারণ না দেখিয়ে সংশ্লিষ্ট স্বত্বলিপি সংশোধন করেন না।

এরপর হাইকোর্টে আবেদন জানানো হয়। উচ্চ আদালত এই মর্মে রায় দেন যে রাজ্য সরকারের পক্ষে এরকম সন্তুষ্টির কোনও কারণ নেই যে আবেদনকারীর "নির্দিষ্ট" জমিতে স্বত্ব নেই। রাজ্য সরকারের বিরুদ্ধে রায় যেহেতু গিয়েছে সুতরাং স্বত্বলিপি সংশোধন করতে হবে। স্বত্বলিপি সংশোধন না করে রাজস্ব কর্তৃপক্ষ (Revenue Authority) যা করেছে তা অনৈতিক (illegal)। সরকার পক্ষের উকিল ও এই মত ব্যক্ত করেন যে দেওয়ানি আদালত যখন আবেদনকারীর স্বত্ব ঘোষণা করেছে এবং রাজ্য সরকার আপিলে হেরে গিয়েছেন, এক্ষেত্রে আবেদনকারীর নাম R.S. স্বত্বলিপিতে লেখার ব্যাপারে আবেদনকারীর আবেদন মঞ্জুর হওয়া দরকার। আদালত এই মর্মে রায় দেন স্বত্বলিপির সংশোধন যেন ছয় সপ্তাহের মধ্যে হয়। রাজস্ব কর্তৃপক্ষের উদাসীনতা, উপেক্ষার ফলশ্রুতি হেতু অপ্রত্যাশিতভাবে একজন নাগরিককে আদালতে যেতে হয়েছে উদ্ধারের জন্য।[১৭]

যখন সপ্তম ক পরিচ্ছেদের কাজ আরম্ভ হবে না বা হয়নি সেই অবস্থায় কোনও মৌজার স্বত্বলিপির সংশোধন ৫০ এবং ৫০ক ধারা সহ যোগ হবে। যখন সপ্তম ক পরিচ্ছেদের কাজ শুরু হয়ে যাবে তখন ৫০ ধারায় স্বত্বলিপির সংশোধন আর করা যাবে না। কিন্তু ৫১ক(৪) ধারায় নিষ্পত্তি শেষ হয়ে গেলে আবার ৫০ ধারায় স্বত্বলিপির সংশোধন হবে। অনেক আবেদন মহামান্য কলিকাতা হাইকোর্টে জমা হয় যাদের অন্যতম হল বিভিন্ন অজুহাতে, কোনও কারণ ছাড়াই নিম্ন দেওয়ানি আদালতের ডিক্রি থাকা সত্ত্বেও সংশ্লিষ্ট কর্তৃপক্ষ স্বত্বলিপি সংশোধন করেন না। মহামান্য আদালত এধরনের আবেদন শুনানি করে রায় দেন সপ্তম ক পরিচ্ছেদ আরম্ভের আগে অথবা সপ্তম ক পরিচ্ছেদের নির্ধারিত কাজ হওয়ার পরে পঃ বঃ ভূমি সংস্কার আইনের ৫০ ধারামতে স্বত্বলিপি সংশোধন করা যায়। এরকম একটি মামলা হল *শীতল চন্দ্র দাস* বনাম *পশ্চিমবঙ্গ সরকার*।[১৮] এই মামলায় আদালত পরিষ্কার আদেশ দিয়েছে

১৭ *শ্রী সুরেন্দ্র নাথ দে* বনাম *রাজস্ব আধিকারিক* 1988(2) Cal LJ 444.
১৮ 1988(2) Cal LJ 510; 93 CWN 700.

দেওয়ানি আদালতের রায় মোতাবেক স্বত্বলিপি সংশোধন করার জন্য। ওই মামলার রায়ের কিছু অংশ মোটামুটি এইরকম বিবাদীয় সম্পত্তির মামলা বিবেচনা করতে গিয়ে দেখা যায়—পশ্চিমবঙ্গ ভূমি সংস্কার আইনের ৫০, ৫১, ৫১ক এবং ৫১খ ধারাগুলি বর্তমান ঘটনার সাথে যুক্ত এবং সম্পর্কিত। যেখানে মৌজার স্বত্বলিপি রক্ষণাবেক্ষণ ও প্রস্তুতির জন্য ভূমি সংস্কার আইনের ৭ক পরিচ্ছেদ আরম্ভ হয়নি "নির্ধারিত কর্তৃপক্ষ" ৫০ ধারায় স্বত্বলিপির সংশোধন করার ব্যাপারে ক্ষমতাবান (empowered)। ৫০(চ) ধারা অনুসারে পরিবর্তন, দেওয়ানি আদালতের রায়, ডিক্রি অনুসারে স্বত্বলিপির প্রয়োজনীয় সংশোধন করতে নির্ধারিত কর্তৃপক্ষ ক্ষমতাবান। রাজ্য সরকার এই মর্মে ইতিপূর্বে নির্দেশ দিয়েছে যে কোনও জেলায় বা জেলার কোনও অংশে ৭ক পরিচ্ছেদ অনুসারে স্বত্বলিপির সংশোধন, পরিমার্জনে ৫০ নং ধারা প্রয়োগযোগ্য নয়। যতক্ষণ পর্যন্ত ৭ক পরিচ্ছেদ শেষ না হচ্ছে ৫০, ৫০ক ধারায় স্বত্বলিপির সংশোধন হবে না। ৭ক পরিচ্ছেদের বিভিন্ন পর্যায় আছে যেমন—খানাপুরী, বুঝারত, তজদিক (attestation), খসড়া প্রকাশ ইত্যাদি। এই সমস্ত পর্যায়ক্রমিক অবস্থায় রায়ত তার সম্পত্তির অধিকার স্বত্বলিপিতে প্রতিফলিত করার সুযোগ পান। নির্দিষ্ট পদ্ধতিতে এবং নিয়মে (rule) আবেদনকারী ওই বিভিন্ন পর্যায়ে স্বত্বলিপি সংশোধনের সুযোগ পান। যে মৌজায় ৭ক পরিচ্ছেদের উপরোক্ত পর্যায়গুলি দ্বারা স্বত্বলিপি সংশোধনের কাজ শুরু হয়েছে সেখানে যতক্ষণ না পর্যন্ত চূড়ান্ত প্রকাশ (final publication) ঘটছে স্বত্বলিপির ততক্ষণ পর্যন্ত ৫০ক ধারা সহযোগে ৫০ ধারায় স্বত্বলিপি সংশোধন করা যায় না।

কিন্তু একজন ব্যক্তি যখন দেওয়ানি আদালত থেকে তার পক্ষে কোনও রায় বা ডিক্রি পাচ্ছেন তখন ৭ক পরিচ্ছেদের যে কোনও দুটি পর্যায়ের মধ্যবর্তী সময়ে স্বত্বলিপি সংশোধনের অধিকার তিনি পান পঃ বঃ ভূমি সংস্কার আইনের ৫১খ ধারা অনুসারে। পঃ বঃ ভূমি সংস্কার আইনের ৫১খ ধারামতে ৭ক পরিচ্ছেদে বর্ণিত যে কোনও দুটি পর্যায়ের মধ্যবর্তী সময়ে স্বত্বলিপি সংশোধন করা যায়। কোনও মৌজার স্বত্বলিপির চূড়ান্ত প্রকাশ হয়ে গেলে পশ্চিমবঙ্গ ভূমি সংস্কার আইনের ৫১ক(৪) ধারা অনুযায়ী সংশোধন হয়। সংশ্লিষ্ট আধিকারিক হলেন উপযুক্ত কর্তৃপক্ষ যিনি পঃ বঃ ভূমি সংস্কার আইনের ৫১ক(৪) ধারা অনুযায়ী স্বত্বলিপির সংশোধন করবেন। ৭ক পরিচ্ছেদের সমস্ত পর্যায়ের কাজ হয়ে গেলে আবার ৫০ ধারা ফিরে আসে। উপরোক্ত আলোচনা থেকে দেখা যায় দেওয়ানি আদালতের রায় বা ডিক্রি অনুযায়ী কোনও স্বত্বলিপি সংশোধনের

জন্য আবেদনগুলি নির্দিষ্ট সময়ে (within a reasonable time) নিষ্পত্তি না করার কোনও কারণ নেই। পরবর্তী পর্যায়ে সংশোধনের জন্য অপেক্ষা করে থাকার কোনও প্রয়োজন নেই। আধিকারিকদের ক্ষমতা দেওয়া রয়েছে পরবর্তী ধারার সাথে মিল রেখে স্বত্বলিপি সংশোধনের। তাছাড়া যেহেতু মামলাগুলিতে রাজ্য সরকার পক্ষ (party) ছিল সেইজন্য স্বত্বলিপি সংশোধনের ব্যাপারে রাজ্য সরকারের দায়বদ্ধতা আছে।

১৩। দেওয়ানি আদালতের আদেশ অনুযায়ী মৌজার স্বত্বলিপির পরিবর্তন [Modification in r-o-rs of mouza according to the order of the Civil Court]. মূলত বিবাদীয় জমি ছিল জমিদার কালীচরণ নাগ চৌধুরীর, তিনি অনুকূল চন্দ্র দত্ত-কে বন্দোবস্ত দেন, এরপর বন্দোবস্ত দেওয়া হয় মুস্তাকিন মল্লিক এবং তার ভাইদের ১৯৩৯ সালে। মুস্তাকিন মল্লিক এবং তার ভাইদের কাছ থেকে আবেদনকারী মা উক্ত জমি ক্রয় করেন। ভুল ক্রমে R.S. স্বত্বলিপিতে মুস্তাকিন এবং তার ভাইদের নাম ২৩ কলমে অনুমতি দখলকার এবং জমিদারের নামেই নথিভুক্ত হয়। যে কারণে (ভুল স্বত্বলিপি হওয়ার জন্য) উক্ত জমি সরকারের অনুকূলে খাস হয়।

এরপর আবেদনকারীর মা ১২২/১৯৬৬ ক্রমাঙ্কে স্বত্ব (title) পাওয়ার জন্য দেওয়ানি আদালতে মামলা দায়ের করেন জমিদার ও পশ্চিমবঙ্গ সরকারের বিরুদ্ধে। মহামান্য মুন্সিফ স্বত্ব ঘোষণা ও স্থায়ী নিষেধাজ্ঞা জারি করে ডিক্রির আদেশ দেন, কিন্তু এই রায়ের বিরুদ্ধে কোনও পক্ষই এমনকী পশ্চিমবঙ্গ সরকারও আপিল করেন নি। উক্ত আদেশ কার্যকর করার লক্ষ্যে বসিরহাটের J.L.R.O. সংশ্লিষ্ট তহশিলদার-কে নির্দেশ দেন আবেদনকারীর মা'য়ের কাছ থেকে ভূমি রাজস্ব নেওয়ার জন্য এবং ৩/১৯৬৯ ক্রমাঙ্কের একটি (M80) কার্যাবলি আরম্ভ করেন। এরপর তার মৃত্যুর পর আবেদনকারীর দখলেই ছিল ওই জমি। জীবতাবস্থায় এরপর আবেদনকারী মা ২৪ পরগণার সেটেলমেন্ট আধিকারিকের কাছে স্বত্বলিপি সংশোধনের জন্য আর একটি আবেদন করেন। কিন্তু স্বত্বলিপির সংশোধন হয় না। বিপরীতক্রমে J.L.R.O. বসিরহাট দেওয়ানি আদালতের জারি করা স্থায়ী নিষেধাজ্ঞা অমান্য করে আইন বিরুদ্ধভাবে প্রতিবাদের নামে পাট্টা প্রদান করেন, দেওয়ানি আদালতের নির্দেশ ছিল যেন আবেদনকারীর দখল বিষয়ে সমস্যা তৈরি করা না হয় সেই নির্দেশও অমান্য করা হল। এরপর আবেদনকারী J.L.R.O. প্রদত্ত পাট্টাগুলি বাতিল করার জন্য মহকুমা শাসকের কাছে আবেদন করেন, কিন্তু মহকুমা শাসক কোনও আদেশ

জারি করলেন না। এরূপ নিষ্ক্রিয়তাকে চ্যালেঞ্জ জানিয়ে আবেদনকারী W.B.L.R.T.T.-তে আবেদন করেন। মহামান্য W.B.L.R.T.T. জানান ডিক্রি জারি করার কোনও এক্তিয়ার-ই নেই নিম্ন দেওয়ানি আদালতের এবং স্বত্বলিপি সংশোধনের জন্য সেটেলমেন্ট আধিকারিক-কে নির্দেশ দিতে অস্বীকার করেন। মহামান্য উচ্চ ন্যায়ালয় জানান দেওয়ানি আদালতের রায় খারিজ করার এক্তিয়ার নেই W.B.L.R.T.T.-র। মহামান্য আদালত W.B.L.R.T.T.-র আদেশ খারিজ করেন এবং সংশ্লিষ্ট কর্তৃপক্ষকে অবৈধ পাট্টাগুলিকে বাতিল করার নির্দেশ দেন এবং আবেদনকারীগণের পক্ষে স্বত্বলিপি সংশোধনের জন্য প্রয়োজনীয় পদক্ষেপ নিতে বলেন পূর্বোক্ত দেওয়ানি আদালতের দেওয়া আদেশ অনুযায়ী। মহামান্য আদালত আরও নির্দেশ দেন বর্তমান রায় প্রাপ্তির পর থেকে ছয় সপ্তাহের মধ্যে আদেশ তামিল করতে হবে।[১৯]

১৪। ১৯৬৫ সালের পঃ বঃ ভূমি সংস্কার নিয়মের ২১ নং নিয়ম [Rule 21 of W.B.L.R. Rules 1965]. ২১*(১)* ঃ পঃ বঃ ভূমি সংস্কার আইনের ৫০ নং ধারায় (ক) থেকে (চ) দফায় যে যে কারণগুলো বলা আছে, ওই কারণ অনুসারে স্বত্বলিপির কোনও পরিবর্তনের দরকার হলে—ওই বিষয়টি রাজস্ব আধিকারিকের নজরে আনতে হবে যিনি পঃ বঃ সরকার দ্বারা মৌজার স্বত্বলিপি বর্তমান সময় পর্যন্ত রক্ষণাবেক্ষণের জন্য ক্ষমতাবান (empowered) আছেন। সমস্ত বৈধ কাগজপত্র, মূল আদেশ (orders) যা নামপত্তনের (mutation) জন্য দেওয়া হয়েছে এবং অন্য নথি অথবা ওই ধরনের কোনও সুনির্দিষ্ট আদেশনামা রাজস্ব আধিকারিকের কাছে দিতে হবে। ওই সুনির্দিষ্ট আদেশ বা মূল আদেশ পাওয়ার পর রাজস্ব আধিকারিক স্বত্বলিপিতে প্রয়োজনীয় সংশোধন করবেন। সংশোধনের পর সংশ্লিষ্ট রাজস্ব আধিকারিক স্বাক্ষর করবেন তারিখ সহ। সংশোধনের পর স্বার্থ জড়িত ব্যক্তিদের জানাবেন এবং যদি দরকার হয় সেটেলমেন্ট বিভাগকে ও স্বত্বলিপির পরিবর্তনগুলি জানাবেন।

২১*(২)*ঃ ২১(১) নিয়মে যাই থাক না কেন, রাজস্ব আধিকারিক নিজের ইচ্ছায় (own motion) স্বত্বলিপির কোনও পরিবর্তন করতে পারেন। যে পরিবর্তনের কথা ৫০(চ) ধারায় বলা আছে—যেমন বর্গাদার দ্বারা জমি চাষ, এইরকম পরিবর্তন স্বত্বলিপিতে উল্লেখ করতে হলে তদন্ত, প্রয়োজনে সরেজমিনে তদন্ত (field enquiry) এবং স্বার্থ জড়িত ব্যক্তিদের শুনানির

১৯ *মুহম্মদ আলি* বনাম *পশ্চিমবঙ্গ রাজ্য সরকার* (2012)3 WBLR 590 (Cal) (DB).

সুযোগ দিয়ে করতে হবে। এই ধরনের পরিবর্তন স্বত্বলিপিতে করা হলে স্বার্থ জড়িত ব্যক্তিদের জানাবেন এবং প্রয়োজনে যদি মনে হয় সেটেলমেন্ট বিভাগকে ওই পরিবর্তনের তথ্য জানাবেন। বর্গাদারকে নিদর্শ ৮খ অথবা ৮গ-তে বর্গাদার শংসাপত্র (certificate of *bargadar*) দেবেন।

ব্যাখ্যা ঃ উপরোক্ত ধারার কাজের জন্য রাজস্ব আধিকারিক নিজের ইচ্ছায় (own motion) কাজ করছেন ধরে নেওয়া হবে, এমনকী যদিও তার কাছে কোনও আবেদনপত্র বা চিঠি জমা দেওয়া হয় বর্গাদার হিসাবে দাবি করে। এই ধরনের আবেদনপত্র কোনও ব্যক্তি বা কোনও উকিল জমা দিতে পারেন।

২১(৩) ঃ ২১(২) বিধি অনুযায়ী ধরে নেওয়া হবে স্বার্থ জড়িত ব্যক্তিদের শুনানিতে যথোপযুক্ত সুযোগ দেওয়া হয়েছে, যদি তদন্ত হয় তবে তদন্তের সাত দিন আগে, যদি কোথাও তদন্ত না হয় তবে পঃ বঃ ভূমি সংস্কার আইনের ৫০(চ) ধারায় স্বত্বলিপি সংশোধনের সাতদিন আগে একটি বিজ্ঞপ্তি রাজস্ব আধিকারিক করবেন। যে বিজ্ঞপ্তিটি রাজস্ব আধিকারিক মৌজার এমন একটি জায়গায় টাঙাবেন যেমন সংশ্লিষ্ট গ্রাম পঞ্চায়েত অফিস, যাতে সাধারণের চোখে ওই বিজ্ঞপ্তিটি চোখে পড়ে।

২১(৪) ঃ বিজ্ঞপ্তি নং ৩৪২৬-এল. রেফ্., তাং ১৯.৯.১৯৭৮; বিজ্ঞপ্তি নং ১৯৬০-এল. রেফ্. এবং তারিখ ২৬.৫.১৯৭৯; বিজ্ঞপ্তি নং ২২২৪-এল. রেফ্., তাং ১১.৬.১৯৭৯ দ্বারা ভূমি সংস্কার নিয়মের ২১(১), ২১(২) ও ২১(৩) নং বিধি সংশোধিত হয়েছে। কোনও কাজ ওই সংশোধিত বিধিগুলি অনুসরণ করে করলে ধরে নেওয়া হবে ওই কাজগুলি সঠিকভাবেই করা হয়েছে এবং বিজ্ঞপ্তি প্রকাশের তারিখ থেকে ওইগুলি করা হয়েছে ধরা হবে। বিজ্ঞপ্তি প্রকাশের তারিখ থেকেই উপবিধিগুলি কার্যকরী ধরা হবে, কোনও কিছু করা হলে বা পদক্ষেপ নেওয়া হলে ধরা হবে স্বার্থ জড়িত ব্যক্তিদের শুনানির সুযোগ দেওয়া হয়েছে।

আলোচনা

নিয়ম ২১-কে কয়েকটি উপবিধির যেমন ২১(১), ২১(২), ২১(৩) এবং ২১(৪)-তে বিভক্ত করা হয়েছে বিজ্ঞপ্তি নং ১৯৯৮-এল. রেফ্./ ২০ আর-৩/৮০, অংশ-১, তাং ২.৫.১৯৮১ দ্বারা। সে বিজ্ঞপ্তিটি কলিকাতা গেজেটে ২.৫.১৯৮১-তে প্রকাশিত হয়েছিল।

১৫। রাজস্ব আধিকারিক নিজে বর্গাদারের নাম নথিভুক্ত করার মামলা চালু করতে পারেন [R.O. himself can start proceeding regarding the

recording of bargadar]. কোনও দরখাস্ত যাচাই না করে (unverified) রাজস্ব আধিকারিক যদি সরেজমিনে তদন্ত করে বর্গাদারের নাম স্বত্বলিপিতে নথিভুক্ত করেন তবে তা অবৈধ নয় (was not invalid)। ২১(২) বিধি অনুযায়ী রাজস্ব আধিকারিক নিজেই (own motion) যেখানে কোনও মামলা আরম্ভ করতে পারেন সেখানে কোনও দরখাস্ত যাঁচাই (verified) হল কিনা তা কম বেশি অপ্রাসঙ্গিক (immaterial)।[২০]

আবার *মুক্তিয়ার হোসেন* বনাম *রাজ্য সরকার*[২১] মামলায় দেখা যায় মহামান্য আদালত নির্দেশ দিচ্ছে যে ৫০(চ) ধারার বর্গা প্রথায় চাষের ক্ষেত্রে পঃ বঃ ভূমি সংস্কার নিয়মের ২১(২) বিধি অনুসারে রাজস্ব আধিকারিককে নিজে কোনও মামলা (Proceeding) করার ক্ষমতা দেওয়া হয়েছে। যে মামলায় স্বত্বলিপিতে বর্গা প্রথায় চাষ বিষয়ে সংশোধন করা যায়।

পশ্চিমবঙ্গ ভূমি সংস্কার নিয়মের ২১(২) বিধি অনুযায়ী রাজস্ব আধিকারিক পঃ বঃ ভূমি সংস্কার আইনের ৫০(চ) ধারা মোতাবেক বর্গাদার দ্বারা চাষ প্রসঙ্গে স্বত্বলিপির সংশোধন করতে পারেন নিজেই (own motion)। তবে বর্গাদারের নাম নথিভুক্ত করার আগে তিনি সরেজমিনে তদন্ত এবং স্বার্থ জড়িত ব্যক্তিদের শুনানির সুযোগ দেবেন। পরিষ্কার বিচার ব্যবস্থার অন্যতম নীতি হল কোনও ব্যক্তিকে শুনানির সুযোগ দিতে হবে এবং তিনি যেন তার পক্ষে তথ্য সরবরাহ করার সুযোগ পান। আত্মপক্ষ সমর্থন করে তিনি যেন বলতে পারেন। এরপর যদি রাজস্ব আধিকারিক বর্গাদারের নাম নথিভুক্ত করেন তবে সংশ্লিষ্ট পক্ষদের জানাবেন এবং দরকার মনে করলে সেটেলমেন্ট বিভাগকেও জানাবেন। বর্গাদারকে প্রমাণ স্বরূপে ফর্ম ৮খ ও ফর্ম ৮গ রাজস্ব আধিকারিক যেমন মনে করবেন শংসাপত্র (certificate) দেবেন।

১৯৬৫ সালের পঃ বঃ ভূমি সংস্কার নিয়মের ২১(৩) বিধি অনুযায়ী রাজস্ব আধিকারিক বিবাদীয় জমি যে মৌজায় অবস্থিত সেই মৌজার গ্রাম পঞ্চায়েত অফিস বা অন্য কোনও স্থানে বিজ্ঞপ্তি টাঙিয়ে দেবেন যেন জনসাধারণের নজরে সহজেই পড়ে। সরেজমিনে তদন্ত হলে এক সপ্তাহ আগে আর যদি সরেজমিনে তদন্ত না হয় তবে স্বত্বলিপি সংশোধনের এক সপ্তাহ আগে ওই বিজ্ঞপ্তি টাঙাবেন। এর ফলে ধরে নেওয়া হবে উভয়পক্ষকে বিজ্ঞপ্তি জারি করা হয়েছে এবং শুনানির সুযোগ দেওয়া হয়েছে।

২০ *সুভাষ চন্দ্র কালা* বনাম *জে. এল. আর. ও.* AIR 1985 NOC 249 (Cal).
২১ 1981(1) CHN 16.

১৯৬৫ সালের পশ্চিমবঙ্গ ভূমি সংস্কার নিয়মের ২১(৩) নং বিধিটিকে চ্যালেঞ্জ করে মামলা দায়ের করা হয়। *সামিজন বেওয়া* বনাম *রাজস্ব আধিকারিক*[২২] মামলায় আদালত রায়দের ১৯৬৫ সালের পশ্চিমবঙ্গ ভূমি সংস্কার নিয়মের ২১(৩) নং বিধিটি সংবিধানের ১৪ নং অনুচ্ছেদের পরিপন্থী।

পশ্চিমবঙ্গ ভূমি সংস্কার (সংশোধনী) আইনের ১৯৮১ সালে তৃতীয় পরিচ্ছেদে ২১ঘ ধারাটি যুক্ত করা হয়। স্বত্বলিপিতে বর্গাদারের নাম নথিভুক্ত করার জন্যই এই বিশেষ ধারাটি যুক্ত করা হয়। পশ্চিমবঙ্গ ভূমি সংস্কার নিয়মে ১৪ঝ [r. 14I] বিধিটি বিজ্ঞপ্তি নং ৪১৬-এল, তাং ১৩.৬.১৯৮৮ দ্বারা যুক্ত হয়েছে। কলিকাতা গেজেটে এটি ১৫.৭.১৯৮৮-তে প্রকাশিত হয়েছিল। পঃ বঃ ভূমি সংস্কার আইনের ২১ঘ ধারামতে স্বত্বলিপিতে বর্গাদারের নাম নথিভুক্ত করার জন্য পঃ বঃ ভূমি সংস্কার নিয়মে (W.B.L.R. Rule) ১৪ঝ যুক্ত করা হয়। পশ্চিমবঙ্গ ভূমি সংস্কার আইনের ৫০ ধারা অনুযায়ী বর্গা নথিভুক্ত করার পদ্ধতি ১৪ঝ(১)(খ) [r. 14I(1)(*b*)] বিধিতে বলা আছে। পশ্চিমবঙ্গ ভূমি সংস্কার আইন অনুযায়ী স্বত্বলিপির যে ক্ষেত্রে চূড়ান্ত প্রকাশ (final publication) হয়েছে অথবা যে ক্ষেত্রে (যে মৌজায়) পশ্চিমবঙ্গ ভূমি সংস্কার আইনের ৫১ ধারা আনুযায়ী স্বত্বলিপির (records of rights) প্রস্তুতি ও সংশোধনের কাজ আরম্ভই হয়নি সেই ক্ষেত্রে ৫০ ধারা অনুযায়ী স্বত্বলিপি প্রস্তুতি/সংশোধনের কাজ হবে।

১৪ঝ(১)(খ)(১) [r. 14I(1)(*b*)(*i*)] বিধিতে (W.B.L.R. Rule) বলা আছে পঃ বঃ ভূমি সংস্কার আইনের ৫০ ধারায় ক্ষমতাপ্রাপ্ত নির্ধারিত কর্তৃপক্ষ (Prescribed Authority) কোনও আবেদনপত্রের ভিত্তিতে বা নিজেই (own motion) স্বার্থজড়িত পক্ষদের শুনানির সুযোগ দিয়ে এবং সরেজমিনে তদন্ত করে বর্গাদারের নাম স্বত্বলিপিতে নথিভুক্ত করতে পারেন।

আবার ১৪ঝ(১)(খ)(২) [r. 14I(1)(*b*)(*ii*)] বিধি অনুযায়ী, ৫০ ধারায় ক্ষমতাপ্রাপ্ত রাজস্ব আধিকারিক যদি মনে করেন কোনও মৌজায় অনেক বর্গাদারের নাম স্বত্বলিপিতে নথিভুক্ত করা নেই, তিনি জনগণের উদ্দেশ্যে বিজ্ঞপ্তি জারি করে, সরেজমিনে তদন্ত করে বর্গাদারের নাম স্বত্বলিপিতে নথিভুক্ত করতে পারেন। যে সমস্ত বর্গাদারদের নাম স্বত্বলিপিতে নথিভুক্ত হবে তাদের ৮খ নং নিদর্শে শংসাপত্র দেবেন। প্রয়োজনে নির্দিষ্ট রায়ত এবং

২২ 1986(1) CHN 340.

সেটেলমেন্ট বিভাগকে বর্গাদার নথিভুক্ত করার তথ্য জানাবেন নির্ধারিত কর্তৃপক্ষ।

সরেজমিনে তদন্তের অন্তত এক সপ্তাহ আগে, বিবাদীয় জমি যে গ্রাম পঞ্চায়েতে অবস্থিত, সেই পঞ্চায়েত অফিসে সরেজমিনে তদন্তের বিজ্ঞপ্তি টাঙাবেন। বর্গাদারের নাম স্বত্বলিপিতে নথিভুক্ত করার আগে [r. 14I(1)(*b*)(*ii*)] ধারা অনুযায়ী নির্ধারিত কর্তৃপক্ষ স্বার্থজড়িত সমস্ত পক্ষকে শুনানির সুযোগ দেবেন। পঞ্চায়েত প্রতিনিধি ও শুনানিতে হাজির থাকতে পারেন। সরেজমিনে তদন্তের সময় কৃষক সংগঠনও উপস্থিত থাকতে পারে এবং তাদের বক্তব্য বলার সুযোগ দিতে হবে।

১৪ঝ(১)(খ)(*i*) এবং ১৪ঝ(১)(খ)(*ii*) [r. 14I(1)(*b*)(*i*)] এবং [r. 14I(1)(*b*)(*ii*)] ধারায় স্বত্বলিপিতে বর্গাদারের নাম নথিভুক্ত করার কাজ সমাহর্তা অথবা সরকার নির্ধারিত কোনও আধিকারিকের তত্ত্বাবধানে হবে।

রাজ্য সরকার যে কোনও সময় উপরোক্ত নিয়ম অনুযায়ী বর্গাদারের নাম নথিভুক্ত করার জন্য সরকারি গেজেটে বিজ্ঞপ্তি প্রকাশ করতে পারেন। কোনও জেলা বা জেলার কোনও অংশের জন্য ওই বিজ্ঞপ্তি হতে পারে।

১৯৫৫ সালের পশ্চিমবঙ্গ ভূমি সংস্কার (সংশোধনী) আইনের ২১ঘ ধারাটি ১৯৮৯ সালে সংশোধিত হয়েছে। এটি ৭.৮.১৯৬৯ থেকে কার্যকরী। উপরোক্ত সংশোধনী মাধ্যমে (২) উপধারা ২১ঘ ধারার সাথে যুক্ত হয়েছে। এই উপধারা অনুযায়ী ৭ বা ৭ক পরিচ্ছেদে যাই বলা যাক না কেন ২১ঘ(১) ধারায় বলা পদ্ধতি অনুযায়ী বর্গাদারের নাম স্বত্বলিপিতে লেখা হবে। সুতরাং একথা বলা যায় পঃ বঃ ভূমি সংস্কার নিয়মের ২১(২), ২১(৩) এবং ২১(৪) বিধির জায়গায় পঃ বঃ ভূমি সংস্কার আইনের ২১ঘ এবং পঃ বঃ ভূমি সংস্কার নিয়মের ১৪ঝ বিধি এসেছে।

১৬। স্বত্বলিপি কম্পিউটারে নথিভুক্তকরণ [Computerization of r-o-rs]. কোনও জেলার কোনও মৌজার স্বত্বলিপির চূড়ান্ত প্রকাশ (final publication) ৫১ক ধারায় হয়ে গেলে এবং ওই মৌজার স্বত্বলিপি কম্পিউটারে নথিভুক্ত হয়ে যাওয়ার পর মূল স্বত্বলিপিগুলি (হাতে তৈরি) সংরক্ষণ (preserved) করা হবে। কম্পিউটারে নথিভুক্ত হয়ে গেলে কম্পিউটার থেকে সম্পূর্ণ স্বত্বলিপিগুলি ছাপা অবস্থায় নির্ধারিত কর্তৃপক্ষ দ্বারা শংসায়িত (authenticated) হওয়ার পর ওই ছাপা স্বত্বলিপিগুলিকেই মূল স্বত্বলিপি হিসাবে ধরা হবে। কোনও স্বত্বলিপির সার্টিফায়েড কপি, তথ্য চিরকুট (information slip) দিতে হলে ওই ছাপা

স্বত্বলিপির ভিত্তিতেই দিতে হবে। স্বত্বলিপির কোনও সংশোধন ওই ছাপা অংশেই হবে। প্রত্যায়িত প্রতিলিপি (certified copy)/তথ্য চিরকুট (information slip) কম্পিউটার থেকেই দিতে হবে। কম্পিউটারে ছাপা ওই স্বত্বলিপির উপর নির্ধারিত কর্তৃপক্ষ এই মর্মে শংসাপত্র দেবেন যে কেবলমাত্র ওই ছাপা অংশগুলি মূল স্বত্বলিপির সমতুল্য নয় মূল স্বত্বলিপির সাপেক্ষে সঠিকও বটে। ৫০(২) ধারায় উপরোক্ত কার্যাবলি সম্পাদিত হবে। ২০০০ সালের পঃ বঃ ভূমি সংস্কার (সংশোধন) আইন দ্বারা ৫০(২) ধারাটি মূল আইনে যুক্ত হয়েছে।

১৭। নামপত্তন এবং নামপত্তন শংসাপত্র [Mutation and Mutation Certificate]. স্বত্বলিপিতে নামপত্তনের বা পরিবর্তনের একটি পদ্ধতি হল নামপত্তন (Mutation)। যদি কোনও ব্যক্তির স্বত্বলিপিতে নাম পরিবর্তন খুব তাড়াতাড়ি করার দরকার হয় তখন নামপত্তন করা হয়। যে সমস্ত মৌজার স্বত্বলিপি সংশোধনের কাজের জন্য ৭ক পরিচ্ছেদে বর্ণিত পর্যায়গুলি আরম্ভ হয়নি সেখানে ৫০ ও ৫০ক ধারা সহযোগে নামপত্তন করা হয়। আবার ৭ক পরিচ্ছেদের কাজ শেষ হয়ে মৌজার স্বত্বলিপির চূড়ান্ত প্রকাশ হয়ে যাওয়ার পর ৫০ ধারা অনুযায়ী নামপত্তন করা হয়। কিন্তু ৭ক পরিচ্ছেদের কাজ আরম্ভ হয়েছে কিন্তু শেষ হয়নি, এরকম অবস্থায় ৫১খ ধারায় নামপত্তন করা হয়।

নামপত্তন আবেদনপত্র ব্লক ভূমি ও ভূমি সংস্কার আধিকারিকের অফিসে জমা দিতে হয়। আবেদনপত্র জমা পড়ার পর সংশ্লিষ্ট আবেদনপত্র নির্দিষ্ট রাজস্ব পরিদর্শকের (Revenue Inspector) কাছে সরেজমিনে তদন্তের জন্য পাঠানো হয়। আবেদনকারীর ওই জমিতে দখল আছে কিনা, বর্তমানে ওই জমিকে দখল করছে ইত্যাদি তথ্য সহ রাজস্ব আধিকারিক তদন্তের প্রতিবেদন আবার ব্লক ভূমি ও ভূমি সংস্কার আধিকারিকের কাছে পাঠিয়ে দেন। যদি ওই মৌজা U.L.C. (Urban Land Ceiling) এলাকায় হয় তবে ওই জমির তথ্য নির্ধারিত কর্তৃপক্ষের কাছে (মহকুমা শাসক) পাঠিয়ে দেওয়া হয় পূর্বেই U.L.C. আইন অনুযায়ী ওই জমি সরকারে ন্যস্ত হয়েছে কিনা বা সম্ভাবনা আছে কিনা তা জানার জন্য। ৩০ দিন অপেক্ষার পর U.L.C. অফিস থেকে কোনও উত্তর না এলে রাজস্ব আধিকারিক সংশ্লিষ্ট সমস্ত পক্ষকে বিজ্ঞপ্তি দিয়ে শুনানির সুযোগ দেন। সমস্ত নথি এবং তথ্য পরীক্ষা করে রাজস্ব আধিকারিক সন্তুষ্ট হলে স্বত্বলিপিতে প্রয়োজনীয় সংশোধন করেন। যাঁর নামে নামপত্তন হল তাঁকে নির্দিষ্ট নিদর্শে নামপত্তন শংসাপত্র দেওয়া হয়।

নামপত্তনের জন্য আবেদনপত্রে যে যে কাগজপত্র দিতে হয় সেগুলি হল—

(১) জমির দলিলের ফটোকপি এবং আগের দলিলগুলির (chain deed) ফটো কপি (যদি থাকে),

(২) বর্তমান সময় পর্যন্ত পরিশোধ করা ভূমি রাজস্বের রসিদ,

(৩) পৌরসভা/গ্রাম পঞ্চায়েতকে দেওয়া করের বর্তমান সময় পর্যন্ত পরিশোধ করা রসিদ,

(৪) Non-judicial stamp কাগজের উপর নির্দিষ্ট বয়ানে আবেদনকারীর হলফ নামা (affidavit),

(৫) যে জমির নামপত্তন হবে তার আশেপাশের লোকেদের "আপত্তি নেই" এই মর্মে একটি শংসাপত্র,

(৬) যদি কোনও আর্থিক সংস্থা থেকে ঋণ নেওয়ার প্রয়োজনে নামপত্তন করা হয় তবে ওই আর্থিক সংস্থা থেকে একটি শংসাপত্র,

(৭) হাতে আঁকা একটি মানচিত্র, যেখানে কোন্ দাগের নামপত্তন হবে তা লাল কালিতে আঁকা আছে,

(৮) উত্তরাধিকার সূত্রে পেলে উত্তরাধিকার শংসাপত্র,

(৯) নির্দিষ্ট নামপত্তন মাশুল (mutation fee),

(১০) এছাড়া অন্য কোনও তথ্য প্রয়োজন হলে,

১৯৯১ সালের পশ্চিমবঙ্গ ভূমি সংস্কার ম্যানুয়ালের ৭২ নং ধারায় কিভাবে নামপত্তন করা হবে তার বর্ণনা আছে।

Certificate of Mutation

To

....

....

....

Reference: His/Her prayer dated .... for mutation

He/She is informed that his her name has been mutated in respect of the land described in the schedule below subject to the following terms and conditions :

(1) That the revenue as fixed below is to be paid by the applicant within a reasonable time.

(2) That mutation is granted as per recorded classification in the L.R.R.S. R.o.R. Any illegal conversion of such plot will invite necessary action as per provisions of W.B.L.R. Act.

(3) The mutation is granted without prejudice to any of the provisions of Chapter IIB of the W.B.L.R. Act, 1955.

(4) The mutation is granted without prejudice to the Urban Land (Ceiling & Regulation) Act, 1976.

(5) That the applicant will apply to the Government for Long Term Settlement of the land under usual terms and conditions on Payment of rent and selami, if in future the land in question is found to be vested. In case no such application is made, he would be liable to be evicted from Government land as per law.

SCHEDULE OF LAND

District :

Police Station :

Mouza with JL No. :

Khatian No. RS/LR	Plot No. RS/LR	Total Area	Mutated Area	Recorded Classification	Revenue	Remarks

Revenue Officer

Appointed as prescribed authority

u/s. 50 of WBLR Act, 1955

Attached to ....

BL&LRO Office ....

Memo. No. .... Dated : ....

Copy forwarded for information and necessary action to :

(1) Revenue Inspector. .... Gram Panchayat. He is requested to instruct the Bhumi Sahayak for correcting the concerned Register and get the same authenticated by RO. BL&LRO, visiting his office. He is also instructed to direct him for realising uptodate revenue (rent/cess as the case may be) as mentioned above where necessary with arrears from the applicant.

....

Revenue Officer BL&LRO

১৮। পশ্চিমবঙ্গ ভূমি সংস্কার আইনের ৫০ নং ধারা এবং জমিদারি অধিগ্রহণ আইনের ৪৪(২ক) ধারা [Section 50 of W.B.L.R. Act and s. 44(2A) of W.B.L.R. Act]. ১৯৫৩ সালের পঃ বঃ জমিদারি অধিগ্রহণ আইনের ৪৪(২ক) ধারায় স্বত্বলিপির সংশোধন করা হয় আবার ১৯৫৫ সালের পশ্চিমবঙ্গ ভূমি সংস্কার আইনের ৫০ ধারাতেও প্রয়োজনে স্বত্বলিপি সংশোধনের ক্ষমতা আছে। কলিকাতা হাইকোর্টের ডিভিশন বেঞ্চ একটি মামলায় পরিষ্কার আদেশ দেন যে পশ্চিমবঙ্গ জমিদারি অধিগ্রহণ আইনের (১৯৫৩) ৪৪(২ক) ধারা এবং পশ্চিমবঙ্গ ভূমি সংস্কার আইন (১৯৫৫)-এর ৫০ ধারা পরস্পরের পরিবর্ত বা মুখোমুখি (*vis-a-vis*)।[২৩] এটা দেখা গেছে যে পশ্চিমবঙ্গ ভূমি সংস্কার আইনের ৫০ ধারায় কাজ করার ক্ষেত্র বা ক্ষমতা সীমিত (scope is limited)। যে সমস্ত মৌজায় ৭ক পরিচ্ছেদের কাজ আরম্ভ হয়নি অথবা যেখানে ৫১ ধারামতে স্বত্বলিপির চূড়ান্ত প্রকাশ হয়ে গিয়েছে সেখানে কেবলমাত্র ৫০ ধারায় স্বত্বলিপির সংশোধন হবে। অন্যদিকে যে মৌজায় ৭ক পরিচ্ছেদে বর্ণিত কাজ আরম্ভ হয়েছে সেখানে পশ্চিমবঙ্গ ভূমি সংস্কার আইনের ৫০ ধারায় স্বত্বলিপি সংশোধনের কাজ করা যায় না। তবে ১৯৮৬ সালে পশ্চিমবঙ্গ ভূমি সংস্কার আইন সংশোধন করে ৫০ক ধারা যুক্ত করা হয়েছে। এই সংশোধনীতে পশ্চিমবঙ্গ সরকারকে এরকম ক্ষমতা দেওয়া হয়েছে যে সরকার মনে করলে ৫০ ধারায় ক্ষমতাপ্রাপ্ত আধিকারিককে এই মর্মে নির্দেশ দিতে পারে

২৩ *বাদল কুমার দাস* বনাম *পশ্চিমবঙ্গ সরকার* 2003(3) CHN 328.

যে কোনও জেলার বা জেলার কোনও অংশের স্বত্বলিপির সংশোধন করতে। তবে এই মর্মে নিশ্চিত হতে হবে যে উক্ত স্বত্বলিপি সংশোধিত হলে রায়তের কষ্ট লাঘব (mitigation of hardship) হবে।

কোনও এক আজ্ঞালেখ (writ) দরখাস্তে মহামান্য হাইকোর্ট রাজস্ব আধিকারিককে সংশ্লিষ্ট স্বত্বলিপি সংশোধনের আদেশ দেন এবং দেখা যায় বিবাদীয় জমি সরকারের অনুকূলে (vest) হয়েছে এবং কয়েক জনের মধ্যে বন্দোবস্ত/পাট্টা দিয়ে দেওয়া হয়েছে। এই বন্দোবস্ত দেওয়া হয়েছে পশ্চিমবঙ্গ ভূমি সংস্কার আইনের ৪৯ ধারা মতে। ডিভিশন বেঞ্চ পাট্টাপ্রাপকদের (patta holders) বিজ্ঞপ্তি দিয়ে প্রয়োজনীয় সংশোধন তামিল (to comply) করতে বলেছেন। রাজস্ব আধিকারিক সমস্ত পক্ষকে শুনানির সুযোগ দিয়ে স্বত্বলিপি সংশোধনের আবেদন খারিজ করে দেন। আবেদনকারীরা Title Appeal No. 52 (1971) অনুসারে যে ডিক্রি পান তার ভিত্তিতে রেকর্ড সংশোধনের আবেদন করেন। কিন্তু রাজস্ব আধিকারিক ওই ডিক্রি অনুসারে স্বত্বলিপি তাদের পক্ষে সংশোধন করলেন না।

রাজস্ব আধিকারিকের সিদ্ধান্তে ক্ষুব্ধ হয়ে আবেদনকারীরা West Bengal Land Reforms Tribunal-এ মামলা দায়ের করেন। আবেদনটি W.B.L.R. Tribunal-এ গৃহীত হয় এবং মহামান্য আদালত আবার আবেদনকারীদের পক্ষে রেকর্ড (r-o-r) সংশোধনের জন্য আদেশ দেন।

এরপর যাদের নামে পাট্টা দেওয়া হয়েছিল তারা ক্ষুব্ধ হয়ে মহামান্য কলিকাতা হাইকোর্টের ডিভিশন বেঞ্চে আজ্ঞালেখ (writ petition) জমা দেন। মহামান্য কলিকাতা হাইকোর্টের ডিভিশন বেঞ্চ, রাজস্ব আধিকারিক যে কার্যাবলি (proceedings) নিষ্পত্তি করেন তাকে ১৯৫৩ সালের পশ্চিমবঙ্গ জমিদারি অধিগ্রহণ আইনের ৪৪(২ক) ধারার কার্যাবলি (proceedings) হিসাবে গণ্য করেন। ডিভিশন বেঞ্চ রায় দেন আবেদনকারীদের W.B.L.R. Tribunal-এ যাওয়ার আগে পঃ বঃ জমিদারি অধিগ্রহণ আইনের ৪৪(৩) ধারায় রাজস্ব আধিকারিকের রায়ের ভিত্তিতে ক্ষুব্ধ হয়ে আপিল করা দরকার ছিল। মহামান্য হাইকোর্টের ডিভিশন বেঞ্চ আরও বলেন W.B.L.R.T. Tribunal আইনের (১৯৯৭) ১০(৩) ধারা অনুযায়ী ওই আবেদনপত্রটি গ্রহণ না করা উচিত ছিল। W.B.L.R.T.T.-এর আদেশ মহামান্য কলিকাতা হাইকোর্ট বাতিল (set aside) ঘোষণা করেন।

মহামান্য কলিকাতা হাইকোর্টের সিদ্ধান্তে এটা বোঝা যায় যে হাইকোর্টের ডিভিশন বেঞ্চ এক্ষেত্রে রাজস্ব আধিকারিককে ১৯৫৩ সালের পশ্চিমবঙ্গ জমিদারি অধিগ্রহণ আইনের ৪৪(২ক) ধারামতে আবেদনকারীদের পক্ষে স্বত্বলিপি সংশোধনের আদেশ দিয়েছিল কিন্তু পশ্চিমবঙ্গ ভূমি সংস্কার আইনের ৫০ এবং ৫০ক ধারামতে নয়।

১৯৫৩ সালের পশ্চিমবঙ্গ জমিদারি অধিগ্রহণ আইনের ৪৪(২ক) ধারা এবং ১৯৫৫ সালের পশ্চিমবঙ্গ ভূমি সংস্কার আইনের ৫০ ধারা (তৎসহ ৫০ক ধারা) তুলনা করলে দেখা যায় জমিদারি অধিগ্রহণ আইনের ৪৪(২ক) ধারার কর্মপরিধি অনেক বেশি। বরং পশ্চিমবঙ্গ ভূমি সংস্কার আইনের ৫০ ধারার সীমাবদ্ধতা রয়েছে। যে ক্ষেত্রে সপ্তম ক পরিচ্ছেদের [Chapter VIIA] কাজ আরম্ভ হয়েছে সেখানে ৫০ ধারা (তৎসহ ৫০ক ধারা) বলবৎ হবে না। কেবলমাত্র ‘‘সপ্তম ক’’ পরিচ্ছেদের কাজ আরম্ভের আগে অথবা ৫১ক ধারায় মৌজার স্বত্বলিপির (record of rights) চূড়ান্ত প্রকাশ হয়ে গেলে ৫০ ধারায় স্বত্বলিপির সংশোধন করা যাবে।

১৯। নামপত্তন [Mutation]. ভূমি সংস্কার আইনের কোনও ধারায় নামপত্তন হবে তা নির্ভর করে LR জরিপের যে ধাপে সংশ্লিষ্ট মৌজাটি আছে।

(ক) যদি ভূমি সংস্কার আইনের VIIA অধ্যায় মতে R.O.R. সংশোধনের কাজ শুরু না হয়ে থাকে সেক্ষেত্রে নামপত্তনের দরখাস্ত নিষ্পত্তি করবেন Prescribed Authority under s. 50 of W.B.L.R. Act।

W.B.E.A. Act-এর 47 ধারামতে যে modified R.O.R. তৈরি করা হয়েছে সেই খতিয়ানে ভল্যুমসমূহেই রাজস্ব আধিকারিক দরখাস্তকারীর নামপত্তন করতে পারেন। যদি তিনি সন্তুষ্ট হন যে সেই খতিয়ানে রেকর্ডকৃত রায়তদের থেকে দরখাস্তকারী তার নামপত্তনের কারণ প্রতিষ্ঠিত করতে পেরেছেন।

এই খতিয়ানসমূহ যা কিনা W.B.E.A. Act-এর 47 ধারামতে তৈরি করা হয়েছে তার শেষ নম্বরের পর থেকে নম্বর দিয়ে রাজস্ব আধিকারিক প্রত্যেক সফল নামপত্তনের দরখাস্তকারীর নামে খতিয়ান খুলতে পারেন কিন্তু খেয়াল রাখা প্রয়োজন যে, যে খতিয়ান থেকে এবং রায়তের থেকে সংশ্লিষ্ট নামপত্তনকারীর অংশ কেটে আনা হল সেই খতিয়ানের ১৩ কলমে যে রায়তের অংশ কমল তার প্রতিফলন

যেন অবশ্যই থাকে এবং সংশ্লিষ্ট দাগের অংশও যেন নতুন খোলা খতিয়ান ও বহাল খতিয়ানের মধ্যে হারাহারি মিল করিয়ে যোলো আনা পূর্ণ করা হয়।

এ ধরনের ক্ষেত্রে R.O.R.-এর Certified copy দেওয়া সম্ভব নয়, কিন্তু যার নামপত্তন করা হল তাকে W.B.L.R. Manual, '91-এর Rule 70 অনুযায়ী Form B-তে Certificate দেওয়া যেতেই পারে।

(খ) যদি নামপত্তনের আবেদন এরকম মৌজার ক্ষেত্রে হয়ে থাকে যা কিনা W.B.L.R. Act-এর 51A(2) ধারামতে চূড়ান্ত প্রকাশিত ঃ

এক্ষেত্রে নামপত্তনের আবেদনটি এরূপ হয় যে আবেদনকারী যে কারণে নামজারির আবেদন করেছেন সেই কারণটি, অর্থাৎ ক্রয়, উত্তরাধিকারপ্রাপ্তি ইত্যাদি মৌজাটি চূড়ান্তভাবে প্রকাশিত হওয়ার পর ঘটেছে। তাহলে আবেদনটি নিষ্পত্তি করবেন ভূমি সংস্কার আইনের ৫০ ধারায় নির্ধারিত কর্তৃপক্ষ (Prescribed Authority under s. 50 of W.B.L.R. Act) এক্ষেত্রে উল্লেখ করা প্রাসঙ্গিক যে, যে রাজস্ব আধিকারিক নামপত্তনের আবেদনটি নিষ্পত্তি করবেন তিনি নিজেই যদি আবেদনকারীর নামে খতিয়ান খুলে থাকেন তাহলে তিনি প্রাসঙ্গিক এবং প্রয়োজনীয় সকল প্রকার শুদ্ধিকরণ Computer Data Base-ও করবেন কেননা এক্ষেত্রে আবেদনকারী নতুন খতিয়ানের প্রত্যয়িত নকলের জন্য আবেদন করতেই পারেন যা তার প্রাপ্য।

(গ) যদি নামজারির আবেদন একপ্রকার মৌজার ক্ষেত্রে হয়ে থাকে যে মৌজার R.O.R. প্রস্তুত করা এবং পরিবর্তনের কাজ ভূঃ সঃ আইনের VIIA অধ্যায় মতে চলছে ঃ

এ ধরনের মৌজার ক্ষেত্রে অর্থাৎ যেখানে রেকর্ড-অফ্-রাইট তৈরির কাজ চলছে সেখানে যদিও স্বভাবতঃ ৫০ ধারা প্রযোজ্য নয় তবে আবেদনকারী যদি নামপত্তনের হেতু যথেষ্ট যুক্তিগ্রাহ্য কারণ দর্শাতে পারেন (যথা বাড়ি তৈরির ঋণগ্রহণ ইত্যাদি) তাহলে নামপত্তনের আবেদন 50A ধারায় অনুমোদন সাপেক্ষে নিষ্পত্তির জন্য গ্রহণ করা যেতেই পারে। 50A ধারায় পূর্বতন Settlement Officer অর্থাৎ বর্তমান জেলা ভূঃ ও ভূঃ সঃ আধিকারিক অনুমোদন দেওয়ার অধিকারী।

এক্ষেত্রে নামপত্তনের জন্য order sheet যে রাজস্ব আধিকারিক লিখবেন তা 50 ধারা read with 50A ধারা মতে প্রণয়ন করতে হবে।

এক্ষেত্রে মনে রাখতে হবে যে মৌজাটির রেকর্ড-অফ্-রাইট তৈরির কাজ যদি এমন পর্যায়ে থাকে যেখানে Computerised Data Base-এর থেকে Certified Copy দেওয়া সম্ভব তাহলে আবেদনকারীর দরখাস্ত সাপেক্ষে তাই দিতে হবে নচেৎ W.B.L.R. Manual '91-এর Rule 70-তে প্রকাশিত Form B-তে Mutation Certificate দিতে হবে।

দপ্তরের সর্বশেষ প্রকাশিত Circulation অনুযায়ী যে মৌজা চূড়ান্তভাবে প্রকাশিত সেই মৌজার 51A(2) ধারামতে চূড়ান্ত প্রকাশনার তারিখের আগের কোনও ঘটনার হেতু যদি নামপত্তনের কারণ দেখা দেয় তাহলে নামপত্তনের সেই আবেদন 50 ধারামতে নিষ্পন্ন করা যাবে না।

নামজারির আবেদন নিষ্পত্তি হেতু আবেদনকারীর দখল বিষয়ে (enquiry) ঃ G.O. No. 8174/1 (40)-M&M Dtd. 21.10.02-এর L&LR দপ্তর কর্তৃক প্রকাশিত আদেশনামায় নিষ্পত্তিকারী আধিকারিককে দখল অনুসন্ধান করা বা না করার বিষয়ে যথেষ্ট স্বাধীনতা দেওয়া হয়েছে। বিশেষত যে সকল ক্ষেত্রে মাত্র একহাত বিক্রয়ের হেতু নামপত্তন হচ্ছে সে সকল ক্ষেত্রে দখল অনুসন্ধান না করলেও চলে যদি রাজস্ব আধিকারিক সন্তুষ্ট হন বিশেষ করে যদি ক্রেতা (আবেদনকারী) ও বিক্রেতা (রেকর্ডকৃত রায়ত) উভয়ই উপস্থিত হন—অবশ্য জটিল ক্ষেত্রে যথা উত্তরাধিকারসূত্রে প্রাপ্তির কারণে নাম জারি বা কোম্পানি/ সংস্থা ইত্যাদি সে সকল ক্ষেত্রে অনুসন্ধান করে দখল দেখে নেওয়াই বাঞ্ছনীয়।

নোটিশ জারি বিষয়ে ঃ এখন নামপত্তনে আবেদনকারী স্বয়ং নামপত্তনের আবেদনের সাথে জমির রেকর্ডকৃত মালিক/বিক্রেতা ইত্যাদির ঠিকানা লেখা খাম জমা দেন। সুতরাং ডাক মারফৎ সেই নোটিশ জারি করা যেতেই পারে।

এছাড়া বিশেষত, গ্রামীণ এলাকায় নোটিশের প্রতিলিপি সমষ্টি ভূঃ সঃ আধিকারিকের করণে বা সংশ্লিষ্ট রাজস্ব আধিকারিকের করণে প্রদর্শিত করা থাকতে পারে।

নামপত্তনের আবেদন গ্রহণ করা বিষয়ে ঃ জমি অধিকর্তার তরফ থেকে সর্বশেষ প্রাপ্ত নির্দেশনামা অনুযায়ী কোনও ভারপ্রাপ্ত রাজস্ব আধিকারিক একজন

করণিক/সহায়ককে সাথে নিয়ে আবেদনটি চেক্-লিস্ট অনুযায়ী মিলিয়ে দেখবেন এবং অসম্পূর্ণ আবেদনপত্র আবেদনকারীকে কারণ দর্শিয়ে ফেরৎ দিয়ে দেওয়া হবে।

***প্রয়োজনীয় নথির চেক্-লিস্ট* ঃ**

(১) রেজিস্ট্রি কোবালায় প্রতিলিপি।

(২) পিঠ দলিল-এর নকল [ভূঃ ও ভূঃ সঃ বিভাগ M&M (All/2C-8/2002) তাং ১৪.১১.০২ স্মারক নং মোতাবেক সুনির্দিষ্টভাবে ঘোষণা করেছে যে চেন্ (chain) দলিল-এর উপর যেন জোর দেওয়া না হয়।]

(৩) উত্তরাধিকারপ্রাপ্তির কারণে জমা দেওয়া আবেদনে স্থানীয় বিধায়ক/পুরসভার পুরপিতা/সমষ্টি পঞ্চায়েত সভাপতি/পঞ্চায়েত অঞ্চল প্রধান/স্থানীয় পৌর প্রতিনিধি ইত্যাদি দ্বারা দেওয়া উত্তরাধিকারপ্রাপ্তি বিষয়ক ঘোষণাপত্র যাতে সুস্পষ্টভাবে মৃত্যুর তারিখ, মৃত্যুকালীন স্ত্রী/স্বামী, ছেলে ও মেয়েদের সংখ্যা। প্রত্যেকের নাম ও তারা জীবিত আছে কিনা সকল তথ্য থাকা প্রয়োজন।

(৪) জমা দেওয়ার দিন অবধি জমা দেওয়া খাজনার রসিদ্।

(৫) ১০ টাঃ Stamp Paper-এ আবেদনকারীর ঘোষণাপত্র (প্রতিলিপি অফিসে সংরক্ষিত)।

(৬) স্ট্যাম্পসহ খামসমূহ।

(৭) প্রতিটি আবেদনের নামপত্তনের জন্য প্রসেস ফি।

(৮) প্রত্যেকটি আবেদনের সাথে ৫ টাঃ কোর্ট ফি Application Fee হিসেবে দেওয়া আবশ্যক।

ULC/LA-*র বিষয়ে* ঃ প্রচলিত প্রথা হলো যে আবেদনকৃত মৌজা যদি Urban Aggomenation-এর মধ্যে হয় তাহলে এর সংশ্লিষ্ট শাখায় একটি পত্র পাঠাতে হয় এবং ১ মাসের মধ্যে কোনও উত্তর না এলে, নামজারির আবেদনটি নিষ্পত্তি করে ফেলা যায়।

অনুরূপভাবে আবেদনকৃত মৌজার জমি অধিগ্রহণ-এর খবর থাকলে বা অন্যত্র মনে করলে রাজস্ব আধিকারিক সংশ্লিষ্ট Land Acquisition দপ্তরেও একটি পত্র পাঠিয়ে ১ মাস দেখে নিয়ে আপত্তি নিষ্পত্তি করার দিকে অগ্রসর হতে পারেন।

অন্তিম স্মারক নং 8802-LR/3M-135/05 GE(M) তাং ২৮.১২.০৫ অনুযায়ী প্রসেস্ ফির বিবরণ নিম্নরূপ ঃ

নামপত্তনের জন্যে শতক প্রতি প্রসেস্ ফি ঃ

জমির চরিত্র	গ্রামীণ এলাকা	KMDA ব্যতিরেকে Municipal অঞ্চল	KMDA অন্তর্ভুক্ত পৌরসভা অঞ্চল
কৃষি জমি	১ টাঃ	১ টাঃ	১ টাঃ
অকৃষি এবং অবাণিজ্যিক ব্যবহারের জমি	১০ টাঃ	১৫ টাঃ	২০ টাঃ
বাণিজ্যিক এবং শিল্পের জমি	২০ টাঃ	৩০ টাঃ	৫০ টাঃ

প্রত্যেক ধরনের প্রদেয় ফি-ই কোর্ট ফি স্ট্যাম্প মারফৎ নেওয়া হবে।

এ প্রসঙ্গে উল্লেখ্য যে $\frac{\text{8280-M\&M}}{\text{LR/A-11/4-8/2002}}$ তাং ২২.১১.০২ মোতাবেক ভূঃ ও ভূঃ সঃ বিভাগ আদেশনামা দ্বারা বলা আছে যে কোর্ট ফি নেহাৎ না পাওয়া গেলে Mutation Fees নগদ টাকায় DCR মারফৎ নেওয়া যাবে এবং Treasury Challan মারফৎ “0029-LR-00-800-Other Receipts-006-Miscellaneous Receipts not Connected With Govt. Estates-27-other Receipts”-এই Head-এ জমা পড়বে।

398-LP/5M-33/15 তাং ০২.০২.২০১৭ অনুযায়ী পূর্বোক্ত প্রসেস ফি'র আমূল বদল ঘটেছে। ওই আদেশনামাটি হুবহু দেওয়া হল—

Government of West Bengal
L&LR and RR&R Department
L.P. Branch
Nabanna, 6th Floor.
325, Sarat Chatterjee Road, Howrah-711 102

CIRCULAR

No. 398-LP/5M-33/15 Date: 02.02.2017

In modification of this Department's Circular No. 4402-LR/3M-135/05 GE(M) dated 28.12.2005 regarding the processing fees for mutation of land the rates, which also include the application fee, as mentioned in the following table will come into force immediately:—

Sl. No.	Classification of Land	Rural area	Municipal area than KMDA	Municipal Area within KMDA
		Approved rate	Approved rate	Approved rate
01	Agri land	₹40	₹60	₹80
02	Non-agri & non-commercial land	₹100	₹150	₹200
03	Commercial and industrial land	₹500 where area is up to 10 decimals & ₹1,000 where area exceeds 10 decimals	₹1,500 where area is up to 10 decimals & ₹3,000 where area exceeds 10 decimals	₹5,000 where area is up to 10 decimals & ₹10,000 where area exceeds 10 decimals

2. The authority concerned will realise the processing fees through GRIPS or TR Form-7 Challan or Bank Draft as may be easy and convenient.

Sd/- Manoj Pant
LRC & Principal Secretary to
the Government of West Bengal

No. 398/1(40)-LP Date: 02.02.2017

Copy forwarded for information and necessary action to:—

(1) The Director of Land Records & Surveys, West Bengal.

(2) The District Magistrate & Collector, ... (All)

(3) The ADM and DL & LRO, ... (All)

(4) ________________________________

Secretary to the
Government of West Bengal

২০। রাজস্ব আধিকারিক রায়তের অধিকার ও স্বত্ব বিষয়ে সিদ্ধান্ত নিতে পারেন না [Revenue Officer has no power to take decision regarding the right and title]. R.S. স্বত্বলিপি কোনও ব্যক্তির স্বত্ব সম্বন্ধে অধিকার দেয় না অথবা নষ্টও করে না। সুতরাং এটা স্ফটিকের মতো পরিষ্কার যে রাজস্ব আধিকারিক অধিকার ও স্বত্ব (right and title) বিষয়ে সিদ্ধান্ত নেওয়ার মতো কোনও ক্ষমতা ভোগ করেন না। পঃ বঃ ভূমি সংস্কার আইনের ৫০ ধারায় এরকম কোনও ক্ষমতা রাজস্ব আধিকারিককে দেওয়া হয়নি। ৫০চ (50F) ধারা অনুযায়ী কোনও কারণ ঘটলে রাজস্ব আধিকারিক স্বত্বলিপিতে প্রয়োজনীয় পরিবর্তন করতে পারেন।[২৪]

২৪ *উজ্জ্বল বার্টার* বনাম *পশ্চিমবঙ্গ রাজ্য সরকার* 2015(4) CHN 379 (Cal).

পরিচ্ছেদ ৭ক[১]

স্বত্বলিপি প্রস্তুতকরণ বা সংশোধন

[২][৫০ক। কয়েকটি ক্ষেত্রে ৫০ ধারা প্রযুক্ত হবে না (Section 50 not to apply to certain cases) ঃ পশ্চিমবঙ্গ ভূমি সংস্কার আইনের ৫০ ধারা সেই সব জায়গায় বলবৎ হবে না যে সমস্ত জেলায় বা জেলার কোনও অংশে স্বত্বলিপি প্রস্তুতি বা স্বত্বলিপির সংশোধনের জন্য ৭ক পরিচ্ছেদ-এর কাজ শুরু হয়েছে। কিন্তু কোনও জেলায় বা জেলার অংশ বিশেষে যেখানে পঃ বঃ ভূমি সংস্কার আইনের ৫১ক ধারা অনুসারে স্বত্বলিপির চূড়ান্ত প্রকাশ হয়ে গিয়েছে সেইখানকার জমিতে ৫০ ধারা কার্যকর হবে ঃ

[৩][তবে ৫১(১) ধারায় যে আদেশ-ই থাকুক না কেন, কোনও জেলা বা জেলার কোনও অংশে রাজ্য সরকার ইচ্ছা করলে ৫০ ধারায় [৪][ক্ষমতাবান নিযুক্ত কর্তৃপক্ষকে] আদেশ দিয়ে এই মর্মে নির্দেশ দিতে পারেন যে এরকম জেলা বা জেলার অংশে কোনও বিশেষ পরিবর্তন ৫০ ধারা অনুসারে নথিভুক্ত করা যাবে। তবে স্বত্বলিপির নথিভুক্ত যে রায়তের কষ্ট দূর করার জন্য প্রয়োজন, তা রাজ্য সরকারকে এই মর্মে সন্তুষ্ট হতে হবে।]

Chapter 7A[1]

Preparation or Revision of Record-of-rights

50A. Section 50 not to apply to certain cases. Section 50 shall not apply to any district or part of such district where Chapter 7A

১ এই ৭ক পরিচ্ছেদটি এবং তার শিরোনাম পশ্চিমবঙ্গ ভূমি সংস্কার (সংশোধন) আইন, ১৯৮১ (পশ্চিমবঙ্গ আইন ৫০, ১৯৮১)-এর ৪৪ ধারার মাধ্যমে সন্নিবেশিত এবং উক্ত আইনের ১(২) ধারার মাধ্যমে ৭.৮.১৯৬৯ তারিখ হতে বলবৎ হয়েছে।

২ ১৯৮১ সালের পঃ বঃ ভূমি সংস্কার (সংশোধনী) আইন অনুসারে ৫০ক ধারাটি যুক্ত।

৩ ১২.৫.১৯৮৯ তারিখের কলিকাতা গেজেট, বিশেষ সংখ্যার তৃতীয় খণ্ডে প্রকাশিত পশ্চিমবঙ্গ ভূমি সংস্কার (তৃতীয় সংশোধন) আইন, ১৯৮৬ (পশ্চিমবঙ্গ আইন ৩৫, ১৯৮৬)-এর ১৬ ধারার মাধ্যমে যুক্ত।

৪ ২০০০ সালের ৩১ নং আইন দ্বারা সংযুক্ত, ৭.৮.১৯৬৯ থেকে বলবৎ হয়েছে।

1 Chapter 7A was *inserted* by W.B. Act L of 1981, dated 24.3.1986, w.r.e.f. 7.8.1969.

has come into force for the purpose of revision or preparation of records-of-rights; but section 50 shall apply to any land in any such district or part of such district after final publication of any such record-of-rights under section 51A:

[2][Provided that notwithstanding any order made under sub-section (1) of section 51 in respect of a district or part of a district, the State Government may make an order directing the [3][prescribed authority appointed] under section 50 to incorporate such changes as may be specified in the said order in the record-of-rights in respect of such district or part of such district under section 50, if the State Government is satisfied that incorporation of such changes is necessary to mitigate the hardship of a *raiyat*.]

আলোচনার সূচী

১ ঐতিহাসিক পটভূমিকা [Historical background]

২ ভূমি সংস্কার আইনের ৫০ ধারা এবং ৫১ ধারা [Sections 50 and 51 of W.B.L.R. Act]

১। ঐতিহাসিক পটভূমিকা [Historical background]. পশ্চিমবঙ্গ ভূমি সংস্কার আইনের ৭ক পরিচ্ছেদে কীভাবে স্বত্বলিপির প্রস্তুতি ও সংশোধন হবে তা বলা আছে। ১৯৮১ সালে পঃ বঃ ভূমি সংস্কার আইন সংশোধনের আগে সপ্তম পরিচ্ছেদে স্বত্বলিপির রক্ষণাবেক্ষণ এবং শোধন বিষয়ে বলা ছিল। এই পরিচ্ছেদে ৫০ থেকে ৫১গ ধারাগুলি ছিল। পুরাতন সপ্তম পরিচ্ছেদটিকে দুটি ভাগে বিভক্ত করা হয়েছে যথাক্রমে—৭ এবং ৭ক পরিচ্ছেদ। ৭ক পরিচ্ছেদে ৫০ক [s. 50A] ধারাটি যুক্ত করা হয়েছে। এ কথা বিশেষভাবে মনে রাখা দরকার যে মৌজায় ৭ক [Chapter 7A] পরিচ্ছেদের কাজ আরম্ভ হয়েছে যেখানে ৫০ ধারা কার্যকর হবে না।

১৯৮৬ সালের পঃ বঃ ভূমি সংস্কার আইনে ৫০ ধারার কর্মক্ষেত্র অনেকটা বেড়ে গিয়েছিল। রাজ্য সরকারকে এই মর্মে ক্ষমতা দেওয়া হয়েছে যে যদি রাজ্য সরকার মনে করেন স্বত্বলিপির কোনও সংশোধনের ফলে কোনও রায়তের কষ্ট লাঘব হবে তা হলে ৫০ ধারায় ক্ষমতাপ্রাপ্ত কোনও রাজস্ব আধিকারিককে আদেশ দিতে পারেন।

2 *Inserted* by W.B. Act 35 of 1986, dated 12.5.1989, w.e.f. 12.5.1989.

3 *Substituted* by Act XXXI of 2000, w.r.e.f. 7.8.1969.

১৯৮১ সালের পশ্চিমবঙ্গ ভূমি সংস্কার আইন অনুসারে স্বত্বলিপি পরিবর্তন/সংশোধনের ক্ষমতা "রাজস্ব আধিকারিক"-এর পরিবর্তে "নির্ধারিত কর্তৃপক্ষ"-কে (prescribed authority) দেওয়া হয়েছে।

একই ক্ষেত্রে (in the same field) আধিকারিকদের ৫০ এবং ৫১ ধারায় কাজ করার বিষয়ে যে বিতর্ক উঠেছিল ৫০ক ধারা যুক্ত করায় তা দূর হল।

৫০ক ধারাটি রাষ্ট্রপতির সম্মতির পরে কলিকাতা গেজেটে ১২.৫.১৯৮৯ -তে প্রকাশিত হয়েছিল। এটি ৭.৮.১৯৬৯ থেকে কার্যকরী হতে থাকে।

১৯৮১ সালের পঃ বঃ ভূমি সংস্কার আইনের সংশোধন হয়। ওই সংশোধনের সময় ৫০ক ধারাটি যুক্ত হয়। ওই সংশোধনী ৭.৮.১৯৬৯ থেকে কার্যকরী ঘোষিত হয়। এই সংশোধনী দ্বারা মূল আইনে (Original Act) একটি ধারা যুক্ত হয় কিন্তু এর প্রয়োগের জন্য পঃ বঃ ভূমি সংস্কার আইনের ১(৩) ধারা অনুযায়ী বিজ্ঞপ্তি জারি দরকার। সুতরাং এই ধারাটি তখনই কার্যকর হবে যখন পঃ বঃ ভূমি সংস্কার আইনের ১(৩) ধারা অনুযায়ী বিজ্ঞপ্তি প্রকাশিত হবে সরকারি কলিকাতা গেজেটে। নতুন যে ধারা যুক্ত হবে তা কার্যকর করার জন্য পঃ বঃ ভূমি সংস্কার আইনের ১(৩) ধারা অনুযায়ী বিজ্ঞপ্তি জারি প্রয়োজন।[১]

২। ভূমি সংস্কার আইনের ৫০ ধারা এবং ৫১ ধারা [Sections 50 and 51 of W.B.L.R. Act]. পশ্চিমবঙ্গ ভূমি সংস্কার আইনে ৫০ক ধারা [s. 50A] যুক্ত হওয়ার আগে একটা দ্বন্দ্ব বা বিতর্ক ছিল—৫০ ধারায় ক্ষমতাপ্রাপ্ত আধিকারিকের ক্ষেত্রাধিকার (jurisdiction) এবং ৫১ ধারায় স্বত্বলিপি সংশোধনের ক্ষমতাপ্রাপ্ত আধিকারিকের ক্ষমতার সীমানা নিয়ে। ৫১ ধারা হল স্বত্বলিপি (record of rights) প্রস্তুতি ও সংশোধনের (preparation and revision) জন্য। ৫০ক ধারায় নির্দেশ দেওয়া আছে—কোনও জেলায় বা জেলার কোনও অংশে যেখানে স্বত্বলিপি প্রস্তুতি ও সংশোধনের জন্য ৭ক পরিচ্ছেদের [Chapter 7A] কাজ শুরু হয়েছে সেখানে পশ্চিমবঙ্গ ভূমি সংস্কার (সংশোধনী) আইনের ৫০ ধারার প্রয়োগ হবে না। কিন্তু জেলায় বা জেলার কোনও অংশে যেখানে স্বত্বলিপির চূড়ান্ত প্রকাশ পঃ বঃ ভূমি সংস্কার আইনের ৫১ক(২) ধারা [s. 51A(2)] অনুসারে হয়ে গিয়েছে সেখানে ৫০ ধারা বলবৎ

১ *নিরঞ্জন খাঙরা* বনাম *শ্যামল কুমার মুখার্জী* 93 CWN 289; 1988(2) CHN 297; *বকুল নাগ* বনাম *শৈবাল গুঁই* 1991(1) CHN 173.

হবে। আবার যেক্ষেত্রে ৭ক পরিচ্ছেদের কাজ আরম্ভ হয়নি সেখানে ৫০ ধারায় ক্ষমতাপ্রাপ্ত নির্ধারিত কর্তৃপক্ষ (prescribed authority under s. 50)-কে সংশ্লিষ্ট স্বত্বলিপির প্রয়োজনীয় সংশোধনের ক্ষমতা দেওয়া হয়েছে।[২]

এটা দেখা গিয়েছে যেখানে ৭ক পরিচ্ছেদের কাজ আরম্ভ হয়েছে সেখানে ৫০ক ধারা অনুযায়ী স্বত্বলিপি সংশোধন করা যাবে না। কিন্তু ৭ক পরিচ্ছেদে বর্ণিত সমস্ত পর্যায়ের কাজ শেষ হয়ে গিয়ে চূড়ান্ত প্রকাশ হয়ে যাওয়ার পর ৫০ ধারা আবার বলবৎ হবে। ১৯৮৬ সালে পশ্চিমবঙ্গ ভূমি সংস্কার আইন সংশোধন করে এই ধারাটি (৫০ক) যুক্ত করা হয়েছিল। কোনও জেলার সাপেক্ষে ৫১(১) ধারায় যাই বলা থাকুক না কেন কোনও জেলার বা কোনও জেলার কোনও অংশে রাজস্ব আধিকারিককে ৫০ ধারায় ক্ষমতা দেওয়া হয়েছে যে—যদি রাজস্ব আধিকারিক মনে করেন স্বত্বলিপির কোনও পরিবর্তনের ফলে কোনও রায়তের কষ্ট লাঘব হবে (mitigate the hardship) তাহলে তিনি ওই পরিবর্তন করতে পারেন। এর ফলে ৫০ক ধারায় প্রাপ্ত ক্ষমতানুসারে রাজ্য সরকার এরকম আদেশ করতে পারেন—চূড়ান্ত প্রকাশ হয়ে গিয়েছে এরকম কোনও মৌজার স্বত্বলিপির কোনও পরিবর্তনের ফলে যদি কোনও রায়তের কষ্ট লাঘব হবে তা হলে রাজস্ব আধিকারিক (৫০ ধারায় ক্ষমতাপ্রাপ্ত) তা করতে পারেন। এই ধারায় বলা আছে—"৫০ ধারায় ক্ষমতাপ্রাপ্ত নির্ধারিত কর্তৃপক্ষ"। ৫০ ধারায় (ক) থেকে (চ) দফায় বর্ণিত সমস্ত রকম পরিবর্তন করার অধিকারী হলেন এই আধিকারিক। কিন্তু ২০০০ সালের সংশোধনীর আগে পর্যন্ত এই ধারায় ক্ষমতাপ্রাপ্ত আধিকারিককে বলা হত—"বিশেষ ক্ষমতাপ্রাপ্ত রাজস্ব আধিকারিক" (revenue officers specially empowered)।

[১][**৫০খ। স্বত্বলিপির পরিবর্তন (Modification of record-of-rights) ঃ** (১) রাজ্য সরকার কোনও ক্ষেত্রে প্রয়োজন মনে করলে সরকারি গেজেটে বিজ্ঞপ্তি (Notification) প্রকাশের মাধ্যমে আদেশ দিতে পারেন যে ৫০ ধারা অনুযায়ী রাখা কোনও জেলা বা জেলার অংশের স্বত্বলিপিতে কোনও অংশ লুপ্ত করে পরিবর্তন করা হোক যা ওই ধারা অনুসারে সময় সময় প্রয়োজনে বাদ দেওয়া হয়েছে বা কেটে ফেলা হয়েছে।

২ *শীতল চন্দ্র দাস* বনাম *পশ্চিমবঙ্গ সরকার* 1982(2) Cal LJ 510; 93 CWN 700.

১ পশ্চিমবঙ্গ ভূমি সংস্কার (সংশোধন) আইন, ২০০০ (পশ্চিমবঙ্গ আইন ৩১, ২০০০)-এর মাধ্যমে ৫০খ ধারাটি ৭.৮.১৯৬৯ তারিখ হতে বলবৎ হয়েছে।

(২) উপধারা (১) অনুসারে দেওয়া আদেশ অনুযায়ী ৫০ ধারায় ক্ষমতাপ্রাপ্ত নির্ধারিত কর্তৃপক্ষ নির্দিষ্ট পদ্ধতি অনুসারে উপধারা (১)-এর সাথে মিল রেখে স্বত্বলিপি সংশোধন করবেন।

(৩) স্বত্বলিপির পরিবর্তন হলে, নির্ধারিত কর্তৃপক্ষ নির্দিষ্টভাবে পরিবর্তিত স্বত্বলিপির খসড়া প্রকাশ করবেন নির্দিষ্ট সময়ের জন্য এবং স্বত্বলিপিতে কোনও ভুল থাকলে আপত্তি গ্রহণ করে তার নিষ্পত্তি করবেন।

(৪) উপধারা (৩) অনুযায়ী সমস্ত আপত্তি নির্ধারিত কর্তৃপক্ষ বিবেচনা (consideration) এবং নিষ্পত্তি করার পর তিনি ওই সংশোধিত স্বত্বলিপির নির্দিষ্ট পদ্ধতিতে চূড়ান্ত প্রকাশ করবেন। চূড়ান্ত প্রকাশনার তথ্য ও তারিখ উল্লেখ করে একটি শংসাপত্র দেবেন। শংসাপত্র নীচে তাঁর নাম এবং সরকারি পদমর্যাদা (designation) লিখবেন।

(৫) স্বত্বলিপির চূড়ান্ত প্রকাশের পর যেরকম বলা হবে সেইরকম নির্দিষ্ট সময়ের মধ্যে রাজ্য সরকার দ্বারা ক্ষমতাপ্রাপ্ত কোনও আধিকারিক কোনও আগ্রহী ব্যক্তি বা ব্যক্তিদের শুনানির সুযোগ দিয়ে এবং ওই সম্পর্কিত কারণগুলি (৪) উপধারা অনুসারে চূড়ান্ত প্রকাশিত স্বত্বলিপিতে লিখবেন।

(৬) উপধারা (৪) অনুযায়ী প্রকাশিত স্বত্বলিপির প্রতিটি নথিভুক্ত প্রতিটি বিষয় এবং উপধারা (৫) অনুযায়ী সংশোধিত প্রতিটি বিষয় সঠিক বলেই ধরা হবে।

(৭) সপ্তম ক পরিচ্ছেদের নিয়ম অনুসারে যে মৌজার স্বত্বলিপি সংশোধন বা প্রস্তুতি আরম্ভ হয়েছে সেক্ষেত্রে এই ধারার কোনও কিছুই প্রযোজ্য হবে না, কিন্তু মূল আইনের ৫১ক(২) অনুযায়ী চূড়ান্ত প্রকাশনার এই উপধারাগুলি প্রযুক্ত হবে।

(৮) যখন উপধারা (১) অনুযায়ী স্বত্বলিপি (record-of-rights) সংশোধিত বা তৈরি করার নির্দেশ দিয়ে আদেশ করা হয় তখন কোনও দেওয়ানি আদালত কোনও মৌজার স্বত্বলিপিতে লিখিত বিষয়ের কোনও সংশোধন, পুনর্বিবেচনা, পরিবর্তন বা বাতিল বিষয়ে কোনও আবেদন বা মামলা গ্রহণ করবেন না। যতক্ষণ না ওই মৌজার স্বত্বলিপি (৪) উপধারা অনুযায়ী চূড়ান্ত প্রকাশিত হয় এবং ওই আদেশের সময় কোনও দেওয়ানি আদালতে ওই বিষয় অসমাপ্ত থাকে তা বাতিল হবে।

[1][**50B. Modification of record-of-rights.** (1) The State Government may, in any case where it so thinks fit, make an order by notification published in the *Official Gazette*, directing that the record-of-rights in respect of a district or part of a district, as maintained up-to-date under section 50, be modified by eliminating from such record the entries, if any, which have been deleted and scored out under that section from time to time.

(2) When an order is made under sub-section (1), the prescribed authority appointed under section 50 (hereinafter referred to in this section as the prescribed authority) shall modify in the prescribed manner the record-of-rights in accordance with the provisions of sub-section (1).

(3) When a record-of-rights is modified, the prescribed authority shall publish a draft of the record modified in the prescribed manner and for the prescribed period and shall receive and consider any objection to any entry therein or to any omission therefrom.

(4) When all such objections under sub-section (3) have been considered and disposed of, the prescribed authority shall cause the modified record to be finally published in the prescribed manner and shall certify the fact of final publication and the date thereof and shall date and superscribe the same under his name and official designation.

(5) Any officer specially empowered by the State Government in this behalf may, within such period as may be prescribed, revise in the prescribed manner any entry in a record finally published under sub-section (4) after giving the person or persons interested an opportunity of being heard and after recording reasons therefor.

(6) Every entry in a modified record-of-rights finally published under sub-section (4) including any entry revised under sub-section (5), shall be presumed to be correct.

(7) The provisions of this section shall not apply to a record-of-rights in respect of a village, the revision or preparation of which has commenced under Chapter 7A, but shall apply to such record-of-rights after its final publication under sub-section (2) of section 51A.

(8) When an order has been made under sub-section (1), no Civil Court shall entertain any suit or application which involves

1 Section 50B *inserted* by Act XXXI of 2000, w.r.e.f. 7.8.1969.

correction, revision, modification or cancellation of any entry in the record-of-rights of a village in accordance with such order, till the record-of-rights relating to such village is finally published under sub-section (4), and if any suit or application relating to any entry in such record-of-rights is pending before a Civil Court on the date of issue of such order, such suit or application, as the case may be, shall abate.

আলোচনার সূচী

১। স্বত্বলিপির পরিবর্তন [Change of r-o-rs]. ৫০ক ধারা অনুযায়ী স্বত্বলিপির সংশোধন (revision) করা হয় কিন্তু ৫০খ ধারায় স্বত্বলিপির পরিবর্তন (modification) করা হয়। এই কাজ করার জন্য রাজ্য সরকার সে রকম মনে করলে সরকারি গেজেটে আদেশ প্রকাশ করবেন। ওই রকম কোনও বিজ্ঞপ্তি দ্বারা আদেশ বলে ৫০ ধারায় ক্ষমতাপ্রাপ্ত নির্ধারিত কর্তৃপক্ষ নির্দিষ্ট পদ্ধতিতে (১) উপধারা অনুযায়ী স্বত্বলিপির পরিবর্তন করবেন। একই পদ্ধতিতে ৫০খ(৩) ধারায় নির্ধারিত কর্তৃপক্ষ স্বত্বলিপির খসড়া প্রকাশ করবেন। ওই খসড়া স্বত্বলিপি দেখে কোনও ব্যক্তি বা ব্যক্তিগণ আপত্তি জমা দিতে পারেন। নির্দিষ্ট পদ্ধতি ও নিয়ম অনুযায়ী স্বার্থজড়িত ব্যক্তি বা ব্যক্তিদের শুনানির সুযোগ দিয়ে রাজস্ব আধিকারিক প্রয়োজনে স্বত্বলিপির সংশোধন করবেন। এরপর সমস্ত আপত্তি নিষ্পত্তি করে নির্ধারিত কর্তৃপক্ষ স্বত্বলিপির চূড়ান্ত প্রকাশ করবেন। চূড়ান্ত প্রকাশের পর তারিখ এবং পদমর্যাদা উল্লেখ করে রাজস্ব আধিকারিক স্বাক্ষর করবেন।

এরপর ওই চূড়ান্ত প্রকাশিত স্বত্বলিপির বিরুদ্ধে কোনও ব্যক্তি বা ব্যক্তিগণ আপত্তি দাখিল করতে পারেন নির্দিষ্ট সময় পর্যন্ত যা কর্তৃপক্ষ দ্বারা নির্দিষ্ট করা হবে। রাজ্য সরকার দ্বারা বিশেষভাবে ক্ষমতাপ্রাপ্ত আধিকারিক, ৫০খ(৪) ধারা অনুযায়ী স্বার্থ সংশ্লিষ্ট পক্ষকে শুনানির সুযোগ দিয়ে আপত্তিগুলি নিষ্পত্তি করবেন এবং প্রয়োজনে স্বত্বলিপির পরিবর্তন করবেন। এরপর (৪) এবং (৫) উপধারা অনুসারে যাবতীয় পরিবর্তন বা সংশোধন সঠিক বলে ধরা হবে। মূল আইনের ৭ক পরিচ্ছেদের কাজ যেখানে আরম্ভ হয়েছে সেখানে ৫০খ ধারা

কার্যকর হবে না। যেখানে ৫১ক ধারা অনুযায়ী কোনও মৌজার স্বত্বলিপির চূড়ান্ত প্রকাশের পর ৫০খ ধারা সেই মৌজায় বলবৎ হবে।

২। দেওয়ানি আদালতের বাধা [Bar to Civil Court]. যতক্ষণ না পর্যন্ত কোনও মৌজার স্বত্বলিপির ৫০খ(৪) ধারা অনুযায়ী চূড়ান্ত প্রকাশ হয়, ওই মৌজার স্বত্বলিপির কোনও সংশোধন, পুনর্বিবেচনা, রূপান্তর বা বাতিল বিষয়ে কোনও মামলা বা আবেদন কোনও দেওয়ানি আদালত (Civil Court) গ্রহণ করবেন না। ৫০খ(১) ধারা অনুসারে কোনও আদেশ দেওয়ার সময় যদি কোনও মামলা বা আবেদন দেওয়ানি আদালতে অমীমাংসিত থাকে তবে ওই মামলা বা আবেদন বাতিল হবে।

৩। কবে থেকে এই ধারা কার্যকর হবে [From when this section will be implemented]. পশ্চিমবঙ্গ ভূমি সংস্কার আইনের ২০০০ সালের সংশোধনী দ্বারা ৫০খ ধারাটি যুক্ত হয়েছে। এই ধারাটি ৭.৮.১৯৬৯ থেকে বলবৎ হবে। কিন্তু যতক্ষণ না পর্যন্ত ৫০খ ধারায় স্বত্বলিপি পরিবর্তনের জন্য (modification) কোনও বিজ্ঞপ্তি রাজ্য সরকার প্রকাশ না করছে নির্ধারিত কর্তৃপক্ষ ৫০খ(১) ধারায় স্বত্বলিপি পরিবর্তন (modification) করার কোনও ক্ষমতা প্রয়োগ করতে পারে না। যদিও এই ধারাটি ৭.৮.১৯৬৯ থেকে বলবৎ হওয়ার কথা বলা আছে কিন্তু রাজ্য সরকার সরকারি গেজেটে যখন স্বত্বলিপি পরিবর্তন করার জন্য বিজ্ঞপ্তি প্রকাশ করবেন তখনই কেবলমাত্র এই ধারা কার্যকর হবে। বিজ্ঞপ্তিতে কোনও জেলা বা জেলার কোনও অংশের স্বত্বলিপির পরিবর্তনের কথা উল্লেখ করা থাকবে।

[1][**৫১। স্বত্বলিপির সংশোধন অথবা প্রস্তুতকরণ (Revision or preparation of the record-of-rights) ঃ** (১) কোনও সময় রাজ্য সরকার প্রয়োজনবোধে আদেশ দেবেন যে—এই পরিচ্ছেদের নিয়মগুলি এবং রাজ্য

১ পশ্চিমবঙ্গ ভূমি সংস্কার (সংশোধন) আইন, ১৯৬৫ (পশ্চিমবঙ্গ আইন ১৮, ১৯৬৫)-এর ১৮ ধারার মাধ্যমে মূল ৫১ ধারার স্থলে ৫১(১), (২) ও (৩) ধারাগুলি অনুকল্পিত হয়েছে। মূল আইনটি নিম্নরূপ ছিল ঃ

"**৫১। স্বত্বলিপিটির সংশোধন (Revision of the record-of-rights) ঃ** রাজ্য সরকার, যাহাই ঘটুক না কেন, যদি ইহা উপযুক্ত মনে করেন, নির্দেশ প্রদান করিয়া কোনও আদেশ প্রদান করতে পারবেন যে এতৎপক্ষে রাজ্য সরকার কর্তৃক নির্ধারিত সেরূপ নিয়মাবলি অনুসারে কোনও রাজস্ব আধিকারিক কর্তৃক কোনও জেলার বা কোনও জেলার অংশ সম্পর্কে কোনও স্বত্বলিপি সংশোধন করা হউক।"

সরকার এই বিষয়ে যেরকম নিয়ম করবেন সেই অনুযায়ী রাজস্ব আধিকারিক দ্বারা কোনও জেলা বা জেলার অংশবিশেষে স্বত্বলিপি সংশোধিত বা তৈরি করা হবে।

(২) উপধারা (১) অনুযায়ী কোনও আদেশ সরকারি গেজেটে প্রকাশিত হলে সেটিই প্রমাণ করবে যে সঠিকভাবে আদেশ হয়েছে।

(৩) (১) উপধারা অনুযায়ী যখন কোনও আদেশ দেওয়া হয়, ওই আদেশ যে রকম হবে সেই অনুযায়ী রাজস্ব আধিকারিক স্বত্বলিপিতে যা যা সংশোধিত বা প্রস্তুত হবে তা নথিভুক্ত করবেন।

[২](৪) ১৯৮১ সালের পশ্চিমবঙ্গ ভূমি সংস্কার (সংশোধনী) আইন দ্বারা বাতিল করা হয়েছে।

[৩](৫) প্রত্যেক রায়তের জন্য আলাদা আলাদা খতিয়ান থাকবে এবং একটি মৌজায় ওই রায়তের সমস্ত জমি ওই খতিয়ানে থাকবে।

51. Revision or preparation of the record-of-rights. [1]**[(1) The State Government may, in any case if it so thinks fit, make an order directing that record-of-rights in respect of any district or part of a district be revised or prepared by a Revenue Officer in accordance with the provisions of this Chapter and such rules as may be made by the State Government in this behalf.**

(2) A notification in the *Official Gazette* of an order under sub-section (1) shall be conclusive evidence that the order has been duly made.

(3) When an order is made under sub-section (1), the Revenue Officer shall record in the record-of-rights to be revised or prepared in pursuance of such order, such particulars as may be prescribed.]

(4) *Omitted* by W.B. Act L of 1981, w.e.f. 7.8.1969.

(5) There shall be a separate *khatian* for each *raiyat* and the *khatian* shall include all lands held by such *raiyat* in one *mauza*.

২ পশ্চিমবঙ্গ ভূমি সংস্কার (সংশোধন) আইন, ১৯৮১ (পশ্চিমবঙ্গ আইন ৫০, ১৯৮১)-এর ৪৫ ধারার মাধ্যমে বাতিল এবং উক্ত আইনের ১(২) ধারার মাধ্যমে ৭.৮.১৯৬৯ তারিখ হতে বলবৎ হয়েছে।

৩ পশ্চিমবঙ্গ ভূমি সংস্কার (সংশোধন) আইন, ১৯৭৪ (পশ্চিমবঙ্গ আইন ৩৩, ১৯৭৪)-এর ১০ ধারার মাধ্যমে যুক্ত হয়েছে।

1 Sub-sections (1), (2) and (3) were *substituted* by the W.B. Land Reforms (Amendment) Act, 1965 (Act XVIII of 1965).

আলোচনার সূচী

১। ঐতিহাসিক পটভূমিকা [Historical background]. পশ্চিমবঙ্গ ভূমি সংস্কার আইনের ৫১ ধারাটি, বিহার থেকে যে অংশ পশ্চিমবঙ্গে যুক্ত হয়েছিল সেই অংশগুলি বাদে ১১.১১.১৯৬৫ তারিখ থেকে বলবৎ হয়েছিল। যে অংশগুলি বিহার থেকে পশ্চিমবঙ্গে যুক্ত হয়েছে সেই অংশগুলিতে

১.১০.১৯৬৯ থেকে বলবৎ হয়েছে। মূল ৫১ ধারায় তিনটি উপধারা ছিল যথাক্রমে (১), (২) এবং (৩); এরপর ১৯৭৪ সালে পশ্চিমবঙ্গ ভূমি সংস্কার আইন সংশোধনীর মাধ্যমে ৫১(৪) এবং ৫১(৫) ধারা দুটি যুক্ত হয় (১৯৭৪ সালের ৩৩ নং পশ্চিমবঙ্গ আইন)। এরপর ১৯৮১ সালে পশ্চিমবঙ্গ ভূমি সংস্কার আইন সংশোধনী দ্বারা ৫১(৪) ধারাটি লুপ্ত করা হয় যা কলিকাতা গেজেটে ২৪.৩.১৯৮৬-তে প্রকাশিত হয়েছিল।

৫১(৪) ধারাটিতে যা বলা ছিল তা হল মোটামুটি এইরকম—

> ১৯৪৯ সালের পশ্চিমবঙ্গ অকৃষি প্রজাস্বত্ব আইনে যাই বলা থাক না কেন কোনও অকৃষি জমি কোনও রায়তের holding-এ থাকলে অথবা কোনও কৃষি জমি অকৃষি প্রজাস্বত্বে থাকলে রাজস্ব আধিকারিক রায়তের ওই হোল্ডিং, কৃষি জমি এবং অকৃষি জমি এই দুই আলাদা অংশে ভাগ করবেন। কৃষি জমি এবং অকৃষি জমি উভয়ের জন্য আলাদা আলাদা ভূমি রাজস্ব বা কর (revenue or rent) নির্দিষ্ট আয়তনের উপরে নির্ধারণ করবেন। রাজ্য সরকারের প্রজা স্বরূপ তার জমি রেকর্ড করবেন।

১৯৮১ সালে পশ্চিমবঙ্গ ভূমি সংস্কার আইন সংশোধনের ফলে জমির সংজ্ঞা পরিবর্তিত হয়েছে। যে কোনওরকম শ্রেণির জমিই একই প্রকারের ধরা হবে। অকৃষি জমির প্রজাস্বত্ব বা উপপ্রজাস্বত্ব সরকারের অনুকূলে ন্যস্ত হবে সমস্ত রকম দায় (all incumbrances)। এর ফলে পশ্চিমবঙ্গ ভূমি সংস্কার আইনের ৫১(৪) ধারার প্রয়োজনীয়তা আর রইল না। ফলে এই ধারাটি বিলুপ্ত করা হয়েছে।

২। এই ধারার কর্মপরিধি [Scope under this section]. কীভাবে স্বত্বলিপির প্রস্তুতি ও সংশোধন হবে তা এই ধারায় বলা আছে। ৫১(১) ধারা রাজ্য সরকারকে এই মর্মে ক্ষমতা দিয়েছে যে কোনও জেলার স্বত্বলিপি সংশোধন বা প্রস্তুতির জন্য নির্দিষ্ট আদেশ এবং নিয়মাবলি তৈরি করে রাজস্ব আধিকারিক দ্বারা স্বত্বলিপি প্রস্তুত করাবেন বা সংশোধন করাবেন।

৫১(২) ধারা অনুযায়ী রাজ্য সরকার যে আদেশ বা নিয়মগুলি তৈরি করবেন তা সরকারি গেজেটে প্রকাশ করবেন। রাজ্য সরকার যে ওই আদেশ বা নিয়মগুলি সঠিকভাবে তৈরি করেছে, সরকারি গেজেটে প্রকাশিত ওই বিজ্ঞপ্তি-ই তা প্রমাণ করবে।

পশ্চিমবঙ্গ ভূমি সংস্কার আইনের ৫১(৩) ধারায় বিভিন্ন নিয়ম অনুযায়ী রাজস্ব আধিকারিক স্বত্বলিপিতে নানারকম তথ্য নথিভুক্ত করবেন।

যদিও ৫১(৪) ধারা বিলুপ্ত, কিন্তু ওই ধারায় বলা ছিল কীভাবে রাজস্ব আধিকারিক কৃষি জমি এবং অকৃষি জমির হোল্ডিং আলাদা করবেন এবং কৃষি জমি এবং অকৃষি জমির আলাদা আলাদা ক্ষেত্রফল অনুসারে রাজস্ব ও কর (revenue and rent) আলাদা আলাদা ভাবে নির্ধারণ করবেন।

৫১(৫) ধারা অনুসারে কোন রায়তের কোনও একটি মৌজায় যত জমি আছে (কৃষি বা অকৃষি) তা একটিমাত্র খতিয়ানে লেখা থাকবে। অর্থাৎ একটি মৌজায় কোনও একজন রায়তের একের বেশি খতিয়ান থাকবে না (one man one *khatian* in one *mouza*).

কীভাবে স্বত্বলিপি তৈরি করা হবে বা সংশোধন করা হবে তা ১৯৬৫ সালের পশ্চিমবঙ্গ ভূমি সংস্কার নিয়মের (W.B.L.R. Rule) ২২ নং বিধিতে নির্দেশিত আছে তফসিল ক (Schedule A)-তে নির্দেশিত নিয়ম অনুযায়ী স্বত্বলিপি সংশোধিত বা তৈরি হবে।

কী কী তথ্য নথিভুক্ত করা হবে তা ১৯৬৫ সালের পশ্চিমবঙ্গ ভূমি সংস্কার নিয়মে ২৩ নং বিধিতে বলা আছে। ওই নিয়ম অনুযায়ী রাজস্ব আধিকারিক বিভিন্ন তথ্য স্বত্বলিপিতে নথিভুক্ত করবেন। ২৩ নং বিধিতে (ক), (খ), (গ), (ঘ), (ঙ)(১), (ঙ)(২), (চ), (ছ) এবং (জ) এই বিভিন্ন দফায় (clause) কোন্ কোন্ তথ্য নথিভুক্ত করতে হবে তার বিবরণ আছে।

৩। যে সমস্ত আধিকারিকগণ ৫১ ধারায় স্বত্বলিপি প্রস্তুত ও সংশোধন করবেন তাদের ক্ষমতা [Power of officers who will perform under s. 51]. ১৯৬৫ সালের পশ্চিমবঙ্গ ভূমি সংস্কার নিয়মের ২৭ নং বিধি অনুযায়ী সমস্ত আধিকারিকদের ওই নিয়মের তফসিল খ (Schedule B)-তে যে যে ক্ষমতা বলা আছে তার সাথে যুক্ত করা হয়েছে স্বত্বলিপি প্রস্তুতি ও সংশোধনের জন্য। স্বত্বলিপি প্রস্তুত, সংশোধন, জমি জরিপ প্রভৃতি বিষয়ে আধিকারিকদের বিভিন্ন ক্ষমতার নির্দেশ দেওয়া আছে ১৯৬৫ সালের পঃ বঃ ভূমি সংস্কার নিয়মের তফসিল খ-তে। পশ্চিমবঙ্গ ভূমি সংস্কার আইনের ৫১ ধারামতে যখন কোনও রাজস্ব আধিকারিক স্বত্বলিপি প্রস্তুতি, সংশোধনের জন্য নিযুক্ত হন কোনও জেলা বা জেলার অংশের জন্য, তখন তিনি "সেটেলমেন্ট আধিকারিক" অথবা "সহকারী সেটেলমেন্ট আধিকারিক" হিসাবে ও নিযুক্ত হয়ে থাকেন।

কোনও রাজস্ব আধিকারিক, যিনি অতিরিক্ত পদমর্যাদায় "সেটেলমেন্ট আধিকারিক" (Settlement Officer) হিসাবেও নিযুক্ত হয়ে থাকেন, তিনি

সাধারণ আদেশ বা বিশেষ আদেশ দিয়ে তার অধস্তন "সহকারী সেটেলমেন্ট আধিকারিক"-কে (Assistant Settlement Officer) পঃ বঃ ভূমি সংস্কার আইনের ৫১ক(১) এবং ৫১ক(৪) ধারা অনুসারে আপত্তি নিষ্পত্তির নির্দেশ দিতে পারেন।

এছাড়া রাজস্ব আধিকারিক, যিনি "সেটেলমেন্ট আধিকারিক" হিসাবে অতিরিক্ত দায়িত্ব পালন করেন, তিনি কোনও আদেশ দিয়ে তার অধস্তন কোনও "সহকারী সেটেলমেন্ট আধিকারিক"-কে তার কাজ থেকে তুলে নিতে পারেন অথবা অন্য কোথাও কাজের তার অধস্তনকে বদলি করতে পারেন।

৫১ ধারার সমস্ত প্রশাসনিক কাজকর্ম নিয়ন্ত্রণ করবেন ভূমিলেখ্য ও জরিপ অধিকর্তা (Director Land Records and Survey) যিনি রাজস্ব আধিকারিক হিসাবে সেটেলমেন্ট আধিকারিকের সমস্ত ক্ষমতা ভোগ করবেন।

রাজ্য সরকার মনে করলে কোনও সাধারণ বা বিশেষ আদেশ দিয়ে যে কোনও কার্যাবলি (proceedings) এমনকী স্বত্বলিপির খসড়া প্রকাশনা বা চূড়ান্ত প্রকাশনা সহ বাতিল করতে পারেন। এটি কোনও জেলা বা জেলার কোনও অংশের স্বত্বলিপির ক্ষেত্রে প্রযোজ্য হবে। রাজ্য সরকার মনে করলে আবার নতুন করে (*de novo*) ওই প্রক্রিয়া আরম্ভের নির্দেশ দিতে পারেন।

৪। চূড়ান্ত প্রকাশিত স্বত্বলিপির উপর দেওয়ানি মামলা গ্রাহ্য হবে কিনা [Whether Civil Suit is applicable in finally published records-of-rights]. কোনও দেওয়ানি মামলায় আদালত স্বত্বলিপি সংশোধন করবার জন্য ডিক্রি জারি করলে এবং স্বত্বলিপি সংশোধনের নির্দেশ দিলে সেটেলমেন্ট কর্তৃপক্ষ তা মানতে বাধ্য *প্রণব কুমার মাইতি* বনাম *তাপস কুমার ভট্টাচার্য*[১]। আবার *মুহঃ আকবর* বনাম *ইসমাইল*[২] মামলায় মহামান্য আদালত জানিয়েছেন ইতিপূর্বে স্বত্বলিপি প্রস্তুত হলেও দেওয়ানি আদালত কোনও ডিক্রি দিলে তা মানতে সেটেলমেন্ট কর্তৃপক্ষ বাধ্য থাকবেন।

৫। জীর্ণ স্বত্বলিপি নতুন করে তৈরি করা [Reconstruction of old records]. যদি এরকম দেখা যায় পঃ বঃ ভূমি সংস্কার আইনের ৫১ক(২) ধারা অনুসারে চূড়ান্ত প্রকাশিত কোনও মৌজার স্বত্বলিপি দারুণভাবে জীর্ণ এমনকী ব্যবহারের অযোগ্য হয়ে পড়েছে রাজস্ব আধিকারিক ওই জীর্ণ স্বত্বলিপি আবার

১ 2015(3) ICC 264 (Cal).
২ (2015)1 WBLR 272 (Cal).

নতুন করে তৈরি (reconstruction) করতে পারেন। তবে নতুন করে তৈরির কারণগুলি উল্লেখ করবেন। নতুন করে আবার স্বত্বলিপি তৈরি হওয়ার পর রাজস্ব আধিকারিক নতুন তৈরি স্বত্বলিপির উপর একটি শংসাপত্র (certificate) দেবেন এই মর্মে যে "নতুন তৈরি ওই স্বত্বলিপি হল চূড়ান্তভাবে তৈরি ও প্রকাশিত স্বত্বলিপিরই অবিকল প্রতিরূপ"। নতুন তৈরি ওই স্বত্বলিপিকেই ৫১ক(২) ধারায় প্রকাশিত চূড়ান্ত স্বত্বলিপি হিসাবে ধরা হবে (be treated as the record-of-rights finally framed and finally published under sub-section (2) of section 51A of West Bengal Land Reforms Act 1955)।

৬। স্বত্বলিপি প্রস্তুতি ও সংশোধনের কাজগুলি আদালতের মতো [Work for preparation and correction of r-o-rs is like quasi judicial]. ৫০, ৫০ক, ৫০খ, ৫১, ৫১ক প্রভৃতি ধারাগুলি অনুসরণ করে স্বত্বলিপির প্রস্তুতি, সংশোধন প্রভৃতি কাজগুলি করা হয়। সংশ্লিষ্ট সমস্ত স্বার্থ জড়িত ব্যক্তিদেরকে শুনানির সুযোগ দেওয়া হয়। ৫০ ধারায় (ঙ) দফা অনুসারে বর্গাদারের নাম স্বত্বলিপিতে লেখার জন্য "অপারেশন বর্গা" নাম দিয়ে কাজ শুরু হয়। ১৯৬৫ সালের পঃ বঃ ভূমি সংস্কার নিয়মের ২১ বিধি অনুযায়ী এই কাজ করা হয়। ২১(১), ২১(২), ২১(৩) প্রভৃতি বিধি অনুসরণ করে বর্গাদারের নাম স্বত্বলিপিতে নথিভুক্ত করা হয়। তৎকালীন রাজস্ব পর্ষদের জারি করা ১২৩০৪ (২৭) জি ই, ৫.৭.১৯৭৮ তারিখের একটি আদেশে কীভাবে অপারেশান বর্গা করা হবে তার নির্দেশ থাকে। ওই আদেশকে চ্যালেঞ্জ করে আদালতে মামলা দায়ের করেন অনেকে। ওই আদেশকে বাতিল ঘোষণা করেন মহামান্য উচ্চ আদালত এবং ২১(৩) নং বিধিকেও অবৈধ ঘোষণা করে। সাধারণ বিচার ব্যবস্থার ন্যূনতম নীতি অনুসরণ করা হয়নি ওই নিয়মে বা ৫.৭.১৯৭৮ তারিখের রাজস্ব পর্ষদের জারি করা সার্কুলারে।

স্বত্বলিপি প্রস্তুতি ও সংশোধন বিষয়ে কর্তৃপক্ষের দায়িত্ব সম্বন্ধে মহামান্য কলিকাতা হাইকোর্ট *গঙ্গারানি বেরা* বনাম *রাজ্য সরকার*[৩] মামলায় রায় দেন—১৯৬৫ সালের পশ্চিমবঙ্গ ভূমি সংস্কার নিয়মের ২২ বিধির তফসিল ক (Schedule A)-র দ্বিতীয় অনুচ্ছেদ অনুসারে যে কর্তৃপক্ষ (authority) রয়েছে মূলতঃ তাঁরা "আদালতের কর্তৃপক্ষের মতো" (*quasi judicial* authority)।

৩ 91 CWN 882; 1987(1) CHN 93; 1987(1) Cal LJ 36.

৭। **অপারেশন বর্গা [Operation barga].** পশ্চিমবঙ্গ ভূমি সংস্কার আইনে বর্গাদারের নাম নথিভুক্ত করার জন্য সম্পূর্ণ আলাদা কোনও ধারা সেই অর্থে নেই। ১৯৬৫ সালের পঃ বঃ ভূমি সংস্কার নিয়মের ২৩ নং বিধিতে স্বত্বলিপিতে তথ্য (Particulars) নথিভুক্ত করার ব্যাপারে রাজস্ব আধিকারিকের কিছু বাধ্য বাধকতা [obligation] বিষয়ে বলা আছে। বলা আছে পশ্চিমবঙ্গ ভূমি সংস্কার আইনের ৫১ ধারা অনুযায়ী রাজস্ব আধিকারিক স্বত্বলিপিতে লিখবেন কোনও রায়তের নাম, কোনও জমির দখলকারের নাম অথবা কোনও বর্গাদারের নাম। অর্থাৎ ২৩ নং বিধি শুধুমাত্র বর্গাদারের নাম লেখার বিষয়ে নয়, অন্য তথ্য লেখার জন্যও ২৩ নং বিধিটির প্রয়োজন।

আবার তফসিল ক (Schedule A)-তে বিভিন্ন তথ্য নথিভুক্ত করার বিষয়ে বলা আছে। সেখানেও কেবলমাত্র বর্গাদারের নাম নথিভুক্ত করার জন্য আলাদা কোনও জায়গা নেই। অথবা বলা যায় বর্গা শংসাপত্র দেওয়ারও উপায় নেই। বর্তমান ভূমি সংস্কার বিভাগের কাজের সময় (operation) সঠিক (genuine) বর্গাদারের ধূর্ত, শঠ জোতদারদের ভয়ে তাঁদের নাম স্বত্বলিপিতে নথিভুক্ত করার জন্য এগিয়ে আসেনি। বর্গাদারদের মনে জোতদার সম্পর্কে যে ভয়ভীতি ছিল তা দূর করার জন্য রাজ্য সরকার কিছু ব্যবস্থা নিয়েছিল, যা দ্বারা বর্গাদাররা তাদের নাম নথিভুক্ত করার জন্য জোতদারের ভয়কে দূর করে এগিয়ে আসবে। সমস্ত জেলা সেটেলমেন্ট কর্তৃপক্ষকে রাজস্ব পর্ষদ ৫.৭.১৯৭৮ তারিখে ১২৩০৪ নং স্মারক দ্বারা এক নির্দেশ পাঠায় "অপারেশন বর্গা" পরিকল্পনা অনুযায়ী বর্গাদারদের নাম স্বত্বলিপিতে নথিভুক্ত করার জন্য (৫০ ধারা আলোচনার জায়গায় এই আদেশটি আছে)।

এরপর তফসিল ক-র ১ নং নিয়মের দ্বিতীয় অংশ (second proviso) টিকে বিজ্ঞপ্তি নং ৩২৯০-এল. রেফ্., তাং ৯.৯.১৯৭৮ দ্বারা পাল্টানো হয়। ওই সংশোধনীতে অনেকগুলি বিষয় (items) বলা আছে বিশেষ করে দ্বিতীয় বিষয়টিতে বলা আছে—স্বার্থজড়িত সমস্ত পক্ষকে শুনানির সুযোগ দিয়ে বর্গাদারের নাম স্বত্বলিপিতে নথিভুক্ত করা হবে।

অন্য যে বিষয়গুলির (items) মধ্যে অন্যতম হল নিম্নলিখিত আইন অনুযায়ী দখলকারীর নাম স্বত্বলিপিতে নথিভুক্ত করা হবে।

(ক) W.B. Acquisition and Settlement of Homestead Land Act 1969;

(খ) W.B. Acquisition of Homestead Land for Agricultural Laboures, Artisans and Fishermen Act 1975;

(গ) W.B. Restoration of Alienated Land Act 1973.

ওই নিয়ম অনুযায়ী খতিয়ানের প্রতিলিপি (copy) রায়তদের দেওয়া হয় এবং বর্গাদারকে তার শংসাপত্র দেওয়া হয়। বিজ্ঞপ্তি নং ১৯৬০-এল. রেফ্., তাং ২৬.৫.১৯৭৯ দ্বারা দ্বিতীয় অনুবিধিটি (second proviso) আবার সংশোধন করা হয়। জমির মালিক ও বর্গাদারকে শুনানির সুযোগ দেওয়ার এক নতুন, অভিনব পদ্ধতি (novel method) গ্রহণ করা হয়। এরপর ওই অনুবিধি (second proviso) আবার সংশোধন করা হয় বিজ্ঞপ্তি নং ১৫৯২-এল. রেফ্., তাং ৩০.৭.১৯৮০ দ্বারা। পাশাপাশি বিজ্ঞপ্তি নং ১৯৯৮-এল. রেফ্., তাং ২.৫.১৯৮১ দ্বারা দ্বিতীয় অনুবিধিটির আবার সংশোধন করা হয় যা কলিকাতা গেজেটে ১২.৫.১৯৮১ তারিখে প্রকাশিত হয়েছিল।

নির্দিষ্ট পদ্ধতিতে স্বত্বলিপিতে বর্গাদারের নাম নথিভুক্ত করার জন্য পশ্চিমবঙ্গ ভূমি সংস্কার (সংশোধনী) আইন অনুযায়ী ২১ঘ ধারাটি যুক্ত করা হয় ১৯৮১ সালে (পঃ বঃ ১৯৮১ সালের আইন) এটি কলিকাতা গেজেটে ২৪.৩.১৯৮৬ তারিখে প্রকাশিত হয়েছিল। পাশাপাশি ২১ঘ ধারার কার্যক্রম করার জন্য ১৯৬৫ সালের পশ্চিমবঙ্গ ভূমি সংস্কার নিয়মে ১৪ঝ [r. 14I] নিয়ম যুক্ত করা হয়। ১৪ঝ [r. 14I] নিয়মের বিধানগুলি বিজ্ঞপ্তি নং ৪১৬-এল. রেফ্., তাং ১৩.৬.১৯৮৮ দ্বারা সরকার ঘোষণা করে এবং সরকারি গেজেটে ১৫.৭.১৯৮৮-তে প্রকাশিত হয়।

বর্গাদারের নাম স্বত্বলিপিতে নথিভুক্ত করার জন্য যে নির্দেশগুলি তখনকার রাজস্ব পর্ষদ (Board of Revenue) মেমো নং ১২৩০৪ (২৭) জি ই, তাং ৫.৭.১৯৭৮ দ্বারা জানিয়েছিল ওই নির্দেশাবলিকে চ্যালেঞ্জ করে মহামান্য কলিকাতা হাইকোর্টে মামলা করা হয়। *পশ্চিমবঙ্গ সরকার* বনাম *কানাই লাল সাহা*[৪] মামলায় মহামান্য কলিকাতা হাইকোর্ট রায় দেন যে ৫.৭.১৯৭৮ তারিখে রাজস্ব পর্ষদের জারি করা ১২৩০৪ নং মেমো সংক্রান্ত নির্দেশাবলির কোনও আইনগত বৈধতা নেই।

আবার অন্য একটি মামলায় মহামান্য কলিকাতা হাইকোর্ট রায় দেন যে ওই নির্দেশাবলির কোনও আইনগত মূল্য নেই এবং সেটেলমেন্ট কর্তৃপক্ষকে ওই নির্দেশাবলি উপেক্ষা করতে নির্দেশ দেন। পাশাপাশি মূল আইনের ধারা অনুসরণ করার নির্দেশ দেন।[৫]

৪ 1979(1) Cal LJ 104.

৫ *বিশ্বনাথ ঘোষ* বনাম *পশ্চিমবঙ্গ সরকার* 1979(1) Cal LJ 613 (689).

রাজস্ব আধিকারিক, যিনি পদমর্যাদায় "সেটেলমেন্ট আধিকারিক" হিসাবে অতিরিক্ত দায়িত্বপ্রাপ্ত নন তিনি প্রত্যায়িত (attested) স্বত্বলিপির কোনও সংশোধনের অধিকারী নন।[৬]

রাজস্ব আধিকারিক সাধারণ বিচার ব্যবস্থার ন্যূনতম নীতি মানতে বাধ্য। যখন কোনও ব্যক্তি বর্গাদার হিসাবে কোনও রায়তের জমিতে নিজের নাম নথিভুক্ত করতে চাইছেন তখন রাজস্ব আধিকারিকের উচিত তফসিল ক (Schedule A)-র ১ নং নিয়মের দ্বিতীয় অংশের (২) দফা (clause) অনুযায়ী তদন্ত করা। বর্গাদার এবং জমির মালিক, উভয় পক্ষকে শুনানির সুযোগ দেওয়া প্রয়োজন। এই ধরনের তদন্ত সাধারণ আদালতেরই মতো (*quasi judicial*)। স্বাভাবিক বিচারের (natural justice) যে সাধারণ নিয়ম আছে সেগুলি মানতে রাজস্ব আধিকারিক অবশ্যই বাধ্য।

রাজস্ব আধিকারিককে ক্ষমতা দেওয়া হয়েছে এমন একটা স্থানে বিজ্ঞপ্তি টাঙানোর যা সহজে সাধারণ মানুষের চোখে পড়ে। যে বিজ্ঞপ্তিতে তদন্তের বিষয়ে তারিখসহ উল্লেখ থাকবে। বিবাদীয় জমি যে মৌজায় সেখানকার গ্রাম পঞ্চায়েত অফিসে ওই বিজ্ঞপ্তি টাঙাবেন। ওই বিজ্ঞপ্তি টাঙালে তফসিল ক (Schedule A)-র ১ নং নিয়মের দ্বিতীয় অংশের (৩) দফা অনুযায়ী রাজস্ব আধিকারিক ধরে নেবেন সংশ্লিষ্ট সমস্ত ব্যক্তিকে শুনানির সুযোগ দেওয়া হয়েছে বা সংশ্লিষ্ট সবাই শুনানির সুযোগ পেয়েছেন। (৩) দফায় বর্ণিত পদ্ধতি অনুযায়ী ওই বিজ্ঞপ্তি প্রকাশ করতে হবে। যিনি বা যাঁরা বর্গাদার হিসাবে দাবি করছেন তাদের নাম, বিবাদীয় জমির মালিকের নাম, তদন্তের সময়, স্থান, তারিখ প্রভৃতি বিজ্ঞপ্তিতে উল্লেখ থাকতে হবে।

যখন কোনও ব্যক্তি নিজেকে বর্গাদার হিসাবে দাবি করছেন তিনি অবশ্যই জমির মালিকের নাম প্রকাশ করবেন যার অধীনে তিনি বর্গাদার হিসাবে চাষ করেন। রাজস্ব আধিকারিক ও (৩) দফা অনুযায়ী বিজ্ঞপ্তি প্রকাশ করতে পারবেন মালিকের নাম জানলে।[৭]

সমীজন বেওয়া বনাম *রাজস্ব আধিকারিক*,[৮] মামলায় কলিকাতা হাইকোর্টের একক বেঞ্চ এই মর্মে রায় দিয়েছেন যে তফসিল ক (Schedule A)-র ১ নং

৬ *শচীনন্দন বাগ* বনাম *রাজস্ব আধিকারিক* 1981(1) Cal LJ 214; 85 CWN 383.
৭ *এস. সি. সামন্ত* বনাম *পশ্চিমবঙ্গ সরকার* 87 CWN 865.
৮ 1986(1) Cal LJ 161; 1986(1) CHN 340.

নিয়মের ২ নং অনুবিধির (second proviso) (৩) দফা (clause III) এক্তিয়ার বহির্ভূত (*ultra vires*)।

কিন্তু *গঙ্গারানি বেরা* বনাম *রাজ্য সরকার*,[৯] মামলায় মহামান্য হাইকোর্ট রায় দেন যেখানে সম্পূর্ণ দ্বিতীয় অনুবিধি এমনকী (৩) দফাকেই এক্তিয়ার বহির্ভূত ঘোষণা করেছে, সেখানে আলাদা করে (৩) দফাকে এক্তিয়ার বহির্ভূত বলার প্রয়োজন নেই। কারণ হিসাবে বলা আছে দ্বিতীয় অনুবিধি (second proviso) হল সংশোধিত ৫১খ ধারা পরিপন্থী।

মিহির কুমার সিং বনাম *অতিরিক্ত জেলাশাসক*,[১০] মামলায় দেখা যায় রাজস্ব আধিকারিক আবেদনকারীকে কোনও বিজ্ঞপ্তি দেন নি। আবেদনকারীকে কোনওরকম না জানিয়েই বর্গাদারের নাম স্বত্বলিপিতে লিখেছেন। রাজস্ব আধিকারিক তার কার্যক্রমের সীমা কতদূর তার উত্তর দিতে ব্যর্থ হয়েছেন। খানাপুরী বুঝারতের সময় স্বত্বলিপি প্রস্তুত ও সংশোধন করা হয়। এই সময় কোনও লোকের নাম বর্গাদার হিসাবে নথিভুক্ত করা হলে, এই ধারণা বদ্ধমূল হয় যে বর্গাদারের নাম নথিভুক্ত করার আগে জমির মালিককে, যাঁর অধীনে "বর্গা অধিকার" দাবি করা হচ্ছে তাকে শুনানির সমস্ত সুযোগ দেওয়া হয়েছে। তা না হলে ওই ব্যক্তির মূল্যবান অধিকার যার অধীনে বর্গাদার চাষ করছেন তা অস্বীকার করা হয়। যদি কোনও ব্যক্তি সংশয়াতীতভাবে বর্গাদার হিসাবে স্বীকৃত হয় তবে খানাপুরী বুঝারতে তার নাম বর্গাদার হিসাবেই কেবল নথিভুক্ত করা যেতে পারে। কোনও ব্যক্তির স্বার্থে সরাসরি এবং গুরুত্বপূর্ণভাবে এই ধারায় কার্যাবলি আঘাত করে। রাজস্ব কর্তৃপক্ষকে এটা মনে রেখে স্বার্থ যুক্ত ব্যক্তিদের শুনানির সুযোগ দেওয়া উচিত।

শ্রীশ্রীঈশ্বর চণ্ডীমাতা বনাম *পঃ বঃ সরকার*,[১১] মামলায় আদালত রায় দেন Schedule A (1) 2nd proviso clause (*iii*) হল এক্তিয়ার বহির্ভূত (*ultra vires*), ওই ধারায় করা যে কোনও বর্গা রেকর্ড অবৈধ এবং বাতিল হবে।

৮। স্বত্বলিপি প্রস্তুত ও সংশোধনের পদ্ধতি [Procedure for preparation and correction of r-o-rs]. কীভাবে স্বত্বলিপির সংশোধন বা তৈরি করা হয় তার পদ্ধতি বিস্তৃত আকারে তফসিল ক (Schedule A)-তে বলা রয়েছে।

৯ 1987(1) Cal LJ 36; 1987(1) CHN 93; 91 CWN 882.

১০ 87 CWN 1098.

১১ 1990(1) CHN 88.

কোনও জেলার বা জেলার কোনও অংশের স্বত্বলিপির সংশোধন বা পরিবর্তনের জন্য পঃ বঃ ভূমি সংস্কার আইনের ৫১ ধারা অনুযায়ী রাজস্ব আধিকারিককে নির্দেশ দেওয়া হয়। ওই নির্দেশ বলে কোনও রাজস্ব আধিকারিক কোনও জেলা বা জেলার কোনও অংশের কোনও মৌজার স্বত্বলিপি নিম্নলিখিত আটটি ধাপে সংশোধন বা প্রস্তুত করবেন।

(১) ট্রাভার্স জরিপ

(২) ক্যাডাসট্রাল জরিপ

(৩) প্রাথমিক স্বত্বলিপি লিখন বা খানাপুরী

(৪) বুঝারত

(৫) তজদিক (attestation)

(৬) স্বত্বলিপির খসড়া প্রকাশ

(৭) আপত্তির নিষ্পত্তি

(৮) স্বত্বলিপির চূড়ান্ত প্রকাশনা ও প্রস্তুতি

উপরের (১) থেকে (৫) নং ধাপ করা হয় পশ্চিমবঙ্গ ভূমি সংস্কার আইনের ৫১ ধারা অনুসারে এবং (৬), (৭) এবং (৮) নং ধাপের কাজ করা হয় ওই আইনের ৫১ক ধারামতে।

তফসিল ক (Schedule A)-র ১ নং নিয়মের প্রথম অনুবিধিতে (first proviso) বলা আছে (১) থেকে (৫) নং পাঁচটি ধাপের (stage) যে কোনও ধাপকে বাদ (omit) দেওয়া যেতে পারে অথবা রাজ্য সরকারের আগাম অনুমতি নিয়ে অন্য ধাপের সাথে জুড়ে (amalgamation) দেওয়া যাবে। অর্থাৎ প্রয়োজনে রাজ্য সরকারের আগাম অনুমতি নিয়ে (১) নং, (২) নং ধাপের বর্ণিত জরিপ না করেই (৩) নং এবং (৪) ধাপের কাজ একসাথে আরম্ভ করা যেতে পারে। অথবা (৩), (৪) এবং (৫) নং ধাপের কাজ এক সাথে করা যেতে পারে। এ প্রসঙ্গে *পশ্চিমবঙ্গ সরকার* বনাম *কানাই লাল সাহা,*[১২] মামলায় মহামান্য কলিকাতা হাইকোর্ট রায় দেন যে পশ্চিমবঙ্গের রাজ্যপাল ট্রাভার্স জরিপ এবং ক্যাডাসট্রাল জরিপ বাদ দেওয়ার অনুমতি দিয়েছিলেন। রাজ্যপাল এ আদেশও দিয়েছিলে—খানাপুরী এবং বুঝারত দুটি ধাপ একত্রিত হওয়া (amalgamated) উচিত।

১২ 1979(1) Cal LJ 104 (Para 4).

তফসিল ক (Schedule A)-র ১ নং নিয়মের দ্বিতীয় অংশ অনুযায়ী রাজস্ব আধিকারিক যিনি "সেটেলমেন্ট আধিকারিক" হিসাবে অতিরিক্ত পদমর্যাদার অধিকারী, তিনি (১) নং থেকে (৫) নং ধাপে বর্ণিত কাজগুলির ব্যাপারে নিজে (own motion) বা কোনও আবেদনের ভিত্তিতে নির্দেশ দিতে পারেন। (১) থেকে (৫) নং ধাপের ক্ষেত্রে উপরে বর্ণিত রাজস্ব আধিকারিক আলাদা আলাদাভাবে তাঁর ক্ষমতা প্রয়োগ করতে পারেন। রাজস্ব আধিকারিক (সেটেলমেন্ট আধিকারিক) প্রয়োজনে যে কোনও এক বা একাধিক ধাপের কাজে বাতিল করে আবার নতুন করে (*de novo*) তৈরি করার নির্দেশ দিতে পারেন তাঁর অধস্তন আধিকারিককে।

৯। খসড়া খতিয়ান ও চূড়ান্ত প্রকাশিত স্বত্বলিপি [Draft Khatian and finally published r-o-rs]. তজ্‌দিকের (attestation) আগে খসড়া খতিয়ান তৈরি করা হয়। যদি এরকম দেখা যায় তজ্‌দিকের পরে স্বত্বলিপিতে এমন তথ্য লেখা হয়েছে প্রমাণ ছাড়া যেটিকে ভুল বলে মনে হচ্ছে এক্ষেত্রে যদি স্বত্বলিপির চূড়ান্ত প্রকাশ ঘটে যায় তবে খসড়া খতিয়ানের জন্য চূড়ান্ত প্রকাশিত স্বত্বলিপি বাতিল হবে না।[১৩]

১০। দেওয়ানি আদালতের রায়/ডিক্রি অনুযায়ী স্বত্বলিপি সংশোধন [Correction r-o-rs according to order/decree of Civil Courts]. পশ্চিমবঙ্গ সরকারের বিরুদ্ধে দাঁতন দেওয়ানি আদালতে একটি স্বত্ব মামলা (title suit) করা হয় ১৯৬৯ সালে (T.S. No. 204/1969)। বিবাদীয় জমির উপর স্থায়ী নিষেধাজ্ঞা এবং স্বত্ব দাবি করে মামলাটি দায়ের করা হয়েছিল। সরকারের পক্ষে কেউ উপস্থিত না থাকায় এক তরফা সিদ্ধান্ত নেন মহামান্য আদালত এবং আবেদনকারীর পক্ষে রায় ঘোষণা করেন। কোনওরকম যেন আবেদনকারীকে বিরক্ত করা থেকে বিরত থাকেন—এই মর্মে সরকারকে নির্দেশ দেন। এমনকী আবেদনকারীকে যেন বেদখল করা থেকে বিরত থাকে।

ওই রায়ের বিরুদ্ধে রাজ্য সরকার জেলা আদালতে আপিল করেন (Title Appeal No. 64/1973)। ওই আপিল মামলায় রাজ্য সরকার হেরে যান। নিম্ন আদালতের রায় বহাল রাখে মহামান্য আদালত। এরপর মূল মামলার আবেদনকারী দেওয়ানি আদালতের রায়ের ভিত্তিতে কর্তৃপক্ষের কাছে স্বত্বলিপি

১৩ *রমেশ চন্দ্র সুদ* বনাম *অ্যাসিসট্যান্ট সেটেলমেন্ট অফিসার* 76 CWN 149; AIR 1972 Cal 455.

সংশোধনের জন্য আবেদন করেন। কিন্তু কর্তৃপক্ষ সন্তোষজনক কারণ না দেখিয়ে ওই রায়ের ভিত্তিতে স্বত্বলিপি সংশোধন করেন না।

এরপর আবেদনকারী হাইকোর্টে মামলা দায়ের করেন। মহামান্য আদালত রায় দেন যে, যেহেতু রাজ্য সরকারের বিরুদ্ধে রায় গিয়েছে সেইজন্য স্বত্বলিপি সংশোধন করতে হবে। স্বত্বলিপি সংশোধন না করে রাজ্য সরকার অনৈতিক কাজ করেছে। এমনকী সরকার পক্ষের আইনজীবী বলেন, যেহেতু দেওয়ানি আদালতের রায় আবেদনকারীর স্বত্ব ঘোষণা করেছে এবং রাজ্য সরকার আপিলে হেরে গিয়েছেন এক্ষেত্রে আবেদনকারীর নাম R.S. স্বত্বলিপিতে আবেদনকারীর নাম লেখার আবেদন মঞ্জুর হওয়ার প্রয়োজন। ছয় সপ্তাহের মধ্যে স্বত্বলিপি সংশোধনের রায় দেন মহামান্য আদালত। রাজস্ব কর্তৃপক্ষের উদাসীনতা, উপেক্ষা দেওয়ানি আদালতের রায়কে সম্মান না জানানোর প্রবণতা দুঃখজনক (regrettable)।[১৪]

যেখানে রাজ্য সরকার মামলায় একটি পক্ষ (party), রাজ্য সরকার আপিল করেছেন সেখানে আদালতের রায় পালনে তিনি দায়বদ্ধ। অন্য একটি মামলায় মহামান্য আদালত বলেন—নির্দিষ্ট সময়ের মধ্যে দেওয়ানি আদালতের রায় অনুযায়ী স্বত্বলিপি সংশোধন না করার কোনও কারণ নেই। পরবর্তী ধাপে (subsequent stage) কখন আসবে, যেখানে স্বত্বলিপি সংশোধিত হবে এরকম অপেক্ষার কোনও প্রয়োজন নেই। পশ্চিমবঙ্গ ভূমি সংস্কার আইনে স্বত্বলিপি সংশোধন, পরিবর্তনের ব্যাপক নিয়ম, সুযোগ আছে। ৭ক পরিচ্ছেদের কাজ আরম্ভ না হলে ৫০ক ধারা সহ ৫০ ধারায় হতে পারে, স্বত্বলিপির চূড়ান্ত প্রকাশ হয়ে গেলে ৫০ ধারায় সংশোধন হতে পারে, এমনকী ৭ক পরিচ্ছেদের কাজ আরম্ভ হলে ৫১খ ধারায় সংশোধন হতে পারে।[১৫]

দেওয়ানি আদালতের ডিক্রি অনুযায়ী স্বত্বলিপি সংশোধন করতে সেটেলমেন্ট কর্তৃপক্ষ বাধ্য।[১৬]

১১। ১৯৬৫ সালের পশ্চিমবঙ্গ ভূমি সংস্কার নিয়মের ২২ নং বিধি [Rule 22 of W.B.L.R. Rules 1965]. কোনও জেলার বা জেলার

১৪ *শ্রী সুরেন্দ্রনাথ দে* বনাম *রাজস্ব আধিকারিক* 1988(2) Cal LJ 444.

১৫ *শীতল চন্দ্র দাস* বনাম *পঃ বঃ সরকার* 93 CWN 700; 1988(2) Cal LJ 510.

১৬ *কাজী মহম্মদ হুসেন* বনাম *শিবরাম বন্দ্যোপাধ্যায়* AIR 1967 Cal 10; 70 CWN 1066.

কোনও অংশের স্বত্বলিপি সংশোধনের জন্য বা প্রস্তুতির জন্য পশ্চিমবঙ্গ ভূমি সংস্কার আইনের ৫১ ধারামতে আদেশ (order) করা হয় তখন তফসিল ক (Schedule A)-তে বর্ণিত পদ্ধতি অনুসারে কোনও জেলা বা জেলার কোনও অংশের স্বত্বলিপির সংশোধন বা প্রস্তুতি হবে।

১২। ১৯৬৫ সালের পশ্চিমবঙ্গ ভূমি সংস্কার নিয়মের ২৩ নং বিধি (যে সমস্ত তথ্য নথিভুক্ত হবে) [Rule 23 of W.B.L.R. Rules 1965]. পশ্চিমবঙ্গ ভূমি সংস্কার আইনের ৫১ ধারামতে যখন কোনও জেলা বা জেলার কোনও অংশের স্বত্বলিপি সংশোধন বা প্রস্তুতির জন্য আদেশ করা হয় তখন রাজস্ব আধিকারিক নিম্নলিখিত তথ্যগুলি (particulars) প্রয়োজন মতো স্বত্বলিপিতে নথিভুক্ত করবেন—

(ক) কোনও রায়ত, জমির দখলকার (occupant of land) অথবা ১৯৫৫ সালের পশ্চিমবঙ্গ ভূমি সংস্কার আইন অনুযায়ী কোনও বর্গাদারের নাম,

(খ) কোনও রায়ত, দখলকার বা বর্গাদার যে জমি চাষ করছেন ওই জমির দাগ নং, শ্রেণি, জমির পরিমাণ,

(গ) কোনও রায়তের বা দখলকারের মালিকের নাম,

(ঘ) স্বত্বলিপি সংশোধন বা প্রস্তুতির সময় প্রদেয় রাজস্ব (revenue) এবং সেসের (cesses) পরিমাণ,

(ঙ) নিম্নলিখিত ক্ষেত্রে রায়তের দায়িত্ব ও অধিকার

(অ) রায়ত কৃষি কাজের জন্য যে জল ব্যবহার করেন—সেটা নদী, ঝিল, ট্যাংক (tank) অথবা কূপ (well) বা অন্য উৎস থেকে,

(আ) তিনি তার চাষের জন্য যে জল ব্যবহার করেন তা যে যন্ত্র (appliances) বা যার মাধ্যমে আসে সেগুলির রক্ষণাবেক্ষণ ও সারাই করার বাধকতা, ওই যন্ত্র/মাধ্যম তার জমির সীমানার মধ্যে কিনা,

(ই) ওই প্রজাস্বত্বের (tenancy) কোনও বিশেষ শর্ত বা ঘটনা,

(ঈ) যে স্বত্বলিপি প্রস্তুত বা সংশোধন হচ্ছে তাতে কোনও সর্বসাধারণের অধিকার (easement right) যুক্ত কিনা,

(উ) যদি কোনও জমি নিষ্কর (revenue free) হয় তবে তার পূর্ণ বিবরণ।

১৩। তফসিল ক—২২ নং বিধি অনুসারে [Schedule A—According to rule 22]. (১) স্বত্বলিপি সংশোধন বা প্রস্তুতির পদ্ধতি—

কোনও জেলার বা জেলার কোনও অংশের স্বত্বলিপি সংশোধন বা প্রস্তুতির জন্য পশ্চিমবঙ্গ ভূমি সংস্কার আইনের ৫১ ধারামতে যখন কোনও আদেশ করা হয়, তখন ওই আদেশ অনুসারে রাজস্ব আধিকারিক স্বত্বলিপির সংশোধন বা প্রস্তুত করেন নিম্নলিখিত ধাপগুলি অনুসরণ করে—

(১) ট্রাভার্স জরিপ,

(২) ক্যাডাসট্রাল জরিপ,

(৩) খানাপুরী,

(৪) বুঝারত,

(৫) তজদিক,

(৬) স্বত্বলিপির খাড়া প্রকাশ,

(৭) আপত্তির নিষ্পত্তি,

(৮) স্বত্বলিপির চূড়ান্ত প্রকাশনা ও প্রস্তুতি।

তবে এটা উল্লেখ্য বিষয় যে রাজ্য সরকারের আগাম অনুমতি নিয়ে (১) নং থেকে (৫) নং ধাপে বর্ণিত কার্যক্রমগুলির কোনওটা বাদ দেওয়া (omit) যেতে পারে অথবা একটি অপরটির সাথে সংযুক্ত করা যেতে পারে (amalgamate) ঃ

রাজস্ব আধিকারিক যিনি অতিরিক্ত পদ হিসাবে "সেটেলমেন্ট আধিকারিকের" দায়িত্ব পালন করেন তিনি নিজে (own motion) অথবা কোনও আবেদনপত্রের ভিত্তিতে কোনও স্বত্বলিপির চূড়ান্ত প্রকাশনার আগে নিম্নলিখিত নির্দেশ দিতে পারেন—

(১) কোনও জেলা বা জেলার কোনও অংশের স্বত্বলিপির সংশোধন বা প্রস্তুতির কার্যাবলি (proceedings) বাতিল করা হবে এবং ওই কার্যাবলি যে কোনওরকম ধাপ (stage) থেকে আবার "নতুন করে" (*de novo*) করা হবে। বাতিল করার ওই রকম কোনও বিজ্ঞপ্তি সে নিজে থেকে বা আবেদনের পরিপ্রেক্ষিতে যাই হোক না কেন প্রকাশ করার দরকার নেই। কিন্তু নতুন করে প্রক্রিয়া শুরুর আগে (নির্দেশিত কোনও ধাপ থেকে) ঢোল সহরৎ দ্বারা ঘোষণা করতে হবে।

(২) উভয়পক্ষকে শুনানির সুযোগ দিয়ে, তদন্ত করে রাজস্ব আধিকারিক স্বত্বলিপিতে বর্গাদারের নাম নথিভুক্ত করবেন।

(৩) যে জমির উপরের বর্গাস্বত্ব দাবি করে আবেদনপত্র জমা হবে সেই এলাকার গ্রাম পঞ্চায়েতের অফিসে রাজস্ব আধিকারিক একটি বিজ্ঞপ্তি টাঙাবেন। যিনি বর্গাদার হিসাবে দাবি করছেন এবং যিনি মালিক বলে দাবি করছেন তাঁদের উদ্দেশ্যে এই বিজ্ঞপ্তি এমনভাবে টাঙানো হবে যে সকলের চোখে পড়ে। সরেজমিনে তদন্তের দিন উল্লেখ থাকবে ওই বিজ্ঞপ্তিতে এবং অন্তত এক সপ্তাহ আগে ওই বিজ্ঞপ্তি টাঙানো হবে। এই বিজ্ঞপ্তি প্রকাশ করে ধরে নেওয়া হবে স্বার্থ সংশ্লিষ্ট সমস্ত পক্ষকে তদন্ত এবং শুনানির সুযোগ দেওয়া হয়েছে।

(৪) W.B. Acquisition and Settlement of Homestead Land Act 1969 (W.B. Act XV of 1969) অনুযায়ী দখলকারের নাম, W.B. Acquisition of Homestead Land for Agricultural Labourers, Artisans and Fishermen Act 1975 (W.B. Act XLVII of 1975) অনুযায়ী দখলকারের নাম সেটেলমেন্ট আধিকারিকের অধস্তন আধিকারিক হিসাবে কোনও রাজস্ব আধিকারিক স্বত্বলিপিতে লিখবেন এবং আলাদা খতিয়ান খুলবেন।

(৫) W.B. Restoration of Allenated Land Act 1973 (W.B. Act XXIII of 1973) অনুযায়ী হস্তান্তরকারীর নাম স্বত্বলিপিতে লিখতে হবে যার কাছে আবার জমি রক্ষিত হল।

(৬) পশ্চিমবঙ্গ ভূমি সংস্কার আইনের ৪৯ ধারামতে যাঁকে কোনও জমির বন্দোবস্ত দেওয়া হয়েছে এবং যিনি পাট্টা পেয়েছেন রায়ত হিসাবে তার নাম নথিভুক্ত করা হবে এবং তার নামে আলাদা খতিয়ান খুলবেন রাজস্ব আধিকারিক।

কিস্তোয়ার ও মানচিত্র

ম্যাপ কী—একটি নির্দিষ্ট স্কেলে কোনও জায়গার কিছু পূর্ব নির্ধারিত বস্তু যথা ভূ-খণ্ড, নদী, পুকুর, রাস্তা ইত্যাদির সঠিক আপেক্ষিক অবস্থান নির্দিষ্টকরণের জন্য সমতল কাগজে আঁকা চিত্র হল ম্যাপ। প্রয়োজনানুযায়ী ম্যাপ বিভিন্ন ধরনের

হতে পারে। জমির স্বত্বলিপি প্রস্তুত, খাজনা ধার্য ইত্যাদির জন্য যে ম্যাপ ভূমি ও ভূমি সংস্কার দপ্তরে ব্যবহৃত হয় তাকে বলে Cadastral ম্যাপ।

জরিপ কী—একটি নির্দিষ্ট স্কেলে কোনও নির্দিষ্ট জায়গার নির্ধারিত বস্তুগুলোর আপেক্ষিক অবস্থান সঠিকভাবে চিত্রায়িত করতে যে পদ্ধতি অবলম্বন করতে হয় তাই হল জরিপ (Survey)। যদিও Survey বলতে সাধারণভাবে বিভিন্ন তথ্য সংগ্রহ বোঝান হয়। ভূমি সংস্কার দপ্তরে জরিপ বলতে আমরা জমি জরিপকে বোঝাই।

জরিপের প্রয়োজনীয়তা—জরিপের সাহায্যে তৈরি ম্যাপ থেকে আমরা কোনও নির্দিষ্ট এলাকার বিভিন্ন তথ্য যেমন কোথায় জলাভূমি, কোথায় রাস্তা, রেললাইন ইত্যাদি জানতে পারি। আর এই ম্যাপের সাহায্যে স্বত্বলিপি প্রস্তুত করা সম্ভব হয়েছে। জমির সীমানা নিয়ে বিভিন্ন বিতর্ককে সুষ্ঠুভাবে মেটানোও সম্ভব হয় এই ম্যাপের সাহায্যে। Bengal Survey Act 1875-এর উদ্দেশ্যের মধ্যে জমি জরিপের প্রয়োজনীয়তা উল্লেখ আছে। এর উদ্দেশ্যে বলা হয়েছে—"It is expedient with a view to the defination and identification of lands, the better security of landed property and the prevention of encroachments and disputes......."

পশ্চিমবঙ্গে আধুনিক জমি জরিপ ও স্বত্বলিপি প্রস্তুতির ইতিহাস—রাজস্ব আদায় ব্যবস্থা সুষ্ঠুভাবে পরিচালনা ও জমিদারদের মধ্যে তাদের তৌজীর সীমানা নিয়ে বিবাদ মেটানোর লক্ষ্যে ইংরেজ সরকার ১৮৩৮ সালে শুরু করে রেভিনিউ সার্ভে। তৈরি হয় তৌজীর ম্যাপ। এই ম্যাপে প্লটের কোনও চেহারা ছিল না। এর স্কেল ছিল 1″ = 4 মাইল অর্থাৎ ¼″ = 1 মাইল। এরপর জমিদারদের স্বার্থ সুরক্ষিত করে নিজেদের অস্তিত্ব দীর্ঘায়িত করার লক্ষ্যে তৈরি হল Settlement দপ্তর (1884)। পরের বছরই তৈরি হল Bengal Tenancy Act 1885। এই আইনের দশম অধ্যায়ের বিধি অনুসারে জমির পরচা ও ম্যাপ তৈরি করে জেলায় জেলায় স্বত্বলিপি তৈরির প্রক্রিয়া শুরু হল। এই প্রথম ম্যাপে প্লটের চেহারা উঠল। সারা রাজ্যের সমস্ত রেভিনিউ মৌজার ক্যাডাস্ট্রাল ম্যাপ তৈরি হল। এর ওপর ভিত্তি করে প্রতিটি মৌজার স্বত্বলিপি (Cadasty) প্রস্তুত হতে লাগল। এই কর্মকাণ্ডকে বলা হল District Settlement (1888-1940)। রেভিনিউ সার্ভেতে প্রতিটি মৌজার সীমানা চিহ্নিত হয়েছিল, এই Cadastral Survey-তে সেই মৌজার ভিতরের বিস্তারিত তথ্য উঠে এল। অর্থাৎ প্লটের সীমানা যেমন চিহ্নিত হল, তেমনি চিহ্নিত হল গুরুত্বপূর্ণ স্থান। ম্যাপ পড়ে বলা

যাবে পুকুর, নদী, বাস্তুজমির অবস্থান বা পরিমাণ। এই ম্যাপের ভিত্তিতে তৈরি রেকর্ডকে আমরা বলি C.S. রেকর্ড। এই সার্ভের জন্য প্রয়োজন হল Technical নিয়ম-কানুনের। প্রকাশ পেল Technical Rules 1916।

এরপর দেশ স্বাধীন হল। বঙ্গদেশের একটা খণ্ড হল পশ্চিমবঙ্গ। পাশ হল W.B.E.A. Act। এর ফলে সমস্ত মধ্যস্বত্বাধিকারীর সমস্ত অধিকারের বিলোপ হল, রায়তদেরও কিছু অধিকারের অবসান হল। রায়তদের জমির সর্বোচ্চ সীমা নির্দিষ্ট হল। ফলে স্বত্বলিপি সংশোধনের প্রয়োজন দেখা দিল। ইতিমধ্যে বিভিন্ন মৌজার প্লটের চেহারা বা প্রকৃতিও বদলে গেছে। তাই আবার Cadastral Survey করার দরকার হল। কিন্তু এইসব মৌজায় যেহেতু ইতিপূর্বে Cadastral Survey করে ম্যাপ প্রস্তুত করা হয়েছে তাই সিদ্ধান্ত হল যে এই ম্যাপগুলোকেই সংশোধন করে কাজ চালান হবে। ইতিমধ্যে Technical Rules বইটির সংশোধিত সংস্করণ Technical Rules 1952 প্রকাশিত হল। এখানে বলা হল Revisional Settlement-এ বিশেষ প্রয়োজন না হলে কোনও মৌজায় ব্যাপক হারে কিস্তোয়ার করা হবে না। 33%-এর কম সংখ্যক প্লটের চেহারা পরিবর্তিত হলে শুধুমাত্র পরিবর্তিত প্লটগুলি সংশোধন করা হবে। তার বেশি সংখ্যক প্লটের চেহারা পরিবর্তন হলে বা কোথাও দ্রুত শহরে পরিণত হওয়ার জন্য নতুন নতুন রাস্তা, অধিগৃহীত জমি ইত্যাদির পরিমাণ বেশি হলে সমগ্র মৌজায় কিস্তোয়ার করা হবে। তবে সেটাও হবে ঐ পুরনো ম্যাপে কিছু কিছু adopted station ধরে। একমাত্র যেখানে adopted station একেবারেই পাওয়া যাবে না সেখানে Traverse করে নতুন ম্যাপ করা হবে। এছাড়া কিছু মৌজায় দ্রুত শহরে পরিণত হওয়ার জন্য যেখানে স্কেল পরিবর্তনের দরকার হলে, সেক্ষেত্রেও নতুন ম্যাপ করা হল। কেননা C.S. ম্যাপের সবটাই 16″ = 1 মাইলে। অতএব কিছু ব্যতিক্রম ছাড়া R.S. ম্যাপগুলো হল C.S. ম্যাপের সংশোধিত রূপ।

এরপর হল W.B.L.R. Act 1955। রায়ত ছাড়া বর্গাদার পাট্টাদারদের অধিকার স্বীকৃত হল। সিলিং-এ পরিবর্তন আনা হল। সর্বোপরি 51(5) ধারা যুক্ত করে বলা হল প্রতিটি রায়তের জন্য আলাদা খতিয়ান তৈরি করা হবে। প্রতিটি খতিয়ানে ঐ রায়তের ঐ মৌজায় সমস্ত জমির উল্লেখ থাকবে। স্বাভাবিক কারণেই আবার স্বত্বলিপি সংশোধনের কাজ চালু হল। প্রয়োজন হল আবার ম্যাপ সংশোধনের W.B.L.R. Act 1955 অনুযায়ী স্বত্বলিপি প্রস্তুতির কাজ এখনও বাকী আছে। যেগুলো বাকী আছে সেগুলো মূলত দ্রুত পরিবর্তনশীল শহুরে মৌজা। এগুলোর স্কেল পরিবর্তন করে নতুন করে ম্যাপ করার দরকার।

বর্তমান কালের জরিপের প্রকারভেদ—আমরা দেখলাম যেখানে পরিবর্তন খুব বেশি হয়েছে, যেখানে স্কেল পরিবর্তন প্রয়োজন, যেখানে মাঠে যথেষ্ট সংখ্যক adopted station পাওয়া যাবে না, সেখানে নতুন করে Traverse করে নতুন ম্যাপ তৈরি করা দরকার। আর যেখানে বেশি পরিবর্তন হয়নি বা হলেও adopted station পাওয়া যাচ্ছে সেখানে R.S. ম্যাপটাই সংশোধন করলেই চলবে। অর্থাৎ এখন মৌজার প্রকৃতি অনুযায়ী দু'রকম জরিপ করা হয় Cadastral Survey এবং Revisional Survey।

একটি মৌজার স্বত্বলিপি প্রস্তুত ও চূড়ান্তকরণের জন্য ক্রমানুসারে কতকগুলো ধাপ অনুসরণ করতে হয়। সেগুলোর ক্রম দেওয়া হল—

I. Traverse Survey/Cadastral Survey (ট্রাভার্স বা ক্যাডাসট্রাল জরিপ)
II. Revisional Survey (রিভিশনাল জরিপ)
III. Khanapuri/Bujharat (খানাপুরী / বুঝারত)
IV. Attestation (তজ্‌দিক)
V. Publication of Draft Record (খসড়া সত্বলিপির প্রকাশ)
VI. Disposal of Objections (আপত্তির নিস্পতি)
VII. Preparation and Publication of final R.O.R. (চূড়ান্ত সত্বলিপি প্রস্তুতি ও প্রকাশ)

I. Traverse Survey—Traverse Survey-এর সাহায্যে একটি মৌজায় কতকগুলি কন্ট্রোল পয়েন্ট তৈরি করা হয়। এর ওপর ভিত্তি করে মৌজাটির একটা কাঠামো দাঁড় করান হয়। যেটাকে বলে Main Circuit. Main Circuit সাধারণত বদ্ধ হয়। তবে শহরাঞ্চলে অনেক ক্ষেত্রে এটি বদ্ধ করা সম্ভব হয় না। সেক্ষেত্রে এটি open থাকে। কন্ট্রোল পয়েন্টগুলোর উচ্চমানের নির্ভূল অবস্থান নির্ণয় করার জন্য Theodolite (কৌণিক পরিমাপের জন্য) এবং Electronic Distance Meter (EDM, রৈখিক দূরত্ব পরিমাপের জন্য) ব্যবহার করা হয়। প্লেন টেবিল ও সাইট ভেনের সাহায্যে এই ধরনের Control Survey করা ঠিক নয়, কেননা এর accuracy খুব কম। তবে Revisional Survey-র ক্ষেত্রে Adopted Station-কে ধরে প্লেন টেবিলের সাহায্যে আমরা সার্কিট বদ্ধ করে নেই।

Main Circuit-কে কতকগুলো Sub-circuit-এ ভাগ করা হয়। Sub-circuit-এর মধ্যে Sub-Traverse Line তৈরি করা হয়। Sub-circuit বা

Sub-Traverse লাইন ফিল্ডের প্রকৃতি অনুযায়ী ঠিক করা হয়। শহরাঞ্চলে ইচ্ছেমত মোরব্বা কেটে সিকমি লাইন চালান যায় না। তাই এর যথাসম্ভব প্রতিটি গলিতে Sub-Traverse লাইন দেওয়া থাকে। মাঠে তৈরি এই কন্ট্রোল পয়েন্ট বা Traverse Station-গুলো একটি নির্দিষ্ট স্কেলে P-70 শিটে সঠিক আপেক্ষিক অবস্থানে স্থাপন করা হয়। এই বিন্দুগুলো যোগ করে Main Circuit, Sub-circuit বা Sub-Traverse Line-গুলো শিটে তৈরি করা হয়। এছাড়া আগের জরিপের বেশ কিছু কন্ট্রোল পয়েন্ট এই শিটে সবুজ বৃত্ত এঁকে স্থাপন করা থাকে, এগুলোকে Old Station বলে। এছাড়া P-70 শিটের অনুভূমিক ও উলম্ব সমান্তরাল রেখাগুলোর পাশে তাদের Longitude বা Latitude উল্লেখ করা থাকে। এর সাহায্যে ভূ-গোলকের ওপর মৌজার অবস্থান যেমন জানা যায়, অন্য মৌজাগুলোর সাপেক্ষে এই মৌজার আপেক্ষিক অবস্থান সম্পর্কেও ধারণা করা যায়। বলা প্রয়োজন যে, Traverse Party মাঠে নামার আগে Bengal Survey Act-এর ৫ ধারা অনুযায়ী বিজ্ঞপ্তি জারি করা হয়।

Boundary Comparison and other works at Drawing Section—P-70 প্লট শিট প্রথমে অঙ্কন বিভাগে পাঠান হয়। সেখানে আগের ম্যাপের ওপর ভিত্তি করে এর মৌজা-সীমানা পেনসিলে নির্ধারণ করা হয়। পাশের মৌজার নাম বা শিটের নং পেনসিলে লেখা হয়। এছাড়া ত্রিসীমানা পিলার, মৌজা থোকা লাইন ও শিট থোকা লাইনও পেনসিলে টেনে দেওয়া হয়। এর পর এই শিট ব্লকে পাঠান হয় বিস্তারিত জরিপের জন্য।

Cadastral Survey—P-70 প্লট শিট ও তার একটি খাকা দেওয়া হয় দায়িত্বপ্রাপ্ত আমিনবাবুর হাতে। এখন সাধারণত একটি কিস্তোয়ার টিমে ২ জন আমিনবাবু ও ২ জন গ্রুপ ডি থাকে। Cadastral Survey-এর বিভিন্ন ধাপগুলো এবার দেওয়া হল।

(১) Traverse Station-গুলো খুঁজে বের করা

(২) মোরব্বা গঠন (Preparation of Quadrilaterals)

(৩) Field এবং অন্যান্য তথ্য Plot করা

(৪) শিটে নীল কালিতে অঙ্কন করা (Blue inking of sheet)

(১) Traverse Station-গুলো খুঁজে বের করা—খাকাতে বিভিন্ন Traverse বিন্দুর অবস্থান ও তাদের অন্তর্বর্তী দূরত্ব লেখা থাকে। এই খাকা নিয়ে কিস্তোয়ার টিম মাঠে যায়। Traverse স্টেশনগুলো খুঁজে দেখবে। স্টেশন

বিন্দুতে শক্ত কাঠের Peg বসানো থাকে। পাকা বা সিমেন্টের রাস্তা হলে তার ওপর পেরেক বসানো থাকার বা X চিহ্ন দেওয়া থাকবে। শহরাঞ্চলে স্টেশন বিন্দু থেকে দুটি দূরত্বে দুটি বিন্দু করা হয় এবং এদের দূরত্বও লিখে রাখা হয়। এই দুটি বিন্দু দিয়ে প্রদত্ত মাপের দুটি বৃত্ত চাকা আঁকলে তারা স্টেশন বিন্দুতে ছেদ করবে। তবে মাঠে গিয়ে এইভাবে কতগুলো স্টেশন খুঁজে পাওয়া যাবে তা নির্ভর করে Traverse করার কত পরে কিস্তোয়ার টিম মাঠে নামছে। দু-একটা স্টেশন না পাওয়া গেলে অন্য স্টেশনের ওপর ভিত্তি করে সেটা তৈরি করে নেওয়া যায়। যদি একাধিক স্টেশন না পাওয়া যায় এবং সেগুলিকে যদি অন্য প্রাপ্ত স্টেশনের ভিত্তিতে তৈরি না করা যায়, তবে Relay Traverse-এর আশ্রয় নিতে হয়। যাই হোক স্টেশন বিন্দুগুলো খুঁজে তাদের পারস্পরিক দূরত্বগুলো মাপা হয়। এই সময় Traverse line-এর ওপর অন্তর্বর্তী স্টেশন করে যেতে হয় যাতে সেগুলো পরবর্তী ধাপের মোরব্বা তৈরি করতে ব্যবহৃত হতে পারে।

(২) মোরব্বা গঠন—সমগ্র জরিপ এলাকাকে কতকগুলো ছোট ছোট চতুর্ভূজে ভাগ করা হয় যাদের মোরব্বা বলে। এর জন্যে প্রয়োজনে কিছু অন্তর্বর্তী স্টেশন তৈরি করে নিতে হয়। মোরব্বা বাহুর দৈর্ঘ্য শিটের ওপর ৫ থেকে ৮ সেমি হওয়া বাঞ্ছনীয়। মোরব্বা বহুতলের দৈর্ঘ্য মেপে রাখা হয়। মোরব্বা বাহুর দৈর্ঘ্য বা Traverse লাইনের দৈর্ঘ্য পরিমাপে যদি শিট ও মাঠের মাঝে কোনও গরমিল দেখা দেয় তবে এই গরমিল অনুমোদিত সীমার মধ্যে থাকলে নির্দিষ্ট পদ্ধতিতে সেই লাইনে ত্রুটি খাওয়াতে হয়। অনুমোদন যোগ্য ত্রুটির পরিমাণ হল ১৬″ স্কেলে প্রতি চেনে ১/২ লিংক, ৩২″ স্কেলে ১/৪ লিংক এবং ৬৪″ স্কেলে প্রতি চেনে ১/৮ লিংক।

(৩) Field এবং অন্যান্য তথ্য প্লট করা—মোরব্বা গঠন হয়ে গেলে মোরব্বার বাহু বরাবর দুই পাশে Field বা Field-এ অবস্থিত গুরুত্বপূর্ণ বস্তু যথা মন্দির, মসজিদ, বেঞ্চমার্ক ইত্যাদির কর্ণার বা বাঁকের অফসেট নেওয়া হয়। কোন্ কোন্ ভূ-খণ্ডকে আমরা Field হিসাবে গণ্য করতে পারি Technical Rule 40-তে তা নির্দিষ্ট করা আছে। এরপর সিকমি লাইন বরাবর একইভাবে অফসেট নেওয়া হয়। সিকমি লাইন হল মোরব্বার ভেতরে চেন (১৬″) স্কেলের ক্ষেত্রে অন্তর পরপর টানা লাইন। ৬৪″ স্কেলে ১ চেন পরপর সিকমি লাইন টানা হয়। এইভাবে সমগ্র মোরব্বার ভেতরে ও বাইরে ১ চেনের ভেতরের সমস্ত বস্তুর অফসেট নেওয়া হয়। উল্লেখ করা প্রয়োজন, শহরাঞ্চলে এইরকম আদর্শ উপায়ে

সিকমি লাইন টানা সম্ভব নাও হতে পারে। সেজন্য যথেষ্ট সংখ্যক Sub-Traverse line থাকে। এই লাইন বরাবর দুপক্ষের অফসেট নিতে হয়।

বিভিন্ন চেন দূরত্বে বিভিন্ন অফসেট বিন্দুগুলোর লম্ব দূরত্ব নির্দিষ্ট পদ্ধতিতে Field book-এ লেখা হয়। একটি অফসেট বিন্দুর সঙ্গে অপর অফসেট বিন্দুর যোগ থাকলে তাও Field book-এ নির্দিষ্ট চিহ্নের সাহায্যে বোঝানো থাকে। Field book লেখা এবং সেই অনুযায়ী ম্যাপে পেনসিলে প্লট করার কাজ একই সঙ্গে চলে।

এইভাবে যখন প্লটিং হয় তখন মাঝে মাঝে রেভিনিউ অফিসার বা তার ঊর্ধতন কর্তৃপক্ষকে ম্যাপ তৈরি ঠিকঠাক হচ্ছে কিনা তার জন্য পরতাল দিতে হয়। পরতাল হল চেক লাইন। একাধিক মোরব্বার ওপর দিয়ে শিটের ৮-১০ সেমি দৈর্ঘ্যের একটি চেন লাইন চালনা করা হয় এবং এর দু'পাশের অফসেট এবং কাটানগুলো note করা হয়। এরপর Field-এর সঙ্গে ম্যাপের তুলনা করলে ধরা পড়ে যায় কোন্ কোন্ Field সঠিকভাবে ম্যাপে ওঠেনি। শহরাঞ্চলে ট্রাভার্স লাইন বা Sub-Traverse লাইন বরাবরও পরতাল দেওয়া হয়। সেক্ষেত্রে Plotting করার সময় আমিনবাবুরা ঐ লাইন বরাবর যেদিকে গেছেন তার বিপরীত দিক থেকে Chain চালিয়ে অফসেট নেওয়ার প্রয়োজন হয়।

(৪) শিটে নীল কালি করা—শিটের অন্তর্গত সমগ্র অঞ্চল এইভাবে Plotting করা এবং যথেষ্ট সংখ্যক পরতাল দেওয়ার পর সবকিছু ঠিকঠাক থাকলে শিটে প্লটের সীমানা নির্দেশক পেনসিল লাইনগুলো ব্লু-কোবাল্টে কালি করা হবে। একাজ করবেন কিস্তোয়ার টিমের আমিন বাবু। পরতাল লাইনেরও সঠিক আলামত দিয়ে ব্লু-কোবাল্ট করা হয়। এই পর্যায়ে শিটের কিনারায় শিটের History সম্বলিত ছকে উপযুক্ত ঘর পূরণ করে তাও ব্লু-কোবাল্ট করার কথা।

Post Kistwar work—ব্লু-কোবাল্টে কালি করা ম্যাপ অঙ্কন বিভাগে পাঠানো হয়। অঙ্কন বিভাগ মৌজা সীমানা, শিট সীমানা সঠিকভাবে নির্ধারণ করে তা ব্লু-কোবাল্ট দিয়ে কালি করে দেয়। এছাড়া মিউনিসিপ্যালিটির সীমাও উপযুক্ত আলামত সহ নির্ধারণ করে তা ব্লু-কোবাল্ট দ্বারা কালি করা হয়। LA প্লান থাকলে সেটি হলুদ কালিতে relay করা হয়। LA Case No. মার্জিনে লেখা হয়। এবারে ঐ ম্যাপ আবার B.L. & L.R.O.-তে পাঠানো হয় পরবর্তী পর্যায় খানাপুরীর জন্য।

Khanapuri—এই পর্যায়ে আমিনবাবু ম্যাপের উত্তর-পশ্চিম সীমান্ত থেকে ক্রমানুসারে প্লটগুলির নম্বর লিখবেন। নম্বরগুলি প্লটের এক কোণায় লেখা হয় যাতে চূড়ান্ত কালি করার সময় নম্বরগুলো ঠিক প্লটের মাঝখানে লেখা যায়। এরপর নম্বরগুলো R.O. চেক করবেন। সঠিক হলে এগুলো এপার ব্লু-কোবাল্ট কালি হবে। শিট আবার অঙ্কন বিভাগে আসবে।

Post Khanapuri work—এই পর্যায়ে অঙ্কন বিভাগের আমিনবাবুদের দিয়ে প্রতিটি প্লটের ক্ষেত্রফল পরিমাপ করানো হবে। একাধিক আমিনবাবুকে দিয়ে প্রতিটি প্লটের ক্ষেত্রফল পরিমাপ করে তার গড় করে চূড়ান্ত ক্ষেত্রফল নির্ধারণ করার কথা। এরপর সমস্ত প্লটের ক্ষেত্রফল যোগ করা হবে। তার সঙ্গে UT area-এর তুলনা করা হবে। যদি গরমিল 1% এর মধ্যে থাকে, তবে প্লট ক্ষেত্রফলের যোগফলকে চূড়ান্ত ক্ষেত্রফল ধরা হবে। এইভাবে মৌজা বা শিটের ক্ষেত্রফল পাশ করতে হবে। শিট ক্ষেত্রফল পাশ করে অঙ্কন বিভাগের অফিসার-ইন-চার্জ পেনসিলে সই করবেন। Final Field area Statement-এর এক কপি সহ এই শিট B.L. & L.R.O.-তে পাঠানো হবে পরের পর্যায়ের কাজের জন্য। তবে বর্তমানে যেভাবে সরাসরি KB Cum Alteration হয় সেক্ষেত্রে Attestation শুরু করার আগে প্লট ইনডেক্স প্লট নং তাদের সাবেক প্লট নম্বর ও এরিয়ার ঘর পূরণ করে নিয়ে তবে রায়তদের নোটিশ করা ভাল।

II. Revisional Survey—Revisional Survey করার ক্ষেত্রে Bengal Survey Act 1875-এর ৩ ধারা ও W.B.L.R. Act 1955-এর ধারামতে সরকারি বিজ্ঞপ্তি জারি করা হয়।

এক্ষেত্রে পুরনো ম্যাপের Black Print মাঠে নিয়ে গিয়ে কিছু স্থির বিন্দু ঠিক করা হয়। স্থির বিন্দুগুলির দূরত্ব পরিমাপ করে শিটের সঙ্গে মিলল কিনা দেখা হয়। গরমিল এক চেনে এক লিংক অনুমোদনযোগ্য। এই স্থির বিন্দুগুলি বরাবর বিভিন্ন দিকে চেন চালিয়ে কাটানগুলোর অবস্থা দেখা হয়।

(১) শিটের সঙ্গে মাঠের কাটানের মধ্যে গরমিলের পরিমাণ 33% বা তার কম—এক্ষেত্রে সম্পূর্ণ মৌজা সামগ্রিকভাবে কিস্তোয়ার করা হয় না। যেখানে যেমন পরিবর্তন হয়েছে ঠিক সেই অংশটুকু ম্যাপে সংশোধন করা হয়। নতুন তৈরি প্লটগুলোকে বাটা নম্বর দেওয়া হয়। আবার যদি দেখা যায় মৌজার কোনও একটি নির্দিষ্ট জায়গায় পরিবর্তন খুব বেশি হয়েছে সেখানে সেই অঞ্চলটির জন্য সামগ্রিক কিস্তোয়ার করা হবে adopted station-এর ওপর ভিত্তি করে। উভয়

ক্ষেত্রে সংশোধিত প্লটগুলোর তালিকা ও ক্ষেত্রফল সংশোধন করে যে প্লট নং হল তার নং ও ক্ষেত্রফল একটি নির্দিষ্ট ফর্মে লিপিবদ্ধ করা হয়। একে বলে Register of Correction of Map, চলতি ভাষায় বলে বদর ফর্ম। তবে বাটা দাগের সংখ্যা যদি খুব বেশি হয় তার re-numbering করা ভাল। যদি working sheet হিসাব Black print সরবরাহ করা হয় তবে re-numbering-এর প্রশ্ন নেই। আবার re-numbering হলে একটি হাল সাবেক লিস্ট করার প্রয়োজন আছে।

(২) গরমিলের পরিমাণ 33%-এর বেশি—এই অবস্থায় মৌজাটির সামগ্রিক কিস্তোয়ারের দরকার হয়। ম্যাপের যে বিন্দুগুলো মাঠে অবিকৃত অবস্থায় পাওয়া যায় সেগুলোকে adopted station হিসাবে ব্যবহার করা হয়। এদেরকে যুক্ত করে মূল বহুভুক্ত তৈরি করা হয়। প্রয়োজনে Prolongation, Triangulation বা সাইট ভেন Triangulation-এর সাহায্য নেওয়া হয়। এরপর যেমন করে Cadastral Survey করা হয় তেমনি করে বিস্তারিত জরিপের কাজ হয়। এই কাজের জন্য ব্লু-প্রিন্ট শিট সরবরাহ করা হয়। নতুন করে প্লট নম্বর দেওয়া হয় বলে হাল-সাবেক লিস্ট করতে হয়।

তা গরমিল 33%-এর বেশি এবং মাঠে যথেষ্ট সংখ্যক adopted স্টেশন পাওয়া যাচ্ছে না—এক্ষেত্রে নতুন করে জরিপের প্রস্তাব দেওয়া হয়।

একটা কথা এবারে বলা প্রয়োজন যে Traverse থেকে শুরু করে Khanapuri-cum-Bujharat পর্যন্ত ম্যাপ তৈরির ক্ষেত্রে Technical Rules অনুযায়ী প্রতিটি পর্যায়ে রাজস্ব পরিদর্শকের বিরাট ভূমিকা রয়েছে। বাস্তবে তাদের ভূমিকা একদমই নেই। আর একটা বিষয়, Technical Rules-এর তৃতীয় সংস্করণের (1992) মুখবন্ধে বলা হয়েছে যে এখন থেকে Theodolite Traverse D.L. & L.R.O.-দের তত্ত্বাবধানে ও নিয়ন্ত্রণে হবে। বাস্তবে কিন্তু এ কাজ এখনও কেন্দ্রীয়ভাবে West Bengal Traverse Party করে।

Sheet Junch—মৌজার স্বত্বলিপি চূড়ান্ত হয়ে গেলে ঐ মৌজার working sheet চূড়ান্ত কালির জন্য অঙ্কন বিভাগে পাঠানো হয়। শিটের সঙ্গে খসড়া ও বদর ফর্ম অবশ্যই পাঠাতে হয়। অবশ্য শিট চূড়ান্ত কালির জন্য অঙ্কন বিভাগে পাঠানোর আগে Junch করার বিশেষ প্রয়োজন। Junch করার আগে যেটা দেখতে হয় তা হল Cadastral Survey-এর ক্ষেত্রে খসড়া অনুযায়ী প্লটগুলোর মোট ক্ষেত্রফল Final Field Area Statement Revisional Survey-এর সঙ্গে মিলেছে কিনা। Revisional Survey-এর ক্ষেত্রে খসড়া অনুযায়ী মোট

ক্ষেত্রফল আগের Settlement-এর মোট ক্ষেত্রফলের সঙ্গে মিলছে কিনা তা দেখা দরকার। এরপর Junch-এ যে যে বিষয় দেখতে হয় তা দেওয়া হল।

Junch করার সময় যা যা লক্ষ্য রাখতে হবে

(১) Sheet Heading লেখা আছে কিনা তাতে কিস্তোয়ার ও খানাপুরি-বুঝারত শুরু হওয়ার এবং ফাইনাল পাব্লিকেশন (F.P.)-এর তারিখ লেখা আছে কিনা?

(২) শিটে পরতাল লাইন টানা আছে কিনা?

(৩) দাগ নাম্বার ঠিক মতো লেখা আছে কিনা?

(৪) Sheet Boundary compare করা আছে কিনা?

(৫) R.S. Boundary-তে কোনও খাল, রাস্তা, নদী ইত্যাদি Common Boundary দ্বারা দেখানো হয়ে থাকলে বর্তমান জরিপে ঐ নদী, খাল বা রাস্তার মধ্যে দিয়ে উভয় মৌজার Boundary আলাদা করে দেখানো আছে কিনা?

(৬) ম্যাপে কোনও দাগ নম্বরবিহীন আছে কিনা?

(৭) একই দাগ নম্বর দুইটি দাগের জন্য ব্যবহার করা হয়েছে কিনা?

(৮) মৌজা/শিট থোকা লাইন ঠিক মতে আঁকা আছে কিনা?

(৯) মৌজার সীমানা সাবেক নক্সা অনুযায়ী অপরিবর্তিত আছে কিনা?

(১০) L.R. জরিপে যে সকল দাগ বাটা করা হয়েছে বদর ফর্ম-এর সঙ্গে ম্যাপ-এ দাগের Area পরিমাপ করে দেখানো আছে কিনা?

(১১) ম্যাপে যে সকল নতুন দাগ টানা হয়েছে সেই সকল দাগের গায়ে ব্লু-কোবাল্ট কালি দেওয়া আছে কিনা?

(১২) "Sheet is passed for Final Inking" এই মর্মে B.L.L.R.O. দ্বারা Certificate দেওয়া আছে কিনা?

(১৩) শিটে North Line টানা আছে কিনা?

(১৪) খসড়ায় ক্ষেত্রফল পাশ করা আছে কিনা?

(১৫) দাগের শ্রেণি অনুযায়ী খসড়ায় মন্তব্য কলমে ঘর, দালান, গাছ ইত্যাদি ঠিক মতো লেখা আছে কিনা?

(১৬) নোটিফিকেশন বলে কোনও মৌজার J.L. No. পরিবর্তন হয়ে থাকলে তা ম্যাপেও সংশোধন করা আছে কিনা?

(১) ট্রাভার্স জরিপ [Traverse survey] ঃ কোনও জেলার বা জেলার কোনও অংশে ৫১(১) ধারা অনুসারে স্বত্বলিপির সংশোধন বা প্রস্তুতির জন্য ক্যাডাসট্রাল জরিপ করা হয়। ট্রাভার্স জরিপের উপর ভিত্তি করেই ক্যাডাসট্রাল জরিপ করা হয়, মূলত থিওডোলাইটের দ্বারা ট্রাভার্স জরিপের স্টেশানগুলি নির্দিষ্ট করা হয়।

(২) ক্যাডাসট্রাল জরিপ [Cadastral survey] ঃ (ক) পঃ বঃ ভূমি সংস্কার আইনের ৫১(১) ধারা অনুযায়ী প্রতিটি মৌজার বড় স্কেলে মানচিত্র তৈরি করা হয় রাজস্ব জরিপের উপর ভিত্তি করে। ওই মানচিত্রে রাস্তা, নদী, রেললাইন, অন্যান্য প্রাকৃতিক বস্তু, বাস্তু ও অন্যান্য মাঠ দেখানো হয়। এই মানচিত্র তৈরির জন্য সরকারি গেজেটে বিজ্ঞপ্তি জারি করা হয়।

(খ) যদি দেখা যায় পুরাতন মানচিত্রে বর্ণিত মৌজার সীমানার সাথে কোনও মৌজার সীমানা গরমিল হচ্ছে তখন settlement আধিকারিক, যতটা সম্ভব নিশ্চিত হয়ে রায়তদের মতামত নেন। এরপর সেটেলমেন্ট আধিকারিকের নতুন সীমানা নির্ধারণের প্রস্তাব যা নতুন মৌজার ক্ষেত্রে গ্রহণ করা হবে রাজস্ব পর্ষদের নিকট পাঠান। যদিও মৌজার নাম অর্থাৎ জরিপের একক রাজস্ব পর্ষদের অনুমতি মেলে তবে স্বত্বলিপি প্রস্তুতের ক্ষেত্রে নতুন জরিপের হিসাবে ধরা যাবে। রাজ্য সরকার সেই মর্মে সরকারি গেজেটে বিজ্ঞপ্তি প্রকাশ করে জানাবেন।

(৩) খানাপুরী [Khanapuri] ঃ এই পর্যায়ে খসড়া খতিয়ান তৈরি করা হয়। প্রত্যেক রায়ত বা অনেক রায়তের অধিকার ও দায়িত্ব তথ্য ভিত্তিক ২৩ নং বিধি অনুযায়ী আলাদা আলাদাভাবে তৈরি করা হয়। ২৩ নং বিধিতে বর্ণিত বিভিন্ন তথ্য ওই খসড়া খতিয়ানভুক্ত করা হয়। এই সময়ে একটা "মাঠ খাতা" (field index) বা খসড়া (khasra) খাতা তৈরি করা হয়। ওই মাঠ খাতায় পরপর মৌজার দাগগুলি ক্রমানুসারে লেখা হয়। এই মাঠ খাতা কিন্তু খসড়া প্রকাশিত স্বত্বলিপির অংশ নয়।

(৪) বুঝারত [Bujharat] ঃ মৌজার প্রতিটি দাগের ক্ষেত্রফল নির্ণয় করার পর খসড়া খতিয়ানে ওই ক্ষেত্রফল লেখা হয়। সংশ্লিষ্ট ব্যক্তি বা ব্যক্তিদেরকে রাজস্ব আধিকারিক ওই খসড়া খতিয়ানের এক প্রস্থ দেন। মাঠে গিয়ে প্রতিটি খতিয়ান পরীক্ষা হয়। মাঠে গিয়ে এই পরীক্ষা কার্য করেন রাজস্ব আধিকারিক বা অন্য কোনও সরকারি কর্মচারী, এই সময় রায়ত বা তার প্রতিনিধি মাঠে উপস্থিত থাকতে পারেন। এই সময় রাজস্ব আধিকারিক বা অন্য কোনও নির্দিষ্ট

ক্ষমতাপ্রাপ্ত আধিকারিক প্রয়োজন অনুযায়ী মানচিত্রে, খসড়া রেকর্ডে এবং খসড়া খতিয়ানে (যা দেওয়া হয়েছে) সংশোধন করবেন। এই পর্যায়ে রায়তের খসড়া খতিয়ানে রায়তের দেয় রাজস্ব এবং সেসের পরিমাণ উল্লেখ করা হবে। যদি অন্য কোনও তথ্য এই পর্যায়ে না লেখা হয় বা বাদ পড়ে যায় তবে পরবর্তী পর্যায়ের অর্থাৎ attestation পর্যন্ত অপেক্ষা করতে হবে।

ব্যাখ্যা ১ ঃ কোনও দখলকারের নাম, বর্গাদারের নাম বা কোনও রায়তের নাম স্বত্বলিপিতে লেখা হয় তবে রাজস্ব আধিকারিক ওই খতিয়ানের এক প্রস্থ সেই ব্যক্তিকে দেবেন যার নামে খতিয়ান তৈরি হয়েছে।

ব্যাখ্যা ২ ঃ বর্গাদারের ক্ষেত্রে রাজস্ব আধিকারিক খতিয়ান না দিয়ে বর্গা শংসাপত্র দিতে পারেন।

এই অংশটি বিজ্ঞপ্তি নং ১৯৯৮-এল. রেফ্./২০ আর/৮০, তাং ২.৫.১৯৮১ দ্বারা যুক্ত হয়েছে, যা কলিকাতা গেজেটে ১২.৫.১৯৮১-তে ১ নং অংশে প্রকাশিত হয়েছিল।

(বলা বাহুল্য বিজ্ঞপ্তি নং ৩২৯০-এল. রেফ্., তাং ৯.৯.১৯৭৮ এবং ১৫৯২-এল. রেফ্., তাং ৩০.৭.১৯৮০ দ্বারা ১ নং ও ২ নং ব্যাখ্যা অনুযায়ী কোনও কাজ করলে ধরে নেওয়া হবে সঠিকভাবেই কাজটি হয়েছে এবং এটি বলবৎ হয়েছে ৯.৯.১৯৭৮ থেকে)।

(৫) তজ্‌দিক (Attestation) ঃ (১) তজ্‌দিকের কাজটি মৌজার ভিতরে বা কাছাকাছি কোনও সুবিধাজনক স্থানে করতে হবে। প্রয়োজন অনুসারে রাজস্ব আধিকারিক তজ্‌দিক আরম্ভের আগে প্রতিটি জমিতে তদন্ত ও জরিপ করতে পারেন। আগের পর্যায় (stage) গুলির কাজের পর যে যে পরিবর্তনগুলি হয়েছে সেগুলি মানচিত্রে নথিভুক্ত করার জন্য, দখলকারের নাম লেখার জন্য এই তদন্ত তিনি করতে পারেন। তজ্‌দিক আরম্ভের আগে রাজস্ব আধিকারিক যথোপযুক্ত বিজ্ঞপ্তি জারি করবেন। মৌজার রায়তদের নির্দিষ্ট তারিখে তার দখল ও স্বত্ব প্রমাণ করার জন্য উপস্থিত হওয়ার নির্দেশ দেবেন বিজ্ঞপ্তিতে। ওই বিজ্ঞপ্তিতে এটাও জানানো হবে যে পূর্বের পর্যায়ে যে কাজ হয়েছে তাতে কোনও লোক অসন্তুষ্ট হলে তিনিও তজ্‌দিকের সময় থাকতে পারেন। যে পরিবর্তনগুলি স্বত্বলিপিতে অন্তর্ভুক্ত করা হয় সেগুলি হল—

(ক) উত্তরাধিকার, হস্তান্তর বা অন্য,

(খ) দাগের বিভাজন বা সংযোজন,

(গ) নতুন বন্দোবস্ত, অথবা

(ঘ) অন্য কোনও কারণ।

উপরোক্ত কারণগুলি রাজস্ব আধিকারিকের নজরে আনতে হবে। এক এক জন করে রাজস্ব আধিকারিকের নিকট এলে, রাজস্ব আধিকারিক ওই ব্যক্তির খতিয়ান পরীক্ষা করবেন, সমস্ত লেখাগুলি পড়বেন এবং প্রয়োজনে সংশোধন করবেন। সমস্ত দিক থেকে খতিয়ানটি যে সঠিক তা দেখবেন। কোনও জমির মালিকানা বা স্বত্বের স্বার্থ ইত্যাদি বিষয়ে সমস্যা (dispute) দেখা দিলে রাজস্ব আধিকারিক বর্তমান দখল অনুযায়ী তার সমাধান করবেন। রাজস্ব আধিকারিক নিজের হাতে রায়ত বা রায়তদের দেয় (সরকারকে) খাজনার পরিমাণ লিখবেন, বিশেষ কোনও তথ্য প্রয়োজনে খতিয়ানে নিজে রাজস্ব আধিকারিক লিখবেন। যদি দেখা যায় আগে প্রস্তুত স্বত্বলিপি যা চূড়ান্তভাবে প্রকাশিত হয়েছে তার সাথে আর নতুন তথ্য সংযোজনের দরকার নেই, তাহলে সেটিকেই সঠিক ধরা হবে। প্রতিটি খতিয়ানে সেসের (cesses) পরিমাণ লেখা হবে। তারিখ, সিল (seal) সহ স্বাক্ষর করবেন সংশ্লিষ্ট রাজস্ব আধিকারিক ওই খতিয়ানে। মৌজার সমস্ত খতিয়ানের তজ্দিক শেষ হয়ে গেলে রাজস্ব আধিকারিক নিয়মমতো একটা ওই কাজের proceeding করবেন।

(২) রাজস্ব আধিকারিক মাঠে গিয়ে তদন্তের সময় যদি দেখেন যে মৌজা মানচিত্রের সীমানা রেখা পূর্বতন জরিপের সঙ্গে মিলছে না তিনি সংশ্লিষ্ট রায়তদের মতামত সহ ওই সীমানা নির্ধারণের প্রস্তাব তার ঊর্ধতন কর্তৃপক্ষের নিকট পাঠাতে পারেন।

(৩) আলাদা দাগ নং-এর নিয়ম ঃ যদি কোনও জমি বিভক্ত হয় তবে রাজস্ব আধিকারিক প্রয়োজন মতো আলাদা দাগ নং দিতে পারেন।

(৬) - (৮) খসড়া প্রকাশ, আপত্তির নিষ্পত্তি এবং স্বত্বলিপির চূড়ান্ত প্রকাশ (Draft publication, disposed of objections and final publication of record-of-rights) ঃ (১) ১৯৬৫ সালের পঃ বঃ ভূমি সংস্কার নিয়মের ২৪ ও ২৫ নং বিধি অনুসারে স্বত্বলিপির খসড়া প্রকাশ, আপত্তির নিষ্পত্তি এবং স্বত্বলিপির চূড়ান্ত প্রকাশ করা হয়।

(২) প্রতিটি মৌজার স্বত্বলিপি চূড়ান্ত প্রকাশনার জন্য যখন উপস্থিত করা হয় তখন মৌজার স্বত্বলিপির প্রথম অংশে (first volume) নিম্নলিখিত নিদর্শ অনুযায়ী শংসাপত্র আটকে রাখতে হয়—

Certificate of final publication

Village—
Thana—
District—
Volume—
Pages—

Certified that the record-of-rights of the interests as certained in the pages noted above is finally framed and published under sub-section (2) of section 51A of the W.B.L.R. Act, 1955 [W.B. Act X of 1956) on this day of ....

Date ....
Place .... Revenue Officer

সেটেলমেন্ট আধিকারিকের সিল (Seal) সহ এটি লাগানো হয়। নিম্নলিখিত বয়ান অনুযায়ী প্রতিটি খতিয়ানে Stamp লাগানো হয়—

Record-of-rights finally framed and finally published under sub-section (2) of section 51A of the W.B.L.R. Act 1955 (W.B. Act X of 1956).

(৩) রায়তের কৃষি জমির খতিয়ান এবং বাস্তু ও অন্য জমির খতিয়ান সংযুক্তিকরণ (Amalgamation of khatians of a raiyat prepared separately in respect of his lands in a mouza used for agricultural purposes or as homestead and in respect of his other land in the said mouza not used for the said purpose) ঃ (১) যদি কোনও রায়তের কোনও মৌজায় কৃষি কার্যে ব্যবহৃত বা বস্তু ও অন্য জমি যা তিনি সেই উদ্দেশ্যে ব্যবহার করেন না এবং যদি আলাদা আলাদা খতিয়ানে ওই জমি নথিভুক্ত হয়, তবে রাজস্ব আধিকারিক পঃ বঃ ভূমি সংস্কার আইনের ৫১ক(২) ধারায় স্বত্বলিপি চূড়ান্ত প্রকাশের আগে যে কোনও পর্যায়ে (stage) ওই দুই খতিয়ান যুক্ত করে একটি খতিয়ান তৈরি করতে পারেন। এই সংযুক্তির উদ্দেশ্য যাতে ওই রায়তের ওই মৌজার সমস্ত রকম জমি একটি খতিয়ানে ভুক্ত হয়।

(২) যে মৌজার স্বত্বলিপির চূড়ান্ত প্রকাশ পশ্চিমবঙ্গ ভূমি সংস্কার আইনের ৫১ক(২) ধারা অনুযায়ী হয়ে গিয়েছে, সেই মৌজার কৃষি এবং অকৃষি জমির খতিয়ানের সংযুক্তি একই পদ্ধতিতে করা যেতে পারে। তবে এই সংযুক্তির

অন্ততঃ ৩০ দিন আগে রাজস্ব আধিকারিক ওই মৌজার রায়তদের সাধারণ বিজ্ঞপ্তি দিয়ে সংযুক্তির বিষয়টি জানাবেন। মৌজার এমন একটি স্থানে ওই বিজ্ঞপ্তি (notice) টাঙানো হবে যাতে সাধারণ মানুষ সহজে দেখতে পায়, কোন্ কোন্ খতিয়ানের সংযুক্তি হবে, তা জানাবেন। যে আধিকারিকের করণে খতিয়ানের চূড়ান্ত প্রকাশ হয়েছিল এবং গ্রাম পঞ্চায়েতের অফিসে এই বিজ্ঞপ্তি টাঙাবেন।

(৩) অনুচ্ছেদ (২) অনুযায়ী সংযুক্তির সময় কোনও খতিয়ানের কোনও জমির ক্ষেত্রফল, চরিত্র, শ্রেণি, দখল সংক্রান্ত তথ্য বা চাষের ধরণ সংক্রান্ত তথ্য ইত্যাদির কোনও সংশোধন, পরিবর্তন, রূপান্তর হবে না।

১৪। ১৯৬৫ সালের পশ্চিমবঙ্গ ভূমি সংস্কার নিয়মের ২৭ নং বিধি [Rule 27 of W.B.L.R. Rules 1965] ঃ সপ্তম পরিচ্ছেদের নিয়ম অনুযায়ী স্বত্বলিপির সংশোধন বা প্রস্তুতির সঙ্গে যুক্ত আধিকারিকদের ক্ষমতা [Powers of officers appointed for revision or preparation of r-o-rs]. পশ্চিমবঙ্গ ভূমি সংস্কার আইনের ৫১ ধারামতে যে সমস্ত আধিকারিকগণ স্বত্বলিপির সংশোধন বা প্রস্তুতির কাজে যুক্ত থাকবেন তাদের ক্ষমতা তফসিল খ (Schedule B)-তে বর্ণিত ক্ষমতায় ন্যস্ত থাকবে।

১৫। তফসিল খ [Schedule B] ঃ জরিপ এবং স্বত্বলিপির সংশোধন বা প্রস্তুতির কাজে যুক্ত আধিকারিকদের ক্ষমতা [Powers of officers making survey and remising or preparing r-o-rs]. (১) যখন কোনও রাজস্ব আধিকারিক কোনও জেলা বা জেলার কোনও অংশের স্বত্বলিপি সংশোধন বা প্রস্তুতের জন্য ৫১ ধারা অনুযায়ী নিয়োজিত হন, তিনি অতিরিক্ত পদ হিসাবে "সহকারী সেটেলমেন্ট আধিকারিক" বা সেটেলমেন্ট আধিকারিক হিসাবেও নিয়োজিত হবেন।

(২) (১) রাজস্ব আধিকারিক, যিনি "সেটেলমেন্ট আধিকারিক" হিসাবেও অতিরিক্ত পদে নিযুক্ত আছেন, তিনি সাধারণ আদেশ বা বিশেষ আদেশ বলে কোনও "সহকারী সেটেলমেন্ট আধিকারিক"কে (যিনি সেটেলমেন্ট আধিকারিকের অধস্তন) পশ্চিমবঙ্গ ভূমি সংস্কার আইনের ৫১ক(১) বা ৫১ক(৪) ধারায় পেশ করা আপত্তি নিষ্পত্তি করতে নির্দেশ দেবেন।

(২) রাজস্ব আধিকারিক যিনি "সেটেলমেন্ট আধিকারিক" হিসাবেও অতিরিক্ত পদে নিযুক্ত আছেন, তিনি কোনও "সহকারী সেটেলমেন্ট আধিকারিক" কে কোনও নথি (file) থেকে প্রত্যাহার (withdraw) করতে

পারেন ২(১) অনুচ্ছেদ বর্ণিত ৫১ক(১) বা ৫১ক(৪) ধারায় আপত্তি নিষ্পত্তির জন্য যিনি নিযুক্ত ছিলেন। উক্ত "সহকারী সেটেলমেন্ট আধিকারিক" হলেন "সেটেলমেন্ট আধিকারিকের" অধস্তন আধিকারিক।

(৩) পশ্চিমবঙ্গ ভূমি সংস্কার আইনের ৫১ ধারা অনুসারে সমস্ত কাজ ভূমিলেখ্য ও জরিপ অধিকর্তার প্রশাসনিক নিয়ন্ত্রণে থাকবে। এই ধারায় সমস্ত কাজ করার জন্য রাজস্ব আধিকারিক হিসাবে নিযুক্ত থাকবেন এবং এই তফসিলে বর্ণিত সেটেলমেন্ট আধিকারিকের সমস্ত ক্ষমতা ভোগ করবেন।

(৪) রাজ্য সরকার মনে করলে কোনও সাধারণ বা বিশেষ আদেশ দিয়ে যে কোনও কার্যাবলি (proceedings) এমনকী স্বত্বলিপির খসড়া বা চূড়ান্ত প্রকাশনা কোনও জেলা বা জেলার কোনও অংশের ক্ষেত্রে বাতিল করতে পারেন। পুনরায় নতুন করে (*de novo*) ওই স্বত্বলিপি তৈরি করার আদেশ দিতে পারেন।

যদি এরকম দেখা যায় যে ৫১ক(২) ধারায় প্রকাশিত এবং প্রস্তুত কোনও স্বত্বলিপি জীর্ণ অবস্থায় আছে, ব্যবহারের পক্ষে অনুপযুক্ত তখন উপযুক্ত কারণ উল্লেখ করে রাজস্ব আধিকারিক ওই স্বত্বলিপি পুনরায় তৈরি করতে পারেন। পুনরায় তৈরি হয়ে গেলে রাজস্ব আধিকারিক নতুন স্বত্বলিপিকে "সঠিক" হিসাবে শংসাপত্র দেবেন। ওই নতুন তৈরি স্বত্বলিপিকেই ৫১ক(২) ধারায় প্রস্তুত এবং প্রকাশিত স্বত্বলিপির অবিকল হিসাবে ধরা হবে।

১৬। খানাপুরী বুঝারতের সময় প্রয়োজনীয় কাজ [Necessary works at the time of K.B.]. (১) খানাপুরী বুঝারত শুরু করার আগে সংশোধিত (modified), খতিয়ান, দাগের সূচী (plot index), মৌজার মানচিত্র নিতে হবে। K.B. আরম্ভের আগে নিম্নলিখিত খাতা (Register) ও নিদর্শ (form)-গুলি তৈরি করতে হবে—

(১) জমি হস্তান্তর খাতা (land transfer register),

(২) মৌজাভিত্তিক বর্গাদারের খাতা,

(৩) দাগ পরিবর্তন খাতা (plot badar register),

(৪) পশ্চিমবঙ্গ বাস্তুজমি অধিগ্রহণ আইন, ১৯৭৫ অনুযায়ী যারা উপকৃত হয়েছেন তাদের তালিকা,

(৫) যে যে বস্তু নির্দিষ্ট করতে হবে তার নিদর্শ (notable objects form),

(৬) জনগণের ব্যবহার্য জমির তালিকা (easement right related lands) ইত্যাদি।

(২) প্রতিটি মৌজার কাগজপত্রের সাথে তিনটি নথি (File) থাকবে—১ নং নথি (A file), ২ নং নথি (B file), ৩ নং নথি (C file) কোন্ ফাইলে কোন্ কোন্ নথিপত্র থাকবে তা হল—

১ নং নথি (A file) ঃ নাম-পৃষ্ঠা (Tile page), সাধারণ আদেশপত্র (general order sheet), বিজ্ঞপ্তি, সেচপ্রাপ্ত জমির তালিকা, ঊর্ধতন কর্তৃপক্ষের কাছে কোনও বিষয়ে জানতে চেয়ে চিঠিপত্র (note for order/instructions)।

২ নং নথি (B file) ঃ সমস্যার তালিকা (dispute list), মানচিত্র সংশোধন তালিকা, পরীক্ষা-নিদর্শ (junch form), চিহ্ন-খাতা (mark register), ভুলের তালিকা (mistake list), জনসাধারণের জমির খাতা (register for public land)।

৩ নং নথি (C file) ঃ (১) ও (২) নথিতে যে যে কাগজপত্র রয়েছে সেগুলি বাদে অন্য কাগজপত্র।

(৩) মানচিত্র এবং খতিয়ানে যে কাজগুলি করতে হবে তা হল এইরকম—

মানচিত্রে যে কাজ করতে হবে তা হল—(১) মৌজা মানচিত্রের দুই প্রস্থ নিতে হবে। একটিতে লিখতে হবে পেন্সিল দিয়ে কার্য মানচিত্র (working sheet) অন্যটিতে লিখতে হবে খাকা (Rough)।

(২) কার্য মানচিত্রে (working sheet) নিম্নলিখিত তথ্যগুলি লিখতে হবে—

হল্কা নং	আধিকারিকের নাম	আমিনের নাম	K.B. আরম্ভের তারিখ	K.B. শেষ হওয়ার তারিখ	মন্তব্য

ওই মানচিত্রে পরতাল দিতে হবে, তার মাপ লিখতে হবে এইভাবে—"Ran a partal line of Ground Measurement .... chains, sheet measurement .... chains, out of .... Kuttans .... No. Kuttans are agreed and .... No. of kuttans are disagreed, name the sheet is passed for K.B." সংশ্লিষ্ট রাজস্ব আধিকারিক স্বাক্ষর করবেন। যদি ৬৬% কাটানোর পরিবর্তন না হয় তবে খানাপুরী বুঝারত করা যাবে।

(৩) যে দাগের কিছু অংশ সরকারে ন্যস্ত (vest) হয়েছে, সেগুলির নতুন দাগ নং হিসাবে "বাটা" দাগ দিতে হবে।

(৪) কোনও দাগে বর্গাদারের অংশ থাকলে "বাটা" করতে হবে।

(৫) জমির শ্রেণি পরিবর্তন হলে 'বাটা' দাগ হবে।

(৬) মানচিত্রের "সাংকেতিক" স্থানে পুরাতন বাটা দাগের পরেই নতুন বাটা দাগের তালিকা যুক্ত হবে।

(৭) "ছুট দাগ" থাকলে তা উল্লেখ করতে হবে।

(৮) নতুন রাস্তা, খাল, উদ্বাস্তু পুনর্বাসন কলোনী ইত্যাদি জরিপ করতে হবে। গভীর নলকূপ, উচ্চ ভোল্টের বিদ্যুৎ লাইন (insite) জরিপ করতে হবে। জরিপ হলে দাগের দল বদল (group badar) করে ক্ষেত্রফল সমন্বয় (area adjust) করতে হবে।

(৯) জমি অধিগ্রহণ দপ্তরের (L.A.) মানচিত্র পাওয়া না গেলে সরকারের জমিগুলি জরিপ করে বর্তমান যে অবস্থায় যতটুকু দখলে আছে সেইভাবে মানচিত্র সংশোধন ও স্বত্বলিপি সংশোধন করতে হবে।

(১০) আগের জরিপে নম্বর ছাড়া কোনও দাগ থাকলে ওই দাগের জন্য একটি নতুন দাগ নং দিতে হবে। ওই দাগের ক্ষেত্রফল মেপে অন্য পাশের দাগের ক্ষেত্রফল নির্ণয় করে ঠিক আছে কিনা দেখতে হবে। অবশ্যই group bardar-এর সাহায্য নিতে হবে।

(১১) খানাপুরী বুঝারতের কাজ শেষ হয়ে গেলে 'বাটা' দাগগুলো, পরতাল লাইন ইত্যাদি কোবাল্ট নীল দিয়ে অংকন করতে হবে।

(১২) "সাধারণ সীমানা (common boundary) দাগ" এই জরিপে সম্পূর্ণ অংশে নিজের মৌজায় আনতে হবে। মানচিত্রে টানা দাগ দিয়ে (firm line) দেখাতে হবে। নদী, নালা যদি সাধারণ সীমানা (common boundary) থাকে তবে দুই পাড় দেখিয়ে মাঝে উঁচু লাইন দিয়ে ভাগ করে দিতে হবে।

(১৩) ১৬" = ১ মাইল স্কেল মানচিত্রে খুব ছোট ছোট আয়তনের জমি আঁকা সম্ভব নয়। ওই জমিগুলি sheet মার্জিনে ৬৪" = ১ মাইলে এঁকে 'ক', 'খ' ইত্যাদি দিয়ে বুঝিয়ে দিতে হবে।

(১৪) কোনও মানচিত্রে নতুন ভাবে জমির নম্বর দিতে হলে মানচিত্রের উত্তর-পশ্চিম কোনা থেকে নম্বর দেওয়া আরম্ভ করতে হবে এবং দক্ষিণ-পূর্ব কোনায় এসে শেষ করতে হবে। দুটো মানচিত্রের (sheet) মাঝে "বাটা" দাগের জন্য কিছু দাগ ফাঁকা রাখতে হবে।

(১৫) প্রত্যেকটি মানচিত্র যত্ন নিয়ে ব্যবহার করতে হবে। মানচিত্রের অংকন হয়ে গেলে যত্ন সহ রেখে দিতে হবে।

খসড়ায় প্রয়োজনীয় কাজ

(১) অনেকগুলো খসড়া নিদর্শ নিয়ে খসড়া বই তৈরি করতে হবে এবং প্রত্যেক পাতায় ক্রমিক সংখ্যা দিতে হবে।

(২) সাদা কাগজে "ইয়াদ দস্ত" (Yad dust) তৈরি করতে হবে। কোনও ছুট দাগ, বাকী আছে এরকম কোনও দাগ, অন্য কোনও সমস্যা লিখতে হবে ইয়াদ দস্তে। ওই কাজ না হওয়া যে দাগগুলো বাকী রইল কবে ওই দাগের কাজ হবে তা রায়তদের জানাতে হবে। ঊর্ধতন কর্তৃপক্ষ পরিদর্শনের সময় ইয়াদ দস্তে প্রয়োজনীয় নির্দেশ দিতে পারেন।

(৩) খসড়ায় প্রতি পৃষ্ঠার শেষে ওই পৃষ্ঠায় কতগুলো দাগ অর্থাৎ "মবলক-বন্দি" করতে হবে।

(৪) খসড়ার প্রতিটি পাতায় মৌজার নাম, জে. এল. নং লিখতে হবে।

(৫) খসড়ার প্রতিটি পাতায় আমিনের সম্পূর্ণ নাম, তারিখ (কাজের দিন) সহ দিনের শেষে স্বাক্ষর করবেন।

(৬) খসড়ার "দখলকার" লেখার স্থান 'গং' বা 'মোতাবেক' লেখা চলবে না।

(৭) কোনও দাগের একাধিক দখলকার থাকলে খসড়ার এক একটি লাইনে এক একজনের নাম ও প্রাপ্য অংশ লিখতে হবে। দাগের ১৬ আনা (সম্পূর্ণ অংশ) মিল থাকা চাই। পরিষ্কার পরিচ্ছন্নভাবে খসড়া লিখতে হবে। যেন কাটা কাটি না হয়।

(৮) কোনও দাগ বিভিন্ন খতিয়ানভুক্ত হলে, খতিয়ান অনুযায়ী আলাদা আলাদা দখলকার লিখতে হবে। দাগের সম্পূর্ণ ১৬ আনা মিল করতে হবে।

(৯) কোনও দাগে বর্গা দং, অনুমতি দং, বিনা অনুমতি দং, ৪(৪) ধারা প্রযোজ্য ইত্যাদি লেখা থাকলে দখলকারের ঘরে পূর্ণ বিবরণ লিখতে হবে।

(১০) প্রয়োজন অনুসারে খসড়ার "মন্তব্য" ঘরে ১৪ত (14P), ১৪(প), ২৩(খ) ইত্যাদি লিখতে হবে।

(১১) খসড়ার "মন্তব্য" ঘরে জমির শ্রেণি অনুসারে জমির আনুমানিক বিশেষত্বগুলো লিখতে হবে। যেমন, শ্রেণি "বস্তু" হলে ঘর-১, দালাল-২ ইত্যাদি লিখতে হবে।

'বাগান' হলে—আম/৪, কাঁঠাল/৫ ইত্যাদি।

'বাঁশবাগান' হলে—বাঁশ/১০।

'রাস্তা/পথ' হলে—যাতায়াতের জন্য সাধারণের ব্যবহার্য।

'নালা' হলে—ওই দাগ থেকে কোন্ কোন্ দাগে সেচ হয় তা লিখতে হবে।

কোনও দাগে গভীর/অগভীর নলকূপ থাকলে সেটাও "মন্তব্য" ঘরে লিখতে হবে। সরকারি ব্যবস্থায় গভীর নলকূপ, নদী, সেচ প্রভৃতি থেকে জল পেলে সেই দাগের খসড়ায় মন্তব্য ঘরে "সেচ সেবিত এলাকাভুক্ত" কথা লিখতে হবে।

(১২) মিলন খসড়া তৈরির জন্য খসড়ার ডান দিকের পৃষ্ঠাটি ঠিকমত লেখা দরকার। প্রত্যেক পৃষ্ঠার নীচে ফসল অনুসারে জমির পরিণাম মিল করে দেখাতে হবে।

(১৩) প্রতি দিনের কাজের শেষে খসড়ার প্রতি পৃষ্ঠায় জমির মোট ক্ষেত্রফল (area total) করতে হবে।

(১৪) খসড়ার শেষ পাতায় পৃষ্ঠা সংক্ষেপ বা "সফা" লিখে, মোট পৃষ্ঠা সংখ্যা, মৌজার মোট আয়তন, খানাপুরী বুঝারতের আয়তন ইত্যাদি লিখে রাজস্ব আধিকারিক স্বাক্ষর করবেন।

(১৫) কোনও মৌজায় একাধিক sheet থাকলে sheet অনুযায়ী আলাদা আলাদা খসড়া করতে হবে।

(১৬) "বাটা" দাগের জন্য আলাদা খসড়া বই করতে হবে। R. S. মানচিত্রের বাটা দাগগুলো বাটা খসড়া বইতে লিখে নতুন বাটা দাগগুলো পরপর লিখতে হবে।

(১৭) মৌজায় কাজ শেষ হলে বাটা দাগের খসড়াটি মূল খসড়া বই-এর সাথে সেলাই করে রাখতে হবে। প্রতিটি পৃষ্ঠার ক্রমিক সংখ্যা দিতে হবে।

(১৮) প্রত্যেক খসড়া বই-এর উপরে নিম্নলিখিত তথ্যগুলি (খসড়া সংক্ষেপ) লেখা থাকবে—

মৌজার নাম—

জে. এল. নং—

থানা—

দাগ আরম্ভ—

শেষ দাগ—

মোট দাগ—

ছুট দাগ—

বাটা দাগ—

লেখা শেষ হলে সংশ্লিষ্ট আমিন স্বাক্ষর করবেন।

(১৯) পরিষ্কার পরিচ্ছন্নভাবে খসড়া লিখতে হবে।

খতিয়ান তৈরির সময় প্রয়োজনীয় কাজ

(১) প্রয়োজনীয় দলিলের নং ও তারিখ, ১১ কলামের বাম দিকে সবুজ কালিতে লিখতে হবে। দলিলে উল্লিখিত জমির পরিমাণ রিং করে দলিল নম্বরের কাছে লিখতে হবে।

যেমন ঃ রে. ক. $\frac{৩১৭৫(৪৫)}{৩.১০.৮০}$ [রে.ক.—নিবন্ধীকৃত কোবলা]

দলিলে লেখা জমির পরিমাণ এবং দখলকৃত জমির পরিমাণের মধ্যে তারতম্য হলে পেন্সিল দিয়ে লিখতে হবে। ১৬(২৩) নং ঘরে নির্দিষ্ট দখলকারের নাম লিখতে হবে যাতে পরে কোনও সমস্যা না হয়।

(২) প্রতিটি দলিলে সবুজ কালি দিয়ে রাজস্ব আধিকারিক স্বাক্ষর করবেন, যাতে বোঝা যায় খানাপুরী বুঝারতে ওই দলিলের কাজ সম্পাদন হয়েছে।

(৩) কোনও দলিল গ্রহণযোগ্য বলে মনে না হলে সবুজ কালিতে খতিয়ানে লিখে রাজস্ব আধিকারিক স্বাক্ষর করবেন।

(৪) একাধিক দাগে একইরকম মন্তব্য যেমন—বর্গা দখল, অনুমতি দখল, বিনা অনুমতি দখল, ৪(৪) ধারা প্রযোজ্য ইত্যাদি লিখতে হলে একটা দাগে লিখে

অন্যগুলো "মোতাবেক" .... নং দাগ—ওইরকম লেখা চলবে না। প্রতিটি দাগের জন্যই ওই নির্দিষ্ট মন্তব্যটি লিখতে হবে।

(৫) সংশোধিত (modified) খতিয়ানে কোনও জমি কোনও ব্যক্তি/ব্যক্তিগণের দখল না থাকলে গ্রুপ লাইন দিয়ে এইরকম মন্তব্য লেখা যাবে—"আপোষ বণ্টন সূত্রে শ্রী-ক এর বা শ্রী ক গং এর দখল নেই"।

(৬) যে সব হস্তান্তর পঃ বঃ ভূমি সংস্কার আইনের ১৪পি/১৪ইউ ধারা যুক্ত, ১৩ নং ঘরে সংক্ষেপে দাতার নাম লিখতে হবে। জমি হস্তান্তর খাতার (Land transfer register) ক্রমিক সংখ্যা লিখতে হবে।

যেমন ঃ রে. ক. $\frac{৩৩৭}{৩.২.৭৮}$ দাতা শ্রী রমাকান্ত দাস

১৪ ইউ/হস্তান্তরখাতা ক্রমাঙ্ক ৩৬

(৭) সংশোধিত খতিয়ানে লিখিত ব্যক্তিদের যদি কারও দখল এখনও থাকে তবে সবুজ কালিতে তাদের নামের ডান দিকে টিক চিহ্ন [✓] দিতে হবে। কোনও দাগে এজমালী না লিখে দলবদ্ধরেখা (group line) দিয়ে দখলের অংশ লিখলে ভালো হবে।

(৮) নির্ধারিত মন্তব্য ছাড়া খতিয়ানে অন্য কিছু লেখা যাবে না।

(৯) ১৫.২.১৯৭১ বা তার পরে পরে মৃত্যু হলে ১১ নং ঘরে রায়তের ওয়ারেশদের নাম লিখতে হবে। অনেক উত্তরাধিকারী থাকলে ১১ নং ঘরেই তাদের নাম লিখে সম্পূর্ণ অংশ মিল করে দেখাতে হবে।

(১০) কোনও খতিয়ান ছুট বা কোনও দাগ ছুট হলে দুই ভাবে খানাপুরী বুঝারতের কাজ করা যাবে। যদি রায়তের কাছে ওই খতিয়ানের প্রত্যায়িত কোনও খতিয়ান (certified copy) থাকে, তবে হুবহু ওই খতিয়ানের দ্বিতীয় এক প্রস্থ তৈরি করতে হবে। ওই খতিয়ানের উপর প্রত্যায়িত প্রতিলিপির (certified copy) নং, তারিখ, অফিসের নাম লিখে আগের মতো কাজ করতে হবে। সরেজমিনে তদন্ত করে জমির শ্রেণি, দখলকার, কোনও জমি সরকারে ন্যস্ত (vest) কি না ইত্যাদি সম্পর্কে নিসংশয় হতে হবে।

(১১) কোনও দাগ বাদ (missing) হলে দলিল, খাজনার রসিদ প্রভৃতি থেকে ওই দাগের তথ্য সংগ্রহ করতে হবে। যদি কোনও তথ্য কোনওভাবেই না পাওয়া যায় তবে ওই missing দাগগুলি একটি খতিয়ানে তুলে সরেজমিনে তদন্ত করে ওই দাগের দখলকার, শ্রেণি ইত্যাদি লিখতে হবে। জমির ক্ষেত্রফল

না থাকলে একর কোম্বের সাহায্যে মেপে লিখতে হবে। ন্যস্ত কিনা তা তদন্ত করে দেখতে হবে। vest হলে ১ নং খতিয়ানে লিখতে হবে। অন্য দাগগুলি ১/১ খতিয়ানে লিপিবদ্ধ করতে হবে।

(১২) স্বত্ব মামলার (title suit) রায় অনুসারে রায়তের জমি রেকর্ড করলে ওই মামলার নম্বর বা আপিল কেসের নং সহ লিখতে হবে।

(১৩) সরকারি জমি কেউ দখল করলে ওই দাগের পাশে—

"বিনা অনুমতি দং ....

পিতা ....

সাং ....

সন .... হইতে ভূমি সংস্কার আইনে ৪৯(ক) ধারা প্রযোজ্য"—এইভাবে লিখতে হবে।

(১৪) পশ্চিমবঙ্গ ভূমি সংস্কার আইন অনুসারে (vest) জমিতে আগে থেকেই বর্গাদার থাকলে ওই দাগের ১৬ নং ঘরে ভূমি সংস্কার আইনে ১৪ধ(২) এবং ১৪ধ(৩) [ss. 14S(2) and 14S(3)] ধারামতে তদন্ত সাপেক্ষে

"বর্গাদং ....

পিতা ....

সাং ....

.... সন হইতে" লিখতে হবে।

পশ্চিমবঙ্গে জমিদারি অধিগ্রহণ আইন অনুযায়ী সরকারি জমির ক্ষেত্রে (১৩) নং অনুচ্ছেদে বর্ণিত পদ্ধতিতে রেকর্ড হবে।

(১৫) কোনও জমির মালিক যদি উত্তরাধিকারহীন অবস্থায় বা উইল বা অন্য ব্যবস্থা না করে মারা যান তবে ওই জমি সরকারে অনুকূলে যাবে। ওই দাগের পাশে "ভারতীয় উত্তরাধিকার আইনের ২৯ ধারা মতে ১ নং খং ভুক্ত"—এইরকম লিখতে হবে।

(১৬) কোনও বর্গাদার মারা গেলে সেই বর্গাদারের উত্তরাধিকারীদের মধ্যে কোনও একজনকে বর্গাদার হিসাবে ঠিক করা না গেলে সংশ্লিষ্ট দাগের পাশে এইরকম মন্তব্য লিখতে হবে—

"বর্গা দং (মৃত) ....

পিতা ....

সাং ....

ওয়ারেশ দং (ক) ....

(খ) ....

(গ) .... পিতা ....

পশ্চিমবঙ্গ ভূমি সংস্কার আইনের ১৫ক ধারামতে তদন্ত সাপেক্ষে

(১৭) রেকর্ডভুক্ত বর্গাদারকে নিয়ম অনুযায়ী উচ্ছেদ না করে থাকলে আগের বর্গাদারের নামের পাশে নতুন বর্গাদারের নাম লিখতে হবে এবং মন্তব্য লিখতে হবে নিম্নলিখিতভাবে—

"ভূমি সংস্কার আইনের ১৭ ধারার বিরুদ্ধে

"বর্গাদং.....................................

পিতা...

সাং...

.... সন থেকে।"

(১৮) ১৯৭১ সালের পর রেকর্ডভুক্ত বর্গাদারের বদলে কোনও দাগে মালিক নিজে অন্য কাউকে দিয়ে চাষ করায়, সেই লোক যদি নতুন কোনও বর্গাদার না হন, সেক্ষেত্রে বর্গাদারের নামের নীচে নিম্নলিখিত মন্তব্য লেখা হবে—

"মালিক কর্তৃক বেদখল হেতু পঃ বঃ ভূমি সংস্কার আইনের ১৯খ ধারা প্রযোজ্য"।

(১৯) মালিক যদি কোনও বর্গাদারের বিরুদ্ধে "চাযের অবহেলা" বা "জমি চাষ ছেড়ে দিয়েছে" এইরকম অভিযোগ আনলে তবে (১৯) নং অনুচ্ছেদে বর্ণিত মন্তব্য ছাড়াও খতিয়ানের (১৩) নং ঘরে নিম্নলিখিত মন্তব্য লিখবে—

"পশ্চিমবঙ্গ ভূমি সংস্কার আইনের ২০খ(৫) ধারা প্রযোজ্য।"

(২০) সরকারি ব্যবস্থায় কোনও জমি সেচপ্রাপ্ত হলে খতিয়ানের ১৬ নং ঘরে ওই দাগের পাশে—"বিজ্ঞাপিত সেচ এলাকাভুক্ত" লিখতে হবে এবং খসড়ার মন্তব্য ঘরে একই কথা লিখতে হবে। খতিয়ানের সমস্ত দাগ সেচপ্রাপ্ত হলে খতিয়ানের ১৩ নং ঘরে—অত্র খতিয়ানের সমস্ত দাগ "বিজ্ঞাপিত সেচ এলাকাভুক্ত" কথাটি লিখতে হবে।

(২১) খতিয়ানের ১৬ নং ঘরে যেসব ক্ষেত্রে (easement right) দেওয়া আছে তা লিখতে হবে। যেমন—

পথ/রাস্তা—যাতায়াতের জন্য সাধারণের ব্যবহার্য,

খাল/নালা—জল নিকাশের জন্য সাধারণের ব্যবহার্য,

দেবস্থান/মন্দির—হিন্দু সাধারণের ব্যবহার্য,

মসজিদ—মুসলমান সাধারণের ব্যবহার্য।

ইদ্‌গা, শ্মশান, কবরস্থান প্রভৃতি (easement right) লিখতে হবে।

(২২) ১৪ধ ধারামতে vest জমি রায়তের খতিয়ান থেকে ১ নং খতিয়ানে আনতে হবে। রায়তের খতিয়ানের সব দাগ যদি vest হয়, তবে ওই খতিয়ানের উপর—"সমস্ত দাগ ১৪ধ মতে সরকারে বর্তিত" লেখা হবে। প্রতিটি দাগের ১৬(২৩) নং ঘরে ওই রকম মন্তব্য লিখতে হবে। ১৪ধ [s. 14T] ধারায় নিষ্পত্তি হওয়া case নং-টি লিখতে হবে।

যদি কিছু দাগ রায়তের থেকে যায় তবে যে দাগগুলো ওই খতিয়ানে থেকে গেল সেই দাগগুলির পাশে "১৪ড [s. 14M] ধারামতে রায়ত কর্তৃক রক্ষিত" মন্তব্য লিখতে হবে। যে জমিগুলি ১ নং খতিয়ানে গেল সেই দাগগুলির পাশে "১৪(ধ) ধারামতে সরকারে বর্তিত জমি" লিখতে হবে। আগের মতো সংশ্লিষ্ট case নং-টিও উল্লেখ করতে হবে।

(২৩) ১৯৭৫ সালের বাস্তুজমি অধিগ্রহণ আইন (W.B. Homestead Acquisition Act 1975) অনুযায়ী কোনও জমি রেকর্ড করলে ক্রমাঙ্ক (Case No.) সহ নিম্নলিখিত তথ্য খতিয়ানে উল্লেখ করতে হবে—

৭ নং ঘরে লিখবেন ঃ "পশ্চিমবঙ্গ বাস্তুজমি অধিগ্রহণ আইনের ৫ নং ধারামতে মালিকের প্রাপ্য হিসাব।"

১১ নং ঘরে লিখবেন ঃ "১৯৭৫ সালের পঃ বঃ বাস্তুজমি অধিগ্রহণ আইনের ৭ নং ধারামতে রায়তি দং

....,

পিতা ...., সাং ....

১৩ নং ঘরে লিখবেন ঃ "বাস্তুজমি অধিগ্রহণ আইনের ১০(২) ধারামতে হস্তান্তর নিষিদ্ধ।"

কোনও ক্ষেত্রে বাটা দাগ করার দরকার হলে মূল খতিয়ানে বাটা দাগটি লিখতে হবে। পরে ওই বাটা দাগটি নতুন খতিয়ানভুক্ত করতে হবে এবং বলা বাহুল্য মূল খতিয়ান থেকে বাটা দাগটি কেটে দিতে হবে।

১৭। তজ্‌দিক কাজের সময় অবশ্য পালনীয় কিছু কাজ [Necessary works at this time of attestation]. (১) তজ্‌দিক (attestation) আরম্ভের আগে "তজ্‌দিগের ইস্তাহার" এবং "তজ্‌দিকের দ্বিতীয় বিজ্ঞাপন" যথাক্রমে ১ মাস এবং ৭ দিন আগে সংশ্লিষ্ট মৌজায় জনসাধারণের জন্য জারি করতে হবে।

(২) মানচিত্রের সমস্ত ত্রুটি বিচ্যুতি দূর করে তজ্‌দিকের কাজ আরম্ভ করতে হবে।

(৩) "মৌজার ক্ষেত্রফল ঠিক আছে" এই মর্মে আধিকারিকগণ চার জায়গায় স্বাক্ষর সহ লিখবেন।

(ক) খসড়ায় শেষ পাতায় "সফা" সহ

(খ) নতুন দাগের সূচী (plot index)-এর শেষ পাতায় "সফা" সহ

(গ) খতিয়ান টোটাল ফর্মের শেষ পাতায় "সফা" সহ

(ঘ) ১ নং খতিয়ানের আগে ৩, ৪ খানা খালি খতিয়ান ফর্ম সেলাই করে তার উপরে নিম্নলিখিতভাবে—

C.S. ক্ষেত্রফল

R.S. ক্ষেত্রফল

L.R. ক্ষেত্রফল

Area passed for ....

যেখানে সংশোধিত জরিপ (R.S.)-এর সাথে ভূমি সংস্কার জরিপ (L.R.)-এর ক্ষেত্রফলের মিল হচ্ছে না কিন্তু ক্যাডাসট্রাল জরিপ (C.S.)-এর সাথে L.R.-এর মিল হচ্ছে সেখানে C.S. ক্ষেত্রফলের সাথে মিল করতে হবে।

কোনও রায়ত যখন পরচা নেবেন তখন তিনি খতিয়ানে স্বাক্ষর করবেন। রাজস্ব আধিকারিকের প্রত্যক্ষ নিয়ন্ত্রণ, তত্ত্বাবধানে পরচা বিলি করা হবে। পরচা বিলির সময় কতগুলি নির্দেশ মনে রাখতে হবে—

(ক) রায়ত স্বয়ং তার পরচা সংগ্রহ করবেন,

(খ) বর্গাদারকে পরচা দিতে হবে, যদি বর্গাদারের কাছে বর্গা শংসাপত্র থাকে তবে তা নিতে হবে।

(গ) পরচা বিলির দিন-ই বিজ্ঞপ্তি ফলকে (notice board) তজ্‌দিগের কাজের সূচী জনগণের সুবিধার্থে টাঙিয়ে দিতে হবে।

(৪) তজ্‌দিকের ইস্তাহার, দ্বিতীয় বিজ্ঞপ্তি, পরচা বিলির বিজ্ঞপ্তি গ্রাম পঞ্চায়েত অফিসে টাঙাতে হবে। তাছাড়া এইগুলি B.D.O., B.L. & L.R.O. প্রভৃতি অফিসে, প্রকাশ্য স্থানে, P.W.D./Post Office/Municipality/Rail Station প্রভৃতি স্থানেও টাঙানো যাবে।

তফসিলী জাতি ও উপজাতি কল্যাণ দপ্তরের অফিসেও দিতে হবে ওই বিজ্ঞপ্তিগুলি।

(৫) ২ নং খতিয়ান থেকে বর্ণনানুক্রমিকে রায়তদের নাম সাজানো থাকবে।

(৬) তজ্‌দিক করার সময় একটা রোজনামচা রাখতে হয় একে "Bench Diary" বলে। কতগুলি খতিয়ানের তজ্‌দিক হল, কতগুলি নতুন খতিয়ান খুলতে হল ইত্যাদি তথ্য এতে থাকে।

(৭) প্রতিটি খতিয়ানের উপরে ডানদিকে উপস্থিত রায়তের নাম লাল কালিতে লিখতে হবে।

(৮) প্রতিটি সংশোধন পরচায় তুলতে হবে যেগুলি তজ্‌দিকের সময় হয়েছে। রাজস্ব আধিকারিক প্রতিটি সংশোধনের সময় স্বাক্ষর করবেন।

(৯) কোনও দাগ কোনও খতিয়ানে যুক্ত হলে ওই দাগের পাশে লিখতে হবে "................................ নং খতিয়ান থেকে আগত"। আবার আগের খতিয়ানে লিখতে হবে "........................ নং খতিয়ানভুক্ত।"

(১০) কোনও দাগ ভুলবশত খানাপুরী বুঝারত (K.B.) খতিয়ানে থেকে গেলে লাল কালিতে তজ্‌দিকের খতিয়ানে তুলতে হবে। ওই দাগের পাশে তজ্‌দিক খতিয়ানে লিখতে হবে।

"............ নং খানাপুরী (K.B.) খতিয়ান থেকে আগত।"

আবার খানাপুরী বুঝারত (K.B.) খতিয়ানের ওই দাগের পাশে লাল কালিতে লিখতে হবে ".................... নং খতিয়ানভুক্ত"।

(১১) কোনও হস্তান্তর তজ্‌দিক চলাকালীন হলে এবং পঃ বঃ ভূমি সংস্কার আইনের ১৪ত/১৪প [ss. 14P/14U] ধারা অনুযায়ী বন্ধ হলে ওই দাগের পাশে ১৬ নং ঘরে নিম্নলিখিত তথ্য লিখতে হবে—

"দাতার নাম—

সাকিন—

দলিল নং ও তারিখ—

পশ্চিমবঙ্গ ভূমি সংস্কার আইনের ১৪ত/১৪প [ss. 14P/14U] ধারা প্রযোজ্য"

ভূমি হস্তান্তর খাতার ক্রমিক নং (T.R. No.) লিখতে হবে।

(১২) নতুন খতিয়ান খুললে বর্ণনানুযায়ী ৩৫/৬, ৪০/২ ইত্যাদি খতিয়ান নং দিতে হবে।

(১৩) খতিয়ানের "অংশ" ঘরে দশমিক ও শুভঙ্করীতে লিখতে হবে।

(১৪) প্রতিটি খতিয়ানে মোট কত দাগ (মবলক-বন্দি) তা লিখতে হবে, রাজস্ব আধিকারিক স্বাক্ষর করবেন।

(১৫) কোনও দাগ খতিয়ানে লিখলে বা কোনও দাগের সংশোধন হলে সঙ্গে সঙ্গে দাগের সূচী (Plot Index) খসড়া প্রভৃতি স্থানে সংশোধন করতে হবে।

(১৬) কোনও বিরোধ থাকলে (dispute) তালিকায় লিপিবদ্ধ করতে হবে। উভয় পক্ষের বক্তব্য শুনে সিদ্ধান্ত লিপিবদ্ধ করতে হবে।

(১৭) তজ্‌দিক শেষ হয়ে গেলে মৌজা আবার যাঁচ (junch) করতে হবে। কোনও ভুল দেখা গেলে Mistake List অনুযায়ী তার সংশোধন করতে হবে। Mistake List খাতায় ক্রমিক সংখ্যা দিতে হয়, খসড়া ও তজ্‌দিক খতিয়ানে ওই ভুল তালিকা ক্রমাঙ্ক (Mistake List No.) উল্লেখ করতে হবে। তারপর স্বত্বলিপির খসড়া প্রকাশ (draft publication) করতে হবে।

১৮। খসড়া প্রকাশের সময় অবশ্য করণীয় কিছু কাজ [Necessary works at this time of draft publication]. (১) মৌজার স্বত্বলিপি খসড়া প্রকাশের আগে মৌজার রায়তদের জানার জন্য বিজ্ঞপ্তি দিতে হবে এবং সাধারণ আদেশপত্র (General order sheet) পূরণ করতে হবে।

(২) অফিসে একটি খাতা রাখতে হবে যাতে মৌজার নাম, জে. এল. নং লেখা থাকবে। প্রতিটি মৌজার ক্ষেত্রে এই খাতায় পরপর খসড়া প্রকাশ আরম্ভ ও বন্ধের তারিখ লিখতে হবে। যে যে কর্মচারী রায়তদের স্বত্বলিপি দেখাবেন তাদের নাম লিখতে হবে।

(৩) একমাসের জন্য (one calender month) মৌজার স্বত্বলিপি গ্রামবাসীদের দেখতে দেওয়া হবে বিনা পয়সায়।

(৪) এই সময় রায়তকে কালি দিয়ে কিছু লিখতে দেওয়া হবে না তিনি পেন্সিল দিয়ে কিছু লিখে নিতে পারেন।

(৫) কোনও দাগে বা অংশে আপত্তি থাকলে ওই দাগ এবং অংশ যতগুলি খতিয়ানে গিয়েছে প্রতিটির জন্য আলাদা আলাদা আপত্তি দিতে হবে। রাজস্ব আধিকারিক খতিয়ান সংশোধন করে তারিখ দেবেন।

(৬) কোনও রায়তের জমি চার একরের বেশি হলে "কুর্পি নামা" রাখতে হবে।

(৭) প্রতিটি আপত্তিতে ৭৫ পয়সার কোর্ট ফি দিতে হবে, তফসিলী উপজাতি অবশ্য রায়তের বেলায় কোর্ট ফি দিতে হয় না। যে ক্ষেত্রে কোর্ট ফি লাগবে ওই কোর্ট ফি ছিদ্র (Punch) করতে হবে, যাতে ওটা পরে আর ব্যবহৃত না হয়। কোর্ট ফি, সংশ্লিষ্ট খাতায় হিসাব সহ লিখতে হবে।

(৮) মৌজার আপত্তি খাতায় প্রতিটি আপত্তি ক্রমিক সংখ্যা সহ লিখতে হবে। শেষ দিনে মোট কটি আপত্তি জমা হল সংখ্যাও বানানে লিখে রাজস্ব আধিকারিক স্বাক্ষর করবেন। প্রতি দিনের শেষে কতগুলি জমা পড়ল সেটাও করা যায় ওইভাবে।

(৯) নির্দিষ্ট দিন শেষ হলে আর কোনও আপত্তি গ্রহণ করা হবে না।

(১০) আপত্তি শুনানির সময় নির্দিষ্ট কোনও খতিয়ানের বিরুদ্ধে যতগুলি আপত্তি জমা হয়েছে সেগুলি একসাথে শুনানি করা সুবিধাজনক।

(১১) আপত্তি নিষ্পত্তির সময় আদেশনামা লেখা, স্বত্বলিপিতে সংশোধন দাগের সূচিতে (Plot index) সংশোধন, হস্তান্তর খাতায় (Transfer Register) লেখা ও অন্যান্য সমস্ত কাজ বেগুনি কালি দিয়ে করা হয়। রাজস্ব আধিকারিক স্বাক্ষরও করবেন বেগুনি কালিতে।

(১২) প্রতি সংশোধিত দাগের পাশে আপত্তির ক্রমিক সংখ্যা সহ রাজস্ব আধিকারিক স্বাক্ষর করবেন।

(১৩) মৌজা অনুযায়ী আপত্তির খাতায় কোনও আপত্তি গ্রাহ্য হল বা কোনটি অগ্রাহ্য হল রাজস্ব আধিকারিক তা লিখবেন।

(১৪) আপত্তি শুনানির সময় Bench Diary রাখতে হবে। Bench Diary-তেও গ্রাহ্য/অগ্রাহ্য আপত্তির ক্রমিক সংখ্যা লিখতে হবে।

(১৫) সমস্ত শুনানি হয়ে গেলে, নির্দিষ্ট নিয়ম মেনে চূড়ান্ত প্রকাশনার জন্য স্বত্বলিপি প্রস্তুত করবেন। সিলমোহর (seal), শংসাপত্র (certificate) সহ চূড়ান্ত নির্ধারিত রাজস্ব আধিকারিক প্রকাশ করবেন।

[১][৫১ক। **স্বত্বলিপির খসড়া এবং চূড়ান্ত প্রকাশনা (Draft and final publication of the record-of-rights)** ঃ (১) কোনও স্বত্বলিপি সংশোধন বা প্রস্তুত করার পর রাজস্ব আধিকারিক ওই সংশোধিত বা প্রস্তুত স্বত্বলিপি নির্দিষ্ট পদ্ধতি এবং নির্দিষ্ট সময়ের জন্য খসড়া প্রকাশ করবেন এবং ওই সময়ের মধ্যে ওই স্বত্বলিপিতে যে কোনও বিষয় নথিভুক্ত বা বাদ দেওয়া সম্বন্ধে আপত্তি (objection) গ্রহণ এবং বিবেচনা করবেন।

(২) রাজ্য সরকার দ্বারা প্রস্তুত সমস্ত নিয়ম মেনে (১) উপধারায় বর্ণিত সমস্ত আপত্তি বিবেচনা এবং নিষ্পত্তি হওয়ার পর রাজস্ব আধিকারিক স্বত্বলিপি চূড়ান্তভাবে প্রস্তুত করবেন এবং নির্দিষ্ট পদ্ধতিতে চূড়ান্ত প্রকাশ করবেন। চূড়ান্ত প্রকাশনার পর বিষয় ও তারিখ উল্লেখ করে একটি শংসাপত্র দেবেন এবং নীচে তার নাম এবং সরকারি পদ লিখবেন।

(৩) বিভিন্ন এলাকার জন্য আলাদা আলাদাভাবে বিভিন্ন অংশের খসড়া বা চূড়ান্ত প্রকাশনা উপধারা (১) বা উপধারা (২) অনুসারে করা যেতে পারে।

[২][(৪) উপধারা (২) অনুসারে স্বত্বলিপির চূড়ান্ত প্রকাশনার এক বছরের মধ্যে কোনও আবেদনের ভিত্তিতে বা স্বেচ্ছায় [৩][পঁয়ত্রিশ বৎসরের মধ্যে] রাজ্য সরকার দ্বারা ক্ষমতাপ্রাপ্ত কোনও আধিকারিক (২) উপধারা অনুসারে স্বত্বলিপির সংশোধন করবেন—স্বার্থজড়িত ব্যক্তিদের শুনানির সুযোগ এবং ওই বিষয়ে কারণগুলি নথিভুক্ত করে।]]

১ পশ্চিমবঙ্গ ভূমি সংস্কার (সংশোধন) আইন, ১৯৬৫ (পশ্চিমবঙ্গ আইন ১৮, ১৯৬৫)-এর ১৯ ধারার মাধ্যমে সন্নিবেশিত হয়েছে।

২ ১২.৫.১৯৮৯ তারিখের কলিকাতা গেজেট, বিশেষ সংখ্যার তৃতীয় খণ্ডে প্রকাশিত পশ্চিমবঙ্গ ভূমি সংস্কার (তৃতীয় সংশোধন) আইন, ১৯৮৬ (পশ্চিমবঙ্গ আইন ৩৫, ১৯৮৬)-এর ১৭(২) ধারার মাধ্যমে অনুকল্পিত।

৩ ২০০০ সালের ৩১নং আইনানুসারে সংশোধিত হয়েছে এবং ১.১১.২০১০ থেকে কার্যকর করা হবে।

পশ্চিমবঙ্গ ভূমি সংস্কার (সংশোধন) আইন, ১৯৮১ (পশ্চিমবঙ্গ আইন ৫০, ১৯৮১)-এর ৪৬(ক) ধারার মাধ্যমে পূর্বের "এক বৎসর" শব্দ দুইটির স্থলে অনুকল্পিত এবং উক্ত আইনের ১(২) ধারার মাধ্যমে ৭.৮.১৯৬৯ তারিখ হতে বলবৎ হয়েছিল।

(৫) কোনও ব্যক্তি ৫১ক(৪) ধারায় দেওয়া আদেশে যদি অসন্তুষ্ট হন তবে তিনি নির্দিষ্ট কোর্ট ফি (court fee) দিয়ে সরকার নির্দিষ্ট সময়ের মধ্যে নির্দিষ্ট পদ্ধতিতে আপিল জমা দিতে পারেন [৪][সংশ্লিষ্ট জেলার কর্তৃপক্ষের কাছে।]

[৫][কালেক্টরের কাছে এই ধরনের আপিল জমা হলে তিনি তাঁর অধস্তন আধিকারিকের কাছে ওই আপিল পাঠাতে পারেন।

বলা যেতে পারে যে আধিকারিকের কাছে আপিল পাঠানো হচ্ছে তিনি পদমর্যাদায়—যাঁর আদেশের বিরুদ্ধে আপিল করা হয়েছে সেই আধিকারিক বা কর্তৃপক্ষের চেয়ে বড় হবেন।]

(৬) কোনও স্বত্বলিপির সাথে যদি (২) উপধারায় প্রকাশিত চূড়ান্ত প্রকাশনার শংসাপত্র না থাকে, তবে ওই স্বত্বলিপি সম্বন্ধে ওই জেলার সমাহর্তা যদি এই মর্মে একটি শংসাপত্র দেন যে একটি নির্দিষ্ট তারিখে স্বত্বলিপির চূড়ান্ত প্রকাশ হয়েছে তবে ওটাই ওই চূড়ান্ত প্রকাশনার প্রমাণরূপে মেনে নেওয়া হবে।

(৭) রাজ্য সরকার সরকারি গেজেটে বিজ্ঞপ্তির মাধ্যমে ঘোষণা করতে পারেন যে, বিজ্ঞপ্তিতে উল্লিখিত এলাকার প্রত্যেক গ্রামের স্বত্বলিপি চূড়ান্ত প্রকাশ হয়েছে এবং এই বিজ্ঞপ্তিই হবে ওই প্রকাশনার প্রমাণ।

(৮) এই পরিচ্ছেদ অনুসারে কোনও মামলা বা অপর কোনও কাজে চূড়ান্ত প্রকাশিত কোনও স্বত্বলিপি বা স্বত্বলিপির "প্রত্যায়িত প্রতিলিপি" বা তার অংশ দাখিল করা হলে যতক্ষণ না পর্যন্ত আইন অনুসারে অস্বীকার করা হয়, ততক্ষণ পর্যন্ত ওটাই চূড়ান্ত প্রকাশিত হয়েছে ধরে নেওয়া হবে।

(৯) ৫১ক(২) ধারায় প্রকাশিত চূড়ান্ত স্বত্বলিপিতে প্রতিটি তথ্য, (৪) উপধারায় যুক্ত তথ্য বা ৫১খ [৬][অথবা ৫১খখ] ধারায় যুক্ত তথ্য, (৫) উপধারায় দেওয়া আদেশ সাপেক্ষে সঠিক বলেই ধরা হবে।

৪ "অতিরিক্ত জেলা শাসক" শব্দগুলির স্থলে পশ্চিমবঙ্গ ভূমি সংস্কার (সংশোধন) আইন, ১৯৮১ (পশ্চিমবঙ্গ আইন ৫০, ১৯৮১)-এর ৪৬(খ) ধারার মাধ্যমে অনুকল্পিত এবং উক্ত আইনের ১(২) ধারার মাধ্যমে ৭.৮.১৯৬৯ তারিখ হতে বলবৎ হয়েছে।

৫ পশ্চিমবঙ্গ আইন ৩১, ২০০০-এর মাধ্যমে এই উপ-প্রকরণটি অনুকল্পিত।

৬ ১২.৫.১৯৮৯-এর কলিকাতা গেজেট, বিশেষ সংখ্যায় তৃতীয় খণ্ডে প্রকাশিত পশ্চিমবঙ্গ ভূমি সংস্কার (তৃতীয় সংশোধন) আইন, ১৯৭৪-এর ১৭(খ) ধারার মাধ্যমে সন্নিবেশিত।

[1][**51A. Draft and final publication of the record-of-rights.** (1) When a record-of-rights has been revised or prepared, the Revenue Officer shall publish a draft of the record so revised or prepared in the prescribed manner and for the prescribed period and shall receive and consider any objections which may be made during such period to any entry therein or to any omission therefrom.

(2) When all such objections have been considered and disposed of according to such rules as the State Government may make in this behalf, the Revenue Officer shall finally prepare the record and cause such record to be finally published in the prescribed manner and make a certificate stating the fact of such final publication and the date thereof and shall date and subscribe the same under his name and official designation.

(3) Separate publication of different parts of draft or final records may be made under sub-section (1) or sub-section (2) for different local areas.

[2][(4) An officer specially empowered by the State Government may, on application within one year, or on his own motion [3][within thirty-five years], from the date of publication of the record-of-rights under sub-section (2), revise an entry in the record finally published in accordance with the provisions of sub-section (2) after the persons interested are given an opportunity of being heard and after recording reasons therefor.]

[4][(5) Any person aggrieved by an order passed in revision under sub-section (4) may, within such period, and on payment of such fee, as may be prescribed, appeal in the prescribed manner to the prescribed authority of the district in which the land referred to in the record-of-rights is situated:

Provided that where the appeal is preferred to a Collector, he may transfer the appeal to such officer subordinate to him as may be prescribed:

1 *Inserted* by W.B. Land Reforms (Am.) Act, 1965 (W.B. Act 18 of 1965).

2 *Substituted* the sub-section (4) by W.B. Act 35 of 1986, published in the *Calcutta Gazette*, dated 12.5.1989.

3 *Substituted* by the West Bengal Land Reforms (Amendment) Act 2010, w.e.f. 1.11.2010.

4 *Substituted* by Act XXXI of 2000, w.r.e.f. 7.8.1969.

Provided further that the officer to whom the appeal is transferred is superior in rank or position to the officer or authority making the order appealed against.]

(6) The certificate of final publication referred to in sub-section (2), or in the absence of such certificate, a certificate signed by the Collector of any district in which the area to which the record-of-rights relates is wholly or partly situate, stating that a record-of-rights has been finally published on a specified date, shall be conclusive proof of such publication and of the date thereof.

(7) The State Government may, by notification in the *Official Gazette*, declare with regard to any area specified in the notification that the record-of-rights for every village included in such area has been finally published and such notification shall be conclusive proof of such publication.

(8) In any suit or other proceeding in which a record-of-rights is revised or prepared and finally published under this Chapter, or a duly certified copy of the record or an extract therefrom, is produced, such record-of-rights shall be presumed to have been finally published unless such publication is expressly denied.

(9) Every entry in the record-of-rights finally published under sub-section (2) including an entry revised under sub-section (4) or corrected under section 51B [5][or section 51BB] shall, subject to any modification by an order on appeal under sub-section (5), be presumed to be correct [6][.................].]

আলোচনার সূচী

5 *Inserted* by W.B.L.R. (Am.) Act, 1986 (Act 35 of 1986), published in the *Calcutta Gazette*, dated 12.5.1989, w.e.f. 12.5.1989.

6 *Omitted* by the W.B. Act 33 of 1974.

আলোচনার সূচী—*চলিতেছে*

১। সূচনা [Commencement]. পশ্চিমবঙ্গ ভূমি সংস্কার আইনে এই ধারাটি যুক্ত হয়েছে ১৯৬৫ সালের পশ্চিমবঙ্গ ভূমি সংস্কার (সংশোধনী) আইন দ্বারা [১৯৬৫ সালের ১৮ নং পঃ বঃ আইন]। পশ্চিমবঙ্গে যে সমস্ত অংশ বিহার থেকে এসে যুক্ত হয়েছে সেই সমস্ত এলাকায় এই ধারাটি ১.১০.১৯৬৯ থেকে বলবৎ হয়েছে, এছাড়া অন্য অংশে ১.১১.১৯৬৫ থেকেই বলবৎ হয়েছে।

উপধারা (৪) যুক্ত হয়েছে পশ্চিমবঙ্গ ভূমি সংস্কার আইনের ১৯৮৬ সালের তৃতীয় সংশোধনী দ্বারা, যা কলিকাতা গেজেটে ১২.৫.১৯৮৯-তে প্রকাশিত হয়েছিল।

২। **কর্মপরিধি [Scope].** কোনও স্বত্বলিপির খসড়া প্রকাশ, খসড়া স্বত্বলিপি সম্পর্কে কোনও আপত্তি থাকলে ওই আপত্তির নিষ্পত্তি, স্বত্বলিপির চূড়ান্ত প্রকাশ, স্বত্বলিপির সংশোধন এবং এই সংশোধিত স্বত্বলিপির আপিলের শুনানি প্রভৃতি কাজগুলি এই ধারা অনুসারে হয়।

৫১ক(১) ধারা অনুসারে স্বত্বলিপির খসড়া প্রকাশ হয় এবং ওই খসড়া স্বত্বলিপি সম্বন্ধে যদি কোনও আপত্তি থাকে তবে তার নিষ্পত্তিও ৫১ক(১) ধারা অনুসারে হয়। ১৯৬৫ সালের পশ্চিমবঙ্গ ভূমি সংস্কার নিয়মের ২৪ নং বিধিতে বলা আছে কীভাবে স্বত্বলিপির খসড়া প্রকাশ হবে এবং ওই খসড়া স্বত্বলিপি সম্বন্ধে যদি কোনও আপত্তি দাখিল করে তবে কীভাবে তার নিষ্পত্তি হবে।

৫১ক(২) ধারায় কীভাবে স্বত্বলিপির চূড়ান্ত প্রকাশ হবে এবং প্রস্তুতি হবে তা বলা আছে। এই ধারায় রাজস্ব আধিকারিককে ক্ষমতা দেওয়া হয়েছে চূড়ান্ত প্রকাশনার তারিখ ও শংসাপত্র দেওয়ার। ১৯৬৫ সালের পশ্চিমবঙ্গ ভূমি সংস্কার নিয়মের ২৫ নং বিধিতে স্বত্বলিপির কীভাবে চূড়ান্ত প্রকাশ হবে তা বলা আছে। তফসিল ক (Schedule A)-র ৮ নং পর্যায়ে কোন্ নিদর্শে (Form) স্বত্বলিপির চূড়ান্ত প্রকাশ হবে তা বলা আছে।

৫১ক(৩) ধারায় রাজস্ব আধিকারিককে এই মর্মে ক্ষমতা দেওয়া হয়েছে যে তিনি আলাদা আলাদাভাবে, আলাদা স্থানের জন্য খসড়া বা চূড়ান্ত স্বত্বলিপি প্রকাশ করতে পারবেন।

৫১ক(৪) ধারায় বলা আছে চূড়ান্ত প্রকাশিত মৌজায় কোনও তথ্য নথিভুক্ত করে স্বত্বলিপির সংশোধন করা যাবে।

৫১ক(৫) ধারা অনুযায়ী যদি কোনও ব্যক্তি ৫১ক(৪) রাজস্ব আধিকারিকের দেওয়া আদেশে ক্ষুব্ধ হন, তবে তিনি আপিল করতে পারেন। জেলা ভূমি ও ভূমি সংস্কার আধিকারিক এই আপিল মামলার শুনানি করবেন। ১৯৬৫ সালের পশ্চিমবঙ্গ ভূমি সংস্কার নিয়মের ২৬ নং বিধিতে আপিলের পদ্ধতি, কার কাছে আপিল করবেন সব নির্দেশ দেওয়া আছে।

যে শংসাপত্র ৫১ক(৬) ধারায় দেওয়া হয় তাতে প্রমাণ হয় কোনও স্বত্বলিপি নির্দিষ্ট তারিখে চূড়ান্ত প্রকাশিত (finally published) হয়েছে।

পশ্চিমবঙ্গ ভূমি সংস্কার আইনে ৫১ক(৭) ধারা অনুযায়ী কোনও মৌজার স্বত্বলিপি চূড়ান্ত প্রকাশিত হলে কোন্ তারিখে চূড়ান্ত প্রকাশিত হল তা গেজেটে বিজ্ঞপ্তি দ্বারা জানানো হয়। এক্ষেত্রে ওই বিজ্ঞপ্তি প্রমাণ করে যে ওই মৌজা নির্দিষ্ট আয়তন সহ ওই নির্দিষ্ট তারিখে চূড়ান্ত প্রকাশিত হয়েছে।

৫১ক(৮) ধারায় এই নির্দেশ করছে চূড়ান্ত প্রকাশিত বা প্রস্তুত স্বত্বলিপি বা কোনও স্বত্বলিপির প্রত্যায়িত প্রতিলিপি বা ওই স্বত্বলিপির কোনও বিশেষ অংশ কোনও মামলায় নথি হিসাবে জমা দিলে ওই স্বত্বলিপি বা প্রত্যায়িত প্রতিলিপি বা ওই স্বত্বলিপির বিশেষ অংশ যতক্ষণ না পর্যন্ত আইন অনুসারে অস্বীকার করা না হয় ততক্ষণ পর্যন্ত ধরে নেওয়া হবে যে ওইগুলি চূড়ান্তভাবেই প্রকাশিত হয়েছে।

(৯) উপধারা অনুযায়ী ৫১ক(২) ধারায় প্রকাশিত চূড়ান্ত স্বত্বলিপিতে প্রতিটি তথ্য, (৪) উপধারা অনুসারে লিখিত তথ্য বা ৫১খ, ৫১খখ ধারায় যুক্ত তথ্য, (৫) উপধারায় সংশোধিত কোনও তথ্য যা স্বত্বলিপিতে অন্তর্ভুক্ত করা হয়েছে—সঠিক বলেই ধরা হবে।

৩। স্বত্বলিপির খসড়া প্রকাশ এবং আপত্তি দাখিল এবং নিষ্পত্তি করার পদ্ধতি [Draft record's publication and procedure of filing and disposal of an objection]. পশ্চিমবঙ্গ ভূমি সংস্কার আইনের ৫১ক(১) ধারা অনুযায়ী রাজস্ব আধিকারিক কোনও মৌজার স্বত্বলিপি যা সংশোধিত এবং প্রস্তুত হয়েছে তার খসড়া প্রকাশ করবেন নির্দিষ্ট পদ্ধতিতে সেই বিষয়ে বলা আছে। ওই স্বত্বলিপির খসড়া প্রকাশ দেখে কোনও ব্যক্তি নির্দিষ্ট সময়ের মধ্যে আপত্তি (objection) দাখিল করতে পারেন। ১৯৬৫ সালের পশ্চিমবঙ্গ ভূমি সংস্কার নিয়মের ২৪ নং বিধিতে কীভাবে—

(ক) স্বত্বলিপির খসড়া প্রকাশ হবে,

(খ) খসড়া প্রকাশিত স্বত্বলিপির বিরুদ্ধে আপত্তি দাখিল করা হবে,

(গ) আপত্তিগুলির নিষ্পত্তি হবে তা বলা আছে।

স্বত্বলিপির সংশোধন বা প্রস্তুতির পর রাজস্ব আধিকারিক স্বত্বলিপির খসড়া প্রকাশ করবেন। এরপর রাজস্ব আধিকারিক ওই খসড়া স্বত্বলিপি সর্ব সাধারণের দেখার জন্য কোনও সুবিধাজনক স্থানে এক মাসের জন্য রাখবেন। এর জন্য অবশ্য রাজস্ব আধিকারিক নির্দিষ্ট নিদর্শে বিজ্ঞপ্তি দ্বারা জনসাধারণকে জানাবেন এবং বেশ কতগুলি স্থানে টাঙাবেন। ওই বিজ্ঞপ্তিতে আপত্তি দাখিলের শেষ তারিখ উল্লেখ করবেন।

খসড়া প্রকাশিত স্বত্বলিপির বিরুদ্ধে আপত্তি দাখিল করতে হবে ৯ নং নিদর্শে। ওই আপত্তি বিষয়ে বিবাদী পক্ষে যাঁরা থাকবেন তাঁদের প্রত্যেককে ওই আপত্তির একপ্রস্থ দিতে হবে। রাজস্ব আধিকারিক স্বার্থ জড়িত সমস্ত পক্ষকে শুনানির সুযোগ না দিয়ে আপত্তির নিষ্পত্তি করবেন না।

যদি দেখা যায় কোনও ক্ষেত্রে রাজস্ব আধিকারিক একতরফা (*ex parte*) সিদ্ধান্ত নিয়ে কোনও আপত্তির নিষ্পত্তি করেছেন তখন ওই একতরফা সিদ্ধান্ত নেওয়ার ৩০ দিনের মধ্যে কোনও ব্যক্তি যার বিরুদ্ধে ওই একতরফা সিদ্ধান্ত রাজস্ব আধিকারিক নিয়েছেন তিনি একতরফা ওই সিদ্ধান্ত বাতিল করার জন্য আবেদন করতে পারেন। কেন তিনি শুনানিতে হাজির হতে পারেন নি সে ব্যাপারে তাকে যথেষ্ট, সুদৃঢ় কারণ দেখাতে হবে। রাজস্ব আধিকারিক যদি ওই কারণে সন্তুষ্ট হন তবে তিনি ওই একতরফা সিদ্ধান্ত বাতিল করবেন এবং পরবর্তী শুনানির দিন ঠিক করবেন।

আগেই বলা হয়েছে কোনও আপত্তিতে যতজন বিবাদী থাকবে তাদের প্রত্যেককে আপত্তির একপ্রস্থ দিতে হবে সাথে একটি বিজ্ঞপ্তি (notice) দিয়ে শুনানির দিন এবং সময় রাজস্ব আধিকারিক ঠিক করবেন। যদি বাদী এবং বিবাদী উভয়েই কাছাকাছি থাকেন তবে সংশ্লিষ্ট অফিস থেকেই নির্ধারিত সরকারি কর্মচারী তাদের বাড়িতে গিয়ে ওই বিজ্ঞপ্তি এবং আপত্তির একপ্রস্থ দেবেন। তাকে যে notice দেওয়া হয়েছে তার প্রমাণ স্বরূপ সরকারি বিজ্ঞপ্তির পিছনে ওই ব্যক্তি তারিখ সহ স্বাক্ষর করবেন। ওই ব্যক্তি না থাকলে তার প্রতিনিধিও ওই বিজ্ঞপ্তির আপত্তির একপ্রস্থ গ্রহণ করতে পারেন। সেক্ষেত্রে ওই ব্যক্তির পক্ষে তিনি স্বাক্ষর করবেন। শুনানির নির্দিষ্ট দিনে রাজস্ব আধিকারিক দেখে নেবেন ওই আপত্তির সাথে জড়িত সমস্ত পক্ষ বিজ্ঞপ্তি যথাযথভাবে পেয়েছে কিনা অর্থাৎ তাদের শুনানির জন্য উপযুক্ত সুযোগ দেওয়া হল কিনা। সমস্ত পক্ষ বিজ্ঞপ্তি পেলে তিনি শুনানি আরম্ভ করতে পারেন। অন্য কিছু ঘটলে আবার notice পাঠানোর ব্যবস্থা করবেন। রাজস্ব আধিকারিক “আদেশ পত্রে” (order sheet) সমস্ত বিবরণ সংক্ষেপে লিখবেন। মূল আদেশ পত্রে সংক্ষেপে ইংরেজি এবং বাংলায় রাজস্ব আধিকারিক তার আদেশ (order) পরিষ্কার করে লিখবেন। যে যে খতিয়ান সংশোধিত হবে, যে জমির তথ্য সংশোধন হবে তার দাগ নং, শ্রেণি, পরিমাণ, দলিল নং ইত্যাদি লিখবেন।

৪। ১৯৬৫ সালের পশ্চিমবঙ্গ ভূমি সংস্কার নিয়মের ২৪ নং বিধি [Rule 24 of W.B.L.R. Rules 1965] খসড়া স্বত্বলিপির প্রকাশ [Publication of the draft-record]. (১) স্বত্বলিপি সংশোধিত বা প্রস্তুত হওয়ার পর রাজস্ব

আধিকারিক, স্বত্বলিপির খসড়া প্রকাশ করবেন, বিনামূল্যে জনসাধারণ যাতে দেখতে পারেন তার জন্য একমাস কোনও সুবিধাজনক স্থানে রাখবেন। এর আগে একটা বিজ্ঞপ্তি (notice) দিয়ে জনসাধারণকে জানাতে হবে কোথায় ওই খসড়া স্বত্বলিপি জনসাধারণের দেখার জন্য রাখা হবে। ওই বিজ্ঞপ্তি (Notice)-এ এটাও জানাতে হবে যে আপত্তি দাখিলের শেষ দিন কোন্‌টা।

(২) খসড়া স্বত্বলিপির উপর দাখিল করা আপত্তি (objections) গুলি নিম্নলিখিত নিয়ম অনুসারে নিষ্পত্তি করা হবে—

সেটেলমেন্ট অফিস থেকে বিনামূল্যে ৯ নং নিদর্শ (Form 9) পাওয়া যাবে, ওই নিদর্শে যথাসম্ভব পরিষ্কার, সহজ করে আপত্তি লিখতে হবে। ওই আপত্তির সাথে যতজন বিবাদী হবেন, প্রত্যেকের জন্য একপ্রস্থ আপত্তি এবং একপ্রস্থ বিজ্ঞপ্তি (notice) জমা দেবেন আপত্তি দাখিলকারী, যাতে রাজস্ব আধিকারিক ওই আপত্তি/আপত্তিগুলি এবং বিজ্ঞপ্তি/বিজ্ঞপ্তিগুলি বিবাদীদের কাছে পৌঁছে দিতে পারেন। ওই বিজ্ঞপ্তিতে শুনানির দিন, সময় এবং স্থান নির্দিষ্ট করা থাকবে।

ওই আপত্তির সাথে জড়িত কোনও ব্যক্তি বা তার প্রতিনিধিকে শুনানির সুযোগ না দিয়ে রাজস্ব আধিকারিক কোনও আপত্তি নিষ্পত্তি করবেন না।

যদি কোনও ক্ষেত্রে রাজস্ব আধিকারিক এক তরফা (*ex parte*) সিদ্ধান্ত দেন, তবে ওই আদেশ দেওয়ার ৩০ দিনের মধ্যে যদি তিনি রাজস্ব আধিকারিকের কাছে ওই একতরফা সিদ্ধান্ত বাতিল করার আবেদন করেন এবং যদি তিনি রাজস্ব আধিকারিককে সন্তুষ্ট (satisfied) করতে পারেন যে বিজ্ঞপ্তি (notice) ঠিকমত তাকে দেওয়া হয়নি অথবা নির্দিষ্ট, বিশেষ কারণে শুনানির দিন হাজির থাকতে পারেন নি, তবে রাজস্ব আধিকারিক ওই একতরফা সিদ্ধান্ত বাতিল (set aside) করতে পারেন এবং শুনানির জন্য অন্য আর একটা দিন স্থির করতে পারেন।

যদি একতরফা সিদ্ধান্ত এইরকম হয় যে, শুধুমাত্র একজনের বিরুদ্ধেই বাতিল করতে হবে না, আরও অনেকের বিরুদ্ধেই বাতিল করতে হবে, তবে তা করা যাবে।

৫। কৃষি ও অকৃষি খতিয়ানের একত্রীকরণ [Amalgamation of Agricultural & Non-Agricultural Khatians]. ১৯৬৫ সালের পশ্চিমবঙ্গ ভূমি সংস্কার নিয়মের তফসিল ক (Schedule A)-র ৯ নং নিয়মে কোনও রায়তের যদি কৃষি জমি এবং বস্তুত অন্য জমি যা নির্দিষ্ট উদ্দেশ্যে ব্যবহৃত না হয় এরকম দুটি খতিয়ান ভুক্ত থাকে তবে ওই দুই খতিয়ানের সংযুক্তিকরণ করা যেতে পারে।

যখন দুটি খতিয়ানের সংযুক্তিকরণ হবে তখন জমির শ্রেণি, পরিমাণ, অবস্থা, খতিয়ানে কোনও মন্তব্য থাকলে বা অন্য কোনও কিছুর কোনওরকম পরিবর্তন ঘটানো যাবে না। জমির সংজ্ঞা পরিবর্তনের ফলে (১৯৮১ সালের পঃ বঃ ভূমি সংস্কার আইনের সংশোধনী দ্বারা) পশ্চিমবঙ্গ ভূমি সংস্কার আইনের ৫১(৪) ধারাটি অবলুপ্ত করা হয়েছে। যে কোনওরকম চরিত্রের ভূমিকেই জমি (Land) বলা হচ্ছে এখন। এই বিধি অনুযায়ী কোনও মৌজায় কোনও রায়তের যত রকমের যত জমিই থাকুক না কেন তা কেবলমাত্র একটি খতিয়ানেই থাকবে।

৬। স্বত্ব বিষয়ে [title] সিদ্ধান্ত নেওয়ার অধিকার নেই [No right to take decision about the title] ঃ ৫১ক(৪) ধারায় ক্ষমতাপ্রাপ্ত আধিকারিকের স্বত্ব বিষয়ে সিদ্ধান্ত নেওয়ার ক্ষমতা নেই।[১]

স্বত্বলিপি সংশোধনের একটি আবেদনে সংশ্লিষ্ট রাজস্ব আধিকারিক স্বত্ব (title) ঘোষণা করেন এবং উক্ত রাজস্ব আধিকারিকের আদেশ W.B.L.R.T.T.-তে চ্যালেঞ্জ করা হলে, W.B.L.R.T.T. রাজস্ব আধিকারিকের রায় বহাল রাখেন। কিন্তু মহামান্য উচ্চ ন্যায়ালয়ের ডিভিশন বেঞ্চ জানান রাজস্ব আধিকারিক এবং W.B.L.R.T.T. কারোরই স্বত্ব (title) বিষয়ে সিদ্ধান্ত নেওয়ার কোনও ক্ষমতা, এক্তিয়ার নেই।[২]

পশ্চিমবঙ্গ ভূমি সংস্কার আইনের ৫১ক ধারায় স্বত্বলিপি চূড়ান্ত প্রকাশের পর রাজস্ব আধিকারিকের কাছে বিবাদীয় জমিতে 'সর্বসাধারণের অধিকার' নথিভুক্ত করার আর্জি জানিয়ে একটি আবেদনপত্র দাখিল করা হয় এই যুক্তিতে যে, বিবাদীয় দাগের জমি নিয়ে দেওয়ানি আদালতে স্বত্বের মামলা দাখিল করা হয়েছিল। স্থানীয় তদন্ত সাপেক্ষে রাজস্ব আধিকারিক উক্ত 'সর্বসাধারণের অধিকার' (easement right) স্বত্বলিপিতে নথিভুক্ত করেন। ৫৪ ধারায় ক্ষমতাপ্রাপ্ত আপিল কর্তৃপক্ষ ওই রায় বহাল রাখেন। উক্ত রায়ে অসন্তুষ্ট হয়ে আবেদনকারী W.B.L.R.T.T.-তে আবেদন পেশ করেন এবং ট্রাইব্যুনালও বিষয়টিতে হস্তক্ষেপ করতে অস্বীকার করেন। এরপর আবেদনকারী কলিকাতা উচ্চ ন্যায়ালয়ে আর্জি আজ্ঞালেখ (writ) দাখিল করেন, মহামান্য উচ্চ ন্যায়ালয়ের ডিভিশন জানান 'সর্বসাধারণের

১ *রমেশ* বনাম *ই এস ও* AIR 1972 Cal 455; 76 CWN 149.

২ *দীপঙ্কর সেন* বনাম *পশ্চিমবঙ্গ সরকার* 2007(3) CHN 618.

অধিকার' বিষয়ে সিদ্ধান্ত ঘোষণা করার ক্ষমতা বা এক্তিয়ার কোনওটাই নেই, দেওয়ানি মামলায় এই বিষয়ে সিদ্ধান্ত নেওয়া হবে।[৩]

৭। স্বত্বলিপির চূড়ান্ত প্রকাশ [Final publication of r-o-rs]. পশ্চিমবঙ্গ ভূমি সংস্কার আইনের ৫১ক(২) ধারা এবং পশ্চিমবঙ্গ ভূমি সংস্কার নিয়ম (১৯৬৫)-এর ২৫ নং বিধি অনুযায়ী কোনও মৌজার স্বত্বলিপির চূড়ান্ত প্রকাশ করা হয়। পশ্চিমবঙ্গ ভূমি সংস্কার আইনের ৫১ক(১) ধারা অনুসারে দাখিল করা সমস্ত আপত্তি (objection) বিবেচনা ও নিষ্পত্তির পর [১৯৬৫ সালের পশ্চিমবঙ্গ ভূমি সংস্কার নিয়মের ২৪ নং বিধি অনুসারে] স্বত্বলিপি চূড়ান্তভাবে তৈরি করবেন। বিনামূল্যে জনসাধারণকে দেখার জন্য কোনও সুবিধাজনক স্থানে ওই স্বত্বলিপি রাখবেন এক মাসের জন্য। এই উদ্দেশ্যে আগে থেকে জনসাধারণকে বিজ্ঞপ্তি দিয়ে জানাতে হবে। এরপর রাজস্ব আধিকারিক চূড়ান্ত প্রকাশনার একটি শংসাপত্র (certificate) দেবেন তাতে তার স্বাক্ষর ও তারিখ দেবেন।

তফসিল ক (Schedule A)-র ৪ নং বিধির (২) নং উপবিধিতে চূড়ান্ত প্রকাশনার শংসাপত্রের নিদর্শ (Form) বলা আছে। ওই শংসাপত্রে সেটেলমেন্ট আধিকারিকের সিলমোহর (seal) দিতে হবে।

৮। স্বত্বলিপি সংশোধনের ক্ষমতা [Revisional power to revise the r-o-rs]. পশ্চিমবঙ্গ সরকার দ্বারা বিশেষভাবে ক্ষমতাপ্রাপ্ত কোনও আধিকারিক ৫১ক(৪) ধারা অনুযায়ী কোনও আবেদনপত্র (application) এক বছরের মধ্যে বা নিজে স্বেচ্ছায় ২৫ বছরের মধ্যে [স্বত্বলিপির চূড়ান্ত প্রকাশিত হওয়ার পর] স্বার্থ জড়িত সমস্ত পক্ষকে শুনানির সুযোগ দিয়ে প্রয়োজনের স্বত্বলিপি সংশোধন (revise) করতে পারেন। পশ্চিমবঙ্গ ভূমি সংস্কার আইনের ৫১ক(৪) ধারার সাথে ১৯৫৩ সালের পশ্চিমবঙ্গ জমিদারি অধিগ্রহণ আইনের ৪৪(২ক) ধারার তুলনা করা যায়। পশ্চিমবঙ্গ জমিদারি অধিগ্রহণ আইনের ৪৪[(২(ক)] ধারা অনুযায়ী স্বত্বলিপির চূড়ান্ত প্রকাশের ৯ মাসের মধ্যে বা নির্দিষ্ট সময় যেমন ওই ধারায় বলা আছে রাজস্ব আধিকারিক, ৪৪(২ক) ধারা অনুযায়ী স্বত্বলিপি সংশোধন (revise) করতে পারেন।

৫১ক(৪) ধারা অনুযায়ী কোনও ব্যক্তির দাখিল করা আবেদনপত্রের (application) ভিত্তিতে বা রাজস্ব আধিক স্বেচ্ছায় [own motion (*suo motu*)] কোনও (proceeding) আরম্ভ করতে পারেন।

৩ *রাধাকৃষ্ণ চৌধুরী* বনাম *পশ্চিমবঙ্গ সরকার* 2012(2) CHN 704 (Cal) (DB).

৯। রিভিশনাল সেটেলমেন্ট স্বত্বলিপি ন্যায়সংগত অধিকারের নথি নয় [R.S. record-of-right is not a document of title]. কোনও স্বত্বলিপি কোনও সম্পত্তির ন্যায়সংগত অধিকারের (title) নথি (document) নয়। বরং স্বত্বলিপি হল কোনও সম্পত্তির দখলের নথি।[৪]

এটা আইন অনুসারে প্রমাণিত (established) যে রাজস্ব রেকর্ড কোনও সম্পত্তির ন্যায়সংগত অধিকারের নথি নয়।[৫]

কোনও সন্দেহ নেই স্বত্বলিপির কোনও তথ্য (entry) কোনও ন্যায়সংগত অধিকার তৈরি করে না কোনও লোকের পক্ষে যেহেতু পূর্বানুমান (presumption) ন্যায়সংগত অধিকার তৈরি করে না বা নষ্ট করেও দেয় না। যেহেতু দখলের (possession) উপরে ভিত্তি করে স্বত্বলিপি তৈরি হয় তাই স্বত্বলিপির কোনও তথ্য (entry) কোনও অধিকার (right)-কে নিয়ে নেয় না।[৬]

কোনও ভুল তথ্য (wrong entry) বা বেঠিক তথ্য (incorrect entry) যা খারাপ ইচ্ছা (ill-will) বা শত্রুতা দ্বারা নথিভুক্ত হয়েছে তা কখনও কোনও অধিকার (right) দেয় না।[৭]

আর. এস. (R.S.) স্বত্বলিপি কোনও সম্পত্তির ন্যায়সংগত অধিকারের প্রমাণ নথি হিসাবে স্বীকৃত হতে পারে না, সত্যতার পূর্বানুমান হিসাবে ধরা যায় এমনকী এটির সংশোধন করা যেতে পারে, কোনও জমির দখলের পূর্বানুমান (Presumption) হিসাবে স্বত্বলিপিকে ধরা যায়।[৮]

গাজী মহম্মদ রিয়াজুল হক বনাম *মহবুবাল ফটাতা পুরকাইত*,[৯] মামলায় মহামান্য কলিকাতা হাইকোর্ট জানিয়েছেন যে এ বিষয়ে কোনও বিবাদ নেই যে

৪ *কাত্য বালা দাসী* বনাম *নীলমণি পাখিরা* AIR 1987 Cal 248; 1986(2) Cal LJ 1.

৫ *কর্পোরেশন অব সিটি অব বাঙ্গালোর* বনাম *এম. পাপাইয়া* AIR 1989 SC 1809.

৬ *রাজকৃষ্ণ* বনাম *বারবণী কোল কনসার্ন* 60 Cal LJ 477; *আহম্মেদ হোসেন* বনাম *দীগেন্দ্র নারাইন* 40 CWN 22.

৭ *বিশ্ববিজয় ভারতী* বনাম *ফাকরুল হাসান* AIR 1976 SC 1485; *বচন* বনাম *কঙ্কর* AIR 1972 SC 2257; *ওয়ালি মহম্মদ* বনাম *রাম সুরত* AIR 1989 SC 2296.

৮ *কান্দন মাঞ্জী* বনাম *শান্তি প্রসাদ চ্যাটার্জী* 88 CWN 789.

৯ 1980(2) Cal LJ 548.

কোনও স্বত্বলিপি কোনও জমির উপর ন্যায়সংগত অধিকার তৈরি করে না বা শেষ করেও দেয় না। কিন্তু যখন কোনও দখলের প্রশ্ন ওঠে কোনও মামলায়, তখন স্বত্বলিপি দেখাতে পারে কোনও সম্পত্তির উপরে কোনও বিশেষ সময়ে করে দখল আছে এবং এই নথি ধরে নেওয়া হবে সঠিক আছে যতক্ষণ না পর্যন্ত অকাট্য (cogent) নথি, প্রমাণাদি দ্বারা এটির সংশোধন হচ্ছে।

পশ্চিমবঙ্গ ভূমি সংস্কার আইনের ৫১ক(১) বা ৫১ক(৪) বা ৫০, ৫১খ বা ৫১খখ ধারায় রাজস্ব আধিকারিক স্বত্বলিপিতে যে তথ্য নথিভুক্ত করেন তা সবই দখল অনুযায়ী। যদি এরকম হয় যে, কোনও ব্যক্তি দলিল মূলে কোনও জমি কিনেছেন কিন্তু তিনি কোনও কারণে ওই জমির দখল পান নি তাহলে শুধুমাত্র দলিলের উপর ভিত্তি করে রাজস্ব আধিকারিক ওই ব্যক্তির নাম স্বত্বলিপিতে নথিভুক্ত করেন না। অর্থাৎ বলা যায় যে, যে ব্যক্তির নামে স্বত্বলিপিতে জমি নথিভুক্ত করা আছে, ওই জমি ওই ব্যক্তি স্বত্বলিপিতে নথিভুক্ত করার সময় দখল করতেন।

১০। শুনানির সুযোগ দিতে হবে [Opportunity of being heard should be given]. বিচার ব্যবস্থার অন্যতম নীতি হল কোনও ব্যক্তিকে শুনানির সুযোগ দিতে হবে। ১৯৬৫ সালের পশ্চিমবঙ্গ ভূমি সংস্কার নিয়মের ২৪ নং বিধিতে বিশেষভাবে বলা আছে যে ৫১ক(১) ধারায় দাখিল করা কোনও আপত্তি (objection) স্বার্থ জড়িত কোনও ব্যক্তিকে শুনানির সুযোগ না দিয়ে নিষ্পত্তি করা যাবে না। পশ্চিমবঙ্গ ভূমি সংস্কার আইনের ৫১ক(৪) ধারাতেও বলা আছে যে, ৫১ক(২) ধারায় চূড়ান্ত প্রকাশিত স্বত্বলিপির সংশোধন করতে হলে স্বার্থজড়িত সমস্ত পক্ষকে শুনানির সুযোগ দিতে হবে। রাজস্ব আধিকারিককে বিচার ব্যবস্থার এই ন্যূনতম নীতিকে অবশ্যই মেনে চলতে হবে। কোনও ব্যক্তির এই অধিকার আছে জানার যে তার বিরুদ্ধে কী কী অভিযোগ আছে এবং সেই অভিযোগ খণ্ডন করে যুক্তি সহ তথ্য, প্রমাণ দাখিল করার অধিকারও তার আছে। কোনও লোক যেন বিজ্ঞপ্তি না পাওয়ায় শুনানিতে হাজির হওয়া থেকে বঞ্চিত না হয় কিংবা তার বিরুদ্ধে আনা অভিযোগগুলো যেন তাকে জানানো হয় এবং সেই অভিযোগ খণ্ডন করে এরূপ তথ্য প্রমাণ দাখিল করার সুযোগ যেন তাকে দেওয়া হয়।

বর্গাদারের নাম স্বত্বলিপিতে নথিভুক্ত করার জন্য ১৯৬৫ সালের পশ্চিমবঙ্গ ভূমি সংস্কার নিয়মের ২১(৩) নং বিধিতে বলা ছিল রাজস্ব

আধিকারিক কোনও প্রকাশ্য স্থানে বিজ্ঞপ্তি টাঙাতে পারেন কোনও তদন্ত বা স্বত্বলিপি সংশোধনের অন্তত এক সপ্তাহ আগে। এর ফলে "ধরে নেওয়া হবে" স্বার্থ সংশ্লিষ্ট সমস্ত পক্ষকে বিজ্ঞপ্তি জানানো হল এবং "শুনানির সুযোগ দেওয়া হল"। কিন্তু এই বিধিকে চ্যালেঞ্জ করে মামলা হয়, মহামান্য উচ্চ আদালত এই বিধিকে অবৈধ, আইনসম্মত নয় বলে রায় দিয়েছেন। একজন রায়তের জমির উপর চাষের অধিকার এক্ষেত্রে জড়িত। সুতরাং স্বার্থ সংশ্লিষ্ট ব্যক্তি বিজ্ঞপ্তি পেল কিনা শুনানি শুরুর আগে এটা জানা দরকার।

পশ্চিমবঙ্গ ভূমি সংস্কার আইনের ৫১ক(১) বা ৫১ক(৪) বা ৫০ ধারায় স্বত্বলিপি সংশোধন বা প্রস্তুতের সময় এটা রাজস্ব আধিকারিক বিশেষভাবে লক্ষ্য রাখবেন যেন সমস্ত পক্ষ শুনানির বিজ্ঞপ্তি পান এবং শুনানিতে উপস্থিত থেকে তার পক্ষে বক্তব্য, তথ্য, প্রমাণ, স্বাক্ষ্য ইত্যাদি পেশ করার সুযোগ পান।

কোনও বিশেষ ক্ষমতাপ্রাপ্ত আধিকারিককে সাধারণ বিচার ব্যবস্থার (natural justice) নিয়মনীতি মেনে চলতে হবে। যে ব্যক্তির স্বত্বলিপি সংশোধন করতে চাওয়া হবে, তাকে অবশ্যই জানতে দিতে হবে কেন বা কী পদ্ধতিতে এবং কী কারণে (why or in what manner and what reason) যে স্বত্বলিপি তার নামে রয়েছে তা সংশোধন করার প্রয়োজন হয়েছে। তিনি অবশ্যই শুনানির সুযোগ পাবেন।

কোনও ব্যক্তি যার নামে কোনও স্বত্বলিপি নথিভুক্ত রয়েছে, যদি ওই স্বত্বলিপিতে কোনও তথ্য (entry) বাদ দেওয়া হয় তবে বাদ দেওয়ার আগে, উপযুক্ত বিজ্ঞপ্তি দিয়ে তাকে শুনানিতে উপস্থিত হওয়ার সুযোগ দিতে হবে। *অমরনাথ দাস* বনাম *পশ্চিমবঙ্গ সরকার*,[১০] উপরোক্ত মামলায় বাদীর নাম স্বত্বলিপিতে লেখা ছিল। স্বত্বলিপি থেকে বাদীর নাম, তথ্যবাদীকে কোনও বিজ্ঞপ্তি দেওয়া হয়নি। কোনও কার্যাবলি (proceeding) করা হয়নি, এমতাবস্থায় স্বত্বলিপি থেকে কোনও তথ্য কেটে দেওয়া আইনসঙ্গত হয়নি সুতরাং ওই সিদ্ধান্ত বাতিলযোগ্য।

১১। স্বত্বলিপির পূর্বানুমান মূল্য [Presumption value of r-o-rs]. খসড়া স্বত্বলিপির আইন অনুযায়ী কোনও সত্যতার পূর্বানুমান (presumption of

১০ 1979 WBLR 181 (Cal).

correctness) নেই। ভারতীয় সাক্ষ্য আইনের (Indian Evidence Act) ৩৫ ধারা অনুযায়ী যা আছে তা খুবই দুর্বল পূর্বানুমান (presumption)।[১১]

সত্যতার পূর্বানুমান সেই খতিয়ানের ক্ষেত্রেই প্রযোজ্য যেগুলির চূড়ান্ত প্রকাশ হয়েছে কিন্তু ক্যাডাসট্রাল মানচিত্রের বেলায় ঘটে না। কিন্তু ওইগুলিকে একেবারে উড়িয়ে দেওয়া যায় না এই কারণে যে ওই নথিগুলি সরকারি আধিকারিকগণই তৈরি করেছেন।[১২]

যতক্ষণ না পর্যন্ত তথ্য প্রমাণ দ্বারা মিথ্যা প্রতিপন্ন না করা হচ্ছে ততক্ষণ পর্যন্ত চূড়ান্ত প্রকাশিত স্বত্বলিপিতে নথিভুক্ত তথ্যগুলিকে সঠিক আছে ধরে নেওয়া হবে।[১৩]

সত্যতার পূর্বানুমান হল সাক্ষ্য প্রমাণের একটি নিয়ম (presumption of accuracy is a rule of evidence)।[১৪]

যে তথ্য কোনও নিয়ম বা বিধি দ্বারা নথিভুক্ত হয়নি তার সত্যতার পূর্বানুমান (presumption of correctness) নেই, কেবলমাত্র ভারতীয় সাক্ষ্য আইন (Indian Evidence Act)-এর ৩৫ নং ধারা অনুযায়ী গ্রহণযোগ্য।[১৫]

যখন চূড়ান্ত প্রকাশিত মৌজার স্বত্বলিপির সত্যতা চ্যালেঞ্জ করা হয় তখন স্বত্বলিপির চূড়ান্ত প্রকাশ হওয়ার আগে কী অবস্থা ছিল তা বোঝার জন্য খসড়া স্বত্বলিপি দেখার প্রয়োজন হয়।[১৬]

তজদিক (attestation) হয়ে যাওয়ার পর দীর্ঘদিন ধরে কোনও স্বত্বলিপির খসড়া প্রকাশনা বন্ধ রাখাটা কোনও রাজস্ব আধিকারিক বা সেটেলমেন্ট কর্তৃপক্ষের কাছে উচিত নয়।[১৭]

কোনও স্বত্বলিপির কোনও তথ্যের সত্যতার পূর্বানুমান (presumption of correctness) তখনই গ্রহণীয় হবে যা আইন এবং নিয়ম (Act & Rule) অনুযায়ী তৈরি হয়েছে এবং কর্তৃপক্ষ দ্বারা শংসায়িত (authorised)।[১৮]

১১ *ব্রজমোহন চৌধুরী* বনাম *রাজস্ব আধিকারিক* 1979(1) CHN 401 (Para 11); *হরিদাস ঘোষ* বনাম *কিষেণ চাঁদ* AIR 1952 Cal 393.

১২ *এফ. মেকডোনাল্ড* বনাম *মহম্মদ আজাদ* 50 CWN 144.

১৩ *গৌর গোপাল* বনাম *পঃ বঃ সরকার* 67 CWN 12.

১৪ *কাজী মহম্মদ* বনাম *শিবরাম বন্দ্যোপাধ্যায়* 70 CWN 1066; AIR 1967 Cal 10.

১৫ *প্রতাপ* বনাম *জগদীশ* 40 Cal LJ 331; AIR 1926 Cal 862.

১৬ আবু বনাম *হীরালাল* 33 CWN 196.

১৭ *শচীনন্দন বাগ* বনাম *পঃ বঃ সরকার* 1981(1) Cal LJ 214; 85 CWN 383.

১৮ *জে. এন. মালিক* বনাম *এস. এন. পালিত* 69 CWN 210 (811).

আদালতে উভয় পক্ষই যখন তথ্য প্রমাণ দাখিল করবেন, তখন যার নামে রেকর্ড আছে আদালত তাকে বিশেষ সুবিধা (special allowances) দেবেন না।[১৯]

দেবেন্দ্র বনাম *প্রমদা*,[২০] মামলায় মহামান্য আদালত রায় দিয়েছেন—স্বত্বলিপির ভিত্তি (foundation)-টাই যদি জীর্ণ বা অব্যবহার্য হয় তবে পূর্বানুমান কম/বেশি তা প্রমাণযোগ্য।

যার পক্ষে কোনও স্বত্বলিপিতে কোনও তথ্য নথিভুক্ত হয়েছে, চূড়ান্ত প্রকাশিত কোনও স্বত্বলিপির ক্ষেত্রে যদি তিনি কোনও প্রমাণ (ভিত্তি) দেখাতে না পারেন তা হলেও ওই স্বত্বলিপির সত্যতা বজায় থাকে।[২১] অন্য একটি মামলায় আদালত জানিয়েছেন—যার পক্ষে কোনও স্বত্বলিপিতে কোনও তথ্য নথিভুক্ত হয়েছে সেই স্বত্বলিপির সত্যতা প্রমাণের কোনও বাধ্যবাধকতা ওই ব্যক্তির উপর বর্তায় না।[২২]

কোনও স্বত্বলিপির সত্যতা ততক্ষণ পর্যন্ত ধরা যেতে পারে যতক্ষণ না পর্যন্ত আইন অনুযায়ী অন্য কোনও তথ্য নথিভুক্ত না হচ্ছে। যিনি অভিযোগ আনছেন যে 'কোনও স্বত্বলিপি সঠিক নয়' এটা প্রমাণ করার দায়িত্ব তার উপরেই বর্তায়।[২৩]

কোনও স্বত্বলিপি সঠিক ততক্ষণ পর্যন্ত ধরা হবে যতক্ষণ না পর্যন্ত অন্য কোনও বিরুদ্ধ তথ্য দেখানো না হচ্ছে।[১]

যতক্ষণ না কোনও তথ্য দ্বারা প্রমাণ না করা হচ্ছে, ততক্ষণ পর্যন্ত কোনও স্বত্বলিপির সত্যতা দিতে হবে। এটা আদালতে দায়িত্ব যে যুক্তি, তথ্য দ্বারা অভিযোগ প্রমাণ না করা পর্যন্ত কোনও স্বত্বলিপির সত্যতার স্বীকৃতি দেওয়া।[২]

অন্য একটি রায়ে মহামান্য আদালত নির্দেশ দিচ্ছেন—যখন ব্যক্তির স্বপক্ষে কোনও স্বত্বলিপির সত্যতার পূর্বানুমান (presumption of

১৯ *তারক* বনাম *রমেশ* 1976 CHN 42.

২০ 37 CWN 810.

২১ *সুশান্ত মণ্ডল* বনাম *প্রবোধ রঞ্জন মজুমদার* 1976(1) Cal LJ 84.

২২ *রাণী হর্ষমুখী দাসী* বনাম *ক্ষীতেন্দ্রদেব রায়* 47 CWN 662.

২৩ *শ্রীকান্ত গোওয়াদা* বনাম *এল. আর ট্রাইব্যুনাল, তীর্থপল্লী* AIR 1977 NOC 289.

১ *মহন্তকৃষ্ণ দয়াল গির* বনাম *রাণী ভুবনেশ্বরী কাউর* 35 CWN 921 (PC); *অনুপ মাহাতো* বনাম *মিতা দুসাধ* 59 Cal LJ 147 (PC).

২ *কাঙ্কু সর্দার* বনাম *সফীজুদ্দিন* 55 Cal LJ 569.

correctness) দেখা যায় তখন এই দায়িত্ব তার নয় যে প্রমাণ, তথ্য সহ এই স্বত্বলিপির সত্যতা তাকেই প্রমাণ করতে হবে।[৩]

যখন কোনও লোক কোনও স্বত্বলিপিকে চ্যালেঞ্জ করছেন তখন তাকেই যুক্তি, তথ্য, প্রমাণসহ দেখাতে হবে যে ওই স্বত্বলিপির সত্যতা সংশোধনযোগ্য।[৪]

একথা মনে রাখা দরকার যে কোনও তথ্য সেটেলমেন্টে নথিভুক্ত হলে তা গুরুত্বপূর্ণ প্রমাণের অংশ হিসাবে চিহ্নিত হবে এবং এটি যতক্ষণ না পর্যন্ত অন্য কোনও তথ্য দ্বারা সংশোধিত না হচ্ছে ওই ব্যক্তির অধিকারের প্রমাণ হিসাবে গণ্য হবে।[৫]

চূড়ান্ত প্রকাশিত মৌজার স্বত্বলিপি সম্পত্তির ন্যায়সঙ্গত অধিকারের (title) তথ্য বা নথি হিসাবে ধরা যায় না। বরং কোনও ব্যক্তির জমির দখলের প্রমাণ হিসাবে স্বত্বলিপিকে বলা যায়।[৬]

১২। হস্তান্তরের উদ্দেশ্য [motive] সম্বন্ধে রাজস্ব আধিকারিক কোনও প্রশ্ন করবেন না [Revenue Officer will not ask question regarding the motive of transaction]. পশ্চিমবঙ্গ ভূমি সংস্কার আইনের ৫০, ৫১ক(১), ৫১ক(৪), ৫১খ প্রভৃতি ধারায় কোনও রায়ত দলিল মূলে দখলপ্রাপ্ত জমির স্বত্বলিপিতে নথিভুক্ত করেন। এই দলিল দানপত্র, বিক্রি, বণ্টন ইত্যাদি বিভিন্ন রকম হতে পারে। কিন্তু রাজস্ব আধিকারিক সংশোধনের সময় এই দলিলের মাধ্যমে হস্তান্তরের উদ্দেশ্য কী ছিল তা জিজ্ঞাসা করতে পারেন না।[৭] মামলা দুটিতে মহামান্য আদালত জানিয়েছেন—১৯৫৩ সালের পশ্চিমবঙ্গ জমিদারি অধিগ্রহণ আইনে ৪৪(২ক) ধারায় ক্ষমতাপ্রাপ্ত কর্তৃপক্ষের স্বত্বলিপি নথিভুক্ত করার সময় হস্তান্তরের উদ্দেশ্য বিষয়ে লক্ষ্য করার কোনও এক্তিয়ার নেই।

৩ *মাধবচন্দ্র* বনাম *তিলোত্তমা* AIR 1928 Cal 751.

৪ *লখী নাথ বেরা* বনাম *নবদ্বীপ চন্দ্র নন্দী* 31 CWN 192.

৫ *বিপিন বিহারী* বনাম *ত্রৈলক্যনাথ* 31 CWN 448; *অমূল্য রতন ঘোরাই* বনাম *সম্পাদক, শ্রীশ্রীরামকৃষ্ণ সেবা সদন* 1989(2) CHN 5; 1989(1) Cal LJ 447.

৬ *শ্রীমতী কাত্য বালা দাসী* বনাম *নীলমণি পাখিরা* 1986(2) Cal LJ 1; *রায় বাড়ি* বনাম *বিভাবতী* 1975(1) Cal LJ 382.

৭ *মার্চিয়া মাহুন* বনাম *রাজ্য* AIR 1979 Cal 94; *পশ্চিমবঙ্গ সরকার* বনাম *জ্যোৎস্না ভৌমিক* AIR 1977 Cal 158; 1977(1) Cal LJ 437.

১৩। দুটি স্বত্বলিপির মধ্যে প্রশ্ন [Question between the two records]. যখন সি. এস. (C.S.) স্বত্বলিপি এবং আর. এস. (R.S.) স্বত্বলিপির মধ্যে প্রতিদ্বন্দ্বিতা হবে (competition) সেক্ষেত্রে আর. এস. (R.S.) স্বত্বলিপিই জয়ী (prevail) হবে।[৮]

সি. এস. (C.S.) রেকর্ড এবং আর. এস. (R.S.) রেকর্ডের মধ্যে কোন্‌টা সঠিক এই প্রশ্নে কলিকাতা হাইকোর্টে জানিয়েছেন এই ধরনের কোনও প্রশ্নে আর. এস. (R.S.) রেকর্ডকেই সঠিক ধরে নেওয়া হবে। এমনকী যদি দুটি আর. এস. (R.S.) খতিয়ানের মধ্যে এরকম প্রশ্ন ওঠে যে কোন্‌টা ঠিক, যার একটি তৈরি হয়েছিল ১৯৬৪ সালে অন্যটা ১৯৬৬ সালে। তবে ১৯৬৬ সালে প্রস্তুত খতিয়ানটি অসম্মত (unauthorised) হওয়ায় ১৯৬৪ সালের আর. এস. (R.S.) খতিয়ানটি সঠিক বলে ধরা হবে।[৯]

একথা বলা যায় একইরকমভাবে আর. এস. (R.S.) এবং এল. আর. (L.R.) স্বত্বলিপির মধ্যে কোনও বিতর্ক দেখা দিলে এল. আর. (L.R.) রেকর্ডই বহাল থাকবে। তবে এল. আর. (L.R.) রেকর্ড নথিভুক্ত হওয়ার আগে কী অবস্থা ছিল এটা জানতে আর. এস. (R.S.) রেকর্ডের প্রয়োজন।

১৪। স্বত্বলিপি কোনও সম্পত্তির উপর ন্যায়সংগত অধিকার তৈরি করে না বা নষ্ট করে না [R-o-rs neither creates nor extinguishes any title to property]. কোনও ক্ষেত্রে যদি দখল (possession) নিয়ে কোনও প্রশ্ন ওঠে, সেক্ষেত্রে স্বত্বলিপি (record-of-rights) কোনও নির্দিষ্ট একটা সময়ে কে ওই সম্পত্তি দখল করে তা দেখায়। কোনও খতিয়ানে যদি এরকম মন্তব্য লেখা থাকে যে—"রায়তি দখলি স্বত্ব বিশিষ্ট" এবং কোনও জমির শ্রেণি "বাস্তু" লেখা থাকে এবং "কুঁড়েঘর" আছে, এক্ষেত্রে ওই জমিটি কৃষি জমি নয় তা স্বত্বলিপি দেখে ধরে নেওয়া যায়।[১০]

৮ *সুশান্ত মণ্ডল* বনাম *প্রবোধ রঞ্জন মজুমদার* 1976(1) Cal LJ 84; *রাজা দুর্গা সিংহ* বনাম *খোলু* AIR 1963 SC 361; *ঋষিকেশ বারিক* বনাম *পশ্চিমবঙ্গ সরকার* AIR 1978 Cal 556; *শ্রী ভবেন্দ্রনাথ ঠাকুর* বনাম *পারুল বালা দাস* 1979(2) Cal LJ 44; *অমূল্য রতন ঘোরই* বনাম *সম্পাদক শ্রীশ্রীরামকৃষ্ণ সেবা সদন* 1989(1) Cal LJ 447; 1989(2) CHN 5.

৯ *দুখীরাম দে* বনাম *মৃত্যুঞ্জয় দাঁ* 1982(1) CHN 206.

১০ *ইয়াসিন গাজী* বনাম *গোপাল গাজী* 1979(1) CHN 39; 1978(2) Cal LJ 446; 83 CWN 87.

এটা বারবার বলা হয়েছে যে স্বত্বলিপির কোনও নথিভুক্ত তথ্য কোনও লোকের পক্ষে (favour) কোনও সম্পত্তির উপর ন্যায়সংগত অধিকার (title) তৈরি করে না। যেহেতু শুধুমাত্র জমির দখলের উপরে স্বত্বলিপি তৈরি হয়, তাই কোনও স্বত্বলিপির পূর্বানুমান (presumption) কোনও সম্পত্তির উপর ন্যায়সংগত অধিকার তৈরি করে না কিংবা ওই অধিকার শেষ করেও দেয় না।[১১]

দলীপ সিংহ বনাম *শিখ গুরুদ্বারা প্রবন্ধক কমিটি*,[১২] মামলায় মহামান্য সুপ্রীম কোর্ট জানিয়েছেন অন্য কোনও তথ্য প্রমাণাদি ছাড়া শুধুমাত্র স্বত্বলিপির কোনও তথ্য (entry) কোনও সম্পত্তির ন্যায়সংগত অধিকার প্রমাণ করে না।

অন্য একটি মামলায় সুপ্রীম কোর্ট জানান—প্রধানত যেহেতু দখলের উপর ভিত্তি করে স্বত্বলিপি তৈরি করা হয় সেই জন্য কোনও সম্পত্তির উপর ন্যায়সংগত অধিকারের প্রশ্নে স্বত্বলিপিকে বিশেষ সুস্পষ্ট, প্রত্যক্ষ প্রমাণ স্বরূপ ধরা যায় না। কোনও অনুসন্ধান বা তদন্ত ছাড়া কোনও "জমির দখল উদ্ধারের মামলায়" (suit for recovery of possession of land) শুধুমাত্র স্বত্বলিপির উপর ভিত্তি করে রায় দেওয়া যায় না। এই মামলায় বাদী বিবাদীয় জমির উপর কোনও ন্যায়সংগত অধিকার (title) দাবি করেন নি। তিনি এটা জানিয়েছে শুধু মাত্র একটি toilet ওই জমিতে আছে। খসড়া স্বত্বলিপিতে নথিভুক্ত তথ্য এটা প্রমাণ করে না বাদীর ওই জমির উপর নিরবচ্ছিন্ন ন্যায়সংগত অধিকার ছিল। স্বত্বলিপিতে নথিভূক্ত তথ্যের উপর ভিত্তি করেই যেহেতু বাদী সম্পত্তির উপর ন্যায়সংগত অধিকার দাবি করছে সেইজন্য এক্ষেত্রে অনুসন্ধান এবং তদন্ত করেই ন্যায়সংগত অধিকারের (title) প্রশ্নে ট্রায়াল কোর্টের উচিত ছিল রায় দেওয়া। শুধুমাত্র রাজস্ব তথ্যের (revenue entries) উপর ভিত্তি করে রায় দেওয়া ঠিক ছিল না।[১৩]

১৫। সম্পত্তির উপর ন্যায়সংগত অধিকারের প্রশ্ন [Question of title to land]. রাজস্ব আধিকারিক বা সেটেলমেন্ট কর্তৃপক্ষ কি কোনও জমির উপর

১১ *অমূল্য রতন গরাই* বনাম *সম্পাদক শ্রীশ্রীরামকৃষ্ণ সেবা সদন* 1989(1) Cal LJ 447; 1989(2) CHN 5; Cal LT 1989 HC 447.

১২ (2003)10 SCC 352.

১৩ *এম. টি. ডব্লিউ. টেনজিন* বনাম *মতিলাল লাকোতিয়া* AIR 2003 SC 1448.

কোনও ব্যক্তির ন্যায়সংগত অধিকার (title) নির্ধারণ করতে পারে? এই প্রশ্নের মীমাংসা করতে গিয়ে মহামান্য কলিকাতা হাইকোর্ট জানিয়েছেন—কর্তৃপক্ষ কোনও জমির উপর কোনও ব্যক্তির ন্যায়সংগত অধিকার (title) নির্ধারণ করতে পারে না। শুধুমাত্র ন্যায়সংগত অধিকারের প্রশ্নে আইনসভা কখনও দেওয়ানি আদালতের ক্ষেত্রাধিকার (jurisdiction) বা সীমাকে সেটেলমেন্ট কর্তৃপক্ষের কাছে স্থানান্তর (transfer) করতে পারে না। সাধারণ বিচার ব্যবস্থার অন্যতম নীতি হল একজন ব্যক্তি অবশ্যই জানতে চাইতে পারেন—কেন, কোন্ পদ্ধতিতে বা কোন্ কারণে যে স্বত্বলিপি তাঁর পক্ষে ছিল তা সংশোধিত হবে। অন্যভাবে বলতে গেলে তার বিরুদ্ধে আনা অভিযোগগুলো অন্তত তিনি জানতে চাইতে পারেন। বিচার ব্যবস্থার নূ্যনতম নীতিগুলো মেনে না চললে তাকে আইনসম্মত কার্যাবলি (proceeding) বলা যায় না।[১৪]

এটা ঠিক রাজস্ব আধিকারিক সম্পত্তির উপর ন্যায়সংগত অধিকারের প্রশ্নে কোনও কার্যাবলি (proceeding) আরম্ভ করতে পারেন না, কিন্তু চূড়ান্ত প্রকাশিত কোনও স্বত্বলিপিতে কোনও তথ্য নথিভুক্ত করতে গিয়ে তিনি সংক্ষেপে ন্যায়সংগত অধিকারের প্রশ্ন বর্ণনা করতে পারেন।[১৫]

১৬। ৫১ক(৫) ধারা অনুযায়ী আপিল [Appeal under s. 51A(5)]. রাজস্ব আধিকারিক পঃ বঃ ভূমি সংস্কার আইনের ৫১ক(৪) ধারায় দাখিল করা আবেদনপত্র (application) যথোপযুক্ত পদ্ধতিতে স্বার্থজড়িত সমস্ত পক্ষকে শুনানির সুযোগ দিয়ে নিষ্পত্তি করেন। রাজস্ব আধিকারিকের সিদ্ধান্তে অখুশি বা ক্ষুব্ধ হলে কোনও ব্যক্তি বা ব্যক্তিগণ পঃ বঃ ভূমি সংস্কার আইনের ৫১ক(৫) ধারায় নির্ধারিত কর্তৃপক্ষের কাছে আপিল দাখিল করতে পারেন। একইভাবে পশ্চিমবঙ্গ ভূমি সংস্কার আইনের ৫১খ [s. 51B] ধারায় রাজস্ব আধিকারিককে দেওয়ার আদেশের বিরুদ্ধেও নির্ধারিত কর্তৃপক্ষের কাছে ৫১ক(৫) ধারা আপিল করা যায়। ৫১ক(৫) বা ৫১খ যাই হোক না কেন, রাজস্ব আধিকারিকের দেওয়ার আদেশের ৩০ দিনের মধ্যে নির্ধারিত কর্তৃপক্ষের কাছে

১৪ *রমেশ* বনাম *সহকারী সেটেলমেন্ট আধিকারিক* AIR 1972 Cal 455 (Para 5); 76 CWN 147.

১৫ *ললিত মোহন সরকার* বনাম *পঃ বঃ সরকার* 1975(1) Cal LJ 448; *ব্রজমোহন সরকার* বনাম *পঃ বঃ সরকার* 79 CWN 1035.

আপিল করতে হয়। কীভাবে আপিল করতে হবে তা ১৯৬৫ সালের পশ্চিমবঙ্গ ভূমি সংস্কার নিয়মে ২৬ নং বিধিতে বলা আছে।

প্রতিটি আপিল দাখিল করতে হবে স্মারকলিপির মতো (form of memorandum) করে, তাতে যিনি আপিল করছেন তিনি সই করবেন এবং পরীক্ষা করবেন। যে রায়ের বিরুদ্ধে আপিল করা হবে তার একটি প্রত্যায়িত (authenticated) অংশ আপিলের সাথে দিতে হবে। সমস্ত পদ্ধতি করা হয়[১৬] ১৯০৮ সালের দেওয়ানি প্রক্রিয়া সংহিতার (Code of Civil Procedure) ১ নং তফসিলের ৬ নং আদেশের ১৫ নং নিয়মের (২) এবং (৩) নং উপবিধি অনুযায়ী। আগেই বলা হয়েছে আপিল করতে হবে রাজস্ব আধিকারিক রায় দেওয়ার ৩০ দিনের মধ্যে। তবে যদি আপিলকারী যথেষ্ট কারণ দিয়ে আপিল বিচারককে সন্তুষ্ট (satisfied) করতে পারেন যে ৩০ দিনের মধ্যে তিনি কেন আপিল করতে পারেন নি তাহলে ৩০ দিনের পরেও আপিলের আবেদন দাখিল হতে পারে। Court Fee আইনের ২ নং তফসিলের ১১ নং বিধি অনুযায়ী আপিলের সাথে কোর্ট ফি দিতে হয়।

১৭। ১৯৬৫ সালের পশ্চিমবঙ্গ ভূমি সংস্কার নিয়মের ২৬ নং বিধি [Rule 26 of W.B.L.R. Rules 1965]. ৫১ক(৫) ধারা অনুসারে আপিল ঃ (১) প্রতিটি আপিল দাখিল করা হবে পঃ বঃ ভূমি সংস্কার আইনের ৫১ক(৫) ধারা অনুযায়ী স্মারকলিপির মতো (in the form of memorandum) করে, ১৯০৮ সালের দেওয়ানি প্রক্রিয়া সংহিতার ১ নং তফসিলের ৪ নং আদেশের ১৫ নং নিয়মের (২) ও (৩) নং উপবিধি অনুসরণ করে [আগে এটি উল্লিখিত রয়েছে]। যিনি আপিল করবেন, দেওয়ানি প্রক্রিয়া সংহিতার উপরোক্ত উপবিধি অনুযায়ী আপিল আবেদন পরীক্ষা (verify) ও স্বাক্ষর করবেন। যে আদেশের বিরুদ্ধে আপিল করা হবে, আপিল আবেদনের সাথে ওই আদেশের একটি প্রত্যায়িত (authenticated) অংশ জুড়ে দিতে হয়।

১৬ Schedule I, order VI.

Rule 15. (2) : The person verifying shall specify, by reference to the numbered paragraphs of the pleading, what he verifies of his own knowledge and what he verifies upon information received and believed to be true.

(3) The verification shall be signed by the person making it and shall state the date on which and the place at which it was signed.

(২) ৫১ক(৫) উপধারা অনুযায়ী[১৭] [নির্ধারিত কর্তৃপক্ষের] নিকট আপিল দাখিল করা হবে রাজস্ব আধিকারিকের [৫১ক(৪) বা ৫১খ ধারায় ক্ষমতাপ্রাপ্ত] দেওয়া আদেশের ত্রিশ দিনের মধ্যে।

নির্দিষ্ট সময়ের পরেও আপিল গ্রহণ করা হতে পারে যদি আপিলকারী যথেষ্ট কারণ দিয়ে অতিরিক্ত জেলা শাসক [ভূমি সংস্কার] কে সন্তুষ্ট করাতে পারেন যে কেন তিনি ত্রিশ দিনের মধ্য আপিল দাখিল করতে পারেন নি।

(৩) পশ্চিমবঙ্গ ভূমি সংস্কার আইনের ৫১ক(৫) ধারায় দাখিল করা আপিলের সাথে ১৮৭০ সালের কোর্ট ফি আইনের ২ নং তফসিলের ১১ নং বিধি অনুসারে কোর্ট ফি দিতে হবে যা নির্দিষ্ট পদ্ধতি অনুযায়ী সংগ্রহ করা হবে।

১৮। আপিল বিচারক [Appeal judge]. পশ্চিমবঙ্গ ভূমি সংস্কার আইনের ৫১ঘ [s. 51D] ধারা অনুযায়ী আপিল মামলার বিচারক ছিলেন—"বিশেষ বিচারক" [special judge] এবং "অতিরিক্ত জেলা বিচারক"। এরপর ১৯৭১ সালের পঃ বঃ ভূমি সংস্কার (সংশোধনী) আইন এবং ১৯৭২ সালের পঃ বঃ ভূমি সংস্কার (সংশোধনী) আইন দ্বারা পরিবর্তিত হয়ে সংশ্লিষ্ট জেলার "অতিরিক্ত জেলা শাসক" আপিল মামলার বিচারক হিসাবে নির্ধারিত হয়েছেন।

বিজ্ঞপ্তি নং-৪১৬-এল. রেফ্., তাং ১৩.৬.১৯৮৮ অনুযায়ী বর্তমানে আপিল মামলার বিচারক হলেন "৫১ক(৫) ধারা অনুযায়ী নির্ধারিত কর্তৃপক্ষ"—যে বিজ্ঞপ্তিটি কলিকাতা গেজেটে ১৫.৭.১৯৮৮-তে প্রকাশিত হয়েছিল।

৫১খ ধারায় রাজস্ব আধিকারিকের দেওয়া রায়ের বিরুদ্ধে ৫১ক(৫) ধারায় আপিল করা যায়। কিন্তু তফসিল ক ১ নং বিধির ২ নং অনুবিধি অনুযায়ী বর্গা নথিভুক্তের বিরুদ্ধে এই ধারায় আপিল হয় না।[১৮]

১৭ (২) উপবিধিতে বর্ণিত "৫১ক(৫) ধারা অনুযায়ী নির্ধারিত কর্তৃপক্ষ" কথাটি "অতিরিক্ত জেলাশাসক"-এর পরিবর্তে হবে। এই পরিবর্তনটি হয়ে বিজ্ঞপ্তি নং ৪১৬-এল. রেফ্., তাং ১৩.৬.১৯৮৮ দ্বারা যা কলিকাতা গেজেটে প্রকাশিত হয়েছিল ১৫.৭.১৯৮৮ তারিখে।

১৮ *গঙ্গারানি বেরা* বনাম *পঃ বঃ সরকার* 1987(1) Cal LJ 36; 1987(1) CHN 93; 91 CWN 882.

যদি বিচারকল্প ন্যায়পীঠ (*quasi judicial* tribunal) কোনও নথি (evidence) সঠিকভাবে পরীক্ষা করেন এবং তথ্য, প্রমাণাদি কার্যাবলিতে (proceeding) নথিভুক্ত করেন তবে আপিল বিচারক যতক্ষণ না পর্যন্ত নিজে তথ্য দ্বারা প্রমাণ করতে না পারছে বিচারকল্প ন্যায়পীঠের (*quasi judicial* tribunal) উল্লেখ করা কারণ বা তথ্য প্রমাণ বাতিল করতে পারে না। আপিল বিচারকের আদেশ যদি অনুমান (conjecture) এবং আন্দাজের (surmises) উপরে ভিত্তি করে হয় তবে তা বাতিল যোগ্য।[১৯]

পশ্চিমবঙ্গ ভূমি সংস্কার আইনের ২০০০ সালের সংশোধনী দ্বারা ৫১ক(৫) ধারাটির কিছু পরিবর্তন আনা হয়েছে, যা ৭.৮.১৯৬৯ থেকে কার্যকরী। সংশোধিত ধারায় বলা হয়েছে আপিল এরকম রাজস্ব আধিকারিকের কাছে দাখিল করতে হবে যিনি পদাধিকার বলে সেই রাজস্ব আধিকারিকের চেয়ে পদমর্যাদায় আরও উঁচুতে অবস্থিত যে রাজস্ব আধিকারিকের আদেশের বিরুদ্ধে আপিল করা হয়েছে।

১৯। আপিলের সুযোগ শেষ না হলে ট্রাইব্যুনালে মামলা করা যায় না [Suit cannot be filed before expiry of limitation period]. পশ্চিমবঙ্গ ভূমি সংস্কার আইনের ৫১ক(৫) ধারায় বর্ণিত আপিলের সুযোগ গ্রহণ না করে কোনও ব্যক্তি পঃ বঃ ভূমি সংস্কার ন্যায়পীঠে একটি মামলা দায়ের করেন রাজস্ব আধিকারিকের রায়ে ক্ষুব্ধ হয়ে। ন্যায়পীঠ ওই মামলাটি এই মর্মে খারিজ দেন যে ভূমি সংস্কার আইনে বর্ণিত আপিলের সুযোগ শেষ না হতে প্রতিকার চেয়ে তিনি ন্যায়পীঠ-এ মামলা দাখিল করতে পারেন না।

এই রায়ের বিরুদ্ধে মহামান্য কলিকাতা হাইকোর্টে মামলা দায়ের করা হয়। মহামান্য কলিকাতা হাইকোর্ট ওই ন্যায়পীঠের রায়কে বহাল রাখেন। মামলাটি খারিজ করা হয়।[২০]

২০। খানাপুরী বুঝারতের সময় বর্গাদারের নাম নথিভুক্ত করা [Recording the name of bargadars at K.B.]. খানাপুরী বুঝারত হল স্বত্বলিপি সংশোধনের একটা পর্যায়। এই পর্যায়ে যদি বর্গাদারের নাম নথিভুক্ত করতে হয় তবে এটা ধরে নেওয়া যায় যে, এই রকম বর্গাদারের নাম রেকর্ড করার আগে জমির মালিককে শুনানির সুযোগ দিতে হবে, তা না হলে যে জমির

১৯ *পশ্চিমবঙ্গ সরকার* বনাম *অতুলকৃষ্ণ সাউ* AIR 1990 SC 2205.

২০ *জগদীশ প্রসাদ পতি* বনাম *পশ্চিমবঙ্গ সরকার* Cal LT 2001(3) HC 309.

উপর বর্গা স্বত্ব দাবি করা হচ্ছে সেই জমির উপর মালিকের মূল্যবান অধিকারকে (valuable right) অস্বীকার করা হয়। খানাপুরী বুঝারতের সময় সেই সমস্ত বর্গাস্বত্ব নথিভুক্ত করা যায় যেগুলি সম্পর্কে কোনও বিতর্ক নেই, সমস্যা নেই।[১]

১৯৬৫ সালের পঃ বঃ ভূমি সংস্কার নিয়মের ২১(৩) নং বিধি অনুযায়ী বিবাদীয় জমি যে মৌজায় অবস্থিত সেখানকার পঞ্চায়েত এলাকার কোনও প্রকাশ্য স্থানে বিজ্ঞপ্তি টাঙিয়ে দিতে হবে, এটা বিজ্ঞপ্তি জারির পক্ষে অপর্যাপ্ত (inadequate) ব্যবস্থা। আইনসভা উদ্দেশ্য এটা নয় যে কোনও ব্যক্তির সম্পত্তির উপর অধিকার থেকে বঞ্চিত করা উপরোক্ত পদ্ধতিতে বিজ্ঞপ্তি জারি আসলে সরাসরি ব্যক্তিস্বার্থে আঘাত। যে ব্যক্তির জমির উপর অধিকার সরাসরি আঘাতপ্রাপ্ত হচ্ছে, তাকে অবশ্যই শুনানির সুযোগ দিতে হবে। তা না হলে যার জমির উপর বর্গাস্বত্ব দাবি করা হচ্ছে তার সম্পত্তির উপর মূল্যবান অধিকারকেই অস্বীকার করা হয়। সুতরাং এটা বলা যায় ১৯৬৫ সালের পশ্চিমবঙ্গ ভূমি সংস্কার নিয়মের ২১(৩) বিধি অনুযায়ী যদি জমির মালিককে ব্যক্তিগত বিজ্ঞপ্তি না দিয়ে বর্গাদারের নাম নথিভুক্ত করা হয় তবে প্রথম থেকেই (*ab initio*) অসার (void)।

২১। বর্গাদারের নাম নথিভুক্ত করার আগে বিজ্ঞপ্তি [notice] দিতেই হবে [Notice must be given before entry of the name of bargadar]. স্বত্বলিপি সংশোধন করার সময় বর্গাদারের নাম নথিভুক্ত করার আগে জমির মালিককে ব্যক্তিগত বিজ্ঞপ্তি দেওয়া প্রয়োজন এবং বাধ্যতামূলক। রাজ্য সরকারকে দেখাতে হবে যে জমির মালিককে যথোপযুক্তভাবে বিজ্ঞপ্তি দেওয়া হয়েছিল। এটা দেখা যায় যে আবেদনকারীগণকে কোনও বিজ্ঞপ্তি দেওয়া হয়নি। যেহেতু বর্গা রেকর্ডিং এর আগে আবেদনকারীদের কোনও বিজ্ঞপ্তি দেওয়া হয়নি তাই ওই বর্গা রেকর্ডিং সমর্থন যোগ্য নয়।[২]

যিনি চাষ করেন, বর্গাদার হিসাবে প্রমাণ করার মত যথেষ্ট তথ্য নেই। 'ভাগের' ফসল দেন কিনা তা প্রমাণ করতে হবে নির্দিষ্ট প্রমাণ দিয়ে। সুতরাং রাজস্ব আধিকারিকের কাছে আপিল কর্তৃপক্ষ পুনর্বিবেচনার জন্য পাঠিয়ে নূতন করে বর্গাদার ঠিক করার নির্দেশ ঠিকই দিয়েছেন।[৩]

১ *শ্রীশ্রীঈশ্বর চণ্ডীমাতা ঠাকুরানি* বনাম *পশ্চিমবঙ্গ সরকার* 1990(1) CHN 88.
২ *বিনয় মুখার্জী* বনাম *রাজস্ব আধিকারিক* 1999(1) Cal LJ 572.
৩ *কার্তিক বাগদী* বনাম *বিদ্যুৎ কুমার রায়* 2002(2) Cal LJ 209.

২২। মানচিত্রের গুরুত্ব [Significance of map]. মানচিত্র কোনও মালিকানা অধিকারের প্রমাণ নয়।[৪]

কোনও একটি বিশেষ সময়ে, যে সময়ে জরিপ হয়েছে তখন কোনও সম্পত্তির দখলের প্রশ্নে মানচিত্র হল দারুণ এক প্রমাণপত্র।[৫]

জনগণের জন্য ব্যবহৃত মানচিত্র ধরে নেওয়া হবে সঠিক এবং এর প্রত্যায়িত (certified) অবস্থা প্রমাণ হিসাবে দাখিল করা যায়। মানচিত্রের সূক্ষ্ম তা (accuracy) বলতে বোঝায় অঙ্কনের সূক্ষ্মতা এবং মাপের সত্যতা।[৬]

২৩। "রিভিশান"—কথার অর্থ [Meaning of the expression "Revision"]. Revision কথার অর্থ হল পুনরায় পরীক্ষা (re-examination) এবং সতর্কতার সঙ্গে দেখা এবং প্রয়োজনে যেখানে দরকার ঠিক করা।[৭]

কোনও স্বত্বলিপি একবার ১৯৫৩ সালের জমিদারি অধিগ্রহণ আইনের ৪৪(২ক) ধারার সংশোধিত হলে, এই অফিসের একই পদমর্যাদার কোনও রাজস্ব আধিকারিক পরবর্তী ক্ষেত্রে আবার ৪৪(২ক) ধারায় ওই স্বত্বলিপি সংশোধন বা পরিবর্তন (review and/or revise) করতে পারেন না। (*Res judicata*) শুধুমাত্র দেওয়ানি আদালতে প্রযোজ্য হবে এমন নয় বিচারকল্পের (*quasi judicial*) ক্ষেত্রেও (*res judicata*) নীতি প্রযুক্ত হবে।[৮]

কোনও ক্ষেত্রে একবার ৪৪(২ক) ধারায় কোনও কার্যাবলি (proceedings)-এর সিদ্ধান্ত হয়ে গেলে আবার ওই একই ক্ষেত্রে ৪৪(২ক) ধারায় কার্যাবলি (proceedings) আরম্ভ করা যায় না। এটা ঠিক ৪৪(২) ধারায় চূড়ান্ত প্রকাশিত কোনও মৌজার স্বত্বলিপি রাজস্ব আধিকারিক ৪৪(২ক) ধারায় সংশোধন করতে পারেন, কিন্তু একবার ৪৪(২ক) ধারায় সংশোধিত হয়ে গেলে রাজস্ব আধিকারিক আবার ৪৪(২ক) ধারায় আবার রেকর্ড করতে পারেন না।

৪ *কুমুদিনী দেবী* বনাম *পূর্ণচন্দ্র* (1898)10 WR 3000.

৫ *শ্যামলাল* বনাম *লসমন চরণ* ILR 15 Cal 353.

৬ *কান্তপ্রসাদ* বনাম *জগত চন্দ্র* ILR (1895)23 Cal 335.

৭ *ব্রহ্ম দেও প্রসাদ ভকত্* বনাম *ই. এস. ও.* 1984(2) Cal LJ 157 (Para 26); *মোসাম্মৎ হাসনেয়ার খাতুন* বনাম *রাজস্ব আধিকারিক* AIR 1971 Cal 105; *গঙ্গারানি বেরা* বনাম *পশ্চিমবঙ্গ সরকার* 1987(1) Cal LJ 36; 1987(1) CHN 93; 91 CWN 882.

৮ *ডি ত্রিপাঠী* বনাম *পঃ বঃ সরকার* 1981(1) Cal LJ 269; AIR 1981 Cal 114; 85 CWN 411.

৪৪(২ক) ধারায় সংশোধন করার পরেও কিন্তু মৌজাটি ৪৪(২) ধারায় চূড়ান্ত প্রকাশিত অবস্থাতেই থাকে। ৪৪(২) ধারায় চূড়ান্ত প্রকাশিত কোনও মৌজা একবার ৪৪(২ক) ধারায় সংশোধিত হলে সংশোধনের আর কোনও অনুবিধি (provision) নেই। সুতরাং ১৯৫৩ সালের পশ্চিমবঙ্গ জমিদারি অধিগ্রহণ আইনের ৪৪(২) ধারায় চূড়ান্ত প্রকাশিত মৌজার স্বত্বলিপি (record-of-rights) ৪৪(২ক) ধারায় সংশোধিত হতে পারে।[৯]

১৯৫৩ সালের জমিদারি অধিগ্রহণ আইনের ৪৪(১) 'revised' কথাটির অর্থ হল রাজ্য সরকার বা তার আধিকারিকরা সময়ে সময়ে স্বত্বলিপি সংশোধন করার অধিকারী হবেন। তারা প্রয়োজনীয় তথ্য (entries) গুলি বা সংশোধন নির্দিষ্ট স্থানে লিখবেন। ওই আইনের ৪৪(৩) নং ধারাতে কোনও ব্যক্তি বা ব্যক্তিগণ ৪৪(২ক) ধারার বিরুদ্ধে আপিল করতে পারেন।[১০]

কোনও একটা ক্ষেত্রে রাজস্ব আধিকারিক স্বেচ্ছায় (*suo motu*) কোনও একটা জমির শ্রেণি পরিবর্তনের জন্য কার্যাবলি (proceedings) আরম্ভ করেন। ওই দাগের শ্রেণি "মাছচাষের জন্য" ছিল, কিন্তু রাজস্ব আধিকারিক এই মর্মে কার্যাবলি (proceedings) শুরু করেন যে ওই জমির শ্রেণি "মাছ চাষের জন্য" (fishery) হবে না, ওটা ভুলক্রমে হয়েছে। জমির মালিক রাজস্ব আধিকারিকের মতের বিরুদ্ধে গিয়ে বলেন তিনি দীর্ঘদিন ধরে মাছ চাষ করেছেন ওই বিবাদীয় জমিতে। সেটেলমেন্ট আধিকারিক জমির মালিকের বক্তব্য খারিজ করেন এবং ওই জমির শ্রেণি পরিবর্তন করেন। "মাছ চাষের জন্য"—কথাটি বাদ দেন।

জমির মালিক সেটেলমেন্ট আধিকারিকের দেওয়া রায়ের বিরুদ্ধে আপিল করেন। আপিল মামলায় বিচারক সেটেলমেন্ট আধিকারিকের রায়ের বিরুদ্ধে মত প্রকাশ করেন। আগের শ্রেণি অর্থাৎ "মাছ চাষের জন্য" লেখার আদেশ দেন।

রাজ্য সরকার আপিল বিচারকের রায়ের বিরুদ্ধে হাইকোর্টে মামলা করেন, ওই মামলায় আপিল বিচারকের রায় বহাল থাকে।

এরপর রাজ্য সরকার সুপ্রীম কোর্টে মামলা দায়ের করেন। সুপ্রীম কোর্ট বলেন মূল মামলাটি বিচারকল্প (*quasi judicial*) মামলা। যদি আপিল মামলার

৯ *সুবোধ কুমার মিত্র* বনাম *রাজস্ব আধিকারিক* 77 CWN 410 (Para 11).

১০ *পশ্চিমবঙ্গ সরকার* বনাম *সাবারবান এগ্রিকালচারাল ডেয়ারী অ্যান্ড ফিসারিজ প্রাঃ লিঃ* AIR 1993 SC 2103.

বিচারক মামলার নথি, প্রমাণাদি সঠিকভাবে পর্যবেক্ষণ করেন এবং ঘটনাবলি লিপিবদ্ধ করেন তাহলে ওই ঘটনাবলি (findings) সুপ্রীম কোর্ট এবং হাইকোর্ট অনুসরণ করবেন। যদি ঘটনাবলি (findings) প্রমাণ ছাড়াই হয়, যদি অনুমান বা আন্দাজের (conjectures or surmises) উপর হয় ওই ধরনের প্রমাণাদির উপর ভিত্তি করে যদি আপিল মামলার বিচারক কোনও সিদ্ধান্তে আসেন, তা হলে সুপ্রীম কোর্ট অবশ্যই বিষয়টি দেখবেন। সুপ্রীম কোর্ট অবশ্যই দেখবেন আপিল মামলার বিচারক যে ঘটনাবলি (findings) লিপিবদ্ধ করেছেন তা নির্দিষ্ট প্রমাণের উপর (on evidence) ভিত্তি করে না কি আন্দাজ বা অনুমানের (surmises or conjectures) উপর ভিত্তি করে।[১১]

২৪। গ্রামবাসীদের দরখাস্ত ও মঙ্গলা হালদারের কাহিনি [Mass petition and the story of Mangala Halder]. মঙ্গলা হালদারের নামে কোনও মৌজায় ২.৯২ একর জমি পঃ বঃ ভূমি সংস্কার আইনের ৫১ক(১) ধারামতে রেকর্ড হয়েছিল। জমির শ্রেণি ছিল "অকৃষি প্রজা"। গ্রামের লোকজন একটা দরখাস্ত জমা দিল এই অভিযোগ তুলে যে—মঙ্গলাদেবী প্রতাড়না (collusively) দ্বারা ওই জমি স্বত্বলিপিতে নথিভুক্ত করেছে এবং R.S. খতিয়ানে ওই দাগের শ্রেণি যা লিপিবদ্ধ আছে—জলকর (Jalkar) নামে তাও উঠিয়ে দিতে হবে। ওই সম্মিলিত দরখাস্তের (mass petition) ভিত্তিতে B.L. & L.R.O. বাসন্তী (দঃ ২৪ পরগণা) ওই স্বত্বলিপি সংশোধন করেন। ১৯৫৩ সালের পশ্চিমবঙ্গ জমিদারি অধিগ্রহণ আইনের ৪৪(২)(ক) ধারায় কোনও কার্যাবলি (proceedings) না করে, মঙ্গলা দেবীকে কোনও শুনানির সুযোগ না দিয়ে, ওই সম্মিলিত দরখাস্তের ভিত্তিতে ৫.১.১৯৯৯ তারিখে এক আদেশ দিয়ে ৪১৭ খতিয়ানের, ৫১৩ দাগের ২.৯২ একর জমি ন্যস্ত (vest) ঘোষণা করলেন এবং সাথে সাথে সুখাধিকার (easement right) ও যুক্ত করলেন ওই সমুদয় জমিতে।

মঙ্গলা হালদার ওই রায়ের বিরুদ্ধে (৫.১.১৯৯৯ তারিখের) পঃ বঃ ভূমি সংস্কার ও প্রজাস্বত্ব ন্যায়পীঠে মামলা করেন। তিনি গণ আবেদন (mass petition)-এর ভিত্তিতে দেওয়া ৫.১.১৯৯৯-এর রায়কে চ্যালেঞ্জ করে ন্যায়পীঠে মামলা দায়ের করলেন। উভয় পক্ষের শুনানির পর মহামান্য ন্যায়পীঠ ৫.১.১৯৯৯-এর ব্লক ভূমি সংস্কার আধিকারিক-এর রায়কে বাতিল

১১ *পশ্চিমবঙ্গ সরকার* বনাম *অতুলকৃষ্ণ সাউ* AIR 1990 SC 2205.

(set aside) বলে ঘোষণা করলেন। শুধু তাই নয় B.L. & L.R.O., বাসন্তীকে নির্দেশ দিলেন ৫.১.১৯৯৯-এর আগে যে অবস্থা ছিল সেই অবস্থায় ফিরিয়ে আনতে।

গ্রামবাসীরা পঃ বঃ ভূমি সংস্কার ও প্রজাস্বত্ব ন্যায়পীঠ-এর দেওয়া রায়ে ক্ষুব্ধ হয়ে কলিকাতা হাইকোর্টের ডিভিশন বেঞ্চে আজ্ঞালেখ আবেদন (writ petition) দাখিল করেন। মহামান্য কলিকাতা হাইকোর্ট তার রায়ে জানান যে গ্রামবাসীদের সম্মিলিত দরখাস্তের ভিত্তিতে ব্লক ভূমি সংস্কার আধিকারিক বা অন্য কোনও কর্তৃপক্ষ যদি কোনও কার্যাবলি আরম্ভ করেন তবে তাকে সমর্থন করা খুব কঠিন ব্যাপার। এটা বোঝাও যায় না এই ধরনের কার্যাবলি করার কি প্রয়োজন এবং আইনের কোন্ ধারায় এই কার্যাবলি করা হয়েছে। মঙ্গলা হালদারের পক্ষে তার আইনজীবী তথ্য, প্রমাণ দাখিল করেন, তাতে দেখা যায় ওই সম্পত্তি মঙ্গলা হালদারের মা মৃত অমৃতা বালা দাসীর নামে রেকর্ড ছিল মায়ের উত্তরাধিকার সূত্রে তিনি ওই সম্পত্তি পেয়েছেন। মহামান্য কলিকাতা হাইকোর্টের ডিভিশন বেঞ্চ বলেন ব্লক ভূমি সংস্কার আধিকারিক স্বত্বলিপি সংশোধনের আগে মঙ্গলা হালদারকে কোনও বিজ্ঞপ্তি দেন নি। মহামান্য ন্যায়পীঠ যে রায়ে ব্লক ভূমি সংস্কার আধিকারিক বাসন্তীর দেওয়া ৫.১.১৯৯৯-এর আদেশ বাতিল করেছিলেন এবং ব্লক ভূমি সংস্কার আধিকারিক-কে জমির ৫.১.১৯৯৯-এর পূর্বের অবস্থা আনার নির্দেশ দিয়েছিলেন—মহামান্য কলিকাতা হাইকোর্টের ডিভিশন বেঞ্চ সেই রায় বহাল রাখেন।[১২]

২৫। দেওয়ানি আদালতের রায় অনুযায়ী স্বত্বলিপি সংশোধন [Correction of record-of-rights as per judgment of Civil Court]. সেটেলমেন্ট কর্তৃপক্ষ দেওয়ানি আদালতের রায় অনুযায়ী স্বত্বলিপি সংশোধন করতে বাধ্য।[১৩]

স্বত্বলিপি তৈরির বিভিন্ন পর্যায়ে যেমন খানাপুরী বুঝারত, তজদিক, স্বত্বলিপির খসড়া প্রকাশ ইত্যাদি সময়ে কোনও ব্যক্তি তার নাম স্বত্বলিপিতে নথিভুক্ত করার সুযোগ পেয়ে থাকেন। উপরোক্ত পর্যায়ের কাজগুলি নির্দিষ্ট

১২ *আব্দুল লতিফ লস্কর* বনাম *পশ্চিমবঙ্গ সরকার* 2003(2) Cal LJ 197.

১৩ *কাজী মহম্মদ* বনাম *শিবরাম বন্দ্যোপাধ্যায়* AIR 1967 Cal 10 (Para 17); 70 CWN 1066.

পদ্ধতি ও নির্দিষ্ট নিয়ম মেনে করা হয়। কোনও জেলা বা জেলার কোনও অংশে যেখানে পশ্চিমবঙ্গ ভূমি সংস্কার আইনের ৭ক পরিচ্ছেদের কাজ আরম্ভ হয়েছে, সেখানে ৫০ক সহ ৫০ ধারায় কোনও কাজ করা যাবে না। ওই মৌজার স্বত্বলিপির চূড়ান্ত প্রকাশ যতদিন না হচ্ছে ৫০ক সহ ৫০ ধারায় কোনও সংশোধন, পরিবর্তন ইত্যাদি হবে না। কিন্তু যদি কোনও ব্যক্তি বা ব্যক্তিগণ দেওয়ানি আদালতের কোনও রায় বা ডিক্রি পান, তবে তিনি দুটি পর্যায়ের মধ্যবর্তী সময়ে ওই রায় বা ডিক্রি অনুযায়ী স্বত্বলিপি সংশোধনের সুযোগ পাবেন পশ্চিমবঙ্গ ভূমি সংস্কার আইনের ৫১খ ধারায়। স্বত্বলিপির চূড়ান্ত প্রকাশ হয়ে গেলে, সংশ্লিষ্ট কর্তৃপক্ষ পশ্চিমবঙ্গ ভূমি সংস্কার আইনের ৫১ক(৪) ধারা অনুসারে প্রয়োজনীয় সংশোধন করতে পারেন।[১৪]

২৬। কৌশল্যা মণ্ডলের কাহিনি [Story of Kausallya Mandal]. *কৌশল্যা মণ্ডল* বনাম *পঃ বঃ সরকার*[১৫] মামলায় দেখা যায় কৌশল্যা মণ্ডল এবং কল্যাণী মণ্ডল দুই বোন, তাঁদের উত্তরাধিকার সূত্রে পাওয়া জমি ভুলক্রমে সমস্তই কল্যাণী মণ্ডলের নামে রেকর্ডভুক্ত হয়েছে, যদিও সমান সমান অংশে পাওয়ার অধিকারী তারা। মহামান্য ন্যায়পীঠ সংশ্লিষ্ট B.L. & L.R.O.-কে এই স্বাধীনতা (liberty) দিয়েছেন যে যদি মৌজাটির স্বত্বলিপির চূড়ান্ত প্রকাশ হয়ে গিয়ে থাকে তবে উর্ধতন কর্তৃপক্ষের আদেশের অপেক্ষায় না থেকে স্বেচ্ছায় (*suo motu*) ৫১ক(৪) কার্যাবলি (proceedings) দ্বারা বিষয়টির নিষ্পত্তি করতে।

মূল আদেশটি যুক্ত করা হল—

"Kausallya Mandal the applicant is present. Heard her at length as well as the Ld. G.P.

Her grievance is that although she and her sister Kalyani Mandal have inherited the subject land in equal share from their mother Kubja Bala Mandal, all the lands have been erroneously recorded in favour of Kalyani Mandal alone.

After having heard her as well as the Ld G.P. we dispose of this application with a direction on the B.L. & L.R.O. Rajarhat to treat the representation which is Annexure 'C' to this application u/s. 50

১৪ *শীতল চন্দ্র দাস* বনাম *পঃ বঃ সরকার* 1988(2) Cal LJ 510; 93 CWN 700; *সুরেন্দ্রনাথ দে* বনাম *রাজস্ব আধিকারিক* 1988(2) Cal LJ 444.

১৫ O.A, 3348/2002 (L.R.T.T.).

of the L.R. Act; give her as well as the persons interested in the land including Kalyani Mandal, the private Respondent No. 5 an opportunity of being heard and disposed it of in accordance with land within three months from the date of communication of the order, if the result so warrants, the B.L. & L.R.O. will be at liberty to correct the finally published r-o-rs in a *suo motu* proceedings u/s. 51A(4) of the L.R. Act without waiting for approval from any authority."

উপরোক্ত আদেশ মহামান্য পঃ বঃ ভূমি সংস্কার ও প্রজাস্বত্ব ন্যায়পীঠ ৩.১২.২০০২-তে দান করেন।

মহামান্য ট্রাইব্যুনালের দেওয়া রায়ের বিরুদ্ধে মহামান্য হাইকোর্টে আপিল মামলা দায়ের করা হয় [W.P.L.R.T. 876 of 2003]। মহামান্য আদালত জানান, মাননীয় আইনজীবী জানিয়েছেন, বিবাদীয় জমিতে আবেদনকারীর উত্তরাধিকার সূত্রে অধিকার আছে। যা যথাসময়ে ট্রাইব্যুনালের কাছে পেশ করা হয়নি। মহামান্য আদালত আরও জানান, উত্তরাধিকার সূত্রে ওই সম্পত্তির উপর তাদের অধিকার প্রমাণের স্বাধীনতা দেওয়া হল, নির্দিষ্ট কর্তৃপক্ষের কাছে আইন অনুযায়ী তাদের অধিকার নথিভুক্ত করার পদক্ষেপ নেওয়ার অধিকার দেওয়া হল।

[১][**৫১খ। স্বত্বলিপির অন্তর্ভুক্ত বিষয়ে সংশোধন ও পরিবর্তন (Revision or correction of entry in record-of-rights)** ঃ রাজস্ব আধিকারিক যিনি রাজ্য সরকার দ্বারা বিশেষভাবে ক্ষমতাপ্রাপ্ত এই পরিচ্ছেদ অনুসারে স্বত্বলিপি সংশোধন বা প্রস্তুত করার যে কোনও সময়ে স্বত্বলিপি চূড়ান্ত প্রকাশের আগে স্বার্থ জড়িত সবাইকে শুনানির সুযোগ দেবেন এবং যে কোনও বিষয় কারণসহ পুনর্বিবেচনা বা সংশোধন করবেন।

এই ধারার কোনও আদেশের বিরুদ্ধে এই আইনের ৫১ক(৫) ধারায় আপিল যোগ্য।]

১ পশ্চিমবঙ্গ ভূমি সংস্কার (সংশোধন) আইন, ১৯৮১ (পশ্চিমবঙ্গ আইন ৫০, ১৯৮১)-এর ৪৭ ধারার মাধ্যমে মূল ধারাটির স্থলে অনুকল্পিত এবং উক্ত আইনের ১(২) ধারার মাধ্যমে ৭.৮.১৯৬৯ তারিখ হতে বলবৎ হয়েছে, যা পশ্চিমবঙ্গ ভূমি সংস্কার (সংশোধন) আইন, ১৯৬৫ (পশ্চিমবঙ্গ আইন, ১৮, ১৯৬৫)-এর দ্বারা পূর্বে যুক্ত হয়েছিল।

[1][**51B. Revision or correction of entry in record-of-rights.** **(1) Any Revenue Officer specially empowered by the State Government in this behalf may, on an application or on his own motion, at any stage of revision or preparation of the record-of-rights under this Chapter but before final publication of any such record-of-rights, revise or correct any entry in such record-of-rights, after giving the persons interested an opportunity of being heard and after recording the reasons therefor:**

Provided that any order made under this sub-section shall be appealable in accordance with the provisions of sub-section (5) of section 51A.]

আলোচনার সূচী

১। সূচনা [Commencement]. পশ্চিমবঙ্গ ভূমি সংস্কার আইনে এই ধারাটি যুক্ত হয়েছে ১৯৬৫ সালের পশ্চিমবঙ্গ ভূমি সংস্কার আইনের সংশোধনী দ্বারা [১৯৬৫ সালের পশ্চিমবঙ্গের ১৮ নং আইন] ১৯৮১ সালে পশ্চিমবঙ্গ ভূমি সংস্কার আইন সংশোধনী দ্বারা ৫১খ ধারার কিছু পরিবর্তন আনা হয়েছে [১৯৮১ সালে পশ্চিমবঙ্গে ৫০ নং আইন]। মূল আইনে রাজ্য সরকার রাজস্ব আধিকারিককে এই মর্মে বিশেষভাবে ক্ষমতা দিয়েছিলেন যে, রাজস্ব আধিকারিক নিজে (own motion) বা কোনও দরখাস্তের (application) ভিত্তিতে ৫১ক(২) ধারা অনুযায়ী স্বত্বলিপির চূড়ান্ত প্রকাশের এক মাসের মধ্যে

1 First s. 51B was *added* by the West Bengal Land Reforms (Amendment) Act, 1965 (W.B. Act XVIII of 1965). Further s. 51B with proviso has been *substituted* by the West Bengal Land Reforms (Amendment) Act, 1981 (W.B. Act L of 1981) published in the *Calcutta Gazette*, Extraordinary, dated 24.3.1986.

(within one month from the date of final publication) তিনি কোনও তথ্য সংশোধন করতে পারেন এই শর্তে যে যদি তিনি নিশ্চিত হন যে ওই তথ্য বাস্তবিকই ভুল (*bona fide*)।

এর পর ওই ধারাটির সংশোধন করা হয়েছে। সংশোধিত ৫১খ ধারা অনুযায়ী রাজস্ব আধিকারিককে এই মর্মে ক্ষমতা দেওয়া হয়েছে যে কোনও স্বত্বলিপি চূড়ান্ত প্রকাশের আগে যে কোনও সময় দুটি পর্যায়ের মধ্যবর্তী সময়ে কোনও দরখাস্তের ভিত্তিতে বা নিজে (own motion) কোনও স্বত্বলিপি সংশোধন বা প্রস্তুত করতে পারেন। স্বত্বলিপির এই ধরনের সংশোধন বা প্রস্তুতির আগে ওই স্বত্বলিপির সঙ্গে জড়িত সমস্ত পক্ষকে শুনানির সুযোগ দিয়েই রাজস্ব আধিকারিক ওই সংশোধন বা প্রস্তুত করবেন।

রাজস্ব আধিকারিকের দেওয়া ৫১খ ধারা অনুযায়ী কোনও আদেশে কোনও ব্যক্তি ক্ষুব্ধ হলে পশ্চিমবঙ্গ ভূমি সংস্কার আইনের ৫১ক(৫) ধারায় আপিল করতে পারেন।

২। স্বত্বলিপির যে কোনও পর্যায়ে সংশোধন বা পরিবর্তন [Correction or revision of r-o-rs at any stage]. নতুন ৫১খ ধারা অনুযায়ী যে কোনও পর্যায়ে (at any stage) স্বত্বলিপি সংশোধন বা পরিবর্তনের সুযোগ রয়েছে ৭ক পরিচ্ছেদে স্বত্বলিপির চূড়ান্ত প্রকাশের আগে। সুতরাং এই ধারার ক্ষমতা অনুযায়ী রাজস্ব আধিকারিক ট্রাভার্স জরিপ, ক্যাডাসট্রাল জরিপ, খানাপুরী, বুঝারত, তজ্‌দিক, খসড়া প্রকাশ ইত্যাদি যে পর্যায়ে নিজে বা কোনও দরখাস্তের ভিত্তিতে স্বত্বলিপি সংশোধন করতে পারেন। তবে স্বত্বলিপি সংশোধনের আগে স্বার্থ জড়িত সমস্ত পক্ষকে রাজস্ব আধিকারিক শুনানির যথোপযুক্ত সুযোগ দেবেন। রাজস্ব আধিকারিক আদেশে সংশোধনের কারণগুলি উল্লেখ করবেন।

৩। তফসিল ক [Schedule A] ১ নং নিয়মের দ্বিতীয় ধারার সাথে ৫১খ ধারার তুলনা [Comparison between s. 51B and 2nd proviso to Rule 1 of Schedule A]. পশ্চিমবঙ্গ ভূমি সংস্কার আইনের ১৯৮১ সালের সংশোধনের আগে যতক্ষণ না পর্যন্ত স্বত্বলিপির খসড়া প্রকাশ এবং/অথবা চূড়ান্ত প্রকাশ না হচ্ছে স্বত্বলিপি আবার সংশোধনের কোনও ধারা ছিল না। ৫১ক(১) ধারা অনুযায়ী স্বত্বলিপির খসড়া প্রকাশের পর রাজস্ব আধিকারিক খসড়া স্বত্বলিপির বিরুদ্ধে দাখিল করা আপত্তি নিষ্পত্তি করবেন এবং প্রয়োজনীয়

সংশোধন করবেন। সংশোধিত ৫১খ ধারা অনুযায়ী স্বত্বলিপির চূড়ান্ত প্রকাশের আগে যে কোনও পর্যায়ে (at any stage) স্বার্থ জড়িত সমস্ত পক্ষকে শুনানির সুযোগ দিয়ে স্বত্বলিপির সংশোধন, প্রস্তুত করা যাবে। পশ্চিমবঙ্গ ভূমি সংস্কার আইনের ৫১খ ধারায় বিশেষভাবে ক্ষমতাপ্রাপ্ত রাজস্ব আধিকারিক স্বত্বলিপিতে কোনও তথ্য সংশোধন বা লিপিবদ্ধ করতে পারেন। "রিভিশান" (Revision) কথার অর্থ আগের করা কোনও বিষয় আবার দেখা এবং দেখে প্রয়োজনীয় সংশোধন করা। ১৯৮১ সালের পশ্চিমবঙ্গ ভূমি সংস্কার আইন সংশোধনের পরে ৫১খ ধারা এবং তফসিল ক (Schedule A) ১ নং নিয়মের দ্বিতীয় অংশ পরস্পরের মধ্যে অসঙ্গতি (inconsistence) রয়েছে।

পশ্চিমবঙ্গ ভূমি সংস্কার আইনের ৫১খ হল মূল আইনের একটি বাস্তব ধারা (substantive) আর দ্বিতীয় অংশ [Schedule A-এর ১ নং নিয়মের] হল "নিয়ম" (Rule)।

তফসিল ক (Schedule A)-র ১ নং নিয়মের দ্বিতীয় অনুবিধি (proviso) অনুযায়ী দেওয়া আদেশে ক্ষুব্ধ হয়ে যিনি নির্দিষ্ট কর্তৃপক্ষের কাছে আবেদন করেছেন, তিনি ৫১খ ধারায় দেওয়া রায়ের বিরুদ্ধে যেভাবে আপিল করা যায় তিনি তা করতে পারেন।

৪। দেওয়ানি আদালতের রায়ের ভিত্তিতে স্বত্বলিপির সংশোধন [Correction of r-o-rs on the basis of Civil Court's judgment]. দেওয়ানি আদালতের রায়ের ভিত্তিতে রাজস্ব আধিকারিক অবশ্যই স্বত্বলিপি সংশোধন করবেন।[১] যার পক্ষে দেওয়ানি আদালতের রায় গিয়েছে, ওই রায়ের ভিত্তিতে স্বত্বলিপি সংশোধন ও প্রস্তুতির সময় যে কোনও দুটি পর্যায়ের মধ্যবর্তী সময়ে ৫১খ ধারা অনুযায়ী স্বত্বলিপি সংশোধনের সুবিধা তিনি পাবেন। কোনও স্বত্বলিপি চূড়ান্ত প্রকাশের আগে যে কোনও পর্যায়েই ৫১খ ধারা অনুযায়ী কাজ করা যাবে।

তজদিক ও খসড়া প্রকাশ বা খানাপুরী ও বুঝারত বা বুঝারত ও তজদিক ইত্যাদি যে কোনও দুটি পর্যায়ের মধ্যবর্তী সময়ে স্বত্বলিপি সংশোধন বা পরিবর্তনের দরকার হলে ৫১খ ধারায় ওই সংশোধন বা পরিবর্তন করা যাবে।

৫। আপিলের অধিকার [Right to "Appeal"]. ৫১খ ধারা এই অধিকার দেয় যে, এই ধারায় দেওয়া রাজস্ব আধিকারিকের কোনও রায়ের বিরুদ্ধে পঃ বঃ

১ *সুরেন্দ্রনাথ দে* বনাম *রাজস্ব আধিকারিক* 1988(2) Cal LJ 444.

ভূমি সংস্কার আইনের ৫১ক(৫) ধারায় আপিল করা যাবে। কীভাবে আপিলের আবেদন দাখিল করা হবে তা ১৯৬৫ সালের পঃ বঃ ভূমি সংস্কার নিয়মের ২৬ নং বিধিতে বলা আছে।

আপিল করা হয় স্মারকলিপির মতো (form of memorandum) করে, যিনি আপিল করবেন তিনি আপিলের আবেদনটি পরীক্ষা (verify) করে স্বাক্ষর করবেন। Code of Civil Procedure-এর Schedule I-এর ৬ নং আদেশের ১৫ নং নিয়মের (২) ও (৩) নং উপনিয়ম অনুসরণ করে আপিলের আবেদনটি পেশ করতে হবে ৫১খ ধারায় রাজস্ব আধিকারিকের দেওয়া আদেশের ত্রিশ দিনের মধ্যে। ত্রিশ দিন পরেও আপিলের আবেদন দাখিল করা যায় যদি আপিল বিচারক এই মর্মে সন্তুষ্ট (satisfied) হয়ে থাকেন যে নির্দিষ্ট সময়ের মধ্যে আপিলের আবেদন পেশ না করার যথেষ্ট কারণ রয়েছে।

আপিলের আবেদনে নির্দিষ্ট Court fees দিতে হবে। Court Fees Act-এর Schedule II-এর ১১ নং নিয়ম (Article) অনুযায়ী Court fees দিতে হবে এবং Court fees সংগ্রহ করা হবে Court Fees Act-এর নির্দিষ্ট পদ্ধতি অনুযায়ী।

সরাসরি কোনও ব্যক্তি হাইকোর্টে আপিল করতে পারেন না। পঃ বঃ ভূমি সংস্কার আইনের বিভিন্ন আপিলের সুযোগ শেষ হলে তিনি পশ্চিমবঙ্গ ভূমি সংস্কার ও প্রজাস্বত্ব ন্যায়পীঠে মামলা করবেন।

এরপর যদি কোনও ব্যক্তি পঃ বঃ ভূমি সংস্কার ও প্রজাস্বত্ব ন্যায়পীঠের আদেশে সন্তুষ্ট না হন তিনি মহামান্য কলিকাতা হাইকোর্টে আজ্ঞালেখ আবেদন (writ petition) দায়ের করতে পারেন। সংবিধানের ২২৬ অনুচ্ছেদ অনুযায়ী হাইকোর্টে মামলা দায়ের করার আগে কোনও ব্যক্তিকে নিম্ন আদালতে আপিলের সুযোগ গ্রহণ করতে হবে।

৫১ক(৫)-এ বর্ণিত আপিলের সুযোগ না নিয়ে পঃ বঃ ভূমি সংস্কার ও প্রজাস্বত্ব ন্যায়পীঠে মামলা দাখিল করলে মহামান্য ন্যায়পীঠ ওই মামলাটি খারিজ করে দেন। মহামান্য ন্যায়পীঠ রায় দেন পঃ বঃ ভূমি সংস্কার আইনে বর্ণিত আপিলের সুযোগ শেষ না হতে রাজস্ব আধিকারিকের রায়ের বিরুদ্ধে তিনি ট্রাইব্যুনালে মামলা করতে পারেন না। এই রায়ের বিরুদ্ধে মহামান্য কলিকাতা হাইকোর্টে মামলা দায়ের করা হয়। মহামান্য হাইকোর্ট ট্রাইব্যুনালের আদেশই বহাল রাখেন। মামলাটি খারিজ করা হয়।[২]

২ *জগদীশ প্রসাদ পতি* বনাম *পঃ বঃ সরকার* Cal LT 2001(3) HC 309.

৬। ওয়াকফ সম্পত্তি ও সত্ত্বলিপি [Wakf properties and R-O-Rs]. আইনের এই বিষয়টি অবিতর্কিত যে সত্ত্বলিপি কোনও জমির স্বত্ব (title) তৈরি করে না অথবা বিলোপও করেনা। বিবাদীয় জমিটি সি.এস. এবং আর. এস. খতিয়ানে "পির হজরত পির ওয়াকফ এস্টেট" নামে নথিভুক্ত ছিল। এই দুই সত্ত্বলিপির উপর ভিত্তি করে ওয়াকফ বোর্ড সম্পত্তিটি ওয়াকফের সম্পত্তিরূপে নথিভুক্ত করে (enrolled), ওই আইনের ৪০ ধারা অনুযায়ী ওয়াকফ বোর্ডকে এই ক্ষমতা দেওয়া হয়েছে যে কোনও সম্পত্তি ওয়াকফ হিসাবে আছে কিনা তা দেখতে প্রয়োজনে বোর্ড সরেজমিন তদন্ত করবে। এক্ষেত্রে সরেজমিন তদন্তের বিষয়টি অধিক গুরুত্বপূর্ণ এই কারণে যে সি. এস. ও আর. এস. স্বত্বলিপির সঙ্গে এল. আর. স্বত্বলিপি সম্পূর্ণ বিপরীত মুখী অবস্থান নিয়েছে।

ট্রাইবুনাল (ওয়াকফ ট্রাইবুনাল) এই কারণে এল. আর. স্বত্বলিপিটি বাতিল ঘোষণা করেছে যে আবেদনকারী এল. আর. স্বত্বলিপি তৈরির ভিত্তিটি দেখাতে ব্যর্থ হয়েছে। কোনও স্বত্বলিপির সত্যতা বিষয়ে সিদ্ধান্ত গ্রহণের ক্ষমতা বা এক্তিয়ার ট্রাইবুনালের নেই, পঃ বঃ ভূমি সংস্কার আইনে তা স্পষ্ট করা আছে। রাজস্ব নথি যখন স্বত্ব তৈরি বা বাতিল করে না, সেক্ষেত্রে বোর্ড এবং চিফ এক্সিকিউটিভ আধিকারিকের সুপারিশ অনুমোদন করা ট্রাইবুনালের উচিত হয়নি।[৩]

[১][**৫১খখ। চূড়ান্ত প্রকাশনার পূর্বে বা পরে স্বত্বলিপির লিখন পুনরীক্ষণ বা সংশোধন (Revision or correction of entry in record-of-rights before or after final publication)** ঃ স্বত্বলিপির চূড়ান্ত প্রকাশনার আগে বা পরে নথিভুক্ত তথ্য পুনর্বিবেচনা ও সংশোধন ঃ

রাজ্য সরকার দ্বারা বিশেষ ক্ষমতাপ্রাপ্ত কোনও আধিকারিক কোনও মৌজার স্বত্বলিপি চূড়ান্ত প্রকাশনার আগে বা পরে নথিভুক্ত কোনও বিষয়, মতামত অনুযায়ী যদি পরিচ্ছেদ ২খ [Chapter 2B] অনুসারে কোনও

৩ *মাসুদা বেগম* বনাম *রওশন আলি* AIR 2019 Cal 275.

১ ১২.৫.১৯৮৯ তারিখের কলিকাতা গেজেট, বিশেষ সংখ্যায় তৃতীয় খণ্ডে প্রকাশিত পশ্চিমবঙ্গ ভূমি সংস্কার (তৃতীয় সংশোধন) আইন, ১৯৮৬ (পশ্চিমবঙ্গ আইন ৩৫, ১৯৮৬)-এর ১৮ ধারার মাধ্যমে সন্নিবেশিত।

আদেশ বা এই আইনের কোনও সংশোধনীর কারণে দরকার হয় তবে তিনি পুনর্বিবেচনা বা সংশোধন করতে পারেন ঃ

৫১(৫) ধারা অনুযায়ী রায়তের খতিয়ান একত্রীকরণ করা (amalgamation) বা কোনও ভুল তথ্য থাকলে, কোনও আলাদা খতিয়ান তৈরির দরকার হলে, তখন ছাড়া এই পুনর্বিবেচনা বা সংশোধন করা যাবে না—যতক্ষণ তা স্বার্থজড়িত পক্ষগণকে বিজ্ঞপ্তি দ্বারা উপস্থিত ও শুনানির সুযোগ দেওয়া হচ্ছে।]

[1][**51BB. Revision or correction of entry in record-of-rights before or after final publication. An officer specially empowered in this behalf by the State Government may revise or correct any entry in any record-of-rights in respect of a *mouza* at any stage before or after final publication of such record-of-rights under this Chapter if it is necessary, in his opinion, to do so in pursuance of an order under Chapter IIB or on account of any amendment made in the provisions of this Act:**

Provided that no such revision or correction shall be made, except when it is necessary to do so in order to prepare a separate *khatian* as required under sub-section (5) of section 51 by amalgamating the *khatians* in respect of a *raiyat* already prepared or finally published under this Chapter or to correct a *bona fide* mistake, until a notice has been given to the persons interested to appear and be heard in the matter.]

আলোচনার সূচী

১ সূচনা [Commencement]

২ ৫১খ এবং ৫১খখ ধারা [Section 51B and s. 51BB]

১। সূচনা [Commencement]. ১৯৮৬ সালের পশ্চিমবঙ্গ ভূমি সংস্কার আইনের তৃতীয় সংশোধনী দ্বারা ৫১খখ [s. 51BB] ধারাটি যুক্ত হয়েছে [১৯৮৬ সালের ৩৫ নং পঃ বঃ আইন] কলিকাতা গেজেটে এটি প্রকাশিত হয়েছিল ১২.৫.১৯৮৯-তে।

1 *Inserted* by W.B. Act XXXV of 1986, published in the *Calcutta Gazette*, 12.5.1989, w.e.f. 12.5.1989.

এই ধারায় স্বত্বলিপির চূড়ান্ত প্রকাশের আগে বা পরে রাজস্ব আধিকারিককে ক্ষমতা দেওয়া হয়েছে স্বত্বলিপি সংশোধন বা পরিবর্তনের। এটা ঠিক এই ধারায় কাজের ক্ষেত্র খুব বেশি নয় বরং সীমিত। রাজ্য সরকার দ্বারা ক্ষমতাপ্রাপ্ত বিশেষ রাজস্ব আধিকারিক ২খ পরিচ্ছেদ [Chapter 2B]-এর আদেশ অনুযায়ী স্বত্বলিপিতে কোনও তথ্য নথিভুক্ত করতে পারেন। অথবা এই আইনের এই ধারা অনুযায়ী কোনও সংশোধনী হলে তিনি তা করতে পারেন। স্বার্থ সংশ্লিষ্ট সমস্ত পক্ষকে বিজ্ঞপ্তি (notice) দিতে হবে। কোনও প্রকৃত ভুল (*bona fide* mistake) বা ৫১(৫) ধারা অনুযায়ী খতিয়ান খুলতে হলে, কোনও রায়তের একাধিক খতিয়ান একত্রীকরণ করতে হলে আইনের এই ধারা অনুযায়ী তা করা যায়।

প্রকৃত (*bona fide*) ভুল বলতে বোঝায় কোনও ভুল যা পরিষ্কার বোঝা যায়, যা সংশোধন করলে কোনও বিতর্ক হয় না।[১]

এই ধারার বিশেষ ক্ষমতাপ্রাপ্ত আধিকারিক স্বার্থজড়িত সমস্ত পক্ষকে বিজ্ঞপ্তি দ্বারা হাজির এবং শুনানির সুযোগ না দিয়ে স্বত্বলিপির কোনও সংশোধন পরিবর্তন করবেন না। ২খ পরিচ্ছেদ [Chapter 2B] অনুযায়ী সরকার নির্ধারিত সীমার চেয়ে যাদের বেশি জমি আছে সেই জমি ন্যস্ত (vest) করা হয়। এই ন্যস্ত (vest) জমি মৌজার ১ নং খতিয়ানে আনা হয়। রায়তের খতিয়ান থেকে কেটে সরকারের ১ নং খতিয়ানভুক্ত করা হয় ৫১খখ ধারা অনুসারে।

নিম্নলিখিত ক্ষেত্রগুলিতে বিশেষ ক্ষমতাপ্রাপ্ত রাজস্ব আধিকারিকের বিজ্ঞপ্তি দেওয়ার ব্যাপারে কোনও বাধ্যবাধকতা নেই ঃ

(১) ৫১(৫) ধারা অনুযায়ী খতিয়ান এক করার প্রয়োজনে

(২) কোনও প্রকৃত ভুল (*bona fide* mistake) সংশোধনের প্রয়োজনে।

২। ৫১খ এবং ৫১খখ ধারা [Section 51B and s. 51BB]. কোনও মৌজার ক্ষেত্রে যেখানে ৭ক পরিচ্ছেদ [Chapter 7A]-এর কাজ আরম্ভ হয়েছে অথচ স্বত্বলিপির চূড়ান্ত প্রকাশ হয়নি। সেক্ষেত্রে রাজস্ব আধিকারিক কোনও আবেদনের ভিত্তিতে বা নিজে (own motion) স্বত্বলিপি সংশোধন করতে

১ *গঙ্গেশ মেনু কোং* বনাম *পঃ বঃ সরকার* 1976 CWN 389.

পারেন স্বার্থ সংশ্লিষ্ট সমস্ত পক্ষকে বিজ্ঞপ্তি দিয়ে শুনানির সুযোগ দানের মাধ্যমে। শুনানির সুযোগ না দিয়ে কোনও সংশোধন বা পরিবর্তন রাজস্ব আধিকারিক করবেন না।

খানাপুরী-বুঝারত, তজ্‌দিক (attestation), খসড়া প্রকাশ [৫১ক(১)] প্রভৃতি পর্যায়ের মধ্যবর্তী সময়ে ৫১খ ধারায় ক্ষমতাপ্রাপ্ত রাজস্ব আধিকারিক প্রয়োজনীয় সংশোধন করবেন। ৫১খ ধারায় কাজের জন্য ১৯৬৫ সালের পঃ বঃ ভূমি সংস্কার নিয়মের ২৪ এবং ২৫ নং বিধি অনুসরণ করতে হয়। রাজস্ব আধিকারিকের দেওয়া ৫১খ ধারায় কোনও আদেশে কোনও ব্যক্তি ক্ষুব্ধ, অসন্তুষ্ট হলে পঃ বঃ ভূমি সংস্কার আইনের ৫১ক(৫) ধারায় আপিল করতে পারেন নির্দিষ্ট পদ্ধতি অনুসরণ করে।

অন্যদিকে কোনও মৌজার স্বত্বলিপির চূড়ান্ত প্রকাশের আগে বা পরে সংশোধনের দরকার হলে ৫১খখ ধারায় তা করা যেতে পারে। ২খ পরিচ্ছেদ [Chapter 2B]-এর কোনও ধারার কার্য অনুযায়ী স্বত্বলিপির সংশোধন, পরিবর্তনের দরকার হলে ৫১খখ ধারা অনুযায়ী করা হয়। ৫১খখ ধারায় দেওয়া কোনও আদেশে ক্ষুব্ধ হলে কোনও ব্যক্তি আদেশ প্রদানের ৩০ দিনের মধ্যে পঃ বঃ ভূমি সংস্কার আইনের ৫১ক(৫) ধারায় নির্ধারিত কর্তৃপক্ষের কাছে আপিল করতে পারেন। ৭ক পরিচ্ছেদ [Chapter 7A]-এর যে কোনও দুটি পর্যায়ের মধ্যবর্তী সময়ে ৫১খখ প্রয়োগ করা যায়।

খানাপুরী-বুঝারত, তজ্‌দিক, ৫১ক(১), কোনও সময়েই রাজস্ব আধিকারিক নিজে (own motion) সংশোধন করতে পারেন না। কিন্তু ৫১খ ধারায় রাজস্ব আধিকারিক নিজে সংশোধন করতে পারেন। মৌজার স্বত্বলিপির চূড়ান্ত প্রকাশের আগে, প্রকাশের পরে বা চূড়ান্ত প্রকাশের আগে বিভিন্ন পর্যায়ের মধ্যবর্তী সময়ে ৫১খখ ধারা বলবৎ হতে পারে।

[১][৫১গ। কিছু বিষয়ে দেওয়ানি আদালতের ক্ষেত্রাধিকারের উপর বিধিনিষেধ (Bar to jurisdiction of Civil Court in respect of certain

১ পশ্চিমবঙ্গ ভূমি সংস্কার (সংশোধন) আইন, ১৯৬৫ (পশ্চিমবঙ্গ আইন ১৮, ১৯৬৫)-এর ১৯ ধারার মাধ্যমে সন্নিবেশিত এবং পশ্চিমবঙ্গ ভূমি সংস্কার (সংশোধন) আইন, ১৯৭৪ (পশ্চিমবঙ্গ আইন ৩৩, ১৯৭৪)-এর ১২ ধারার মাধ্যমে মূল আইনের (১) উপধারা মতো পুনঃ সংখ্যায়িত হয়েছে।

matters) ঃ [২](১) যখন ৫১(১) ধারা অনুসারে স্বত্বলিপি সংশোধন বা প্রস্তুত করার নির্দেশ দিয়ে কোনও আদেশ দেওয়া হয়, তখন রাজস্ব বা স্বত্বলিপির সাথে যুক্ত কোনও স্বত্বের মালিকানা ঠিক করার জন্য কোনও মোকদ্দমা বা আবেদন কোনও দেওয়ানি আদালত নেবেন না। উল্লিখিত কোনও বিষয় যদি ওই রকম আদেশের দিনে কোনও দেওয়ানি আদালতে অসমাপ্ত থাকে তবে তা স্থগিত থাকবে এবং ৫১ক(৫) ধারা অনুসারে নির্দিষ্ট সময় পার হলে বা ৫১ক(৫) ধারা অনুসারে আপিল দাখিল করা হলে, যা হবে, ওই আপিল নিষ্পত্তির পরে ওই বিষয়ের সাথে সম্পর্কযুক্ত তা বাদ যাবে।

[২](২) এই পরিচ্ছেদের নিয়মনীতি অনুসারে চূড়ান্ত প্রকাশিত, নতুন করে বিবেচিত বা আংশিক সংশোধিত স্বত্বলিপির কোনও নথিভুক্ত জমি সম্পর্কে কোনও মামলা মোকদ্দমার আবেদন কোনও দেওয়ানি আদালত নেবেন না।

ব্যাখ্যা ঃ এই ধারা অনুসারে "আপিল" কোনও মামলার অন্তর্ভুক্ত।]

[1][**51C. Bar to jurisdiction of Civil Court in respect of certain matters.** **(1) When an order has been made under sub-section (1) of section 51 directing revision or preparation of a record-of-rights, no Civil Court shall entertain any suit or application for the determination of revenue or the incidents of any tenancy to which the record-of-rights relates, and if any suit or application in which any of the aforesaid matters is in issue, is pending before a Civil Court on the date of such order, it shall be stayed and it shall, on the expiry of the period prescribed for an appeal under sub-section (5) of section 51A or when such an appeal has been filed under that sub-section, as the case may be, on the disposal of such appeal, abate so far as it relates to any of the aforesaid matters.**

(2) No Civil Court shall entertain any suit or application concerning any land if it relates to alteration of any entry in the record-of-rights finally published, revised, corrected or modified under any of the provisions of this Chapter.

Explanation. **In this section 'suit' includes an appeal.]**

২ পশ্চিমবঙ্গ ভূমি সংস্কার (সংশোধন) আইন ১৯৭৪-এর ১২ ধারার মাধ্যমে সন্নিবেশিত হয়েছে।

(ক) মূল ৫১গ ধারাটি ৫১ক ধারার ন্যায় সমগ্র জেলায় বলবৎ হয়েছে। কিন্তু (২) উপধারাটিকে বলবৎ করে সম্ভবত সরকারি প্রজ্ঞাপন প্রকাশিত হয়নি।

1 *Substituted* by W.B. Act 50 of 1981, w.r.e.f. 7.8.1969, published in the *Calcutta Gazette*, dated 24.3.1986.

আলোচনার সূচী

১। সূচনা ও সুযোগ [Commencement and scope]. ১৯৬৫ সালের পশ্চিমবঙ্গ ভূমি সংস্কার আইনের সংশোধনী দ্বারা [১৯৬৫ সালের ১৮ নং পঃ বঃ আইন] এই ধারাটি যুক্ত হয়েছিল। যেটি ১.১১.১৯৬৫ থেকে বলবৎ হয়েছিল যে যে অংশ বিহার থেকে যুক্ত হয়েছিল সেইগুলি বাদে সমস্ত জেলায়। যে যে অংশগুলি বিহার থেকে পশ্চিমবঙ্গে যুক্ত হয়েছিল সেখানে বলবৎ হয়েছিল ১.১০.১৯৬৯ থেকে।

১৯৭৪ সালের পশ্চিমবঙ্গ ভূমি সংস্কার (সংশোধনী) আইন দ্বারা ৫১গ ধারার (১) উপধারাটি যুক্ত হয়েছিল [১৯৭৪ সালের ২৩ নং পঃ বঃ আইন]। আবার ৫১গ ধারার (২) উপধারাটি যুক্ত হয়েছিল ওই সংশোধনী দ্বারা।

এই ধারাটি দেওয়ানি আদালতের এক্তিয়ারকে সীমিত করেছে। দুটি কারণের জন্য দেওয়ানি আদালত কোনও মামলা বা আবেদন গ্রহণ করবেন না।

প্রথমত কোনও ভূমি রাজস্ব নির্ধারণ বিষয়ে এবং

দ্বিতীয়ত কোনও মালিকানা নির্ধারণ যা স্বত্বলিপির সাথে যুক্ত।

যদি ৫১(১) ধারামতে কোনও আদেশের দিন যদি দেওয়ানি আদালতে কোনও মামলা বকেয়া থাকে, তবে তা স্থগিত থাকবে। ৫১ক(৫) ধারায় নির্ধারিত সময় পার হলে বা ৫১ক(৫) ধারা অনুযায়ী আপিল দাখিল করা হলে, ওই আপিলের নিষ্পত্তি হলে আগের বিষয়ের সাথে যে অংশ সম্পর্ক জড়িত তা বাদ যাবে।

৫১গ(২) ধারা অনুযায়ী চূড়ান্ত প্রকাশিত কোনও মৌজার স্বত্বলিপির সংশোধন, পরিবর্তন, পরিমার্জন, পুনর্বিবেচনা প্রভৃতির বিরুদ্ধে কোনও মামলা বা আবেদন দেওয়ানি আদালতে করা যাবে না। অর্থাৎ চূড়ান্ত প্রকাশিত মৌজার

স্বত্বলিপির কার্যক্রম চ্যালেঞ্জ করে মামলা বা আবেদন দেওয়ানি আদালতে দাখিল করা যাবে না।

২। দেওয়ানি আদালত ও হাইকোর্ট [Civil Court and High Court]. ১৯৫৩ সালের পশ্চিমবঙ্গ জমিদারি অধিগ্রহণ আইনের ৫৭খ (57B) ধারায় দেওয়ানি আদালতের ক্ষমতার সীমাবদ্ধতার কথা বলা আছে। এক্ষেত্রে দেওয়ানি আদালত বলতে কোনভাবেই হাইকোর্টকে বোঝায় না। পঃ বঃ ভূমি সংস্কার আইনের ৫১গ ধারার (২) উপধারা অনুযায়ী ও হাইকোর্ট কিন্তু দেওয়ানি আদালত (civil court) নয়। কিংবা ১৯৫৩ সালের পঃ বঃ জমিদারি অধিগ্রহণ আইনের ৫৭খ(২)(ক), (খ), (গ) প্রভৃতি দফায় বর্ণিত ঘটনাগুলির ক্ষেত্রেও দেওয়ানি আদালত বলতে হাইকোর্ট বোঝায় না। ৫৭খ(২) ধারায় দেওয়ানি আদালতের এক্তিয়ারকে সীমাবদ্ধ করেছে হাইকোর্টকে নয়।[১]

১৮৮৭ সালের বাংলা, আগ্রা ও আসাম দেওয়ানি আদালত আইন (Bengal, Agra and Assam Civil Courts Act)-এর ৩ নং ধারা অনুযায়ী দেওয়ানি আদালত বলতে নিম্নলিখিত আদালতগুলিকে বোঝাবে—মহামান্য

(১) জেলা বিচারকের আদালত,

(২) অতিরিক্ত জেলা বিচারকের আদালত,

(৩) সাব অর্ডিনেট বিচারকের আদালত এবং

(৪) মুন্সিফের আদালত।

৩। জমিদারি অধিগ্রহণ আইনের ৫৭খ ধারা এক্তিয়ার বহির্ভূত [ultra vires] নয় [Section 57B of the West Bengal Estate Acquisition Act is not ultra vires]. ১৯৫৩ সালের পশ্চিমবঙ্গ জমিদারি অধিগ্রহণ আইনের ৫৭খ ধারা এবং পশ্চিমবঙ্গ ভূমি সংস্কার আইনের ৫১গ ধারা পরস্পর সদৃশ (analogous)।

মহামান্য কলিকাতা হাইকোর্ট বিভিন্ন মামলায় রায় দান প্রসঙ্গে জানিয়েছেন ভারতীয় সংবিধানের ১৪ নং ও ১৯ নং অনুচ্ছেদ (article) সাপেক্ষে জমিদারি অধিগ্রহণ আইনের ৫৭খ(১) ধারা এক্তিয়ার বহির্ভূত (*ultra vires*) নয়।[২]

১ *জ্ঞানেন্দ্র নাথ বোস* বনাম *সুশীলকুমার সাফুই* 80 CWN 250.

২ *রামকৃষ্ণ মল্লিক* বনাম *পঃ বঃ সরকার* 1975(1) Cal LJ 154; *শ্রীমতী কাত্য বালা দাসী* বনাম *নীলমণি পাখিরা* 1986(2) Cal LJ 1; AIR 1987 Cal 248.

৪। হাইকোর্টে কোনও মামলা বিবেচনাধীন থাকলে [If any suit is pending in High Court]. যদি কোনও মামলা (suit) বা আপিল দেওয়ানি আদালত ও আপিল কর্তৃপক্ষের (appellate authority) কাছে অমীমাংসিত থাকে তবে ৫১গ(১) ধারা অনুযায়ী দেওয়ানি আদালতের মামলা বা আপিল অমীমাংসিত থাকবে কিন্তু নির্ধারিত কর্তৃপক্ষের কাছে ৫১ক(৫) ধারায় আপিলের বিচার চলতে থাকবে। তবে কোনও মামলা বা আপিল হাইকোর্টে থাকলে তার বিচার চলতে থাকবে। ৫১গ(১) অনুযায়ী কোনও বাধা হাইকোর্টের বেলায় প্রযোজ্য হবে না। পশ্চিমবঙ্গ জমিদারি অধিগ্রহণ আইনের ৫৭খ ধারায় বিচার চলাকালীন মহামান্য কলিকাতা হাইকোর্ট এইরকম অভিমত দেন।[৩]

সপ্তম পরিচ্ছেদ এবং সপ্তম ক পরিচ্ছেদে বর্ণিত স্বত্বলিপির প্রস্তুতি সংশোধন বা পরিবর্তন সংক্রান্ত কোনও মামলা দেওয়ানি আদালতে দাখিল করা যায় না। কিংবা যদি এরকম কোনও প্রশ্ন ওঠে যে পঃ বঃ ভূমি সংস্কার আইন, পঃ বঃ ভূমি সংস্কার নিয়ম সঠিকভাবে অনুসরণ করে স্বত্বলিপির প্রস্তুতি, সংশোধন বা পরিবর্তনের কাজ হচ্ছে না তবে এই সংক্রান্ত মামলা দেওয়ানি আদালতে করা যায় না। এই সংক্রান্ত মামলা হাইকোর্টে করা যাবে।

৫। সম্পত্তির ন্যায়সংগত অধিকার [title] বিষয়ে দেওয়ানি আদালতে মামলা [Suit in Civil Court regarding title]. পশ্চিমবঙ্গ ভূমি সংস্কার আইনের ৫১গ(২) ধারা অনুযায়ী দেওয়ানি আদালতের কার্যক্ষেত্রকে কিছু কিছু ক্ষেত্রে সীমিত করেছে। সপ্তম বা সপ্তম ক পরিচ্ছেদে বর্ণিত স্বত্বলিপির প্রস্তুতি, সংশোধন বা পরিবর্তন বিষয়ে কোনও মামলা দেওয়ানি আদালতে করা যায় না। কিন্তু কোনও জমির উপরে কোনও ব্যক্তির ন্যায়সংগত অধিকার (title) বিষয়ে কোনও মামলা যে কোনও সময় দেওয়ানি আদালতে করা যাবে। কিংবা কোনও জমির উপর স্থায়ী নিষেধাজ্ঞা (permanent injunction) চেয়ে মামলা করা যাবে দেওয়ানি আদালতে, এক্ষেত্রেও কোনও নিষেধাজ্ঞা নেই। ১৯৫৩ সালের জমিদারি অধিগ্রহণ আইনের ৫৭খ ধারা সম্পর্কিত অনেক মামলায় মহামান্য কলিকাতা হাইকোর্ট একইরকম অভিমত প্রকাশ করেছেন।[৪]

৩ *জে. এন. বোস* বনাম *এস. কে. মাখুই* 80 CWN 250.

৪ *আয়ুব আলি সর্দার বনাম দিরাজুদ্দিন* 1975(2) Cal LJ 305; *রামকৃষ্ণ মল্লিক* বনাম *পশ্চিমবঙ্গ সরকার* 1975(1) Cal LJ 154; *চতুর্ভুজ মিশ্র* বনাম *পশ্চিমবঙ্গ সরকার* 82 CWN 589; *তারক চন্দ্র ঢোলে* বনাম *সত্য নারায়ণ সিংহ* 1975(2) Cal LJ 246.

৬। যে বিষয়ের মামলা দেওয়ানি আদালত গ্রহণ করবে না [The Civil Court will not entertain some suits]. পশ্চিমবঙ্গ ভূমি সংস্কার আইনের সপ্তম ক পরিচ্ছেদের [Chapter 7A] ৫১(১) ধারায় কোনও মৌজার স্বত্বলিপি প্রস্তুত বা সংশোধন বা পরিবর্তনের আদেশ দেওয়া হয়। ৫১গ(১) ধারা অনুসারে উপরোক্ত বিষয়ের কোনও মামলা বা আবেদন দেওয়ানি আদালত গ্রহণ করবে না যে মামলা (suit) বা আবেদনে (application) রাজস্ব নির্ধারণের বিষয় আছে বা স্বত্বলিপিতে কোনও রায়তের নাম অন্তর্ভুক্তির বিষয় আছে। ধরা যাক কোনও ক্ষেত্রে রায়তের মনে হয়েছে তাকে শুনানির সুযোগ না দিয়ে স্বত্বলিপির সংশোধন করা হয়েছে, তিনি এই বিষয়ে দেওয়ানি আদালতে মামলা করতে পারেন না। অথবা নির্ধারিত রাজস্ব সম্পর্কে কোনও আপত্তি থাকলেও তিনি দেওয়ানি আদালতে অভিযোগ জানাতে পারেন না।

[১][৫১ঘ। বাতিল।]

[1][51D. Omitted.]

পশ্চিমবঙ্গীয় ভূমি সংস্কার আইনের [১৯৫৬ সালের ১০ নং আইন] ৫১ক(২) ধারামতে এবং উক্ত আইনের অঙ্গীভূত বিধানাবলীর ২৫ নং বিধিযোগে এবং পশ্চিমবঙ্গীয় অকৃষি প্রজাস্বত্ব আইনের [১৯৪৯ সালের ২০ নং আইন] ২৮(২) ধারামতে এবং উক্ত আইনের অঙ্গীভূত বিধানাবলীর ৭ নং বিধিযোগে।

বিজ্ঞপ্তি

জিলার নাম— মৌজার নাম—
থানার নাম— মৌজার নম্বর—

পশ্চিমবঙ্গীয় ভূমি সংস্কার আইনের [১৯৫৬ সালের ১০ নং আইন] সপ্তম পরিচ্ছেদে এবং পশ্চিমবঙ্গীয় অকৃষি প্রজাস্বত্ব আইনের [১৯৪৯ সালের ২০ নং আইন] তৃতীয় পরিচ্ছেদে বিধিবদ্ধ নিয়মানুসারে উল্লিখিত মৌজার ভূমি স্বত্বলিপি প্রস্তুত। সংশোধনের কাজ সম্পন্ন করা হয়েছে। অতএব এতদ্বারা

১ পশ্চিমবঙ্গ ভূমি সংস্কার (সংশোধন) আইন, ১৯৭২ (পশ্চিমবঙ্গ আইন ১২, ১৯৭২)-এর ২৪ ধারার মাধ্যমে ১২.২.১৯৭১ তারিখ হতে বাতিল হয়েছে।

1 *Omitted* by W.B.L.R. (Amendment) Act, 1972 (XII of 1972).

উল্লিখিত মৌজার রায়ত, ভূমিতে অপরাপর স্বার্থসংশ্লিষ্ট ব্যক্তিগণ এবং সর্ব্বসাধারণের জ্ঞাতার্থে জানান যাইতেছে যে উক্ত সংশোধিত রেকর্ডের চূড়ান্ত লিপি সর্ব্বসাধারণের দেখিবার জন্য আগামী ইং .... তারিখ হতে ইং .... পর্যন্ত একমাসের জন্য নিম্নলিখিত মোকামে খোলা রাখা হবে।

মোকাম— রাজস্ব আধিকারিক

তারিখ— (Revenue Officer)

Notice of Khanapuri-cum-Bujharat

খানাপুরীসহ বুঝারতের নোটিশ

পশ্চিমবঙ্গীয় ভূমি সংস্কার আইনের অঙ্গীভূত বিধানাবলীর সপ্তম পরিচ্ছেদের ২২ নং বিধির অধীন 'ক' তফসিলের ৪ ও ৫ দফা এবং ২৩ নং বিধির মর্মানুযায়ী বিজ্ঞপ্তি

জিলা— মৌজার নাম—

থানা— জে. এল. নং—

বনাম—রায়ত এবং ভূমিতে অপরাপর স্বার্থসংশ্লিষ্ট ব্যক্তিগণ।

এতদ্বারা অবগত করানো যাচ্ছে যে পশ্চিমবঙ্গ জমিদারি গ্রহণ আইনের (১৯৫৪ সালের ১ নং আইন) ৪২(২) ধারামতে চূড়ান্ত প্রকাশিত ভূমি স্বত্বলিপি উক্ত আইনের ৪৭ ধারামতে পরিবর্তিত হওয়ার পর পশ্চিমবঙ্গ ভূমি সংস্কার আইনের (১৯৫৬ সালের ১০ নং আইন) অঙ্গীভূত বিধানাবলীর সপ্তম পরিচ্ছেদের ২২ নং বিধির অধীন 'ক' তফসিলের ৪ ও ৫ নং দফা এবং ২৩ নং বিধির ও পশ্চিমবঙ্গীয় অকৃষি প্রজাস্বত্ব আইনের মর্মানুযায়ী উক্ত স্বত্বলিপির পূর্ণপরীক্ষণ ও প্রয়োজনীয় সংশোধনার্থে জরিপ ও খানাপুরীসহ বুঝারতের কার্য্য ইং .... তারিখে সরেজমিনে আরম্ভ করা হবে।

অতএব আপনাদিগকে জানানো যাচ্ছে যে উক্ত তারিখে স্বয়ং অথবা এজেন্ট দ্বারা উক্ত মৌজায় সরেজমিনে উপস্থিত হয়ে নিজ নিজ স্বত্ব ও দখল স্বপক্ষে আপন আপন পরচা এবং অন্যান্য যে সকল প্রমাণ (দলিল অথবা সাক্ষী) আছে তা দাখিল করবেন।

মোকাম— রাজস্ব আধিকারিক

তারিখ— (Revenue Officer)

Proclamation Before Beginning Attestation

তস্‌দিকের ইস্তাহার

পশ্চিমবঙ্গীয় ভূমি সংস্কার আইনের অঙ্গীভূত নিয়মাবলির সপ্তম পরিচ্ছেদের ২২ নং বিধির অধীন 'ক' তফসিলের ৬ নং দফানুযায়ী বিজ্ঞপ্তি

জিলা— মৌজার নাম—

থানা— জে. এল. নং—

বনাম—রায়ত এবং ভূমিতে অপরাপর স্বার্থসংশ্লিষ্ট ব্যক্তিগণ।

এতদ্বারা অবগত করানো যাচ্ছে যে ১৯৫৫ সালের পশ্চিমবঙ্গীয় ভূমি সংস্কার আইনের (১৯৫৬ সালের ১০ নং আইন) ও তার অঙ্গীভূত নিয়মাবলি অনুযায়ী ক্ষমতাপ্রাপ্ত রাজস্ব কর্মচারী .... তারিখে .... মোকামে উপরোক্ত মৌজার স্বত্বলিপির তস্‌দিক এবং উহা সম্পূর্ণ করবার অন্যান্য কার্য্য আরম্ভ করবেন।

অতএব আপনাদিগকে জানানো যাচ্ছে যে, ধার্য্য তারিখে এবং নির্দিষ্ট মোকামে আপনারা আপন আপন পরচা, দাখিলা এবং অন্যান্য যে সকল প্রমাণ, দলিলাদি দাখিল করতে চাহেন তা সহ হাজির হবেন।

এতদ্ব্যতীত উক্ত মৌজায় গত জরিপ এবং স্বত্বলিখনের পরবর্ত্তী সময়ে যারা কোনও স্বত্বে স্বত্ববান হয়েছেন বা (ঐ সময়ে) কোনও স্বত্ব যাদের হস্তচ্যুত হয়েছে যার ফলে গত জরিপের (সময়) চূড়ান্ত প্রকাশিত স্বত্বলিপি নিম্নোক্ত একটি বা একাধিক কারণসমূহের জন্য সংশোধন প্রয়োজন তারাও অতি অবশ্য উক্ত তারিখে এবং মোকামে আবশ্যকীয় প্রমাণাদিসহ উপস্থিত হয়ে সংঘটিত পরিবর্ত্তনসমূহ রাজস্ব কর্মচারীর গোচরীভূত করবেন।

কারণসমূহ ঃ (ক) উত্তরাধিকার, ওয়ারীশগণ, হস্তান্তর বা অন্য কোনও প্রকার।

(খ) স্বত্বের একত্রীকরণ বা বিভক্তিকরণ,

(গ) সরকারের নিকট হতে নতুন বন্দোবস্ত; অথবা

(ঘ) অন্য যে কোনও প্রকার।

মোকাম— রাজস্ব আধিকারিক

তারিখ— (Revenue Officer)

Reminder Notice of Attestation

তস্‌দিকের দ্বিতীয় বিজ্ঞাপন

জিলা— মৌজার নাম—
থানা— জে. এল. নং—

বনাম—রায়ত এবং ভূমিতে অপরাপর স্বার্থসংশ্লিষ্ট ব্যক্তিগণ।

যেহেতু পশ্চিমবঙ্গীয় ভূমি সংস্কার আইনের অঙ্গীভূত নিয়মাবলির সপ্তম পরিচ্ছেদের ২২ নং বিধির অধীন "ক" তফসিলের ৬ নং দফার নিয়মানুযায়ী ইস্তাহার দ্বারা আপনাদিগকে উপরোক্ত মৌজার স্বত্বলিপির তস্‌দিক কার্য্যের ধার্য্য দিন ও মোকাম সম্বন্ধে অবগত করানো হয়েছে। এতদ্বারা আপনাদিগকে স্মরণ করে দেওয়া যাচ্ছে যে আপনারা আপন আপন পরচা, দাখিলা এবং অন্যান্য দলিলাদিসহ তারিখে ইং .... মোকামে হাজির হবেন। অন্যথায় আপনাদের অনুপস্থিতিতেই তস্‌দিক কার্য্য সমাধা হবে।

মোকাম— রাজস্ব আধিকারিক

তারিখ— (Revenue Officer)

পশ্চিমবঙ্গ সরকার
ভূমিলেখ্য ও পরিমাপ অধিকর্তার কার্য্যালয়
৩৫, গোপালনগর রোড, কলকাতা-৭০০ ০২৭

সার্কুলার

এই রাজ্যের গ্রামাঞ্চলের রেকর্ড তৈরির কাজ প্রায় শেষ হলেও শহর ও শহরতলীর মৌজাগুলির ও পুরুলিয়া জেলা L.R. রেকর্ডের কাজ এখনও বাকী। রাজ্যের মোট ৪২০৪২টি মৌজার মধ্যে ১০৮৭টি মৌজার কে. বি. এবং ১৬৭৯টি মৌজার অ্যাটেস্টেশন বাকী আছে। সিংহভাগ কে.বি.-র কাজ বাকী আছে পুরুলিয়া জেলায় (বিহার থেকে পরে অন্তর্ভুক্ত হয়েছে), উত্তর ২৪ পরগণা জেলায় (কে. এম. ডি.-এর অন্তর্গত ব্যারাকপুর এবং বারাসাত মহকুমায়) এবং দক্ষিণ ২৪ পরগণা জেলায় (কে. এম. ডি.-এর অন্তর্গত সদর ও বারুইপুর মহকুমায়)। এছাড়াও অন্যান্য কয়েকটি জেলায় সামান্য কয়েকটি মৌজায় কে. বি.-র কাজ বাকী আছে। এই এলাকার বিগত জরিপের কাজ শেষ হয়েছিল গত শতাব্দীর ছয়ের দশকের শেষের দিকে। দীর্ঘ চল্লিশ বছর জরিপের কোনও কাজ এই মৌজাগুলিতে করা হয়নি। দ্রুত নগরায়ণ, লোক বসতির

ঘনত্বের অস্বাভাবিক বৃদ্ধির ফলে গত জরিপে চিহ্নিত দাগগুলির শ্রেণি-চরিত্র ও পরিসীমার আমূল পরিবর্ত্তন হয়েছে। ফলে নতুন নক্সা না তৈরি করে কে. বি.-কাম-অ্যাটেস্টেশনের কাজ শুরু করা সম্ভব হয়নি। বর্তমানে উন্নত প্রযুক্তি ও আধুনিক জরিপের যন্ত্রাদি ব্যবহার করে বেশ কয়েকটি মৌজার নতুন নক্সা তৈরি করা হয়েছে। কিছু কিছু মৌজায় অবশ্য পুরানো নক্সার উপর প্রয়োজনীয় কিস্তোয়ার করে কে. বি.-কাম-অ্যাটেস্টেশনের কাজ শুরু করা হচ্ছে।

পুর এলাকায় (KMDA) অবস্থিত কোনও মৌজার কে. বি. কাম-অ্যাটেস্টেশনের কাজ শুরু করার পূর্বে বি. এল. এল. আর. ও. মহোদয়কে অতি অবশ্যই নিম্নলিখিত কাজগুলি সেরে ফেলতে হবে। এই কাজগুলি করতে গিয়ে কোনও অসুবিধার সম্মুখীন হলে সঙ্গে সঙ্গে বিষয়টি ঊর্ধতন কর্তৃপক্ষের বা D.L.R. & S. মহোদয়ের গোচরে আনতে হবে। এবং তাঁদের সাহায্যে কাজগুলো করতে হবে।

প্রাক্-অ্যাটেস্টেশন-কার্যাবলি

(১) উদ্দিষ্ট মৌজার হাল—সাবেক দাগের তালিকা প্রণয়ন।

(২) মৌজায় অবস্থিত (C.S./R.S. রেকর্ড অনুযায়ী) জলাভূমি/জলাশয়গুলি পূর্ণাঙ্গ তালিকা সংকলন।

(৩) সরকারে বর্তানো জমির তালিকা সংকলন (ULC Vesting সহ)।

(৪) সরকার কর্ত্তৃক অধিগৃহীত Aquisition জমির তালিকা সংকলন।

(৫) উদ্বাস্তু পুনর্বাসনের (R.R. & R.) জন্য ব্যবহৃত দাগগুলির তালিকা প্রণয়ন।

(৬) 4C ধারায় অনুমোদনপ্রাপ্ত দাগের তালিকা সংকলন।

(৭) ঐ এলাকার ২০০৫ সন পর্যন্ত সংশোধিত পৌর ভোটার লিস্ট সংগ্রহ।

(৮) জমিদারি অধিগ্রহণ আইনের 6(3) ধারা অনুসারে রক্ষিত কারখানাগুলির জমির তালিকা প্রণয়ন।

(৯) মৌজাটির R.S. শিটগুলো (সম্ভাব্য ক্ষেত্রে ব্লুপ্রিন্ট) এবং জেলা রেকর্ড থেকে সংগ্রহ।

(১০) C.S. শিটগুলির প্রতিলিপি সংগ্রহ।

(১১) সাধারণের ব্যবহার্য্য দাগগুলির তালিকা প্রস্তুত (বিবরণ সহ)।

(১২) ভূমি রাজস্বের Demand Register প্রস্তুত করে নিতে হবে। মাঠে কাজের সময় প্রয়োজনীয় সংশোধন করতে হবে।

অ্যাটেস্টেশনের ভারপ্রাপ্ত আধিকারিক মহোদয়কে উপরোক্ত কাগজপত্রসহ মৌজার রেকর্ডগুলো সংগ্রহ করে B.L. & L.R.O. অফিস থেকে বুঝে নিতে হবে। প্রথমে শিটের কার্যাবলি খুলে দেখতে হবে। In situ—উল্লেখযোগ্য নিশানার সঙ্গে পরিচিত হতে হবে। ঐ মৌজার Trijunction pillar-এর অবস্থান সম্পর্কে T.A. মহোদয় সংশ্লিষ্ট রাজস্ব আধিকারিককে অবহিত করবেন। অ্যাটেস্টেশন চলাকালীন নিম্নোক্ত তথ্যগুলি সংগ্রহ করে নথিবদ্ধ করতে হবে। রাজস্ব আধিকারিক মহোদয়কে স্মরণে রাখতে হবে যে সেই এলাকায় বসবাসকারী রায়তগণ শ্রমজীবী বা চাকুরিজীবী। তাদের পক্ষে কাজের দিনে, অ্যাটেস্টেশন টেবিলে হাজির থাকা কষ্টসাধ্য। এঁদের জমি রেকর্ড করার জন্য নাগরিক পরিষেবার প্রয়োজনে ছুটির দিনে অ্যাটেস্টেশন টেবিলে কাজ করতে হতে পারে। ছুটির দিনে কাজের জন্য পরবর্ত্তী সোমবার ছুটি দেওয়া হবে।

(ক) প্রতিটি দাগের ব্যবহার সম্বন্ধীয় যাবতীয় তথ্য খসড়ার মন্তব্যের ঘরে লিখতে হবে। দাগটি বহুবিভক্ত (fragmentation) হয়ে একাধিক বা একই রায়তের মালিকানায় ভিন্ন ভিন্ন কাজে ব্যবহৃত হলে প্রতিটি অংশের পরিমাপ ও ব্যবহারের সংক্ষিপ্ত বিবরণ লিপিবদ্ধ করতে হবে।

(খ) যদি দাগটিতে এক বা একাধিক পাকাবাড়ি থাকে তবে পাকা বাড়িটির/পাকা বাড়িগুলির পূর্ণাঙ্গ বিবরণ যথা তল সংখ্যা, কার্পেট এরিয়া ইত্যাদি উল্লেখ করতে হবে। যদি ঐ পাকাবাড়ির কোনও অংশ বাণিজ্যিক কাজে ব্যবহার হয় তবে অতি অবশ্যই বাণিজ্যিক কাজে ব্যবহৃত অংশের পরিমাপ, মালিকানা ও ব্যবহারের সংক্ষিপ্ত বিবরণ খসড়ার মন্তব্যের ঘরে লিখে রাখতে হবে।

(গ) যদি বাড়িটি ফ্ল্যাট হিসাবে ব্যবহার হয় সেক্ষেত্রে বাড়িটির মোট কার্পেট এরিয়া এবং প্রতিটি ফ্ল্যাটের কার্পেট এরিয়া, দখলকারের নাম ও ব্যবহারের পূর্ণাঙ্গ বিবরণ লিপিবদ্ধ করতে হবে।

(ঘ) পৌর এলাকায় অবস্থিত প্রতিটি বাড়ি/ফ্ল্যাট/জমি/ব্যবসার স্থল ইত্যাদির জন্য ওয়ার্ড ভিত্তিক হোল্ডিং নং প্রচলিত আছে। রাজস্ব

আধিকারিক মহোদয়কে ঐ হোল্ডিং নং-গুলি সংগ্রহ করে একটি বাঁধানো রেজিস্টারে নথিবদ্ধ করতে হবে। প্রোফর্মা নীচে দেওয়া হল।

সমষ্টি ভূমি সংস্কার আধিকারিক বা মহকুমা ভূমি সংস্কার আধিকারিক মহোদয়গণ অ্যাটেস্টেশন টেবিল পরিদর্শনের সময় বিষয়টির প্রতি লক্ষ্য রাখবেন এবং প্রয়োজনীয় নির্দেশ দেবেন।

(ঙ) কোনও বাড়ির ঐতিহাসিক/পুরাতাত্ত্বিক বৈশিষ্ট্য থাকলে ঐ সম্বন্ধীয় যাবতীয় তথ্য খতিয়ানের মন্তব্যের ঘরে ও খসড়ায় মন্তব্যের ঘরে লিখতে হবে।

(চ) খাজনা পরিশোধের রসিদ দেখতে হবে।

(ছ) বিনা অনুমতিতে দাগের শ্রেণির পরিবর্ত্তন ঘটলে রেকর্ড এবং খসড়ায় 4C ধারা প্রযোজ্য লিখতে হবে।

(জ) বেঞ্চ ডায়েরী অবশ্যই রাখতে হবে।

(ঝ) A, B ও C ফাইল মৌজার সাথে রাখতে হবে।

(ঞ) উপ জেলা ভূমি ও ভূমি সংস্কার আধিকারিক/মহকুমা ভূমি ও ভূমি সংস্কার আধিকারিক/ব্লক ভূমি ও ভূমি সংস্কার আধিকারিক টেবিল পরিদর্শনের সময় অবশ্যই তাঁদের মন্তব্য লিপিবদ্ধ করবেন।

হোল্ডিং সংক্রান্ত তথ্যের রেজিস্টার

মৌজার নাম ও নং	LR শীট নং	LR দাগ নং	দাগের মোট পরিমাণ	ওয়ার্ড নং	হোল্ডিং নং	হোল্ডিং-স্থিত জমির পরিমান	ব্যবহৃত জমির পরিমাপ		বর্তমান খাজনা	মন্তব্য
							অ-বাণিজ্যিক	বাণিজ্যিক		

ভূমিলেখ্য ও পরিমাপ অধিকর্তা

আদেশনামা

বিষয় ঃ ভূমি সংস্কার আইনের ৫০/৫০এ (s. 50/50A) ধারামতে রেকর্ড সংশোধন।

এখন থেকে সমস্ত মিউটেশনের (৫০ ধারা) দরখাস্ত বি. এল. এন্ড এল. আর. ও.-এর অফিসে জমা নেওয়া হবে।

একজন নির্দিষ্ট রাজস্ব আধিকারিকের তত্ত্বাধানে বি. এল. এন্ড এল. আর. ও. অফিসে একজন বরিষ্ঠ/প্রধান কর্মচারী মিউটেশনের দরখাস্ত গ্রহণ করবেন। দরখাস্ত ফটোসহ জমা দিতে হবে। ফটোর সাথে দরখাস্তকারীর অবয়বের মিল আছে কি না দেখে নিতে হবে। ফটোতে যে সহি আছে তার সাথে দরখাস্তের সহির মিল আছে কি না তাও দেখতে হবে। দরখাস্ত পাওয়ার সাথে সাথেই "চেক লিস্টে" নির্দিষ্ট নথিপত্রাদি দরখাস্তের সঙ্গে যুক্ত আছে কি না তা খতিয়ে দেখবেন। যদি দেখা যায় যে, নির্দিষ্ট নথিপত্র সঠিক নেই তবে সাথে সাথে তিনি ঐ মৌজার জন্য নির্দিষ্ট রাজস্ব আধিকারিকের নিকট "চেক লিস্ট" টা পাঠিয়ে দেবেন এবং রাজস্ব আধিকারিক পুনরায় পরীক্ষা করে উপযুক্ত নথি জমা দেওয়ার জন্য দরখাস্তকারীকে দরখাস্তের ত্রুটি উল্লেখ করে দরখাস্তটি ফেরৎ দেবেন। যদি সমস্ত নথি সঠিক থাকে তবে ভারপ্রাপ্ত কর্মচারী, বি. এল. আর. ও./আর. ও. এর আদেশসহ দরখাস্তটি Register-IX-এ অন্তর্ভুক্ত করে রেকর্ড রুমে পাঠাবেন, রেকর্ড মেলানোর জন্য। রেকর্ড কিপার দরখাস্তটি পাওয়ার সাথে সাথেই নিম্নবর্ণিত তথ্যাদি দরখাস্তের পিছনে লিপিবদ্ধ করে সই করবেন।

(১) মৌজাটি কোন্ ধারায় (ভূমি সংস্কার আইনের ৫১ ধারা) আছে।

(২) মৌজাটি চূড়ান্ত প্রকাশিত হলে তাং।

(৩) দরখাস্তের সাথে যুক্ত দলিলের নম্বর ও তাং/চেন দলিলের নম্বর ও তাং।

(৪) দাগটির/দাগগুলির মালিকানা (যদি একাধিক মালিক থাকে তবে তাদের নাম ও অংশের পরিমাণ)।

(৫) দাগটির শ্রেণি/পরিমাণ।

(৬) খতিয়ান নং।

(৭) দাগটি ভেস্ট কি না (রেজিস্টার-VIII এবং মৌজার ১ নং খতিয়ান দেখতে হবে)।

(৮) ঐ দাগটি/দাগগুলিতে কোনও বর্গাদার/পাবলিক ইজমেন্ট/দখল লেখা আছে কি না।

এছাড়াও যদি উক্ত দাগ/দাগগুলি শহরাঞ্চলে অবস্থিত হয় তবে "শহরাঞ্চলে জমির সর্বোচ্চ সীমা" আইনে জমিটি সরকারে গৃহীত হয়েছে কি না বা "ভূমি অধিগ্রহণ" দপ্তরের দ্বারা অধিগৃহীত হয়েছে কি না এরূপ কোনও

তথ্য জানা থাকলে তাও লিপিবদ্ধ করবেন এবং দরখাস্তটি রেকর্ডসহ ভারপ্রাপ্ত রাজস্ব আধিকারিকের কাছে পাঠাবেন। রাজস্ব আধিকারিক/বি.এল.আর.ও. কেস নম্বর দিয়ে শুরু করবেন এবং অর্ডার শিট প্রস্তুত করবেন। দরখাস্তকারীর দলিলটি মৌজা চূড়ান্ত প্রকাশিত হওয়ার পর হলে শুনানির দিন নির্দিষ্ট করে দরখাস্তকারীর হাতে নোটিশটি দিতে হবে। দরখাস্তকারীর কাছ থেকে প্রাপ্ত ডাক টিকিট সহ খামে বিক্রেতাকে এবং ঐ দাগ/দাগগুলিতে সংশ্লিষ্ট ব্যক্তি বর্গকে UCP-তে নোটিশ পাঠাতে হবে। উক্ত নোটিশের একটি কপি বি. এল. এন্ড এল. আর. ও. অফিসের নোটিশ বোর্ডে এবং অপর একটি কপি আর. আই অফিসের নোটিশ বোর্ডে জনসাধারণের অবগতির জন্য টাঙ্গিয়ে দেবেন। শুনানির দিন দরখাস্তকারী নিজে ভোটার পরিচয়পত্র বা অন্য পরিচয়পত্র সহ উপস্থিত হলে এবং মূল দলিল পরীক্ষা করে সঠিকভাবে জমিটি হস্তান্তরিত হয়েছে সেই বিষয়ে রাজস্ব আধিকারিক সন্তুষ্ট হলে দরখাস্তকারীর নামপত্তনের আদেশ দেওয়া যেতে পারে। আদেশ দেওয়ার পর সংশ্লিষ্ট কমপিউটারাইজড রেকর্ডেও সংশোধন করতে হবে। এক্ষেত্রে দরখাস্তকারীকে আবেদন করে খতিয়ানের প্রত্যায়িত নকল নিতে হবে। নামপত্তন হলে তার লিস্ট বি. এল. এন্ড এল. আর. ও. এবং আর.আই অফিসের নোটিশ বোর্ডে জনসাধারণের অবগতির জন্য টাঙ্গিয়ে দেবেন।

বেশির ভাগ ক্ষেত্রেই দেখা যাবে যে, দাগ/দাগগুলি শুধুমাত্র দলিলের দ্বারা হস্তান্তরিত হয়েছে। এসব ক্ষেত্রে ভূমি ও ভূমি রাজস্ব দপ্তরের আদেশনামা $\frac{\text{8174 M\&M}}{\text{LR/A-II/2C-8/2002}}$ তাং 14th Nov., 2002 অনুসারে তদন্ত করবার বিশেষ প্রয়োজন নেই।

কিন্তু কারখানা/প্রতিষ্ঠান/উত্তরাধিকার প্রভৃতির ক্ষেত্রে মাঠ তদন্ত অবশ্যই করতে হবে।

গ্রামাঞ্চলে দরখাস্তর নিষ্পত্তি জমা দেওয়ার ১৫ দিনের মধ্যেই করতে হবে।

শহরাঞ্চলে জমির বিজ্ঞাপিত এলাকায় (ULC Act ভুক্ত), শহরাঞ্চল জমির ঊর্ধসীমা কার্যালয় এবং ভূমি সংগ্রহণ কার্যালয়ে জমির বিবরণসহ অনুসন্ধানের জন্য পাঠাতে হবে। এক (১) মাসের মধ্যে কোনওরূপ উত্তর না এলে দরখাস্তটি চূড়ান্ত বিবেচনার জন্য গ্রহণ করা যাবে।

শহরাঞ্চলে দরখাস্ত নিষ্পত্তি জমা দেওয়ার দেড় মাসের মধ্যেই করতে হবে।

দরখাস্ত জমা দেবার দিন দরখাস্তকারী বা তার (authorised) প্রতিনিধির সমস্ত কাগজপত্র বিশেষভাবে মূল দলিল দেখতে হবে। দিনে যদি ২০ বা তার বেশি দরখাস্ত জমা পরে তবে আলাদা (counter) খুলতে হবে।

যে সমস্ত মৌজার ক্ষেত্রে সেটেলমেন্টের ভূমি সংস্কার আইনের ৫১ ধারায় কাজ শুরু হয়নি, সেই ক্ষেত্রে নামপত্তনের পর নামপত্তনের শংসাপত্র দিতে হবে এবং মডিফায়েড খতিয়ানে তাদের নাম লিপিবদ্ধ করতে হবে।

যে সমস্ত মৌজার ক্ষেত্রে সেটেলমেন্টের ভূমি সংস্কার আইনের ৫১ ধারায় কাজ শুরু হয়েছে কিন্তু খসড়া প্রকাশনা (D.P.) হয়নি সেই ক্ষেত্রে নামপত্তনের পর নামপত্তনের শংসাপত্র দিতে হবে।

ভূমিলেখ্য ও জরিপ অধিকর্তা স্মারক নং-৫৪/১১০১-১১১৮। সি. ০৫ তারিখ-১৭.২.২০০৫ অনুসারে ১ (এক) একর বা তার ঊর্ধে জমির মিউটেশনের দরখাস্ত বি. এল. এন্ড এল. আর. ও. নিজে নিষ্পত্তি করবেন।

(দিলীপ চৌধুরী)
ভূমিলেখ্য ও জরিপ অধিকর্তা ও
যুগ্ম ভূমি সংস্কার মহাধ্যক্ষ, পঃ বঃ সরকার

স্মারক নং ঃ ৫৪/৯৮২৯-৫৯/সি/২০০৫ তাং ঃ ৯.১১.২০০৫

(১) প্রধান সচিব ও ভূমি সংস্কার মহাধ্যক্ষ, ভূমি ও ভূমি সংস্কার বিভাগ, পঃ বঃ সরকার অবগতির জন্য।

(২) .... যুগ্ম সচিব, ভূমি ও ভূমি সংস্কার বিভাগ, পঃ বঃ সরকার অবগতি ও প্রয়োজনীয় ব্যবস্থা গ্রহণের জন্য।

(৩) জেলা ভূমি ও ভূমি সংস্কার আধিকারিক .... অবগতি ও প্রয়োজনীয় ব্যবস্থা গ্রহণের জন্য।

(৪) .... অবগতি ও প্রয়োজনীয় ব্যবস্থা গ্রহণের জন্য।

(৫) গার্ড ফাইল।

(দিলীপ চৌধুরী)
ভূমিলেখ্য ও জরিপ অধিকর্তা
যুগ্ম ভূমি সংস্কার মহাধ্যক্ষ, পঃ বঃ সরকার

নামপত্তনের আবেদনপত্র

দরখাস্তকারীর নাম	পিতা বা স্বামীর নাম	পূর্ণ ঠিকানা	মৌজার নাম	জে.এল.নং

দলিল নং অথবা রেজিষ্ট্রিকৃত নথির নম্বর ও তারিখ (ADSR অফিসারের নাম সহ)	দরখাস্তকারীর ধরণ		মালিকানা পরিবর্তনের ধরণ				
	নিজে	অন্যান্য	ক্রয়	ওয়ারিশ সূত্রে	দান	ইচ্ছাপত্র	অন্যান্য

ক্রমিক সংখ্যা	(১) যে রায়ত নির্দ্ধারিত হবে তার নাম (২) পিতা বা স্বামীর নাম, (৩) ঠিকানা (৪) খতিয়ান নং যদি থাকে	বর্তমান রায়তের নাম	পিতা বা স্বামীর নাম	ঠিকানা	খতিয়ান নং যদি থাকে	দরখাস্তকারীর ফটো স্বাক্ষর সহ
(১)						
(২)						
(৩)						
(৪)						

দাগ নম্বর	খতিয়ান নম্বর	ক্রয়ের অংশ	ক্রয়ের অংশ একরে	মোট জমির পরিমাণ একরে	জমির শ্রেণি দলিল অনুযায়ী

আবেদনকারীর স্বাক্ষর

DECLARATION FORM

I, Sri/Smt .... S/o D/o W/o Sri/Smt .... residing at .... Under Police Station .... in the district of .... do hereby affirm and declare as follows:

(1) That I am the absolute owner of the plot of the land described in the Schedule below, by way of inheritance being the legal heir of .... from whom it is so inherited on .... due to ....

(2) That I have been possessing the said plot of land since .... uninterruptedly and it is free from all encumbrances.

(3) That the said plot of land is neither vested nor acquired by the Government and there is no proceeding initiated in respect of the said plot of land for its vesting or acquisition till date.

(4) That the said plot of land is not involved in any Court Case.

(5) That I shall apply for long term settlement of the said plot of land on such terms and conditions and on payment of such salami and rent as the State Government may fix in this regard, if the said plot of land is found to have already been vested in the State at any point of time. In case of failure to do so, I shall forthwith make over vacant and peaceable possession of the said plot of land to the State Government.

(6) That I shall make over possession of the said plot of land to the State Government without any claim, if the said plot of land is found to have already been acquired by the State Government at any point of time.

(7) That I shall pay regularly the land revenue in respect of the said plot of land as may be fixed by the State Government in accordance with the provision of the West Bengal Land Reforms Act, 1955 as amended from time to time.

(8) That I shall abide by all the terms and conditions as may be fixed by the State Government from time to time for holding the said plot of land as per provision of the any law for the time being in force.

(9) The Statements made here in above are true to the best of my information, knowledge and belief and nothing material has been concealed therein.

Description of the Plot of Land

District	Police Station	Mouza with J.L. No.	Khatian No.		Plot No.		Total Area	Area Owned	Recorded Classification
			R.S.	L.R.	R.S.	L.R.			

Full signature of the Declarant.

পশ্চিমবঙ্গ সরকার

সমষ্টি ভূমি ও ভূমি সংস্কার আধিকারিকের করণ

.... সমষ্টি

নাম খারিজের জন্য প্রয়োজনীয় নথিপত্রের চেক লিস্ট

(১) কোবালা বা দলিলের কপি ঃ হ্যাঁ ☐ না ☐

(২) চেন দলিলের কপি ঃ হ্যাঁ ☐ না ☐ প্রয়োজন নেই ☐

(৩) উচ্চরাধিকারের শংসা পত্র ঃ হ্যাঁ ☐ না ☐ প্রয়োজন নেই ☐
(স্থানীয় বিধায়ক/ব্লক সভাপতি/অঞ্চল প্রধান/স্থানীয় পৌরসভার চেয়ারম্যান/স্থানীয় কমিশনার)

(৪) হাল খাজনার রসিদ ঃ হ্যাঁ ☐ না ☐

(৫) দশ টাকার কোর্ট ফি যুক্ত সাদা কাগজে ঘোষণা পত্র ঃ হ্যাঁ ☐ না ☐

(৬) উপযুক্ত ডাক টিকিট সহ খাম ঃ হ্যাঁ ☐ না ☐

(৭) দরখাস্তে আবেদনকারীর পাশপোর্ট সাইজ ফটো ঃ
হ্যাঁ ☐ না ☐ প্রয়োজন নেই ☐
(কেবল মাত্র মিউনিসিপ্যাল বা কর্পোরেশন এলাকার জন্য)

....

স্মারক নং ঃ তাং ঃ

....

....

মহাশয়/মহাশয়া,

আপনাকে অবগত করানো যায় যে, নামপত্তনের দরখাস্তের সঙ্গে উপরোক্ত ক্রমাঙ্ক বর্ণিত (ক্রমাঙ্ক নং) নথিপত্র না পাওয়ার জন্য আপনার দরখাস্তটি গ্রহণ করা গেল না। এতদ্বারা আপনাকে নির্দিষ্ট নথিপত্রসহ নামপত্তনের আবেদন অত্র করণে জমা দিতে অনুরোধ করা যাচ্ছে।

ভারপ্রাপ্ত কর্মচারী ভারপ্রাপ্ত রাজস্ব আধিকারিক

একটি প্রয়োজনীয় আদেশনামা

Government of West Bengal
Office of the Director of Land Records and Surveys
and Joint Land Reforms Commissioner, West Bengal
35, Gopalnagar Road, Alipore, Calcutta 700 027

Memo No. 7/2975/C/91 Dated, Alipur, the 30th September, 1991.

CIRCULAR

Subject : Issue of certified copy of R-O-Rs and Map.

Under the existing instructions of the Directorate, certified copies of L.R. records can be issued from the stage of draft publication of a mouza. A question has now been raised whether certified copies of mouza maps or relevant portion of mouza maps can also be issued, and if so, from which stage of preparation of R-O-Rs.

The matter has been examined and after careful consideration and in supersession of previous orders it is laid down that as the mouza map is a part and parcel of the R-O-Rs, certified copies of mouza Map/relevant portion of mouza map may also be issued from the stage of draft publication of the R-O-Rs of a mouza.

Further, the R-O-Rs/map prepared at the stage of draft publication may undergo changes at the time of final publication as a result of disposal of objections filed u/s. 51A(1) of W.B.L.R. Act, 1955.

In consideration of the above it is directed that a rubber stamp bearing the following entries should be affixed on to a certified copy of R-O-Rs/Mouza map lying in the draft publication stage :

(1) "Draft published u/s. 51 of the W.B.L.R. Act, 1955".

Similarly, information in respect of R-O-R/Map can also be issued from the stage of draft publication of the R-O-R/Map of a mouza. In this case, a rubber stamp bearing the following entries should be affixed on to the information slip:

(2) "Information on the basis of R-O-R/Map of the mouza draft published u/s. 51 of the W.B.L.R. Act, 1955".

Sd/- K.S. Rajendrakumar
Director of Land Records and Surveys &
Jt. Land Reforms Commissioner, West Bengal.

ফ্ল্যাট নথিভুক্ত করার নিয়মাবলিযুক্ত আদেশনামা

Government of West Bengal
Office of the Director of Land Records and Surveys
and Joint Land Reforms Commissioner, West Bengal
35, Gopalnagar Road, Alipur, Kolkata-700 027

No. 7/2626/C/2000 Dated, Alipur, the 31st July, 2006.

CIRCULAR

Subject : Recording in cases of Multiple-ownership pattern in vertically integrated flat.

The demand for residential/office space in prime localities, presently, in the metropolitan areas has spanned a new dimension of ownership of land—the vertical one, where a number of flats are constructed on floors one above the other with certain common facilities like parking space, pump room, office space for residents association, lift, staircase space entrance and landing etc. and other common service areas.

In this particular circular instruction is being issued in respect of private-owned flats i.e., land owned-owner/promoter owned multi-storied building continuing different sizes of flats, which is afterwards sold to different individuals.

There are some Co-operative basis flats or co-operative basis small colonies fresh circular on this Co-operative basis flats/colonies will soon be issued.

Once, a flat is constructed and sold to a person or legal entity, the latter becomes the owner with the right and title to flat proportionate undivided/inseparable share of the land underneath the building and the vacant area left outside the building as per existing municipal or corporation rules/common land appertaining to building (if proportionate ownership of the vacant area left outside the building is not taken into account, then 16 annas "Area Mill" will never be possible). Then the respective area of each flat owner shall be based on the carpet area as per transfer deed + Proportionate common covered area + Proportionate built up area + Proportionate vacant area, if any.

It must be borne in mind that the roof of the building could be further utilized for future expansion by the development proportionate and if it is so done the proportionate share shall change again and the Khatians shall have to re-cast.

In respect of a flat in a multi-storied building the carpet area purchased by a flat owner, the common area, the area of the built in structure and vacant area are given in square-feet for the purpose of our recording, we have to convert square feet into decimals. (One decimal = 435.6 square-feet). Two examples are stated below:

Example 1 : Suppose on plot No. 45, a multistoried building has been constructed by a promoter containing 4 (four) floors covering an area of 0.12 acres. The building has been constructed leaving 0.02 acres as vacant space outside the building as per rules. So the total available plinth area for the 4 (four) floors will be 435.6 × 10 × 4 = 17424 square feet. Suppose there are twenty four flats of which carpet area is stated below:

Floor numbers	Flats of different Carpet area	No. of flats in each floor	Total carpet area in each floor
Ground floor	650 Sq. Ft. each	6	3900 Sq. Ft.
1st Floor	700 Sq. Ft. each	6	4200 Sq. Ft.
2nd Floor	700 Sq. Ft. each	6	4200 Sq. Ft.
3rd Floor	700 Sq. Ft. each	6	4200 Sq. Ft.
Total available Carpet area of 24 flats			16500 Sq. Ft.

Suppose in this particular multistoried building the following items are used by each owner as common area, i.e.,

Lift	=	200 Sq. Ft.
Space for Meter Box	=	50 Sq. Ft.
Stairs Cases	=	200 Sq. Ft.
Landing	=	100 Sq. Ft.
Coridors	=	100 Sq. Ft.
Entrance	=	100 Sq. Ft.
Water Pump Room	=	100 Sq. Ft.
Total		850 Sq. Ft.

So the total common area appartaining to structure = 850 Sq. Ft. Area of thickness of walls and structure = 74 Sq. Ft. Hence the vacant space will be 0.02 × 435.6 = 871.2 Sq. Ft.

Now suppose, from a deed of transfer executed by the promoter in favour of a person "A", it appears that 'A' purchased 700 Sq. Ft. of carpet area in 2nd floor. Then for the purpose of preparation of our R-o-R, total area held by 'A' shall have to be computed as follows:

$$\frac{700 \text{ Sq. Ft.}}{\text{Carpet area}} + \frac{850}{24 \text{ (Common area)}} + \frac{74}{24 \text{ Thickness of Walls}} + \frac{871.2}{24 \text{ (Vacant Space)}} = 774.79 \text{ Sq. Ft.}$$

Then 'A's share over the plot No. 45 totaling number of 0.12 acres comes to 774.79/18295.2 = 0.0423 and the area over the plot as per share will be 0.00508 acres (Approximately).

Two model khatians are enclosed.

During recording of such multistoried building concerned Authorities/Municipalities/Municipal Corporation/Notified area should be noticed to verify whether proper sanction has been made by the concerned authorities or not.

(B.P. Gopalika)

Director of Land Records and Surveys
and Jt. Land Reforms Commissioner,
of West Bengal.

N.B. *Explanation I* : Though generally in a flat owner's deed only the carpet area is mentioned, but for all practical purposes the valuation of carpet area is estimated considering the valuation of the common area and area occupied by the structure and the vacant area left outside the building.

Explanation II: To determine the area covered by the thickness of the walls both internal and outside, it is advisable to contact the Authorities who sanction the plan and get a traced copy of the plan to calculate such area.

Memo. No. 7/2627-36/C/2000 Dated, Alipur the 31st July, 2006

Copy forwarded for information to :

(1) The Principal Secretary, L&LR Department, WB.

(2) The Joint Secretary, L&LR Department, WB.
(3) The Jt. Director, Land Records & Surveys, WB.
(4) The Dy. Director of Administration, WB.
(5) The Dy. Director of Land Records, WB.
(6) The Dy. Director of Compensation, WB.
(7) The Dy. Director of Surverys, WB.
(8) The Asstt. Director of Compensation, WB.
(9) The Asstt. Director of Land Records, WB.
(10) The Asstt. Director of Land Records (Consolidation), WB.
(11) The Asstt. Director of Surveys, WB.
(12) The Asstt. Director (HQ.)

(B.P. Gopalika)
Director of Land Records and Surveys
and Jt. Land Reforms Commissioner,
of West Bengal.

Now, in another case a flat has been raised over 0.10 acres leaving no vacant area and there are 24 flats of carpet area stated earlier. Then the share of each owner will be :

Name of the owner	Total area of the plot	Proportionate share over the plot	Proportionate area where the map is prepared 64" = 1 mile	Proportionate area where the map is prepared in 32" = 1 mile	Proportionate area where the map is prepared in 16" = 1 mile
A	0.10 acres	0.0424	0.0043	0.004	0
B	0.10 acres	0.0424	0.0043	0.004	0
C	0.10 acres	0.0424	0.0043	0.004	0
D	0.10 acres	0.0424	0.0043	0.004	0
E	0.10 acres	0.0424	0.0043	0.004	0
F	0.10 acres	0.0424	0.0043	0.004	0
G	0.10 acres	0.0424	0.0043	0.004	0.01
H	0.10 acres	0.0424	0.0043	0.004	0.01
I	0.10 acres	0.0424	0.0043	0.005	0.01
J	0.10 acres	0.0424	0.0043	0.005	0.01

Name of the owner	Total area of the plot	Proportionate share over the plot	Proportionate area where the map is prepared 64" = 1 mile	Proportionate area where the map is prepared in 32" = 1 mile	Proportionate area where the map is prepared in 16" = 1 mile
K	0.10 acres	0.0423	0.0042	0.005	0.01
L	0.10 acres	0.0423	0.0042	0.005	0.01
M	0.10 acres	0.0423	0.0042	0.005	0.01
N	0.10 acres	0.0423	0.0042	0.005	0.01
O	0.10 acres	0.0423	0.0042	0.005	0.01
P	0.10 acres	0.0423	0.0042	0.005	0.01
Q	0.10 acres	0.0423	0.0042	0.005	0.00
R	0.10 acres	0.0423	0.0042	0.005	0.00
S	0.10 acres	0.0395	0.0039	0.003	0.00
T	0.10 acres	0.0395	0.0039	0.003	0.00
U	0.10 acres	0.0395	0.0039	0.003	0.00
V	0.10 acres	0.0395	0.0039	0.003	0.00
W	0.10 acres	0.0395	0.0039	0.003	0.00
X	0.10 acres	0.0395	0.0039	0.003	0.00
Total		1.0000	0.1000	0.100	0.10

Now, a khatian should be opened in favour of "A" and in remarks Column of the khatian at the reverse page against plot no. the following should be made in Bengali;

প্রকাশ .... অ্যাপার্টমেন্ট।

দলিলে বর্ণিত .... বর্গফুট ব্যতীত সিঁড়ি, লিফট্ করিডর, প্রবেশ পথ, মিটার ঘর ও পাম্প হাউস ইত্যাদি ফ্ল্যাট মালিকদের 'কমন এরিয়া' এবং দেওয়ালের ঘনত্ব সহ মোট জমির পরিমাণ তুল্যাংশে নথিভুক্ত করা হল। ছাদে কোনও ফ্ল্যাট মালিকের অংশ থাকবে না।

Accordingly, in respect of 24 flat owners the actual area as stated above is shown below :

Name of the owner	Total area of the plot	Proportionate share over the plot	Proportionate area where the map is prepared 64″ = 1 mile	Proportionate area where the map is prepared in 32″ = 1 mile	Proportionate area where the map is prepared in 16″ = 1 mile
A	0.12 acres	0.0424	0.0051	0.006	0.01
B	0.12 acres	0.0424	0.0051	0.006	0.01
C	0.12 acres	0.0424	0.0051	0.006	0.01
D	0.12 acres	0.0424	0.0051	0.006	0.01
E	0.12 acres	0.0424	0.0051	0.006	0.01
F	0.12 acres	0.0424	0.0051	0.006	0.01
G	0.12 acres	0.0424	0.0051	0.005	0.01
H	0.12 acres	0.0424	0.0051	0.005	0.01
I	0.12 acres	0.0424	0.0051	0.005	0.01
J	0.12 acres	0.0424	0.0051	0.005	0.01
K	0.12 acres	0.0423	0.0051	0.005	0.01
L	0.12 acres	0.0423	0.0051	0.005	0.01
M	0.12 acres	0.0423	0.0051	0.005	0.00
N	0.12 acres	0.0423	0.0051	0.005	0.00
O	0.12 acres	0.0423	0.0051	0.005	0.00
P	0.12 acres	0.0423	0.0051	0.005	0.00
Q	0.12 acres	0.0423	0.0051	0.005	0.00
R	0.12 acres	0.0423	0.0051	0.005	0.00
S	0.12 acres	0.0396	0.0047	0.004	0.00
T	0.12 acres	0.0396	0.0047	0.004	0.00
U	0.12 acres	0.0396	0.0047	0.004	0.00
V	0.12 acres	0.0396	0.0047	0.004	0.00
W	0.12 acres	0.0396	0.0047	0.004	0.00
X	0.12 acres	0.0396	0.0047	0.004	0.00
Total		1.0000	0.1000	0.100	0.10

মডেল খতিয়ান নম্বর ২

জিলা হাওড়া থানা বালী	মৌজা বেলুড় জে. এল. নং ২১		খতিয়ান নং ৭২৬		
রায়তের নাম ও ঠিকানা	স্বত্বের বিশেষ অনুসঙ্গ	রাজস্ব	সেস		
			পথ	পূর্ত্ত	শিক্ষা
১	২	৩	৪ক	৪খ	৪গ
মাধব চন্দ্র চট্টোপাধ্যায় পিং জনার্দ্ধন চট্টোপাধ্যায় সাং ৪২ লালাবাবু সায়ার রোড, বেলুড়, হাওড়া	রায়ত	২.০০ (দুই টাকা মাত্র)			

জমির বিবরণ

দাগ নং	জমির শ্রেণী	মন্তব্য	দাগের মোট পরিমাণ		দাগের মধ্যে অত্র স্বত্বের অংশ	দাগের মধ্যে অত্র স্বত্বের অংশের জমির পরিমাণ			
			এঃ	শঃ		এঃ	শঃ	হেক্টর	একর
৫	৬	৭	৮ক	৮খ	৯	১০ক	১০খ	১০গ	১০ঘ
৪০১৫	বাড়ী	প্রকাশ বানেশ্বর অ্যাপার্টমেন্ট প্রেমিসেস নং ..... "...... রোড, বেলুড় দলিলে বর্ণিত ৬৫০ বর্গফুট ব্যতীত সিঁড়ি লিফ্‌ট, করিড্যর, প্রবেশ পথ, মিটার ঘর, পাম্প হাউস ইত্যাদি ফ্ল্যাট মালিকদের কমন এরিয়া" এবং দেওয়ালের ঘনত্ব সহ মোট জমির পরিমাণ তুল্যাংশে নথিভুক্ত করা হল।	০	১২	.০৪২৪	০	০০৫১		
মোট দাগ		জমির মোট পরিমাণ							

মডেল খতিয়ান নম্বর ২

জিলা হুগলি থানা চন্দননগর	মৌজা চন্দননগর জে. এল. নং ২০	খতিয়ান নং ৪২৫

রায়তের নাম ও ঠিকানা	স্বত্ত্বের বিশেষ অনুসঙ্গ	রাজস্ব	সেস		
			পথ	পূর্ত্ত	শিক্ষা
১	২	৩	৪ক	৪খ	৪গ
গৌরাঙ্গ ব্যানার্জী পিং গুনধর ব্যানার্জী সাং চন্দননগর, ব্যানার্জী পাড়া, হুগলি	রায়ত	২.০০ (দুই টাকা মাত্র)			

জমির বিবরণ

দাগ নং	জমির শ্রেণী	মন্তব্য	দাগের মোট পরিমাণ		দাগের মধ্যে অত্র স্বত্ত্বের অংশ	দাগের মধ্যে অত্র স্বত্ত্বের অংশের জমির পরিমাণ			
			এঃ	শঃ		এঃ	শঃ	হেক্টর	একর
৫	৬	৭	৮ক	৮খ	৯	১০ক	১০খ	১০গ	১০ঘ
৩০৯০	বাড়ী	ব্যানার্জী অ্যাপার্টমেন্ট প্রেমিসেস নং .... রোড, হুগলি "দলিলে বর্ণিত ৬৫০ বর্গফুট ব্যতীত সিঁড়ি লিফট্, করিড্যর, প্রবেশ পথ, মিটার ঘর, পাম্প হাউস ইত্যাদি ফ্ল্যাট মালিকের কমন এরিয়া" এবং দেওয়ালের ঘনত্ব সহ মোট জমির পরিমাণ তুল্যাংশে নথিভুক্ত করা হল।	০	১০	.০৩৯৫	.৩	০০		
মোট দাগ		জমির মোট পরিমাণ							

পরিচ্ছেদ ৮

[1]জমিগুলির ব্যবস্থাপনা

[2][৫২। ভূমি পরিচালন ব্যবস্থা (Management of lands) ঃ (১) এই আইনে উল্লিখিত শর্ত ও অবস্থা সেই জমির ক্ষেত্রে প্রযোজ্য হবে যে জমিগুলি রাজ্য সরকারের।

(২) সরকারের নিয়ন্ত্রণে রয়েছে এরকম জমি বা ১৯৫৩ সালের পশ্চিমবঙ্গ জমিদারি অধিগ্রহণ আইন [পশ্চিমবঙ্গের ১৯৫৪ সালের ১ নং আইন] বা এই আইনের দ্বারা বা চালু অন্য কোনও আইনে রাজ্যের দখলে রয়েছে এরকম কোনও জমি রাজ্য সরকার যতক্ষণ না অন্য আদেশ দিচ্ছেন,

১ পশ্চিমবঙ্গ ভূমি সংস্কার (সংশোধন) আইন, ১৯৮১ (পশ্চিমবঙ্গ আইন ৫০, ১৯৮১)-এর ৪৮ ধারার মাধ্যমে পূর্বের শিরোনাম "রাজ্যে বর্তান ভূ-স্বত্বগুলির ব্যবস্থাপনা"-র স্থলে অনুকল্পিত এবং উক্ত আইনের ১(২) ধারার মাধ্যমে ৭.৮.১৯৬৯ তারিখ হতে বলবৎ হয়েছে।

২ পশ্চিমবঙ্গ আইন ৫০, ১৯৮১-এর ৪৯ ধারার মাধ্যমে মূল ৫২ ধারাটির স্থলে অনুকল্পিত এবং উক্ত আইনের ১(২) ধারার মাধ্যমে ৭.৮.১৯৬৯ তারিখ হতে বলবৎ হয়েছে। মূল আইনটি নিম্নরূপ ছিল ঃ

"**৫২। ভূ-স্বত্বের ব্যবস্থাপনা (Management of estate) ঃ** রাজ্য সরকারের অধিকারভুক্ত সকল জমিগুলির এবং তন্মধ্যের সকল স্বত্বগুলি, যদি না রাজ্য সরকার কোনও সাধারণ বা বিশেষ আদেশের মাধ্যমে ভিন্নপ্রকার নির্দেশ দেন এবং এতৎপক্ষে রাজ্য সরকার কর্তৃক রচিতব্য অনুরূপ নিয়মাবলির অধীন, জেলার যাতে জমিগুলি অবস্থিত সমাহর্তা কর্তৃক পরিচালিত হবে ঃ

এই শর্ত যে রাজ্য সরকার ইহার অধিকারভুক্ত যে কোনও অঞ্চলের সকল জমিগুলির ব্যবস্থাপনা নির্ধারিতব্য সেরূপ কর্তৃপক্ষের উপর অর্পণ করতে পারেন এবং সেরূপ কর্তৃপক্ষ অবিলম্বে, রাজ্য সরকারের নিয়ন্ত্রণাধীনে এবং নির্ধারিতব্য অনুরূপ নিয়মাবলি অনুসারে পরিচালনা করবেন।"

এই ধারাটি ২৫.৯.১৯৬৫ তারিখের ১৪৮১০-এল. রেফ্. সংখ্যায়িত সরকারি প্রজ্ঞাপনের মাধ্যমে বিহার হতে পশ্চিমবঙ্গে আগত অঞ্চলগুলি ব্যতীত পশ্চিমবঙ্গের সকল জেলায় ১.১১.১৯৬৫ তারিখ হতে এবং বিহার হতে পশ্চিমবঙ্গে আগত সকল অঞ্চলগুলিতে ২৫.৯.১৯৬৯ তারিখের ১৭৮৮৫-এল. রেফ্. সংখ্যায়িত প্রজ্ঞাপনের মাধ্যমে ১.১০.১৯৬৯ তারিখ হতে বলবৎ হয়েছিল।

[৩][রাজ্য সরকারের নিয়ন্ত্রণাধীনে বিশেষ করে ইজারার শর্তাবলী যেগুলি ইজারা দলিলে নির্দিষ্ট থাকতে পারে এবং নির্দিষ্ট খাজনা, কিস্তিতে বা বিনা কিস্তিতে প্রদেয়] জেলার সমাহর্তা নির্দিষ্ট এক্তিয়ারে রাজ্য সরকারের নিয়ন্ত্রণ সাপেক্ষে নির্ধারিত পদ্ধতিতে বন্দোবস্ত করবেন।

(৩) রাজ্য সরকার যদি মনে করেন, আলাদা এলাকার জমি বা আলাদা শ্রেণি বা আলাদারকম জমির পরিচালনার জন্য আলাদা আলাদা নিয়ম তৈরি করা দরকার তবে এই ধারা অনুযায়ী আলাদা নিয়মাবলি তৈরি করতে পারেন।

(৪) এই ধারা বলবৎ হওয়ার আগে পর্যন্ত, এই আইনের এক্তিয়ারভুক্ত কোনও জমির পরিচালনা প্রচলিত আইন অথবা নিয়ম বা বিধি বা নীতি যা প্রযুক্ত হতে পারে সেই অনুসারে চলবে।

Chapter 8

[1][Management of Lands]

[2][52. Management of lands. (1) All lands to which this Act applies shall be deemed to have been held under the State on such terms and conditions as may be prescribed.

(2) Any land belonging to the State or land which is at the disposal of the State Government or held under the State by virtue

৩ পশ্চিমবঙ্গ ভূমি সংস্কার (সংশোধন) আইন, ২০০৫ (পশ্চিমবঙ্গ আইন ২৮, ২০০৫) দ্বারা যুক্ত হয়েছে। ১১.১১.২০০৫ থেকে বলবৎ হয়েছে।

1 Heading of the chapter has been *substituted* for the heading "management of estates vested in the state" by the W.B.L.R. (Amendment) Act, 1981 [W.B. Act L of 1981] published in the Calcutta Gazette, Extra-ordinary, dated 24.3.1986.

2 Section 52 *substituted* by *ibid* (w.r.e.f. 7.8.1969), which was earlier as under:

"52. Management of Estates. All lands and all interests belonging to the State shall, unless the State Government otherwise directs by any general or special order and subject to such rules as may be made by the State Government in this behalf, be managed by the Collector of the district in which the lands are situated :

Provided that the State Government may entrust the management of all lands belonging to it in area to such authority as may be prescribed and such authority shall, thereupon, manage the lands subject to the control of the State Government and in accordance with such rules as may be prescribed."

of the provisions of the West Bengal Estates Acquisition Act, 1953 (West Ben. Act I of 1954) or this Act or any other law in force shall, unless the State Government otherwise directs by any general or special order, be managed, in such manner as may be prescribed, by the Collector of the district under whose jurisdiction the lands are situated [3][Subject to the control of the State Government, particularly determination of terms and conditions of lease as may be specified in the lease deed and fixation of annual rent with or without premium.]

(3) If the State Government is of opinion that different sets of rules are necessary for the management of different classes or descriptions of lands or lands of different areas, it may make different sets of rules under this section.

(4) Until rule made under this section come into operation, management of any land covered by this Act shall continue to be made in accordance with the existing law or rules or manual or principles, whichever may apply.]

আলোচনার সূচী

১। সূচনা [Commencement]. অষ্টম পরিচ্ছেদের শিরোনাম আগে ছিল এইরকম—"সরকারে ন্যস্ত জমিদারির পরিচালন ব্যবস্থা" (Management of estates vested in the State)। মূল আইনে একটি-ই ধারা ছিল ৫২ নং ধারাতে। ওই ধারার শিরোনাম ছিল—"জমিদারির পরিচালন ব্যবস্থা" [Management of estates]। পশ্চিমবঙ্গের বেশ কিছু অংশ বিহার থেকে এসেছে। ওই অংশটুকু বাদ দিলে সারা পশ্চিমবঙ্গে এই ধারা বলবৎ হয়েছিল ১.১১.১৯৬৫ সাল থেকে আর যে অংশ বিহার থেকে যুক্ত হয়েছে, সেখানে ৫২ নং ধারা বলবৎ হয়েছে ১.১০.১৯৬৯ থেকে।

3 *Substituted* by the West Bengal Land Reforms (Amendment) Act, 2005 (West Ben. Act XXVIII of 2005) (with effect from 1.12.2005) for "subject to the control of the State Government".

অষ্টম পরিচ্ছেদের বর্তমান শিরোনাম এসেছে ১৯৮১ সালের পশ্চিমবঙ্গ ভূমি সংস্কার আইন সংশোধনী দ্বারা। ৭.৮.১৯৬৯ থেকে এটি কার্যকর। আবার ৫২ ধারার শিরোনাম "ভূমির পরিচালন ব্যবস্থা" কথাটি যুক্ত হয়েছে ১৯৮১ সালের পঃ বঃ ভূমি সংস্কার আইনের সংশোধনী দ্বারা। এটি বলবৎ হয়েছে ৭.৮.১৯৬৯ থেকে।

২। **কর্মপরিধি [Scope].** পশ্চিমবঙ্গ ভূমি সংস্কার আইনের ৫২(১) ধারা অনুযায়ী যে সমস্ত জমির ক্ষেত্রে পশ্চিমবঙ্গ ভূমি সংস্কার আইন বলবৎ আছে সেই জমিগুলি পশ্চিমবঙ্গ সরকারের নিয়ন্ত্রণে আছে ধরে নেওয়া হবে।

৫২(২) ধারা অনুযায়ী জেলা সমাহর্তা দ্বারা পরিচালিত হবে সেই জমিগুলি যেগুলি রাজ্য সরকারের বা রাজ্য সরকারের নিয়ন্ত্রণে রয়েছে এরকম জমি বা পশ্চিমবঙ্গ জমিদারি অধিগ্রহণ আইন বা পশ্চিমবঙ্গ ভূমি সংস্কার আইন দ্বারা ন্যস্ত কোনও জমি বা অন্যান্য প্রচলিত কোনও আইন দ্বারা প্রযোজ্য কোনও জমি।

রাজ্য সরকার যদি মনে করেন যে বিভিন্ন এলাকার, বিভিন্ন শ্রেণি ও বিভিন্ন প্রকৃতির জমির পরিচালনার প্রয়োজনে ভিন্ন ভিন্ন নিয়ম/বিধি তৈরি করা দরকার, তা হলে রাজ্য সরকার তা করতে পারবেন ৫২(৩) ধারা অনুযায়ী।

৫২(৪) ধারা অনুযায়ী, যতক্ষণ না নতুন নিয়ম তৈরি হচ্ছে ভূমির পরিচালন ব্যবস্থা বর্তমানে প্রচলিত আইন, নিয়ম, নীতি, বিধি অনুযায়ী নিয়ন্ত্রিত হবে।

পুরাতন ৫২ ধারা অনুযায়ী "জমিদারির পরিচালন ব্যবস্থা" নিয়ন্ত্রিত হত ১৯৬৫ সালের পশ্চিমবঙ্গ ভূমি সংস্কার নিয়মে ২৮ নং বিধি অনুযায়ী। নতুন ৫২ ধারা সংযোজিত হওয়ার পর ২৮ নং বিধি ও পরিবর্তিত হয়েছে। এই বিধি পরিবর্তিত হয়েছে বিজ্ঞপ্তি নং ৪১৬-এল. রেফ্., তাং ৩০.৬.১৯৮৮ দ্বারা, যা কলিকাতা গেজেটে ১৫.৭.১৯৮৮ তারিখে প্রকাশিত হয়েছিল। ওই বিজ্ঞপ্তিতে ৫২(১) ধারার সমস্ত নিয়মগুলো বলা আছে।

৫২(২) ধারা অনুযায়ী ভূমি পরিচালন ব্যবস্থার কার্যাবলি উপরোক্ত বিজ্ঞপ্তি অনুযায়ী করা হয়। ২৮ক [r. 28A] বিধি অনুযায়ী ৫২(২) ধারার কাজ করা হয়। ১৯৬৫ সালের পঃ বঃ ভূমি সংস্কার নিয়মের নতুন ২৮ক অনুযায়ী সমস্ত সরকারি জমি সমাহর্তা দ্বারা পরিচালিত হবে ১৯৭৭ সালের পঃ বঃ ভূমি পরিচালন নির্দেশিকা দ্বারা। বিজ্ঞপ্তি নং ৪২৭২-এল. রেফ্. ২০ আর-৪/৭৯

এবং ৪২৭৪-এল. রেফ্., ২০ আর-৪/৭৯ উভয়ের তারিখ ২১.১২.১৯৭৯ দ্বারা সমস্ত জমিদারি যা সরকারের অধীনে ছিল তা ১৯৭৭ সালের পশ্চিমবঙ্গ ভূমি পরিচালন নির্দেশিকা (W.B. Land Management Manual 1977) দ্বারা পরিচালিত হবে। এই বিজ্ঞপ্তি দুটি কলিকাতা গেজেটে ২৪.১২.১৯৭৯ তারিখে প্রকাশিত হয়েছিল।

GOVERNMENT OF WEST BENGAL
LAND AND LAND REFORMS DEPARTMENT

Land Reforms

NOTIFICATIONS

No. 4272 L. Ref. 20 R-4/79—21st December 1979—
Published in the *Cal. Gaz. Extraordinary*, Dec. 24, 1979.

In exercise of the power conferred by rule 28 of the W.B. Land Reforms Rules, 1965 (hereinafter referred to as the said Rules), the Governor is pleased hereby to direct that all lands and all interests therein belonging to the State which have been taken possession of by the Collector under sub-section (3) of section 14T of the West Bengal Land Reforms Act, 1955 (West Ben. Act X of 1956), shall be managed and shall be deemed always to have been managed in accordance with the West Bengal Government Estates Manual, 1953 (since renamed as the West Bengal Land Management Manual, 1977), being the rules for the time being in force for the management of Government estates referred to in rule 28 of the said Rules, subject to such directions, as may, by general or special order, be issued from time to time by the State Government in this behalf.

By order of the Governor
M.C. Datta
Dy. Secy. to the Govt. of West Bengal

No. 4274 L. Ref. 20 R-4/79—21st December 1979—
Published in the *Cal. Gaz. Extraordinary*, Dec. 24, 1979.

In exercise of the power conferred by rule 12 of the W.B. Estates Acquisition Rules, 1954 (hereinafter referred to as the said rules), the Governor is pleased hereby to direct that all estates and all interests of intermediaries therein which have been taken possession of by the Collector under section 10 of the West Bengal Estates Acquisition Act, 1953 (West Ben. Act I of 1954), shall be managed and shall be deemed always to have been managed in accordance with the West Bengal Government Estates Manual, 1953 (since renamed as the West Bengal Land Management Manual, 1977) being the rules for the time being in force for the management of Government estates referred to in rule 12 of the said Rules, subject to such directions, as may, by general order or, in special circumstances, by special order, be issued from time to time by the State Government in this behalf.

By order of the Governor
M.C. Datta
Dy. Secy. to the Govt. of West Bengal

Now the definition of land has been changed and all kinds of land have been included under the purview of the West Bengal Land Reforms Act.

Chapter IV of the West Bengal Land Management Manual, 1977 containing Rules 57 to 119 deals with the management of Agricultural lands. In the said chapter Block Level Advisory Committee was empowered to advise the authority with regard to the distribution of lands. After constitution of the Panchayat Samities in different Blocks Panchayat Samities were empowered to perform the functions of the Land Reforms Advisory Committee. (See the notification at page 611 under section 49).

Chapter VI of the West Bengal Land Management Manual, 1977 containing sections 160-196 deals with the management of non-agricultural lands.

Chapter VII of the West Bengal Land Management Manual, 1977 containing sections 197-216 deals with the administration of hats and markets.

Chapter VIII of the West Bengal Land Management Manual, 1977 containing sections 217-264 deals with fisheries, ferries and khutagaris under control of the Board of Revenue, encroachment on the bed of navigable rivers, roadside lands, cutchery compounds and removal of stone, etc.

Board of Revenue, West Bengal has issued a direction to the Collector for handing over of all khas or vested tanks and ferries to the Panchayat Institutions which is reproduced in the next page :

Government of West Bengal
Office of the Board of Revenue, West Bengal
Section—A.G. E(M) Branch

No. 2634—(15)—GE(M). Dated the 7th March, 1979

To the Collector,

Subject: Making over of all khas or vested tanks and ferries to the Panchayat Institutions.

In accordance with the decisions taken by the Cabinet Sub-committee on Panchayat Institutions for the transfer of *Khas* or vested tanks, hats, bazars and ferries to the Panchayat bodies for their control and management it has been decided by the Board of Revenue that the following steps should be taken for the quick implementation of the decisions :

(*i*) Lists of khas or vested tanks (Gram Panchayat-wise) in respect of which the lease or settlement with the private individual or fisherman or Co-operative Societies of fisherman etc. expires on the last day of Chaitra, 1385 B.S. should be prepared *immediately.*

(*ii*) As soon as the lists are prepared such khas or vested tanks should be formally handed over to the respective Gram Panchayats on and from the 1st Baisak, 1386 B.S.

(*iii*) Likewise lists of khas or vested tanks remaining unsettled may be prepared and such tanks handed over to the Gram Panchayats *immediately*.

(*iv*) Separate lists of khas or vested tanks (Gram Panchayat-wise) in respect of which lease or settlement would expire on subsequent years should be prepared immediately indicating against each the date on which the term expires.

(*v*) As and when the tenure of lease or settlement of such tanks expires these should be promptly handed over formally to the concerned Gram Panchayats.

(*vi*) In case any khas or vested tanks whose jurisdiction extends over more than one Gram Panchayat, such khas or vested tanks should be handed over to the Panchayat Samity.

(*vii*) Khas or vested tanks extending over more than one Panchayat Samity, should be handed over to the Zilla Parishad concerned.

(*viii*) In respect of vested ferries Panchayat Samitiwise lists of such ferries in respect of which the lease or settlement expires on the last day of Chaitra, 1385 B.S. should be prepared immediately and such ferries formally handed over to the respective Panchayat Samities.

(*ix*) A complete Panchayat Samitiwise list of vested ferries whose terms expires on subsequent years should also be prepared immediately indicating against each the date of expiry of settlement so that they may be handed over to the concerned Panchayat Samity on time.

(*x*) The ferries covering more than one Panchayat Samity may be handed over to the Zilla Parishad after expiry of their tenure of lease or settlement.

(2) A copy of each of the list of khas or vested tanks and ferries of district referred to in (*i*), (*iii*), (*iv*), (*vii*) and (*viii*) above may kindly be sent to the Board of Revenue as soon as they are prepared for its information and record.

(3) The Board of Revenue may also be supplied with a copy of list of khas or vested tanks and vested ferries which are handed over to the Panchayat bodies on and from 1st Baisakh, 1386 B.S. and on subsequent dates or years.

(4) Khas or vested tanks are settled with the Co-operative Societies of fisherman in terms of rule 273 of the G.E. Manual Groups of fishermen sponsored by the Panchayat may, however, be treated on par with the Co-operatives of fishermen for the purpose of giving settlement of khas or vested tanks by the Panchayat Institutions.

Sd/- Secretary
Board of Revenue, West Bengal.

৩। ১৯৬৫ সালের পশ্চিমবঙ্গ ভূমি সংস্কার নিয়মের ২৮ক নিয়ম [Rule 28A of W.B.L.R. Rules 1965]. ৫২(২) ধারা অনুযায়ী সরকারি জমির পরিচালন ব্যবস্থা—এই নিয়মের অন্য কোথাও যাই থাক না কেন সরকারের কোনও জমি ১৯৫৩ সালের পঃ বঃ সরকারি জমিদারি নির্দেশিকা যা বর্তমানে পঃ বঃ ভূমি পরিচালন নির্দেশিকা নামে পরিচিত অনুসারে জমি যে জেলায় অবস্থিত সেই

জেলার সমাহর্তা দ্বারা পরিচালিত হবে। উপরোক্ত নির্দেশিকা প্রকাশিত হয়েছিল পূর্বের রাজস্ব পর্ষদ (Board of Revenue) দ্বারা। সরকারের নিয়ন্ত্রণাধীন কোনও জমি পরিচালনার জন্য সময় সময় বিভিন্ন আদেশ, নিয়ম, নির্দেশ জারি করবেন।

এমনকী সরকার মনে করলে কোনও সরকারি জমি পরিচালনার জন্য কোনও এলাকার কোনও স্থানীয় সংস্থা (local body) বা কোনও বিধিবদ্ধ সংস্থা বা আইনগতভাবে গঠিত কোনও সংস্থাকে দিতে পারেন, নির্দিষ্ট শর্ত ও নিয়ম তৈরি করে।

১৯৭৭ সালের পঃ বঃ ভূমি পরিচালন নির্দেশিকা-এর চতুর্থ পরিচ্ছেদে কীভাবে সরকারি কৃষি জমির দখল নিতে হবে তার নিয়ম নির্দিষ্ট করা আছে। এছাড়া যোগ্যতা নির্ণায়ক তালিকা (eligibility list) অনুযায়ী কীভাবে সরকারি কৃষি জমির বিলি বণ্টন হবে সেটাও নির্দিষ্ট করা আছে। এছাড়া ষষ্ঠ পরিচ্ছেদের নিয়ম অনুযায়ী অকৃষি জমির পরিচালন ব্যবস্থা পরিচালিত হবে।

সপ্তম পরিচ্ছেদে আছে হাট এবং বাজার পরিচালনার বিভিন্ন নিয়ম, বিধি।

অষ্টম পরিচ্ছেদে আছে (ক) মৎস্য চাষের এলাকা, (খ) খেয়া এবং কোঠাগোরি (Kothagori), (গ) নদীর ধারের জমির বেআইনি দখল, (ঘ) রাস্তার ধারের জমি, (ঙ) কাছাড়ী এলাকা, (চ) বালি তোলা ইত্যাদি বিষয়গুলির পরিচালন ব্যবস্থা সম্পর্কে।

আগের রাজস্ব পর্ষদের জারি করা বিজ্ঞপ্তি নং ২৬৩৪ (১৫), জি-ই (এম), তাং ৭.৩.১৯৭৯ দ্বারা খাস জমি, বড় জলাশয়, ভেরী প্রভৃতির পরিচালনা স্থানীয় পঞ্চায়েত সংস্থাগুলিকে দেওয়া হয়েছে।

ইস্টার্ন ল হাউস প্রকাশিত পশ্চিমবঙ্গ ভূমি সংস্কার নির্দেশিকা দেখুন।

[১][**৫২ক। সরকারি কোম্পানি ইত্যাদি সংস্থাপনার জন্য বিধান (Provision for establishment of Government Company, etc.)** ঃ জনগণের সুবিধার্থে কোনও জমি ব্যবহারের জন্য রাজ্য সরকার মনে করলে ৫২ ধারা অনুসারে কোনও সরকারি কোম্পানি, সমবায় সমিতি বা কোনও সংস্থা স্থাপনের জন্য নিয়ম তৈরি করতে পারেন।]

১ পশ্চিমবঙ্গ ভূমি সংস্কার (সংশোধন) আইন, ১৯৮১ (পশ্চিমবঙ্গ আইন ৫০, ১৯৮১)-এর ৪৮ ধারার মাধ্যমে ৫২ক ধারাটি সন্নিবেশিত এবং উক্ত আইনের ১(২) ধারার মাধ্যমে ৭.৮.১৯৬৯ তারিখ হতে বলবৎ হয়েছে।

[1][**52A. Provision for establishment of Government Company, etc.** **The State Government may, while making rules under section 52, provide for the establishment of any Government Company or any co-operative society or any institution in the public interest for utilisation of any land.]**

আলোচনা

কোনও জমিতে জনগণের সুবিধার্থে কোনও সরকারি কোম্পানি/সমবায় সমিতি/ কোনও সংস্থা স্থাপনের উদ্দেশ্যে সরকারকে কোনও নিয়ম বা বিধি তৈরির ক্ষমতা দিয়েছে ৫২ক ধারা। ১৯৮১ সালের পঃ বঃ ভূমি সংস্কার (সংশোধনী) আইন দ্বারা ৫২ক এবং ৫২খ ধারা দুটি যুক্ত হয়েছে। কলিকাতা গেজেটে প্রকাশিত হয়েছিল ২৪.৩.১৯৮৬-তে যা ৭.৮.১৯৬৯ থেকে কার্যকর। মূল আইনে ১৯৮১ সালের সংশোধনী দ্বারা ৫২ক এবং ৫২খ ধারা দুটি যুক্ত হল যা ৭.৮.১৯৬৯ থেকে কার্যকর হয়েছে। কিন্তু পশ্চিমবঙ্গ ভূমি সংস্কার আইনের ১(৩) ধারা অনুসারে ৫২ক এবং ৫২খ ধারা কার্যকর করার ক্ষেত্রে আলাদা বিজ্ঞপ্তি জারি করা প্রয়োজন।[১]

[২][**৫২খ। জমিতে প্রবেশ ও দখল নেওয়ার ক্ষমতা (Power to enter upon and take possession of land) ঃ** [৩][(১)] বর্তমানে প্রচলিত যে কোনও আইনে যাই থাক না কেন, অথবা কোনও প্রচলিত প্রথা, রীতি বা চুক্তি বা কোনও সমঝোতা, আদেশ, রায়, সিদ্ধান্ত কোনও বিচারালয়, ন্যায় পীঠ বা কোনও কর্তৃপক্ষ দিলেও রাজ্য সরকার তার নিয়ন্ত্রণের কোনও জমি দরকার হলে কোনও লোককে ওই জমি থেকে পঃ বঃ ভূমি সংস্কার

1 Section 52A *inserted* by the West Bengal Land Reforms (Amendment) Act, 1981 (West Ben. Act L of 1981) w.r.e.f. 7.8.1969.

১ *নিরঞ্জন খাংরা* বনাম *শ্যামল কুমার মুখার্জী* 93 CWN 289 (Para 11/12); 1988(2) CHN 297.

২ পশ্চিমবঙ্গ ভূমি সংস্কার (সংশোধন) আইন, ১৯৮১ (পশ্চিমবঙ্গ আইন ৫০, ১৯৮১)-এর ৫০ ধারার মাধ্যমে ৫২খ ধারাটি ব্যাখ্যাসহ সন্নিবেশিত এবং উক্ত আইনের ১(২) ধারার মাধ্যমে ৭.৮.১৯৬৯ তারিখ হতে বলবৎ হয়েছে।

৩ পশ্চিমবঙ্গ ভূমি সংস্কার (সংশোধন) আইন, ২০০৫ (পশ্চিমবঙ্গ আইন ২৮, ২০০৫)-এর ১৩ নং ধারার মাধ্যমে মূল আইনের ৫২খ ধারায় (১) নং উপধারা রূপে সংখ্যায়িত হয়েছে যাহা ১১.১১.২০০৫ হতে বলবৎ হয়েছে।

আইনের ৪৯ ধারা অনুসারে কর্তৃপক্ষের আদেশ অনুসারে বেদখল[৪] করতে পারেন এবং ওই জমিতে প্রবেশ ও দখল নিতে পারেন।

[৫]*ব্যাখ্যা* ঃ "রাজ্য সরকারের নিয়ন্ত্রণের জমি"—বলতে কোনও জমি যা আইন অনুসারে বন্ধক, ইজারা বা অন্য কোনও বন্দোবস্ত দেওয়ার জন্য স্বীকৃত হয়েছে এবং সময় পার হওয়া, অনুমতি না নেওয়া, ইজারার চুক্তি নবীকরণ না করা বা অন্য কারণে অথবা অপর কোনও জমি যা ইজারা দ্বারা বাতিল হয়েছে।]

[1][**52B. Power to enter upon or take possession of land.** [2][(1)] **Notwithstanding anything in any other law for the time being in force or in any custom, usage or contract or in any agreement, decree, order, decision or award of any court, tribunal or other authority, the State Government shall be entitled to enter upon and take possession of any land which is at the disposal of the State Government by evicting, if necessary, any person therefrom** [3][**by an order of the Revenue Officer, who shall use such force as may be required for the purpose of such eviction**].

Explanation. **The expression "any land at the disposal of the State Government" shall include any land of which any lease, or licence has been determined by the application of any law, by efflux of time, due to rescission of lease, leave or licence or due to**

৪ উপরোক্ত পশ্চিমবঙ্গ আইন ২৮, ২০০৫-এর ১৩(১) ধারার মাধ্যমে মূল ৫২খ নং ধারাটিতে "৪৯ ধারার বিধানগুলি অনুসারে নির্ধারিত কর্তৃপক্ষের কোনও আদেশের মাধ্যমে" সংখ্যা ও শব্দগুলির স্থলে অনুকল্পিত হয়েছে।

৫ উপরোক্ত পশ্চিমবঙ্গ সংস্কার আইন ২৮, ২০০৫-এর ১৩(২) ধারার মাধ্যমে (১) নং উপধারার পর (২) নং উপধারাটি সন্নিবেশিত হয়েছে।

1 Section 52B *inserted* by the West Bengal Land Reforms (Amendment) Act, 1981 (West Ben. Act L of 1981) w.r.e.f. 7.8.1969.

2 Original section *renumbered* as sub-section (1) of that section by the West Bengal Land Reforms (Amendment) Act, 2005 (West Ben. Act XXVIII of 2005) (w.e.f. 1.12.2005).

3 *Substituted* by the West Bengal Land Reforms (Amendment) Act, 2005 (West Ben. Act XXVIII of 2005) (w.e.f. 1.12.2005) for "by an order of the prescribed authority in accordance with provisions of section 49".

violation of the terms of the lease, leave or licence, as the case may be, or for any other reason, and any land which has been abandoned by the lessee or licensee.]

[4][(2) The Revenue Officer may send a written requisition to the officer-in-charge of the local police station or to any police officer superior in rank to such officer-in-charge and on receipt of such written requisition, the police officer concerned shall render all necessary and lawful assistance for the purpose of enforcing delivery of possession of the land after evicting the person in actual occupation of such land.]

আলোচনার সূচী

১। সূচনা [Commencement]. ১৯৮১ সালের পঃ বঃ ভূমি সংস্কার আইনের সংশোধনী [১৯৮১ সালের পশ্চিমবঙ্গের ৫০ নং আইন] দ্বারা ৫২খ ধারা সংযুক্ত করা হয়েছে। এটি কলিকাতা গেজেটে ২৪.৩.১৯৮৬-তে প্রকাশিত হয়েছিল।

এই ধারায় রাজ্য সরকারকে এই মর্মে ক্ষমতা দেওয়া হয়েছে যে প্রয়োজনে রাজ্য সরকারের নিয়ন্ত্রণে আছে এইরকম জমিতে প্রবেশ করতে পারবেন এবং দখল নিতে পারবেন। এই ধারায় এইরকম ক্ষমতা দেওয়া হয়েছে প্রয়োজনে ৪৯ ধারায় নির্ধারিত কর্তৃপক্ষ কোনও ব্যক্তিকে উচ্ছেদের আদেশ দিলে সেই ব্যক্তিকে উচ্ছেদ করা যেতে পারে কোনও রায়, আদেশ রীতি, প্রথা, সিদ্ধান্ত যাই থাক না কেন। সরকার নিয়ন্ত্রণাধীনের কোনও জমি এমনকী ইজারা (lease) বা লাইসেন্স দেওয়া হয়েছে এরকম জমি যা সময়ের সাথে সাথে, ইজারার চুক্তি বা শর্ত না মানার দায়ে বা লাইসেন্স বাতিল হওয়ার জন্য বা অন্য কোনও কারণে সরকার মনে করলে তার দখল নিতে পারেন।

৫২খ ধারা অনুসারে সরাসরি সরকার তার কোনও জমিতে প্রবেশ করার বা দখল নেওয়ার ব্যাপারে ক্ষমতাপ্রাপ্ত। তবে সুপ্রীম কোর্টের একটি মামলায়

4 Sub-section (2) *inserted* by *ibid* (w.e.f. 1.12.2005).

এরকম নির্দেশ আছে যে—কোনও সম্পত্তিতে কোনও লোক যখন বসবাস করছেন বা ওই সম্পত্তির দখলে আছেন, এমনকী এমনও হতে পারে ওই জমিতে বা ওই সম্পত্তিতে তার থাকার কোনও অধিকার-ই নেই, তা সত্ত্বেও ওই জমির মূল মালিক আইনগত পদ্ধতি অনুসরণ না করে তাকে উচ্ছেদ বা বেদখল করতে পারবেন না।[১]

২। ইজারার মেয়াদ শেষ হলে ইজারা গ্রহীতার ভবিষ্যৎ [Fate of lessee after ending of lease term]. ইজারার মেয়াদ শেষ হলে ইজারাদাতা কিন্তু ইজারা গ্রহীতাকে জোর করে ওই জমি বা সম্পত্তি থেকে উচ্ছেদ করতে পারবেন না। যিনি ইজারা নিচ্ছেন তাকে বেদখল করতে হলে জোর করে নয়, আইনের সাহায্য নিয়েই করতে হবে।

নির্দিষ্ট, নির্ধারিত ভাড়া (rent) না দেওয়ার ফলে M/s. Singell Tea Industries Co.-কে পশ্চিমবঙ্গ সরকারের পক্ষে দার্জিলিং জেলার সমাহর্তা ইজারা গ্রহীতাকে উচ্ছেদ করে ওই চা বাগানের দখল নেন। সমাহর্তা এই সিদ্ধান্তের বিরুদ্ধে মহামান্য কলিকাতা হাইকোর্টে মামলা দায়ের করা হয়। মহামান্য হাইকোর্ট তার রায়ে জানান—বেআইনিভাবে চা বাগানের দখল নেওয়া হয়েছে। বিবাদীকে নির্দেশ দেওয়া হয় এক মাসের মধ্যে চা বাগানের দখল যেন আবেদনকারীকে বুঝিয়ে দেওয়া হয়।[২]

কলিকাতা হাইকোর্টের ওই রায়ের বিরুদ্ধে সুপ্রীম কোর্টে আপিল করলে মহামান্য সুপ্রীম কোর্ট তার রায়ে বলেন—কলিকাতা হাইকোর্ট যে রায় দিয়েছেন তা সঠিক। সমাহর্তার কোনও অধিকার নেই নির্দিষ্ট সময়ে ভাড়া (rent) না দেওয়ার অভিযোগে বিবাদীকে উচ্ছেদ করার। নির্দিষ্ট কোম্পানিকে চা বাগানের দখল ফিরিয়ে দিতে বলেন বকেয়া সমস্ত টাকা পরিশোধের পর।[৩]

৩। সরকারের নিয়ন্ত্রণাধীন জমির দখল নেওয়ার পদ্ধতি [Procedure to take possession of Govt. land]. পশ্চিমবঙ্গ ভূমি সংস্কার আইনের ৪৯(২) ধারায় ক্ষমতাপ্রাপ্ত রাজস্ব আধিকারিক (মহকুমা শাসক) যদি পূর্বে দেওয়া পাট্টা/

১ *কৃষ্ণরাম মহালে* বনাম *মিসেস শোভা ভেঙ্কট রাও* AIR 1989 SC 2097.

২ *মেসার্স সিংগেল টি* বনাম *পশ্চিমবঙ্গ সরকার* 1981(2) CHN 268; *বিহার ই. জি. এফ. কো-অপারেটিভ সোসাইটি* বনাম *সিপাহী সিংহ* AIR 1977 SC 2149.

৩ *পশ্চিমবঙ্গ সরকার* বনাম *সিংগেল টি এন্ড এগ্রিকালচারাল ইন্ডাস্ট্রিজ* (1993)2 SCC 678.

বন্দোবস্ত বাতিল করেন তবে ৪৯(৩) ধারায় রাজস্ব আধিকারিক ওই জমির দখল পঃ বঃ সরকারের পক্ষে সমাহর্তাকে প্রদান করবেন, প্রয়োজন যিনি প্রকৃত দখলদার, তাঁকে বলপ্রয়োগ করে জমি থেকে উচ্ছেদ করবেন।

এই প্রক্রিয়া সম্পন্ন করতে রাজস্ব আধিকারিক পশ্চিমবঙ্গ ভূমি সংস্কার আইনের ৪৯(৩ক) ধারায় ক্ষমতাপ্রাপ্ত। তিনি থানার ভারপ্রাপ্ত আধিকারিক (Officer-in-charge) বা থানার ভারপ্রাপ্ত আধিকারিকের ঊর্ধতন আধিকারিককে নির্দিষ্ট নিদর্শ (Form) ও বয়ানে সমাহর্তাকে জমির দখল দেওয়ার নির্দেশ দেবেন। ওই আদেশ পেয়ে সংশ্লিষ্ট পুলিশ আধিকারিক প্রয়োজনীয় ব্যবস্থা নেবেন।

৪৯(৩) এবং ৪৯(৩ক) ধারায় মহকুমা শাসক (S.D.O.) হলেন রাজস্ব আধিকারিক। ৪৯(৩) ধারা অনুযায়ী রাজস্ব আধিকারিক পাট্টা/বন্দোবস্ত বাতিল করার পর জেলা সমাহর্তার অনুকূলে জমির দখল আনবেন। যিনি জমির প্রকৃত দখলকার প্রয়োজনে তাকে পুলিশ প্রশাসনের সাহায্যে উচ্ছেদ করবেন। নির্দিষ্ট নিদর্শ ও বয়ানে প্রয়োজনীয় নির্দেশ পাওয়ার পর থানার ভারপ্রাপ্ত আধিকারিক বা তার ঊর্ধতন কর্তৃপক্ষ প্রয়োজনীয় ব্যবস্থা নেবেন।

পরিচ্ছেদ ৯

বিবিধ

৫৩। রাজ্য সরকার কর্তৃক ক্ষমতাবলীর প্রতিনিধি নিয়োগ (Delegation of powers by the State Government) ঃ সরকারি গেজেটে বিজ্ঞপ্তি প্রকাশের মাধ্যমে রাজ্য সরকার ৪(২ক), ১৪প(২), ৩৯ এবং ৪০ ধারার ক্ষমতাগুলি কোনও নির্ধারিত কর্তৃপক্ষের দ্বারা প্রয়োগের জন্য প্রতিনিধি নিয়োগ করতে পারেন।

Chapter 9
Miscellaneous

53. Delegation of powers by the State Government. The State Government may by a notification in the *Official Gazette* delegate any of the powers under sub-section (2A) of section 4, sub-section (2) of section 14U, section 22, section 39 and section 40, to be exercised by the prescribed authority subject to such reservation as may be specified in the notification.

আলোচনার সূচী

১। সূচনা [Commencement]. যে সমস্ত এলাকা বিহার থেকে পশ্চিমবঙ্গে যুক্ত হয়েছিল সেই সমস্ত এলাকায় এই ধারাটি বলবৎ হয়েছে ১.১০.১৯৬৯ থেকে, বাকী অংশে এটি বলবৎ হয়েছে ১৫.২.১৯৬৪ তারিখ থেকে। ১৯৬৬ সালে পঃ বঃ ভূমি সংস্কার আইন সংশোধন করে এই ধারার কিছু পরিবর্তন আনা হয়েছে। "৬, ২২, ৩৯ এবং ৪০" ধারার জায়গায় "৪(২ক), ৬, ২২, ৩৯ এবং ৪০" যুক্ত করা হয়েছে। আবার ১৯৭২ সালে পঃ বঃ ভূমি সংস্কার আইন সংশোধনের সময় [১৯৭২ সালের পশ্চিমবঙ্গের ২৮ নং আইন] ৬ নং ধারাটি পরিবর্তন করে "১৪প(২)" ধারাটি যুক্ত করা হয়েছে।

২। কর্মপরিধি [Scope]. এই ধারা অনুযায়ী রাজ্য সরকার ৪(২ক), ১৪প(২), ৩৯ এবং ৪০ নং ধারাগুলি কোনও কর্তৃপক্ষ দ্বারা প্রয়োগ করতে পারেন। এর জন্য রাজ্য সরকার প্রতিনিধি নিয়োগ করতে পারেন।

কোন্ কোন্ ক্ষমতা প্রয়োগের জন্য প্রতিনিধি নিয়োগ করতে পারেন তা বলা হচ্ছে—

(১) লিখিতভাবে কোনও রায়তকে নিজের ব্যবহার বাদ দিয়ে বালি তোলা, মাটি কাটা, কাদামাটি তোলার অনুমতি দেওয়া,

(২) ১৪প(২) [s. 14U(2)] ধারা লঙ্ঘন করে কোনও রায়ত অতিরিক্ত জমি হস্তান্তর করলে তার দখল নেওয়া,

(৩) একত্রীকরণের (consolidation) জন্য জমি নেওয়া,

(৪) একত্রীকরণের পরে জমির আবার বণ্টনের ক্ষমতা।

[১][**৫৩ক। রাজস্ব আধিকারিক সমস্ত মামলায় প্রয়োজনীয় পক্ষভুক্ত হবেন (Revenue Officer to be a necessary party in all suits, etc.) ঃ এই আইনে অন্য কোথাও যাই থাক না কেন বা বর্তমানে অন্য কোনও আইন চালু থাকলেও জমি যেখানে অবস্থিত সেখানকার রাজস্ব আধিকারিক সমস্ত দেওয়ানি মামলায় একজন পক্ষ হবেন, যে জমি বা তার কোনও অংশের মামলায় এক পক্ষ তফসিল উপজাতিভুক্ত এবং অন্য পক্ষ তফসিল উপজাতিভুক্ত নয়।]**

[1][53A. Revenue Officer to be a necessary party in all suits, etc. Notwithstanding anything contained elsewhere in this Act or in any law for the time being in force, the Revenue Officer having jurisdiction in the area in which any land is situated shall be a necessary party to all suits of a civil nature relating to any such land or portion thereof in which one of the parties to the suit is a member of any Scheduled Tribe and the other party is not a member of any Scheduled Tribe.]

১ এই ধারাটি পশ্চিমবঙ্গ ভূমি সংস্কার (সংশোধন) আইন, ১৯৭১ (রাষ্ট্রপতির আইন ৩, ১৯৭১)-এর মাধ্যমে ১২.২.১৯৭১ তারিখ হতে বলবৎ করে সন্নিবেশিত হয়েছিল এবং অতঃপর পশ্চিমবঙ্গ ভূমি সংস্কার (সংশোধন) আইন, ১৯৭২ (পশ্চিমবঙ্গ আইন ১২, ১৯৭২)-এর ২৫ ধারার মাধ্যমে পূর্বোক্ত তারিখ হতে বলবৎ করে সন্নিবেশিত হয়েছে।

1 Section 53A *inserted* by the West Bengal Land Reforms (Amendment) Act, 1972 (West Ben. Act XII of 1972).

আলোচনার সূচী

১। সূচনা [Commencement]. ১৯৭১ সালের পশ্চিমবঙ্গ ভূমি সংস্কার (সংশোধন) আইন [১৯৭১ সালের রাষ্ট্রপতির ৩ নং আইন] অনুসারে এই ধারাটি অন্তর্ভুক্ত হয়েছে এবং তারপর ১৯৭২ সালের পশ্চিমবঙ্গ ভূমি সংস্কার (সংশোধনী) আইন [১৯৭২ সালের পশ্চিমবঙ্গের ১২ নং আইন] দ্বারা এটি অন্তর্ভুক্ত হয়েছে। ১২.২.১৯৭১ তারিখ থেকে এটি বলবৎ হয়েছে।

২। কিছু মামলায় রাজস্ব আধিকারিক প্রয়োজনীয় পক্ষ হবেন [Revenue Officer to be a necessary party in some suits]. এই ধারা অনুসারে কোনও দেওয়ানি প্রকৃতির (civil nature) মামলায় যেখানে দুই পক্ষের মধ্যে একজন তফসিলভুক্ত উপজাতি এবং একজন তফসিলভুক্ত উপজাতি নয়, রাজস্ব আধিকারিক সেক্ষেত্রে অবশ্যই এক পক্ষ হবেন (shall be a necessary party)। এক্ষেত্রে মামলা বলতে পুরাতন বকেয়া বা বিবেচনাধীন মামলা এবং ভবিষ্যতের মামলা (pending suits and future suits)। এই ধারাটি অন্তর্ভুক্ত করার পিছনে আইনসভার উদ্দেশ্য ছিল তফসিল উপজাতিভুক্ত কোনও ব্যক্তির স্বার্থ সুরক্ষিত করা। যে সব মামলা আগে দায়ের করা ছিল এখনও তার নিষ্পত্তি হয়নি সে সব ক্ষেত্রেও এই ধারা বলবৎ হবে। রাজস্ব আধিকারিক এক্ষেত্রে একজন মামলার পক্ষ হবেন।

৩। বকেয়া বা বিবেচনাধীন মামলার ক্ষেত্রে ৫৩ক ধারা [Section 53A for pending suits]. পশ্চিমবঙ্গ ভূমি সংস্কার আইনে ৫৩ক ধারাটি বলবৎ হয়েছে ১৯৭২ সালের পঃ বঃ ভূমি সংস্কার (সংশোধনী) আইন দ্বারা এবং এটি ১২.২.১৯৭১ থেকে কার্যকর হচ্ছে। তাহলে একটা প্রশ্ন এসেই যায় যে, যেসব মামলায় একপক্ষ তফসিলভুক্ত উপজাতি এবং একপক্ষ তফসিলভুক্ত উপজাতি নয় এবং যদি ওই মামলা ১২.২.১৯৭১ সালের আগে দায়ের করা হয় তাহলে ওই মামলার ক্ষেত্রে পঃ বঃ ভূমি সংস্কার আইনের ৫৩ক ধারা বলবৎ হবে কিনা।

পশ্চিমবঙ্গ ভূমি সংস্কার আইনের ৫৩ক [s. 53A] ধারাটি সংশোধিত হয়েছিল তফসিল উপজাতিভুক্ত ব্যক্তিদের স্বার্থরক্ষার উদ্দেশ্যে। সুপ্রীম কোর্ট এবং কলিকাতা হাইকোর্ট বিভিন্ন মামলায় রায় দান প্রসঙ্গে উল্লেখ করেছেন যে—বকেয়া মামলার ক্ষেত্রেও ৫৩ক ধারা বলবৎ হবে।[১]

অন্য একটি মামলায় মহামান্য হাইকোর্ট জানান যখন কোনও পদ্ধতির পরিবর্তন ঘটে, তখন বকেয়া মামলার উপরে তার প্রভাব পড়ে। খুব স্বাভাবিকভাবে ৫৩ক ধারার সাথে সম্পর্কযুক্ত বকেয়া মামলাগুলির ক্ষেত্রে এই ধারার কার্যক্রম বলবৎ হবে। আবেদনকারী কোনও মামলায় রাজস্ব আধিকারিককে পক্ষ (party) হিসাবে যুক্ত করার আবেদন করতে পারেন। এমনকী মহামান্য আদালত নিজেই রাজস্ব আধিকারিককে পক্ষ (party) হিসাবে যুক্ত করতে পারেন। *গোলাম রশিদ* বনাম *দুলাল মাঝি*,[২] উপরোক্ত মামলায় মহামান্য আদালত জানান কোনও মামলায় এক পক্ষ তফসিলভুক্ত উপজাতি এবং অন্য পক্ষ তফসিলভুক্ত উপজাতি নয় এরকম হলে, রাজস্ব আধিকারিক যদি কোনও পক্ষ (party) না হন তবে সেই মামলার শুনানি হবে না। মহামান্য আদালত ওই মামলায় জানান মহামান্য মুন্সিফ প্রয়োজনে স্বেচ্ছায় রাজস্ব আধিকারিককে পক্ষ হিসাবে যুক্ত করতে পারেন।

৪। দেওয়ানি প্রক্রিয়া সংহিতার ৮০ ধারা অনুসারে নোটিশ [Notice under s. 80 of CPC]. ১৯০৮ সালের দেওয়ানি প্রক্রিয়া সংহিতার ৮০ ধারা অনুযায়ী কোনও মামলা সরকারের বিরুদ্ধে বা সরকারি আধিকারিকের বিরুদ্ধে করা যাবে না, সরকারি আধিকারিক হিসাবে কোনও কাজ করার জন্য যদি না ৬০ দিন আগে তাঁকে বা তাঁর অফিসে লিখিত নোটিশ না দেওয়া হয়।

পশ্চিমবঙ্গ ভূমি সংস্কার আইনের এই ধারায় সরকারি আধিকারিক হিসাবে কাজ করার জন্য রাজস্ব আধিকারিককে পক্ষ (party) করা হয় না। পঃ বঃ ভূমি সংস্কার আইনের ৫৩ক ধারার ক্ষমতা বলে তাকে পক্ষ করা হয়। ১৯৭২ সালের সংশোধনীর পরে এটা নির্দেশ দিচ্ছে ৫৩ক ধারা যে, রাজস্ব আধিকারিককে পক্ষ না করে কোনও মামলা করা যাবে না। সুতরাং এক্ষেত্রে দেওয়ানি প্রক্রিয়া সংহিতার ৮০ নং ধারা অনুসরণ করে রাজস্ব আধিকারিককে দুই মাস আগে লিখিত নোটিশ তাঁকে বা তাঁর অফিসে পৌঁছে দিতে হবে।

১ *লক্ষ্মীনারায়ণ গুঁই* বনাম *নিরঞ্জন মোদক* AIR 1985 SC 111; *রাইচ আলি খান* বনাম *হাজী সাদাক আলি শেখ* 1977(2) Cal LJ 1.

২ 1992(2) CHN 237.

গোলাম রশিদ বনাম *দুলাল মাঝি,*[২] মামলায় মহামান্য আদালত জানিয়েছেন যে তফসিলভুক্ত উপজাতি ব্যক্তিদের স্বার্থ (interest) রক্ষার বাধ্যবাধকতা সংবিধান অনুযায়ী এবং বিচার বিভাগের উপরেও এই দায় বর্তায়। আদালত নিজে রাজস্ব আধিকারিককে পক্ষ হিসাবে যুক্ত করতে পারে। উপরোক্ত মামলার রায় দান প্রসঙ্গে মহামান্য হাইকোর্ট জানান দেওয়ানি প্রক্রিয়া সংহিতার ৮০ ধারা অনুযায়ী নোটিশ খুব জরুরি নয়। আবেদনকারী যদি রাজস্ব আধিকারিককে পক্ষ নাও করেন তবে আদালত নিজে রাজস্ব আধিকারিককে পক্ষ নিযুক্ত করতে পারেন। ৫৩ক ধারা অনুযায়ী কোনও মামলায় এক পক্ষ তফসিলী উপজাতি অন্য পক্ষ তফসিলী উপজাতি নয় এরকম হলে রাজস্ব আধিকারিককে পক্ষ না করলে সেই মামলা করা যাবে না। এক্ষেত্রে দেওয়ানি প্রক্রিয়া সংহিতার ৮০ ধারায় নোটিশ করা প্রয়োজন নেই।

সীমা সুন্দরী বনাম *পল্টু হেমব্রম,*[৩] মামলায় মাননীয় একক বিচারক জানান রাজস্ব আধিকারিককে ৫৩ক ধারায় পক্ষ না করলে কোনও মামলা গ্রাহ্য করা যাবে না। স্বত্ব ও ইনজাংশান ঘোষণা সংক্রান্ত মামলায় রাজস্ব আধিকারিক অবশ্যই একটি পক্ষ হবেন। সুতরাং, দেওয়ানি সংহিতার ৮০ ধারায় রাজস্ব আধিকারিক বিজ্ঞপ্তি দিতে হবে।

[১][**৫৪। আপিলগুলি (Appeals) ঃ** (১) এই আইনে আপিল করার জন্য কোনও বিশেষ নিয়মগুলি বা এই আইনের নিয়মগুলি বজায় রেখে নিম্নলিখিত পদ্ধতিতে আপিল হবে–

[২](ক) সমাহর্তার কাছে ঃ যখন সমাহর্তার চেয়ে নিম্ন পদমর্যাদার কোনও রাজস্ব আধিকারিক বা রাজস্ব কর্তৃপক্ষের আদেশের বিরুদ্ধে আপিল;

৩ AIR 1982 Cal 5; 85 CWN 1139.

১ এই ধারাটি পশ্চিমবঙ্গ ভূমি সংস্কার (সংশোধন) আইন, ১৯৭১ (রাষ্ট্রপতির আইন ৩, ১৯৭১)-এর মাধ্যমে মূল ধারাটি ইহার (১) উপধারা সংখ্যায়িত হয় এবং (২) হতে (৪) উপধারাগুলি ১২.২.১৯৭১ তারিখ হতে বলবৎ করে সন্নিবেশিত হয়েছিল এবং এরপর পশ্চিমবঙ্গ ভূমি সংস্কার (সংশোধন) আইন, ১৯৭২ (পশ্চিমবঙ্গ আইন ১২, ১৯৭২)-এর ২৬ ধারার মাধ্যমে পূর্ববৎ সন্নিবেশিত হয়েছে।

২ প্রকরণ (ক) পূর্বের প্রকরণটির স্থলে পশ্চিমবঙ্গ ভূমি সংস্কার (সংশোধন) আইন, ১৯৮১ (পশ্চিমবঙ্গ আইন ৫০, ১৯৮১)-এর ৫১(১) ধারার মাধ্যমে অনুকল্পিত এবং এই আইনের ১(২) ধারার মাধ্যমে ৭.৮.১৯৬৯ তারিখ হতে বলবৎ হয়েছে।

(খ) কমিশনারের কাছে ঃ যখন কোনও বিভাগের (Division) মধ্যে অবস্থিত কোনও সমাহর্তার আদেশের বিরুদ্ধে আপিল;

[৩](গ) বাতিল।

(২) ১৯৭১ সালে পশ্চিমবঙ্গ ভূমি সংস্কার সংশোধনী দ্বারা ২২ নং ধারা অন্তর্ভুক্তের সময় কোনও আপিল রাজস্ব পর্ষদের সদস্যের কাছে অসমাপ্ত থাকলে (১) উপধারায় যাই থাকুক না কেন ওই অমীমাংসিত আপিল ওই সদস্যের দ্বারা নিষ্পত্তি হবে।

[৪](৩) কোনও আপিল সমাহর্তার কাছে দায়ের করার পর তিনি নিম্নলিখিত পদ্ধতিতে ওই আপিল তার অধস্তন কোনও আধিকারিকের কাছে পাঠাতে পারেন ঃ

তবে এই শর্তে যে, যে আধিকারিকের কাছে আপিল হস্তান্তর করা হচ্ছে, যে আধিকারিকের আদেশের বিরুদ্ধে আপিল তার চেয়ে তিনি উচ্চতর পদমর্যাদার আধিকারিক হবেন।

(৪) কোনও আপিলে দেওয়া আদেশ চূড়ান্ত হবে।

[৫](৫) এই আইনে অন্য কোথাও যাই থাক না কেন, রাজ্য সরকার স্বেচ্ছা প্রণোদিত হয়ে রাজস্ব আধিকারিক বা অন্য কোনও আধিকারিক দ্বারা এই পরিচ্ছেদের আগের ধারাগুলির কোনও আপিলে সঠিক নয় এরকম আদেশ সংশোধন করতে পারবেন। রাজ্য সরকার দ্বারা ওই আদেশই চূড়ান্ত হবে এবং কোনও আদালতে ওই বিষয় নিয়ে কোনও প্রশ্ন করা যাবে না।]

54. Appeals. [1][(1)] Subject to any special provisions for appeal made in this Act or in any rules made under this Act, an appeal shall lie in the manner indicated below—

৩ পশ্চিমবঙ্গ ভূমি সংস্কার (সংশোধন) আইন, ১৯৭১-এর মাধ্যমে ১২.২.১৯৭১ তারিখ হতে অনুবিধিসহ বাতিল হয়েছিল এবং তাহার পর পূর্বোক্ত পশ্চিমবঙ্গ আইন ১২, ১৯৭২-এর ২৬ ধারার মাধ্যমে পূর্ববৎ বাতিল হয়েছে।

৪ এই উপধারাটি পশ্চিমবঙ্গ ভূমি সংস্কার (সংশোধন) আইন, ১৯৮১ (পশ্চিমবঙ্গ আইন ৫০, ১৯৮১)-এর ৫১(২) ধারার মাধ্যমে পূর্বের উপধারাটির স্থলে অনুকল্পিত এবং এই আইনের ১(২) ধারার মাধ্যমে ৭.৮.১৯৬৯ তারিখ হতে বলবৎ হয়েছে।

৫ এই উপধারাটি পঃ বঃ ভূমি সংস্কার (সংশোধন) আইন, ১৯৮১ (পশ্চিমবঙ্গ আইন ৫০, ১৯৮১)-এর ৫১(৩) ধারার মাধ্যমে সন্নিবেশিত এবং উক্ত আইনের ১(২) ধারার মাধ্যমে ৭.৮.১৯৬৯ তারিখ হতে বলবৎ হয়েছে।

1 Original section renumbered as sub-section (1) of that section by the W.B. Land Reforms (Amendment) Act 1972.

[2][(*a*) to a Collector, when the order is made by a Revenue Officer or revenue authority below the rank of a Collector;]

(*b*) to the Commissioner of the Division, when the order is made by the Collector of a district within the Division; and

[3][(*c*) ....]

[4][(2) Where, at the commencement of section 22 of the West Bengal Land Reforms (Amendment) Act, 1971, any appeal is pending before the Member, Board of Revenue, such appeal shall, notwithstanding anything contained in sub-section (1), be disposed of by such Member.

[5][(3) After any appeal is preferred to a Collector, he may transfer the appeal to any officer subordinate to him as may be prescribed:

2 Clause (*a*) *substituted* by the West Bengal Land Reforms (Amendment) Act, 1981 (West Ben. Act L of 1981) (w.r.e.f. 7.8.1969), which was earlier as under :

"(*a*) to the Collector of the district, when the order is made by a Revenue Officer or revenue authority below the rank of a Collector of a district;".

3 Sub-clause (*c*) *omitted* by the West Bengal Land Reforms (Amendment) Act, 1971 (President's Act III of 1971) and then by the West Bengal Land Reforms (Amendment) Act, 1972 (West Ben. Act XII of 1972) (w.r.e.f. 12.2.1971), which was earlier as under:

"(*c*) to the officer holding for the time being the office of Member, Board of Revenue, when the order is made by the Commissioner of a Division:

Provided that where an order is confirmed on appeal no further appeal shall lie under this section."

4 Sub-sections (2), (3) and (4) *inserted* by the West Bengal Land Reforms (Amendment) Act, 1972 (West Ben. Act XII of 1972).

5 Sub-section (3) *substituted* by the West Bengal Land Reforms (Amendment) Act, 1981 (West Ben. Act L of 1981) (w.r.e.f. 7.8.1969), which was earlier as under:

"(3) Where any appeal is preferred to a Collector of the district, he may transfer the appeal to any officer subordinate to him, not being below the rank of a Sub-Deputy Collector:

Provided that the Officer to whom the appeal is transferred is superior in rank or position to the officer or authority making the order appealed from.".

Provided that the officer to whom the appeal is transferred is superior in rank or position to the officer or authority making the order appealed against.]

(4) Any order passed in appeal shall be final.]

[6][(5) Notwithstanding anything contained elsewhere in this Act, the State Government may, on its own motion, correct any erroneous decision passed by any Revenue Officer or by any officer in an appeal under the foregoing provisions of this section and any such order passed by the State Government shall be final and shall not be called in question in any court.]

আলোচনার সূচী

১ সূচনা [Commencement]
২ ৫৪ ধারায় কাজের সুযোগ [Scope to Act under s. 54]
৩ আপিল কর্তৃপক্ষ [Appellate authorities]
৪ আপিলের হস্তান্তর [Transfer of appeal]
৫ এই আইনে সমস্ত আদেশের বিরুদ্ধে আপিল [Appeal against all orders made under the Act]
৬ ফেরৎ পাঠানোর ক্ষমতা [Power to remand]
৭ আপিলের পদ্ধতি [Procedure for appeals]
৮ ১৯৬৫ সালের পঃ বঃ ভূমি সংস্কার নিয়মের ২৯ নং বিধি [Rule 29 of W.B.L.R. Rules 1965] আপিলের পদ্ধতি [Procedure for appeals]
৯ দ্বিতীয় আপিল দায়ের হবে না [No second appeal]
১০ আপিলের অধিকার আইনের দ্বারা সৃষ্ট [Right of appeal is a creature of statute]
১১ পুনর্বিচারের অধিকার [Power of review]
১২ কোন্ কোন্ ক্ষেত্রে ৫৪ ধারায় আপিল হবে [Where s. 54 will be applicable]
১৩ স্বত্বলিপি সংশোধন ও W.B.L.R.T.T.-এর ক্ষমতা [Correction of r-o-rs and power of Tribunal]

১। সূচনা [Commencement]. যে সমস্ত এলাকাগুলি পশ্চিমবঙ্গে এসেছে বিহার থেকে সেই সমস্ত এলাকা বাদে সমস্ত জেলায় এই ধারাটি ২২.১০.১৯৬৩ তারিখ থেকে বলবৎ এবং বিহার থেকে যে এলাকা পশ্চিমবঙ্গে যুক্ত হয়েছে সেই এলাকাতে এই ধারা ১.১০.১৯৬৯ থেকে বলবৎ। ১৯৭২ সালের পঃ বঃ ভূমি সংস্কার (সংশোধনী) আইন দ্বারা [১৯৭২ সালের পশ্চিমবঙ্গের ১২ নং আইন] ৫৪ ধারার কতগুলি উপধারা (১), (২), (৩) এবং (৪) যুক্ত করা হয়েছে।

6 Sub-section (5) *inserted* by *ibid* (w.r.e.f. 7.8.1969).

১৯৮১ সালের পশ্চিমবঙ্গ ভূমি সংস্কার আইন সংশোধন করে ৫৪(১ক) ধারার কিছু পরিবর্তন করা হয়েছে যা কলিকাতা গেজেটে ২৪.৩.১৯৮৬ তারিখে প্রকাশিত হয়েছিল। আবার ১(গ) অংশটির বিলোপ করা হয়েছে ১৯৭২ সালের পঃ বঃ ভূমি সংস্কার আইনের সংশোধনী [১৯৭২ সালের পশ্চিমবঙ্গের ১২ নং আইন] দ্বারা। ১২.২.১৯৭১ থেকে এটি বলবৎ।

১৯৮১ সালের পঃ বঃ ভূমি সংস্কার আইনের সংশোধন দ্বারা ৫৪(৩) ধারাটির কিছু পরিবর্তন করা হয়েছে এবং ৫৪(৫) ধারাটি যুক্ত করা হয়েছে [১৯৮১ সালের পশ্চিমবঙ্গের ৫০ নং আইন] এটি কলিকাতা গেজেটে ২৪.৩.১৯৮৬ -তে প্রকাশিত হয়েছিল।

২। ৫৪ ধারায় কাজের সুযোগ [Scope to Act under s. 54]. পশ্চিমবঙ্গ ভূমি সংস্কার আইনের ৫৪ ধারা কীভাবে আপিল দাখিল করতে হবে, কোন্ কর্তৃপক্ষের কাছে আপিল করতে হবে তার নির্দেশ দেয়। পশ্চিমবঙ্গ ভূমি সংস্কার আইনে আগে আপিলের তিনটি ধারা ছিল—৯(৬) নং ধারা, ১৯ নং ধারা এবং ৫৪ নং ধারা। রাজস্ব আধিকারিকের দেওয়া ৯ নং ধারায় কোনও রায়ে কোনও ব্যক্তি অসন্তুষ্ট হলে তিনি ওই এলাকার মুন্সিফের কাছে ৯(৬) ধারামতে রাজস্ব আধিকারিকের রায়ের বিরুদ্ধে আপিল করতে পারেন।

পশ্চিমবঙ্গ ভূমি সংস্কার আইনের ১৯ নং ধারাটিও আপিলের ধারা, আগে এই ধারায় ক্ষমতাবান ছিলেন সংশ্লিষ্ট এলাকার মুন্সিফ। বর্তমানে সমাহর্তা হলেন এই ধারায় আপিল বিচারক। পশ্চিমবঙ্গ ভূমি সংস্কার আইনের ১৭, ১৮ এবং ২১(৩) ধারার রায়ের বিরুদ্ধে আপিল করা যাবে ১৯ নং ধারা অনুসারে সমাহর্তার নিকট। ৫৪ নং ধারাকে আপিলের সাধারণ ধারা বলা যায়। পরবর্তী ক্ষেত্রে বিভিন্ন সময়ে ভূমি সংস্কার আইন সংশোধন করে বিভিন্ন আপিলের ধারা যেমন—৪গ(২) [s. 4C(2)], ৪ক(৩) [s. 4A(3)], পুরাতন ৪খ(৩) [s. 4B(3)], ১৪জ [s. 14H], ১৪ণ [s. 14O], ১৯খ(২) [s. 19B(2)], ২৩খ(২) [s. 23B(2)], ৪৯(৪) [s. 49(4)], ৫১ক(৫) [s. 51A(5)] ইত্যাদি পশ্চিমবঙ্গ ভূমি সংস্কার আইনে অন্তর্ভুক্ত করা হয়েছে। ৯(৬) এবং ১৯ ধারা বাদ দিলে ৫৪ ধারাই ছিল আগে আপিলের ধারা।

৫৪ নং ধারায় কী কী সীমাবদ্ধতা আছে তা ৫৫ ধারায় বলা আছে।

৪৯(২) ধারায় রাজস্ব আধিকারিকের দেওয়া রায়ের বিরুদ্ধে ৪৯(৪) ধারায় আপিল করা যায়। ৪৯(২) ধারায় দেওয়া আদেশের ৩০ দিনের মধ্যে নির্দিষ্ট পদ্ধতিতে আপিল করতে হয়।

আবার ১৯খ(১) ধারার বিরুদ্ধে সমাহর্তার কাছে আপিল করা যায় ১৯খ(২) ধারা অনুসারে। আবার ১৪ঢ ধারার রায়ের বিরুদ্ধে আপিল করা যায় ১৪ণ [s. 4O] ধারা অনুযায়ী।

এছাড়া ১৪গ(৪), ১৪ঙ এবং ১৪ছ [ss. 14C(4), 14E and 14G] ধারার রায়ের বিরুদ্ধে আপিল করা যাবে ১৪জ [s. 14H] ধারায় মুন্সীফের কাছে।

৫১খ(১) এবং ৫১ক(৪) [ss. 51B(1) and 51A(4)] ধারায় রাজস্ব আধিকারিকের দেওয়া রায়ের বিরুদ্ধে আপিল করা যায় ৫১ক(৫) ধারা অনুযায়ী।

৩। আপিল কর্তৃপক্ষ [Appellate authorities]. ৫৪ ধারা অনুযায়ী নিম্নলিখিতভাবে আপিল কর্তৃপক্ষ নির্দিষ্ট করা হয়—

(১) সমাহর্তার চেয়ে কম পদমর্যাদার কোনও রাজস্ব আধিকারিক কোনও আদেশ দিলে, সেই আদেশের বিরুদ্ধে আপিল করা যাবে সমাহর্তার কাছে।

(২) আবার সমাহর্তার আদেশের বিরুদ্ধে কোনও আপিল করতে হলে, তা করতে হবে বিভাগীয় কমিশনারের কাছে।

১৯৭১ সালের পঃ বঃ ভূমি সংস্কার আইনের সংশোধনী দ্বারা গ [C] দফাটি (clause) বাতিল করা হয় এবং ১৯৭২ সালের পঃ বঃ ভূমি সংস্কার আইনের সংশোধনী অনুযায়ী কোনও বিভাগীয় কমিশনারের আদেশের বিরুদ্ধে আপিল করা যেত তখনকার রাজস্ব পর্ষদের সদস্যের কাছে। বর্তমানে অবশ্য বিভাগীয় কমিশনারকে আইনে কোনও ক্ষমতা দান করেনি। গ [C] দফাটি বাতিল করা হয়েছে ১৯৭১ সালের সংশোধনী দ্বারা। তবে তার আগে যে আপিলগুলি বকেয়া ছিল সেগুলি রাজস্ব পর্ষদের সদস্যই নিষ্পত্তি করবেন ৫৪(২) ধারা অনুসারে।

৪। আপিলের হস্তান্তর [Transfer of appeal]. পশ্চিমবঙ্গ ভূমি সংস্কার আইনের ৫৪(৩) ধারায় বলা আছে সমাহর্তা তাঁর কাছে দায়ের করা কোনও আপিল হস্তান্তর করতে পারেন তার অধস্তন কোনও আধিকারিককে। তবে যিনি আদেশ দিয়েছেন বা যার আদেশের বিরুদ্ধে আপিল তার চেয়ে পদমর্যাদায় উঁচু এরকম কোনও আধিকারিকের কাছে সমাহর্তা আপিল হস্তান্তর করবেন। যাঁর

কাছে আপিল হস্তান্তর করা হচ্ছে তিনি ৫৪(৩) ধারায় হস্তান্তরিত আপিলের শুনানি এবং নিষ্পত্তি করার ব্যাপারে ক্ষমতাপ্রাপ্ত।[১]

রাজস্ব আধিকারিকের দেওয়া কোনও রায়ের বিরুদ্ধে সমাহর্তার কাছে আপিল হলে ওই আপিল রাজস্ব আধিকারিকের চেয়ে উচ্চতর পদমর্যাদার কোনও আধিকারিকের কাছে [মহকুমা ভূমি ও ভূমি সংস্কার আধিকারিক বা সমষ্টি ভূমি ও ভূমি সংস্কার আধিকারিক (B.L. & L.R.O)] সমাহর্তা হস্তান্তর করতে পারেন। কিন্তু মহকুমা ভূমি ও ভূমি সংস্কার আধিকারিকের কোনও রায়ের বিরুদ্ধে আপিল হলে ওই আপিল মামলা সমাহর্তা B.L. & L.R.O. বা রাজস্ব আধিকারিকের নিকট পাঠাতে পারেন না কারণ পদমর্যাদার দিক থেকে ব্লক ভূমি সংস্কার আধিকারিক বা রাজস্ব আধিকারিক হলেন মহকুমা ভূমি সংস্কার আধিকারিকের চেয়ে অনেক নীচের অবস্থানে।

৫। এই আইনের সমস্ত আদেশের বিরুদ্ধে আপিল [Appeal against all orders made under the Act]. ৫৪ ধারায় বর্ণিত বিষয়ে এটা প্রতিষ্ঠিত করা যায় যে ওই ধারায় পরিষ্কার নির্দেশ রয়েছে যে কোনও ধারার বিরুদ্ধে ৫৪ ধারায় আপিল করা যায়। যে কোনও আদেশের বিরুদ্ধেই, তা সে বিশেষ মামলা (special case) বা ব্যতিক্রমী মামলা (exceptional case) যাই হোক না কেন।[২]

কৃষি জমিকে অকৃষিতে রূপান্তরিত করবার আবেদন সমাহর্তা খারিজ করলে আবেদনকারী WBLRTT তে আপিল করেন। ট্রাইবুনাল জানায় যে সমাহর্তার আদেশের বিরুদ্ধে যে হেতু ৫৪ ধারায় বিভাগীয় কমিশনারের নিকট আপিল করা যায় সুতরাং, ট্রাইবুনাল মামলাটি খারিজ করে। অসন্তুষ্ট হয়ে এরপর মহামান্য উচ্চ ন্যায়ালয়ের ডিভিশন বেঞ্চে আপিল করেন, উচ্চ ন্যায়ালয়ের ডিভিশন বেঞ্চ ট্রাইবুনালের রায় কে মান্যতা দিয়ে রিট আবেদনটি খারিজ করে।[৩]

৬। ফেরৎ পাঠানোর ক্ষমতা [Power to remand]. ১৯৭৮ সালের আগে [১৯৭৮ সালে পঃ বঃ ভূমি সংস্কার আইনের সংশোধন হয়] কোনও মামলা

১ *শ্রীমতী নন্দ রানী বিশ্বাস* 1980(1) Cal LJ 72.

২ *নারায়ণ চন্দ্র কুণ্ডু* বনাম *পঃ বঃ সরকার* 1982(1) Cal LJ 61; 86 CWN 139.

৩ *রণজিৎ কুমার বাগচী* বনাম *পঃ বঃ রাজ্য সরকার* Cal LT 2005(2) HC 134; 2005(4) CHN 396; 2005(1) Cal LJ 351.

ফেরৎ পাঠানোর ক্ষমতা (remand) পঃ বঃ ভূমি সংস্কার আইনে আপিল বিচারকের ছিল না। কিন্তু ১৯৭৭ সালে *কানাইলাল চট্টোপাধ্যায়* বনাম *সত্যেন্দ্রনাথ মজুমদার*,[৪] মামলায় মহামান্য কলিকাতা হাইকোর্ট এই রায় দেন যে—যদিও বর্তমান প্রচলিত আইনে কোনও মামলা ফেরৎ পাঠানোর (remand) জন্য কোনও স্পষ্ট অনুবিধি (express provision) নেই তাহলেও এই ধরনের ক্ষমতা ভোগ করার বিষয়টি এসেই যায়। একইরকম রায় মহামান্য সুপ্রীম কোর্ট *ইনকাম ট্যাক্স অফিসার* বনাম *মহঃ কুনহি*,[৫] মামলায় দিয়েছেন।

মূল পঃ বঃ ভূমি সংস্কার আইনে আপিল কর্তৃপক্ষের ক্ষমতা ছিল না কোনও মামলা ফেরৎ পাঠানোর। ১৯৭৮ সালে পঃ বঃ ভূমি সংস্কার আইনের ৫৭ ধারাটির সংশোধন হয়েছে। যা বলবৎ হয়েছে ২৭.১১.১৯৭৮ থেকে। ওই সংশোধনের পর কোনও মামলা ফেরৎ পাঠানোর ক্ষমতা (power to remand) আপিল কর্তৃপক্ষকে দেওয়া হয়েছে।

কয়েকজন চাষি রাজস্ব আধিকারিকের কাছে নিজেদের নাম বর্গাদার হিসাবে স্বত্বলিপিতে নথিভুক্ত করার জন্য আবেদন করেন। উভয়পক্ষকে নোটিশ দিয়ে শুনানির সুযোগ দেন সংশ্লিষ্ট রাজস্ব আধিকারিক। শুনানিতে রাজস্ব আধিকারিক যথেষ্ট তথ্য পান (findings) যে ওই দাবিকৃত সময়ে আবেদনকারীরা ওই নির্দিষ্ট জমি চাষ করতেন। তিনি তার রায়ে জানান যে আবেদনকারীদের বর্গাদার হিসাবে মনে করা যায় এবং আবেদনকারীদের নাম বর্গাদার হিসাবে নথিভুক্ত করার নির্দেশ দেন।

এই রায়ের বিরুদ্ধে আপিল করা হয় আপিল কর্তৃপক্ষের (appellate authority) কাছে। আপিল কর্তৃপক্ষ তার রায়ে জানান "কোনও ব্যক্তি বা ব্যক্তিগণ কোনও জমি চাষ করছিলেন" বর্গাদার হিসাবে ঘোষণার পক্ষে এটা কোনওমতেই যথেষ্ট প্রমাণ নয়। যতক্ষণ না পর্যন্ত তারা রাজস্ব আধিকারিককে এই মর্মে প্রমাণ দিয়ে সন্তুষ্ট করছে যে তারা মালিককে তার প্রাপ্য ভাগ দেন পঃ বঃ ভূমি সংস্কার আইন অনুযায়ী, বর্গাদার হিসাবে তারা দাবি করতে পারে না। ওই ভাগ প্রদানের প্রমাণের অভাবে রাজস্ব আধিকারিকের আদেশ বাতিলের (set aside) আদেশ দেন এবং মামলাটি ফেরত পাঠানো হয় রাজস্ব আধিকারিকের কাছে যাতে সমস্ত প্রমাণ, উপাদানের (ingredients) নিরিখে রাজস্ব আধিকারিক সিদ্ধান্ত নেন এবং ওই সমস্ত তথ্য দিয়ে ওই ব্যক্তিদের প্রমাণ

৪ 1977(1) Cal LJ 23.

৫ AIR 1969 SC 430.

করতে হবে যে তারা বর্গাদার। রাজস্ব আধিকারিক তার পরে সিদ্ধান্ত নিতে পারেন।

আপিল কর্তৃপক্ষের এই রায়ে বিবাদীগণ অসন্তুষ্ট হয়ে মহামান্য কলিকাতা হাইকোর্টে, যারা বর্গাদার হিসাবে নিজেদের নাম নথিভুক্ত করার আবেদন করেছিলেন তারা একটি রিট পিটিশান দাখিল করেন। ওই রিট পিটিশান দাখিল করা হয়—আপিল কর্তৃপক্ষে মামলাটি ফেরৎ পাঠানোর সিদ্ধান্তকে চ্যালেঞ্জ করে। মহামান্য কলিকাতা হাইকোর্ট ওই রিট আবেদনটি 'আর শুনানি করতে অস্বীকার' (dismiss) করেন। মহামান্য হাইকোর্ট তার রায়ে জানান আপিল কর্তৃপক্ষের মামলা ফেরৎ পাঠানোর (remand) সিদ্ধান্ত ছিল—আইনগতভাবে সঠিক এবং নিয়মমতো। আপিল কর্তৃপক্ষ ঠিক সিদ্ধান্তই নিয়েছেন যে কেবলমাত্র 'জমিচাষ করে' এর ভিত্তিতে বর্গাদার হিসাবে নথিভুক্ত করা যায় না। পশ্চিমবঙ্গ ভূমি সংস্কার আইন অনুযায়ী মালিককে ওই সম্পত্তির তার প্রাপ্য অংশ দিচ্ছেন এটা তথ্য সহ প্রমাণ করতে হবে। রাজস্ব আধিকারিকের এই ধরনের কোনও সিদ্ধান্ত (findings) ছিল না যে আবেদনকারীরা মালিককে তার সম্পত্তির প্রাপ্য অংশ (bhag) নিয়মমতো নিয়মিত দেন। আপিল বিচারক সঠিকভাবেই মামলাটি রাজস্ব আধিকারিকের কাছে ফেরৎ পাঠিয়েছেন। রাজস্ব আধিকারিক উপযুক্ত তথ্য, উপাদানের ভিত্তিতে সিদ্ধান্ত নেবেন যে তথ্য, উপাদানগুলি দিয়ে আবেদনকারীরা প্রমাণ করবেন যে তারা বর্গাদার। সুতরাং কোনও মামলা ফেরৎ পাঠানোর ব্যাপারে হাইকোর্ট হস্তক্ষেপ করার ব্যাপারে ইচ্ছুক নয়।[৬]

৭। আপিলের পদ্ধতি [Procedure for appeals]. প্রতিটি আপিল কীভাবে হবে তা ১৯৬৫ সালের পশ্চিমবঙ্গ ভূমি সংস্কার নিয়মের, ২৯ নং বিধিতে বলা আছে। (পশ্চিমবঙ্গ ভূমি সংস্কার নির্দেশিকা, ১৯৯১ দেখুন, ইস্টার্ন ল হাউস)। যে সব ক্ষেত্রে কোনও পদ্ধতি নির্দিষ্ট (prescribed) করা নেই সেক্ষেত্রে নিম্নলিখিতভাবে ওই আপিল দাখিল করা হয়—

(ক) আপিল দাখিলকারী স্মারকলিপির (form of memorandum) মতো করে পরীক্ষা (verify) ও স্বাক্ষর দ্বারা আপিল পেশ করবেন।

(খ) দেওয়ানি কার্যবিধির (CPC) ১ নং তফসিলের ৬ নং আদেশের ১৫ নং নিয়মের (২) ও (৩) নং উপনিয়মের নির্দেশিত পদ্ধতি অনুসরণ করে আপিল করা হবে।

৬ *কার্তিক বাগদী* বনাম *বিদ্যুৎ কুমার রায়* 2000(2) Cal LJ 209; 2000(2) CHN 386.

(গ) যে আদেশের বিরুদ্ধে আপিল, সেই আদেশের একপ্রস্থ প্রত্যায়িত অংশ আপিলের সাথে গেঁথে দিতে হবে।

(ঘ) কোর্ট ফি আইনের ২ নং তফসিলের ১১ নং অনুচ্ছেদে বর্ণিত পদ্ধতিতে আপিলের সাথে কোর্ট ফি দিতে হবে।

(ঙ) নির্ধারিত জারি খরচ (process fee) উভয় পক্ষের জন্যই দিতে হবে। প্রতিপক্ষের জন্য তিন টাকা পঞ্চান্ন পয়সা হিসাবে জারি খরচ জমা দিতে হবে আপিলকারীকে।

৮। ১৯৬৫ সালের পশ্চিমবঙ্গ ভূমি সংস্কার নিয়মের ২৯ নং বিধি [Rule 29 of W.B.L.R. Rules 1965] আপিলের পদ্ধতি [Procedure for appeals]. (১) প্রতিটি আপিল, এই আইনে যদি দায়ের করার পদ্ধতি বলা না থাকে তবে স্মারকলিপির মতো করে (form of memorandum) পরীক্ষা ও স্বাক্ষর করে আপিলকারী জমা দেবেন। ১৯০৮ সালের দেওয়ানি প্রক্রিয়া সংহিতার (CPC)-এর ৬ নং আদেশের ১৫ নং নিয়মের (২) ও (৩) নং উপনিয়মের অনুযায়ী ওই আপিল জমা দেবেন। যে আদেশের বিরুদ্ধে আপিল করা হবে সেই আদেশের প্রত্যায়িত একপ্রস্থ (one copy of authenticated) আপিল আবেদনের সাথে জমা দিতে হবে।

(২) ১৮৭০ সালের কোর্ট ফি আইনের ২ নং তফসিলে, ১১ নং অনুচ্ছেদ অনুযায়ী স্মারকলিপির সাথে কোর্ট ফি দিতে হবে এবং সংগৃহীত হবে।

(৩) আপিল মামলায় প্রতিটি পক্ষের (party) জন্য তিন টাকা পঞ্চাশ পয়সা হারে জারি খরচ (process fee) আপিলকারী জমা দেবেন।

[পশ্চিমবঙ্গ ভূমি সংস্কার নির্দেশিকা, ১৯৯১ দেখুন, ইস্টার্ন ল হাউস।]

৯। দ্বিতীয় আপিল দায়ের হবে না [No second appeal]. পশ্চিমবঙ্গ ভূমি সংস্কার আইনের ৫৪ ধারায় দ্বিতীয় বার আপিল নিষিদ্ধ করা হয়েছে। কেবলমাত্র একবার-ই আপিল করা যাবে। ৫৪(৪) ধারা অনুযায়ী আপিল কর্তৃপক্ষের দ্বারা দেওয়া আদেশ-ই হবে চূড়ান্ত।[৭]

১০। আপিলের অধিকার আইনের দ্বারা সৃষ্ট [Right of appeal is a creature of statute]. আপিলের অধিকার কোনও সহজাত (inherent) বা

৭ *বিদ্যাভূষণ মহাপাত্র* বনাম *পঃ বঃ সরকার* 1977(1) Cal LJ 387.

স্বাভাবিক (natural) অধিকার নয়। আইনের দ্বারাই আপিলের অধিকার তৈরি হয়েছে। কোনও ব্যক্তি এমন কোনও আদেশের বিরুদ্ধে আপিল করতে পারেন না যে আদেশ তার পক্ষেই গিয়েছে। অন্যভাবে বলতে গেলে কোনও ব্যক্তির 'বিরুদ্ধে' কোনও আদেশ গেলে, তার পক্ষে অনিষ্টকর (prejudicial) কোনও আদেশ গেলে তবে তিনি আপিল করতে পারেন।[৮]

অন্য একটি মামলায় মহামান্য সুপ্রীম কোর্ট রায়দান প্রসঙ্গে জানিয়েছেন, আপিলের অধিকার আইনের দ্বারা সৃষ্ট (the right of appeal is a creature of statute)।[৯]

এই প্রসঙ্গে *কৃষ্ণ* বনাম *সদাশিব*,[১০] মামলায় মহামান্য আদালত জানান—যেহেতু আপিলের অধিকার আইনের দ্বারা সৃষ্ট, আইন-ই যদি এই অধিকার দেয় তবে হাইকোর্ট কোনও আপিল মামলা গ্রহণে অস্বীকার করতে পারে না।

আপিলের অধিকার আইনের দ্বারা সৃষ্ট হওয়ায় অথবা যে অধিকার আইন-ই দিয়েছে অনুমানের ভিত্তিতে তাকে জটিল করা যায় না (right conferred by statute cannot be inferred by implication)।[১১]

যদি কোনও অধিকার আইন দ্বারা সৃষ্ট হয় তবে মহামান্য হাইকোর্ট "সাধারণত" বা "ব্যতিক্রম" ঘটনা হিসাবেও হস্তক্ষেপ করে না।[১২]

১১। পুনর্বিচারের অধিকার [Power of review]. পশ্চিমবঙ্গ ভূমি সংস্কার আইনের ৫৪ ধারা অনুযায়ী আপিল কর্তৃপক্ষের কোনও সিদ্ধান্ত পুনর্বিচারের (review) ক্ষমতা নেই। ওই ধারা পুনর্বিচারের কোনও অধিকার দেয় না। ২০০০ সালে পঃ বঃ ভূমি সংস্কার (সংশোধনী) আইন দ্বারা ৫৭ক ধারা সংযুক্ত করা হয়েছে। যা ৭.৮.১৯৬৯ থেকে কার্যকর হচ্ছে। রাজ্য সরকারকে এই ধারা এই ক্ষমতা দেয় যে দেওয়ানি আদালতের যে কোনও ক্ষমতা দেওয়ানি প্রক্রিয়া সংহিতা অনুসারে রাজ্য সরকার কোনও আধিকারিক বা কর্তৃপক্ষকে সরকারি গেজেটে প্রকাশের মাধ্যমে অর্পণ করতে পারে।

৮ *ইউনিয়ান অব ইন্ডিয়া* বনাম *অফিসিয়াল লিকিউডেটর* AIR 1963 Cal 214.
৯ *গঙ্গাবাঈ* বনাম *বিজয় কুমার* AIR 1974 SC 1126.
১০ AIR 1977 Ker 32.
১১ *র‍্যাংগুন বোটাটুং কোং লিমিটেড* বনাম *কমিশনার অব র‍্যাংগুন* 40 Cal 21; *শ্রীমতী গঙ্গাবাঈ* বনাম *বিজয় কুমার* AIR 1974 SC 1126.
১২ *নারায়ণ চন্দ্র কুণ্ডু* বনাম *পশ্চিমবঙ্গ সরকার* 1982(1) Cal LJ 61.

রাজ্য সরকার একটি বিজ্ঞপ্তি জারি করে দেওয়ানি প্রক্রিয়া সংহিতার ৪৭ নং আদেশের ১ নং নিয়ম ও অন্য কয়েকটি ক্ষমতা আপিল কর্তৃপক্ষকে দিয়েছে যা কোনও সিদ্ধান্ত পুনর্বিচার করতে প্রয়োজন হয়।

পি. এন. থাকেরশি বনাম *প্রত্যুমন সিংঝি,*[১৩] মামলায় মহামান্য আদালত জানিয়েছে পুনর্বিচারের অধিকার সহজাত বা স্বাভাবিক অধিকার নয়। এই অধিকার আইনের দ্বারা সৃষ্ট হতে হয়।

এক তরফা একটি সিদ্ধান্তের বিরুদ্ধে আপিল করা হয় আপিল কর্তৃপক্ষের কাছে। একতরফা সিদ্ধান্ত হয় এই কারণে যে আবেদনকারীকে যথোপযুক্ত নোটিশ দেওয়া হয় নি। আপিল কর্তৃপক্ষ পুনরায় মামলাটি যথোপযুক্ত পদ্ধতিতে শুনানির নির্দেশ দেন আগের আদেশ বাতিল করে। এই সিদ্ধান্তের বিরুদ্ধে সুপ্রীম কোর্টে মামলা দায়ের করা হয়। সুপ্রীম কোর্ট তার রায়ে জানান—ন্যায়পীঠের কেবলমাত্র ক্ষমতা (power) আছে তা নয় এটা ন্যায়পীঠের কর্তব্য (duty) কোনও একতরফা সিদ্ধান্ত বাতিলের আদেশ দেওয়া এবং নতুন করে শুনানি করার জন্য আদেশ দেওয়া।[১৪]

১২। কোন্ কোন্ ক্ষেত্রে ৫৪ ধারায় আপিল হবে [Where s. 54 will be applicable]. পশ্চিমবঙ্গ ভূমি সংস্কার আইনে কতগুলি ধারা আছে, যে ধারাগুলি আপিলের ধারা। যেমন ৯(৬) নং ধারা, ১৪ণ [s. 14O] নং ধারা, ১৪জ নং ধারা, ১৯ নং ধারা, ১৯খ (২), ৫১ক(৫) ইত্যাদি। এইসব ধারাগুলিতে নির্দিষ্ট করা আছে যে কোন্ কোন্ মূল ধারার বিরুদ্ধে আপিল করা যাবে। সে সব ধারার ক্ষেত্রে আপিলের ধারার উল্লেখ করা নেই সেই ধারার বিরুদ্ধে আপিল ৫৪ ধারায় করা যাবে। মূল আইনের ১৪ন(৭) ধারায় বলা আছে কোনও ব্যক্তি যদি ১৪ন(৩), ১৪ন(৩ক), ১৪ন(৫) বা ১৪ন(৬) ধারায় রাজস্ব আধিকারিকের দেওয়া রায়ে অসন্তুষ্ট হন তিনি ৫৪ নং ধারায় আপিল করতে পারেন। আবার ৫০ ধারায় রাজস্ব আধিকারিকের রায়ে ক্ষুব্ধ হলে কোন্ ধারায় আপিল হবে তা বলা নেই। এক্ষেত্রে ৫৪ ধারায় আপিল করা যাবে।

১৩। স্বত্বলিপি সংশোধন ও W.B.L.R.T.T.-এর ক্ষমতা [Correction of r-o-rs and power of Tribunal]. Limitation Act-এর ধারা ৫ সহযোগে পঃ বঃ ভূমি সংস্কার আইনের ৫৪ ধারায় একটি আপিল আবেদন দাখিল করা হয়, এক্ষেত্রে Limitation আইনের ৫ ধারা প্রযোজ্য হবে কিনা সেই প্রশ্ন ওঠে এবং

১৩ AIR 1970 SC 1273.

১৪ *গ্রিন্ড লেজ ব্যাংক* বনাম *সেন্ট্রাল গভঃ ইন্ডাস্ট্রিয়াল ট্রাইব্যুনাল* AIR 1981 SC 606.

শেষে ওই ধারা প্রযোজ্য হবে না বলে সিদ্ধান্ত নেওয়া হয়। ওই রায়ে অসন্তুষ্ট হয়ে ভারতীয় সংবিধানের ২২৬ ধারায় মহামান্য W.B.L.R.T.T. সমীপে আবেদন করা হয়। *বিদ্যাপতি পাল* বনাম *পঃ বঃ রাজ্য সরকার*[১৫] [O.A. No. 2936/15 (M.A. 707/15) (L.R.T.T.)] মামলার সূত্র ধরে উচ্চ ন্যায়পীঠের রায়কে মহামান্য Second Bench সমালোচনা করেন। অযৌক্তিক আদেশের সূত্র ধরে Limitation আইনের ৫ ধারায় দাখিল করা বিবিধ আবেদনপত্রটি ট্রাইব্যুনাল খারিজ করেন এবং মূল মামলাটির নিষ্পত্তি হয় তবে ওই রায়ে অসন্তুষ্ট হলে statutory authority-এর কাছে আপিল করবার সুযোগ দেন। তবে statutory authority-কে নির্দেশ দেওয়া হয় যে ওই আপিল পেশ করতে বিলম্ব যেন উদারতাসহ বিবেচনা করা হয় এক্ষেত্রে একাধিক apex court-এর রায়ের নজির তুলে ধরা হয়। L.R.T.T. যে অযৌক্তিক রায় দিয়েছিলেন মূলতঃ তা W.B.L.R.T.T. আইন, ১৯৭৭-এর ১০(৩)ক ধারা অনুসারে।[১৫]

৫৫। আপিলের সময়সীমা (Limitation for appeals) ঃ এই আইনে বা নিয়মাবলিতে যে ব্যবস্থা বলা আছে, সেগুলি ছাড়া ৫৪ ধারা অনুযায়ী কোনও আপিলের জন্য সময়সীমা, যে আদেশের বিরুদ্ধে আপিল ওই আদেশ দানের তারিখ থেকে নিম্নলিখিতভাবে হবে—

[১](ক) সমাহর্তার কাছে হলে—ত্রিশ দিন;

(খ) বিভাগীয় কমিশনারের কাছে হলে—ষাট দিন;

[২](গ) বাতিল।

55. Limitation for appeals. Save as expressly provided in this Act or the rules made thereunder, the period of limitation for an appeal

১৫ 2016(4) CHN 127 (Cal).

১ পশ্চিমবঙ্গ ভূমি সংস্কার (সংশোধন) আইন, ১৯৮১ (পশ্চিমবঙ্গ আইন ৫০, ১৯৮১)-এর ৫২ ধারার মাধ্যমে পূর্বের "সমাহর্তার নিকট বা অতিরিক্ত জেলা শাসকের নিকট" শব্দ কয়টির স্থলে অনুকল্পিত এবং উক্ত আইনের ১(২) ধারার মাধ্যমে ৭.৮.১৯৬৯ তারিখ হতে বলবৎ হয়েছে।

২ পশ্চিমবঙ্গ ভূমি সংস্কার (সংশোধন) আইন, ১৯৭১ (রাষ্ট্রপতির আইন ৩, ১৯৭১)-এর মাধ্যমে ১২.২.১৯৭১ তারিখ হতে বাতিল হয়েছে এবং তারপর পূর্বোক্ত পশ্চিমবঙ্গ আইন ১২, ১৯৭২-এর ২৭(২) ধারার মাধ্যমে ১২.২.১৯৭১ তারিখ হতে বাতিল হয়েছে। প্রকরণটি নিম্নরূপ ছিল ঃ

"(গ) তৎসময়ে রাজস্ব পর্ষদের সদস্য পদের পদাধিকারী আধিকারিকের নিকট আপিল চলবে—নব্বই দিন।"

under section 54 shall run from the date of the order appealed against and shall be as follows, that is to say—

(*a*) when the appeal lies [1][to a Collector]—thirty days;

(*b*) when the appeal lies to the Commissioner of a Division—sixty days;

(c) [2][..........].

আলোচনার সূচী

১ সূচনা [Commencement]
২ মেয়াদের সময়সীমা [Period of limitation]
৩ তামাদি আইনের প্রয়োগ [Use of Limitation Act]
৪ নির্দিষ্ট সময়ে আপিলের আবেদন জমা না দেওয়ার যে কারণগুলি গ্রহণযোগ্য [Reasons for not making appeal in time]

১। সূচনা [Commencement]. যে অংশগুলি বিহার থেকে পশ্চিমবঙ্গে যুক্ত হয়েছে সেগুলি বাদে পশ্চিমবঙ্গের অন্যান্য অংশে এই ধারা বলবৎ হয়েছে ২২.১০.১৯৬৩ থেকে, এছাড়া যে অংশগুলি পশ্চিমবঙ্গে যুক্ত হয়েছে, সেই অংশগুলিতে ১.১০.১৯৬৯ থেকে এই ধারা বলবৎ হয়েছে।

৫৫(গ) দফা বাতিল হয়েছে ১৯৭১ সালের পঃ বঃ ভূমি সংস্কার (সংশোধনী) আইন দ্বারা [১৯৭১ সালের রাষ্ট্রপতির আইন] পরবর্তী ক্ষেত্রে ১৯৭২ সালের পঃ বঃ ভূমি সংস্কার (সংশোধনী) আইন [১৯৭২ সালের ১২ নং পঃ বঃ আইন] দ্বারা।

1 *Substituted* by the West Bengal Land Reforms (Second Amendment) Act, 1978 (w.r.e.f. 7.8.1969) for "to the Collector or to the Additional District Magistrate", in which the words "to the Additional District Magistrate" were earlier *inserted* by the West Bengal Land Reforms (Amendment) Act, 1971 (President's Act III of 1971) and then by the West Bengal Land Reforms (Amendment) Act, 1972 (West Ben. Act XII of 1972) (w.r.e.f. 12.2.1971).

2 Clause (*c*) *omitted* by the West Bengal Land Reforms (Amendment) Act, 1971 (President's Act III of 1971) and then by the West Bengal Land Reforms (Amendment) Act, 1972 (West Ben. Act XII of 1972) (w.r.e.f. 12.2.1971), which was earlier as under:

"(c) when the appeal lies to the officer holding or the time being the office of the Member, Board of Revenue—Ninety days."

বাতিল হওয়া ৫৫(গ) দফাটি ছিল এইরকম—"রাজস্ব পর্ষদের সদস্যের কাছে আপিল দাখিল হলে সময় ধার্য আছে ৯০ দিন।"

২। মেয়াদের সময়সীমা [Period of limitation]. আপিল দাখিল করার পদ্ধতি ও আপিল বিচার কে করবেন তা বলা আছে পঃ বঃ ভূমি সংস্কার আইনের ৫৪ ধারায়। অন্যদিকে আপিলের মেয়াদের সময়সীমা অর্থাৎ কত দিনের মধ্যে আপিল করতে হবে তার নির্দেশ ৫৫ ধারায় দেওয়া আছে। যার আদেশের বিরুদ্ধে আপিল সেই আদেশ দানের দিন থেকে ওই সময় হিসাব করতে হবে। এই মেয়াদের সীমা নিম্নরূপ ঃ

(ক) সমাহর্তার কাছে আপিল হলে—ত্রিশ দিন।

(খ) বিভাগীয় কমিশনারের কাছে হলে—ষাট দিন।

যে আদেশের বিরুদ্ধে আপিল, আপিলের সাথে ওই আদেশের প্রত্যায়িত একপ্রস্থ (one copy) দিতে হবে স্মারকলিপির মতো করে, নির্দিষ্ট কোর্ট ফি, জারি খরচ (process fee) সহ।

৩। তামাদি আইনের প্রয়োগ [Use of Limitation Act]. যে সমস্ত মামলা (suits), আপিল বা আবেদন (applications) আদালতে (court) দায়ের করা হয়, আদালতের ক্ষেত্রে ১৯৬৩ সালের তামাদি আইন প্রযোজ্য হয়। পশ্চিমবঙ্গ ভূমি সংস্কার আইনের ৫৪ ধারায় যে আপিল কর্তৃপক্ষের উল্লেখ আছে তাঁদের ক্ষেত্রে আদালত (court) বলা যায় না। খুব স্বাভাবিকভাবেই ১৯৬৩ সালের তামাদি আইনের (Limitation Act) ৫ নং ধারা ওই আপিল কর্তৃপক্ষ প্রয়োগ করতে পারেন না। আবার পঃ বঃ ভূমি সংস্কার আইনের ১৯ নং ধারায় বিশেষভাবে তামাদি আইনের ৫ নং ধারা প্রয়োগের ব্যাপারে নির্দেশ দেওয়া রয়েছে। যা ৫৪ ধারায় নেই। সুতরাং এটা বলা যায় যদি না মূল আইনে তামাদি আইনের ৫ নং ধারা প্রয়োগের নির্দেশ দেওয়া না থাকে তবে এই ধারা [৫ নং ধারা] প্রয়োগ করা যায় না।

মুন্সিফ যখন পঃ বঃ ভূমি সংস্কার আইনের ৮ নং বা ১৪জ ধারার শুনানি করেন অথবা ৯ নং ধারার কোনও আপিলের শুনানি যখন জেলা বিচারক (District Judge) করেন, যেহেতু তাঁরা দেওয়ানি আদালতে ওই শুনানি করেন, সেই জন্য তামাদি আইনের ৫ নং ধারা তাঁরা প্রয়োগ করতে পারেন।

মহঃ ইসমালী বনাম *শেখ আনোয়ার আলী*,[১] মামলায় মহামান্য আদালত জানান, তামাদি আইনের ৫ নং ধারার প্রয়োগ হবে কোনও মামলার (suit) বেলায় এবং দেওয়ানি কার্যবিধির ২১ নং আদেশে বর্ণিত আবেদন (application) ছাড়া অন্য আবেদনে। সময়সীমার শেষ দিন পর্যন্ত কেউ অপেক্ষা করতে পারে।[২]

আজ্ঞালেখ ক্ষেত্রাধিকারের (writ jurisdiction) ক্ষেত্রে তামাদি আইনের প্রয়োগ হয় না।[৩]

২২৬ অনুচ্ছেদের বিষয়ে দাখিল করা আজ্ঞালেখ (writ) আবেদনে তামাদি আইনের ৫ নং ধারা কার্যকর হয় না।[৪]

নির্দিষ্ট সময়ে কেন আপিল করা যায় নি এটা প্রমাণ করার জন্য প্রতিদিনের ব্যাখ্যা দিতে হবে আপিলকারীকে।[৫]

৪। নির্দিষ্ট সময়ে আপিলের আবেদন জমা না দেওয়ার যে কারণগুলি গ্রহণযোগ্য [Reasons for not making appeal in time].

(১) অসুস্থতা (illness),[৬]
(২) সন্দেহাতীত ভুল (*bona fide* mistake),[৭]
(৩) ঘটনার অজ্ঞতা (ignorance of fact),[৮]
(৪) আইনজীবীর ভুল পরামর্শ,[৯]
(৫) সরল বিশ্বাসে নেওয়া ভুল মামলা (wrong proceedings taken in good faith).[১০]

যে কারণগুলো গ্রহণযোগ্য নয়ঃ

(১) দারিদ্র্যতা,[১১]

১ AIR 1991 Cal 391.
২ *মনোহর যোশি* বনাম *নিতিন ভউরাও পাতিল* (1996)1 SCC 169.
৩ *শিব শঙ্কর ডাল মিলস* বনাম *হরিয়ানা সরকার* AIR 1980 SC 1037.
৪ *সুদামা দেবী* বনাম *কমিশনার* AIR 1983 SC 653.
৫ 75 CWN 555.
৬ *মধুবালা* বনাম *প্রদোষ রঞ্জন* AIR 1971 Assam 97.
৭ *সেবা সমাজ সঞ্চালক* বনাম *কেরালা রাজ্য* AIR 1972 Ker 184.
৮ AIR 1964 SC 215.
৯ (1980)4 SCC 401.
১০ *জে. এম. বনশালি* বনাম *মাদ্রাজ রাজ্য* AIR 1968 Mad 373.
১১ *গুড়মুখ সিং* বনাম *পাঞ্জাব রাজ্য* AIR 1970 Punj 282.

(২) আইনজীবী বা তার করণিকের অবহেলা (negligence)।[১২]

মৌখিক আবেদনের ভিত্তিতেও দেরি হওয়ার কারণ গ্রহণীয় হতে পারে।[১৩]

তামাদি আইন প্রযোজ্য হবে কেবলমাত্র আদালতের কার্যাবলির (proceedings) বেলায় কিছু আদালত ছাড়া অন্য কোনও ক্ষেত্রে আপিল বা আবেদন (application)-এর বেলায় তামাদি আইন প্রযোজ্য হবে না।[১৪]

বিচারকল্প ন্যায়পীঠ (*Quasi judicial* Tribunal) বা নির্বাহী প্রাধিকারী (Executive authority) গণ তামাদি আইন প্রয়োগ করতে পারেন না যদি না মূল আইনে তামাদি আইন (Limitation Act) প্রয়োগের স্বাধীনতা দেওয়া না থাকে।

৫৬। জমিতে প্রবেশ, জরিপ করা প্রভৃতির ক্ষমতা (Power to enter upon land to make survey, etc.) ঃ এই আইনে দেওয়া নিয়ম/বিধিগুলি ঠিক রেখে কোনও রাজস্ব আধিকারিক বা তার অনুমোদিত কোনও আধিকারিক তাঁর দায়িত্ব পালন করার প্রয়োজনে ওই আধিকারিক বা অন্য ব্যক্তিদের সাথে বাস্তু বাড়ি বাদে যে কোনও সময় যে কোনও জমিতে প্রবেশ করতে পারেন এবং জরিপ কাজ বা কোনও পরিমাপ নিতে পারেন অথবা অন্য কোনও কাজ করতে পারেন।

56. Power to enter upon land to make survey, etc. A Revenue Officer, or any officer authorised by him subject to any rules made under this Act, may at any time enter upon any land but not a dwelling house with such officers or other persons as he considers necessary, and make a survey or take measurement thereof or do any other acts which he considers to be necessary for carrying out any of his duties under this Act.

আলোচনার সূচী

১। সূচনা [Commencement]. এই ধারাটি কার্যকর হচ্ছে ১.১১.১৯৬৫ থেকে সেই সব এলাকায় যেগুলির সাথে বিহার থেকে আসা অংশ যুক্ত হয়নি। অন্য

১২ *রাজ প্রকাশ* বনাম *এ. ডি. এম., নিউ দিল্লি* AIR 1978 Del 23.

১৩ *মহাবীর সিংহ* বনাম *চিফ অব আর্মি স্টাফ* AIR 1990 SC 89.

১৪ বিস্তারিত আলোচনার জন্য ১৯ নং ধারা দেখুন।

দিকে যে সব অংশ বিহার থেকে এসে পশ্চিমবঙ্গে যুক্ত হয়েছে সেখানে এই ধারা বলবৎ হচ্ছে ১.১০.১৯৬৯ থেকে।

২। কর্মপরিধি [Scope]. এই ধারা রাজস্ব আধিকারিক বা তার মনোনীত কোনও আধিকারিককে কোনও রায়তের জমিতে প্রবেশের, পরিমাপের বা অন্য কোনও কাজ করার অধিকার বা ক্ষমতা দেয়। সরকারি কর্তব্য পালনের জন্য কোনও রাজস্ব আধিকারিক বা রাজস্ব আধিকারিকের মনোনীত কোনও আধিকারিক কোনও রায়তের জমিতে প্রবেশ করতে পারবেন। কিন্তু বসত বাড়ি বা ঘরের ভিতর প্রবেশ করবেন না। তাঁরা জমির মাপ বা অন্য সরকারি কাজ করতে পারবেন।

এখনও এই ধারায় কাজ করার জন্য কোনও নিয়ম (Rule) তৈরি হয়নি। ১৯৫৩ সালের পঃ বঃ জমিদারি অধিগ্রহণ আইনে ৫৬ ধারাটি এইরকম ছিল। ওই ধারায় কোনও আধিকারিক কোনও রায়তের জমিতে প্রবেশের আগে ওই রায়তকে বিজ্ঞপ্তি (notice) দেবেন। কিন্তু পঃ বঃ ভূমি সংস্কার আইনের ৫৬ ধারা অনুযায়ী কোনও জমিতে প্রবেশ, পরিমাপ, অন্য সরকারি কাজের জন্য কোনও রায়তকে বিজ্ঞপ্তি দেওয়ার কোনও সুযোগ নেই। এখনও কোনও নিয়ম তৈরি হয়নি।

পশ্চিমবঙ্গ ভূমি সংস্কার আইনের ৫৬ ধারায় রাজস্ব আধিকারিক বা তার মনোনীত আধিকারিক বা অন্য ব্যক্তিদের বাসগৃহে ঢুকতে নিষেধ করেছে।

[১][**৫৭। এই আইনে কাজ করার জন্য আধিকারিকের ক্ষমতা (Powers of officers dealing with proceedings under this Act)** ঃ এই আইনে এবং এই আইনের নিয়মাবলি সাপেক্ষে কোনও আধিকারিক কার্যাবলি করার জন্য ১৯০৮ সালের দেওয়ানি প্রক্রিয়া সংহিতার ক্ষমতা নিম্নলিখিতভাবে ব্যবহার করবেন—

(ক) ব্যক্তিকে ডাকা বা উপস্থিত হতে বাধ্য করা এবং শপথ গ্রহণ করিয়ে সাক্ষী হিসাবে জিজ্ঞাসাবাদ করা;

(খ) কোনও নিদর্শন, নথি প্রকাশ, পেশ করার আদেশ;

(গ) হলফনামার ভিত্তিতে সাক্ষ্য গ্রহণ;

(ঘ) কোনও আদালত বা সরকারি অফিস থেকে কোনও সরকারি নথি বা তার নকল আনার আদেশ দানের জন্য;

১ পশ্চিমবঙ্গ ভূমি সংস্কার (দ্বিতীয় সংশোধন), ১৯৭৮ (পশ্চিমবঙ্গ আইন ৩৭, ১৯৭৮)-এর ২ ধারার মাধ্যমে মূল ধারাটির স্থলে অনুকল্পিত হয়েছে।

(ঙ) সাক্ষী বা অন্য নথিপত্র প্রমাণের উদ্দেশ্যে কমিশন গঠনের জন্য;

(চ) দখল ফিরিয়ে দেওয়ার জন্য কোনও আদেশ কার্যকর করা বা পালনে বাধ্য করার ক্ষেত্রে যেন ওই আদেশ কোনও দেওয়ানি আদালতের জারি করা;

(ছ) যাঁর আদেশের বিরুদ্ধে আপিল তার কাছে কোনও মামলা বা কার্যাবলি আবার বিচারের জন্য ফেরৎ পাঠানো এবং ওই আধিকারিক কোনও সাক্ষ্য, প্রমাণ নিলে তার সারাংশ নথিভুক্ত করবেন।]

[1][57. Powers of officers dealing with proceedings under this Act. **Subject to the provisions of this Act and any rules made thereunder, any officer in dealing with proceedings under this Act shall exercise the powers of a Civil Court under the Code of Civil Procedure, 1908 (Act 5 of 1908), for the purpose of—**

(*a*) summoning and enforcing the attendance of any person and examining him on oath as a witness,

(*b*) requiring the discovery and production of any document or record,

(*c*) receiving evidence on affidavits,

(*d*) requisitioning any public record or copy thereof from any Court or office,

(*e*) issuing commission for the examination of witnesses or documents,

(*f*) enforcing or executing orders including an order for restoration of possession as if such orders were decrees of a Civil Court, and

1 Section 57 *substituted* by the West Bengal Land Reforms (Second Amendment) Act, 1978 (West Ben. Act XXXVII of 1978), which was earlier as under:

"**57. Power to compel production of records and documents and to enforce attendance of witness.** Subject to the provisions of this Act and any rules made under this Act, any officer in dealing with proceedings under this Act, shall exercise the powers of a Civil Court under the Code of Civil Procedure, 1908, for the purposes of enforcing the attendance of witnesses and the production of records of documents or in enforcing or executing orders including an order for restoration of possession as if such orders were decrees of Civil Court and such officer shall record the substance of the evidence, if any, taken by him."

(*g*) remanding any case or proceedings to the officer from whose decree the appeal is preferred,

and such officer shall record the substance of the evidence, if any, taken by him.

আলোচনার সূচী

১। সূচনা [Commencement]. মূল ৫৭ ধারাটির কিছু পরিবর্তন করা হয়েছে ১৯৭৮ সালের পশ্চিমবঙ্গ ভূমি সংস্কার (সংশোধনী) আইন দ্বারা। কলিকাতা গেজেটে প্রকাশিত হয়েছিল ২৭.১১.১৯৭৮ তারিখে।

মূল ধারাটি ১.৯.১৯৫৭ তারিখ থেকে সারা পশ্চিমবঙ্গে বলবৎ হয়েছে শুধুমাত্র বিহার থেকে পশ্চিমবঙ্গে যে অঞ্চলগুলি যুক্ত হয়েছে সেইগুলি বাদে। এছাড়া বিহার থেকে যে অঞ্চলগুলি যুক্ত হয়েছে সেই অঞ্চলগুলিতে বলবৎ হয়েছে ১.৭.১৯৬৭ থেকে।

২। নতুন ধারায় ক্ষমতা [Power under new section]. পশ্চিমবঙ্গ ভূমি সংস্কার আইনের বিভিন্ন রকম কাজ করার জন্য রাজস্ব আধিকারিককে ১৯০৮ সালের দেওয়ানি প্রক্রিয়া সংহিতার (CPC) কিছু কিছু ক্ষমতা দেওয়া হয়েছে। ৫৭ ধারায় এই ক্ষমতাগুলির বর্ণনা আছে। পরবর্তী ক্ষেত্রে ১৯৭৮ সালে পঃ বঃ ভূমি সংস্কার আইন সংশোধন করে এই ধারার পরিবর্তন করা হয়েছে এবং

দেওয়ানি প্রক্রিয়া সংহিতার ক্ষমতা বাড়ানো হয়েছে। একটা কথা মনে রাখা দরকার, এই ক্ষমতাগুলি দেওয়া হয়েছে পঃ বঃ ভূমি সংস্কার আইন কার্যকর করার উদ্দেশ্যে মাত্র। রাজস্ব আধিকারিক আদালত (court) হিসাবে কিন্তু গণ্য নন। নতুন সংশোধিত ক্ষমতাগুলি হল—

(১) কোনও ব্যক্তিকে ডাকা বা উপস্থিত হতে বাধ্য করা এবং শপথ গ্রহণ করিয়ে সাক্ষী হিসাবে জিজ্ঞাসাবাদ করা,

(২) কোনও নিদর্শন, নথি, তথ্য প্রকাশ করা বা উপস্থিত করার আদেশ দান,

(৩) হলফনামার (affidavit) ভিত্তিতে সাক্ষ্য গ্রহণ করা,

(৪) কোনও আদালত বা সরকারি কার্যালয় থেকে কোনও নথি বা তার নকল আনার আদেশ দান,

(৫) সাক্ষী বা অন্য নথিপত্র প্রমাণ করার উদ্দেশ্যে কমিশন গঠন,

(৬) দখল ফিরিয়ে দেওয়ার জন্য কোনও আদেশ কার্যকর করা বা ওই আদেশ পালনে বাধ্য করানো, যেন ওই আদেশ কোনও দেওয়ানি আদালতের জারি করা,

(৭) যাঁর আদেশের বিরুদ্ধে কোনও আপিল করা হয়েছে, তার কাছেই আবার বিচারের জন্য ফেরৎ (remand) পাঠানো।

এছাড়া ১৯৫৬ সালের পশ্চিমবঙ্গ ভূমি সংস্কার (বর্গাদার) নিয়মের ৬(৪) নং বিধির পরিবর্তন করে প্রয়োজনে রাজস্ব আধিকারিককে কোনও জমি, সম্পত্তি সরেজমিনে তদন্ত বা পরিদর্শনের ক্ষমতা দেওয়া হয়েছে।

আপিল কর্তৃপক্ষ হিসাবে ভূমি সংস্কার আইনের কার্যক্রম করার জন্য আপিল কর্তৃপক্ষকেও দেওয়ানি প্রক্রিয়া সংহিতার কিছু কিছু ক্ষমতা দেওয়া হয়েছে।

৩। রাজস্ব আধিকারিক কোনও আদালত নয় তার স্থগিতাদেশ দানের ক্ষমতা নেই [Revenue Officer is not a court and has no power to issue injunction]. আইনে যদি দেওয়ানি আদালতের কোনও ক্ষমতা বিচারকল্প ন্যায়পীঠকে দেওয়া না থাকে, তবে বিচারকল্প ন্যায়পীঠ দেওয়ানি আদালতের ক্ষমতা দাবি বা প্রয়োগ করতে পারে না। এই ধরনের বিচারকল্প ন্যায়পীঠ

দেওয়ানি আদালত হিসাবে গ্রাহ্য হতে পারে না যদি না মূল আইনে কোনও ক্ষমতা দেয়। আইনগতভাবে যদি দেওয়ানি আদালতের ক্ষমতা বিচারকল্প ন্যায়পীঠকে দেয় তবেই একমাত্র তার প্রয়োগ করার অধিকার জন্মায়।[১]

যেহেতু রাজস্ব আধিকারিক বিচারকল্প ন্যায়পীঠ হিসাবে তাঁর দায়িত্ব পালন করেন সুতরাং স্থগিতাদেশ (injunction) দান করার কোনও ক্ষমতা রাজস্ব আধিকারিকের নেই। দেওয়ানি প্রক্রিয়া সংহিতার ১৫১, ৩৯ বা অন্য কোনও ধারায় তিনি কোনও স্থগিতাদেশ দান করতে পারেন না। দেওয়ানি আদালতের কোনও স্বাভাবিক ক্ষমতা রাজস্ব আধিকারিকের নেই (R.O. has no inherent power of a Civil Court)।[২]

৪। রাজস্ব আধিকারিক ও দেওয়ানি প্রক্রিয়া সংহিতা [Revenue Officer and CPC]. পশ্চিমবঙ্গ ভূমি সংস্কার আইনের বিভিন্ন ধারার কার্যক্রম (proceedings) করতে গিয়ে রাজস্ব আধিকারিক দেওয়ানি প্রক্রিয়া সংহিতার (Civil Procedure Code) কিছু কিছু ক্ষমতা ভোগ করেন। অন্যভাবে বলতে গেলে পঃ বঃ ভূমি সংস্কার আইনের বিভিন্ন ধারার কার্যক্রম করার জন্য রাজস্ব আধিকারিককে দেওয়ানি প্রক্রিয়া সংহিতার কিছু কিছু ক্ষমতা দেওয়া হয়েছে। দেওয়ানি আদালতের যে যে ক্ষমতা আছে রাজস্ব আধিকারিককে সেই সব ক্ষমতা দেওয়া হয়নি। অর্থাৎ রাজস্ব আধিকারিক কোনও আদালত (court) নয়, তাছাড়া আদালতের সমস্ত ক্ষমতাও সে প্রয়োগ করতে পারে না। তার সে অধিকারও নেই। স্থগিতাদেশ (injunction), অন্তর্বর্তীকালীন আদেশ (interim order) দেওয়ানি প্রক্রিয়া সংহিতার তামাদি আইনের ৫ নং ধারার প্রয়োগ এছাড়া অন্যান্য ক্ষমতা যা দেওয়ানি আদালত ভোগ করেন, রাজস্ব আধিকারিক তা ভোগ করেন না, প্রয়োগ করতেও পারেন না। পঃ বঃ ভূমি সংস্কার আইনেই কিছু কিছু ক্ষমতা দেওয়া হয়েছে ওই আইন কার্যকর করতে গিয়ে যেটুকু প্রয়োজন হয়। কিন্তু তার অর্থ এই নয় দেওয়ানি প্রক্রিয়া সংহিতার সমস্ত ক্ষমতা রাজস্ব আধিকারিক ভোগ করবেন।

১ *ইন্দিরা দেবী* বনাম *পঃ বঃ সরকার* AIR 1967 Cal 469; *এস. ব্যানার্জী* বনাম *চার্জ অফিসার* AIR 1975 Cal 43; *ছুনিভাই* বনাম *নারায়ণ রাও* AIR 1965 SC 1457; *হরভজন সিং* বনাম *কর্ম সিং* AIR 1966 SC 641; *সুচাঁদ চৌধুরী* বনাম *পঃ বঃ সরকার* 2000(1) CHN 909; 2000(1) Cal LJ 628; 2000 WBLR 373 (Cal).

২ *হাজী মহঃ হোসেন* বনাম *বিশ্বনাথ নন্দী* 1975 CWN 597; AIR 1971 Cal 381.

৫। ফেরৎ পাঠানোর ক্ষমতা [Power to remand]. ৫৭(ছ) ধারার ক্ষমতা অনুযায়ী আপিল কর্তৃপক্ষ কোনও আপিল মামলা (suit) বা কার্যক্রম (proceedings) ফেরৎ পাঠাতে পারেন সেই রাজস্ব আধিকারিকের কাছে, যার আদেশের বিরুদ্ধে আপিল করা হয়েছে। আপিল কর্তৃপক্ষ অবশ্যই প্রথমে ওই মামলার নিষ্পত্তি (dispose) করবেন তারপর ওই মামলা বা কার্যক্রম ফেরৎ পাঠাবেন। ভূমি সংস্কার আইনে ৫৭(ছ) ধারা সংযুক্ত হওয়ার আগে কোনও মামলা বা কার্যক্রম ফেরৎ পাঠানোর কোনও ক্ষমতা আপিল কতৃপক্ষের ছিল না। ১৯৭৮ সালে পঃ বঃ ভূমি সংস্কার (সংশোধনী) আইনে এই ক্ষমতা দেওয়া হয়েছে।[৩]

৬। পুনর্বিচারের ক্ষমতা [Power to review]. দেওয়ানি প্রক্রিয়া সংহিতার ৪৭ নং আদেশের ১ নং নিয়ম অনুযায়ী কোনও দেওয়ানি আদালত কোনও আদেশ নিজেই পুনর্বিচার করতে পারে। কিন্তু পঃ বঃ ভূমি সংস্কার আইনের ৫৭ ধারা এ ধরনের কোনও পুনর্বিচারের ক্ষমতা কোনও রাজস্ব আধিকারিককে দেয় না। পুনর্বিচারের অধিকার যদি মূল আইনে (statute) থাকে তবেই এই ক্ষমতা প্রয়োগ করা যায়।[৪]

৭। সরেজমিনে তদন্তের অধিকার রাজস্ব আধিকারিকের আছে কিনা [Whether Revenue Officer has the power of spot inquiry]. আদালত (court) মনে করলে দেওয়ানি প্রক্রিয়া সংহিতার ১৮ নং আদেশের ১৮ নং নিয়ম অনুযায়ী কোনও সম্পত্তি বা জমির সরেজমিনে তদন্ত করতে পারেন। কিন্তু পঃ বঃ ভূমি সংস্কার আইনের ৫৭ ধারায় রাজস্ব আধিকারিককে দেওয়ানি প্রক্রিয়া সংহিতার কিছু ক্ষমতা দিলেও সরেজমিনে তদন্তের কোনও ক্ষমতা দেয় নি। সুতরাং রাজস্ব আধিকারিক সরেজমিনে তদন্ত করতে পারেন না। বিচারক নিজে সাক্ষী হতে পারেন না।[৫] এই আদেশ মহামান্য আদালত ১৫.৭.১৯৮০-তে দান করেন। পরবর্তী ক্ষেত্রে বিজ্ঞপ্তি নং ৩১৯১-এল. রেফ্. ১৯৮১ দ্বারা পঃ বঃ ভূমি সংস্কার [বর্গাদার] নিয়ম, ১৯৫৬-এর ৬(৪) নং বিধির পরিবর্তন করা হয়েছে। এই সংশোধিত নিয়ম অনুযায়ী কোনও আধিকারিক বা কর্তৃপক্ষকে সরেজমিনে তদন্ত এবং পরিদর্শনের ক্ষমতা দেওয়া হয়েছে।

৩ *কানাইলাল চট্টোপাধ্যায়* বনাম *সত্যেন্দ্রনাথ মজুমদার* 1977(1) Cal LJ 23.

৪ *আব্দুল রাজ্জাক* বনাম *পশ্চিমবঙ্গ সরকার* 1981(2) Cal LJ 81.

৫ *মহঃ শাহ আলম ফকীর* বনাম *পশ্চিমবঙ্গ সরকার* 1981(1) CHN 212.

৮। ১৯৫৬ সালের পঃ বঃ ভূমি সংস্কার (বর্গাদার) নিয়মের ৬(৪) নং বিধি [Rule 6(4) of the W.B. Land Reforms (Bargadar) Rules 1956]. কোনও আধিকারিক বা কর্তৃপক্ষ কোনও আবেদনপত্র (application) নিষ্পত্তির প্রয়োজনে মনে করলে সরেজমিনে তদন্ত বা পরিদর্শন করবেন। তবে সরেজমিনে তদন্ত বা পরিদর্শনের আগে স্বার্থজড়িত সমস্ত পক্ষকে যথোপযুক্ত নোটিশ দিয়ে শুনানির সুযোগ দেবেন। ওই নোটিশে নির্ধারিত তারিখ এবং সময় উল্লেখ থাকবে।

বিজ্ঞপ্তি নং ৩১৯১ এল. রেফ্. ২০ আর.-১২/৮১, তারিখ ৩১.১১.১৯৮১-তে এই সংশোধিত নিয়ম প্রকাশিত হয়েছিল।

৯। ৫৭(ক) ধারায় বিজ্ঞপ্তি জারি করবার ক্ষমতা রাজস্ব আধিকারিকের আছে কিনা [Whether Revenue Officer has power to issue notice under s. 57(*a*) of WBLR Act 1955]. রাজস্ব আধিকারিকের সামনে শুনানিতে হাজিরা দিতে বাধ্য করবার জন্য পঃ বঃ ভূমি সংস্কার আইনের ৫৭(ক) ধারায় রাজস্ব আধিকারিক বিজ্ঞপ্তি জারি করেন এবং এই বিজ্ঞপ্তি জারির অর্থ এই নয় যে রাজস্ব আধিকারিক চূড়ান্ত সিদ্ধান্ত নিচ্ছেন। বর্তমান মামলায় সমার্হতার খতিয়ান সংশোধনের জন্য একটি বিজ্ঞপ্তি (notice) জারি করা হয়েছিল, বিবাদীয় জমি সরকারের অনুকূলে ভেস্ট হওয়ায় খতিয়ান সংশোধনের প্রয়োজন হয় এবং যার নামে এই বিজ্ঞপ্তি জারি করা হয়েছিল পশ্চিমবঙ্গ ভূমি ন্যায়পীঠে (WBLRTT) তিনি ওই বিজ্ঞপ্তিকে চ্যালেঞ্জ করে মামলা করতে পারেন না। যদিও রিট আবেদনকারী ওই বিজ্ঞপ্তিকে চ্যালেঞ্জ করে ভূমি ন্যায়পীঠে একটি আবেদন দাখিল করেছিলেন। ন্যায়পীঠ আবেদনকারীকে সংশ্লিষ্ট রাজস্ব আধিকারিকের কাছে তাঁর সমস্ত সমস্যা জানানোর অধিকার দেয়। ন্যায়পীঠের ওই রায়ে অসন্তুষ্ট হয়ে বর্তমান রিট আবেদনকারী উচ্চ ন্যায়ালয়ের ডিভিশন বেঞ্চে মামলা করেছেন। রাজস্ব আধিকারিক ৫৭(ক) ধারায় যে বিজ্ঞপ্তি জারি করেছিলেন তার মধ্যে ডিভিশন বেঞ্চ কোনও আইন-বিরুদ্ধ কিছু লক্ষ্য করছে না। ৫৭(ক) ধারায় বিজ্ঞপ্তি জমি ভেস্ট করবার উদ্দেশ্যে জারি করা হয়নি, পঃ বঃ ভূমি সংস্কার আইনের ৫১ক(১) ধারায় স্বত্বলিপি সংশোধন অথবা সংশ্লিষ্ট খতিয়ান থেকে কোনও তথ্য বাদ দেওয়ার জন্য করা হয়েছিল। ডিভিশন বেঞ্চ আরও লক্ষ্য করছে যে যদি কোনও আপত্তি দাখিল হয় ওই ধারানুযায়ী রাজস্ব আধিকারিক তা বিবেচনা (consider) করতে পারেন এবং দেওয়ানি আদালতের কয়েকটি ক্ষমতা তাঁকে পূর্ণমাত্রায় দেওয়া হয়েছে এবং

সেই ক্ষমতা প্রয়োগ করবার স্বাধীনতা তাঁর আছে। সুতরাং, সমাহর্তার খতিয়ান সংশোধনের উদ্দেশ্যে রাজস্ব আধিকারিকের ৫৭(ক) ধারায় বিজ্ঞপ্তি জারির মধ্যে উচ্চ ন্যায়ালয় আইন-বিরুদ্ধ কিছু দেখছে না। এ ছাড়া বিবাদীয় জমি ইতিমধ্যে ভেস্ট হিসাবে ঘোষণা করা হয়েছে এবং সমাহর্তার খতিয়ান সংশোধন করা এক্ষেত্রে অবশ্যই জরুরি, ওই বিজ্ঞপ্তি জারির মধ্যে দিয়ে রাজস্ব আধিকারিক পরবর্তী পর্যায়ের কাজ করবেন এবং রাজস্ব আধিকারিক তাঁর ক্ষেত্রাধিকারের সীমা ছাড়িয়ে কাজ করেছেন এবং ওই বিজ্ঞপ্তি জারির এক্তিয়ার তাঁর নেই এ কথা বলা যায় না।[৬]

[১][**৫৭ক। ১৯০৮ সালের দেওয়ানি প্রক্রিয়া সংহিতার অধীনে দেওয়ানি আদালতের উপর ক্ষমতা দান (Vesting of powers of Civil Court under the Code of Civil Procedure, 1908) ঃ** রাজ্য সরকার সরকারি গেজেটে বিজ্ঞপ্তি প্রকাশ করে ১৯০৮ সালের দেওয়ানি প্রক্রিয়া সংহিতার [১৯০৮ সালের ৫ নং আইন] সমস্ত ক্ষমতা বা কোনও একটি ক্ষমতা কোনও আধিকারিক বা কোনও কর্তৃপক্ষকে দিতে পারেন।]

[1][57A. Vesting of powers of Civil Court under the Code of Civil Procedure, 1908. The State Government may, by order published in the *Official Gazette*, vest any officer or authority with all or any of the powers of a Civil Court under the Code of Civil Procedure, 1908 (5 of 1908).]

আলোচনা

২০০০ সালের পঃ বঃ ভূমি সংস্কার আইনের সংশোধনী দ্বারা ৫৭ক ধারা যুক্ত করা হয়েছে যা ৭.৮.১৯৬৯ থেকে বলবৎ হয়েছে। পঃ বঃ ভূমি সংস্কার আইন কার্যকর করার জন্য দেওয়ানি প্রক্রিয়া সংহিতার কিছু কিছু ক্ষমতা ৫৭ ধারার মাধ্যমে রাজস্ব আধিকারিককে অর্পণ করা হয়েছে। পরবর্তী ক্ষেত্রে ৫৭ ধারার ক্ষমতা বাড়ানো

৬ *দিলীপ কুমার রায়* বনাম *পঃ বঃ রাজ্য সরকার* 2009(2) Cal LJ 266 (Cal).

১ পশ্চিমবঙ্গ ভূমি সংস্কার (সংশোধন) আইন, ২০০০ (পশ্চিমবঙ্গ আইন ৩১, ২০০০)-এর মাধ্যমে '৫৭ক' ধারা সন্নিবেশিত এবং যাহা ৭.৮.১৯৬৯ হতে বলবৎ হয়েছে।

1 Section 57A *inserted* by the West Bengal Land Reforms (Amendment) Act, 2000 (West Ben. Act XXXI of 2000) (w.r.e.f. 7.8.1969).

হয়েছে। ১৭ নং, ১৮ নং ধারার বিরুদ্ধে ১৯ নং ধারায় আপিল করতে পারেন কোনও ব্যক্তি। এক্ষেত্রে ১৯ নং ধারায় আপিল কর্তৃপক্ষকে ১৯৬৭ সালের তামাদি আইনের ৫ নং ধারা প্রয়োগের সুযোগ দেওয়া হয়েছে। তাছাড়া অন্য কয়েকটি ক্ষেত্রে কোনও মামলা বা কার্যক্রম (proceedings) ফেরৎ পাঠানো (remand), পুনর্বিচার (review), হস্তান্তর (transfer) ইত্যাদি ক্ষমতা যা ১৯০৮ সালের CPC অনুযায়ী দেওয়ানি আদালতের ক্ষমতা, তা রাজস্ব আধিকারিক বা আপিল কর্তৃপক্ষকে অর্পণ করা হয়েছে পঃ বঃ ভূমি সংস্কার আইনের কাজ করার জন্য।

৫৭ক ধারায় রাজ্য সরকার কোনও সরকারি গেজেটে বিজ্ঞপ্তি প্রকাশের মাধ্যমে ১৯০৮ সালের দেওয়ানি প্রক্রিয়া সংহিতার সমস্ত ক্ষমতা বা কোনও একটি ক্ষমতা রাজস্ব আধিকারিক বা কর্তৃপক্ষকে অর্পণ করতে পারেন। ৫৭ ধারার মাধ্যমে কিছু কিছু ক্ষমতা রাজস্ব আধিকারিক বা আপিল কর্তৃপক্ষকে দেওয়া হয়েছে পঃ বঃ ভূমি সংস্কার আইন কার্যকর করার জন্য, কিন্তু ৫৭ক ধারায় যে কোনও একটি ক্ষমতা বা সমস্ত ক্ষমতা রাজ্য সরকার গেজেটে বিজ্ঞপ্তি প্রকাশের মাধ্যমে কোনও আধিকারিক বা কর্তৃপক্ষকে দিতে পারেন। ইতিমধ্যেই একটি বিজ্ঞপ্তি প্রকাশিত হয়েছে, Notification No. 4402-LR/lA-2/01 GE (M), dated 19.11.2001। এখানে পঃ বঃ ভূমি সংস্কার আইন কার্যকর করার জন্য ৫৭ ধারায় CPC-এর কিছু ক্ষমতা অর্পণ করা হয়েছে যাঁদের উপর তাঁরা হলেন—

(১) জেলা ভূমি ও ভূমি সংস্কার আধিকারিক,

(২) সহকারী জেলা ভূমি ও ভূমি সংস্কার আধিকারিক,

(৩) মহকুমা ভূমি ও ভূমি সংস্কার আধিকারিক,

(৪) ব্লক ভূমি ও ভূমি সংস্কার আধিকারিক,

(৫) বিশেষ রাজস্ব আধিকারিক—২,

(৬) রাজস্ব আধিকারিক।

৫৮। এই আইনে গৃহীত কাজের সংরক্ষণ (Protection of action taken under this Act) ঃ (১) এই আইন বা এই আইনের অধীন বিভিন্ন নিয়ম বা বিধি অনুসারে সরল বিশ্বাসে কেউ কোনও কাজ করলে বা কাজ করার ইচ্ছা করলে সেই জন্য কোনও মামলা, অভিযোগ বা অন্য কোনও আইনসম্মত কাজ চলবে না।

(২) এই আইন বা এই আইনের অধীন বিভিন্ন নিয়ম অনুযায়ী সরল বিশ্বাসে কেউ কোনও কাজ করলে বা করার ইচ্ছা থাকলে, ওই কাজের জন্য কোনও ক্ষতি হওয়া বা হওয়ার সম্ভাবনার জন্য বা অন্য কোনও ক্ষতি হলে বা হওয়ার সম্ভাবনা থাকলে কোনও মামলা বা অন্য কোনও আইনসম্মত কাজ রাজ্য সরকারের বিরুদ্ধে চলবে না।

58. Protection of action taken under this Act. (1) No suit, prosecution or other legal proceedings shall lie against any person for anything which is in good faith done or intended to be done in pursuance of this Act or any rules made thereunder.

(2) No suit or other legal proceedings shall lie against the State Government for any damage caused or likely to be caused or for any injury suffered or likely to be suffered by virtue of any provisions of this Act or by anything in good faith done or intended to be done in pursuance of this Act or any rules made thereunder.

আলোচনার সূচী

১ সূচনা [Commencement]
২ এই আইনে করা কাজের সংরক্ষণ [Protection of action under this Act]
৩ "সরল বিশ্বাস" কথার অর্থ [Meaning of "good faith"]

১। সূচনা [Commencement]. যে অংশগুলি বিহার থেকে পশ্চিমবঙ্গে যুক্ত হয়েছে সেগুলি বাদে পশ্চিমবঙ্গের অন্য জেলায় পশ্চিমবঙ্গ ভূমি সংস্কার আইনের ৫৮ ধারা বলবৎ হয়েছে ৭.৬.১৯৬৫ থেকে। যে অংশগুলি বিহার থেকে পশ্চিমবঙ্গে যুক্ত হয়েছে সেই সমস্ত এলাকায় এই ধারা বলবৎ হয়েছে ১.৭.১৯৬৭ থেকে। পশ্চিমবঙ্গ ভূমি সংস্কার আইন, পঃ বঃ ভূমি সংস্কার নিয়ম বা বিধি, নির্দেশিকা ইত্যাদি অনুযায়ী সরল বিশ্বাসে কোনও কাজ করলে রাজ্য সরকার বা কোনও আধিকারিকের বিরুদ্ধে কোনও মামলা করা যায় না। সুতরাং ৫৮ ধারাকে রক্ষাকবচ বলা যায়।

২। এই আইনে করা কাজের সংরক্ষণ [Protection of action under this Act]. সরল বিশ্বাসে যদি কোনও আধিকারিক পঃ বঃ ভূমি সংস্কার আইনের বিভিন্ন ধারা, নিয়ম বা নির্দেশিকা অনুযায়ী কোনও কাজ করেন বা তা করার ইচ্ছা প্রকাশ করেন, তার জন্য ৫৮(১) ধারা অনুযায়ী তাঁর বিরুদ্ধে কোনও মামলা

(suit), অভিযোগ (prosecution) বা অন্য কোনও আইনগত ব্যবস্থা নেওয়া যায় না।

৫৮(২) ধারায় বলা আছে পঃ বঃ ভূমি সংস্কার আইন, পঃ বঃ ভূমি সংস্কার নিয়ম বা অন্যান্য বিধি অনুযায়ী সরল বিশ্বাসে করা কোনও কাজের জন্য যদি কেউ ক্ষতিগ্রস্থ হন বা হওয়ার সম্ভাবনা থাকেন তবে তার বিরুদ্ধে বা রাজ্য সরকারের বিরুদ্ধে কোনও মামলা, অভিযোগ বা অন্য কোনও আইনগত ব্যবস্থা নেওয়া যায় না।

৫৮ ধারা দুটো ক্ষেত্রের জন্য রক্ষা কবচ হিসাবে ব্যবহৃত হয়—

প্রথমত সরল বিশ্বাসে (good faith) কোনও কাজ করলে,

দ্বিতীয়ত পশ্চিমবঙ্গ ভূমি সংস্কার আইন, ওই আইনের অন্য নিয়ম, বিধি বা ম্যানুয়াল অনুযায়ী কোনও কাজ করলে বা করার ইচ্ছা করলে,

সত্যিকারের অনিচ্ছাকৃত কোনও ভুলের জন্য (*bona fide* mistake) কোনও মামলা বা অভিযোগ রাজ্য সরকার বা কোনও আধিকারিকের বিরুদ্ধে করা যায় না।

৩। "সরল বিশ্বাস" কথার অর্থ [Meaning of "good faith"]. বেঙ্গল জেনারেল ক্লজ আইনের (Bengal General Clauses Act)-এর ৩(১৭) নং ধারায় সরল বিশ্বাস (good faith) কথা প্রসঙ্গে বলা আছে—সরল বিশ্বাস একটা জিনিস যা ধরে নেওয়া হবে "সরল বিশ্বাসে" করা হয়েছে যেখানে সততার সাথে করা হয়েছে এবং দেখা হবে অমনোযোগের সাথে করা হয়েছে কিনা ["Good faith" a thing shall be deemed to be done in "Good faith" where it is in fact done honestly, whether it is done negligently or not.]।

যদি দেখা যায় কোনও আধিকারিক সততার সাথে কোনও কাজ করেছেন তবে তার বিরুদ্ধে কোনও মামলা করা যায় না, অভিযোগ দায়ের করা যায় না বা আইনগত অন্য কোনও ব্যবস্থা নেওয়া যায় না।

এ প্রসঙ্গে *জলন্ধর ক্যান্টনমেন্ট বোর্ড* বনাম *ফার্ম হিন্দু খান্দান*,[১] মামলায় দেখা যায় যে, যদি আইনে ওই ধরনের কোনও রক্ষাকারী ধারা (immunity clause) থাকেও তা হলেও সরকার বা তার আধিকারিকদের দ্বারা করা কোনও কাজের বৈধতা চ্যালেঞ্জ করে মামলা করা বিষয়ে বাধা হয় না।

১ AIR 1976 P&H 265 (HC).

৫৯। প্রত্যাহার (Repeal) ঃ [১]১৯৫৩ সালের পশ্চিমবঙ্গ জমিদারি অধিগ্রহণ আইনের ২ নং ধারা [খ] অনুচ্ছেদে বর্ণিত নিয়মাবলির ক্ষতি না করে নিম্নলিখিত আইনগুলি এবং ওই আইনের বিধানগুলি প্রত্যাহার করা হল; যেমন—

(১) বঙ্গীয় পয়োস্তি ও শিকস্তি প্রবিধান, ১৮২৫ (১৮২৫ সালের ১১ নং বঙ্গীয় প্রবিধান)।

(২) ১৮৪৭ সালের বঙ্গীয় পয়োস্তি ও শিকস্তি আইন (১৯৪৮ সালের ৯ নং আইন)।

(৩) ১৮৫৮ সালের পয়োস্তি জমি বন্দোবস্ত আইন (১৮৫৮ সালের ৩১ নং বঙ্গীয় আইন)।

(৪) ১৮৫৯ সালের বঙ্গীয় খাজনা আইন (১৮৫৯ সালের ১০ নং আইন)।

(৫) ১৮৮৫ সালের বঙ্গীয় প্রজাস্বত্ব আইন (১৮৮৫ সালের ৮ নং আইন)।

(৬) ১৯১০ সালের কোচবিহার প্রজাস্বত্ব আইন (১৯১০ সালের কোচবিহারের ৫ নং আইন) এবং

(৭) ১৯৫০ সালের পশ্চিমবঙ্গ বর্গাদার আইন (১৯৫০ সালের পশ্চিমবঙ্গের ২ নং আইন)।

[অনুবিধি—বাতিল।]

59. Repeal. [1][Without prejudice to the provisions of clause (*p*) of section 2 of the West Bengal Estates Acquisition Act, 1953 (West Ben. Act 1 of 1954), the following] Regulation and Acts are hereby repealed, namely—

(1) The Bengal Alluvion and Diluvion Regulation 1825 (Ben. Regn. XI of 1825).

(2) The Bengal Alluvion and Diluvion Act, 1847 (Ben. Act IX of 1847).

(3) The Bengal Alluvion Land Settlement Act, 1858 (Ben. Act XXXI of 1858).

১ পশ্চিমবঙ্গ ভূমি সংস্কার (সংশোধন) আইন, ১৯৬৫ (পশ্চিমবঙ্গ আইন ১৮, ১৯৬৫)-এর ২০(১) ধারার মাধ্যমে পূর্বের "পশ্চাদুল্লিখিত" শব্দটির স্থলে অনুকল্পিত এবং ২০(২) ধারার মাধ্যমে অনুবিধিটি বাতিল হয়েছে।

1 *Substituted* by the West Bengal Land Reforms (Amendment) Act, 1965 (West Ben. Act XVIII of 1965) for "The following".

(4) The Bengal Rent Act, 1859 (Ben. Act X of 1859).

(5) The Bengal Tenancy Act, 1885 (Ben. Act VIII of 1885).

(6) The Cooch Bihar Tenancy Act, 1910 (Cooch Bihar Act V of 1910).

(7) The West Bengal *Bargadars* Act, 1950 (West Ben. Act III of 1950).

[2][....................]

আলোচনার সূচী

১। সূচনা [Commencement]. পশ্চিমবঙ্গ ভূমি সংস্কার আইনের ৫৯ নং ধারায় একটি প্রবিধান (regulation) এবং ছটি আইন প্রত্যাহারের কথা বলা আছে। ১৯৬৫ সালের ১লা নভেম্বর থেকে (১) নং থেকে (৬) নং দফায় বর্ণিত প্রবিধান ও আইন প্রত্যাহৃত হয়েছে সমস্ত পশ্চিমবঙ্গে [বিহার থেকে আসা এলাকাগুলি বাদে]। এই আদেশ কার্যকর হয়েছে বিজ্ঞপ্তি নং ১৪৮১০-এল. রেফ্., তাং ২৫.৯.১৯৬৫ দ্বারা। (১) থেকে (৬) দফায় বর্ণিত প্রবিধান ও আইন প্রত্যাহারের সিদ্ধান্ত কার্যকর হচ্ছে—বিহার থেকে আগত অংশগুলির ক্ষেত্রে ১.১০.১৯৬৯ থেকে। এই সিদ্ধান্ত কার্যকর হচ্ছে বিজ্ঞপ্তি নং ১৭৮৮৫-এল. রেফ্., তাং ২৫.৯.১৯৬৯ দ্বারা। পশ্চিমবঙ্গ বর্গাদার আইন ১৯৫০ প্রত্যাহৃত হয়েছে [৫৯(৭) দফা] বিহার থেকে আগত অংশগুলি বাদে ৩১.৩.১৯৫৬ থেকে [বিজ্ঞপ্তি নং ৬৩৪৬-এল. রেফ্., তাং ৩০.৩.১৯৫৬]। যে অংশগুলি বিহার থেকে পশ্চিমবঙ্গে যুক্ত হয়েছে, সেই এলাকাগুলিতে এটি কার্যকর হচ্ছে ১.৭.১৯৬৭ থেকে বিজ্ঞপ্তি নং ১০৭৩২-এল. রেফ্., তাং ২৪.৬.১৯৬৭ দ্বারা।

২। প্রত্যাহারের নিয়ম [Rule for repeal]. General Clauses Act-এর ৬ নং ধারায় বলা আছে কোনও আইন প্রত্যাহৃত হলে তার প্রভাব কী হতে পারে। General Clause Act (1897)-এর ৬ নং ধারা এবং Bengal General Clauses Act (1899)-এর ৮ নং ধারা মোটামুটি একইরকম। কোনও আইন প্রত্যাহার করার জন্য মূল যে নিয়মটি আনা হয় তা হল—“The repeal of a repealing Act does not review anything repealed thereby”. কিন্তু এই নিয়মটিই শেষ কথা নয়। এটা বিভিন্ন অবস্থার (different intention)

2 Proviso omitted by *ibid*.

উপরে নির্ভর করে। ওই অবস্থা (intention) দুই রকমই হতে পারে ব্যক্ত বা উহ্য (explicit or implicit)। এটা এখন সর্বজনগ্রাহ্য যে—প্রত্যাহার (repeal) বলতে বোঝায় কোনও আইনের রদ বা স্থগিতকরণ (abrogation) অথবা বিলোপ সাধন (obliteration) যা দিয়ে কোনও আইন অন্য আইনকে বিলোপ করে। মনে করা যে—"যেন ওইরকম কোনও আইন ছিলই না" (as if it had never existed)।[১]

১৮৯৯ সালের Bengal General Clauses Act-এর ৮ নং ধারা শুধুমাত্র স্থায়ী আইন প্রত্যাহারের বেলায় প্রযোজ্য হবে তা নয়, অস্থায়ী আইনের বিলোপ সাধনের জন্য ও প্রযোজ্য হতে পারে।[২]

৬০। নিয়মাবলি প্রস্তুতের ক্ষমতা (Power to make rules) ঃ (১) এই আইনের উদ্দেশ্যগুলি সম্পাদন করার জন্য রাজ্য সরকার পূর্ব প্রকাশনার পর, নিয়মাবলি প্রস্তুত করতে পারবেন।

(২) এমনভাবে এই তৈরি নিয়মাবলি কার্যকর হবে যেন সেগুলি আইনের মধ্যেই ছিল।

60. Power to make rules. (1) The State Government may, after previous publication, make rules for carrying out the purposes of this Act.

(2) The rules so made shall have effect as if they were incorporated in this Act.

আলোচনার সূচী

১ সূচনা [Commencement]
২ কর্মপরিধি [Scope]
৩ আইন অনুসারে তৈরি নিয়মাবলি [Rules framed under the Act]
৪ এক্তিয়ার বহির্ভূত নিয়মাবলি [The *ultra vires* rules]
৫ মূল আইন ও নিয়মাবলির মধ্যে বিরোধ [Conflict between Statutes and Rules]

১। সূচনা [Commencement]. যে এলাকাগুলি বিহার থেকে পশ্চিমবঙ্গে যুক্ত হয়েছে সেগুলি বাদে সমস্ত পশ্চিমবঙ্গে এই ধারাটি ৩১.৩.১৯৫৬ তারিখ থেকে বলবৎ হয়েছে। বিজ্ঞপ্তি নং ৬৩৪৬-এল. রেফ্., তাং ৩০.৩.১৯৫৬ দ্বারা

১ *ইন্ডিয়া ট্যোবাকো কোং* বনাম *কমার্শিয়াল ট্যাক্স অফিসার* AIR 1975 SC 155.
২ *তারক চন্দ্র ব্যানার্জী* বনাম *রতন ঘোষাল* 61 CWN 263.

উপরোক্ত সিদ্ধান্ত কার্যকর করা হয়। অন্যদিকে বিহার থেকে যে এলাকাগুলি যুক্ত হয়েছে সেখানে ১.৭.১৯৬৭ থেকে এই ধারা বলবৎ হয়েছে বিজ্ঞপ্তি নং ১০৭৩২-এল. রেফ্., তাং ২৪.৬.১৯৬৭ দ্বারা।

২। **কর্মপরিধি [Scope].** পশ্চিমবঙ্গ ভূমি সংস্কার আইনের যে উদ্দেশ্য, সেই উদ্দেশ্য সাধনের জন্য রাজ্য সরকার মনে করলে কোনও বিজ্ঞপ্তি প্রকাশের পরে কোনও নিয়ম বা বিধি তৈরি করতে পারেন। ৬০(২) ধারা অনুযায়ী যে নিয়মগুলি তৈরি করা হবে, ধরে নেওয়া হবে যেন ওই নিয়মগুলি ওই আইনেই ছিল। *ইম্পেরিয়াল বাকেট* বনাম *ভগবতী,*[১] মামলায় মহামান্য হাইকোর্ট জানান যে নিয়মগুলি রাজ্য সরকার তৈরি করবে সেইগুলি আইনেরই অংশ হবে (the rules made by the State Government shall form part of the Act)।

মহামান্য আদালত আরও নির্দেশ দান করেন যে—ওই নিয়মগুলির আইনগত ক্ষমতা আছে (statutory force)।

মূল আইনের বিধানগুলি কার্যকর করবার জন্য রাজ্য সরকার অবশ্যই প্রয়োজনীয় বিধি তৈরি করতে পারেন। আইনের বিধানগুলি কীভাবে কার্যকর করা হবে তা ওই বিধিতে বলা হবে।

কিন্তু রাজ্য সরকার দ্বারা প্রস্তুত নিয়মাবলি মূল আইনের নাগালের বাইরে (beyond) চলে যাবে না কখনও। যদি নিয়মাবলি এবং মূল আইনের ধারার মধ্যে কোনও দ্বন্দ্ব (conflict) দেখা যায় তবে এক্ষেত্রে মূল আইনের ধারাই বজায় থাকবে (provision of Act shall prevail)।[২]

এই প্রসঙ্গে *এক্সপ্রেস নিউজপেপার লিমিটেড* বনাম *স্টেট ইন্ডাস্ট্রিয়াল ট্রাইব্যুনাল,*[৩] মামলায় মহামান্য আদালত জানান—মূল আইনের উদ্দেশ্য সাধনের উদ্দেশ্যে তৈরি নিয়ম (Rule) যদি মূল আইনের নাগালের বাইরে (beyond) যায় তবে ওই নিয়ম এক্তিয়ার বহির্ভূত (*ultra vires*) হিসাবে গণ্য হবে। ওই নিয়ম অবশ্যই মূল আইনকে পথ ছেড়ে দেবে (it must yield to the statute)। রাজ্য সরকার দ্বারা প্রস্তুত কোনও নিয়ম যদি মূল আইনের

১ AIR 1954 Cal 520.

২ *প্রতাপ সিংহ* বনাম *শ্রীকৃষ্ণ গুপ্ত* AIR 1956 SC 140; *কমিশনার অব ইনকাম ট্যাক্স* বনাম *এস. চেনিয়াপ্পা মুডালিয়া* AIR 1969 SC 1068; *সেন্ট্রাল ব্যাংক অব ইন্ডিয়া* বনাম *কর্মচারীবৃন্দ* AIR 1960 SC 12; 1960 SCR 200.

৩ AIR 1957 SC 532.

বিরোধী (repugnant) বা বিপরীত (contrary) হয়ে যায় তবে ওই নিয়ম অবৈধ (illegal) এবং এক্তিয়ার বহির্ভূত (*ultra vires*) হবে।

নিয়ম (Rule) কখনও মূল আইনকে যুক্ত করবে না (Rule cannot supplement the section)। মূল আইনের উদ্দেশ্য ও নীতিকে নিয়ম কোনও অবস্থাতেই পরিবর্তন করবে না।[৪]

৩। আইন অনুসারে তৈরি নিয়মাবলি [Rules framed under the Act]. পশ্চিমবঙ্গ ভূমি সংস্কার আইনের ৬০(১) ধারা অনুসারে নিম্নলিখিত নিয়মগুলি রাজ্য সরকার প্রস্তুত করেছে—

(ক) পশ্চিমবঙ্গ ভূমি সংস্কার (বর্গাদার) নিয়মাবলি, ১৯৫৬।

(খ) পশ্চিমবঙ্গ ভূমি সংস্কার (নির্ধারিত কর্তৃপক্ষ) নিয়মাবলি, ১৯৬৪।

(গ) পশ্চিমবঙ্গ ভূমি সংস্কার (হোল্ডিং হস্তান্তর) নিয়মাবলি, ১৯৬৫।

(ঘ) পশ্চিমবঙ্গ ভূমি সংস্কার নিয়মাবলি, ১৯৬৫।

৪। এক্তিয়ার বহির্ভূত নিয়মাবলি [The ultra vires rules]. নিয়মাবলি প্রস্তুতকারক কর্তৃপক্ষ যখন নির্ধারিত ক্ষমতা অতিক্রম করে কোনও নিয়ম প্রস্তুত করেন তখন তা এক্তিয়ার বহির্ভূত (*ultra vires*) নিয়ম হিসাবে পরিগণিত হবে। উপবিধি (by-laws) গুলিকে নিম্নলিখিত পাঁচটি কারণে এক্তিয়ার বহির্ভূত (*ultra vires*) হিসাবে গণ্য করা যেতে পারে—

(১) যদি নির্দিষ্ট পদ্ধতি ও নিয়ম অনুযায়ী তৈরি ও প্রকাশিত না হয়,

(২) যদি ইংল্যান্ডের প্রচলিত আইনের বিরোধী হয়,

(৩) যদি নির্ধারিত আইনের বিরোধী হয়, যে আইনের জন্য ওই নিয়মাবলি প্রস্তুত করা হয়েছে,

(৪) যদি ওই নিয়মাবলি অনিশ্চিত (uncertain) হয়, এবং

(৫) যদি ওই নিয়মাবলি অযৌক্তিক (unreasonable) হয়।

সূত্র ঃ Craies on *Statute Law*, 7th Edition.

৪ *চন্দ্রকুমার* বনাম *জেলা বিচারক* AIR 1976 All 328.

৫। মূল আইন ও নিয়মাবলির মধ্যে বিরোধ [Conflict between Statutes and Rules]. যদি মূল আইন এবং নিয়মাবলির মধ্যে কোনও বিরোধ, দ্বন্দ্ব, মতানৈক্য, বিতর্ক দেখা দেয় তবে মূল আইন কার্যকর হবে। আইনের উদ্দেশ্য সাধনের জন্য তৈরি হয় "নিয়ম", কিন্তু নিয়ম যদি আইনের নাগালের বাইরে যেতে চায় তবে ওই নিয়মকে এক্তিয়ার বহির্ভূত হিসাবে ধরা হবে। যদি দেখা যায় মূল আইনের উদ্দেশ্য ও নীতিকেই "নিয়ম" পরিবর্তন করতে চাইছে তখন মূল আইন অপরিবর্তিত থাকবে। নিয়ম সরে গিয়ে মূল আইন বজায় রইবে। একটা জিনিস মনে রাখতে হবে—আইনের জন্য নিয়ম, নিয়মের জন্য আইন নয়।

প্রতাপ সিংহ বনাম *শ্রীকৃষ্ণ গুপ্ত,*[৫] *কমিশনার অব ইনকাম ট্যাক্স* বনাম *এস. চেনিয়াপ্পা মুতালিয়া,*[৬] এছাড়া মহামান্য সুপ্রিম কোর্ট *সেন্ট্রাল ব্যাঙ্ক অব ইন্ডিয়া* বনাম *সেখানকার কর্মচারী,*[৭] মামলায় পরিস্কার ঘোষণা করেছে যে আইন ও নিয়মের মধ্যে বিরোধ হলে 'আইন' বজায় থাকতে 'নিয়ম' বাতিল হবে। একই রকম মতামত দেখা যায় *এক্সপ্রেস নিউজপেপার লিমিটেড* বনাম *স্টেট ইন্ডাস্ট্রিয়াল ট্রাইবুনাল,*[৮] মামলায়।

[১][**৬১। আদালতের ক্ষেত্রাধিকারে বাধা (Bar to jurisdiction of Court) ঃ** (১) ১৯০৮ সালের দেওয়ানি প্রক্রিয়া সংহিতা অনুসারে বা বর্তমানে প্রচলিত কোনও অন্য আইন বা কোনও আদালত বা ট্রাইব্যুনালের অথবা কর্তৃপক্ষের কোনও ডিক্রি, রায়, সিদ্ধান্ত বা আদেশ যাই থাক না কেন, জমি জমা সংক্রান্ত কোনও প্রশ্নের বা ওই বিষয়ের কোনও কিছু বিষয়ে আদালতের বৈধ কর্তৃত্ব থাকবে না—যা এই আইন অনুসারে কোনও রাজস্ব আধিকারিক বা নির্ধারিত কর্তৃপক্ষ বা কোনও আধিকারিক বা কর্তৃপক্ষ তদন্ত ও সিদ্ধান্ত করেছেন।

(২) এই আইন অনুসারে ক্ষমতাপ্রাপ্ত কোনও রাজস্ব আধিকারিক বা কোনও নির্ধারিত কর্তৃপক্ষ বা অন্য কোনও আধিকারিক বা কর্তৃপক্ষের এই

৫ AIR 1956 SC 140.

৬ AIR 1969 SC 1068.

৭ AIR 1960 SC 12; 1960 SCR 200.

৮ AIR 1957 SC 532.

১ 'ধারা ৬১' পশ্চিমবঙ্গ ভূমি সংস্কার (সংশোধন) আইন, ১৯৮১ (পশ্চিমবঙ্গ আইন ৫০, ১৯৮১)-এর ৫৩ ধারার মাধ্যমে সন্নিবেশিত এবং এই আইনের ১(২) ধারার মাধ্যমে ৭.৮.১৯৬৯ তারিখ হতে বলবৎ হয়েছে।

আইনের বিধান অনুযায়ী কোনও জমির সম্পর্কে প্রশ্ন বা ওই বিষয় সম্পর্কিত কোনও ব্যাপারে যা কোনও রাজস্ব আধিকারিক বা নির্ধারিত কর্তৃপক্ষ বা কোনও আধিকারিক বা কর্তৃপক্ষ তদন্ত ও সিদ্ধান্ত করার প্রয়োজন মনে করেছেন—সেক্ষেত্রে তার তদন্ত ও সিদ্ধান্ত করার একমাত্র অধিকার থাকবে।

(৩) উপধারা (১) এবং (২) এর কোনও কিছুই বিবাদীয় পক্ষগণের কারও অধিকারের উপর প্রভাব ফেলবে না।]

[1][61. Bar to jurisdiction of court. (1) Notwithstanding anything contained in the Code of Civil Procedure, 1908 (5 of 1908) or any other law for the time being in force or in any decree, judgment, decision or award of any court, tribunal or authority, no court shall have jurisdiction to determine any question relating to any land or connected with any matter which is required to be or which has been enquired into or decided by any Revenue Officer or prescribed authority or any officer or authority under the provisions of this Act.

(2) Any Revenue Officer or prescribed authority or other officer or authority empowered under the provisions of this Act shall have exclusive jurisdiction to enquire into and decide any question relating to any land in connection with any matter which is required to be enquired into or decided by any prescribed authority or other officer or authority under the provisions of this Act.

(3) Nothing in sub-section (1) and sub-section (2) shall be deemed to affect any right which the parties to any dispute may otherwise have against each other.]

আলোচনার সূচী

1 *Inserted* by the West Bengal Land Reforms (Amendment) Act, 1981 (West Ben. Act L of 1981) (w.r.e.f. 7.8.1969).

১। সূচনা [Commencement]. ১৯৮১ সালে পশ্চিমবঙ্গ ভূমি সংস্কার আইন সংশোধনের সময় ৬১ নং ধারাটি সংযুক্ত করা হয়। ২৪.৩.১৯৮৬ তারিখে কলিকাতা গেজেটে এটি প্রকাশিত হয়। এই ধারাটি ৭.৮.১৯৬৯ থেকে বলবৎ হচ্ছে। এই ধারায় ভূমি সংস্কার আইনের বিভিন্ন ধারার কাজের ব্যাপারে দেওয়ানি আদালতের আইনগত কর্তৃত্বের সীমাকে খর্ব করা হয়েছে। দেওয়ানি প্রক্রিয়া সংহিতার (১৯০৮) বা কোনও আদালতের ডিক্রি, রায়, আদেশ ইত্যাদি যাই থাক না কেন বা উপরোক্ত ডিক্রি, রায়, আদেশ, সিদ্ধান্ত কোনও ন্যায়পীঠ বা অন্য কোনও কোনও কর্তৃপক্ষের দ্বারা হলেও দেওয়ানি আদালত কোনও জমি জমা সংক্রান্ত প্রশ্ন বা বিষয়ে হস্তক্ষেপ করবেন না, যে বিষয়টি কোনও রাজস্ব আধিকারিক বা নির্ধারিত কর্তৃপক্ষ বা আধিকারিক বা কোনও কর্তৃপক্ষ তদন্ত করেছেন এবং সিদ্ধান্ত নিয়েছেন। ৬১(১) ধারা অনুসারে উপরোক্ত বিষয়ে দেওয়ানি আদালতের অধিকারকে বর্জন করা হয়েছে। যে বিষয়ে বিশেষ করে জমি জমা সংক্রান্ত কোনও প্রশ্নে যা রাজস্ব আধিকারিক বা নির্ধারিত কর্তৃপক্ষ বা কোনও আধিকারিক বা কর্তৃপক্ষ পঃ বঃ ভূমি সংস্কার আইন, ওই সংক্রান্ত নিয়ম অনুযায়ী নিয়েছেন তদন্ত এবং অন্যান্য পদ্ধতি অনুসরণ করে ওই বিষয়ে দেওয়ানি আদালতকে সম্পূর্ণভাবে হস্তক্ষেপ করতে ৬১(১) ধারা নির্দেশ দিচ্ছে। *পশ্চিমবঙ্গ সরকার* বনাম *ফনীভূষণ মণ্ডল,*[১] মামলা মহামান্য আদালত জানিয়েছেন—১৯০৮ সালের দেওয়ানি প্রক্রিয়া সংহিতার ৯ নং ধারায় যে কোনও জমি জমা সংক্রান্ত বিষয়ে (civil nature) হস্তক্ষেপ করার ক্ষেত্রাধিকার (jurisdiction) দিয়েছে দেওয়ানি আদালতকে।

২। দেওয়ানি আদালত ও হাইকোর্ট [Civil Court and High Court]. ১৯৫৩ সালের পঃ বঃ জমিদারি অধিগ্রহণ আইনের ৫৭খ ধারায় দেওয়ানি আদালতের ক্ষমতার সীমাবদ্ধতার কথা বলা আছে। এক্ষেত্রে দেওয়ানি আদালত বলতে কিন্তু হাইকোর্টকে বোঝায় না। পশ্চিমবঙ্গ ভূমি সংস্কার আইনের ৫১গ(১) এবং ৫১গ(২) ধারায় দেওয়ানি আদালতের ক্ষমতাকে সীমাবদ্ধ করা হয়েছে। এক্ষেত্রেও দেওয়ানি আদালত বলতে হাইকোর্ট নয়। উপরোক্ত উভয়ক্ষেত্রেই যে সীমাবদ্ধ ক্ষমতার উল্লেখ আছে তা হাইকোর্টের বেলায়

১ 85 CWN 110; *এল. আই. সি.* বনাম *ইন্ডিয়ান অটোমোবাইলস* (1990)4 SCC 286; *শ্রী চন্দ্রিকা সিংহ* বনাম *রাজা বিশ্বনাথ* AIR 1992 SC 1318.

প্রযোজ্য নয়।[২] ১৮৮৭ সালের Bengal, Agra and Assam Civil Courts Act-এর ৩ নং ধারা অনুযায়ী দেওয়ানি আদালত বলতে নিম্নলিখিত আদালতগুলিকে বোঝায়—

মহামান্য (১) জেলা বিচারকের আদালত,
(২) অতিরিক্ত জেলা বিচারকের আদালত,
(৩) সাবঅর্ডিনেট বিচারকের আদালত এবং
(৪) মুন্সিফের আদালত।

সুতরাং পশ্চিমবঙ্গ ভূমি সংস্কার আইনের কোনও ধারায় কোনও সিদ্ধান্ত বা তদন্তের রায় যা কোনও রাজস্ব আধিকারিক বা নির্ধারিত কর্তৃপক্ষ বা কোনও আধিকারিক বা কোনও কর্তৃপক্ষ নিলে উপরোক্ত আদালতে মামলা দায়ের করা যাবে না।

৩। রাজস্ব আধিকারিক বা নির্ধারিত কর্তৃপক্ষের একচেটিয়া কর্তৃত্বের সীমা [Exclusive jurisdiction of Revenue Officer or Prescribed Authority]. পশ্চিমবঙ্গ ভূমি সংস্কার আইনের ৬১(২) ধারায় রাজস্ব আধিকারিক বা নির্ধারিত কর্তৃপক্ষ বা কোনও অন্য আধিকারিক বা কোনও কর্তৃপক্ষকে একচেটিয়া কর্তৃত্বের সীমা দিয়েছে জমিজমা সংক্রান্ত কোনও প্রশ্নের ব্যাপারে। কোনও রাজস্ব আধিকারিক বা নির্ধারিত কর্তৃপক্ষ বা আধিকারিক বা কর্তৃপক্ষ মনে করলে জমিজমা সংক্রান্ত কোনও বিবাদ, প্রশ্ন মীমাংসার প্রয়োজনে তদন্ত করতে পারেন এবং সিদ্ধান্ত নিতে পারেন। উপরোক্ত রাজস্ব আধিকারিক বা নির্ধারিত কর্তৃপক্ষ বা আধিকারিক বা কর্তৃপক্ষের করা তদন্ত বা গৃহীত সিদ্ধান্ত বা আদেশের বিষয়ে দেওয়ানি আদালতের হস্তক্ষেপ করার অধিকার ৬১(১) ধারায় সীমাবদ্ধ (barried) করা হয়েছে। ৬১(১) ধারায় দেওয়ানি আদালতের ক্ষমতাকে সীমাবদ্ধ করা যেমন হয়েছে অন্য দিকে ৬১(২) ধারায় পঃ বঃ ভূমি সংস্কার আইন, নিয়ম অনুযায়ী মনে করলে রাজস্ব আধিকারিক বা নির্ধারিত কর্তৃপক্ষ বা আধিকারিক বা কর্তৃপক্ষ যে কোনও তদন্ত করতে পারেন এবং সিদ্ধান্ত নিতে পারেন। উপরোক্ত তদন্ত বা সিদ্ধান্তের বিরুদ্ধে দেওয়ানি আদালতে অভিযোগ করা যায় না। সুতরাং

২ *জ্ঞানেন্দ্রনাথ বোস* বনাম *সুশীল কুমার সাফুই* 80 CWN 250.

রাজস্ব আধিকারিক বা নির্ধারিত কর্তৃপক্ষ বা কোনও আধিকারিক বা কর্তৃপক্ষকে পঃ বঃ ভূমি সংস্কার আইনে একচেটিয়া বা নিরঙ্কুশ ক্ষমতা বা কর্তৃত্বের সীমা নির্ধারিত করেছে।

৪। রাজস্ব কর্তৃপক্ষের দ্বারা কোনও তথ্য ভুলভাবে স্বত্বলিপিতে নথিভুক্তকরণ এবং দেওয়ানি আদালতের কর্তৃত্বের সীমা [Incorporation of any entry in records-of-rights by the Revenue Authorities erroneously and jurisdiction of Civil Courts]. রাজস্ব কর্তৃপক্ষ যদি বিচার ব্যবস্থার নীতিগুলি (Principles of natural justice) মেনে কোনও সিদ্ধান্ত নিয়ে থাকেন এবং সেই সিদ্ধান্ত যদি ভুলও হয় তবুও ৬১(১) ধারা অনুযায়ী ওই সিদ্ধান্তকে চ্যালেঞ্জ জানিয়ে দেওয়ানি আদালতে মামলা করা যায় না। পশ্চিমবঙ্গ ভূমি সংস্কার আইনের ৬১(১) ধারা দেওয়ানি আদালতের অধিকারের সীমা সংকুচিত করে দিয়েছে।[৩] তবে তামিলনাড়ু শিক্ষা দপ্তরের সাথে উক্ত দপ্তরের কর্মী সমিতির মামলায় মহামান্য আদালত রায়দান প্রসঙ্গে জানান যে—ন্যায়পীঠ যদি কোনও আইনের বিধি লঙ্ঘন করেন বা বিচার ব্যবস্থার মূল নীতিগুলি (Fundamental principles of judicial procedure) না মেনে কোনও সিদ্ধান্ত নেন তবে, দেওয়ানি আদালত আইন অনুযায়ী (according to law) উক্ত বিষয় নিষ্পত্তির নির্দেশ দিতে পারেন, কিন্তু ন্যায়পীঠের রায় বদলানোর আদেশ দিতে পারেন না।[৪]

পঞ্জাবের রাজস্ব কর্তৃপক্ষ ভুলভাবে স্বত্বলিপিতে গ্রাম পঞ্চায়েতের নামে জমি নথিভুক্ত করেছে—এই অভিযোগে সুপ্রীম কোর্টে একটি মামলা দায়ের করা হয়। মহামান্য সুপ্রীম কোর্ট রায়দান প্রসঙ্গে জানান Punjab Village Common Land (Regulation)-এর ১৩ নং ধারায় দেওয়ানি আদালতের ক্ষেত্রাধিকারের সীমা (jurisdiction) পরিষ্কারভাবে নিয়ন্ত্রণ করা হয়েছে। রাজস্ব কর্তৃপক্ষের দ্বারা ভুলভাবে কোনও তথ্য স্বত্বলিপিতে নথিভুক্তকরণের বিরুদ্ধে কোনও ব্যক্তি দেওয়ানি মামলা দাখিল করতে পারবেন না ওই স্বত্বলিপিকে চ্যালেঞ্জ করে। কোনও ব্যক্তিকে ওই ধরনের ভুল রেকর্ডের বিরুদ্ধে অসন্তুষ্ট হলে

৩ 1974(2) CWN 1014.

৪ *টি. এন. এড. ডেফ. মিন্স এবং জেন্. সাব. সার. অ্যাসেন* বনাম *তামিলনাড়ু সরকার* AIR 1980 All 379.

সংশ্লিষ্ট জেলার সমাহর্তার কাছে আবেদন করতে হবে ওই স্বত্বলিপি সংশোধনের জন্য। তিনি দেওয়ানি মামলা দাখিল করতে পারবেন না।[৫]

আবার অন্যান্য কয়েকটি মামলার রায়দান প্রসঙ্গে সুপ্রীম কোর্ট জানিয়েছেন যে যদি ন্যায়পীঠ আইন অনুযায়ী কাজ না করে (does not act under the Act), ক্ষমতার অপব্যবহার করে (abuses its power), বিধান লঙ্ঘন করে (violates its provision) তাহলে ওই ন্যায়পীঠের আদেশকে চ্যালেঞ্জ করে দেওয়ানি মামলা করা যাবে।[৬]

[১][৬২। রাজ্য সরকারের নির্দেশ প্রদানের ক্ষমতা (Power to State Government to give directions) ঃ এই আইনের সাথে পরস্পর বিরোধী নয় এইরকম নির্দেশ রাজ্য সরকার দিতে পারেন—এই আইনে ক্ষমতাপ্রাপ্ত কোনও সমাহর্তা, রাজস্ব আধিকারিক বা নির্ধারিত কর্তৃপক্ষকে। এই আইনের অন্তর্গত নিয়মাবলি অনুযায়ী কোনও কাজ সম্পাদনের জন্য ওই নির্দেশ দেওয়া প্রয়োজন—এরকম মনে করলে রাজ্য সরকার তা দিতে পারেন।]**

[1][62. Power to State Government to give directions. The State Government may give such directions, not inconsistent with the provisions of this Act, to any Collector, Revenue Officer or prescribed authority under this Act as may appear to the State Government to be necessary for carrying out the purposes of this Act or any rule made thereunder.]

৫ *রাম সিংহ* বনাম *গ্রাম পঞ্চায়েত* AIR 1986 SC 2197.

৬ *কেরালা রাজ্য* বনাম *এন. রামস্বামী আইয়ার এবং পুত্রগণ* AIR 1966 SC 1738; *ফার্ম শেঠ রাধাকৃষ্ণান* বনাম *লুধিয়ানা পৌরসভা* AIR 1963 SC 1547; *ফার্ম আই. এস. চেট্টি এবং পুত্রগণ* বনাম *অন্ধ্রপ্রদেশ রাজ্য* AIR 1964 SC 322; *রামস্বরূপ* বনাম *সিকার চাঁদ* AIR 1966 SC 893; *মাদ্রাজ প্রভিন্সিয়াল সরকার* বনাম *জে. এস. বাসাপ্পা* AIR 1964 SC 1873.

১ ৬২ নং ধারাটি পশ্চিমবঙ্গ ভূমি সংস্কার (সংশোধন) আইন, ১৯৮১ (পশ্চিমবঙ্গ আইন ৫০, ১৯৮১)-এর ৫৩ ধারার মাধ্যমে সন্নিবেশিত এবং এই আইনের ১(২) ধারার মাধ্যমে ৭.৮.১৯৬৯ তারিখ হতে বলবৎ হয়েছে।

1 *Inserted* by W.B. Act L of 1981, dated 24.3.1986, w.r.e.f. 7.8.1969.

আলোচনার সূচী

১। সূচনা [Commencement]. ১৯৮১ সালের পঃ বঃ ভূমি সংস্কার আইন সংশোধনের সময় ৬২ নং ধারাটি যুক্ত করা হয় [১৯৮১ সালের পশ্চিমবঙ্গের ৫০ নং আইন]। কলিকাতা গেজেটে ২৪.৩.১৯৮৬-তে এটি প্রকাশিত হয় এবং এই ধারাটি বলবৎ হয় ৭.৮.১৯৬৯ তারিখ থেকে। ৬২ নং ধারা অনুসারে পঃ বঃ ভূমি সংস্কার আইন এবং এই আইন অনুসারে গঠিত নিয়ম রূপায়ণের জন্য প্রয়োজনবোধ করলে রাজ্য সরকার যথোপযুক্ত নির্দেশ দিতে পারেন সংশ্লিষ্ট জেলার সমাহর্তা, রাজস্ব আধিকারিক বা নির্ধারিত কর্তৃপক্ষকে। সংবিধানের ১৬২ নং অনুচ্ছেদ অনুসারে রাজ্যের সাধারণ প্রশাসন পরিচালনার কর্তব্য এবং দায় রাজ্য সরকারের উপর বর্তায়। ওই দায়িত্ব এবং দায় প্রতিপালন করার জন্য রাজ্য সরকারের এ ক্ষমতা আছে যে তার কোনও আধিকারিক বা কর্তৃপক্ষকে প্রশাসন চালনার জন্য নির্দেশ দেওয়ার। রাজ্য সরকারের আধিকারিকরা অবশ্যই ওই নির্দেশ পালনে বাধ্য থাকবেন যদি না ওই নির্দেশ মূল আইনের সাথে অসামঞ্জস্যপূর্ণ হয়। অর্থাৎ রাজ্য সরকার এমন নির্দেশ দেবেন, যেন মূল আইন, ওই আইন অনুসারে গঠিত নিয়ম যেন পরস্পর বিরোধী না হয়। এটা বোঝা যাচ্ছে যে রাজ্য সরকারের এমন ক্ষমতা নেই যে, যে নির্দেশ তিনি দেবেন তা মূল আইনের সাথে সামঞ্জস্যপূর্ণ নয় এবং রাজ্য সরকারের অধীন আধিকারিকগণ বা কর্তৃপক্ষগণ ওই নির্দেশ যা মূল আইনের সাথে সামঞ্জস্যপূর্ণ নয় তা মানতে বাধ্যও হবেন না। সংবিধানের ১৬২ নং অনুচ্ছেদ অনুযায়ী প্রশাসন পরিচালনার জন্য প্রশাসনিক ক্ষমতা রাজ্য সরকারকে দেওয়া হয়েছে, কিন্তু তাই বলে জনগণের অধিকার নিয়ে নিতে পারে না বা

তার সম্পত্তি থেকে বঞ্চিত (deprive) করতে পারে না। সংবিধানের অন্যান্য অনুচ্ছেদের সাথে সামঞ্জস্য রেখে ১৬২ নং অনুচ্ছেদের প্রয়োগ করবেন রাজ্য সরকার।

সংবিধানের ৩০০ক অনুচ্ছেদে পরিষ্কার বলা আছে কোনও ব্যক্তি আইনের ব্যবহারের জন্য তার সম্পত্তি থেকে বঞ্চিত হবেন না। সুতরাং ১৬২ নং অনুচ্ছেদ অনুযায়ী রাজ্য সরকার এমন নির্দেশ জারি করবেন না যাতে কোনও ব্যক্তি তার সম্পত্তির উপর অধিকার থেকে বঞ্চিত হয়।[১]

৬২ নং ধারা অনুসারে জারি করা কোনও নির্দেশ রাজ্য সরকার প্রয়োজন মনে করলে যে কোনও সময় প্রত্যাহার করে নিতে পারেন।

২। প্রশাসনিক নির্দেশাবলি এবং আইন [Administrative instruction (order) and statute]. সংবিধানের ১৬২ নং অনুচ্ছেদ অনুসারে রাজ্যের সাধারণ প্রশাসন (general administration) পরিচালনার কর্তব্য এবং দায় (duty and responsibility) রাজ্য সরকারের উপরে বর্তায়। সাধারণ প্রশাসন পরিচালনার লক্ষ্যে রাজ্য সরকার কিছু কিছু নির্দেশ, আদেশ, সার্কুলার জারি করতে পারেন। কিন্তু ওই নির্দেশ (instruction) বা আদেশ (order) বা সার্কুলার (circular) মূল আইন বা নিয়মাবলির সাথে সামঞ্জস্যপূর্ণই হবে, পরস্পর বিরোধী (inconsistent) হবে না। রাজ্য সরকারের আধিকারিকদের দায়িত্ব হল ওই নির্দেশ বা আদেশ বা সার্কুলার যা মূল আইনের সাথে সামঞ্জস্যপূর্ণ তা পালন করা। সংবিধানের ৩০০ক [Art. 300A] অনুচ্ছেদের সাথে মিল রেখে রাজ্য সরকার প্রয়োজনে এ ধরনের নির্দেশ জারি করবেন।

ইউনিয়ন অব ইন্ডিয়া বনাম *মাজ্যি জংগাম্মায়া,*[২] মামলার রায়দান প্রসঙ্গে মহামান্য সুপ্রীম কোর্ট জানিয়েছেন—প্রশাসনিক নির্দেশ বা আদেশ কোনও আইনগত বিধি (statutory rule) নয়। প্রশাসনিক নির্দেশাবলি প্রয়োজনে রাজ্য সরকার পরিবর্তন করতে পারেন যে কোনও সময়ে। সংবিধানের ১৬২ নং এবং ৭৩(১)(ক) নং [Art. 162 and Art. 73(1)(*a*)] অনুচ্ছেদ অনুযায়ী কেন্দ্র সরকার এবং রাজ্য সরকার প্রশাসনিক নির্দেশ জারি করার ক্ষমতা পেয়েছে।

অন্য একটি মামলায় মহামান্য সুপ্রীম কোর্ট জানান—রাজ্য সরকার যখন প্রশাসনিক কাজ (administrative action) করবেন, তখন তা হবে অবশ্যই

১ *বিশ্বম্ভর দয়াল* বনাম *উত্তরপ্রদেশ রাজ্য* AIR 1982 SC 33.
২ AIR 1977 SC 757.

পরিষ্কার-পরিচ্ছন্নভাবে (fairly)। পরিষ্কার-পরিচ্ছন্নভাবে বলতে স্বাভাবিক বিচার ব্যবস্থার (natural justice) মূল নীতিগুলি অনুসরণ করেই ওই প্রশাসনিক কাজ করবেন।[৩]

প্রতীমা পাল বনাম *কম্পিটেন্ট অথোরিটি,*[৪] মামলায় মহামান্য আদালত জানিয়েছেন—সার্কুলার কোনওভাবেই আইন নয়।

৩। প্রশাসনিক নির্দেশাবলি ও সংবিধানের ২২৬ নং অনুচ্ছেদ [The administrative orders and Art. 226 of the Constitution]. প্রশাসনিক নির্দেশ বা আদেশ বা সার্কুলারগুলি সরকারের নিজস্ব সম্পত্তি (properties), গঠিত আইন এবং নিয়মগুলি সঠিকভাবে পরিচালনার লক্ষ্যে সময় সময় সরকার বিভিন্ন নির্দেশ জারি করেন। আইনের সাথে সামঞ্জস্য রেখেই এই নির্দেশগুলি জারি করা হয়। কিন্তু মহামান্য আদালতের বিভিন্ন আদেশে দেখা যায় এই নির্দেশগুলির এরকম আইনগত ক্ষমতা নেই যা অমান্য করলে সংবিধানের ২২৬ নং অনুচ্ছেদ অনুযায়ী আদালতে মামলা করা যায়।

বিদ্যাধরী বিলস্ এম. এস. সমিতি বনাম *পঃ বঃ সরকার,*[৫] মামলায় মহামান্য কলিকাতা হাইকোর্ট জানান—প্রশাসনিক আদেশকে কোনও আইনানুগ নিয়ম (statutory rule) হিসাবে বিবেচনা করা যায় না। এ ধরনের প্রশাসনিক আদেশ লঙ্ঘন করলে তার বিরুদ্ধে ২২৬ অনুচ্ছেদ অনুযায়ী মামলা করার অধিকার জন্মায় না।

পশ্চিমবঙ্গ জমিদারি নির্দেশিকা-এর ২৭৩ নং অনুচ্ছেদ অনুযায়ী সরকারি মাছ চাষের এলাকা বন্দোবস্ত দেওয়া হয়। এইগুলি হল প্রশাসনিক নির্দেশ, সংবিধান অনুযায়ী এগুলি প্রস্তুত হয়নি, আইনানুগ নিয়মও এগুলি নয়। এই ধরনের নিয়মভঙ্গ করলে, তার প্রতিবিধান চেয়ে কোনও ব্যক্তির হাইকোর্টের আজ্ঞালেখ ক্ষেত্রাধিকারে (writ jurisdiction)-এ মামলা করার অধিকার জন্মায় না।[৬]

৩ *রাম এবং শ্যাম কোং* বনাম *হরিয়ানা রাজ্য সরকার* AIR 1985 SC 1147.

৪ 1989(1) CHN 433; 93 CWN 1146; 1989(1) Cal LJ 425.

৫ 65 CWN 685.

৬ *এল. পি. এফ. কো-অপারেটিভ সোসাইটি* বনাম *পঃ বঃ রাজ্য সরকার* 78 CWN 386.

ব্লক ভূমি সংস্কার উপদেষ্টা পরিচালন সমিতির ক্ষমতার ক্ষেত্র নিয়ে মহামান্য কলিকাতা হাইকোর্টের রায় উপরোক্ত আদেশের মতই। *বনমালী মণ্ডল* বনাম *সোনারপুর থানার ভারপ্রাপ্ত আধিকারিক,*[৭] মামলায় মহামান্য আদালত জানান ব্লক ভূমি সংস্কার উপদেষ্টা পরিচালন সমিতি গঠিত হয় রাজস্ব পর্ষদের (Board of Revenue) আদেশ অনুসারে, এটি আইনানুগভাবে গঠিত কোনও সমষ্টি (body) নয়। এই কমিটির কর্মক্ষেত্র খুবই সীমিত। ১৯৬৫ সালের পঃ বঃ ভূমি সংস্কার নিয়মের ২০ক(৩ক) [r. 20A(3A)] বিধি অনুযায়ী কেবলমাত্র এই কমিটি তার দায়িত্ব পালন করবেন। কিন্তু বর্তমান ঘটনায় এই কমিটি দেখা যাচ্ছে জনগণের দেওয়ানি অধিকারে হস্তক্ষেপ করছে। তাদের নির্ধারিত ক্ষেত্রের বাইরে কাজ করার কোনও অধিকারই নেই।

৪। প্রশাসনিক নির্দেশ বা আদেশ ও তার আইনগত শক্তি [Administrative instruction or order and its statutory force]. পশ্চিমবঙ্গের রাজস্ব পর্ষদ স্বত্বলিপিতে বর্গাদারের নাম নথিভুক্ত করার জন্য প্রশাসনিক আধিকারিকদের প্রতি একটি নির্দেশ/আদেশ দেন স্মারক নং ১২৩০৪(২৭) জি. ই., তাং ৫.৭.১৯৭৮ অনুযায়ী। ওই আদেশে "অপারেশন বর্গা" নামে বর্গাদারের নাম নথিভুক্ত করার বিভিন্ন নির্দেশ ছিল। [সপ্তম পরিচ্ছেদে এ বিষয়ে বিস্তারিত আলোচনা আছে]। এই আদেশকে চ্যালেঞ্জ জানিয়ে মহামান্য কলিকাতা হাইকোর্টে একাধিক মামলা হয়। *পঃ বঃ সরকার* বনাম *কানাই লাল সাহা,*[৮] মামলায় মহামান্য আদালত জানান ৫.৭.১৯৭৮ তারিখে রাজস্ব পর্ষদের জারি করা আদেশটি সন্দেহপূর্ণ (impugned) এবং ওই আদেশের কোনও আইনগত শক্তি (statutory force) নেই।

বিশ্বনাথ ঘোষ বনাম *রাজ্য সরকার,*[৯] মামলার রায় দান প্রসঙ্গে মহামান্য হাইকোর্ট পরিষ্কার জানিয়েছেন—The said circular [Memo No. 12304 (27) G.E., Dated, Calcutta, the 5th July 1978] had no legal, official or binding force.

বিজ্ঞপ্তি নং ১৯৬০-এল. রেফ্., তাং ২৬.৫.১৯৭৯ অনুযায়ী পঃ বঃ ভূমি সংস্কার নিয়মে ২১(৩) বিধি বলবৎ করা হয়। ২১(৩) বিধিতে শুনানির সুযোগ

৭ 1986(1) CHN 112.
৮ 1979(1) Cal LJ 104.
৯ 1979(1) Cal LJ 613.

দেওয়া বিষয়ে এক অভিনব পদ্ধতির (novel method) কথা বলা হয়। অপারেশান বর্গার কাজ দ্রুত করার লক্ষ্যে ওই বিধিতে বলা ছিল সংশ্লিষ্ট জমিটি যে এলাকায় অবস্থিত সেখানকার গ্রাম পঞ্চায়েত অফিস বা অন্য কোনও জনসমাগম ঘটে এরকম এলাকায় সরেজমিনে তদন্ত, শুনানির দিন, ক্ষণ জানিয়ে বিজ্ঞপ্তি টাঙানো হবে। তাতে মালিকের নাম উল্লেখ থাকবে। ওই বিজ্ঞপ্তি টাঙানোর অর্থ ধরে নেওয়া হল প্রত্যেক স্বার্থ জড়িত ব্যক্তিকে শুনানির যথোপযুক্ত সুযোগ দেওয়া হয়েছে।

পশ্চিমবঙ্গ ভূমি সংস্কার নিয়মের ২১(৩) নং বিধিকে চ্যালেঞ্জ করে কলিকাতা হাইকোর্টে মামলা দায়ের করা হয়। মহামান্য আদালত জানিয়েছেন ২১(৩) নং বিধি সংবিধানের ১৪ নং অনুচ্ছেদের বিরোধী। একে এক্তিয়ার বহির্ভূত ঘোষণা (*ultra vires*) করেছেন মহামান্য কলিকাতা হাইকোর্ট।[১০]

৫। রাজ্য সরকারের অনুকূলে খাস (vested) হওয়া জমির পরিমাণ পরিমাপ করা বিষয়ে রাজস্ব-আধিকারিকের ক্ষমতা [Power of the Revenue Officer to determine the area of the land vested by the State Government]. সংশ্লিষ্ট সমষ্টিভূমি ও ভূমি সংস্কার আধিকারিক আবেদনকারীর কাছ থেকে খাস হওয়া জমির পরিমাণ পরিমাপ করার জন্য নির্ধারিত খরচ (fees) নিয়েছেন। এটা ঘটনা যে, যতক্ষণ না পর্যন্ত সমষ্টিভূমি ও ভূমি সংস্কার আধিকারিক খাস হওয়া জমির পরিমাপ নির্ধারণ করতে পারছেন, তিনি খাস জমি বণ্টন করতে পারবেন না এবং সেই জমি যদি অন্য কোনও রায়তের জমির কাছাকাছি এলাকায় হয়। মহামান্য উচ্চ ন্যায়ালয়ের কাছে সরকারের পক্ষ থেকে সংশ্লিষ্ট প্রতিনিধি জানিয়েছেন, সরকারের অনুকূলে খাস হওয়া জমি পরিমাপ করা সমষ্টিভূমি ও ভূমি সংস্কার আধিকারিকের উচিত। সুতরাং ডিভিশন বেঞ্চ প্রতিবাদী ২ ও প্রতিবাদী ৩-কে দিয়েছেন এই আদেশ পাওয়ার ৩ মাসের মধ্যে আবেদনকারীর আর্জির উপর ভিত্তি করে সরকারের জমি পরিমাপের জন্য সমস্ত রকম পদক্ষেপ যেন নেওয়া হয়।[১১]

[১][৬৩। **প্রত্যাহার এবং সংরক্ষণ (Repeal and savings)** ঃ (১) কোনও জেলায় বা কলিকাতার যে কোনও অঞ্চলে ১৯৮১ সালের পঃ বঃ ভূমি

১০ *সামিজন বেওয়া* বনাম *রাজস্ব আধিকারিক* 1986 CHN 340; 1986(1) Cal LJ 161.

১১ *জগন্নাথ* বনাম *পশ্চিমবঙ্গ সরকার* 2011(2) CHN 13 (Cal).

১ ৬৩ ধারাটি পশ্চিমবঙ্গ ভূমি সংস্কার (সংশোধন) আইন, ১৯৮১ (পশ্চিমবঙ্গ আইন ৫০, ১৯৮১)-এর ৫৩ ধারার মাধ্যমে সন্নিবেশিত এবং এই আইনের ১(২) ধারার মাধ্যমে ৭.৮.১৯৬৯ তারিখ হতে বলবৎ হয়েছে।

সংস্কার (সংশোধনী) আইন [১৯৮১ সালের পশ্চিমবঙ্গের ৫০ নং আইন] বলবতের তারিখ থেকে পশ্চিমবঙ্গ অকৃষি প্রজাস্বত্ব আইন, ১৯৪৯ [১৯৪৯ সালের পশ্চিমবঙ্গের ২০ নং আইন]-এর বিধানগুলি, যা এই আইনের বিধানগুলির সাথে বিরোধী, তা ওই জেলা বা অঞ্চলে কার্যকর হওয়ার ক্ষমতা হারাবে।

(২) উপধারা (১)-এর বিধানে যা-ই থাক না কেন, এই আইন বলবতের তারিখে পঃ বঃ অকৃষি প্রজাস্বত্ব আইন, ১৯৪৯ অনুযায়ী কোনও কার্যাবলি এই আইনে (পঃ বঃ অকৃষি প্রঃ আইন) নিযুক্ত কর্তৃপক্ষ বা কোনও আদালতে মুলতুবী থাকলে তা এই মনে করে চলতে থাকবে বা নিষ্পত্তি হবে যে ওই জেলা বা অঞ্চলে পঃ বঃ ভূমি সংস্কার (সংশোধনী) আইন, ১৯৮১ কার্যকর হয়নি।]

[1][**63. Repeal and savings.** **(1) With effect from the date of coming into force of the West Bengal Land Reforms (Amendment) Act, 1981 (West Bengal Act 50 of 1981) in any district or in any area of Calcutta, such provisions of the West Bengal Non-Agricultural Tenancy Act, 1949 (West Ben. Act 20 of 1949), as are repugnant to the provisions of this Act, shall cease to have effect in that district or area.**

(2) Notwithstanding the provisions of sub-section (1) any proceeding pending on the date of such coming into force before any authority appointed under the West Bengal Non-Agricultural Tenancy Act, 1949 or before any court shall be continued or disposed of as if the West Bengal Land Reforms (Amendment) Act, 1981 had not come into force in that district or area.]

আলোচনার সূচী

1 *Inserted* by W.B. Act L of 1981, dated 24.3.1986, w.r.e.f. 7.8.1969.

১। সূচনা [Commencement]. ১৯৮১ সালের পঃ বঃ ভূমি সংস্কার আইনের সংশোধনী দ্বারা [১৯৮১ সালের পশ্চিমবঙ্গের ৫০ নং আইন] এই ধারাটি যুক্ত করা হয়, কলিকাতা গেজেটে এটি ২৪.৩.১৯৮৬ তারিখে প্রকাশিত হয়েছিল। ৭.৮.১৯৬৯ থেকে এই ধারা বলবৎ হবে।

পশ্চিমবঙ্গ অকৃষি প্রজাস্বত্ব আইন, ১৯৪৯-এর সেই ধারাগুলির বিলোপ হবে যেগুলির সাথে ১৯৮১ সালের পঃ বঃ ভূমি সংস্কার (সংশোধন) আইনের বিরোধ দেখা দেবে। ৬৩(২) ধারা অনুযায়ী এই আইন বলবৎ হওয়ার তারিখ থেকে যদি পঃ বঃ অকৃষি প্রজাস্বত্ব আইন, ১৯৪৯ অনুযায়ী নিযুক্ত কোনও কর্তৃপক্ষের কাছে বা আদালতে কোনও মামলা, কার্যক্রম (proceeding) মুলতুবী থাকে তবে তা চলতেই থাকবে বা ওই মামলার নিষ্পত্তি হবে। এক্ষেত্রে ধরে নেওয়া হবে যেন ওই অঞ্চলে পঃ বঃ ভূমি সংস্কার (সংশোধনী) আইন, ১৯৮১ বলবৎ হয়নি।

২। পশ্চিমবঙ্গ অকৃষি প্রজাস্বত্ব আইনের বকেয়া মামলাগুলি [Pending proceeding under W.B.N.A.T. Act 1949]. ১৯৮১ সালে পঃ বঃ ভূমি সংস্কার আইন সংশোধন করে ৬৩(২) ধারাটি যুক্ত করা হয়েছে। ৬৩(২) ধারা অনুযায়ী যে সমস্ত মামলা বা কার্যক্রম পঃ বঃ অকৃষি প্রজাস্বত্ব আইন, ১৯৪৯ অনুযায়ী কোনও কর্তৃপক্ষ বা আদালতে বকেয়া আছে তা চলতেই থাকবে বা নিষ্পত্তি হবে। কিন্তু মূল আইনের ১(৩) ধারা অনুযায়ী কোনও বিজ্ঞপ্তি প্রকাশ করা হয়নি ৬৩(২) ধারা বলবতের ক্ষেত্রে। অর্থাৎ ১৯৮১ সালের পঃ বঃ ভূমি সংস্কার (সংশোধনী) আইন চালু হওয়ার দিন থেকে কোনও মামলা পঃ বঃ অকৃষি প্রজাস্বত্ব আইন, ১৯৪৯ অনুযায়ী আদালতে বকেয়া (pending) নেই একথা বলা যায়। ওই মামলাগুলি বাতিলযোগ্য (to be terminated)। সুতরাং ১৯৪৯ সালের পঃ বঃ অকৃষি প্রজাস্বত্ব আইনের ২৪ নং ধারা অনুযায়ী মামলাগুলি যা ১৯৮১ সালের পঃ বঃ ভূমি সংস্কার (সংশোধনী) আইন বলবৎ হওয়ার দিন থেকে বকেয়া রয়েছে, তা ছেদ করার (strike off) যোগ্য এবং মামলাগুলি চলতে পারে না (cannot be proceeded with)।[১]

৩। মূল আইনের ৩ক এবং ৬৩(১) নং ধারা [Sections 3A and 63(1) under the Principal Act]. ৩ক ধারা সংযুক্তির ইতিহাস ঃ জমিদারি স্বত্ব

১ *শ্রীমতী বকুল নাগ* বনাম *শ্রী শৈবাল গুঁই* 1991(1) Cal LJ 255; 1991(1) CHN 173.

ও মধ্য স্বত্বাধিকারীর সমস্ত অধিকার বিলোপের লক্ষ্যে ১৯৫৩ সালের জমিদারি অধিগ্রহণ আইন [১৯৫৪ সালের পশ্চিমবঙ্গের ১ নং আইন] চালু করা হয়েছিল। ওই আইনের ২ঝ [s. 2(I)] ধারায় মধ্যস্বত্বাধিকার ভোগীর সংজ্ঞায় বলা আছে,"intermediary" means a proprietor, tenure-holder, under-tenure-holder or any other intermediary above a 'raiyat' or a non-agricultural tenant and includes a service tenure-holder and, in relation to mines and minerals, includes a *lessee* and *sub-lessee*". উপরোক্ত সংজ্ঞায় অকৃষি প্রজা (non-agricultural) বলতে যা বোঝানো হয়েছে তা কিন্তু ১৯৪৯ সালের পঃ বঃ অকৃষি প্রজাস্বত্ব আইনে বর্ণিত অকৃষি প্রজা (non-agricultural tenant) নয়। *সরোজ কুমার* বনাম *যতীন্দ্র*,[২] মামলায় এ বিষয়ে মহামান্য আদালতের রায় রয়েছে। অর্থাৎ ১৯৫৩ সালের পশ্চিমবঙ্গ জমিদারি অধিগ্রহণ আইনের ২ঝ [s. 2(I)] ধারায় বর্ণিত অকৃষি প্রজা এবং ১৯৪৯ সালের পঃ বঃ অকৃষি প্রজাস্বত্ব আইনের ২(৫) ধারায় বর্ণিত অকৃষি প্রজা এক নয়। সুতরাং একথা বলা যায় ১৯৫৩ সালের পঃ বঃ জমিদারি অধিগ্রহণ আইন দ্বারা ১৯৪৯ সালের পঃ বঃ অকৃষি প্রজাস্বত্ব আইনের অকৃষি প্রজা বা উপপ্রজার (tenant and sub-tenant) স্বত্ব ও অধিকার বিলোপ হয়নি। ওই জমির উপর মধ্য স্বত্বাধিকারীর সমস্ত অধিকার যেমন খাজনা ধার্য, সংগ্রহ নতুন প্রজাস্বত্ব সৃষ্টি ইত্যাদি অধিকার বজায় ছিল। শুধু তাই নয় ১৯৪৯ সালের পঃ বঃ অকৃষি প্রজাস্বত্ব আইনে স্বত্বলিপি প্রস্তুতির উদ্দেশ্যে জমি জরিপ, স্বত্বলিপি প্রভৃতির বিভিন্ন পদ্ধতি বজায় ছিল। ওই আইনে দখলকৃত জমির মালিককে ''দখলকার'' হিসাবে দেখানো হত। অর্থাৎ স্বতন্ত্রভাবেই অকৃষি প্রজাস্বত্ব আইনের (১৯৪৯) বিপুল অকৃষি জমি ১৯৫৫ সালের পঃ বঃ ভূমি সংস্কার আইনের এক্তিয়ারের বাইরে রয়ে গেল।

আগেই বলা হয়েছে যেহেতু ১৯৫৩ সালের পঃ বঃ জমিদারি অধিগ্রহণ আইনে অকৃষি জমি অন্তর্ভুক্ত করা হয়নি এবং ওই আইনের ২ট [s. 2K] ধারায় বর্ণিত ''অকৃষি প্রজা'' এবং ১৯৪৯ সালের পঃ বঃ অকৃষি প্রজাস্বত্ব আইনের ২(৫) ধারায় বর্ণিত ''অকৃষি প্রজা'' এক নয়, সুতরাং ১৯৫৩ সালের পঃ বঃ জমিদারি অধিগ্রহণ আইনে ১৯৪৯ সালের পঃ বঃ অকৃষি প্রজাস্বত্বের আইনের

২ 67 CWN 764.

জমির স্বত্ব ও অধিকার সরকারের অনুকূলে এল না। ১৯৪৯ সালের পঃ বঃ অকৃষি প্রজাস্বত্ব আইনের ২(৫) ধারায় বলা আছে ঃ

"Non-agricultural tenant" means a person who holds non-agricultural land under another person and is, or but for a special contract would be, liable to pay rent to such person for that land but does not include [a person who holds any premises or part of any premises, situated on non-agricultural land and erected or owned by another person, and who is, or but for a special contract would be, liable to pay rent for such person.]

Explanation. In this clause "premises" means any building, such as house, manufactory, wire house, stable, shop or hut whether constructed of masonry, bricks, concrete, wood, mud, metal or any other material whatsoever and includes any land appertaining to such building.

আবার ১৯৫৩ সালের পশ্চিমবঙ্গ জমিদারি অধিগ্রহণ আইনের ২ট [s. 2K] ধারায় অকৃষি প্রজার সংজ্ঞায় রয়েছে—"non-agricultural tenant" means a tenant of non-agricultural land who holds under a proprietor, a tenure holder, a service tenure-holder or an under-tenure-holder.

উপরোক্ত সংজ্ঞা দুটির মধ্যে বিস্তর ফারাক রয়েছে। ১৯৫৩ সালের জমিদারি অধিগ্রহণ আইনের ২ঝ [s. 2(I)] ধারায় মধ্যস্বত্বাধিকারীর (intemediary) যে সংজ্ঞা আছে তাতে অকৃষি প্রজার (non-agricultural tenant) কথা বলা নেই। সুতরাং জমিদারি অধিগ্রহণ আইনে অকৃষি প্রজাস্বত্ব আইনে (১৯৪৯) বর্ণিত অকৃষি জমিগুলি vest হল না। পাশাপাশি ১৯৫৫ সালের পঃ বঃ ভূমি সংস্কার আইনের বাইরেও রয়ে গেল। এই সমস্যা দুর করার জন্য পঃ বঃ ভূমি সংস্কার আইনে ৩ক [s. 3A] ধারা যুক্ত করা হল। এটি ৯.৯.১৯৮০ থেকে কার্যকর করা হল।

প্রথমে এরকম বলা হয়েছিল যে ১৯৫৩ সালের পঃ বঃ জমিদারি অধিগ্রহণ আইনের ৪ নং, ৫ নং এবং ৫ক নং ধারার দরকার মতো পরিবর্তন সাপেক্ষে পঃ বঃ ভূমি সংস্কার আইনের ৩ক ধারা বলবৎ হবে। ১৯৫৩ সালের পঃ বঃ

জমিদারি অধিগ্রহণ আইনের ৪ নং ধারায় বিজ্ঞপ্তি প্রকাশের মাধ্যমে উক্ত আইন কার্যকর করার কথা বলা আছে। এক্ষেত্রে এ প্রশ্ন এসেছিল যে অকৃষি প্রজাদের স্বত্ব, অধিকার স্বয়ংক্রিয়ভাবে (automatically) রাজ্য সরকারের ন্যস্ত হবে কিনা, না কি বিজ্ঞপ্তি জারির দরকার আছে। *রামকৃষ্ণ শ* বনাম *লাখসোনিয়া দেবী*,[৩] মামলায় মহামান্য আদালত জানান যে ১৯৮১ সালের পঃ বঃ ভূমি সংস্কার (সংশোধন) আইন ৯.৯.১৯৮০ থেকে চালু হওয়ার সাথে সাথে স্বয়ংক্রিয়ভাবে পঃ বঃ অকৃষি প্রজাস্বত্ব আইন ১৯৪৯-এর অন্তর্ভুক্ত সমস্ত অকৃষি প্রজা, উপপ্রজার স্বত্ব ও অধিকার বর্তাবে না। ১৯৫৩ সালের পঃ বঃ জমিদারি অধিগ্রহণ আইনের ৪(১) ধারামতে বিজ্ঞপ্তি জারি করতে হবে এবং ওই বিজ্ঞপ্তিতে বলা থাকবে কোনও তারিখ থেকে ওই জমির স্বত্ব ও অধিকার সরকারে ন্যস্ত হবে।

পরবর্তী ক্ষেত্রে ৩ক [s. 3A] ধারাটির সংশোধন করা হয়েছে। ১৯৪৯ সালের পঃ বঃ অকৃষি প্রজাস্বত্ব আইনের ২(৪) [s. 2(4)] ধারা অনুযায়ী অকৃষি জমির সংজ্ঞা নিম্নরূপ ঃ

(1) "non-agricultural land" means land which is used for purposes not connected with agriculture or horticulture, and includes any land which is held on lease for purposes not connected with agriculture or horticulture irrespective of whether it is used for any such purposes or not, but does not include—

(*a*) a homestead to which the provisions of [4][The West Bengal Land Reform Act, 1955,] apply,

(*b*) land which was orginally leased for agricultural or horticultural purposes but is being used for purposes not connected with agriculture or horticulture without the consent either express or implied of the landlord, if the period for which such land has been so used is less than twelve years,[5]

৩ 1991 CWN 658.

৪ Words within square brackets *substituted* by W. Ben. Act 8 of 1974.

৫ Word "and" *omitted* by W. Ben. Act 24 of 1953.

(*c*) land in the districts of Darjeeling or Jalpaiguri which is held for purposes connected with the cultivation or manufacture of tea, [6][and]

[7](*d*) land vested in, or in the possession of, the State Government in respect of which any license has been granted by the State Government:

Provided that where an order has been made under section 72 converting a parcel of land which is not non-agricultural land into a tenancy to which the provisions of this Act apply such land shall be deemed to be non-agricultural land.

১৯৫৩ সালের পঃ বঃ জমিদারি অধিগ্রহণ আইনের ২ঞ [s. 2(J)] ধারা অনুযায়ী অকৃষি জমির সংজ্ঞা ঃ

"non-agricultural land" means land other than agricultural land or other than land comprised in a forest.

৬ Word "and" *added* by W. Ben. Act 24 of 1953.

৭ Clause (*d*) *added* by W. Ben. Act 24 of 1953.

ভূমি সংস্কার নির্দেশিকার তালিকা

Act/Rule	Section/Rule/ Provision	Description of judicial capacity conferred	Administrative Post	Dept/ Board	Ord. No.	Ord. Date
WBLR Rules	20A(3a)	Convenor of Bon-O-Bhumi Sanskar Sthayee Samiti of Panchyat Samiti	BL&LRO	BOR	8934-GE/65/89	22.05.89
WBLR Rules	20A(4)	Authorised Officer for execution of patta in Form No. 8A	DL&LRO	BOR	9361-GE/224/89	07.06.89
WBLR Rules	20A(4)	Authorised Officer for execution of patta in Form No. 8A	BL&LRO	BOR	9361-GE/224/89	07.06.89
WBLR Rules	Paragraph I of Schedule B	Assistant Settlement Officer	LRO-II	BOR	1444-GE/146/89	19.02.90
WBLR Rules	Paragraph I of Schedule B	Assistant Settlement Officer	SDL&LRO	BOR	3428-GE	04.04.89
WBLR Rules	Paragraph I of Schedule B	Assistant Settlement Officer	BL&LRO	BOR	3428-GE	04.04.89
WBLR Act, 1955	50	Prescribed Authority	SRO-II	BOR	1434-GE/146/89	19.02.90
WBLR Act, 1955	50	Prescribed Authority	LRO-II	BOR	1434-GE/146/89	19.02.90
WBLR Act, 1955	14N	Prescribed Authority	SRO-II	BOR	1458-GE/146/89	19.02.90
WBLR Act, 1955	14N	Prescribed Authority	LRO-II	BOR	1458-GE/146/89	19.02.90
WBLR Act, 1955	14N	Prescribed Authority	DL&LRO	BOR	1460-GE/146/89	19.02.90

Act/Rule	Section/Rule/ Provision	Description of judicial capacity conferred	Administrative Post	Dept/ Board	Ord. No.	Ord. Date
WBLR Act, 1955	14N	Prescribed Authority	Dy DL&LRO	BOR	1460-GE/146/89	19.02.90
WBLR Act, 1955	14N	Prescribed Authority	SDL&LRO	BOR	1460-GE/146/89	19.02.90
WBLR Act, 1955	14N	Prescribed Authority	BL&LRO	BOR	1460-GE/146/89	19.02.90
WBLR Act, 1955	14N	Prescribed Authority	Revenue Officer	BOR	1460-GE/146/89	19.02.90
WBLR Act, 1955	14O	Authorised Officer	SRO-II	BOR	1454-GE/146/89	19.02.90
WBLR Act, 1955	14O	Authorised Officer	LRO-II	BOR	1454-GE/146/89	19.02.90
WBLR Act, 1955	14O	Authorised Officer	SRO-II	BOR	1454-GE/146/89	19.02.90
WBLR Act, 1955	14O	Authorised Officer	LRO-II	BOR	1454-GE/146/89	19.02.90
WBLR Act, 1955	14T	Revenue Officer	Revenue Officer	L&LR Dept.	256-L.Ref	29.04.89
WBLR Act, 1955	14T(9)	Specially Empowered Officer	Collector	BOR	3450-GE	04.04.89
WBLR Act, 1955	14T(9)	Specially Empowered Officer	DL&LRO	BOR	3450-GE	04.04.89
WBLR Act, 1955	14T(9)	Specially Empowered Officer	Dy DL&LRO	BOR	3450-GE	04.04.89
WBLR Act, 1955	14T(9)	Specially Empowered Officer	SDL&LRO	BOR	3450-GE	04.04.89
WBLR Act, 1955	14T(9)	Specially Empowered Officer	BL&LRO	BOR	10469-GE/146/89	20.07.89
WBLR Act, 1955	14T(9)	Specially Empowered Officer	SRO-II	BOR	10469-GE/146/89	20.07.89
WBLR Act, 1955	14T(9)	Specially Empowered Officer	LRO-II	BOR	10469-GE/146/89	20.07.89
WBLR Act, 1955	14U(1)	Revenue Officer	Collector	BOR	3454-GE	04.04.89
WBLR Act, 1955	14U(1)	Revenue Officer	DL&LRO	BOR	3454-GE	04.04.89

Act/Rule	Section/Rule/ Provision	Description of judicial capacity conferred	Administrative Post	Dept/ Board	Ord. No.	Ord. Date
WBLR Act, 1955	14U(1)	Revenue Officer	Dy DL&LRO	BOR	3454-GE	04.04.89
WBLR Act, 1955	14U(1)	Revenue Officer	SDL&LRO	BOR	3454-GE	04.04.89
WBLR Act, 1955	14U(2)	Prescribed Authority	Collector	BOR	3452-GE	04.04.89
WBLR Act, 1955	14U(2)	Prescribed Authority	DL&LRO	BOR	3452-GE	04.04.89
WBLR Act, 1955	14U(2)	Prescribed Authority	Dy DL&LRO	BOR	3452-GE	04.04.89
WBLR Act, 1955	14U(2)	Prescribed Authority	SDL&LRO	BOR	3452-GE	04.04.89
WBLR Act, 1955	17(1)	Authorised Officer	Revenue Officer	BOR	4717-GE/146/89	15.05.89
WBLR Act, 1955	17(1)	Authorised Officer	Collector	BOR	3440-GE	04.04.89
WBLR Act, 1955	17(1)	Authorised Officer	DL&LRO	BOR	3440-GE	04.04.89
WBLR Act, 1955	17(1)	Authorised Officer	Dy DL&LRO	BOR	3440-GE	04.04.89
WBLR Act, 1955	17(1)	Authorised Officer	SDL&LRO	BOR	3440-GE	04.04.89
WBLR Act, 1955	17(1)	Authorised Officer	BL&LRO	BOR	3440-GE	04.04.89
WBLR Act, 1955	18(1)	Authorised Officer	Revenue Officer	BOR	4719-GE/146/89	15.05.89
WBLR Act, 1955	18(1)	Authorised Officer	Collector	BOR	3438-GE	05.04.89
WBLR Act, 1955	18(1)	Authorised Officer	DL&LRO	BOR	3438-GE	05.04.89
WBLR Act, 1955	18(1)	Authorised Officer	Dy DL&LRO	BOR	3438-GE	05.04.89
WBLR Act, 1955	18(1)	Authorised Officer	SDL&LRO	BOR	3438-GE	05.04.89
WBLR Act, 1955	18(1)	Authorised Officer	BL&LRO	BOR	3438-GE	05.04.89

Act/Rule	Section/Rule/ Provision	Description of judicial capacity conferred	Administrative Post	Dept/ Board	Ord. No.	Ord. Date
WBLR Act, 1955	19B	Specially Empowered Officer	Collector	BOR	3424-GE	04.04.89
WBLR Act, 1955	19B	Specially Empowered Officer	DL&LRO	BOR	3424-GE	04.04.89
WBLR Act, 1955	19B	Specially Empowered Officer	Dy DL&LRO	BOR	3424-GE	04.04.89
WBLR Act, 1955	19B	Specially Empowered Officer	SDL&LRO	BOR	3424-GE	04.04.89
WBLR Act, 1955	19B	Specially Empowered Officer	BL&LRO	BOR	3424-GE	04.04.89
WBLR Act, 1955	19B(1)	Specially Empowered Officer	Revenue Officer	BOR	4713-GE/146/89	15.05.89
WBLR Act, 1955	4(4)	Prescribed Authority	Collector	BOR	4484-GE/146/89	05.06.90
WBLR Act, 1955	4(4)	Prescribed Authority	DL&LRO	BOR	4484-GE/146/89	05.06.90
WBLR Act, 1955	49(4)	Appellate Authority	DL&LRO	BOR	8833-GE/350/92	01.10.92
WBLR Act, 1955	4C	Collector	Dy DL&LRO	BOR	3264-GE/277/90	24.04.91
WBLR Act, 1955	4C	Collector	SDL&LRO	BOR	3264-GE/277/90	24.04.91
WBLR Act, 1955	50	Prescribed Authority	Revenue Officer	L&LR Dept.	275-L. Ref. (Modified Notification No. 256-L. Ref. dt. 29.04.89)	11.05.89
WBLR Act, 1955	50	Prescribed Authority	Collector	BOR	3442-GE	04.04.89
WBLR Act, 1955	50	Prescribed Authority	DL&LRO	BOR	3442-GE	04.04.89
WBLR Act, 1955	50	Prescribed Authority	Dy DL&LRO	BOR	3442-GE	04.04.89

Act/Rule	Section/Rule/ Provision	Description of judicial capacity conferred	Administrative Post	Dept/ Board	Ord. No.	Ord. Date
WBLR Act, 1955	50	Prescribed Authority	SDL&LRO	BOR	3442-GE	04.04.89
WBLR Act, 1955	50	Prescribed Authority	BL&LRO	BOR	3442-GE	04.04.89
WBLR Act, 1955	50	Revenue Officer	Revenue Officer	L&LR Dept.	256-L. Ref.	29.04.89
WBLR Act, 1955	51	Revenue Officer	Revenue Officer	L&LR Dept.	275-L. Ref. (Modified Notification No. 256-L. Ref. dt. 29.04.89)	11.05.89
WBLR Act, 1955	51	Revenue Officer	RI	BOR	3426-GE	05.04.89
WBLR Act, 1955	51	Revenue Officer	Revenue Officer	L&LR Dept.	256-L. Ref.	29.04.89
WBLR Act, 1955	51A	Revenue Officer	LRO-II	BOR	1438-GE/146/89	19.02.90
WBLR Act, 1955	51A	Revenue Officer	Revenue Officer	BOR	4711-GE/146/89	15.05.89
WBLR Act, 1955	51A	Revenue Officer	Collector	BOR	3432-GE	04.04.89
WBLR Act, 1955	51A	Revenue Officer	DL&LRO	BOR	3432-GE	04.04.89
WBLR Act, 1955	51A	Revenue Officer	Dy DL&LRO	BOR	3432-GE	04.04.89
WBLR Act, 1955	51A	Revenue Officer	SDL&LRO	BOR	3432-GE	04.04.89
WBLR Act, 1955	51A	Revenue Officer	BL&LRO	BOR	3432-GE	04.04.89
WBLR Act, 1955	51A(4)	Specially Empowered Officer	Revenue Officer	BOR	11268-GE/146/89	10.12.90

Act/Rule	Section/Rule/ Provision	Description of judicial capacity conferred	Administrative Post	Dept/ Board	Ord. No.	Ord. Date
WBLR Act, 1955	51A(4)	Specially Empowered Officer	Collector	BOR	3434-GE	04.04.89
WBLR Act, 1955	51A(4)	Specially Empowered Officer	DL&LRO	BOR	3434-GE	04.04.89
WBLR Act, 1955	51A(4)	Specially Empowered Officer	Dy DL&LRO	BOR	3434-GE	04.04.89
WBLR Act, 1955	51A(4)	Specially Empowered Officer	SDL&LRO	BOR	3434-GE	04.04.89
WBLR Act, 1955	51A(4)	Specially Empowered Officer	BL&LRO	BOR	3434-GE	04.04.89
WBLR Act, 1955	51A(4)	Specially Empowered Officer	LRO-II	BOR	1436-GE/146/89	10.12.90
WBLR Act, 1955	51A(5)	Prescribed Authority	DL&LRO	BOR	3436-GE	04.04.89
WBLR Act, 1955	51A(5)	Prescribed Authority	Dy DL&LRO	BOR	1843-GE	10.03.94
WBLR Act, 1955	51A(5)	Prescribed Authority	SDL&LRO	BOR	1843-GE	10.03.94
WBLR Act, 1955	51B	Revenue Officer	SRO-II	BOR	1442-GE/146/89	19.02.50
WBLR Act, 1955	51B	Revenue Officer	LRO-II	BOR	1442-GE/146/89	19.02.50
WBLR Act, 1955	51B	Revenue Officer	Collector	BOR	3444-GE	04.04.89
WBLR Act, 1955	51B	Revenue Officer	DL&LRO	BOR	3444-GE	04.04.89
WBLR Act, 1955	51B	Revenue Officer	Dy DL&LRO	BOR	3444-GE	04.04.89
WBLR Act, 1955	51B	Revenue Officer	SDL&LRO	BOR	3444-GE	04.04.89
WBLR Act, 1955	51B	Revenue Officer	BL&LRO	BOR	3444-GE	04.04.89
WBLR Act, 1955	51BB	Specially Empowered Officer	SRO-II	BOR	1450-GE/146/89	19.02.90
WBLR Act, 1955	51BB	Specially Empowered Officer	LRO-II	BOR	1450-GE/146/89	19.02.90

Act/Rule	Section/Rule/ Provision	Description of judicial capacity conferred	Administrative Post	Dept/ Board	Ord. No.	Ord. Date
WBLR Act, 1955	51BB	Specially Empowered Officer	DL&LRO	BOR	1452-GE/146/89	19.02.90
WBLR Act, 1955	51BB	Specially Empowered Officer	Dy DL&LRO	BOR	1452-GE/146/89	19.02.90
WBLR Act, 1955	51BB	Specially Empowered Officer	SDL&LRO	BOR	1452-GE/146/89	19.02.90
WBLR Act, 1955	51BB	Specially Empowered Officer	BL&LRO	BOR	1452-GE/146/89	19.02.90
WBLR Act, 1955	51BB	Specially Empowered Officer	Revenue Officer	BOR	1452-GE/146/89	19.02.90
WBLR Act, 1955	53	State Government for carrying out purposes of sec. 14U(2)	Collector	BOR	3452-GE	04.04.89
WBLR Act, 1955	53	State Government for carrying out purposes of sec. 14U(2)	DL&LRO	BOR	3452-GE	04.04.89
WBLR Act, 1955	53	State Government for carrying out purposes of sec. 14U(2)	Dy DL&LRO	BOR	3452-GE	04.04.89
WBLR Act, 1955	53	State Government for carrying out purposes of sec. 14U(2)	SDL&LRO	BOR	3452-GE	04.04.89
WBLR Act, 1955	54(3)	Authorised Officer for hearing and disposing the appeals transferred by Collector	Dy DL&LRO	BOR	1636-GE/439/90	26.02.91
WBLR Act, 1955	54(3)	Authorised Officer for hearing and disposing the appeals transferred by Collector	SDL&LRO	BOR	1636-GE/439/90	26.02.91
WBLR Act, 1955	57A	Civil Court under CPC, 1908	DL&LRO	L&LR Dept.	4402-L.R/1A-2/ 01-GE(M)	19.11.01

Act/Rule	Section/Rule/ Provision	Description of judicial capacity conferred	Administrative Post	Dept/ Board	Ord. No.	Ord. Date
WBLR Act, 1955	57A	Civil Court under CPC, 1908	Dy DL&LRO	L&LR Dept	4402-L.R/1A-2/ 01-GE(M)	19.11.01
WBLR Act, 1955	57A	Civil Court under CPC, 1908	SDL&LRO	L&LR Dept	4402-L.R/1A-2/ 01-GE(M)	19.11.01
WBLR Act, 1955	57A	Civil Court under CPC, 1908	BL&LRO	L&LR Dept	4402-L.R/1A-2/ 01-GE(M)	19.11.01
WBLR Act, 1955	57A	Civil Court under CPC, 1908	SRO-II	L&LR Dept	4402-L.R/1A-2/ 01-GE(M)	19.11.01
WBLR Act, 1955	57A	Civil Court under CPC, 1908	Revenue Officer	L&LR Dept	4402-L.R/1A-2/ 01-GE(M)	19.11.01
WBLR Act, 1955	Executive Order	Convenor of Block level forum for resolution of sowing and harvesting dispute	BDO	BOR	4812(58)-GE in modification of Ord. No. 7771-GE dt. 19.08.92	07.09.93
WBLR Act, 1955	Executive Order	Constitution of Block level forum for resolution sowing and harvesting dispute	Sabhapati, Panchyat Samity-Chairman	BOR	7771(38)-GE/ 376/89	19.08.92
WBLR Act, 1955	Executive Order	Constitution of Block level forum for resolution of sowing and harvesting dispute	BDO-Convenor	BOR	7771(38)-GE/ 376/89 modified by Ord. No. 4812-GE dt. 07.09.93	19.08.92
WBLR Act, 1955	Executive Order	Constitution of Block level forum for resolution of sowing and harvesting dispute	BL&LRO	BOR	7771(38)-GE/ 376/89	19.08.92

Act/Rule	Section/Rule/ Provision	Description of judicial capacity conferred	Administrative Post	Dept/ Board	Ord. No.	Ord. Date
WBLR Act, 1955	Executive Order	Constitution of Block level forum for resolution of sowing and harvesting dispute	Karmadhyaksa, Bon-O-Bhumi Sanskar Sthayee Samiti of Panchyat Samiti	BOR	7771(38)-GE/ 376/89	19.08.92
WBLR Act, 1955	Executive Order	Constitution of Block level forum for resolution of sowing and harvesting dispute	Officer-in-charge, Police Station	BOR	7771(38)-GE/376/ 89 modified by Ord. No. 4812-GE dt. 07.09.93	19.08.92
WBLR Act, 1955	For all purpose of the Act	Collector	DL&LRO	L&LR Dept	54-L. Ref.	23.02.89
WBLR Act, 1955	Paragraph I of Schedule B	Assistant Settlement Officer	Revenue Officer	BOR	1448-GE/146/89	19.02.90
WBLR Act, 1955	Sub-sections (1), (3), (3a) of s. 14T	Revenue Officer	Revenue Officer	L&LR Dept	275-L. Ref. (Modified Notification No. 256-L. Ref. dt. 29.04.89)	11.05.89
WBLR Act, 1955	Sub-sections (1), (3), (3a), (5), (6) of s. 14T	Revenue Officer	LRO-II	BOR	1445-GE/146/89	19.02.90
WBLR Act, 1955	Sub-sections (3), (3a) of s. 14T	Revenue Officer	Collector	BOR	3445-GE	04.04.89

Act/Rule	Section/Rule/ Provision	Description of judicial capacity conferred	Administrative Post	Dept/ Board	Ord. No.	Ord. Date
WBLR Act, 1955	Sub-sections (3), (3a) of s. 14T	Revenue Officer	DL&LRO	BOR	3445-GE	04.04.89
WBLR Act, 1955	Sub-sections (3), (3a) of s. 14T	Revenue Officer	Dy DL&LRO	BOR	3445-GE	04.04.89
WBLR Act, 1955	Sub-sections (3), (3a) of s. 14T	Revenue Officer	SDL&LRO	BOR	3445-GE	04.04.89
WBLR Act, 1955	Sub-sections (3), (3a) of s. 14T	Revenue Officer	BL&LRO	BOR	3445-GE	04.04.89
WBLR Act, 1955	Sub-sections (5), (6) of s. 14T	Revenue Officer	Collector	BOR	3448-GE	04.04.89
WBLR Act, 1955	Sub-sections (5), (6) of s. 14T	Revenue Officer	DL&LRO	BOR	3448-GE	04.04.89
WBLR Act, 1955	Sub-sections (5), (6) of s. 14T	Revenue Officer	Dy DL&LRO	BOR	3448-GE	04.04.89
WBLR Act, 1955	Sub-sections (5), (6) of s. 14T	Revenue Officer	SDL&LRO	BOR	3448-GE	04.04.89
WBLR Act, 1955	Sub-sections (5), (6) of s. 14T	Revenue Officer	BL&LRO		3448-GE	04.04.89
WBLR Act, 1955	Sub-sections (5), (6) of s. 14T	Revenue Officer	SRO-II	BOR	1440-GE/146/89	19.02.90

পরিশিষ্ট ১
(Appendix 1)

পশ্চিমবঙ্গ গৌণ খনিজ অধিকার সংক্রান্ত বিধি, ২০১৬

পশ্চিমবঙ্গ গৌণ খনিজ অধিকার সংক্রান্ত বিধি, ২০১৬ বলবৎ হয়েছে ২৭.০৭.২০১৬ থেকে এবং ওই তারিখ থেকে ২০০২ সালের পশ্চিমবঙ্গ গৌণ খনিজ বিধি বাতিল বলে গণ্য হয়েছে।

২০১৬ সালের পঃ বঃ গৌণ খনিজ অধিকার সংক্রান্ত বিধির প্রধান পরিবর্তিত অংশগুলি নিচে বর্ণনা করা হল—

(১) অল্প সময়ের জন্য ইজারা দেওয়ার প্রথা বাতিল হল।

(২) গৌণ খনিজ উত্তোলনের সময়সীমা যে কোনও রকমই হোক না কেন, তা নিম্নরূপ—

(ক) ১০ বছরের জন্য: নদী তট (river bed) থেকে মোরাম ও বালি তোলা।

(খ) ২০ বছরের জন্য: অন্যান্য ক্ষেত্রে।

(৩) খনিজ ইজারা প্রদানের রীতি ও পদ্ধতির বদল হয়েছে; প্রতিযোগিতামূলক দরপত্রের মাধ্যমে ইজারা দেওয়া হবে। 'পশ্চিমবঙ্গ গৌণ খনিজ (দরপত্র) বিধি, ২০১৬' নামে পৃথক বিধি বলবৎ হয়েছে ২৯.০৭.২০১৬ থেকে।

(৪) প্রত্যেক সফল দরপত্র গ্রহিতাকে ইজারা গ্রহণের জন্য রাজ্য/জেলা Environment Impact Assessment Authority (SEIAA/DEIAA)-এর কাছ থেকে Environment Clearance (EC) নিয়ে জমা দিতে হবে।

(৫) রয়্যালটির নূতন হার নির্দিষ্ট করা হয়েছে (বিজ্ঞপ্তি ক্রমাঙ্ক ৬৭৮, তাং ২৭.১০.২০১৬ দ্রষ্টব্য)।

(৬) গৌণ খনিজ অবৈধভাবে তুললে উপরোক্ত বিধির ধারা ৫০(১-৭) অনুযায়ী জরিমানা ধার্য করা হবে।

(৭) মাটির তৈরি পাত্র, মাটির পুতুল ইত্যাদি ক্ষুদ্রশিল্প বা নিজের ব্যবহারের জন্য মাটি ব্যবহার করলেও এখন থেকে ব্যবহারকারীকে ইজারা নিতে হবে।

Environment Clearance (EC)

বৈধ EC ছাড়া ইট তৈরির মাটি সহ অন্যান্য যে কোনও গৌণ খনিজ উত্তোলন করলে তা অবৈধ হিসাবে গণ্য করা হবে। কেন্দ্রীয় সরকারের পরিবেশ, বন ও জলবায়ু মন্ত্রকের পত্রাঙ্ক এস. ও. ১৪১(ই), ১৫.০১.২০১৬ এবং জাতীয় পরিবেশ আদালতের রায় অনুযায়ী বৈধ EC ছাড়া কোনও গৌণ খনিজ পদার্থ তোলা যাবে না এমনকী তা অল্প সময়ের জন্য হলেও আইন বিরুদ্ধ বলে গণ্য করা হবে। ওই বিজ্ঞপ্তি অনুযায়ী সমস্ত জেলায় তিনটি কমিটি করা হয়েছে, যেমন (ক) সরেজমিনে তদন্তের জন্য মহকুমা কমিটি, (খ) জেলাভিত্তিক Expert Appraisal কমিটি (DEAC) এবং (গ) জেলাভিত্তিক Environment Impact Assessment Authority (DEIAA), DEAC-এর সুপারিশক্রমে EC মঞ্জুর করবার অধিকারী DEIAA।

ইট ভাটা ঃ

মহামান্য জাতীয় পরিবেশ আদালতের সাম্প্রতিক আদেশানুসারে—CTO (Consent to operate) ছাড়া কোনও ইট ভাটা চললে তা অবৈধ হিসাবে গণ্য হবে। আবার CTO পেতে গেলে প্রয়োজন EC এবং তা সংগ্রহ করতে হবে DEIAA থেকে।

কোনও ইট ভাটা বৈধ না অবৈধ, এখন থেকে তা নির্ভর করবে সংশ্লিষ্ট ইট ভাটার বৈধ CTO ও EC আছে কিনা তার উপর। CTO এবং EC ছাড়া চালু যে কোনও ইট ভাটা অবৈধ বলে ধরা হবে এবং মহামান্য পরিবেশ আদালত বৈধ CTO ছাড়া যাতে কোনও ইট ভাটা চালু না হয় তার জন্য কড়া নির্দেশ দিয়েছেন।

নুতন হারে সংশোধিত রয়্যালটির তালিকা নিম্নরূপ—

Government of West Bengal
Commerce and Industries Department
Mines Branch
4, Abanindranath Tagore Sarani
Kolkata-700 016

NOTIFICATION

No. 678-CI/O/MIN/GEN-RLT/02/2015 dated 27th October, 2016—In exercise of the powers conferred by clause (*g*) of sub-section (1A) of section 15 of Mines and Minerals (Development and Regulation) Act, 1957 (67 of 1957) and sub-rule (1) of rule 35 of the West Bengal Minor Mineral Concession Rules, 2016, the State Government hereby prescribes the rates of royalty and dead rents of below mentioned Minor Minerals as follows:

Rates of Royalty

Sl. No.	Name of Minor Minerals	Proposed Rates
1	River bed Materials e.g. Boulder/ Gravels/Pebbles/Shingles etc.	₹53 per cubic metre
2	Ordinary Sand	₹53 per cubic metre
3	Road metal/Stone/Sand Stone/Shale for use as building material	₹53 per cubic metre
4	**Quartzite:** For use as building material/Impure Quartz	₹53 per cubic metre
	For industrial use	₹38 per tonne
5	Kankar & Morum	₹36 per cubic metre
6	Laterite:	
	For use as building material	₹36 per cubic metre
	For use in cement industry	₹24 (Rupees twenty four) per tonne
	For use in chemical industry	₹60 (Rupees sixty) per tonne
7	Limeshell, Limestone and Lime Kankar used in Kilns	₹96 per tonne
8	Ordinary Clay/Fuller's Earth/Brick Earth	₹29 per cubic metre
9	Granite	
	Black	₹1560 per cubic metre
	Gray	₹960 per cubic metre
	Coloured	₹1260 per cubic metre
10	Marble	₹1440 per cubic metre
11	Ball Clay	₹46 per tonne
12	Barytes:	
	White (including snow white)	₹462 per tonne
	Off Colour	₹59 per tonne
13	Calcite	₹57 per tonne
14	Chalk	₹65 per tonne

Sl. No.	Name of Minor Minerals	Proposed Rates
15	China Clay or Kaolin:	₹45 per tonne
	Crude	₹260 per tonne
	Processed	₹270 per tonne
16	Diaspore	₹75 per tonne
17	Dolomite	₹30 per tonne
18	Dunite / Pyroxenite	₹90 per tonne
19	Felsite	₹55 per tonne
20	Feldspar	₹23 per tonne
21	Fireclay	₹103 per tonne
22	Gypsum	₹1360 per tonne
23	Mica	₹24 per tonne
24	Ochre	₹150 per tonne
25	Pyrophyllite	₹50 per tonne
26	Quartz	₹45 per tonne
27	Silica Sand	
28	Steatite or Talc or Soal Stone:	
	Filler grade	₹135 per tonne
	Other than filler grade	₹305 per tonne
29	Other Minor Minerals	₹36 per cubic metre

Rates of Dead Rent

First Year	₹2000.00 per acre
Second Year	₹3000.00 per acre
Third Year and onwards	₹5000.00 per acre per annum

This issues with the approval of Finance Department vide U.O. No. Group-C/2016-2017/0131 dated 26.10.2016.

2. Interim Rates of Royalty and dead rent published in Gazette Notification No. 597-CI/O/MIN/GEN-RLT/02/2015 dated 22.09.2016 hereby stands annulled.

3. These rates shall remain in force till further notification in this regard.

This notification shall come into force on the date of its publication in the *Official Gazette.*

By order of the Governor

Pr. Secy. to the Govt. of West Bengal

পরিশিষ্ট ২
(Appendix 2)
প্রয়োজনীয় গুরুত্বপূর্ণ প্রশ্নাবলী

নাবালকের সম্পত্তি যদি অভিভাবক দ্বারা হস্তান্তরিত হয় তবে তা রেকর্ডভুক্ত হবে কি?

—নাবালক যদি মুসলিম বা খ্রিস্টান সম্প্রদায়ভুক্ত হয় তবে Guardiance & Words Act 1890-এর ss. 28, 29, 30 অনুযায়ী অভিভাবককে নাবালকের সম্পত্তি বিক্রি করার সময় District Magistrate-এর লিখিত অনুমতি নিতে হবে। অন্যথায় রেকর্ডভুক্ত করা উচিত নয়। নাবালক যদি হিন্দু সম্প্রদায়ভুক্ত হয় তবে Hindu Minority & Guardianship Act 1956-এর s. 8 অনুযায়ী অভিভাবককে নাবালকের সম্পত্তি বিক্রি করার সময় District Magistrate-এর লিখিত অনুমতি নিতে হবে। অন্যথায় রেকর্ডভুক্ত করা উচিত নয়।

তফসিলি উপজাতিভুক্ত (Scheduled Tribe) সম্প্রদায়-এর ক্ষেত্রে কোন্ উত্তরাধিকার আইন প্রযোজ্য হবে?

—যদি সেই নির্দিষ্ট তফসিলি সম্প্রদায়-এর নির্দিষ্ট নিজস্ব উত্তরাধিকার সংক্রান্ত প্রথা থাকে তবে সম্পত্তির উত্তরাধিকারের ক্ষেত্রে সেই নির্দিষ্ট উপজাতির নির্দিষ্ট উত্তরাধিকার প্রথা প্রযোজ্য হবে, অন্যান্য ধর্মাবলম্বীদের ক্ষেত্রে Indian Succession Act 1925-এর s. 34 প্রযোজ্য হবে।

বাংলাদেশের নাগরিকরা কি এদেশে জমির রেকর্ড করার যোগ্য?

—যদি কোনও ব্যক্তি ১৫ই আগস্ট ১৯৪৭ থেকে ৯ই জুলাই ১৯৬৮-এর মধ্যে পশ্চিমবঙ্গে তার সম্পত্তি ত্যাগ করে পূর্ব-পাকিস্তানের নাগরিক হয়ে থাকেন তবে "West Bengal Evaque Property Act 1957" অনুযায়ী তা Enemy Property বলে গণ্য হবে এবং কালেক্টরের অধীনে খাস হবে। যদি কোনও ব্যক্তি ১০.৭.১৯৬৮ থেকে বাংলাদেশ সৃষ্টি হবার আগে পর্যন্ত এদেশে সম্পত্তি

রেখে পূর্ব পাকিস্তানের নাগরিক হয়ে থাকে তবে সেই স্থাবর সম্পত্তি Enemy Property বলে গণ্য হবে এবং "Enemy Property Act 1968" অনুযায়ী কালেক্টরের অধীনে খাস হবে। যদি কোনও বাংলাদেশ তৈরি হওয়ার পর এদেশ থেকে গিয়ে বাংলাদেশের নাগরিক হন তবে এদেশে তাঁর সম্পত্তি তাঁর নামেই থাকবে, বর্তমান দখলকারের নাম মন্তব্য কলমে রেকর্ডভুক্ত করতে হবে।

কোনও কেসে নোটিস ঠিকভাবে জারি করা সত্বেও যদি উভয়পক্ষই অনুপস্থিত থাকে?

—যদি কোনও পক্ষই প্রথম ডাকের সময় না আসে তবে কমপক্ষে তিন ঘন্টা অপেক্ষা করতে হবে। Order Sheet-এ এভাবে লিখতে হবে "Both Parties found absent on call at 11 a.m." যদি প্রথমবার ডাকার অনেক পরেও উভয়পক্ষ না আসে তবে কেসটি খারিজ করতে হবে এভাবে "None found present on call at 3 p.m. The case is struck off for non-appearance".

Vesting proceeding-এর ক্ষেত্রে কোন্ কোন্ জমি (ইং) ১৫.০২.৭১ এবং কোন্ কোন্ জমি (ইং) ৯.৯.৮০ তারিখ থেকে হিসাব করা হবে?

—দখলকার, দখলদার চান্দিনা, দখলদার বসত প্রজা এবং অধীনস্থ দখলদার status-এর খতিয়ানগুলি W.B.N.A.T. Act 1949-এর আওতাভুক্ত ছিল। এই জমিগুলির ক্ষেত্রে date of vesting হল (ইং) ০৯.০৯.৮০, বাকী status-এর জমিগুলির ক্ষেত্রে date of vesting হল (ইং) ১৫.০২.৭১, তবে এর পরবর্তী যে কোনও তারিখই date of vesting হতে পারে।

Section 51A-র কাজ চলার সময় কি s. 50-র কাজ করা যায়?

—সাধারণতঃ করা যায় না, তবে রাজস্ব বোর্ড-এর আদেশ মোতাবেক অতিরিক্ত জেলাশাসক (ভূমি সংস্কার) ও জেলা ভূমি ও ভূমি সংস্কার আধিকারিক ব্যাঙ্ক ঋণ বা অন্য উপযুক্ত কারণে নামজারির আদেশ দিতে পারেন, Notification No. 9051 (17)-GE/246/87 dt. 2.07.87 of Board of Revenue.

কোনও মৌজার রেকর্ডের 'Certified copy' কোন্ stage থেকে দেওয়া যায়?

—খসড়া প্রকাশনা (D.P.) শেষ হলেই রেকর্ডের প্রত্যায়িত নকল দেওয়া যায়। তবে চূড়ান্ত প্রকাশনা (F.P.) শেষ না হওয়া পর্যন্ত "Draft Published under s. 51 of W.B.L.R. Act 1955" এই স্ট্যাম্পটি বসাতে হবে।

Register 94 কি?

—এই Register টি হল Rent Receipt Book ও DCR (Duplicate Carbon Receipt) বইয়ের সংখ্যার হিসাব রাখার খাতা, বই দেওয়া ও ফেরত নেওয়া—উভয় হিসাব-ই এতে রাখা হয়।

মিতাক্ষরা (Mitakshara) পরিবার কি?

—(১) যৌথ মিতাক্ষরা পরিবার হল একটি পৃথক ব্যক্তি।

(২) পার্টিশন হলে প্রত্যেক coparcener তার নির্দিষ্ট অংশ পাবে।

(৩) পার্টিশন হওয়ার আগে ROR-এ প্রত্যেকের অংশ ভাগ করে দেওয়া যাবে না।

(৪) পার্টিশনের পরে title যৌথ পরিবারের থেকে প্রতিটি সদস্যের কাছে যাবে এবং এই পার্টিশন একটি হস্তান্তর।

(৫) যেখানে পার্টিশন কোর্টের আদেশ হয়েছে সেখানে কোর্টের order-টাই প্রমাণ যে হস্তান্তর হয়েছে।

(৬) পার্টিশনের ফলে অংশীদার ব্যতীত কেউ title পেয়ে থাকলে তা একটি হস্তান্তর।

পশ্চিমবঙ্গ বাস্তুজমি অধিগ্রহণ আইনে "Artisan" বা কারিগর বলতে কাদের বোঝায়?

—Potter (কুমোর), Carpenter (ছুতোর), Blacksmith (কামার), tailor (দর্জি), Goldsmith (স্যাকরা), Mason (রাজমিস্ত্রি)।

দেবোত্তর/পিরোত্তর ও ব্রহ্মোত্তর সম্পত্তি বলতে কি বোঝায়?

—দেবোত্তর/পিরোত্তর হল যথাক্রমে হিন্দু দেবতা ও মুসলিম পিরের নামে উৎসর্গীকৃত জমি। এই জমি তার সেবাইত বা মতওয়ালি হস্তান্তর করতে পারে একমাত্র সিভিল কোর্টের অনুমতি নিয়ে।

ব্রহ্মোত্তর হল ব্রাহ্মণকে দানকৃত জমি। এই জমির হস্তান্তরে বাধা নেই।

Escheat বা রাজগামিতা সম্পত্তি বলতে কি বোঝায়?

—হিন্দুর দায়ভাগ উত্তরাধিকার আইনের s. 29 অনুযায়ী যে সম্পত্তির কোনও উত্তরাধীকার থাকে না তাকে রাজগামিতা (Escheat) সম্পত্তি বলে। এই সম্পত্তির উপযুক্ত তদন্ত সাপেক্ষে proceeding করে সরকারে বর্তানো হয়। মুসলিম উত্তরাধিকার আইনে এই ধারণা নেই।

জমির হস্তান্তরের ক্ষেত্রে কি আমমোক্তারনামা (Power of Attorney)-র রেজিস্ট্রেশন বাধ্যতামূলক?

—Indian Registration Act, 1908-এর s. 33 অনুযায়ী ভারতে যেসব অঞ্চলে এই আইন প্রযোজ্য সেই সকল অঞ্চলে রেজিস্ট্রেশন বাধ্যতামূলক। দেশের বাইরে, যেখানে উপরোক্ত আইন বলবৎ নয় সেই অঞ্চলে Notary-র মাধ্যমে আমমোক্তারনামা (Power of Attorney)-ও স্বীকৃত। তবে তা সে দেশের ভারতীয় হাই কমিশনের মাধ্যমে নথিভুক্ত করিয়ে এদেশে এনে ওই জেলার কালেক্টরের কাছেও নথিভুক্ত করতে হবে। তারপরেও এদেশে আমমোক্তারনামা (Power of Attorney)-র ভিত্তিতে জমি হস্তান্তর সম্ভব।

কৃষি ও অকৃষি খতিয়ান সংযুক্তিকরণ কীভাবে করা হয়?

—সংযুক্তিকরণ করা হয় para 9(1) of Schedule 'A', read with Rule 22 of W.B.L.R. Rules 1965 মোতাবেক। উপরোক্ত Schedule মোতাবেক order sheet করতে হবে। 'অকৃষি প্রজা' খতিয়ানগুলিও সংযুক্ত করতে হবে। ভূমি সংস্কার আইনের ৫১(৫) ধারায় বলা আছে যে মানুষের জন্য একটি খতিয়ান থাকবে। সুতরাং কাজটি করতে হবে পশ্চিমবঙ্গ ভূমি সংস্কার আইনের (১৯৫৬ সালের ১০ নং আইন) ৫১(৫) ধারামতে এবং উক্ত আইনের অঙ্গীভূত বিধানাবলীর ২২ নং বিধির অধীন 'ক' তফসিলের ৯ নং দফা অনুযায়ী রাজস্ব আধিকারিক স্তর পর্যন্ত ক্ষমতা দেওয়া আছে।

পৌরসভার সীমানাভুক্ত জমিতে কি বাস্তুজমি অধিগ্রহণ আইন বলবৎ হবে?

—বাস্তু জমি অধিগ্রহণ আইন বলবৎ হওয়ার তাং ২৬.৬.১৯৭৫ (ইং) যদি কোনও অঞ্চলে এই তারিখের পরে পৌরসভা গঠিত হয় বা কোনও অঞ্চল এই তারিখের পরে কোনও পৌরসভাতে সংযুক্ত হয় তবে সেই অঞ্চলে বাস্তুজমি অধিগ্রহণ আইনের ভিত্তিতে খতিয়ান খোলা যাবে। এই আইনে কালেক্টরের ক্ষমতা রাজস্ব আধিকারিক স্তর পর্যন্ত দেওয়া আছে। রেকর্ড নিয়ে কোনও আপত্তি থাকলে তা ভূঃ সঃ আইনের ৫৪ ধারায় আপিলযোগ্য নয়। এক্ষেত্রে কোনও আপত্তি থাকলে উক্ত আইনের ৯ ধারামতে জেলায় কালেক্টরের নিকটে তা দাখিল করতে হবে। এই আইনের সিদ্ধান্তের বিরুদ্ধে আপিলের কোনও সুযোগ নেই।

তফসিলি উপজাতির মালিকানাধীন জমির কি হস্তান্তর সম্ভব?

—তফসিলি উপজাতিভুক্ত কোনও জমির মালিক তফসিলি উপজাতিভুক্ত অন্য কোনও ব্যক্তিকে জমি বিক্রি করতে পারেন। কিন্তু তফসিলি উপজাতিভুক্ত নয়

এমন কোনও ব্যক্তিকে জমি বিক্রি করতে গেলে পঃ বঃ ভূঃ সঃ আইনের Chapter II-A-এর বিশেষ ক্ষমতাপ্রাপ্ত আধিকারিক যিনি SC/ST-দের জন্য নির্দিষ্ট উন্নয়ন আধিকারিক রূপেও নিযুক্ত থাকেন তার লিখিত আগাম অনুমতি প্রয়োজন। রেকর্ডে এই হস্তান্তরকে লিপিবদ্ধ করতে হলে উপরোক্ত অনুমতিপত্র দেখে নিতে হবে।

জীর্ণ বা ছেঁড়া LR স্বত্বলিপি পুনরায় পুনর্গঠনের প্রক্রিয়া কি?

—W.B.L.R. Rules 1965-এর Schedule 'B'-এর Para 4-এর sub-para (2) বলা আছে যে s. 51A(2)-তে চূড়ান্তভাবে প্রকাশিত LR স্বত্বলিপি ছিঁড়ে গেলে বা জীর্ণ হয়ে ব্যবহারের অনুপযুক্ত হলে সেটিকে পুনর্গঠন করতে হবে। Order sheet করতে হবে। পুনর্গঠিত খতিয়ানের উপরে 'Settlement officer' round seal দিতে হবে। অপর একটি seal দিয়ে রাজস্ব আধিকারিক সই করবেন, সেটি হল—"Certified to be true copy of the finally framed and finally published record-of-rights under s. 51A(2) of W.B.L.R. Act 1965 read with the proviso to sub-para (2) of Para (4) of Schedule 'B' to the W.B.L.R. Rules, 1965".

Revenue Officer

কোনও LR বা RS বা স্বত্বলিপি ছেঁড়া থাকলে Certified Copy-র দরখাস্তের উত্তর কি হওয়া উচিত?

—"স্বত্বলিপি ছেঁড়া বা জীর্ণ বলে পুনর্গঠনের কাজ চলছে কাজ সম্পন্ন না হওয়া পর্যন্ত প্রত্যায়িত নকল দেওয়া যাবে না"।

"প্রশাসনিক কারণে দেওয়া যাবে না"—এই কথাটি লেখা যাবে না।

পরিশিষ্ট ৩

(Appendix 3)

পশ্চিমবঙ্গ কৃষিশ্রমিক, কারিগর এবং মৎসজীবীদের জন্য বাস্তুজমি অধিগ্রহণ আইন, ১৯৭৫[১]

(১৯৭৫ সালের ৪৭ ক্রমাঙ্কিত আইন)

যে কোনও কৃষিশ্রমিক, কারিগর অথবা মৎসজীবী বসবাসযোগ্য বাড়ি তৈরি করলে গ্রামীণ অঞ্চলে সেই জমি অধিগ্রহণ এবং তার সত্ত্ব (title) ওই ব্যক্তিকে প্রদানের উদ্দেশ্যে গৃহীত আইন;

যে হেতু কোনও কৃষিশ্রমিক অথবা হস্তশিল্প কারিগর অথবা মৎসজীবী ব্যক্তি গ্রামীণ অঞ্চলে বসবাসের জন্য বাড়ি তৈরি করেছেন, সেই জমি অধিগ্রহণ এবং ওই জমির সত্ত্ব ওই ব্যক্তিকে দেওয়ার জন্য এই আইন;

ভারতীয় প্রজাতন্ত্রের ২৬তম বর্ষে পশ্চিমবঙ্গ বিধানসভা এই আইন প্রনয়ণ নিম্নলিখিতরূপে প্রস্তুত করেছে—

১. সংক্ষিপ্ত শিরোনাম এবং বিস্তার। (১) এই আইনটি ১৯৭৫ সালের পশ্চিমবঙ্গ কৃষিশ্রমিক, হস্তশিল্প কারিগর এবং মৎসজীবীদের উদ্দেশ্যে বাস্তুজমি অধিগ্রহণ আইন নামে পরিচিত হবে।

(২) যে কোনও পৌরনিগম, পৌরসভা, শহর কমিটি, প্রজ্ঞাপিত এলাকা এবং সেনা নিবাস এবং কলকাতা মহানগরের অঞ্চল ছাড়া পশ্চিমবঙ্গের সর্বত্র এই আইন বলবৎ হবে।

২. সংজ্ঞা। এই আইন, প্রসঙ্গ বা বিষয়ে ভিন্নতর কিছু না থাকলে নিম্নলিখিত শব্দের অর্থ বলতে বোঝাবে—

(ক) "কারিগর" অর্থে কুম্ভকার, ছুতোর এবং কর্মকার সহ অন্যান্য হস্তশিল্প কারিগর;

(খ) "কলকাতা মহানগর এলাকা" অর্থে ১৯৭২ সালের কলকাতা মহানগরী উন্নয়ন কর্তৃপক্ষ আইনের ২ ধারা অনুযায়ী এলাকা (১৯৭২ সালের পশ্চিমবঙ্গের ১১তম আইন);

১ কলিকাতা গেজেটে প্রকাশিত হয়েছিল ৫ জানুয়ারি, ১৯৭৬ তারিখে।

(গ) ''সমাহর্তা'' অর্থে জেলার সমাহর্তা, অতিরিক্ত জেলাশাসক অথবা এই আইন কার্যকর ও প্রয়োগ করবার জন্য রাজ্য সরকার কর্তৃক নিযুক্ত সমাহর্তার দায়িত্ব পালন করবার জন্য কোনও আধিকারিক;

(ঘ) ''বাস্তুজমি'' অর্থে বাসগৃহ যা সম্পূর্ণ তৈরি হয়েছে, একই পরিবারের সদস্য বাদে অন্য কেউ সেখানে বাস করে না, উঠোন, বাস্তুগৃহের অন্তর্গত ঘেরা জায়গা, বাগান, প্রার্থনা স্থল, পারিবারিক গোরস্থান, পুকুর, কূপ, শৌচাগার, পায়খানা, নর্দমা, সীমানা নির্দেশিত প্রাচীর, ইট দ্বারা তৈরি পাকা ছাদযুক্ত কাঠামো এর অন্তর্গত নয়।

তবে বলা প্রয়োজন যে দার্জিলিং জেলার শিলিগুড়ি মহকুমা ছাড়া অন্যান্য জায়গার ইট নির্মিত ছাদ যুক্ত কাঠামো বাসগৃহের সংজ্ঞার মধ্যে পড়বে।

ব্যাখ্যা ঃ এই প্রকরণ (clause) বাস্তবায়িত করবার লক্ষ্যে ''পরিবার'' বলতে স্বামী, স্ত্রী, পুত্র, কন্যা এবং পুত্র বা কন্যার সন্তানও অন্তর্ভুক্ত হবে।

(ঙ) ''জমি'' অর্থে কৃষি ও অকৃষি উভয় জমিই বোঝাবে, যে জমির উপর বাসগৃহ তৈরি করা হয়েছে।

(চ) ''দখলকার'' অর্থে এমন ব্যক্তি যিনি কৃষিশ্রমিক বা হস্তশিল্প কারিগর বা মৎসজীবী, **যার কোনও ভাবেই কোনও জমি নেই**, যিনি ইজারাদার, অথবা লাইসেন্স প্রাপক, অথবা আধিকারী হিসাবে অন্যের জমি দখল করছেন, সেই ব্যক্তি এবং তাঁর উত্তরাধিকারীগণও ''দখলকার'' রূপে বিবেচিত হবেন।[২]

(ছ) ''নির্ধারিত'' অর্থে এই আইনানুসারে প্রস্তুত নিয়মাবলির দ্বারা নির্ধারিত বোঝাবে।

৩. যে কতগুলি জমির বেলায় এই আইন প্রযোজ্য নয়। নিম্নেবর্ণিত কয়েকটি জমির ক্ষেত্রে এই আইন প্রযোজ্য নয়:—

(ক) কেন্দ্র বা রাজ্য সরকার দ্বারা ইজারার মাধ্যমে গৃহীত অথবা অনুরোধক্রমে নেওয়া জমির উপর প্রযোজ্য নয়;

(খ) কোনও বিধিবদ্ধ কর্তৃপক্ষের দ্বারা দেওয়া ইজারা, অথবা বিধিবদ্ধ কর্তৃপক্ষের জমিতে প্রযোজ্য নয়।

৪. দখলকারদের জন্য জমি অধিগ্রহণ। যদি কোনও দখলকার কোনও জমি ২৬ জুন, ১৯৭৫ থেকে দখলে থাকেন—

(ক) যদি তার দখলিকৃত জমির পরিমাণ সর্বাধিক .০৩৩৪ হেক্টর (৮ শতক বা ৫ কাঠা) হয়, এবং

২ দখলকার সংজ্ঞার মধ্যে ভূমিহীন বর্গাদারও অন্তর্ভুক্ত, Board of Revenue-এর সচিবের ২৫ মে, ১৯৭৮ তারিখে D.L.R. & S. কে লেখা চিঠি, স্বারক ক্রমাঙ্ক ৯২২২-জি ই তাং ২৫.৫.১৯৭৮.

(খ) যদি তার দখলকৃত জমির পরিমাণ .০৩৩৪ হেক্টরের বেশি হয়, সেক্ষেত্রে অনধিক .০৩৩৪ হেক্টর জমি রাজ্য সরকার অধিগ্রহণ করবে এবং দ্রুত ওই অধিগৃহীত জমি শর্তহীনবস্থায় দখলিকারের অনুকূলে সমর্পণ করবে।

৫. প্রদেয় অর্থ। যখন কোনও জমি ৪ ধারা মতে অধিগৃহীত হবে, রাজ্য সরকারের পক্ষ থেকে ওই জমির বার্ষিক রাজস্ব অথবা রাজস্বের দশগুণ সংশ্লিষ্ট সমাহর্তা নির্দিষ্ট পদ্ধতিতে সংশ্লিষ্ট জমির মালিককে প্রদান করবেন।

ব্যাখ্যা ঃ যদি অধিগৃহীত জমিতে একাধিক ব্যক্তির সাধারণ অধিকার (easement right) থাকে তবে অধিগৃহীত জমিতে ওই ব্যক্তিরা রাজ্য সরকার প্রদত্ত অর্থ দাবি করতে পারবেন।

৬. প্রদেয় অর্থের বন্টন। সমাহর্তার আদেশে ৪ ধারা মতে অধিগৃহীত জমির মালিক একাধিক ব্যক্তি হলে তাঁরা প্রত্যেকে প্রকৃতি ও আয়তন অনুযায়ী ওই অর্থের ভাগ পাবেন।

৭. দখলকারের মর্যাদা। কোনও দখলকারের অনুকূলে ৪ ধারা মতে জমি অধিগৃহীত হলে তার মর্যাদা বা শ্রেণি (status) নিম্নলিখিত শর্তানুযায়ী হবে—

(১) অধিগৃহীত ভূমি যদি কৃষিযোগ্য হয় রায়ত,

(২) অধিগৃহীত ভূমি অকৃষি জমি হলে অকৃষি প্রজা।

এক্ষেত্রে শর্ত এই যে ওই জমির জন্য দখলিকারকে আইনত কোনও রাজস্ব (revenue) বা ভাড়া (rent) দিতে হবে না।

৮. রাজস্ব বা ভাড়ার হ্রাস। ৪ ধারা অনুযায়ী যে ব্যক্তির জমি অধিগৃহীত হয়েছে তিনি নিম্নলিখিত সুবিধাগুলি পাবেন—

(ক) অধিগৃহীত জমি কৃষিযোগ্য হলে, ওই কৃষি জমির জন্য যে রাজস্ব দিতে হত, অধিগৃহীত জমির জন্য সেই পরিমাণ খাজনা (রাজস্ব) হ্রাস পাবে এবং

(খ) অধিগৃহীত জমি অকৃষি হলে অধিগৃহীত জমির রাজস্ব মূল অকৃষি জমির রাজস্ব থেকে বাদ যাবে।

৯. বিরোধের নিস্পত্তি। (১) যদি এই প্রশ্নে বিবাদ দেখা যায় যে ৪ ধারা মতে দখলকারের অনুকূলে কোনও জমি অধিগৃহীত হয়েছে কিনা, সেক্ষেত্রে বিরোধটি নিস্পত্তি করতে সমাহর্তার কাছে পাঠানো হবে এবং তাঁর সিদ্ধান্তই হবে চূড়ান্ত;

(২) নির্ধারিত পদ্ধতিতে সমার্হতা বিষয়টির নিস্পত্তি করবেন।

১০. দখলকার কর্তৃক হস্তান্তরে বাধা। (১) উপধারা (২) সাপেক্ষে কোনও দখলিকার তাঁর অনুকূলে অধিগৃহীত জমি বা ওই জমির কোনও অংশ হস্তান্তর করতে পারবেন না।

(২) কোনও দখলিকার তাঁর অনুকূলে অধিগৃহীত জমি বা ওই জমির একাংশ নির্ধারিত ব্যাংককে, সমবায় সংস্থায়, বা নিগমে (Corporation) হস্তান্তর বা বন্ধক দিতে পারবেন, তবে ওই ব্যাংক বা সমবায় সংস্থা বা নিগমের পরিচালক হবে রাজ্য বা কেন্দ্র সরকার অথবা রাজ্য সরকার দ্বারা প্রজ্ঞাপিত কোনও সংগঠন।

১১. আইন বিরুদ্ধ উচ্ছেদের জন্য শাস্তি। ৪ ধারা অনুযায়ী অধিগৃহীত জমি অথবা জমির একাংশ থেকে কোনও ব্যক্তি যদি বেআইনি ভাবে কোনও দখলকারকে উচ্ছেদ করেন, ওই আইন বিরুদ্ধ কাজের জন্য ৬ (ছয়) মাস পর্যন্ত কারাদন্ড অথবা এক হাজার টাকা জরিমানা, অথবা উভয় শাস্তি পেতে পারেন।

১২. দেওয়ানি আদালতের ক্ষেত্রাধিকারে বাধা। ৪ ধারা মতে অধিগৃহীত জমি বা ওই জমির কোনও অংশের উপর দেওয়ানি আদালত কোনও মামলা (case), আবেদনপত্র (application), অথবা কার্যাবলি (proceedings) গ্রহণ করবেন না এবং সংশ্লিষ্ট আদালতের কোনও রায় (judgment) ডিক্রি, অথবা আদেশ (order) জারির মাধ্যমে দখলিকারকে উচ্ছেদ বা বরখাস্ত হবেন না।

১৩. অন্যান্য আইনকে এই আইনের বাতিল করবার ক্ষমতা। অন্যান্য যে কোনও আইন, চুক্তি, প্রকাশিত অথবা প্রচ্ছন্নভাবে কোনও নথিতে (instrument), রীতি, প্রথার বিরুদ্ধে মত যাই থাক না কেন এই আইনের বিধানগুলি বলবৎ থাকবে।

১৪. রাজ্যের নীতি ঘোষণা। এই মর্মে ঘোষণা করা হচ্ছে যে ভারতীয় সংবিধানের দফা ৩৯-এর (খ) উপ-দফা অনুযায়ী উল্লিখিত নীতিগুলিকে দৃঢ়ভাবে প্রতিষ্ঠা করবার জন্য এই আইন বলবৎ হবে।

১৫. নিয়মাবলি প্রস্তুতের ক্ষমতা। (১) এই আইনের উদ্দেশ্য কার্যকর করতে রাজ্য সরকার প্রয়োজনে নির্দিষ্ট নিয়মাবলি বা বিধি প্রস্তুত করতে পারবে।

(২) পূর্বোল্লিখিত ক্ষমতার সাধারণ নীতির ক্ষতি না করে এবং কোনও বিষয়ের জন্য যা স্থির করা প্রয়োজন বা হতে পারে এরকম নিয়মাবলির ব্যবস্থা করবে।

১৬. প্রত্যাহার ও সংরক্ষণ। (১) ১৯৭৫ সালের পশ্চিমবঙ্গ কৃষি শ্রমিক এবং কারিগরদের জন্য বাস্তুজমি অধিগ্রহণ অধ্যাদেশটি এই আইন প্রণয়নের কারণে বাতিল করা হল।

(২) ১৯৭৫ সালের পঃ বঃ কৃষিশ্রমিক এবং কারিগরদের জন্য বাস্তুজমি অধিগ্রহণ অধ্যাদেশ দ্বারা গৃহীত কোনও কাজ বা কার্যাবলি ইতিপূর্বে সম্পাদিত হয়ে থাকলে ধরে নেওয়া হবে যে ওই কাজ বা কার্যাবলি যেন ২৪ সেপ্টেম্বর, ১৯৭৫ তারিখ থেকে বলবৎ হয়েছিল।

APPENDIX 1

The West Bengal Acquisition of Homestead Land for Agricultural Labourers, Artisans and Fishermen Act, 1975[1]

WEST BENGAL ACT XLVII OF 1975

An Act to provide for the acquisition of land in rural areas on which homestead has been constructed by any person being an agricultural labourer, an artisan or a fisherman and conferment of title to such land in favour of such person;

WHEREAS it is expedient to provide for the acquisition of land in rural areas on which homestead has been constructed by any person being an agricultural labourer or an artisan or a fisherman and conferment of title to such land in favour of such person;

It is hereby enacted in the Twenty-sixth year of the Republic of India, by the Legislature of West Bengal, as follows—

1. Short title and extent. (1) This Act may be called the West Bengal Acquisition of Homestead Land for Agricultural Labourers, Artisans and Fishermen Act, 1975.

(2) It extends to the whole of West Bengal except the areas included within a municipal corporation, a municipality, a town committee, a notified area and a cantonment and also the areas included within the Calcutta Metropolitan Area.

2. Definitions. In this Act, unless there is anything repugnant in the subject or context,—

(*a*) "artisan" means a handicraftsman and includes potter, carpenter and blacksmith;

(*b*) "Calcutta Metropolitan Area" means the area as defined in section 2 of the Calcutta Metropolitan Development Authority Act, 1972 (West Ben. Act XI of 1972);

(*c*) "Collector" means the Collector of a district and includes an Additional District Magistrate or any other officer

1 Published in the *Calcutta Gazette*, Extraordinary, Part III, No. 15, dated 5th January 1976.

appointed by the State Government to discharge any of the functions of a Collector under this Act;

(*d*) "homestead" means a dwelling house which is complete in itself and is not shared in common with any person other than a person belonging to the same family and includes any courtyard, compound, garden, place of worship, family graveyard, tank, well, privy, latrine, drain and boundary wall annexed to or appertaining to such dwelling house but does not include a brick-built structure with a *pucca* roof:

Provided that in the district of Darjeeling excluding its Siliguri sub-division a homestead shall include a brick-build structure with a *pucca* roof.

Explanation. For the purposes of this clause, "family" includes husband, wife, son, daughter and any lineal descendant of any son or daughter;

(*e*) "land" means either agricultural land or non-agricultural land upon which there is a homestead;

(*f*) "occupier" means an agricultural labourer or an artisan or a fisherman who is in possession of any land of another person, either as a lessee or as a licensee or as a trespasser and who holds no other land in any capacity whatsoever and includes the heirs of such person;

(*g*) "prescribed" means prescribed by rules made under this Act.

3. Act not to apply to certain lands. Nothing in this Act shall apply to any land—

(*a*) belonging to, or taken on lease or requisitioned by, the Central or any State Government;

(*b*) belonging to, or taken on lease by, any local or statutory authority.

4. Acquisition of lands for occupiers. Where an occupier has been in possession of any land on the 26th day of June, 1975 then,—

(*a*) if the land in his possession does not exceed .0334 hectare, such land, and (*b*) if the land in his possession exceeds .0334 hectare, so much of such land as does not exceed .0334 hectare,

shall stand acquired by the State Government and shall thereupon stand transferred to and vest absolutely in favour of such occupier.

5. Amount to be paid. When any land is acquired under section 4, there shall be paid by the State Government to every owner an amount which shall be equivalent to ten times of the annual revenue or rent, as the case may be, of such land to be determined by the Collector in the prescribed manner.

Explanation. An owner includes all persons claiming an interest in the amount to be paid on account of the acquisition of the land and a person shall be deemed to be interested in land if he is interested in an easement affecting the land.

6. Apportionment of the amount. Where there are several persons interested in the land acquired under section 4, the Collector shall, by order, apportion the amount amongst such persons in accordance with the nature and extent of interest held by each such person.

7. Status of occupier. An occupier in whose favour any land vests under section 4 shall have the status—

(*i*) of a *raiyat*, if such land is agricultural land, or

(*ii*) of a non-agricultural tenant, if such land is non-agricultural land:

Provided that the occupier shall not be liable to pay any revenue or rent for such land.

8. Abatement of revenue or rent. Any person whose land has been acquired under the provisions of section 4 shall be entitled—

(*a*) if the land is included in an agricultural holding, to have the revenue payable by him abated by such amount as bears the same proportion to such revenue as the area of the land acquired bears to the area of such agricultural holding, and

(*b*) if the land is included in any non-agricultural tenancy, to have the rent payable by him abated by such amount as bears the same proportion such rent as the area of the land acquired bears to the area of such tenancy.

9. Settlement of disputes. (1) If there is any dispute on the question as to whether a land has vested in an occupier under the provisions of section 4, the matter shall be referred to the Collector, whose decision thereon shall be final.

(2) The manner in which the Collector shall decide the dispute shall be such as may be prescribed.

10. Limitation on transfer by occupier. (1) Subject to the provisions of sub-section (2), no occupier shall transfer any land or part thereof vested in him under section 4.

(2) An occupier may transfer his land or part thereof by simple mortgage in favour of a scheduled bank, a co-operative land mortgage bank or a corporation, owned or controlled by the Central or the State Government or by both, or any other authority notified by the State Government in this behalf, for the development of such land.

11. Penalty for unlawful eviction. Any person who evicts an occupier unlawfully from the land or part thereof which has vested in him under section 4 shall be liable to imprisonment which may extend to six months or to a fine which may extend to one thousand rupees or to both.

12. Bar to jurisdiction of Civil Courts. No Court shall entertain any suit, application or proceeding in relation to any land or any part thereof which has vested in an occupier under section 4 and no occupier shall be liable to be evicted or dispossessed from such land notwithstanding any judgment, decree or order of any Court for such eviction or dispossession.

13. Act to override other laws. The provisions of this Act shall have effect notwithstanding anything to the contrary contained in any other law or in any contract, express or implied, or in any instrument and notwithstanding any usage or custom to the contrary.

14. Declaration as to policy of the State. It is hereby declared that this Act is for giving effect to the policy of the State towards securing the principles specified in clause (*b*) of Article 39 of the Constitution of India.

15. Power to make rules. (1) The State Government may make rules for carrying out the purposes of this Act.

(2) In particular, and without prejudice to the generality of the foregoing power, such rules may provide for any matter which have to be or may be prescribed.

16. Repeal and savings. (1) The West Bengal Acquisition of Homestead Land for Agricultural Labourers and Artisans Ordinance, 1975 (West Ben. Ord. XIII of 1975), is hereby repealed.

(2) Anything done or any action taken under the West Bengal Acquisition of Homestead Land for Agricultural Labourers and Artisans Ordinance, 1975 shall be deemed to have been validly done or taken under this Act as if this Act had commenced on the 24th day of September, 1975.

পরিশিষ্ট ৪
(Appendix 4)

শুভঙ্করি পদ্ধতিতে গণনা

পুরনো C.S. ও R.S. সত্বলিপিতে শুভঙ্করি পদ্ধতি অনুসরণ করে কোনও জমিতে রায়তের হিস্যা (share) গণনা করা হয়, কিন্তু L.R. সত্বলিপির হিস্যা গণনা করা হয় দশমিক পদ্ধতিতে। যদিও অনেক ক্ষেত্রেই শুভঙ্করি পদ্ধতি জানা না থাকায় সমস্যা তৈরি হয়, ওই সমস্যা দূর করতে শুভঙ্করি পদ্ধতিতে হিসাব করবার একক, তাদের পারস্পরিক সম্পর্ক ও দীর্ঘ সারণি উল্লেখ করা হল।

(১)

২০ তিল = ১ ক্রান্তি /.

৩ ক্রান্তি = ১ কড়া ৷৴

৪ কড়া = ১ গন্ডা ৷৲

২০ গন্ডা = ১ আনা /

১৬ আনা = ১৲ (১০০০০)

১৬ আনা = ১৬ × ২০ = ৩২০ গন্ডা

(২)

/. = ১ আনা = ০৬২৫				||V. = ৯ আনা = ৫৬২৫
৵. = ২ আনা = ১২৫০				||৵. = ১০ আনা = ৬২৫০
৶. = ৩ আনা = ১৮৭৫				||৶. = ১১ আনা = ৬৮৭৫
|. = ৪ আনা = ২৫০০				|/. = ১২ আনা = ৭৫০০
V. = ৫ আনা = ৩১২৫				|/V. = ১৩ আনা = ৮১২৫
|৵. = ৬ আনা = ৩৭৫০				|/৵. = ১৪ আনা = ৮৭৫০
|৶. = ৭ আনা = ৪৩৭৫				|/৶. = ১৫ আনা = ৯৩৭৫
||. = ৮ আনা = ৫০০০				১৲ = ১৬ আনা = ১০০০০

(৩)

১৬ আনা = ১৬ × ২০ = ৩২০ গন্ডা
৩২০ × ৪ = ১২৮০ কড়া
১২৮০ × ৩ = ৩৮৪০ ক্রান্তি
৩৮৪০ × ২০ = ৭৬৮০০ তিল

(৪)

১. পূর্ণমান = ১০০০০ = ষোল আনা = এক টাকা = ১৲

২. ৩/৪ = ৭৫০০ = বারো আনা = ৸৹

৩. ২/৩ = ৬৬৬৬.৭ = দশ আনা তেরো গণ্ডা এক কড়া এক ক্রান্তি = ॥৵১৩৴

৪. ১/২ = ৫০০০ = আট আনা = ॥৹

৫. ১/৩ = ৩৩৩৩.৪ = পাঁচ আনা ছয় গণ্ডা দুই কড়া দুই ক্রান্তি = ৴৬।৵

৬. ১/৪ = ২৫০০ = চার আনা = ।৹

৭. ১/৫ = ২০০০ = তিন আনা চার গন্ডা = ৶৪

৮. ১/৬ = ১৬৬৬.৭ = দুই আনা তেরো গণ্ডা এক কড়া এক ক্রান্তি = ৵১৩৴

৯. ১/৭ = ১৪২৮.৫৭ = দুই আনা পাঁচ গণ্ডা দুই কড়া দুই ক্রান্তি এগারো তিল = ৵৫।৵১১

১০. ১/৮ = ১২৫০ = দুই আনা = ৵৹

১১. ১/৯ = ১১১১.১২ = এক আনা পনেরো গণ্ডা দুই কড়া তের তিল = /১৫॥১৩

১২. ১/১০ = ১০০০ = এক আনা বারো গণ্ডা = /১২

১৩. ১/১১ = ০৯০৯.০৯ = এক আনা নয় গণ্ডা এক ক্রান্তি দুই তিল =

১৪. ১/১২ = ০৮৩৩.৩৪ = এক আনা ছয় গণ্ডা দুই কড়া দুই ক্রান্তি = /৬।৵

১৫. ১/১৩ = ০৭৬৯.২৩ = এক আনা চার গণ্ডা দুই কড়া দুই ক্রান্তি সাত তিল = /৪।৵৭

১৬. ১/১৪ = ০৭১৪.২৯ = এক আনা দুই গণ্ডা তিন কড়া এক ক্রান্তি ছয় তিল = /২৸৬

১৭. ১/১৫ = ০৬৬৬.৬৭ = এক আনা এক গণ্ডা এক কড়া এক ক্রান্তি = /১৴

১৮. ১/১৬ = ০৬২৫ = এক আনা = /৹

১৯. ১/১৭ = ০৫৮৮.২৪ = আঠারো গণ্ডা তিন কড়া এক ক্রান্তি দুই তিল = ১৮৸২

২০. ১/১৮ = ০৫৫৫.৫৬ = সতের গণ্ডা তিন কড়া সাত তিল = ১৭৸৭

২১. ১/১৯ = ০৫২৬.৩২ = ষোল গণ্ডা তিন কড়া এক ক্রান্তি দুই তিল = ১৬৸২

২২. ১/২০ = ০৫০০ = ষোল গণ্ডা = ১৬

(৫)

এক কড়া = । এক ক্রান্তি = /.

দুই কড়া = ॥ দুই ক্রান্তি = //.

তিন কড়া = ৸ তিন ক্রান্তি = এক কড়া

চার কড়া = এক গন্ডা

(খ)

আনা ↓ গণ্ডা →		১	২	৩	৪	৫	৬	৭	৮	৯	১০	১১	১২	১৩	১৪	১৫	১৬	১৭	১৮	১৯
		৩১	৬২	৯৪	১২৫	১৫৬	১৮৭	২১৯	২৫০	২৮১	৩১২	৩৪৪	৩৭৫	৪০৬	৪৩৭	৪৬৯	৫০০	৫৩১	৫৬২	৫৯৪
১	৬২৫	৬৫৬	৬৮৭	৭১৯	৭৫০	৭৮১	৮১২	৮৪৪	৮৭৫	৯০৬	৯৩৭	৯৬৯	১০০০	১০৩১	১০৬২	১০৯৪	১১২৫	১১৫৬	১১৮৭	১২১৯
২	১২৫০	১২৮১	১৩১২	১৩৪৪	১৩৭৫	১৪০৬	১৪৩৭	১৪৬৯	১৫০০	১৫৩১	১৫৬২	১৫৯৪	১৬২৫	১৬৫৬	১৬৮৭	১৭১৯	১৭৫০	১৭৮১	১৮১২	১৮৪৪
৩	১৮৭৫	১৯০৬	১৯৩৭	১৯৬৯	২০০০	২০৩১	২০৬২	২০৯৪	২১২৫	২১৫৬	২১৮৭	২২১৯	২২৫০	২২৮১	২৩১২	২৩৪৪	২৩৭৫	২৪০৬	২৪৩৭	২৪৬৯
৪	২৫০০	২৫৩১	২৫৬২	২৫৯৪	২৬২৫	২৬৫৬	২৬৮৭	২৭১৯	২৭৫০	২৭৮১	২৮১২	২৮৪৪	২৮৭৫	২৯০৬	২৯৩৭	২৯৬৯	৩০০০	৩০৩১	৩০৬২	৩০৯৪
৫	৩১২৫	৩১৫৬	৩১৮৭	৩২১৯	৩২৫০	৩২৮১	৩৩১২	৩৩৪৪	৩৩৭৫	৩৪০৬	৩৪৩৭	৩৪৬৯	৩৫০০	৩৫৩১	৩৫৬২	৩৫৯৪	৩৬২৫	৩৬৫৬	৩৬৮৭	৩৭১৯
৬	৩৭৫০	৩৭৮১	৩৮১২	৩৮৪৪	৩৮৭৫	৩৯০৬	৩৯৩৭	৩৯৬৯	৪০০০	৪০৩১	৪০৬২	৪০৯৪	৪১২৫	৪১৫৬	৪১৮৭	৪২১৯	৪২৫০	৪২৮১	৪৩১২	৪৩৪৪
৭	৪৩৭৫	৪৪০৬	৪৪৩৭	৪৪৬৯	৪৫০০	৪৫৩১	৪৫৬২	৪৫৯৪	৪৬২৫	৪৬৫৬	৪৬৮৭	৪৭১৯	৪৭৫০	৪৭৮১	৪৮১২	৪৮৪৪	৪৮৭৫	৪৯০৬	৪৯৩৭	৪৯৬৯
৮	৫০০০	৫০৩১	৫০৬২	৫০৯৪	৫১২৫	৫১৫৬	৫১৮৭	৫২১৯	৫২৫০	৫২৮১	৫৩১২	৫৩৪৪	৫৩৭৫	৫৪০৬	৫৪৩৭	৫৪৬৯	৫৫০০	৫৫৩১	৫৫৬২	৫৫৯৪
৯	৫৬২৫	৫৬৫৬	৫৬৮৭	৫৭১৯	৫৭৫০	৫৭৮১	৫৮১২	৫৮৪৪	৫৮৭০	৫৯০৬	৫৯৩৭	৫৯৬৯	৬০০০	৬০৩১	৬০৬২	৬০৯৪	৬১২৫	৬১৫৬	৬১৮৭	৬২১৯
১০	৬২৫০	৬২৮১	৬৩১২	৬৩৪৪	৬৩৭৫	৬৪০৬	৬৪৩৭	৬৪৬৯	৬৫০০	৬৫৩১	৬৫৬২	৬৫৯৪	৬৬২৫	৬৬৫৬	৬৬৮৭	৬৭১৯	৬৭৫০	৬৭৮১	৬৮১২	৬৮৪৪
১১	৬৮৭৫	৬৯০৬	৬৯৩৭	৬৯৬৯	৭০০০	৭০৩১	৭০৬২	৭০৯৪	৭১২৫	৭১৫৬	৭১৮৭	৭২১৯	৭২৫০	৭২৮১	৭৩১২	৭৩৪৪	৭৩৭৫	৭৪০৬	৭৪৩৭	৭৪৬৯
১২	৭৫০০	৭৫৩১	৭৫৬২	৭৫৯৪	৭৬২৫	৭৬৫৬	৭৬৮৭	৭৭১৯	৭৭৫০	৭৭৮১	৭৮১২	৭৮৪৪	৭৮৭৫	৭৯০৬	৭৯৩৭	৭৯৬৯	৮০০০	৮০৩১	৮০৬২	৮০৯৪
১৩	৮১২৫	৮১৫৬	৮১৮৭	৮২১৯	৮২৫০	৮২৮১	৮৩১২	৮৩৪৪	৮৩৭৫	৮৪০৬	৮৪৩৭	৮৪৬৯	৮৫০০	৮৫৩১	৮৫৬২	৮৫৯৪	৮৬২৫	৮৬৫৬	৮৬৮৭	৮৭১৯
১৪	৮৭৫০	৮৭৮১	৮৮১২	৮৮৪৪	৮৮৭৫	৮৯০৬	৮৯৩৭	৮৯৬৯	৯০০০	৯০৩১	৯০৬২	৯০৯৪	৯১২৫	৯১৫৬	৯১৮৭	৯২১৯	৯২৫০	৯২৮১	৯৩১২	৯৩৪৪
১৫	৯৩৭৫	৯৪০৬	৯৪৩৭	৯৪৬৯	৯৫০০	৯৫৩১	৯৫৬২	৯৫৯৪	৯৬২৫	৯৬৫৬	৯৬৮৭	৯৭১৯	৯৭৫০	৯৭৮১	৯৮১২	৯৮৪৪	৯৮৭৫	৯৯০৬	৯৯৩৭	৯৯৬৯
১৬	১০০০০																			

(৭)

২০ তিল = ১ ক্রান্তি	১ টাকা = ১০০০০
৩ ক্রান্তি = ১ কড়া	১ আনা = ৬২৫
৪ কড়া = ১ গন্ডা	১ গন্ডা = ৩১.২৫
২০ গন্ডা = ১ আনা	১ কড়া = ৭.৮১২৫
১৬ আনা = ১ টাকা	১ ক্রান্তি = ২.৬০৪
	১ তিল = ০.১৩০২

Shubhankari System of Counting

(1)

20 til = 1 Kranti (/.)
3 Kranti = 1 Karha (৷৲)
4 Karha = 1 Ganda (৳)
20 Ganda = 1 Ana (/) = 0625
16 Ana = 16 × 20 = 320 Ganda

(2)

16 Ana= 10,000
1 Ana = 0625
1 Ganda = 31.25
1 Karha = 7.8125
1 Kranti = 2.604
1 Til = 0.1302

(3)

16 Ana = 16 × 20 = 320 Ganda
320 × 4 = 1280 Karha
1280 × 3 = 3840 Kranti
3840 × 20 = 76800 Til

(4)

/. = 1 Ana = 0625	৵. = 5 Ana = 3125
৵. = 2 Ana = 1250	।৵. = 6 Ana = 3750
৶. = 3 Ana = 1875	।৶. = 7 Ana = 4375
।. = 4 Ana = 2500	॥. = 8 Ana = 5000

।৵· = 9 Ana = 5625		৸৵· = 13 Ana = 8125
।।৵. = 10 Ana = 6250		৸৶. = 14 Ana = 8750
।।৶. = 11 Ana = 6875		৸৷. = 15 Ana = 9375
৸· = 12 Ana = 7500		Total = 10000

(5)

1. Total = 10000 = 16 Ana = 1 Rupee
2. 3/4 = 7500 = 12 Ana = ৸·
3. 2/3 = 6666.7 = 10 Ana 13 Ganda 1 Karha 1 Kranti = ।।৵13৴
4. 1/2 = 5000 = 8 Ana = ।।·
5. 1/3 = 3333.4 = 5 Ana 6 Ganda 2 Karha 2 Kranti = ৵6।৷
6. 1/4 = 2500 = 4 Ana = ।·
7. 1/5 = 2000 = 3 Ana 4 Ganda = ৶4
8. 1/6 = 1666.7 = 2 Ana 13 Ganda 1 Karha 1 Kranti = ৵13৴
9. 1/7 = 1428.57 = 2 Ana 5 Ganda 2 Karha 2 Kranti 11 Til = ৵5।৷11
10. 1/8 = 1250 = 2 Ana = ৵.
11. 1/9 = 1111.12 = 1 Ana 15 Ganda 2 Karha 13 Til = /15।।13
12. 1/10 = 1000 = 1 Ana 12 Ganda = /12
13. 1/11 = 0909.09 = 1 Ana 9 Ganda 1 Kranti 2 Til = /9/2
14. 1/12 = 0833.34 = 1 Ana 6 Ganda 2 Karha 2 Kranti = /6।৷
15. 1/13 = 0769.23 = 1 Ana 4 Ganda 2 Karha 2 Kranti 7 Til = /4।৷7
16. 1/14 = 0714.29 = 1 Ana 2 Ganda 3 Karha 1 Kranti 6 Til = /2৸6
17. 1/15 = 0666.67 = 1 Ana 1 Ganda 1 Karha 1 Kranti = /1৴
18. 1/16 = 0625 = 1 Ana = /·
19. 1/17 = 0588.24 = 18 Ganda 3 Karha 1 Kranti 2 Til = ৷18৸2
20. 1/18 = 0555.56 = 17 Ganda 3 Karha 7 Til = ৷17৸7
21. 1/19 = 0526.32 = 16 Ganda 3 Karha 1 Kranti 2 Til = ৷16৸2
22. 1/20 = 0500 = 16 Ganda = ৷16

[illegible] = 9 Ana = 5625 [illegible] = 13 Ana = 8125
[illegible] = 10 Ana = 6250 [illegible] = 14 Ana = 8750
[illegible] = 11 Ana = 6875 [illegible] = 15 Ana = 9375
[illegible] = 12 Ana = 7500 Total = 10000

(5)

1. Total = 10000 = 16 Ana = 1 Rupee
2. 3/4 = 7500 = 12 Ana = [illegible]
3. 2/3 = 6666.7 = 10 Ana 13 Ganda 1 Karha 1 Kranti = [illegible]
4. 1/2 = 5000 = 8 Ana = [illegible]
5. 1/3 = 3333.4 = 5 Ana 6 Ganda 2 Karha 2 Kranti = [illegible]
6. 1/4 = 2500 = 4 Ana = [illegible]
7. 1/5 = 2000 = 3 Ana 4 Ganda = [illegible]
8. 1/6 = 1666.7 = 2 Ana 13 Ganda 1 Karha 1 Kranti = [illegible]
9. 1/7 = 1428.57 = 2 Ana 5 Ganda 2 Karha 2 Kranti
11 Til = [illegible]
10. 1/8 = 1250 = 2 Ana = [illegible]
11. 1/9 = 1111.12 = 1 Ana 15 Ganda 2 Karha 13 Til = [illegible]
12. 1/10 = 1000 = 1 Ana 12 Ganda = [illegible]
13. 1/11 = 0909.09 = 1 Ana 9 Ganda 1 Kranti 2 Til = [illegible]
14. 1/12 = 0833.34 = 1 Ana 6 Ganda 2 Karha 2 Kranti = [illegible]
15. 1/13 = 0769.23 = 1 Ana 4 Ganda 2 Karha 2 Kranti
7 Til = [illegible]
16. 1/14 = 0714.29 = 1 Ana 2 Ganda 3 Karha 1 Kranti
6 Til = [illegible]
17. 1/15 = 0666.67 = 1 Ana 1 Ganda 1 Karha 1 Kranti = [illegible]
18. 1/16 = 0625 = 1 Ana = [illegible]
19. 1/17 = 0588.24 = 18 Ganda 3 Karha 1 Kranti 2 Til = [illegible]
20. 1/18 = 0555.56 = 17 Ganda 3 Karha 7 Til = [illegible]
21. 1/19 = 0526.32 = 16 Ganda 3 Karha 1 Kranti 2 Til = [illegible]
22. 1/20 = 0500 = 16 Ganda = [illegible]

নির্দেশিকা
(Index)